SCHWEDEN
FINNLAND
Helsinki
Stock-
holm
Reval
ESTL.
LETTL.
Riga
Moskau
Ostsee
LITAUEN
Kop.
Danzig
Kaunas
SOWJET-
UNION
Warschau
ES
POLEN
Prag
TSCHECHOSLOW.
Wien
STERR.
Budap.
UNGARN
RUMÄNIEN
Bukarest
SCHWARZES MEER
Belgrad
JUGOSLAWIEN
BULGAR.
Sofia
Istanbul
Tir.
ALB.
Ankara
TÜRKEI
GRIE-
CHEN-
LAND
Athen
Kreta
Cypern
(brit.)
Malta (brit.)

Churchill auf dem
Höhepunkt der Münchener Krise
im September 1938

Manchester · Winston Churchill

Churchill auf dem
Höhepunkt der Münchener Krise
im September 1938

William Manchester

Winston Churchill

Allein gegen Hitler

1932–1940

Aus dem Amerikanischen
von Hans-Jürgen Baron von Koskull

C. Bertelsmann

Die amerikanische Originalausgabe
ist 1988 unter dem Titel
»The Last Lion. Winston Spencer Churchill. Alone 1932–1940«
bei Little, Brown & Company, Boston, erschienen.

Dem Bildteil der deutschen Ausgabe wurden die Fotos von
Eduard VIII. und Wallis Simpson, Stanley Baldwin und Neville Chamberlain
(Bilderdienst Süddeutscher Verlag, München) hinzugefügt.

Die Fotos bei den Kapitelanfängen, die nicht im Text wiederholt werden,
zeigen auf S. 9: Winstons Tochter Sarah wird 1932 in Begleitung ihrer Eltern
im Buckingham-Palast vorgestellt.
S. 67: Streik schottischer Frauen auf dem Fischmarkt
während der Weltwirtschaftskrise.

1. Auflage

Satz: IBV Satz- und Datentechnik GmbH, Berlin
Druck und Bindung: Wiener Verlag
Lektorat: Dr. Erich Rößler
Printed in Austria
ISBN 3-570-01900-4

Mit flackernder Lampe und zögernden Schritten geht die Geschichte den Spuren der Vergangenheit nach und versucht, ihre Szenen lebendig werden zu lassen, ihr Echo hörbar zu machen und die im fahlen Schimmer vergangener Tage liegenden Leidenschaften neu zu entzünden.

Winston Churchill
im Unterhaus am 12. November 1940

Inhalt

Die Vorgeschichte – Ein Rückblick

Aus dem ersten Band der Churchill-Biographie weiß der Leser, daß Winston Churchill im Herbst 1874 in dem prächtigen Blendheim Palace als Enkel eines Herzogs geboren wurde. Damals war das Britische Empire das mächtigste Reich der Welt. Der Säugling wurde unmittelbar nach seiner Geburt der rundlichen Kinderfrau »Woom« anvertraut, dem einzigen Menschen, in dessen Gegenwart sich das Kind wirklich wohl fühlte. Sein Vater, Lord Randolph Churchill, ein hochintelligentes, aber etwas exzentrisches Parlamentsmitglied – kurze Zeit bekleidete er das Amt des Schatzkanzlers –, fand seinen Sohn Winston unausstehlich. Die atemberaubend schöne amerikanische Mutter des Jungen, Jennie, war ständig mit Amouren beschäftigt und teilte das Bett mit den verschiedensten gutaussehenden und mächtigen Männern in Großbritannien, den Vereinigten Staaten und auf dem europäischen Kontinent. Ihr Ehemann konnte nichts dagegen unternehmen. Er litt an einer damals unheilbaren Syphilis.

In der Schule rebellierte Winston gegen seine Lehrer, machte ihnen disziplinarische Schwierigkeiten und wurde in den unteren Klassen zum schlechtesten Schüler in Harrow. Seine Zeugnisse waren so schlecht, daß ein Studium an den Universitäten Oxford oder Cambridge nicht in Frage kam. So blieb nichts anderes übrig, als ihn auf die Kadettenanstalt von Sandhurst zu schicken. Am 20. Februar 1895, einen knappen Monat nachdem sein Vater an einer fortgeschrittenen Paralyse gestorben war, wurde der junge Churchill zum Leutnant bei den Vierten Husaren befördert, um anschließend nach Indien versetzt zu werden. In Bangalore holte Churchill das nach, was er in der Schule versäumt hatte. Während der langen dienstfreien Stunden in der fast unerträglichen Hitze des indischen Sommers las er Platon, Aristoteles, Gibbon, Macaulay, Schopenhauer und die Tausende von Seiten umfassenden Protokolle der Parlamentsdebatten. Dabei entwickelte er ein besonderes Talent für den Umgang mit der englischen Sprache und stellte fest, daß er mit dem Schreiben von Zeitungs- und Zeitschriftenartikeln und Büchern Geld verdienen konnte. Während dieser Zeit erwachte auch sein politischer Ehrgeiz. Er beschloß, sich um einen Sitz im Parlament zu bewerben. Aber vorher mußte er sich auf irgendeine Weise auszeichnen und bekannt werden. Um dies zu erreichen, bediente er sich ungehemmt der Liebhaber seiner Mutter, zu denen auch der Prince of Wales gehörte. So gelang es ihm, stets auf die Kriegsschauplätze versetzt zu werden, wo die blutigsten Kämpfe stattfanden. 1899 wurde er im Burenkrieg von den Buren gefangengenommen. Eine abenteuerliche Flucht durch nahezu 500 Kilometer feindlichen Gebiets machte ihn zum Nationalhelden. Nach Hause zurückgekehrt, wurde er noch zur Regierungszeit von Königin Viktoria als Abgeordneter der Konservativen ins Parlament gewählt, trat aber schon nach wenigen Jahren als überzeugter Anhänger des Freihandels zur damals noch mächtigen Liberalen Partei über.

Im Unterhaus erlebte er einen kometenhaften Aufstieg. Im Alter von 33 Jahren war er bereits Kabinettsminister. Nach seiner Ernennung zum Präsidenten des Board of Trade bemühte er sich gemeinsam mit dem neuen Schatzkanzler David Lloyd George gegen den entschiedenen Widerstand der Peers im Oberhaus, der Ausbeutung der Industriearbeiter Grenzen zu setzen. 1908 arbeiteten beide gemeinsam ein Programm für ein liberales Arbeitsrecht aus und brachten es durch das Unterhaus. Dazu gehörten die gesetzlich geregelte Arbeitslosenunterstützung, Krankenversicherung und das Anrecht auf eine Altersrente, die durch die Besteuerung der Reichen und des grundbesitzenden Adels finanziert werden sollten. Als sich Winston in leidenschaftlichen Reden gegen die Vorrechte des Adels wandte, brachen seine aristokratischen Verwandten den Verkehr mit ihm ab. Aber er gewann eine neue, erregende Parteigängerin für sich: Clementine Hozier, die 1908 seine Frau wurde. Viele Jahre später hat er einmal gesagt, das Glück dieser Ehe sei nie getrübt worden. Und in der Tat, die gegenseitige Liebe und Zuneigung ist bis zu seinem Tode nach fast 60 Jahren lebendig geblieben.

Seit 1911 Erster Lord der Admiralität hatte Churchill die Flotte auf den von ihm befürchteten Krieg mit den Mittelmächten vorbereitet. Aber in Frankreich standen sich die großen Armeen bald in einem blutigen Stellungskrieg an erstarrten Fronten gegenüber. Churchill schlug vor, mit den alliierten Flotten eine neue Front im östlichen Mittelmeer zu eröffnen, um den schwächsten Verbündeten der Mittelmächte, die Türkei, niederzuwerfen. Wenn es gelang, die Durchfahrt durch die Dardanellen mit Schlachtschiffen zu erzwingen, würde Konstantinopel schon nach wenigen Stunden fallen. Dann konnten Franzosen und Briten mit ihren russischen Verbündeten donauaufwärts nach Ungarn, Österreich, Bayern und Württemberg vorstoßen und dabei die nicht verteidigte Südflanke des Kaiserreichs aufreißen.

Die heutigen Militärhistoriker sind sich darin einig, daß die Eroberung der Dardanellen den Krieg schon 1916 mit einer deutschen Niederlage hätte beenden können. Aber ein ängstlicher britischer Admiral, vor dem die feindlichen Kräfte zunächst zurückgewichen waren, gab den Kampf beim ersten Anzeichen erneuten Widerstands auf – sogar als die Türken, die sich bereits für geschlagen hielten, ihre Befestigungen an der Meeresenge aufgaben und ihre Hauptstadt zu räumen begannen. Dann scheiterte die Truppenlandung auf der Halbinsel Gallipoli, welche die Dardanellen flankiert, an der Unfähigkeit eines britischen Generals. Die britische Öffentlichkeit verlangte nach einem Sündenbock, Churchill mußte als lautstärkster Befürworter dieses Konzepts seinen Hut als Erster Lord der Admiralität nehmen. Er ging zur Armee und übernahm als Oberstleutnant das Kommando über ein Bataillon in den Schützengräben von Flandern.

Nach der Friedenskonferenz von Versailles, an der er nicht teilnahm, wurde er Kriegs- und Luftfahrtminister und baute die Royal Air Force auf. Später war er als Kolonialminister für die Nachkriegspolitik Großbritanniens im Nahen Osten verantwortlich. Er entwarf die Pläne für einen jüdischen Staat, errichtete die Staaten Jordanien und Irak und setzte ihre Herrscher ein. Auf den Terrorismus der IRA reagierte er mit der Schaffung der »Black and Tans«. Dies waren ehemalige britische Soldaten, die jetzt selbst zu Terroristen wurden. Und doch schloß er am Ende Freundschaft mit dem Führer der IRA-Terroristen, Michael Collins, und brachte den Vertrag über den Irischen Freistaat durchs Parlament.

Anfang der 20er Jahre hatten Churchill eine kleine Erbschaft und 20000 Dollar an Autorenhonoraren für den Verkauf seiner sechsbändigen Geschichte des Großen Krieges erlaubt, Chartwell Manor zu kaufen, ein Landhaus bei Westerham, einer kleinen Stadt in der Grafschaft Kent, wo er die meisten seiner Bücher geschrieben hat. Während der langen Zeit, in der er das Leben eines parlamentarischen Hinterbänklers führen mußte, hat er eine Million Worte geschrieben und veröffentlicht.

1922 stürzte die Koalitionsregierung von Lloyd George, ihr folgte eine konservative Regierung unter Stanley Baldwin. Churchill scheiterte bei drei Versuchen, einen Sitz im Parlament zu gewinnen. Erst nachdem er zur Konservativen Partei zurückgekehrt war, gewann er 1924 einen Parlamentssitz und wurde von Baldwin zum Schatzkanzler ernannt, traditionell die Vorstufe zum Amt des Premierministers. Gegen den Rat von John Maynard Keynes führte er auf Empfehlung der Bank von England in Großbritannien wieder die Goldwährung ein. Die ausländischen Märkte konnten sich daraufhin die britischen Exporte nicht mehr leisten. Ein Streik der Arbeiter in den Kohlengruben führte zu einem verheerenden Generalstreik. Winston gründete eine Zeitung, die gegen den Streik opponierte. Nach dem ergebnislosen Abbruch des

Streiks nahm er sich der Sache der Bergarbeiter an und forderte von den Bergwerkseigentümern eine bessere Bezahlung und mehr Sicherheit in den Gruben.

Nachdem Ramsay MacDonalds Labour Party 1929 die Wahlen gewonnen hatte, übernahm Winston das Amt des Schatzkanzlers im konservativen Schattenkabinett, das er jedoch im Januar 1931 aufgeben mußte, da er sich vehement gegen die Gewährung des Dominionstatus für Indien eingesetzt hatte. Damit wäre Indien auf die gleiche Stufe wie Kanada, Südafrika, Australien und Neuseeland gestellt worden. Wie Disraeli betrachtete er das von den Briten beherrschte Indien als das leuchtendste Juwel in der Krone Englands. Im November 1931 wurde der zunächst für Churchill vorgesehene Posten des Schatzkanzlers in der neuen konservativen Regierung mit Neville Chamberlain besetzt. Winston Churchill war endgültig ins politische Abseits geraten.

Im Unterhaus hatte er die Gewohnheit, seine Kollegen mit gesenktem Kopf wie ein Kampfstier, der dem Matador gegenübersteht, aufmerksam zu beobachten und dann langsam den Kopf zu schütteln. Nach dem kläglichen Aufbegehren einiger Parlamentsmitglieder gegen die Regierungspolitik fragte ihn Aneurin Bevan im Rauchsalon des Parlaments: »Was haben Sie vor? Wir haben es in letzter Zeit kaum noch erlebt, daß Sie sich am Kampf beteiligten.« – »Kampf?« brummte Winston und sah sich mit verächtlichem Blick im Zimmer um, »von einem Kampf kann ich nichts sehen. Alles, was ich in diesem Parlament sehe, sind eine Menge Leute, die sich aneinander anlehnen.«

Chartwell 1932

In der ersten Morgendämmerung, vor dem Sonnenaufgang über dem Kanal, wird eine weite, neblige, grüne Landschaft sichtbar, die sanft zu den South Downs und der See abfällt. Es ist der Weald genannte Landstrich der Grafschaft Kent. Dieses Gebiet des Weald ist schon in den längst vergangenen Jahrhunderten zur Zeit der Römer, der Sachsen und Normannen schwer zu verteidigen gewesen, wenn ein entschlossener Feind es wagte, den Kanal zu überqueren. Sobald sich eine feindliche Streitmacht zur Invasion bereitstellte, konnte man ihre Lagerfeuer an der gegenüberliegenden Küste vom nahen Dover aus deutlich erkennen. Aber jetzt, 14 Jahre nach dem Waffenstillstand von 1918, ist der Weald eine friedliche und idyllische Gegend, und wer ihn zu Fuß durchstreift, entdeckt seine verborgene Schönheit. Seine sanften Hügel und das Weideland, das gegen London allmählich ansteigt, werden von einem flachen Tal durchzogen. Der Höhenkamm ist bewaldet. Dort steht auf einer Fläche von 32 Hektar, die von Buchen, Eichen, Linden und Kastanien bewachsen ist, das Landhaus des einzigartigsten englischen Staatsmannes, eines brillanten, herrischen, hochbegabten, rücksichtslosen, von Emotionen beherrschten, großzügigen, skrupellosen, weitblickenden, größenwahnsinnigen und heroischen Genies, eines Mannes, der unter seinesgleichen Furcht, Verehrung, Zorn und Bewunderung weckt.[1]

Er ist mit Sicherheit der bedeutendste Engländer seit Disraeli, ein seltsamer Überlebender der britischen Geschichte, der um die Zukunft seines Landes ringt. Er hat eine glänzende Vergangenheit hinter sich; als Mitglied des Unterhauses hat er – mit Ausnahme der Posten des Premierministers und des Außenministers – einmal jedes wichtige Ministeramt bekleidet. Doch jetzt ist er nur noch ein Hinterbänkler – ein gewähltes Parlamentsmitglied, das nicht dem Kabinett angehört. In seinem 58. Lebensjahr betrachtet man ihn bereits als einen Anachronismus. Als tapferer junger britischer Offizier war sein Name in aller Munde gewesen. Damals war er ein treuer Untertan der Königin Viktoria, gutaussehend und tollkühn, der in den Reihen des East Kent Regiments an der Nordwestgrenze Indiens, mit Kitchener bei Khartum und im Burenkrieg in vorderster Linie kämpfte. Diese Schlachten symbolisierten den britischen Stolz auf das Empire, das er mit aller Leiden-

Chartwell, Churchills geliebtes Heim und sicherer Zufluchtsort.

schaft verteidigte, auch wenn er seiner Untertanenpflicht bei anderen Gelegenheiten nicht immer nachgekommen ist. Inzwischen wird er für das Versagen anderer verantwortlich gemacht. Besonders wirft man ihm vor, bei dem Unternehmen gegen die Dardanellen im Jahr 1915 eine falsche Strategie entwickelt zu haben. Vor allem scheint er nicht in das 20. Jahrhundert zu passen (das er im Grunde verabscheut), sondern eher in das 19. oder sogar in das Zeitalter der Renaissance, denn wie die großen Männer jener Zeit zeichnet auch er sich durch seine bemerkenswerte Vielseitigkeit aus. Zu seinen zahlreichen Interessengebieten gehören die Literatur, die Malerei, die Philosophie, die Jagd, das Polospiel, die Militärwissenschaft, die Geschichte der Vereinigten Staaten und sogar die Architektur, die Maurerarbeit und die Landschaftsgärtnerei. Viele der hübschen kleinen Seen und Teiche, aber auch die anmutigen Wasserfälle in der Umgebung seines Wohnhauses wurden von ihm persönlich angelegt. Er hat in hüfthohen Gummistiefeln selbst die Schaufel in die Hand genommen und sich an den schweren Erdarbeiten beteiligt.[2]

Das unter hohen Bäumen versteckte, im Morgengrauen noch stille Chartwell und die unmittelbare Umgebung des Hauses legen Zeugnis ab von seinem Arbeitseifer. Auf der Südseite des Wohnhauses lädt ein von einer schönen, von ihm eigenhändig errichteten roten Ziegelmauer umgebener Garten seine Gäste dazu ein, sich das Innere von »Mary Cot« anzusehen, ein von ihm selbst für seine neunjährige Tochter aus Ziegeln gebautes Spielhaus. Zwischen ihm und dem großen Haus liegen der Obstgarten mit seinen reichtragenden Bäumen und ein mit kurzgeschorenem Gras bestandener Tennisplatz, den er für seine Frau Clementine angelegt hat. Im Osten erkennt man unter dem von der aufgehenden Sonne erleuchteten Himmel eine Rasenterrasse. Im Norden befinden sich sein geheiztes Schwimmbad und mehrere Teiche, die von schwarzen Schwänen und »Churchills Goldfischen« (in Wirklichkeit sind es Goldorfen) bewohnt werden. An der nördlichen Hauswand oberhalb des Schwimmbeckens will Winston das Familienwappen aus Beton und darunter das spanische Motto anbringen lassen, das so gut in diese Jahre seines politischen Exils paßt: *fiel pero desdichado* – treu aber glücklos.

Auf dem Grundstück gibt es verschiedene kleinere Gebäude, darunter ein Maleratelier und ein kleines weißes Haus mit zwei Schlafzimmern, in dem Marys Gouvernante, Maryott White wohnt. Das kleine Mädchen nennt sie »Nana«. Für die anderen heißt sie »Cousine Moppet«. Sie und Nellie Romilly, Clementines Schwester, sind die beiden Verwandten von Mrs. Churchill, die es als Dauergäste übernommen haben, den Haushalt zu führen. Ein weiteres kleines Haus soll noch gebaut werden. Winston hat vor, es bis 1939 fertigzustellen. Dann sollen er und Clemmie es beziehen und das Hauptgebäude ihrem Sohn Randolph überlassen. Es ist erstaunlich, wenn man daran denkt, daß es von hier bis zum Hyde Park in London nur 40 Kilometer sind. Dort, an der berühmten Hyde Park Corner, stehen Männer auf Seifenkisten und erzählen ihren zustimmend nickenden Zuhörern, daß sich die Gesellschaft auf dem Weg in die Katastrophe befindet. In acht Jahren wird es soweit sein, aber hier draußen herrscht eine heitere Stimmung. Die krachenden Detonationen schwerer Granaten und das Dröhnen feindlicher, mit Bomben beladener Flugzeuge, die über Chartwell hinweg nach London fliegen, sind noch unvorstellbar. Die Stille breitet sich wie ein beruhigender Schleier über dem Haus und der Landschaft aus. Winstons 1932er Daimler 35/120 Landaulet erscheint einem wie ein unerwünschter Eindringling. Er würde auf den Kraftwagen verzichten, wenn er es könnte. Er haßt Automobile, und wenn er in den seltenen Fällen, in denen er selbst am Lenkrad sitzt, in einen Verkehrsstau gerät, fährt er einfach auf dem Bürgersteig weiter.

Das Haus ist eine Metapher seines Herrn. Vor allem ist es solide gebaut. Die roten Ziegel der Außenmauer sind sauber ineinandergefügt; die Wände im Inneren stehen fest und senkrecht. Die Türpfosten sind präzise in die Querbalken eingepaßt, und die Türen schließen genau.

Das ganze Gebäude ist ebenso wie sein Bewohner komplex und wie er in der Vergangenheit verankert. Der größte Teil des Bauwerks stammt aus dem 15. Jahrhundert, aber alte Urkunden weisen schon für das Jahr 1350 einen Besitzer aus, und der älteste Teil des Hauses, in dem sich jetzt das Arbeitszimmer Churchills befindet, wurde 20 Jahre nach der Schlacht von Hastings errichtet, und damit ist es zehn Jahre älter als Westminster Hall. Nachdem Churchill den Besitz Anfang der 20er Jahre für 5000 Pfund erworben hatte, mußte er noch 18 000 für die Renovierungen ausgeben. Die Fassade wirkt vornehm und fast klassisch in ihrer Einfachheit. Der Türrahmen, den Winston von einem Händler in London erworben hat, gehörte ursprünglich zu einem anderen großen Landhaus aus der Zeit, als Königin Viktoria noch sehr jung war. Das Holz hat im Lauf vieler Jahre einen silbernen Schimmer angenommen, und die Stützpfeiler mit ihren Schnörkelverzierungen wirken barock. Die Rückseite des Hauses ist unübersichtlich, eine Folge der zahlreichen vom Hausherrn vorgenommenen Anbauten.

Bei Tagesanbruch ist die Luft frisch und kühl, aber am späten Vormittag wird es ungemütlich heiß, und die durch Sprossen geteilten Fenster sind offen – mit einer Ausnahme. Die Fenster in Churchills Schlafzimmer sind fest verschlossen. Er liebt das Landleben, aber nicht die Landluft, und er glaubt, in der Zugluft könnte er sich erkälten, denn er leidet schon seit seiner Kindheit an einer Anfälligkeit für Schnupfen. Außerdem ist er geräuschempfindlich. Jedes schrille Geräusch ist ihm unerträglich. Das Läuten von Kuhglocken stört ihn beim Nachdenken. Das Schlimmste für ihn ist, wie W. H. Thompson, der Detektiv von Scotland Yard, berichtet, der ihm gelegentlich als Leibwächter zur Verfügung steht, wenn irgend jemand pfeift: »Das löst bei ihm fast eine psychische Störung aus, und er reagiert sofort außerordentlich heftig darauf. Ich habe es erlebt, wie er auf der Straße irgendwelche jungen Burschen gescholten hat, die pfiffen, als er vorüberging.«[3]

Schon am frühen Morgen wird es in Chartwell lebendig. Der Herr des Hauses, seine Gemahlin und die vier Kinder schlafen zwar noch. Das sind die 23jährige Diana, die demnächst heiraten wird, der 21jährige Randolph, mit dem es schon jetzt gewisse Probleme gibt (seit seinem 18. Lebensjahr hat er die Gewohnheit, doppelte Brandies zu trinken), die 18jährige Sarah mit den tizianroten Haaren, die davon träumt, eine große Schauspielerin zu werden, und in dem Schlafzimmer über ihr die kleine Mary, die ihre größere Schwester Sarah unbarmherzig wegen ihrer zahlreichen Verehrer neckt. Aber die Haustiere sind bereits wach und unterwegs. Sarahs schokoladenbrauner Spaniel Trouble, Randolphs Foxterrier Harvey und Marys Blenheimspaniel Jasper, ein Geschenk der Herzogin von Marlborough, durchstöbern die Buschrosen

Diana und ihr Vater verlassen das Haus in den Morpeth Mansions zur Trauung in St. Margaret's, Westminster, wo auch Winston und Clementine am 12. September 1908 geheiratet hatten (Dezember 1932). Dianas Ehe wurde nach drei Jahren geschieden.

und erledigen ihre Geschäfte auf den Rosenbeeten. Winstons gelber Lieblingskater Tango reckt die Glieder, und das tut auch die gestreifte Katze Mickey. Ein Fuchs trollt, vom Ateliergebäude kommend, über den Rasen, die Pferde fangen an zu schnauben, eine kleine schwarze Ziege inspiziert den Obstgarten, und eine Gans watschelt anscheinend ziellos durch die Gegend.

Allmählich beginnen auch die Menschen sich zu rühren. Da heute ein besonderer Tag ist – alle Kinder sind zu Hause –, muß Mrs. Georgina Landemare die Küche übernehmen. Jetzt ist sie nur gelegentlich als Aushilfe in Chartwell, aber wie viele andere dienstbare Geister aus Westerham wird sie im Lauf der Zeit ganz vom Haushalt der Churchills vereinnahmt werden. Schon jetzt gibt es 18 Dienstboten. Zu ihnen gehören ein Butler, ein zweiter Diener und ein Gärtner, der gerade aus Westerham angekommen ist und das Gelände nach den fortgeworfenen Zigarrenstummeln Winstons absucht, um sie in seiner Pfeife zu rauchen. Die meisten Hausangestellten stammen aus Westerham. Winstons Sekretärinnen, Grace Hamblin und Violet Pearman (»Mrs. P.«) leben in unmittelbarer Nähe. Sie sind schon seit ihrer Kindheit mit Frank Jenner, dem Taxifahrer aus Westerham, bekannt, der Churchill gelegentlich zu den Parlamentssitzungen nach London fährt und ihm auch sonst als Faktotum dient. Zu ihren Bekannten gehört auch Harry Whitbread, der Maurer, der Churchill sein Handwerk gelehrt hat und ihm gelegentlich bei dieser Arbeit hilft. Sie alle sind stolz auf ihren berühmten Nachbarn, gleichgültig welcher politischen Richtung sie selbst angehören. Allerdings lassen sie sich in keiner Weise von ihm einschüchtern. Whitbread hält ihm Vorträge über die Einstellung der Arbeiterschaft zu den verschiedensten sozialen Fragen, und Winston hört aufmerksam zu und bedankt sich bei ihm. Die Bewohner des kleinen Städtchens nehmen regen Anteil am Leben Churchills und seiner Familie. Vor einiger Zeit besuchte ihn eine Urlaubsvertretung des örtlichen Friseurs, um ihm die Haare zu schneiden, und fragte ihn, welchen Haarschnitt er wünsche. Churchill antwortete: »Ein Mann mit so geringen Reserven wie ich kann sich einen modischen Haarschnitt nicht leisten. Fangen Sie ruhig mit Ihrer Arbeit an.«[4]

Chartwell ist Churchills Zufluchtsort und seine Freistatt. Von dieser sicheren Basis aus stürzt er sich in das Getümmel der Londoner Politik. Wie heftig die Stürme im Unterhaus auch toben mögen und wie scharf die Presse ihn auch angreifen mag, hier ist er von Freunden umgeben und hat das Gefühl, auf festem Boden zu stehen, der alles das verkörpert, was die britische Inselnation ihm bedeutet. Das Wesentliche an Chartwell ist für ihn die Tatsache, daß es so vollständig und uneingeschränkt *englisch* ist.

Als einer der großen Anwälte des Britischen Weltreichs erinnert er sich an den Ausspruch von Königin Viktoria: »Ich halte es für sehr unklug aufzugeben, was wir im Besitz haben.« Für seinen Widerstand gegen die von England übernommene Verpflichtung, Indien in die Freiheit zu entlassen, hatte er einen hohen Preis zahlen müssen. Aber er hat es nie gelernt, in Grundsatzfragen Kompromisse zu schließen. *Er ist nicht fähig nachzugeben.*

Wäre er im Hinblick auf Indien nachgiebiger gewesen, dann hätte er auch persönlich auf eine erfolgreichere politische Zukunft hoffen dürfen. Aber er glaubte an seinen guten Stern. Doch wie er in erschreckender Weise recht haben kann, kann er sich auch beträchtlich irren. Wenn wir seine Siege und Niederlagen an uns vorbeiziehen lassen – und es werden viele sein –, können wir versuchen, uns ein klares Bild von seiner Persönlichkeit und Identität zu machen. Lohnen wird es sich auch, ihn an einem typischen Tag in Chartwell zu begleiten. Denn dabei zeigt sich, warum ihn die Nachwelt nicht nur als bedeutenden Staatsmann, sondern auch als eines der großen Originale der Geschichte im Gedächtnis behalten wird.

Aus den Fenstern des geräumigen, in hellen Farben gehaltenen Salons überblickt man den Weald. Unter den Kristallprismen des Kronleuchters aus dem 18. Jahrhundert steht eine exquisite kleine Uhr auf einem *Louis XVI bureau à cylindre* aus Mahagoni. Pünktlich um acht Uhr erklingt ihr feiner Glockenschlag. Im Arbeitszimmer des Hausherrn darüber ertönt als Echo die Glocke einer zweiten Uhr. Im Schlafzimmer Churchills nebenan wird die Stille durch das Rascheln der Leinenbettücher unterbrochen, er setzt sich auf und reißt sich die Augenbinde aus schwarzem Satin vom Gesicht. *Er* und nicht die Sonne entscheidet, wann er den jungen Tag begrüßen will. Er sucht mit der Hand nach dem Klingelknopf auf dem Nachttisch und läutet nach seinem Kammerdiener und Butler oder, wie Churchill ihn nennt, *my man.*[5]

Für die anderen Bewohner des Hauses heißt Churchills *man* David Inches, und ebenso wie sein Herr gilt auch er als Exzentriker, »eine außergewöhnliche Persönlichkeit«, meint Grace Hamblin, Winstons Erste Sekretärin, »immer überarbeitet, immer schwitzend, manchmal betrunken!« Während er auf seinen Butler wartet, blickt sich Churchill um. Sein Gesicht zeigt zwar noch die Spuren des Schlafs, aber er ist erstaunlich wach angesichts der Tatsache, daß er wie üblich erst vor sechs Stunden zu Bett gegangen ist. Im Zimmer verstreut liegen die für ihn typischen persönlichen Dinge. Die Einrichtung der anderen Räume entspricht dem vornehmen, zurückhaltenden Geschmack der englischen

Oberklasse und ist von Clementine Churchill geprägt. Aber ihr Ehemann ist ein unverbesserlicher Renommist und erinnert an die Kavaliere und Günstlinge der Königin Elisabeth I. mit ihrer aristokratischen Mißachtung der Meinung anderer. So ist auch der am stärksten von seiner Persönlichkeit geprägte Raum des Hauses nicht mit zurückhaltender Eleganz, sondern mit übertriebener Pracht ausgestattet. Hier sieht man eine reich verzierte Zigarrendose von Fabergé, gravierte goldene und silberne Teller, und in einer Ecke steht in einsamer Herrlichkeit ein Spazierstock mit goldenem Knauf und der Inschrift »Für meinen jüngsten Minister«. Er war das Hochzeitsgeschenk von König Eduard VII., der in den 80er Jahren des vorigen Jahrhunderts, damals noch Prince of Wales, mit Winstons Mutter Jennie ein intimes Verhältnis unterhielt. Die Inschrift stammte allerdings aus dem ersten Jahrzehnt unseres Jahrhunderts, als der junge Winston im Parlament während der Regierungszeit Eduards damit begann, seine politische Stellung zu festigen.[6]

Eine Minute vergeht – und eine zweite. Kein Butler. Winston beginnt vor Wut zu schäumen. Er schiebt die Unterlippe nach vorn. Sein täglicher Zeitplan erscheint den Gästen bizarr. Sie können keine Ordnung darin sehen. Doch seine Hausgenossen in Chartwell wissen es besser. So seltsam es auch scheinen mag, es ist trotzdem ein streng geregelter Tagesablauf. Der junge F. W. D. (»Bill«) Deakin wird demnächst seine Wohnung am Christ Church College in Oxford verlassen, um (für ein Jahresgehalt von nur 300 Pfund) die Aufgaben des Ersten Forschungsassistenten Churchills für dessen mehrbändige Biographie seines großen Vorfahren John Churchill zu übernehmen, des Ersten Herzogs von Marlborough. Sehr viel später wird sich Deakin an diese Zeit erinnern: »Er hatte die Arbeit peinlich genau eingeteilt, und sein Zeitplan lief pünktlich auf die Minute ab. Die Arbeit für jeden Tag wurde genau geplant, und er konnte sehr aufgeregt und sogar richtig böse werden, wenn etwas dazwischenkam.«

Auch jetzt ist er böse. Sein Butler ist oft unpünktlich, heute allerdings trifft ihn keine Schuld. Die Klingel hat in letzter Zeit schon manchmal versagt. Und obwohl Churchill seinen Mann mit lauter Stimme ruft, verhallen seine Rufe ungehört. Das hat er sich zum Teil selbst zuzuschreiben. Die Wände in diesem Teil des Hauses sind dick. Er hat alle Mauerrisse mit Mörtel verschmieren lassen und sie damit praktisch schalldicht gemacht.[7]

Zornig wirft er die Bettdecke ab, springt aus dem Bett, stampft wie ein verwöhntes Kind mit den bloßen Füßen auf den Boden, stolziert mit großen Schritten durch das Zimmer, geht hinaus auf den Gang und macht sich auf die Suche nach seinem Butler. Das geschieht gelegentlich, und die Wirkung ist manchmal aufsehenerregend, denn Churchill schläft nackt und bleibt es auch bei diesen Erkundungsgängen. Wenn er bei seinen Freunden zu Gast ist, trägt er einen Schlafrock, »um das Schamgefühl der Gastgeber nicht zu verletzen«, wie er sagt, aber in Chartwell nimmt er sich die Freiheit, nackt durchs Haus zu gehen. Einer der Hausangestellten erzählte später, »für ihn schien das ganz natürlich zu sein«. Einem jungen Dienstmädchen, das deshalb seine Stelle in Chartwell aufgab, erschien dies nicht so natürlich. Als sie eines Morgens den nackten Hausherrn Winston Leonard Spencer Churchill in voller Größe mit seinen 210 Pfund, seiner rosa Glatze und den breiten herabhängenden Schultern auf der obersten Stufe der Treppe stehen sah und er sie, wie eine seiner Sekretärinnen berichtet, durchdringend »wie ein Laserstrahl« ansah, lief sie kreischend aus dem Haus. Anschließend hat sie ihre persönlichen Sachen und den fälligen Lohn abholen lassen.[8]

Endlich erscheint Inches – schwitzend und mit tausend Entschuldigungen. Churchills Kindern macht es großen Spaß, ihn zu imitieren, aber ihr Vater schätzt »seinen Mann«. Trotz seiner Vorliebe für alkoholische Getränke und anderer Schwächen kennt er die Anforderungen Churchills an die tägliche Disziplin. Er beginnt den Tag in gewohnter Weise und bringt das Tablett mit der ersten Mahlzeit seines Herrn: Orangensaft aus der Flasche (Winston verabscheut den Saft frisch ausgepreßter Orangen) und ein warmes englisches Frühstück. Das Hauptgericht ist ein kleines Steak, ein gebratenes Hühnerbein oder ein Kotelett, das auf Anordnung von Churchill nach dem Abendessen des vergangenen Tages zu diesem Zweck beiseite gelegt wurde. Außerdem gehört eine kleine Portion Marmelade dazu, gewöhnlich ist es Kirschmarmelade. Wenn sie vergessen wurde, legt sich Winston schmollend in die Kissen zurück, macht ein böses Gesicht und weigert sich, das Frühstück anzurühren, bevor die Marmelade geholt worden ist.[9]

Nachdem er aufgestanden ist, geht er mit für sein Alter und sein Gewicht überraschend energischen Schritten ins Badezimmer und rasiert sich mit einem Rasierapparat, während sein Kammerdiener das erste seiner beiden täglichen Bäder einlaufen läßt. Ebenso wie das Servieren des Frühstücks erfordert diese Tätigkeit große Sorgfalt. Churchill steigt nicht in die Wanne, bevor sie zu zwei Dritteln gefüllt ist und das Thermometer 38 Grad Celsius anzeigt. Der gehorsame Inches dreht noch einmal den Heißwasserhahn auf. Die Badewanne ist jetzt so weit gefüllt, wie Winston es gewohnt ist, und das Überlaufrohr ist auf seine Anordnung verstopft worden. Das ist zwar eine ausgezeichnete Hydrotherapie, aber ebenso wie bei seinen unkeuschen Exkursionen außerhalb des Schlafzimmers kann es dabei zu Katastrophen kommen. Es macht ihm Vergnügen, in der Badewanne herumzuturnen, und als er einmal auf die Idee kam, einen Überschlag – »genau wie ein Delphin« – zu machen, lief die Wanne über, und das Wasser beschädigte die Decke des darunterliegenden Zimmers. Noch schlimmer war, daß der Frack eines wichtigen französischen Gastes, der gekommen war, um Churchill seine Aufwartung zu machen, vollkommen durchnäßt wurde. Inzwischen ist im Badezimmer ein besonderer Abfluß installiert worden. Churchill räkelt sich im warmen Wasser, rezitiert Kipling, lernt mit lauter Stimme Reden oder Vorträge auswendig, die er demnächst halten will, oder singt – nicht in dem männlichen Bariton, den man im Parlament von ihm gewohnt ist, sondern mit sanfter, hoher Stimme.[10]

In einem anderen Teil des großen Hauses ist Sarah (»Mule«, wie er sie zärtlich nennt) aufgestanden und spielt auf ihrem Grammophon den Schlager der Saison:

Night and Day
You are the one…

Ihrem Vater gefallen die Melodien am besten, die ihn an das England seiner Jugend erinnern, an die Zeit lange vor 1914 und dem blutigen Ersten Weltkrieg, als, wie er später in seiner Geschichte des Großen Krieges schrieb, »die Welt am Rand der Katastrophe ein glänzendes Schauspiel bot und auf allen Seiten Nationen und mächtige Reiche mit Fürsten und Potentaten an ihrer Spitze einen gewaltigen Aufschwung erlebten, umgeben von den während eines langen Friedens angesammelten Schätzen«.[11] Damals lebten junge Offiziere wie der Leutnant Winston S. Churchill von den Vierten Husaren Ihrer Britischen Majestät überall in dem großen Britischen Empire wie die Götter. Talleyrand hat einmal gesagt, wer nicht unter *l'ancien régime* gelebt habe, wisse nicht, was die wahre *douceur de vivre* bedeute. In der viktorianischen und edwardianischen Epoche das Leben eines Aristokraten zu führen, war ein *Vergnügen* gewesen, und Winston wird nie müde, den großen Schlager des Burenkrieges zu singen, in dem ihn seine Flucht aus einem feindlichen Gefangenenlager zum Nationalhelden gemacht hatte:

Good-bye, Dolly, I must leave You,
Though it breaks my heart to go;
Something tells me I am needed
At the front to meet the foe!

Aber auch die Hymne zur Verherrlichung der imperialen Eroberungen des viktorianischen England gehörte zu seinen Lieblingsliedern:

It's the soldiers of the Queen, my lads,
Who've been the lads, who've seen the lads,
In the fight for England's glory, lads,
Of her world-wide glory let us sing!

Im England des Jahres 1932 war das Wort *glory* – Ruhm – nichts mehr wert. Nach der Trauer um die »ruhmreichen Gefallenen« von 1914–1918 verunreinigt das Wort »Ruhm« jetzt geradezu die Luft. Wenn Winston vor einem Deutschland warnt, das von Rachedurst besessen sei, wird er von seinen Zuhörern ausgelacht, oder sie verlassen die Versammlung. Heute ist er kein Volkstribun mehr. Obwohl er an radikale gesellschaftspolitische Problemlösungen glaubt, ist er in jeder anderen Beziehung ein Traditionalist geblieben. Und nach seiner Auffassung beginnt die Tradition im eigenen Haus. Der ritualistische Verlauf eines Tages in Chartwell von der Morgendämmerung bis zu dem für die Grafschaft Kent so charakteristischen, lange dauernden blauen Zwielicht ist für ihn eine Art historisches Schauspiel. Er hat Vergnügen daran und hält es für ebenso wesentlich wie angenehm, und weder er noch irgendein anderer, der unter diesem Dach schläft, zweifelt daran, daß er allein die Fähigkeit besitzt, zugleich der Textdichter, der Produzent, der Regisseur, der Intendant und natürlich auch der Held in dieser Vorstellung zu sein.

Nun ist es Zeit für den Star des Stückes, sein erstes Kostüm anzulegen. Rosig und sauber entsteigt er der Badewanne und wartet ungeduldig, bis Inches ihn abgetrocknet hat. Dann schlüpft er in einen seiner beiden abgetragenen, aber heißgeliebten Morgenmäntel. Der weniger auffallende ist aus dunkelblauem Samt. Der zweite, eine Orgie aus Gold und leuchtendem Grün, zeigt einen scharlachfarbenen Drachen, der sich um seinen kräftigen Torso windet. Sein Kammerdiener ist, während Churchill badete, nicht untätig gewesen. Winston wird den ganzen Vormittag im Bett bleiben, und für einen Mann mit so zarter Haut wie er besteht immer die Gefahr, sich wund zu liegen. Deshalb hat Inches einen Korb mit großen Schwämmen mitgebracht, die er nun an den Stellen unter das Bettlaken schiebt, wo die empfindlichsten Körperstellen Churchills liegen werden, wenn er sich von einer Seite auf die andere wälzt.[12]

Das Tablett ist inzwischen fortgeräumt. Aber in Reichweite stehen immer noch die Marmelade und ein schwacher Scotch mit Soda – immer Johnny Walker Red –, den der im Bett liegende Winston, der Tradition von Palmerston, Pitt und Baldwin folgend, während der nächsten vier Stunden in kleinen Schlucken zu sich nehmen wird. Doch die Legende, er sei ein starker Trinker, ist eine reine Erfindung. Churchill ist ein vernünftiger, wenn auch unorthodoxer Trinker. Er hat stets einige Promille Alkohol im Blut, am meisten am späten Abend, nachdem er zwei oder drei Gläser Scotch, einige Gläser Champagner, wenigstens zwei Brandies und einen Highball getrunken hat. Seine Angehörigen haben ihn jedoch noch nie betrunken erlebt. Er selbst hat gesagt: »Wir alle verachten einen Mann, der sich betrinkt.« Und nach einem Gedankenaustausch über das Trinken hat er erklärt: »Ich kann nur sagen, daß ich vom Alkohol mehr gehabt habe als der Alkohol von mir.« Dennoch scheint es ihm Freude zu bereiten, wenn unsinnige Geschichten darüber verbreitet werden, welche Mengen Alkohol er vertragen kann. Das liegt zum Teil daran, daß er sein Image als Macho lebendig erhalten will, weil er so häufig in der Öffentlichkeit weint (seinen Freunden sagt er ganz fröhlich, »ich bin eine Heulsuse«). Zum Teil liegt es aber auch daran, daß die Europäer gerne glauben wollen, ihre politischen Führer seien Männer, die jede Menge Alkohol vertragen können. In Wirklichkeit trinkt Winston den ganzen Tag über nur kleine Mengen, ist aber, wie gesagt, niemals betrunken.[13]

Nach dem ersten Scotch kommt einer der kleinen Hunde seiner Kinder ins Zimmer, springt auf das Bett und begrüßt ihn freudig mit lebhaftem Schwanzwedeln. Dann zündet sich Churchill die erste Zigarre dieses Tages an. Sein Kammerdiener ist für den Zigarrenvorrat in Chartwell verantwortlich. Im Lauf der Zeit werden es mehr als 3000 Stück sein. Sie alle kommen aus Havanna. Die bevorzugten Marken sind Romeo y Julieta und La Aroma de Cuba. Sie lagern in einem winzigen Raum zwischen seinem Schlafzimmer und dem Arbeitszimmer auf Regalen mit den Aufschriften »eingewickelt«, »nackt« und »groß«. Freunde und Bewunderer haben Winston unzählige Zigarrenabschneider geschenkt, einen trägt er an der Uhrkette. Aber er benutzt sie nie. Er befeuchtet vielmehr das Mundstück, durchsticht es mit einem langen Streichholz, bläst vom anderen Ende den Staub aus der Zigarre und entzündet sie an der Flamme einer Kerze, die immer neben seinem Bett steht. Er verbraucht täglich zehn oder noch mehr Zigarren, raucht aber nur selten eine zu Ende. Meist brennen die Zigarren, die er im Mund hat, gar nicht. Er kaut sie, und wenn sie brennen, inhaliert er den Rauch nicht. Wenn sich das Deckblatt löst, wickelt er die Zigarre in gummiertes braunes Papier. Diese Improvisation nennt er »Bauchbinde«.[14]

Neben dem Bett liegen alle wichtigen Tageszeitungen, zuoberst die *Times* und der *Daily Telegraph* und zuunterst der *Daily Worker*. Die Leitartikel werden zuerst gelesen, oft mit solcher Konzentration, daß das Blatt am Ende ganz mit Marmelade beschmiert ist. Aber das ist ein Problem für die Hausangestellten und geht ihn nichts an. Wenn Winston eine Seite gelesen hat, läßt er sie einfach zu Boden gleiten. Die

Zeitungslektüre nimmt zwei Stunden in Anspruch. Gelegentlich unterbricht er sie, schlüpft in seine Pantoffeln, geht in das Schlafzimmer seiner Frau und macht sie auf einen Artikel aufmerksam, der ihn besonders interessiert hat. Dabei kann es sich unter Umständen nur um irgendwelche statistischen Angaben über die Zunahme der deutschen Erzimporte handeln, die ihm bedeutungsvoll erscheint. Oder seine Frau kommt zu ihm ans Bett, um ihm eine ähnliche Mitteilung zu machen. Obwohl die Eheleute nie gemeinsam frühstücken, beginnen sie den Tag mit dem gleichen Ritual.[15]

Während er sich noch mit den letzten Seiten des *Daily Worker* beschäftigt, betritt Mrs. P. oder Grace Hamblin das Zimmer. Später kommt noch Kathleen Hill dazu. Es ist wichtig, daß sie es möglichst geräuschvoll tun, denn Winston ist zwar nicht taub, will aber nicht überrascht werden. Wenn sich irgend jemand ins Zimmer schleicht, fährt er wütend auf und brüllt: »Goddammit!« Nachdem sich die Sekretärin gesetzt hat, um sein Diktat aufzunehmen, blättert er noch einmal die Morgenpost durch, die sie ihm in drei Päckchen geordnet vorgelegt hat: Dienstliche Angelegenheiten, Privatkorrespondenz und Zuschriften aus der Bevölkerung. Als junger Autor hat er seiner Mutter einmal geschrieben: »Meine Hand verkrampft sich so sehr, daß ich jedes Wort zweimal und manchmal auch dreimal schreiben muß.« Jetzt bringt er nur selten selbst ein Wort zu Papier – mit Ausnahme seiner Unterschrift oder bei der Korrektur von Druckfahnen. Auch die Briefe guter Freunde und seiner Familienangehörigen beantwortet er handschriftlich. Dabei verwendet er normalerweise einen Füllfederhalter mit blauer Tinte für die Korrespondenz und roter Tinte für die Korrekturen der Druckfahnen. Jede einzelne Zuschrift wird beantwortet, allerdings von der Sekretärin. Dazu diktiert Winston nur ganz kurze Anweisungen, und die Sekretärin, die mit seinem persönlichen Stil vertraut ist, formuliert den Text und benutzt dabei die von ihm bevorzugten und oft ausgefallenen altmodischen Worte. Wichtige Briefe erfordern größere Sorgfalt und ein längeres Suchen nach den passenden Ausdrücken. Wenn die Post erledigt ist, werden andere wichtige Aufzeichnungen diktiert und Besucher empfangen. Außer dem König werden sie alle in sein Schlafzimmer geführt. So bittet er zum Beispiel einen seiner Assistenten zu sich und sagt ihm, nachdem er die Druckfahnen eines in Arbeit befindlichen Buches durchgesehen hat, »überprüfen Sie folgendes noch einmal« oder »stellen Sie dieses oder jenes fest«. Manchmal fordert er den Assistenten auf, ihm einen bestimmten Abschnitt laut vorzulesen. In dieser Zeit beschäftigt sich Churchill auch mit der Abfassung seiner Reden und Vorträge.

Um die Mittagszeit hat sich das Tempo seines Diktierens beschleunigt, und um 13 Uhr galoppieren die Worte geradezu. Mrs. Hill berichtet; »In Shorts und Unterhemd und mit einer leuchtend roten Leibbinde raste er durch die Zimmer, während ich mit Notizblock und Bleistift hinterherlief und mich verzweifelt bemühte, den Wortschwall zu Papier zu bringen. Man hat den Eindruck, daß dieser noch nicht fertig angezogene Mann verzweifelt versucht, die Zeit einzuholen, weil er sich bereits verspätet hat – und das ist auch wirklich so.«[16]

Wir nähern uns dem kritischen Augenblick, an dem das Mittagessen beginnen soll. Es wird um 13.15 Uhr angerichtet, und oft sind auch wichtige Gäste dazu geladen. Aber Winston ist niemals rechtzeitig da, um sie zu begrüßen. Er bedauert selbst seine Unpünktlichkeit, kann aber nichts dagegen unternehmen, obwohl jeder in Chartwell die Ursache kennt: Er unterschätzt regelmäßig die Länge der Zeit, die er dazu braucht, sich zu rasieren und von seinem Kammerdiener ankleiden zu lassen, um etwa fünf Minuten. Auf seinen Reisen kommt es aus diesem Grund oft zu haarsträubenden Szenen. Auf dem Bahnhof von Kaventree warteten eines Tages ein guter Freund und eine erboste Clementine ungeduldig auf sein Erscheinen. Der Bahnhofsvorsteher gab schon das Zeichen zum Türenschließen, als Winston endlich auftauchte. Clemmie wandte sich an den Freund und sagte: »Winston ist ein fairer Sportsmann; er gibt der Eisenbahn immer die Chance, ihn in diesem Wettlauf zu besiegen.« Auch in Chartwell bereitet er seiner Familie und den Hausangestellten mit seiner Unpünktlichkeit manchen Ärger. Einmal versuchte ein Diener, ihn zu überlisten, und stellte die Uhr in seinem Schlafzimmer vor. Eine Zeitlang hatte er Erfolg damit, weil Winston es ablehnte, eine Armbanduhr zu tragen, da Armbanduhren für den Grabenkrieg erfunden worden waren. So hielt er seiner goldenen Taschenuhr die Treue, die von der Familie respektlos als Kohlrabi bezeichnet wurde, wofür er überhaupt kein Verständnis hatte. Aber lange ließ er sich nicht täuschen, einmal mißtrauisch geworden, fragte er seine morgendlichen Besucher nach der Uhrzeit.[17]

Schließlich gelingt es den gemeinsamen Bemühungen des Personals, den Hausherrn dazu zu bewegen, einigermaßen korrekt angezogen im Salon zu erscheinen. Als er das Zimmer betritt, scheint sein Gesichtsausdruck zu sagen, »da bin ich endlich«. Wenn einer der hier versammelten Gäste zum ersten Mal in Chartwell ist und glaubt, das Leben einer normalen britischen Familie der Oberschicht kennenzulernen, dann wird er sehr bald enttäuscht, wenn er hört, wie sich die Churchills begrüßen. Anstatt »hallo« zu sagen, stoßen sie tierische Urlaute aus: »Wau Wau!« oder »Miau!«, und im Kreis der Familie werden anstelle der Vornamen ausgefallene Spitznamen verwendet. Clementine nennt ihren Ehemann »Pug«, und er nennt sie »Cat«. Die Kinder heißen »Puppy Kitten« (Diana), »der Chumbolly« (Randolph), »Mule« (Sarah) und »Mouse« (Mary).

An dem runden Eichentisch im Eßzimmer nimmt Churchill den Platz ein, auf dem er nach Osten blickt, es ist das Kopfende des Tisches. Von hier aus kann er durch das Fenster über die Terrasse hinweg den größten der von ihm angelegten Teiche sehen. Neben seinem Platz steht ein silberner georgianischer Kerzenleuchter. Er braucht die Kerze, wenn ihm seine Zigarre nach einem seiner langen Monologe ausgegangen ist. Schon während er zu seinem Platz geht, sieht man deutlich, daß er sich auf die Mahlzeit freut. Obwohl er sich ungern sportlich betätigt, hat er immer einen guten Appetit. Man könnte ihn aber nicht als Feinschmekker bezeichnen. Eine verfeinerte Küche ist nicht nach seinem Geschmack. Zum Mittagessen schätzt er Irish Stew, Yorkshire Pudding mit »gutem rotem Rindfleisch«, wie er es nennt, oder einen gekochten Weißfisch mit dem Schwanz im Maul. Im übrigen ist er ein überzeugter Anthropomorphist; viele der in Chartwell lebenden Hühner sind sehr zahm, er hat ihnen Namen gegeben und bezeichnet sie als seine »Freunde«. Deshalb steht kein Geflügel auf der Speisekarte. Den Gedanken, einen dieser Freunde zu verspeisen, könnte er nicht ertragen.[18]

Für Churchill wäre eine Mahlzeit ohne Alkohol keine Mahlzeit. In all den Jahren, die er schon in Chartwell lebt, ist noch kein Tag vergangen, ohne daß eine Flasche Champagner geöffnet wurde, und zwar immer zum Abendessen und oft auch am Mittag. Als junger Mann hat er einmal gesagt: »Ein einziges Glas Champagner wirkt ungeheuer anregend. Es erfrischt die Nerven, regt die Phantasie an und schärft den Verstand.« Eine ganze Flasche hat die gegenteilige Wirkung: »Sie erzeugt einen komatösen Dämmerzustand.« Auch jetzt trinkt er nur ein Glas. Zwar lehnt er die Vorstellung ab, daß dunkles Fleisch und Weißwein nicht zusammenpassen, aber im übrigen sind seine Trinkgewohnheiten charakteristisch für den Engländer der Oberschicht. Der amerikanische Martini ist für ihn ein barbarisches Getränk, und als Jan Christiaan Smuts ihn besucht und ihm eine Flasche südafrikanischen Brandy mitbringt, nimmt er einen Schluck, läßt ihn über die Zunge gleiten, rollt mit den Augen und sagt seinem alten Freund mit strahlendem Gesicht: »Mein lieber Smuts, er ist ausgezeichnet.« Nach einer Pause fügt er jedoch hinzu: »Aber es ist kein Brandy.« Am Ende der Mahlzeit nach einem Glas Portwein mit Eis und einem reifen englischen Rahmkäse begrüßt er die Flasche Hine, den *echten* Brandy, mit verklärtem Lächeln und dem Anbohren einer frischen Zigarre. Nach seiner Überzeugung ist Brandy der wichtige Bestandteil einer gesunden Ernährung, und je

Winston, Clementine, Diana, Randolph mit einigen Freunden und Charlie Chaplin (ganz rechts) in Chartwell.

älter er ist, desto besser. Winston wird jetzt freundlicher, zugänglicher, aufgeschlossener und strahlt eine absolute Selbstsicherheit aus.[19]

Sir John Colville, der später bei Churchill und zwei anderen Premierministern den Posten des Privatsekretärs übernehmen wird, hat vielleicht recht, wenn er meint, daß sich die Freunde Churchills durch ihre Verschiedenartigkeit auszeichnen. Allerdings gibt es unter ihnen keine schlechterzogenen und ungebildeten Menschen, wohl aber geistreiche, ehrgeizige, aber auch faule und langweilige Persönlichkeiten, Exhibitionisten, begabte Künstler und Intellektuelle und vor allem vornehme und angesehene Standespersonen. Die begabtesten und unterhaltsamsten werden zum Abendessen eingeladen. Doch alle Gäste sind seine *Freunde*. Sie kommen sogar scharenweise in sein Londoner Absteigequartier in den Morpeth Mansions Nr. 11, wo er während der Parlamentssitzungen wohnt, doch Leute, die sich als Heckenschützen betätigen wollen, kann er hier nicht gebrauchen.

Seine Gäste sind auch keine Speichellecker und Kriecher. Churchill, der schon vor dem Ersten Weltkrieg eine gefeierte Persönlichkeit war, verkehrt gern mit Menschen, die in der Öffentlichkeit eine Rolle spielen. Sein bester amerikanischer Freund, der Finanzier Bernard Baruch, besucht ihn jedesmal, wenn er in England ist. T. E. Lawrence, der unter einem Pseudonym in der RAF dient, kommt unter lautem Geknatter auf seinem Motorrad angefahren und erscheint zum Abendessen in seinem Gewand als arabischer Scheich, weil er weiß, daß er Mary in diesem Aufzug eine besondere Freude machen wird. Charlie Chaplin unterhält die Gesellschaft mit Pantomimen und Scherzen. Winston fragt ihn, ob er schon weiß, welches seine nächste Rolle sein wird. »Ja«, antwortet Chaplin, »Jesus Christus.« Nach einer kleinen Pause fragt Churchill: »Haben Sie sich schon die Aufführungsrechte gesichert?«

Zu den ständigen Gästen gehören auch zwei Parlamentsabgeordnete, die Winston in diesen Jahren seines politischen Exils die Treue gehalten haben. Es sind dies der gutaussehende junge Robert J. G. (»Bob«) Boothby und Brendan Bracken, ein draufgängerischer Abenteurer, der es durch seine Tüchtigkeit zum Millionär gebracht hat. Mit seiner Stupsnase, der altmodischen Brille und seinem flammend roten Haarschopf ist er ein Original und unterstützt sogar die Verbreitung des Gerüchts, er sei der illegitime Sohn seines Gastgebers. Winston amüsieren diese Gerüchte, aber Clementine findet sie gar nicht komisch. (Als sie ihren Mann einmal zur Rede stellte und wissen wollte, ob es wahr sei, antwortete er: »Ich hab' die Angelegenheit überprüft, aber die Daten stimmen nicht.«) Clemmie ist die einzige, die sich durch die gelegentliche schlechte Laune ihres Gatten nicht einschüchtern läßt, und sie scheut sich auch nicht, die Antipathie, die sie Bracken entgegenbringt, durch Gesten, Blicke und eine scharfe Stimme zum Ausdruck zu bringen. Churchill bewundert ihren Kampfgeist – »mein Gott«, äußert er sich später gegenüber einem Freund, »sie stürzte sich auf den armen Brendan wie ein Jaguar aus einem Baum« –, aber er schweigt dazu. Die anderen Gäste wundern sich darüber. Es läßt sich nicht leugnen, daß Bracken begabt und tüchtig ist. Aber sein Benehmen ist sogar nach den in diesem so überaus toleranten Haus geltenden Maßstäben unerhört. Neulich hat er sich sogar über Clementines Zitatensammlung gemacht und die dort eingeklebten Artikel über Winstons politische Laufbahn herausgeschnitten.[20]

Doch Winston genießt die Gesellschaft des jungen Mannes, was über ihn mehr aussagt als über Bracken. Männer, die etwas aus ihrem Leben gemacht haben, interessieren ihn – ja, es sind die einzigen, für die er sich wirklich interessiert. Soldaten beeindrucken ihn ganz besonders. Er schließt jeden in die Arme, der mit dem Victoria Cross ausgezeichnet worden ist, und als er Sir Bernard Freyberg, den Kriegshelden aus Neu-

Brendan Bracken.

seeland, kennenlernt, verlangt er zu Freybergs Entsetzen, daß dieser sich auszieht, damit Churchill die 33 Narben seiner verschiedenen Verwundungen zählen kann. Auch Männer, denen es gelungen ist, ein großes Vermögen zu erwerben, während er sich jahrelang mit seinen Gläubigern herumgeschlagen hat, imponieren ihm. Das ist auch einer der Gründe seiner besonderen Zuneigung zu Bracken.

Es erklärt vielleicht auch die guten Beziehungen zwischen Winston und Baruch, wenngleich hier noch einiges andere hinzukommt. Baruch ist Amerikaner und Jude, und er weiß, welche Bedrohung von einem aggressiven Deutschland ausgeht. Außerdem fühlt sich Churchill dem Finanzier Baruch verpflichtet, der ihm mit seinem ungewöhnlichen Scharfsinn und seiner Großzügigkeit einen großen Dienst erwiesen hat. Bei dem großen Börsenkrach an der Wall Street hatte Winston hohe Verluste erlitten. Ohne Baruch wären sie katastrophal gewesen, und er wäre seine Schulden nie wieder losgeworden. Er ist kein geborener

Glücksspieler, sondern ein geborener Verlierer. Damals hatte er in New York Baruch in seinem Büro aufgesucht und beschlossen, an der Börse zu spekulieren. Als die Kurse in den Keller fielen, versuchte er, die Entwicklung am Aktienmarkt vorauszusehen, wie er es auch an der Riviera versucht hatte, die Glückszahlen am Roulette vorauszuberechnen. Aber an der Wall Street verrechnete er sich ebenso wie in Monte Carlo. Am Abend des schicksalhaften Tages kam er in Tränen aufgelöst zu Baruch. Er erklärte, er habe sein ganzes Vermögen verspielt und müsse Chartwell und alles verkaufen, was er besaß. Er werde seinen Sitz im Parlament aufgeben und sich eine Stelle suchen. Aber Baruch konnte ihn beruhigen. Er sagte, Churchill habe nichts verloren. Er hatte seinen Mitarbeitern aufgetragen, jedesmal zu kaufen, wenn Churchill verkaufte, und zu verkaufen, wenn Churchill kaufte. So hatte Winston weder verloren noch gewonnen, und wie er später feststellte, hatte Baruch sogar die Maklergebühren für ihn bezahlt.[21]

Solche Qualitäten hat Bracken nicht zu bieten. Aber als Engländer und Parlamentsmitglied kann er seinem Idol auf andere Weise dienen. Im Unterhaus bezeichnet man ihn verächtlich als Winstons »Schäferhund« oder »Schoßhund«, und der Führer der Konservativen Partei, Stanley Baldwin, nennt ihn den getreuen *chela* Churchills. Das ist das indische Wort für Diener oder Jünger. Doch unkritische Bewunderung ist genau das, was Churchill braucht. Er befindet sich seit drei Jahren als Hinterbänkler im politischen Abseits, und dieses Abseits wird insgesamt zehn Jahre dauern. Kein anderer Staatsmann in der politischen Geschichte des Landes hat so lange im Abseits leben müssen, und Churchill hätte ein steinernes Herz haben müssen, wenn er Bracken nicht dankbar für seine unwandelbare Treue und Anhänglichkeit gewesen wäre.[22]

Winston hat sich vielleicht sogar durch das Gerücht, er sei der Vater eines illegitimen Sohnes, geschmeichelt gefühlt. Seine engsten Freunde sind sich darin einig, daß ihm die Sexualität wenig bedeutet. Einige von ihnen erklären dies mit der Promiskuität seiner so schönen wie leichtsinnigen Mutter. Der Historiker A. J. P. Taylor meint, daß Churchills geradezu extreme Keuschheit eine Reaktion auf die Unkeuschheit seiner Mutter gewesen sei. Aber vielleicht war sein sexuelles Desinteresse auch biologisch begründet, oder es gibt eine psychologische Erklärung. Winston selbst hat einmal gesagt: »Der Grund dafür, daß ich so viel schreiben kann, ist, daß ich meine Kräfte nicht im Bett vergeude.« Er hat erst mit 34 Jahren geheiratet, und höchstwahrscheinlich ist er unberührt in die Ehe gegangen. Trotz häufiger Trennungen von Clemmie, die das luxuriöse Leben an der Riviera verabscheut und die Ferien mit ihren Kindern in spartanisch einfachen Seebädern an der Nordsee oder

Clementine in dem von Winston gebauten Schwimmbecken in Chartwell.

in einem Hotel in der Nähe von Rugby verbringt, ist er ihr nur einmal am Golf Juan am Mittelmeer mit einer geschiedenen adligen Engländerin untreu geworden, die ihm mit ihren Verführungskünsten und ihrer sexuellen Erfahrung weit überlegen war. Für einen Mann, der sich wie er darüber freut, wenn man ihm nachsagt, er neige dazu, über die Stränge zu schlagen, kann das Gerücht, einer seiner Kollegen unter den Parlamentsmitgliedern sei sein unehelicher Sohn, unter Umständen gar nicht unwillkommen sein.[23]

Bracken ist einer seiner beiden bemerkenswertesten Jünger. Der andere, der in mancher Weise das genaue Gegenteil von ihm ist, ergänzt ihn. Der in Deutschland als Sohn einer amerikanischen Mutter geborene Frederick A. Lindemann hat 1910 an der Berliner Universität seinen Doktor gemacht, seine wissenschaftlichen Studien in Paris und Brüssel fortgesetzt, die Richtigkeit der Verfeinerung der Quantentheorie von Planck durch Einstein bestätigt und als Mitglied des Royal Aircraft Establishment im Ersten Weltkrieg die Fesselballonsperre um London organisiert. Nach dem Waffenstillstand wurde er zum Professor für experimentelle Philosophie in Oxford ernannt und war allgemein als einer der führenden Physiker Europas anerkannt. Jetzt im Jahr 1932 hat der »Prof«, wie ihn alle Mitglieder der Familie Churchill nennen, eben sein Buch *Physical Significance of the Quantum Theory* veröffentlicht. Seine Kollegen in Oxford glauben, daß seine besten Leistungen in der Vergangenheit liegen; Professor Derek Jackson sagt, die jüngere Generation betrachte ihn »eher als theoretischen Physiker ohne besondere experimentelle Fähigkeiten«. Churchill bestreitet das, und das gleiche wird auch die Geschichte tun.[24]

Die Bedeutung von Lindemanns Arbeit läßt sich nicht bezweifeln, aber im persönlichen Umgang kann er durchaus schwierig sein. Selbst nach den in Chartwell geltenden Maßstäben ist er ein eigenartiger Mensch. Er scheint sich tatsächlich in jeder Beziehung deutlich von Winston zu unterscheiden. Er verabscheut Tabak in jeder Form, ernährt sich hauptsächlich von Eiern, und zwar nur vom Eiweiß, ist Vegetarier und Antialkoholiker. Nur wenn er in Chartwell zu Gast ist, beugt er sich dem Drängen seines Gastgebers und trinkt täglich genau 32 ccm Brandy. Er trägt stets eine schwarze Melone, sogar an Bord eines Kriegsschiffs oder im Cockpit eines Jagdflugzeugs der RAF. Sein Kammerdiener und Sekretär, Harvey, der seine große, schwerfällige Limousine fährt, ist sein Double und kleidet sich genau nach dem Vorbild seines Herrn, vom Hemd bis zu den Socken und zur schwarzen Melone.[25]

Der Prof ist bereit, Churchill überallhin zu folgen. Für Winston gibt es die verschiedensten Gründe, diese Freundschaft zu pflegen. Zu den zahlreichen Talenten Lindemanns gehört die Fähigkeit, wissenschaftliche Zusammenhänge für den Laien verständlich zu erklären. Wie Sir John Colville sagt, kann Lindemann »das komplexeste wissenschaftliche, mechanische oder ökonomische Problem auf die einfachste Weise darstellen« und den technischen Jargon in eine Sprache übertragen, die das Ganze »erhellt« und dabei »nichts Bedeutendes« ausläßt. Churchill verabscheut die wissenschaftliche Terminologie. Schon in der Schule hat er in der Arithmetik vollständig versagt. Der Prof erläutert ihm die wesentlichen Tatsachen, wenn er sie braucht, ohne seine Konzentration auf andere Angelegenheiten zu stören. Ebenso wie das Radar wird das »wunderbare Gehirn« Lindemanns, wie Churchill es nennt, im Kampf gegen Adolf Hitler mehrere Divisionen ersetzen. Nach weniger als zehn Jahren wird er in der Downing Street Nr. 10 erscheinen und klar gegliederte, genaue Tabellen mitbringen, die besser als alle Statistiken zeigen, über welche Vorräte an wichtigen Rohstoffen England verfügt, wie rasch die Schiffe auf dem Clyde, dem Tyne und in Barrow vom Stapel laufen können. Außerdem wird er mit »unfehlbarem Fachwissen und absoluter Genauigkeit«, wie Colville es nennt, dem Premierminister in verständlicher Weise erklären, wie viele Panzer, Geschütze, Handfeuerwaffen und Militärflugzeuge Großbritannien produzieren kann.[26]

Hier zeigt sich auch die Fähigkeit Churchills, einen Mann zu inspirieren, mit dem ihn kaum etwas anderes verbindet als die gemeinsame

F. A. Lindemann, der »Prof« – später Lord Cherwell.

Wertschätzung der Amerikaner. Für andere Menschen hat der Prof nichts übrig. Ähnlich wie viele seiner Fachkollegen legt er bei der Beurteilung gesellschaftlicher Probleme keine wissenschaftlichen Maßstäbe an. Seine Vorurteile auf diesem Gebiet sind geradezu lächerlich. So ist er ein ausgesprochener Frauenfeind, was sich auch darin zeigt, daß er seit 15 Jahren kein Wort mehr mit seiner Schwester gesprochen hat. Seine einzige Freizeitbeschäftigung ist das Tennisspiel. Er hat in Schweden das Championat gewonnen, eine beachtliche Leistung, denn um von den Frauen nicht als Sexobjekt angesehen zu werden, spielt er auch bei heißestem Wetter mit dicken schwarzen Wollsocken und in einem warmen Hemd mit langen Ärmeln, die an den Handgelenken fest zugeknöpft sind.[27]

Auch in dieser Beziehung unterscheidet er sich ganz wesentlich von Churchill, obwohl die heutigen Feministinnen Winston als einen typischen männlichen Chauvinisten ansehen würden. Er hat das Frauenwahlrecht abgelehnt, bis Clementine ihn bekehren konnte, und hätte auch nicht im Traum daran gedacht, in politischen Angelegenheiten auf den Rat einer Frau zu hören. So lehnte er es auch ab, für die Zeitschrift *Collier's* einen Artikel darüber zu schreiben, welche Aussichten dafür bestünden, daß eine Frau in England den Posten des Premierministers übernehmen könnte, weil er diese Idee für lächerlich hielt. Dennoch bewundert er die Engländerinnen seiner Klasse und fühlt sich in ihrer Gesellschaft wohl – natürlich vorausgesetzt, daß sie attraktiv sind und nicht versuchen, sich zu Themen zu äußern, die den Angehörigen seines Geschlechts vorbehalten sind. Als ein Mann, der 1895 mündig geworden ist, als der viktorianische Gentleman in Gegenwart von Damen die Worte »Brust« oder »Bein« nie in den Mund nahm, hält er Frauen für unschuldige Wesen, die man vor den harten Tatsachen des Lebens schützen muß, und glaubt, daß weibliche Schönheit nichts mit fleischlichen Begierden zu tun hat.

Wenn das Gästebuch in Chartwell ein zuverlässiges Personenverzeichnis ist, dann hat Churchill – mit Ausnahme seiner langjährigen Freundin Lady Violet Bonham Carter, geborene Asquith – zum Essen nur Damen in Herrenbegleitung eingeladen, und auch von ihnen wurde erwartet, daß sie sich darauf beschränkten, freundlich zu lächeln, wenn der Gastgeber eine kluge Bemerkung machte, und zustimmend zu nikken, wenn er eine bestimmte Meinung äußerte – aber nie eine eigene Meinung zum Ausdruck zu bringen. Das ist kein Sexismus, denn die gleiche Regel gilt auch für die eingeladenen Herren. Winston will die Unterhaltung beherrschen, und er gibt das auch freimütig zu. Für ihn besteht eine gute Mahlzeit aus einem wohlschmeckenden Essen und einem Gespräch über ein ernstes Thema – »wobei ich selbst das Gespräch leite«. Aber in Wirklichkeit ist es gar kein Gespräch. Anders als Lloyd George ist Churchill kein guter Zuhörer. Er interessiert sich kaum dafür, was andere zu sagen haben, und wenn er nicht spricht, zieht er sich zu einem inneren Monolog in sich selbst zurück, ohne den Fluß seiner Gedanken zu unterbrechen. Seine Tochter Mary wird sich später erinnern, daß »belangloses Geschwätz oder gesellschaftlicher Klatsch Winston zutiefst langweilten – aber er hat nur selten darunter gelitten, denn er beachtete so etwas überhaupt nicht, sondern beschäftigte sich dann mit seinen eigenen Gedanken«.[28]

In London hört er sich geduldig an, was die Leute zu sagen haben, die anderer Meinung sind als er. Zwei seiner Lieblingsaussprüche sind, »ich behalte lieber recht als anderen zustimmen zu müssen« und »im Lauf meines Lebens habe ich oft meine Worte schlucken müssen und muß gestehen, daß sie mir immer gut bekommen sind«. Aber in Chartwell, wenn er in der einen Hand ein Glas Brandy und in der anderen eine Zigarre hält, fährt er jedem über den Mund, der ihm widerspricht. Doch es gibt nur wenige, die es wagen. Zu ihnen gehören Lord Birkenhead und Lord Beaverbrook. Birkenhead – bevor er in den Adelsstand erhoben wurde F. E. Smith – kreuzte häufig die Klingen mit Winston und gewann ebensooft wie er verlor. Es ist vielleicht bezeichnend, daß F. E. Winstons bester Freund wurde. Es gab auch niemanden, dem es gelungen wäre, den großen Zeitungsmagnaten Beaverbrook einzuschüchtern. Als »der Biber«, wie Churchill ihn nannte, Winston 1911 kennenlernte, hieß der kanadische Emporkömmling noch schlicht Max Aitken. Bei einem seiner Besuche in Chartwell lehnte er es ab, zum Stiltonkäse ein Glas Wein zu trinken. »Portwein ist der Bruder des Käses«, sagte sein Gastgeber vorwurfsvoll. »Ja«, erwiderte Max, »und die Schwester der Gicht.« Aber Birkenhead ist 1932 schon zwei Jahre tot, und Beaverbrook läßt sich zu dieser Zeit kaum noch in Chartwell sehen, obwohl er einmal Churchills Verbündeter war und es auch künftig wieder sein wird. Der schwergewichtige Biber teilt trotz seines Scharfsinns die fast einstimmige Überzeugung der herrschenden Klasse in England, daß Winston – den er als »gescheiterten Angeber« bezeichnet – die sich am Horizont abzeichnende Bedrohung durch die Nationalsozialisten übertreibe. Wie seine Kollegen von der Presse glaubt er, man müsse versuchen, Hitlers Freundschaft zu gewinnen, und versichert seinen Lesern, auch noch als sich die Katastrophe von 1939 schon deutlich abzuzeichnen beginnt, daß »es keinen Krieg geben wird«.[29]

Da es nun niemanden mehr gibt, der sich ihm entgegenstellen könnte, beherrscht Churchill das Tischgespräch wie ein absoluter Monarch. Sein Gesicht strahlt nichts als Wohlwollen aus, und man hat den Eindruck, daß er alle Anwesenden in die Arme schließen möchte. Nachdem es ihm gelungen ist, die Herzen seiner Gäste zu erobern, spricht er vom heutigen Ehrengast. Gewöhnlich ist das ein alter Freund. Doch dann verdunkelt sich seine Miene. Er erhebt drohend den Zeigefinger, und alles wartet gespannt darauf zu erfahren, wer der Übeltäter sein könnte, der sich natürlich nicht unter den Anwesenden befindet. Heute ist es Thomas Babington Macaulay, der es gewagt hat, den Ersten Herzog von Marlborough, John Churchill, zu verleumden. Mit donnernder Stimme verkündet der Ur-Ur-Ur-Ur-Ur-Urgroßenkel sein Urteil: »Wir dürfen nicht hoffen, Lord Macaulay einholen zu können. Wir können nur hoffen, daß sich die Wahrheit schnell genug erweisen wird, so daß wir an seine hochwohlgeborenen Rockschöße einen Zettel mit der Aufschrift ›Lügner‹ heften können.«[30]

Später erklären die Gäste, der Gastgeber sei so faszinierend gewesen, daß sie sich nicht erinnern könnten, was sie gegessen hätten. Der

Politikwissenschaftler und Historiker Harold Laski meint, daß viele von ihnen bei dem Versuch, sich an alle klugen Aussprüche Winstons zu erinnern, die Schwächen in seiner Argumentation übersahen. Andere Kritiker stellen fest, daß Churchill nicht in der Lage ist, sich über Belanglosigkeiten zu unterhalten. Die amerikanische Schriftstellerin Virginia Cowles fragt allerdings, »weshalb sollte irgend jemand Belanglosigkeiten von ihm hören wollen, wenn Churchill in Hochform ist?« Natürlich versucht niemand, ihn zu bremsen. Später schreibt seine Biographin Lady Longford: »Seine Standardgeschichten... waren so brillant, daß nur wenige Zuhörer ihn unterbrechen wollten. So war es ihnen auch bewußt, daß er gerade deshalb so ichbezogen war, weil er über innere Einsichten verfügte, die ans Tageslicht gebracht werden mußten. Sie hatten das Gefühl, den besonderen Vorzug zu haben, ihm dabei helfen zu dürfen.«[31]

Er fühlt sich in dieser Umgebung so sicher, daß er über sich selbst lachen und andere dazu ermutigen kann, in dieses Lachen einzustimmen. »Der Größenwahn«, sagte er im Hinblick auf seine despotische Art, »ist die einzig mögliche Ausdrucksform des gesunden Menschenverstandes.« Er hat kürzlich eine Sammlung seiner Zeitschriftenartikel unter dem Titel *Thoughts and Adventures* veröffentlicht und wie üblich seinen Freunden und Bekannten in hohen Stellungen Exemplare des fertigen Buchs zugeschickt. Nun öffnet er einen Briefumschlag mit einem herzoglichen Wappen und liest die Dankesworte des Herzogs von Gloucester vor: »Lieber Winston. Ich danke Ihnen für Ihr neues Buch. Ich habe es neben die anderen in den Bücherschrank gestellt.«[32]

Der letzte Tropfen Brandy ist ausgetrunken. Er wirft einen Blick auf die leere Flasche, der nicht sein Bedauern, sondern seine Zuneigung zum Ausdruck bringt. Dann erklärt er, daß er die Flaschen malen werde. Das Gemälde soll »Flaschenstilleben« heißen. Im Verlauf der Mahlzeit hat sich sein Gesichtsausdruck ständig kaleidoskopartig verändert. Dabei zeigte er sich schwermütig, schalkhaft, gelangweilt, stolz, arrogant, großherzig, verzweifelt, gleichgültig, erregt, verächtlich und bewundernd. Jetzt ziehen sich die Züge zusammen, seine Lachfalten werden deutlich sichtbar, und er gibt einen krächzenden, tief aus der Kehle kommenden Laut von sich – wie seine Freunde wissen, ein Zeichen dafür, daß er sie amüsieren will, vielleicht mit jener bewährten Art der Selbstverspottung, in die sich britische Soldaten und Parlamentarier flüchten, wenn sie sich bedrängt fühlen.[33]

Die Vermutung war richtig. Er erzählt von seinem jährlichen Urlaub an der Riviera, zu dem er seinen Kammerdiener nicht mitgenommen hat. Das war für einen Mann seines Standes und seiner Generation eine Entscheidung von großer Tragweite. Bisher hat er noch niemals einen

Bus oder die Untergrundbahn benutzt. Nur auf Reisen hat er das Gefühl, »etwas für die Gleichheit und Brüderlichkeit tun zu müssen«, aber auf dieser Reise ist ihm ein Mißgeschick nach dem anderen passiert, und nun schildert er mit sichtlichem Behagen jedes einzelne. Die Gäste lachen. Es ist eine gute Geschichte. Aber es ist noch mehr. Winston kann keinen einzigen Tag ohne Bedienung auskommen, und er glaubt, das ginge jedem Gentleman so. In seiner Jugend war das richtig. Aber heute ist es anders. Sein zweiter Privatsekretär Colville wird ihn wenig später um einen Urlaub bitten, weil er sich als Kampfflieger bei der RAF ausbilden lassen will. Winston paßt es gar nicht, einen tüchtigen Mitarbeiter zu verlieren, aber diese Bitte kann ein Mann wie er seinem Sekretär nicht abschlagen. Wenn sie allein sind, stehen »Jock« und Winston auf der gleichen gesellschaftlichen Stufe. Der Erste Lord Colville wurde 1604 geadelt. Der jüngere Mann ist ebenso wie Winston in Harrow zur Schule gegangen. In Cambridge hat er das Trinity College besucht. Sein Club ist White's. Churchill, der ehemalige Husarenoffizier, erklärt großartig: »Die RAF ist die Kavallerie im modernen Krieg.« Aber er ist entsetzt, als Colville ihm sagt, er werde zunächst als einfacher Soldat in die RAF eintreten. Winston protestiert: »Das dürfen Sie nicht – dann können Sie Ihren Mann nicht mitnehmen!« Er hat sich nicht überlegt, daß sich ein Beamter mit einem Jahresgehalt von 400 Pfund – das sind etwa 32,30 Pfund in der Woche – kaum einen Kammerdiener leisten kann.[34]

Wenn eine wirklich bedeutende Persönlichkeit nach Chartwell kommt, macht Churchill den Vorschlag, den ganzen Besitz zu besichtigen. Wenn das nicht der Fall ist, geht er nach dem Essen hinaus, um seine Goldorfen, Enten und Schwäne zu füttern. Dazu setzt er einen Stetson auf – wenn es kühl ist, zieht er einen Mantel an – und begibt sich zunächst zu dem neben dem Fischteich stehenden breiten Korbsessel. Während er näher kommt, ruft er schon laut: »Arf! Arf!« oder »Yoick! Yoick!«

Die Tiere kennen diese Rufe und begrüßen ihn freudig, obwohl ein Diener, der ihm auf den Fersen folgt, das Futter trägt, auf das sie warten. Zweimal monatlich holt Frank Jenner eine blaue Blechdose am Bahnhof ab. Darin befinden sich, in Sägespänen verpackt, Mehlwürmer, die Lieblingsspeise der Goldorfen. Winston schüttet einen Deckel voll Würmer in den Teich und läßt ihn sofort wieder auffüllen. In einem Holzkästchen hat der Diener Brotkrümel mitgebracht, die Churchill an die Enten und Schwäne verfüttert.

Die Fütterungszeremonie ist integrierender Bestandteil eines jeden

Tages in Chartwell. Anschließend versinkt Churchill im Korbsessel, entläßt den Diener und bleibt mindestens eine halbe Stunde allein und bewegungslos sitzen. Auf einem Tisch neben dem Sessel steht ein schwacher Johnny Walker mit Soda, eine Kiste Zigarren, ein Aschenbecher in Form einer Pagode und eine Schachtel mit langen kanadischen Streichhölzern, die sich besonders bei windigem Wetter bewähren. Der Herr von Chartwell genießt jetzt die Einsamkeit. Noch nach vielen Jahren erinnern sich die Hausangestellten daran, wie er bei solchen Gelegenheiten Gedichte von Housman und Kipling rezitiert, gelesen oder nur in die Landschaft des Weald hinausgeblickt hat, ganz seinen eigenen Gedanken nachhängend, eine schwere, in sich gebeugte Gestalt mit einer Zigarre, deren Rauch sich mit den vielfältigen Düften eines englischen Landsitzes vermischt, zur Zeit der Heuernte mit dem Geruch frisch gemähten Grases.

Er nimmt regen Anteil am Schicksal aller Lebewesen auf seinem Besitz. Als junger Kolonialbeamter war er ein leidenschaftlicher Jäger gewesen, aber diese Zeiten sind jetzt vorbei. Jetzt drückt er ein junges Kätzchen an die Wange und flüstert »Darling«. Einmal hat er allerdings einem dicken Kater einen Fußtritt versetzt, der mit dem Telefonkabel spielte, während er gerade mit dem Schatzkanzler sprach, und dazu gebrüllt: »Verschwinde, du Dummkopf!« – fügte aber sofort hinzu, »Sie sind nicht gemeint!« Anschließend hat er sich bei dem Kater entschuldigt, was er bei einem Menschen nicht tun würde. Er hat das Tier gestreichelt und zärtlich gemurmelt; »Liebst du mich jetzt nicht mehr?« Am Tag darauf erzählte er seinem Kammerdiener beim Frühstück: »Mickey hat mich heute morgen besucht. Alles ist vergeben.«[35]

In seiner Ehrfurcht vor allem Lebendigen kommt Churchill fast der asketischen indischen Sekte der Dschaina nahe. Schmetterlinge sind heilig. Das gilt aber auch für Raubtiere. Ein Fuchs hat zwei sibirische Gänse gerissen, aber als ihm jemand vorschlägt, eine Fuchsfalle aufzustellen, schüttelt er den Kopf und sagt: »Ich könnte die Vorstellung nicht ertragen, daß sie verletzt werden.« Als ein Fischreiher sich über seine Fischteiche hermacht, läßt er sie mit Drahtnetzen abdecken und verbietet seinen Angestellten, den Vogel zu verscheuchen. Das Gästebadezimmer in der Villa eines Freundes an der Mittelmeerküste hat ein Milchglasfenster. Als Winston dort zu Besuch ist, beobachtet er, daß das Licht in der Nacht die Nachtschmetterlinge anlockt, die gegen die Scheibe flattern und dort den schon auf sie lauernden Eidechsen zum Opfer fallen. Es schmerzt ihn zu sehen, wie die Eidechsen die Insekten zerbeißen, aber er verbietet seinem Kammerdiener, an das Fenster zu klopfen und sie zu verjagen. Er sagt, sie folgen einem Naturgesetz und dürften nicht bestraft werden.[36]

Wenn einer seiner schwarzen Schwäne erkrankt, zögert er nicht, den Wärter im Londoner Zoo um Rat zu fragen. Wegen einer kranken Ziege bemüht er das Landwirtschaftsministerium in Whitehall. Nach einer bis in die Nacht dauernden Parlamentssitzung kommt er um drei Uhr morgens nach Hause und erfährt, daß die Fische im Teich am vergangenen Tag nicht gefüttert worden sind. Prompt weckt er ein Dienstmädchen, das ihn in den Park begleiten und die Taschenlampe halten muß, während er das Versäumte nachholt. Dem verschlafenen Mädchen kommt das sehr seltsam vor. Sie ist erleichtert, als eine neue Sekretärin über Nacht in Winstons Augen zur Heldin wird. Mit den Fischen ist etwas Beunruhigendes geschehen. Sie werden weiß und sterben. Winston und der Gärtner wissen nicht, was sie tun sollen. Dann meldet sich die Sekretärin zaghaft zu Wort: »Ich weiß, was ihnen fehlt. Sie haben Pilze.« Churchill sieht sie prüfend an. Woher will sie das wissen? Sie sagt, ihre Eltern haben ein Aquarium. Er fragt: »Und wie behandeln sie die kranken Fische?« Sie antwortet: »Man gießt eine Salzlösung in das Fischwasser, dann verschwinden die Pilze allmählich. Wenn Sie schnell genug etwas unternehmen, kann man die Fische retten.« Er folgt ihrem Rat, die Fische werden gesund, und während der Heilungsperiode fährt er nach London und konsultiert die Fachleute im Zoologischen Garten im Regent's Park. Nach Hause zurückgekehrt läßt er die Sekretärin zu sich kommen. »Wissen Sie, was man mir gesagt hat? Man hat mir genau das gleiche gesagt wie Sie.« Er strahlt sie an. »Ich glaube wirklich, Sie sind eine *sehr intelligente* Sekretärin! Sie kennen sich mit Fischen aus. Künftig werden Sie sich um die Fische kümmern.« Er ist entzückt, und die Hausangestellten sind erleichtert. Die neue Sekretärin, die inzwischen lange genug in Chartwell ist, um zu wissen, daß sie auch weiterhin alle anderen Pflichten wird erfüllen müssen, nimmt diese Mitteilung mit gemischten Gefühlen auf.

Winston ist unter anderem auch ein großer Hundefreund. Eines Tages bemerkt er, daß der Pudel eines seiner Diener lahmt. Er sagt dem Mann, er solle den Hund zum Tierarzt bringen, und als das Tier nach zwei Wochen geheilt zurückkommt, zahlt er die Rechnung. Doch einer der Hunde in Chartwell macht ihm Sorgen. Offenbar ist Marys Hund nicht stubenrein. Winston murmelt düster: »Mindestens dreimal täglich begeht er eine Taktlosigkeit.« Mary macht sich Sorgen, aber ihr Vater bringt es nicht übers Herz, ein Machtwort zu sprechen, und der Hund läßt sich seine Unart nicht abgewöhnen.

Churchill leidet noch an den Folgen eines Verkehrsunfalls, bei dem er vor einigen Monaten in New York verletzt worden ist, und kann deshalb seine Maurerarbeiten nicht fortsetzen. Aber er muß etwas zu tun haben. Wie Bill Deakin sagt, ist es ihm unmöglich, untätig zu bleiben, und die Cousine Moppet schreibt: »Winston hat so viele Eisen im Feuer, daß der Tag bei weitem nicht lang genug ist.« Im Lauf eines der üblichen Gespräche beim Mittagessen meint er: »Grob gesagt kann man die Menschen in drei Klassen einteilen: Diejenigen, die an ihren Schulden sterben, diejenigen, die sich zu Tode sorgen, und diejenigen, die sich zu Tode langweilen.« Obwohl er selbst stets irgendwelche Schulden bezahlen muß (er hat kürzlich für die Schulden seines Sohnes 1600 Pfund aufbringen müssen) und ihm die politische Entwicklung in Mitteleuropa große Sorgen bereitet, hat er nie Langeweile. Virginia Cowles, die übers Wochenende in Chartwell zu Gast ist, sagt er: »Obwohl es so viele faszinierende Dinge gibt, die man unternehmen kann, gibt es doch Leute, die ihre Zeit damit verschwenden, Patience zu spielen. Stellen Sie sich das nur vor!«[37]

Da sein Arzt ihm die Maurerarbeiten verboten hat, begibt er sich in sein Atelier und läßt sich Pinsel, Staffelei und Palette bringen, um eine seiner geliebten Katzen zu malen oder nach Fotos, die er aus Cannes oder Marrakesch mitgebracht hat, eine Landschaft auf die Leinwand zu bannen. Einem Freund sagt er: »Ohne das Malen könnte ich nicht leben. Ich könnte die Anstrengungen nicht ertragen.«

Winston hat sein Atelier selbst entworfen. Es ist klein, aber doch geräumig und gut beleuchtet. An den Wänden sind Holzlatten angebracht, an denen die unfertigen Gemälde aufgehängt werden. Im Lauf der Zeit werden daraus Regale, in denen er 500 fertige Gemälde aufbewahrt. Er malt nur selten Porträts und keine leidenschaftlichen oder gewalttätigen Szenen, doch sein malerisches Werk verschafft einen Überblick über seine Reisen. Seine Bilder zeigen die Akropolis, den Vulkan Stromboli, Pompeji, Rom, Messina, die Kanäle von Amsterdam, skandinavische Fjorde, Rotterdam, Passchendaele, Ypern, den Höhenrükken von Vimy, Menin, Waterloo, Scapa Flow, Nordirland, Balmoral, Devonshire und Kent. Kathedralen faszinieren ihn, ebenso Ruinen. Pompeji muß ihn begeistert haben, er konnte sich kaum davon trennen. Auch Wasserfälle beeindrucken ihn zutiefst. Am Jordan hat er viele Tage an der Staffelei zugebracht. Das Gemälde vermittelt sehr lebendig den Eindruck des fließenden Wassers; man glaubt, es rauschen zu hören.

Er hat eine ganz eigene Malweise. Wenn er vor die leere Leinwand tritt, bearbeitet er sie rasch und entschieden. Er entwirft zunächst eine grobe Skizze und trägt dann mit klaren Strichen die Ölfarbe auf. Dabei reagiert er instinktiv auf das vor ihm stehende Motiv; eine Villa, einen Tempel, Segelboote bei Ebbe. Inspektor Thompson hat ihn stundenlang an der Staffelei beobachtet und schreibt: »Ich würde glauben, daß er innerlich vollkommen ruhig ist und aus der Intuition arbeitet – niemals aus dem Intellekt.« Der Direktor der Nationalgalerie von Irland, Thomas Bodkin, meint, Berufsmaler könnten viel von Winston lernen: »Er versucht nicht, zwei Dinge auf einmal zu sagen... Das vorherrschende Motiv wird niemals durch Nebensächlichkeiten in den Schatten gestellt.« Der Direktor der Tategalerie und einer der bedeutendsten englischen Kunstkritiker, Sir John Rothenstein, hat Winstons malerisches Werk gründlich geprüft und hält es für »wirklich bedeutend. Es steht in einer direkten und intimen Beziehung zu seiner Auffassung vom Leben. In diesen Gemälden kommt seine reine Freude an der schlichten Schönheit der Natur in einer nicht zu unterdrückenden Lebendigkeit zum Ausdruck.«[38]

Wenn er beschlossen hat, an einem Nachmittag nicht zu malen, bestellt er vielleicht eine »Miss« ins Atelier, um einen Artikel für eine amerikanische Zeitschrift oder für die Fleet Street zu diktieren. Oder er zieht sich in sein Schlafzimmer zurück, um zu lesen und das Musikprogramm der BBC zu hören, vorausgesetzt es ist die Musik, die *ihm* gefällt – *H. M. S. Pinafore, The Pirates of Penzance* und *The Mikado* oder französische Militärmärsche. So ertönen in Chartwell im Zimmer der Tochter und im Schlafzimmer des Vaters ganz verschiedene Melodien. Sarah spielt den sentimentalen Schlager:

April in Paris –
Chestnuts in blossom...

Während Churchill zu dem Lied von Billy McCoy mit der Fußspitze den Takt schlägt:

Billy McCoy was a musical boy...
And then the hammock starts a-swingin'
And the bells begin a-ringin'
While he's sittin' at that 'pianna'
There on the Alabama,
Playin' the Oceana Roll!

Die Filmgesellschaft MGM war die erste, die Filme an Leute auslieh, die es sich leisten konnten. Andere folgten ihrem Beispiel, und inzwischen sorgt Alexander Korda dafür, daß Churchill bevorzugt behandelt wird. Er stellte an die Filme ebenso wie an die Musik keine sehr hohen Ansprüche. Ihm gefallen Lew Ayres in *Im Westen nichts Neues*, Fredric March in *Dr. Jekyll and Mr. Hyde*, Douglas Fairbanks jr. und Richard Barthelmess in *The Dawn Patrol*. Aber Winstons Lieblingsschauspieler ist Charles Laughton in *The Sign of the Cross*. In der Literatur erstrekken sich seine Interessen über einen weiteren Horizont. Er liest, was ihm beruflich wichtig erscheint. Die ernsten und leichten Bücher, die er zur Entspannung konsumiert, helfen ihm, seine Muttersprache noch besser zu beherrschen. In der Bibliothek von Chartwell kann man sehen, mit welchen Wissensgebieten er sich beschäftigt. Zu den Büchern, die er gelesen hat, und zwar nicht nur einmal, gehören das fünfbändige Werk von Gibbon, *Decline and Fall of the Roman Empire, The Varieties of Religious Experience* von William James, *History of England* von J. A. Froude, 16 Bände *Arabian Nights* von Sir Richard Burton, die King James Bibel und C. S. Foresters Biographie von Nelson. Später wird er die Hornblower-Romane von Forester, *The New »Examen«* von John Paget und *The Martyrdom of Mankind* von Winwood Reade verschlingen. Er liest auch Lyrik und zitiert die Gedichte, die ihm gefallen, oft bei den Mahlzeiten. Seine Lieblingsdichter sind Kipling, Housman und Rupert Brooke. Wenn er etwas Heiteres lesen will, greift er zu Romanen der Brontës, zu *Tom Jones* von Fielding, *Rob Roy* von Scott, zu den politischen Romanen von Trollope (besonders *The Duke's Children*), zu den albernen Geschichten von P. G. Wodehouse, den Kurzgeschichten von Kipling, R. L. Stevenson und Somerset Maugham. Das sind im übrigen die einzigen modernen Romanschriftsteller, deren Fähigkeiten im Umgang mit der Sprache er bewundert.[39]

Er läßt sich gern verwöhnen. F. E. Smith hat gesagt: »Winston hat einen unverbildeten Geschmack; er ist immer bereit, das Beste von allem zu genießen.« Doch obwohl er als Enkel eines Herzogs in den vornehmsten gesellschaftlichen Kreisen verkehren könnte, verbringt er seine Freizeit meist in Chartwell auf eigenem Grund und Boden. Er läßt sich nur selten überreden, ein Wochenende anderswo zu verbringen. In Chartwell fühlt er sich am wohlsten. An einem sonnigen Nachmittag unternimmt er gern einen Spaziergang und unterhält sich mit den Menschen, denen er begegnet. Er ist ein sehr nachsichtiger Vater. Wie viele Männer, die selbst eine schwere Kindheit gehabt haben, hat er seine Kinder verwöhnt, besonders Randolph, obwohl Clementine ihn immer wieder gebeten hat, es nicht zu tun. Hier hat er Wind gesät und wird später Sturm ernten. Diana ist schon damit beschäftigt, ihre Aussteuer zusammenzustellen. Sarah verträumt ihre Zeit, spielt ihre Lieblingsplatten und ist stolz auf ihren ersten Erfolg bei den Kitkat Players, einer Gruppe von Amateurschauspielern. Sie nimmt es ihren Eltern übel, daß sie ihr nicht erlauben wollen, sich als Ballettänzerin ausbilden zu lassen. Randolph hat sich einen Bart stehen lassen, mit dem er, wie sein Vater schreibt, »abstoßend aussieht. Er behauptet, auszusehen wie Christus. Aber für mich gleicht er eher meinem armen Vater in der letzten Phase seiner Krankheit.«[40]

Churchills Tochter Mary ist aus der Schule nach Hause gekommen. Jetzt wird Vetter Moppet ihr ewas vorlesen. Wie ihre Geschwister begrüßt sie ihren Vater als »Papah«. Er nennt seine Kinder bei ihren Kosenamen. Nach der Begrüßung wird er sich vielleicht mit seinen Waffen beschäftigen. Er hat eine besondere Vorliebe für Gewehre und Handfeuerwaffen, und er hat nicht vergessen, daß ihm seine Mauserpistole bei der letzten großen britischen Kavallerieattacke vor Omdurman das Leben gerettet hat. Er ist ein ausgezeichneter Schütze, vielleicht weil die Waffe wie der Pinsel widerspruchslos genau das tut, was man von ihr verlangt. Automobile widersetzen sich dagegen seinen Versuchen, die Technik des Fahrens zu beherrschen. Er ist der schlechteste Autofahrer in England. Bei dem Versuch, ein Flugzeug zu lenken, ist er fast ums Leben gekommen, und wenn er eine Tanzfläche betritt, räumen alle anderen Paare das Feld. Aber mit seinem Mannlichergewehr, dem .32er Webley Scott oder dem .45er Colt, die nur ein scharfes Auge und eine ruhige Hand verlangen, trifft er jedes Ziel. Noch im Alter von 70 Jahren wird er einige Gardeoffiziere und den Armeegeneral Dwight D. Eisenhower zu einem Wettschießen herausfordern. Von den zehn Schüssen Winstons wird einer den Rand des schwarzen Kreises in der Mitte und werden die anderen neun das Zentrum der Scheibe treffen. Die Schüsse der Gardeoffiziere werden über die ganze Scheibe verteilt sein, und der arme Eisenhower wird sogar an der Scheibe vorbeischießen.

Wenn Churchill sich zur Mittagsruhe zurückzieht, trägt er eine seidene Weste, eine Gewohnheit, die er 1895 als junger Kriegsberichterstatter in Kuba angenommen hat, wo es dem Klima und den Landessitten entsprach. Das Thermometer in seinem Schlafzimmer zeigt stets 23 Grad Celsius an. Trotzdem braucht er seine Weste. Nachdem er sie übergezogen und die Augenbinde angelegt hat, schlüpft er zwischen die frischen Laken. Zum Einschlafen braucht er nie länger als fünf Sekunden. Kaum hat seine Wange das Kissen berührt und noch bevor der Kammerdiener das Zimmer verlassen hat, ist Winston eingeschlummert. Das gelingt ihm fast überall. Zu Autofahrten und Flügen im Verkehrsflugzeug nimmt er ein besonderes Kissen mit. Auch hier legt er die Augenbinde an, läßt den Kopf auf die Brust sinken wie ein Huhn im Nest und genießt bis zum Ende der Reise die völlige Ruhe des Schlafs. In Chartwell kann seine Siesta zwei Stunden dauern. Erfrischt erscheint er um 17.00 Uhr im Kreis der Familie, gewöhnlich um mit Clemmie oder Randolph im Salon Karten zu spielen. Bridge wird nur selten gespielt, weil er nie gewinnt. Außerdem ist es ein verhältnismäßig modernes Spiel und deshalb verdächtig. Seine Lieblingsspiele sind Mah-Jongg, das Puff-Spiel, eine Art Halma, Rommé und Bézigue, ein Kartenspiel,

Jack Churchill und Clementine beim Béziguespiel.

aus dem sich das amerikanische Pinochel entwickelt hat. Gewöhnlich wird es mit 32 Karten gespielt. Es läßt sich schon im 17. Jahrhundert nachweisen. Damit ist es alt genug, um vor Churchills Augen Gnade zu finden.

Wenn ihn die Uhr im Salon mit sieben Glockenschlägen daran erinnert, daß die Zeit für das abendliche Bad gekommen ist, steht er auf und geht nach oben. Er vollzieht dieses Ritual gern in Gegenwart guter Freunde, die ihm zuhören, im richtigen Augenblick lachen, zustimmend murmeln, wenn es notwendig ist, ihrer Empörung Ausdruck verleihen und seine geheimnisvollen Hinweise auf politische Umwälzungen auf dem Kontinent und parlamentarische Intrigen in London verstehen. Wenn sich unter den Gästen keine so guten Freunde befinden, läßt er vielleicht einen Forschungsassistenten kommen, der ihm über die Fortschritte bei der Arbeit an seinem *Marlborough* berichten muß. Wenn sonst niemand greifbar ist, muß sich eine Sekretärin in das Nebenzimmer setzen, um in den zwischen dem Abseifen und Abspülen entstehenden Pausen sein Diktat aufzunehmen. Bevor der Kammerdiener ihm in den Smoking hilft, unterschreibt er die Post und verbringt die Zeit bis zum Essen damit, daß er Schallplatten hört, seiner Zigarre eine

Bauchbinde anlegt oder das Lied »Abdullah Bulbul Amir« bis zur 38. Strophe singt. Das Dinner, das wichtigste Ereignis des Tages, ist für 20.30 Uhr angesetzt. Aber er erscheint unter Umständen erst um 20.45 Uhr im Salon.

Diese Mahlzeit ist ein Lunch im vergrößerten Maßstab mit mehr und ranghöheren Gästen, mit Champagner in silbernen Eiskübeln, Churchill kommt dabei seinen Hausherrnpflichten in grandioser Manier nach. Es gibt mehrere Gänge. Das Menü besteht in den meisten Fällen aus einer Auswahl unter den folgenden Gerichten: eine klare Suppe, Austern, Kaviar, Gruyèrekäse, Gänseleberpastete, Forellen, Lammschulter, Hummer, Krabbenmayonnaise, Ragoût fin, Scampi, Seezunge, Schokoladenéclairs und natürlich Roastbeef und Yorkshirepudding. Winston ißt keine Kutteln, Sauerteigfladen, keine Wurst, keinen Kohl, kein Sauerkraut, kein Corned beef und keinen Reispudding. Clemmie, die seine Lieblingsgerichte kennt, hat mit der Köchin das Menü zusammengestellt. Aber er bestimmt, wann die Mahlzeiten beginnen sollen und wer dazu eingeladen wird.

Wenn er kürzlich in London gewesen ist, erzählt man sich in den Clubs von Pall Mall und St. James, in den Salons im West End und in den Büros der Stadt seine neuesten witzigen Bemerkungen. Wird er jetzt gebeten, diese Zitate zu bestätigen, nickt er, während er ein Streichholz oder den Stiel seines Weinglases in die Hand nimmt, und korrigiert gelegentlich ein Wort oder ändert den Satzbau. Oder er erzählt, wie er beim Überqueren des Platzes vor dem Parlament zufällig mit seinem Vetter Lord Londonderry, mit dem er manchen politischen Streit ausgefochten hat, zusammengetroffen ist. Londonderry, der offenbar hoffte, ihm etwas Bestimmtes erklären zu können, hat ihn gefragt: »Hast du mein letztes Buch gelesen?« Winston erwidert lachend: »Nein, ich lese nur zum Vergnügen oder um etwas dabei zu lernen.« Im Unterhaus hatte er etwas über »das gekränkte schlechte Gewissen« von Sir Stafford Cripps gesagt. Nach seiner Ansicht hatten zu viele Kabinettsmitglieder das Bedürfnis, geadelt zu werden. Sein Kommentar dazu lautete: »Nicht alle können mit *peerages* (Adelstiteln) ausgezeichnet werden; es muß auch einige *disappearages* (eine Wortschöpfung Churchills, abgeleitet von dem englischen Wort *disappear* – verschwinden) geben.« Als sich ein Regierungsmitglied über diesen Ausspruch empörte und erklärte, dies sei eine Verunglimpfung, meinte Churchill: »Mir ist kein Fall bekannt, in dem jemand seiner Würde dadurch etwas hinzugefügt hätte, daß er sie als Podest benutzte und sich darauf stellte.«[41]

Das Dinner ist keine Einmann-Show. Die Gäste sind eingeladen worden, um der Veranstaltung Glanz zu verleihen, und nicht, weil Winston

Der französische Sozialist und ehemalige Premierminister Léon Blum als Gast in Chartwell.

von ihnen Unterwürfigkeit erwartet. David Lloyd George ist zehn Jahre länger Parlamentsmitglied als Churchill und war sechs Jahre ein respektgebietender Premierminister. Sir Archibald Sinclair – Churchills Stellvertreter im flandrischen Schützengraben – wird demnächst die Führung der Liberalen Partei übernehmen, die mit 59 Sitzen im Unterhaus Mehrheitsbeschaffer für die Konservativen oder für Labour sein kann. Alfred Duff Cooper und Anthony Eden, die beide in Frankreich für Tapferkeit vor dem Feind ausgezeichnet worden sind, gehören als Staatssekretäre der Regierung an und werden bald Ministerien übernehmen, Duff Cooper als Kriegsminister und Eden als Außenminister.

Sehr viel später erinnert sich Mary an diese Zeit: »Bei einer solchen ›fundamentalen‹ Hausparty, zu der natürlich auch andere Gäste eingeladen wurden, versammelten sich gewöhnlich so viele bedeutende Persönlichkeiten, wie man sie sonst kaum irgendwo finden würde. So hielt man sich nicht lange mit den Präliminarien auf; das Gespräch wandte sich sofort irgendwelchen wichtigen Fragen zu. Aber man sprach keineswegs nur über Politik. Der Themenkreis umfaßte historische Probleme, Kunst und Literatur, man berührte philosophische Fragen, machte Abstecher in die Vergangenheit und versuchte, in die Zukunft zu blicken. Der Prof und sein Rechenschieber waren stets gefragt, wenn es um wissenschaftliche Probleme ging. Manchmal kam es zu einem heftigen Wortgeplänkel, etwa zwischen Winston und Duff Cooper, wobei die anderen mit gespannter Aufmerksamkeit zuhörten, um schließlich zu entscheiden, wer gewonnen hatte. Dieses verbale Feuerwerk entwickelte sich zu einer hitzig und leidenschaftlich geführten Debatte, die gewöhnlich mit lautem Gelächter endete.« Aber dann verstummte die allgemeine Unterhaltung allmählich, weil, wie Mary sich erinnert, alle Anwesenden darauf warteten, den interessantesten Teil des Abends zu erleben, und das war fast immer »ein dramatischer und mitreißender Monolog von Winston«. Oft zitierte er aus *Horatius*, »was den Kindern besondere Freude bereitete, denn wir durften die Zeilen, in denen es ›um die Zeit der großen Heldentaten‹ ging, mitsprechen«.[42]

Das Bildungsniveau der Gäste entsprach den Anforderungen, die Churchill an eine solche Unterhaltung stellte: »Wer das, was er zu sagen hat, nicht in gutem Englisch sagen kann, wird nicht sehr viel zu sagen haben, das anzuhören sich lohnt.« Niemand scheute sich, das Wort zu ergreifen, wenn er eine Atempause einlegte. Nach vielen Jahren erinnert sich einer von Churchills Privatsekretären, Sir David Hunt: »Man hat ihm einen übertriebenen Hang zum Monolog vorgeworfen; sicherlich hat es diese Neigung gegeben, aber er hat stets auch seine Zuhörer zu Wort kommen lassen, wenn sie etwas Wesentliches oder Amüsantes zu sagen hatten.« Der Zeitungsredakteur Collin Brooks verglich Churchills Auftreten im Unterhaus mit seinem Verhalten in Chartwell. Er sagt, der Stil seiner öffentlichen Reden, die er »langsam, aber mit großem Nachdruck« vorträgt, weicht zu Hause einem »rascheren Redefluß«. Seine gelegentlich bissigen Bemerkungen »sind treffend und sprühen vor Witz... Wenn er hin und wieder eine Pause einlegt, dann tut er es, um die Wirkung seiner Worte zu erhöhen oder seine Zuhörer in Spannung zu versetzen, während er nach dem passenden Ausdruck sucht.« Ob er sein Thema mit Ernst oder Humor behandelt, er versteht es, die schwierigsten Fragen lebendig darzustellen, und das gelingt ihm, wie einer seiner Gäste sich erinnert, »in der Form eines geistigen Feuerwerks... das oft ganz unerwartet mit einer ganz banalen Wendung endet, die enttäuschend wirken würde, wenn ein anderer sie gebrauchte«.[43]

Brooks zitiert Winstons Aussage zu einem politischen Problem wie folgt: »Unsere Schwäche liegt heute nicht in einem Verfall des Parlaments selbst, sondern darin, daß sich die Presse immer weniger für das

Parlament interessiert. Es ist wirklich herzzerreißend, wenn man in diesen stürmischen Zeiten täglich ins Parlament gehen muß, um Reden zu halten, deren Inhalt – ganz abgesehen von ihrer Form – von großer Bedeutung ist, um dann festzustellen, daß sie nur von ein paar hundert Parlamentsmitgliedern gehört und von den wenigen Menschen gelesen werden, die sich die Mühe machen, die offiziellen Berichte über die Parlamentsdebatten zu lesen.»[44]

Er lädt seine Gäste nicht ein, um sich darüber zu beklagen, daß man ihn politisch isoliert hat. Er unterhält sie mit ganz anderen Themen, und da er keinerlei Hemmungen kennt, singt er ihnen manchmal sogar etwas vor. Einer dieser Gäste erzählt, daß er 1926 an dem Abend, als der Generalstreik zu Ende ging, das Theater besucht habe. Er saß unmittelbar hinter Winston und Clemmie. Jahre später fragt er Churchill, ob er sich an diesen Abend erinnere. Winston erinnert sich nicht nur an die Show *Lady Be Good*, bei der die Astaires die Hauptrollen spielten, sondern auch an die Texte und Melodien der Schlager und scheut sich nicht, sie sofort vorzusingen. Er hat ein phänomenales Gedächtnis. Lady Violet erzählte, daß »er meine eigenen Worte wiederholte, die ich längst vergessen hatte, und wenn ich fragte, ›woher haben Sie das?‹, antwortete er, ›Sie haben es gesagt‹ oder ›Sie haben es zitiert‹ – und manchmal erinnerte er sich sogar noch an Ort und Zeit. Er vergaß nichts, was ihm gefiel, sondern nur, was er vergessen wollte, wenn etwa Äußerungen, die er früher getan hatte, seiner gegenwärtigen Auffassung widersprachen.« So kann er, um irgend etwas zu veranschaulichen, ein Gedicht aufsagen, das er vor 50 Jahren im *Punch* gelesen und seither nicht mehr gelesen hat.[45]

Wenn die Damen nach dem Essen gegangen sind und sich die Männer um ihn versammelt haben, um ein Glas Portwein oder Brandy zu trinken und eine Zigarre zu rauchen, bleibt er noch bis 22.00 Uhr oder länger mit ihnen zusammen und spricht über seine Schulzeit, die großen politischen Fragen der Vergangenheit, die Parlamentsabgeordneten, die sich um die Lösung dieser Fragen bemühten, über die Schlachtfelder, auf denen er als junger Mann gekämpft hat, und über die strategischen Neuerungen im amerikanischen Bürgerkrieg. Mit Salzfässern, Besteck und Brandygläsern kann er die Truppenaufstellung jeder Schlacht von Bull Run bis zu Five Forks in diesem Kriege veranschaulichen, nennt die auf beiden Seiten beteiligten Verbände und ihre Befehlshaber, schildert jedes Gefecht und schließlich auch den Ausgang der Schlacht. Sein immer wacher Verstand beschäftigt sich unaufhörlich mit allen nur vorstellbaren Themen, er erklärt, alle Leiden der Menschheit seien dadurch begründet, daß »das menschliche Gehirn aus zwei Hälften besteht, von denen nur die eine am Denkvorgang beteiligt ist. Deshalb sind wir entweder Rechtshänder oder Linkshänder. Wären wir richtig konstruiert, dann könnten wir die rechte und die linke Hand mit gleicher Kraft und gleicher Geschicklichkeit benutzen, wie es die Umstände gerade erfordern. Doch wie die Dinge liegen, sind diejenigen, die einen Krieg gewinnen können, nicht in der Lage, einen guten Frieden zu schließen, und diejenigen, die einen guten Frieden schließen können, werden niemals einen Krieg gewinnen.«

Unter den Gästen befindet sich wenigstens einer, der sich Churchill nicht als Friedensstifter vorstellen kann, nachdem Winston erzählt hat, »wie er mit 21 Jahren seine Feuertaufe erhielt und sich in seinem jugendlichen Übermut an der Nähe der Gefahr freute und entzückt war, endlich ›die harte Wirklichkeit‹ zu erleben«. Winston behauptet, die Risiken und Strapazen eines Krieges festigen den Charakter eines jungen Mannes. Er selbst ist der lebende Beweis dafür. Aber der Krieg war damals völlig anders. Die industrielle und technologische Revolution hatte die Tötungsmaschinerie noch nicht bis zur heutigen Vollkommenheit entwickelt. Es gab noch keine Maschinengewehre, Schrapnelle und Landminen, die im 20. Jahrhundert so blutige Verluste gefordert haben. In Südafrika sind 1881 in der entscheidenden Schlacht von Majuba auf britischer Seite nur 92 Soldaten gefallen. Im Gegensatz dazu haben 1916 und 1917 an der Somme und bei Passchendaele 400000 junge Briten ihr Leben lassen müssen, ohne daß ihr Einatz einen strategischen Erfolg gebracht hätte. 1932 wußten nur wenige Engländer, daß Churchill als junger Kriegsberichterstatter geschrieben hatte: »Der Krieg ist, auch wenn man es nicht wahrhaben will, nur ein schmutziges, törichtes Geschäft, auf das sich nur ein Narr einlassen kann«, oder daß er 1918 nach dem Waffenstillstand erklärte: »Der Krieg, der eine grausame und großartige Sache war, ist jetzt zu einer grausamen und schmutzigen Sache geworden.«[46]

Aber in seiner Jugend *war* der Krieg für ihn etwas Großartiges. In seinem ersten Buch schrieb er: »Nichts im Leben ist so erheiternd, als wenn man beschossen, aber nicht getroffen wird«, und: »Es gibt Männer, für die die Nähe der Gefahr und des Untergangs etwas ebenso Erregendes ist wie für andere der Erfolg.« Es ist dieser Charakterzug – und sein Bedürfnis, in der Schlacht das zu erleben, was er »die Freude an den guten Dingen des Lebens« nennt –, was fast allen seinen Freunden Sorgen bereitet – mit Ausnahme derer, die ihn blind bewundern. Seine Kritiker nennen ihn »ein Genie ohne Urteilskraft«, einen Mann, »dessen Gehirn von einem im Zickzack hindurchfahrenden Blitz erleuchtet wird«, den einzigen Kabinettsminister, der 1914 die Kriegserklärung Großbritanniens an Deutschland mit Freude aufnahm.

Wegen des allgemeinen Abscheus vor einem neuen Krieg in Europa und weil man an der Urteilsfähigkeit Churchills nach dem Fehlschlag des Unternehmens an den Dardanellen zweifelt, wandten sich die Menschen ungläubig von ihm ab, wenn er voraussagte, Hitler werde in Deutschland an die Macht kommen, und sobald Hitler in die Reichskanzlei in Berlin eingezogen sei, könne man nur noch darauf hoffen, einen zweiten Weltkrieg zu vermeiden, indem man seinem Rat folge und in Großbritannien aufrüste oder, wenn das nicht möglich sei, sich einem weitblickenden und intelligenten Führer zuwende. Dieser Mann müsse auch die Fähigkeit besitzen, mit brutaler Entschlossenheit an die Überlegenheit seiner eigenen Rasse zu glauben und mit absoluter Zuversicht der Auseinandersetzung mit einer kriegerischen Nation entgegenzusehen, die von einem Demagogen geführt werde, der alles verkörpere, was er zutiefst verachte.

Dieser britische Führer kann nur Winston Churchill sein. Der große Unterschied zwischen den beiden Männern liegt darin, daß Hitler den Krieg will und es ihn geradezu verdrießt, wenn Briten und Franzosen bereit sind, seine Forderungen kampflos zu erfüllen, während der geborene Krieger Churchill außer der Ehre und Sicherheit Englands jedes Opfer auf sich nehmen will, um den Frieden zu bewahren. Niemand, der sich die Mühe gemacht hat, Hitlers *Mein Kampf* zu lesen, kann daran zweifeln, daß der Verfasser ein blutrünstiger Mörder ist. Churchill, der mit den Forschungsarbeiten für ein größeres Projekt begonnen hat, das er nach dem Erscheinen seines *Marlborough* in Angriff nehmen will, sagt seinen Gästen mit düsterer Miene: »Ich bezweifle, daß ich es beenden werde, bevor der Krieg kommt.« Wenn es dazu kommen sollte und England einen »entscheidenden« Sieg erringt, sagt er, »werde ich noch einige Bände hinzufügen müssen. Und wenn es kein entscheidender Sieg wird, dann werden in den folgenden Jahren keine Geschichtswerke mehr geschrieben werden.«

Es ist 23.00 Uhr, Churchill geleitet seine Logiergäste zu ihren Zimmern, und während sie zu Bett gehen, beginnt sein Arbeitstag. Erst nachdem er seine Stelle angetreten hat, wird Bill Deakin zu seiner Überraschung feststellen, daß Churchill kein großes privates Einkommen hat, aber dennoch das Leben eines Pascha führt, das er mit seiner schriftstellerischen Arbeit finanzieren muß. Auch seine Kinder sind sich, wie Mary es später ausdrückt, nicht der Tatsache bewußt, daß die Familie »buchstäblich von einem Buch zum nächsten und von einem Artikel zum anderen lebte«. Ihre Mutter, die es weiß, betet darum, daß jedes Manuskript auch gekauft wird. Zum Glück geschieht das mit Ausnahme eines Drehbuchs für Alexander Korda auch. Die Zeitungsherausgeber und Buchverlage in Großbritannien und Amerika zahlen ihm die höchsten Honorare. Seine literarische Produktion ist beeindrukkend. Während der Jahre als Hinterbänkler von Anfang 1931 bis Ende 1939 wird er elf Bücher und mehr als 400 Artikel veröffentlichen. Viele dieser Artikel sind Auftragsarbeiten (»Der Sport als Anreiz in unserer Arbeitswelt«, »Die kinderlose Ehe bedroht unsere Rasse«, »Welche Geheimnisse wird der Erfinder noch enthüllen?«). Sie erscheinen im *Strand Magazine*, im *Sunday Pictorial*, in der *Daily Mail*, in der *Times*, in der *Saturday Review*, in *Answers*, im *Sunday Telegraph*, in der *Sunday Chronicle*, in *Collier's*, in der *Sunday Dispatch*, im *Pictorial Magazine*, in der *Sunday Times*, im *Pictorial Weekly*, in *The Listener*, in *Pearson's Magazine*, im *Daily Sketch*, im *Evening Standard*, im *Sunday Express*, in *News of the World*, in der *Jewish Chronicle* und im *Daily Telegraph*. Sein Jahreseinkommen beläuft sich durchschnittlich auf 20000 Pfund oder 96000 Dollar. Während der gleichen Zeit wird er ohne Honorar 368 Reden halten. Einige Aufträge lehnt er ab, darunter eine Geschichte des englischen Parlaments, weil das Honorar zu niedrig ist, aber auch 30000 Dollar für eine Vortragsreise durch die Vereinigten Staaten, weil die immer kritischer werdende politische Lage auf dem Kontinent ihn in England festhält, schließlich ein Honorar in Höhe von 50 Dollar, das ihm der Präsident des Columbia Broadcasting System, William S. Paley, für eine Bewertung der nationalsozialistischen Aktivitäten in Österreich angeboten hat. Darauf bittet Paley den CBS-Korrespondenten William L. Shirer, noch einmal mit Churchill zu sprechen. Shirer ruft Winston im Unterhaus an. Churchill wird aus dem Sitzungssaal ans Telefon gerufen und erklärt, er sei bereit, es für 500 Dollar zu tun. Paley hält diese Forderung für zu hoch, und damit geht uns ein wertvolles historisches Zeugnis verloren.[47]

Winstons Arbeitszimmer in Chartwell ist der Traum eines jeden Schriftstellers. Man betritt es durch eine Tür mit architravähnlicher Einfassung im Tudorstil; blickt man nach oben, stellt man fest, daß die Decke entfernt ist. Statt dessen sieht man bogenförmige Dachsparren und Balken aus einer Zeit lange vor der Renaissance. Der zweite und sehr starke Eindruck erinnert an das größte Rätsel im Leben Churchills. Obwohl ihn seine Eltern schon in frühester Jugend sträflich vernachlässigt haben, liegt auf einem Fensterbrett der Bronzeabguß von Jennies Hand. Der Schreibtisch und der Bücherschrank mit gotischen Glastüren stammen aus dem Besitz von Lord Randolph. Das auffallendste Gemälde an der Wand ist ein Porträt des Vaters am Schreibtisch. Dem äußeren Anschein nach pflegt Winston ehrfürchtig das Andenken seiner Eltern, aber irgendwo muß auch seine Ablehnung spürbar sein. Daß er sie verdrängt, trägt zweifellos dazu bei, daß er zeitweilig unter schwe-

Churchills Arbeitszimmer im ältesten Teil von Chartwell, erbaut im Jahr 1086, zwanzig Jahre nach der Schlacht von Hastings.

ren Depressionen leidet, und seine Aggressivität zeigt, daß er ein Ventil braucht, um seinem Zorn Ausdruck zu verleihen. Bezeichnenderweise arbeitet er nicht an dem prächtigen Mahagonischreibtisch seines Vaters mit den vergoldeten Löwenkrallen, sondern an einem hohen Schreibpult aus rohem Kiefernholz mit schräger Platte, den er selbst entworfen und von einem örtlichen Tischler hat anfertigen lassen. Dieses Möbelstück erinnert daran, daß man zur viktorianischen Zeit im Stehen zu schreiben pflegte.

Sein Erscheinen kündigt sich durch das schlurfende Geräusch seiner Schritte an, denn er hat jetzt Pantoffeln angezogen und trägt seinen scharlachrot, grün und goldfarben gemusterten Schlafrock. Als er hereinkommt, schleift die Kordel hinter ihm am Boden. Bevor er seinen Forschungsassistenten und die beiden an diesem Abend diensthabenden Sekretärinnen begrüßt, muß er noch das Manuskript lesen, das er am vergangenen Abend diktiert hat, und die letzten Druckfahnen korrigieren, die vor wenigen Stunden aus London eingetroffen sind. Die mit roter Tinte angebrachten Korrekturen Churchills gehen weit über die Zeilen des gedruckten Textes hinaus, und am Schluß sehen die Fahnen aus, als seien ein paar Spinnen, die man in rote Farbe getaucht hat, kreuz und quer über das Papier gelaufen. Die Rechnungen der Druckerei sind entsprechend hoch. Aber seine Arbeitskapazität rechtfertigt die hohen Kosten. Bevor die Nacht noch zu Ende ist, wird er 4000 bis 5000 Worte diktiert haben. An den Wochenenden können es mehr als 10000 Worte sein. Eines Tages schenkten ihm seine Kinder ein Diktiergerät. Er war entzückt. Es mußte wunderbar sein, allein diktieren zu können. Eine Sekretärin konnte den auf Band aufgenommenen Text am nächsten Tag schreiben. Nach einer sehr produktiven Sitzung ging er tiefbefriedigt zu Bett, doch am folgenden Morgen mußte er zu seinem Kummer erfahren, daß alles umsonst war. Er hatte vergessen, das Gerät einzuschalten. »Keine mechanischen Geräte mehr!« brüllte er und blieb bis zu seinem Tode bei seinem altbewährten System.

Churchill hat, wie sein Biograph Philip Guedalla schreibt, die Fähigkeit entwickelt, »komplexe Arbeitsvorgänge zu organisieren«. Wenn er die Unterlagen für eine Rede, einen Zeitschriftenessay oder einen Zeitungsartikel zusammenstellt, braucht er nur wenig Hilfe. Aber für ein größeres Projekt wie sein vierbändiges Werk über *Marlborough* oder seine Geschichte der englisch sprechenden Völker beschäftigt er einen ganzen Mitarbeiterstab. Die meisten von ihnen sind junge Absolventen der Universität Oxford, denen er sagt, was sie lesen und welche Fakten sie sammeln müssen. Sie legen ihm kurze Zusammenfassungen oder Denkschriften vor, die er in den Pausen zwischen seinen Diktaten liest. Zu diesen Mitarbeitern, die mit 300 bis 500 Pfund jährlich sehr schlecht bezahlt werden, gehören Deakin, John Wheldon, Keith Feiling, Maurice Ashley, Charles Hordern und Ridley Pakenham-Walsh. Die beiden letzteren sind ehemalige Offiziere. Für einen Mann, der sich den Sechzig nähert, übernimmt Winston einen verhältnismäßig großen Teil der Außenarbeit. Er bereist die europäischen Schlachtfelder Marlboroughs und ist überrascht von ihrer Größe, aber er findet nicht die Zeit, die notwendigen Unterlagen aus den Archiven in Blenheim herauszusuchen, alte flämische Dokumente zu übersetzen oder den schriftlichen Nachlaß Wilhelms von Oranien durchzusehen. Das müssen seine Assistenten tun.

Seine Leistung wird deshalb nicht geringer. Deakin wird sich später erinnern, daß er, Winston und die »Stenotypistin«, wie Churchill seine Sekretärinnen nannte, manchmal bis drei oder vier Uhr morgens am *Marlborough* arbeiteten. »Diese Arbeit war außerordentlich anregend. Das Geheimnis war zum Teil seine phänomenale Fähigkeit, sich auf das zu konzentrieren, was er gerade tat. Und er konnte diese Fähigkeit auf uns übertragen. Wir wurden von ihm mitgerissen. Ich hatte ihm zum Beispiel vor dem Dinner, also vor vier oder fünf Stunden, eine Denkschrift gegeben. Und nun ging er diktierend auf und ab. Die Tatsachen, die ich gesammelt hatte, waren alle in dem Diktat enthalten, aber er sah sie aus einer ganz neuen Perspektive. Meine Denkschrift war nur der Rahmen. Sie beflügelte seine Vorstellungskraft.« Winston bittet ihn um eine kurze Darstellung der Wahlen von 1710, und Deakin berichtet: »Er las sie, ohne sich dazu zu äußern, und diktierte dann, was er darüber in seinem Buch schreiben wollte... Nun wurde daraus eine lebendige Schilderung der Ereignisse aus seiner persönlichen Sicht, aber es war eine Verwandlung ganz besonderer Art. Sein klarer Blick erkannte Zusammenhänge, die mir völlig entgangen waren.«[48]

An diesem Abend geht es um die Vorbereitung einer Rede im Parlament, deshalb ist die Arbeit des Forschungsassistenten schon vor Mitternacht beendet. Doch dann beginnt die Arbeit der Stenotypistinnen. Zwei von ihnen werden sich ablösen, sie haben alles Notwendige mitgebracht: Lose Blätter, Stenogrammblöcke, Federn, Bleistifte, Lineale, Radiergummi, Scheren, Klebstoff, Gummibänder, Durchschlagspapier, Kohlepapier, die verschiedensten grünen Etiketten, ein Exemplar des *Parliamentary Companion Guide* von Vacher und Winstons »Klopfer« – einen starken Locher. Er lehnt es ab, mit Heftklammern zu arbeiten. Wenn er eine Rede hält, müssen die Seiten in der richtigen Reihenfolge aufeinanderliegen. Stets hat er die unbegründete Sorge, irgend jemand könnte die Seiten durcheinandergebracht haben. Bis zum Beginn der Rede überprüft er immer wieder das Manuskript, um festzustellen, ob es noch in Ordnung ist.

Wie sich Cecily (»Chips«) Gemmell später erinnern wird, kann die erste Stunde manchmal »gräßlich« sein. Nichts kann ihn ablenken. Eine Stenotypistin blickt aus dem Fenster und bemerkt unschuldig: »Draußen ist es dunkel.« Churchill wirft ihr einen mißbilligenden Blick zu und antwortet ungerührt: »Nachts ist es fast immer so.« Sein schöpferischer Gedankenfluß ist blockiert. Er geht unruhig im Zimmer umher, wirft sich in einen Sessel, vergräbt den Kopf in den Händen und murmelt, »mein Gott, ich muß diese Rede aufsetzen, und ich kann es nicht, *ich kann es wirklich nicht.*« Inspektor Thompson berichtet, bei solchen Gelegenheiten kam es vor, daß Winston »mit den Füßen Papierkörbe umstößt und in seiner schlechten Laune unglaublich unbeherrscht ist. Dann ist es am besten, ihm aus dem Weg zu gehen, und seine Familie tut das auch.«[49]

Doch seine Mitarbeiter haben keine andere Wahl; sie müssen seine Launen ertragen. Mit der Zeit stellt sich das erste Wort ein. Es folgt das zweite. Dann sucht er lange nach dem richtigen Satz, und nachdem er eine Weile vor sich hingemurmelt hat, lacht er plötzlich auf, denn er hat den Ausdruck gefunden, den er suchte. Aber noch ist das Tempo des Diktats verhalten. Sein Privatsekretär Sir John Martin beschreibt diesen langwierigen Vorgang, bei dem er zunächst »sorgfältig die Worte auswählt und die verschiedensten Ausdrücke mit leiser Stimme gegeneinander abwägt, bis er schließlich mit lauter Stimme den Satz diktiert, für den er sich entschieden hat«. Er versucht, den richtigen Sprachrhythmus für seine Rede zu finden, und wenn das gelungen ist, beschleunigt sich das Tempo. Er fängt dort an, wo die Rede auch im Parlament beginnen soll, in einem, wie der Parlamentsabgeordnete Harold Nicolson in seinem Tagebuch notiert, »langweiligen, faden Ton und beschäftigt sich zunächst mit Daten und chronologischen Angaben«, doch allmählich wird sein Vortrag lebendiger und wird durch die üblichen humoristischen Einlagen und für ihn bezeichnenden Gesten aufgelokkert. Für die meisten Schriftsteller ist ihre schöpferische Arbeit ein ganz intimer Vorgang, aber Churchill fühlt sich dabei erst wirklich wohl, wenn er Publikum hat. Das sind nicht nur seine Mitarbeiter, jeder Gast, der bereit ist, eine Stunde Schlaf zu opfern, ist willkommen.

Im Parlament spricht er stehend, aber in seinem Hause geht er auf und ab. Im Unterhaus ist das nicht möglich, deshalb hat er sich dort an eine andere Art des Auftretens gewöhnen müssen. Nicolson schreibt: »Seine charakteristische Geste ist wirklich sehr eigenartig. Jeder weiß, wie jemand sich auf die Taschen klopft, wenn er nach seinem Schlüssel sucht. Nun, Winston klopft sich auf beide Hosentaschen und streicht dann mit den Händen von der Leistengegend bis zum Magen hinauf und dann wieder hinunter. Das ist wirklich eigenartig.«[50]

Im Parlament kommen seine witzigen Bemerkungen blitzartig und zielsicher, aber die Abgeordneten, die ihn kennen, wissen genau, daß er seine Reden einschließlich dieser Spitzen sorgfältig vorbereitet hat, und nur die Besucher auf der Galerie haben den Eindruck, daß er seine großen, rhetorisch so wirksamen Reden aus dem Stegreif hält. Einer, der ihn kennt, spricht einmal von »Churchills sorgfältig vorbereiteten Improvisationen«. Peter E. Wright, der während der Gallipolikrise von 1915 zu seinen Kabinettskollegen gehörte, bemerkt: »Wie jeder weiß, kann Mr. Churchill nicht sehr gut improvisieren. So überzeugend seine Reden sind, er hat sie genau vorbereitet, geprobt, und oft werden sie zur Hälfte vorgelesen. Die ganze Arbeit an seinen Büchern und Reden zu bewältigen, bedeutet für Mr. Churchill eine gewaltige Anstrengung.« Wright fügt hinzu, das gelte für andere Parlamentsmitglieder auch, aber mit enttäuschenden Ergebnissen, während »bei Mr. Churchill auf die gewaltigen Geburtswehen ein entsprechendes Ergebnis folgt. Es ist wie bei einem Vulkanausbruch ein gewaltiger Lavafluß, oft unausgeglichen und turbulent, aber hinreißend in der Wirkung.«[51]

Das Manuskript einer Rede ist das Produkt von Mühe, Schweiß und häufigen Tränen. Durchschnittlich braucht Winston sechs bis acht Stunden zum Aufsetzen einer 40 Minuten dauernden Rede. Beim Diktat der einzelnen Passagen werden auch die Zuhörer mitgerissen, und oft fängt er auch selbst an zu weinen. Seine Stimme wird vor Erregung dumpf, und ihm (und seiner Sekretärin) rinnen die Tränen die Wangen hinunter. Wie jeder Berufsschriftsteller korrigiert er seine Texte so lange, bis sie seinen Ansprüchen genügen. Aber schon in den ersten Entwürfen gibt es keine sprachlichen Verunreinigungen und keine bürokratischen Gemeinplätze. Wenn Stanley Baldwin sagt, man hat eine »bilaterale Vereinbarung getroffen«, spricht Churchill davon, daß man sich »die Hände gereicht« hat. Aus den »Freiwilligen für die örtliche Verteidigung« wird die »Bürgerwehr«. Wenn man ihn ärgern will, muß man einen Lastwagen als »Nutzfahrzeug« bezeichnen oder von den »Armen« als von der »Bevölkerungsgruppe mit niedrigem Einkommen« sprechen. Er führt einen langen und schließlich erfolgreichen Feldzug gegen den häufig in der Bürokratie verwendeten Satz, »die Antwort ist zustimmend«, und läßt statt dessen ein einfaches »ja« setzen. In den Texten Churchills finden wir so unnachahmliche Ausdrucksformen wie »der Rachen des Winters«, »harte und schwere Nachrichten« und »ein mißtönender Chor«. Im Gespräch und beim Diktat verwendet er die Worte mit großer Präzision und verlangt von anderen das gleiche. Auf einer Reise sagt ihm sein Arzt: »Ich hoffe, Sie haben sich in der kühlen Nachtluft auf dem Balkon nicht erkältet.« Sein Patient korrigiert ihn: »Säulenhalle, nicht Balkon, Charles.«[52]

Gearbeitet wird meistens in Winstons Studierzimmer, manchmal kommt es hier zu kleinen Sensationen. Als Winston einmal gegen seine Gewohnheit um 3.00 Uhr morgens ein Fenster öffnet, flattert eine Fledermaus herein. Die junge Sekretärin fürchtete ihren Chef mehr als den ungebetenen Gast und nahm auch weiter ihr Stenogramm auf, während Churchill die Fledermaus mit einem Schürhaken verfolgte, bis sie hinausflog und er das Fenster schloß. Dabei diktierte er ununterbrochen weiter. Ein anderes Mal fing irgend etwas an zu brennen, er ließ sich jedoch nicht stören und hörte erst auf zu sprechen, als seine Stimme durch den Rauch so heiser wurde, daß man ihn nicht mehr verstehen konnte. Inzwischen waren sechs Hausangestellte ins Zimmer gekommen, die Flammen waren erstickt worden, und man hatte alle Fenster geöffnet. Die Sekretärin, die auch in »der Nacht der Fledermaus«, wie das Personal sie nannte, Dienst gehabt hatte, verschwand. (»Ich lief ins Klo.«) Churchill versammelte alle Anwesenden um sich und forderte den Brandstifter auf, sich zu melden. Kathleen Hill sah ihn an und sagte ruhig »Sie!« und zeigte auf die Reste eines Zigarrenstummels im verkohlten Sitz eines Polstersessels. Er wandte sich mit düsterer Miene ab und rief: »Wo ist die Miss?«[53]

Seine Sekretärinnen sind gehalten, jedes Wort, das er spricht, aufzunehmen. Oft korrigiert er sich mitten im Satz, es kann aber auch vorkommen, daß er sich wieder für die erste Fassung entscheidet. Wenn er sagt, »ich ging« und nach einer Pause hinzufügt, »ich beschloß zu gehen«, schreiben sie: »Ich ging. Ich beschloß zu gehen.« Ab und zu wird eine Pause eingelegt. Das geschieht nicht, weil Churchill oder die Sekretärinnen erschöpft sind, sondern damit er sich den geschriebenen Text ansehen kann. Wenn notwendig korrigiert er ihn mit roter Tinte, diktiert die Stelle noch einmal und überprüft das neu Geschriebene. Gelegentlich wird ein neuer Absatz eingefügt. Wenn die endgültige Fassung vorliegt, wird sie mit der Maschine geschrieben. Es ist eine sehr große Schreibmaschine, aber das Manuskriptpapier hat nur ein kleines Format. Die Blätter werden in der richtigen Reihenfolge zusammengelegt, gelocht, mit einem Bindfaden zusammengebunden und mit einem Etikett versehen. Die Zeilen sind so gesetzt, daß ihm das Ablesen der Rede erleichtert wird. Lord Halifax nennt das die »Vortragsform« oder die »Psalmenform«.

Nachdem Hitler die absolute Macht im Dritten Reich übernommen hat, verkündet Churchill im Unterhaus:

Ich habe bei mehr als einer Gelegenheit
an den Führer Deutschlands appelliert,
daß er zum Hüter des Friedens werden sollte.

Wenn ein Mann sich in einem verzweifelten Kampf
behaupten will,
dann wird er vielleicht die Zähne zusammenbeißen
und den Gegner mit funkelnden Augen ansehen
müssen;
Zorn und Haß stärken den Arm des Kämpfers.

Aber der Erfolg sollte eine mildere und freundliche
Atmosphäre mit sich bringen
und, indem er die Stimmung den neuen Umständen
anpaßt,
mit Toleranz und gutem Willen bewahren und festigen,
was in dem Konflikt gewonnen wurde.

Wenn Churchill sich im Unterhaus von seinem Platz erhebt, um eine Rede zu halten, hat er nicht nur Notizen zu den von ihm zu behandelnden Themen in der Hand, sondern den vollständigen Text dessen, was er sagen will. Natürlich kann er sich gelegentlich mit ein paar Worten zu den Ausführungen seines Vorredners äußern, aber im übrigen ist jedes Wort vorher festgelegt, obwohl nur wenige das wissen. Da sein Vortrag den Eindruck der Spontaneität vermittelt und der Text auch Regieanweisungen enthält (»Pause, Suche nach einem Wort« und »Stottern, korrigiere dich«), ist jede seiner Reden ein dramatisches Ereignis.

Es wäre schön, wenn man sagen könnte, seine Beziehungen zu seinen Mitarbeitern seien herzlich, er behandele sie wie seine Töchter, und er sei besonders geduldig bei neuen Sekretärinnen. Aber das trifft leider nicht zu. Er behandelt sie wie Dienstboten. A. J. P. Taylor nennt ihn einen »rücksichtslosen« Antreiber, und die Art, wie er mit seinen Angestellten umgeht, ist schwer zu verstehen und manchmal auch schwer zu entschuldigen. Er ruft jedes seiner Haustiere beim Namen, kann stundenlang Gedichte aufsagen und erinnert sich in allen Einzelheiten an die Umstände, unter denen er vor 50 Jahren von irgendeinem Ereignis erfahren hat, aber er kennt nur die Namen von drei oder vier seiner 18 Hausangestellten und Stenotypistinnen. Für ihn sind sie »die schlanke Miss mit den blauen Augen« oder »der Mann mit dem rötlichen Haar«. Am Anfang fällt es den Sekretärinnen schwer, sich an sein Lispeln zu gewöhnen. Sie können ihn nicht verstehen, aber er nimmt keine Rücksicht darauf. Chips Gemmell erzählt, wie sie während ihres ersten Diktats »völlig verschreckt dasaß. Ich konnte kein Wort verstehen und kam mit seinem Tempo nicht mit. Ich glaubte, es sei ein Alptraum. Das kann nicht wahr sein. So schrieb ich verzweifelt weiter und war eigentlich überzeugt, daß ich nur träumte.« Winston las den von ihr geschriebenen Text erst am folgenden Abend. Er sah sich die ersten beiden Seiten an, sein Gesicht rötete sich, sein Ausdruck wurde immer wütender. Dann stand er auf und warf die Seiten auf den Boden, stampfte und brüllte: »Von 50 Wörtern ist nicht eines richtig! *Nicht ein einziges Wort von fünfzig!* NICHT EIN EINZIGES VON FÜNFZIG!«[54]

Wie sie erstarrte auch Elizabeth Nel, als sie am ersten Abend feststellte, daß die Schreibmaschine auf den einfachen und nicht doppelten Zeilenabstand eingestellt war. Da Churchill gegen seine Gewohnheit von Anfang an sehr schnell diktierte, hatte sie keine Zeit, den Zeilenabstand zu korrigieren. Als sie ihm die erste Seite reichte, fuhr er »auf wie eine Rakete. Ich sei eine Närrin, ein Dummkopf und Idiot. Er warf mich hinaus, und eine andere Sekretärin mußte meinen Platz einnehmen.« Später versuchte er es ein zweites und dann sogar noch ein drittes Mal mit ihr. Verständlicherweise war sie nervös, und »meine Befürchtungen waren selten unbegründet. Ich bekam das Manuskript meist mit einigen Korrekturen in roter Tinte zurück, manchmal mit Kommentaren über meine mangelhafte Bildung und mein schlechtes Gehör.«[55] Aber diese Mißverständnisse sind durchaus verständlich. Wer kann der Schreibkraft einen Vorwurf machen, wenn sie »lemons« schreibt, während er die griechische Insel Lemnos meint, oder »fretful« mit »dreadful« verwechselt? Winston kann und tut es. Er tobt und stampft mit den Füßen. (In Gegenwart von Frauen stampft er, während er bei Männern obszöne Schimpfworte benutzt. Dabei ergießt sich ein ganzer Strom angelsächsischer Kraftausdrücke über den Schuldigen, die, wie er selbst einmal zugeben mußte, »meist mit dem ersten Buchstaben des Alphabets beginnen«.) Ein junges Mädchen schrieb nach Hause:

»Heute morgen ist die Laune nicht sehr gut. Unvermittelt sagte er, ›geben s-m-Zst‹. Mir klang es wie ›geben Sie mir einen Zahnstocher‹. Ich sprang auf, sah mich um und suchte dann in einer Tasche, in der ich so etwas vermutete. Nach weniger als 20 Sekunden sagte er in sehr gelangweiltem, überlegenem Ton: ›Miss Layton, hören Sie endlich auf, sich wie ein aufgescheuchtes Huhn zu benehmen...‹ Er diktierte sofort weiter und stellte dann fest, daß ich geschrieben hatte, ›irgendwie halte ich das für richtig‹ (denn ich hatte ihn so verstanden). Nun meinte er, ohne die Geduld zu verlieren, ›nein, nein, ich habe gesagt, *jetzt ist es Zeit*‹ (mit dieser Betonung). Ich schrieb es zum zweiten Mal und gab ihm die Seite. Es folgte ein Wutausbruch. ›Um Himmels willen, Mädchen, können Sie es auch zum zweiten Mal noch nicht richtig schreiben? Ich habe gesagt, die Zeit ist *reif, reif, reif!*‹ Vielleicht hätte ich es verstehen sollen, aber er hatte mir beim ersten Mal nicht genau gesagt, was ich falsch gemacht hatte. Aber jetzt hat er mir verziehen, und ich wurde den ganzen Tag nicht mehr gescholten.«

Manchmal versuchen die Sekretärinnen, ein Wort zu erraten, und gehen lieber dieses Risiko ein als seinen Zorn durch eine Frage zu provozieren, die seinen kreativen Redefluß unterbricht. Wenn die Sekretärin eine Seite zu Ende geschrieben hat, muß sie sie aus der Maschine nehmen und ein neues Blatt mit Kohlepapier und Durchschlagspapier zusammenlegen und einspannen. Doch Winston nimmt keine Rücksicht darauf. Er bellt: »Weiter, weiter! Worauf warten Sie noch?« Das Knistern des Kohlepapiers und des dünnen Durchschlagspapiers macht ihn ebenso nervös wie Pfeifen. Er zischt wütend: »Fummeln Sie nicht so mit dem Papier herum! Hören Sie auf damit!« Seine Wutanfälle wären leichter zu ertragen, wenn er sich anschließend dafür entschuldigte oder die Sekretärin für gut geleistete Arbeit lobte. Aber er tut weder das eine noch das andere. Wenn eine Sekretärin nach einem solchen nächtlichen Zornausbruch ruhig weiterarbeitet, murmelt er vielleicht: »Sehen Sie, ich habe doch gewußt, daß Sie es können.« Oder wenn sie in Tränen ausbricht, sucht er sie zu beruhigen: »Mein Himmel, machen Sie sich nichts daraus. Wir alle haben unser Päckchen zu tragen.«[56]

Gegen die Feststellung Churchills, er sei schließlich ein großer Mann, gibt es in Chartwell keinen Widerspruch. Nachdem Elizabeth Nel ihre durchaus berechtigten Beschwerden vorgetragen hat, sagt sie: »Weder ich noch die anderen Sekretärinnen empfanden diese Behandlung als unfair... Ich habe mir immer wieder überlegt, wann ihm der Geduldsfaden reißen würde und ob er nicht doch eines Tages sagen würde, ›gehen Sie und lassen Sie sich nie wieder blicken‹. Die Sekretärin Phyllis Moir erinnert sich, wie Winston ihr, während er telefonierte, sagte, sie solle ihm bestimmte Papiere holen: »Mr. Churchill stand mit gerötetem, bösem Gesicht am Telefon, stampfte mit den Füßen auf den Boden und spuckte vor Wut. Er riß mir die Papiere aus der Hand und krächzte eine unverständliche Antwort in das Telefon.« Aber die Sekretärin hat auch Verständnis für ihren Dienstherrn: »Mr. Churchill ist nicht der Mann, der sich bei irgend jemandem entschuldigt, aber er war immer bereit, unsere Arbeit anzuerkennen, und gab uns durch seine ganze Haltung zu verstehen, daß er sich seines schlechten Benehmens schämte.« In diesem Fall versuchte er sein ungehöriges Verhalten damit wiedergutzumachen, daß er seine Wut nicht an der Sekretärin ausließ, nachdem er den Hörer aufgelegt hatte, sondern sie fragte, ob ihr das Leben auf dem Lande gefiele.[57]

Eigentlich genügt das noch nicht, und auch die Tatsache, daß er eine gemaßregelte Sekretärin den ganzen Tag nicht mehr gescholten hat, ist keine ausreichende Wiedergutmachung dafür, daß sie nur deshalb grob angefahren wurde, weil sie sein Lispeln nicht verstehen konnte. In Wirklichkeit hat Winston nie von sich geglaubt, daß auch er »sein Päckchen« zu tragen habe. Bescheidenheit war nicht seine starke Seite, sonst hätte er nicht das Recht für sich in Anspruch genommen, mit dem Auto über den Bürgersteig zu fahren, um einem Verkehrsstau auszuweichen. Er hielt sich für ein höheres Wesen, auf das andere Rücksicht zu nehmen haben, das besondere Vorrechte genießt und nicht nach den in einer zivilisierten Gesellschaft geltenden Regeln beurteilt werden darf. Die Richtigkeit dieser These läßt sich bezweifeln. Es fällt jedoch auf, daß die Menschen, die täglich viele Stunden angestrengt und gegen schlechte Bezahlung für ihn arbeiten und dabei ungerechtfertigte und grobe Zurechtweisungen hinnehmen müssen, seine Meinung teilen. Sie spüren die Schläge seiner Zuchtrute, und doch gelingt es ihm, ihren Respekt und sogar ihre Liebe zu gewinnen. Alle diejenigen, die sich darüber empören, wie Churchill seine Angestellten behandelt, haben eines gemein: sie haben nie für ihn gearbeitet.

Irgendwann zwischen 2.00 und 4.00 Uhr morgens ist die Arbeit für ihn beendet, und er überläßt es den anderen, Manuskripte und Durchschläge zu ordnen, das Arbeitszimmer aufzuräumen und, wenn eilige Zeitungsartikel geschrieben worden sind, diese einzupacken, damit sie mit dem nächsten Kurier nach London geschickt werden können. Im Schlafzimmer angekommen entledigt er sich seiner Hosen und Samtpantoffeln. Dann zieht er sich den Rest seiner Kleidung mit ausholender Bewegung über den Kopf und wirft alles auf den Boden. Mit einem eher narzißtischen als prüfenden Blick betrachtet er sich im Schlafzimmerspiegel und bürstet das Haar links und rechts über die Ohren. Dabei erklärt er seinem Kammerdiener im Brustton der Überzeugung: »Dies ist die richtige Haarpflege, Inches.« Er läßt sich seinen »Augenschoner« reichen, legt die Augenbinde an, und schon bald zeigen seine tiefen, regelmäßigen Atemzüge an, daß er eingeschlafen ist. Seinen Angehörigen erzählt er, daß er oft von seinem Vater träumt, der noch auf dem Totenbett vorausgesagt hatte, Winston werde ein Versager sein. 1932 hätte man im Parlament oder an der Fleet Street Schwierigkeiten gehabt, mehr als ein Dutzend Männer zu finden, die diese Prophezeiung für lächerlich hielten.

Europa im Fieber

Viktoria Regina – »die alte Queen«, an die sich jeder Engländer, der älter war als 40 Jahre, noch sehr deutlich erinnern konnte – wäre sprachlos vor Entsetzen gewesen. Hier auf den Straßen Londons, der zivilisiertesten Stadt der Welt, machte sich jetzt der Pöbel breit, deutlich zu erkennen an der ärmlichen Kleidung, den verbitterten Gesichtern und, wenn diese Menschen sprachen, an dem unverkennbaren Dialekt ihrer Klasse. Den wohlhabenden Betrachtern erschienen diese Menschen fast wie eine Sinnestäuschung. Viele von ihnen nahmen die Armen zum ersten Mal in ihrem Leben wahr. Die Angehörigen der oberen Schichten kannten solche Menschen nur als Dienstpersonal, und die Privilegierten waren dazu erzogen, sie zu ignorieren, ja sogar in ihrer Gegenwart über sie zu sprechen, als seien sie nicht da. Aber als die Wirtschaftsdepression 1932 ihren Tiefpunkt erreicht hatte, konnte man die Armen nicht mehr übersehen. Es gab zu viele, und sie waren zu zornig.

Ein Londoner Polizist konnte die Angehörigen der verschiedenen Klassen auf den ersten Blick voneinander unterscheiden. Anders als in Shaws *Pygmalion* unterschieden sich die Menschen nicht nur durch ihre Kleidung, ihre Ausdrucksweise und ihren Dialekt. Keine Sprechtherapie und keine Schneiderkunst hätten ihre Haltung, die Art ihres Auftretens und ihre körperliche Verfassung ändern können. Die unteren Klassen waren so schlecht ernährt, daß sie im Rahmen von Soforthilfeprogrammen mit Obst und Gemüse versorgt werden mußten, jedes Schulkind erhielt täglich zusätzlich einen Viertelliter Milch. Seit Generationen unterernährt, hatten diese Menschen in den Bergwerken und Fabriken häufig in gebückter Haltung arbeiten müssen, und nun erkannte man sie an ihrem schwächlichen Körperbau, der schlechten Körperhaltung, der ungesunden Gesichtsfarbe, dem mangelhaften Sehvermögen, und selbst bei jungen Frauen war der Busen klein und schlaff. Sie sahen unattraktiv aus und waren wenig widerstandsfähig. Aber wenn sie in Massen auftraten, konnten sie für die hochgewachsenen, gutaussehenden, stolzen Angehörigen der Oberschicht eine Bedrohung darstellen. Natürlich waren diese vornehmen Leute nicht bereit, es auf eine Auseinandersetzung ankommen zu lassen. Das war, wie die meisten von ihnen erklärten, Sache der Polizei.

Diejenigen unter ihnen, deren Gewissen noch nicht abgestumpft war, waren schockiert. Aber sie hätten es nicht sein dürfen. Warnzeichen hatte es genügend gegeben. Es herrschte schon lange eine gereizte Stimmung. Die für ihre Höflichkeit bekannte Londoner Bevölkerung mußte es erleben, daß der bisher geltende Abstand immer häufiger ignoriert wurde. In den eleganten Wohnvierteln von Mayfair oder Belgravia erzählte man sich Geschichten von aufdringlichen Bettlern, die vornehme Damen auf der Straße vor den Geschäften Harrods oder St. Paul's belästigt hatten und unverschämt geworden waren, wenn sie die geforderten Sixpence nicht bekommen hatten. Und im Bezirk Whitechapel im Osten Londons war sogar ein Mitglied der königlichen Familie von einer aufgebrachten Menge bedroht worden. Der Bruder des Prinzen von Wales – der künftige König Georg VI. – hatte sich in den Osten der Stadt begeben, um sich persönlich davon zu überzeugen, wie man den hungernden Menschen dort helfen könne. Nach einer in der *Times* veröffentlichten eidesstattlichen Erklärung war Seine Königliche Hoheit von zerlumpten Cockneys bedrängt worden, die ihre schmutzigen Fäuste schüttelten und schrien: »Gebt uns etwas zu essen! Wir brauchen keine königlichen Schmarotzer!«[1]

Diese Majestätsbeleidigung war das Vorspiel zu den Unruhen im Oktober 1932. Die ersten Tumulte brachen wahrscheinlich spontan aus. Die Cockneys, die »Prinz Bertie« beschimpft hatten, waren vom Friedensrichter nach einer Verwarnung entlassen worden. Dadurch ermutigt beschlossen sie, einen Vorstoß in das Stadtzentrum zu unternehmen. Die sich heranwälzende Menschenmasse war allein schon furchterregend. Zu Tausenden drängte sie sich in den Straßen und näherte sich schon bald der Lambeth Brücke. Zwanzigmal gingen die Polizisten mit Schlagstöcken gegen die Menge vor und sperrten ihren Brückenkopf schließlich mit Kühler an Kühler aufgestellten Lastwagen. Die Barrikade hielt dem Ansturm stand, und die geprügelten und erschöpften Angreifer zogen sich zurück.[2]

Der zweite Ansturm, ein Protestmarsch, der aus den verschiedensten Landesteilen nach London führte, war bedrohlicher. Die strategische Leitung hatte ein verwahrloster, störrischer junger Mann namens W. A. L. Hannington übernommen. Seine Anhänger nannten ihn »Wal«, aber in den Londoner Zeitungen hieß er der »rote Wal«. Die Männer, die hinter ihm standen, bezeichneten das Unternehmen als Hungermarsch, und es nahm längere Zeit in Anspruch. Sie kamen zum Teil aus weit entfernt gelegenen Städten im westlichen Wales oder dem Norden Schottlands und brachten eine von einer Million Arbeitslosen unterschriebene Bittschrift mit, in der sie die Regierung aufforderten, etwas gegen ihr Elend zu unternehmen. Sie erwarteten vom Premierminister empfangen zu werden. In den ländlichen Bezirken wurden die Marschierer von Wohlfahrtsorganisationen verpflegt, aber nachdem ein Minister im Unterhaus erklärt hatte, hinter ihrem Protest stünden die Bolschewiken und es sei »Sache der Kommunisten, sie zu ernähren«, wurden sie in der Hauptstadt nur mit kümmerlichen Almosen abgespeist.[3]

Den Demonstranten wurde es schließlich zu lästig, ihre umfangreiche Bittschrift weiter mitzuschleppen, deshalb deponierten sie das Paket bei der Gepäckaufbewahrung des Bahnhofs Charing Cross und marschierten von dort das Themseufer entlang zum Trafalgar Square. Dabei bewarfen sie Automobile mit Steinen und verprügelten gutgekleidete Männer mit Knüppeln. Mit Schlagstöcken bewaffnete Polizisten stellten sich ihnen entgegen und konnten sie zum Marble Arch abdrängen. Damit schienen die ehrwürdigsten politischen Institutionen Englands gerettet zu sein. Doch dann erfuhr man, daß eine zweite, 5000 Mann starke Kolonne, die zunächst im Green Park in Deckung gegangen war, hinter der ersten durch den St. James's Park marschierte. Vom Guards Memorial stürmte der Pöbel nun in Richtung auf den Amtssitz des Premierministers an der Downing Street Nr. 10 weiter. Der einzige Polizist weit und breit war der Bobby, der traditionsgemäß an der Haustür des Premierministers stand.

Doch als die Demonstranten bis auf etwa 400 Meter an ihr Ziel herangekommen waren, wendete sich das Blatt. Der freie Platz, der zwischen ihnen und der Downing Street lag, war der Exerzierplatz der königlichen Gardekavallerie. So lange man zurückdenken konnte, bestand der Dienst dieses Regiments ausschließlich darin, vor den staunenden Augen der Touristen zu paradieren und die Wachablösung vor dem Buckingham-Palast vorzuführen. Doch nun machten sie sich bereit, für ihren König zu kämpfen, setzten ihre blankpolierten Helme auf, bestiegen ihre edlen Pferde, zogen die Säbel aus den Scheiden und bildeten eine dünne Verteidigungslinie. Die Menge hätte sie ohne weiteres durch ihr bloßes Gewicht überrennen können, aber die meisten von ihnen waren zum ersten Mal in London, und der Anblick der zum Kampf entschlossenen Gardekavalleristen beeindruckte sie tief. Sie zögerten und liefen auseinander. Als sich die Marschkolonne neu formiert hatte, war militärische Verstärkung von der Bow Street eingetroffen, und die Soldaten drängten die Demonstranten bis zum Trafalgar Square zurück. Das enttäuschende Ende des Unternehmens folgte. Als sie auf dem Bahnhof Charing Cross ihren Aufbewahrungsschein vorzeigten, erklärte ihnen ein höflicher Beamter, daß die Bittschrift mit einer Million Unterschriften von den Behörden als Aufruf zum Volksaufstand klassifiziert und von Scotland Yard beschlagnahmt worden sei.

Gedemütigt und verbittert fuhren sie mit der Eisenbahn nach Hause, deren Beamte, erleichtert über den glücklichen Ausgang des Unternehmens, nur einen symbolischen Fahrpreis von ihnen verlangten.[4]

Damals gab es noch kein Fernsehen, und den Inhalt der Radionachrichten bestimmte der allmächtige Direktor der BBC, Sir John Reith, und so wurden die erfolglosen Demonstrationen von der britischen Öffentlichkeit kaum wahrgenommen. Niemand hätte damals voraussagen können, welche Rolle der unterdrückte Aufruhr, der in einen sozialen Umsturz auszuarten drohte, später bei der Gestaltung der katastrophalsten Außenpolitik in der Geschichte Großbritanniens und des Britischen Weltreiches spielen würde. Auch die meisten Londoner Zeitungen erkannten nicht die Bedeutung dieser Vorfälle. In dieser Zeit der Depression interessierten sich die Menschen weniger für folgenschwere politische Ereignisse als für ihre Flucht vor der Wirklichkeit.

Anfang der 30er Jahre kam der durchschnittliche Engländer mit der amerikanischen Zivilisation fast nur durch Filme in Berührung. Es war die Periode des Übergangs vom Stummfilm zum Tonfilm. Das Kino in Westerham hatte den schönen Namen »Der Schwan«. Winston Churchill besuchte es mit seiner kleinen Tochter Mary, um sich den großartigen Ausstattungsfilm der MGM *Ben Hur* anzusehen. In dieser Beziehung hatte er den gleichen Geschmack wie die meisten seiner Landsleute. Ebenso wie sie sah er am liebsten Wildwestfilme. Sein Lieblingsfilm war *Destry reitet wieder* mit Tom Mix. Es mußten entweder dramatische und aufregende Aktionsfilme oder simple Lustspiele sein. Der Film *Im Zeichen des Kreuzes* von Cecil B. DeMill, die *Eiserne Maske* mit Douglas Fairbanks, Walt Disneys Mickey-Mouse-Zeichentrickfilme und die Marx Brothers in ihren verrücktesten Lustspielen fesselten ihn am meisten. Mit den Tonfilmen wurden auch viele im Ausland beliebte Schlager in England bekannt wie »Singin' in the Rain«, »Beyond the Blue Horizon«, »Tiptoe through the Tulips« und das von der 29jährigen Marlene Dietrich im ersten deutschen Tonfilm von Josef von Sternberg, *Der blaue Engel*, mit rauher Stimme gesungene Lied »Ich bin von Kopf bis Fuß auf Liebe eingestellt...«, mit dem sie ihren Partner Emil Jannings zu verführen sucht. Für Engländer, die es vorzogen, in Großbritannien produzierte Filme zu sehen, war die Auswahl gering. Eine Ausnahme bildeten die großartigen Filme unter der Regie von Noel Coward. In ihnen spielten damals Gertrude Lawrence, der junge Laurence Olivier, Beatrice Lillie und Coward selbst. Über den Eingängen der vier großen Londoner Kinos konnte man seinen Namen und die Titel seiner berühmtesten Filme lesen: Das Phoenix brachte

Private Lives, das Drury Lane zeigte den Film *Cavalcade*, im Adelphi konnte man *Words and Music* sehen und in His Majesty's Theatre wurde *Bitter Sweet* gezeigt.

In den Gärten ihrer Einfamilienhäuser in Streatham oder Battersea hatten es die britischen Hausfrauen seit jeher verstanden, sich mit ihrem Klatsch und ihrem Snobismus gegen alle Unannehmlichkeiten des Lebens abzuschirmen. Die aufregendsten Gerüchte des Jahres 1932 beschäftigten sich mit der königlichen Familie, besonders mit dem damals interessantesten Heiratskandidaten, Seiner Königlichen Hoheit, dem Prinzen von Wales, der gerade 38 Jahre alt geworden war. Es war kein Geheimnis, daß König Georg und Königin Mary den inzwischen schon in die Jahre gekommenen Thronerben hart bedrängten, eine geeignete Frau zu heiraten. Sie hatten mehr als 10 000 Pfund für die Renovierung und Einrichtung des Marlborough-Hauses an der westlichen Pall Mall ausgegeben, um für ihre neue Schwiegertochter ein bequemes und elegantes Heim zu schaffen, obwohl sie noch gar nicht wußten, wer es sein würde. Die Hausfrauen, die in ihren Gärten die Wäsche zum Trocknen aufhängten, waren überzeugt, daß der Prinz demnächst eine standesgemäße Partnerin finden würde. Er kannte seine Pflichten. Natürlich würde er sich auch für eine Frau entscheiden, die eine gute englische Königin und der Stolz des Britischen Weltreichs sein werde.

Das Britische Imperium mit seinen Dominions, Kronkolonien, Protektoraten und laut Vertrag unter britischer Oberhoheit stehenden chinesischen Städten umfaßte mehr als die dreifache Fläche des römischen Imperiums; 475 Millionen Einwohner, 11 Millionen Quadratmeilen, das Einundneunzigfache des Gebiets von Großbritannien und ein Viertel der Erdoberfläche und der Erdbevölkerung. In der vierten Auflage des *Pocket Oxford Dictionary* wird das Wort »imperial« als »großartig« definiert. Das Wort »Imperialismus« bedeute »die Ausdehnung des Britischen Weltreichs zum Schutz des Handels, die Vereinigung seiner Teile zur Verteidigung, zur Förderung des Welthandels usw«. Ein »Imperialist« sei ein »Befürworter des britischen Imperialismus«.

Für die Briten war der *Empire Day* noch immer ein Feiertag, an dem die Schulkinder für einen halben Tag vom Unterricht befreit waren. Der patriotische Brite gehörte der British Empire League, der British Empire Union, der Victoria League und der Patriotic League of Britons Overseas an oder unterstützte die Ziele dieser Vereinigungen. Er rief »hört, hört«, als der neue Vizekönig von Indien, Lord Willingdon, von einer künftigen »großen imperialen Föderation« sprach, »die es uns ermöglicht, der ganzen Welt die Stirn zu bieten«. Baldwin erklärte: »Das Britische Weltreich steht als große Kraft unerschütterlich da. Es trotzt allen Winden und jeder Sturmflut.« Der Historiker Colin Cross schrieb:

»Das Britische Weltreich, dessen Machtbefugnisse sich auf jeden Kontinent erstreckten, war buchstäblich eine Weltmacht; gemessen an seinem Einfluß war es sogar die einzige Weltmacht.«[5] Und der Historiker James Morris schreibt über das Britische Weltreich: »Die meisten Briten hielten es im großen und ganzen für eine Kraft, die das Gute in der Welt fördert... Die Monarchie genoß in den meisten Teilen des Empire, sogar in Indien und in Irland, immer noch ein sehr hohes Ansehen.« Die Schüler im Vereinigten Königreich, aber auch in den Vereinigten Staaten lernten im Geschichtsunterricht, daß die Briten »alle Schlachten gewinnen«, was sie seit dem 18. Jahrhundert auch tatsächlich in allen größeren Kriegen getan hatten.

Die imperialen Traditionen wurden streng gewahrt. Die Premierminister der Dominions kamen immer noch regelmäßig in London zusammen, um die Wirtschaftspolitik in den einzelnen Gebieten aufeinander abzustimmen, obwohl die entsprechenden Vereinbarungen nie schriftlich niedergelegt wurden. Die Schulbücher in den Dominions enthielten Kapitel mit Überschriften wie »Das Band, das unsere Rasse zusammenhält«, und die Pfadfinder – nicht nur im Britischen Empire, sondern auch in Amerika – trugen breitrandige Burenhüte. Ihr Motto, »bereit sein ist alles«, war das gleiche wie das der südafrikanischen Polizei. Lord Beaverbrooks Zeitungen, besonders der Londoner *Daily Express*, propagierten eine weitere Ausdehnung des imperialen Herrschaftsbereichs. Junge Männer, die in Oxford und Cambridge studiert hatten, gingen immer noch ins Ausland, um dort als britische Prokonsuln zu dienen und nach einer gewissen Zeit mit dem Orden von St. Michael und St. Georg in allen drei Klassen bis zum Großkreuz ausgezeichnet zu werden. In Neu-Delhi gingen dem Vizekönig, wenn er bei einem Staatsbankett den Speisesaal betrat, zwei Adjutanten in prächtigen Paradeuniformen voraus, und wenn das Orchester die Nationalhymne »God Save the King« spielte, standen die indischen Diener in ihren scharlachfarbenen, goldbetreßten Livreen bewegungslos hinter den Stühlen der Gäste.[6]

Und doch...

Wer die Zeichen der Zeit lesen konnte, mußte erkennen, daß das Weltreich – um die düsteren Worte Churchills zu wiederholen – auf dem Weg in den Abgrund war. *La belle Époque* war vorüber. Zwar hielten die meisten Untertanen der britischen Krone im Vereinigten Königreich wie in Übersee an ihren imperialistischen Überzeugungen fest. Mit Ausnahme des *Daily Worker* vertrat jede britische Zeitung diese Haltung. Selbst in Irland gab es nur wenige, die es störte, wenn die gutturale Stimme ihres Souveräns bei seiner alljährlichen unendlich langweiligen Weihnachtsbotschaft im Radio (»wieder ist ein Jahr vergangen...«) von einem Ansager in vornehmem Oxfordenglisch als die »Seiner Britannischen Majestät, von Gottes Gnaden König des Vereinigten Königreichs von Großbritannien und Irland und der britischen Dominions in Übersee, des Verteidigers des Glaubens und Kaisers von Indien« angekündigt wurde. Aber der mystische Glanz begann bereits zu schwinden, und es gab Menschen, für die er schon jetzt erloschen war.[7]

Für Engländer der älteren Generation waren Aufstände in den Kolonien etwas ungeheuer Faszinierendes gewesen. Sie hatten mit großem Interesse alle Zeitungsberichte darüber gelesen. Viele davon hatte der junge Churchill geschrieben. Die entsprechenden Seiten der *Illustrated London News* wurden an die Zimmerwände geheftet. Sie berichteten von der Meuterei der Sepoys in Indien, der heldenhaften Schlacht Gordons in China, von Kitcheners Kämpfen bei Omdurman und den Expeditionen zum Entsatz der von den Buren belagerten Städte Ladysmith, Kimberley und Mafeking. Jede Herausforderung der Überlegenheit der britischen Flagge hatte diese Generation zutiefst erregt, und sie war begeistert zu den Fahnen geeilt, um ihre patriotische Pflicht zu erfüllen, die darin bestand, das »Lebensrecht der weißen Rasse« zu verteidigen. Anfang der 30er Jahre nahmen noch Millionen von Briten, besonders die älteren Mitglieder der Oberschicht und diejenigen, die schon vor 1914 erwachsen gewesen waren, diese Haltung ein. Aber die Begeisterung der Arbeiterklasse und besonders der Jugend für den britischen Imperialismus ließ merklich nach. Diese Menschen waren nicht mehr bereit, »die Bürde des weißen Mannes« zu tragen. Aldous Huxley hat in seinen Büchern dieser neuen Stimmung Ausdruck verliehen. Für ihn glich der Vertreter der britischen Herrschaft in Indien dem »alten Mann an den Thermopylen, dem nichts mehr gelingen wollte«. Der junge Jock Colville schrieb in sein Tagebuch: »Aus irgendwelchen Gründen langweilt den durchschnittlichen Engländer nichts mehr als das Britische Empire.«[8]

Die Zeit des britischen Imperialismus neigte sich ihrem Ende zu. Das 1931 im Unterhaus verabschiedete Statut von Westminster bestimmte als Grundlage für die Gestaltung der Zukunft des Britischen Weltreichs, daß das Mutterland und seine Dominions »autonome Gemeinwesen innerhalb des Britischen Empire sind. Sie sind gleichberechtigt in ihren innen- und außenpolitischen Angelegenheiten und in keiner Weise einander untergeordnet. Obwohl sie gemeinsam der Krone zur Treue verpflichtet sind, bilden sie eine freie Gemeinschaft als Mitglieder des Britischen Commonwealth der Nationen.«

Georg V., dem sein monarchisches Erbe viel bedeutete, mußte mit Schrecken erkennen, daß seine souveräne Position jenseits der Grenzen des Vereinigten Königreichs zu der einer repräsentativen Marionette geschrumpft war. In seiner Verwirrung notierte er am Vorabend der Wirtschaftsdepression im November 1929: »Ich kann nicht ohne das Gefühl großer Sorge um den Fortbestand der Einheit des Empire in die Zukunft blicken.« Seine Besorgnis war durchaus begründet, auch wenn die Ursachen dieser Entwicklung zu komplex waren, als daß er sie hätte begreifen können. Imperien entstehen mitunter als Folge historischer Zufälle. England, das als Insel zur Handelsnation geworden war, hatte gerade zu dem Zeitpunkt die Vorherrschaft zur See errungen, als die Voraussetzungen für den Erwerb von Kolonien am günstigsten waren. Solange die Überlegenheit zur See unangefochten war, blieben auch die imperialen Institutionen unbesiegbar. Zur Zeit der Königin Viktoria hielt sich Großbritannien an den Grundsatz, daß die königliche Flotte – 330 mit 92000 Seeleuten bemannte Kriegsschiffe – stärker sein mußte als die Flottenverbände von zwei beliebigen anderen Seemächten.[9]

Die Entwicklung der Luftstreitkräfte sollte dann entscheidend dazu beitragen, daß das Britische Weltreich seine Stellung als einzige Supermacht der Welt verlor. Der erste schwere Schlag gegen die Zukunft des Empire war jedoch im Ersten Weltkrieg geführt worden. Als im August 1914 der englische Hofdichter den Studenten der Universitäten Oxford und Cambridge versprach, sie würden »Schönheit durch Blut« erleben, wenn sie sich freiwillig zum Dienst mit der Waffe meldeten, und ein Aufruf ihres Souveräns die 450 Millionen Untertanen des Empire verpflichtete, sich an den Kriegsanstrengungen zu beteiligen, griffen diese Untertanen begeistert zu den Waffen. Am Tage des Waffenstillstands waren 3190235 Untertanen des Königs dem mörderischen Ringen im Schlamm der Schützengräben zum Opfer gefallen. 1165661 Soldaten waren gefallen, 962661 von ihnen aus Großbritannien. Mehr als zwei Millionen Soldaten waren verwundet worden, Tausende von ihnen so schwer, daß sie bis an ihr Lebensende in öffentlichen Versehrtenanstalten untergebracht werden mußten. Dazu kamen fast eine halbe Million junge Witwen und Waisen. Dies führte dazu, daß zwei Jahre nach dem Krieg 3,5 Millionen Briten, fast zehn Prozent der Gesamtbevölkerung, eine Pension oder staatliche Rente erhielten.[10]

Im Jahr des großen Börsenkrachs an der Wall Street, als der amerikanische Verleger von Robert Graves seine bewegende Schilderung des Grabenkriegs, *Goodbye to All That* herausbrachte, schrieb die Zeitschrift *Nation*, erstaunlich sei »nicht, daß er die Wahrheit über den Krieg sagt, sondern daß er so lange gebraucht hat, sie zu entdecken«.

Aber nicht nur Graves hatte so lange gezögert, sich zu diesem Thema zu äußern; dieses Zögern war charakteristisch für eine ganze Generation britischer Schriftsteller. Das Ungewöhnliche an der Ernüchterung, die der Krieg in England bewirkt hatte, ist die Tatsache, daß sie erst nach mehr als zehn Jahren spürbar wurde. Der englische Leser hatte sich bisher mit den selbstgerechten Memoiren derjenigen zufriedengeben müssen, die für die Katastrophe verantwortlich waren, und im übrigen nur die seichten Schauerromane von Bulldog Drummond und Richard Hannay lesen können. Wer nicht selbst an den Kämpfen teilgenommen hatte, war einfach nicht in der Lage, die Wahrheit in sich aufzunehmen. Die alten Kriegsteilnehmer berichteten, daß am ersten Tag der Schlacht an der Somme 60000 junge Engländer gefallen waren, ohne daß ein einziger Meter Boden gewonnen wurde. *Sechzigtausend!* Das *konnte* nicht wahr sein. Wer das behauptete, mußte an einer Schützengrabenneurose leiden.[11]

Die Mehrzahl der literarischen Zeugnisse über den Ersten Weltkrieg erschienen 1929. Am 21. Januar erlebte London die erste von 594 Aufführungen des ergreifenden Antikriegsstückes *Journey's End* von Robert C. Sherriff, einem 33jährigen ehemaligen Versicherungsagenten, der während der blutigen Kämpfe des Jahres 1917 im 9. Bataillon des East Surrey Regiments gedient hatte. Die Zuschauer verließen das Savoy Theatre erschüttert, aber auch besser darauf vorbereitet, die Erinnerungen von Graves, *Undertones of War* von Edmund Blunden und den deutschen Roman *Im Westen nichts Neues* von Erich Maria Remarque zu lesen und zu verstehen. Das Buch von Remarque war im Frühjahr in Berlin erschienen und sofort von einem Londoner Verlag in englischer Übersetzung unter dem Titel *All Quiet on the Western Front* veröffentlicht worden. Auch das im folgenden Jahr erscheinende Buch von Siegfried Sassoon, *Memoirs of an Infantry Officer*, würde jetzt verständnisvollere Leser finden.[12]

Der Erste Weltkrieg ist vielleicht das erste historische Ereignis gewesen, bei dem die Wirklichkeit die Phantasie in den Schatten gestellt hat. 1932 hatten die Leser Sassoon und Graves als Zeugen einer realen Welt akzeptiert, und in jeder Garnison des Empire wurde *Journey's End* von reisenden Schauspielertruppen aufgeführt. Zeitungen und Zeitschriften griffen das Thema auf, das nun kein Tabu mehr war, und der Pazifismus beherrschte das öffentliche Bewußtsein ebenso wie die Kriegsbegeisterung vor weniger als 20 Jahren. Am 9. Februar 1933 verabschiedete die Oxford Union mit 275 zu 153 Ja-Stimmen die Resolution, »daß dieses Haus unter keinen Umständen für König und Vaterland kämpfen wird«. Acht Monate später wurde ein konservativer Abgeordneter im Londoner Stadtteil East Fulham, in dem die Konservative Partei bei den letzten Wahlen eine Mehrheit von 14 000 Stimmen zu verzeichnen hatte, in den wahrscheinlich bedeutendsten Nachwahlen des Jahrzehnts von einem unbekannten Herausforderer der Labour Party geschlagen. Der Kandidat der Labour Party hatte seinen Wählern gesagt, er werde »alle Rekrutierungsbüros schließen, die Armee auflösen und die Luftstreitkräfte entwaffnen«. Außerdem verlangte er, England solle »als führende Nation die Initiative ergreifen und als Vorbild für die ganze Welt eine Politik der generellen Abrüstung einleiten«. Er hatte seinen Wahlsieg mit einer Mehrheit von 5000 Stimmen errungen, was bedeutete, daß sich 26 Prozent der Wähler von den Konservativen abgewendet hatten. Das war kein Zufall. Während der folgenden vier Monate wurden in den unterschiedlichsten Wahlbezirken, die jedoch in der Zusammensetzung ihrer Wähler die Stimmung im Lande zutreffend repräsentierten, mit Mehrheiten von 20 bis 25 Prozent Kandidaten gewählt, die sich als Kriegsgegner profiliert hatten.[13]

Churchill war zutiefst beunruhigt. Im Unterhaus war er der entschiedenste Verfechter der Ziele des Völkerbunds, doch diese Institution sah einer sehr unsicheren Zukunft entgegen. Nun war sein Hauptanliegen die nationale Sicherheit. Im Parlament erklärte er, die einseitige Abrüstung sei Wahnsinn. Auch Stanley Baldwin, der Führer der Konservativen Partei, war besorgt, aber er reagierte ganz anders. Am meisten beunruhigte ihn der Verlust bisher sicherer Parlamentssitze. Wenn die Wähler die Abrüstung wünschten, wollte er ihrem Verlangen nachgeben.[14]

Die Regierung Seiner Majestät war der Auffassung, die wirkliche Bedrohung Großbritanniens käme von innen. Die konservativen Abgeordneten im Unterhaus waren überzeugt, daß die eigentliche Gefahr von den Bänken auf der anderen Seite des Sitzungssaals im Parlament ausging, auf denen die Labourabgeordneten saßen. In Wirklichkeit war die loyale Opposition der Regierung Seiner Majestät selbst eine gemäßigt konservative Partei und hatte das 1924 auch bewiesen, als sie neun Monate lang die vordersten Bänke einnahm. Viele ihrer Mitglieder waren ehemalige Liberale und hatten die Partei gewechselt, als sie erkannten, daß die Labourparty die einzige realistische Alternative zu einer konservativen Regierung war. Dennoch glaubten die Konservativen, wenn England so bleiben sollte, wie sie es kannten und liebten, dann dürften sie die politische Macht nicht aus der Hand geben.

Die britischen Kommunisten waren Angehörige der Arbeiterklasse oder verwahrloste junge Männer mit Nickelbrillen, die im Hyde Park mit abgedroschenen Phrasen für die Parteilinie warben und alle Fragen mit einem unverständlichen Jargon und Zitaten von Marx, Engels und Lenin beantworteten. Anfang der 30er Jahre wurde der Kommunismus jedoch gesellschaftsfähig, kam dann immer mehr in Mode und galt schließlich bei Intellektuellen und Studenten als Nachweis geistiger Überlegenheit. Zu den Mitgliedern der Kommunistischen Partei Großbritanniens (CPGB) gehörten W. H. Auden, Christopher Isherwood und Steven Spender. Der Oktoberclub in Oxford, eine Zelle der Kommunistischen Partei Großbritanniens, zählte 300 Studenten zu seinen zahlenden Mitgliedern. In Cambridge setzte diese Entwicklung etwas später ein, aber sehr bald gehörte auch hier jeder fünfte Student der Kommunistischen Partei an, darunter auch ein gewisser H. A. R. (»Kim«) Philby.

Wer das zunächst als Ausdruck britischer Exzentrik oder als typische Jugendtorheit ansah, wurde sehr bald durch Nachrichten aus den Vereinigten Staaten, der reichsten Nation der Welt, eines Besseren belehrt. Heruntergekommene Obdachlose und Arme besetzten dort öffentliche Gebäude – darunter auch das Kapitol eines Bundesstaates –, und 25 000 Kriegsveteranen, die mit ihren Familien nach Washington gekommen waren, um finanzielle Unterstützung zu verlangen, wurden mit Tränengas und Bajonetten auseinandergetrieben. Zu den Mitgliedern der Kommunistischen Partei Amerikas gehörten John Dos Passos, Sherwood Anderson, Erskine Caldwell und Edmund Wilson, der Rußland als »die moralische Spitze der Welt« bezeichnete, »wo das Licht niemals verlöscht«.

Jede Generation gibt sich Illusionen hin, die späteren Generationen unverständlich sind (die leidenschaftlich ihre eigenen vertreten), von Intellektuellen sollte man jedoch erwarten dürfen, daß sie die Welt mit einer gesunden Skepsis betrachten. Diejenigen, die in den dunkelsten Jahren der Wirtschaftsdepression die Sowjetunion besuchten, ließen sich so leicht täuschen, akzeptierten so bereitwillig die unhaltbarsten Beweise und waren so fest entschlossen, auch an die durchsichtigsten Verfälschungen der Wirklichkeit zu glauben, daß man das Gefühl hat, ein Teil der gegen die Vertreter der Beschwichtigungspolitik gegenüber den Nazis in Deutschland gerichteten Verachtung sollte sich auch gegen die Männer richten, die es eigentlich hätten besser wissen müssen. Der von Bernard Baruch auf seine Rußlandreise angesprochene Lincoln Steffens erklärte: »Ich habe eine Reise in die Zukunft unternommen und gesehen, wie sie gestaltet wird.«[15]

Er hatte nur das gesehen, was Stalin ihm zeigen wollte, denn seine Reise durch Rußland war bis in jede Einzelheit organisiert worden. Sie entsprach dem, was Generäle veranstalten, wenn Politiker die Truppe besichtigen wollen. Alles, was ihm vorgeführt wurde, funktionierte, aber er hatte weder die Zukunft noch die Gegenwart zu sehen bekommen. Als einer der angesehensten Journalisten seiner Zeit hätte Steffens sich über die Kollektivierungspolitik seiner Gastgeber und deren gräßliche Auswirkungen informieren sollen. Nur jemand, der bereit war, sich täuschen zu lassen, konnte von einer solchen Massenvernichtung sagen, sie habe funktioniert. Wenn das zutraf, dann kann man das auch von Auschwitz sagen.

In Wirklichkeit hatte an der »moralischen Spitze der Welt« von Edmund Wilson, wo das Licht niemals verlöschte, eine Periode der undurchdringlichsten Finsternis begonnen, hinter der sich die monströsesten Verbrechen verbargen – Verbrechen, die man zwar für möglich hielt, die jedoch erst 1957 von Nikita Chruschtschow aufgedeckt wurden. Die Katastrophe hatte 1924 mit dem Tod Lenins begonnen. Sein Erzfeind Churchill hat die Größe und Bedeutung Lenins immerhin anerkannt: »Das starke Licht, von dem er sich leiten ließ, verlosch in dem Augenblick, als er beschloß, nach Hause zurückzukehren. Das russische Volk wurde im Sumpf steckengelassen. Das größte Unglück für die Russen war seine Geburt, das zweitgrößte – sein Tod.«[16]

Lenin hatte ein recht unklares »politisches Testament« hinterlassen, in dem er empfahl, den damaligen Generalsekretär des Zentralkomitees der Kommunistischen Partei, Josef Stalin, aus diesem Amt zu entlassen. Stalin ließ das Dokument verschwinden und bildete als Generalsekretär mit zwei Komplizen ein Triumvirat, das den Hauptrivalen Stalins, Leo Trotzki, entmachtete. (Später veranlaßte Stalin die Ermordung dieser Komplizen und Trotzkis.) Stalin festigte seine Machtstellung im Kreml, und 1932 herrschte in der Sowjetunion ein Terrorregime, dessen Schrecken mit den großen Säuberungen der Jahre 1934–1938 seinen Höhepunkt erreichte. Doch vor der Weltöffentlichkeit versuchte Stalin den Eindruck zu erwecken, daß er Rußland mit väterlicher Liebe und Wohlwollen regierte. Als er im Frühsommer 1932 von dem deutschen Biographen Emil Ludwig interviewt wurde, bestritt er, ein Diktator zu sein und das russische Volk zum Erhalt seiner Macht in Furcht und Schrecken zu versetzen. Er behauptete vielmehr, die »überwältigende Mehrheit« der arbeitenden Bevölkerung in der Sowjetunion stünde hinter ihm. Ihre Unterstützung garantiere die »Stabilität der Sowjetmacht« und nicht »irgendeine sogenannte Politik des Terrors«.

Damals gab es noch keine russische Übersetzung von Hitlers *Mein Kampf*, aber bei diesem Gespräch war Stalin instinktiv einem Grundsatz gefolgt, den Adolf Hitler im zehnten Kapitel seines Buches verkündet: Die breite Masse eines Volkes falle einer großen Lüge leichter zum Opfer als einer kleinen. Alles, was der russische Diktator Emil Ludwig gesagt hatte, war das genaue Gegenteil der Wahrheit. Die sowjetischen Bauern lebten in einem Elend, wie sie es zur Zarenzeit nie gekannt hatten. Nun hatte Stalin die von Lenin entwickelten Wirtschaftsmethoden mit dem an den Kapitalismus erinnernden Leistungslohn aufgegeben und eine Reihe von Fünfjahresplänen eingeführt, zu deren Durchführung 25 Millionen Bauern enteignet und in Kollektiven zusammengefaßt wurden. Militär und Geheimpolizei trieben diejenigen zusammen, die sich gegen diese Maßnahmen wehrten, ermordeten sie, schickten sie in die Verbannung oder sperrten sie in Lager ein, wo sie an den Folgen der Unterernährung und der unmenschlich harten Arbeitsbedingungen zu Tausenden starben. In der Ukraine wütete eine Hungersnot. Stalin weigerte sich, den dringenden Bitten der Bevölkerung nachzukommen und diese Not zu lindern. Während zehn Millionen Ukrainer verhungerten, ließ er Getreide exportieren.

Im Herbst 1932 fürchtete sich die herrschende Klasse in England vor ihren eigenen Landsleuten, und ihre Befürchtungen beunruhigten die Labour Party, deren Abgeordnete wilde Gerüchte über das angebliche Vorhaben der Regierung Seiner Majestät hörten, aus Großbritannien einen Polizeistaat zu machen. Das Parlamentsmitglied Hugh Dalton, Sohn eines Pfarrers, aber ein überzeugter Sozialist, suchte Stafford Cripps auf, ein Mitglied der Labour-Führung. In seinem Tagebuch schrieb Dalton, Cripps »glaubt, es bestehe die ernste Gefahr, daß sich in unserem Land der Faschismus ausbreiten könne« und daß das Rüstungsunternehmen Metropolitan-Vickers »wahrscheinlich britische Faschisten mit Waffen versorgt«. Außerdem schrieb Dalton, Cripps glaube, daß »Churchill wahrscheinlich unter Ausnutzung der Lage in Indien im kommenden Frühjahr die Regierung stürzen und eine eigene Regierung bilden werde, und zwar mit einer Mehrheit in diesem Parlament, um dann ›faschistische Maßnahmen einzuführen‹, und ›es wird künftig keine allgemeinen Wahlen mehr geben‹«. Der entsetzte Dalton notierte, »das erscheint mir zu fantastisch und im höchsten Grade unwahrscheinlich«. Doch Harold Laski teilte die Meinung von Cripps und sagte Dalton, er habe »›aus informierter Quelle‹ gehört, daß Mitglieder der (Nationalen Allparteien-) Regierung darüber beraten hätten, ob es nicht angezeigt sei, 1936 keine allgemeinen Wahlen auszuschreiben, sondern erst zu einem späteren Zeitpunkt, wenn die Regierung in der Lage sei, dem König zu versichern, daß man gefahrlos zur Parteipolitik zurückkehren könne«.[17]

Doch Cripps und Laski hatten sich geirrt. Die britische Politik wurde nicht vom Kommunismus bedroht. Aber das innenpolitische Durcheinander, die Arbeitslosigkeit und die zunehmende Stärke der Kommunistischen Partei Großbritanniens hatten einen entscheidenden Einfluß auf die Außenpolitik der Regierung Seiner Majestät. Die Art des Umgangs der britischen Regierung mit dem wiedererstarkten Deutschland ist nur im Zusammenhang mit den Besorgnissen der Konservativen zu verstehen. Sie hatten den Eindruck gewonnen, daß die Hungerrevolte in London ein Zeichen dafür sei, daß sich die britische Klassengesellschaft in Auflösung befinde. Die beachtliche Stabilität der britischen Gesellschaft hatte ihre Wurzeln in einem Contrat social, dessen Ursprünge in der im Mittelalter bestehenden Beziehung zwischen den Grundherren und den Leibeigenen zu finden sind. Es gab noch Menschen, die sich an eine Zeit erinnern konnten, zu der Angestellte für die geringsten Vergehen verhaftet werden konnten und ein Arbeitgeber berechtigt war, die Hilfe der Polizei in Anspruch zu nehmen, um einen entlaufenen Angestellten wiederzufinden. Nach dem Gesetz zur Bekämpfung der Wilddieberei waren Polizeibeamte, die einen bestimmten Verdacht hatten, ermächtigt, jedermann »auf Wegen, Straßen und öffentlichen Plätzen« anzuhalten und zu durchsuchen.[18]

Obwohl die Bestimmungen dieses Contrat social niemals schriftlich niedergelegt worden sind und im einzelnen auch kaum darüber gesprochen wurde, sind sie von Generation zu Generation weitergegeben und nur selten in Frage gestellt worden. Das alles hatte sich jetzt angesichts der Hungerrevolten geändert. Die bisher geltenden Klassenunterschiede würde es in Zukunft nicht mehr geben. Wenn es so weit gekommen war, daß sich der Pöbel auf den Straßen Londons austoben durfte, dann, so meinten die Angehörigen der Oberschicht, hatten ihre Schwierigkeiten mit dem unteren Mittelstand, den Arbeitern und den Studenten gerade erst begonnen. Das war zwar richtig, aber es war nicht die Schuld Moskaus und der britischen Kommunisten. Jeder Engländer wußte, wohin er gehörte, solange er selbst und seine Familie genug zu essen hatten und es ihnen nicht an Kleidung und Wohnung mangelte. Doch die Arbeitslosen kannten eine solche Zurückhaltung nicht. Wer seinen Arbeitsplatz verloren hatte, riskierte nur wenig und konnte die Öffentlichkeit auf seine verzweifelte Lage aufmerksam machen, wenn er Autos mit Steinen bewarf, sich an einer Demonstration beteiligte – oder der Kommunistischen Partei beitrat. Die Mächtigen fühlten sich durch diese Menschen bedroht, deren Zahl ständig zunahm. Fast ein Viertel der arbeitsfähigen Bevölkerung war arbeitslos, und in einigen wirtschaftlich schwachen Bezirken waren es bis zu 50, 60 oder sogar 70 Prozent. England mußte exportieren oder wirtschaftlich zugrunde gehen. Das war das Schicksal einer Inselnation. Nun stapelten sich die unverkauften Waren in den Lagerhäusern und auf den Kais der Überseehäfen. In ihrer Verzweiflung verfügte die Regierung Seiner Majestät drakonische Maßnahmen: 24149060 Pfund an neuen Steuern und 2344000 Pfund an Ausgabenkürzungen.

Zu den von diesen Sparmaßnahmen Betroffenen gehörten auch die britischen Teerjacken. Die tägliche Heuer eines Vollmatrosen wurde von vier auf drei Shilling herabgesetzt. Unter Mißachtung einer 300 Jahre alten Tradition meuterten die Schiffsbesatzungen der königlichen Flotte. Mehr als 13000 britische Seeleute, deren Schiffe im Cromarty Firth in Schottland ankerten und so stolze Namen trugen wie *Nelson, Repulse* und *Valiant*, verweigerten ihren Offizieren den Gehorsam, sangen das kommunistische Kampflied von der roten Fahne und wählten die Führer ihrer Interessenvertretungen. Nur wenige von ihnen wurden bestraft. Die Lohnkürzungen wurden rückgängig gemacht. Die Admiralität empörte sich über die Nachgiebigkeit der Regierung und bezeichnete sie als einen verhängnisvollen Präzedenzfall. Die Regierung mußte ihr recht geben, erklärte jedoch, sie habe keine andere Wahl gehabt.

Wie nicht anders zu erwarten, hatte diese verzweifelte Lage auch politische Folgen. Im Dezember 1929 hatte es in Großbritannien nur 3200 Kommunisten gegeben, von denen 550 in Zellen organisiert waren. Jetzt wurde die rote Fahne mit Hammer und Sichel durch die Innenstadt von London getragen. Mit der Verschlechterung der wirtschaftlichen Lage nahm die Zahl der Mitglieder der Kommunistischen Partei Großbritanniens rasch zu, zunächst um 140 Prozent, dann um 259 Prozent und schließlich um 282 Prozent. Dabei handelte es sich nur um den harten Kern der eingeschriebenen Parteimitglieder. Die Zahl der Sympathisanten war sehr viel größer. In zwei Nachwahlen wurden für kommunistische Kandidaten bis zu 31,9 und 33,8 Prozent der Stimmen abgegeben.

Zugleich wurde das Auftreten der Kommunisten immer militanter und ihre Abhängigkeit von der Zentrale in Moskau immer deutlicher spürbar. Das war zum Teil eine Folge der 1929 auf dem zehnten Plenum der Komintern gefaßten Beschlüsse, auf dem Stalin verfügt hatte, daß alle regionalen Abweichungen von der Parteilinie zu unterbinden seien und sich alle loyalen Parteimitglieder am Klassenkampf beteiligen sollten. Sie wurden aufgefordert, nicht nur den Kapitalismus, sondern auch die demokratische Arbeiterbewegung zu bekämpfen. Da die Komintern gegründet worden war, um »die Entwicklung der Ereignisse in Richtung auf die Weltrevolution zu beschleunigen«, war die bestehende Rechtsordnung überall bedroht. In London wurde diese Gefahr ernst genommen. Konservative Engländer hielten es sogar für möglich, daß Großbritannien kommunistisch werden könnte.

Einige Konservative, die einen starken Einfluß auf die Parteiführung hatten, dachten jetzt daran, in der britischen Außenpolitik eine entscheidende Wende zu vollziehen. Niemand sprach öffentlich von dieser Idee, und auch im Rauchsalon des Unterhauses hörte man nicht die leiseste Andeutung darüber. Selbst theoretisch war der Gedanke noch nicht ausgereift, und man zweifelte daran, daß er sich werde verwirklichen lassen. Nur wenige Konservative standen hinter solchen Absichten, aber andere einschließlich einiger Mitglieder der Parteihierarchie versprachen sich doch einiges davon.

Sie dachten dabei an die Beliebtheit von Benito Mussolini, der 1932 schon seit zehn Jahren Regierungschef Italiens war. Für die Italiener waren dies zehn gute Jahre gewesen. Der Traum des Duce von der Errichtung eines neuen Römischen Weltreichs löste in der Bevölkerung keine große Begeisterung aus, aber seine Regierung konnte mit wirtschaftlichen Erfolgen aufwarten. Der Lebensstandard seiner Landsleute hatte sich wesentlich gebessert. Einer seiner Biographen schreibt, daß seine politischen Ziele »unmittelbar nach dem Ersten Weltkrieg bei vielen Italienern großen Anklang fanden; die Russische Revolution hatte die führenden Persönlichkeiten in der italienischen Industrie und Finanz in Angst und Schrecken versetzt, und viele von ihnen hielten das Programm Mussolinis für ein wirksames Mittel, eine ähnliche Entwicklung im eigenen Lande zu verhindern«.

Der britische Geheimdienst meldete, daß in Deutschland, das schwer unter den Folgen der Depression zu leiden hatte, Adolf Hitler dem Vorbild des Duce folgte und sich den Schlotbaronen an der Ruhr als wirksamer Schutz gegen die Roten empfahl. Hitlers Nationalsozialistische Deutsche Arbeiterpartei war, solange die deutsche Wirtschaft florierte, eine unbedeutende Splittergruppe gewesen. Doch nun gewannen die Nazis bei den Industriellen, die der immer stärker werdende Einfluß der Kommunistischen Partei in der Arbeiterklasse beunruhigte, zunehmend an Sympathie.

Damals war die Furcht vor Moskau durchaus verständlich. Die von der Sowjetunion ins Leben gerufene Kommunistische Internationale (Komintern), die es sich zum Ziel gesetzt hatte, die Weltrevolution voranzutreiben, beschränkte sich nicht auf lautstarke Erklärungen, sondern arbeitete aktiv daran, die Fundamente der westlichen Zivilisation von innen auszuhöhlen. Der Kommunismus war noch eine junge, kraftvolle und virulente Bewegung. Die freudige Zuwendung der Linken in den demokratisch regierten Ländern trieb demokratisch gesonnene Rechte in die Arme Hitlers. Sie bewiesen damit, daß sie ebenso blind waren wie ihre politischen Gegner. T.R. Fehrenbach schreibt dazu ganz richtig: »Die konservative Regierung in Großbritannien, die einzige wirkliche Ordnungsmacht in der Welt, hat sich zu sehr auf die drohende soziale Revolution konzentriert, um zu erkennen, daß sich die bevorstehende nationalistische Revolte in Hitlers Deutschland gegen die demokratische Welt richtete.« Wie Fehrenbach schrieb, glaubten die Konservativen, ein von den Nazis beherrschtes Deutschland könne »zu einem Gegengewicht gegen die nationalen und revolutionären Bestrebungen der Sowjetunion« werden.[19]

Das war die Grundlage der neuen Politik in Whitehall und am Quai d'Orsay, die gute Beziehungen zu den diktatorisch regierten Staaten schaffen wollten, um ihre durch die Kriegsfolgen entstandenen Ressentiments abzubauen. Die Entwicklung in Deutschland schien den Konservativen in einflußreichen Stellungen ermutigend zu sein. Sie wiesen darauf hin, daß in Berlin demnächst ein entschieden antisowjetisches Regime an die Macht kommen werde. Wenn das geschehen sollte, wollten sie zur politischen Führung in Deutschland freundschaftliche Beziehungen entwickeln. Sie glaubten, Engländer und Deutsche würden, wenn sie zusammenarbeiteten, die Kraft haben, einen Schutzschild zu schmieden, den die Agenten der Komintern nicht durchdringen könnten.

Wenn sich die Regierung Ihrer Majestät zu einer derartigen Politik gegenüber Deutschland bereitfinden sollte, dann würde sie diese Entscheidung mit guten Argumenten rechtfertigen müssen, besonders gegenüber den Engländern, die vier Jahre lang deutschen Mausergewehren und Kruppschen Haubitzen als Ziele gedient hatten und diesen Krieg nicht ohne die tapferen Poilus hätten durchstehen können, die Schulter an Schulter mit ihnen gekämpft hatten und es auch noch taten, als die Verteidigungslinien der Alliierten im letzten Frühjahr des Krieges fast durchbrochen worden wären. Eine Verständigung mit Berlin würde für die demokratischen Freunde Großbritanniens eine Zurückweisung bedeuten. Im Unterhaus würden ungezählte unangenehme Fragen gestellt werden. Aber wie die neuen Männer die Dinge sahen, war die Zeit gekommen, die durch den Krieg entstandene Verbitterung aufzugeben. Sie hatten das Gefühl, den Franzosen fehle es an Energie, Entschlußkraft und einem gesunden Wirklichkeitssinn.

Frankreich war wirklich erschöpft. Auf dem flachen Land außerhalb von Paris war es ruhig. Die fruchtbaren nördlichen Provinzen hatten sich in ein von zerfallenden Schützengräben und rostenden Stacheldrahtverhauen durchzogenes, unbebautes Ödland verwandelt. Mehr als die Hälfte der Franzosen im Alter von 20 bis 32 Jahren – 1385 000 Mann – waren dort von 1914 bis 1918 gefallen. Die Überlebenden waren durch schwere Verwundungen verstümmelt oder zu schwach, um die Trikolore im Triumph in einen neuen Krieg zu tragen. Allerdings waren die Lichter in der französischen Hauptstadt nicht erloschen. Unter den Kastanien auf den Champs-Élysées sagten die Reporter der Modezeitschriften, denen es gelungen war, einen Blick auf die strenggehüteten Geheimnisse der großen Couturiers zu werfen, tiefere Taillen, geradere Linien, weitere Ärmel und schön gepolsterte, breitere Schultern voraus. Dazu gehörten flotte Hüte; türkische Feze, Clownskappen und Kosakenmützen. Chanel hatte Handschuhe aus achtzehnkarätigen Goldfäden kreiert, Regny ein Abendkleid, das in einen Badeanzug verwandelt werden konnte, und das freche neue Abendkleid von Rouff hatte einen Reißverschluß vom Hals bis zum unteren Saum für den Fall, daß die Trägerin »im Mondschein baden« wolle oder, wie Zyniker meinten, um das »flüchtige Kopulieren« zu ermöglichen.

In allen Hauptstädten der Welt war man überzeugt – und die Zeitungen wiederholten es ständig –, daß Frankreich über »die beste Armee der Welt« verfügte. In London verbreiteten die Verfechter einer Scheidung von Paris und einer neuen Verbindung mit Berlin das Gerücht, Frankreich bereite sich auf einen Präventivkrieg gegen das neue Deutsche Reich vor. Vielleicht war es nur ein Versuchsballon, wenn die *Times* warnte: »In den kommenden Jahren wird es mehr Gründe geben, uns um Deutschland Sorgen zu machen, als uns vor Deutschland zu fürchten.«[20]

In Wirklichkeit war das Vertrauen zur Armee der Dritten Republik seit 1917 nicht mehr gerechtfertigt, als 54 französische Divisionen – 750 000 Mann – gemeutert hatten. Offiziere waren geschlagen und sogar getötet worden. Ein Artillerieregiment hatte versucht, die Munitionsfabrik Schneider-Creusot in die Luft zu sprengen. Bei Anschlägen auf die Eisenbahn waren Züge entgleist, und 21 174 Mann waren desertiert. Die Soldaten hatten die Schützengräben verlassen, und hätten die Deutschen gewußt, daß die gegnerischen Stellungen nicht mehr besetzt waren, dann hätten sie durchbrechen und den Krieg gewinnen können. Die Verbitterung der Poilus hielt auch nach dem Waffenstillstand an. Ihre Führer hatten ihnen zwar gesagt, sie hätten den Krieg gewonnen, aber sie wußten, um es mit den Worten Churchills zu sagen, daß der Sieg »so teuer erkauft worden war, daß er sich von der Niederlage kaum noch unterscheiden ließ«.[21]

Das strategische Denken des französischen Generalstabs war jetzt rein defensiv. Am 4. Januar 1930 hatten beide Häuser der Nationalversammlung beschlossen, an der französisch-deutschen Grenze eine große Befestigungsanlage zu bauen, die nach dem Kriegsminister André Maginot benannt werden sollte. Als die Maginotlinie 1935 fertiggestellt war, hatte sie sieben Milliarden Francs gekostet. Das Waldgebiet der Ardennen war allerdings ausgespart geblieben, doch Marschall Philippe Pétain behauptete kühn, *»elle est impénétrable«*. Niemand wagte es, dem Helden von Verdun zu widersprechen. Der junge Journalist William L. Shirer, der 1935 den Arc de Triomphe besuchte, war überzeugt, daß »kein anderes Land auf dem europäischen Kontinent die militärische Überlegenheit Frankreichs herausfordern kann. Der Alptraum von der deutschen Bedrohung, der Frankreich so lange heimgesucht hat, war verflogen.« Der Erbfeind lag besiegt am Boden, seine Armee war nicht mehr fähig, einen Krieg zu führen, und der politischen Führung war es »nach den Bestimmungen des Versailler Vertrags untersagt, Militärflugzeuge, Panzer, schwere Geschütze, Unterseeboote oder Schlachtschiffe zu bauen, und angesichts der gewaltigen Reparationslasten war dieser Erbfeind keine Bedrohung mehr«.[22]

Auch das war eine Illusion. Das Deutschland, das die Alliierten in Versailles glaubten geschaffen zu haben, existierte nicht, und Frankreich schien in ein kraftloses Vergessen abzugleiten. Nach Ansicht des britischen Historikers Alistair Horne war an die Stelle »des Verlangens nach nationaler Größe das dringende Bedürfnis getreten, in Frieden gelassen zu werden«. Nur in der französischen Hauptstadt gingen die Wogen hoch: im Café Flore und in den Deux Magots, wo der junge Jean-Paul Sartre und seine Geliebte, Simone de Beauvoir, Stammgäste waren; in den *rêves fantastiques* von Jean Giraudoux und Jean Cocteau; in der Revue Nègre, dem Ballet Suédois, dem Ballet Russe, dem extravaganten Theater von Sergej Diaghilev, der *fox trot dansomanie*, den Auftritten von Josephine Baker, dem Film *Der Kopf eines Menschen* von Inkichinoff, dem Film der Brüder Prévert *L'affaire est dans le sac* und an den Lieblingen aller linken Kritiker, den neuen Stars Gilles und Julien, zwei pazifistischen Anarchisten, die in einem Montmartre-Cabaret und dann auf der Bühne Bobino in schwarzen Pullovern auftraten und Songs wie *Le jeu de massacre* kreierten, die, nur einmal gesungen, sofort zu Schlagern wurden. Horne schrieb, der allgemeine Wahnsinn machte »aus allem eine Schau«. Das war das legendäre Frankreich, das Land des fallenden Franc, der stürzenden Regierungen und der leichten Mädchen.[23]

La force de l'âge, die Erinnerungen von Simone de Beauvoir an die späten 20er und frühen 30er Jahre, vermittelt uns ein anschaulicheres Bild. Ihre Darstellung der französischen Intellektuellen zeigt den krassen Gegensatz zur beginnenden Brutalität der Nazis in Berlin, wo die Exzesse und die Dekadenz der ersten zehn Nachkriegsjahre einem Flirt und dann einer tödlichen Umarmung zwischen Spießertum und Barbarei gewichen waren. Mit Sicherheit gab es auch in der französischen Hauptstadt eine gewisse Brutalität, wenn kommunistische Banden ihre Kämpfe gegen die Mitglieder der Croix de Feu, der Action Française, der Jeunesse Patriote und später mit der bizarrsten dieser Gruppierungen, Le Francisme, ausfochten. Aber das waren nur exzentrische Randgruppen; die Intelligenz hielt sie für vulgär und hat sie deshalb nie erwähnt, ja nicht einmal ihre Existenz anerkannt. Simone de Beauvoir schrieb im Herbst 1929, »endlich schien der Frieden gesichert«. Sie glaubte, in »einem neuen goldenen Zeitalter« zu leben, und für sie war der Zulauf, den die Nazis jenseits der Grenze zu verzeichnen hatten, »eine bloße Randerscheinung ohne jede ernste Bedeutung«. Sie, ihr Freund Sartre und ihre anderen Freunde beobachteten die Machtergreifung durch die Nazis »ganz ruhig«, wie sie später schrieb. Und während sie die Ausweisung Einsteins durch die Nazis nur kurz erwähnte, ärgerte sie die Schließung des Berliner Instituts für Sexualwissenschaften sehr viel mehr.[24]

Rückblickend schrieb sie: »Wir weigerten uns, die Bedrohung ernst zu nehmen, die das Verhalten Hitlers für die Welt bedeutete.« Henri Barbusse schrieb in *Le Monde*, der Versuch der Nazis, die Wirtschaft in Deutschland wieder in Schwung zu bringen, sei zum Scheitern verurteilt, und nach dem völligen Zusammenbruch werde das deutsche Proletariat seine rechtmäßigen Ansprüche geltend machen. Die radikalsozialistische Wochenzeitung *Marianne* verfolgte eine streng pazifistische Linie und behauptete, wenn Hitler Reichskanzler werden sollte, würde er bald wieder gestürzt werden. 1932 entwarf Romain Rolland ein Manifest, das in *Le Monde* und *Europe* veröffentlicht und unter anderen auch von André Gide unterschrieben wurde und alle französischen Intellektuellen aufrief, sich zum »Widerstand gegen den Krieg« zu verpflichten. Schriftsteller, Denker und Akademiker prophezeiten immer noch – obwohl die Tatsachen das Gegenteil befürchten ließen –, daß es bald zu einer Aussöhnung und der Herstellung freundschaftlicher Beziehungen zwischen Frankreich und Deutschland kommen werde. Linke und Intellektuelle riefen einstimmig: »Nieder mit dem Faschismus!« und »Abrüstung JETZT!« Selbst als die deutsche Armee ihren Mannschaftsbestand über die vom Versailler Vertrag festgesetzte Stärke hinaus vergrößerte, sahen die französischen Intellektuellen, wie Simone de Beauvoir schrieb, darin »keine Bedrohung des Friedens«. Die einzige Gefahr war »die von den Rechten in Frankreich verbreitete Panik mit dem Ziel, uns in einen Krieg hineinzuziehen. 1914 hatten sich die intellektuelle Elite, die Sozialisten, die Schriftsteller und alle anderen ganz dem Chauvinismus verschrieben.« Daraus hatten sie gelernt, »daß wir nicht einmal die Möglichkeit eines Krieges ins Auge fassen durften«.[25]

Dieser gefährlichen Illusion gaben sich nicht nur die Intellektuellen in Frankreich hin. Barbusses erschütternder Roman über den Krieg im Schützengraben, *Le feu (Das Feuer)*, wurde von Millionen gelesen, die noch nie etwas von Sartre, Romain Rolland, Louis Aragon, André Gide oder Paul Éluard gehört hatten. Barbusse starb 1935 zu einer Zeit, als der Name Hitlers auch den Menschen in der abgelegensten französischen Provinz schon geläufig war. Mehr als 300 000 Leser folgten seinem Sarg zum Père-Lachaise-Friedhof in Paris. Isoliert in ihrer gallischen Welt glaubten die Menschen, für die der »Führer« und sein Reich bereits das Schwert wetzten, daß jeder, der die Schrecken des Schützengrabens überlebt hatte oder die Überlebenden kannte und liebte, ihre Abscheu vor jeder neuen kriegerischen Auseinandersetzung teilte. Sie hätten wachsamer sein sollen. In *La force de l'âge* gibt es eine bezeichnende Szene. Sartre und Simone de Beauvoir fahren auf einem Schiff die Elbe hinunter zur Nordseeinsel Helgoland. Sartre beginnt ein Gespräch mit einem anderen Fahrgast, einem 40jährigen Deutschen mit einer schwarzen Zipfelmütze und düsterem Gesichtsausdruck. Der Deutsche erzählt Sartre, er habe im Ersten Weltkrieg als Feldwebel in der deutschen Armee gedient. Mit erhobener Stimme sagt er: »Wenn es wieder Krieg gibt, werden wir nicht besiegt werden, sondern unsere Ehre zurückgewinnen.« Sartre glaubt, der arme Kerl schäme sich, zu den Verlierern zu gehören; man müsse diesem schlichten ehemaligen Feldwebel nur sagen, daß die Schrecken des Krieges in der Vergangenheit liegen und sich nie wiederholen dürften. In sanftem Ton versucht er, dem Mann zu erklären, daß es keinen Krieg mehr zu geben brauche, weil alle Menschen den Frieden wollten. Aber hier ist er einem Typ begegnet, wie er ihn noch nie erlebt hat, einem echten Kämpfer, der unfähig ist, zu vergessen oder zu vergeben. Mit starrem Blick erwidert er: »Die Ehre kommt zuerst. Zuerst müssen wir unsere Ehre wiedergewinnen.« Simone de Beauvoir schreibt: »Sein Fanatismus erschreckte mich... Noch nie hatte ich in einem menschlichen Gesicht einen so nackten Haß gesehen.« Sie versuchte sich mit dem Gedanken zu trösten, »daß ein Kriegsveteran militärische Ansichten haben muß«, schreibt dann aber: »Wie viele solche Menschen gab es, die nur für den Augenblick lebten, da der große Tag der Rache anbrach?«[26]

Als Churchill im Herbst 1932 seine Landsleute vor den Revanchegelüsten der Deutschen warnte, konnte der unvoreingenommene Besucher Berlins kaum irgendwelche Anzeichen dafür entdecken. Das Leben in der Hauptstadt des ehemaligen deutschen Kaiserreichs erschien noch dekadenter als die Atmosphäre in Paris. Es fehlte jener undefinierbare preußische Geist, welcher der Stadt sein protestantisches Gepräge gegeben hatte, die harte, saubere, rechtschaffene Zielstrebigkeit und Männlichkeit des spartanischen Preußentums in ihrer strengsten und bewundernswertesten Form. Das alles gehörte jetzt der Vergangenheit an. Das Charakteristische des neuen Berlin war der Verlust all dieser Tugenden. Die Stadt war zu einem neuen Sündenbabel geworden.

Vor dem Ersten Weltkrieg war Paris für seine sündige Romantik und Lasterhaftigkeit bekannt gewesen. Wer einen Seitensprung mit seiner jungen Sekretärin wagen wollte, ließ sich vom Reisebüro Cook's ein Appartement in der Nähe der Place de l'Étoile reservieren. Damals boten die berüchtigten Freudenhäuser von Pigalle, in den ärmlichen Gassen hinter den Markthallen, der winkligen Rue de la Huchette, einen Block von Notre-Dame entfernt, die ausgefallensten Attraktionen für jeden, der sich für das interessierte, was man als die europäische Dekadenz bezeichnete. Jetzt war Paris von Berlin abgelöst worden. Stefan Zweig schildert in einem seiner Bücher, wie gepuderte und geschminkte junge Männer den Kurfürstendamm entlangschlenderten und man in den schwach beleuchteten Bars finanzkräftige Männer sehen konnte, die sich an betrunkene Matrosen heranmachten, und in den Transvestitenlokalen als Frauen verkleidete Männer und ebenso viele als Männer verkleidete Frauen unter den desinteressierten Blicken der Spaziergänger miteinander tanzten.[27]

Mehr als zwei Millionen junge deutsche Frauen waren allein lebende Witwen. Nicht wenige von ihnen wurden aus wirtschaftlicher Not Prostituierte und suchten sich ihre Freier in der Nähe der Bahnhöfe. Es gab aber auch ältere, kräftig gebaute Huren, die abartige Bedürfnisse von Männern mit Lederpeitschen zu befriedigen wußten, und 30 bis 40 Jahre alte Mütter, die gemeinsam mit ihren heranwachsenden Töchtern Sex anzubieten hatten. Nichtsahnende Touristen waren schockiert von dem, was sie in manchen Nachtlokalen erlebten, im Kabarett Tingel-Tangel, im Apollo, im Monokel (»die Bar der Frau«) und in der Weißen Maus. Die große Sensation für Tausende deutscher Mädchen in der Weimarer Zeit war Anita Berber, eine Nackttänzerin, die Kokain und Morphium propagierte, vor aller Augen auf dem Bartisch Sex mit Frauen und Männern hatte und sich auf diese Weise im grellen Scheinwerferlicht produzierte, während die Voyeurs sie anstarrten und einander betätschelten. Anita starb mit 29 Jahren. Um die gleiche Zeit kam auch das Ende der Weimarer Republik.

In diesen Jahren begannen die Europäer, nicht nur amerikanische Filme zu importieren, sie übernahmen auch die trivialsten und unerfreulichsten Erscheinungen der amerikanischen Massenkultur. Jeder kannte die zur Zeit der Prohibition entstandenen Gangsterbanden und wußte, daß sie zur politischen Korruption geführt hatten. Das machte sie attraktiv, ja sogar faszinierend. In Wien, Rom, Berlin und Paris entstanden Kulte um *les bandits américains*, wie sie in Frankreich hießen, und an einer Mauer am Lützowplatz in Berlin konnte man lesen:

»...die Häuptlinge der Chicagoer und New Yorker Unterwelt – Al Capone, Jack Diamond und Lucky Luciano«. In Italien hatte man sie so eifrig kopiert, daß sich der 22jährige Alberto Moravia in seinem ersten Roman, *Die Gleichgültigen*, mit diesem Thema beschäftigte und eine vernichtende Parabel über die in Rom herrschende Sittenlosigkeit daraus machte. Der Mardi Gras von New Orleans wurde zum Vorbild des deutschen Faschings, die Tillergirls in der Berliner Scala waren eine Imitation der Ziegfeld-Revuetänzerinnen in New York. Die kleinen Tanzorchester in den Nachtlokalen nahmen sich amerikanische Jazz-Combos zum Vorbild – und parodierten sie manchmal unbeabsichtigt. Die Münchener *Süddeutschen Monatshefte* brachten in jeder neuen Ausgabe eine Anzeige mit der Überschrift: »So dürfen Sie nicht Charleston tanzen!«[28]

Allgemein machte man den Börsenkrach an der New Yorker Börse für die weltweite Wirtschaftsdepression verantwortlich. Dieses Ereignis war mit Sicherheit ein wichtiges Glied in der Kette, aber die Ursachen, die Zusammenhänge und der ganze Verlauf waren international und zu komplex, um von den Zeitgenossen begriffen zu werden. Als Folge des Ersten Weltkrieges hatten Sieger und Besiegte schwere finanzielle Verluste erlitten, doch die Alliierten glaubten, sie könnten ihre Verluste dadurch wettmachen, daß sie von den Verlierern hohe Reparationszahlungen verlangten. Das war einer der tragischsten Irrtümer der Geschichte.

Als die alliierten Politiker anfingen, den Geldwert des an privatem Kapital entstandenen Schadens zu berechnen – gar nicht zu reden von dem sogenannten »geschätzten Kapitalwert« der fünf Millionen im Krieg gefallenen alliierten Soldaten –, kamen sie auf horrende Summen von Milliarden Dollar. In Versailles wurde schließlich der gewaltige Betrag von 31530500000 Dollar errechnet. Das war die Summe der Reparationszahlungen, die sie Deutschland auferlegten. Für den Fall, daß die Deutschen sich weigerten, sofort eine erste Rate in Höhe von fünf Milliarden Dollar zu zahlen – nach dem Kaufwert von 1980 waren dies 33 Milliarden –, drohten die Alliierten mit der Wiederaufnahme der Kampfhandlungen. Darüber hinaus sollten die Deutschen auch alle belgischen Kriegsschulden übernehmen und die Zinsen für die bisher noch nicht abgeführten Reparationen bezahlen. Alle deutschen Exporte wurden zudem mit einem Zoll von 26 Prozent des Warenwerts belegt. Diese Forderungen waren maßlos, von Rachsucht diktiert und lächerlich. John Maynard Keynes brandmarkte Versailles als »einen karthagischen Frieden«. Churchill, der den ganzen Vertrag ablehnte und besonders die darin enthaltenen Strafbestimmungen, bezeichnete die Reparationen als »monströs« und »böswillig«. Die politische Führung der neuen deutschen Republik, die in den ersten Jahren schwer darum hatte ringen müssen, festen Boden unter die Füße zu bekommen, hatte keine Chance, diese absurde Rechnung jemals zu bezahlen. Sie versuchte es, aber die deutsche Regierung war international nicht kreditfähig. Das deutsche Außenhandelssystem aus der Zeit vor dem Krieg war durch die alliierte Blockade zerstört worden. Wohlhabende Deutsche, die mit hohen Steuerbelastungen rechneten, brachten ihr Vermögen ins Ausland. Innerhalb von sieben Monaten sank der Wert der Reichsmark so tief wie nie zuvor: Ein Dollar kostete jetzt 5 Millionen. Und die Inflation ging in rasendem Tempo weiter.

Während sich die Weltwirtschaftskrise verschärfte, retteten die Amerikaner die am Rande des Abgrunds stehende Deutsche Republik, zuerst mit Krediten und dann mit regelrechten Geschenken in Höhe von mehr als zehn Millionen Dollar. Doch als der Aktienmarkt an der New Yorker Börse zusammenbrach, mußte die Wall Street an die eigene Rettung denken. Hilflos taumelte Weimar am Rand der Katastrophe in eine ungewisse Zukunft und wahrte mit Taschenspielertricks den Anschein der Zahlungsfähigkeit. Amerikafeindliche Kreise in Großbritannien vergaßen die großzügige Hilfe der USA und machten die Vereinigten Staaten für die verzweifelte Lage Deutschlands verantwortlich. Einige Konservative stießen sich sogar an der Tatsache, daß Churchills Mutter Amerikanerin gewesen war. Stanley Baldwin sprach verächtlich von »der geringen Intelligenz« der amerikanischen Bevölkerung, und Neville Chamberlain stimmte ihm zu.

Einen Vorwurf konnte man den Amerikanern machen: Nach der Abreise von Präsident Woodrow Wilson aus Versailles begannen die Europäer an der Wirksamkeit der amerikanischen Außenpolitik zu zweifeln. 1919 hatte der amerikanische Senat die Bestimmungen des Versailler Vertrags abgelehnt und die Mitgliedschaft der USA in dem auf Anregung Wilsons geschaffenen Völkerbund verweigert, der die Grenzen Frankreichs garantieren sollte. Nach dem Tode Wilsons hatten sich die ihm folgenden republikanischen Präsidenten entsprechend der Stimmung der amerikanischen Wähler vor allem innenpolitischen Problemen zugewandt. In den Jahren zwischen den Kriegen bezeichnete man diese Haltung als Isolationismus. Während dieser Zeit drängte die amerikanische Regierung ihre ehemaligen Verbündeten ständig, ihre Kriegsschulden zurückzuzahlen, was diesen angesichts der katastrophalen Wirtschaftslage nicht möglich war. England hätte den Vereinigten Staaten die Kriegsschulden zurückzahlen können, wenn Frankreich seine Schulden beglichen hätte, die es bei England hatte. Aber Frankreich war zahlungsunfähig, und das bedeutete, daß auch Großbritannien seinen Verpflichtungen nicht nachkommen konnte und sich die

Beziehungen Englands zu den Vereinigten Staaten merklich abkühlten. Präsident Calvin Coolidge wollte nichts von den Schwierigkeiten des britischen Schatzkanzlers hören; er verlangte die Rückzahlung und sagte: »Sie haben sich das Geld doch geliehen!« Vor dem Krieg waren die Amerikaner in Europa recht beliebt gewesen. Aber Anfang der 30er Jahre nahmen die Spannungen zwischen Amerikanern und Europäern als Folge der wiederholten finanziellen Abmahnungen Washingtons merklich zu.

Noch beunruhigender war die Tatsache, daß die Vereinigten Staaten nicht dem Völkerbund angehörten. Das hatte verheerende Auswirkungen auf die politische Leistungsfähigkeit dieser Institution. Doch nicht nur die amerikanischen Isolationisten wandten den Problemen der europäischen Großmächte den Rücken zu. Unmittelbar nach Unterzeichnung der Friedensverträge im Jahr 1919 begannen auch die Briten, sich in erster Linie mit innenpolitischen Fragen zu beschäftigen, und die Regierungen auf dem europäischen Kontinent folgten ihrem Beispiel und überließen die komplexen Probleme der Außenpolitik ihren Außenministerien.

Die Berufsdiplomaten waren begeistert und beschäftigten sich mit dem, was ihnen am besten zusagte. Sie veranstalteten große Konferenzen, auf denen sie in gestreiften Hosen, steifen Kragen und mit Kneifern auf der Nase feierlich Verträge und Protokolle paraphierten, die später auf ihre Empfehlung von ihren Regierungen unterzeichnet wurden. Ende der 20er Jahre hatten die Regierungsbevollmächtigten den europäischen Kontinent durch ein phantastisches Netz aus unterzeichneten und mit Siegeln und Bändern versehenen Dokumenten vereinigt. Wenn die Bestimmungen dieser Dokumente eingehalten worden wären, dann wäre der Friede gesichert gewesen. Die Tschechoslowakei, Jugoslawien und Rumänien hatten sich zur Kleinen Entente zusammengeschlossen. Frankreich hatte sich zur Verteidigung Polens verpflichtet, und Italien garantierte den Bestand von Jugoslawien, Albanien, Ungarn und Österreich. Den Höhepunkt dieser Entwicklung bezeichneten die 1925 in Locarno in der Schweiz feierlich geschlossenen Verträge. Locarno garantierte die deutsch-französische und die deutsch-belgische Grenze und sollte für die Beilegung aller Meinungsverschiedenheiten zwischen Deutschland einerseits und Frankreich, Belgien, Polen und der Tschechoslowakei andererseits sorgen. Um die territoriale Integrität der Tschechoslowakei sicherzustellen, unterzeichnete Frankreich schließlich ein separates Abkommen, in dem es sich verpflichtete, Deutschland den Krieg zu erklären, wenn es die Grenzen der Tschechoslowakei verletzen sollte. Italien und Großbritannien garantierten in einem zwischen beiden Ländern geschlossenen Sonderabkommen den Frieden in Westeuropa, und obwohl die britischen Verpflichtungen nur sehr ungenau festgelegt worden waren, hatte sich Großbritannien schon vorher verpflichtet, Frankreich in jedem Krieg zu Hilfe zu kommen.

Auch die Wilhelmstraße hatte eine Delegation nach Locarno geschickt. Ihre Mitglieder unterzeichneten am 1. Dezember 1925 »im Geist von Locarno« und mit der Zustimmung der anderen Vertragspartner die Dokumente. Die Auslandskorrespondenten waren überrascht. Weshalb waren die Deutschen gekommen? Diese Verträge waren von Nationen ausgehandelt worden, die über Armeen und Kriegsflotten verfügten. Deutschland war keine Militärmacht mehr. Der Versailler Vertrag hatte den Junkern die Zähne gezogen. Die Reichswehr durfte einschließlich der Offiziere nur 100 000 Mann stark sein. Sogar das kleine Belgien verfügte über ein größeres Heer. Die Deutschen durften keine Militärflugzeuge besitzen, keinen Generalstab haben, keine allgemeine Wehrpflicht einführen und ohne die schriftliche Erlaubnis der Siegermächte weder Kriegswaffen noch Munition erzeugen. Die Flotte bestand aus sechs Schlachtschiffen, sechs leichten Kreuzern und zwölf Torpedobooten, mußte aber auf Unterseeboote verzichten. Die Grenzen der Weimarer Republik durften nicht befestigt werden, und eine demilitarisierte Pufferzone im Rheinland trennte sie von Frankreich und Belgien. Eine Verletzung dieser Bestimmungen würde als Kriegserklärung angesehen werden und zu einer militärischen Besetzung Deutschlands durch die Alliierten führen. Das auf diese Weise militärisch gefesselte Land stellte für niemanden mehr eine Bedrohung dar. Der Presse wurde gesagt, die Einladung der deutschen Delegation nach Locarno sei nichts als eine freundliche Geste, ein Zeichen dafür, daß die Wunden von 1918 allmählich verheilten.[29]

Die erfahrenen Journalisten waren skeptisch. Sie wußten, daß sich die Großmächte bei ihrer Außenpolitik nicht von Großmut leiten lassen. Das taten sie auch jetzt nicht. Die Deutschen waren nach Locarno eingeladen worden, weil sie die ehemaligen Verbündeten mit einem diplomatischen Schachzug dazu gezwungen hatten. Versailles hatte nicht nur eine, sondern zwei große Nationen ins politische Abseits gestellt. Die Siegermächte hatten sich sowohl vom besiegten Deutschen Reich, das an der Friedenskonferenz nicht teilnehmen durfte, als auch der Sowjetunion abgewandt, die 1917 den Krieg gegen Deutschland beendet hatte. Und dies, obwohl Rußland, das mit den Westmächten verbündet war, gegen Deutschland gekämpft hatte. Nun hatte der brillante Staatsmann der Weimarer Republik, Walther Rathenau, seine Chance genutzt. Auf einer Konferenz in Genf, bei der europäische Diplomaten über die Wirtschaftslage in Europa diskutierten, hatte er sich im geheimen mit einer bolschewistischen Delegation im nahegelegenen Rapallo getroffen. Da die Russen den Friedensvertrag von 1919 nicht unterzeichnet hatten, konnten sie die von den Alliierten geforderten Reparationszahlungen ablehnen. Sie verzichteten auf die Ansprüche aus Artikel 116 des Versailler Vertrages. Die bei dieser Gelegenheit getroffenen umfangreichen Vereinbarungen führten zu einer Annäherung beider Länder. Zwei Monate später, am 24. Juni 1922, wurde Rathenau von rechtsextremen deutschen Nationalisten ermordet. Aber der Vertrag von Rapallo blieb in Kraft.[30] Für die Alliierten war dies ein Schock. Sie erkannten zum ersten Mal, daß eine unabhängige deutsche Regierung ohne ihre Zustimmung wichtige Entscheidungen treffen konnte. Daher die Einladung nach Locarno. Dort gelang es dem Nachfolger Rathenaus, Gustav Stresemann, sie zu besänftigen. Die beunruhigten alliierten Außenminister erinnerte er daran, daß Deutschland ihr Schutzschild gegen die Sowjetunion war.

Deutschlands ehemalige Feinde hörten aufmerksam zu und hätten die Versicherungen Stresemanns gern geglaubt. Das deutsche Kaiserreich existierte nicht mehr. Nun hofften sie, eine stabile deutsche Republik werde ihnen als Bollwerk gegen die unberechenbare Sowjetunion dienen. Aber die Alliierten hatten auch gewisse Befürchtungen. Sie wußten, daß die verbitterten Offiziere der kaiserlichen Armee nicht daran glaubten, daß sie auf dem Schlachtfeld besiegt wurden, und daß die deutschen Soldaten hervorragende Kämpfer waren.

Ein drittes Motiv war ihr Schuldgefühl. Der Erste Weltkrieg hatte auf beiden Seiten eine ganze Generation künftiger politischer Führer ausgelöscht und das Selbstvertrauen der Sieger untergraben. Die Menschen waren angesichts der Unmenschlichkeit, mit der sie einander abgeschlachtet hatten, zutiefst erschüttert und suchten nach Möglichkeiten, ihr Gewissen zu beruhigen. Diese innere Wandlung vollzog sich nicht über Nacht, aber im Lauf der Jahre verstärkte sich in London und Paris das Gefühl, daß die Mittelmächte auf der Versailler Friedenskonferenz schäbig behandelt worden waren. Die Alliierten hatten furchtbare Verluste erlitten, aber sie hatten wenigstens die Genugtuung, den Krieg gewonnen zu haben. Als Deutschland und seine schwächeren Verbündeten die Waffen streckten, hatten sie 3393193 Gefallene und 8267532 Verwundete zu beklagen. Mit der Niederlage mußten sie zudem jede nur denkbare Demütigung hinnehmen. Das Auslandsvermögen deutscher Staatsangehöriger wurde eingezogen. Der Nord-Ostsee-Kanal und die fünf größten deutschen Flüsse waren zu internationalen Wasserstraßen erklärt worden und waren damit völkerrechtlich dem englischen Kanal und dem Mittelmeer gleichgestellt. Die deutschen Vertreter bei der Friedenskonferenz waren gezwungen worden, den Artikel 231 des Vertrags zu unterzeichnen, und mußten damit die Verantwortung dafür übernehmen, »daß Deutschland und seine Verbündeten als Urheber aller Verluste und Schäden verantwortlich sind, welche die alliierten und assoziierten Regierungen und ihre Angehörigen infolge des ihnen durch den Angriff Deutschlands und seiner Verbündeten aufgezwungenen Krieges erlitten haben«.

Der Präsident der neuen Weimarer Republik, Friedrich Ebert, bezeichnete diesen Artikel als »unerträglich«. Die Alliierten ließen sich nicht beeindrucken und stellten den Deutschen ein Ultimatum. Wenn sie die Bedingungen nicht akzeptierten, würden alliierte Truppen in Deutschland einrücken. Ebert wandte sich an den letzten Chef des Generalstabes des deutschen Feldheeres, Paul von Hindenburg, und fragte ihn, ob eine solche Offensive abgewehrt werden könne. Der Feldmarschall verneinte dies, meinte aber, er hielte es für besser, »unterzugehen, als einen solchen Schmachfrieden zu unterzeichnen«. Damit lehnte er jede Verantwortung ab. Der vom Offizierskorps – den Männern, die den Krieg verloren hatten – alleingelassene Friedrich Ebert stimmte dem Vertrag zu – 19 Minuten bevor das alliierte Ultimatum ablief. So stand die neue deutsche Republik von Anfang an unter einem ungünstigen Stern.[31]

Im November 1932 drängte Churchill auf eine Revision des Versailler Vertrages, und zwar »kalten Blutes in einer ruhigen Atmosphäre und solange die Siegernationen den Deutschen noch militärisch überlegen sind, anstatt zu warten und Zoll um Zoll und Stufe um Stufe in eine Lage zu geraten, in der sich wieder gleichstarke Machtkombinationen von Angesicht zu Angesicht gegenüberstehen«. Während tiefschürfende Memoiren, Romane mit hohen Auflagen, ergreifende Theaterstücke und Filme den Konflikt in eine neue Perspektive rückten, berichteten die Zeitungen auf beiden Seiten von den unglaublich hohen Gewinnen der Rüstungsindustrie. Die Menschen in den Ländern der Siegermächte erkannten jetzt, daß es eine Verzerrung der Wahrheit und ehrverletzend für die Verlierer gewesen war, nur die Deutschen für die Tragödie von 1914 bis 1918 verantwortlich zu machen. Dies hatte dazu geführt, daß man wehrlosen Menschen aus Rache unerträgliche Friedensbedingungen aufgezwungen und ihnen sogar verboten hatte, dagegen zu protestieren.[32]

Doch Anfang der 30er Jahre war das stärkste Gefühl, das in den Nachbarländern Deutschlands geweckt wurde, eine primitive Furcht. Die Deutschen wußten das, denn sie hatten den *furor teutonicus* in zwei Kriegen bewußt provoziert. Im 19. Jahrhundert hatte der preußische

Stratege Carl von Clausewitz die Einschüchterung des Gegners als Methode zur Verkürzung von Kriegen empfohlen. Der Feind sollte in eine Lage gebracht werden, in der ihn die Fortsetzung des Krieges stärker belastete als die Kapitulation. Und die deutschen Soldaten waren sehr wohl in der Lage gewesen, ihren Gegnern Furcht und Schrecken einzujagen. Sie hatten das 1914 bewiesen, als sie französische und belgische Partisanen, die ihre eigene Heimat verteidigten, vor Standgerichte stellten und erschossen. Barbara Tuchman schreibt, »plötzlich erkannte die Welt die wilde Bestie unter der deutschen Haut«.[33]

In den 20er und 30er Jahren wurden die Berichte über solche Verbrechen von Pazifisten im Ausland unterdrückt. Jetzt wurde behauptet, die Berichte über deutsche Kriegsverbrechen im Ersten Weltkrieg seien nichts als Propagandalügen der Alliierten. Tatsächlich waren Bewohner des neutralen Belgiens, die den einmarschierenden deutschen Truppen ihre Mißachtung gezeigt hatten, schon am zweiten Kriegstag exekutiert worden. Deutsche Dokumente bewiesen das. Wenn belgische Flüchtlinge den deutschen Vormarsch behinderten, wurden Geiseln genommen und erschossen.[34] Noch heute kann man auf ihren Grabsteinen lesen: *»1914: Fusillé par les Allemands«* – »erschossen von den Deutschen«.

Es war die Furcht vor der Wiederholung eines solchen Alptraums, die dazu führte, daß zahlreiche Bündnisverträge geschlossen wurden, und der Höhepunkt dieser Entwicklung wurde in Locarno erreicht. Deutschland blieb sogar nach Versailles die stärkste Nation in Europa, seine Einwohnerzahl überstieg die von Großbritannien und Frankreich um jeweils 30 Millionen. Und schon allein die geographische Lage schien die Vorherrschaft Deutschlands in Europa zu garantieren. Nun horchten die Regierungen in den europäischen Ländern auf, als Hitler seine politischen Ziele verkündete, wobei die Vereinigung aller Deutschen in einem neuen Großdeutschland den Vorrang hatte. Allein diese Vorstellung beunruhigte die Verantwortlichen in den Außenministerien. Wenn dieses Vorhaben gelänge, dann sähen sich die kleineren Nationen einem monolithischen Staat mit 82 Millionen Deutschen gegenüber. Ein wiedererstarktes Deutsches Reich unter einer entschlossenen Führung konnte den zertrümmerten Koloß des Kaiserreichs von neuem erstehen lassen.[35]

Man hatte es begrüßt, daß die Deutschen den Vertrag von Locarno unterzeichneten. Trotz der Verletzung der belgischen Neutralität im Jahr 1914 – die von der Wilhelmstraße eingegangene schriftliche Verpflichtung zur Wahrung der Neutralität war als »ein Fetzen Papier« beiseitegeschoben worden – konnte man sich noch immer nicht vorstellen, daß eine zivilisierte Nation ihr Wort brach. Die Großmächte marschierten in kein anderes Land ein, bevor sie ihm offiziell den Krieg erklärt hatten. Wenn jedoch Locarno und die anderen von der Weimarer Republik eingegangenen Verpflichtungen auch nur als Papierfetzen angesehen würden, dann wäre jede Diplomatie bedeutungslos. Deshalb beobachteten die Außenministerien 1932 die turbulente politische Entwicklung in Deutschland mit zunehmender Besorgnis. Nach Auffassung der führenden Kreise in Europa rekrutierten sich die Nazis aus dem Abschaum der Bevölkerung und waren nichts als ein Haufen asozialer Gesellen. Gegen Ende des Jahres schickte ein französischer Agent, der sich in der Wilhelmstraße eingenistet hatte, dem Quai d'Orsay einen äußerst beunruhigenden Bericht über den zehn Jahre alten russisch-deutschen Vertrag, den Walther Rathenau in Rapallo mit den Sowjets ausgehandelt hatte. Ein von Außenminister Walther Rathenau persönlich entworfenes Geheimprotokoll besagte, daß die Russen den Deutschen ein Gelände zur Entwicklung moderner Waffentechniken zur Verfügung stellen würden. Außerdem sollten dort deutsche Bomben- und Jagdflugzeuge stationiert und deutsche Piloten, Beobachter und Bombenschützen ausgebildet werden. Der Agent in Berlin war absolut zuverlässig. Sein französischer Führungsoffizier im Deuxième Bureau war zutiefst erschrocken, aber nachdem er sich beruhigt hatte und den Bericht noch einmal prüfte, verwirrte ihn ein Umstand, der ihm zunächst nicht aufgefallen war. Rathenaus Mörder waren gefaßt und verhört worden. Es war klar, daß es sich um militante Nationalisten handelte. Ihr politisches Ziel war ein neues, wiederbewaffnetes Deutsches Reich. Weshalb hatten sie dann einen Politiker umgebracht, der ihrer Sache einen so großen Dienst geleistet hatte? Die entschlüsselte Antwort des Agenten auf diese Frage lautete: »Rathenau war Jude.«[36] Der Quai d'Orsay war sprachlos. Würde man je die Deutschen verstehen können?

Im Berliner Wedding standen die Menschen in langen Schlangen vor den Volksküchen, mehr als sechs Millionen Deutsche waren arbeitslos. Die Braunhemden der SA mit ihren Hakenkreuzbinden lieferten sich mit ihren politischen Gegnern von der Linken Straßenschlachten. Bald wurden Menschen verprügelt, die sich weigerten, den rechten Arm zum »deutschen Gruß« auszustrecken, wenn die braune »Sturmabteilung« hinter ihren Standarten mit der Aufschrift »Deutschland erwache!« vorbeimarschierte.

Das war an sich nichts Außergewöhnliches. 1932 wurde jede europäische Großstadt von Hunger und blutigen Ausschreitungen heimgesucht. Aber in Deutschland gab es einen entscheidenden Unterschied. Mit dem Versailler Vertrag war zwar das deutsche Kaiserreich gestürzt worden, aber die staatliche Struktur des wilhelminischen Deutschland war intakt geblieben. Da die Richter in der Weimarer Republik auch weiterhin den privilegierten Schichten angehörten und die neue Regierung als Marionettenregime ansahen, das von den Kriegsgegnern Deutschlands abhängig war, wurden die nationalsozialistischen Schläger, die ihre politischen Gegner am hellen Tag in Straßenschlachten ermordeten, nur mit Geldbußen wegen Ordnungswidrigkeit belegt oder erhielten Gefängnisstrafen, die zur Bewährung ausgesetzt wurden. Dagegen wurden Menschen, die sich zur neuen Republik bekannten, zu langjährigen Gefängnisstrafen verurteilt, wenn sie in Reden oder Zeitungsartikeln darauf verwiesen hatten, daß die Reichswehr die Wiederaufrüstung des deutschen Heeres vorbereite und damit gegen die von Deutschland gegenüber den Alliierten eingegangenen Verpflichtungen verstoße. Die politische Gerechtigkeit sei die schwärzeste Seite im Leben der deutschen Republik gewesen, schreibt dazu Franz Neumann.[37]

Die äußerste Rechte wurde jedenfalls sehr nachsichtig behandelt. Nach dem Waffenstillstand wurde München zum Schauplatz reaktionärer Verschwörungen. Hier wurde die Ermordung Rathenaus geplant und kam es 1923 zu dem gescheiterten Hitlerputsch, mit dem die rechtmäßige Regierung gestürzt werden sollte. Das war Hochverrat. 19 Menschen kamen dabei ums Leben. Als Hitler aufgespürt und festgenommen wurde, verbüßte er nach seiner Verurteilung ganze neun Monate im Landsberger Gefängnis, wobei ihm alle nur denkbaren Vergünstigungen gewährt wurden. Unter anderem hatte er auch die Möglichkeit zu schreiben. Als er seine geräumige Zelle verließ, hatte er das Manuskript von *Mein Kampf* unter dem Arm, am Gefängnistor wurde er von seinen Anhängern stürmisch begrüßt und als Held gefeiert.[38]

Bis zum Beginn der großen Wirtschaftskrise waren die Nationalsozialisten nur eine unbedeutende Splitterpartei gewesen. Bei den Wahlen von 1928 erhielten sie 810000 Stimmen. Das waren 2,6 Prozent. Aber mit dem wirtschaftlichen Niedergang füllten sich ihre Reihen, und Hitler wurde zu einer bekannten Persönlichkeit. Oswald Spengler schrieb: In den Herzen der Menschen sei die Weimarer Verfassung bereits zum Scheitern verurteilt. In den Wahlen von 1930 und 1932 gelang es den Nationalsozialisten noch nicht, die absolute Mehrheit zu erringen, aber sie waren jetzt die stärkste politische Partei – und die radikalste. Hitler und seine Anhänger ließen keinen Zweifel daran, wie sehr sie die demokratische Regierungsform verachteten. Die nationalsozialistischen Abgeordneten im Reichstag und im preußischen Landtag erschienen in ihren braunen Uniformen und veranstalteten gewalttätige Krawalle, sobald sich das Parlament über eine ihnen mißliebige Entscheidung zu einigen drohte. Dabei benutzten sie alles, was ihnen in die Finger kam, als Wurfgeschoß. Dazu gehörten nach einem Augenzeugenbericht »Tintenfässer, Wasserflaschen, Schubladen, Stühle, Aktendeckel und abgebrochene Tischbeine«.

Mit wenigen Ausnahmen, zu denen auch Churchill gehörte, ließen sich die Politiker im Ausland nicht von Hitler beunruhigen. Das Nachrichtenmagazin *Time* verspottete seine Überheblichkeit und zeichnete ihn als einen »kratzbürstigen, etwas dicklichen 43jährigen Mann, der die Gewohnheit hat, sich selbstgefällig den kleinen Schnurrbart zu streichen«. Für diejenigen, die die deutsche Sprache nicht beherrschten, war er eine komische Figur, die stark an Charlie Chaplin erinnerte. Auch die Auslandskorrespondenten britischer und amerikanischer Zeitungen unterschätzten ihn. Sie glaubten, die Nationalsozialisten würden vor allem vom deutschen Mittelstand unterstützt, während die Oberschicht den Parteiführer ablehnte, der im Krieg nur den Rang eines Gefreiten gehabt hatte.[39]

Bis 1932 hatten sie mit dieser Einschätzung recht. Bis dahin war der Nationalsozialismus nicht gesellschaftsfähig gewesen, besonders nicht für die gebildeten Schichten. Aber im Herbst 1932 wurde ihnen klar, daß das Zeitalter der Prinzen und Fürsten ein für allemal vorüber war und sie von der Welt der glänzenden Uniformen und des militärischen Prunks mit ihrer strengen Disziplin und unerschütterlichen Ordnung Abschied nehmen mußten. Im Spätherbst 1932, als die Amerikaner Franklin D. Roosevelt zum neuen Präsidenten wählten, begann die deutsche Oberschicht, ihr Urteil über Hitler zu revidieren. Die einflußreiche *Deutsche Allgemeine Zeitung*, bekannt für ihre wohlüberlegten und zurückhaltenden Kommentare, gab von heute auf morgen ihre ablehnende Haltung gegenüber den Nationalsozialisten auf und empfahl dem Reichspräsidenten Hindenburg, seine starke persönliche Abneigung gegenüber dem nationalsozialistischen Führer zu überwinden und ihn im Interesse der für die wirtschaftliche Wiederbelebung erforderlichen Ruhe zum Reichskanzler zu ernennen.[40]

Die nationalsozialistische Reichstagsfraktion besaß zwar noch nicht die absolute Mehrheit, war aber inzwischen fast doppelt so stark wie die Sozialdemokraten und beherrschte das deutsche Parlament. Trotzdem weigerte sich Hindenburg, Eberts Nachfolger im Amt des Reichspräsidenten, Hitler zum Reichskanzler zu ernennen. Es folgte eine Kanzlerkrise. Eine Regierungsbildung ohne die Nationalsozialisten war nicht möglich, da ihre Abgeordneten auf Befehl Hitlers gegen die Ernennung jedes anderen von Hindenburg vorgeschlagenen Kandidaten stimmten. Darauf einigten sich Franz von Papen und General Kurt von Schleicher, die beiden einflußreichsten Konservativen, auf eine bemerkenswerte Lösung. Sie empfahlen dem Reichspräsidenten, Hitler zu nominieren, den sie für durchaus manipulierbar hielten. Damit war die

Büchse der Pandora geöffnet, und am 30. Januar 1933 wurde Hitler als Reichskanzler vereidigt. Ein Pressefoto, das bei dieser Gelegenheit aufgenommen wurde, zeigt ihn mit ekstatischem Gesichtsausdruck. Da er die Mentalität der Deutschen kannte, wußte er, daß er, nachdem er legal an die Macht gekommen war, von der Bevölkerung akzeptiert werden würde und daß er die Weimarer Verfassung außer Kraft setzen konnte, wenn er sich auch weiterhin nominell zu ihr bekannte.[41]

Er ernannte Hermann Göring zum Reichstagspräsidenten, der das Reichstagspräsidentenpalais bezog. Ein unterirdischer Gang, in dem die Leitungen der Zentralheizung verlegt waren, verband dieses Palais mit dem Reichstagsgebäude. Einen knappen Monat nachdem Hitler Reichskanzler geworden war und fünf Tage vor den neuen Reichstagswahlen drangen ein oder mehrere Brandstifter durch diesen Tunnel in den Reichstag ein und zündeten ihn an. Hitler nutzte die allgemeine Erregung, es gelang ihm, den verwirrten Hindenburg zu überreden, ein Gesetz »zum Schutze von Volk und Staat« zu unterzeichnen, mit dem das Land praktisch unter Kriegsrecht gestellt wurde. Mehr als 4000 im öffentlichen Leben stehende Männer und Frauen, unter ihnen eine Reihe von Reichstagsabgeordneten, wurden ins Gefängnis geworfen oder in die bald entstehenden Konzentrationslager eingeliefert.

Auf dem Höhepunkt des Wahlkampfs wandten sich die Nazis, die zur Finanzierung ihres Propagandafeldzuges Geld brauchten, an die einflußreichsten deutschen Industriellen. Göring lud sie in das Reichspräsidentenpalais ein, wo ihnen ihrem Rang entsprechende Plätze zugewiesen wurden. Gustav Krupp von Bohlen und Halbach nahm den Ehrenplatz ein, hinter ihm saßen vier Direktoren von IG Farben. Der bald eintretende Hitler erklärte ihnen, diesmal stünde man vor den letzten Wahlen. Natürlich werde der Übergang zur nationalsozialistischen Herrschaft am leichtesten zu bewerkstelligen sein, wenn seine Partei einen überwältigenden Wahlsieg erringe. Dazu brauche er jedoch die Unterstützung dieser Herren. Wenn sie sich hinter die Diktatur stellten, täten sie das zu ihrem eigenen Vorteil. In einer Demokratie habe das private Unternehmertum keine Chancen. Unter Einsatz seiner ganzen Autorität und Persönlichkeit, versicherte er den Unternehmern, werde er nicht nur mit der kommunistischen Bedrohung fertig werden, sondern auch die Gewerkschaften abschaffen und die deutsche Wehrhoheit wiederherstellen. Wie die Wahlen auch ausgehen sollten, einen »Rückzug« gebe es nicht. Wenn er die Wahlen verlöre, würde er mit anderen Mitteln dafür sorgen, daß er im Amt bliebe. Nach dieser kurzen Ansprache erhob sich Krupp und versicherte, die Industriellen hätten einstimmig beschlossen, die Politik des Reichskanzlers zu unterstützen. Dann erinnerte Göring die Anwesenden an den Zweck des Treffens, der geniale Finanzier des NS-Regimes, Hjalmar Schacht, wurde noch deutlicher: »Und jetzt, meine Herren, zur Sache!« Darauf verpflichtete sich Krupp zur Zahlung von einer Million Reichsmark. Von den anderen Unternehmern bekam Schacht die Zusage für weitere zwei Millionen.[42]

Von deutschen Industriellen finanziert, führte Hitler den blutigsten Wahlkampf in der europäischen Geschichte. Allnächtlich fuhren die Braunhemden der SA auf Lastwagen durch die Straßen, drangen in die Häuser ihrer politischen Gegner ein, holten die Bewohner aus den Betten und verprügelten sie. Auf den Anhöhen entzündeten sie Freudenfeuer, veranstalteten Fackelzüge durch die Städte und sangen ihre »Kampflieder«. Am Tage zogen andere Parteiorganisationen in Marschkolonnen durch die Straßen, aus öffentlich aufgestellten Lautsprechern ertönte Marschmusik.

Der Propagandafeldzug brachte den gewünschten Erfolg 17277180 Wähler gaben im Mai 1933 ihre Stimmen für die Nationalsozialisten ab. Die Sozialdemokraten konnten nur 7181629 Stimmen auf sich vereinigen. Mit Unterstützung der Deutschnationalen verfügte Hitler jetzt über die absolute Mehrheit im Reichstag.

Um die konservativ wilhelminischen Kreise zu gewinnen, vor allem die Offiziere der Reichswehr, ordnete Hitler an, daß sich der erste Reichstag des Dritten Reiches in der Potsdamer Garnisonskirche versammeln sollte, dem Heiligtum der preußischen Tradition, wo die preußischen Könige gebetet hatten und Friedrich der Große beigesetzt war. Im Mittelpunkt des »Tages von Potsdam« stand die Begegnung Hindenburgs und Hitlers, der dem greisen Feldmarschall ostentativ seine Ehrerbietung bezeugte. Der französische Botschafter André François-Poncet schrieb anschließend: »Wie konnten... die Junker und monarchistischen Barone... jetzt noch zögern, ihm ihr uneingeschränktes Vertrauen zu schenken, all seine Forderungen zu erfüllen und ihm die Vollmachten zu gewähren, die er beanspruchte?«[43]

Aber das genügte Hitler noch nicht. Sein nächstes Ziel war die Verabschiedung eines Ermächtigungsgesetzes, das ihm diktatorische Vollmachten verlieh. Das war nur mit Hilfe einer Verfassungsänderung möglich, und dazu war eine Zweidrittelmehrheit im Reichstag erforderlich. Aber auch das war für den neuen Reichskanzler kein Problem. Mit den schon geltenden Sondervollmachten konnte er die Abgeordneten der Kommunistischen Partei daran hindern, an den Reichstagssitzungen teilzunehmen, die bürgerlichen Parteien stimmten dem Ermächtigungsgesetz zu, nur die Sozialdemokraten stimmten dagegen.

Das mit 444 gegen 84 Stimmen angenommene Ermächtigungsgesetz vom 23. März 1933 übertrug die Zuständigkeit der Legislative für die Gesetzgebung, die Genehmigung des Staatshaushalts, die Ratifizierung von Verträgen mit anderen Staaten und die Ergänzung der Verfassung durch Zusatzbestimmungen auf den Reichskanzler. Damit endete nach 14 Jahren die erste deutsche Republik. Die Legalität blieb bei jedem Schritt auf diesem Wege gewahrt. Spengler schrieb: Da es keine Feinde gegeben habe, könne man auch nicht von einem Sieg reden.[44]

In großmütiger Laune hatte Churchill von dem künftigen Führer des Deutschen Reichs einmal gesagt: »Ich bewundere Männer, die sich für ihr besiegtes Land einsetzen, auch wenn ich auf der anderen Seite stehe«, und fügte hinzu, Hitler habe »das Recht, ein patriotischer Deutscher zu sein, wenn er es will«. Winstons Sohn Randolph hatte den nationalsozialistischen Führer während seines Wahlfeldzuges 1932 als Journalist begleitet und schickte ihm, als die Nationalsozialisten einen gewaltigen Stimmenzuwachs verzeichnen konnten, ein Glückwunschtelegramm. Aber sein Vater war jetzt weniger begeistert. Wie die *Times* berichtete, forderte Hitler in seinen Reden die Wehrfreiheit, mit anderen Worten die deutsche Wiederaufrüstung. Viele britische Parlamentsabgeordnete hielten das für verständlich und meinten, es lohne sich, über diese Forderung zu reden. Im Mai 1932 fragte Churchill diese Abgeordneten: »Wollen Sie den Krieg?« Zwei Monate später lehnte er es ab, sich denen anzuschließen, welche die Ergebnisse der Konferenz von Lausanne begrüßten, mit der die Reparationszahlungen Deutschlands praktisch beendet wurden. Er fragte sich, wie die Deutschen das Geld, das sie den Alliierten schuldeten, verwenden würden. Wahrscheinlich würden sie mit der Wiederaufrüstung beginnen, und berief sich dabei auf eine Erklärung Hitlers, »der die treibende Kraft hinter der deutschen Regierung ist und schon bald sehr viel mehr sein könnte«.[45]

Fast wäre es zu einer persönlichen Begegnung zwischen Churchill und Hitler gekommen. Winston hatte sich noch nicht ganz von seinem Autounfall in New York erholt, als er Mitte 1932 mit den Recherchen für die Biographie seines großen Vorfahren, des ersten Herzogs von Marlborough, fortfuhr. Im Sommer 1932 bereiste er mit einigen Freunden und Verwandten die alten Schlachtfelder Marlboroughs auf dem europäischen Kontinent. Nachdem er sich einen Tag in Blenheim aufgehalten hatte, legte er im Münchener Hotel Regina eine Pause ein. Die Nationalsozialisten wußten natürlich, daß er in Deutschland war, und wollten mit ihm ins Gespräch kommen. Für die Verbindungsaufnahme wählten sie geschickt den richtigen Mann. Ernst (»Putzi«) Hanfstaengl hatte in Harvard studiert, war mit Randolph befreundet und Sohn eines deutschen Vaters und einer reichen amerikanischen Mutter, inzwischen hatte er es selbst zum Millionär gebracht. Nach dem fehlgeschlagenen Putsch von 1923 hatte er Hitler bei sich aufgenommen. Er traf sich mit den Engländern in der Hotelbar, spielte auf dem Klavier einige Lieblingsschlager von Winston und lud anschließend die ganze Gesellschaft zum Abendessen ein.

Das Gespräch wandte sich natürlich sofort der deutschen Innen- und Außenpolitik zu. Putzi bot Winston an, ihn mit seinem Idol bekannt zu machen. Das ließe sich ohne weiteres arrangieren, denn Hitler käme in diesen Tagen jeden Nachmittag um 17.00 Uhr in das Hotel und wäre sicher sehr erfreut, einen so bedeutenden britischen Staatsmann kennenzulernen. Aber nachdem schon alles verabredet war, brachte Churchill den Plan wieder durcheinander, als er Hanfstaengl fragte: »Was hat Ihr Chef eigentlich gegen die Juden? Ich kann sehr gut verstehen, wenn man es den Juden übelnimmt, falls sie etwas gegen das eigene Land unternommen haben, und ich verstehe, wenn man sich gegen sie wendet, wenn sie versuchen, ihren Einfluß auf allen Lebensgebieten geltend zu machen. Aber welchen Sinn hat es, einen Menschen nur deshalb abzulehnen, weil er als Jude geboren wurde? Niemand ist für seine Geburt verantwortlich. Sagen Sie Ihrem Chef, daß der Antisemitismus ihm zunächst vielleicht nützen, aber auf die Dauer schwer schaden wird.«

Putzi machte ein enttäuschtes Gesicht, und am folgenden Tag teilte er Winston mit, daß das Treffen nicht stattfinden könne, da Hitler andere Verpflichtungen habe. Da Churchill und seine Begleitung noch eine ganze Woche im Hotel Regina blieben und keine weiteren Annäherungsversuche stattfanden, vermutete er, daß seine Ablehnung des Antisemitismus der Nationalsozialisten sie veranlaßt hatte, ihn auf die schwarze Liste zu setzen. Das war richtig, aber der Vorfall hatte noch weitere Konsequenzen. Hitler hatte Hanfstaengl gefragt: »Welche Rolle spielt denn Churchill überhaupt? Er ist in der Opposition, und niemand hört auf ihn.« Putzi erwiderte: »Es gibt Leute, die das auch von Ihnen sagen.« Diese und andere Keckheiten führten dazu, daß Putzi bei Hitler in Ungnade fiel. Zwar hatte er Hitler bei sich aufgenommen, um ihn vor dem Zugriff der Polizei zu schützen, und ihn darüberhinaus auch großzügig finanziell unterstützt, aber später mußte er, um sein Leben zu retten, Deutschland verlassen wie viele anständige und hochbegabte Menschen, die mit dem nazistischen Regime nicht einverstanden waren. Auf diese Weise fügte Hitler dem kulturellen Leben in Deutschland schweren Schaden zu. Allein während des ersten Jahres nach der Machtergreifung vertrieb er 1600 Wissenschaftler aus Deutschland, unter ihnen ein Viertel der Professoren an der Heidelberger Universität und fünf Nobelpreisträger.[46]

Im Parlament befürwortete Churchill auch weiterhin eine Revision des Versailler Vertrags, lehnte aber entschieden die Wehrfreiheit für Deutschland ab. Er warnte vor der deutschen Aufrüstung und sagte, wenn die Alliierten sie erlaubten, käme das »fast... dem Beginn eines neuen europäischen Krieges gleich«. Er hatte vor Hitler schon gewarnt, bevor dieser in die Reichskanzlei eingezogen war. Bereits am 17. Oktober 1932 hatte er in der *Daily Mail* geschrieben, Schleicher habe »schon erklärt, daß Deutschland ohne Rücksicht auf die Beschlüsse der Großmächte im Hinblick auf die Wiederaufrüstung tun wird, was es für richtig hält. Das ist ein sehr gefährlicher Weg, und wenn Großbritannien... Deutschland zu solchen Abenteuern ermutigte, könnten wir in unglaublich kurzer Zeit in eine ungeheuer gefährliche Situation geraten.« Im Unterhaus sagte er: »Jetzt wird verlangt, Deutschland die Aufrüstung zu erlauben. Täuschen Sie sich nicht. Auch die Regierung Seiner Majestät darf nicht glauben – ich bin sicher, sie glaubt es nicht –, daß alles, was Deutschland verlangt, die politische Gleichberechtigung sei... Das ist es nicht, was Deutschland anstrebt. All diese störrischen jungen Deutschen, die mit vor Begierde glühenden Augen durch Deutschlands Straßen marschieren... verlangen keine Gleichberechtigung. Sie fordern Waffen.«[47]

Vielleicht unterstreicht nichts den Unterschied zwischen der Stimmung in Deutschland und Großbritannien Anfang der 30er Jahre so deutlich wie die politische Haltung der Studenten in beiden Ländern. In Oxford waren sie entschlossen, nie wieder in den Krieg zu ziehen, nicht einmal zur Verteidigung Englands, aber in Heidelberg waren, wie G. R. Knickerbocker von der *New York Evening Post* feststellte, fast drei Viertel der Studenten beitragzahlende eingeschriebene Mitglieder der NSDAP. Ein deutscher Historiker weist darauf hin, daß sich Heidelberg ebenso wie Oxford seine »traditionalistische, gesellschaftlich exklusive Struktur« bewahrt hatte, daß die deutschen Studenten aus konservativen Familien mit ihren einflußreichen »nationalistischen, völkisch orientierten und vor allem schlagenden Verbindungen« ihre Kommilitonen an die Wand drückten, die sich für die Republik in Berlin engagierten. Sie kämpften mit allen Mitteln gegen das, was sie die »Verjudung« der Universitäten nannten. Das Kultusministerium hatte vor 1933 versucht, etwas gegen die Diskriminierung »nichtarischer« Studenten zu unternehmen, aber das hatte nur zu »einer weiteren Radikalisierung, zunehmenden Störungen und einer Verschärfung der nationalsozialistischen Propaganda« geführt. Günter Grass verweist darauf, daß sogar die meisten deutschen Schriftsteller keinen Versuch unternahmen, die Republik zu verteidigen, und nicht wenige von ihnen sich über sie lustig machten.[48]

Der Rechtsruck unter den Akademikern und Intellektuellen war von entscheidender Bedeutung. In Deutschland gehörten die meisten Studenten ebenso wie in England der Oberschicht an. Weil ihre positive Einstellung zum Nationalsozialismus oft auch die politische Haltung ihrer Eltern beeinflußte, waren viele Angehörige der herrschenden Klasse bereit, für den Sieg des Hakenkreuzes ihr Leben, ihr Vermögen und ihre Ehre einzusetzen, und sie taten es gemeinsam mit ihren Kindern, den Erben des künftigen Deutschland.

Die feierliche Erklärung der Oxford Union, »unter keinen Umständen für König und Vaterland zu kämpfen«, hatte Churchills Zorn erregt. Er nannte sie »ein verächtliches, elendes und schamloses Bekenntnis«, ein »sehr beunruhigendes und ekelerregendes Symptom«, das im Ausland verheerende Auswirkungen haben werde. Dabei dachte er »an Deutschland mit seiner großartigen, helläugigen Jugend, die voranstürmt... und darauf brennt, für das Vaterland zu leiden und zu sterben« und an »Italien mit seinen begeisterten Faschisten«. Er sagte: »Man kann die verächtlich gekräuselten Lippen der Männer in diesen Völkern fast fühlen, wenn sie diese von der Universität Oxford im Namen der Jugend Englands verkündete Botschaft lesen.«[49]

Anfang 1934 luden ihn die Konservativen in Oxford ein, in der Universität zu sprechen, und er nahm diese Einladung an. Es war eine unkluge Entscheidung, denn Anfang der 30er Jahre war es unmöglich, die Studenten zur Aufgabe ihrer starren Haltung zu bewegen. Schon vorher hatte sich die Cambridge Union mit 213 gegen 138 Stimmen für den »kompromißlosen« Pazifismus entschieden. Aber Churchill konnte der Versuchung nicht widerstehen, sich auf eine scharfe Auseinandersetzung einzulassen. Er erklärte sich sogar bereit, zwölf im voraus formulierte Fragen zu beantworten. Bis dahin ging alles glatt. Aber bei der anschließenden Diskussion geriet er in Schwierigkeiten. Unter den 500 teilnehmenden Studenten befand sich auch der deutsche Rhodes-Stipendiat Adolf Schlepegrell. Schlepegrell wies darauf hin, daß nach den Bestimmungen des Versailler Vertrags 1935 eine Volksabstimmung an der Saar vorgesehen war, mit der entschieden werden sollte, ob das Saarland bei Deutschland bleiben oder von Frankreich annektiert würde. Da in diesem Gebiet eine rein deutsche Bevölkerung lebte, stand das Ergebnis der Abstimmung schon im voraus fest. Schlepegrell meinte, jetzt sei es Zeit für eine großzügige Geste – den sofortigen Abzug der dort stationierten französischen Truppen. Churchill lehnte das entschieden ab und sagte provozierend, Deutschland müsse sich an Geist und Buchstaben des Versailler Vertrags halten, weil es »den Krieg begonnen und die ganze Welt in die Katastrophe gestürzt hat«. Der junge Deutsche fragte schlagfertig: »Glaubt Mr. Churchill, daß das deutsche Volk, die Männer und Frauen, die heute in Deutschland leben, für den Krieg verantwortlich sind? Kann er diese Frage mit ›ja‹ oder ›nein‹ beantworten?« Winston sah dem Fragesteller gerade in die Augen und antwortete, »ja«. Der junge Mann verbeugte sich vor ihm und verließ unter dem tosenden Beifall seiner Kommilitonen den Saal.[50]

Als Schlepegrell nach Deutschland zurückkehrte, wo er von den Zeitungen als Held gefeiert worden war, stellten die Behörden fest, daß er eine jüdische Großmutter hatte und deshalb nicht zum juristischen Staatsexamen zugelassen werden könne. Später nahm er die britische Staatsangehörigkeit an und diente während des Zweiten Weltkriegs als Offizier des politischen Nachrichtendienstes in der britischen Armee. So sollte Churchill schließlich doch recht behalten. Aber diese Entwicklung lag an jenem Abend, als Schlepegrell Winston stehenließ und in den Augen der Studenten von Oxford demütigte, noch in weiter Ferne. Die Diskussion war jedoch mit diesem Zwischenfall noch nicht beendet. Nachdem der deutsche Gast gegangen war, erklärte Churchill, die britische Aufrüstung sei »für die Sicherheit auf unserer heimatlichen Insel eine wesentliche Voraussetzung«. Seine Zuhörer brachen darauf zu seiner Überraschung und Verwirrung in schallendes Gelächter aus. Er wiederholte den Satz, und das Lachen wurde so übermütig und dauerte so lange, daß er nicht mehr zu Wort kam.[51]

Ein halbes Jahrhundert später erscheint uns dieser Übermut unbegreiflich. Und doch, wie könnte eine Generation, die sich durch *Journey's End* und *Im Westen nichts Neues* über die grausame Wirklichkeit des Krieges hatte informieren lassen, anders reagiert haben? Sie glaubten, Churchill wolle sie vor dem imaginären bösen Wolf warnen, und sie waren überzeugt, daß es ein falscher Alarm war. Zu Beginn des neuen Jahres war ein eingängiges Liedchen aus dem Film *Three Little Pigs* von Walt Disney in aller Munde:

Who's a-fraid of the big bad wolf,
big bad wolf, big bad wolf?
Who's a-fraid of the big bad wolf? Tralalala!

I.
Untiefen

Downing Street Nr. 10, damals die berühmteste Adresse der Welt, ist eines von drei eleganten Häusern aus dem 17. Jahrhundert. Der Erbauer war George Downing, der nach einem Studium an der amerikanischen Harvard Universität in seine Heimat zurückkehrte und unter der Regierung von Cromwell englischer Beamter wurde. Er entwarf die Häuser Nr. 10, Nr. 11 und Nr. 12 als »große und solide Gebäude, geeignet für ehrbare Standespersonen. Jedes Haus sollte eine angenehme Aussicht auf den St. James's Park gewähren.« Der erste Besitzer war der Earl of Lichfield, doch nachdem Seine Lordschaft sein ganzes Vermögen als leichtsinniger Hasardeur verspielt hatte, gingen die Häuser in den Besitz der Krone über.[1]

Die Bewohner des Hauses Nr. 10 waren in der Folgezeit nicht nur ehrbare Standespersonen. König Karl II., der von allen Herrschern aus dem Hause Stuart in seinen Beziehungen zum weiblichen Geschlecht wahrscheinlich der Hemmungsloseste war, brachte hier seine Mätressen unter, die, wenn er sie vernachlässigte, aus den Fenstern Passanten ansprachen, um ihnen ihre Liebesdienste anzubieten und sich dafür bezahlen zu lassen. 1732 stellte König Georg II. das Haus dem ersten britischen Premierminister, Sir Robert Walpole, zur Verfügung, und seither ist es die Londoner Residenz seiner Nachfolger geblieben (mit Ausnahme von Lord Salisbury, der es vorzog, in seinem prächtigen Londoner Stadthaus zu wohnen). In der Downing Street Nr. 11 befindet sich der offizielle Wohnsitz des Schatzkanzlers, und in der Nr. 12 sind die Büros der Einpeitscher der jeweiligen Regierungspartei untergebracht. Da Walpole auch für die Finanzen des Königreichs verantwortlich war, ist an der Haustür von Nr. 10 ein Messingschild angebracht mit der Aufschrift: »First Lord of the Treasury«.[2]

Wenn man als junger amerikanischer Auslandskorrespondent im letzten Jahr der Amtszeit Churchills eine Einladung in die Downing Street Nr. 10 bekam, dann war dieses Schild das erste, was einem auffiel, nachdem der am Eingang stehende Bobby die Personalien geprüft und die Einladung bestätigt hatte. Hatte man das Haus betreten, dann spürte man im Erdgeschoß zunächst nichts von der geschäftigen Tätigkeit, die man am Sitz des Regierungschefs einer Großmacht erwartet. Man hatte vielmehr den Eindruck, in einem etwas seltsamen, altmodischen Bürgerhaus zu sein. Jock Colville erinnert sich, daß die Atmosphäre in den 30er Jahren die eines gutbürgerlichen Londoner Hauses war, und selbst nach Ausbruch des Zweiten Weltkriegs schätzte es Neville Chamberlain nicht, »an Wochenenden oder nach dem Abendessen in der Downing Street Nr. 10 telefonisch oder sonstwie gestört zu werden«. Aber irgendwie entsprach der äußere Anschein nicht der Wirklichkeit. In der Nr. 10 gab es mehr, als man auf den ersten Blick bemerken konnte. Das Haus war mit den Nrn. 11 und 12 durch unterirdische Gänge verbunden, und an die Rückseite stieß das viel größere Lichfield House, das ebenfalls in den Besitz der britischen Krone gekommen war, als der unglückliche Earl of Lichfield sein Vermögen beim Kartenspiel verloren hatte.[3]

Die Repräsentationsräume befanden sich im ersten Stock, ein alter knarrender Aufzug führte ins oberste Stockwerk, wo sich die streng bewachten Privaträume des Premierministers und seiner Frau befanden. Für den Besucher, der ein besonderes Interesse für die Vergangenheit hatte, war jedoch das Beratungszimmer des Kabinetts im Erdgeschoß am interessantesten. Auf dem Flur waren unter den Kleiderhaken Schildchen mit den Namen der Kabinettsminister angebracht, und ein korrekt angezogener Mann mit gestreiften Hosen prüfte den Terminkalender des Premierministers und ordnete die Korrespondenz mit den Institutionen, die im Verantwortungsbereich des Bewohners von Nr. 10 lagen. An diesem Morgen kamen die Briefe unter anderem vom Britischen Museum, der anglikanischen Staatskirche und den altehrwürdigen Universitäten. Durch eine mit doppeltem Vorhang verhängte Tür gelangte man in das Beratungszimmer des Kabinetts. In der Mitte stand ein dunkler, glänzend polierter Tisch. Neben der Tür saß ein Sekretär an einem viktorianischen Schreibtisch, und die hohen, gut proportionierten Fenster gewährten die Aussicht auf die Kaserne der Horse Guards. Die Kabinettssitzungen fanden jeden Dienstag und Donnerstag, um 11.00 Uhr vormittags statt, dabei mußten die Kabinettsmitglieder im Flur warten, bis der Premierminister sich mit dem Kabinettssekretär gesetzt hatte und sie hereinbat.[4]

Winston hatte 1908 im Alter von 33 Jahren zum ersten Mal einen Ministersessel an diesem Tisch eingenommen. Damals wartete die ganze Welt auf die hier getroffenen Entscheidungen, und die Zukunft von vielen Millionen Menschen in den britischen Besitzungen, die die meisten Minister noch nie gesehen hatten, hing von diesen Beschlüssen ab. Im letzten Viertel des 20. Jahrhunderts erinnert sich nur noch ein Bruchteil der Bevölkerung an die Größe des Britischen Weltreichs. 1932 sah das alles noch ganz anders aus. Die Vereinigten Staaten und die Sowjetunion waren noch keine Supermächte. Zwar gab es auch in anderen

Ländern starke Armeen, aber Großbritannien beherrschte noch die Weltmeere, und die Reichtümer des Empire waren fast unerschöpflich. Das gebieterische Brüllen des britischen Löwen war nicht nur in Europa, sondern überall in der Welt deutlich zu hören. Nach der Schlacht von Waterloo hatte ein englischer Journalist zum ersten Mal geschrieben, »über dem Union Jack geht die Sonne niemals unter«. Das war auch noch in den 21 Jahren nach dem Waffenstillstand von 1918 so, als die an diesem Tisch getroffenen Entscheidungen, die oft den in der Berliner Reichskanzlei gefaßten Beschlüssen zuwiderliefen, den Lauf der Geschichte entscheidend beeinflußten.

In den vergangenen Jahrhunderten hat das Haus an der Downing Street Nr. 10 zahlreiche Männer beherbergt, die nicht nur in Großbritannien hohes Ansehen genossen. Zu ihnen gehörten Chatham, Pitt, Melbourne, Peel, Palmerston, Disraeli, Gladstone und Lloyd George. Obwohl Churchill noch vor wenigen Jahren als aussichtsreicher Kandidat für den Posten des Premierministers gegolten hatte, glaubte die englische Presse in den 30er Jahren, daß seine Zeit jetzt vorüber sei. Immer noch leistungsfähig und im vollen Besitz seiner geistigen Kräfte machte er jetzt den Eindruck, hinter seiner Zeit zurückgeblieben zu sein. Man mißtraute ihm, er war unbeliebt und sogar verhaßt bei denen, die seine Überzeugung nicht teilten, daß Deutschland den Frieden bedrohte und England zur Verteidigung seines Inselreichs aufrüsten müsse. Die Führer der drei politischen Parteien in England glaubten, Hitler werde niemals einen Krieg beginnen, wenn man seinen Forderungen mit einer geschickten Außenpolitik begegnete. In jenen Jahren, als Großbritannien allmählich seine Stellung als größte Weltmacht verlor, wurde Churchill in eine Reihe mit den Premierministern gestellt, die die Engländer am liebsten vergessen hätten. Es waren drei mittelmäßige Politiker gewesen, deren verhängnisvolle politische Entscheidungen dazu geführt hatten, daß Großbritannien zu einem hart bedrängten Inselstaat geworden war, der um sein Überleben kämpfte – und nur Churchill und seine wenigen Anhänger, die in letzter Minute das Steuer in die Hand nehmen würden, glaubten, daß dieser Kampf noch gewonnen werden könne.

Wer waren diese Männer?

Ramsay MacDonald war einfacher Herkunft und sogar unehelich geboren. Als junger Mann hatte er sich der sozialistischen Fabian Society angeschlossen und wurde 1924 Englands erster Labour-Premierminister. Sein ganzes Leben war er Pazifist gewesen. 1914 verurteilte er den Eintritt Großbritanniens in den Krieg, und seine Außenpolitik konzentrierte sich zunächst auf die Rüstungsbegrenzung und dann auf die völlige Abrüstung. Die weltweite Wirtschaftsdepression und das damit verbundene Elend hatten ihn schwer erschüttert, und Anfang der 30er Jahre war er nur noch der Schatten seiner selbst. Damals schrieb Churchill an seine Frau: »Der unglückliche Ramsay ist schon fast ein geistiges Wrack – am besten wäre er in einer Nervenanstalt aufgehoben.« Seine auffallendste Schwäche war seine Eitelkeit. Mit seiner weißen Löwenmähne sah er eindrucksvoll aus. Nach einer Wahlniederlage im Jahr 1931 wollte er unter allen Umständen Premierminister bleiben. Der Führer der Konservativen Partei, Stanley Baldwin, interessierte sich mehr für die politische Macht als für Titel. So machte er den Vorschlag, MacDonald sollte als Führer einer Koalition, der »Nationalen Notstandsregierung« in der Downing Street Nr. 10 bleiben, während Baldwin selbst als Lord President im Unterhaus die Zügel in die Hand nehmen wollte. MacDonald erklärte sich mit dieser Lösung einverstanden. Doch am 7. Juni 1935 tauschten er und Baldwin die Ämter. Zwei Jahre später war MacDonald tot.

Stanley Baldwin, »S. B.«, ein typischer Politiker, war ein schlichter, natürlicher und bescheidener Mann, der sich bei den Ehefrauen seiner konservativen Kollegen großer Beliebtheit erfreute, die ihn »Dear Vicar«, den lieben Pfarrer nannten. Trotzdem war er der mächtigste Premierminister seit Walpole. Mit kurzen Pausen hat er dieses Amt entweder allein oder gemeinsam mit MacDonald von 1923 bis 1937 vierzehn Jahre lang innegehabt. Die Ereignisse auf dem europäischen Kontinent interessierten ihn nicht. Alles, was außerhalb der Britischen Inseln geschah, und dazu gehörte auch das Britische Weltreich, langweilte ihn. Seine Anweisungen an das Außenministerium lauteten, alle Vereinbarungen mit Rußland zu vermeiden, »uns aus einem Krieg herauszuhalten« und »den Frieden um jeden Preis« zu wahren. Bob Boothby erinnert sich: »Hätte man ihn irgendwann nach 1929 gefragt, in welche Richtung er gehen wolle, hätte er Schwierigkeiten gehabt, diese Frage zu beantworten.« Klein und untersetzt war er die Personifizierung von John Bull. Churchill hat ihn einmal recht zweideutig charakterisiert: »Baldwin verkörperte in gewisser Weise einige Stärken und viele Schwächen unserer Inselrasse.«[5]

Der »gute alte Neville«, der 1937 Baldwin als Premierminister ablöste, war der Sohn des großen Joseph Chamberlain, der gesagt hat, sein Sohn sei »völlig ungeeignet für eine politische Laufbahn«. Lloyd George behauptete, Nevilles Horizont sei der »eines Bettstellenfabrikanten in der Provinz«. Als er schließlich in die Downing Street Nr. 10 eingezogen war, gaben ihm die Franzosen den Spitznamen *Monsieur J'aime Berlin.* Sein Halbbruder Austen war ein bedeutender Staatsmann und einer der wenigen Verbündeten Churchills bei dessen Bemühen, England auf den zu erwartenden Angriff der Nazis vorzubereiten.

Aber Neville war von allen Premierministern der engstirnigste, und noch heute gibt es kaum jemanden, der seine Haltung verstehen kann. Für die meisten ist er ein Schwächling, der hilflos mit seinem Regenschirm winkt und sich vor dem furchterregenden Hitler beugt. In Wirklichkeit war er von der Richtigkeit seines Handelns fest überzeugt und – wie aus seinem Tagebuch und seinen Briefen an seine beiden Schwestern hervorgeht – eine starke Persönlichkeit. Den größten Teil seines Lebens hat er als erfolgreicher Geschäftsmann zugebracht, vor allem in Birmingham. Erst im Alter von 50 Jahren hat er sich um einen Sitz im Parlament beworben. Sir John Simon, einer seiner Bewunderer, schreibt, wenn einer seiner Kollegen zu Neville kam, »hörte er sich geschäftsmäßig an, was dieser zu sagen hatte, und teilte ihm dann seinen Beschluß mit der Selbstsicherheit eines Generaldirektors mit, der eine Firma leitet.« Chamberlain hat dem sowjetischen Botschafter Iwan Maisky einmal gesagt, er glaube, »wenn wir uns mit den Deutschen nur einmal an einen Tisch setzten und alle ihre Beschwerden und Ansprüche mit dem Bleistift notierten, würden sich die Spannungen wesentlich verringern«. Später hat er gesagt: »Ich glaube nicht, daß wir eine dauerhafte Friedensvereinbarung mit den Deutschen erreichen könnten, wenn wir ihnen Tanganjika überließen, aber wenn ich daran glaubte, würde ich keinen Augenblick zögern, es zu tun.« Er war ein überzeugter Kriegsgegner, vor allem weil ein Krieg staatliche Eingriffe in die Privatwirtschaft unvermeidlich machte und die Herstellung von Rüstungsgütern erforderte, für die es nach einem Friedensschluß keine Verwendung mehr gab. Alles in allem war er in erster Linie ein Mann der 30er Jahre, »außerordentlich fähig«, wie der Historiker und Jurist Telford Taylor sagt, aber »hart und unhöflich«. J. C. Davidson, der spätere Viscount Davidson charakterisiert ihn als »guten Oberbürgermeister von Birmingham in einem mageren Jahr«. Churchill hat gesagt, Chamberlain betrachtete die auswärtigen Angelegenheiten »durch das falsche Ende eines städtischen Abflußrohrs«.[6]

Die Arena, auf der die Premierminister und andere im öffentlichen Leben stehende Engländer agieren – und von der aus zur Zeit des jungen Churchill das Britische Weltreich regiert wurde –, ist erstaunlich klein. Ihre Länge zwischen dem Trafalgar Square und dem Parlament beträgt etwas weniger als 600 Meter, die Breite vom Victoria Embankment an der Themse nach Osten bis zum St James's Park noch nicht einmal 300 Meter. In diesem relativ kleinen Bereich liegen die Downing Street, die Admiralität, Westminster Abbey, das Parlament, Scotland Yard und der Palast von Whitehall, in dem jetzt das Innenministerium, das Commonwealth Office und das Auswärtige Amt (das häufig einfach als Whitehall bezeichnet wird) untergebracht sind. Im Zweiten Weltkrieg lag Churchills Bunker, ein unterirdischer Befehlsstand, unter dem Storey's Gate, wo der Birdcage Walk, der den Park flankiert, anfängt. Dieser Weg endet nach knapp 1000 Metern am Buckingham Palast. An der gegenüberliegenden Seite des Parks liegen die Mall, der St. James's Palace und die Pall Mall mit all den berühmten Clubs wie White's, dem Oxford and Cambridge Club, dem Athenaeum Club, Brooke's, dem Reform Club, in dem die Parlamentsmitglieder der Liberalen Partei zu Hause waren, und dem Carlton Club, in dem vor allem die Konservativen verkehrten, bevor das Gebäude bei einem deutschen Luftangriff zerstört wurde. Ganz in der Nähe und von hier zu Fuß zu erreichen, lag Churchills Stadtwohnung in Nr. 11 Morpeth Mansions an der Morpeth Terrace. Seine Tochter Mary beschreibt dieses Appartement als »eine sich über zwei Stockwerke erstreckende Etagenwohnung in unmittelbarer Nähe des altmodischen Endes der Victoria Street gegenüber der römisch-katholischen Kathedrale«.[7]

Mit Ausnahme des Buckingham Palasts, dessen Hausherr keine großen Entscheidungen treffen muß, ist dies das Revier, in dem die Mächtigen zu Hause sind. Den Mittelpunkt bildet das Westminsterpalais, das teilweise im 11. Jahrhundert nach der Schlacht von Hastings gebaut wurde. Westminster war der triumphale Ausdruck des üppigen Reichtums der viktorianischen Zeit mit mehr als tausend Zimmern, hundert Treppen über drei Kilometer langen Korridoren und einem Dach, das eine Fläche von 3250 Quadratmetern überdeckt. Das hochaufragende, geräumige, im gotischen Stil asymmetrisch errichtete Gebäude von Westminster mit dem hohen Uhrenturm Big Ben, dessen Uhr 1858 eingebaut wurde, ist im Inneren von einer ganzen Generation geschickter Handwerker ausgestattet worden. Sie haben die Garderobenräume des Palasts, die Privatwohnungen führender Parlamentarier, die alte Krypta, die Kreuzgänge, die Lobbies, die Rauchsalons, die Bibliotheken, die Prozessionsgalerien und natürlich die beiden Häuser des Parlaments auf das prächtigste ausgestattet. Das Oberhaus bietet Platz für 1100 Peers, aber das Unterhaus ist zu klein, um gleichzeitig alle 635 Abgeordneten aufnehmen zu können. Das lag in der Absicht der Erbauer, denn es kommt nur selten vor, daß die Abgeordneten geschlossen an den Parlamentssitzungen teilnehmen, und die Enge trägt dazu bei, daß es zu sehr lebendigen Debatten kommt und in historischen Augenblicken eine spannungsgeladene Atmosphäre entsteht.

Der heute umgebaute Sitzungssaal des Unterhauses ist über 40 Jahre das wichtigste Forum Churchills gewesen, und wir sollten uns diesen Raum so vorstellen, wie er ihn gekannt hat und wie er in 225 Jahren unverändert geblieben ist mit seiner holzgetäfelten Decke, unter deren Mitte sich der eingefriedete Platz und der holzgeschnitzte Sessel des

Sprechers befand, der den Abgeordneten das Wort erteilte und eingreifen durfte, wenn die hier geltenden Regeln verletzt wurden. Beiderseits des Sprechers reichten fünf grün gepolsterte Bankreihen bis zur rückwärtigen Wand des Sitzungssaals. Die Bankreihen wurden in der Mitte durch einen Gang, die sogenannte *gangway*, getrennt. Zur Rechten des Sprechers saßen die Abgeordneten der Regierungspartei, auf der anderen Seite die der Opposition. Die unterste Bank, die rechts des Sprechers bis zum Mittelgang reichte, war für die Regierung reserviert – den Premierminister und seine Minister. Sie hieß *front bench* oder *treasury bench*. Sie hatte damit den gleichen Ursprung wie die Messingtafel an der Tür der Downing Street Nr. 10.

Die Hinterbänkler – die sogenannten *private members* – konnten sich ihre Plätze in dem oft nicht vollbesetzten Sitzungssaal nach Belieben aussuchen. In Anerkennung seiner Leistungen in früheren Jahren war der erste Sitz unmittelbar am Mittelgang in der vordersten Reihe für Winston Churchill, den Abgeordneten aus Epping, reserviert. Er wußte das zu schätzen, denn auch sein Vater, Lord Randolph Churchill, war ein Rebell gewesen und hatte in den 80er Jahren des vorigen Jahrhunderts dort gesessen. So war Winston nur durch den schmalen Gang von den Regierungsmitgliedern getrennt, die er in den 30er Jahren immer wieder heftig angriff. Sein Grundsatz dabei war: »Gib niemals nach, gib niemals nach, nie, nie, nie... Gib niemals nach, es sei denn, du bist überzeugt, daß deine Ehre oder der gesunde Menschenverstand es von dir verlangen.«

Hitler hatte sich verständlicherweise über die scherzhafte Bemerkung von Putzi Hanfstaengl geärgert. Es war richtig, daß Putzis Naziidol und sein britischer Gast damals keine Regierungsämter innehatten, und mit Sicherheit interessierte sich niemand besonders für den Besucher aus England, und zwar weder in Deutschland noch in Großbritannien. Aber Hitler, der über einen erstaunlichen politischen Instinkt verfügte, wußte, wie aufmerksam gutinformierte Europäer und besonders diejenigen, die sich für die Außenpolitik interessierten, seinen eigenen politischen Aufstieg beobachteten. Was er nicht wußte, war die Tatsache, daß auch Churchill seinen Werdegang genau verfolgte und ihm mit großer Ausdauer zwölf Jahre auf den Fersen sein würde, bis der Führer des Dritten Reichs durch Selbstmord endete und seine Leiche im Garten der Reichskanzlei, umgeben von den geschwärzten Ruinen dessen, was einmal die deutsche Reichshauptstadt gewesen war, von den Flammen eines makaberen Beisetzungsrituals verzehrt werden würde.

Es läßt sich nicht genau sagen, zu welchem Zeitpunkt Winston erkannt hat, wer der Erzfeind der Freiheit in Europa war. In seinem Buch über den Zweiten Weltkrieg schreibt er von seinem Aufenthalt in München kurz vor der Machtergreifung durch die Nationalsozialisten: »Ich hatte damals keine nationalen Vorurteile gegen Hitler. Ich wußte kaum etwas von seiner Doktrin und seinem Vorleben und nichts von seinem Charakter.«[8] Doch in dieser Aussage zeigte sich eine erstaunliche Gedächtnisschwäche. Damals war er schon seit zwei Jahren genau über Hitler unterrichtet, hatte mehrere Artikel über ihn veröffentlicht und das Unterhaus wiederholt vor der Gefahr gewarnt, die er für Mitteleuropa darstellte. Sein politischer Weitblick war erstaunlich, während sich eine große Zahl seiner Kollegen von Hitler hatte täuschen lassen.

Nachdem er in die Reichskanzlei eingezogen war, erklärte Hitler, seine Tür stünde englischen Politikern jederzeit offen, und so gehörte es bei den Persönlichkeiten des öffentlichen Lebens in England bald zum guten Ton, dem Naziführer seine Aufwartung zu machen. Seine Gäste kehrten begeistert in die Heimat zurück und berichteten, trotz seiner wilden Reden sei der Reichskanzler bemüht, mit den anderen Nationen zu einer politischen Vereinbarung zu kommen, mit der die Kriegsgefahr für die folgenden zehn Jahre abgewendet werden könnte. Im Rückblick erscheint das verwunderlich. Die Diplomaten hatten solche Vereinbarungen bereits in zwei bedeutenden Verträgen ausgehandelt, die den Frieden garantieren sollten, und zwar nicht nur für die nächsten zehn Jahre, sondern für das ganze Jahrhundert. Der erste war 1919 in Versailles unterzeichnet worden. Versailles war zwar inzwischen in den Augen vieler Menschen in Mißkredit geraten, weil der Vertrag die Revanchegelüste der Deutschen weckte, aber der Vertrag von Locarno, den Deutschland 1925 mit großer Begeisterung unterzeichnet hatte, löste keine derartigen Bedenken aus.

Dennoch diskutierten einflußreiche Engländer schon zehn Jahre danach über neue Lösungen, als existiere dieser in Deutschland so positiv aufgenommene Pakt überhaupt nicht. Lord Lothian schrieb an die *Times*: »Die wichtigste Tatsache ist heute, daß Deutschland keinen Krieg will und bereit ist, auf diese Methode zur Beilegung von Differenzen mit seinen Nachbarn zu verzichten« – und genau diesen Verzicht *hatte* Deutschland in Locarno schon schriftlich geleistet. Thomas Jones, der während der vergangenen 25 Jahre wiederholt der Regierung angehört hatte, schrieb in sein Tagebuch: »Ob zu Recht oder zu Unrecht, alle möglichen Menschen, die Hitler persönlich kennengelernt haben, sind überzeugt davon, daß er ein Friedensfaktor sei.« Selbst nachdem man nicht mehr an den aggressiven Absichten des deutschen Reichskanzlers zweifeln konnte, begleitete Jones den ehemaligen britischen Premierminister Lloyd George nach München zu einem Besuch im

Braunen Haus, dem Hauptquartier der Nationalsozialisten, und kehrte mit der Überzeugung zurück, daß »Hitler keinen Krieg mit uns führen will. Er bemüht sich um unsere Freundschaft. Wenn wir nicht darauf eingehen, wird er sich an andere wenden, und es wird uns sehr leid tun, ihn abgewiesen zu haben.« Das war natürlich der Eindruck, den der Gastgeber im Braunen Haus hatte erwecken wollen.[9]

Sehr viel interessanter waren jedoch die Eindrücke des berühmten Reisegefährten von Jones. Auf einer Pressekonferenz nach dem einstündigen Gespräch mit Hitler sagte Lloyd George, er betrachte ihn als »den größten lebenden Deutschen« und habe »ihm das ins Gesicht gesagt«. Nach England zurückgekehrt schrieb Lloyd George in einem Artikel für den *Daily Express* – er bekleidete damals ebenso wie Churchill kein politisches Amt mehr, konnte seinen Lebensunterhalt kaum mit den 300 Pfund bestreiten, die er als Parlamentsmitglied bekam, und mußte deshalb wie viele andere bekannte Politiker als Journalist etwas dazuverdienen –, daß der Chef der Nationalsozialisten »ein geborener Führer, eine magnetische, dynamische Persönlichkeit mit nur einem Ziel vor Augen« sei; den Frieden zu wahren. Lloyd George erklärte, mit Hitler am Steuer werde Deutschland »nie in ein anderes Land einmarschieren«. Ein Jahr später schrieb er an T. Philip Conwell-Evans, einen anderen Bewunderer der Nazis und engen Freund von Lord Lothian, von »der Bewunderung, die ich persönlich für (Hitler) empfinde... Ich wünschte nur, wir hätten einen Mann seiner überragenden Qualität, der heute die Geschicke unseres Landes lenken könnte.«[10]

Keine Falle ist so tödlich wie die, die man sich selbst gestellt hat. Der vielgelesene britische Journalist Vernon Bartlett schrieb nach einem 40 Minuten dauernden Interview mit Hitler in dessen Arbeitszimmer von den »großen braunen Augen« seines Interviewpartners, »so groß und so braun, daß man lyrische Anwandlungen bekommen könnte, wenn man eine Frau wäre«. In Wirklichkeit hatte Hitler blaue Augen. Die politischen Ziele der Nationalsozialisten erhielten sogar den Beifall amerikanischer Geistlicher. Einige von ihnen sprachen von der »grenzenlosen Bewunderung für die moralische und ethische Seite des nationalsozialistischen Programms, seine klare Stellungnahme für die Religion und das Christentum und seine ethischen Grundsätze wie etwa seinen Kampf gegen Tierquälerei, Vivisektion, Sexualverbrechen und so weiter«.[11]

Die Reue kam zu spät, und weder Sack und Asche noch Tränenströme konnten ein Wort von dem auslöschen, was in das Buch der Geschichte eingetragen wurde. Und es scheint, als sei niemand außer Churchill gegen die Verführungskünste Hitlers immun gewesen. Die Eindrücke von Sir John Simon, dem Außenminister Seiner Majestät von 1931 bis 1935, gehören zu den denkwürdigsten. Er sah bei Hitler nicht dessen Arroganz, sondern einen »recht zurückhaltenden und scheuen Mann mit einem irgendwie mystischen Temperament... Gleichgültig gegenüber allem, was Westeuropa betraf.« In einem Gespräch mit König Georg beschrieb er ihn als »eine österreichische Jeanne d'Arc mit einem Schnurrbart«. Von Arnold Toynbee hätte man mehr erwartet, aber auch er war fasziniert von dem deutschen Reichskanzler und erklärte, er sei »überzeugt von seiner Aufrichtigkeit in dem Verlangen nach Frieden in Europa und einer engen Freundschaft mit England«. Die für die Amerikaner peinlichste Lobeshymne auf Hitler ist ein Artikel von Walter Lippmann in der *New York Herald Tribune* vom 19. Mai 1933. Lippmann hatte eine Rede des neuen Reichskanzlers gehört und bezeichnete sie als eine »wirklich staatsmännische Ansprache«, die überzeugend »seine guten Absichten beweist«. Er sagte seinen Lesern: »Wieder einmal haben wir durch allen Nebel und Lärm die authentische Stimme eines wahrhaft kultivierten Volkes gehört. Ich bin nicht nur bereit, ihr zu glauben, sondern mir scheint auch, daß die historische Erfahrung uns zwingt, ihr zu glauben.« Und er ging sogar noch weiter. Die Judenverfolgung solle das Verlangen der Deutschen »befriedigen, irgend jemanden zu beherrschen«; sie sei »eine Art Blitzableiter zum Schutz Europas«.[12] Walter Lippmann war Jude.

Churchill glaubte das nicht. Seit dem Waffenstillstand hatte er alle aus Berlin und München kommenden Berichte sehr sorgfältig studiert und dabei auf alle Anzeichen eines auflebenden deutschen Revanchismus geachtet. 1924, als der künftige Führer nach dem fehlgeschlagenen Putsch in München noch im Gefängnis saß, hatte Winston warnend die Stimme erhoben und gesagt: »In der deutschen Seele schwelen die Träume von einem Befreiungskrieg oder Rachefeldzug weiter.« Im gleichen August warnte er die Leser der Hearst-Zeitungskette: »Die deutsche Jugend in ihrer großen Mehrheit wird die Bedingungen und Folgen des Versailler Vertrags niemals akzeptieren.« Während der folgenden Jahre bestätigte Hitler die Richtigkeit dieser Ansicht, und 1930 erklärte er ganz offen, daß er und seine »Straßenkämpfer« nach der Bildung einer nationalsozialistischen Regierung den Versailler Vertrag in Fetzen reißen würden. Dann werde Deutschland wiederbewaffnet werden. Mit seiner rauhen, kehligen Stimme sagte er, er könne seinen Zuhörern versichern, wenn die nationalsozialistische Bewegung in diesem Ringen siegen werde, würde die Revolution vom November 1918 gerächt werden, und es würden Köpfe rollen.[13]

Über diplomatische Kanäle ließ Churchill die Deutschen wissen, wie er die Nazis beurteilte. Zu den von den Alliierten 1945 im Büro des deutschen Außenministers Joachim von Ribbentrop in der Wilhelmstraße beschlagnahmten Geheimdokumenten gehörte auch eine Denkschrift mit dem Aktenzeichen K567878/A283. Es war der von einem deutschen Botschaftsrat von der deutschen Botschaft in London am 18. Oktober 1930 verfaßte Bericht, in dem er meldete, er sei während der letzten beiden Tage auf einer Wochenendparty mit»Mr. Winston Churchill« zusammengetroffen. Churchill habe seine Meinung über den Nationalsozialismus mit schneidender Stimme dargelegt und gesagt, er habe zu einer wesentlichen Schwächung der außenpolitischen Position Deutschlands beigetragen. Dabei habe er sich besonders mit Hitler beschäftigt und gesagt, er hielte ihn für einen geborenen Lügner, und, obwohl Hitler erklärt habe, daß er nicht beabsichtige, einen Angriffskrieg zu führen, sei Churchill überzeugt, daß Hitler oder seine Anhänger die erste Gelegenheit nutzen würden, um zu den Waffen zu greifen. Nach der Machtergreifung durch die Nationalsozialisten machte der Presseattaché in der deutschen Botschaft in London Winston einen Besuch, um sich einen Eindruck davon zu verschaffen, wie Churchill die veränderte Lage beurteilte. Churchill sagte ihm, nachdem Hitler an die Macht gekommen sei, gebe es nur eine Lösung der »deutschen Frage« – »wenn sich ein Hund auf meine Hosen stürzt, dann schieße ich ihn nieder, bevor er beißen kann«. Nachdem Hitler das gelesen hatte, brummte er, Churchill sei ein »Deutschenfresser«.[14]

Ein politisches Genie zeichnet sich durch die Gabe aus, über den Horizont hinausblicken zu können, um künftige Ereignisse vorauszusehen, die anderen noch verborgen sind. Am 31. März 1931 hatte Churchill in den Hearst-Zeitungen zum ersten Mal vor der Kriegsgefahr gewarnt, als Berlin und Wien die Vereinbarung einer Zollunion bekanntgaben. Er schrieb: »Hinter der Zollunion lauert der ›Anschluß‹, die Vereinigung der deutschen Masse mit den Resten Österreichs.« Sobald das geschehen sei, werde die schrumpfende Bevölkerung Frankreichs sich »dem soliden deutschen Block mit 70 Millionen Einwohnern gegenübersehen, der jährlich mehr als das Doppelte an wehrfähigen Männern aufstellen könnte, und sie würden eine furchterregende und grimmige Überlegenheit darstellen.« Frankreich wäre auch nicht die einzige Nation unter dem teutonischen Schatten. In der Tschechoslowakei gebe es »3 500 000 deutschsprachige Österreicher. Diese unzufriedenen Staatsbürger bilden einen Unruheherd.« Darüber hinaus würde ein Anschluß Österreichs bedeuten, daß die Tschechoslowakei nicht nur durch die »unverdauliche Minderheit in ihrem Inneren« geschwächt würde, sondern auch »auf drei Seiten von anderen Deutschen umgeben wäre«. Die Tschechen müßten dann »auf einer böhmischen Insel inmitten eines stürmisch aufgewühlten Ozeans teutonischer Manneskraft und Leistungsfähigkeit« leben.

Dies war eines der Hauptthemen Churchills während der 30er Jahre. Den Lesern von *Strand* sagte er 1935, die Deutschen seien »das fleißigste, fügsamste, wildeste und kriegerischste Volk der Welt«. Und Hitler, der »durch Gewalt und Leidenschaft« an die Macht gekommen sei, werde »von Männern umgeben, die ebenso skrupellos sind wie er selbst«. Nach Churchills Vorstellungen sollte England eine politische Linie verfolgen, die zu einer »dauernden Versöhnung mit Europa« führt. Man könne aber nicht mit Männern verhandeln, die logen und mordeten, mit Männern ohne Ehre und Anstand, geführt von einem gewissenlosen Demagogen, auf dessen Befehl bewaffnete Horden »von einem Ende des weiten Reichsgebiets zum anderen« stampften. Hitler habe eigenmächtig die Entscheidungen umgestoßen, die 1918 auf dem Schlachtfeld gefallen waren. »Das ist es, wo wir heute stehen«, schloß Churchill, »und die Ereignisse, die dazu geführt haben, daß sich das Blatt angesichts der selbstzufriedenen, kraftlosen und kurzsichtigen Sieger vollständig gewendet hat, dürfen als eine widernatürliche Entwicklung in der Weltgeschichte angesehen werden, eine Entwicklung, die untrennbar mit den persönlichen Anstrengungen und der Lebensenergie eines einzigen Mannes verbunden ist.«[15]

Im Unterhaus sprach er vor leeren Bänken, gelangweilten Abgeordneten und mißbilligenden Blicken. Wenn es früher hieß, »Winston wird sprechen!«, waren die Abgeordneten aus der Lobby und dem Rauchsalon im Sitzungssaal zusammengeströmt. Wie Edmund Burke vor sechs Generationen, der das Parlament gewarnt und gesagt hatte, wenn die Regierung nicht ihre Politik ändere, werde Großbritannien seine amerikanischen Kolonien verlieren, wurde auch Churchill jetzt von den meisten ignoriert. Es gibt eine Zeit, in der es sich lohnt zu reden, und es gibt eine Zeit, in der jedes Wort ungehört verhallt. Ein Historiker an der Universität Oxford schreibt, viele seiner bedeutendsten Reden wurden vor »unaufmerksamen oder skeptischen Zuhörern« gehalten. Für Sir John Wheeler-Bennett, der sich damals in Deutschland aufhielt, waren die 30er Jahre eine Periode, in der er »wie so viele andere verzweifelt versuchte, die maßgeblichen Persönlichkeiten von der wachsenden Bedrohung durch den Nationalsozialismus zu überzeugen«. Sie »haben jämmerlich versagt«. Es war, wie sich Wheeler-Bennett erinnert, »in jenen Tagen, daß Winston für uns alle mit seiner unerschütterlichen Haltung ein großer Trost war, der einzige britische Staatsmann, der verstand, vor welcher Gefahr wir zu warnen versuchten, und begriff, welche Schrecken ein neuer Ausbruch des *furor teutonicus* auslösen würde.«[16]

England schien, um uns eines von Melville gezeichneten Bildes zu bedienen, in einen feuchten, regnerischen, nebligen November der Seele gehüllt zu sein. Das gleiche galt für Frankreich. In Paris schrieb der Major Charles de Gaulle in seiner Wohnung am Boulevard Raspail Nr. 110 an seinem Buch *Vers l'armee de metier*, in dem er seine Vorstellungen von einer kleinen beweglichen, motorisierten Berufsarmee erläuterte, die, wie er glaubte, an die Stelle der geltenden statistischen Theorien für die Kriegführung treten sollte, deren Symbol die Maginotlinie war. Im Londoner Dunst wußte Churchill mit seiner ausgeprägten politischen Sensibilität genau, wo er stand, aber nur wenige Engländer nahmen ihn überhaupt wahr. Sir Robert Vansittart, »Van«, der Ständige Unterstaatssekretär im Auswärtigen Amt, schrieb: »Ob links oder rechts, jeder wollte ein ruhiges Leben führen.« Für diejenigen, die erkannten, was auf sie zukam, war diese Ruhe zermürbend. Franklin Roosevelt, der fünf Wochen nach der Ernennung Hitlers zum Reichskanzler als neuer Präsident den Amtseid leistete, ermutigte das amerikanische Volk mit seinen politischen Betrachtungen am Kamin, und ein Parlamentsmitglied sagte Churchill, MacDonald oder Baldwin sollten das gleiche tun. Winston erwiderte: »Wenn sie dies täten, würde das Feuer ausgehen.«[17]

Lady Astor – geborene Nancy Langhorne aus Danville, Virginia – hat sich nur selten über die Stimmung in der britischen Öffentlichkeit Gedanken gemacht. Trotzdem hat sie mit großem Geschick in den parlamentarischen Intrigen die Fäden gezogen und wußte immer genau, wer in der Downing Street Nr. 10 ein gerngesehener Gast war und wer nicht, auch wenn sie selbst zu den letzteren gehörte. Als Lady Astor und George Bernard Shaw mit einer britischen Delegation Moskau besuchten, hatte Shaw auf dem Roten Platz den dort wartenden Journalisten gesagt, er bewundere die Sowjetunion und würde jungen Leuten aus der ganzen Welt raten, ihre Sachen zu packen und hierher überzusiedeln. Nancy lächelte und nickte, was, wie Virginia Cowles meint, »ein tadelnswertes Verhalten war, denn bis dahin war sie eine entschiedene Gegnerin der Bolschewisten gewesen und hatte in vielen öffentlichen Reden die an Russen verübten Massaker scharf verurteilt«. Winstons rhetorische Waffen waren von anderem Kaliber. Er feuerte seine Breitseiten im *Sunday Pictorial* ab und wies darauf hin, daß die fragliche Dame »das Laster des Glücksspiels entschieden verurteilt, dabei aber an einem fast konkurrenzlosen Rennstall beteiligt ist. Sie akzeptiert kommunistische Gastfreundschaft und Schmeicheleien und bleibt trotzdem die konservative Abgeordnete für Plymouth.« Dann meinte er, die Russen »haben immer eine besondere Vorliebe für Zirkusse und Wanderbühnen gehabt«, und »in ihr sahen sie nun der Welt berühmtesten intellektuellen Clown und Harlekin in einer Person und die charmante Kolombine der kapitalistischen Pantomime«.[18]

Im Parlament wurde Churchill von nicht mehr als fünf Abgeordneten unterstützt. Damals war der Einfluß der Einpeitscher der einzelnen Parteien ungeheuer stark. Churchill schrieb, dieser Einfluß im Zusammenwirken mit der »Lethargie und Blindheit« der drei Parteien machte dies zu »einer jener schrecklichen Perioden, wie sie in unserer Geschichte auftreten, wenn die edle britische Nation ihre Würde verliert, ihre Zielstrebigkeit aufgibt und den Anschein erweckt, sich vor der Bedrohung durch eine aus dem Ausland kommende Gefahr zu ducken und dabei fromme Phrasen von sich zu geben, während die Feinde ihre Waffen schmieden«. A. J. P. Taylor meint, daß Winston »Perioden hatte, in denen er hervorragende Qualitäten zeigte und an vorderster Front zu stehen schien, aber er hatte auch die besondere Gabe, wieder die Leiter hinunterzugleiten. Sein Leben bestand aus einem ewigen Auf und Ab. Bis zum Ende der 30er Jahre ging es mehr hinunter als hinauf. Und bis zum Beginn dieser Zeit war sein Ansehen in gewissem Sinne auf dem Tiefpunkt.« 20 Jahre lang hatte er den verschiedensten Kabinetten angehört, aber weil er sich dagegen aussprach, Indien in die Unabhängigkeit zu entlassen, betrachtete, wie Harold Macmillan es formulierte, damals die »Mehrheit der Partei seine Haltung nicht nur als reaktionär und unrealistisch«, sondern zweifelte auch an »seinem Urteilsvermögen«. Die Folge war, wie Macmillan glaubte, daß »alle seine Warnungen über die Bedrohung durch Deutschland und das Erstarken der Nationalsozialisten, wie er es selbst zugegeben hat, vergeblich waren«. Baldwin wies seine Einpeitscher an, den Abweichler im Auge zu behalten und, wie Lord Winterton berichtet, die Meinung zu verbreiten, daß Churchill »ein unsteter Geist und völlig unzuverlässig sei«; er habe »dem Premierminister und all seinen Kollegen in jedem Kabinett, dem er angehörte, durch seine deutlich gezeigte Mißachtung jeder Meinung außer seiner eigenen unnötige Schwierigkeiten gemacht«. Lord Boothby faßte das Ergebnis wie folgt zusammen: »Der Bruch zwischen Winston und den Führern der Konservativen war vollständig.«[19]

In diesen Jahren war Churchill, wie Lady Longford erzählt, oft »weit fort von dem ›geräuschvollen Strudel‹, gestrandet wie eines der Boote, die er malte«. Die britische Linke, geführt von Clement Attlee und ganz dem Pazifismus und der Abrüstung zugewandt, mißtraute ihm zutiefst. So hatten sich die Abgeordneten auf beiden Seiten des Hauses von ihm distanziert. Aber wenigstens im Parlament wahrte man noch die Regeln der Höflichkeit. Außerhalb von Westminster war das anders. Später hat er selbst gesagt, als er in Ungnade gefallen sei, habe es »in der Presse viel Schadenfreude« gegeben. Die politischen Karikaturen im *Punch*, im *Daily Herald*, im *Express* und vor allem die Zeichnungen von David

Nach seiner Wahl zum Lord Rector der Universität Edinburgh wird Churchill von Studenten durch die Stadt getragen.

Low in Beaverbrooks *Evening Standard* waren brutal. Öffentliche Auftritte wurden für ihn zur Qual. Als er zum Rektor der Universität von Edinburgh gewählt wurde, konnte er seine Antrittsrede nicht halten. Die Studenten, die seine Aufforderung ablehnten, die nationale Verteidigungsfähigkeit zu stärken, schrien ihn nieder, bis er aufgab und das Rednerpult verließ. Ein 1931 veröffentlichtes besonders häßliches Buch war *The Tragedy of Winston Churchill.* Unter Mißachtung der historischen Tatsachen und der Feststellungen des Dardanellenausschusses schrieb der Verfasser: »Churchill setzte sich über die wohlüberlegte Meinung eines jeden Seeoffiziers hinweg, der sein Handwerk verstand, und stürzte sich blindlings in das unselige Fiasko der Dardanellen. Er hatte große Gaben, aber keinem Mitglied irgendeiner Partei ›etwas zu bieten‹.« Der Verfasser fragte: »Was ist die Laufbahn von Mr. Churchill in Wirklichkeit anderes gewesen als die Tragödie des brillanten Versagers, von dem man wiederholt gesagt hat, er verachte im geheimen diejenigen, die ihn auf dem Weg zu einem öffentlichen Amt und zur politischen Macht überholen?«[20]

Manche behaupten, Churchill habe sich von alledem nicht beeindrucken lassen und sei die ganze Zeit fest überzeugt gewesen, daß seine Stunde noch kommen werde. Im Gegensatz dazu erinnert sich seine Tochter Mary, daß er »weit davon entfernt war, sich damit abzufinden, daß ihm die Ausübung der politischen Macht verwehrt wurde«; und die Verleumdungen, Verdächtigungen und verzerrten Darstellungen seiner langen politischen Laufbahn »verletzten ihn zutiefst«. Im Unterhaus wurde er von einem Abgeordneten persönlich angegriffen, der sagte: »Während seines ganzen politischen Lebens war er dafür berüchtigt, daß er ständig seine Meinung änderte wie ein Wetterhahn, der sich nach der jeweiligen Windrichtung dreht. Es wird Zeit, daß sich das Haus dieser Bedrohung bewußt wird.« Als Winston Zahlen über die (illegal) neu aufgestellte deutsche Luftwaffe nannte und die Regierung geradezu anflehte, die Royal Air Force zu verstärken, verglich ihn der angesehene Abgeordnete der Liberalen Sir Herbert Samuel mit einem »malaiischen Amokläufer«.[21]

Seine alten Bekannten und ehemaligen Kollegen waren überzeugt, er irre sich bei der Beurteilung der Nazis ebenso wie im Hinblick auf die Frage, ob Indien in die Unabhängigkeit entlassen werden sollte oder nicht. Beaverbrook schrieb, Churchill sei »für jede Partei alles gewesen. Er hat zu jeder Frage jede nur denkbare Ansicht vertreten... Er ist, was seine geistige Haltung betrifft, völlig unberechenbar.« Nachdem Hitler Reichskanzler geworden war, prophezeite »der Biber«, daß »Winston Churchill aus dem Parlament ausscheiden wird. Für ihn ist das wirklich das Beste, was er tun kann.« Dann starb Hindenburg, Hitler wurde immer mächtiger, und Beaverbrook war überzeugt, Winstons Reden seien die letzten Verse eines Schwanengesangs. »Jetzt, da er sich anscheinend damit abgefunden hat, von der Politik Abschied nehmen zu müssen, spricht er besser als in den vergangenen Jahren.« Beaverbrooks Biograph schreibt: »Sogar Churchill wurde es jetzt klar, daß Beaverbrook nicht mehr auf seiner Seite stand und ihm auch kein Verständnis mehr entgegenbrachte.«[22]

Trotzdem sahen sich die beiden Männer noch gelegentlich. Beaverbrook hing mit einem fast religiösen Fanatismus an seinen Zeitungen. Da Churchills Artikel für hohe Auflagen sorgten, überließ er ihm alle 14 Tage eine Spalte im *Evening Standard* und bezahlte ihn gut dafür. Malcolm Muggeridge arbeitete damals als junger Reporter für diese Zeitung, und am Schreibtisch neben ihm saß Winstons Sohn. Randolph; er war jetzt Anfang der Zwanzig, war ein schwieriger Mensch, hatte ständig Streit mit seinem Vater und auch Schwierigkeiten im Umgang mit allen anderen Menschen. Wenn Churchill alle 14 Tage mit seinem Artikel in das Büro des *Standard* kam, nickte er seinem Sohn im Vorbeigehen nur kurz zu. Muggeridge erinnert sich, daß Winston »schrecklich aussah. Man sagte sich, ›diesem Mann kann es nicht gutgehen; er ist entweder vom Pech verfolgt oder pleite‹. Wenn man wußte, daß es ein Politiker war, dachte man ›er ist erledigt, er hat seine Chance gehabt, und jetzt ist er gescheitert‹.« Randolph sprach im Büro nur selten über seinen Vater, aber eines Nachmittags sah er ihm nach, als er zur Tür ging, wandte sich an Muggeridge und sagte: »Er ist in einem fürchterlichen Zustand.« Amüsiert fuhr er fort: »Ihm fehlen seine Spielsachen.« Muggeridge fragte: »Welche Spielsachen?« Randolph erwiderte: »Seine Depeschentaschen.«[23]

Schon bevor Hitler zum Reichskanzler ernannt wurde, hatte der britische Nachrichtendienst die inoffiziellen Schätzungen Churchills bestätigt, die sich auf seine privaten Informationsquellen stützten und besagten, daß die Nazis über mehr als 400000 uniformierte SA-Leute verfügten. Zur Zeit der Kanzlerkrise hatte Churchill im Unterhaus gesagt: »Ich weiß nicht, wo das parlamentarische System in Deutschland heute steht, aber mit Sicherheit kontrollieren die Militärs alle wichtigen Bereiche.« Er sagte, daß auf jedes Zugeständnis, das ihnen gemacht worden sei, auf jede Abschwächung der Bestimmungen des Versailler Vertrages »sofort eine neue Forderung gefolgt ist«. Die Gefährlichkeit der Lage war ihm völlig klar. Wenn man den Deutschen erlaubte, ihren militärischen Kult wieder aufzubauen, wäre jede an Deutschland grenzende Nation in tödlicher Gefahr. Das seien, wie er sagte, Tatsachen. Die Bevölkerung Großbritanniens werde belogen. Der Premierminister und sein Kabinett hätten sich »angewöhnt, beschwichtigende Dinge zu sagen und fromme Plattheiten und Gefühle zu äußern, um dafür den Beifall der Öffentlichkeit zu ernten«. Er könne sich »an keine Zeit erinnern, in der die Kluft zwischen den Worten, die von den Staatsmännern verwendet wurden, und dem, was tatsächlich in vielen Ländern geschah, so groß war wie jetzt«.[24]

MacDonald und Baldwin hätten sich der Bedrohung bewußt sein müssen. Der britische Botschafter in Berlin, Sir Horace Rumbold, war ein ausnehmend tüchtiger Diplomat. Anfang März 1933, weniger als vier Tage nach Unterzeichnung der Notverordnung durch Hindenburg, schickte Rumbold dem britischen Außenministerium eine ausführliche Beurteilung der neuen deutschen Regierung. In seinem Bericht schrieb er, die Nazis hätten »die schlimmsten Charakterzüge der Deutschen geweckt, ein niedriges Verlangen nach Rache, die Neigung zur Brutalität und einen geräuschvollen und verantwortungslosen Hurrapatriotismus«. Im Herzen der Hauptstadt könne man auf jeder Straße und in jedem Park, sogar im Tiergarten, gewalttätige Ausschreitungen und Prügeleien erleben. Rumbold bedauerte, daß man im Ausland »noch nicht ganz begriffen hat, daß das nationalsozialistische Programm radikal antisemitisch ist«. Das sei keine vorübergehende Erscheinung: »Man muß daher... mit der Einführung weiterer Einschränkungen rechnen, denn es ist mit Sicherheit die Absicht Hitlers, die Juden in Deutschland zu entrechten und wenn möglich auszuweisen.«[25]

Der Botschafter wußte, daß diese Depesche dem Premierminister und dem Außenministerium nicht gefallen würde, er schickte ihnen aber weiterhin seine sachlichen Lagebeurteilungen, darunter einen Bericht über das Ermächtigungsgesetz vom 23. März und dessen unmittelbare Folgen. Er schrieb, die Nazis hätten die Bürgermeister in den Städten angewiesen, »bei der Bevölkerung antijüdische Propaganda zu machen«, Juden würden in der ganzen Zivilverwaltung »allein aufgrund ihrer Rasse systematisch aus ihren Ämtern entlassen«. Junge Männer würden infanteristisch ausgebildet, darunter auch Jugendliche unter 16 Jahren, man habe begonnen, Piloten für eine künftige Luftwaffe zu rekrutieren – das alles unter offener Nichtbeachtung des Versailler Vertrages. Die Tatsache, daß »viele Schriftsteller, Künstler, Musiker und führende Politiker« das Land verließen, »hat gegenwärtig eine Art Vakuum erzeugt, (weil) sie das intellektuelle Leben in der Hauptstadt bestimmten und alles, was in der Welt der Kunst und Literatur originell und anregend war«. Das Bedrohlichste sei jedoch, daß Juden zusammen mit »Sozialdemokraten, Kommunisten und unpolitischen Kritikern der nazistischen Politik« verhaftet und in »große Konzentrationslager« inhaftiert würden, die »in verschiedenen Teilen des Landes eingerichtet werden, eines in der Nähe von München« – das war Dachau –, und diese Lager »sind groß genug für die Unterbringung von jeweils 5000 Häftlingen«.[26]

Der Botschafter war durch diese Entwicklung stark beunruhigt. Er sagte Außenminister Simon, er blicke mit »großem Unbehagen und Besorgnis in die Zukunft... In einer Revolution muß man mit unerfreulichen Vorfällen rechnen, aber die staatlich gelenkte Rücksichtslosigkeit und Brutalität, die (hier) praktiziert worden sind, erscheinen übertrieben und unnötig. Ich habe den Eindruck, daß die Personen, welche die Politik der Hitlerregierung bestimmen, nicht normal sind. Viele von uns haben sogar das Gefühl, wir lebten in einem Land, wo fanatische Rowdies und Exzentriker die Oberhand gewonnen haben.«[27]

Rumbold wurde ohne viel Aufsehen von dem bisherigen britischen Botschafter in Wien, Sir Eric Phipps abgelöst. Aber auch Phipps fand das Vorgehen der Nazis empörend. Er sagte dem amerikanischen Botschafter, Hitler sei »ein Fanatiker, der sich mit nichts weniger zufriedengeben wird als mit der Vorherrschaft in Europa«. Obwohl die Nazis vor 1935 nicht in ein benachbartes Land einmarschieren würden, »bereitet man sich hier auf den Krieg vor«. Die Wilhelmstraße habe sich schon mit ihm in Verbindung gesetzt und vorgeschlagen, Deutschland und England sollten Europa unter sich aufteilen. Er habe erwidert, eine solche Vereinbarung würde »das Ende der internationalen Moral bedeuten«. Die Nazis, die es nicht für notwendig hielten, sich an die Regeln der diplomatischen Immunität zu halten, öffneten die diplomatische Post der Briten und lasen diese Berichte, bevor sie in London eintrafen. Hitler sagte Lord Londonderry, er könne »Sir Eric nicht ausstehen« und glaube, die Beziehung zwischen den beiden Ländern würde sich wesentlich verbessern, wenn Großbritannien sich »von einem ›moderneren‹ Diplomaten« vertreten ließe, »der für die in Deutschland stattfindenden Veränderungen wenigstens ein gewisses Verständnis zeigt«.[28]

Der durch dieses Verlangen völlig außer Fassung gebrachte Baldwin fragte Thomas Jones: »Was sollen wir nur tun?« Seine Vorgänger hätten genau gewußt, was hier zu tun war. Sie hätten dem deutschen Reichskanzler gesagt, Großbritannien schätze es nicht, aus dem Ausland Anweisungen für die Besetzung seiner Botschafterposten entgegenzunehmen. Aber Jones glaubte, es sei staatsmännisch klüger, eine andere Haltung einzunehmen, und schrieb in sein Tagebuch: »Wenn es unsere politische Linie ist, gut mit Deutschland auszukommen, dann muß man sagen, je eher Phipps an eine andere Botschaft versetzt wird, desto besser.« Jones meinte, er müsse von jemandem abgelöst werden, der »nicht so stark an die Tradition der Berufsdiplomatie gebunden ist«. Ein Kandidat hatte sich schon gemeldet. Es war der britische Gesandte in Argentinien, Sir Nevile Henderson, der dem Außenministerium gesagt hatte, nach seiner Ansicht sei Phipps »vollkommen ungeeignet« als britischer Botschafter in Deutschland. Es gebe Witzbolde, die behaupteten, »in Berlin gibt es gar keine britische Botschaft, sondern nur eine Filiale des Quai d'Orsay«. So wurde Phipps »auf eigenen Wunsch« pensioniert, und Henderson übernahm seinen Posten. Seine Kollegen gaben ihm sehr bald den Spitznamen »unser Nazibotschafter in Berlin«. Sehr schnell wurden er und Hermann Göring gute Freunde. Dem Labourabgeordneten Josiah Wedgwood fiel es auf, wie sehr er den Abgeordneten glich, die »auf Hitlers Einladung scharenweise nach Deutschland gereist waren und ebenso wie er vergessen hatten, was sie ihrem Lande schuldeten«.[29]

Aber britische Diplomaten und Engländer, die Deutschland besuchten, waren nicht die einzigen, die die Regierung über die Vorgänge in Berlin unterrichteten. In den ersten Jahren nach der Machtergreifung durch die Nationalsozialisten konzentrierte sich das von Joseph Goebbels geleitete Propagandaministerium darauf, dem deutschen Volk die Vorzüge des neuen Regimes schmackhaft zu machen. Um die ausländische Presse kümmerte sich Goebbels weniger. So hatten die Korrespondenten ausländischer Zeitungen ihre große Zeit. Die besten unter ihnen, die über die Vorgänge auf dem europäischen Festland berichteten, waren intelligente, belesene Männer, die mehrere Sprachen beherrschten und gute Verbindungen zu allen Schichten der Gesellschaft in Deutschland und den angrenzenden Ländern unterhielten. Schon lange bevor Hitler an die Macht kam, kannten sie die Brutalität der Nazis und hatten darüber nach Hause berichtet.[30]

Auch nachdem Goebbels beschlossen hatte, etwas gegen die Vertreter der ausländischen Presse in Berlin zu unternehmen, geschah kaum etwas. Sein Problem komplizierte sich vor allem durch die geographischen Gegebenheiten in der Stadt. Hier konzentrierten sich die maßgebenden Regierungsbehörden ebenso wie in London auf einen relativ kleinen Bezirk. Aber in der britischen Hauptstadt sorgten alte Traditionen, ein unübersichtliches Netz von Querverbindungen in Whitehall und eine schon seit langer Zeit übliche abweisende Haltung gegenüber Außenseitern dafür, daß es außer eingeweihten Kennern der Verhältnisse vom Kaliber Churchills kaum jemandem gelang, das so geschaffene Sicherheitsnetz zu durchdringen. Das politische Machtzentrum in Deutschland war verwundbarer. Die maßgebenden Ministerien lagen nebeneinander in der Wilhelmstraße, an deren Südende 1937 Hitlers große neue Reichskanzlei errichtet wurde. Der Zutritt zu den Gebäuden war praktisch niemandem verwehrt. Im Norden mündete die Wilhelmstraße in die Straße Unter den Linden ein. Der hier gelegene Pariser Platz und das Brandenburger Tor lagen an der Ostgrenze des Tiergartens, der größten und schönsten Parkanlage von Berlin, die sich hinter dem geschwärzten, ausgebrannten Reichstagsgebäude weit nach Westen erstreckte. Jetzt versammelten sich die Reichstagsabgeordneten in der Krolloper, 400 Meter weiter westlich. In der Mitte dieses kleinen Bezirks am Pariser Platz, in der strategisch günstigsten Position, stand das Hotel Adlon, wo die besten Korrespondenten lebten und arbeiteten. Da sie ihre Aufgaben mit großem Eifer und Geschick erfüllten, wurde die Welt von allem, was in Deutschland geschah, zutreffend unterrichtet, während die Diplomaten in den Berliner Botschaften schwiegen oder zum Schweigen gebracht wurden.[31]

Das traf vor allem für die englischen Botschaftsangehörigen zu. Beamte, die Hitler kritisierten, wurden zurechtgewiesen; man sagte ihnen, es sei »unpatriotisch«, wie Lothian sich ausdrückte, »nicht an die Aufrichtigkeit Deutschlands zu glauben«. Der britische Vizekonsul in

Hannover, ein pensionierter Offizier, der jetzt als Geschäftsmann dort lebte, schickte Whitehall einen kurzen Bericht über die deutschen Kriegsvorbereitungen. Die Nazis, die befürchteten, das ganze Ausmaß der deutschen Aufrüstung könnte bekannt werden, verlangten seine Abberufung, und Sir John Simon kam diesem Wunsch nach, ohne die Wilhelmstraße um eine Begründung zu bitten oder eine Erklärung des Vizekonsuls abzuwarten. Doch im Londoner Außenministerium gab es Persönlichkeiten, die Hitler kritisierten, ohne daß er sie daran hindern konnte. Sein erbittertster Gegner im Auswärtigen Amt war der Ständige Unterstaatssekretär Vansittart, ein arroganter Mann, der sich zwar manchmal irrte, aber mit seiner Beurteilung der Nationalsozialisten vollkommen recht hatte. Er behielt seine einflußreiche Stellung im Auswärtigen Amt ohne Rücksicht darauf, welche Partei an der Regierung war. Sein Untergebener Ralph Wigram war ein ebenso entschiedener Gegner der Nazis wie er, und das galt auch für den noch jungen Duncan Sandys, der noch am Anfang seiner Laufbahn stand. Sandys war in Berlin der dritte Sekretär von Rumbold gewesen. Nach der Entlassung des Botschafters kehrte er in das Außenministerium nach London zurück und war entschlossen, dem Außenminister seine Auffassungen zu verdeutlichen. Als eine Depesche von der britischen Botschaft in Berlin – mit einer neuen Einschätzung der Absichten Hitlers – auf seinem Schreibtisch landete, reichte Sandys die Depesche mit einem eigenen Kommentar weiter, in dem er vorschlug, das Außenministerium sollte sich intensiver mit der möglichen künftigen Entwicklung beschäftigen. Er schrieb, besonders die entmilitarisierte Pufferzone im Rheinland zwischen Deutschland und Frankreich werde demnächst zu einem Problem werden. Nach seinen Erkenntnissen bereiteten sich die Nazis darauf vor, in das Rheinland einzumarschieren. Gespräche zwischen Großbritannien und Frankreich würden sicherstellen, daß beide Länder in einem solchen Fall gemeinsam vorgingen. Wenn man es für richtig hielte, nichts zu unternehmen, sollte man es der Wilhelmstraße schon jetzt sagen. Dann könnten die Demokratien eine Gegenleistung verlangen und bekommen. Wenn sie aber entschlossen seien zu kämpfen, müsse Hitler auch das wissen. Vielleicht werde er dann das Risiko scheuen. Das war eine sehr scharfsinnige und prophetische Lagebeurteilung, aber der Außenminister lehnte die Vorschläge ab und kritzelte an den Rand des Papiers: »Wir können uns nicht mit hypothetischen Fragen beschäftigen.« Daraufhin trat Sandys von seinem Posten zurück, ging in die Innenpolitik, wurde ins Parlament gewählt und schloß sich den wenigen Anhängern Churchills an.

Vansittart blieb im Außenministerium und vertrat hier die Auffassung, daß das brutale Verhalten der Nationalsozialisten im eigenen

Dianas zweite Hochzeit mit dem Parlamentsmitglied Duncan Sandys am 16. September 1935.

Land nicht isoliert von der Möglichkeit gesehen werden dürfe, daß sie auch über die Grenzen ihres Landes hinweg aggressiv werden könnten. Man müsse nur *Mein Kampf* lesen, um das zu erkennen. Der Journalist Vernon Bartlett widersprach ihm und erklärte, es sei »unfair«, Hitler nach dem Inhalt dieses Buches zu beurteilen. Seine expansionistischen Passagen seien vor zehn Jahren geschrieben worden, als der Verfasser in deprimierter Stimmung im Gefängnis saß. Doch Vansittart bezeichnete diesen Einwand als unlogisch und sagte, er habe »seit dem Tage der Machtergreifung in Berlin niemals einen Augenblick an den wirklichen Absichten der Nazis gezweifelt«. Nach seiner Meinung war es »ein offenes Geheimnis, daß alles, was Hitler sagt, an das Ausland gerichtet ist, um Zeit zu gewinnen... Nur ein wirklicher Sinneswandel in Deutschland kann uns vor einer neuen Katastrophe bewahren«, und dieser Sinneswandel werde »wahrscheinlich nicht von innen kommen, denn der wahre Charakter der Deutschen hat sich nie geändert«.[32]

Jeder erfahrene Diplomat auf dem europäischen Kontinent hätte die Bedeutung einer Denkschrift von Vansittart erkannt, in der dieser die Behauptung aufstellte, die Nazis seien entschlossen, für das Deutsche Reich die Vorherrschaft in Europa zu erkämpfen. Doch England konnte es nicht dulden, daß irgendeine Nation die Vorherrschaft auf dem europäischen Kontinent errang. Churchill erläuterte diesen Grundsatz vor den Mitgliedern des außenpolitischen Ausschusses der Konservativen wie folgt: »Seit 400 Jahren ist es ein Grundsatz der englischen Außenpolitik gewesen, die stärkste, aggressivste und beherrschende Macht auf dem europäischen Kontinent zu bekämpfen und insbesondere zu verhindern, daß die Niederlande, Belgien und Luxemburg einer solchen Macht in die Hände fallen.« Von diesem Grundsatz hatte sich England in seinen Kriegen gegen Philipp II. von Spanien, Ludwig XIV. von Frankreich, Napoleon und den deutschen Kaiser leiten lassen. Er erinnerte seine Zuhörer daran, daß sich Großbritannien jedesmal »mit den weniger starken Mächten verbündet und sie veranlaßt hatte, ihre Kräfte zu vereinigen, um auf diese Weise die kontinentale Militärmacht zu besiegen und zu lähmen, ohne Rücksicht darauf, welche Nation es war und wer an ihrer Spitze stand. So haben wir die Freiheit in Europa bewahrt... und sind nach vier schrecklichen Kriegen zu hohem Ansehen gekommen und haben unser Imperium ausweiten können, während die Unabhängigkeit der Niederlande, Belgiens und Luxemburgs gewahrt blieb.«[33]

Im Unterhaus wurde es unruhig, als Churchill, der, welches seine Schwächen auch gewesen sein mögen, das bolschewistische Regime entschiedener abgelehnt hatte als jeder andere Engländer im öffentlichen Leben, ausgerechnet an dem Tag, an dem das Ermächtigungsgesetz in Deutschland in Kraft trat, erklärte, daß das nationalsozialistische Deutschland eine größere Bedrohung darstellte als die Sowjetunion. Er sagte: »Wir beobachten mit Überraschung und Sorge die aufrührerische Unruhe, die Wildheit und den kriegerischen Geist, die erbarmungslose Verfolgung von Minderheiten und die Verweigerung des normalen Schutzes einer zivilisierten Gesellschaft für eine große Zahl von Personen allein aufgrund ihrer Rassenzugehörigkeit.«[34] In jedem Parlament vor dem Kriege wäre ein so überzeugender Appell an die in Großbritannien am höchsten geschätzten Tugenden, den Anstand und die Ehrenhaftigkeit, auf demonstrative Zustimmung gestoßen. Doch nun wurden die Worte Churchills mit Stillschweigen aufgenommen. Die Schwierigkeit lag darin, daß sich die politische Koalition mit der Zeit nicht von einer Einparteienregierung unterscheiden ließ. Es gab keine politische Verantwortung tragende Opposition. Mit dem Labourpremier MacDonald, der sich von dem konservativen Baldwin als seiner grauen Eminenz lenken ließ, disziplinierte die Koalitionsregierung jeden mit Ausnahme der Außenseiter, von denen die meisten ohnedies der Beurteilung Hitlers durch Lloyd George zustimmten.

Die Beschwichtigungspolitiker mißtrauten Frankreich, warfen den Franzosen vor, für die Strafbestimmungen des Versailler Vertrags verantwortlich zu sein, glaubten, Deutschland sei Unrecht geschehen, und waren entschlossen, dieses vermeintliche Unrecht wiedergutzumachen. Lord Lothian erklärte, es sei die moralische Verpflichtung Großbritanniens, die Deutschen in ihrem Ringen um »die Befreiung aus der Einkreisung« zu unterstützen und das Gleichgewicht der Kräfte wiederherzustellen. Er versäumte hinzuzufügen, daß jede Veränderung des Status quo den Sturz legitimer Regierungen bedeuten würde. In Versailles war die Schuld für das furchtbare Gemetzel von 1914 bis 1918 den Deutschen aufgebürdet worden. Jetzt war es Mode geworden, den alten Feind Deutschlands zum Sündenbock zu machen. *The Week* behauptete: »Lady Astor ist besessen von einer starken persönlichen Aversion gegen die Franzosen.« Am 7. November 1936 sagte ein Kabinettsmitglied seinen Kollegen, die Frankophobie nehme in England zu, weil die Franzosen Großbritannien daran hinderten, »mit den Diktaturen normale Beziehungen zu unterhalten«.[35]

Das Bedürfnis der Briten, sich mit ihren ehemaligen Feinden zu versöhnen, nahm seltsame Formen an. Die Engländer der Oberschicht waren dazu erzogen, in der Außenpolitik höflich und feinfühlig zu sein. Aber viele der neuen deutschen Diplomaten waren ungebildete Leute mit schlechten Umgangsformen. Deshalb versuchten die Vertreter von Whitehall, die darauf bedacht waren, ihnen gefällig zu sein, der Wilhelmstraße gute Manieren beizubringen. Am 22. August 1932 schickte zum Beispiel der Kabinettssekretär und Sekretär des Verteidigungsausschusses (Committee of Imperial Defence – CID), Sir Maurice Hankey, Premierminister MacDonald eine ausführliche Denkschrift, in der er sich besorgt dazu äußerte, daß die Deutschen ihren Anspruch auf Wehrfreiheit »in der üblichen ungeschickten und taktlosen Weise« geltend machen könnten, was »eine verhängnisvolle Wirkung haben würde«. Er schlug vor, nach Konsultationen mit den Franzosen den Deutschen dringend zu empfehlen, diesen Schritt auf einen späteren Zeitpunkt zu verschieben. Sollten sie darauf nicht eingehen, müsse Großbritannien versuchen, die Wilhelmstraße zu überreden, »den Vorschlag in einer möglichst harmlosen Form zu machen«.[36]

Der britische Außenminister, Sir John Simon, erfand einen eigenen verharmlosenden Begriff für die deutsche Wiederaufrüstung und sprach von der Wiederherstellung der »Parität«. Er und das Kabinett waren entschlossen, eine deutsche Heeresvermehrung zu sanktionieren und den Franzosen zu empfehlen, in einer Reihe streng überwachter Schritte soweit abzurüsten, daß beide Nationen über die gleiche Zahl von Soldaten, Panzern, Geschützen, Militärflugzeugen und Kriegsschiffen verfügten.

Die *Times* hielt es für entscheidend wichtig, den Deutschen zu erlauben, »mit der Produktion der bisher verbotenen Waffen sofort zu beginnen«. Die Wiederherstellung der deutschen Wehrkraft werde ihren Nationalstolz stärken und ihnen das Gefühl der Sicherheit geben. Dann könnten Deutschland und England »gemeinsam« ein konkretes und umfassendes Abrüstungsprogramm beginnen. Der Premierminister war beeindruckt und ließ sich von diesen Ideen inspirieren. Sie waren die Anregung für den außergewöhnlichen MacDonald-Plan, dessen Grundidee darin bestand, daß Großbritannien als das Gewissen Europas bereit war, auf die wirkungsvollsten Angriffswaffen zu verzichten. Die Presse, die Universitäten, die Gewerkschaften und alle Gruppen, in denen die öffentliche Meinung zum Ausdruck kam, sollten diesem Plan begeistert zustimmen. Als der Völkerbund im ganzen Land eine Umfrage, die sogenannte Peace Ballot, veranstaltete, zeigte sich, daß sich 10,4 Millionen Briten für die internationale Abrüstung aussprachen, während 870000 – etwa acht Prozent – dagegen waren.[37]

Wie Churchill später schrieb, »wurden die Vorzüge der Abrüstung von allen Parteien im Unterhaus gepriesen. Am 29. Juni 1931 hatte Ramsay MacDonald in Erwartung der ersten weltweiten Abrüstungskonferenz stolz im Unterhaus verkündet, daß die Verringerung der englischen Streitkräfte »rasch, geduldig und beharrlich« erfolgt sei, und obwohl man dabei »der äußersten Grenze recht nahe« gekommen sei, beabsichtige er, »noch weitere Reduzierungen« vorzunehmen, sobald er andere europäische Regierungen dafür gewonnen habe, dem britischen Beispiel zu folgen. Zuerst wollte er sich in Paris darum bemühen. Deutschland mit seinen schwachen Streitkräften stelle keine Bedrohung des Friedens dar, aber die starke französische Armee könne jederzeit in einem Angriffskrieg den Rhein überschreiten.[38]

Churchill erwiderte sofort, die französische Armee sei alles andere als gefährlich, sondern die sicherste Garantie für den Frieden auf dem europäischen Kontinent. Darüber hinaus sähen die Regierungen in Osteuropa von der Ostsee bis zum Schwarzen Meer »in Frankreich ihr Vorbild, dem sie folgen können«. Wenn die Franzosen die Empfehlungen MacDonalds annähmen und die Hälfte ihrer Poilus nach Hause schick-

Churchill in seinem Arbeitszimmer.

ten, so fuhr er fort, wären die zwischen Deutschland und Rußland liegenden Staaten verloren, führerlos und eine leichte Beute für jeden Aggressor. Großbritannien müsse militärisch stark bleiben – »Die Stunde der Schwäche Englands ist für Europa die Stunde der Gefahr.« Er beschwor den Premierminister, seine Absicht aufzugeben: »Das plötzliche Verschwinden oder die ungerechtfertigte Schwächung der unbezweifelbaren französischen militärischen Überlegenheit könnten zu einer Flut mit unabsehbaren Folgen führen.«[39]

Schon als er aufstand, um das Wort zu ergreifen, hatten die anderen Abgeordneten angefangen, den Sitzungssaal zu verlassen. Sie wußten, daß Winston von jeher gegen die Abrüstung war, und seine Argumente beeindruckten sie nicht. Er würde niemanden bekehren können. Aber er hatte seine Leser, und als die Diplomaten sich in Genf versammelten, verfaßte er in seinem Arbeitszimmer in Chartwell Zeitungsartikel, in denen er dringend empfahl, alle von den Konferenzteilnehmern in der Schweiz gemachten Vorschläge gewissenhaft zu prüfen. In der *Daily*

Mail schrieb er, daß »Millionen wohlmeinender Engländer« für den Erfolg der Konferenz beteten. An diesem Punkt, sagte er, seien sie verwundbar. »In den großen Nationen, die durch die Schrecken des Krieges gegangen sind, herrscht eine solche Abscheu davor, daß jede Erklärung oder öffentliche Rede gegen eine Aufrüstung, auch wenn sie nur aus Gemeinplätzen und Irrealitäten bestand, stets den Beifall der Öffentlichkeit gefunden hat; und jede Rede oder Aussage, welche die nackte Wahrheit zum Ausdruck brachte, ist in häßlichster Weise als Kriegshetze zurückgewiesen worden.«[40]

Trotz des Optimismus von MacDonald endete die erste Gesprächsrunde in Genf nach fünf Monaten im Juli 1932 enttäuschend. Es war nichts erreicht worden. 60 Nationen, unter ihnen die Vereinigten Staaten und die Sowjetunion, hatten ihre Delegationen geschickt, aber jede Sitzung endete in der Sackgasse, weil sich Deutsche und Franzosen nicht einigen konnten. Die Deutschen verlangten die Erlaubnis zur Wiederaufrüstung, bevor über irgendein anderes Thema gesprochen werden konnte, und die Franzosen wollten die Abrüstung in allen europäischen Staaten überwachen und von internationalen Polizeikräften kontrollieren lassen. Doch MacDonald ließ sich nicht entmutigen und legte Pläne für eine Wiederaufnahme der Konferenz vor.

Churchill waren die Verhandlungen im höchsten Grade suspekt. Er glaubte, militärische Schwäche reize einen potentiellen Gegner zum Angriff, eine Auffassung, die damals umstrittener war als in den Jahren nach dem Zweiten Weltkrieg. Schon am 9. September 1928 hatte er an einen Freund geschrieben: »Wir scheinen ständig in Schwierigkeiten wegen dieser törichten Abrüstungsmanöver zu kommen, und ich persönlich lehne alle diese voreiligen Versuche, Vereinbarungen über eine Abrüstung zu erzwingen, ab.« Am 26. Mai 1932 fragte er in der *Daily Mail*, ob es wahrscheinlich sei, daß Frankreich mit 20 Millionen weniger Einwohnern als Deutschland und nur halb so vielen jungen Männern, die jedes Jahr das Alter erreichten, in dem sie zum Militärdienst eingezogen werden konnten, sich der »mechanischen Hilfsmittel« berauben würde, »mit denen es eine vierte Invasion in wenig mehr als 100 Jahren verhindern könnte«? Die Ziele der Abrüstung seien bewundernswert, sie ließen sich aber niemals »durch Gefühlsduselei und verschwommene Reden« erreichen. Die harte und bittere Wahrheit sei, daß eine dauernde Entmilitarisierung Europas nur dadurch erzielbar sei, daß »die Ausgaben für Flotten und Armeen im Lauf der Zeit zu hoch werden, und durch das Wachsen des Vertrauens in einen langen Frieden«.[41]

Als am 10. November 1932 die Abrüstungsdebatte im Parlament begann, war Churchill als Rekonvaleszent nach einer Paratyphus-Erkrankung an Chartwell gefesselt und hörte deshalb nicht die Erklärung von Sir John Simon, daß es das Ziel der britischen Politik sei, »dem deutschen Anspruch auf Gleichberechtigung in fairer Weise gerecht zu werden«. Baldwin, der in der Abrüstung die einzige Möglichkeit sah, den Frieden zu wahren, sprach vom »Terror aus der Luft«, wie er sich ausdrückte. Er sagte, feindliche Bomberflugzeuge könnten London in die Erde hämmern wie eine heiße weiße Untertasse. Gegen einen solchen Angriff gebe es keine wirksame Verteidigung: »Ich muß gestehen, je mehr ich mich mit dieser Frage beschäftigt habe, desto mehr deprimieren mich die völlig vergeblichen Versuche, mit diesem Problem fertig zu werden.« Er glaube, »der Mann von der Straße« sollte »erkennen, daß keine Macht der Erde ihn vor solchen Bombenangriffen schützen kann... der Bomber wird immer durchkommen«.[42]

Damit hatte Baldwin eines der dornigsten militärischen Probleme aufgeworfen, die es damals gab, oder er war auch nur darüber gestolpert. Die meisten militärischen Fachleute teilten seine Meinung. In England, Italien, den Vereinigten Staaten, Frankreich und Deutschland waren die meisten Luftstrategen Anhänger der sogenannten Douhet-Theorie. Kurz vor seinem Tode im Jahr 1930 hatte der italienische Fliegeroffizier, General Giulio Douhet das Buch *Der Krieg von 19..* veröffentlicht, in dem er die These vertrat, daß Heere und Flotten im modernen Krieg nur noch defensive Aufgaben übernehmen sollten, während die Bomberflotten den Krieg gewannen. Er schrieb, jede Nation, die hohe Summen für die Luftverteidigung ausgebe, riskiere eine Niederlage, denn »niemand kann den eigenen Luftraum beherrschen, wenn er nicht den Luftraum seines Gegners beherrscht«. Sein bedeutendster Anhänger war der Befehlshaber der deutschen Luftstreitkräfte, Hermann Göring, der 1918 selbst Jagdflieger gewesen war und stolz das Andenken des Roten Barons (Richthofen) und seine Erinnerungen an die eigenen Kriegserlebnisse pflegte. Zu seinem Pech gab es in der RAF einen älteren Offizier, der die These von Douhet für absolut falsch hielt. Dies war Air Chief Marshal Sir Hugh Dowding, der spätere Befehlshaber der britischen Luftstreitkräfte in der Schlacht über Großbritannien. Dowding und angesehene britische Wissenschaftler, Kollegen des Prof, überzeugten Churchill davon, daß einfallsreiche und furchtlose Verteidiger den Angriff jeder Offensivwaffe abwehren könnten. Dabei dachten sie zunächst an schnelle Jagdflugzeuge und gut ausgebildete Flugzeugbesatzungen. Später unterrichteten sie Winston über das RDF. Das war die Abkürzung für eine geheime Technik, die bis zum Kriegsausbruch nur eine Handvoll Männer kannten. Die Buchstaben bedeuteten »Radio Direction Finding« oder, wie die Amerikaner dieses Gerät tauften: Radar.[43]

In der *Daily Mail* vom 17. November forderte Churchill die Regierung auf, sich um die Verteidigung Großbritanniens zu kümmern: »Wenn die Genfer Verhandlungen scheitern, sollte die Regierung dem Parlament Maßnahmen vorschlagen, die notwendig sind, um unsere Luftstreitkräfte so stark und schlagkräftig zu machen, daß es sich für niemanden mehr lohnen wird, herzukommen und unsere Frauen und Kinder umzubringen in der Hoffnung, uns damit zur Kapitulation zu zwingen.« Sechs Tage später äußerte er sich im Unterhaus zum gleichen Thema. Er hatte Baldwins Rede aufmerksam gelesen und hielt sie für unnötig pessimistisch. Er sagte, sie habe »Besorgnisse geweckt, und sie hat auch Verwirrung gestiftet«. Baldwin habe den nicht gerechtfertigten Eindruck von »Fatalismus und vielleicht sogar Hilflosigkeit« hinterlassen. Die Zeit sei gekommen, die RAF nicht abzurüsten, sondern aufzubauen. »Warum sollten wir uns vor Angriffen aus der Luft fürchten?« fragte er. »Wir verfügen über ein ebenso gutes technisches Wissen wie jedes andere Land.« Er drängte die Regierung, »den ganzen Zustand unserer Luftverteidigung dringend und gründlich zu prüfen«.

Über die Franzosen sagte er: »Sie wollen nur behalten, was sie schon haben, und wir dürfen von ihnen keine Initiative erwarten, die uns Schwierigkeiten machen könnte.« Er sei »kein Schwarzseher« (Buhrufe der Abgeordneten) und »glaube nicht an einen unmittelbar bevorstehenden Krieg« (weitere Buhrufe). Aber, so fuhr er fort, »die Berücksichtigung gerechtfertigter Beschwerden des Unterlegenen sollte der Abrüstung der Sieger vorausgehen«.[44]

In jenen Jahren schienen diplomatische Gespräche und Abrüstungsvereinbarungen die Briten zu langweilen. Die Wirtschaftsdepression war noch nicht überwunden, und die Bevölkerung kompensierte sie mit der Jo-Jo-Mode, sensationellen Mordfällen oder Skandalgeschichten über die erstaunlichen Verführungskünste des Rektors von Stiffkey, der sich in Londoner Teestuben herumtrieb und eine erstaunliche Zahl junger Kellnerinnen dazu überreden konnte, mit ihm in den Toiletten zu verschwinden, um sich dort von ihm sexuell mißbrauchen zu lassen. Nachdem er sein geistliches Gewand hatte ausziehen müssen, fand der Vikar eine Anstellung als Löwenbändiger und wurde von einem seiner Löwen zerrissen. Die beliebtesten Schlager, die in einem langsamen, fast klagenden Rhythmus gespielt wurden, waren: »How Deep Is the Ocean«, »Say It Isn't So« und »With My Eyes Wide Open, I'm Dreaming«. Churchill meinte, dieser Schlager sei die Begleitmusik für Ramsay MacDonald, als der Premierminister im Februar 1933 den Ärmelkanal überquerte und den Zug nach Genf bestieg, wo der Plan, der seinen Namen trug, im Mittelpunkt der Tagesordnung für die wiederaufgenommenen Abrüstungsgespräche stehen sollte.[45]

Die Vorgänge dort beeindruckten Churchill nicht. Er brachte ein Exemplar der Schweizer Zeitung *La Suisse Libérale* ins Parlament mit und zitierte aus dem Leitartikel. Er sagte, die Aufforderung des Premierministers, »Deutschland die Gleichberechtigung in der Rüstung« zu gewähren, wecke nach Auffassung der Schweizer Zeitung »auf dem ganzen europäischen Kontinent« den Verdacht, England wolle »den Deutschen auf Kosten seiner Nachbarn helfen«. Die Schweizer sehen das als »Teil eines bewußten Bemühens des britischen Premierministers, seine seit vielen Jahren bestehenden Sympathien für die Deutschen zur Wirkung zu bringen. Damit soll die Niederlage oder Lähmung Frankreichs durch Deutschland und Italien bewirkt werden, und auf diese Weise werden die kleinen Nationen dem Ehrgeiz der teutonischen Masse ausgesetzt.« Dann schob Churchill die Zeitung zur Seite und sagte: »Das ist natürlich nicht wahr, aber hier können Sie sehen, wie diese Vorschläge auf die kleinen Länder wirken.«[46]

MacDonald hatte den europäischen Kontinent als ein Haus bezeichnet, das »von guten Geistern bewohnt wird«. Das sei falsch, meinte Churchill. »Europa ist ein Haus, das von leidenschaftlichen, starken und lebendigen Gemeinwesen bewohnt wird. Das in Versailles neu geschaffene Polen ist kein Geist; Polen ist eine Reinkarnation.« Aber er machte sich Sorgen wegen des deutschen Einflusses in Polen. Der polnische Nationalcharakter sei ebenso wie der deutsche durch einen starken Antisemitismus belastet; die »jetzt in Deutschland herrschenden beängstigenden Verhältnisse« könnten sich über die Grenzen des Landes hinaus ausbreiten, »und dort könnte es zu neuen Judenverfolgungen und Pogromen kommen«. Die Tschechoslowakei – »das Land des guten Königs Wenzel« – war »mit seiner neuen nationalen Würde« ebenfalls aus Versailles hervorgegangen. Zwar lebten innerhalb seiner Grenzen auch Deutsche, aber sie hatten als Untertanen der österreichisch-ungarischen Monarchie schon immer dort gelebt. Weder sie noch ihre Vorfahren seien je Bürger des Deutschen Reiches gewesen.

Auf der Versailler Friedenskonferenz, so fuhr er fort, »ist zwar die große Masse des deutschen Volkes nicht geteilt worden... Man hat keinen Versuch unternommen, Deutschland zu teilen... Kein Land wurde aus dem deutschen Staatsgebiet herausgelöst. Deutschland hat keine ernsten territorialen Verluste erlitten mit Ausnahme des Verlusts von Elsaß-Lothringen, eines Gebiets, das das Deutsche Reich erst vor 50 Jahren annektiert hatte. Die große Masse der Deutschen ist nach allem, was Europa durchgemacht hat, vereint geblieben, und heute sind die Deutschen einiger als je zuvor.«[47]

Die Deutschen reagierten empört auf diese Rede. Der Korrespondent der *Birmingham Post* telegrafierte aus Berlin: »Die heutigen Zeitungen sind voll von gegen England gerichteten ›scharfen Warnungen‹ unter Schlagzeilen, die von... Mr. Winston Churchills ›Unverschämtheit‹ sprechen.« Doch Winston hatte nicht die Absicht, sich zu mäßigen. Schon elf Tage später sagte er in einer Rede vor der Royal Society of St. George, die größere Gefahr läge nicht in Berlin, sondern in den britischen »defätistischen Doktrinen«, die aus einer »nicht zu rechtfertigenden Stimmung der Selbsterniedrigung entstanden sind, in die uns viele einflußreiche Intellektuelle aus den eigenen Reihen versetzt haben«. Er sagte: »Nichts kann England retten, wenn es nicht bereit ist, sich selbst zu retten. Wenn wir den Glauben an uns selbst verlieren, an unsere Fähigkeit zu führen und zu regieren, wenn wir unseren Lebenswillen verlieren, dann allerdings ist unser Schicksal besiegelt.«[48]

Seine Zuhörer schrien ihn nicht nieder, aber es wäre fast dazu gekommen, als seine Angriffe gegen MacDonald zu persönlich wurden. Als der Premierminister der Koalition nach seiner Rückkehr aus Genf mit zufriedenem Lächeln das Parlament über die verschiedenen Vorschläge unterrichtete, die er dort vorgelegt hatte und die alle, wie er den Abgeordneten versicherte, von weittragender Bedeutung waren, überraschte und verwirrte er seine Bewunderer, als er hinzufügte, »ich darf jedoch nicht behaupten, daß ich die Zahlen selbst überprüft habe«. Diesen Satz nahm Winston sofort zum Anlaß, seine Kritik zu äußern. Er erklärte, obwohl MacDonald die Zahlen nicht kenne, habe er »die Verantwortung für sie übernommen. Das ist eine sehr schwere Verantwortung. Wenn es je ein Dokument gegeben hat, für das der Verfasser alle seine Gedanken und seine ganze Energie aufwenden mußte, dann war es dieser ungeheuer weitreichende Abrüstungsvorschlag.« Das war zwar eine harte Kritik, aber sie hielt sich noch in den Grenzen des Erlaubten. Doch andere Äußerungen Winstons waren geradezu aufwieglerisch; in einer Rede am 23. März bezeichnete Churchill den Premierminister als »unseren modernen Don Quichote«, der mit den »etwas zweifelhaften Trophäen« zurückgekehrt sei, die er unter dem »nervösen Zittern Europas« erbeutet habe. Nach Churchills Meinung waren die Genfer Verhandlungen »eine feierliche und langdauernde Farce« gewesen. Er sagte, er hoffe, MacDonald werde jetzt »eine längere Ruhepause einlegen, von der ich überzeugt bin, daß er sie dringend braucht«, und sich dann »den dringenden innenpolitischen Aufgaben zuwenden, die ihn hier erwarten«, und »die Außenpolitik wenigstens eine Zeitlang den sachkundigen Botschaftern überlassen, die diese Aufgabe über die normalen und regulären diplomatischen Kanäle erfüllen können«.[49]

Harold Macmillan war entzückt, er erinnerte sich später, wie er »die Rede von einer der hinteren Bänke aus gehört und welchen Eindruck dieser ungewöhnlich energische Angriff« auf ihn gemacht hatte, aber Winston selbst sah nur »Schmerz und Ablehnung« in den Gesichtern der Abgeordneten. Er stand noch mitten im Kampf, als die Proteste begannen. Er sagte, die vier Jahre MacDonalds in der Downing Street »haben uns dem Krieg näher gebracht und uns schwächer, ärmer und wehrloser gemacht«. Das veranlaßte einige seiner Gegner, laut »nein, nein, nein!« zu rufen. Nun wandte sich Winston an die Kollegen, die ihn unterbrochen hatten und erwiderte: »Sie sagen ›nein‹. Sie müssen nur hören, was hier heute gesagt worden ist, um zu wissen, daß wir dem Krieg sehr viel näher gebracht worden sind.« Und auf den Ruf »von wem?« sagte er beschwichtigend, er wolle die Verantwortung dafür nicht »einem einzelnen Mann« aufbürden, aber wenn ein einzelner »vier Jahre lang allein für die Außenpolitik verantwortlich gewesen ist«, dann sei nichts damit gewonnen, »daß man so tut, als könne man niemanden dafür verantwortlich machen«. Nachdem er sich gesetzt hatte, bedauerten Abgeordnete aller drei Parteien den »schändlichen persönlichen Angriff auf den Premierminister«, der »ganz und gar boshaft, gemein und verächtlich« gewesen sei. Winston selbst wurde vorgeworfen, er sei »ein enttäuschter Postenjäger«, der einen »persönlichen Rachefeldzug« begonnen habe und versuche, »die Atmosphäre zu vergiften«, die MacDonald und sein Außenminister in der Schweiz hätten schaffen wollen.[50]

Wie üblich hatte Winston eine schlechte Presse. Die Zeitung *Northern Echo* nannte seine Rede »bissig« und bezeichnete sie als »die unverschämteste, die er je gehalten hat«, einen »wütenden Angriff«. Die *Daily Dispatch* berichtete: »Das Unterhaus war empört und verstimmt – über Mr. Churchill.« Das war richtig. Es war vielleicht ein Zeichen dafür, wie sehr MacDonald seinen Kritiker verachtete, daß er es einem 36jährigen Unterstaatssekretär im Außenministerium überließ, Churchills Äußerungen im Namen der Regierung zu beantworten. Der junge Diplomat sagte den Abgeordneten, Churchills Furcht vor den Deutschen sei unbegründet; sie wollten ihre kleine, langdienende Armee durch eine größere, kurzdienende Miliz ersetzen. Es sei bedauerlich, daß der Abgeordnete aus Epping eine so ernste Angelegenheit wie die Außenpolitik zum Anlaß genommen habe, seine spöttischen Bemerkungen und witzigen Einfälle loszuwerden. Den Premierminister für eine Verschlechterung der internationalen Beziehungen verantwortlich zu machen, sei »eine phantastische Absurdität«.

Das sagte auch Anthony Eden am 23. März im Unterhaus, und man hatte den Eindruck, daß dieser Mann in seiner für ihn so charakteristischen würdigen Art ehrlich erschüttert war. Eden hatte als junger Offizier beim King's Royal Rifle Corps in Frankreich gekämpft. Er kannte den Schützengrabenkrieg, hatte einen feindlichen Gasangriff überlebt und war für seine Tapferkeit ausgezeichnet worden. Als Konservativer war er in den meisten innenpolitischen Fragen anderer Meinung als MacDonald, aber in dem Streben nach einem dauernden Frieden in Europa sollten nach seiner Meinung »alle an einem Strang ziehen«, wie es in dem Lied der Rudermannschaft von Eton hieß. Wie konnte irgend jemand die Antwort des Premierministers so falsch interpretieren, die dieser den an die Macht gekommenen Nazis gegeben hatte? Eden erklärte dem Unterhaus in allem Ernst, sie werde mit Sicherheit »Europa die Periode der Befriedung (appeasement)« bringen, »die wir so dringend brauchen«. Wenn man ihn beschwichtigen könnte, dann werde auch Hitlers Zorn verrauchen; seine Furcht vor der Einkreisung werde verschwinden; von ihren Sorgen und ihrer Unsicherheit befreit, würden die Nazis vernünftige, zuverlässige Nachbarn in einem Europa werden, in dem der Haß besiegt sei. Die Abgeordneten erhoben sich von ihren Sitzen und applaudierten – nur Churchill und seine Anhänger blieben sitzen. Der Plan MacDonalds wurde von Abgeordneten der Konservativen, der Labour Party und der Liberalen unterstützt. Sein wesentlicher Inhalt war einfach: Das nationalsozialistische Deutschland hatte ein Recht, sich zu bewaffnen. Zugleich sollten die ehemaligen Feinde Deutschlands die ersten entscheidenden Schritte zur Abrüstung tun. Und das erste Land, das seine Geschütze vernageln müsse, sollte jenes aggressive, martialische, kriegerische Land Frankreich sein.[51]

Das Wort »appeasement« bedeutet in der wörtlichen Übersetzung »Befriedung«, aber auch »Beschwichtigung« durch Zugeständnisse, gewöhnlich auch den Verzicht auf eigene Grundsätze und Rechte.

Nach dieser Definition war die Verwendung des Wortes sprachlich ungenau, aber Eden hatte es in seiner wörtlichen Bedeutung gemeint und damit ausdrücken wollen, daß es darauf ankäme, Europa den Frieden zu bringen, die Ruhe wiederherzustellen und sich auf dem Verhandlungsweg zu einigen. In diesem Sinne war das Wort fünf Jahrhunderte lang verwendet worden und erscheint bei Chaucer, Spenser und Samuel Johnson. Churchill hatte es nach dem Generalstreik von 1926 verwendet, um seine Verhandlungsmethode zu beschreiben, die zu einem Ausgleich zwischen den Bergarbeitern und den Besitzern der Kohlenbergwerke führen sollte. Im Oberhaus wurde es jedoch am 5. November 1929 so gebraucht, daß es als Vorwurf aufgefaßt werden mußte. Der Sprecher war damals der dem Tode nahe Lord Birkenhead, F. E. Smith. Er hatte Großbritanniens versöhnliche Haltung gegenüber den Verfechtern der Unabhängigkeit Indiens verurteilt und sie als »Beschwichtigung Gandhis« bezeichnet. Telford Taylor schreibt darüber:

»Das Wort wurde zu einem Symbol des schwächlichen und kurzsichtigen Nachgebens, wo der entschiedene Widerstand kühner und auf die Dauer besser gewesen wäre.«[52]

Churchill benutzte es 1933, als ihm klar wurde, daß die Koalition entschlossen war, die Forderungen des deutschen Diktators zu erfüllen, um diese Haltung zu brandmarken. Der erste Minister, der Churchill außerhalb des Unterhauses wegen seines Angriffs auf MacDonald tadelte, war ausgerechnet der Mann, der in die Geschichte als Erzpriester der Beschwichtigungspolitik eingehen sollte. In einer Rede vor seinen Wählern im Bezirk Birmingham am 24. März bedauerte Neville Chamberlain, daß Churchill sein Talent dazu mißbraucht habe, »Mißtrauen und Zweifel bei anderen Regierungen zu wecken, die solche Gefühle nicht zum Ausdruck gebracht haben«. Er erklärte es für die Pflicht Englands, »alle Anstrengungen« zu unternehmen, »jeden Einfluß« zu nutzen und »als Vermittler aufzutreten«, um den Frieden durch die Versöhnung bisher verfeindeter Länder zu sichern. Die britische Regierung wünsche, alle Kriege zwischen den Nationen zu vermeiden, weil – und das war typisch für die Haltung Chamberlains – »diese unsere Möglichkeiten auf fremden Märkten zerstören«.[53]

Die Beschwichtigung wurde zum Glaubensbekenntnis, und bei manchen verwischte sich sogar die Grenze zwischen Außenpolitik und Religion. Thomas Jones verurteilte die feindselige Haltung Vansittarts gegenüber den Nazis, und Baldwin erklärte: »Ich habe immer gedacht, Sie seien ein Christ.« Margot Asquith, die Witwe des Premierministers, schrieb, man müsse dem Zorn mit christlicher Liebe begegnen. »Es gibt nur eine Möglichkeit, den Frieden auf der Welt zu wahren und seinen Feind loszuwerden, und das ist, mit ihm zu einer Verständigung zu kommen – und je *gemeiner* er ist, desto mehr muß man ihn mit Waffen bekämpfen, die das Gegenteil der von ihm verwendeten sind.« Sie schloß: »Heute ist der größte Feind der Menschheit der *Haß*.«[54]

Was die Judenverfolgung betraf, so waren die Meinungen geteilt. Schließlich konnte niemand bestreiten, daß die Juden irgendwie *anders* waren. Churchill, der seit 1908 mit dem Zionismus sympathisierte, konnte zwar seine eigene Meinung vertreten, aber hier war er ebenso wie in manch anderer Weise kein typischer Vertreter der englischen Oberschicht. Bis zum Holocaust, der Massenvernichtung der Juden, sollten noch mehr als zehn Jahre vergehen. Das Martyrium der Juden in den 40er Jahren sollte dazu führen, daß der Antisemitismus jede Respektabilität verlor, aber in den 30er Jahren war es nichts Ungewöhnliches, wenn in Restaurants, Hotels, Clubs, an den Stränden und in bestimmten Wohngebieten Menschen nicht zugelassen wurden, die, wie man sich vornehm ausdrückte, ihre »eigenen Diätvorschriften« hatten.

Noch in den 50er Jahren definierte das *Pocket Oxford Dictionary* das Wort *Jude* wie folgt: 1. Eine Person hebräischer Rasse; (im übertragenen Sinne) skrupelloser Wucherer oder Geschäftemacher; 2. (als Zeitwort) betrügen, übervorteilen.« Die Juden zu verachten wurde nicht als ungehörig angesehen. In weiten Kreisen betrachtete man sie als nicht liebenswert, fremdartig, großsprecherisch und aufdringlich, als Menschen, die sich auf Kosten von Nichtjuden bereicherten. Es gab sogar Leute, die sagten, wenn die Deutschen die Juden schlecht behandelten, dann holten sie sich nur etwas von dem zurück, was eigentlich ihnen gehörte. Martin Gilbert und Richard Gott meinten: »Selbst England war nicht frei vom Antisemitismus. Nicht jede Kritik Hitlers an den Juden wurde abgelehnt. Rumbold verabscheute den Antisemitismus des neuen Deutschland; andere Engländer waren weniger deutlich in ihrem Urteil.«[55]

Ein adeliger antisemitischer Verwandter von Churchill behauptete, die englisch-deutsche Freundschaft sei eine unerläßliche Voraussetzung für das Überleben der westlichen Zivilisation. Churchill antwortete: »Man kann nicht erwarten, daß die brutale Intoleranz des Nazismus dem englischen Volk gefällt.« Aber, so wurde er gefragt, wie brutal sind die Nazis? Die Briten fragten sich, ob die nationalsozialistischen Exzesse so ungeheuerlich seien, daß sie eine Verschlechterung der Beziehungen zwischen London und Berlin rechtfertigten – was, wie viele glaubten, den Verzicht auf einen dauernden Frieden bedeuten könnte. Die *Times* hielt das nicht für möglich. Die Zeitung versicherte ihren Lesern, das »Geschrei und die Aufregung« im neuen Reich seien »bloßer revolutionärer Übermut«; Hitlers Männer glaubten, »sie seien die einzigen wahren Patrioten, und genießen den Ton ihres eigenen hemmungslosen Gebrülls«. Das Schlimme war, daß dieser Lärm, der häßliche Tonfall und die Berichte über das bestialische Verhalten der Nazis nicht verstummten. Die *Times* riet zur Geduld; jede Hysterie sei unbritisch: »Besorgte Deutsche können sicher sein, daß das Ausland dies alles nicht absichtlich mißversteht.« Die meisten in der *Times* veröffentlichten Leitartikel zur Außenpolitik wurden von dem Redakteur Geoffrey Dawson oder von Robert Barrington-Ward verfaßt, die beide in Oxford studiert hatten und die Überzeugung von Lord Lothian teilten, Frankreich und Rußland hätten sich verschworen, Deutschland seinen Rang als Großmacht streitig zu machen, den es, wie Dawson sagte, »aufgrund seiner Geschichte, seiner Zivilisation und seiner politischen Macht mit Recht beanspruchen kann«.[56]

Barrington-Ward sagte einem Freund, die nazistischen Ausschreitungen seien »zum großen Teil die Reaktion auf die Hetze von außen, unter der die Deutschen seit dem Krieg zu leiden haben«. Er fügte hinzu, die traditionelle Fairness der Engländer verpflichte sie, dem gequälten Land zu helfen, »sich aus der Einkreisung zu befreien« und als »gleichberechtigt« anerkannt zu werden, das Schlüsselwort für die deutsche Wiederbewaffnung. Die Geschichte sieht in den Nazis die Verantwortlichen für die Wiederaufrüstung in Deutschland, aber einige Engländer waren ihnen zuvorgekommen. Im Sommer 1932 erklärte der damalige Reichskanzler Franz von Papen, die Fesseln des Versailler Vertrags seien unerträglich. Die *Times*, von der die Deutschen glaubten, sie sei die Stimme der britischen Regierung, beschäftigte sich mit der Klage des Kanzlers, fand sie gerechtfertigt und forderte die »längst fällige Wiedergutmachung des Unrechts«.[57]

Nachdem Hitler seinen Amtseid geleistet hatte, vertrat die britische Regierung die bemerkenswerte Auffassung, daß die detaillierten Berichte von zwei ihrer tüchtigsten Botschafter über die Zustände im Dritten Reich auf Mißverständnisse, Verzerrungen und unbestätigte Gerüchte gegründet seien. In einer Rede in Newcastle sagte Lord Lothian, die Deutschen »sind durch eine Leidenszeit gegangen, wie wir sie nie erlebt haben. Wir sollten die Angebote, die Herr Hitler der Welt gemacht hat« – in Wirklichkeit waren es Forderungen – »mit mehr Verständnis entgegennehmen.«[58]

Der Premierminister war der gleichen Ansicht. Nach einem Dokument der Wilhelmstraße, das den Briten nach der Einnahme von Berlin im Mai 1945 in die Hände fiel, hatte MacDonald dem deutschen Botschafter in Großbritannien, Leopold von Hoesch, versichert, er wisse, es gebe in Deutschland keine Greueltaten, keine Folterungen, keine Entweihungen der Synagogen – und alles, was die britischen Botschafter gemeldet hatten, sei, kurz gesagt, gelogen. MacDonald hatte erklärt, »er wisse sehr wohl, was eine Revolution bedeute und welches ihre Begleitumstände seien«. Nach einem Bericht der *Times* hatte Baldwin Hoesch gesagt, England sei »durchaus bereit, eng mit einem Deutschland unter der ›Neuordnung‹ zusammenzuarbeiten«. Es ist erschreckend zu lesen, wie ein ehemaliger und künftiger Premierminister in der *Times* diesen mit soviel Bösem belasteten nationalsozialistischen Begriff zitiert. Zweifellos hatte Baldwin nicht begriffen, welche Folgen sich aus der Einführung dieser neuen Ordnung in Deutschland ergaben. Aber er sollte es gewußt haben. Und er hätte die Dinge beim Namen nennen müssen. Sein Schweigen, seine Weigerung, die üblen Absichten des nationalsozialistischen Kanzlers zu erkennen, die Berichte darüber anzuhören und davon zu sprechen, war charakteristisch für die Reaktion der Regierungskreise in England. Diese Leute meinten, wenn sie Hitler beleidigten, würde er eine feindliche Haltung einnehmen, und dann werde ihm mit Vernunft nicht mehr beizukommen sein.[59]

Vernon Bartlett hielt seine Landsleute für zu selbstgefällig, was die Demokratie betraf. Er schrieb, für uns mag sie zwar »das Richtige sein, für andere aber vielleicht nicht«. Doch auch Bartlett konnte nicht rechtfertigen, daß Juden, die sich keines Verbrechens schuldig gemacht hatten, und ehemalige Reichstagsabgeordnete, die den Nationalsozialismus kritisierten, in Konzentrationslagern eingesperrt wurden. Aber er schrieb: »Die Regierung schlägt nun vor, die Konzentrationslager unverzüglich aufzulösen.« Sir Thomas Moore, ein ehrenwerter Parlamentsabgeordneter mit einer beachtlichen akademischen Laufbahn, gehörte ebenfalls zu den frühen Bewunderern Hitlers. Er schloß sich der Englisch-Deutschen Gesellschaft an und verbrachte die Hälfte seiner Zeit in Deutschland, wo er, wie er berichtete, keine Spur der Übergriffe habe feststellen können, von denen Rumbold und Phipps sprachen. Acht Monate nach der Machtergreifung durch die Nationalsozialisten schrieb Moore in der *Sunday Dispatch*: »Wenn ich Herrn Hitler nach meinem persönlichen Eindruck beurteilen soll, dann sind Frieden und Gerechtigkeit die Schlüsselworte seiner Politik.« Im folgenden Jahre schrieb er, »man muß Hitler eine Chance geben«, und nannte den Kanzler, der sich jetzt offiziell als Führer bezeichnen ließ, einen »absolut ehrlichen und aufrichtigen« Mann.[60]

Ein Krieg zwischen Deutschland und dem kommunistischen Rußland wäre damals von der britischen Oberschicht aus zwei Gründen begrüßt worden. Erstens hätte er, wie man glaubte, England den Frieden gesichert, und zweitens hätte er sich gegen den von ihm gefürchteten Bolschewismus gerichtet. Aber bevor die beiden totalitären Giganten an einer gemeinsamen Grenze aufeinanderstoßen konnten, mußte sich in den zwischen ihnen liegenden Staaten Entscheidendes ereignen. Das waren Polen, die Tschechoslowakei, Österreich, Ungarn, Rumänien, Estland, Lettland und Litauen. Die Beschwichtigungspolitiker in England glaubten offensichtlich, es wäre eine gute Sache, wenn sich Hitler in deren Angelegenheiten einmische. J. L. Garvin, der Chefredakteur der Zeitung *The Observer*, die Lord Astor gehörte, schrieb, bevor ein »konstruktiver« Frieden gesichert werden könne, »sollte ein großer Teil von ›Osteuropa‹ unter deutscher Führung umgestaltet werden«. Der unternehmungslustige Lord Lothian, der kein Regierungsamt innehatte, reiste nach Deutschland und teilte Hitler in allem Ernst mit, Großbritannien habe »keine unmittelbaren Interessen in Osteuropa«. Der rumänische Außenminister äußerte sich wie folgt zu dieser Torheit: »Deutschland hat seine Pläne. Haben auch andere Länder ihre Pläne? Wenn die anderen Mächte keine Pläne haben, werden wir gezwungen sein, uns Deutschland anzuschließen.«[61]

Lord Astor und Lord Lothian waren nicht nur bereit, auf künftige

Verbündete zu verzichten, sie übersahen auch die Tatsache, daß Großbritannien durchaus ein Interesse an den zwischen Rußland und Deutschland liegenden Ländern hatte. Frankreich war vertraglich verpflichtet, die Tschechoslowakei militärisch zu unterstützen, wenn ein anderes Land dort einmarschieren sollte. Und Großbritannien mußte einem Kriegseintritt Frankreichs mit einer eigenen Kriegserklärung folgen. Im November 1933 las der nationalsozialistische Außenminister Konstantin Freiherr von Neurath in der Wilhelmstraße einen Bericht von Hoesch. MacDonald hatte vorgeschlagen, Hitler sollte England einen Besuch abstatten. Neurath schrieb an den Rand des Berichts nur das Wort »Unsinn!«. Er hatte recht damit. Weshalb sollte man dieses Risiko eingehen, wenn die britischen Aristokraten schon Zugeständnisse machten, die nicht einmal Hitler zu fordern gewagt hatte?

Auch Churchill hatte recht. Die Genfer Konferenz war zum Scheitern verurteilt. Aber niemand im Parlament wollte seinen Weitblick anerkennen. Damals war die Idee der Abrüstung ein Glaubensartikel, und wer anderer Meinung war, vertrat die falsche Politik. Außerdem war Churchill ein ungeschickter Politiker. Zwar war er der begabteste Redner seiner Zeit, aber er war nicht in der Lage, das Unterhaus zu manipulieren, während Baldwin ein Meister in solchen Manövern war. Der angesehene Führer der Labour Party, Clement Attlee, hielt Churchill vor allem deshalb nicht für einen bedeutenden Parlamentarier, »weil er zu ungeduldig war, um sich an die im Parlament geltenden Verfahrensregeln zu halten«. Es konnten ihm auch schlimme politische Fehlurteile unterlaufen. Als er 1931 aus dem Schattenkabinett Baldwins ausschied, weil er in der Indienfrage eine andere Auffassung vertrat, zeigte er die gleiche aristokratische Mißachtung der sich daraus ergebenden Konsequenzen wie sein Vater: Bis zum Ausbruch des Zweiten Weltkriegs erhielt er kein Ministeramt mehr, und die Ernennung von Neville Chamberlain zum Premierminister – mit all ihren Folgen – wurde dadurch unvermeidlich.

Aber kein britischer Politiker in diesem Jahrhundert hat so geschickt wie Winston dafür gesorgt, daß er ständig im Blickpunkt der Öffentlichkeit blieb. 1899, Winston war damals erst Mitte der Zwanzig, lernte ihn der große viktorianische Journalist G. W. Steevens während der Heimreise von Indien auf dem Schiff kennen und schrieb in der *Daily Mail*, Churchill könnte unter anderem »der Begründer einer großen Werbeagentur« werden. Er verstand es wie kein anderer, für sich selbst Reklame zu machen. Sogar als Hinterbänkler kam er mit seinen dramatischen Auftritten im Unterhaus, seinen leidenschaftlichen Reden, den parlamentarischen Tricks, die bis an die Grenze des Erlaubten gingen, und mit seiner Art, plötzlich in die Tasche zu greifen, ein geheimes Dokument herauszuziehen und bestimmte Passagen daraus vorzulesen, immer wieder in die Schlagzeilen, denn niemand konnte wie er das ganze Haus, die Pressegalerie und die Öffentlichkeit durch große Gesten und eine ausdrucksvolle Mimik beeindrucken.[62]

Manchmal brachte er in die Parlamentssitzungen irgendein Spielzeug mit. Wenn er nichts anderes zur Hand hatte, zog er im entscheidenden Augenblick die Uhr aus der Tasche und spielte damit. Die Abgeordneten bemerkten diese Ablenkungsmanöver, lachten darüber oder ärgerten sich. Aber alles, was er tat, geschah innerhalb der Grenzen des Erlaubten. Einmal senkte Winston während der Rede eines Abgeordneten der Opposition seinen großen Kopf und fing an, ihn in einem immer größer werdenden Bogen hin und herzuschwingen. Die Hinterbänkler grinsten und kicherten. Das Opfer sagte mit eisiger Stimme: »Ich sehe, wie der ehrenwerte Gentleman den Kopf schüttelt. Ich möchte ihn daran erinnern, daß ich nur meine eigene Meinung sage.« – »Und ich«, sagte Churchill, »schüttle nur meinen eigenen Kopf.« Ein anderes Mal als ein Abgeordneter sich dem Ende einer sehr langen Rede näherte und Atem holte, bevor er zum Schluß kam, nahm ihm Churchill die ganze Wirkung und brummte »Unsinn«. In der Erwartung eines Angriffs gegen ein Argument, das er auf der letzten Sitzung vorgetragen hatte, kam er an einer Jujube (einer indischen Frucht) saugend in den Sitzungssaal und steckte sie in die Tasche, als er sich setzte. Sein politischer Gegner war mit seiner Rede gerade richtig in Schwung gekommen, als Winston anfing, in den Taschen seiner Jacke, Weste und Hose etwas zu suchen. Zuerst tat er es verstohlen, als wolle er niemanden damit stören, aber allmählich bemerkte ein Abgeordneter nach dem anderen, wie er immer eifriger und schließlich wie verzweifelt in seinen Taschen etwas suchte. Einige fingen an zu lachen, und der Sprecher fragte ärgerlich: »Winston, was tun Sie da?« Churchill antwortete mit demütigem Blick und leiser Stimme: »Ich suche meine Jujube.« Die Kollegen des Abgeordneten, der gerade sprach, brachten ihr Mißfallen mit lauten Zwischenrufen zum Ausdruck. Als sie sich beruhigt hatten, sagte er, daß ihm nichts besser gefiele als eine lebendige Sitzung, in der jeder Abgeordnete lautstark seine Meinung äußere: »Die ehrenwerten Abgeordneten der Opposition werden es mir zugute halten, daß ich mich nicht vor Unterbrechungen und Krach fürchte. Es wäre sogar viel leichter für mich, ständig niedergeschrien oder ausgebuht zu werden, weil ich nicht den geringsten Zweifel daran habe, daß die Bemerkungen, die ich machen möchte, das Interesse der Öffentlichkeit auch dann finden werden, wenn sie in diesem Haus nicht gehört werden können.« Was er nicht sagte – obwohl jeder es wußte –, war die Tatsache, daß er sogar Geld verdienen konnte, wenn er den Text einer solchen Rede für einen guten Preis an die Presse verkaufte. Obwohl seine Methoden die Abgeordneten auf beiden Seiten des Hauses ärgerten, verstand er es doch immer wieder, sie für sich zu gewinnen. Das Unterhaus ist für Schmeicheleien nicht weniger empfänglich als jeder einzelne Abgeordnete, und wenn er einmal für einen Augenblick von dem zu behandelnden Thema abwich und an ein kritisches Problem erinnerte, mit dem man sich in jüngster Vergangenheit beschäftigt hatte, und zum Schluß sagte, »alle diese Erschütterungen hat das Unterhaus standhaft und furchtlos ertragen«, dann hatte jeder das Gefühl, »eine Schlacht geschlagen zu haben und eben mit einem Orden ausgezeichnet worden zu sein«, wie Lord Chandos dies ausdrückte.

Hazlitt schreibt, eine geschliffene Rede sollte von Leidenschaft und entsprechender Gestik begleitet sein und in einem dramatischen Ton mit glühenden Augen und in einer »bewußten Haltung« vorgetragen werden. Das ist eine genaue Beschreibung der Vortragsweise von Churchill. Als vollendeter Schauspieler stand er auf, wenn der Sprecher ihm das Wort erteilt hatte. In seiner Weste steckten zwei Brillen. Er nahm die Fernbrille heraus, setzte sie sich auf die Nase, und zwar in einem Winkel, der ihm erlaubte, seine Stichworte zu lesen und dabei den Eindruck zu erwecken, er sähe seine Zuhörer an und spräche aus dem Stegreif. Wenn er aus einem Papier zitieren mußte, nahm er die zweite Brille heraus und änderte seine Stimme und Haltung so eindrucksvoll, daß selbst diejenigen, die es hätten wissen müssen, glaubten, daß er alles, was er sagte, wenn er keinen fremden Text zitierte, frei sprach.

Als junger Abgeordneter hatte er glänzende Reden halten können, aber versagt, sobald es zu einer Debatte kam. Arthur Balfour, der von 1902 bis 1905 Premierminister gewesen war, hatte ihn getadelt und seine »Artillerie« beeindruckend, »aber nicht sehr beweglich« genannt. Jetzt war sie beweglich und oft zynisch. »Es ist wunderbar, wie gut die Menschen Geheimnisse bewahren können, die man ihnen nicht erzählt hat«, sagte er, und »allzuoft ist der starke, schweigsame Mann nur schweigsam, weil er nichts zu sagen hat«. Über die Kritik von Lloyd George an seiner feindlichen Einstellung gegenüber dem nationalsozialistischen Deutschland sagte er: »Sie zeigt eine gewisse liebenswürdige Bosheit.« Sir Samuel Hoare, ein Minister in der Koalitionsregierung, war eines seiner Lieblingsziele. Winston sagte von ihm: »Er nimmt denen, die er grob behandelt hat, ihre Verstimmung niemals übel.« Der Regierungskoalition räumte er das Recht, ihre Meinung äußern zu dürfen, mit den Worten ein: »Wo es viel Redefreiheit gibt, da gibt es auch immer ein gewisses Maß an törichtem Gerede.«[63]

Obwohl er das in scherzhaftem Ton sagte, war dies ein Ausdruck von Churchills absolutem Glauben an die Demokratie. Wenn die Wähler es vorzogen, von Narren regiert zu werden, dann sollte das auch so sein. Dadurch wurde natürlich aus Torheit keine Weisheit. Er teilte nicht die Auffassung, daß man auf die Klugheit der Masse vertrauen dürfe, und wenn er Enttäuschungen erlebt hatte, zitierte er Hazlitt: »Es gibt kein gemeineres, dümmeres, heimtückischeres, mitleidigeres, selbstsüchtigeres, boshafteres, neidischeres, undankbareres Tier als die Öffentlichkeit. Sie ist der größte Feigling, denn sie fürchtet sich vor sich selbst.« Der Ehrenmann bleibt sich immer selbst treu, selbst wenn er auf dem Schinderkarren durch die Straßen gezogen wird. Er hielt nichts von Meinungsumfragen und spottete: »Es ist nicht gut, sich ständig den Puls zu fühlen und das Fieber zu messen. Auch wenn man es gelegentlich tun muß, soll man es nicht zur Gewohnheit werden lassen. Ich habe sagen hören, eine Regierung müsse ihr Ohr am Boden haben, aber man sollte auch daran denken, daß dies keine sehr würdige Haltung ist.« Man hat oft behauptet, er sei unvernünftig, und er hat es gern zugegeben. Er sagte, auch die Politik sei unvernünftig – und das menschliche Leben. Nach seiner Beobachtung entfalte es sich nicht »wie eine arithmetische Rechenaufgabe nach dem Prinzip, daß zwei plus zwei vier ergeben. Manchmal sind es im wirklichen Leben fünf oder minus drei, und manchmal fällt die Wandtafel herunter, wenn erst die Hälfte der Summe ausgerechnet worden ist, die Klasse gerät in Unordnung, und der Lehrer hat ein blaues Auge. Das Element des Unerwarteten und des Unvorhergesehenen ist es, was dem Leben seine Würze gibt und uns davor bewahrt, in die mechanische Sklaverei der Logiker zu geraten.«[64]

Churchill war ein gefeierter Polemiker, aber viele seiner glänzendsten Auftritte im Parlament waren nur zur Belustigung der anderen Abgeordneten gedacht. Als er zum Beispiel eines Tages aufstand, um einem Kollegen zur goldenen Hochzeit zu gratulieren, löste Winston lautes Gelächter aus, weil er mit den Worten begann: »Ich erhebe mich, um gegen die Regeln zu verstoßen. Einen solchen Auftritt hat es hier noch nicht gegeben, und der Grund für diesen Auftritt ist ohne Beispiel, und die Tatsache, daß der Grund für meinen Auftritt ohne Beispiel ist, veranlaßt mich, um die Erlaubnis für diesen Auftritt zu bitten und ihn selbst als Präzedenzfall anzuerkennen.« Die feministische Abgeordnete Edith Summerskill hatte die Gewohnheit, ihn bei jeder Gelegenheit anzugreifen. Jedesmal, wenn er in einer seiner Reden das Wort »Mann« benutzte, reagierte sie mit dem Zwischenruf »oder Frau«. Nach mehreren solchen Unterbrechungen hielt er inne, wandte sich an sie und sagte: »Es entspricht den Regeln der Grammatik, daß der Mann die Frau einschließt (embraces, d. h. »umarmt«), es sei denn, der Textzusammenhang verlangt es anders.«* Ein übereifriger junger Abgeordneter bezeichnete seine Angriffe als Verleumdungen. Winston erwiderte: »Er hat unvorbereitet gesprochen und fast nichts gesagt.« Nachdem er mit einem Waliser Abgeordneten der Labourparty mehrmals die Klingen gekreuzt hatte und einen neuen Antrag von seinem Gegner erwartete, den er nur mit einer unqualifizierten Verneinung beantworten konnte, ließ er sich die Worte »nichts zu machen« ins Walisische übersetzen und lernte diesen Satz auswendig. Seine Kollegen waren verblüfft, als sich der Waliser setzte, nachdem er seinen Antrag gestellt hatte, und Churchill aufstand und murmelte: *»Dym a grbl.«*

Mit seltener Bescheidenheit gestand er seinen Kollegen eines Tages, daß er ihnen schon manches zugemutet habe. Er sagte, seit er zum ersten Mal seinen Sitz im Parlament eingenommen hätte, »habe ich mir immer eines gesagt: ›Unterbrich niemanden‹, aber es ist mir nie gelungen, diesem Vorsatz treu zu bleiben.« Es war ihm auch nicht gelungen, seine Zunge im Zaum zu halten. Er mußte zugeben, daß er sich nicht erinnern könne, von seinen Kritikern »ein Wort der Geringschätzung oder Ablehnung« gehört zu haben, das »auch nur in die Nähe der Ausdrucksweise gekommen wäre, deren ich mich gewöhnlich bediene... Ich muß mich wirklich darüber wundern, daß so viele meiner Kollegen noch bereit sind, mit mir zu sprechen.«[65]

Er konnte ausgesprochen boshaft sein. Und er konnte den rechten Augenblick abwarten. Vor zehn Jahren hatten Churchill und Michael Collins, der Gründer der Irisch-Republikanischen Armee, den Irischen Freistaat geschaffen und gegen den Widerstand von Eamon de Valera bei einem Volksentscheid der Iren die Stimmenmehrheit dafür gewonnen. Nach der Ermordung von Collins und aller anderen Rivalen war De Valera jetzt mit blutbefleckten Händen an die Macht gekommen. Bei seinem ersten Auftritt auf der außenpolitischen Bühne unterstützte er Mussolinis absurde Ansprüche in Äthiopien. Winston meinte dazu: »Mr. De Valera hat, blind für die berechtigten Ansprüche besiegter Völker, sein Krächzen hören lassen. Er hat kaum seinen Platz in der kaiserlichen Loge eingenommen, und schon verurteilt er den ersten Gladiator, den er am Boden liegen sieht, mit nach unten gerichtetem Daumen zum Tode.« Vier Monate wartete Churchill, bis ein Labourabgeordneter in eine von ihm gestellte Falle ging. Schließlich stolperte der Mann hinein, die Abgeordneten lachten höhnisch, und der Verlierer verlor die Beherrschung. Sofort stürzte sich Winston auf den Unglücklichen und sagte: »Niemand erlaubt sich so viele Zwischenrufe, sarkasti-

* Im Englischen bedeutet das Wort *man* sowohl »Mann« als auch »Mensch«. (Anm. d. Übers.)

sche Bemerkungen und Sticheleien wie er. Er sollte nicht so böse werden, wenn das Haus über ihn lacht; er sollte sich darüber freuen, daß es nur lacht.«[66]

Oft war er am gefährlichsten, wenn er sich zu langweilen schien. Dann saß er vornübergebeugt auf seinem Platz unmittelbar neben dem Mittelgang, die Regierungsbank in greifbarer Nähe, und man hatte den Eindruck, alles, was um ihn her vorging, interessiere ihn nicht im geringsten. Seine Augen waren geschlossen, und man hörte nur seine tiefen Atemzüge. Natürlich war das ein Hinterhalt, und zweimal gerieten die Abgeordneten auf der anderen Seite des Hauses hinein. Der erste fragte laut: »Müssen Sie einschlafen, wenn ich rede?« Winston erwiderte: »Nein, ich tue es freiwillig.« Der zweite war vorsichtiger und fragte nur, ob er schliefe. Winston antwortete schlagfertig: »Mein Gott, ich wünschte, ich könnte schlafen!« Er konnte einem scharfen Angriff mit einer noch schärferen Erwiderung die Spitze nehmen. Nachdem er die Regierung mit beißenden Worten kritisiert hatte, rief ein Hinterbänkler: »Der ehrenwerte Gentleman gibt wie ein schlechter Bridgespieler den Karten die Schuld.« Churchill fauchte zurück: »Ich gebe dem betrügerischen Kartengeber die Schuld.«[67]

Aber diese Äußerungen richteten sich gegen unbedeutende Gegner. Seine großen Widersacher waren die führenden Männer in der Regierungskoalition, die ihm trotz seiner langen und glänzenden Laufbahn als Leiter der verschiedensten Ministerien, in der er mehr geleistet hatte als sie, jetzt einen Sitz am Kabinettstisch verweigerten. Der Premierminister Ramsay MacDonald sprach nicht mehr mit ihm. Winston hatte ihn »das knochenlose Wunder« genannt, den »größten lebenden Meister in der Kunst zu fallen, ohne sich wehzutun« und den Mann, der die Gabe besaß, »mit den meisten Worten die wenigsten Gedanken auszudrücken«. Neville Chamberlain tat er als »einen größeren Birmingham« ab. Sein Hauptangriffsziel war Baldwin, der Zirkusdirektor der Koalition, der das Parlament als Lord President beherrschte, MacDonald als Marionette benutzte und Neville Chamberlain darauf vorbereitete, sein Nachfolger zu werden. Als Churchill sah, wie ein Abgeordneter bei einer Rede von Baldwin ein Hörgerät benutzte, brummte er: »Warum nutzt der Idiot nicht seinen natürlichen Vorteil?«[68]

Als sich während einer Sitzung am Abend herausstellte, daß der Lord President die Produktionsziffern der deutschen Luftwaffe und der RAF hoffnungslos durcheinandergebracht hatte, sagte Winston, er sei »nicht besser als eine epileptische Leiche«, und als er gefragt wurde, was geschehen solle, wenn Baldwin während seiner Amtszeit sterbe, antwortete er: »Einbalsamieren, begraben und verbrennen. Lassen Sie sich auf kein Risiko ein!«[69]

Ein junger Abgeordneter, ein Bewunderer des Lord President, setzte sich in einer sehr emotionalen Rede für die unilaterale Abrüstung ein und war unvorsichtig genug, Winston im Rauchsalon zu fragen, was er von dieser Rede hielte. »Nun, ich fand sie sehr gut«, antwortete Churchill. »Sie muß gut gewesen sein, denn sie enthielt, soviel ich weiß, alle Gemeinplätze, die der Mensch kennt – mit der möglichen Ausnahme von ›sei bereit, deinem Gott zu begegnen‹ und ›bitte ordnen Sie Ihre Kleidung, bevor Sie diesen Raum verlassen‹.«

Er achtete streng darauf, daß seine eigenen Spötteleien im Parlament nicht gegen die dort geltenden Regeln verstießen. Es gab eine scharfe Trennungslinie zwischen erlaubtem Spott und persönlichen Beleidigungen, die nicht geduldet wurden. Churchill gehörte dem Parlament seit 1901 an und wußte genau, wo diese Trennungslinie lag. Es gab zum Beispiel eine Liste der im Parlament nicht zugelassenen Worte, zu ihnen gehörten »Lump«, »Hund«, »Straßenjunge« und »Schwein«. Ein junger Labourabgeordneter, der diese Liste nicht kannte, hatte alle diese Worte in einem wütenden Angriff gegen Churchill benutzt und damit nicht nur Winston, sondern das ganze Haus beleidigt. Attlee nahm den Mann beiseite und sagte ihm, er werde nach Chartwell fahren müssen, um sich zu entschuldigen. Der Abgeordnete fuhr nach Kent und klopfte in Chartwell an die Haustür. Churchills Kammerdiener öffnete. Der Mann nannte ihm seinen Namen und sein Anliegen und wurde gebeten zu warten. Winston war auf der Toilette. Der Kammerdiener meldete den Besucher durch die Toilettentür. Es dauerte eine ganze Weile, bis Churchill antwortete: »Sagen Sie ihm, ich bin auf dem Klo und kann mich derzeit nur mit *einer* Scheiße beschäftigen.«[70]

Über das militärische Kräfteverhältnis zwischen Deutschland und den Staaten, welche die deutschen Armeen vor weniger als 20 Jahren geschlagen hatten, wußte Churchill nicht nur besser Bescheid als jeder andere Hinterbänkler, sondern er war auch besser darüber unterrichtet als viele erfahrene Diplomaten der Wilhelmstraße. Einen Teil seiner Informationen bekam er routinemäßig. Als Mitglied des Kronrats stand sein Name auf den verschiedensten Verteilerlisten. Außerdem bekam er Kopien von anderen, vertraulicheren Dokumenten, weil er 1931 Ramsay MacDonald gebeten hatte, Einblick in die Unterlagen über die Stärke der englischen Streitkräfte nehmen zu dürfen. MacDonald fand alle militärischen Angelegenheiten langweilig, ja sogar belanglos. So genehmigte er Churchills Ersuchen und hat die Angelegenheit dann offenbar vergessen. Es war eine jener bürokratischen Entscheidungen, die so lange gelten, bis sie widerrufen werden.

Unter den Dokumenten, die nach Chartwell geschickt wurden, befand sich eine Beurteilung der Verteidigungsfähigkeit Großbritanniens durch das Außenministerium, das dabei bedauerliche Mängel feststellte. Noch beunruhigender war die Tatsache, daß Berichte des militärischen Nachrichtendienstes, die Mitte der 30er Jahre den Weg zu Churchill fanden, darauf hinwiesen, daß Deutschland schon vor der Machtergreifung durch Hitler mit der Wiederaufrüstung begonnen hatte. Die Weimarer Republik hatte dieses Programm 1929 auf den Weg gebracht, als nur 2,6 Prozent der deutschen Wähler Hitler unterstützten. Britische Agenten hatten festgestellt, daß die Deutschen für »Artillerie, Munition für Handfeuerwaffen und Material für den Gasschutz« zwei Millionen Pfund mehr ausgegeben hatten als die Briten. So erfuhr Winston, daß die britische Botschaft in Berlin in ihrem Jahresbericht von 1929 gemeldet hatte, daß »die notwendigen Bohrvorrichtungen für die verschiedenen Kaliber zur Herstellung moderner Waffen in verschiedenen, über ganz Deutschland verstreuten Fabriken vorbereitet und gelagert werden«.[71]

Die Royal Navy befand sich in den 30er Jahren – um mit Telford Taylor zu sprechen – »in einem höchst bedauernswerten Zustand«. In den beiden Jahrzehnten zwischen dem Ersten und dem Zweiten Weltkrieg wurden nur zwei Großkampfschiffe in Dienst gestellt, 1929 verringerte die Labourregierung die Zahl der neu zu bauenden Kreuzer und stellte die Arbeit an der Marinebasis in Singapur ein. Am 31. Mai 1933, als die Delegierten in Genf über beiderseitige Inspektionen militärischer Einrichtungen debattierten, sagten die für die britischen Streitkräfte verantwortlichen Minister dem Kabinett, solche Inspektionen würden »unseren erheblichen Mangel an Rüstungsgütern in der ganzen Welt bekanntmachen«. Ein Mann aus seinem Wahlkreis fragte Churchill: »Glauben Sie nicht, es ist höchste Zeit, daß der britische Löwe seine Zähne zeigt?« Dieser erwiderte unwillig: »Zuerst muß er zum Zahnarzt gehen.«[72]

Am Anfang waren viele Informanten Winstons unbekannte Leute, die nur wenig zu erzählen hatten, Ingenieure, Auslandskorrespondenten, Bankiers, Kaufleute, Touristen, Professoren und britische Offiziere in Zivil, die Deutschland besucht hatten, sowie Diplomaten aus neutralen Ländern, die ihre Angaben und Bewertungen durch dritte Personen weitergeben ließen oder gelegentlich unerwartet in Chartwell auftauchten. Flüchtlinge aus dem Dritten Reich wurden interviewt, und die Wissenschaftler unter ihnen wurden ausführlich vom Prof befragt, der immer weniger Zeit für Oxford zu haben schien und sich immer mehr damit beschäftigte, Winston über die neuesten militärtechnischen Entwicklungen wie Radar, Lenkwaffen, Militärflugzeuge und Explosivstoffe auf dem laufenden zu halten. In Winstons Puzzlespiel fand alles seinen Platz. Er knüpfte sogar Beziehungen zu dem sowjetischen Botschafter in Großbritannien, Maisky, an und traf sich bis Ende der 30er Jahre in regelmäßigen Abständen mit ihm.

Die Kontakte zu Leuten in der Nähe der britischen Machtzentren waren natürlich sehr viel ergiebiger. Es sind die Homogenität Englands und der enge Zusammenhalt innerhalb der einzelnen Gesellschaftsschichten, die das Land klein erscheinen lassen; innerhalb des Systems der privaten Internatsschulen konnten Empfehlungen unter Freunden alle nur denkbaren Beziehungen herstellen, sogar zum Königshaus. Hier wie in mancher anderen Hinsicht war die Tatsache, daß Churchill der privilegierten Klasse angehörte, ein großer Vorteil für ihn. Zu seinen Informanten gehörten sein Vetter zweiten Grades Lord Londonderry, der von 1931 bis 1935 Staatssekretär des Luftfahrtministeriums im Koalitionskabinett war; Sir Henry Strakosch, offizieller Berater des Kabinetts, und John Baker White, Direktor der Economic League, der Einzelheiten über die deutsche Aufrüstung sammelte, bei der Regierung kein Interesse dafür fand und Churchill einen großen Teil des von ihm zusammengestellten Materials überließ und, wie Winston trocken bemerkte, sehr umgänglich wurde, »als ich ihm klarmachte, daß wir nicht dafür bezahlt werden wollen«.[73]

Winstons Chefsekretärin, Violet Pearman, war mit dem Wing Commander Torr Anderson befreundet, der mit dem Distinguished Flying Cross ausgezeichnet worden war. Anderson machte sich Sorgen um die britische Luftverteidigung oder vielmehr um deren Fehlen und sprach in einer Teestube mit Mrs. Pearman darüber. Sie brachte ihn nach Chartwell mit, und nach einem langen Gespräch mit Anderson hatte Winston einen neuen Draht zur RAF, dem Teil der Streitkräfte, der ihm die größten Sorgen machte.

Zu den Aufgaben von Mrs. Pearman gehörte auch das Sortieren der täglichen Post. Der Posteingang war gewaltig. Die Briefe kamen aus allen möglichen Richtungen und mußten nach bestimmten Kategorien geordnet werden. Deutschland war vom Fieber des Militarismus ergriffen. Duff Cooper, Anfang der 30er Jahre Finanzsekretär im Heeresministerium und vorgesehen für höhere parlamentarische Posten, unternahm im September 1933 eine Reise durch Deutschland und Österreich. Er schrieb Winston, daß im ganzen Reich »überall und zu jeder Tages- und Nachtzeit Truppen marschierten, exerzierten und sangen«. Duff Cooper war überzeugt, daß Deutschland sich auf einen Krieg vorbereite und die Deutschen bereit seien, sich jederzeit jedem Land im Kampf zu stellen – »mit einer größeren allgemeinen Begeisterung, als sie eine ganze Nation jemals in einer solchen Vorbereitungsphase ge-

Winston, Clementine und Randolph nehmen am 20. Januar 1932 auf Einladung des Herzogs von Westminster in der Normandie an einer Reitjagd teil.

zeigt hat«. Ein pensionierter britischer Oberstleutnant, der für seine Gastfreundschaft gegenüber jungen Leuten vom europäischen Kontinent, die das Vereinigte Königreich besuchten, bekannt war, schrieb an Winston: »Vorige Woche habe ich mit vier jungen Nazistudenten zu Abend gegessen. Man hatte sie nach England geschickt, um uns zu sagen, was die Hitlerbewegung für die deutsche Jugend tut. Es klang alles sehr unerfreulich, obwohl es ihnen zu gefallen schien. Sie machten auch kein Geheimnis aus ihrer Überzeugung, Deutschland werde sich nach drei oder vier Jahren im Krieg befinden.«[74]

Zu Churchills wichtigsten Nachrichtenquellen gehörte Major Desmond Morton, ein schlanker, eleganter Mann mit tiefliegenden Augen und einem gepflegten Schnurrbart, dessen Landhaus nicht weit von

Chartwell auf der anderen Seite der Hügelkette lag. 1917 war Morton bei Arras durch einen Herzschuß schwer verwundet worden. Nach seiner Genesung hatte er für den militärischen Nachrichtendienst gearbeitet und war nach dem Waffenstillstand Churchill unterstellt worden, der damals Kriegs- und Luftfahrtminister war. Jetzt war er in das Außenministerium versetzt worden, wo es kaum etwas für ihn zu tun gab. Deshalb konnte er über einen großen Teil seiner Zeit frei verfügen. Er wußte, daß Churchill an seiner sechsbändigen Geschichte des Großen Krieges arbeitete, und bot ihm als guter Nachbar seine Hilfe an. Dieses Angebot wurde gern angenommen, und die beiden Männer wurden gute Freunde. Der Name Mortons taucht in den Papieren Churchills zum ersten Mal in einem Brief von Clementine an Winston auf, der damals die Vereinigten Staaten bereiste. Der Brief ist vom 31. August 1929 datiert, und Morton wird nur ganz kurz darin erwähnt: »Major Morton war zum Essen bei uns und half, Mr. Lennox Boyd bei Laune zu halten, um den sich sechs Katzen versammelt hatten.«[75]

Der Besuch Mortons wurde absichtlich nur nebenbei erwähnt. Winston teilte alles mit seiner Frau – nach Ausbruch der Feindseligkeiten im Jahr 1914, als er Erster Lord der Admiralität war, hatte sie mehr über die Operationen der britischen Kriegsflotte gewußt als die meisten Kabinettsminister –, aber vor sieben Monaten hatten sich die Beziehungen zwischen Churchill und Morton verändert und waren in eine delikate, um nicht zu sagen gefährliche Phase getreten. Der Major hatte eine streng geheime Aufgabe übernommen. Er war zum Chef des Ausschusses für den industriellen Nachrichtendienst der britischen Streitkräfte ernannt worden mit der offiziellen Anweisung, »die Pläne für die Produktion von Rüstungsgütern und deren Lagerung im Ausland aufzudecken und darüber zu berichten«. Er teilte die Besorgnis Winstons hinsichtlich des deutschen Militarismus. Da die beiden Männer in der gleichen Gegend wohnten, konnten sie sich zu gemeinsamen Spaziergängen treffen und ihre vertraulichen Gespräche fortsetzen, ohne daß es irgend jemandem auffiel. Lange bevor Hitler die Aufstellung der deutschen Luftwaffe offiziell bekanntgab, wußte Churchill durch Morton, daß Tausende junger deutscher Flieger und Mitglieder von Segelfliegerclubs darauf vorbereitet waren, auf eine entsprechende Anweisung aus Berlin in die Jagdflieger- und Bomberverbände einzurücken.[76]

Ende Juni 1933, das Dritte Reich war kaum fünf Monate alt, rief Morton in Chartwell an und bat Churchill um eine sofortige Zusammenkunft. Der britische Nachrichtendienst hatte einen streng geheimen Bericht von Group Captain J. H. Herring, dem Luftwaffenattaché in Berlin, bekommen: Die Deutschen begannen mit der Produktion von Militärflugzeugen. Und Hitler hatte alle Besitzer von Privatflugzeugen

Major (später Sir) Desmond Morton,
ein in der Nachbarschaft von Chartwell lebender
wichtiger Informant Churchills.

angewiesen, sich in seinem neuen Luftfahrtministerium registrieren zu lassen, was, wie Herring schrieb, bedeute, daß »auf diesem Gebiet mobil gemacht wird«. Praktisch sei Hitler »schon damit beschäftigt, seine Luftwaffe aufzustellen«. Am Schluß seines Berichts sagte der Attaché voraus, sobald die Registrierung abgeschlossen und die Kommandostruktur eingerichtet seien, »wird die ganze deutsche Luftfahrt so lange ein von der Regierung kontrollierter Teil des öffentlichen Lebens bleiben, wie das Naziregime dauert«.[77]

Morton blieb auch weiterhin eine wichtige Quelle für vertrauliche Informationen, aber nicht die einzige. Heute erscheinen uns die Methoden, mit denen sich Churchill vertrauliche Nachrichten verschaffte, dilettantisch. Die Abteilung MI 5, der interne Sicherheitsdienst, würde seine Informanten sehr bald aufgespürt haben. Zu ihrem Glück – und zum Nutzen Englands – hatte Scotland Yard damals noch keine Spezialabteilung eingerichtet, um Zivilbeamte und Offiziere der Streitkräfte aufzuspüren, die man später als Sicherheitsrisiken bezeichnete. Der Amerikaner Henry Stimson, der damals eine wichtige Rolle im öffentlichen Leben spielte, hat einmal gesagt: »Die einzige Möglichkeit, einen Menschen vertrauenswürdig zu machen, besteht darin, ihm zu vertrauen, und die sicherste Methode, ihm die Vertrauenswürdigkeit zu nehmen, ist es, ihn zu verdächtigen und ihm dieses Mißtrauen zu zeigen.«[78] Später haben Akademiker aus Cambridge diesen Glaubensartikel der britischen Oberschicht mißbraucht und sind sowjetische Agenten geworden, aber die Männer, von denen sich Churchill informieren ließ, waren ihrem König und ihrem Lande treu ergeben.

Zur Zeit der Abrüstungsgespräche in der Schweiz gehörte Winston zu den bestinformierten Persönlichkeiten in England. Er stellte fest, daß er im Unterhaus zwar als Paria behandelt wurde, gewisse britische Ministerialbeamte in Schlüsselstellungen in ihm jedoch einen Helden sahen. Besonders nützlich war es für Winston, daß er lange Zeit den verschiedensten Regierungen unter Campbell-Bannerman, Asquith, Lloyd George und Baldwin angehört hatte. Hunderte von Persönlichkeiten im öffentlichen Leben, in der Finanzwelt, der Presse und – das war besonders wichtig – Personen, die in den unscheinbaren kleinen Büros an den langen düsteren Gängen von Whitehall arbeiteten, kannten ihn. In 20 langen Dienstjahren hatte Winston sieben verschiedene Ministerien geleitet. Mit Sir Robert Vansittart verband ihn zum Beispiel seit 1902 eine enge Freundschaft. Die Ministerialbeamten wußten, daß schon bald Englands Überleben auf dem Spiel stehen konnte. Wie der stellvertretende Leiter der Zentralabteilung des Auswärtigen Amts es ausdrückte, hatten sie das Gefühl, der verantwortliche Minister, Außenminister Sir John Simon, wolle nichts von »unangenehmen Dingen« wissen.[79]

So kam es denn, daß schon zu der Zeit, als Hitler seine Machtstellung festigte, die ersten vorsichtigen Berichte und Denkschriften, die eigentlich nicht für Winston bestimmt waren, den Weg zu ihm fanden. Im Lauf der Zeit wurde dieser Informationsfluß zu einem immer breiteren Strom, bis Churchill, wie Professor Herbert G. Nicholas von der Universität Oxford schreibt, »unterstützt von einer kleinen, aber treuen persönlichen Gefolgschaft, in Chartwell ein privates Informationszentrum aufbaute, das oft über bessere Informationen verfügte als die Regierung«.[80] Die Ministerialbeamten, die ihn mit vertraulichen Nachrichten versorgten, waren hochgebildete, gutunterrichtete, bescheidene und schlecht bezahlte Männer, die in Wirklichkeit England und das Britische Weltreich regierten. Der Premierminister und das Kabinett machten die Politik, aber sie mußten sich darauf verlassen, von ih-

David Lloyd George, britischer Premierminister im Ersten Weltkrieg, und Churchill im November 1934. Vor einem Jahr hatte die BBC sich aus Rücksicht auf das nationalsozialistische Deutschland geweigert, Lloyd George, Churchill und Sir Austen Chamberlain, einen angesehenen ehemaligen britischen Außenminister, in einer Reihe von politischen Rundfunksendungen sprechen zu lassen.

ren ständigen Unterstaatssekretären und den unteren Rängen erfahrener Spezialisten zutreffend unterrichtet zu werden. Diese Beamten behielten ihre Stellungen, während Regierungen kamen und gingen. Sie gehörten keiner Partei an. Aber sie wußten, wann die Interessen Großbritanniens gefährdet waren und die Öffentlichkeit falsch unterrichtet wurde. Sir John Simon erhielt täglich Berichte von Vansittart, Ralph Wigram und deren Mitarbeitern. Wenn Simon die politische Lage im Unterhaus nicht der Wahrheit entsprechend darstellte, erregten sich die Männer im Auswärtigen Amt, aber dergleichen gab es schon seit Generationen, und sie hatten sich im Lauf der Zeit mehr oder weniger damit abgefunden. Es gab jedoch einen Unterschied zwischen Manipulationen im Interesse des politischen Nutzens und einem Verhalten, das an Hochverrat grenzte und die Existenz Englands gefährdete. Diese Grenze hatte es immer gegeben, und jeder vernünftige Mensch hatte gewußt, wann sie überschritten worden war. Aber in der Vergangenheit war das nur selten vorgekommen. Doch jetzt geschah es so häufig, daß die Unterschiede verwischt wurden und nicht mehr deutlich zu erkennen waren. Die bescheidenen Männer mit ihren schwarzen Melonen, dem unvermeidlichen Regenschirm und der neuesten Ausgabe der *Times* unter dem Arm wurden zusehends besorgter. Einige von ihnen beschlossen, sich mit Churchill in Verbindung zu setzen. Das konnte unter Umständen unangenehme Folgen haben. Sie riskierten damit nicht nur ihre Stellung, sondern auch eine Gefängnisstrafe, denn die Regierung konnte, wie einer seiner Informanten Winston sagte, »jederzeit das Geheimhaltungsgesetz anwenden«. Nach den Bestimmungen dieser Official Secrets Act, die in den Vereinigten Staaten gegen die Verfassung verstoßen würde, ist es ein Verbrechen, irgendwelche Informationen aus dem Bereich der Regierung preiszugeben, auch wenn auf diese Weise Mißstände bloßgestellt werden sollen. Wie Anthony Lewis in der *New York Times* schrieb, wird mit diesem Gesetz »die Presse eingeschüchtert und die Möglichkeit, politische Fragen öffentlich zu diskutieren, eingeschränkt«. Wenn der Historiker heute zu der Auffassung kommt, Churchill habe England gerettet, dann dürfen auch die gewissenhaften und oft anonym gebliebenen Männer nicht vergessen werden, die es um ihres Landes willen auf sich nahmen, ihren wirtschaftlichen Ruin und hohe Gefängnisstrafen zu riskieren.[81]

Zum ersten wichtigen Kontakt mit Chartwell kam es im Frühjahr 1933, als Spannungen innerhalb der britischen Delegation in Genf zu einer Spaltung im Außenministerium führten. A. C. Temperley, einer der frustrierten britischen Delegierten, wagte laut zu sagen, was jeder dachte – daß es absurd war, von Abrüstung zu sprechen, während Hitler im geheimen aufrüstete. Dann äußerte er seine Meinung auch schriftlich: »Können wir es uns leisten zu ignorieren, was hinter den Kulissen in Deutschland vorgeht?« Er schrieb, wenn man den Nazis nicht Einhalt gebiete, werde sich Hitler mit nichts weniger zufriedengeben als der Annexion von ganz Europa. Temperley schlug vor, den Deutschen ein Ultimatum zu stellen: Berlin solle die Aufrüstung einstellen, und für den Fall, daß sich die Nazis weigerten, müsse dies nötigenfalls »mit Gewalt« erzwungen werden. Er war überzeugt, daß eine solche Drohung ihre Wirkung zeigen werde. Noch sei die Arroganz der Nationalsozialisten eine Fassade. Deutschland könne »gegen die französische Armee und unsere Flotte nichts ausrichten. Trotz seiner bombastischen Reden wird Hitler nachgeben müssen. Ein entschiedenes gemeinsames Vorgehen … wird seine Wirkung nicht verfehlen … Wir haben es mit einem tollwütigen Hund zu tun und müssen entschlossen zusammenstehen und dafür sorgen, daß er vernichtet oder zumindest so lange eingesperrt wird, bis die Krankheit ihren natürlichen Verlauf genommen hat.«

An den Rand des Schreibens von Temperley schrieb Vansittart »vollkommen einverstanden«. Dann empfahl er Eden, den Kabinettsmitgliedern Kopien dieses Schreibens zukommen zu lassen. Das geschah – wie Vansittart traurig feststellte – »ohne irgendeine Wirkung zu zeigen«. Reginald (»Rex«) Leeper, der Chef der Nachrichtenabteilung des Auswärtigen Amts, setzte den Angriff fort. Temperley hatte sein Schreiben an Leeper gerichtet, da er wußte, daß dieser die Auffassung vertrat, Großbritannien solle etwas gegen die Wiederaufrüstung Deutschlands unternehmen. Nachdem das Kabinett den Vorschlag, den Nazis ein Ultimatum zu stellen, abgelehnt hatte, sagte Leeper, er wisse genau, wie und wann man sie in die Falle locken könne, und zwar jetzt auf der Konferenz in Genf. Nachdem ein deutscher Delegierter »im unverkennbaren Hitlerjargon« gesprochen hatte, sollten, wie er vorschlug, die Briten und Franzosen »einer nach dem anderen« aufstehen und darlegen, was im Ruhrgebiet geschah. Leeper schrieb, er wisse, das sei ein »sensationeller Schritt«, aber wenn die Genfer Gespräche in der gegenwärtigen Richtung weiterliefen, würde die Konferenz »ihrem sicheren Tod entgegengehen«, und die Munitionsfabriken an der Ruhr würden in beschleunigtem Tempo weiterproduzieren.[82]

Der Premierminister und Simon hatten versucht, das Problem auf andere Weise zu lösen. Am 16. Juni 1932 war MacDonald mit Franz von Papen, dem damaligen deutschen Reichskanzler, zusammengetroffen. Das Ergebnis dieses Gesprächs war eine Reduzierung der deutschen Reparationen auf die symbolische Summe von 3000 Reichsmark gewesen. Obwohl Churchill scharfe Kritik am Vertrag von Versailles geübt hatte, mußten nach seiner Ansicht die in der Außenpolitik getroffenen Vereinbarungen eingehalten werden. Solche nebenher getroffenen bilateralen Abmachungen, die diese oder jene Vertragsklausel verletzten, schadeten der Integrität des Ganzen. Und Hitler, der auch den kleinsten Triumph in unverschämter und arroganter Weise auszunutzen suchte, erregte Winstons Zorn mit der hämischen Erklärung, diese 3000 Reichsmark würden in wenigen Monaten »nur noch ein paar Mark wert sein«. Der erboste Churchill meldete sich im Unterhaus zu Wort und sagte, die großzügigen amerikanischen Kredite der 20er Jahre, mit denen es Deutschland ermöglicht werden sollte, seine Reparationen zu zahlen, seien in Wirklichkeit dazu verwendet worden, die deutsche Industrie zu modernisieren, und zwar die Fabriken, die nun schneller Rüstungsgüter herstellen konnten als die britischen und französischen. Er verlange eine entschlossene Antwort auf die deutsche Herausforderung.

Aber die Koalition marschierte zum Takt eines ganz anderen Trommlers. Der Außenminister behauptete, wenn man die Deutschen verärgere, werde das katastrophale Folgen haben. Er und der Premierminister waren entschlossen, aus der Schweiz mit Deutschlands Unterschrift unter einem Abrüstungsvertrag nach Hause zu kommen, und niemand am Kabinettstisch wagte einzuwenden, daß dafür unter Umständen ein zu hoher Preis bezahlt werden müsse. Leepers Vorschlag wurde deshalb abgelehnt. Die Folgen seiner Zurückweisung waren jedoch schwerwiegender, als es sich die Kabinettsmitglieder vorstellen konnten, denn nun gelang es Winston, tief in die Geheimnisse des gegenüber der Downing Street Nr. 10 gelegenen Außenministeriums einzudringen. Das Ministerium mit dem von ihm geschaffenen Nachrichtennetz wurde zu seiner wertvollsten Nachrichtenquelle. Zu seinen Freunden gehörten Vansittart, Rex Leeper und – im Allerheiligsten des Außenministeriums, der Zentralabteilung – Ralph Wigram, der Chef dieser Abteilung, sowie seine unmittelbaren Untergebenen, Michael Creswell und Valentine Lawford.

Jeder, der Wigram gekannt hat, erinnert sich an ihn als eine unerhört charmante Persönlichkeit. Der erste Eindruck, den Lawford von ihm hatte, war, daß es sich um einen »wohlerzogenen, jugendlich aussehenden, schüchternen, bescheidenen und in seinen Äußerungen zurückhaltenden« Mann handelte. Nachdem er in Eton zur Schule gegangen war und in Oxford studiert hatte, war er in seiner diplomatischen Laufbahn rasch vorangekommen und hatte den begehrtesten Auslandsvertretungen angehört. 1933 wurde er im Alter von 43 Jahren als Kommandeur des St. Michael- und St. George-Ordens (CMG) in das Außenministerium zurückversetzt und im folgenden Jahr zum Botschaftsrat befördert. Vom Tage der Machtergreifung Hitlers in Deutschland an hatten Wigram und Vansittart die Entwicklungen im Dritten Reich mit wachsender Sorge beobachtet. Nun beschlossen sie, ihre Erkenntnisse mit Churchill zu teilen. Am 26. Oktober 1934 schickte Wigram seinen ersten inhaltsreichen Bericht mit Creswell und Morton nach Chartwell. Darin schrieb er, die Zentralabteilung habe erfahren, daß die Nazis »daran arbeiten, eine Offensivarmee aufzustellen; in zwei Jahren rechnen sie damit, über 1000 einsatzfähige Militärflugzeuge zu verfügen«. Das sei noch keine unmittelbare Bedrohung. Sie müßten »wahnsinnig sein... wenn sie sich in nächster Zukunft auf irgendein Glücksspiel einlassen wollten«. Er schrieb jedoch, 1938 »werden wir es mit einem sehr viel stärkeren Deutschland zu tun haben«. Die Zentralabteilung hatte sich das Protokoll eines langen Gesprächs zwischen Hitler und Admiral

Erich Raeder vom Juni verschafft, in dem es am Schluß hieß, der Führer verlange absolute Geheimhaltung hinsichtlich des Baus von U-Booten. Am 19. November 1934 waren die Sorgen des Botschaftsrats erheblich gewachsen. Hitler verfügte jetzt über eine Armee mit 300 000 Mann, deren Mannschaftsstärke täglich zunahm. Der in Versailles verbotene deutsche Generalstab des Heeres war neu geschaffen worden und nahm wieder seine alte Stellung ein. Weiter berichtete Wigram, daß die Reichswehr seit der Machtübernahme durch Hitler nicht mehr, wie das bisher üblich gewesen war, alljährlich die Stellenbesetzungsliste für Offiziere veröffentlichte. Hätte sie es getan, dann wäre daraus die rasche Heeresvermehrung ersichtlich gewesen.[83]

Wigram empfahl, die britische Regierung solle sofort beginnen, ihren Vorrat an Rüstungsmaterial zu vergrößern und die Industrie auf die Rüstungsproduktion umzustellen. Das Deutsche Reich werde schon bald militärisch stark genug sein, um sich allen Versuchen der Alliierten widersetzen zu können, die Einhaltung der Bedingungen des Versailler Vertrags zu erzwingen. Er sagte voraus, die Deutschen würden das sehr bald selbst zugeben. Bevor sie stark genug sein würden, »einen Angriffskrieg zu führen«, werde Hitler die Stärke seiner Armee demonstrieren, um andere europäische Mächte zu erpressen. Der Botschaftsrat erklärte in seinem Bericht, die Nazis würden »zunehmend arroganter und entschieden aggressiv werden. Anstatt zu protestieren und sich über ihre Benachteiligung zu beschweren, werden die Deutschen Forderungen aufstellen und Rechte geltend machen.« Sobald Hitler über die stärkste Armee der Welt verfüge, werde er »seine Aufmerksamkeit der Eingliederung Österreichs und dem Vordringen nach Mitteleuropa« zuwenden. Wigrams Empfehlungen standen am Schluß dieser Denkschrift. Wenn Großbritannien die militärische Aufrüstung Deutschlands als vollendete Tatsache hinnähme, würde es sich Frankreich entfremden. Sobald die Front der westlichen Demokratien zerbrochen sei, werde kein anderes Bündnis auf dem europäischen Kontinent es wagen, Hitler Widerstand zu leisten. Deshalb schlug er vor, Whitehall und der Quai d'Orsay sollten das Deutsche Reich vor dem Völkerbund wegen der Verletzung des Versailler Vertrags anklagen. Diese Strategie, so meinte er, würde »uns die Gelegenheit geben, die öffentliche Meinung über das Wesen der deutschen Wiederaufrüstung aufzuklären«. Auf diese Weise gewarnt, würden sich, wie Wigram glaubte, auch die Belgier und Holländer der antinazistischen Allianz anschließen.

Liest man dieses vergilbte Dokument heute, dann zeigt es einen Scharfsinn und Weitblick, wie man sie sonst nur selten in britischen Archiven jener Jahre finden wird. Und doch wurde es nach Vorlage beim

Außenminister, dem Premierminister und den übrigen Kabinettsmitgliedern mit Stellungnahmen zurückgegeben, die nur als feindselig oder bestenfalls gleichgültig interpretiert werden konnten. Vor einer Debatte im Unterhaus gingen die ranghöheren Ministerialbeamten ins Parlament, betraten den »Zeugenstand« und beantworteten die Fragen der Minister. Creswell erinnert sich: »Man hatte immer wieder das Gefühl, daß es ihnen vor allem darauf ankam, die Debatte möglichst schnell hinter sich zu bringen.« Was in der Welt geschah, beschäftigte sie nicht besonders. Sie hatten sich nicht intensiv mit den Lagebeurteilungen und Empfehlungen des Außenministeriums auseinandergesetzt, sondern dessen Papiere nur flüchtig durchgeblättert. Und auf diese Weise blieb ihnen auch die geheime Verbindung Churchills zu den Ministerialbeamten verborgen. Wenn man heute die Protokolle jener Parlamentsdebatten liest, kann man sich das Erstaunen der Minister vorstellen, als Churchill im Unterhaus aufstand und ihnen Tatsachen und Zahlen vorlegte, die aus dem Nichts zu kommen schienen – aber anschließend stets bestätigt wurden. Hätten Simon oder Hoare ihre Hausaufgaben gemacht, dann hätten sie erkannt, daß Churchill Zugang zu Dokumenten hatte, die den Stempel »streng geheim« trugen.

Am Anfang lief der Informationsfluß von Wigram über Creswell und Morton zu Churchill. Später kam Frau Wigram zum Wochenende nach Chartwell und brachte die Analysen mit, die ihr Mann für eine Regierung verfaßt hatte, die sich nicht dafür interessierte. Nach einiger Zeit folgte Ralph seiner Frau und blieb über Nacht. Wenn es sich aber um eine dringende Angelegenheit handelte, dann ließ sie sich in London schneller und sicherer erledigen. Wigrams Haus lag an der North Street Nr. 4 (heute ist es die Great Peter Street), drei Blocks vom Parlament entfernt und nicht weit von Churchills Absteigequartier in den Morpeth Mansions.

Obwohl sich Churchill niemals schriftlich über diese Zusammenkünfte geäußert hat – Creswell hat erst neun Jahre nach Winstons Tod zum ersten Mal darüber berichtet –, darf man vermuten, daß sie seinem Sinn für romantische Abenteuer entsprochen haben; die heimlichen Telefongespräche, die eiligen Gänge durch die nebligen Straßen Londons, das Risiko, entdeckt zu werden, die gespannte Erwartung beim Öffnen der braunen Geschäftsumschläge, die weder eine Anschrift noch einen Absender trugen, aber Pläne und Einzelheiten enthielten, von denen seine politischen Gegner im Parlament nicht ahnen konnten, daß er sie besaß, und schließlich die bildhafte Vorstellung von ihrem Ärger, wenn sie dies alles wüßten.

Wigrams Informationen bestanden aus präzise und knapp dargestellten Tatsachen. So konnte Churchill die neuesten Berichte des Außenministeriums über den Aufbau der deutschen Luftwaffe lesen. Schon Anfang Mai 1935 lagen ihm Meldungen über die nationalsozialistische Propaganda bei den Sudetendeutschen in der Tschechoslowakei, Zahlenangaben über die deutsche Artillerie, die Panzerverbände und andere Rüstungsvorhaben und schriftliche Entwürfe für Hitlers Reden vor. Winston durfte seine Quellen natürlich nicht nennen und unterlag daher manchmal in einer Parlamentsdebatte, obwohl er überzeugende Beweise in der Hand hatte. Aber im Lauf der Zeit war er ebenso gut informiert wie der Premierminister und in mancher Hinsicht sogar besser, weil gewisse Dokumente, deren Inhalt nicht mit der Beschwichtigungspolitik der Regierung übereinstimmte, entweder vor der Vorlage beim Premierminister geändert oder ihm gar nicht vorgelegt wurden. Doch Winston hatte die Originale gesehen, und zwar vorher. Sehr viel später hat Sir John Colville, der damals einer seiner wichtigsten Mitarbeiter war, Winstons Papiere aus den 30er Jahren durchgesehen und war überrascht von dem, was er dabei fand. Er schreibt: »Warum es die Regierung zugelassen hat..., daß ihre Beamten ihren gefährlichsten Gegner und Störenfried mit Munition versorgten, habe ich nie verstanden.« Colville meinte, weder der Premierminister noch der Außenminister wären damit einverstanden gewesen, und nach dem Zweiten Weltkrieg hatte er, wie er sich später erinnerte, »Churchill direkt danach gefragt und bekam eine für ihn uncharakteristische ausweichende Antwort. Winston sagte nur: ›Nehmen Sie noch einen kleinen Brandy.‹ «[84]

Die britische Öffentlichkeit wurde zwar von den Ministern, die die Wahrheit nicht erkennen wollten, nur sehr mangelhaft unterrichtet, aber da es eine freie Presse gab, erfuhr sie doch einiges über die schlimmsten Mißstände im Dritten Reich. Am 10. Mai 1933 hatten die Nazis ihre Verachtung für Kunst und Literatur damit dokumentiert, daß sie eine große Bücherverbrennung veranstalteten, der zahlreiche Werke der Psychologie und Philosophie und alles, was von Juden, Sozialisten und Liberalen geschrieben war, zum Opfer fiel. Am 1. Juli warfen deutsche Flugzeuge über Österreich Flugblätter ab, mit denen sie die Pläne der damals noch winzigen österreichischen Nazipartei unterstützten, die Regierung von Engelbert Dollfuß zu stürzen, die, obwohl klerikal-faschistisch, durch freie Wahlen an die Macht gekommen war. Seinen engsten Mitarbeitern hatte Hitler gesagt, wenn der Sturz von Dollfuß nicht gelinge, werde er ihn ermorden lassen.

Am 14. Juli löste der Reichskanzler die Koalition aus den Parteien auf, die ihn an die Macht gebracht hatten. Politische Reden oder Schriften, die sich nicht für die Nationalsozialisten aussprachen, wurden verboten. Die 230 Jahre alte *Vossische Zeitung*, eine der drei größten deutschen Zeitungen, die man mit der *Times* in London und der *New York*

Die sichtlich erregte dreizehnjährige Mary am 9. Mai 1935 mit ihren Eltern auf dem Weg zur Westminster Hall, wo sie die Reden zum 25. Jahrestag der Krönung von König Georg V. und Königin Mary hören wird.

Times vergleichen könnte, mußte ihr Erscheinen einstellen. Der jüdische Eigentümer des *Berliner Tageblatts* wurde enteignet, und die erfahrenen jüdischen Redakteure der *Frankfurter Zeitung* wurden durch Nazis ersetzt. Die beiden offiziellen Organe der nationalsozialistischen Partei, der *Völkische Beobachter* und *Der Angriff*, verherrlichten den nationalsozialistischen Straßenterror und brachten auf den Titelseiten schmeichlerische Fotos der Männer, die für die Entweihung der Synagogen verantwortlich waren. Deutsche, die es wagten, gegen die nazistischen Greueltaten zu protestieren, wurden in Dachau oder in anderen Konzentrationslagern eingeliefert. Den Lehrern wurde in ihrer offiziellen Fachzeitschrift *Der deutsche Erzieher* gesagt, *Mein Kampf* sei ihr »unfehlbarer Leitstern«. Wer das Buch wirklich gelesen hatte, konnte allerdings nicht daran zweifeln, daß Hitler die Kinder, für die sie verantwortlich waren, schließlich auf die Schlachtfelder eines Zweiten Weltkriegs führen würde.

Nachdem Churchill 1933 den Bericht des Group Captain Herring gelesen hatte, sagte er auf einer Wahlversammlung in Theydon Bois seinen Zuhörern, Mitteleuropa läge unter einer »bösen und gefährlichen« Wolke. »Niemand kann die gegenwärtigen Ereignisse in Deutschland ohne zunehmend ernste Besorgnis im Hinblick auf ihre Folgen beobachten. Noch ist Deutschland nur zum Teil gerüstet, und die Aggressionen der Deutschen richten sich in erster Linie gegen ihre eigenen Landsleute. Aber schon jetzt sind Deutschlands kleine Nachbarstaaten Österreich, die Schweiz, Belgien und Dänemark zutiefst beunruhigt. Es gibt gewichtige Gründe anzunehmen, daß sich Deutschland unter Mißachtung feierlich geschlossener Verträge bewaffnet oder sich zu bewaffnen sucht – Verträge, denen es in der Stunde seiner Niederlage hat zustimmen müssen.« Im Unterhaus sagte er: »In einem Augenblick wie diesem Frankreich aufzufordern, seine Armee zu halbieren, während Deutschland die Stärke seiner Streitkräfte verdoppelt, von Frankreich zu verlangen, daß es seine Luftwaffe halbiere, während die deutsche Luftwaffe ihre Stärke behält, das sind Vorschläge, welche die französische Regierung, jedenfalls gegenwärtig, wahrscheinlich als nicht ganz gerechtfertigt ansehen wird.«[85]

Doch in Genf fand der Quai d'Orsay in seiner Isolierung nur wenig Unterstützung. Das mag jeden verwundern, der sich noch an das große Bündnis von 1914 bis 1918 erinnert. Aber England und Frankreich waren vorher fast 1000 Jahre verfeindet gewesen und waren über den Ärmelkanal hinweg einander immer wieder an die Kehle gegangen. Die Franzosen glaubten, sie verhielten sich in Genf ohne Furcht und Tadel. In Wirklichkeit taten sie es nicht. Die Delegierten aus Paris fragten ihre neuen Verbündeten in Osteuropa nicht, »was können wir für euch tun?«, sondern »was könnt ihr für uns tun?«. Die instinktive Reaktion der Franzosen auf militärische Katastrophen in den Jahren 1870 und 1914 – 1940 hörte man sie wieder – war der Aufschrei *»Nous sommes trahis!«* (Wir sind verraten!) Als sich die anderen Nationen in Genf von ihnen distanzierten, erklärte der französische Außenminister: »In Zukunft wird Frankreich seine Sicherheit mit eigenen Mitteln garantieren.« Alistair Horne meint dazu: »Die arrogante Torheit (dieser Erklärung) läßt sich kaum übertreffen.«[86]

Wären die Abrüstungsgespräche in Genf weitergegangen, hätte Frankreich, wie aus den Akten des britischen Außenministeriums hervorgeht, seinen größten Verbündeten im Stich gelassen. Aber soweit kam es auf der Konferenz gar nicht. Am 27. März hatte Japan, gekränkt durch die Verurteilung seines aggressiven Vorgehens in der Mandschurei, erklärt, es werde aus dem Völkerbund austreten. Das war ein Präzedenzfall, der Hitler zusagte. Er fühlte sich durch den Beschluß der Konferenzteilnehmer provoziert, seine jetzt 500000 Mann starke SA als Kampftruppe anzusehen, und erklärte, daß die vom Völkerbund angeordneten Kontrollflüge über deutsches Staatsgebiet zur Überprüfung der Einhaltung der Vertragsbestimmungen durch das Deutsche Reich erniedrigend seien. Angesichts französischer Provokationen weigere sich das Deutsche Reich, sich für seine ruhmreiche Vergangenheit zu entschuldigen. Es gäbe auch keinen Anlaß, seine gegenwärtige Position zu begründen. Das Reich sei ein souveräner Staat, auch wenn es nicht als solcher behandelt werde, was unerträglich und »unverschämt« sei.[87]

Präsident Roosevelt hatte versucht, den Streit zwischen den Delegierten dadurch zu schlichten, daß er ein Verbot aller Offensivwaffen vorschlug. Persönlich war Hitler erbost, erkannte aber sofort die sich ihm dadurch bietenden politischen Möglichkeiten und nutzte sie am 17. Mai 1933 in einer die Menschen bewegenden, atemberaubend demagogischen Reichstagsrede. Er drückte Roosevelt den Dank des Reiches aus, stimmte dem Vorschlag des Präsidenten zu und erklärte, er sei bereit, die deutschen Offensivwaffen zu verschrotten, sobald die anderen Mächte das gleiche täten. Deutschland sei in der Tat willens, seine gesamten Streitkräfte mit allen Uniformen, Waffen und Munition unter diesen Voraussetzungen aufzulösen und jeden Nichtangriffspakt zu unterschreiben, weil es nicht daran denke, irgend jemanden anzugreifen, sondern nur auf seine Sicherheit bedacht sei. Die Nationalsozialisten hätten nicht den Ehrgeiz, andere Nationen zu germanisieren. Franzosen, Polen und andere seien die Nachbarn Deutschlands, und es gäbe keine vorstellbare historische Entwicklung, die an dieser Tatsache etwas ändern könnte.[88]

Diese Rede war die erste Version der von den Diplomaten später als Friedensreden Hitlers bezeichneten Auftritte des Führers, die er nach jeder deutschen Aggression halten und in denen er der Welt versichern sollte, daß niemand sehnsüchtiger den Frieden herbeiwünsche als er und er nun keine weiteren territorialen Ansprüche mehr in Europa stelle. Seine Reaktion auf die Initiative Roosevelts war natürlich ein Täuschungsmanöver, aber sie war das Werk eines genialen Betrügers, und fast jeder glaubte ihm. Das offizielle Organ der Labour Party, die Londoner Zeitung *Daily Herald*, schrieb, Hitler solle als vertrauenswürdiger Staatsmann beim Wort genommen werden. Die konservative Wochenzeitung *Spectator* nannte ihn die Hoffnung einer gequälten Welt, und für die *Times* waren seine Behauptungen einfach »unwiderlegbar«.[89]

Aber die Sache hatte einen Haken, und Churchill hatte ihn sofort erkannt. Wenn Hitler sich bereit erklärte, abzurüsten, sobald die anderen Mächte das gleiche täten, dann war das zugleich die Bestätigung des deutschen Anspruchs auf die Wiederaufrüstung, der von keiner fremden Macht bestritten werden dürfe. Winston versuchte zwar, dies den Abgeordneten im Unterhaus klarzumachen, aber schon nach wenigen Minuten leerten sich die Bänke, und die Parlamentarier verließen den Raum. Der deutsche Reichskanzler hatte den britischen Parlamentsabgeordneten ein Geschenk gemacht und ihnen eingeredet, er habe nicht die Absicht, als großer Feldherr in die Geschichte einzugehen, und Churchill hatte versucht, ihnen diese Illusion zu rauben. Beaverbrook schrieb an einen Freund: »Wenn er an seinem gegenwärtigen Kurs festhält, wäre ich nicht überrascht, wenn Baldwin ihm in seinem Wahlkreis Redeverbot auferlegt. Und glauben Sie mir, Baldwin kann das tun.«[90]

Doch jedesmal, wenn es den Anschein hatte, daß Churchill gezwungen werden würde, seine politische Laufbahn aufzugeben, wurde er von Hitler gerettet, der mit seinem brutalen Vorgehen und den sich ständig wiederholenden flagranten Verstößen gegen das Völkerrecht seine jüngsten Friedensbeteuerungen ad absurdum führte. Seine handstreichartigen Unternehmungen vor dem Kriege überraschten eine Welt, die es gewohnt war, es mit geistig normalen politischen Führern zu tun zu haben, und die nicht begreifen konnte, daß Hitler ein Wahnsinniger war. Am 14. Oktober 1933 gab er ohne Vorwarnung drei Erklärungen ab. Die wichtigste war, daß Deutschland sich nicht länger an der Abrüstungskonferenz beteiligen und aus dem Völkerbund austreten werde. Eine zweite hatte sich aus einem der häufig vorkommenden sprachlichen Mißverständnisse ergeben. Lord Hailsham, MacDonalds Kriegsminister, hatte Hitler gesagt, mit einer deutschen Wiederaufrüstung werde der Versailler Vertrag verletzt, nach den Vertragsbestimmungen müßten danach Sanktionen erfolgen. Das Wort Sanktionen bedeutet allgemein »Zwangsmaßnahmen«, aber Hitler verstand darunter die militärische Besetzung deutschen Gebiets und erklärte deshalb, wenn der Völkerbund versuchen sollte, gegen Deutschland mit Sanktionen vorzugehen, werde sein neuer Kriegsminister, General Werner von Blomberg, den deutschen Truppen befehlen, sich mit Waffengewalt dagegen zu wehren. Blomberg ordnete für diesen Fall auch wirklich eine Stationierung von Truppen an den Grenzen an, die »so lange wie möglich gehalten werden« sollten. Er und seine Offiziere wußten allerdings, daß sie im Ernstfall nicht lange Widerstand würden leisten können. Das Offizierskorps war jedenfalls außerordentlich beunruhigt.[91]

In seiner dritten und letzten Erklärung gab Hitler bekannt, daß er den Reichstag aufgelöst habe. Für die Wahlen zum neuen Reichstag würde es nur eine Einheitsliste mit nationalsozialistischen Kandidaten geben. Über seine Entscheidung, aus dem Völkerbund auszutreten, werde er einen Volksentscheid herbeiführen. Dabei sollten die Wähler nicht über die Frage der Abrüstung, sondern nur mit ja oder nein über die Einhaltung der Bestimmungen des Versailler Vertrags abstimmen. Stattfinden würde der Volksentscheid am 12. November, einen Tag nach dem Jahrestag des verhaßten Waffenstillstands. Ausländische Korrespondenten, von Berufs wegen mißtrauisch, besonders aber gegenüber den Nazis, beobachteten den Volksentscheid sehr genau, mußten aber zugeben, daß er ordnungsgemäß durchgeführt worden war. Etwa 96 Prozent aller Wahlberechtigten gingen an die Urnen, und 95 Prozent davon sprachen sich für den Austritt Deutschlands aus dem Völkerbund aus. Die nationalsozialistischen Kandidaten für den Reichstag bekamen 92 Prozent der Stimmen. Ausländische Politiker konnten nun nicht mehr daran zweifeln, daß der nationalsozialistische Kanzler die Unterstützung der Bevölkerung besaß. In der ganzen Geschichte des Deutschen Reichs war kein führender Politiker einschließlich des Kaisers so beliebt gewesen wie Hitler.[92]

Die Diplomaten in der Schweiz setzten ihre Gespräche indessen fort, bis sie im Juni 1934 ergebnislos abgebrochen wurden. Den Vorsitz hatte Arthur Henderson, ein Labourabgeordneter, gehabt, der in Anerkennung seiner unermüdlichen Bemühungen in Genf mit dem Friedensnobelpreis ausgezeichnet wurde. In seiner Schlußansprache machte er nach einem zeitgenössischen Bericht Frankreich »dafür verantwortlich, daß die Konferenz keine praktischen Ergebnisse gebracht hatte«. Die Franzosen wehrten sich empört gegen diese Behauptung, und die Geschichte hat sie bestätigt. Die anderen Konferenzteilnehmer taten es jedoch nicht.[93]

Die Schlangen vor den Volksküchen im Berliner Wedding waren verschwunden. Das Dritte Reich war die einzige Großmacht, in der es keine massive Arbeitslosigkeit, keine Armut und keinen Hunger mehr gab. Deutschland hatte die Folgen der weltweiten Wirtschaftsdepression überwunden. Seit Hitler am 30. Januar 1933 in die Reichskanzlei eingezogen war, hatte sich das Bruttosozialprodukt um 102 Prozent erhöht. Die Bevölkerung erlebte eine Periode des Wohlstands, der Euphorie und des glühenden Patriotismus, wie es ihn in diesem Land nicht mehr gegeben hatte, seit die ältere Generation vor 20 Jahren begeistert in den Krieg gezogen war. Der Aladin mit der Wunderlampe war Reichsbankpräsident Dr. Hjalmar Schacht. Die Fachleute auf dem Gebiet des Außenhandels hielten ihn für einen Zauberer. Er war zweifellos ein Finanzgenie, aber er befand sich insofern in einer besonders günstigen Position, als Hitler ihm eine sehr weitgehende Handlungsfreiheit eingeräumt hatte. Damit gelang es ihm durch die Manipulation der Währung, Kredite für ein Land ohne flüssiges Kapital oder Devisenreserven zu bekommen. Bei seinem währungspolitischen Jonglieren war er so geschickt, daß Bankfachleute zu einem bestimmten Zeitpunkt feststellten, daß es für die Reichsmark 237 verschiedene Umrechnungskurse gab.[94]

Europa hatte noch nie etwas Ähnliches erlebt, wohl aber Amerika. Unter Roosevelt hatten die neuen Wirtschaftler den Aufschwung in den Vereinigten Staaten schon ein Jahr vor dem August 1934 ermöglicht, als Hitler Schacht zum Reichswirtschaftsminister ernannte. Bei den Verhältnissen in beiden Ländern gab es jedoch einen entscheidenden Unterschied. Deutschland war bankrott, und mit einem Handelsdefizit in Höhe von nahezu einer halben Milliarde Reichsmark war Schacht nach geltendem Recht ein Krimineller. In der Londoner City oder an der Wall Street wäre er für seine Machenschaften mit Gefängnis bestraft worden. Aber im Dritten Reich durfte er sich sicher fühlen. Die Regierungsmitglieder kümmerten sich wenig um gesetzliche Vorschriften, Gerichte und die für den Devisen- und Wertpapierhandel geltenden Grundsätze. Die Erfolge des Dritten Reichs waren das Ergebnis einer kriminellen Verschwörung, eine Tatsache, die sich heute klar erkennen läßt, damals aber nur wenigen bewußt war. Als Reichspräsident von Hindenburg am 2. August 1934 im Alter von 86 Jahren starb, übernahm Hitler als Führer des Deutschen Reichs auch das Amt des Reichspräsidenten. Das war anders als seine Ernennung zum Reichskanzler ein Verstoß gegen geltendes Recht. Mit diesem Schritt beging Hitler einen schwerwiegenden Verstoß gegen die Bestimmungen der deutschen Verfassung, nach denen das Amt des Reichspräsidenten im Todesfall nicht vom Reichskanzler, sondern vom Präsidenten des Reichsgerichts so lange wahrgenommen werden sollte, bis das Volk einen neuen Präsidenten gewählt hatte.[95]

Gesetze sind nur wirksam, wenn ihre Befolgung von der staatlichen Autorität durchgesetzt wird und die Gesellschaft sich ihnen unterwirft. Aber in Deutschland waren die Männer, in deren Händen die Staatsgewalt lag, Betrüger, und die wenigen tapferen Menschen, die dagegen protestierten, daß aus einer Demokratie eine Diktatur geworden war, wurden von den SA-Horden zusammengeschlagen und anschließend in die Konzentrationslager eingeliefert, während ihre Angreifer frei ausgingen. Hitlers Biograph Alan Bullock schreibt, die braunen Horden hatten jetzt »das Verfügungsrecht über die Ressourcen eines großen modernen Staats; die Gosse war an die Macht gekommen«. Nun rief Hitler zur zweiten Volksabstimmung auf, in der sich die Bevölkerung dafür entscheiden sollte, ihm diktatorische Vollmachten zu geben. Von den Universitäten war kaum ein Wort des Protests zu hören, bedeutende jüdische Wissenschaftler hatten ihre Lehrstühle verlassen müssen oder waren ins Ausland gegangen. Die deutschen Industriellen hatten Hitler schon früher bei seinen Wahlkämpfen mit hohen Geldsummen unterstützt, da er ihnen versprochen hatte, die Gewerkschaften abzuschaffen. Keinen Einwand erhoben die Staatsbeamten, die darauf vereidigt worden waren, die Verfassung zu schützen und zu verteidigen, die nun vergewaltigt wurde. Keiner von ihnen trat aus Protest gegen diese Vergewaltigung von seinem Posten zurück. Am 19. August 1934 fand die Volksbefragung »über das Oberhaupt des Deutschen Reichs« statt, nachdem die Nazis eine Woche lang Massenversammlungen abgehalten und in den großen Städten Fackelzüge veranstaltet hatten, bei denen die SA Mord und Totschlag androhte, falls das Gesetz nicht zustande käme. Mehr als 42,5 Millionen Deutsche gingen zu den Wahlurnen. Das waren 95 Prozent aller Stimmberechtigten, 84 Prozent von ihnen stimmten dem Gesetz zu.[96]

Der selbsternannte Führer erklärte sich damit zum Staatsoberhaupt und Obersten Befehlshaber der Wehrmacht. Jeder deutsche Soldat wurde persönlich auf ihn vereidigt. Der Kaiser hatte niemals auch nur davon geträumt, von seinen Soldaten einen persönlichen Treueeid zu verlangen. Dieser Eid verpflichtete die Soldaten nicht der Regierung oder ihrem Vaterland, sondern verlangte von ihnen den absoluten Gehorsam gegenüber einer Einzelperson, von der man auch damals noch nicht wußte, ob sie auf die Dauer an der Macht bleiben würde. Zu ihrer Schande mußten die Soldaten »bei Gott« schwören, »Adolf Hitler, dem Führer des Deutschen Reiches und Volkes und Obersten Befehlshaber der Wehrmacht, unbedingten Gehorsam zu leisten und als tapferer Soldat bereit zu sein, für diesen Eid jederzeit das Leben einzusetzen«. Damit war Hitler der absolute Herrscher im mächtigsten Staat Europas, ein Phänomen, das es auf dem europäischen Kontinent seit Napoleon nicht mehr gegeben hatte.

Der Antisemitismus, der Churchill von Anfang an die größten Sorgen bereitet hatte, wurde jetzt zunehmend militanter. Seine Gewährsleute berichteten, daß in ganz Deutschland in den Restaurants, Kinos und Läden Schilder mit der Aufschrift »Juden unerwünscht« angebracht waren. Das tägliche Leben aller »Nichtarier« gestaltete sich zunehmend unerträglicher. Vor Lebensmittelgeschäften und Fleischerläden hingen Schilder mit der Aufschrift »Für Juden kein Zutritt«, es war ihnen nicht mehr möglich, Milch für ihre Säuglinge zu kaufen, in den Apotheken auf Rezept Medikamente zu bekommen oder in Hotels und Pensionen Unterkunft zu finden. Überall stießen sie auf Tafeln, die Juden den Zutritt verboten. Mitunter wurde ihre Rechtlosigkeit mit Aufschriften wie

»Juden betreten diesen Ort auf eigene Gefahr« demonstriert, und an einer gefährlichen Straßenkurve am Westufer des Rheins in der Höhe von Mannheim war ein Schild angebracht, auf dem zu lesen war: »Vorsicht! Scharfe Kurve! Juden 100 Stundenkilometer!«[97]

Wer 1936 die Berliner Olympiade besuchte, fragte seine deutschen Gastgeber natürlich, wie es gelungen sei, den Hunger zu überwinden und die Arbeitslosen von der Straße zu bekommen. Die Gastgeber erklärten ihnen dann, der Führer habe die Depression in Deutschland dadurch überwunden, daß er ein öffentliches Arbeitsprogramm geschaffen und die Produktivität der Privatunternehmungen gesteigert habe. Das klang plausibel, und die ausländischen Gäste glaubten es. Doch wer sich über die wirklichen Ursachen für den wirtschaftlichen Aufschwung in Deutschland ein zutreffendes Bild machen wollte, brauchte nur das Ruhrgebiet und das Industriegebiet im Rheinland zu besuchen, wo die großen Fabriken von Krupp, Thyssen, Flick und I. G. Farben wie überdimensionale Kathedralen aus dem Rauch herausragten, der Tag und Nacht aus ihren Schornsteinen quoll. Wer das sah, erkannte darin das für die Deutschen so charakteristische ungeheure Arbeitspotential. Zur Blütezeit der viktorianischen Epoche, als man England als die »größte Werkstatt der Welt« bezeichnete, hatten die Londoner ein Wort für das Geräusch, das so charakteristisch für eine Industriestadt ist. Es war »das Summen«. Jetzt war das Ruhrgebiet Deutschlands Bienenstock. Aber während das Erzeugnis der Biene etwas sehr Bekömmliches ist, waren die Industriearbeiter an der Ruhr damit beschäftigt, die Waffen für eine viel stärkere Armee zu schaffen, als es die Armee des Generals Erich Ludendorff im Jahr 1918 gewesen war.

Niemand, der in den 20er Jahren ein öffentliches Amt innegehabt hat, Churchill eingeschlossen, kann sich der Verantwortung dafür entziehen, daß die Verteidigungsfähigkeit Englands zwischen den Kriegen auf einen beängstigenden Tiefpunkt gesunken war. Nach dem Waffenstillstand war die Regierung unter Lloyd George auf Drängen Winstons der »Zehn-Jahre-Regel« gefolgt. Das heißt, sie hatte sich bei der Aufstellung des Verteidigungshaushalts von der Annahme leiten lassen, daß »innerhalb der nächsten zehn Jahre nicht mit einem größeren Krieg zu rechnen ist«. Diese Regel wurde Jahr um Jahr fortgeschrieben. Die Minister glaubten, es gäbe keinen Grund, sie fallenzulassen. Deutschland war entwaffnet; in Rußland herrschte das Chaos; Frankreich war pazifistisch und Amerika isolationistisch. Dennoch hatte Basil Liddell Hart schon 1929 im *Daily Telegraph* geschrieben: »Jede bedeutende ausländische Macht hat auffallende, ja beunruhigende Erhöhungen der Militärausgaben vorgenommen.« Dazu erklärte er, die britische Regierung »würde ihre Pflicht gegenüber dieser Nation nicht erfüllen, wenn sie unsere ohnedies geringe militärische Stärke noch drastischer reduzierte«. Die Admiralität empfahl den Bau einer U-Boot-Basis in Hongkong. »Wozu?« fragte Winston. »Ein Krieg mit Japan! Aber warum sollte es zu einem Krieg mit Japan kommen? Ich glaube nicht, daß es, solange wir leben, auch nur die geringste Möglichkeit dafür geben wird.«[98]

Churchill hatte ein ungewöhnliches, wenn auch unorthodoxes Verständnis für die Militärstrategie, war aber taktisch weniger begabt. Rückblickend wirkt das, was er über einzelne Waffen gesagt hat, reichlich eigenartig. So schrieb er in den *News of the World*, er habe starke Zweifel daran, daß der Panzer »jemals wieder die Bedeutung erlangen wird, die er 1918 gehabt hat... Heute haben das Panzerabwehrgewehr und die Panzerabwehrkanone eine solche Durchschlagskraft, daß es für den armen Panzer keine Panzerung gibt, die dick genug ist, um diesen Waffen zu widerstehen.« Die »Kriegführung der Zukunft« werde darin bestehen, »gegen starke Befestigungslinien zu kämpfen, die sich vom Angreifer kaum durchstoßen lassen... Die Vorstellung, daß riesige Massen motorisierter Fahrzeuge und Panzer in der Lage sein werden, diese Befestigungen zu überrennen, wird sich wahrscheinlich als Täuschung erweisen.« Er rechnete mit einer Erstarrung der Fronten. Ein Geländegewinn würde nur zu erreichen sein, wenn sich die Soldaten »wie Maulwürfe« vorarbeiteten. Zweifellos würden auch neue Waffen entwickelt werden, aber es werde keine dramatische technische Entwicklung geben: »Im Hinblick auf den nächsten Krieg ist eines sicher: die Armeen werden ihre Spaten häufiger benutzen als ihre Bajonette.«[99]

Er unterschätzte auch die Bedeutung der Luftstreitkräfte. 1936 führten ihn die ersten Berichte über den Bürgerkrieg in Spanien zu dem Schluß, die Ereignisse dort zeigten »eher die Grenzen als die Stärke der Luftwaffe« und bewiesen, daß »die Flugzeuge für die kämpfende Truppe eher eine zusätzliche Komplikation als eine entscheidende Waffe sind«. Dieser Umstand sowie die Tatsache, daß »das Unterseeboot zweifellos veraltet und überholt ist... sollte den westlichen Demokratien, soweit es die Meere und Ozeane betrifft, das Gefühl des Vertrauens und der Sicherheit geben«. Obwohl der amerikanische Fliegeroffizier, Brigadegeneral William (»Billy«) Mitchell, sechs ältere Schlachtschiffe auf dem Atlantik bombardiert und versenkt hatte, behauptete Churchill noch am 14. Januar 1939 in der amerikanischen Zeitschrift *Collier's*, »selbst ein einziges gut bewaffnetes Schiff wird sich erfolgreich gegen Angriffe aus der Luft verteidigen können«.[100]

Ein Freund Churchills erinnerte sich an ein Abendessen Ende der 30er Jahre: »Winston lachte bei dem Gedanken, daß Bombenflugzeuge

Schiffe außer Gefecht setzen könnten. Er hielt das für lächerlich und schrecklich komisch. Er sagte, um ein Schiff zu versenken, müsse man die Bombe genau in den Schornstein fallen lassen. Man habe ihm gesagt, wenn die Bombe nicht durch den Schornstein fiele und im Inneren des Schiffes detoniere, könnte man die Panzerung nicht sprengen… Er tat so, als sei das Ganze ein großer Witz. Ich weiß noch, wie erstaunt ich damals war. Natürlich war es gar nicht notwendig, die Bombe in den Schornstein fallen zu lassen.«

Der größte taktische Irrtum Winstons war eine Denkschrift, die er dem damaligen Premierminister Neville Chamberlain nur sechs Monate vor dem Münchener Abkommen schickte und in der er die beiden Jagdflugzeug-Typen scharf kritisierte, die 1940 England retten sollten. Am 12. März 1938 schrieb Churchill: »Wir haben uns auf den Bau der nach vorn feuernden Jagdflugzeuge (Hurricane und Spitfire) konzentriert. Die letzten Entwicklungen zeigen immer deutlicher, daß feindliche Flugzeuge nur auf dem parallelen oder fast parallelen Kurs mit einiger Sicherheit angegriffen werden können, und deshalb wird es vor allem notwendig sein, sie mit Waffen auszurüsten, die von einer drehbaren Lafette nach allen Seiten feuern können.« Das zeigte, daß Churchill von der Entwicklung der Bewaffnung von Jagdflugzeugen nichts verstand. Er dachte noch an die Tiger Moth und andere, mit zwei Maschinengewehren ausgerüsteten alten Doppeldecker aus Holz und Leinwand. Solche langsamen und zerbrechlichen Maschinen gegen die deutschen Messerschmitt-Jäger einzusetzen, hätte die Opferung der RAF bedeutet und eine Katastrophe zur Folge gehabt. Die Bombenflugzeuge der Luftwaffe, die ihre Ziele in starken Verbänden angriffen, hätten diese dem Erdboden gleichgemacht, ohne daß ein einziges britisches Jagdflugzeug sie daran hätte hindern können.[101]

Aber ebenso wie Churchill hatten auch die Offiziere des britischen Generalstabs falsche Vorstellungen von einem Krieg mit gepanzerten Fahrzeugen. Und so wie er die Möglichkeiten der Luftstreitkräfte unterschätzte und glaubte, sie könnten gegen Großkampfschiffe nichts ausrichten, dachte auch die Admiralität. Doch der Kern des Dilemmas, in dem sich England hinsichtlich seiner Rüstung befand, waren keine falschen Auffassungen über den Wert einzelner Waffen. Das eigentliche Problem war, daß die mächtigsten und einflußreichsten Männer in Großbritannien Hitler auf keinen Fall provozieren wollten. Und in dieser Hinsicht hatte Churchill ganz klare Vorstellungen. Er sagte, wann immer absolute Herrscher starke Armeen aufstellen, sind sie auch entschlossen, mit diesen Armeen Krieg zu führen: »Diktatoren reiten auf Tigern und wagen es nicht abzusteigen. Und die Tiger werden hungrig.« Er betrachtete jede Beschwichtigungspolitik gegenüber Deutschland als Torheit. Hitler werde niemanden verschonen, und man könne sich nicht in die Neutralität flüchten, denn es habe keinen Sinn, die Nazis zu drängen, ihre Angriffslust an anderen zu befriedigen, oder eine Politik zu treiben, die sich auf die Hoffnung stützt, der Führer werde sich mit einem halben Laib Brot zufriedengeben – denn auch der ganze Brotlaib werde ihm nicht genügen. Hitler werde niemals haltmachen, wenn er nicht mit Gewalt dazu gezwungen würde. Deshalb sei es lebenswichtig für Großbritannien, aufzurüsten.

Nachdem die Japaner 1932 Shanghai eingenommen hatten, gab das Kabinett stillschweigend die »Zehn-Jahre-Regel« auf, hielt allerdings an dem Grundsatz fest, daß sich die Rüstungsausgaben nach den jeweiligen wirtschaftlichen Verhältnissen richten müßten. Angesichts der bestehenden wirtschaftlichen Verhältnisse wurde das Rüstungsbudget jedoch weiter beschnitten, und England blieb, wie Churchill sich ausdrückte, eine »reiche und leichte Beute«. Winston sagte: »Kein Land ist so verwundbar, und kein Land verspricht einem Plünderer so reichen Gewinn wie das unsere.« London wäre »das lohnendste Angriffsziel der Welt«, und Großbritannien sei »eine Art riesiger, fetter, wertvoller Kuh, die an einen Pfahl angebunden ist, um das Raubtier anzulokken«.[102]

Doch außer Austen Chamberlain, der als Außenminister der Architekt des Vertrags von Locarno gewesen war, stellte sich kein bedeutender Parlamentarier hinter die Forderung Winstons, aufzurüsten und militärische Bündnisse mit europäischen Staaten zu schließen, die jetzt vom Hakenkreuz bedroht wurden. Sogar der englische Generalstab lehnte es ab, gegenüber anderen Staaten militärische Verpflichtungen einzugehen. Die Generalstäbler meinten, ohne solche Verträge könne Großbritannien selbst bestimmen, wann und wo es Druck ausüben wolle. Bündnisse – auch ein Bündnis im Rahmen des Völkerbundes – würden bedeuten, daß jede verbündete Nation zumindest zu Sanktionen gegenüber einem Angreifer verpflichtet wäre, der mit einer Kriegserklärung gegen England darauf reagieren könne. Anthony Eden war der gleichen Ansicht. Bei der Beantwortung einer Äußerung Churchills im Unterhaus sagte er, »mit allem Respekt unterscheide ich mich von meinem ehrenwerten Freund, dem Abgeordneten für Epping, insofern, als er zu glauben scheint, daß die Nationen schwer bewaffnet sein müssen, damit ihre Stimmen bei weltpolitischen Beratungen das notwendige Gewicht haben. Dem stimme ich nicht zu... Die allgemeine Abrüstung muß auch weiterhin das höchste Ziel sein.«[103]

Die Labour Party betrachtete das Verlangen Churchills nach Wiederaufrüstung mit einem Mißtrauen, das nur als paranoid bezeichnet werden kann. Der stellvertretende Parteivorsitzende Clement Attlee lehnte jede Aufrüstung ab und bestritt, daß Hitler aggressive Absichten habe. Vor dem Parlament erklärte er: »Wir befinden uns heute wieder in einer Vorkriegsatmosphäre... In einem System der Bündnisse und Rivalitäten und einem Rüstungswettlauf.« Aber er fügte hinzu: »Wir bestreiten, daß eine Verstärkung der britischen Luftstreitkräfte den Frieden auf der Welt sicherer machen könnte.« In der Beurteilung der militärpolitischen Lage durch die Regierung Seiner Majestät – des Premierministers und seines Kabinetts –, die nach Churchills Auffassung so unbefriedigend war, glaubte Attlee, bekannte und beunruhigende Tendenzen zu erkennen. Hier gebe es »nationalistische und imperialistische Wahnvorstellungen... viel abwegiger als alle unsere idealistischen Träume von der Zukunft«. Er erklärte: »Wir auf unserer Seite sind für die totale Abrüstung, weil wir Realisten sind.« Als Winston mehr als 24 deutsche Fabriken aufzählte, in denen Flugzeugteile hergestellt wurden, und sagte, es gebe »wesentlich mehr« als acht Fabriken, die Teile für Militärflugzeugmotoren produzierten, die bei Heinkel, Junkers und Dornier gebaut würden, »für welche die meisten anderen Fabriken arbeiten«, antwortete Attlee, jeder könne solche Listen zusammenstellen. Ein Labourabgeordneter behauptete, Baldwin stelle Streitkräfte auf, die »ins Ausland geschickt werden könnten, um dort zu kämpfen«. Vansittart, der wußte, daß der Abgeordnete der Regierung des falschen Landes diesen Vorwurf machte, hatte von einer Konferenz der Labour Party gelesen, auf der eine Politik empfohlen wurde, bei der »unsere Verteidigung der Genehmigung durch Genf bedürfe, was einen Verzicht auf die Untertanenpflicht und die Loyalität gegenüber England bedeuten und britische Bürger einer weltweiten Staatengemeinschaft verpflichten würde«. Die Konferenz hatte sich, wie es in einer Presseerklärung hieß, zu dieser Haltung entschlossen, weil »wir die ganze Idee einer nationalen Ordnung aufgegeben haben«. In seinen Memoiren schreibt Vansittart bissig: »Hitler hatte das nicht getan.«[104]

Man hat den Eindruck, daß Churchill jetzt im Parlament vollkommen isoliert war. Noch war England nicht bereit, seine Mahnungen zu hören. Jedesmal wenn Hitler Schlagzeilen machte, steckten die Briten ihre Köpfe tiefer in den Sand. Und ihre politischen Führer taten das gleiche. Sir John Wheeler-Bennett, ein in Deutschland lebender Engländer, hatte Hitler zunächst als »einen vernünftigen Mann« beurteilt, »der keinen Krieg will«. Später, als er deutlicher erkennen konnte, was geschah, versuchte er seine Landsleute zu Hause davon zu überzeugen, daß das Naziregime etwas Böses war. Wie er glaubte, gelang ihm das nicht, weil in Großbritannien »die Apathie, die bewußte Kurzsichtigkeit und die falschen Vorstellungen höheren Orts zu stark waren«.[105]

Neville Chamberlain sagte Nancy Astor, wenn er aus der Nr. 11 in die Downing Street Nr. 10 umziehen werde, wolle er sein »eigener Außenminister« sein. Sein Halbbruder Austen rügte ihn dafür und sagte: »Neville, du darfst nicht vergessen, daß du nichts von der Außenpolitik verstehst.« Doch Neville glaubte, er verstünde sehr viel davon, und seine Ministerkollegen, besonders Baldwin, waren von ihm beeindruckt. Er überzeugte sie davon, daß Hitler Frankreich, die Niederlande und Großbritannien niemals angreifen werde. Er sagte, der Führer wolle gegen Rußland vorgehen und nicht gegen den Westen.

In Wirklichkeit beabsichtigte Hitler, sich zunächst nach Süden zu wenden. Auf der ersten Seite von *Mein Kampf* hatte er erklärt, daß die Wiedervereinigung von Österreich und Deutschland mindestens den Jüngeren als eine mit allen Mitteln durchzuführende Lebensaufgabe erscheine. Das gegenwärtige Österreich bezeichnete er als »Deutschösterreich«. Wie Churchill die Dinge sah, war es seine Absicht, »für Deutschland sowohl die Tür in die Tschechoslowakei als auch das noch größere Tor nach Südosteuropa« zu öffnen. Das schwerste Hindernis für ihn war der österreichische Bundeskanzler Engelbert Dollfuß, kein Demokrat, aber ein in freien Wahlen gewählter politischer Führer. Im Sommer 1934 entschlossen sich österreichische Nazis auf Befehl Hitlers, Dollfuß zu ermorden und seine Minister gefangenzunehmen. Am 25. Juli betraten zehn von ihnen um die Mittagszeit in Uniformen der österreichischen Armee das Kanzleramt, ohne von den Polizeiposten aufgehalten zu werden. Sie stürmten in das Büro des Kanzlers, erschossen ihn und ließen ihn auf dem Sofa liegen, wo er hilflos verblutete, nachdem sich die Mörder geweigert hatten, ihm seine letzte Bitte zu erfüllen und einen Priester zu holen. Es gelang ihnen aber nicht, die Mitglieder seines Kabinetts festzunehmen. Zu ihnen gehörte auch der sehr energische Kurt von Schuschnigg. Von Schuschnigg alarmiert, überwältigte eine Abteilung des österreichischen Heeres die Verschwörer. Sie wurden vor Gericht gestellt und hingerichtet. Mussolini, dem die deutschen Pläne für Österreich mißfielen, ließ die Grenze am Brennerpaß von 50000 italienischen Soldaten besetzen. Das war eine Sprache, die Hitler verstand. Er unternahm zunächst nichts und ließ, wie Churchill sich ausdrückte, Österreich »im Regen stehen«.

Sogar die *Times* schrieb über die Ermordung von Dollfuß, damit hätten »die Nazis ihren Gestank in der ganzen Welt verbreitet«. Aber die Beschwichtigungspolitiker waren auch durch die Hinrichtungen in Wien und die Drohung des Duce schockiert, mit Waffengewalt einzugreifen. Irgendwie verschleierten das energische Vorgehen von Schuschnigg und die Gewaltandrohung Mussolinis die brutale Ermordung eines Regierungschefs auf Befehl eines anderen Staatsoberhaupts, an dessen Integrität nicht einmal die besten Freunde Deutschlands in

Großbritannien zweifelten. Ein Teil der Tragödie der 30er Jahre bestand darin, daß die Demokratien Hitler jedesmal eine zweite Chance gaben, die er auch jedesmal für sich zu nutzen wußte. Das nächste Mal sollte sein Plan, Österreich zu annektieren, angesichts seiner militärischen Stärke gelingen.

Hinter dem gewaltigen Aufschwung der deutschen Wehrwirtschaft stand der von Ludendorff geprägte Begriff des totalen Krieges. Während man im Unterhaus um die lächerlichen Beträge feilschte, die dem Verteidigungsetat zur Verfügung gestellt werden sollten, und sich darum stritt, ob die Seeleute in der britischen Kriegsflotte eine angemessene Bezahlung erhalten sollten oder nicht, wurden die deutschen Fabriken auf die Herstellung von Rüstungsgütern umgestellt mit dem Ziel, den Sieg in einem künftigen Kriege sicherzustellen. Ein Jahr nach der Ernennung Schachts zum Minister legten seine Mitarbeiter die Pläne für die Umstellung von 240 000 Betrieben auf die Rüstungsproduktion vor. Lord Eustace Percy war zutiefst beeindruckt von der Leistungsfähigkeit der deutschen Industrie und schrieb: »Im Verlauf von wenig mehr als fünf Jahren ist es (den Deutschen) nicht nur gelungen, die ganze Nation zu mobilisieren und die Arbeitslosigkeit zu beseitigen, sondern auch eine starke Armee auszurüsten und die Verwirklichung der Träume von einer neuen Strategie in greifbare Nähe zu rükken.« Er fügte hinzu, damals hätten offizielle und inoffizielle englische Beobachter »eine solche Leistung für vollkommen unmöglich gehalten«.[106]

1945 veröffentlichte Georg Thomas, der deutsche General, der die Stelle eines Verbindungsoffiziers im Ministerium von Schacht innegehabt hatte, einen Bericht über die Aufrüstung der deutschen Armee in den 30er Jahren. Er schrieb, daß es in der Geschichte nur wenige Beispiele dafür gäbe, daß ein Land im Frieden seine ganze wirtschaftliche Kraft bewußt und systematisch auf die Erfordernisse des Krieges eingestellt hat, wie Deutschland es in der Periode zwischen den beiden Weltkriegen zu tun »gezwungen« war. Die militärische Hierarchie war dankbar dafür und wußte, was sie dem mächtigen Umgestalter der deutschen Wirtschaft schuldig war. Zu seinem 60. Geburtstag drückte das offizielle Organ der deutschen Streitkräfte, das *Militärwochenblatt*, Schacht seine Anerkennung aus und bezeichnete ihn als den Mann, dessen Können und große Fähigkeiten es ermöglicht hätten, aus einem Hunderttausendmannheer eine Armee von der gegenwärtigen Stärke zu machen.[107]

Es fragte sich nur, bis zu welcher Stärke die Deutschen ihre Armee *wirklich* aufgerüstet hatten. Das britische Außenministerium beobachtete aufmerksam die deutsche Presse und den deutschen Rundfunk, wertete mit großer Sorgfalt die Berichte der nachrichtendienstlichen Quellen im Reich aus und bemühte sich darum, genaue oder wenigstens annähernde Zahlen über die ständig wachsende militärische Kapazität Hitlers in Erfahrung zu bringen. Die Nationalsozialisten hatten einen Wettlauf mit der Zeit begonnen. Ohne Rücksicht auf den Versailler Vertrag hatte Hitler 1933 nach seiner Ernennung zum Reichskanzler den deutschen Generälen gesagt, sie sollten sofort damit beginnen, mehr Rekruten einzustellen. Die Generäle nahmen seine militärischen Absichten mit Entsetzen zur Kenntnis. Walter Görlitz dokumentiert ihre Zweifel unwiderlegbar in seiner Geschichte des deutschen Generalstabs. Die Generäle glaubten, sie würden Hitler erst 1942 oder 1943 eine Wehrmacht in der von ihm gewünschten Stärke zur Verfügung stellen können. Aber Hitler kannte sie besser, als sie sich selbst kannten. Er verlangte, die Reichswehr müsse bis zum 1. Oktober 1934 das Dreifache ihrer gegenwärtigen Stärke erreicht haben. Und die Generäle haben dieses Ziel fast erreicht.[108]

Winstons nachrichtendienstlicher Apparat war inzwischen fast komplett, und die Nachrichten, die ihn erreichten, klangen düster. Andere teilten seine Besorgnis. Vansittart erinnert sich: »Wigram, verzweifelt über die uns drohende Gefahr, bat um die Erlaubnis, einige meiner Zahlen weitergeben zu dürfen… Schließlich waren es meine Zahlen, die man mir mitgeteilt hatte, um die Welt vor dem Schlimmsten zu bewahren und wenn notwendig über die ihr drohenden Gefahren aufzuklären. Der Mann, dem ich sie verdankte, hatte sein Leben nur unter der Bedingung riskiert, daß ich sie verwendete, und jetzt war der Augenblick gekommen, es zu tun.« Die Mitteilungen, die Chartwell erreichten, waren zum Teil unglaublich. Anfang 1934 hatte das Kabinett auf einer Sitzung beschlossen, 118 Rolls-Royce Merlinmotoren an die deutsche Regierung zu verkaufen. Chamberlain hatte erklärt, die Genehmigung dieses Geschäfts sei eine Grundsatzentscheidung; für den Handel gebe es ebenso wie für die Religion keine Grenzen. Er sagte, die Motoren seien für den zivilen Gebrauch bestimmt, und weigerte sich, seine Meinung zu ändern, als man ihm eine Notiz des Luftfahrtministeriums vorlegte, in der darauf hingewiesen wurde, daß sie auch »für kleine Jagdflugzeuge geeignet« seien. Als Churchill von dieser Transaktion erfuhr, wollte er zunächst nicht daran glauben, weil sie ihm völlig absurd erschien. Aber dann erhielt er in einem einfachen Umschlag die Verladepapiere. Darauf verlangte er im Unterhaus ein sofortiges Verbot für den Export von Flugzeugteilen ins Ausland. Er sagte, die britischen Luftstreitkräfte brauchten jedes einzelne Flugzeug, und deshalb dürften keine Flugzeuge mehr exportiert werden, schon gar nicht in das nationalsozialistische Deutschland. Chamberlain lehnte Churchills Verlangen im Namen des Kabinetts ab, weil die Handelspolitik der Regierung Seiner Majestät verlange, daß »Mängel bei der Ausrüstung der Streitkräfte möglichst ohne Behinderung des Außenhandels ausgeglichen werden sollten«.[109]

Es ist bemerkenswert, daß die Regierung Seiner Majestät es für notwendig hielt, Winstons Erklärung im Parlament zu beantworten, der im Grunde nur ein einfacher Hinterbänkler war. Aber in der englischen Oberschicht ist vieles ganz anders, als es scheint. Historische politische Entscheidungen, darunter auch einige von denen, die Walter Bagehot in *The English Constitution* aufgenommen hat, sind von Männern getroffen worden, die nie ein öffentliches Amt bekleidet und nicht einmal dem Parlament angehört haben. Es kommt darauf an, was jemand *ist*; für Churchill sprachen seine Abstammung, die einflußreichen Ämter, die er im Lauf seiner politischen Karriere eingenommen hatte, und seine beherrschende Persönlichkeit, die sofort spürbar wurde, wenn er einen Raum betrat. Zwar konnten ihn die anderen Abgeordneten im Unterhaus verspotten und seine Forderung nach Aufrüstung als »Kriegshetze« oder »Bangemachen« abtun, aber völlig ignorieren konnte man ihn nicht. Auch der Hochmütigste seiner Kollegen wagte es nicht, seine Äußerungen mit jenen unhöflichen, wütenden Blicken abzutun, die für Engländer in hohen Stellungen so typisch sind, als würden sie von einer Generation auf die nächste vererbt.

Winston selbst konnte, wenn er gereizt wurde, seine Gegner einschüchtern – für eine Führerpersönlichkeit ein großer Vorteil. Sein Stolz verbot es ihm allerdings, sich auf Intrigen einzulassen. Da er alles andere als hinterhältig war, hat es seinen Informanten oft schlaflose Nächte bereitet, wenn sie an die Möglichkeit dachten, daß er sie, ohne es zu wollen, bloßstellen könnte. Sein Standesgenosse Vansittart (der auch ein entsetzlicher Snob sein konnte) wurde von der Öffentlichkeit am meisten wahrgenommen. Für diejenigen, deren geistige Heimat entweder Lord Lothians Blickling Hall oder der Besitz der Astors, Cliveden, die Zitadellen der Beschwichtigungspolitik, waren, machte ihn seine Feindschaft gegenüber Hitler zum gefährlichsten Mann in Whitehall, wobei ihm seine Kritiker zu dieser Zeit nichts anhaben konnten. Weniger einflußreiche Persönlichkeiten befürchteten, Churchill könnte sie kompromittieren. Mrs. P., die sich um den Informanten Sorgen machte, den sie in Westerham gewonnen hatte, schrieb an Winston: »Commander Anderson sagte mir allen Ernstes, er habe sich noch nie im Leben vor irgend etwas gefürchtet, jetzt fürchte er sich angesichts der Tatsache, daß es so viele deutsche Piloten geben könnte.« Die

Nazis hatten mehr als 8000 ausgebildet. »DAS DARF AUF KEINEN FALL ÖFFENTLICH BEKANNTGEGEBEN WERDEN, denn damit würde nicht nur er, sondern auch Wing Commander Goddard gefährdet werden, den er schützen müsse. Die Anzahl der Piloten muß geheimgehalten werden.« Major G. P. Myers meldete, daß das Unternehmen General Aircraft Ltd. nur 23 Jagdflugzeuge vom Typ Hawker Fury gebaut habe, und bat Winston, seine Informationsquelle geheimzuhalten: »Ich bin Angestellter der General Aircraft Ltd. und würde meine Stellung verlieren, wenn Ihre Informationsquelle durch Zufall bekannt werden sollte.«[110]

Für die gefährdeten Personen war Churchills Sorglosigkeit im Hinblick auf die Preisgabe seiner Informanten ein Grund, ernstlich besorgt zu sein. Das war mit Sicherheit eine seiner Schwächen. Das gleiche galt auch für seine Rücksichtslosigkeit gegenüber denen, die für ihn arbeiteten, und für die Gefühllosigkeit, mit der er sich von Menschen trennte, für die er keine Verwendung mehr hatte (was noch deutlicher wurde, nachdem er in die Downing Street Nr. 10 eingezogen war). Undankbarkeit ist kein sympathischer Charakterzug. Aber der Mann, der sich so entschieden gegen das nationalsozialistische Deutschland gestellt hatte, obwohl er dafür von seinen Kollegen lächerlich gemacht wurde – und der sich später weigerte, den Kampf aufzugeben, während seine Umgebung glaubte, England habe den Krieg bereits verloren, und damit die westliche Zivilisation gerettet hat –, darf vielleicht auch ein paar Schwächen haben.

Dieses Zugeständnis dürfen wir Stanley Baldwin nicht machen. Mitte der 30er Jahre verfügte er über mehr Prestige und politische Macht als irgendein anderer Premierminister seit dem Tod der Königin Viktoria. Und doch ist er in der Geschichte eine Null. Natürlich hat er seine Popularität genossen und gewußt, wie rasch er sie verlieren würde, wenn er die Männer seines Landes aufforderte, sich auf weitere vier Jahre in den Schützengräben und im Stacheldraht von Frankreich und Flandern vorzubereiten. Jeder – und auch sein König – würde sich von ihm abwenden. 1935, als Sir Samuel Hoare das Außenministerium von Simon übernahm, gab Baldwin ihm die Anweisung: »Halten Sie uns aus dem Krieg heraus, wir sind nicht darauf vorbereitet.« Und als Hoare noch in der gleichen Stunde vom König empfangen wurde, empfahl Georg V. ihm dringend, außenpolitische Krisen mit Kompromissen beizulegen. »Ich habe schon einen Krieg durchstehen müssen«, stöhnte er. »Wie könnte ich noch einen zweiten ertragen? Wenn ich mein königliches Amt weiterführen soll, dann müssen Sie uns davor bewahren.«[111]

Indessen fuhr Churchill fort, sich intensiv für die kollektive Sicherheit einzusetzen und damit gegen den Strom zu schwimmen. In einem Artikel vom 13. Juli 1934 in der *Daily Mail* unterstützte er entschieden die Ziele des Völkerbunds und drängte unter der Ägide dieser Institution auf Vereinbarungen zwischen Nationen mit stehenden Heeren, die besorgt in die Zukunft sahen: »Wenn man einen Krieg vermeiden will, dann muß man auf der Seite des Friedens so starke Kräfte miteinander vereinigen, daß der Angreifer, wer es auch sein mag, nicht wagen wird, sie herauszufordern... es hat keinen Sinn, die Tatsache zu verschleiern, daß wir in diesem Land zutiefst über die Entwicklungen in Deutschland beunruhigt sein müssen. Dies ist nicht das einzige Deutschland, das wir erleben werden. Aber wir müssen berücksichtigen, daß gegenwärtig nur zwei oder drei Männer in einer möglicherweise verzweifelten Situation dieses ganze mächtige Land im Griff haben.«

1934 beschloß die BBC, eine Reihe von Vorträgen zu senden, in denen prominente Engländer über »die Ursachen von Kriegen« sprachen. Die ersten beiden Sprecher erklärten, Kriege würden begünstigt durch die Hersteller von Rüstungsgütern (»Kaufleuten des Todes«), durch den »Nationalismus« (einen falschverstandenen Patriotismus) und durch komplexe Vertragssysteme, besonders die Einkreisung Deutschlands, die als »unbegründete Verletzung des deutschen Nationalstolzes« bezeichnet wurde. Am Freitag, dem 16. November, als Churchill an die Reihe kam, wurde das Problem ganz anders dargestellt. Diplomatische Versuche, das Dritte Reich zu isolieren, seien »die Einkreisung eines Angreifers«, und das einzig Beunruhigende daran sei die Tatsache, daß dieser Kreis zu zerbrechlich erschiene, um der Welle des teutonischen Ungetüms standzuhalten. Wenn die Politik der Eindämmung versagte, würden eine Reihe von Krisen »zum Krieg führen«. »Zu großen Kriegen kommt es gewöhnlich nur, wenn beide Seiten glauben, berechtigte Hoffnungen auf den Sieg zu haben.« Winston sagte, er wisse, daß einige seiner Zuhörer glaubten, eine solche Bedrohung gebe es nicht. Sie sollten jedoch daran denken, daß nur wenige Stunden von hier entfernt »eine Nation mit fast 70 Millionen der bestausgebildeten, fleißigsten, wissenschaftlich fortschrittlichsten und diszipliniertesten Menschen der Welt lebt, die seit ihrer Kindheit dazu erzogen sind, Krieg und Eroberung als die höchste Erfüllung vaterländischer Pflicht und den Tod auf dem Schlachtfeld als das ehrenvollste Schicksal des Mannes anzusehen. Es ist das eine Nation, die all ihre Freiheiten dafür geopfert hat, ihre kollektive Macht zu vergrößern. Es ist eine Nation, die mit all ihren Kräften und Tugenden von Intoleranz und Rassenhochmut ergriffen ist, ohne daß diese Tendenzen durch irgendwelche Gesetze in Schranken gehalten werden.« Dann fuhr er fort:

Gegenwärtig können wir innerhalb von wenigen Minuten von der französischen, holländischen und belgischen Küste aus angegriffen wer-

den, und innerhalb weniger Stunden ist ein solcher Angriff von den großen Flughäfen in Mitteleuropa aus möglich. Unsere Küste kann sogar vom europäischen Kontinent aus mit Kanonen beschossen werden. Aus dieser Nähe werden wir bedroht!
Wäre es klug und ist es möglich, so sehr wir es auch wünschen mögen, Europa den Rücken zuzuwenden und zu ignorieren, was dort geschehen könnte?... Ich hoffe und bete und halte mich im ganzen an die größere Hoffnung und glaube, daß wir nicht in einen Krieg gestürzt werden, aber... wenn Sie aufmerksam beobachten, was auf Großbritannien zukommt, dann werden Sie sehen, daß wir nur eine Wahl haben: Wir werden die gleiche harte und schwere Entscheidung treffen müssen, vor der auch unsere Vorfahren gestanden haben, und zwar, ob wir uns dem Willen der stärkeren Nation unterwerfen wollen oder ob wir bereit sein werden, unsere Rechte, unsere Freiheiten und natürlich unser Leben zu verteidigen.[112]

Inzwischen hatten sich einige ältere Staatsmänner seinen Auffassungen genähert, und am 28. November schlossen sich Leopold Amery und Sir Robert Horne seiner kleinen Gruppe von Anhängern an, als er Seiner Majestät »in aller Ehrfurcht« unterbreitete, »daß angesichts der gegenwärtigen Weltlage die Stärke unserer nationalen Verteidigungskräfte und besonders unserer Luftverteidigungskräfte nicht mehr ausreicht, Frieden, Sicherheit und Freiheit der getreuen Untertanen Eurer Majestät zu gewährleisten«. Diesen Schritt begründete Winston damit, daß nur ein militärisch starkes Großbritannien den Frieden garantieren könne. Er sei zu dem Schluß gekommen – und das allein löste höhnisches Gelächter bei den Abgeordneten aus –, daß »die Empfehlung, die Verteidigungskräfte zu stärken, noch nicht bedeutet, daß ein Krieg unmittelbar bevorsteht. Im Gegenteil, wenn man mit einem sofortigen Kriegsausbruch rechnen müßte, kämen alle Verteidigungsvorbereitungen zu spät.« *Jetzt* sei es Zeit für Großbritannien, seine Schutzwälle zu verstärken. Das Parlament könne mit Wunschdenken nicht die Tatsache aus der Welt schaffen, daß die deutschen Munitionsfabriken rund um die Uhr arbeiteten, daß die Wiederaufrüstung alle anderen Probleme im Dritten Reich in den Schatten stelle, während die Hitlerjugend mit den »extremsten patriotischen, nationalistischen und militaristischen Ideen« gefüttert werde. Die größte Gefahr für England sei die Aufstellung einer starken Luftwaffe in Deutschland: »So gelassen wir das auch betrachten mögen, die Gefahr eines Angriffs aus der Luft muß als außerordentlich groß angesehen werden.« Großbritannien befinde sich zum ersten Mal in einer solchen Situation. »Noch nie im Lauf der Geschichte unseres Landes haben wir uns in einer Lage befunden, in der wir erpreßbar oder gezwungen waren, unseren Besitz aufzugeben oder Maßnahmen zu ergreifen, die wir im Interesse unseres Landes nicht hätten ergreifen dürfen... und doch ist das, wie sich zeigen wird, die Gefahr, die in kurzer Zeit auf uns zukommen wird, wenn wir nicht umfangreiche Gegenmaßnahmen treffen und sofort etwas unternehmen.«

Er sagte, jetzt sei die Zeit gekommen, »das Geheimnis zu lüften, das die deutsche Wiederaufrüstung umgibt«. Die brutale Tatsache sei, daß »Deutschland schon in diesem Augenblick über eine Luftwaffe verfügt – das heißt über Geschwader von Militärflugzeugen mit dem notwendigen Bodenpersonal und den notwendigen Reserven an ausgebildetem fliegendem Personal und Material –, die nur auf den Befehl wartet, sich offen in ihrer ganzen Stärke zu zeigen, und daß diese illegale Luftwaffe sich sehr schnell der Stärke unserer eigenen nähert«. In weniger als drei Jahren werde die Luftwaffe »fast doppelt so stark sein« wie die RAF. Und diese Schätzung berücksichtige nicht einmal die 400 deutschen Postflugzeuge, die »in wenigen Stunden« in Langstreckenbomber verwandelt werden können, wenn die Sitze für die Passagiere herausgenommen und Bombenaufhängevorrichtungen eingebaut werden, die »bereits vorhanden sind und in unmittelbarer Nähe der Maschinen gelagert werden«.

Ganz Großbritannien sei den möglichen Angriffen der deutschen Bombenflugzeuge ausgesetzt; moderne Flugzeuge mit einer Geschwindigkeit von 300, 360 und sogar 400 Stundenkilometern besäßen eine »enorme Reichweite... Die fliegende Gefahr ist keine Gefahr, vor der man fliehen kann. Wir müssen ihr dort begegnen, wo wir stehen. Es gibt keinen Rückzug für uns. Wir können London nicht an einen anderen Ort verlegen. Wir können nicht seine ganze Bevölkerung evakuieren, deren Lebensraum die Themsemündung ist.«[113]

Bezeichnenderweise hatte sich Churchill auf ein Thema konzentriert, die Luftstreitkräfte, und ließ alle anderen Probleme beiseite, wenn es um das Stärkeverhältnis zwischen RAF und der deutschen Luftwaffe ging. Im folgenden Jahr sollte es zu zahlreichen Krisen kommen, und er würde bei allen eine aktive Rolle spielen, aber immer wieder auf die Frage zurückkommen, ob die englischen Luftstreitkräfte stark genug seien, um ihre Aufgabe zu erfüllen, denn davon hing nach seiner Ansicht der Fortbestand Englands ab. Das war der Kern seiner Militärpolitik, wenn er die Regierung dazu aufrief, sich in ihrer Außenpolitik um die Herstellung kollektiver Sicherheit zu bemühen. Wenn die durch die Aggressivität der Nationalsozialisten bedrohten europäischen Staaten sich darauf verständigten, Hitler mit einer soliden Phalanx der Nationen zu begegnen, wie sie es in Leipzig gegenüber Napoleon getan hatten, dann würden die Kampfflugzeuge der RAF niemals in die Schlacht fliegen müssen.

Angesichts der feindseligen Ablehnung aller drei Parteiführer – von Baldwin, Attlee und sogar des Führers der Liberalen, Archie Sinclair – nahm der alternde Löwe seine ganze Kraft zusammen und forderte entschlossen einen Sonderetat für die Aufstellung von Luftstreitkräften, die »wesentlich stärker« sein müßten als die deutschen. Wenn Großbritannien seine Luftüberlegenheit auch nur für einen Monat verlöre, dann sollte das als »Staatsverbrechen« angesehen werden. Er erinnerte die Abgeordneten daran, daß die Beteiligung an den letzten Wahlen die stärkste in der Geschichte Großbritanniens gewesen sei und daß es den Wählern in erster Linie um die Bewahrung und um die Sicherheit ihres Heimatlandes gegangen sei. »Das waren die Gefühle, die uns an die Macht gebracht haben, und ich wage zu sagen: Die notwendigen Maßnahmen mögen zwar durch einen ganzen Sturm unhaltbarer Argumente behindert werden, aber schätzen Sie die Größe unserer Landsleute nicht zu gering ein. Lassen Sie das Parlament seine Pflicht tun. Lassen Sie die Regierung die Führung übernehmen, und die Nation wird in der Stunde der Not nicht versagen.«[114]

Frances Stevenson, die Geliebte von Lloyd George, saß während der Rede auf der Besuchergalerie und schrieb anschließend in ihr Tagebuch, sie glaube nicht, daß Winston »so gut gesprochen hat wie gewöhnlich. Aber der *Inhalt* der Rede war wohl wichtiger als die Form des Vortrags... Zudem verband sich darin Ideenreichtum mit einem fast imperialistischen Patriotismus.«[115]

Als Winston geendet hatte, erhob sich Baldwin, um ihm im Namen der Regierung zu antworten. Er äußerte Zweifel daran, daß Churchill zutreffend informiert sei. Es sei »außerordentlich schwierig«, genaue Zahlen über die Stärke der deutschen Luftwaffe zu bekommen; in dieser Hinsicht sei das Dritte Reich »ein dunkler Kontinent«. Aber in seiner Stellung habe er Zugang zu streng geheimen Berichten und könne dem Haus versichern, daß es »nicht der Fall« sei, daß die deutschen Luftstreitkräfte »sehr bald mit uns gleichziehen können«; im Gegensatz zu dem, was die Schwarzseher behaupteten, hätten sie »noch nicht 50 Prozent« der Stärke Englands erreicht. Auf die Rede Churchills eingehend sagte er: »Mein Blick in die Zukunft reicht nicht weiter als bis ans Ende der nächsten zwei Jahre«, aber »meine Nachforschungen haben mich davon überzeugt, daß diese Zahlen stark übertrieben sind.« Aus diesen Erkenntnissen ließe sich keine andere Schlußfolgerung ziehen, weil »die Royal Air Force der deutschen Luftwaffe weit überlegen ist« und auch in Zukunft ihre fünfzigprozentige Überlegenheit bewahren wird.

Dann gab Baldwin dem Parlament, seinem König und seinem Land ein feierliches Versprechen:

Die Regierung Seiner Majestät ist entschlossen, unter keinen Umständen eine Unterlegenheit der eigenen Luftstreitkräfte gegenüber der deutschen Luftwaffe zuzulassen, und zwar ohne Rücksicht darauf, wie weit diese in Zukunft verstärkt werden wird.[116]

Was hat den so ungewöhnlich geschickten Politiker Stanley Baldwin veranlaßt, sich in eine so gefährliche Lage zu begeben – und das zum zweiten Mal in diesem Jahr? Schon am 8. März 1934 hatte Baldwin dem Parlament auf eindringliche Fragen Churchills versichert: »Jede Regierung dieses Landes – eine nationale Regierung mehr als jede andere – wird dafür sorgen, daß dieses Land hinsichtlich seiner militärischen Stärke und der Stärke seiner Luftstreitkräfte keinem anderen Land unterlegen sein wird, in dessen Reichweite unsere Küsten liegen.«[117] Baldwin hatte Churchill jetzt zwar zum Schweigen gebracht, aber einen exorbitanten Preis dafür zahlen müssen. Natürlich hatten ihn auch sein Verlangen nach Frieden und die Tatsache, daß er sich so großer Beliebtheit erfreute, dazu veranlaßt. Sein Verhalten läßt sich aber vielleicht auch dadurch erklären, daß er der Chef einer, wie es die Parlamentarier nannten, »leichten« Regierung war, denn er gewährte seinen Ministern innerhalb ihrer Zuständigkeitsbereiche einen weiten Entscheidungsspielraum, während er selbst nur die Rolle eines Vorsitzenden im Aufsichtsrat übernahm. Er interessierte sich so wenig für die Einzelheiten der Außenpolitik, daß die Beamten des Außenministeriums den Eindruck hatten, einen weitgehend von der Regierung isolierten Bereich zu verwalten. Schließlich erhöhte sich die Möglichkeit, zu falschen Schlüssen zu kommen, noch wesentlich durch einen irrationalen Faktor: Baldwin und seine Umgebung hatten sich immer wieder geweigert, in Hitler den Mann zu sehen, der er in Wirklichkeit war. Mit anderen Worten, sie hatten auf politischer Ebene das entwickelt, was man in der Psychiatrie als eine mentale Sperre bezeichnet.

Auch wenn Baldwin die Augen vor den Entwicklungen in Europa verschloß, hat er mit Sicherheit um die Bedeutung seiner feierlichen Verpflichtung gewußt. Kein Schüler an einer britischen Internatsschule, der nicht über ein ausgeprägtes Ehrgefühl verfügte, konnte die sechste Klasse überleben, und Baldwin, der in Harrow zur Schule gegangen war, kannte diesen Ehrenkodex sehr genau. Aber die Beschwichtigungspolitik hatte begonnen, den Charakter ihrer Verkünder zu korrumpieren. Allmählich lernten sie, wie man seine Versprechen nicht einhalten und dennoch überleben kann.

Die mächtigsten Männer in Großbritannien, mit denen es der Führer des Dritten Reichs zu tun hatte, vor einer Jagd. Von links nach rechts: Geoffrey Dawson, Chefredakteur der Times *und unversöhnlicher politischer Gegner Churchills; Oberstleutnant G. Lane-Fox, Parlamentsmitglied (später Lord Bingley); Neville Chamberlain; Lord Halifax und Sir Roger Lumley (später Earl of Scarborough, Ritter des Hosenbandordens).*

Die Zeit, die unmittelbar auf das von Baldwin gegebene Versprechen folgte, ist interessanter als das Versprechen selbst, denn nun zeigten sich die eigentlichen Motive der Männer, von denen England damals regiert wurde, der Minister der Krone, die glaubten, den Frieden zu bewahren, während sie in Wirklichkeit dafür sorgten, daß der Krieg unvermeidlich wurde – und damit das Ende Großbritanniens als Großmacht. Als Baldwin seinem Kabinett den Vorschlag unterbreitete, 130 000 Pfund für die britischen Streitkräfte zur Verfügung zu stellen, um die »schlimmsten Mängel« zu beheben, hinderte ihn sein eigener Schatzkanzler an der Verwirklichung dieser Absicht. In harten Verhandlungen gelang es Neville Chamberlain auf den Kabinettssitzungen, die Summe von 130 000 zunächst auf 75 000 und schließlich auf 25 000 Pfund zu drücken.

Obwohl sich Chamberlains Einstellung zur Aufrüstung in gewisser

Weise veränderte, nachdem er von der Nr. 11 in die Downing Street Nr. 10 umgezogen war, bekämpfte er hartnäckig jeden Antrag des Kriegsministeriums, der Admiralität und des Luftfahrtministeriums, solange er noch Schatzkanzler war. Wenn Clausewitz die Kriegskunst als eine Wissenschaft ansah, war sie für den Schatzkanzler ein Geschäft oder zumindest ein Unternehmen, das im Stil eines erfolgreichen Geschäftsmannes geführt werden mußte. Wenn er über eine Entscheidung nachdachte, die er zu treffen hatte, legte er die Hände so zusammen, daß sich die Fingerspitzen berührten und ein Dach bildeten, blickte durch das Fenster auf den Exerzierplatz der Horse Guards hinaus, als beobachte er den dort aufgewirbelten Staub. Aber das war eine bedeutungslose Geste. Er war nicht bereit, sich für neue Ideen zu öffnen. Ebenso wie Baldwin mißtraute er allen Neuerungen. Die Regierung Seiner Majestät vertrat die Auffassung, daß Wissenschaftler oder andere Privatpersonen nicht daran gehindert werden sollten, Kriegsvorbereitungen zu treffen, wenn sie diese aus der eigenen Tasche bezahlten und nichts unternähmen, was die Volkswirtschaft beeinträchtigen könnte. Der schottische Fabrikant Lord Weir, der auch als Berater des Luftfahrtministeriums tätig war, sagte, mit einer Vergrößerung der RAF werde genau das geschehen, und deshalb wurde das Projekt zu den Akten gelegt. Chamberlain erklärte vor dem Unterhaus: »Wir müssen innerhalb einer begrenzten Zeit Maßnahmen treffen, mit denen außerordentlich hohe Anforderungen an die Industrie und an bestimmte Gruppen von Facharbeitern gestellt werden, ohne den normalen Geschäftsverlauf zu behindern.« Er war bereit, eine Erhöhung des Rüstungsetats zu akzeptieren, glaubte jedoch, aus finanziellen Gründen müsse es eine Grenze geben. Diese Begrenzung hatte zur Folge, daß sich die Kluft zwischen der Leistungsfähigkeit der britischen und der deutschen Streitkräfte ständig vergrößerte.[118]

Im Januar 1935 besuchten zwei Angehörige des britischen Oberhauses die Reichskanzlei an der Wilhelmstraße, wo sie unverbindliche Gespräche mit Hitler über die Möglichkeiten einer Rüstungsbegrenzung führten. Diese Gespräche führten zu nichts, aber da Hitler seinen Gästen keine endgültige Absage erteilt hatte, blieb das britische Außenministerium vorsichtig optimistisch. Sir John Simon schlug vor, er wolle in seiner Eigenschaft als Außenminister in der Reichskanzlei vorsprechen, um festzustellen, welche Vertragsmöglichkeiten es gäbe. Das Treffen wurde vorbereitet und sollte am 6. März stattfinden. Simon und Eden packten am 5. März schon ihre Koffer, als sie vom deutschen Botschafter angerufen wurden, der ihnen mitteilte, daß die Gespräche verschoben werden müßten. Der Führer habe sich erkältet, müsse das Bett hüten, es ginge ihm nicht gut, und er sei in schlechter Stimmung.

Solche diplomatischen Erkrankungen waren für das Außenministerium nichts Neues. Andere Quellen in Berlin bestätigten die britischen Vermutungen: Hitler hatte sich über Großbritannien geärgert. Churchill schrieb Clementine aus Chartwell, Hitler habe »einen Wutanfall gehabt und sich geweigert, Simon zu empfangen... Daß er den britischen Außenminister vor den Toren Berlins abgewiesen hat, zeigt deutlich, für wie stark Hitler die deutsche Luftwaffe und das deutsche Heer hält.«[119]

Es gab auch eine Erklärung für Hitlers Zorn. In London verstärkte sich bereits der Eindruck, daß Baldwin seine Zusage, die Überlegenheit der RAF sicherzustellen, kaum würde einhalten können. Die bruchstückhaften Informationen über die Stärke der deutschen Luftwaffe, die im Außenministerium eintrafen, waren, wie sich Michael Creswell ausdrückte, »im höchsten Grade beunruhigend«. Die so gewonnenen Erkenntnisse waren in der Zentralabteilung besprochen worden, und Ralph Wigram hatte eine Denkschrift zur Vorlage im Kabinett verfaßt. Die Analyse seiner jüngsten Informationen zeigt, daß die deutschen Luftstreitkräfte bis 1936 stärker als die französischen und »ganz wesentlich« stärker als die britischen sein würden. In seiner Denkschrift kam Wigram zu dem Schluß, es dürfe jetzt nicht mehr daran gezweifelt werden, daß das nationalsozialistische Deutschland entschlossen sei, »sich die Luftüberlegenheit zu sichern«.[120]

Sogar Chamberlain hatte erkannt, daß etwas geschehen müsse. Deshalb hatte die Regierung Seiner Majestät am 4. März ein Weißbuch über die Luftverteidigung herausgegeben. Darin bedauerte die Regierung das Tempo der Wiederaufrüstung in Deutschland und erklärte, angesichts der Aggressivität der Regierung in Berlin trüge dieser Umstand zu einem allgemeinen »Gefühl der Unsicherheit« in Europa bei. Deshalb kündigte die Regierung Pläne zur Beschleunigung des weiteren Ausbaus der Luftstreitkräfte an und schlug vor, dem Verteidigungsetat zusätzliche Finanzmittel zur Verfügung zu stellen. Churchill war begeistert. Er schrieb an Clementine, »die in Furcht und Schrecken versetzten Nationen fangen endlich an, sich zusammenzuschließen«.[121]

Während sich Churchill durch die in Aussicht genommene Stärkung der britischen Luftstreitkräfte ermutigt fühlte, war Hitler wütend – und das war auch der Grund für seine Weigerung, Simon zu empfangen. Ralph Wigram schrieb: »Man fragt sich, ob hinter dieser Wut nicht auch die Absicht steht, es der Regierung hier zu erschweren... etwas gegen die deutsche Aufrüstung zu unternehmen.« Das, so sagte er, »entspräche ganz der Tradition der deutschen Außenpolitik«. Drei Tage später notierte Vansittart: »Das alles ist eine sehr viel unverhülltere deutsche Einmischung in die inneren Angelegenheiten Großbritanniens als alles, was die Sowjets bisher getan haben.«[122] Die Labourabgeordneten im Parlament hielten jedoch geschlossen an ihrer pazifistischen Haltung fest. Attlee stellte den Antrag, die Regierung dafür zu tadeln, daß sie empfohlen hatte, die Luftstreitkräfte weiter auszubauen. Obwohl dieser Antrag mit großer Mehrheit abgewiesen wurde, setzte man für Dienstag, den 19. März, eine Sondersitzung an, auf der über das geschätzte Kräfteverhältnis bei den Luftstreitkräften debattiert werden sollte.

Inzwischen hatte Hitler aufgehört zu husten und zu niesen. Statt dessen war er außerordentlich aktiv. Mit großen Schritten ging er in seinem Arbeitszimmer in der Reichskanzlei auf und ab und überlegte sich seinen nächsten Schachzug. General Ludwig Beck, einem integren Offizier, der die geheime deutsche Aufrüstung mißbilligte, hatte er angekündigt, das »Versailler Diktat« noch vor dem 1. April für »null und nichtig« zu erklären. Die Zeit dafür sei jetzt reif. Das Versailler Geschwür müsse nun herausgeschnitten werden. Natürlich wäre es unangenehm, wenn Frankreich zu den Waffen griffe. Die 352000 Mann starke französische Armee könnte das noch nicht vollständig gerüstete deutsche Heer schlagen. Aber sein Instinkt sage ihm, daß die Franzosen davor zurückschrecken würden, Gewalt anzuwenden. Hitler beschloß deshalb, sie zunächst auf die Probe zu stellen. Göring wurde angewiesen, die Existenz der Luftwaffe bekanntzumachen. Zwar wußte inzwischen jeder, daß es sie gab, aber eine solche Erklärung des Reichsministers würde die offizielle und öffentliche Zurückweisung des Diktats bedeuten. London und Paris konnten entweder einen Krieg beginnen, oder sie mußten sich der Entscheidung Hitlers fügen. Hitlers Instinkt trog ihn nicht: Beide Länder kapitulierten. Am 9. März gab Göring seine Erklärung ab, der Quai d'Orsay schwieg dazu. Am folgenden Samstag, es war der 16. März, tat Hitler den nächsten Schritt, während sich der britische Premierminister und seine Kabinettsmitglieder zum Wochenende auf ihre Landsitze zurückgezogen hatten. Nachdem er offiziell erklärt hatte, sich nicht mehr an den Versailler Vertrag halten zu wollen, gab er die Einführung der allgemeinen Wehrpflicht bekannt. Am folgenden Tag wurde in Deutschland der Heldengedenktag begangen. Die Offiziere der Berliner Garnison versammelten sich in ihren ordensgeschmückten Paradeuniformen in der Staatsoper. William Shirer schrieb als Augenzeuge: »Neben den Pickelhauben der alten kaiserlichen Armee sah man die... hellblauen Uniformen der Luftwaffe, die bis dahin kaum jemand zu Gesicht bekommen hatte.«[123]

Am 19. März erklärte der parlamentarische Unterstaatssekretär im britischen Luftfahrtministerium, Sir Philip Sassoon, im Unterhaus, daß die RAF im Lauf der folgenden vier Jahre um weitere 41,5 Geschwader verstärkt werden würde. In den vergangenen vier Monaten hatte sich, wie er zugeben mußte, »die Lage verschlechtert. Die Produktion von Flugzeugen in Deutschland... hat sich wesentlich beschleunigt.« Er versicherte den Abgeordneten jedoch, »am Ende dieses Jahres werden wir die Überlegenheit zurückgewonnen haben, wenngleich ich nicht sagen kann, daß sie 50 Prozent betragen wird«.[125]

Churchills Nachrichtenquellen bestritten energisch die Richtigkeit dieser Angaben. Durch sie erfuhr er, daß sich das Kabinett der »potentiellen Überlegenheit der deutschen Luftwaffe« durchaus bewußt war, aber beschlossen hatte, daß Großbritannien sich erst allmählich daran gewöhnen müsse, mit dieser Tatsache zu leben. Baldwin muß gewußt haben, daß es bei der Debatte um die Luftstreitkräfte zu einer stürmischen Sitzung kommen werde, und alle Zweifel, die er noch gehabt haben könnte, waren durch einen Brief Churchills beseitigt worden, der ihm ganz offen mitteilte, er beabsichtige, die zunehmende militärische Stärke des Deutschen Reichs zur Sprache zu bringen. Er schrieb: »Ich glaube, die Deutschen sind schon jetzt ebenso stark wie wir und vielleicht sogar stärker.« Das Weißbuch vom 4. März könne, weil es die Lage nicht zutreffend darstelle, die Kluft zwischen den Luftstreitkräften der beiden Länder sogar noch vergrößern. Dann hieß es in dem Brief: »Das wird natürlich Ihrer Erklärung widersprechen, daß ›dieses Land keinem anderen Land mehr unterlegen sein wird, von dem aus Luftangriffe gegen das Vereinigte Königreich geführt werden können‹.« Er schloß mit dem nichts Gutes verheißenden Satz: »Ich werde erklären, daß dies nach den mir vorliegenden Informationen nicht kompensiert werden kann, was durch die weitere Entwicklung sehr bald bewiesen werden wird.«[126]

Am Dienstag, dem 19. März, machte er seine Drohung wahr. Er sagte den Abgeordneten, die Hinterbänkler fingen an, die Glaubwürdigkeit der Regierung Seiner Majestät zu bezweifeln. Dann zitierte er aus der letzten Ausgabe des *Daily Telegraph*: »Die deutsche Luftwaffe ist seit November um 250 bis 300 Militärflugzeuge verstärkt worden.« Das bedeute, daß die Deutschen 1936 über weitere 1500 Militärflugzeuge verfügen könnten.

»Ich muß das Hohe Haus davon unterrichten, daß der Lord President, ohne daß er es erkennen konnte, sich hinsichtlich der Zahlen, die er uns im vergangenen November nannte, geirrt hat, und zwar zweifellos, weil es sich hier um ein außerordentlich schwieriges Thema gehandelt hat. Auf jeden Fall wird die wirkliche Lage am Ende dieses Jahres fast das Gegenteil dessen sein, was er dem Parlament geschildert hat...

Ich bin sicher, daß die Vorbereitungen Deutschlands unendlich viel weitreichender sind als unsere. So gibt es gegenwärtig nicht nur eine Ausgewogenheit der Kräfte, sondern auch den von mir geschilderten großen Ausstoß von Rüstungsgütern, und dahinter steht die unerhört bedrohliche Fähigkeit, die ganze Produktionskraft der deutschen Industrie bei Ausbruch eines Krieges dafür einzusetzen.«[127]

Nachdem er dem Parlament eine ganze Reihe präziser Zahlen vorgelegt hatte, fuhr er fort: »Am Ende dieses Jahres, also zu dem Zeitpunkt, da wir Deutschland um 50 Prozent überlegen sein sollten, werden die Deutschen mindestens drei- bis viermal stärker sein als wir.« Deshalb forderte er, die Anstrengungen der RAF zu verdoppeln.

Attlees Labourabgeordnete waren schockiert. Die Regierung reagierte weniger deutlich. Baldwin beauftragte seinen Unterstaatssekretär Sassoon, den Angriff Churchills zu beantworten. Ob diese Antwort Ausdruck der Doppelzüngigkeit Baldwins oder Sassoons war oder der Unwissenheit eines von ihnen oder beider, darüber lassen sich nur Vermutungen anstellen. Das Parlamentsprotokoll besagt nur, daß Sassoon aufstand, sich an Winston wandte und unter Vermeidung einer klaren Antwort erklärte: »Ich glaube nicht, daß ich ihm in einen Morast von Zahlen folgen kann, die schließlich zum großen Teil auf Vermutungen beruhen müssen.« Sassoon bestritt, daß die deutsche Luftwaffe »um 50 Prozent stärker werden würde als unsere, und zwar weder hinsichtlich der sofort einsatzfähigen Maschinen noch was die Gesamtzahl der Flugzeuge betrifft. Soweit wir gegenwärtig eine Schätzung vorlegen können, werden unsere Luftstreitkräfte am Ende diesen Jahres den Deutschen immer noch überlegen sein.«[128]

Baldwin bezweifelte erneut die Zuverlässigkeit der von Winston vorgelegten Beweismittel. Er konnte es nicht glauben, daß die Luftwaffe eine ernsthafte Bedrohung für die RAF darstellte. Man hatte den Eindruck, daß nur ein Mann ihn davon überzeugen konnte, und das war Adolf Hitler. Und erstaunlicherweise geschah das auch. Für Hitler wäre es sehr vorteilhaft gewesen, sich nicht zu diesem Thema zu äußern und der Regierung Seiner Majestät das angenehme Gefühl zu geben, sie könne sich in Sicherheit wiegen. Aber wie auch sonst war Hitler anders als andere Männer. Nachdem er sich von seiner Erkältung erholt hatte, lud er Simon und Eden am 25. März nach Berlin ein, weniger als eine Woche nach der Parlamentsdebatte über das Kräfteverhältnis der Luftstreitkräfte, und sagte ihnen, das Reich habe, was die Luftstreitkräfte der beiden Länder beträfe, die Parität mit Großbritannien erreicht. Gleichzeitig gab Goebbels diese elektrisierende Nachricht an die Presse weiter. Zu Simon sagte Hitler, die Luftwaffe sei ein Bollwerk gegen den Bolschewismus. Er sei sich »der russischen Gefahr« durchaus bewußt, obwohl es den Anschein habe, er sei die ungehörte Stimme eines Predigers in der Wüste. Aber selbstsicher fügte er hinzu: »Doch später werden die Menschen feststellen, daß ich recht hatte.«[129]

Churchill schrieb an Clementine: »Die politische Sensation ist natürlich die Erklärung Hitlers, daß seine Luftwaffe schon ebenso stark ist wie unsere. Damit erweist sich alles, was Baldwin gesagt hat, als unglaubwürdig, und im übrigen bestätigt es die von mir getroffenen Feststellungen. Ich habe sogar den Verdacht, daß er in Wirklichkeit sehr viel stärker ist als wir.«[130] Hitler hatte Simon und Eden gesagt, daß die RAF nach seinen Informationen über 1045 einsatzfähige Militärflugzeuge verfüge; da er behauptete, daß beide Luftstreitkräfte jetzt gleich stark seien, war das vermutlich auch die gegenwärtige Stärke der Luftwaffe. Aber der deutsche Nachrichtendienst hatte sich geirrt. Die Briten waren noch bei weitem nicht so stark, wie er glaubte. Nach den Unterlagen in den Archiven des Luftfahrtministeriums verfügte die RAF damals nur über 453 einsatzfähige Militärflugzeuge. Großbritannien befand sich deshalb in einer äußerst unangenehmen Lage, wenn nicht sofort etwas geschah, aber mit Beginn des Sommers und der warmen Jahreszeit hörte in Whitehall praktisch jede Tätigkeit auf.

Das Parlament erwartete nun eine Reaktion der Regierungsbank. Aber es mußte lange vergebens warten. In der *Daily Mail* vom 4. April drängte Churchill die Regierung, alles zu tun, um »unsere ganze Industrie wenn notwendig auf alle Arten der Rüstungsproduktion umzustellen«. Drei Tage später traf Ralph Wigram in Chartwell ein und blieb über Nacht. Er brachte eine Analyse von Creswell vom 27. Februar mit, in der die relativen Stärken der Luftstreitkräfte Großbritanniens und Deutschlands miteinander verglichen wurden. Dafür war der Bericht des Luftfahrtministeriums über die Stärke der RAF nur eine von mehreren Quellen. Es ergaben sich wesentliche Unterschiede, aber alle bestätigten die Angaben Hitlers. In Wirklichkeit hatte dieser die operative Stärke der Luftwaffe übertrieben, aber wie Telford Taylor schreibt, machten »Ausbildung, technische Entwicklung und Produktion bei den Deutschen rasche Fortschritte und waren aufeinander abgestimmt. Die Operationsbasis verbreiterte sich, und 1936 würde die Bedrohung durch die deutschen Luftstreitkräfte Wirklichkeit geworden sein.«[131]

Angesichts dieser rapiden Entwicklung und der Untätigkeit in der Downing Street Nr. 10 bestand die Bedrohung schon jetzt, und am 2. Mai sagte Churchill im Unterhaus:

»Als sich die Lage noch zu unseren Gunsten wenden ließ, wurde das versäumt, und jetzt, da sie uns aus der Hand geglitten ist, greifen wir zu spät zu den Mitteln, mit denen wir die Krankheit damals hätten heilen können. An dieser Geschichte gibt es nichts Neues. Sie ist so alt wie die

Sibyllinischen Bücher. Sie gehört in den bedrückenden Katalog der Fruchtlosigkeit von Erfahrungen und der sich immer wieder bestätigenden Unbelehrbarkeit der Menschheit. Mangel an Weitblick, die fehlende Bereitschaft zu handeln, solange das Handeln einfach und wirksam gewesen wäre, die Unfähigkeit, klar zu denken, das Durcheinander in der Planung, bis der Notstand eingetreten ist und bis der Selbsterhaltungstrieb die Sturmglocke läutet – das sind die Wesenszüge dessen, was sich in der Geschichte in endloser Folge wiederholt.«[132]

Mit dürren Worten sagte er dem hohen Haus: »Es kann nicht bestritten werden, daß Deutschland gegenüber unseren zur Verteidigung der Heimat bereitstehenden Luftstreitkräften sowohl quantitativ als auch qualitativ schon jetzt eine deutliche Überlegenheit gewonnen hat.« Wigram hatte Churchill in Chartwell gesagt, die Beamten des Außenministeriums seien zutiefst beunruhigt durch die Tatsachen, die das Ministerium der Regierung Seiner Majestät mitteilte und über den Mißbrauch dieser Tatsachen durch die Regierung. Ein typischer Fall dieser Art habe sich erst vor wenigen Tagen ereignet, und zwar am 30. April. MacDonald hatte dem ministeriellen Ausschuß für die Erfordernisse der Streitkräfte gesagt, im April 1937 »wird Deutschland über 1512 Flugzeuge verfügen, und wir über 740«. Er fragte: »Kann die Regierung dem Parlament erklären, wie es zu dieser Lage gekommen ist, und ihr Verhalten rechtfertigen?« Darauf erwiderte Chamberlain ungerührt, das könne und solle sie auch nicht. Aus Loyalität gegenüber Baldwin sei sie »verpflichtet, auch weiterhin zu behaupten«, sie habe ihr Versprechen nicht gebrochen. Würde sie ihren Fehler eingestehen, dann würde sie, wie er sagte, »in Deutschland den Eindruck erwecken, daß wir uns fürchten«. Sein Vorschlag, dem seine Kollegen zustimmten, war, daß die Schlagkraft der Luftstreitkräfte nicht nach der Anzahl von Jagd- und Bombenflugzeugen beurteilt werden sollte, sondern nach einer nicht näher zu definierenden »Stärke in der Luft«. Der Luftfahrtminister Londonderry stimmte ihm sofort zu und sagte, die Ausbildung bei der deutschen Luftwaffe »ist nicht so gut wie bei uns«. Die fliegerische Ausbildung bei der RAF sei so ausgefeilt und die britischen Flugzeugdesigner und Hersteller seien so erfinderisch und tüchtig, daß es falsch wäre zu sagen, »Deutschland ist stärker«. Deshalb habe Großbritannien praktisch die Parität hergestellt.

Die Fachleute im Außen- und Luftfahrtministerium waren entsetzt und bezeichneten diese Behauptung als eine bewußte Unwahrheit. Der Parlamentarische und der Staatssekretär für Auswärtige Angelegenheiten legte ein ganzes Bündel von Berichten vor, aus denen hervorging, daß die deutschen Piloten und Flugzeuge, was die Ausbildung und Ausrüstung betraf, alles andere als unterlegen, sondern vielmehr den britischen weit voraus seien. Die Aerodynamiker sagten, selbst wenn der Aufbau der Luftwaffe bis 1937 beendet sei, werde Großbritannien die Deutschen nicht vor 1942 einholen können, und das bedeutete, daß die deutsche Außenpolitik in der Zwischenzeit die für sie günstigere Lage ausnutzen konnte.

Baldwin überlegte sich, ob er versuchen sollte, diese Situation zu verschleiern, entschloß sich dann jedoch, es nicht zu tun. Ein parlamentarischer Untersuchungsausschuß hätte ihm zum Verhängnis werden können, und Churchill hätte ein nationales Forum gewonnen, das ihm die Möglichkeit gab, zum britischen Nationalhelden zu werden. So erklärte Baldwin zur Bestürzung der meisten seiner Minister, er habe beschlossen, reinen Tisch zu machen. Am 22. Mai, fast zwei Monate nach der Erklärung Hitlers, zitierte er vor dem Unterhaus noch einmal den Wortlaut der Verpflichtung, die er eingegangen war, und ließ dann, wie man es nennen könnte, seine erste Beichte folgen:

»In Hinblick auf die im November von mir angegebene Stärke der deutschen Luftstreitkräfte sind mir seither keine Angaben gemacht worden, die mich veranlaßt haben zu glauben, ich hätte falsche Zahlen genannt. Ich war damals überzeugt, recht zu haben. Geirrt habe ich mich bei meiner Einschätzung der künftigen Entwicklung. Hier waren meine Vorstellungen völlig falsch... Was nun die Verantwortung betrifft – und wir sind durchaus bereit, uns der Kritik zu stellen –, so liegt die Verantwortung nicht bei einem einzelnen Minister. Es ist die Verantwortung der ganzen Regierung, und wir alle sind verantwortlich und müssen die Schuld auf uns nehmen.«[133]

Die Tatsache, daß Stanley Baldwin gegenüber dem Parlament und England eine persönliche Verpflichtung übernommen hatte, wurde ignoriert. Persönlich gab er dem Außenministerium die Schuld. Aber die Zahlen des Außenministeriums, die ihn hätten beunruhigen müssen, waren an das Luftfahrtministerium weitergegeben worden. Vansittart erinnerte sich: »S. B. kannte die wirkliche Lage nicht, entweder hatte ihm das Luftfahrtministerium die Zahlen nicht vorgelegt, oder er hatte sie mit einer Prise Salz zur Kenntnis genommen. Vielleicht verfügte er aber selbst auch über andere Zahlen. Oder sie sind in irgendeine Ablage geraten und dort liegengeblieben.« Zum gleichen Thema schrieb Vansittart: »Die Arbeit unserer Nachrichtendienste in Deutschland gestaltete sich immer schwieriger, denn den enttarnten Informanten drohte ein langsamer und qualvoller Tod. Niemand war bereit, für Geld das Risiko der inzwischen verfeinerten grausamen Folter auf sich zu nehmen. Aber die Tatsachen waren uns dennoch bekannt. Wenn S. B. nicht über sie verfügte, dann war es um so leichtfertiger von ihm zu behaupten, wir seien den Deutschen um 50 Prozent überlegen.«[134]

Es war beunruhigend, daran zu denken, welche Folgen sich aus der gegenwärtigen Lage ergeben könnten. Wenn die britische Industrie unter Ausnutzung ihrer ganzen Produktionskapazität arbeitete, konnte sie in zwei Jahren 1250 Flugzeuge herstellen. Um die Sicherheit Großbritanniens zu gewährleisten, brauchte die RAF aber die doppelte Zahl. Churchill rechnete mit einer dramatischen Reaktion der öffentlichen Meinung oder zumindest mit einer offiziellen parlamentarischen Untersuchung. Die Erkenntnis, daß er und England getäuscht worden waren, verbitterte ihn zutiefst. Im April hatte er an Clementine geschrieben: »Wie unglaubwürdig hat sich die Regierung gemacht... als sie das Parlament in einer die Sicherheit unseres Landes betreffenden Angelegenheit täuschte.« Zwei Tage darauf schrieb er ihr wieder: »Es ist erschütternd zu sehen, daß eine Regierung in aller Öffentlichkeit bindende Erklärungen zu einer Angelegenheit abgibt, welche die öffentliche Sicherheit betrifft, während man weiß, daß die Tatsachen diese Erklärung widerlegen werden.«[135]

Aber er hatte die Folgen nicht bedacht. Wenn die Regierung stürzte, wer sollte sie dann übernehmen? Unter anderen Umständen hätte er vielleicht an eine Koalitionsregierung denken können, doch sowohl die Labour Party als auch die Liberalen hatten eine Aufstockung des Verteidigungsetats abgelehnt. Unbeeindruckt von den Enthüllungen Hitlers wollten sie auch weiterhin die »von den Tories beabsichtigte Aufrüstung« 1935 zu ihrem Wahlkampfthema machen. Sinclair hielt im Parlament eine lange Rede zu dem Thema der »privaten Profite im Handel mit den Werkzeugen des Todes« und äußerte sein Erstaunen über die »gefährliche Forderung« Winstons, hohe Summen für die RAF auszugeben »angesichts der Finanzlage in unserem Land und der unerträglichen Belastungen durch Staatsverschuldung und Steuern«. Lloyd George erklärte, die Deutschen seien wie »Parias« behandelt worden. Sie seien von den Architekten des Versailler Vertrags (zu denen er auch gehörte) »in die Revolution getrieben worden«, und verlangte, daß das ihnen angetane Unrecht »wiedergutgemacht« werden sollte.

Indessen reiste Baldwin pfeiferauchend durch das Land und versicherte seinen Zuhörern, die es mit Erleichterung aufnahmen, daß England nichts zu fürchten habe. »Seine Behauptungen waren falsch«, schrieb Churchill in einem unveröffentlichten Aufsatz, »wurden aber überall... von der britischen Öffentlichkeit akzeptiert.« Winstons Vorwürfe richteten sich vor allem gegen die britische Presse, ließen sich aber im Grunde nicht rechtfertigen. Wie Lord Londonderry feststellte, lösten seine Behauptungen eine »vehemente« Reaktion in der Fleet Street aus. Britische Reporter bestätigten aus Deutschland die Aufrüstung der Streitkräfte und die Besorgnisse der deutschen Generalität. In detaillierten Berichten meldete der *Daily Telegraph*, die Luftwaffe sei »bereits mit praktisch der doppelten Zahl einsatzfähiger Militärflugzeuge ausgerüstet, die dem Lande zur Verteidigung des eigenen Gebiets zur Verfügung stehen«. Kein vernünftiger Mensch konnte jetzt noch daran zweifeln, daß Churchill recht gehabt und Baldwin sich geirrt hatte. Londonderry schrieb, die Tatsache, daß Baldwin eingestehen mußte, seine Verpflichtung nicht eingehalten zu haben, sei »von der britischen Öffentlichkeit als schwerer Schock empfunden worden«. Der *Daily Express* entschuldigte sich ganz offen bei Winston dafür, daß er seine Warnungen »ignoriert« habe, und erklärte: »Die Reaktion der britischen Öffentlichkeit auf die Wiederbewaffnung Deutschlands durch die Nazis wird sehr deutlich und sehr positiv sein.«[136]

Das war ein Irrtum. An einen britischen Oberst, der vor 20 Jahren an dem Dardanellen-Unternehmen teilgenommen hatte, schrieb Churchill, er sei »erstaunt über die Gleichgültigkeit«, mit der das Land auf »die Tatsache reagiert, daß die Regierung über die Stärke der deutschen Luftwaffe völlig falsche Angaben gemacht hat«, und in einem verzweifelten Brief an Clementine schrieb er, die Deutschen sind »nicht nur wesentlich stärker als wir, sondern produzieren auch in einem solchen Tempo, daß wir sie nicht mehr einholen können«.[137]

Im Sommer zeigte sich, daß der »liebe Vikar« die Aufrüstungskrise nicht nur unbeschadet überstanden hatte; er war sogar beliebter als je zuvor. Später schrieb Churchill verbittert: »Es gab sogar eine eigenartige Welle der Begeisterung für einen Minister, der sich nicht gescheut hatte zu sagen, er sei im Unrecht gewesen... Konservative Abgeordnete schienen es mir übelzunehmen, daß ich ihren politischen Führer, der ihr volles Vertrauen besaß, in eine unangenehme Lage gebracht hatte, aus der er sich nur durch seine angeborene Mannhaftigkeit und Ehrlichkeit hatte befreien können – nicht aber sein Land.« An einen Freund schrieb er: »Als ich zum ersten Mal ins Parlament gewählt wurde, konnte man mit Ausnahme der Beschuldigung einer kriminellen Handlung gegen einen Minister keinen schwereren Vorwurf erheben als daß er die Sicherheit des Landes gefährdet habe... Doch die seltenen Qualitäten von Mr. Baldwin erlauben es offenbar, eine Verhaltensweise zur politischen Tugend zu erklären, die unter allen Umständen zu vermeiden wir gelernt haben.«[138]

Die Nachrichten aus Deutschland – die Bekanntgabe der Aufstellung von Luftstreitkräften, die offene Zurückweisung des Versailler Vertrages und die Wiedereinführung der allgemeinen Wehrpflicht sowie die Behauptung, die deutschen Luftstreitkräfte hätten die Parität mit den britischen erreicht – waren in ganz Europa mit Bestürzung aufgenommen worden, und diese Wirkung war noch während des ganzen Frühjahrs zu spüren. Mussolini hatte sich damals weder Deutschland noch den demokratisch regierten Ländern angenähert. Er bewunderte Hitlers Führungsstil, machte sich aber Sorgen um Österreich. Er fühlte sich sicherer, solange es einen Pufferstaat zwischen Deutschland und Italien gab, aber er wußte natürlich, daß Hitler die Absicht hatte, Österreich mit Deutschland zu vereinigen. Deshalb hatte er einem Treffen mit Ramsay MacDonald und dem französischen Premierminister Pierre-Étienne Flandin im italienischen Stresa zugestimmt. Dort hatten die drei führenden Politiker im April erklärt, sie würden »sich mit allen geeigneten Mitteln jeder einseitigen Aufkündigung von Verträgen widersetzen«. Auf die Bildung der »Stresafront« folgten Verhandlungen zwischen Paris und Moskau über ein französisch-sowjetisches Militärbündnis. Anschließend unterzeichnete Stalins Außenkommissar einen Beistandspakt mit der Tschechoslowakei, der insofern problematisch war, als die beiden Länder keine gemeinsame Grenze hatten. Wenn sowjetische Truppen den Tschechen zu Hilfe kommen sollten, dann mußten sie durch polnisches oder rumänisches Gebiet in die Tschechoslowakei verlegt werden, und aus der historischen Tradition betrachteten beide Länder Rußland als ihren Feind.[139]

Hitler, der es für notwendig hielt, jetzt die Europäer zu beruhigen, berief zum 21. Mai den Reichstag zu einer Sitzung ein und hielt eine neue Friedensrede, in der er erklärte, Deutschland denke nicht im Traum daran, andere Länder zu bedrohen, und das Deutsche Reich habe die Grenzen Frankreichs feierlich anerkannt und garantiert – einschließlich des Verzichts auf alle Ansprüche auf Elsaß-Lothringen. Und obwohl die nazistischen Horden zur gleichen Zeit in Wien die Straßen unsicher machten und ihre österreichischen Landsleute verprügelten, wenn sie ihnen nicht mit ausgestrecktem Arm den Hitlergruß erwiesen, behauptete er, Deutschland habe weder die Absicht noch den Wunsch, sich in die inneren Angelegenheiten Österreichs einzumischen, das Land zu annektieren oder den Anschluß zu vollziehen.[140]

Die Londoner *Times* jubelte. Die Rede des Führers sei »vernünftig, aufrichtig und inhaltsreich. Niemand, der sie ohne Vorurteile liest, kann daran zweifeln, daß die von Herrn Hitler vorgetragenen politischen Grundsätze die Basis einer befriedigenden Lösung aller zwischen uns und Deutschland bestehenden Probleme sein können.« Dies äußere sich in einem freien, gleichberechtigten und starken Deutschland anstelle des am Boden liegenden Deutschland, dem vor 16 Jahren der Friede aufgezwungen wurde. Aber im Sinne Hitlers konnten die bestehenden Probleme einzig und allein in Form militärischer Eroberungen gelöst werden. Am Abend des 21. Mai, wenige Stunden nach seiner Friedensrede, erließ er eine geheime Anordnung über die Umgliederung der deutschen Streitkräfte. Die Bezeichnung Reichswehr, die an das verhaßte Weimarer System erinnerte, wurde durch den aggressiveren Begriff »Wehrmacht« ersetzt, und das Reichswehrministerium sollte von nun an Kriegsministerium heißen. Der Kriegsminister, General Blomberg, wurde zum Oberbefehlshaber der gesamten Wehrmacht ernannt. Unter Blomberg befehligten Göring die Luftwaffe, Admiral Raeder die Kriegsmarine und Generaloberst Werner von Fritsch das Heer. General Beck wurde Chef des Generalstabes. Schon nach wenigen Monaten sollte die Kriegsakademie feierlich wiedereröffnet werden, und die Männer, denen Hitler die Führung der deutschen Streitkräfte im kommenden Krieg anvertrauen wollte, würden stolz vom »Geist der alten Armee« sprechen. Der Marschtakt der deutschen Militärmusik schallte durch das ganze Land.

Hätte die *Times* das gewußt, dann wäre die Begeisterung Dawsons vielleicht etwas gedämpft worden, man darf aber wohl kaum annehmen, daß die Zeitung ihre Haltung geändert hätte. Höchstwahrscheinlich hätte man irgendwelche Rechtfertigungsgründe für das Verhalten Hitlers gefunden. Daß Dawson und Barrington-Ward gegenüber den Entwicklungen in Mitteleuropa so blind waren, ist unbegreiflich. Es wurden ihnen keinesfalls bestimmte Informationen vorenthalten. Der Berliner Korrespondent der Zeitung, Norman Ebbutt, hat über mehr als drei Jahre zutreffende und anschauliche Berichte über das nationalsozialistische Deutschland geliefert, und zwar bis zum Sommer 1937, als ihn die Nazis auswiesen, nachdem sie erkannt hatten, daß London lieber jede Demütigung und Einschüchterung akzeptierte, als einen Konflikt zu riskieren. Ebbutts Redakteure lasen seine Berichte und wußten, was im Dritten Reich geschah, ihre Leser erfuhren es allerdings oft nicht. Die Berichte wurden häufig umgeschrieben oder von Dawson zurückgehalten, der sich, nachdem er fünf Jahre nach Hitlers Pfeife getanzt hatte, dann über die Undankbarkeit Hitlers wunderte. Er schrieb an seinen Korrespondenten in Genf, H. G. Daniels: »Ich tue Abend für Abend mein Äußerstes, um alles aus der Zeitung herauszuhalten, was ihre (der Nazis) Empfindungen verletzen könnte. Ich kann mich wirklich nicht daran erinnern, daß während der vergangenen Monate irgend etwas gedruckt worden ist, was sie vielleicht als unfaire Stellungnahme auffassen könnten.«[141]

Im November 1934 sagte Hitler dem britischen Botschafter, Deutschland werde beim Aufbau seiner Kriegsflotte darauf achten, daß ihre Stärke auf 35 Prozent der Royal Navy begrenzt bleibe, allerdings sollten die Unterseebootflotten beider Länder gleich stark oder etwa gleich stark sein. Im darauffolgenden Januar wiederholte er diesen Vorschlag gegenüber Lord Lothian, im März gegenüber Simon, und am 21. März verkündete er ihn vor dem Reichstag und versicherte, er werde seine Forderungen nicht erhöhen. Er akzeptierte das überragende Interesse des Britischen Weltreiches an einer Überlegenheit zur See, und er sei entschlossen, mit dem britischen Volk und Staat Beziehungen zu unterhalten, die es für alle Zeit verhindern würden, daß sich der einzige Kampf wiederhole, den es zwischen den beiden Nationen gegeben habe. Für Deutschland sei dieser Vorschlag endgültig.[142]

Die *Times* bezeichnete den Vorschlag Hitlers als »aufrichtig« und »wohlüberlegt«, und der Premierminister und sein Kabinett stimmten dieser Beurteilung zu. Baldwin empfing in seiner Eigenschaft als Lord President den Sonderbotschafter des Deutschen Reichs, Joachim von Ribbentrop, um mit ihm über die Einzelheiten zu sprechen. Weniger als zwei Wochen später beschloß Baldwin, sich von MacDonald zu trennen und selbst in die Downing Street Nr. 10 einzuziehen. Er hielt es für an der Zeit, direkt mit den Deutschen zu sprechen. Dabei dachte er an echte Verhandlungen, aber es zeigte sich, daß es keinen Verhandlungsspielraum mehr gab. Ribbentrop erklärte, Hitler habe sich vor dem Reichstag verpflichtet, seinen Vorschlag aufrechtzuerhalten, und könne deshalb keine Zugeständnisse mehr machen. Er fügte allerdings hinzu, der Führer dächte nicht im Traum daran, Großbritannien seine Rolle als Seemacht streitig zu machen. Bei den U-Booten müßten die Deutschen jedoch auf mehr als 35 Prozent der britischen Stärke bestehen. Sie seien allerdings bereit, sich auf vier Einheiten gegenüber jeweils fünf britischen zu beschränken, wenn sich nicht die Notwendigkeit ergebe, die Zahl der deutschen U-Boote zu erhöhen. Baldwin erklärte sich sofort einverstanden, lud einige Minister zu sich ein und legte ihnen den Inhalt der Vereinbarung vor.[143]

Auch der Frömmste erlebt Augenblicke des Zweifelns, und gelegentlich wich auch ein gläubiger Anhänger der Beschwichtigungspolitik, wenn auch nur wenige Schritte, vom Pfad der selbstgewählten Tugend ab. Diesmal war es Sir John Simon. Gewöhnlich gehörte Simon zu den überzeugtesten Anhängern dieser Glaubensrichtung. Aber 1935 wurde sein Glaube für kurze Zeit erschüttert. Während der Vorgespräche mit deutschen Seeoffizieren und Diplomaten aus der Wilhelmstraße verlor er die Beherrschung, belehrte die Anwesenden scharf darüber, wie unklug es sei, bestimmte Kräfteverhältnisse festzulegen, und verließ den Raum. Er war das einzige Kabinettsmitglied, das dem Vertrag nicht zustimmte. Sein Nachfolger als Außenminister, Sir Samuel Hoare, wandte sich am 11. Juli im Unterhaus mit scharfen Worten gegen »jene Leute« – damit meinte er Churchill und seine Anhänger –, »die ein morbides Vergnügen daran zu haben scheinen, alarmierende Thesen zu verbreiten und Ausflüge in eine Psychologie, soll ich sagen, der Furcht oder vielleicht sogar der Brutalität zu unternehmen«. Er nannte diese Leute »Bangemacher und Schwarzseher«. Das Flottenabkommen mit Deutschland sei von der Bevölkerung freudig begrüßt worden. Es sei »eine Vereinbarung, die sowohl dem Frieden als auch dem Steuerzahler nützt«.[144]

Dabei hatten Hoare und die anderen Mitglieder der Regierung Seiner Majestät eine ganze Menge übersehen. Hitler hatte einen Keil zwischen die verbündeten Nationen an der Westgrenze des Deutschen Reichs getrieben, die beiden Mächte, die seine Generäle am meisten fürchteten. Zugleich hat er Deutschland aus der außenpolitischen Isolation befreit, in die es die europäischen Mächte nach dem Austritt Deutschlands aus dem Völkerbund und seiner Kündigung des Versailler Vertrags gedrängt hatten. Und mit einem Federstrich hatte England, dem das Flottenabkommen keinerlei Vorteile brachte, alles zunichte gemacht, was von der Legitimität des Versailler Vertrages übriggeblieben war. Wenn Deutschland jetzt fortfuhr aufzurüsten, konnte es nicht mehr beschuldigt werden, sein Wort zu brechen. Vielleicht war es richtig, daß die einschränkenden Bestimmungen des Versailler Vertrags jetzt keine Bedeutung mehr hatten, wie Eden in einem Gespräch mit dem französischen Diplomaten Alexis Léger sagte. Aber, wie Telford Taylor schreibt, »hätte man erkennen müssen, daß es für die Franzosen und Italiener eine schwere Kränkung bedeutete, wenn England sich mit der Schaffung einer neuen deutschen Kriegsflotte, zu der auch Unterseeboote gehören sollten, einverstanden erklärte«.[145] Darüber hinaus war der Zeitpunkt, den man für den Vertragsabschluß gewählt hatte, angesichts der wegen der Ansprüche Italiens auf Äthiopien drohenden Spannungen zwischen Großbritannien und Italien denkbar ungünstig.

Zwei Hinterbänkler im Unterhaus erkannten das: Lloyd George und Churchill. Der walisische Feuerkopf war jetzt schon sehr alt, und sein Feuer flackerte nur noch schwach, aber Winston war im Vollbesitz seiner Kräfte und voller Leidenschaft. Er meldete sich unmittelbar nach Hoare zu Wort und verurteilte das Flottenabkommen mit scharfen Worten. Großbritannien habe sich hier auf ein sehr schlechtes Geschäft eingelassen; zu glauben, die Nazis würden sich an die noch nicht erprobten Regeln des Unterseebootkriegs halten, sei »der Gipfel der Einfalt«. Vor allem habe Großbritannien »diese unilaterale Verletzung des Vertrags (von Versailles)« geduldet, ohne eines »der anderen betroffenen Länder« zu konsultieren. In dem Augenblick, da die Rettung Europas davon abhinge, daß »die Mächte, die ein wiederbewaffnetes Deutschland fürchten, sich zusammenschließen«, habe England sich entschieden, »in sehr bemerkenswerter Weise vom Grundsatz der kollektiven Sicherheit abzuweichen«. Die Franzosen würden zwar jammern und stöhnen, aber sich verzweifelt an ihren einzigen zuverlässigen Verbündeten, Großbritannien, klammern. Die Italiener dürften sich neue Freunde suchen – und er könne schon jetzt sagen, daß sie es auch tun würden.

Der gefährlichste Aspekt des Abkommens war jedoch, wie Churchill sagte, daß es die weltweite Verantwortung Großbritanniens nicht berücksichtige. Er erinnerte das Parlament daran, daß Deutschland keine überseeischen Besitzungen besaß. Großbritannien hatte das Empire. Er wußte, daß es Abgeordnete gab, denen das nicht gefiel, aber das Empire existierte, und solange das Parlament keine andere Entscheidung traf, war die Regierung verpflichtet, die Dominions, die Kronkolonien und die Protektorate zu schützen. Das Kräfteverhältnis von 100 zu 35 ließe sich so lange vertreten, wie sich das Operationsgebiet der königlichen Flotte auf die Nordsee beschränke.

Er machte eine Pause, runzelte die Stirn und schlug dann zu: »Welcher unerwartete Glücksfall ist das für Japan! Überlegen Sie die Konsequenzen... Die britische Flotte wird, wenn dieses (deutsche) Programm verwirklicht ist, größtenteils in der Nordsee ankern. Der ganze Vorteil, über eine große Marinebasis in Singapur zu verfügen, die eine Schlachtflotte versorgen kann« – um weite Gebiete des Empire einschließlich Australien und Neuseeland zu schützen – »wird wesentlich dadurch gemindert, daß wir, wenn diese deutsche Flotte gebaut ist, nicht mehr in der Lage sein werden, einen wesentlichen Teil der britischen Flotte so weit von der Heimat entfernt zu stationieren.« Der Frieden lasse sich nicht durch bilaterale Vereinbarungen sichern. Ein Krieg könne nur durch die kollektive Sicherheit verhindert werden. Und jetzt habe die Regierung Seiner Majestät den Weg dorthin verlassen. Die Bewunderer des Regimes in Deutschland würden vielleicht jubeln, aber er mache sich große Sorgen. Er erinnerte das Hohe Haus daran, daß sein ehrenwerter Vorredner von Bangemachern und Schwarzsehern gesprochen habe. Er akzeptiere diese Bezeichnungen. Es gäbe schlimmere Verdächtigungen. »Es ist besser, sich jetzt Sorgen zu machen und Angst zu haben, als später getötet zu werden.«[146]

Das Problem blieb ungelöst und schwärte weiter. Im weiteren Verlauf der Debatte erwähnte Churchill auch, daß der *Daily Herald* Baldwin wie folgt zitiert hatte: »Wir werden uns auch von einigen unserer Spielzeuge trennen müssen – eines davon ist ›Britannia rules the waves‹.« Mit dem Verzicht auf Britanniens Herrschaft über die Meere griff Baldwin nicht nur Churchills politische Überzeugung an, sondern auch eines der drei von Winston am meisten geschätzten vaterländischen Lieder. Die beiden anderen waren »Land of Hope and Glory« und »The British Grenadiers«. Churchill machte die Abgeordneten darauf aufmerksam, daß der Premierminister den Titel des Liedes falsch zitiert hatte. Er sagte: »Es heißt ›Britannia, rule the Waves‹. Das ist Ausdruck eines Verlangens und nicht die Feststellung einer Tatsache. Wenn aber die Idee, Britannien möge herrschen, ein Spielzeug ist, dann sind sehr viele gute Männer zu ihrer Zeit bereit gewesen, für dieses Spielzeug zu sterben.« Privat hat Churchill zu jener Zeit aber auch einmal gesagt, er habe den Eindruck, daß nur noch sehr wenige Briten bereit seien, für irgendeine Idee zu sterben. Das ganze Land sei augenscheinlich von einer nationalen Lethargie ergriffen. Er habe sich der Sprache des viktorianischen England bedient, und das sei jetzt eine tote Sprache, die heute niemand mehr übersetzen könne.[147]

Das englisch-deutsche Flottenabkommen wurde am 18. Juni 1935 unterzeichnet. Dazu schickte Hitler Ribbentrop als seinen persönlichen Sonderbotschafter nach London. Die Unterzeichnung erfolgte elf Tage nachdem Baldwin als Nachfolger von MacDonald in die Downing Street Nr. 10 eingezogen und nun auch *de jure* und nicht nur *de facto* Premierminister geworden war. Weniger als drei Monate waren vergangen, seit Hitler öffentlich bekanntgegeben hatte, daß Deutschland sich nicht mehr an die Bestimmungen des Versailler Vertrags halten werde und mit der Wiederaufrüstung begonnen habe. Die europäischen Länder, die Vereinigten Staaten und Japan mußten erkennen, daß Großbritannien in zynischer Weise versäumte, seine mit dem Versailler Vertrag übernommenen Pflichten zu erfüllen, und Mussolini war überzeugt, er könne sich unter diesen Umständen auch über die für die Mitglieder des Völkerbunds geltenden Regeln hinwegsetzen, und befahl seinen Generälen, die Besetzung von Äthiopien vorzubereiten, die nach dem Ende der Regenzeit beginnen sollte.[148]

Der verwirrendste Aspekt in diesem außenpolitischen Debakel war die Art und Weise, wie Großbritannien seinen großen Verbündeten jenseits des Ärmelkanals behandelte. Eden hatte seinen Ministerkollegen mit dürren Worten gesagt, die Franzosen könnten, wenn sie von dem Flottenabkommen in Kenntnis gesetzt würden, unter Umständen »Vorbehalte« anmelden. Das war ihr gutes Recht. Hoare sagte dem Kabinett, es sei »wichtig«, die Deutschen bei Laune zu halten und einige ihrer weniger ins Gewicht fallenden Wünsche zu erfüllen. Dazu gehörte auch die Zusage Großbritanniens, die Franzosen nicht über die Vertragsbedingungen zu unterrichten. Auch Frankreich verfügte über eine erstklassige Kriegsflotte, und mit dem neuen Abkommen gerieten die französischen Schiffe in die Reichweite der deutschen Schiffsgeschütze. Nun konnte das britische Außenministerium den Quai d'Orsay nicht einmal darüber informieren, wie viele Schiffe Hitler bauen durfte, und mußte auch über ihre Größe und Klassen – Schlachtschiffe, schwere Kreuzer, leichte Kreuzer, Zerstörer und Unterseeboote – Stillschweigen bewahren. Das Abkommen erlaubte den Deutschen sogar den Bau von fünf Schlachtschiffen, deren Bewaffnung und Tonnage diejenigen aller britischen Schiffe übertrafen. Das wurde durch die falsche Übersetzung einer Vertragsklausel möglich. Darüber hinaus wurden der deutschen Kriegsflotte 21 Kreuzer, 64 Zerstörer und eine praktisch unbegrenzte Zahl von Unterseebooten zugestanden.[149]

Die Bündnistreue Frankreichs gegenüber der siegreichen Entente von 1914 bis 1918 war für die Sicherheit Englands lebenswichtig. Wenn es zum Kriege kam, würde es die Aufgabe Frankreichs sein, sich einer deutschen Offensive entgegenzustellen. Die Briten konnten bei Kriegsausbruch höchstens fünf und später weitere sechs Divisionen auf das europäische Festland entsenden. Aber nachdem Hitler es hochmütig abgelehnt hatte, die Bedingungen des Versailler Vertrags zu erfüllen, und während der folgenden Krisen im Rheinland, in Österreich, der Tschechoslowakei und Polen konnte Frankreich nur noch die Rolle eines passiven Mitglieds der Entente von 1918 übernehmen, danach mußte es Großbritannien überlassen, den Krieg weiterzuführen, und sich den in Whitehall getroffenen Entscheidungen fügen. Die herrschende Schicht in England genoß ihre Führungsrolle und akzeptierte die Fügsamkeit der Franzosen als eine Selbstverständlichkeit. Diese Leute hatten nie begriffen, weshalb irgend jemand an ihrer Urteilsfähigkeit zweifeln sollte, und glaubten, die Franzosen täten das einzig Vernünftige.

Churchill teilte die Illusionen der anderen britischen Politiker hinsichtlich der Verteidigungskraft Frankreichs. Drei Tage nachdem Hitler die Wiederaufrüstung Deutschlands offiziell bekanntgegeben hatte, sagte Winston im Unterhaus: »Die Entfernung von der deutschen Grenze nach London ist geringer als die von der englischen Küste bis nach Berlin, und während praktisch die ganze deutsche Bomberflotte mit einer wirksamen Bombenlast London erreichen kann, können, wenn überhaupt, nur wenige unserer Flugzeuge mit ihren Bomben bis in den Luftraum über Berlin fliegen.«[150] Er glaubte, mit dieser Warnung die gefährliche Situation zutreffend gekennzeichnet zu haben, dachte aber noch nicht daran, in welch schlimme Lage England geraten könne, wenn deutsche Bombenflugzeuge auf *französischen* Luftbasen stationiert würden – unmittelbar vor der Kanalküste. Mit ihren schweren Bomben konnten sie dann London und die großen britischen Industriestädte in Schutt und Asche legen, einschließlich der Rüstungsfabriken in den Midlands. Selbst Churchills Phantasie reichte nicht aus, sich eine so verzweifelte Lage vorzustellen. Niemand dachte an die Möglichkeit, daß die Deutschen mit ihren starken Panzerarmeen und mehr als einer Million gut ausgebildeter Infanteristen ganz Frankreich besetzen und Paris einnehmen könnten. Winston glaubte noch immer, die französische Armee sei »die beste der Welt«.

Nachdem Churchill während des ganzen Jahres 1935 vor den Untaten Hitlers gewarnt hatte, wurde er jetzt im Parlament respektvoller behandelt, aber später schrieb er, obwohl das Haus »mir jetzt aufmerksam zuhörte, war ich verzweifelt«. Das Jahr hatte Hitler eine Reihe von Triumphen und den Demokratien demütigende Niederlagen gebracht. Churchill wußte jetzt, daß Baldwin endgültig versagt hatte. Er erinnerte sich an ein Gedicht, das er 1883 als Schüler in Brighton im *Punch* gelesen und auswendig gelernt hatte:

Wer ist der Führer im ratternden Zug?
Die Achsen knarren, und die Kupplung reißt;
Das Tempo nimmt zu, und die Weichen sind nah;
Und der Lokführer schläft – seine Ohren sind taub;
Und das Warnsignal leuchtet umsonst in der Nacht,
Denn der Tod ist der Führer im ratternden Zug.[151]

Da der Lokführer Baldwin eingeschlafen war, beschloß Winston, seine Stelle einzunehmen oder wenigstens die des Schaffners oder Heizers – mit anderen Worten, er wollte wieder in die Regierung eintreten und sich an der Gestaltung der Politik beteiligen. Am 2. August 1935 verabschiedete das Parlament ein neues Gesetz zur Verwaltung Indiens, die Government of India Act, die den Prozeß einleitete, der zur Unabhängigkeit Indiens führte. Damit endete auch Winstons sechs Jahre dauerndes Ringen um den Verbleib Indiens beim Empire. Er hatte sich aus der Parteiführung der Konservativen zurückgezogen, weil die Partei beschlossen hatte, die britische Herrschaft in Indien zu beenden, aber jetzt war dieses Problem gelöst, und er konnte sich ganz auf die Bedrohung Englands durch die Nationalsozialisten konzentrieren und wieder mit seinen alten Kabinettskollegen zusammenarbeiten. Am 25. August wandte er sich mit einem offenen Brief an seine Wähler im Wahlkreis Epping und erinnerte sie darin an die großen Leistungen Englands als Kolonialmacht in Indien. Der Brief schloß mit dem Satz: »Wir haben Großes geleistet und unsere Pflicht getan; mehr können wir nicht tun.« Um seine Versöhnungsbereitschaft zu zeigen, lud er G. D. Birla, einen der wichtigsten Mitarbeiter Gandhis, zum Mittagessen ein.

Anschließend schrieb Birla an Gandhi, das Essen bei Churchill sei »eines meiner erfreulichsten Erlebnisse« in England gewesen. Er berichtete, sein Gastgeber habe ihm gesagt: »Ich habe die größte Hochachtung vor Mr. Gandhi, seit er sich so sehr für die Unberührbaren eingesetzt hat.« Er, Churchill, hoffe, eine Regierung der Kongreßpartei werde »das Los der Massen moralisch und materiell bessern können. Mir geht es nicht darum, ob Sie gegenüber Großbritannien mehr oder weniger loyal sind. Meine Hauptsorge gilt auch nicht Ihrem Erziehungssystem, aber geben Sie den Massen mehr Butter.« Winston hatte Birla gesagt: »Ich empfinde aufrichtige Sympathien für Indien. Sie dürfen von uns nichts anderes erwarten als Schweigen oder Hilfe.« Später hat Attlee Churchill mit Jawaharlal Nehru bekanntgemacht. Attlee berichtete, die beiden alten Kommilitonen aus Harrow hätten sich glänzend verstanden. Winston sagte, er habe den Mut Nehrus bei der Bekämpfung der Aufständischen bewundert, und Nehru erwiderte, er habe mit großem Vergnügen Winstons Bücher gelesen. »Sie unterhielten sich überaus freundschaftlich, und dabei entstand ein echtes Vertrauensverhältnis. Soweit ich weiß, ist es nie getrübt worden.«[152]

In den Wochen vor den allgemeinen Wahlen im November hat sich kein Tory so unermüdlich für die konservativen Kandidaten eingesetzt wie Churchill. Er bot dem Wahlausschuß der Partei seine Dienste an, der die Termine für seine Wahlreden in Wanstead, Hull, Biggleswade, Epping, Woodford und South Chingford festlegte. Dabei folgte er natürlich seiner eigenen Strategie, aber Baldwin hatte schon im voraus bestimmt, um welche Themen es vor allem gehen sollte. Dies waren das englisch-deutsche Flottenabkommen, Handel und Schiffahrt und der öffentliche Dienst. Wie Macmillan später meinte, hat Baldwin selbst den Wahlkampf »nicht ganz aufrichtig geführt. Seine Reden hatte er außerordentlich geschickt so formuliert, daß jeder heraushören konnte, was ihm paßte.« So erklärte er: *»Keine starke Aufrüstung!«* Das gefiel den Pazifisten. Wer die Steuern senken wollte, dem gefiel die Weigerung der Regierung, sich an einem Rüstungswettlauf mit Hitler zu beteiligen. Baldwin zog Vereinbarungen mit Hitler vor, denn dabei werde sich, wie er behauptete, klar erweisen, daß nüchterne und klar denkende Briten auch mit Diktatoren fertigwerden könnten.[153]

Baldwin versicherte seinen Zuhörern, von Hitler ginge nicht die Gefahr aus, die von vielen beschworen werde: »Es mag Regierungen geben, die bewußt die Zukunft planen und widerstrebende oder ahnungslose Menschen ins Verderben führen... Ich muß gestehen, daß ich nach meiner politischen Erfahrung noch auf keine Regierung getroffen bin, die sich von so bösen Absichten leiten ließ. Die meisten Regierungen scheinen nicht viel besser oder schlechter zu sein als die Menschen, die sie regieren.« Wenn jemand wie Leo Amery im persönlichen Gespräch voraussagte, die Beschwichtigungspolitik könne Diktatoren ermutigen, antwortete Chamberlain – auch im Namen des Premierministers – empört, das sei eine »böswillige Verzerrung«. Er sagte, Großbritannien stehe vor der Wahl, »ob wir in Genf eine letzte Anstrengung unternehmen wollen, um Frieden und Sicherheit zu wahren« oder ob man vor den Kriegstreibern »feige kapitulieren« solle, was uns »von unseren Kindern und Kindeskindern als Schande angerechnet werden würde«. Chamberlains Stärke lag in seiner festen Überzeugung, daß seine Auffassungen von der Geschichte bestätigt werden würden. Bei Baldwin war es das gleiche, und die Tragödie beider Männer lag darin, daß sie es erleben mußten, widerlegt zu werden.[154]

Churchill verfolgte unbeirrt seinen eigenen Weg. Die konservativen Einpeitscher hatten versucht, ihn davon zu überzeugen, daß es seiner Stellung in der Partei nützen werde, wenn er bis nach den Wahlen auf neue Angriffe gegen die Nazis verzichtete. Winston antwortete, das sei zwar die politische Linie des Premierministers, aber nicht seine. Während Baldwin erklärte, die Nazis stellten keine Bedrohung dar, sagte Winston in seinen Reden und in den Artikeln für die *Daily Mail* und *Strand*: »Die Räder an der Ruhr drehen sich... und spucken ihre Produkte für die schon größtenteils für den Krieg mobilisierten Arsenale und Fabriken Deutschlands aus.« Als sich der Wahlkampf seinem Ende näherte, hielt er im Parlament eine längere Rede und erinnerte die Abgeordneten daran, daß Hitler noch immer 800 Millionen Pfund jährlich für die Rüstung ausgab. Er sagte: »Wir können es uns nicht leisten, weiter zuzusehen, wie die Nazis mit ihrer Grausamkeit und Intoleranz, mit ihrem ganzen Haß und ihrem bedrohlichen Waffenarsenal zur stärksten Macht in Europa werden.« Zu seiner Freude konnte er feststellen, daß die Zahl der Abgeordneten, die ihm zustimmten, immer größer wurde. Erst am vergangenen Tage hatte Lloyd George, der sich endlich der von den Nazis ausgehenden Gefahr bewußt geworden war, im Unterhaus einen Akt der Reue vollzogen. Winston sagte, weder Lloyd George »noch die Regierung Seiner Majestät werden, wie ich glaube, heute der Behauptung widersprechen, daß sich Deutschland auf dem Weg befindet, die am stärksten gerüstete Nation der Welt zu werden, und demnächst unvergleichlich viel besser auf einen Krieg vorbereitet sein wird als jedes andere Land.«[155] Niemand könne mehr daran zweifeln, daß die Nationalsozialisten einen Eroberungskrieg in Europa vorbereiteten. »Deutschland gleicht einem Heerlager. Die ganze Bevölkerung wird vom Kindesalter an auf den Krieg vorbereitet.« Weiter sagte er: »Die deutsche Luftwaffe wird in rasendem Tempo aufgebaut, und zwar ohne Rücksicht darauf, wie viele Menschenleben das kostet.«

In einem Artikel mit der Überschrift »Die Wahrheit über Hitler«, der im November 1935 in der Zeitschrift *Strand* abgedruckt wurde, schrieb er, wie Hitler, nachdem er im geheimen aufgerüstet hatte, »bis an die Zähne bewaffnet alle anderen überholt hat, während die Maschinen in seinen Munitionsfabriken Tag und Nacht dröhnen, seine Flugzeuggeschwader sich in endloser Folge formieren, seine Unterseebootbesatzungen ihre Übungen in der Ostsee abhalten und seine bewaffneten Horden von einem Ende des weiten Reichsgebiets zum anderen marschieren«. Er verurteilte die »grausigen Doktrinen« Hitlers scharf und sagte voraus, sie würden »mit brutaler Gewalt« verwirklicht werden. Auf deutschem Boden breiteten sich die Konzentrationslager aus »wie Pockennarben«, und in diesen Lagern würden unzählige Deutsche, vom »weltberühmten Wissenschaftler« bis zu »unglückseligen kleinen jüdischen Kindern« gequält. Nichts könne einen Juden vor dem Konzentrationslager und der Folter bewahren. »Keine erworbenen Verdienste, kein erwiesener Patriotismus und nicht einmal im Krieg erlittene Verwundungen« könnten verhindern, daß Menschen grausam mißhandelt würden, »deren einziges Verbrechen darin besteht, daß ihre Eltern sie auf die Welt gebracht haben«. Skeptiker verwies Churchill auf *Mein Kampf*, wo die Juden als eine »verderbte und hassenswerte Rasse« bezeichnet wurden. Aber nicht alle Insassen dieser Lager seien Juden. Unter Hitler sei »die geringste Kritik« am Führer und seinem verbrecherischen Regime »ein Staatsverbrechen«.[156]

Der britische Botschafter in Berlin berichtete, daß Churchills Angriffe gegen Hitler in den deutschen Zeitungen ausführlich besprochen wurden, wobei manche »darauf hinweisen, die Rede habe eine besondere Bedeutung angesichts der Tatsache, daß Mr. Churchill mit an Sicherheit grenzender Wahrscheinlichkeit dem nächsten Kabinett angehören werde«. Eine solche Sicherheit gab es natürlich nicht, aber in den 30er Jahren hielt man Winston in ganz Europa für einflußreicher als in England. Das lag vielleicht daran, daß er die wirkliche Lage deutlicher erkannte als andere, und an seiner Beredsamkeit. Am 30. Oktober notierte Ralph Wigram: »Mr. Churchill macht sich in Deutschland sehr unbeliebt«, und der Botschafter berichtete, daß man ihm den Ton seines Artikels »hier sehr übelnimmt«. Desmond Morton telegrafierte nach Chartwell: »Er hat in Deutschland nicht gefallen, aber privat wird der Artikel, wenn auch mit Bedauern, bewundert. Es ist richtig, den Deutschen klarzumachen, daß wir nicht bereit sind, uns in schwächlicher Selbstzufriedenheit mit allem abzufinden.«[157]

Hitler las eine Übersetzung des in der Zeitschrift *Strand* abgedruckten Artikels. Wigram erfuhr von seinen Gewährsleuten, er sei danach sehr wütend gewesen. Die Wilhelmstraße teilte der britischen Bot-

Albert Einstein (rechts) in den 30er Jahren im Rosengarten von Chartwell.

schaft in Berlin mit einer offiziellen Note mit, daß Verunglimpfungen des deutschen Staatsoberhaupts »unerträglich« seien. Wigram schickte Churchill eine Abschrift der Protestnote und teilte ihm gleichzeitig mit, welche Frage der wütende Führer dem britischen Botschafter gestellt hatte: »Was soll aus dem englisch-deutschen Flottenabkommen werden, wenn der Verfasser dieses Artikels britischer Marineminister wird?« Wigram notierte am Rand des Schriftstücks: »Ich weiß nicht genau, was das bedeuten soll; aber wenn Churchill wüßte, daß Hitler das gesagt hat« – als würde Winston es nicht schon nach wenigen Stunden erfahren –, »wird er vielleicht meinen, dies sei ein weiterer Beweis dafür, wie notwendig eine starke Aufrüstung für England ist, sonst werden wir uns von den Deutschen sagen lassen müssen, wer in diesem Lande ein öffentliches Amt bekleiden darf und wer nicht.«[158]

Eine unerwartete Folge dieses Vorgangs war ein plumper Versuch der Nazis, Churchill in seinem Wahlkreis zu diskreditieren. Im Rundfunk bezeichnete ihn der Londoner Korrespondent des *Völkischen Be-*

obachters als einen »skrupellosen politischen Intriganten«, der zur Bedrohung für den Weltfrieden werden könnte, wenn er nicht von der Regierung Seiner Majestät in die Schranken gewiesen würde. Danach schrieb ihm seine Tante Leonie Leslie: »O Winston! Was für eine großartige Rede, und welches Vergnügen bereiten mir die Beschimpfungen aus Deutschland, die ich im Radio höre.« Der britische Marineattaché in Berlin schrieb ihm aus Warschau: »Ich mußte warten, bis ich Deutschland verlassen hatte, um Ihnen zu schreiben und zu sagen, wie wunderbar ich Ihre Rede fand – denn die Deutschen sind so verärgert darüber, daß Sie ihnen die Wahrheit gesagt haben, daß an Sie adressierte Briefe nicht befördert worden wären.« Er erinnerte Winston an ein Gespräch, das er im Frühjahr 1933 mit ihm geführt hatte, und schrieb dazu: »Ich habe nie vergessen, was Sie damals über die Nazis gesagt haben. Zweieinhalb Jahre in Berlin haben mir gezeigt, daß alles, was Sie damals vorausgesehen haben, heute eingetroffen ist. Die Deutschen haben aus dem Kriege nur eines gelernt – und das ist, daß sie *nie* wieder einen Krieg führen dürfen, bevor sie vollkommen dafür gerüstet und ihres Sieges sicher sind. Sie wollen sich das nächste Mal auf kein Risiko einlassen! Die Deutschen fürchten sie, und ich hoffe, daß Sie Erster Lord (der Admiralität) oder Verteidigungsminister werden! Bitte verraten Sie mich nicht.«[159]

Die Reaktion der Nazis auf Churchills Reden und Artikel während des Wahlkampfs von 1935 ließ schon ahnen, womit man in der Zukunft würde rechnen müssen. Im Lauf der kommenden Jahre hat kaum jemand den Erfolg von Churchills Wirken im Ausland so deutlich gemacht wie Adolf Hitler selbst. In seinen Reden sagte er, wenn es auf der Welt einen Mann gebe, der berechtigt sei, für Deutschland zu sprechen, dann sei er dieser Mann und niemand sonst... Das Regime in Deutschland ginge nur das deutsche Volk etwas an, und er werde es nicht zulassen, daß sich irgendwelche ausländischen Schulmeister oder Gouvernanten einmischten. Als Winston vom Schicksal Österreichs und der Tschechoslowakei sprach, den beiden Demokratien, die Hitler hilflos ausgeliefert seien, fragte Hitler empört, ob der Allmächtige vielleicht Leuten wie Churchill den Schlüssel zur Demokratie übergeben habe. Er sei nur der Anwalt Deutschlands und spiele sich nicht, wie Churchill und andere, als Anwälte der ganzen Welt auf. Wenn Churchill frage, »wie ist es möglich, daß ein Staatsoberhaupt mit einem britischen Parlamentarier die Klingen kreuzt?«, dann müsse er sagen, »Churchill, fühlen Sie sich geehrt«.[160]

Am Donnerstag, dem 14. November wurde in Großbritannien gewählt. Schon am Abend war es klar, daß die Konservativen mit 432 Sitzen ihre überwältigende Mehrheit im Unterhaus behalten hatten. Die Labourparty hatte jetzt 154 Sitze. Das war ein Zugewinn. Die Liberalen hatten mit 21 Sitzen Verluste erlitten. Churchill gehörte zu den wenigen Konservativen, denen es gelungen war, die Stimmenmehrheit für sich zu vergrößern. Für ihn wurden über 100 000 Stimmen abgegeben, mehr als für seine beiden Rivalen zusammen. Am Abend ging er noch zur Albert Hall, um sich über die dort bekanntgegebenen Wahlergebnisse zu informieren. Als der Wahlausgang feststand, nahm er ein Taxi zum Stornoway House, wo Lord Beaverbrook eine Siegesfeier veranstaltete. Als Beaverbrook Churchill begrüßte, waren seine ersten Worte: »Nun, Sie sind jetzt erledigt. Baldwin verfügt über eine so starke Mehrheit, daß er auch ohne Sie auskommen kann.« Zwölf Jahre später schrieb Winston in einer unveröffentlichten Notiz: »Ich war verblüfft und gekränkt.« Er hatte geglaubt, »ein Mann wie Mr. Baldwin würde sich ... durch die Zahl der für ihn abgegebenen Stimmen im Hinblick auf meinen Eintritt in die Regierung nicht beeinflussen lassen«.[161]

Als Churchill vor fünf Jahren aus Baldwins Schattenkabinett ausgetreten war, hatte er Vansittart gesagt: »Ich habe mich freudig und gern endgültig damit abgefunden, kein öffentliches Amt mehr zu bekleiden.« Aber Vansittart wußte, daß das nicht stimmte, und schrieb: »Nicht an der Regierungsarbeit beteiligt zu sein war für ihn schwer zu ertragen, obwohl ich nie verstanden habe, warum. Der große Junge, der ein Spielzeug verloren hatte, verfügte über alle anderen Gaben der Welt, und viele hörten ihm aufmerksam zu, auch wenn nur wenige seine Meinung teilten. Er hätte als der Größte seiner Zeit, ja vielleicht aller Zeiten, strahlend glücklich sein müssen.« Vansittart hatte ihm gesagt, wenn er eines der 22 Ministerien im Kabinett übernehmen sollte, dann würde ihm dies noch größere Enttäuschungen einbringen. Churchill glaubte, daß ihm die Regierung freundlich gesonnen sei, doch Vansittart wußte, daß er sich irrte: »Wegen seiner düsteren Miene war er sowohl bei der Rechten als auch bei der Linken unbeliebt. Die Linke nannte ihn den ›Liebling der extremen Konservativen‹, die nicht den Mut hätten, ihn zu unterstützen.« Die Rechte sah in ihm einen Renegaten. Das war, wie Vansittart sich erinnert, sowohl für Winston als auch für ihn selbst »sehr bedauerlich, denn eine einzelne Stimme kann nichts erreichen, und in der letzten Analyse kann ein britischer Staatsdiener wenig tun, um dem Staat zu dienen. Wir beide machten unverdrossen weiter, er mit seinen Reden und ich mit Kommentaren und Denkschriften.«[162]

Als Baldwin im Juni in die Downing Street Nr. 10 einzog, hatte er

Hoare zum Nachfolger von Simon im Außenministerium ernannt und Londonderry durch den tüchtigeren Sir Philip Cunliffe-Lister, einen Bewunderer von Churchill, ablösen lassen. Die bedeutendste Leistung des neuen Luftfahrtministers war es, daß er die Entwicklung und Produktion neuer Jagdflugzeuge veranlaßte. Das waren die Hawker Hurricane, die schon fünf Monate nach seinem Amtsantritt getestet werden konnten, und die Spitfire, deren Prototyp vier Monate später die ersten Probeflüge unternahm. Im Unterhaus übte Winston auch weiterhin, wie er das später nannte, »strenge, aber freundschaftliche« Kritik an der Regierung, deren Haltung in Genf und anderswo er immer häufiger unterstützte. George Meredith schreibt: »Zu unserem Schrecken verurteilt uns das Leben dazu, zusehen zu müssen, wie die Gewinner handeln.« Einem Hinterbänkler waren die Hände gebunden. Doch Vansittart, der ein Ministeramt innehatte, konnte handeln. Auch Churchill hatte, wenn er dem Kabinett angehörte, oft politische Entscheidungen beeinflussen können. Je stärker nun sein Wunsch wurde, auf die Regierungsbank zurückzukehren, desto häufiger lobte er Baldwin in aller Öffentlichkeit. Im Oktober hatte er ihm geschrieben: »Wenn Ihre Macht groß ist, dann sind es auch Ihre Bürden – und Ihre Chancen. Ich glaube, Sie sollten sobald wie möglich ins Land hinausgehen, und ich hoffe, Sie werden es tun... Ich werde Ihnen in diesen Wahlen zur Seite stehen und mich nach Kräften bemühen, Ihnen zu dienen.« Die letzten Worte zeigen nur allzu deutlich, wie sehr es ihn drängte, sich aktiv an der Gestaltung der Politik zu beteiligen.[163]

So also standen die Dinge, als Beaverbrook Churchill sagte, daß Baldwin ihn nicht brauche. Sechs Monate waren vergangen, seit Winston etwas Abfälliges über den Premierminister gesagt hatte. Kein Abgeordneter im Unterhaus außer Lloyd George hatte so reiche Erfahrungen als Minister wie er. Obwohl manche seiner Kollegen behaupteten, er sei für die Übernahme eines so wichtigen Amtes schon zu alt (im Mai hatte ein konservativer Abgeordneter gönnerhaft erklärt, »zwar ist es peinlich, jemanden an seinem Lebensabend zu kritisieren...«), war er in Wirklichkeit auf der Höhe seiner Leistungsfähigkeit. Und er sehnte sich danach, ein Regierungsamt zu übernehmen. Vansittart hatte kein Verständnis dafür, aber Winston machte es keine Freude, den unabhängigen Kritiker zu spielen. Er konnte seine Phantasie, seine Energie und alle seine Fähigkeiten nur dann zur Wirkung bringen, wenn er eine einflußreiche Stellung innehatte. Er hoffte auf die Admiralität, war aber bereit, auch jedes andere Ministerium zu übernehmen. So verließ er London, fuhr nach Chartwell und wartete dort auf einen Anruf von Baldwin.[164]

Er wartete vergebens. Sechs spannungsgeladene Tage blieb er ständig in der Nähe des Telefons, und als er erkannte, daß er seine Hoffnungen begraben mußte, versank er in eine so tiefe Depression, daß er nicht einmal fähig war zu malen. Nach seiner Ernennung zum Premierminister hatte Baldwin bei der Kabinettsumbildung tatsächlich mit dem Gedanken gespielt, Churchill in die Regierung aufzunehmen, aber Dawson hatte es ihm mit der Begründung ausgeredet, daß einige ranghohe Parteimitglieder ihm das übelnehmen würden und Churchill außerdem »ein Störfaktor« sein werde, »besonders da die Außen- und Verteidigungspolitik im Vordergrund stehen würden«.[165]

Ironischerweise wurde das, was die Konservativen bisher an seinem Verhalten am schärfsten kritisiert hatten, jetzt als seine besonderen Vorzüge angesehen. Nun erzeugten die Stärke und Folgerichtigkeit seiner Überzeugungen mehr Mißtrauen und Ablehnung in der Partei als seine scharfzüngigen Reden im Unterhaus und sein unverhülltes Verlangen, ein Regierungsamt zu übernehmen. Isaiah Berlin meinte dazu: »Keine straff organisierte politische Organisation fühlt sich glücklich mit Persönlichkeiten, in denen sich Unabhängigkeit, eine ungehemmte Vorstellungskraft und große Charakterstärke mit einem festen Glauben und einer klaren, unerschütterlichen Auffassung vom öffentlichen und privaten Wohl verbinden.«[166]

Nach dem erdrutschartigen Wahlsieg am 14. November schlossen sich auch andere Konservative der von der *Times* vertretenen Linie an und rieten Baldwin entschieden davon ab, Churchill in sein Kabinett aufzunehmen. Nancy Astor schrieb ihm: »Nehmen Sie Winston nicht in die Regierung auf – das würde hier und im Ausland den Krieg bedeuten. Ich kenne die Tiefen der Illoyalität Winstons – und Sie werden es kaum glauben, wie sehr ihm *alle* Wähler in diesem Land mißtrauen.« Drei Tage nach den Wahlen schrieb Thomas Jones in sein Tagebuch: »Ich glaube, Winston wird draußen bleiben.« Nachdem die Entscheidung am gleichen Tag gefallen war, notierte er mit Erleichterung, daß sich die Regierung »nicht von Winstons Enthusiasmus für Schiffe und Kanonen hat beeinflussen lassen«.[167] In einem Gespräch mit Jones sagte Baldwin: »In den nächsten Tagen werde ich ein paar beiläufige Bemerkungen über Winston machen... Ich habe alles vorbereitet. Ich werde sagen, als Winston geboren wurde, haben viele gute Feen über seiner Wiege geschwebt und ihn mit Geschenken überhäuft – mit Phantasie, Beredsamkeit, Fleiß und Tüchtigkeit, aber dann kam eine Fee, die sagte, ›kein einzelner Mensch hat das Recht auf so viele Geschenke‹. Sie hob ihn auf und schüttelte ihn so stark, daß er trotz all dieser Gaben jede Urteilsfähigkeit und alle Weisheit verlor. Und das ist der Grund, warum es uns so viel Vergnügen bereitet, ihm im Unterhaus zuzuhören, wir seine Ratschläge aber nicht befolgen.«[168]

Doch diese letzte Enttäuschung hatte Churchill keiner Märchenfee zu verdanken. Baldwin hatte ganz andere und weniger romantische Motive. Er konnte Winston gewisse Dinge nicht verzeihen. Die Liebenswürdigkeit des »lieben Vikars« war legendär, aber er wäre ein Masochist gewesen, wenn er die Wunden, die Churchill ihm in der Vergangenheit geschlagen hatte, nicht hätte heilen wollen. In einem der seltenen Augenblicke, in denen Baldwin die gewohnte Liebenswürdigkeit ablegte, sagte er: »Winston ist ein Teil jenes über Bord geworfenen Ballasts, der im politischen Leben an den Strand getrieben wird.« Seine engsten Mitarbeiter stimmten ihm zu. Neville Chamberlain kam der Wahrheit nahe, als er sich dagegen aussprach, Churchill ein Ministerium zu geben, und erklärte, mit seinen Überredungskünsten könnte er das Kabinett davon überzeugen, daß die Aufrüstung vorangetrieben werden müsse, was das Schatzamt gezwungen hätte, das dafür notwendige Geld zur Verfügung zu stellen. Die Wirtschaftsdepression war noch immer nicht überwunden. Die Londoner City und die Bank von England hielten stabile Preise und ein stabiles Pfund für unverzichtbar. Eine Staatsverschuldung wurde, außer in Kriegszeiten, als geradezu unmoralisch angesehen und sollte auch dann nach Möglichkeit vermieden werden. A. J. P. Taylor schreibt zu diesem Thema: »Das Geheimnis der Büchse der Pandora, die Schacht in Deutschland geöffnet hatte und das auch im amerikanischen New Deal ans Tageslicht kam, war von der (britischen) Regierung noch nicht entdeckt worden.« Taylor glaubte, die Regierungen unter MacDonald, Baldwin und Chamberlain »fürchteten sich noch mehr davor, gegen wirtschaftliche Grundsätze zu verstoßen, als vor Entscheidungen, mit denen sie Hitler verletzen könnten«.[169]

Ein Grund, daß Churchill kein Ministeramt erhielt, waren die Befürchtungen möglicher Reaktionen in Berlin. Churchill glaubte allerdings, Baldwin habe es abgelehnt, ihn mit einem Regierungsamt zu betrauen, um »der pazifistischen Abordnung, die er wenige Tage vor den Wahlen empfangen hatte, einen Teil seiner Schuld zurückzuzahlen«. In Wirklichkeit waren die Beweggründe nicht so edel. Winston hatte nicht geglaubt, daß ein britischer Premierminister bei der Aufstellung seiner Kabinettsliste auf deutsche Empfindlichkeit Rücksicht nehmen werde. Darin irrte er sich. Lady Longford meinte, Baldwin sei bei der Kabinettsumbildung »weniger denn je geneigt gewesen, Hitler durch die Ernennung des kämpferischen Churchill zu verärgern«. Jahre später meinte Boothby: »Viele Menschen fragten sich, warum Mr. Churchill, der die Ämter des Ersten Lords der Admiralität, des Kriegsministers, des Luftfahrtministers und des Munitionsministers innegehabt hatte, nicht ins Kabinett aufgenommen worden war. Die Antwort war ganz einfach. Er hätte das Land erregt, verwirrt und militärisch aufgerüstet.«[170]

Danach hatte Winston das Bedürfnis, England für wenigstens sechs Wochen den Rücken zu kehren. Später schrieb er, er habe sich »auf angenehme Weise getröstet. Ich begab mich mit meinem Malkasten in ein für mich verträglicheres Klima, ohne auf das Zusammentreten des Parlaments zu warten.«[171] Wie jeden Urlaub benutzte er auch diesen dazu, literarisch zu arbeiten, vor allem am dritten Band seiner Marlborough-Biographie.

Für einen konservativen Parlamentsabgeordneten war es offenbar die richtige Zeit, London zu meiden. Die Lage in Afrika hatte sich zugespitzt. Am Horn des nordöstlichen Afrika an den Grenzen der italienischen Kolonie Somaliland zuammengezogene italienische Truppenverbände waren in Äthiopien, dem damaligen Abessinien, eingefallen. Mussolini hatte sich durch eine von Sam Hoare vor dem Völkerbund in Genf abgegebene Erklärung nicht abschrecken lassen. Dort hatte der Außenminister mit der flachen Hand auf das Rednerpult geschlagen und gesagt: »Der Völkerbund und mein Land werden sich... entschieden und kollektiv jeder nicht provozierten Aggression entgegenstellen!« Die Presse und die überwältigende Mehrheit der Delegierten hatten der Auffassung des von allen verehrten Belgiers Paul Hymans zugestimmt: »Die Briten haben beschlossen, Mussolini Halt zu gebieten, selbst wenn das die Anwendung von Waffengewalt bedeutet.«[172] Aber sie hatten es nicht getan. Der in Harrow und Oxford erzogene Hoare, der Inbegriff des englischen Gentleman, hatte in Genf nicht Entschlossenheit demonstriert, sondern sich als scheinheiliger Heuchler erwiesen.

II.
Riffe

Beim Vermessen von Grenzen geht der Landvermesser von bestimmten festliegenden Punkten aus. Wer die Vergangenheit aus einer bestimmten Perspektive betrachten will, kann sich einer ähnlichen Methode bedienen. Mitte der 30er Jahre fand in Europa im Hinblick auf die Zukunftserwartungen ein Stimmungsumschwung statt, der von der Vorstellung, daß ein neuer Krieg undenkbar sei, über die Erkenntnis, daß mit einer solchen Möglichkeit gerechnet werden müsse, bis zu dem Fatalismus führte, mit dem die Unvermeidbarkeit des Krieges schließlich erkannt wurde. Die bösen Vorzeichen waren nun nicht mehr zu übersehen. Im März 1935 hatte Hitler die deutsche Wiederaufrüstung bekanntgegeben; elf Tage nachdem Baldwin im Juni MacDonald als Premierminister abgelöst hatte, wurde das unselige englisch-deutsche Flottenabkommen unterzeichnet, und nach dem erdrutschartigen Wahlsieg der Konservativen im November hätte die Erklärung Hoares vor dem Völkerbund eingelöst werden müssen. Drei schicksalhafte Krisen standen unmittelbar bevor: Äthiopien, das Rheinland und Spanien.

Unter dem Vorwand, daß Grenzstreitigkeiten bereinigt werden müßten, hatte Italien im Februar 1935 angefangen, starke Truppenverbände nach Afrika zu verlegen. Kaiser Haile Selassie zog seine Truppen auf eine Linie 30 Kilometer hinter der Landesgrenze zurück, um den Zwischenfall zu vermeiden, auf den Mussolini wartete, aber der Duce wollte sich von seinem Vorhaben nicht abbringen lassen. Er erklärte, er werde alle ihm zur Verfügung stehenden Waffen und auch Giftgas einsetzen, dessen Verwendung nach internationalen Vereinbarungen verboten war. Hoares Genfer Rede, in der er jeden Angreifer vor den Konsequenzen eines solchen Vorgehens warnte, wurde am 11. September, einen Monat vor Beginn der Kampfhandlungen, gehalten. Der Historiker des Völkerbunds schrieb, »man könnte die Wirkung dieser mitreißenden Rede kaum übertreiben, mit der Mussolini gewarnt wurde«.[1]

Die Rede war der Höhepunkt in der politischen Laufbahn von Hoare, der diese Wirkung allerdings gar nicht angestrebt hatte. Am Ende seines Lebens behauptete er, die Welt habe ihn mißverstanden, er habe nicht den Eindruck erwecken wollen, Großbritannien sei notfalls entschlossen, Gewalt anzuwenden. In Wirklichkeit hatte er sich von seiner eigenen Rhetorik mitreißen lassen. An sich hatte er nur andeuten wol-

Sir Horace Wilson,
Chamberlains »graue Eminenz«.

len, daß der Duce zur Aufgabe seines Vorhabens veranlaßt werden könne, wenn der Völkerbund damit drohe, jede Verletzung der äthiopischen Grenze mit gewissen Sanktionen zu ahnden. Das hätte, wie Hoare meinte, dem »geschwächten Körper des Völkerbunds neues Leben eingehaucht«. Aber ein Bluff wirkt nur, wenn die andere Seite glaubt, daß die Drohung ernst gemeint sei. Und nachdem die Agenten des italienischen Nachrichtendienstes in die britische Botschaft in Rom eingedrungen waren und sie durchsucht hatten, wußten die Italiener, daß Großbritannien nicht die Absicht hatte, Gewalt anzuwenden – weil ihm dafür nicht die erforderlichen Kräfte zur Verfügung standen. Schiffe der britischen Kriegsflotte kreuzten zwar routinemäßig im Mittelmeer, hatten aber keine Munition an Bord. Deshalb fühlte sich Mussolini ganz sicher, als er, wie Hoare anschließend erfuhr, auf den Balkon hinaustrat und der jubelnden Menge mit vorgeschobenem Unterkiefer zurief, Großbritannien versuche, den Italienern »ihren Platz an der Sonne streitig zu machen«.[2]

Churchills aufmerksame Blicke waren immer noch auf das nationalsozialistische Deutschland gerichtet. England und Frankreich brauchten Verbündete, und die bestmögliche Lösung dieses Problems war ein starker und einiger Völkerbund. Im Parlament sagte er, verglichen mit Hitlers Reich sei Äthiopien »eine Bagatelle«. Er habe aber doch mit Stolz gelesen, daß sich der Außenminister für die Unabhängigkeit des alten Kaiserreichs in den Bergen einsetze. Dies verlange, wie er meinte, die Ehre Englands. Der Völkerbund »kämpft um sein Leben. Wahrscheinlich kämpft er um unser aller Leben. Aber er kämpft.« Er glaube, der Völkerbund sei jetzt nicht mehr nur ein Schatten, sondern habe Substanz gewonnen; er sei »von der Theorie zur Praxis übergegangen, von der Rhetorik zur Realität. Wir sehen ein durchaus majestätisches Gebilde, das bisher aber nur als Schatten existierte und jetzt mit Leben und Macht erfüllt wird und die Fähigkeit erworben hat, zusammenhängend zu denken und geschlossen zu handeln. Wir beginnen einen Pulsschlag zu spüren, der, wie wir hoffen, eines Tages... der ganzen Welt ein größeres Maß an Gesundheit und Stärke verleihen wird.«[3]

In Wirklichkeit machte er sich große Sorgen. Seine Gefühle im Hinblick auf dieses Problem waren dabei ambivalenter, als er öffentlich zugab. Im letzten Krieg waren die Alliierten fast von den Deutschen besiegt worden, solange Italien seine Neutralität erklärt hatte. Den Völkerbund zu unterstützen hatte nur Sinn, wenn sich alle Mitgliedstaaten an seine Satzungen hielten. Taten sie es nicht, konnte das für Großbritannien katastrophale Folgen haben, denn es würde sich damit Italien zum Feind machen. Nach seiner Auffassung war Äthiopien kein moralisches Problem. Wie die meisten Angehörigen seiner Generation betrachtete er die Schwarzen als eine minderwertige Rasse. Unmittelbar nach Beendigung seiner Ausbildung an der Militärakademie von Sandhurst hatte er aus Kuba geschrieben, er mißtraue »den Negern unter den Insurgenten«. Er hat dieses Vorurteil niemals aufgegeben. Als er später einmal gefragt wurde, ob er den Film *Carmen Jones* gesehen habe, sagte er, er sei während der Vorstellung hinausgegangen, weil er für diese »schwarzen Mohren« nichts übrig habe.[4]

Die feindliche Hauptstadt war Berlin und nicht Rom. Äthiopien war für ihn ein »wildes Land der Tyrannei, Sklaverei und der Stammeskriege«. Später schrieb er: »In dem furchtbaren Kampf gegen ein sich wieder bewaffnendes nationalsozialistisches Deutschland, den ich kommen sah... wollte ich es unter allen Umständen vermieden sehen, daß sich Italien von uns abwendete oder sogar in das Lager unserer Gegner getrieben wurde.« Außerdem befanden sich Großbritannien und Frankreich in einer sehr unangenehmen Lage. Sie waren gewissermaßen Italiens Komplizen, weil sie im April in Stresa nicht das getan hatten, was sie hätten tun sollen. Am Ende der Konferenz hatte Mussolini ausdrücklich verlangt, aus der gegenseitigen Verpflichtung, sich jeder Aggression zu enthalten, Afrika auszuschließen. Die Diplomaten der Alliierten beschlossen, ihm in diesem Punkt nicht zu widersprechen. Mit Churchills Worten: »Alle waren so sehr auf die Unterstützung durch Mussolini in der deutschen Frage bedacht, daß man es in diesem Augenblick nicht für geraten hielt, ihn vor einem Eingreifen in Abessinien zu warnen, was ihn offensichtlich sehr geärgert hätte.«[5]

Nun mußte man die Konsequenzen tragen. Am 21. August, als die Regenzeit in Ostafrika die italienischen Truppen noch daran hinderte, mit ihren Operationen zu beginnen, hatten Hoare und Eden, der jetzt Minister für Angelegenheiten des Völkerbunds war, Winston um Rat gebeten. Nach den Aufzeichnungen von Hoare über dieses Gespräch hatte Churchill »sich äußerst erregt über das Vorgehen der Italiener gezeigt«, hatte »eine Verstärkung der britischen Mittelmeerflotte verlangt« und vor allem darauf hingewiesen, daß es an der Zeit sei, kollektiv zu handeln – aber nicht im Namen der Ideale des Völkerbunds, sondern weil er sich »in erster Linie für den Völkerbund als ein Instrument zur Verteidigung gegen Hitler interessierte«. Churchill hatte nach der Darstellung von Hoare damals erklärt, »wenn der Völkerbund jetzt schändlich versagt«, dann würde das »die Zerstörung des Bandes bedeuten, durch welches die britische und die französische Politik miteinander verbunden sind, und des Instruments, das in der Zukunft am wirksamsten zur Abschreckung einer deutschen Aggression eingesetzt werden könnte«.[6]

Im Parlament sagte er, er unterstütze die Zusage von Hoare, weil die Integrität des Völkerbunds auf dem Spiel stünde, fügte aber hinzu, daß er sich Haile Selassie nicht in der Rolle eines Märtyrers vorstellen könne: »Niemand kann im Ernst behaupten, Abessinien sei ein geeignetes, würdiges und gleichwertiges Mitglied eines Bundes zivilisierter Nationen.« Doch die Heiligkeit der Satzungen des Völkerbundes mußten unter allen Umständen geachtet werden. So schlug er vor, die britische Regierung solle Mussolini eindeutig klarmachen, daß England bereit sei, sich in jedem Fall an diese Satzungen zu halten, »selbst wenn das den Krieg bedeuten sollte«.[7]

Das war und ist bis heute ein umstrittener Punkt. Telford Taylor schreibt: »Rückblickend kann man vielleicht sagen, das weiseste, aber auch gewagteste Verfahren wäre es gewesen, Mussolini im Interesse der kollektiven Sicherheit mit allen Mitteln an seinem Vorhaben zu hindern, auch wenn das einen Krieg bedeutete, in dem Italien keine Verbündeten gehabt hätte. Aber vielleicht wäre es auch vorteilhaft gewesen, eine vorsichtigere, wenn auch zynische Politik zu verfolgen und den Duce in Europa auf der Seite der Engel zu halten, indem man ihm in Afrika eine kleine Teufelei erlaubte.«[8]

In Wirklichkeit hat man sich zu keinem dieser beiden Verfahren entschließen können. In »The Hollow Men« schreibt T. S. Eliot:

Zwischen die Idee
Und die Wirklichkeit…
Fällt der Schatten.

Roms neue Legionen stießen am 3. Oktober 1935 von Eritrea aus siegesgewiß über die Grenze nach Äthiopien vor. Aber noch bevor sie in Gefechtsberührung mit den Truppen Haile Selassies kamen, mußten sie ihre Fahnen zurücklassen, die Trompeten verstummten, und die Gladiatoren des Duce blieben in dem wilden, unwegsamen Gelände stekken. Die afrikanischen Verteidiger griffen sie nun mit unerwartet wilder Entschlossenheit an, um sie zurückzuwerfen. Evelyn Waugh schildert den Kampf der Italiener, wenn man ihre schwache Abwehr als solchen bezeichnen darf, in seinem satirischen Buch *Scoop*. Doch was sich zur gleichen Zeit auf der diplomatischen Bühne abspielte, war noch absurder. Die britische Delegation in Genf verurteilte, unterstützt von 50 anderen Nationen, Italien als Aggressor. Auf die Frage, wie weit er gehen würde, um die Forderungen des Völkerbundes durchzusetzen, erwiderte Churchill: »Soweit wie möglich, und unter Einsatz aller verfügbaren Kräfte.«[9]

Der Völkerbund beschloß mit überwältigender Stimmenmehrheit, den Italienern wirtschaftliche Sanktionen aufzuerlegen, aber die von Baldwin vorgeschlagenen Maßnahmen erweckten den Eindruck, der Premierminister habe sich von einem bizarren Sinn für schwarzen Humor leiten lassen. Unter anderem sollten den Aggressoren keine Kamele, Maultiere, Esel und kein Aluminium zur Verfügung gestellt werden – ein Metall, das in Italien reichlich gewonnen wurde und zu den wichtigsten Exportgütern des Landes gehörte. Die Lieferung anderer für die Kriegführung wichtiger Rohstoffe wie Stahl, Eisen, Kohle und vor allem Erdöl wurde nicht verboten. Ohne den von den motorisierten italienischen Verbänden dringend gebrauchten Kraftstoff wären diese in den Schluchten des gebirgigen Geländes steckengeblieben, die sie noch von der äthiopischen Hauptstadt Addis Abeba trennten. Hätte es Baldwin wirklich ernst gemeint, dann hätte er der italienischen Offensive durch die Schließung des Suezkanals sehr viel schneller Einhalt gebieten können. Diese Maßnahme wurde auch vorgeschlagen. Doch Eden und die anderen Mitglieder der britischen Delegation in Genf wandten ein, wenn Mussolini zu sehr gereizt würde, könnte er die Geduld verlieren und einen Krieg auf dem europäischen Kontinent beginnen oder wie ein »tollwütiger Hund« einen Angriff gegen die Mittelmeerflotte Seiner Majestät führen. Im Lauf der Zeit entwickelte sich das Ganze zu einer regelrechten Tragikomödie. Hoare war ein begeisterter Schlittschuhläufer. Er unterbrach seine Reise in die Schweiz, um dem französischen Premierminister Pierre Laval am Samstag, dem 17. Dezember, einen Besuch zu machen. Sie entwarfen gemeinsam einen Plan, der den Krieg in Äthiopien dadurch beenden sollte, daß Italien zwei Drittel des Landes zugesprochen wurden; dazu gehörten weite Landstriche, welche die Italiener mit ihren Truppen niemals hätten einnehmen können. Haile Selassie blieb nach diesem Plan nur noch ein geringer Teil seines Landes und ein Korridor durch italienisches Territorium zum Roten Meer. Sollte Mussolini damit nicht einverstanden sein, dann würde man dem Kaiser von Abessinien einen anderen, durch die benachbarten britischen oder französischen Kolonien führenden Korridor anbieten. In freudiger Stimmung bestieg Hoare den Zug, der ihn in das Schweizer Dorf Zuoz brachte, schnallte seine Schlittschuhe an, begab sich auf die Eisfläche des Sees, fiel hin und brach sich die Nase. Als Churchill von der zynischen Intrige in Paris hörte, brummte er, »schade, daß er sich nicht das Genick gebrochen hat«.[10]

Hoare und Laval hatten vereinbart, ihren Plan so lange geheimzuhalten, bis ihre Regierungen ihm zugestimmt hatten, aber die Zeitung *Paris-Soir* hatte sich den vollständigen Text zu verschaffen gewußt, bevor Hoare in Zuoz angekommen war, und am Montag berichtete die ganze Weltpresse unter großen Schlagzeilen über alle Einzelheiten der Vereinbarung. Churchill befand sich gerade auf Mallorca. Freunde überzeugten ihn davon, daß es für ihn am günstigsten sei, sich gerade jetzt im Ausland aufzuhalten; er beschloß deshalb, nicht nach Barcelona zu fahren, sondern die schöne Landschaft auf der Insel zu genießen, zu schreiben und zu malen. In England breitete sich währenddessen eine düstere Stimmung aus. Im Unterhaus schlug ein Labourabgeordneter vor, über dem Eingang zum Sitz des Völkerbunds die Aufschrift anzubringen: »Wer dieses Haus betritt, verzichte auf die Hälfte dessen, was er besitzt – die Hälfte seines Territoriums und die Hälfte seines Ansehens.« In einem Brief an die *Times* erklärte Harold Macmillan, wenn der Plan von Hoare und Laval gebilligt würde, bedeute das die Teilnahme Großbritanniens an einer Verschwörung, »die Struktur dessen zu unterminieren, was zu unterstützen uns die Nation noch vor wenigen Wochen aufgetragen hat. Ich habe noch nie an der Beisetzung eines Ermordeten teilgenommen, aber ich nehme an, daß man bei einer solchen Zeremonie einen gewissen Unterschied zwischen den Trauernden und den Mördern macht.«[11]

Der Plan von Hoare und Laval war von Anfang an zum Scheitern verurteilt. Mussolini lehnte ihn ebenso ab wie Haile Selassie, Baldwin und das Kabinett von Laval. Am 17. Dezember schickte Randolph seinem Vater einen vollständigen Bericht. Die Beziehungen zwischen den beiden waren gespannt – und die Spannungen sollten in der Folgezeit noch zunehmen –, aber Churchill stellte fest, daß sein Sohn ein gut unterrichteter Reporter war. Randolph schrieb, Baldwin, Hoare und Vansittart hätten »diese schändliche Kapitulation geplant und sind sich des Ausgangs vollkommen sicher«. Die Empörung der Öffentlichkeit jenseits des Kanals zwang Laval zum Rücktritt, und einen Tag nachdem Churchill den Bericht seines Sohnes bekommen hatte, beschloß das britische Kabinett mit überwältigender Mehrheit – Neville Chamberlain stimmte als einziger gegen diesen Beschluß –, Hoare zum Rücktritt aufzufordern. Desmond Morton schrieb an Churchill: »Baldwin hat den letzten Rest des Vertrauens verloren. Man glaubt, er habe seinen Freund geopfert, nicht weil dieser Freund sich in der Methode geirrt hatte, sondern weil er glaubte, das sei die einzige Möglichkeit, seine eigene Haut zu retten.«[12]

Rückblickend wäre es wahrscheinlich klüger gewesen, wenn Churchill gegen den Rat seiner Freunde gehandelt hätte und in dem Augenblick nach London zurückgekehrt wäre, in dem der Skandal bekannt wurde. Aber er glaubte immer noch, seine Chance, ein Ministeramt zu übernehmen, sei besser, wenn er nicht selbst in die Offensive ging, sondern es anderen überließ, den Premierminister anzugreifen. Er hat es sogar vom Oktober 1935 bis zum März 1936 vermieden, in der Öffentlichkeit ein einziges Wort der Kritik am Premierminister zu sagen oder zu schreiben. Selbst in seinen Memoiren erwähnt er die zwischen Hoare und Laval getroffene Vereinbarung nicht. Er schreibt nur, Vansittart, dem es in erster Linie darum ging, die Gefahr durch die nationalsozialistische Bedrohung zu bannen, habe das englisch-französische Einvernehmen fördern wollen, wobei Italien als Freund und nicht als Feind im Hintergrund bleiben sollte.[13]

Am zutreffendsten schildert vielleicht der amerikanische Auslandskorrespondenz Vincent Sheean die Haltung Churchills während der äthiopischen Krise. Sheean war ebenso wie Churchill, Lloyd George, der Schriftsteller Michael Arlen – und später der Herzog und die Herzogin von Windsor – mit Maxine Elliott befreundet, einer reichen Schauspielerin, die sich in einer weißen, am Hang gelegenen Villa in Cannes, dem Château de l'Horizon, zur Ruhe gesetzt hatte und einen Kreis bekannter Persönlichkeiten in ihrem luxuriös ausgestatteten Haus um sich versammelte.

Sheean schreibt: »Ich habe Churchill zum ersten Mal in einem roten Bademantel und Badehosen zu Gesicht bekommen. Er trug einen großen, breitrandigen Strohhut und Pantoffeln und strahlte über das ganze

Gesicht. Was die äthiopische Frage betraf, so äußerte er seine Meinung stets zurückhaltend, aber nie ausweichend. Als eine elegante Französin darauf hinwies, daß das Britische Weltreich mit Hilfe ähnlicher begrenzter Kriege geschaffen worden sei und Italien jetzt nichts anderes täte, lächelte Winston freundlich und sagte: »Nun ja, aber sehen Sie, das alles gehört in die sündige Vergangenheit und liegt verschlossen in der Rumpelkammer, in der die Erinnerungen an jene alte sündhaften Tage aufbewahrt werden. Die Welt hat seither Fortschritte gemacht.« Das, so sagte er, zeige sich deutlich an den Zielen des Völkerbunds. Winston erklärte, der Duce »führt einen höchst gefährlichen und tollkühnen Angriff gegen das ganze heute bestehende politische System«. Der Ausgang sei »ganz unberechenbar. Wer kann sagen, was in einem, in zwei oder in drei Jahren daraus entstehen wird? Während Deutschland mit halsbrecherischer Geschwindigkeit aufrüstet, hat sich England in pazifistischen Träumen verloren, ist Frankreich durch seine innnere Zerrissenheit korrumpiert, und das ferne Amerika sieht gleichgültig zu – Madame, meine verehrte gnädige Frau, zittern Sie nicht für Ihre Kinder?«[14]

In solcher Gesellschaft übte er niemals Kritik an der Regierung Seiner Majestät, aber seine Briefe sind voll davon. Nachdem er vier Tage mit Lloyd George im Hotel Mamounia in Marrakesch zugebracht hatte, schrieb er an Clementine, Großbritannien sei »in eine schreckliche Lage geraten, denn nun verlangen seine Ehre und seine vertraglichen Verpflichtungen von ihm, sich an fast jedem Konflikt zu beteiligen, der in Europa ausbrechen könnte«, während »der Ausbau seiner Verteidigungskräfte vernachlässigt wurde« und das Kabinett »zu dem ungeeignetsten Instrument für die Bewältigung solcher Aufgaben geworden ist, das ich je gesehen habe«. Er glaubte, »die Regierung unter Baldwin und MacDonald hat diesem Land schweren Schaden zugefügt, und das könnte durchaus das Ende seiner ruhmreichen Geschichte bedeuten«.[15]

In ihrem Anwortbrief schrieb Clemmie: »Es würde mir wirklich nicht gefallen, wenn Du einen Kabinettsposten unter Baldwin übernehmen müßtest, es sei denn, er stattete Dich mit großer Machtvollkommenheit aus und versetzte Dich in die Lage, die Regierung zu inspirieren und ihr neues Leben einzuhauchen.« Die politische Lage in der Heimat sei »deprimierend«. Sie erkannte im Gegensatz zu ihm selbst, einen wie großen Einfluß er gewinnen könnte, wenn er, sobald seine Stunde geschlagen hatte, unbeeinflußt von den Beschwichtigungspolitikern frei entscheiden würde. Später stimmte er ihr zu und schrieb über die Jahre, die er im politischen Abseits hatte zubringen müssen: »Niemand weiß, wie glücklich ich war. Über mir breiteten sich unsichtbare Flügel aus.« Anthony Eden kam nicht so unbeschadet davon. Er wäre fast zurückge-

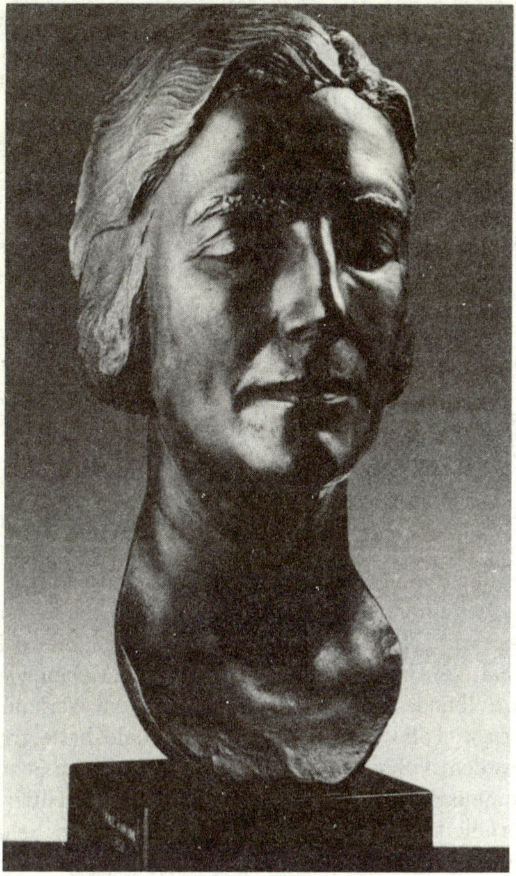

Porträtbüste von Clementine nach einem Anfang der 30er Jahre von dem deutschen Bildhauer Paul Hamann abgenommenen Gipsabguß.

treten, als er von der Vereinbarung zwischen Hoare und Laval erfuhr, aber Baldwin überredete ihn, zu bleiben, und ernannte ihn dann zum Außenminister. Damals war Eden erst 38 Jahre alt. Man hatte den Eindruck, daß er noch eine glänzende politische Laufbahn vor sich hatte. Aber Churchill glaubte, er sei für diesen Posten nicht geeignet. Er schrieb nach Hause: »Ich nehme an, es wird sich bald herausstellen, daß er den hohen Anforderungen dieses Amtes nicht gewachsen ist.«[16]

In seiner neuen Rolle als Außenminister mußte Eden dem Unterhaus auch die Mitteilung machen, daß der äthiopische »Wahnsinn«, wie

Austen Chamberlain den italienischen Krieg in Afrika genannt hatte, vorüber war. Ganz war die Sache allerdings noch nicht erledigt, aber es ließ sich deutlich erkennen, daß das alte Kaiserreich nicht mehr zu retten war und eine italienische Kolonie daraus werden würde. Lloyd George stand zornbebend auf und sagte: »Ich habe noch nie gehört, wie ein britischer Minister... ins Unterhaus gekommen ist, um zu erklären, daß Großbritannien geschlagen sei... und daß wir ein Unternehmen aufgeben müssen, das wir in die Hand genommen haben.« Dann deutete er auf die Regierungsbank: »Heute haben wir diese feige Kapitulation erlebt, und dort sitzen die Feiglinge.«[17]

Der sieben Monate dauernde äthiopische Krieg hatte als solcher keine schwerwiegenden Konsequenzen. Aber das Fiasko der Vereinbarung zwischen Hoare und Laval hatte weitreichende Auswirkungen. Mit dem Fall der Hauptstadt Haile Selassies war der Völkerbund als eine den Frieden erhaltende Kraft und als Schiedsgericht für internationale Streitigkeiten zerstört worden. Zugleich mußte Großbritannien jede Hoffnung auf ein englisch-italienisches Bündnis aufgeben, das sich auf das Bestreben Mussolinis hätte stützen können, die Annexion Österreichs durch die Nationalsozialisten zu verhindern. Die Streitigkeiten zwischen London und Rom hatten eine solche Entwicklung unmöglich gemacht. Neville Chamberlain, der designierte Nachfolger Baldwins, hatte die kollektive Sicherheit abgeschrieben wie eine nicht mehr einzutreibende Schuld. Die Stresa-Front, ein Werk des Duce, lag in Trümmern, und obwohl er das selbst verschuldet hatte, trat er in blinder Wut aus dem Völkerbund aus und schickte seinen Schwiegersohn und Außenminister, den Grafen Galeazzo Ciano, zu Hitler auf dessen Berghof am Obersalzberg oberhalb von Berchtesgaden. Seine zunächst informellen Gespräche führten später zu den entscheidenden Verhandlungen in Berlin. Die ganze Entwicklung gipfelte am 1. November 1936 in einer schicksalhaften Rede Mussolinis auf der Piazza del Duomo in Mailand. Sie enthielt einen Satz von geschichtlicher Bedeutung: »Die Berliner Gespräche haben zu einer Verständigung zwischen unseren beiden Ländern geführt... Rom und Berlin werden nicht mehr von einer Scheidewand getrennt, sondern durch eine Achse miteinander verbunden, um die sich alle jene europäischen Staaten drehen können, die zu Zusammenarbeit und Frieden bereit sind.« Die »Achse Rom–Berlin« sollte während der folgenden sieben Jahre nicht mehr aus den Schlagzeilen der Weltpresse verschwinden. Damit war Deutschland, obwohl es sich nicht daran beteiligt hatte, der einzige Nutznießer der äthiopischen Farce. Das Flottenabkommen mit Großbritannien war der erste große Schritt Hitlers zur Befreiung seines Landes aus der außenpolitischen Isolierung gewesen, in die das Land geraten war, nachdem er die Verträge verletzt hatte, welche die Unterschriften führender deutscher Politiker trugen. Jetzt hatten zwei ungeschickte alliierte Politiker diesen Makel von ihm genommen. Endlich wurde das Deutsche Reich in allen ausländischen Botschaften wieder als Großmacht anerkannt.[18]

Heute würde das Komplott, das Hoare mit Laval ausgeheckt hatte, das Ende seiner politischen Laufbahn bedeuten. Aber vor 50 Jahren konnte ein Mann, der zur Riege der »alten Knaben« gehörte, fast jede Schande überleben. Hoare wurde auf ein Nebengleis geschoben, aber Baldwin hatte ihn bereits für den Posten des Ersten Lords der Admiralität vorgemerkt, später wurde er noch Innenminister, Lordsiegelbewahrer, Luftfahrtminister und britischer Botschafter in Spanien, um dann als Viscount Tempelwood in das Oberhaus einzuziehen. Die große Mehrheit der britischen Bevölkerung hatte ein schlechtes Gedächtnis und kümmerte sich wenig um irgendwelche Inkorrektheiten im Verhalten von Angehörigen der Oberschicht. 1935 hatte Baldwin seinem in Mißkredit geratenen Minister Hoare lediglich den Rat gegeben, sich eine Zeitlang im Hintergrund zu halten. Der künftige Viscount verstand, was damit gemeint war. Er kannte die Regeln. Er mußte schweigen und die Folgen seines Fehlverhaltens auf sich nehmen, wenn alte Freunde sich jetzt nicht mit ihm sehen lassen wollten.

Um so mehr erstaunte es ihn, von Winston Churchill einen besonders freundlichen Brief aus Marokko zu erhalten. Winston schrieb, er wolle ihn »zu der Würde beglückwünschen, mit der Sie Ihre Rücktrittsrede gehalten haben, und Ihnen sagen, wie sehr ich bedauere, was geschehen ist... Nach soviel Arbeit und Sorgen wird Ihnen, wie ich glaube, eine Atempause gut tun.« Wie der Hypochonder, der an jedem Krankenbett auftaucht, versäumte es Winston nur selten, gescheiterten Politikern Trost zuzusprechen. Aber Hoare war nicht so leicht zu trösten. Noch am gleichen Tage hatte er eine besonders schmerzhafte Ablehnung erfahren müssen – und zwar ausgerechnet von seinem König. Der alten Tradition folgend war er zum Buckingham-Palast gefahren, um seinen Rücktritt zu erklären und König Georg V. seine Amtssiegel zurückzugeben. Der König hatte gesagt: »Wissen Sie, was alle Welt spricht? Keine Kohlen mehr nach Newcastle, keine Hoares mehr nach Paris!« Als Eden zur Audienz erschien, um die Amtssiegel abzuholen, wiederholte der Monarch seinen königlichen Scherz und meinte, die Reaktion Hoares habe ihn verwundert: »Wissen Sie, der Bursche hat nicht einmal gelacht.«[19]

Am Schluß seines Briefes an Hoare hatte Churchill geschrieben: »Wir gehen in ein Jahr unermeßlicher Gefahren.« Der erste Schlag des Jahres 1936 war der Tod des Königs, der im Januar in Sandringham starb. Winston war noch in Marokko, als er die telegraphische Nachricht von der Redaktion der Zeitung *News of the World* erhielt, die ihm 1000 Pfund für einen Nachruf auf Georg V. anbot – das Dreifache des Jahresgehalts eines Parlamentsabgeordneten. Auf der Bahnfahrt von Tanger nach Marrakesch diktierte er Mrs. Pearman den Beitrag und schickte ihn nur drei Tage nach der Einsetzung Eduards VIII. in sein Amt nach London. Winston kannte Eduard seit 25 Jahren, und wie er jetzt schrieb, kam zu seinen »frohen und heiteren« Erinnerungen an ihre lange Bekanntschaft nun die Hoffnung hinzu, »daß Eurer Majestät Name in der Geschichte als der des tapfersten und am meisten geliebten Souveräns leuchten möge, der die Krone dieser Insel getragen hat«.[20] Schon wenige Stunden nach seiner Rückkehr steckte er in London mitten im politischen Leben. Seit Hitler an der Macht war, hatte Churchill Baldwin gedrängt, einen neuen Kabinettsposten einzurichten, und zwar den eines Verteidigungsministers, der die Aufgaben aller drei Teilstreitkräfte koordinieren sollte. Das Parlament hatte die Schaffung des neuen Ministeriums im Lauf der Zeit immer entschiedener unterstützt, und nun stimmte auch Baldwin dem Vorschlag zu. Doch wen würde er ernennen? Die meisten Abgeordneten stellten nicht einmal diese Frage, denn sie nahmen mit Sicherheit an, daß Churchill den Posten übernehmen würde. Austen Chamberlain schrieb an seine Schwester: »Nach meiner Ansicht gibt es nur einen Mann, der aufgrund seiner Bildung, seiner besonderen Fähigkeiten und Tüchtigkeit dafür geeignet ist, und dieser Mann ist Winston Churchill.« Winston hatte bereits zu verschiedenen Zeiten als Minister Verantwortung im Kriegsministerium, in der Admiralität und der RAF getragen. Im vergangenen November, als er bei der Kabinettsumbildung nach den Wahlen nicht berücksichtigt worden war, hatte Harold Nicolson in sein Tagebuch geschrieben: »Clemmie sagt mir, daß man bisher noch nicht an Winston herangetreten ist. Es sieht so aus, als werde das nicht vor Februar geschehen.« Jetzt war es Februar. H. A. Gwynne von der *Morning Post*, der Churchill seit mehr als 20 Jahren stets scharf kritisiert hatte, hielt seine Ernennung für eine »beschlossene Sache«. Harold Macmillan und Lord Castlereagh unterstützten ihn ganz offen, und die Zeitschrift *Cavalcade* berichtete, sogar »Konservative vom linken Flügel, die Winston wegen der Indienfrage bekämpft hatten, vertreten jetzt die Auffassung, wenn es einen Verteidigungsminister geben müsse, dann sei Winston der richtige Mann«. Der junge konservative Abgeordnete Anthony Crossley parodierte die Argumente gegen Churchill wie folgt:

Doch Winston wäre die schlechteste Wahl mit seiner schrecklichen Logik,
Er verhöhnt unser ehrliches Streben
Und wäre der Erste, der weiß, was er will, ob es uns paßt oder nicht.
Wie könnten wir da noch verhandeln?
Jeder Soldat oder Seemann, Lord oder Jurist
Wäre besser geeignet, welche Schwächen er auch hat;
Nur Churchill darf es nicht sein…[21]

Der innere Kreis um Baldwin – man könnte auch von den Gemeindemitgliedern des »lieben Vikars« sprechen – fand das nicht komisch. Sie hatten ganz andere Vorstellungen. Der Kabinettssekretär Hankey glaubte, für diesen Posten brauche man einen »vernünftigen, nüchternen« Mann, jemanden, der bereit ist »zu arbeiten und nicht die ganze Psychologie des Apparats durcheinanderbringt«. Der ständige Unterstaatssekretär im Schatzamt, Warren Fisher, glaubte, dieser Minister »solle ein Mann ohne Ehrgeiz sein, der keine alten Rechnungen zu begleichen hat und dem es nicht darum geht, Karriere zu machen«. Unter diesen Voraussetzungen hätte man auf jeden tüchtigen Abgeordneten im Unterhaus verzichten müssen. Auch Hoare ließ sich von dem Glückwunschbrief, den Winston ihm in seiner dunkelsten Stunde geschrieben hatte, nicht beeinflussen, sondern stimmte in die Schmähungen des Premierministers ein und schrieb an Neville Chamberlain: »Unter keinen Umständen würde er (Baldwin) an die Möglichkeit denken, Winston ins Kabinett aufzunehmen, und zwar aus mehreren einleuchtenden Gründen, vor allem aber wegen des Risikos, das seine Zugehörigkeit zum Kabinett bedeuten würde, sobald es darum ginge, einen Nachfolger für ihn (Baldwin) zu finden.« Winston wurde sehr bald über den wahren Stand der Dinge unterrichtet. Sir Roger Keyes schrieb ihm, er habe Baldwin bei einem zufälligen Treffen in Westminster gesagt, Churchill »wäre sowohl in Ihrem als auch im Interesse des Landes die richtige Wahl«. Darauf habe Baldwin erwidert: »Ich darf nicht nur an meine eigenen Interessen, sondern muß auch an das reibungslose Funktionieren des Apparats denken.« Die beiden Gesichtspunkte – das Wohl des Landes und das Interesse des Parteiapparats – waren unvereinbar.[22]

Churchill blieb weiter im Ungewissen und schrieb am 21. Februar aus Chartwell an Clementine: »Was mich betrifft, so hat sich immer noch nichts entschieden. Offensichtlich will Baldwin meine Ernennung unter allen Umständen vermeiden. Darüber muß ich mir jetzt im klaren sein. Aber seine eigene Stellung ist stark erschüttert, und die Sturmwolken ziehen sich zusammen.« Sie antwortete: »Mein Liebling, Baldwin muß verrückt sein, wenn er Dich nicht bittet, ihm zu helfen. Vielleicht ist es ein Fall von ›wen die Götter vernichten wollen...‹.« Zehn Tage später schrieb er ihr: »Die Verteidigungsfrage spitzt sich zu. Baldwin ist noch unentschlossen... Nun kommt der *Daily Telegraph* heute Morgen mit dem beiliegenden Artikel heraus. Das ist die jüngste und zugleich positivste Erklärung – und sie stammt aus einer normalerweise gut informierten Quelle. Immerhin scheine ich noch *en jeu* zu sein.«[23]

Baldwin lehnte es ab, Churchill ins Kabinett aufzunehmen, aber seit dem äthiopischen Debakel hatte er zunehmend an Ansehen verloren, und die Stimmen, die sich im Unterhaus und in der Presse für Winston aussprachen, mehrten sich. Ausgerechnet jetzt, da die Dinge auf der Kippe standen, beging Randolph eine Unbedachtsamkeit, mit der er seinem Vater schweren Schaden zufügte. Churchill hatte schon seit einiger Zeit das Gefühl, daß ihm aus dieser Richtung Unheil drohte. Einen Tag nach Weihnachten hatte er aus Rabat an seinen Sohn geschrieben: »Ich glaube, es würde mir sehr schaden, wenn Du in Deinen Artikeln die Beweggründe und die persönliche Integrität von Ministern angreifen würdest, besonders von Baldwin und Eden. Ich hoffe daher, Du wirst dafür sorgen, daß dies nicht geschieht. Wenn nicht, dann werde ich Deiner Loyalität und Zuneigung nicht mehr vertrauen können.«[24]

Randolph berücksichtigte zwar den Wunsch seines Vaters und kritisierte in seinen Artikeln kein Regierungsmitglied, aber er tat etwas viel Schlimmeres. Er erklärte, er werde sich um einen Sitz im Parlament bewerben, und zwar als Gegenkandidat des Sohnes von Ramsay MacDonald, der als Mitglied des Kabinetts von Baldwin als dessen Nachfolger vorgesehen war. Winston schrieb an Clemmie, Randolph habe »einen Stock zwischen die Speichen meines Rades gesteckt«. Später schrieb er: »Du wirst sehen, wie ungünstig und peinlich eine solche Auseinandersetzung für mich ist. ›Churchill gegen MacDonald‹.« Es kam aber noch schlimmer. Der Pressezar Lord Rothermere hatte Baldwins Sohn Oliver beauftragt, in seinen Artikeln »Randolph zu unterstützen und Malcolm abzuwerten, was er augenscheinlich auch tun will. So werden also Ramsays Sohn, Baldwins Sohn und mein Sohn einander in diesem abgelegenen Wahlkreis an die Kehle gehen.« Churchill fürchtete, der Premierminister könnte die Kandidatur von Randolph »als eine deutliche Kriegserklärung von mir« interpretieren. Eine andere Interpretation war nach seiner Ansicht kaum möglich: »Ich würde glauben, daß als Folge der Feindschaft, die durch Randolphs Kandidatur geweckt werden muß, mein Eintritt in die Regierung nicht mehr in Frage kommt.« Und doch hoffte er immer noch auf den Posten des Verteidigungsministers.[25]

Winston beteiligte sich nicht am Wahlkampf seines Sohnes in Schottland. Ursprünglich hatte er es tun wollen, aber Brendan Bracken riet ihm davon ab. Sie einigten sich schließlich darauf, daß Churchill eine kurze Presseerklärung abgeben sollte, die mit der zurückhaltenden Bemerkung schloß, daß angesichts »der gegenwärtigen schweren Herausforderungen, denen die parlamentarische Regierung ausgesetzt ist... die Zentralregierung die freie Entscheidung der Wähler nicht unnötigem Druck aussetzen sollte«. Das war allerdings alles andere als eine begeisterte Unterstützung seines Sohnes, aber man hatte immerhin den Eindruck, daß er hinter der Bewerbung Randolphs um einen Sitz im Parlament stand. Auch die *Times* bestätigte das, und Winston schrieb an den Eigentümer der Zeitung, er sei »überrascht, im Leitartikel der Samstagausgabe der *Times* über die Nachwahlen im Bezirk Ross und Cromarty einen Hinweis darauf zu lesen, daß ich meinen Sohn zu dieser Kandidatur veranlaßt hätte. In Wirklichkeit habe ich ihm entschieden davon abgeraten. Natürlich kann ich als sein Vater seinen Wahlkampf... nicht ohne Sympathie beobachten; aber ich beteilige mich nicht daran... Deshalb ist die Anspielung in Ihrem Leitartikel weder zutreffend noch fair.«[26]

Aber auch die Wähler in Schottland waren skeptisch und bereiteten Randolph eine schwere Niederlage. Malcolm MacDonald errang einen überwältigenden Sieg. Von den 17343 abgegebenen Stimmen konnte Randolph nur 2427 – weniger als 14 Prozent – für sich verbuchen. Boothby schrieb an Winston, es täte ihm zwar leid, er glaube aber, »ein kleiner Dämpfer wird ihm gerade jetzt nicht unbedingt schaden«. Es gebe, wie Boothby meinte, »mehr Sympathie und Wohlwollen« für Randolph, als er glaubt. »Aber mein Gott, man kann diesen Apparat nicht ungestraft herausfordern.« Die Zeitung *Edinburgh Evening News* schrieb bissig: »Die entscheidende Niederlage von Mr. Randolph Churchill in Ross und Cromarty zeigt deutlich, wie unpopulär die Haltung Churchills ist, sie muß als ein weiterer Nagel am politischen Sarg von Mr. Winston Churchill angesehen werden, und zwar entweder im Hinblick auf seine Kandidatur für die Admiralität oder für ein Ministerium zur Koordinierung der Streitkräfte.« Winstons Freunde, die ihn in Chartwell besuchten, vermieden es, diese Nachwahlen zu erwähnen, obwohl sie deutlich sehen konnten, wie sehr ihn die Niederlage seines Sohnes schmerzte.[27]

Der Premierminister zweifelte an Winstons Urteilsfähigkeit. Und doch tat das Kabinett auf seine Anweisung den ersten von Churchill geforderten Schritt. Am 3. März veröffentlichte die Regierung ein neues Verteidigungsweißbuch, das die Pläne für den Bau eines Flugzeugträgers, von zwei neuen Schlachtschiffen und fünf Schlachtkreuzern enthielt. Außerdem sollte die britische Kriegsmarine 6000 neue Rekruten einstellen, vier motorisierte Infanteriebataillone aufstellen, die Fliegerabwehr und die Feldartillerie modernisieren, und es sollten 224 weitere Jagdflugzeuge der Typen Spitfire und Hurricane gebaut werden. Die Fleet Street sah darin den Versuch der Regierung, sich auf dem Verteidigungssektor freie Hand zu verschaffen, und sogar im Weißbuch selbst hieß es: »Jeder Versuch, die Gesamtkosten dieser Maßnahmen zu schätzen, wäre verfrüht.«[28]

Die Hinterbänkler im Parlament zeigten sich überrascht. Es schien kaum möglich, daß das Schatzamt ohne die Zustimmung von Neville Chamberlain bereit sein würde, ein solches Programm zu finanzieren. Das war richtig. Chamberlain hatte bewußt die etwas vage Formulierung des Textes vorgeschlagen, weil er meinte, daß es wahrscheinlich »ratsam sein wird, keine Zahlen zu nennen, aus denen sich eine größere Summe ergeben könnte, als sie die öffentliche Meinung erwartet«. Das Kabinett hatte 400 Millionen Pfund vorgesehen, die über die folgenden fünf Jahre verteilt werden sollten. Da das nationalsozialistische Deutschland jedes Jahr mehr als das Doppelte für die Rüstung ausgab, war der Voranschlag, der Chamberlain solche Sorgen bereitete, durchaus nicht übertrieben hoch. In Wirklichkeit würde diese Summe nicht ausreichen. Die Zahl der einsatzfähigen Flugzeuge der RAF würde sich von 1512 auf 1736 erhöhen. Nach den Vorstellungen von Churchill mußte ein starkes England in der Lage sein, sich zu verteidigen. Für Chamberlain lag die Stärke seines Landes dagegen in einem ausgeglichenen Haushalt. A. J. P. Taylor schreibt dazu: »Die britische Regierung lebte immer noch in der psychologischen Atmosphäre von 1931: Sie fürchtete sich mehr vor einer Flucht aus dem Pfund als vor der Niederlage in einem Krieg... Das Vertrauen der Finanzwelt in der Londoner City stand an erster Stelle, und die Aufrüstung an der zweiten.« Darüber hinaus erklärte das Weißbuch zu dem darin erläuterten Programm, es müsse durchgeführt werden, »ohne den normalen Handel zu behindern«. Mit anderen Worten, das Geschäftsleben in Großbritannien müsse weitergehen wie bisher.[29]

Dem Parlament sagte Churchill, das Programm sei zwar ein Schritt in die richtige Richtung, ginge aber längst nicht weit genug. Er habe nicht das Gefühl, daß die neue Politik »den Befürchtungen des Hohen Hauses hinsichtlich unserer nationalen Verteidigungsfähigkeit gerecht geworden ist«. Geld spiele in diesem Zusammenhang keine Rolle, und auf finanzielle Fragen dürfe keine Rücksicht genommen werden: »Wenn solche Verzögerungen eingetreten sind, dann ist eine Belebung der Wirtschaft nicht mehr möglich. Das ist der Teil des Preises, den Nationen für solche Versäumnisse bezahlen müssen.« Churchill sei überrascht, in der Presse und sogar im Rauchsalon des Unterhauses Äußerungen gelesen und gehört zu haben, »die den allgemeinen Eindruck vermitteln, wir seien dabei, Deutschland zu überholen... Das Gegenteil ist richtig. Während dieses ganzen Jahres und wahrscheinlich auch noch im Lauf vieler Monate des nächsten Jahres wird Deutschland uns immer mehr hinter sich lassen.« Es werde »uns nicht möglich sein, Deutschland zu überholen und bei den Luftstreitkräften die Parität zu erreichen, wie man uns dies feierlich versprochen hat«. Wenn die Deutschen die von ihnen angestrebte Stärke erreicht und den weiteren Ausbau ihrer Luftwaffe beendet hätten, hieß es damals, könne England die noch bestehende Lücke ausfüllen. »Aber dieser Tag wird von Deutschland festgesetzt werden und nicht von uns, was immer wir auch unternehmen.« Er glaubte, wenn London und Paris sofort entschlossen handelten, sei »noch Zeit für die Herstellung der kollektiven Sicherheit«. Aber »ehrenwerte Motive, behindert durch Trägheit und Furchtsamkeit, können gegen bewaffnete und entschlossene Niedertracht nichts ausrichten. Aufrichtige Friedensliebe ist keine Entschuldigung dafür, Hunderte von Millionen schlichter Menschen in einen totalen Krieg zu verwickeln. Der Jubel schwacher, wohlmeinender Massen wird bald kein Echo mehr finden, und ihre Stimmen werden kein Gewicht mehr haben. Das Verhängnis nähert sich unaufhaltsam.«[30]

Das Verhängnis nimmt die verschiedensten Formen an, zeigt sich aber am unverhülltesten in der Form aufgepflanzter Bajonette. Noch während die Pazifisten aus den Reihen der Labour Party und der Liberalen sich darüber empörten, daß Baldwin, aufgestachelt durch den Kriegstreiber Churchill, England in seine militante, imperialistische Vergangenheit zurückführte, formierte sich der wirklich militante Militarismus an einem Flußufer 600 Kilometer weiter im Osten. Es war Freitag, der 6. März 1936. Über ganz Europa lag die Dunkelheit der Nacht, und im Ballsaal des Londoner Savoy Hotels tanzten die Paare zu den Klängen des beliebten amerikanischen Schlagers »Red Sails in the Sunset«. Auf der anderen Seite des Atlantiks war es noch Nachmittag. Die jungen Leute, die von der Schule nach Hause gingen, stritten sich darüber, welcher Schlager in der Lucky Strike Hitparade an erster Stelle stehen würde, »In the Chapel by the Moonlight«, »The Way You Look Tonight« oder »Pennies from Heaven«. In Atlanta korrigierte die noch unbekannte Journalistin Margaret Mitchell die Druckfahnen für ihren ersten Roman. Sie hatte ihrer Heldin den Namen Pansy gegeben und sich für den Buchtitel »Tomorrow Is Another Day« entschieden. Aber ihr Verleger änderte den Namen der Heldin in Scarlett und den Buchtitel in *Gone with the Wind* (*Vom Winde verweht*). Zur gleichen Zeit versammelten sich deutsche Soldaten mit ihren genagelten Stiefeln zum ersten Mal seit 1918 zum Marsch nach Westen. Das erste militärische Unternehmen Hitlers sollte bei Tagesanbruch beginnen.

Nachdem sein vor zwei Jahren geplanter Handstreich gegen Österreich fehlgeschlagen war, hatte sich Hitler nach einer anderen Möglichkeit für einen raschen militärischen Erfolg umgesehen und dabei den Blick immer häufiger nach Westen auf das Rheinland gerichtet. Dieses seit 17 Jahren abgesonderte Gebiet galt als entmilitarisierte Zone, in diesem Grenzstreifen lagen einige der größten deutschen Städte – Köln, Aachen, Frankfurt und Düsseldorf –, Industriezentren, aber auch anmutige Weinberge, auf denen einige der edelsten Weine der Welt gediehen. Hier hatten die für den Versailler Friedensvertrag Verantwortlichen an beiden Ufern des Rheins einen 50 Kilometer breiten Gebietsstreifen nach dem Krieg von französischen Truppen besetzen lassen, die ihn jedoch schon bald auf Drängen Großbritanniens räumten. Nach den Bestimmungen des Vertrags durfte Deutschland hier weder Truppen stationieren noch Befestigungen anlegen. Diese Pufferzone sollte der Sicherheit Frankreichs und Belgiens dienen oder diesen Ländern wenigstens einen zeitlichen Vorsprung garantieren für den Fall, daß die Deutschen noch einmal versuchen sollten, gemäß dem Schlieffen-Plan nach Westen vorzustoßen. Aber noch wichtiger war die Tatsache, daß diese Zone einen Eckpfeiler des französischen Bündnissystems darstellte, dem seit dem Ende des Ersten Weltkriegs auch Polen und die Tschechoslowakei angehörten. Wenn die Deutschen ihre östlichen Nachbarn angreifen sollten, konnten die Franzosen in kurzer Zeit diese Pufferzone durchqueren und das Ruhrgebiet besetzen, das industrielle Kernland des Deutschen Reichs, in dem sich die größten Rüstungsunternehmen befanden, darunter das größte Werk der Firma Krupp, die Gußstahlfabrik in Essen.

In Versailles hatte das besiegte Deutschland keine andere Wahl, als auf die Bedingungen des Friedensvertrags einzugehen, aber sechs Jahre später hatten die Deutschen freiwillig den Vertrag von Locarno unterschrieben und die entmilitarisierte Zone als dauernde Pufferzone akzeptiert. Nach den Bestimmungen dieses Vertrags würde sich Deutschland, falls es dieses Gebiet unter irgendeinem Vorwand militärisch besetzte, »eines unprovozierten Akts der Aggression« schuldig machen, und die anderen europäischen Mächte und Mitunterzeichner des Vertrags – Frankreich, Großbritannien, Belgien und Italien – hätten nicht nur das Recht, sondern sogar die Pflicht, die deutschen Truppen mit Gewalt aus dem Rheinland zu vertreiben. Vor 1914 hatten Generationen rheinischer Kinder das Lied »Die Wacht am Rhein« gesungen, in dem es heißt, »Zum Rhein, zum Rhein, zum deutschen Rhein! Wer soll des

Stromes Hüter sein?« Im wilhelminischen Deutschland hatte die Antwort stets gelautet, das deutsche Schwert. Aber in den vergangenen 18 Jahren hatte sich eine Wacht am Rhein erübrigt, denn nach den Bestimmungen des Vertrags von Locarno hätten sich auch französische oder belgische Truppen, die in diese Pufferzone vorstießen, einer Verletzung fremden Territoriums schuldig gemacht. Die entmilitarisierte Zone war eine der wenigen politischen Errungenschaften nach dem Krieg, die sogar Hitler gutgeheißen hatte. Noch am 21. Mai 1935 hatte er in einer vor dem Reichstag gehaltenen Friedensrede das entmilitarisierte Rheinland als den »Beitrag« des Deutschen Reichs zum Frieden in Europa bezeichnet. Er hatte feierlich erklärt, Deutschland werde die territorialen Bestimmungen des Vertrags von Versailles ebenso bedingungslos respektieren wie die in Locarno von Deutschland übernommene Verpflichtung, die Entmilitarisierung des Rheinlands zu achten.[31]

Churchill war mißtrauisch. Er glaubte, Hitler werde wahrscheinlich dem in *Mein Kampf* erläuterten Grundsatz folgen, daß eine große Lüge leichter geglaubt wird als eine kleine. So setzte Winston als Arbeitsthese voraus, daß jede außenpolitische Erklärung Hitlers das genaue Gegenteil der Wahrheit war. Am 17. Januar, acht Monate nach der Friedensrede im Mai, schrieb er an Clemmie, wenn seine nachrichtendienstlichen Gewährsleute recht hätten, dann werde Hitler demnächst eine wichtige Erklärung abgeben, die darin bestehen könnte, »daß Deutschland... die neutrale Zone militärisch besetzen und dort Befestigungsanlagen bauen werde«. Sollte das geschehen, wären, wie er schrieb, die Franzosen verpflichtet, die Eindringlinge mit britischer Hilfe hinauszuwerfen. Er fügte hinzu: »Baldwin und Ramsay, die unsere Verteidigungsfähigkeit trotz aller Warnungen sträflich vernachlässigt haben, machen sich vielleicht große Sorgen, und zwar nicht nur um das Wohl der Öffentlichkeit, sondern auch darum, wie sie jetzt ihre Haut retten sollen.«[32]

Was die britische Reaktion betraf, so hatte er sich geirrt, aber Hitlers Absichten hatte er richtig vorausgesehen. Drei Wochen *bevor* er versprochen hatte, die territoriale Integrität des Rheinlands zu respektieren, hatte Hitler dem Oberkommando der Wehrmacht befohlen, die Besetzung des Rheinlands strategisch vorzubereiten. Die Operation trug den Decknamen »Schulung« und sollte nach dem Willen Hitlers »als Überraschungsschlag blitzschnell durchgeführt« werden, wobei nur ganz wenige Offiziere von diesem Vorhaben zu unterrichten waren. Bis dahin suchte Hitler nach einem Vorwand für sein Vorgehen. Er begann mit der erwähnten Reichstagsrede und bemerkte nebenher, daß der beiderseitige Beistandspakt zwischen Frankreich und Rußland, der vor zwei Monaten paraphiert, aber noch nicht von der Deputiertenkammer ratifiziert worden war, den Status von Locarno verändere, indem er »ein Element der Unsicherheit« in die außenpolitische Lage bringe.[33]

Die französische Regierung wußte, womit sie rechnen mußte. Schon am 21. Oktober 1935 unterrichtete das Deuxième Bureau das Außenministerium davon, daß deutsche Truppen sich »aktiv« darauf vorbereiteten, die entmilitarisierte Zone zu besetzen. Am gleichen 21. Oktober wurde der Quai d'Orsay auch vom französischen Oberkommando alarmiert: »Mit der Möglichkeit einer Verletzung der für das Rheinland geltenden Statuten durch die Deutschen muß noch vor dem Herbst 1936 als letztmöglichem Termin gerechnet werden.« Die glaubhafteste Warnung kam von dem tüchtigen französischen Botschafter in Berlin. Nach einem längeren Gespräch mit Hitler im November schrieb André François-Poncet, daß Hitler »während einer langen Tirade gegen den französisch-sowjetischen Vertrag, den er für verbrecherisch hielte«, seine Selbstbeherrschung verloren habe. François-Poncet war überzeugt, Hitler warte nur auf den für den Einmarsch geeigneten Augenblick.[34]

Am 11. Januar schickte Laval dem französischen Botschafter in London ein Telegramm, in dem er ihm mitteilte, daß vier deutsche Divisionen an die Grenze des Rheinlands verlegt worden seien. Das Auswärtige Amt in Whitehall bestätigte den Empfang der Mitteilung, äußerte sich aber nicht dazu. Eine Woche später erfuhren Laval und sein Kabinett vom französischen Oberbefehlshaber, General Maurice Gamelin, daß die Berichte des militärischen Nachrichtendienstes kaum noch einen Zweifel daran ließen, daß die Deutschen »sobald wie möglich« in die entmilitarisierte Zone einmarschieren würden. Wieder wurden die Briten davon verständigt, und wieder schwieg das Auswärtige Amt in London dazu. Dieses Schweigen beunruhigte Pierre-Étienne Flandin, der Laval als Außenminister abgelöst hatte, und in der letzten Januarwoche überquerte Flandin den Ärmelkanal, offiziell um am Staatsbegräbnis Georgs V. teilzunehmen, in Wirklichkeit aber, um mit Eden über die nahende Krise zu sprechen.[35]

Der Zeitpunkt war ungünstig gewählt. Während der vergangenen acht Monate hatten sich die Spannungen in den Beziehungen zwischen den beiden Verbündeten verschärft. Nach Abschluß des englisch-deutschen Flottenabkommens und angesichts der Affäre Hoare – Laval war in Frankreich eine entschieden englandfeindliche Stimmung entstanden. »Mit Hitler gegen den Bolschewismus!« lautete eine Schlagzeile in der Zeitung *L'Ami du peuple*, und in der Zeitung *Gringoire* schrieb der Journalist Henri Béraud wütend: »Ich hasse England. Ich hasse es aus Instinkt und aus Tradition. Ich sage und wiederhole es, daß England unterworfen werden muß!« Flandin war sich all dessen bewußt, als er nach London reiste, und auch sein höflich diplomatischer Ton konnte die Spannungen nicht mildern. Von den Männern, deren Aufgabe es ist, die Außenpolitik ihres Landes zu gestalten, erwartet man, daß sie sich nicht von solchen kleinlichen Gehässigkeiten beeinflussen lassen, aber Eden empfing Flandin am Montag, dem 27. Januar 1936, in einer frostigen Atmosphäre. Am Dienstag sprach der Franzose mit Baldwin. Flandin war gekommen, um zu erfahren, was Großbritannien zu tun gedachte, wenn Hitler das Rheinland besetzte. Zu seiner Bestürzung wollten seine englischen Gesprächspartner es ihm nicht sagen. Als er auf die Beantwortung seiner Frage drängte, fragten sie ihn, was denn Frankreich tun werde. Das war nicht die Ermutigung, die man normalerweise von einem Verbündeten erwarten darf.[36]

Edens Bericht über den Besuch des französischen Ministers klingt fast wie eine Selbstanklage. Er schrieb darin, auf die Frage von Flandin habe er »geantwortet, die französische Regierung müsse selbst beurteilen, welche Haltung Frankreich angesichts einer Besetzung des Rheinlands durch die Deutschen einnehmen wolle... Wenn sie es für richtig hielte, mit Hitler zu verhandeln, sollte sie es tun; wenn sie jedoch die Absicht habe, einen deutschen Einmarsch abzuwehren, müsse sie selbst die militärischen Vorbereitungen dafür treffen. Nur Frankreich könne entscheiden, ob Gewalt angewendet werden sollte oder nicht.« Sein »Eindruck« sei, daß sein französischer Gast »zwar nicht bereit sei, zur Aufrechterhaltung der Pufferzone Gewalt anzuwenden«, er sei aber »ebensowenig bereit, mit den Deutschen zu verhandeln«. Der junge Außenminister hatte sogar das unangenehme Gefühl, Flandin »könnte versucht sein, die Schuld dafür, daß weder das eine noch das andere geschah, woanders zu suchen«. In einem Telegramm an den britischen Botschafter in Paris warnte Eden vor »hypothetischen« Diskussionen und fügte hinzu: »Wenn man die Sache genau bedenkt, dann erscheint es nicht ratsam, eine Haltung einzunehmen, mit der wir entweder für die Zone kämpfen oder sie angesichts der deutschen Wiederbesetzung aufgeben müßten. Für Großbritannien und Frankreich wäre es am günstigsten, zunächst mit der deutschen Regierung in Verhandlungen über die Aufgabe der Zone einzutreten, solange der Verzicht auf unsere Rechte in der entmilitarisierten Zone noch ein Verhandlungsgegenstand ist, mit dem sich auf die Deutschen ein gewisser Druck ausüben läßt.«[37]

Das waren keine guten Argumente. Man kann nicht über Rechte in einem Territorium verhandeln, die zu verteidigen man nicht bereit ist. Wenn die Alliierten die Absicht hatten, den Deutschen das Rheinland zu überlassen – und eine Einladung zu offenen Verhandlungen würde ihnen sagen, daß dies der Fall war –, dann gab es nichts mehr zu verhandeln. Die Deutschen würden wissen, daß sie in einen leeren Raum vorstoßen könnten, ohne auf Widerstand zu treffen. Die Beschwichtigungspolitiker gingen von der Voraussetzung aus, daß beide Seiten eine friedliche Lösung der militärischen vorzogen.

Am Samstag, dem 7. März 1936, lag in den frühen Morgenstunden dichter Nebel über weiten Strecken des Rheins. Der von deutschen Dichtern immer wieder besungene Fluß hatte fremde Eroberer von Caesar bis zu Eisenhower, Bradley und Montgomery zur Verzweiflung gebracht. Trotz der frühen Stunde waren die meisten Rheinländer schon wach. Während der ganzen vergangenen Woche hatten sie Gerüchte gehört, die sich nun bis in alle Einzelheiten bewahrheiten sollten. In Deutschland stimmten sogar die Gerüchte.

Im ersten Morgendämmern hörten sie aus östlicher Richtung ein leises Summen, das immer lauter und schließlich zum ohrenbetäubenden Dröhnen anstieg, als die Messerschmitt-Jäger mit dem deutschen Hoheitszeichen auf den Tragflächen in dichten V-Formationen die Türme des Kölner Doms umkreisten und sich wieder nach Osten wandten. Dann rückten die Infanterieverbände an das rechte Flußufer heran. Stämmige junge Soldaten mit den aus dem Ersten Weltkrieg bekannten Stahlhelmen kamen auf Fahrrädern über die Brücken und fuhren durch die Straßen der Städte und Ortschaften in der entmilitarisierten Zone. Die Bevölkerung begrüßte sie zunächst mit verhaltenem Jubel, der jedoch zur begeisterten Ovation wurde, als deutsche Bataillone, geschmückt mit roten Nelken, über die Rheinbrücken in Köln einmarschierten, wo ihre Kommandeure von schnell errichteten niedrigen Tribünen aus die Parade abnahmen.[38] Durch das ganze Rheinland ging eine Welle der Begeisterung, aber die übrige Welt wurde erst um 9.00 Uhr vormittags von diesem Ereignis unterrichtet, als Hitler vor dem Reichstag in der Berliner Krolloper seine vom Rundfunk übertragene Rede hielt und lautstark verkündete, daß sich das Deutsche Reich nicht mehr an den Vertrag von Locarno gebunden fühle. Deshalb habe er im Interesse des Grundrechts seines Volkes auf die Sicherheit der Grenzen und ihrer Verteidigung mit dem heutigen Tage die absolute und uneingeschränkte Souveränität des Reichs in der entmilitarisierten Zone des Rheinlands wiederhergestellt. Der Reichstag wurde von einem unbeschreiblichen Begeisterungstaumel erfaßt. Die 600 Abgeordneten standen auf, streckten die Arme zum Hitlergruß aus und schrien so lange »Heil! Heil! Heil! Heil! Heil!«, bis Hitler die Hand hob, um sie zum Schweigen zu bringen. Dann erklärte er mit bebender Stimme, dies sei ein historischer Augenblick. Die deutschen Truppen befänden sich auf dem Marsch, und er werde sich bei der Wiederherstellung der deutschen Ehre nie mehr der Gewalt beugen. Er wolle aber auch andere Nationen nicht bedrohen. Mehr denn je werde er sich um die Verständigung zwischen den Völkern aller europäischen Länder bemühen, besonders der westlichen Nachbarnationen Deutschlands.[39]

In diesen Beteuerungen zeigte sich die ganze Verschlagenheit Hitlers. Seine Rede war nicht an den Reichstag, sondern an Franzosen, Belgier, Italiener und Briten gerichtet, die sich vor dem Bolschewismus fürchteten. Geschickt verstand er es, den Sinn sorgfältig formulierter Dokumente zu entstellen, und erklärte, der zwischen Russen und Franzosen geschlossene Beistandspakt sei eine gegen das Deutsche Reich gerichtete Verletzung des Vertrags von Locarno, die Frankreich zwingen könnte, sich der Sowjetunion in einem Krieg gegen Deutschland anzuschließen. Hitler behauptete, Frankreich habe das politische System des Vertrags von Locarno zerstört, und zwar nicht nur theoretisch, sondern auch praktisch. In der für seine Friedensreden typischen Weise bot er den anderen europäischen Staaten ein paar bedeutungslose Beruhigungspillen an: die sofortige Aufnahme von Verhandlungen über eine neue entmilitarisierte Zone beiderseits der französisch-deutschen und der belgisch-deutschen Grenze, den Wiedereintritt des Deutschen Reichs in den Völkerbund, einen Nichtangriffspakt zwischen Frankreich und Deutschland mit einer Vertragsdauer von 25 Jahren und Nichtangriffspakte zwischen dem Deutschen Reich, Frankreich, der Tschechoslowakei, Polen und den kleineren Ländern in Osteuropa. Vom Pathos seiner eigenen Worte ergriffen, machte er eine Pause und verkündete mit leuchtenden Augen und bebender Stimme, das Deutsche Reich werde in Europa keine territorialen Forderungen stellen und Deutschland werde niemals den Frieden brechen.[40]

Der Beifallssturm wollte nicht aufhören, aber die Diplomaten, die ihre Regierungen unterrichten mußten, und die Auslandskorrespondenten, deren Aufgabe es war, die Welt mit diesem Ereignis bekanntzumachen, verließen unauffällig den Sitzungssaal. William Shirer war unter ihnen. Auf den Gesichtern einiger Generäle, die das Gebäude verließen und in den Tiergarten hinausgingen, stellte er ein gezwungenes Lächeln fest. Dann begegnete er Blomberg und erschrak: »Sein Gesicht war bleich, die Wangen zuckten.« In seinem Tagebuch notierte Shirer: »Seine Nervosität war unverkennbar.«[41]

Der Kriegsminister von Blomberg, Generaloberst Freiherr von Fritsch, Generaloberst Beck und einige andere höhere Offiziere waren überzeugt, daß das nationalsozialistische Deutschland innerhalb einer Woche dem nun entstehenden Druck der Alliierten weichen müßte. Blomberg trug die unmittelbare Verantwortung. Das war der Grund für seine Blässe und das nervöse Zucken in seinem Gesicht. Mit seinem

Entschluß, die Pufferzone militärisch zu besetzen, hatte Hitler gegen den Rat der Generäle gehandelt. Sie wußten, daß dieses Unternehmen, wenn man sich nicht von der theatralischen Rede Hitlers und der Tatsache blenden ließ, daß jetzt ausgesuchte deutsche Elitetruppen vertragswidrig ein entmilitarisiertes Territorium besetzten, ein gigantischer Bluff war. Wenn Frankreich sofort mobilmachte und jeden Reservisten in Uniform steckte, konnte es diese deutschen Truppen innerhalb weniger Stunden aus dem Rheinland vertreiben. Die den mangelhaft ausgebildeten und schlecht bewaffneten Wehrpflichtigen der Wehrmacht im Verhältnis von zehn zu eins überlegenen französischen Infanteristen würden bei einem solchen Vorstoß von Panzern und der besten Artillerie der Welt unterstützt werden. Blomberg hatte sich nur unter der Bedingung bereit erklärt, das Oberkommando zu übernehmen, daß Hitler ihm schriftlich versicherte, er dürfe alle von ihm für notwendig gehaltenen militärischen Gegenmaßnahmen ergreifen. So hatte er beschlossen, sobald sich das erste französische Bajonett zeigte, sofort den Rückzug über den Rhein anzutreten.[42]

Und das wäre nach Meinung der militärischen Führung im Kriegsministerium an der Bendlerstraße für Adolf Hitler das Ende gewesen.

Wie viele Generäle sich zusammengefunden hatten, um die drohende Katastrophe zu beraten und die notwendigen Maßnahmen zur Verhütung der schlimmsten Folgen zu beschließen, weiß man heute nicht mehr. Blomberg und Beck haben nicht an solchen Beratungen teilgenommen. Der Prestigeverlust, den ein Fehlschlag für Hitler zur Folge haben mußte, würde auch das Ansehen der Streitkräfte beflekken, aber als Befehlshaber konnten die beiden Generäle nicht zugeben, daß sie mit einer sicheren Niederlage rechneten, bevor die Operation begonnen hatte. Die meisten Generalstabsoffiziere waren offensichtlich davon überzeugt, daß Frankreich durch einen von Hitler gebilligten Vertrag verpflichtet war, militärisch gegen deutsche Truppen vorzugehen, die in die entmilitarisierte Zone einmarschiert waren. Im gleichen Augenblick, da sich die französische Infanterie in Marsch setzte, um den Bluff Hitlers wie eine Seifenblase platzen zu lassen, mußte Großbritannien nach den Bestimmungen des gleichen Vertrags Frankreich mit seinen Streitkräften zu Hilfe kommen. Das würde zu einer vernichtenden Niederlage der jungen deutschen Wehrmacht führen, und Hitler wäre dem Hohngelächter ganz Europas ausgesetzt. Sobald das deutsche Volk erkannt hätte, daß es von Abenteurern regiert werde, hätte eine Militärregierung die Macht übernehmen und eine neue Verfassunggebende Versammlung freie Wahlen ausschreiben können.[43]

Das deutsche Offizierskorps war in seiner großen Mehrheit zutiefst davon überzeugt, daß die französischen Streitkräfte der Wehrmacht weit überlegen seien. Zehn Jahre später hat General Alfred Jodl, Hitlers Chef des Wehrmachtsführungsstabes, dies in Nürnberg bestätigt. Er sagte, zur Zeit der Besetzung des Rheinlandes seien die Offiziere angesichts der Lage – sie wußten, daß Gamelin 13 französische Divisionen in der Nähe der Grenze versammelt hatte – davon ausgegangen, daß ihre Truppen von der französischen Deckungsarmee vernichtend geschlagen werden konnten. Später hat auch Hitler dies zugegeben. Sein Dolmetscher Paul Schmidt hörte ihn sagen, daß ein deutscher Rückzug zum Zusammenbruch geführt hätte. Die 48 Stunden nach dem Einmarsch ins Rheinland seien die »aufregendste Zeitspanne« seines Lebens gewesen. Wären die Franzosen ins Rheinland einmarschiert, dann hätten sich die Deutschen »mit Schimpf und Schande zurückziehen müssen«, denn die ihnen zur Verfügung stehenden militärischen Hilfsmittel hätten selbst für einen schwachen Widerstand nicht ausgereicht.[44]

Aber in jener stürmischen Märzwoche des Jahre 1936 glaubte Hitler, anders als seine Generäle, das Rheinland sei dieses Risiko wert. Niemand kann heute sagen, wieweit er über die Hilflosigkeit der Demokratien unterrichtet war, die schwächlichen Reaktionen der Alliierten auf seine ersten Übergriffe hatten ihn auf jeden Fall überrascht. Bevor er sich später von seinen eigenen Triumphen berauschen ließ, besaß er einen geradezu unheimlichen Instinkt dafür, wie weit er im Umgang mit den politischen Führern der Alliierten gehen konnte.

Fast eine Stunde verging, bevor François-Poncet Flandin einen gedrängten telegrafischen Bericht über das sensationelle Vorgehen Hitlers schicken konnte. Premierminister Albert Sarraut rief sofort seine wichtigsten Minister zu einer Besprechung zusammen, unter ihnen den Verteidigungsminister, General Louis Maurin, und den Konnetabel von Frankreich, den Oberbefehlshaber General Gamelin. Ihre Gespräche hatten bereits begonnen, als der Text der Reichstagsrede Hitlers in Paris eintraf.[45]

Vor dem Hôtel de Ville hatte sich eine große Menschenmenge versammelt. Die Leute schienen eher neugierig als empört zu sein, obwohl P. J. Phillips von der *New York Times* seinem außenpolitischen Redakteur telegrafisch mitteilte: »Bevor sich Frankreich dieser letzten niederschmetternden Herausforderung des Teutonismus unterwirft, wird es kämpfen.« Genau das wollte der Premierminister und wollten drei seiner zivilen Minister tun, aber es fehlte ihnen ein Bonaparte, und sie hatten nicht einmal einen Foch, der die Führung der Truppen ihrer Dritten Republik hätte übernehmen können. Nachdem Sarraut einen kurzen Tatsachenbericht abgegeben hatte, wandte er sich an Gamelin und fragte ihn, was die Armee unternehmen wolle. Nach den Aussagen des

Premierministers vor einem Untersuchungsausschuß der französischen Nationalversammlung nach dem Krieg, der auf Verlangen der Führer der Résistance eingesetzt worden war, hatte der Premierminister erwartet, der französische Oberbefehlshaber werde eine Generalstabskarte ausbreiten und darauf erläutern, mit welchen entscheidenden und raschen Truppenbewegungen die Eindringlinge über den Rhein zurückgeworfen werden könnten. Statt dessen habe Gamelin jedoch nur um die Erlaubnis gebeten, »die ersten Vorsichtsmaßnahmen« treffen zu dürfen. Auf die Frage, worin solche Maßnahmen bestünden, antwortete er, er wolle die Soldaten aus dem Urlaub zurückrufen, Verstärkungen an die Grenze verlegen und weitere Truppenversammlungen vorbereiten für den Fall, daß dies ratsam erschiene.[46]

Sarraut war entsetzt. Gamelin entwarf den klassischen Plan eines Schülers der Kriegsakademie Saint-Cyr-l'École, der vor die Aufgabe gestellt wird, die Verteidigung seines von einer Invasion bedrohten Landes vorzubereiten. Der General erklärte: »Natürlich kommt es nicht mehr in Frage, einen Rheinübergang zu erzwingen, denn hier haben sich die Deutschen praktisch schon eingegraben.« Dann zählte er, wie Sarraut später berichtete, »die ganze Skala der Gefahren« auf. Wenn Frankreich in das Rheinland vorstieße, würden die Deutschen diesem Vorstoß mit einem »Angriff gegen uns durch Belgien, Luftangriffen gegen Paris... U-Boot-Angriffen und der Beschießung unserer Rheinstädte Straßburg und Mülhausen... begegnen«. Aber damit war die Aufzählung der Gefahren noch nicht beendet. Der Minister für Angelegenheiten des Völkerbundes, Joseph Paul-Boncour, unterbrach den General und sagte, er würde ihn gern »möglichst bald« in der nur 150 Kilometer von der französischen Grenze entfernten, am Westufer des Rheins gelegenen Stadt Mainz sehen. Gamelin antwortete, das sei »eine andere Sache«. Auch ihm würde nichts besser gefallen, »aber zuerst müssen Sie mir die Mittel dafür zur Verfügung stellen«.

Zunächst begriffen die Minister nicht, was der General sagen wollte. Als Oberbefehlshaber standen ihm alle militärischen Mittel zur Verfügung, die das Land besaß. Nun griff auch General Maurin in das Gespräch ein, und sehr bald entstand ein reger Gedankenaustausch zwischen beiden Generalen. Erst allmählich erkannten der Premierminister und seine zivilen Kollegen, um was es ging. Die Offiziere sprachen über eine Generalmobilmachung, die 30 Millionen Francs kosten würde und darin bestand, daß eine Million Mann ihre vorgesehenen Stellungen besetzen mußten, was der Armee mit Hilfe der Maginotlinie erlauben würde, Frankreich zu verteidigen. Doch das war, wie der verzweifelte Sarraut erklärte, gar nicht das Problem. Es gebe keine Anzeichen dafür, daß die Deutschen beabsichtigten, auf französischen Boden vorzustoßen, wenigstens noch nicht jetzt. Sie hatten eine Pufferzone besetzt, in der kein französischer und kein deutscher Soldat das Recht besitze, Waffen zu tragen – ein neutrales Gebiet, das für das Überleben Frankreichs und seine diplomatischen Verpflichtungen in Osteuropa lebenswichtig war. Die Generäle blickten einander an, zuckten mit den Schultern und hoben die Hände auf mit einer Geste, die nur bedeuten konnte, *»hélas, la politique!«*[47]

Der verblüffte Premierminister erklärte, er habe nur an eine *opération de police* gedacht, bei der Gamelin seine starke Überlegenheit an Infanteriekräften, Feuerkraft und Luftstreitkräften einsetzen müsse, während die wenigen unbewaffneten deutschen Flugzeuge so weit vom Operationsgebiet entfernt stationiert seien, daß sie in ein rasch durchgeführtes militärisches Unternehmen nicht eingreifen könnten. Das Ganze sei eine *absurdité*. Die Deutschen verfügten über drei Bataillone, mit denen die Poilus spielend fertigwerden könnten. »Schließlich haben Sie nur eine symbolische Streitmacht vor sich«, sagte Sarraut seinem Oberbefehlshaber.

Shirer schrieb in einem Artikel, »zum ersten Mal seit 1870 stehen sich deutsche Soldaten in Feldgrau und blauuniformierte französische Truppen an beiden Ufern des Oberrheins gegenüber.« Die Welt erwartete, daß Paris auf diese grobe Verletzung der Verträge von Versailles und Locarno reagieren werde. Hätte die Öffentlichkeit die Wahrheit gekannt, dann wäre ihr das Verhalten der Franzosen völlig unverständlich gewesen. Die gewählte französische Regierung flehte ihr militärisches Oberkommando an, sich der Herausforderung zu stellen, aber die Generäle weigerten sich. Gamelin und Maurin ließen sich nicht von ihrer starren Haltung abbringen. Unterstützt von seinem Kriegsminister erklärte der Oberbefehlshaber, seine Armee sei *»une force purement défensive«*. Auf die Frage nach einer Alternative schlug er vor, die Regierung solle beim Völkerbund energischen Protest einlegen.

Die direkte Frage Sarrauts, »wenn wir nun allein und ohne Verbündete gegen Deutschland vorgehen, welche Aussichten haben wir dann?« beantwortete General Gamelin, »unter den gegenwärtig herrschenden Bedingungen« würden die Franzosen *»la prépondérance«* haben, aber in einem langen Krieg könnten die industrielle Kapazität und die zahlenmäßige Überlegenheit der Deutschen zu einer Umkehrung des Gleichgewichts führen.[48]

Es folgte eine lange Pause, während die Gesprächspartner darüber nachdachten, was das bedeuten konnte. Man mußte also wieder mit einem vier Jahre und vielleicht sogar noch länger dauernden Krieg rechnen, mit Schützengräben, Stacheldraht, Trommelfeuer und Massenangriffen, die höchstens zu einem Geländegewinn von 100 Metern führten. Dabei würden die Gefallenen, wie Scott Fitzgerald geschrieben hatte, »wie eine Million blutiger Lumpen« auf dem Schlachtfeld liegenbleiben. Die Beinamputierten und Blinden würden wieder überall das Straßenbild bestimmen. Und zudem bestand noch die Möglichkeit, daß Frankreich diesen neuen Krieg verlor.

Dann bemerkte einer der Anwesenden, daß der Premierminister davon gesprochen hatte, Frankreich werde unter Umständen allein und ohne Verbündete handeln müssen. Doch Frankreich war im Westen mit Großbritannien und im Osten mit der Tschechoslowakei, Polen und Rußland verbündet. Nach dem Vertrag von Locarno hatten sich außerdem Italien, Belgien und Großbritannien verpflichtet, die Franzosen dabei zu unterstützen, Truppen oder Waffen aus der entmilitarisierten Zone zu entfernen, falls Deutschland diese Zone besetzte. Und die Signatarmächte von Locarno waren nicht die einzigen Länder, die von einer deutschen Besetzung des Rheinlands berührt wurden. Nun beauftragten die Konferenzteilnehmer die zuständigen Beamten, telefonische Erkundigungen einzuziehen. Diese meldeten nach einiger Zeit, daß die Polen, die Tschechen und die Rumänen ihre Unterstützung zugesagt hätten. Sogar Österreich, das vertraglich nicht an Frankreich gebunden war, erklärte sich zur Unterstützung des französischen Vorgehens bereit. Die Belgier und Italiener reagierten zurückhaltender.[49]

Den mächtigsten Verbündeten hatte Frankreich allerdings jenseits des Ärmelkanals. Wie Churchill später schrieb, hätten die Franzosen angesichts der britischen Garantie gegen eine deutsche Aggression das Recht gehabt, mit der Hilfe Großbritanniens zu rechnen, zumal »wir auf Frankreich besonderen Druck ausgeübt hatten, das Rheinland möglichst früh zu räumen«. Der Botschafter Seiner Britischen Majestät in Frankreich, Sir George Clark, wartete nicht erst auf den Anruf eines Beauftragten von Sarraut. Auf Anweisung von Anthony Eden eilte er zum Quai d'Orsay und verlangte »sehr energisch«, wie Flandin später behauptete, daß Frankreich »keine militärischen Maßnahmen ergreifen dürfe, welche die Zukunft belasten könnten, bevor es nicht die britische Regierung konsultiert habe«. Als Sarraut und Flandin daraufhin versuchten, sich telefonisch mit Whitehall in Verbindung zu setzen, mußten sie feststellen, was Hitler bereits wußte – daß die meisten führenden Mitglieder der englischen Regierung an den Wochenenden nicht zu erreichen waren. Eden stand zwar zur Verfügung, konnte aber keine konkreten Auskünfte geben. Als der französische Botschafter in London, Charles Corbin, ihn aufsuchte, wurde er mit der Mitteilung abgespeist, daß vor Montag keine Entscheidungen getroffen werden könnten. Corbin berichtete dem Quai d'Orsay, Eden habe sich »trotz meines Drängens geweigert, mir seine eigene Meinung zu sagen«. Als

Corbin die vertraglichen Verpflichtungen Großbritanniens erwähnte, äußerte sich Eden mit keinem Wort dazu.[50]

Sarraut empfand dieses Verhalten als Beleidigung, aber Frankreich, das nicht durch eine Wasserstraße von Deutschland getrennt war, brauchte Großbritannien mehr als die Briten die Franzosen. So sah sich der Premierminister gezwungen, die Beleidigung zu schlucken, und bevollmächtigte Flandin, die Briten davon zu unterrichten, daß die französische Regierung keine »isolierte Position« einnehmen werde, sondern sich entschlossen habe, »sich mit den anderen Signatarmächten des Vertrags von Locarno zu beraten«.[51]

Die Franzosen hatten die Unaufrichtigkeit nicht verdient, mit der sie von Eden behandelt wurden. Dieser hatte es nicht für notwendig gehalten, Flandin mitzuteilen, daß er am Samstag nach dem Mittagessen zum Landsitz des britischen Premierministers nach Chequers gefahren war. Er schreibt über diesen Besuch: »Baldwin sagte nur wenig, wie es seine Gewohnheit war, wenn es sich um außenpolitische Fragen handelte. Obwohl er sich persönlich Frankreich freundschaftlich verbunden fühlte, ließ er keinen Zweifel daran, daß Großbritannien ein militärisches Vorgehen der Franzosen nicht unterstützen werde. Ich konnte ihm nur zustimmen.«[52]

Am Nachmittag kehrte der Außenminister in das Auswärtige Amt zurück und entwarf eine ausführliche Denkschrift, die am Montagvormittag dem Kabinett vorgelegt werden sollte, und anschließend eine Erklärung, die er später im Unterhaus abgeben wollte. Er schrieb, man dürfe den Deutschen auf keinen Fall ein Ultimatum stellen oder sie mit einer scharfen Note auffordern, ihre Truppen aus der Pufferzone abzuziehen, »wenn die betroffenen Mächte nicht bereit sind, ihre Forderung durch ein militärisches Eingreifen durchzusetzen«. Er war der Ansicht, mit der Besetzung der entmilitarisierten Zone habe Hitler »uns eines nützlichen Verhandlungsgegenstandes beraubt«. Dabei war er immer noch in dem Trugschluß befangen, daß es keinen anderen Ausweg gebe, meinte aber auch vor allem, »wir müssen uns jedem Versuch widersetzen, gegen Deutschland finanzielle und wirtschaftliche Sanktionen zu verhängen«. Zu dieser Zeit – und die Lage in der Pufferzone sollte während der ganzen Krise unverändert bleiben – standen weniger als 5000 deutsche Soldaten 32 Kilometer vor der französischen Grenze. Sie waren nicht für Angriffsoperationen in westlicher Richtung gegliedert, und es standen ihnen keine Panzerverbände zur Unterstützung eines solchen Angriffs zur Verfügung.[53]

Am Sonntag teilte Eden dem französischen Botschafter Corbin mit, daß Großbritannien keine Verstärkungen nach Frankreich schicken werde. Erst nach einigem Zögern erklärte er sich bereit, am Dienstag zu

Gesprächen mit anderen Locarno-Diplomaten nach Paris zu fliegen, vorausgesetzt, daß man sich »darüber einig« sei, daß die Konferenzteilnehmer nicht aufgefordert werden würden, »konkreten Vorschlägen« zuzustimmen. Der französische Außenminister schloß daraus, daß die einzige Hoffnung Frankreichs auf eine Lösung des Problems darin lag, Eden doch noch umzustimmen oder die Engländer für die französische Haltung zu gewinnen, welche die Entscheidungen der britischen Regierung trafen oder sie beeinflußten und auf diese Weise eine Sinnesänderung herbeiführen könnten.[54]

Das würde schwierig sein. Der *Daily Herald*, der der Labourparty nahestand, hatte bereits verlangt, daß man Hitler beim Wort nehmen müsse. Lord Lothian billigte das Vorgehen der Deutschen mit der Bemerkung, »schließlich sind sie nur in ihren eigenen Hinterhof gegangen«, eine Erklärung, die man fälschlicherweise der *Times* zugeschrieben hat. Aber sehr weit hergeholt war diese Vermutung auch nicht, denn der von Dawson verfaßte Leitartikel trug die Überschrift »Eine Chance für den Wiederaufbau«, und obwohl das Unternehmen im Text als eine »Invasion von Herrn Hitler« bezeichnet wurde, wandte sich Dawson scharf gegen jene, die aus der Angelegenheit eine »Sensation« machen wollten und die Besetzung des Rheinlands »einen Akt der Aggression« nannten. Wie er die Dinge sah, litten die Deutschen verständlicherweise an einer »tiefsitzenden, instinktiven Furcht vor der Gefahr der Einkreisung«, und die Entmilitarisierung des Rheinlandes war in ihren Augen »mehr als ein Zeichen dafür, daß Deutschland die Gleichberechtigung verweigert wurde. Die Pufferzone war ein Ausdruck der militärischen Schwäche einer Macht, die eines Tages wieder in einen Zweifrontenkrieg verwickelt werden könnte.«[55]

Nancy Astor, Tom Jones und der Erste Kronanwalt Sir Thomas Inskip waren an diesem Wochenende Gäste auf einer Hausparty bei Lord Lothian in Blickling Hall. Der Gastgeber und seine Freunde entwarfen dabei eine Stellungnahme zum Einmarsch der deutschen Truppen in das Rheinland und schickten sie in der Form eines Telegramms an Baldwin. Darin brachten sie ihr volles Verständnis für das Vorgehen Hitlers zum Ausdruck und drängten den Premierminister, das »Einrücken« der deutschen Truppen in die entmilitarisierte Zone unter dem Aspekt der Friedensvorschläge vor dem Reichstag zu ignorieren. Die Besetzung der Pufferzone sollte als ein »Geltendmachen... der Gleichberechtigung und nicht als ein Akt der Aggression« angesehen werden. Tom Jones schrieb in sein Tagebuch, er wolle Baldwin überreden, Hitlers Vorschlag wörtlich zu nehmen, bevor er ihn im Kabinett zur Sprache brachte. Der kluge Harold Nicolson schrieb in sein Tagebuch, die allgemeine Stimmung sei »von Furcht gekennzeichnet. Alles, nur kein

Krieg... Auf allen Seiten findet man Sympathie für Deutschland. Es ist alles sehr tragisch und traurig.«[56]

Botschafter Corbin hörte am Montag nachmittag Edens Rede auf der Diplomatengalerie des Unterhauses und fand sie entmutigend. Der Außenminister sagte, er sei dankbar dafür, daß es »keinen Grund für die Annahme gibt, daß das deutsche Vorgehen eine Drohung mit Feindseligkeiten bedeutet«. Er tadelte die Mißachtung von Verträgen durch die Deutschen. Der Einmarsch habe »das Vertrauen zu allen Vereinbarungen, die mit der deutschen Regierung getroffen werden könnten, zutiefst erschüttert«, aber die Regierung Seiner Majestät werde die neuen »Friedensvorschläge« Hitlers »ernsthaft und objektiv« prüfen, um festzustellen, ob sie »die Struktur des Friedens« festigen könnten.[57]

Eden flog in Begleitung von Lord Halifax und Ralph Wigram nach Paris, aber die Konferenz brachte keine Lösung. Der französische Außenminister verlangte den sofortigen Abzug der deutschen Truppen aus dem Rheinland und wollte Deutschland gleichzeitig wirtschaftliche, finanzielle und militärische Sanktionen auferlegen. Eden meinte dazu: »Das Ausmaß der Forderungen Flandins übertrifft alles, was bisher gesagt worden ist.« Er lehnte es ab, der Gewalt mit Gewalt zu begegnen, und zu Flandins Überraschung und Ärger stimmte der belgische Premierminister Eden zu. Der italienische Botschafter erklärte den Konferenzteilnehmern verbittert, daß sein Land noch unter den vom Völkerbund verhängten Sanktionen zu leiden habe, und sagte dann kein Wort mehr.[58]

Am Ende der Konferenz meinte Eden, er sei »froh, daß niemand den Versuch unternommen hat, bei diesem Treffen irgendwelche Beschlüsse zu fassen«. Flandin, der die Konferenz gerade in dieser Absicht einberufen hatte, blickte Eden ins Gesicht und sprach die prophetischen Worte: »Verhandlungen werden zu nichts führen oder nur einen neuen Rückzug sanktionieren. Und dieser Rückzug wird entscheidend sein, denn er dürfte zu einer ganzen Reihe von Rückzügen führen.«[59]

Am nächsten Morgen trat das britische Kabinett zusammen, um den Bericht des Außenministers zu hören. Am Quai d'Orsay war Eden höflich und ausweichend gewesen, aber in der Downing Street konnte er offen reden. Er sagte, er sei überzeugt, wenn man den Deutschen erlaube, das Rheinland besetzt zu halten und dort Befestigungen anzulegen, werde es innerhalb der nächsten zwei Jahre mit Sicherheit zum Kriege kommen – zu einem Krieg, der »unter sehr ungünstigen Voraussetzungen geführt werden müßte«. Er meinte, die Schwierigkeit läge darin, daß Sarraut und Flandin nicht die Haltung des Durchschnittsfranzosen einnehmen. Frankreich sei »zutiefst pazifistisch«; im Krieg werde es ein unzuverlässiger Verbündeter sein. Der neue Kriegsminister Alfred Duff Cooper war anderer Meinung. Auch er glaubte, daß ein Krieg unvermeidlich sei, war jedoch davon überzeugt, daß die Zeit gekommen sei, sich Hitler entgegenzustellen. Die Kampfmoral der Franzosen werde sich bessern, sobald die französische Armee den Marschbefehl erhalten habe. Nach dem Kabinettsprotokoll wies er darauf hin, daß »Deutschland in drei Jahren« – also 1939 – »über 100 Divisionen und eine starke Flotte« verfügen werde. Selbst wenn das Parlament den im jüngsten Weißbuch enthaltenen Forderungen zustimmen würde, könne England mit der deutschen Wiederaufrüstung nicht Schritt halten, und »deshalb werden wir dann vermutlich in keiner besseren Position sein«.[60]

Aber die anderen Kabinettsmitglieder einschließlich des Premierministers waren anderer Ansicht. Baldwin lehnte es sogar ab, an den Völkerbund zu appellieren. Im Verlauf der Beratungen sagte er unter anderem, »es wäre notwendig, die Franzosen darauf hinzuweisen«, daß eine Intervention im Rheinland nicht nur »einen neuen großen Krieg auslösen würde... Sie würde wahrscheinlich... dazu führen, daß Deutschland bolschewistisch wird.« Der Erste Lord der Admiralität und der Luftfahrtminister räumten ein, daß sie sich in einer »sehr ungünstigen Lage« befanden. Einer von Baldwins Ministern meinte, daß »die öffentliche Meinung« eine Intervention der Alliierten in der neutralen Zone entschieden ablehnte. Ein zweiter Minister stimmte ihm zu. Für diese Regierung war die öffentliche Meinung etwas außerordentlich Wichtiges. Am Schluß einigte man sich darauf, nichts zu unternehmen. Baldwin erklärte sogar, der Frieden sei »fast jedes Risiko wert«.[61]

Für die meisten britischen Minister war es eine Selbstverständlichkeit, daß ihre Beamten als sachkundige Berater bescheiden im Hintergrund blieben und ihre Pflicht taten; wenn es um wichtige politische Entscheidungen ging, wurden diese Leute kaum nach ihrer Meinung gefragt, obwohl die meisten von ihnen zur gleichen gesellschaftlichen Schicht gehörten und die gleichen Schulen besucht hatten wie ihre Vorgesetzten. Der energische Sir Robert Vansittart, der für seine Verdienste geadelt worden war und demnächst ins Oberhaus einziehen sollte, war eine Ausnahme. Ralph Wigram nahm einen niedrigeren Rang ein. Bei der Konferenz in Paris hatte er hinter Eden und Halifax gesessen und nur etwas gesagt, wenn man ihn nach einem Datum, einer statistischen Angabe, einem protokollarischen Problem oder einer technischen Einzelheit gefragt hatte. Persönlich war Wigram jedoch der Überzeugung gewesen, daß Flandin recht hatte. Er glaubte, eine zu nachgiebige Politik werde katastrophale Folgen haben, und deshalb führte er nach Ende der Konferenz ein persönliches Gespräch mit Flandin. Er fragte ihn, ob es nicht richtig wäre, auch den Völkerbundsrat nach London einzuberufen statt nach Genf, wenn die Vertreter der Signatarmächte von Locarno am kommenden Donnerstag dort zusammenkämen. Die Hoffnung, daß konkrete Beschlüsse gefaßt werden würden, war zwar gering, aber jede Entscheidung der Locarno-Mächte würde an Prestige gewinnen, wenn sie auch vom Völkerbund unterstützt würde. Flandin begrüßte diesen Vorschlag und legte ihn den anderen Konferenzteilnehmern vor, die ebenfalls zustimmten. Aber Wigram machte sich trotzdem Sorgen und fuhr, als er wieder in Großbritannien war, sofort nach Chartwell.

Obwohl er gegenwärtig am öffentlichen Leben in England nicht teilnahm, wurden Churchills politische Äußerungen von den ausländischen Politikern aufmerksam registriert, die das Gefühl hatten, daß seine Stunde noch kommen werde. Zu ihnen gehörte auch Adolf Hitler. Der Führer verabscheute Churchill und sprach mit unverhüllter Gehässigkeit über ihn, er konnte ihn aber nicht ignorieren. Am Anfang waren seine Beschimpfungen nur unhöflich. So sagte er etwa, Winston sei ein aufgeregtes altes Huhn und man könne mit einem solchen Mann nicht vernünftig reden; er sei nichts anderes als »ein romantischer Phantast«. Doch als Churchill begann, seine rhetorische schwere Artillerie aufzufahren, wurde auch Hitler bissiger. Er behauptete, Churchill besäße die besondere Gabe, mit dem frömmsten Gesichtsausdruck zu lügen und die Wahrheit zu entstellen... Sein anormaler Geisteszustand ließe sich nur durch eine paralytische Erkrankung oder seine Trunksucht erklären. Als Hitler die Auswirkungen der Besetzung des Rheinlands dadurch abzumildern versuchte, daß er den Alliierten Nichtangriffspakte anbot, sagte er, daß nur die Clique um Churchill dem Frieden im Wege stünde.[62]

Zu der Rheinland-Krise war es in einem für Winston sehr ungünstigen Augenblick gekommen. Als das Auswärtige Amt in Chartwell anrief und ihm eine Übersetzung der Hitlerrede vom 7. März vorlas, erkannte er sofort, was sie bedeutete – »einen Trost für jeden auf beiden Seiten des Atlantiks, der bereit ist, sich täuschen zu lassen«. Da er aber immer noch damit rechnete, in die Downing Street Nr. 10 gebeten und zum Minister ernannt zu werden, vermied er es, seinem Instinkt zu folgen und Dinge zu sagen, welche die Regierung Baldwin in Verlegenheit gebracht hätten.[63]

In der Öffentlichkeit und besonders in den Parlamentsdebatten blieb Churchill höflich und fast zurückhaltend. Das amüsierte die Abgeordneten, denn sie spürten deutlich, wie viel Winston daran lag, wieder ein öffentliches Amt zu bekleiden. Mehr als drei Jahre lang hatte er Alarm geblasen, und seine Töne waren klar und deutlich gewesen, aber er hatte die außenpolitische Richtung der Regierung nicht ändern und den

Lauf der Entwicklung nicht verlangsamen können, die in die Katastrophe führte. Da er nicht bereit war zu resignieren, hatte er seine Bemühungen um einen Sitz am Kabinettstisch verdoppelt, wo er, wie er glaubte, das schlimmste Unheil würde verhindern können. Ebenso wie praktisch jeder Parlamentsberichterstatter und jeder Abgeordnete, der kein Ministeramt innehatte, war Winston davon überzeugt, er werde demnächst zum Verteidigungsminister ernannt werden, denn dieser Posten war noch immer nicht besetzt.

Doch obwohl Winston es vermieden hatte, den Premierminister direkt anzugreifen, hatte er nach der Besetzung des Rheinlands durch deutsche Truppen nicht geschwiegen. Er und Austen Chamberlain bemühten sich gemeinsam darum, dem Unterhaus klarzumachen, welche Folgen es haben werde, wenn das Vorgehen der nationalsozialistischen Regierung in Deutschland tatenlos hingenommen würde. Churchill sagte voraus, Hitler werde sich nun gegen Österreich wenden, und Austen Chamberlain wies darauf hin, daß die Tschechoslowakei den Nazis hilflos ausgeliefert wäre, »sobald Österreich untergegangen ist«. Beide erklärten vor dem Unterhaus, wenn Hitler die Vorherrschaft in Osteuropa errungen habe, werde er sich nach Westen gegen Frankreich und Großbritannien wenden. Churchill sagte, einige Abgeordnete glaubten, die Franzosen übertrieben die Gefahr. Aber: »Wenn *wir* in 100 Jahren viermal die Besetzung unseres Landes erlebt hätten, dann würden wir besser verstehen, wie schrecklich eine solche Verletzung des eigenen Territoriums ist.« Er sagte, in Frankreich und Belgien sei die Erinnerung »an die Lawine aus Feuer und Stahl, die vor 20 Jahren über diese Länder hinweggegangen ist« immer noch »sehr lebendig«, und Großbritannien müsse sich fragen, »welches Gefühl wir hätten, wenn – um ein anderes Bild zu gebrauchen – wir einen Tiger sähen, dessen Zähne und Klauen uns Wunden beigebracht haben, die bis heute nicht verheilt sind, und der auf uns zukommt und sich in genau der richtigen Entfernung duckt, aus der er uns mit einem einzigen Sprung erreichen kann«.[64]

Neville Chamberlain schrieb in sein Tagebuch, Winston habe »eine konstruktive und hilfreiche Rede gehalten«. In einem Punkt war Churchill jedoch nicht bereit, Zugeständnisse zu machen, und daß Neville dieser Überzeugung keine Bedeutung beimaß und das Problem, um das es ging, nicht einmal erwähnte, zeigt deutlich, welche moralische Kluft zwischen den beiden Männern bestand. Sowohl Austen als auch Winston wiesen immer wieder auf die Tatsache hin, daß Hitler in flagranter Weise die Heiligkeit der bestehenden Verträge verletzt habe. Nach ihrer Überzeugung war Großbritannien verpflichtet, jede verbindliche Zusage einzuhalten. Churchill sagte, in England gebe es gegenüber

Deutschland viel guten Willen und die feste Hoffnung, daß »die drei großen westeuropäischen Völker sich in einer dauernden Freundschaft die Hände reichen könnten, aber« – und hier machte er eine Pause – »es sollte nicht erforderlich sein zu erklären, daß Großbritannien, wenn es nötig werden sollte, seine Verpflichtungen gegenüber den vom Völkerbund festgelegten Regeln und den Bestimmungen des Vertrags von Locarno erfüllen wird«. In einem Artikel im *Evening Standard* ging er noch ausführlicher auf dieses Thema ein und appellierte an Hitler »und das große unglückliche Deutschland, das er führt«, sich in vorderster Front in die zivilisierte Völkergemeinschaft einzureihen und stolz und freiwillig nicht für ein einzelnes Land oder eine Gruppe von Ländern einzutreten, sondern um der Heiligkeit der Verträge und der Glaubwürdigkeit des Völkerrechts willen sofort das besetzte Rheinland zu räumen. Das war so, als hätte er Rasputin aufgefordert, mit Messer und Gabel zu essen. Immerhin erwähnte Churchill weder die vergangenen noch die gegenwärtigen Sünden der Männer auf der Regierungsbank.[65]

Als Wigram am Mittwoch, dem 11. März, am späten Abend in Chartwell eintraf, wartete Churchill schon gespannt auf die neuesten Nachrichten. Nachdem er sich den Bericht über die Pariser Konferenz angehört hatte, beschloß Winston, sofort mit Flandin zu sprechen, bevor irgendein Regierungsmitglied die Gelegenheit gehabt hatte, sich mit dem französischen Außenminister zu treffen. Gegen jede Gewohnheit stand er im Morgengrauen auf und fuhr zu seiner Londoner Wohnung in die Morpeth Mansions. Um 8.30 Uhr traf Flandin im Taxi bei ihm ein. Er sagte Winston, er beabsichtige, die gleichzeitige Mobilmachung aller britischen und französischen Land-, Luft- und Seestreitkräfte vorzuschlagen. Aus einem mitgebrachten Papier las er Churchill die »eindrucksvolle Liste« der Länder vor, die ein solches Vorgehen unterstützen würden. Das waren Polen, die Tschechoslowakei, Österreich, Jugoslawien, Rumänien und die drei baltischen Staaten. Churchill schrieb: »Es bestand kein Zweifel daran, daß die Verbündeten des letzten Krieges Deutschland militärisch weit überlegen waren. Sie mußten nur handeln, um den Krieg zu gewinnen.« Winston sagte dem französischen Minister, daß er als »außenstehender Privatmann« wenig tun könne, verwies ihn aber auf andere Persönlichkeiten wie Duff Cooper, die Sitz und Stimme in der Regierung hatten, und gab am gleichen Abend ein Essen für ihn. Einflußreiche Engländer hörten sich an, was Flandin zu sagen hatte, und verabschiedeten sich mit der Zusage, alles zu tun, was in ihren Kräften stand.[66]

Churchill war schon vorher gegangen. Der außenpolitische Ausschuß des Unterhauses hatte eine abendliche Sitzung einberufen, und Winston hatte gebeten, angehört zu werden. Er wiederholte seine Forderung, daß Großbritannien seine in Genf und Locarno übernommenen Verpflichtungen erfüllen müsse. Der spätere Premierminister Alec Douglas-Home führte das Protokoll. Darin hielt er fest, daß Winston die ihm von Flandin übergebenen Papiere vorlegte und dann »ein dramatisches Bild davon zeichnete, wie sich alle europäischen Länder beeilen würden, Frankreich und uns gegen Deutschland zu unterstützen«. Der nächste Redner war Hoare, der Churchills Argumente verspottete. »Was nun die Behauptung von Winston betrifft, daß uns alle europäischen Nationen zu Hilfe kommen würden«, sagte er, »so kann ich nur sagen, daß diese Nationen, soweit ich es beurteilen kann, militärisch vollkommen unvorbereitet sind.« Douglas-Home hatte den Eindruck, nachdem Churchill gesprochen hatte, seien viele Mitglieder des Ausschusses »bereit gewesen zu akzeptieren, daß sich dieses Land an einem Krieg (gegen Deutschland) beteiligt«. Aber Hoare hatte sie, wie er glaubte, »entschieden ernüchtert«.[67]

Es erscheint verwunderlich, daß keiner der Anwesenden die Meinung von Fachleuten über die militärische Schlagkraft Deutschlands hören wollte. Wenn die Ausschußmitglieder sich nicht der Tatsache bewußt waren, daß die Wehrmacht erst ein Schatten ihres künftigen Selbst war, dann wußten sie doch, daß Hitler erst vor einem knappen halben Jahr die allgemeine Wehrpflicht eingeführt hatte. Zweifellos waren die kleinen Länder nicht ausreichend militärisch gerüstet. Das galt für ganz Europa und auch für die Nationen, die einen Fetisch aus der Wiederaufrüstung gemacht hatten. Die Italiener bewiesen das in Äthiopien. Doch alle verfügten über stehende Heere mit ausgebildeten Soldaten. Die Abgeordneten können kaum daran gezweifelt haben, daß Hitler nachgegeben hätte, wenn er von einem Bündnis eingekreist worden wäre, dem auf Anregung von Flandin Frankreich, Großbritannien und alle anderen Staaten an den östlichen und südlichen Grenzen des Deutschen Reichs angehörten. Es ist erstaunlich, daß ausgerechnet Hoare, der erst kürzlich ein solches Fiasko erlebt hatte, Churchill mit einem so schwachen Argument unglaubwürdig erscheinen lassen konnte.

Aber alle in jener zweiten Märzwoche in London abgehaltenen Konferenzen nahmen einen eigenartigen Verlauf. Am Donnerstag notierte Neville Chamberlain in seinem Tagebuch: »12. März, sprach mit Flandin, wies darauf hin, daß die öffentliche Meinung uns bei Sanktionen irgendwelcher Art nicht unterstützen würde.« Flandin erwiderte, daß Großbritannien wenigstens einen wirtschaftlichen Boykott erklären könne. Neville lehnte das ab, bot aber an, im Interesse des Friedens »auf eine Kolonie« zu verzichten. Die Beschwichtigungspolitiker glaubten, sie hätten mit dem Britischen Weltreich genügend Handelsobjekte in der Hand, während Hitler sich von einem solchen Angebot nicht beeindrucken lassen würde. Ribbentrop hatte Eden erklärt, das Dritte Reich brauche einen Lebensraum in Europa, vorzugsweise im Osten. In einem bequem gepolsterten Ledersessel in seinem Club las Halifax noch einmal Hitlers Friedensrede vom 7. März und stieß dabei auf eine Passage, die ihm bisher noch nicht aufgefallen war. Hier hatte sich Hitler gegen den französisch-sowjetischen Vertrag gewendet und erklärt, dieser stelle nicht nur eine Verletzung des Vertrags von Locarno dar, sondern führe auf dem Umweg über die Tschechoslowakei zu einer militärischen Bedrohung Mitteleuropas durch ein mächtiges Reich, das einen Vertrag mit Rußland unterzeichnet habe. Halifax läutete nach einem Diener und ließ sich von ihm einen Atlas mit einer genauen Karte der Tschechoslowakei bringen. Der Mann kam mit leeren Händen zurück und sagte, ein anderes Clubmitglied habe sich schon die Karte bringen lassen. Es war Neville Chamberlain.[68]

Politische Entscheidungen werden oft unter Ausschluß der Öffentlichkeit getroffen, die öffentliche Meinung muß sich deshalb oft in einem Durcheinander historischer Ereignisse aufgrund unvollständiger und oft verzerrter Informationen herausbilden. Zu den Konferenzen, die in jener Woche im St. James's Palace in London abgehalten wurden – an der einen nahmen die Vertreter der Signatarmächte des Locarno-Vertrags und an der anderen die Ratsmitglieder des Völkerbundes teil –, wurde die Presse nur zu den öffentlichen Sitzungen zugelassen. Auf einer dieser Sitzungen bemerkte ein Freund von Wigram, daß dieser, neben Eden sitzend, »auffallend desillusioniert und deprimiert« wirkte. Alle Angehörigen des Auswärtigen Amts waren erschüttert, erleben zu müssen, daß die Regierung sich nicht entschließen konnte, etwas gegen die Herausforderung durch Hitler zu unternehmen. Das Verhalten des Außenministers war den Beamten völlig unverständlich. Und einige von ihnen beschlossen, ihm das zu sagen. Auf die Initiative von Rex Leeper erschienen sie in Edens Büro in Whitehall. Er sagte ihnen, er teile ihre Sorgen, glaube jedoch, die britische Bevölkerung sei nicht bereit, einen Krieg zu führen. Die meisten Beamten des Auswärtigen Amtes sahen Hitlers Angebot, Nichtangriffspakte abzuschließen, als Täuschungsmanöver an und meinten, die Besetzung des Rheinlands stelle für England eine ebenso große Bedrohung dar wie ein deutscher Einmarsch in Belgien; diese Bedrohung sei sogar noch größer als eine Annexion Österreichs.[69]

Leeper schlug deshalb vor, einen landesweiten Propagandafeldzug zu beginnen, um Großbritannien die von den Nazis ausgehende Gefahr bewußt zu machen und die Bevölkerung dazu aufzurufen, »die defätistische Haltung gegenüber Deutschland aufzugeben«. Er sagte, es sei notwendig, »mutig und offen zu reden, nicht zu zögern, das Kind beim Namen zu nennen, und nicht vor unbequemen Wahrheiten zurückzuschrecken«. Zunächst stimmte Eden ihm zu, glaubte aber nach einiger Überlegung doch, daß sich ein solcher Plan nur schwer verwirklichen ließe. Ein derartiges Unternehmen werde das Land in zwei Lager spalten und das Auswärtige Amt in innenpolitische Auseinandersetzungen verwickeln. So beschlossen Leeper und seine Kollegen, sich an Churchill zu wenden. Er sollte die Führung übernehmen, und sie würden ihn hinter Baldwins Rücken unterstützen.[70]

Wigram glaubte, nicht länger warten zu können, aber Vansittart, der ihm die Erlaubnis gegeben hatte, »ausgewählten Publizisten« bestimmte Fakten zugänglich zu machen, war entsetzt, als Wigram diese Vollmacht allzu großzügig auslegte.

Er veranstaltete in seiner Wohnung in der Lord North Street eine Pressekonferenz, zu der er auch den französischen Außenminister Flandin einlud. Dieser verzichtete auf alle diplomatischen Floskeln und sagte ganz offen: »Heute richtet die ganze Welt und besonders die kleinen Nationen ihre Blicke auf England. Wenn England jetzt bereit ist, etwas zu unternehmen, dann kann es die führende Rolle in Europa übernehmen. Sie werden die politische Richtung bestimmen, die ganze Welt wird Ihnen folgen, und auf diese Weise werden Sie den Ausbruch eines neuen Krieges verhindern. Das ist Ihre letzte Chance. Wenn Sie Deutschland jetzt nicht Einhalt gebieten, ist alles verloren. Frankreich kann den Bestand der Tschechoslowakei nicht mehr garantieren, weil die geographische Lage es nicht zuläßt.« Wenn Großbritannien sich nicht zum Handeln entschlösse, so fuhr er fort, sei Frankreich mit seiner geringen Bevölkerungsdichte und seiner veralteten Industrie der Willkür eines wiederbewaffneten Deutschland ausgeliefert. Eine französisch-deutsche Freundschaft sei unmöglich; es werde immer Spannungen zwischen diesen beiden Ländern geben. Flandin räumte ein, daß England gegenwärtig mit den Nazis zu Vereinbarungen kommen könne, an die sich die Deutschen jedoch auf Dauer nicht halten würden. Wenn Hitler nicht schon heute »durch Androhung von Gewalt gezwungen wird (das Rheinland zu räumen), ist der Krieg unvermeidlich«.[71]

Die Journalisten kehrten zur Fleet Street zurück und verfaßten sachliche Berichte über den Appell Flandins, die von den verantwortlichen Redakteuren jedoch in den Akten begraben wurden. In Whitehall rechneten alle damit, daß Baldwin die Unbotmäßigkeit Wigrams streng ahnden werde, aber nichts geschah. Die Stimmung unter den politisch interessierten Engländern schwankte. Leute, die gestern noch zu den Falken gehört hatten, wurden über Nacht zu Tauben. Am gleichen

Donnerstag, es war der 12. März, faßte Harold Nicolson das Dilemma in einem Brief an seine Frau, Vita Sackville-West, zusammen: »Wenn wir Deutschland ein Ultimatum stellen, dann sollte es vernünftigerweise nachgeben.« Aber was würde geschehen, wenn die Deutschen sich nicht dazu bereit fänden? Er meinte, »dann wird es zum Krieg kommen«. Das nationalsozialistische Deutschland werde diesen Krieg zwar verlieren, aber Nicolson fragte, was dies nützen würde. »Es würde nur dazu führen, daß Deutschland und Frankreich kommunistisch werden.« An diesem Punkt fing er an, sich selbst zu widersprechen, und sagte, das werde nicht geschehen, weil »die Menschen in diesem Lande jeden Krieg entschieden ablehnen. Wir müßten mit einem Generalstreik rechnen, wenn eine solche Möglichkeit überhaupt in Erwägung gezogen würde. Deshalb müssen wir den schmählichen Rückzug antreten, und Hitler wird einen neuen Erfolg zu verbuchen haben.« Die Unentschlossenheit führte zum Triumph der Nazis, und als die Woche zu Ende ging, waren die meisten Parlamentsabgeordneten, Diplomaten und Journalisten zur Überzeugung gekommen, daß Hitler aus der Rheinlandkrise als Sieger hervorgehen werde – ja, daß er diesen Sieg praktisch schon in der Tasche hatte.[72]

Enttäuscht und entmutigt, weil die britische Presse seinen Appell nicht zur Kenntnis genommen hatte und sein Gespräch mit Chamberlain ergebnislos verlaufen war, kam Flandin in die Stadtwohnung von Churchill, der seine schweren Besorgnisse teilte, ihm aber auch nur gute Ratschläge geben konnte. Später schrieb er: »Ich riet M. Flandin, bevor er sich verabschiedete, er solle darauf dringen, von Mr. Baldwin empfangen zu werden.« Es war schon dunkel, als der französische Minister im Taxi in der Höhe von Whitehall in die Downing Street einbog. Der Premierminister begrüßte seinen besorgten Gast an der Tür des Hauses Nr. 10. Baldwin war liebenswürdig wie immer. Doch als das Gespräch nach den ersten höflichen Begrüßungsworten begann, sagte er dem französischen Außenminister, daß seine Wünsche nicht erfüllt werden könnten. Bescheiden erklärte er, daß er nur wenig von der Außenpolitik verstehe. Das war zwar richtig, aber doch ein erstaunliches Eingeständnis des Regierungschefs der damals führenden Großmacht, die angesichts besorgniserregender Entwicklung auf der ganzen Welt mit ihrem Empire schweren Belastungen ausgesetzt war. Baldwin sagte, er kenne die Gefühle der Menschen in seinem Land, »sie wollen Frieden«. Flandin wandte ein, der Friede werde erhalten bleiben. Kein Schuß müsse abgefeuert werden. Wenn die Deutschen mit einer Polizeiaktion rechnen müßten, würden sie das Rheinland sofort räumen. Wie Flandin später berichtete, antwortete der Premierminister: »Sie mögen recht haben, aber wenn die Gefahr, daß durch die Polizeiaktion ein Krieg ausgelöst wird, nur eins zu hundert ist, dann habe ich nicht das Recht, England in diesen Krieg hineinzuziehen.«[73]

Das Verhalten beider Männer ist schwer verständlich. Welche konkreten Schritte verlangte Flandin von Großbritannien? Er hat später behauptet, er habe Baldwin nur gebeten, den Franzosen freie Hand zu lassen. Aber Frankreich war eine souveräne Macht. Es brauchte niemanden um Erlaubnis zu bitten, selbständig zu handeln. Churchill hatte diese Schwäche schon beim ersten Besuch Flandins vor dem Einmarsch der Deutschen erkannt. Er hielt es für ungeschickt, daß Flandin mit dem Hut in der Hand in die Downing Street gekommen war, um den britischen Premierminister zu drängen, Englands vertragliche Verpflichtungen zu erfüllen und britische Truppen nach Frankreich zu schicken, die gemeinsam mit den Franzosen die Polizeiaktion zur Vertreibung der deutschen Truppen aus dem Rheinland durchführen sollten. Später schrieb Churchill, Staatsmänner dürften nicht betteln. »Clemenceau oder Poincaré hätten Mr. Baldwin keine Wahl gelassen.« Wenn Frankreich allein ohne Großbritannien seinen Verpflichtungen aus dem Vertrag von Locarno nachgekommen wäre, dann wäre die Zustimmung Baldwins unnötig und bedeutungslos gewesen. Nach dem Kriege kam ein vom französischen Parlament eingesetzter Untersuchungsausschuß zu dem Schluß, daß Premierminister Sarraut und sein Kabinett während der Rheinlandkrise unfähig gewesen seien, einen selbständigen Entschluß zu fassen, und deshalb Großbritannien gebeten hätten, es an ihrer Stelle zu tun. Churchill hätte es getan, aber Baldwin tat es nicht. Er erklärte wiederholt: »England ist nicht in der Lage, Krieg zu führen.« Nach Frankreich zurückgekehrt schilderte Flandin seinen Besuch in der Downing Street Nr. 10 Premierminister Sarraut und seinem Kabinett und schloß seinen Bericht mit den Worten: »An jenem Abend wurde mir klar, daß ich trotz aller Anstrengungen Großbritannien nicht dazu würde bewegen können, daß es sich mit unserer Intervention im Rheinland einverstanden erklärt.« Mit anderen Worten, er fühlte sich verraten. Shirer, der sich damals in Berlin befand, schrieb in sein Tagebuch: »Hitler hat seinen Willen durchgesetzt!« Damit hatte er recht. In einer sofort vom Führer angeordneten Volksabstimmung stimmten 98,8 Prozent der Wähler der Besetzung des Rheinlandes zu.[74]

Im gleichen Monat sagte Winston in einer Rede vor dem Unterhaus: »Wenn wir an die große Macht und den Einfluß denken, über die dieses Land verfügt, dann können wir nicht mit sehr viel Freude auf unsere Außenpolitik während der vergangenen fünf Jahre zurückblicken. Es sind mit Sicherheit sehr verhängnisvolle Jahre gewesen.« Er sprach langsam und mit düsterer Stimme: »Vor fünf Jahren konnte sich jeder sicher fühlen; vor fünf Jahren rechneten wir alle mit einer friedlichen

Zukunft, mit einer Periode, in der sich die Menschheit an den Kostbarkeiten freuen würde, welche die Wissenschaft allen Klassen schenken kann, wenn Frieden und Gerechtigkeit herrschen... Sehen Sie, wie sehr sich die Lage heute verändert hat! Wir sehen uns wieder den verhaßten Problemen und schweren Prüfungen gegenüber, von denen diejenigen unter uns, die sich unter großen Anstrengungen am letzten Ringen beteiligt haben, hofften, sie seien für alle Zeiten überwunden.«

Über die Folgen der letzten Krise sagte er: »Was ist schließlich die erste große Tatsache, mit der wir konfrontiert sind? Es ist folgendes: Das nationalsozialistische Regime kann einen gewaltigen Triumph feiern... Die Besetzung des Rheinlandes bedeutet eine ernste Gefahr, wenn man daran denkt, welcher Bedrohung Holland, Belgien und Frankreich dadurch ausgesetzt sind. Auch die Errichtung von Befestigungsanlagen in diesem Gebiet müssen wir sehr ernst nehmen... Denn damit wird eine Barriere vor der Haustür Deutschlands errichtet, die es den Deutschen erlauben wird, jederzeit durch die Hintertür in östlicher und südlicher Richtung militärisch vorzustoßen.«[75]

Die Rede wurde nicht beachtet. Macmillan erinnert sich, daß Winstons »Reden und Forderungen... so wirkungsvoll sie als solche auch waren, damals nicht ernst genommen wurden, weil man ganz allgemein an seiner Urteilsfähigkeit zweifelte«, und Lady Longford nannte ihn »die ungehörte Stimme der Kassandra«.[76]

Der Maler Paul Maze schrieb an Churchill: »Halb England ist sich kaum bewußt, in welcher Lage wir uns befinden.« Das war eine Untertreibung. Die Masse der britischen Bevölkerung – und nur wenige wußten überhaupt, wo das Rheinland lag – war erleichtert zur Tagesordnung zurückgekehrt. Sir Oswald Mosley plante eine antisemitische Demonstration, demnächst sollte die *Queen Mary* von der Cunard Line vom Stapel laufen, George Orwells Buch, *Keep the Aspidistra Flying* war von den Kritikern sehr unterschiedlich beurteilt worden und ließ sich daher schlecht verkaufen, und die ersten Feriengäste in Brighton hörten in den Tanzlokalen den schmalzigen Schlager: »These foolish things remind me of you...«

Im Londoner West End war der Nazismus in Mode gekommen. Die Damen trugen Armbänder mit Hakenkreuzanhängern. Junge Männer kämmten sich das Haar schräg über die Stirn, und Paul Maze schrieb in seinem Brief an Churchill: »Schreiben Sie in den Zeitungen unbedingt alles, was Sie schreiben können. Die Wirkung der deutschen Propaganda richtet großen Schaden an, besonders in der Mayfair-Gesellschaft!«[77]

Hitler hatte immer noch viele Bewunderer im Parlament und einen sehr hochgestellten im Buckingham Palast – König Eduard VIII. Die

Während Hitler in das Rheinland einmarschiert, folgen Sir John Simon, Anthony Eden und Sir Robert Vansittart dem Sarg von Leopold von Hoesch, dem deutschen Botschafter in Großbritannien.

Deutschfreundlichkeit in der britischen Oberschicht hatte durchaus erklärbare Gründe und wurde offen vertreten. Aber als das Wesen des Nationalsozialismus immer deutlicher erkennbar wurde und Churchill darauf hinzuweisen begann, welche Verbrecher dort ihre schmutzigen Geschäfte betrieben, änderte sich dies. Martin Gilbert und Richard Gott meinten dazu: »Je entschiedener diese Haltung abgelehnt wurde und je deutlicher sich zeigte, daß sie unbegründet und falsch war, desto mehr verwandelte sie sich in eine heimliche Obsession.« Die Anhänger dieser Ideologie agierten im Dunklen hinter verschlossenen Türen. Die Sympathie für die Deutschen, »eine Haltung, auf die man zunächst stolz sein konnte«, schrieben Gilbert und Gott, »wurde mit der zunehmenden Brutalität der deutschen Politik nur noch im Flüsterton und hinter vorgehaltener Hand eingestanden«. Die *Times* zitierte die nationalsozialistischen Zeitungen *Der Angriff* und *Völkischer Beobachter*. Es wurde viel über das gemeinsame Erbe der reinblütigen angelsächsischen Briten und der deutschen Arier geredet, das sie nicht mit den Juden teilten. Wenn Briten Kritik am Dritten Reich übten, wurde ihnen dies in Berlin sehr übelgenommen, und die britische Botschaft war in solchen Fällen sofort bereit, sich dafür zu entschuldigen.[78]

Am Quai d'Orsay und im britischen Auswärtigen Amt bemühte man sich, das Debakel, das über sie hereingebrochen war, mit neuen Dokumenten, dem Austausch offizieller Briefe und vertraulichen Absprachen zu übertünchen. Der erschöpfte Flandin sagte den Briten, er werde sich mit dem Vorgehen Hitlers abfinden, wenn die Besetzung des Rheinlands ein symbolischer Akt bliebe und die Deutschen dort keine Befestigungen anlegten – was England natürlich nicht garantieren konnte. Trotzdem bemühten sich Eden und das Auswärtige Amt darum, die anderen Signatarmächte zu überreden, sie sollten sich mit dem Fait accompli der Nazis abfinden. Dennoch verurteilte der Völkerbundsrat pflichtgemäß Deutschland für den Vertragsbruch. Am Tag der Bekanntgabe des Ratsbeschlusses waren zwölf unwiederbringliche Tage vergangen, seit die Bataillone Hitlers die Rheinbrücken überschritten hatten. Da niemand auch nur von der Möglichkeit gesprochen hatte, Sanktionen gegen den Aggressor zu verhängen, war die Verurteilung durch den Völkerbund eine bedeutungslose Geste, die lediglich zeigte, wie wenig diese Institution bewirken konnte und wie sehr ihr Ansehen gelitten hatte.

Aber die Besetzung des Rheinlandes hatte noch andere Auswirkungen. Als Ludendorff 1918 versuchte, die gewundene Linie der alliierten Schützengräben, die sich von der Schweizer Grenze bis zum Ärmelkanal hinzog, zu zertrümmern, wurden die nördlichen Schlüsselstellungen des Verteidigungssystems von den standhaften Belgiern König Alberts gehalten. Jetzt lag Albert schon zwei Jahre im Grab, und an seiner Stelle hatte der frivole, oberflächliche und unerfahrene Leopold III. die Regierung übernommen. Nach der Besetzung des Rheinlandes sah Leopold in Großbritannien und Frankreich keine zuverlässigen Verbündeten mehr. Er kündigte das Militärbündnis, das Albert vor 20 Jahren mit den Demokratien geschlossen hatte, und ließ sich dies von Paris und London bestätigen. Das bedeutete, daß französische Truppen bei Kriegsausbruch erst nach der offiziellen Bestätigung eines deutschen Vorstoßes auf belgisches Gebiet nach Belgien einmarschieren durften. Der britische Militärhistoriker Alistair Horne schreibt: »Mit einem Schlag lag die ganze (französische) Strategie, die sich bisher auf die Maginotlinie gestützt hatte, in Trümmern.«[79]

Am 26. März, weniger als drei Wochen, nachdem ein paar tausend schlechtausgerüstete deutsche Soldaten die ganze französische Armee eingeschüchtert hatten, lagen Churchill schon Fotos von den Baustellen der auf Befehl Hitlers zu errichtenden Befestigungsanlagen gegenüber der Maginotlinie – dem sogenannten Westwall – vor, und in der ersten Aprilwoche erhielt er detaillierte Berichte über dieses Bauvorhaben. Ohne seine Quellen zu nennen, teilte er dem Unterhaus den wesentlichen Inhalt dieser Berichte mit. In einer erstaunlich weitblickenden Rede wies er darauf hin, daß diese Befestigungen den Deutschen erlauben würden, militärische Kräfte zu sparen, um dann »mit ihren Hauptkräften durch Belgien und Holland vorzustoßen«. Sollte das geschehen und sollten Belgien und Holland von den Deutschen besetzt werden, geriete England in eine tödliche Gefahr, die, wie er sagte, »dieser Insel durch die Errichtung der deutschen Befestigungslinie sehr viel näher gebracht wird«. Doch das sei noch nicht alles. »Blicken Sie nach Osten«, fuhr er fort. »Dort werden sich die Konsequenzen der Befestigungen im Rheinland unter Umständen noch unmittelbarer auswirken... Polen und die Tschechoslowakei, ebenso aber auch Jugoslawien, Rumänien, Österreich und einige andere Länder werden alle entscheidend davon betroffen sein, sobald dieses große Befestigungswerk fertiggestellt ist.«[80]

Doch das Parlament ließ sich nicht beeindrucken. Es war charakteristisch für die Zeit Ende der 30er Jahre, daß die Regierung Seiner Majestät – und die große Mehrheit der Untertanen Seiner Majestät – annahmen, daß jede Krise die letzte war und man Hitler beim Wort nehmen könne, wenn er versicherte, er habe keine territorialen Ansprüche mehr in Europa. Churchill warnte seine Zuhörer und sagte: »Wenn man den Niagarafluß hinuntertreibt, dann kommt man vielleicht gelegentlich auch in ruhiges Wasser oder eine Flußbiegung, oder eine Veränderung in der Windrichtung läßt das Rauschen der Wasserfälle leiser werden, so daß man glaubt, sie seien noch weit entfernt. Aber« – und hier wurde seine Stimme so leise, daß man ihn nur verstehen konnte, wenn man genau hinhörte – »die Gefahr wird dadurch nicht geringer, und die Lage, in der man sich befindet, verändert sich nicht.«[81]

Am 18. Mai empfing der Reichsaußenminister, Freiherr Konstantin von Neurath, den mit Franklin Roosevelt befreundeten amerikanischen Botschafter in Frankreich, William Bullitt. Neurath hätte kaum deutlicher sein können. In seinem Bericht an das amerikanische Außenministerium meldete Bullitt, Neurath habe ihm gesagt, »die Politik der deutschen Regierung« sei es, jenseits der deutschen Grenzen keine Unternehmungen mehr zu beginnen, »bevor wir nicht das Rheinland verdaut haben... Bis die deutschen Befestigungen an der französischen und belgischen Grenze fertiggestellt sind, wird die deutsche Regierung alles tun, um zu verhüten, daß die Nazis in Österreich zu Gewaltmaßnahmen greifen, und wird im Hinblick auf die Tschechoslowakei eine zurückhaltende Politik treiben.« Die letzten Worte Neuraths waren: »Sobald unsere Befestigungen fertiggestellt sind und die Länder in Mitteleuropa erkennen, daß Frankreich nicht nach Belieben auf deutsches Territorium vorstoßen kann, werden diese Länder neue außenpolitische Vorstellungen entwickeln, und es wird sich eine neue Konstellation ergeben.«[82]

Wenn Männer, die im öffentlichen Leben stehen, so hart sind wie Churchill, dann setzen sie sich auf die Dauer durch. Sind sie es nicht, und das gilt für die meisten, scheitern sie oder beenden ihr Leben in der Isolation. Dann wird erst die Zukunft ihre Leistungen beurteilen können. Sie kann jedoch niemanden belohnen, dessen Verhalten zu schädlichen Folgen geführt hat, und deshalb wird sich auch die Haltung von Ralph Wigram niemals rechtfertigen lassen. Er war kein Weichling, aber Hitlers überraschender Handstreich hatte Wigram, wie Churchill sagte, »einen tödlichen Schlag« versetzt. Die Krise hatte ihn einem für ihn unerträglichen Druck ausgesetzt. Valentine Lawford, einer von Wigrams Untergebenen, schreibt: »Die rein körperlichen Anforderungen jener zwölf Jahre waren fast unerträglich gewesen und hatten die schwachen Organe eines zarten Körpers noch weiter geschwächt.« Nachdem Flandin London verlassen hatte, zwang sich Wigram zu einer Reise durch das besetzte Rheinland. Hier sah er, wie Kinder, von Soldaten angeleitet, mit Schneebällen Krieg spielten. Nach seiner Rückkehr in seine Londoner Wohnung an der Lord North Street sagte er, wie Ava Wigram später an Churchill schrieb: »Der Krieg ist jetzt unvermeidlich, und es wird der furchtbarste Krieg sein, den es je gegeben hat. Ich glaube nicht, daß ich ihn noch erleben werde, aber Du wirst es. Du wirst damit rechnen müssen, daß auf dieses kleine Haus Bomben fallen.« Er fühlte sich in gewisser Weise schuldig und sagte zu Ava: »Ich habe es nicht verstanden, den Menschen klarzumachen, worum es geht. Ich bin nicht stark genug, um es den Menschen hier begreiflich zu machen. Winston hat es immer, immer begriffen, und er ist stark und wird bis zum Schluß durchhalten.« Nach einigen Monaten schrieb Henry Pelling, Dozent am St. John's College in Cambridge: »Von Depressionen überwältigt nahm er sich das Leben.«[83]

Vansittart rief Winston an und teilte ihm den Tod Wigrams mit. Churchill schrieb an Clementine: »Mich hat es tief erschüttert und bekümmert... Ich habe ihn für einen großartigen Burschen gehalten.« Clementine, die zum Skifahren nach Österreich gefahren war, hatte Wigrams Nachruf in der *Times* gelesen, ihre Briefe kreuzten sich. Sie schrieb: »Er ist Dir ein guter Freund gewesen, und in seinen Augen konntest Du den Funken sehen, der Dir zeigte, daß dort ein Licht brannte – seine arme Frau wird schwer daran tragen.« Winston nahm an der Beerdigung bei Hayward's Heath teil und legte am Grab einen Kranz nieder. Er wurde von Vansittart, Bracken und Maze begleitet. Anschließend nahmen sie die junge Witwe und das fünfjährige mongoloide Kind Wigrams zum Mittagessen nach Chartwell mit. Churchill war überrascht, daß, wie er an Clemmie schrieb, »es offenbar für Witwen von Beamten des Auswärtigen Amts keine Pension oder etwas ähnliches gibt«. Es ist erstaunlich, daß ein Politiker, der seinen Ministerialbeamten soviel zu verdanken hatte, das nicht wußte. In einem anderen Brief schrieb er: »Die arme kleine Ava ist jetzt ganz hilflos. Sie hat ihn zärtlich geliebt und... er war ihre einzige Verbindung zur Außenwelt. Jetzt hat sie nur noch das idiotische Kind.«[84]

In seinen Memoiren schreibt Winston, sein Tod »war ein unwiederbringlicher Verlust für das Auswärtige Amt und hat wesentlich dazu beigetragen, daß sich unsere Lage in so verhängnisvoller Weise verschlechterte«, aber dann fügt er hinzu, daß sich Wigram diese Dinge »zu sehr zu Herzen genommen hat. Schließlich kann man immer fortfahren, das zu tun, was man für seine Pflicht hält, und noch größere Risiken eingehen, bevor man sich geschlagen gibt.« Boothby hat einmal gesagt, Churchill könne grausam sein. Sicher war es ungerecht, Wigram den Vorwurf zu machen, er habe sein Land in der Stunde der Gefahr im Stich gelassen. Doch das scheint Churchills Meinung gewesen zu sein. Man hat das Gefühl, Churchill hätte, wenn er sich in einer so aggressiven Stimmung befand, Verständnis für General Patton gehabt, der einen Soldaten ohrfeigte, der im Kampf einen Nervenzusammenbruch erlitten hatte. Winston selbst hatte Gefahren und Prüfungen überstanden, die sich Wigram kaum hätte vorstellen können. Und natürlich war Wigram nicht der Mann, der Hitler hätte die Stirn bieten können. Churchill wußte, daß er es konnte, wenn es ihm gelingen sollte, die Regierungsverantwortung zu übernehmen.[85]

Mehr als zwei Jahre waren vergangen, seit Winston empfohlen hatte, einen Verteidigungsminister zu ernennen, der für alle drei Teilstreitkräfte verantwortlich sein sollte, aber erst jetzt dachte Baldwin ernstlich daran, diesen Rat zu befolgen. Die Presse und das Parlament hatten ihm dringend nahegelegt, Churchill zu ernennen. Sogar Neville Chamberlain, der diesmal ausnahmsweise die gleiche Auffassung vertrat wie sein Halbbruder, hatte gesagt: »Natürlich ist das eine rein militärische Angelegenheit, und Winston ist zweifellos der richtige Mann.« In seinen Memoiren erinnert sich Churchill: »Ich war mir natürlich bewußt, daß diese Entwicklung im Gange war. In der Debatte am 9. März« – Montag, zwei Tage nach der Rheinlandbesetzung, als sich das Unterhaus zum ersten Mal mit der Krise beschäftigen mußte – »habe ich es sorgfältig vermieden, von meiner gewohnten strengen, wenn auch freundlichen Kritik an der Regierungspolitik auch nur im geringsten abzuweichen.«[86]

In einem Brief an Clemmie behauptete er: »Was auch geschehen mag, mir wird es nicht das Herz brechen«, aber natürlich hatte er das dringende Verlangen, ein Ministeramt zu übernehmen. Im gleichen Brief beschäftigte er sich mit den Aussichten der beiden Kandidaten für das Amt des Verteidigungsministers, die von der Presse als die wahrscheinlichsten bezeichnet worden waren, von denen es jedoch hieß, daß keiner von ihnen sich wirklich dafür interessierte. Es waren Neville Chamberlain, weil er damit rechnete, demnächst Premierminister zu werden, und Sir Kingsley Wood, »weil er hofft, anschließend Schatzkanzler zu werden und im übrigen einen Generalleutnant nicht von einem Whitehead Torpedo unterscheiden kann«. Deshalb meinte er, »vielleicht wird es schließlich doch an Deinem armen Schweinchen hängenbleiben«.[87]

Doch Baldwins Vorbehalte gegen eine Ernennung Winstons blieben bestehen, und außerdem mußte er daran denken, wer sein Nachfolger werden könnte. Einer der Biographen von Neville Chamberlain schreibt: »Die Partei wünschte nicht die sofortige Rückkehr von Hoare. Wenn Churchill das neue Ministerium übernahm, würde das jene liberalen und zentralen Elemente beunruhigen, die in seiner Ablehnung auch die Ablehnung des Militarismus gesehen hatten, es wäre jedenfalls gegen den Rat jener, die für die Interpretation der allgemeinen Parteilinie verantwortlich waren. Und würde es, wenn Baldwin abtrat, nicht auch zu einem Streit um seine Nachfolge kommen?«[88]

Churchill, Neville Chamberlain und Kingsley Wood waren nicht die einzigen Kandidaten für das neue Ministerium. Auch der Staatssekretär für die Luftfahrt, Lord Swinton (vorher Philip Cunliffe-Lister) und Walter Runciman, der Präsident der Handelskammer, kamen in die engere Wahl. Sogar Hoare glaubte, eine Chance zu haben. Der verunglückte Schlittschuhläufer befand sich jetzt als Hinterbänkler auf sehr dünnem Eis und bewarb sich, wie einer seiner Freunde später gesagt hat, »in seltsam geschmackloser Weise« um das Amt. Neville Chamberlain schrieb in sein Tagebuch: »Er fing ganz gut an, aber schockierte dann das Haus mit einer Huldigung von S. B., die klang wie eine allzu deutliche und plumpe Bewerbung um einen Kabinettsposten und einen überaus schlechten Eindruck machte.«[89]

Eigentlich wäre Hoare der Wunschkandidat des Premierministers gewesen, aber bevor er rehabilitiert war, ließ sich nichts machen. Baldwin und seine Umgebung scheuten sich zudem davor, »eine starke Persönlichkeit« mit der Leitung des neuen Ministeriums zu betrauen. Mit solchen und anderen »Spitzfindigkeiten und Bedenken«, wie ein Biograph von Chamberlain das nannte, beschäftigte man sich den ganzen Monat über, der während der Rheinlandkrise zu Ende ging.[90]

Das aggressive Vorgehen der Nationalsozialisten hätte, wie man glauben sollte, die Kandidatur Winstons begünstigen sollen. Daß Baldwin ausgerechnet jetzt einen schwachen Mann damit beauftragte, die Verteidigungsbereitschaft Englands zu stärken, ist schwer zu verstehen. Er hat es aber getan. Baldwin erklärte ganz offen: »Wenn ich Winston ernenne, wird Hitler sich ärgern.« In seiner Chamberlain-Biographie schreibt Keith Feiling, das Rheinland sei ein ausschlaggebender Grund dafür gewesen, Winston nicht zu ernennen, denn »offensichtlich hätte das Hitler nicht gefallen«. Als voraussichtlicher Nachfolger des Premierministers bestärkte Chamberlain Baldwin in dieser Haltung. Er empfahl ihm, sich für einen Mann zu entscheiden, »der keine Begeisterung auslösen und keine Eifersucht wecken wird«. Der Premierminister stimmte ihm zu. Am Samstag, dem 14. März – genau eine Woche nachdem deutsche Truppen den Rhein überschritten hatten –, verkündete er, er werde nicht ein Verteidigungsministerium, sondern ein Ministerium für die Koordinierung der Verteidigung einrichten. Die Leitung werde Sir Thomas Inskip übernehmen.[91]

Inskip? Die Fleet Street und das Parlament konnten es kaum glauben. Der Name des Mannes war bekannt, verband sich aber mit keinerlei politischen Leistungen. Als junger Mann hatte Inskip die ernste Absicht gehabt, Missionar zu werden. Dann war er Jurist geworden und hatte während des größten Teils der vergangenen 14 Jahre den Posten des Generalstaatsanwalts innegehabt. Macmillan meinte, ihm fehlte »jede Spur jener harten Entschlossenheit, mit der er damals in diesem Amt etwas hätte erreichen können«. Bisher hatte noch nie jemand daran gedacht, ihm einen wichtigen Kabinettsposten anzuvertrauen. Aus den Unterlagen der *Times* ging hervor, daß die Öffentlichkeit bisher nur ein einziges Mal Notiz von ihm genommen hatte, als es ihm gelungen war, eine Überarbeitung des anglikanischen Gebetbuchs zu verhindern. Seine Ernennung war dem Premierminister von Chamberlain und dem konservativen Chefeinpeitscher David Margesson vorgeschlagen worden, und zwar mit der Begründung, er sei »der am besten geeignete Mann«. Als er sich nun von der Regierungsbank erhob, um seine erste Ansprache als der für die Sicherheit Großbritanniens verantwortliche Minister zu halten, gestand Inskip: »Ich darf mit aller Aufrichtigkeit sagen, daß ich nie auf den Gedanken gekommen bin – und ich erkläre das in allem Ernst –, daß ich je in der Lage sein würde, die mir jetzt aufgetragenen Pflichten zu erfüllen... Ich erhebe nicht den Anspruch, ein Übermensch zu sein.«[92]

In *The Gathering Storm*, dem persönlichsten seiner sechs Bücher über den Zweiten Weltkrieg, schreibt Churchill, daß sich Baldwin für einen »tüchtigen Juristen« entschieden hatte, »der den Vorteil hatte, selbst kaum bekannt zu sein und nichts von militärischen Dingen zu verstehen«. Im folgenden kommt aber auch seine eigene emotionale Reaktion auf die Ernennung von Inskip zum Ausdruck: »Für mich war dieser definitive und wie es schien endgültige Ausschluß von aller Anteilnahme an unseren Vorbereitungen für die Verteidigung ein schwerer Schlag.« Im allgemeinen war es nicht seine Art, Verbitterung zu zeigen, aber in drei ätzend scharfen Sätzen kommt doch seine unverhüllte Wut zum Ausdruck, sein Gefühl, daß England in noch größere Gefahr gebracht und er persönlich verletzt worden sei: »Mr. Baldwin hatte sicher gute Gründe, das letzte Aufflackern seiner Macht gegen einen Mann einzusetzen, der seine Fehler so streng und so oft aufgedeckt hatte. Außerdem wünschte er als ungewöhnlich tüchtiger Parteifunktionär, der in Mehrheiten dachte und zwischen den Wahlen ein ruhiges Leben führen wollte, von meiner beunruhigenden Mitarbeit verschont zu bleiben. Zweifellos glaubte er, mir politisch einen tödlichen Schlag versetzt zu haben, und ich hatte das Gefühl, es sei ihm vielleicht gelungen.«[93]

Er fügte hinzu, »die Entscheidung des Premierministers wurde von der Presse und der Öffentlichkeit mit Erstaunen zur Kenntnis genommen«, und das war richtig. Macmillan meinte später: »Erstaunen ist fast eine Untertreibung. Selbst die größten Defätisten und Bewunderer des Premierministers waren sprachlos.« Winstons Freunde waren schokkiert. Lord Lloyd erinnerte sich, daß Lindemann ihm gesagt hatte, Baldwins Entscheidung sei »die zynischste, seit Caligula sein Pferd zum Konsul ernannt hat«. Ein junger, von Lloyd George besonders geförderter Parlamentarier nannte sie »ein weiteres eklatantes Beispiel für die Dummheit der Parteipolitik, die einer Nation die Dienste ihrer besten Männer vorenthält«, und Anthony Crossley fügte seiner giftigen Parodie zwei weitere Verse hinzu:

Hast du, Vater Churchill, zu erwarten gewagt,
Noch einmal in den Rat berufen zu werden
Angesichts der Gefühle der Auserwählten,
Die deine Warnungen in den Wind geschlagen haben?

Du bist nachsichtig mit den Kleinen und streng
mit den Großen,
Deine Haltung ist mutiger und bestimmter,
Als man es heute vom Staatsmann erwartet –
Sogar den Führer hast du beleidigt.[94]

Churchill hatte vorgeschlagen, einen aus fünf Kabinettsmitgliedern bestehenden Ausschuß zu ernennen, der die Verteidigungsbereitschaft überwachen sollte. Zu den drei traditionellen Ministerien, dem Luftfahrtministerium, dem Kriegsministerium und der Admiralität sollte noch ein Ministerium für die Versorgung kommen, und der Verteidigungsminister sollte diesen vier Ministerien übergeordnet sein. Angesichts der Komplexität eines modernen Krieges sei nach seiner Auffassung ein Versorgungsministerium unerläßlich. Zu seinem Verantwortungsbereich sollten die Herstellung von Waffen und Ausrüstung, die Überwachung der Kriegsgewinnler und die Zusammenarbeit mit den Gewerkschaften gehören, die rebellieren würden, wenn man nicht verhinderte, daß die Rüstungsindustrie zu hohe Gewinne machte. Doch Baldwin ließ sich von diesen Vorschlägen nicht beeindrucken und beauftragte Inskip nur, die Verteidigungsanstrengungen zu »koordinieren«. Er sagte ihm nicht, was dieses Wort bedeutete, gab ihm keine Vollmachten, mit deren Hilfe er seine Entscheidungen hätte durchsetzen können, und keine Fachberater. Man kann sich schwer vorstellen, was er von einem überzeugten Pazifisten erwartete, der nie eine Uniform getragen und nie einen Kanonenschuß gehört hatte, der – zu einer Zeit, in der die militärische Strategie von neuen Waffen bestimmt wurde, und dazu gehörte auch die Beherrschung des Radar, von der das Überleben Englands abhängen würde – noch nie in einem Flugzeug gesessen hatte und dessen einziger bisheriger Kontakt mit den britischen Streitkräften dadurch erfolgt war, daß er das Ansinnen einer neuen Formulierung der anglikanischen Gebete bei den Bestattungen auf hoher See abgelehnt hatte.

Nachdem man Churchill, der für das Amt des Verteidigungsministers hervorragend geeignet gewesen wäre, übergangen und an seiner Stelle einen unqualifizierten Mann mit diesem Posten betraut hatte, empfand er keine Bedenken mehr, seinen Kampf von neuem zu beginnen. Mit Schmollen oder Trotz hätte er sich allerdings auch nur geschadet. Später schrieb er: »Ich mußte mich beherrschen und heiter, gelassen und gleichgültig erscheinen.« Natürlich war es ihm nicht möglich, gleichgültig zu bleiben, und einer mußte ja auch die Alarmglocke läuten, nachdem Göring, der den Kleinmut der Alliierten verachtete, verkündet hatte, daß vier bis fünf Millionen »aktive, intelligente, tapfere Deutsche Tag und Nacht« in den Munitionsfabriken an der Ruhr arbeiteten, um die vergrößerte Wehrmacht mit den notwendigen Waffen zu versorgen.

Im *Evening Standard* drückte Winston sein Erstaunen darüber aus, daß das Parlament und das britische Volk auf diese großsprecherische Erklärung und das, was sie bedeutete, nicht reagierten. Er schrieb, das

Hermann Göring (rechts) mit einem seiner glühendsten Bewunderer, Sir Nevile Henderson, dem Botschafter Seiner Britischen Majestät im nationalsozialistischen Deutschland.

Reich »rüstet energischer, wissenschaftlicher und in größerem Umfang auf, als es irgendeine andere Nation jemals getan hat... Das sind Tatsachen, die für normale, friedliebende Menschen ebenso bedeutungsvoll sein sollten wie die Nachrichten über Pferderennen, Boxkämpfe oder neunzehn Zwanzigstel dessen, worüber die Zeitungen täglich berichten.« Während der folgenden Tage bekam der *Standard* einen dicken Packen von Leserbriefen, in denen empörte Abonnenten gegen die Veröffentlichung so »nationalistischer« Artikel von Englands »Kriegstreiber Nummer Eins« protestierten.[95]

In Wirklichkeit war Winston der Mann, der sich in England wie kein anderer um die Bewahrung des Friedens bemühte. Er war der entschiedenste Verfechter der Ideen des Völkerbunds und damit der kollektiven Sicherheit, der einzigen Politik, mit der man Hitler hätte Einhalt gebieten können, bevor der Krieg, den allein er wollte, die Vormachtstellung Europas auf diesem Planeten zerstörte. Sobald andere Länder sich zu einer »starken Konföderation für die Verteidigung und den Frieden« zusammengeschlossen hätten, erklärte Winston im Unterhaus seinen unaufmerksamen Zuhörern, »sollten sie Deutschland die absolute Garantie für die Unverletzlichkeit deutschen Territoriums und das Versprechen geben, daß sie sich geschlossen gegen jeden wenden würden, der Deutschland angriffe, aber entschlossen seien, jeden zu unterstützen, der von Deutschland angegriffen würde«. Er endete mit dem Aufruf: »Lassen Sie uns die Welt vor der drohenden Katastrophe retten, die Unheil und Elend über uns bringen würde, wie es mit menschlichen Worten nicht zu beschreiben ist.« Später ist er als großer militärischer Führer in die Geschichte eingegangen, aber niemand hat leidenschaftlicher für den Frieden gekämpft als er.[96]

Bei der Abgabe des ersten Tätigkeitsberichts in seinem neuen Ministerium stellte sich Inskip breitbeinig vor die Abgeordneten und sprach selbstsicher von einer »stetigen Zunahme der Produktion«. Er berichtete, daß »40 neue Flugplätze gekauft worden sind oder demnächst gekauft werden«. In Wirklichkeit genoß das neue Ministerium bereits jetzt den Ruf der sträflichen Nachlässigkeit. Desmond Morton reichte Winston eine detaillierte Analyse der Rede von Inskip. Morton erklärte: »Von einer ständigen Zunahme der Produktion« könne nicht die Rede sein. Man habe nur damit begonnen, »die Industrie darauf vorzubereiten, *irgendwann* das Erforderliche zu erzeugen«. Die Mitarbeiter von Inskip hatten sich mit 52 Firmen in Verbindung gesetzt und sie gefragt, ob sie bereit seien, Rüstungsgüter zu produzieren. 14 von ihnen hatten sich bereit erklärt, Munition herzustellen, »aber keine von ihnen, nicht einmal die 14, mit denen Verträge geschlossen worden waren, haben bis jetzt mit der Produktion begonnen«. Die »40 neuen Flugplätze« waren nichts anderes als 40 Grundstücke, die sich die Mitarbeiter von Inskip in Begleitung von Grundstücksmaklern angesehen hatten. »Das Ministerium hat die 40 Geländestreifen auch noch gar nicht erworben.«[97]

Im Juli berichtete Inskip dem Unterhaus wieder begeistert von seinen Erfolgen. Er müsse zwar zugeben, daß Großbritannien leider darauf angewiesen sei, Werkzeugmaschinen einzuführen, und daß die englischen Fabriken daher in den kommenden zwei Jahren keine Granaten würden herstellen können. Er sei aber gewiß, »die Hoffnung und das Vertrauen« in die Regierung würden dafür sorgen, daß sich genügend Facharbeiter finden ließen, um die Maschinen zu bedienen. Churchill, der sich ernste Sorgen machte, erwiderte, es wäre falsch, wenn er »in einer öffentlichen Debatte in dieser Kammer« auf die Ausführungen seines Vorredners einginge. »Die Zeiten sind dafür zu gefährlich.« Der außenpolitische Parlamentsausschuß hatte sich in geschlossener Sitzung die Argumente Winstons angehört. Dabei hatte er nicht nur über Fragen der Verteidigung gesprochen, sondern auch darauf hingewiesen, daß die Deutschen, wenn man ihnen, wie sie es verlangten, freie Hand in Osteuropa gebe, innerhalb eines Jahres das ganze Gebiet zwischen Hamburg und dem Schwarzen Meer beherrschen würden. In diesem Falle sähe sich England der mächtigsten Koalition seit dem Sturz Napoleons gegenüber. Aber die meisten Ausschußmitglieder waren Parteigänger Baldwins, und Nicolson schrieb: »Was sie wirklich wollen, wäre eine feste Vereinbarung mit Deutschland und vielleicht auch Italien, mit der sie den Frieden auf Kosten der kleineren Staaten einhandeln könnten. Diese selbstsüchtige Politik würde nach meiner Ansicht einen englisch-deutschen Krieg innerhalb der nächsten zwanzig Jahre unvermeidlich machen.«[98]

Churchill hätte Inskip selbst am liebsten völlig ignoriert, denn er wußte, daß ihm jede Kritik als Eifersucht ausgelegt werden würde. Aber er konnte nicht sitzenbleiben, als der neue Minister dem Unterhaus sagte, die Verteidigungsvorbereitungen für England müßten »natürlich« ihre Grenzen haben, weil es undenkbar sei, deshalb Handelsbeschränkungen und Auswirkungen auf das tägliche Leben der Bevölkerung in Kauf zu nehmen. Winston griff ihn sofort an. Er sagte, Inskip habe »eine sehr wichtige Erklärung abgegeben«, als er sagte, er »arbeite unter im Frieden geltenden Bedingungen«. Es gebe, so erklärte Churchill, »viele Bedingungen« zwischen den für den Frieden und für den Krieg geltenden: »Bedingungen zur Vorbereitung, Bedingungen der Vorsorge und Bedingungen beim Eintreten eines Notfalles«. Er habe den Eindruck gehabt, das neue Ministerium sei geschaffen worden, um zu empfehlen, unter welchen dieser Bedingungen jetzt gearbeitet werden müsse. Dann legte Churchill neue Daten aus Deutschland vor, die »aus einer Quelle stammen, die ich nicht nennen kann«. Beim Vergleich dieser Zahlen mit den von der nationalsozialistischen Regierung veröffentlichten hatte er festgestellt, daß sie übereinstimmten und zeigten, daß Hitler seit der Machtergreifung 20 Milliarden Reichsmark für die Rüstung ausgegeben hatte. Im Jahr 1935 waren es weitere 11 Milliarden, weit mehr als Churchill zunächst geschätzt hatte.

Nun fragte er, was das neue englische Verteidigungsministerium unternommen habe. Es »läßt sich treiben und vergeudet die Zeit, während wertvolle Monate vergehen«. Kein Abgeordneter solle sich Illusionen machen und glauben, das Gleichgewicht könne später durch den Einsatz hoher Geldsummen wiederhergestellt werden. Das Unterhaus habe kürzlich 50 Millionen Pfund für die Munitionsherstellung bewil-

Churchill vor seinem Wahllokal nach der Stimmabgabe zu den allgemeinen Wahlen am 14. November 1935. Nach dem Sieg von Baldwin bleibt Churchill im politischen Abseits.

ligt. Aber nur 20 Millionen hätten ausgegeben werden können, weil die Geschütz- und Munitionsfabriken »und vor allem die Flugzeugfabriken« nicht über das notwendige Rohmaterial, die Facharbeiter und moderne Maschinen verfügten. Außerdem müsse man daran denken, daß die Arbeiter an den Hochöfen und Drehbänken wieder das Problem der Kriegsgewinne auf den Tisch legen würden. Als Munitionsminister im letzten Kriege habe er gelernt, daß »man nichts ohne vernünftige Vereinbarungen mit den Gewerkschaften tun kann«. Die Arbeiter würden nicht bereit sein, mit der Regierung zusammenzuarbeiten, »solange sie glauben, daß es Leute gibt, die sich dabei bereichern wollen«. Es zeigt, wie unfähig die Regierung war und wie sehr sie Churchill mißtraute, daß weitere zwei Jahre vergingen, bevor sich das Ministerium mit Arbeiterführern in Verbindung setzte.[99]

Als Winston sich setzte, applaudierten wie üblich nur ganz wenige seiner Kollegen. Nach der letzten Abstimmung – im englischen Unterhaus wird häufig mit dem sogenannten Hammelsprung abgestimmt, bei dem die Abgeordneten zwei mit »ja« oder »nein« bezeichnete Ausgänge benutzen – eilten die Abgeordneten hinaus auf den Parlamentsplatz, um Zeitungen zu kaufen. Die Kioske hatten sich reichlich mit allen möglichen Presseerzeugnissen eingedeckt. Sie hatten in letzter Zeit festgestellt, daß die Parlamentsmitglieder jede Woche mehr Zeitungen kauften. Die Nachrichten waren sehr interessant und wurden immer interessanter, als die Schönwetterperiode anfing.

Am 5. Mai erreichten die erschöpften Legionen des Duce endlich die äthiopische Hauptstadt Addis Abeba. Zwei Monate später fügte sich der Völkerbund dem Unvermeidlichen und hob alle Sanktionen gegen Italien auf. Nun, am 18. Juli, verlas Generalissimo Francisco Franco, der *Caudillo* und ehemalige Chef des spanischen Generalstabs, von seinem Hauptquartier auf den Kanarischen Inseln aus ein Manifest, mit dem er den Beginn einer faschistischen Revolte gegen die republikanische Regierung seines Landes verkündete.

Es ist schwer, sich heute noch die starken Leidenschaften vorzustellen, die in ganz Europa und in einem großen Teil der Bevölkerung der Vereinigten Staaten durch den mit großer Erbitterung geführten, blutigen, drei Jahre dauernden Spanischen Bürgerkrieg ausgelöst wurden. Es war unter anderem auch ein religiöser Krieg. Die Loyalisten, wie man die Verteidiger der Republik nannte, waren nicht nur kirchenfeindlich; sie folterten sogar Priester, vergewaltigten Nonnen und ermordeten viele Unschuldige. Aber die katholischen Putschisten begingen ebenso schreckliche Verbrechen. Die Republik war die legitime Regierungsform Spaniens, doch ihre Politiker hatten sich als unfähig erwiesen, ein Land zu regieren, das von sozialen und wirtschaftlichen Nöten heimgesucht wurde.

Die Labour Party war ihrer pazifistischen Haltung treu geblieben, doch auf dem ersten nach dem Putsch abgehaltenen jährlichen Parteitag waren die Delegierten im Oktober in Edinburgh hinsichtlich der Frage, ob sich England im spanischen Konflikt neutral verhalten sollte, geteilter Meinung. Cripps vertrat in einem offenen Brief an die Glasgower Zeitung *Forward* die bekannte Auffassung seiner Partei und verlangte, daß »jede mögliche Anstrengung unternommen werden sollte, eine Rekrutierung für die Streitkräfte zu verhindern...« Am ersten Konferenztag legte Arthur Greenwood einen Entschließungsantrag vor, mit dem er aufforderte, sich für die Nichteinmischung in Spanien zu entscheiden. Der Antrag wurde mit 1836000 gegen 510000 Stimmen angenommen – ein Stimmenverhältnis von 3,6 zu 1.[100]

Aber in der Partei hatte ein durch schwere Besorgnisse verursachter Stimmungsumschwung begonnen, denn man erkannte immer deutlicher, daß der Pazifismus unglaubwürdig geworden war – und daß die einzig wirksame Antwort auf die faschistischen und nationalsozialistischen Aggressionen darin bestand, mit Waffengewalt gegen sie vorzugehen. Die überzeugtesten Pazifisten, für die George Orwell zwei Jahre später in seinem Buch *Mein Katalonien* sprechen sollte, stellten zunehmend die Motive Moskaus bei der Unterstützung der Republik in Frage. Am 7. Oktober 1936, zwei Tage nach dem auf Antrag von Greenwood herbeigeführten Parteibeschluß, wurde die spanische Frage noch einmal leidenschaftlich diskutiert. Dolores Ibarruri, die von den spanischen Loyalisten als *La Pasionaria* gefeiert wurde, hielt eine Rede vor den versammelten Delegierten. In makellosem Englisch – sie war die Tochter einer Schottin – sprach sie bewegend von den Greueltaten der Franco-Anhänger, dem Heroismus der Republikaner und der Hoffnung auf ein neues, sozialistisches Spanien. Sie schloß mit den Worten: »Wir wissen, daß wir Ihnen über die Entfernung die Hand reichen. Aber wenn Sie wollen, daß dieser grausame Krieg bald beendet wird, dann kommen Sie und helfen Sie uns. Denken Sie daran, welches kostbare Gut in diesem Krieg geopfert wird – denken Sie an das Leben unserer jungen Männer. Zögern Sie nicht länger. Jetzt kennen Sie die Wahrheit. Jetzt wissen Sie, in welcher Lage wir uns befinden. Kommen Sie und helfen Sie uns. Kommen Sie uns zu Hilfe...«[101]

Es war, wie sich Hugh Dalton erinnert, »ein großartiger Auftritt, der die ganze Versammlung mitriß. Wir alle standen auf und sangen ›The Red Flag‹.« Anschließend forderte Dalton die Anwesenden auf zu beschließen, daß Großbritannien als Mitglied des Völkerbundes seiner Verantwortung gerecht werden und möglichst schnell aufrüsten müsse, um es dem spanischen Volk zu ermöglichen, »seine Rechte und Freiheiten zu bewahren, die demokratischen Institutionen am Leben zu erhalten und die Einhaltung des Völkerrechts durchzusetzen«. Attlee warnte die Konferenz und erklärte, wenn dieser Antrag angenommen würde, werde sich das Risiko eines allgemeinen europäischen Krieges vergrößern, und Cripps versuchte, die Abstimmung über den Antrag auf einen späteren Zeitpunkt vertagen zu lassen, aber die Erregung der Delegierten war zu groß. Der Antrag wurde mit 1738000 gegen 657000 Stimmen angenommen. Das war ein Stimmenverhältnis von 2,6 zu 1. Die Fraktion der Labour Party im Unterhaus billigte den Entschluß zwar nicht, aber Churchills Kreuzzug für ein stärkeres Großbritannien wurde von nun an nicht mehr als ein so ungewöhnliches Unternehmen angesehen.[102]

Nachdem sie aus ihren pazifistischen Träumen erwacht waren, sahen die Anhänger der Labour Party und die Intellektuellen den Kampf der Republikaner in Spanien in einem romantischen Licht. Ein junger kommunistischer Student wurde zum Symbol des Umschwungs von der Passivität des Pazifismus zur aggressiven Stimmung der jungen Männer, die bereit waren, ihr Leben für den Kampf gegen den Faschismus zu opfern. John Cornford, der an der Konferenz in Edinburgh teilgenommen hatte, rief seine Kommilitonen in Cambridge auf, sich zum freiwilligen Dienst in der republikanischen Armee zu melden, um am Kampf gegen die Truppen Francos teilzunehmen. Er stellte mit diesen Studenten die XI. und XIII. Internationale Brigade auf und ging auch selbst nach Spanien, wo er mit 145 anderen Engländern der ersten Kompanie im 12. Bataillon der XIV. Brigade angehörte. Am 7. Dezember 1936 wurde er 21 Jahre alt. An seinem Geburtstag oder einen Tag darauf fiel er. Seine Leiche konnte nicht geborgen werden.[103]

Harold Macmillan sagte, viele junge Männer – die durchaus nicht alle sozialistisch eingestellt waren – hätten sich den Internationalen Brigaden zur Verfügung gestellt, »um die spanische Regierung zu unterstützen, sie haben heldenhaft für ihre Überzeugung gekämpft«. Als Hitler die Interbrigadisten als »Juden und Kommunisten« bezeichnete, meinte ein deutscher Stabsoffizier, der als Berater zum Stab von Franco abkommandiert war: »Es mögen Juden und Kommunisten sein, aber sie kämpfen wie Deutsche und sind besser als die Italiener.« A. J. P. Taylor schreibt, Spanien »hat der Generation der 30er Jahre die emotionalen Erfahrungen vermittelt, die ihr ganzes Leben bestimmt haben«.[104]

Die jungen Idealisten teilten jedoch nicht die Auffassungen der älteren Generation, besonders der Männer, die die politischen Entscheidungen in Großbritannien trafen. Hoare, der dieser älteren Generation angehörte, hoffte, »daß sich Faschisten und Bolschewiken gegenseitig umbringen werden«. Die Seelords der Admiralität standen ganz auf der Seite Francos. Harold Nicolson, der sich immer sehr zurückhaltend geäußert hat, betrachtete das republikanische Madrid als eine »Kerenskyregierung, die auf Gnade und Ungnade einem bewaffneten Proletariat ausgeliefert war«, wobei »Franco und seine Berber auch nicht viel besser sind«. Ohne abzuwarten, was Berlin oder Rom unternehmen würden, verkündete Eden im August ein Waffenembargo gegen Spanien – in der Hoffnung, daß »wir vielleicht mit diesem Beispiel unser Möglichstes tun... um Deutschland und Italien zu veranlassen, sich uns anzuschließen«.[105]

Deutschland und Italien taten das genaue Gegenteil. Mussolini schickte Franco mehr als 60000 Soldaten. Hitler wies Göring an, ein Programm einzuleiten, das Franco Panzer, Militärflugzeuge, Geschütze und deutsche Techniker zur Verfügung stellen sollte und das am Ende eine halbe Milliarde Reichsmark kosten würde. Eines der Motive Hitlers war es, die Iberische Halbinsel als Versuchsgelände zur Erprobung der neuen deutschen Waffen zu benutzen. Hier ließ Alfred Krupp bei der Belagerung von Madrid sechs Batterien seiner 8.8 cm-Geschütze testen, die im Zweiten Weltkrieg der gegnerischen Infanterie schwere Verluste beibringen sollten. Er war von ihrer Leistungsfähigkeit begeistert. Diese Geschütze waren zunächst als Fliegerabwehrwaffen entwickelt worden, eigneten sich aber auch zum Einsatz gegen Panzer und Infanterie. Krupp schickte auch Prototypen der neuen deutschen U-Boote nach Spanien, darunter auch den Unterseeboot-Kreuzer *Deutschland*. Die Italiener hielten sich ebenfalls nicht zurück.

Als einer oder mehrere U-Boot-Kommandanten auch britische und französische Handelsschiffe torpedierten, schrieben die Seelords diese Verluste Unterseeboten »unbekannter Herkunft« zu. Aber ihre Herkunft war niemandem unbekannt, und mit nichts konnte der Zorn der Engländer mehr gereizt werden als mit Angriffen gegen die britische Handelsflotte. Im Parlament wurden wütende Fragen gestellt. Aber Chamberlain erklärte im Namen seiner Regierung, man könne nichts unternehmen. Am 20. Juni sagte er: »Ich habe alle nur möglichen Gegenmaßnahmen überdacht, und es ist vollkommen klar, daß keine von ihnen eine Wirkung haben kann, wenn wir nicht bereit sind, gegen Franco Krieg zu führen, was vielleicht zu einem Krieg gegen Deutschland führen könnte und jedenfalls das völlige Scheitern der Politik der allgemeinen Beschwichtigung bedeuten würde.« Dennoch konnte Eden die Franzosen im Herbst 1937 dazu bewegen, gemeinsam mit britischen Schiffen die U-Boote der Achse mit Wasserbomben zu bekämpfen. Berlin und Rom reagierten mit halbherzigen Protesten, mehr konnten sie nicht tun, ohne ihre eigene Schuld einzugestehen. Bezeichnenderweise hat das entschlossene Vorgehen der Franzosen und Briten das Problem gelöst. Während die Achsenmächte nach Ausflüchten suchten, veranlaßten die Admiralitäten in London und Paris die Verlegung einer Flotte von 80 Zerstörern in spanische Gewässer zur Sicherung der Handelsschiffahrt. Über Nacht waren die U-Boote verschwunden. Eden erklärte vor dem Unterhaus, die »offene Piraterie« habe aufgehört.[106]

Hitlers denkwürdigster Beitrag zum Arsenal des Caudillo war die Legion Condor, ein Bombergeschwader, dessen Einsatz Pablo Picasso zu einem seiner berühmtesten Gemälde inspirierte. Die zivilisierte Welt war erschüttert, als sie erfuhr, daß am 27. April 1937 deutsche Heinkelmaschinen, bewaffnet mit fünf Zentner schweren Bomben und bemannt mit deutschen Piloten in spanischen Uniformen, einen massiven

Angriff gegen Guernica geflogen waren, bei dem 1654 Zivilisten, zum größten Teil Frauen und Kinder, getötet worden waren. Nun wollte man wissen, wer für diesen Terrorangriff verantwortlich war. Eden fragte Ribbentrop, ob Deutschland einer internationalen Untersuchung zustimmen werde. Hitler persönlich lehnte den Vorschlag als »völlig außerhalb der Grenzen der Möglichkeit« ab und gab den Russen die Schuld. Er erklärte, Guernica sei eine bolschewistische Greueltat, auch Mussolini, der inzwischen schon ganz im Schatten Hitlers stand, nannte den Angriff einen bolschewistischen Gewaltakt.[107]

Auf den Ausbruch der Kämpfe in Spanien reagierte Churchill zunächst mit einer Verurteilung der Republikaner, deren Verhalten er für noch verwerflicher hielt als das Francos. Später schrieb er: »Natürlich war ich kein Freund der Kommunisten. Wie hätte ich es auch sein können, da ich und meine Freunde als Spanier von ihnen ermordet worden wären?« Am 10. August 1936 schrieb er im *Evening Standard*, die sogenannte »konstitutionelle Republik« sei mit der Zeit »immer weiter nach links gerückt... und dabei dunklen, gewalttätigen Kräften in die Hände gefallen, die immer deutlicher in den Vordergrund rücken und mit Mord, Plünderungen und industrieller Sabotage ans Werk gehen«. Er räumte ein, daß von beiden Seiten Greueltaten verübt wurden, schilderte aber mit besonders düsteren Worten die »nächtlichen Gemetzel« der Republikaner. Als er auf einem Empfang mit dem republikanischen Botschafter zuammentraf, weigerte er sich, die ausgestreckte Hand des Diplomaten zu ergreifen, und murmelte für alle Umstehenden deutlich hörbar: »Blut, Blut, Blut.«[108]

Dennoch gehörte er zu den wenigen, die begriffen hatten, welche Rolle Hitler in Spanien spielte, und er war besonders besorgt, daß Mussolini jetzt endgültig in das Lager der Nationalsozialisten getrieben werden könnte. Nach seiner Ansicht war ein britisches Eingreifen in die Kämpfe auf der Iberischen Halbinsel sinnlos. Abgesehen davon, daß eine solche Politik zu einer weiteren Entfremdung Italiens führen würde, hatten Großbritannien und das Empire in Spanien nichts zu gewinnen. Winston war sogar der Auffassung, daß ein Eingreifen Englands und Frankreichs zugunsten Francos oder der Republikaner angesichts der militärischen Schwäche der Alliierten, besonders in der Luft, Wahnsinn gewesen wäre. Er erklärte, auf die »spanischen Erschütterungen« könne es nur eine Reaktion geben: »Caritative Hilfe durch das Rote Kreuz für beide Seiten, und im übrigen – haltet euch heraus und rüstet auf.« Im August sagte er zum gleichen Thema: »Es ist von größter Bedeutung, daß Frankreich und Großbritannien sich darin einig sind, selbst die strikteste Neutralität zu bewahren und sich darum zu bemühen, daß es auch andere tun. Dieses spanische Chaos geht keinen von uns etwas an.« Er erinnerte seine Zuhörer daran, was der Herzog von Wellington einmal gesagt hatte: »Es gibt kein Land in Europa, in dem... Ausländer mit so geringen Aussichten auf Erfolg eingreifen können wie in Spanien.« Er war überzeugt, ein siegreicher Franco werde undankbar sein, und wie Hitler später erfuhr, hatte Winston recht.[109]

Wer Churchill für einen prinzipientreuen Mann gehalten hatte, war verblüfft – aber zu Unrecht. Er hatte stets Flagge gezeigt, aber seine Flagge nicht immer am gleichen Mast gehißt. Seine einzige Sorge war jetzt die Sicherheit seines Landes. William James hat einmal geschrieben, daß sich das Genie vom gewöhnlichen Menschen nicht durch besondere Geistesgaben unterscheidet, sondern durch die Ziele und Zwecke, auf die es sich konzentriert, und durch das Ausmaß der Konzentration, die es erreichen kann. Napoleon, selbst ein großer Mann, nannte es die geistige Kraft, sich lange Zeit auf einen Gegenstand konzentrieren zu können, ohne zu ermüden. Churchill besaß diese Kraft. Sein Blick konzentrierte sich auf Hitler und nichts anderes. Als die Japaner in die Mandschurei eingefallen waren, hatte er Zweifel daran geäußert, daß der Völkerbund »gut beraten wäre, mit Japan in Streit zu geraten... Ich hoffe, wir in England werden versuchen, die Haltung Japans ein wenig zu verstehen. Japan ist ein altes Land mit einem starken Gefühl für die nationale Ehre und den Patriotismus. Es ist dicht bevölkert, und die Japaner verfügen über eine bemerkenswerte Energie.« Man muß bezweifeln, ob er soviel Verständnis gezeigt hätte, wenn japanische Bajonette damals die Malaiische Halbinsel, Australien oder Indien bedroht hätten.[110]

Er schmähte Hitler, vermied es aber, sich eindeutig über Mussolini und den Caudillo zu äußern. In Cannes sagte er Vincent Sheean, für ihn bestehe ein Zusammenhang zwischen den Ereignissen in Äthiopien, im Rheinland und in Spanien. Sie beträfen »die ganze Struktur Europas mit Möglichkeiten für eine Machtverschiebung, die für England eine tödliche Gefahr bedeuten kann«. Es fiel Sheean auf, daß Churchills »Patriotismus alle anderen Gefühle verdrängte«, daß seine »Erkenntnis einer Gefahr für England alles andere zur Seite schob, was ihn zunächst zur Nachsicht gegenüber faschistischen Grundsätzen veranlaßt hatte, und er war schließlich bereit, wenn notwendig mit der extremen Linken zusammenzuarbeiten, um den gefährlichsten Feind zu besiegen. Diese Entwicklung habe ich schon damals gesehen.« Als Sheean sich von Churchill verabschiedete, stand Franco kurz vor seinem Triumph, und Sheean bemerkte, daß Winston »in trauriger und ernster Stimmung erkannte, welche Bedeutung dieser Sieg für Hitler und Mussolini hatte, und betrachtete den Untergang der Republik als einen schweren Schlag für England«.[111]

Harold Macmillan erinnert sich: »Churchill sprach sehr energisch mit mir über diesen Aspekt der spanischen Frage. Er selbst nahm eine neutrale Haltung ein, denn sein Blick war auf den wirklichen Feind gerichtet.« Wie er die Dinge sah, war Italien nicht Englands wirklicher Feind. In seinen Memoiren schrieb er später, Großbritannien sei »berechtigt gewesen, sich der Politik Italiens im Rahmen des Völkerbunds soweit entgegenzustellen, wie es auch Frankreich zu tun bereit war«, aber er wußte, daß von den Franzosen in dieser Richtung nicht sehr viel zu erwarten war. Damals sagte er: »Wir sind nicht stark genug, um als Gesetzgeber und Sprecher für die ganze Welt aufzutreten.« In dieser Aussage lag eine gewisse Bitterkeit, denn in seiner Jugend – bevor die britische Weltmachtstellung durch den Krieg von 1914 bis 1918 zerstört worden war – war Großbritannien beides gewesen.[112]

Als Francos Nationalisten die Oberhand gewannen, ermahnte er das Unterhaus, es nicht zum gleichen Fiasko kommen zu lassen wie in Äthiopien: »Es hat keinen Sinn, andere Nationen den Gartenweg hinaufzuführen und fortzulaufen, sobald der Hund zu knurren beginnt.« Wie Sheean berichtet hatte, wandte sich Churchill von den Nationalisten ab, sobald sich das Schlachtenglück zu ihren Gunsten wendete. Am 30. Dezember 1938 schrieb er im *Daily Telegraph*: »Der Sieg der spanischen Regierung wäre für das Britische Empire ein sehr viel geringeres Risiko als der Sieg des Generals Franco.« Wenige Monate später sagte er den Lesern des *Telegraph*: »Der rechte Flügel der britischen Konservativen, der ihn (Franco) so leidenschaftlich unterstützt hat, muß jetzt von vielen Zweifeln geplagt sein.« Vor dem Unterhaus erklärte er, da die Bedrohung durch die Deutschen jetzt die absolute Priorität habe, müsse Großbritannien es vermeiden, in Spanien Partei zu ergreifen, obwohl »ich nicht so tun will, als würde ich mich, wenn ich zwischen dem Kommunismus und dem Nationalsozialismus wählen müßte, für den Kommunismus entscheiden«. Er fügte hinzu: »Ich hoffe, ich werde nicht in einer Welt leben müssen, die von einer dieser beiden Ideologien beherrscht wird. Ich empfinde grenzenloses Mitleid und Sympathie für ihre Opfer.«[113]

So zurückhaltend diese Aussage auch war, für den Mann, der nach dem Waffenstillstand an führender Stelle versucht hatte, den Bolschewismus im Keim zu ersticken, war sie Ausdruck eines bemerkenswerten Sinneswandels. Aber er hatte im Lauf seines Lebens schon andere erstaunliche Kehrtwendungen vollzogen: Im ersten Jahrzehnt des Jahrhunderts hatte er als junger Abgeordneter dagegen gekämpft, den Armen Arbeitslosenunterstützung, den alten Menschen Pensionen und Renten und den Kranken die Vorteile einer Krankenversicherung zu gewähren; Anfang der 20er Jahre hatte er sich gemeinsam mit Michael

Collins von der IRA darum bemüht, einen irischen Freistaat zu errichten; und nach dem Generalstreik von 1926 hatte er die Führung im Kampf für die Rechte der unterbezahlten, in menschenunwürdigen Quartieren untergebrachten und unterernährten britischen Bergarbeiter übernommen. Wenn törichtes Festhalten an vorgefaßten Meinungen die charakteristische Haltung kleiner Geister ist, dann kann man Winston diesen Vorwurf nicht machen.

Auf Drängen von Vansittart und Leeper begann Churchill 1936 einen intensiven Propagandafeldzug, um Großbritannien durch öffentliche Vorträge und Zeitungsartikel – der erste erschien am 3. April im *Evening Standard* – auf die drohende Katastrophe aufmerksam zu machen. Seine Warnungen, die in den meisten angesehenen Zeitungen in 14 Ländern abgedruckt wurden, besagten, daß ohne eine konzertierte Aktion der unter dem Schatten des Hakenkreuzes liegenden Nationen »die von uns geschaffene Zivilisation« durch einen neuen Krieg »in Schutt und Asche« gelegt werden würde. Die Völker Europas in all ihrer »geschwätzigen Geschäftigkeit und ihrem Arbeitseifer, die sich Tag für Tag durch die Schlagzeilen und Abend für Abend durch die neuesten Filme amüsieren lassen«, ließen sich »in ein Zeitalter zurückgleiten, in dem ›die Erde noch wüst und leer war und die Finsternis über dem Wasser schwebte‹«. Deshalb lohne es sich, äußerste Anstrengungen zu unternehmen – alle Hindernisse zu beseitigen, sich mit offenen Augen den fundamentalen Tatsachen zu stellen und in edler Gesinnung die Risiken auf sich zu nehmen, die untrennbar mit jedem heroischen Bemühen verbunden sind –, um dem verhängnisvollen Lauf der Ereignisse Einhalt zu gebieten und die Katastrophe schon in ihren ersten Anfängen abzuwenden. »Haltet sie auf! Haltet sie auf! JETZT ist die Zeit gekommen.«

Doch der von Hitler in Gang gesetzte Fluß der Ereignisse entwickelte eine eigene Dynamik. Sein Triumph im Rheinland hatte das Ansehen des Dritten Reichs in ganz Europa gefördert, aber England und Frankreich eine tiefe Wunde beigebracht, die für diese Länder um so schmerzlicher war, weil ihr eigenes Versagen dazu geführt hatte. Der für Großbritannien entstandene Schaden war besonders schwer zu ertragen; 1914 hatten die Franzosen gekämpft, weil sie angesichts eines deutschen Vorstoßes auf das eigene Territorium keine andere Wahl hatten, aber die Briten, die sich aus dem Konflikt hätten heraushalten können – worum die Deutschen sie baten –, hatten zur Verteidigung der belgischen Neutralität zu den Waffen gegriffen. Andere kleine Länder hatten geglaubt, auch sie könnten sich auf den Gerechtigkeitssinn und die militärische Stärke des größten Weltreichs der Geschichte verlassen. Nun da England die weiße Fahne gehißt hatte, wurden die nationalsozialistischen Parteien in Österreich, im tschechischen Sudetenland, im westlichen Polen und in der freien Stadt Danzig immer stärker. In Bulgarien, Rumänien und Ungarn kam es zur Gründung neuer rechtsextremer Parteien, und im Mai wurde in Estland eine faschistische Verschwörung aufgedeckt. Am 11. Juli schrieb Churchill einen ziemlich verzweifelten Brief an Sir Hugh Tudor, mit dem er Schulter an Schulter gekämpft hatte, als Ludendorff am 21. März 1918 seine drei großen Offensiven begann: »Auf dem Kontinent verschlimmert sich die Lage zusehends. Natürlich wird hier schwer gearbeitet, aber mit allem sind wir zwei Jahre im Rückstand.«[114]

Churchill hatte indessen von Morton, Anderson und dem Auswärtigen Amt eine beeindruckende Menge von Informationen über die Kriegsvorbereitungen erhalten. Er konnte sie in einer öffentlichen Sitzung des Unterhauses jedoch nicht preisgeben, ohne die nationale Sicherheit zu gefährden, und Baldwin weigerte sich, eine geheime Sitzung einzuberufen. Schließlich erklärte sich der Premierminister bereit, eine Delegation von Vertretern beider Häuser des Parlaments zu empfangen, die am 28. und 29. Juli zusammentrat. Bei dieser Gelegenheit legte Churchill eine beeindruckende Zahl von Tatsachen über die Stärke der deutschen Luftstreitkräfte vor und berief sich dabei auf französische Quellen, um seine Informanten zu schützen. Dann sprach er unter anderem über Themen wie »Nachtflüge im militärischen Einsatz während eines Krieges«, die Notwendigkeit, eine größere Zahl von Universitätsabsolventen als Piloten anzuwerben und als Navigationsoffiziere auszubilden, über die Tatsache, daß die Industrie nicht die vorgesehene Zahl von Militärflugzeugen produzieren könne, über den Mangel an Ersatzteilen und über die Verwundbarkeit der für die Versorgung Englands wichtigsten Häfen in London, Bristol, Liverpool und Southampton. Unter anderem erklärte er, es sei notwendig, einen »alternativen Regierungssitz« einzurichten, falls London bombardiert würde, und schlug vor, unterirdische Vorratstanks für die Kraftstoffreserven zu bauen, die vor feindlichen Luftangriffen geschützt werden müßten. Schließlich sprach er über die Einrichtung von Radarstationen, über die Umstellung der Industrie auf die Rüstungsproduktion und den Mangel an Maschinengewehren, Bomben, Suchscheinwerfern, Granatwerfermunition und Artilleriegranaten. Er empfahl zwar noch nicht, daß sich die ganze britische Industrie auf die Kriegswirtschaft umstellte, meinte jedoch, »wir sollten nicht zögern, die Umstellung eines gewissen Prozentsatzes – 25 Prozent, 30 Prozent... zu verlangen und die Industrie und uns selbst zu diesem Opfer zu zwingen«. Er sagte: »Die Monate vergehen allzu schnell. Wenn wir mit der Wiederherstellung unserer Verteidigungsfähigkeit zu lange zögern, dann wird es uns die Luftüberlegenheit des Gegners unter Umständen verbieten, diese Umstellung endgültig zu vollziehen... Ich behaupte, wir befinden uns schon jetzt in einer Notlage. Wir sind so gefährdet, wie wir es bisher noch niemals gewesen sind.«[115]

Nach der Rede Churchills schrieb Tom Jones in sein Tagebuch: »Im Vergleich damit waren alle folgenden Reden enttäuschend.« Darin irrte er sich. Die denkwürdigste Rede hielt Stanley Baldwin. Der Premierminister sagte, er könne nicht »im einzelnen auf die vielen angesprochenen Punkte eingehen«. Er und Neville hätten darüber gesprochen, welche Auswirkungen es haben werde, wenn alle nur denkbaren Anstrengungen unternommen würden, das Land auf den schlimmsten Fall vorzubereiten, und seien zu dem Schluß gekommen, daß die negativen »Auswirkungen auf den Handel« ein zu hoher Preis dafür seien. Jede Behinderung der Friedensproduktion »könnte den normalen Handel des Landes um viele Jahre zurückwerfen« und der Wirtschaft der Nation »zu einer Zeit, in der wir unter Umständen unsere ganze Kreditwürdigkeit brauchen werden« schweren Schaden zufügen.[116]

Winston konnte sich nicht vorstellen, was die britische Kreditwürdigkeit bewirken könnte, wenn Hitler sein Hauptquartier im Buckingham Palast einrichtete, der Reichstag im Unterhaus zusammenträte und im öffentlichen Leben stehende Engländer in Konzentrationslager eingesperrt würden. Baldwin versicherte ihm, dazu werde es niemals kommen. Die Londoner Geschäftswelt war überzeugt, Baldwin sei ein praktischer, vernünftiger Mann. Nun erklärte er, Churchills Zahlen seien »übertrieben« – ohne daran zu denken, daß sie größtenteils in den wöchentlichen Berichten enthalten waren, die er selbst abgezeichnet und wahrscheinlich ungelesen weitergegeben hatte –, er hege Zweifel an der von Churchill geschilderten Gefahr. Dann wiederholte er das alte Lied, das von Hitler regierte Reich sei ein Schutzschild gegen das bolschewistische Schreckgespenst. Er behauptete, die Deutschen hätten nicht die Absicht, gegen Westeuropa vorzugehen, weil »der Westen sie vor zu schwierige Probleme stellen würde«. Hitler wolle »nach Osten vorstoßen, und wenn er das tun sollte, wird es mir nicht das Herz brechen«. Jedenfalls sei er nicht bereit, England »für den Völkerbund oder für irgend jemanden sonst« in einen Krieg zu führen. Wenn ein Krieg ausbreche, »dann wäre es mir am liebsten, wenn die Bolschewiken und die Nazis die Sache unter sich ausmachen«. Für Churchill war das eine Umkehrung der wirklichen Lage, denn er war überzeugt, daß Deutschland und nicht Rußland den Frieden bedrohe. Er fürchtete, die konservative Basis, der die Kommunistenhetze Francos so gut gefiel, werde sich den Bewunderern Hitlers anschließen. Nach der Sitzung schrieb er an den französischen Botschafter Corbin, eine seiner »größten Schwierigkeiten« sei »das deutsche Gerede davon, daß die antikommunistischen Länder zusammenhalten sollten«. Wenn der Sozialist Léon Blum als neuer französischer Premier die spanischen Republikaner unterstützte, dann »würden die herrschenden Kräfte hier Gefallen an Deutschland und Italien finden und Frankreich entfremdet werden... Es gefällt mir nicht zu hören, wie die Menschen davon reden, daß England, Deutschland und Italien eine gemeinsame Front gegen den europäischen Kommunismus bilden sollten. Das ist zu einfach, um gut zu sein.«[117]

Napoleon hat einmal gesagt, für jeden Befehlshaber sei es eine unverzeihliche Sünde, sich »ein Bild zu machen« – anzunehmen, daß der Feind sich in einer bestimmten Lage in einer gewissen Weise verhalten werde, wenngleich er in Wirklichkeit auch ganz anders reagieren könnte. Die erste Reaktion der Alliierten auf das Naziregime war dadurch geprägt, daß alle anständigen Menschen das sinnlose Blutvergießen in einem modernen Krieg verabscheuten. Aber Abscheu ist ein unsicheres Fundament für eine vernünftige Außenpolitik. Als Hitlers Angriffslust immer deutlicher wurde, versicherten Baldwin, Chamberlain, die anderen Beschwichtigungspolitiker in England und in Frankreich einander, er werde gegen die Russen kämpfen und sie in Frieden lassen. Aber dieses Wunschdenken konnte an der tatsächlichen Lage nichts ändern. Baldwin selbst hatte Hitler als einen »Wahnsinnigen« bezeichnet, bei dem »man sich auf nichts verlassen kann«, und hinzugefügt, daß »keiner von uns weiß, was im Kopf dieses eigenartigen Mannes vorgeht«. Deshalb bat er im Herbst 1936 seine drei zuverlässigsten Gefolgsleute zu sich – Samuel Hoare (jetzt Erster Lord der Admiralität), Lord Halifax (Lordsiegelbewahrer) und Neville Chamberlain (Schatzkanzler) –, um die britische Außenpolitik auf ein, wie sie glaubten, festeres Fundament zu stellen.[118]

Aber dieses Fundament erwies sich als Treibsand. Ihr neues Schlüsselwort hieß *Diplomatie* – Verhandlungen als vernünftige Alternative zum Krieg. Der Öffentlichkeit sagten sie, die Ehre Großbritanniens werde dabei gewahrt – der Verhandlungstisch und nicht das Schlachtfeld sei der Ort, an dem die Differenzen zwischen England und Deutschland beigelegt werden sollten. Sie seien überzeugt, daß Hitler seinen Preis verlangen werde. Einige von ihnen glaubten das sogar noch, als all ihre Berechnungen – und weite Teile Londons – in Trümmern lagen. Als Männer, die sich dem Frieden verpflichtet fühlten, konnten sie nicht verstehen, daß der Führer des nationalsozialistischen Deutschland Verhandlungen verachtete, sich am Blutvergießen freute

– und zwar auch am Vergießen deutschen Blutes – und deshalb dem Angriffskrieg den Vorzug gab. Churchill verstand Hitler, weil sich im tiefsten Inneren seiner eigenen komplexen Persönlichkeit ebenfalls aggressive Neigungen verbargen. Er arbeitete unermüdlich daran, den Ausbruch von Feindseligkeiten zu vermeiden, aber wenn Hitler entschlossen war zu kämpfen, dann würde Winston nicht davor zurückschrecken, das englische Schwert aus der Scheide zu ziehen. Und nachdem alle anderen Möglichkeiten erschöpft waren, würde er auch Freude daran haben, es zu gebrauchen.

Leider war es 1936 eine stumpfe, rostige Waffe, und der Griff, an dem er es hätte fassen können, lag außerhalb seiner Reichweite. Diejenigen, die das Schwert hätten ergreifen können, verachteten es. Und am 7. November nach der Eröffnung der neuen Sitzungsperiode des Parlaments durch König Eduard VIII. haben sie es fast auf den Abfallhaufen geworfen. Obwohl der erschöpfte Premierminister auf Anordnung seines Arztes in Chequers das Haus hüten mußte – nur wenige wußten, daß das Verlangen des Königs nach einer indiskutablen Heirat die Ursache dieser Krankheit war –, bestimmte sein Kabinett, das in der Downing Street zu einer Sitzung zusammengekommen war, jenen Kurs, der nach weniger als zwei Jahren zum Münchener Abkommen führen sollte.

Inskip sprach als erster. Der fromme Anglikaner hatte kein Gebet für den Völkerbund. Er sagte, die kollektive Sicherheit sei tot; nach Äthiopien und dem Rheinland sei das Vertrauen dazu einfach »geschwunden«. Er schlug vor, statt dessen »die wirtschaftlichen Verhältnisse in Deutschland mit Hilfe der Beschwichtigungspolitik« zu verbessern. Das war die neue Außenpolitik, die sogar von Regierungsmitgliedern kritisiert wurde. Außenminister Eden und Kriegsminister Duff Cooper widersprachen. Sie erklärten, die Regierung sollte der Vorbereitung einer glaubwürdigen Reaktion auf die Aggressivität der Nationalsozialisten innerhalb eines Jahres die absolute Priorität einräumen. Hoare protestierte mit der Begründung, das werde »ungeheure Umwälzungen« auslösen und England auf die Dauer schwächen. Der Kolonialminister William Ormsby-Gore meinte, Großbritanniens enge Bindungen an Frankreich würden »von einem großen Teil der englischen Bevölkerung mißbilligt«.

Nun wartete alles gespannt auf Chamberlains Entscheidung. Er würde nach wenigen Monaten in die Downing Street Nr. 10 einziehen, deshalb war seine Stimme ausschlaggebend. Nach einer langen Pause begann er in einem festen und vernünftig klingenden Ton zu sprechen. Er sehe keine Alternative zu einer Intensivierung der Beschwichtigungspolitik; es sei schwer, etwas gegen die Politik der »nationalen Si-

Der neue König Eduard VIII. am 11. November 1936 vor dem Ehrenmal für die britischen Gefallenen des Ersten Weltkriegs.

cherheit« einzuwenden, aber als Schatzkanzler mache er sich Sorgen darum, »daß die Verteidigungskosten in schwindelerregender Weise ansteigen« könnten. Das letzte Weißbuch habe zur Bereitstellung von 400 Millionen Pfund geführt. Sollten die Ausgaben weiter im gleichen Maß steigen, dann würden Gerüchte über einen nicht ausgeglichenen Haushalt entstehen. Wenn das geschähe – und sein Ton ließ keinen Zweifel daran, daß er diese Möglichkeit als im höchsten Maße besorgniserregend ansah –, würde man unter Umständen feststellen müssen, daß die Kreditwürdigkeit Großbritanniens im Ausland »nicht mehr so sicher ist wie noch vor wenigen Jahren«.[119]

Am leidenschaftlichsten wurde der Schatzkanzler bei dieser Debatte von Gesundheitsminister Kingsley Wood unterstützt. Woods Stärke, und darin ließ er sich von niemandem übertreffen, war das Ordnen von Akten, das Einrichten von Terminkalendern und die besondere Begabung, interministerielle Denkschriften rechtzeitig an alle zuständigen Stellen zu leiten. Nach vier Dienstjahren als Chamberlains parlamentarischer Privatsekretär war er im Post-, Telegrafen- und Telefondienst tätig gewesen und in leitende Positionen aufgestiegen. Baldwin, beeindruckt von der Pünktlichkeit, mit der seine Post befördert wurde, erkundigte sich nach Kingsley Wood, und man sagte ihm, Wood sei ein »brauchbarer Mann«. Wenig später ernannte ihn Chamberlain zum Staatssekretär im Luftfahrtministerium, wo er die Verantwortung für die RAF übernehmen mußte. Die *Times* begrüßte diese Ernennung begeistert, denn sie hoffte, er werde »die Zahl der Flugzeuge mit der gleichen Intelligenz und Geschicklichkeit erhöhen wie die Zahl der Telefonanschlüsse«. Duff Cooper schrieb über ihn: »Er ist von der Idee besessen, wir müßten freundschaftliche Beziehungen zu Deutschland unterhalten, und lehnt eine zu enge Bindung an Frankreich entschieden ab.«[120]

Das Kabinett billigte die Haltung Chamberlains, und damit wurde die von ihm entwickelte politische Linie angenommen. Um die Finanzkraft Großbritanniens zu erhalten, sollte mit Hitler eine Vereinbarung getroffen werden. Aber nicht alle Kabinettsmitglieder waren mit diesem Programm einverstanden. Eden, Duff Cooper und der Transportminister Leslie Hore-Belisha, die alle am Ersten Weltkrieg in den Schützengräben teilgenommen hatten, lehnten die Vorschläge des Schatzkanzlers ab, und damit waren ihre Tage im Kabinett gezählt, denn Chamberlain hatte nur wenig Geduld mit Männern, die an seinen klaren Anweisungen etwas auszusetzen hatten. Schon jetzt sagte man von jenen, die sich um seine Fahne scharten, sie glichen »Nullen in der Arithmetik, die zwar eine Stelle einnehmen, aber keinen eigenen Wert haben«.

Churchill, den seine Informanten im Auswärtigen Amt über die Entwicklungen in der Downing Street Nr. 10 auf dem laufenden gehalten hatten, überraschte diese Entwicklung nicht. Sein Nachrichtennetz hatte ihm neue Beweise dafür geliefert, daß die vom Parlament zur Verfügung gestellten Gelder, deren Verwendung Chamberlain nicht glaubte verantworten zu können, bei weitem nicht ausreichten, falls Hitler einen neuen Krieg entfesseln sollte. Neben den Luftstreitkräften, die für Großbritannien eine Lebensnotwendigkeit waren, interessierten Winston in erster Linie die Panzerverbände. Der Panzer war im Ersten Weltkrieg auf seine Initiative entwickelt worden, um den deutschen Stacheldraht in den flandrischen Stellungen zu überrollen und es der britischen Infanterie zu ermöglichen, im Angriff das Niemandsland zu überwinden. Er hatte den Einsatz dieser neuen Waffe einem zögernden Kriegsministerium aufgezwungen und in den letzten Schlachten des Krieges ihren triumphalen Erfolg erlebt. Obwohl er noch nicht ahnen konnte, welche Rolle sie im nächsten Konflikt spielen würden, wußte er, daß die alliierten Panzer mindestens ebenso leistungsfähig sein mußten wie die deutschen. Am Abend des 27. Oktober kam der Kommandeur der einzigen englischen Panzerbrigade, Brigadier P. C. S. Hobart, in Zivil zu Churchill in dessen Wohnung in den Morpeth Mansions und legte ihm einen genauen Bericht über den Zustand der britischen Panzerwaffe vor. Die mittelschweren englischen Panzer, 1918 die besten der Welt, waren jetzt hoffnungslos veraltet, und die gepanzerten Fahrzeuge der Deutschen, Russen, Italiener und sogar der isolationistischen Amerikaner waren ihnen qualitativ und quantitativ weit überlegen.

Auch die britischen Luftstreitkräfte hatten noch nicht die notwendige Stärke erreicht. Wing Commander Anderson, der damit das bisher größte Risiko auf sich nahm, schickte Churchill eine schematische Darstellung vom 6. Oktober mit dem Stempel »nur für den Dienstgebrauch«, aus der alle Standorte und Stärken der einsatzfähigen Ausbildungs- und Verwaltungseinheiten der RAF einschließlich der Kommandostruktur ersichtlich waren. Der beunruhigendste Bericht kam von Squadron Leader H. V. Rowley, der erst vor wenigen Tagen aus Deutschland zurückgekehrt war. Er schrieb: »Die Entwicklung der Luftstreitkräfte in Deutschland hat mich fast in einen Zustand der geistigen Verwirrung versetzt, aber einer Tatsache bin ich mir voll bewußt, und diese Tatsache ist, daß sie *jetzt* in der Luft stärker sind als England und Frankreich *zusammen.*«[121]

So gerüstet schlug Churchill zu. Das Kabinett hatte dem Vorschlag Chamberlains zugestimmt und damit Baldwins schwankende Beschwichtigungspolitik als die offizielle Außenpolitik der Regierung Seiner Majestät anerkannt. Nun legte Winston die von ihm ermittelten Tatsachen Austen Chamberlain und anderen Mitgliedern der Delegation vor, die Baldwin kürzlich empfangen hatte, um ihre Bedenken zu zerstreuen. Daraufhin forderten sie den Premierminister gemeinsam auf, eine zwei Tage dauernde Parlamentsdebatte über die Landesverteidigung anzusetzen. Da die meisten von ihnen ältere Staatsmänner waren und seiner Partei angehörten, hatte er keine andere Wahl und mußte ihrem Verlangen nachkommen. Endlich würde Churchill nun die Gelegenheit haben, mit ihm abzurechnen, und die Abgeordneten würden Zeugen dieses Auftritts und gewissermaßen die Geschworenen sein.

1897 hatte Winston als dreiundzwanzigjähriger Kavallerieoffizier in

Indien einen bemerkenswerten Aufsatz mit dem Titel »Das Gerüst der Rhetorik« geschrieben. Er hatte diesen Essay zwar nicht veröffentlicht, er wurde erst nach seinem Tod unter seinen Papieren gefunden. Er behandelt die Diktion, die Rhythmik, die Argumentation, die Verwendung von Analogien und – zustimmend – »die Neigung zu einer übermäßigen Extravaganz der Sprache«. Extravaganz bedeutet hier aber nicht Weitschweifigkeit. Er zog es vor, kurze Worte zu verwenden, denn »ihre Bedeutung entspricht mehr dem englischen Nationalcharakter, und sie sprechen mit größerer Kraft das einfache Begriffsvermögen an als Worte, die erst später aus dem Lateinischen und Griechischen übernommen worden sind«. Der Schlüssel zur Wirkung des Redners auf seine Zuhörer war, wie er glaubte, die Aufrichtigkeit: »Bevor er sie inspirieren und ihre Emotionen wecken kann, muß er selbst von Emotionen ergriffen sein... Bevor er sie zu Tränen rühren kann, müssen seine Tränen fließen. Um sie zu überzeugen, muß er selbst an seine Worte glauben.« Wenn der Redner sich an diese Grundsätze hält, dann wird ihm, wie der junge Winston geschrieben hatte, das köstlichste Geschenk zuteil: »Wer diese Kunst beherrscht, verfügt über eine Macht, die dauerhafter ist als die eines großen Königs. Er ist eine unabhängige Kraft in dieser Welt. Verlassen von seiner Partei, verraten von seinen Freunden, aus seinen Ämtern gejagt ist jeder, der über diese Macht verfügt, immer noch ein furchterregender Gegner.«

Nun, fast 40 Jahre später, hatte Churchill, aufgegeben von seiner Partei, verraten von seinen Freunden und aus seinen Ämtern entfernt, die Kunst der freien Rede erlernt und beherrschte sie, und in der RAF-Debatte von 1936 gelang es ihm, mit dem Gewicht, der Kraft und der Tiefe seiner Worte die Abgeordneten mitzureißen und Stanley Baldwin auf die Knie zu zwingen. Am 11. November, dem ersten Tag der Debatte, war Inskip das unglückliche Opfer Winstons. Unter seinen erbarmungslosen Fragen räumte der Verteidigungsminister ein, daß England nur 960 Militärflugzeuge gegen die 1500 einsatzfähigen Maschinen der Luftwaffe aufzubieten hatte. Dann fragte ihn Churchill, wann die Regierung eine Entscheidung über den Vorschlag, ein Versorgungsministerium einzurichten, zu treffen gedenke. Darauf fing Inskip an zu stottern, sich zu widersprechen und der Frage mit dem unbestimmten Versprechen auszuweichen, die Angelegenheit »in den nächsten Wochen zu prüfen«. An dieser Stelle schaltete sich Hoare ein: »All das, mein ehrenwerter Freund, bedeutet offensichtlich – und ich wiederhole es –, daß wir diese Frage ständig prüfen.« Darauf Churchill: »Sie können sich nicht entschließen.« Hoare meinte, es sei sehr leicht, solche Zwischenrufe zu machen. Churchill wisse ebensogut wie jedes andere Mitglied des Hohen Hauses... »daß die Situation flüssig ist«.[122]

In einem längeren Wortwechsel verwendete Hoare wiederholt das Wort »flüssig«. Churchill hatte das Protokoll dieser Sitzung mit seinen eigenen Aufzeichnungen in der Hand, als er am folgenden Nachmittag aufstand, um zu sprechen. Sein Verständnis für historische Zusammenhänge, sein Sinn für Humor und seine Schlagfertigkeit veranlaßten ihn, eine Taktik anzuwenden, die all jene zutiefst beeindruckte, die ihn während seines jahrelangen Ringens begleitet hatten. Zu diesen Freunden gehörte auch die auf der Besuchergalerie sitzende Lady Violet Bonham Carter, die ihm ihr ganzes Leben lang emotional verbunden war. Genau vor zwei Jahren hatte Churchill einen Beschlußantrag eingebracht, der besagte, daß Großbritannien »nicht mehr ausreichend« vor Angriffen, besonders aus der Luft, geschützt sei. Damals hatte Stanley Baldwin sich offiziell und ganz persönlich verpflichtet, für die Aufrechterhaltung der militärischen Luftüberlegenheit Großbritanniens zu sorgen. Jetzt forderte Winston das Parlament zum zweiten Mal auf, einen derartigen Beschluß zu fassen. Dabei wurde er von denselben Abgeordneten unterstützt wie damals. Es waren Amery, Guest, Winterton, Horne und, anstelle von Bob Boothby, der sich im Ausland aufhielt, Oberst John Gretton.

Der Premierminister hatte sein Versprechen nicht gehalten, und es gab keine Möglichkeit, dieses Versäumnis wiedergutzumachen. Erst vor 24 Stunden hatte Inskip dem Parlament eingestehen müssen, daß die RAF den aus Maschinen der Typen Heinkel, Messerschmitt, Junkers und Focke-Wulf bestehenden fliegenden Verbänden Görings zahlenmäßig unterlegen war. Nun war für Winston der Tag gekommen, für all jene zu sprechen, die wußten, daß sich England früher oder später Hitler würde stellen müssen, und um dieser Aufgabe gerecht zu werden, hatte er die Nacht durchgearbeitet, diktiert und korrigiert, um eine seiner brillantesten Abrechnungen auf Hochglanz zu bringen. Er erinnerte das Hohe Haus daran, daß sein Antrag vom November 1934 »der Höhepunkt einer langen Reihe von Bemühungen gewesen ist, die Regierung vor drohenden Gefahren zu warnen«. Dann zog er eine vergilbte alte Zeitung hervor und zitierte einen Bericht der *Times* über eine seiner Reden im Jahr 1933. Damals hatte er gesagt: »In den letzten vier oder fünf Jahren ist die Welt in beunruhigender Weise düsterer geworden... Wir haben ständig abgerüstet, zum Teil mit dem aufrichtigen Wunsch, anderen Ländern ein Beispiel zu geben, und zum Teil gezwungen durch den schweren finanziellen Druck jener Zeit. Aber jetzt muß sich das ändern. Wir dürfen nicht länger auf einem Weg weitergehen, auf dem wir als einzige schwächer werden, während jede andere Nation stärker wird.«[123]

Da nichts geschehen sei, habe er im folgenden Jahr seinen Antrag gestellt und damit Baldwin veranlaßt, sein Versprechen zu geben. Dafür sei er, und daran wolle er das Hohe Haus jetzt erinnern, »von führenden konservativen Zeitungen scharf kritisiert worden, und ich erinnere mich, daß Mr. Lloyd George den Premierminister beglückwünschte, der damals Lord President war, weil er meine abwegigen Befürchtungen in so befriedigender Weise zerstreut habe«.

Das war der Hintergrund: 1933 waren es seine Sorgen und 1934 seine Warnungen, die als Schwarzseherei abgetan worden waren. Jetzt fragte er laut, was gewesen wäre, wenn er vorausgesagt hätte, was inzwischen tatsächlich geschehen war? Man stelle sich vor, er hätte prophezeit, das nationalsozialistische Deutschland werde Milliarden Reichsmark für die Rüstung ausgeben und ein gewaltiges Waffenarsenal schaffen, indem es seine Industrie auf die Kriegsproduktion umstellte, »wie es die Industrien keines Landes bisher erlebt hatten«, eine »gewaltige Luftwaffe« aufbaute, die allgemeine Wehrpflicht einführte, das Rheinland besetzte und es wirkungsvoll verteidigte, »mit unserer Zustimmung und vertraglich abgesichert« eine große U-Boot-Flotte baute und eine stehende Armee aus 39 Divisionen mit »modern ausgerüsteten Soldaten« aufstellte und die Aufstellung weiterer 80 Divisionen vorbereitete, »die in kürzester Zeit bereitstehen würden« – alles folgenschwere Maßnahmen, die den Frieden Europas gefährdeten und gegen von der deutschen Regierung unterzeichnete Verträge verstießen. Man nehme an, er hätte vorausgesagt, in welche Verwirrung die kleinen Länder in Ost- und Mitteleuropa geraten würden, und die belgische Neutralitätserklärung erwähnt – »die, wenn sich die schlimmsten Befürchtungen als zutreffend erwiesen, für die Sicherheit dieses Landes eine so große Bedeutung haben würde« – und die Tatsache, daß Italien, das bisher mit England und Frankreich verbündet war, zum Bündnispartner der Achse werden würde – »Italien, dessen Industrie so viel weniger leistungsfähig ist und dessen finanzielle Mittel und Kreditfähigkeit nur einen geringen Bruchteil des Reichtums dieses Landes ausmachen«, das aber über eine Armee mit »acht Millionen Bajonetten« verfügt.

Unerbittlich fuhr er fort: »Nehmen wir an, das alles wäre vorausgesagt worden. Ja, und niemand hätte einer solchen alptraumhaften Darstellung geglaubt. Und doch sind nur zwei Jahre vergangen, und wir sehen das alles im hellen Tageslicht. Wo werden wir nach weiteren zwei Jahren stehen? Ich zögere, eine Voraussage zu machen.«

Aber einiges schien sicher zu sein. 1937 würde die Wehrmacht zahlenmäßig stärker sein als die französische Armee und sie an Schlagkraft übertreffen. Der Abstand zwischen der Luftwaffe und den alliierten Luftstreitkräften – besonders bei den Langstreckenbombern – würde sich weiter vergrößern. Die französischen und britischen Rüstungsprogramme »werden allein nicht ausreichen«. Deshalb sollten die westlichen Demokratien »alle Elemente einer wirksamen kollektiven Sicherheit... auf der Grundlage des Völkerbundspakts von 1919 um sich versammeln«. Es sei seine große Hoffnung, daß »es uns wieder gelingen möge, die militärische Überlegenheit zu erringen« und daß »wir nicht die Torheit wiederholen, die wir begangen haben, als wir noch über die uneingeschränkte militärische Überlegenheit verfügten«, sondern statt dessen »Deutschland auffordern, mit uns gemeinsam das noch in Europa herrschende Leiden zu lindern und eine neue Tür für Frieden und Abrüstung zu öffnen«.

Das Unterhaus wartete ruhig, aber gespannt. Die Abgeordneten wußten, er war nicht aufgestanden, um den Vorschlag zu machen, man solle Hitler die Hand reichen. Er begann seine Reden stets mit Ablenkungsmanövern und lobte diejenigen, die er schließlich verurteilen wollte. Nun sagte er, niemand könne Inskip die Sympathie verweigern, der »von Zeit zu Zeit Sätze oder Tatsachen von sich gibt, die zeigen, daß er, wie es mir scheint, deutlicher als irgend jemand auf jener Bank die Gefahr erkennt, in der wir uns befinden«. Ein solcher Satz »kam an einem der letzten Abende aus seinem Mund«. Um seine schlechten Leistungen als Minister zu rechtfertigen, hatte er die Zeit vor seiner Amtsübernahme als »die Jahre der Heuschreckenplage« bezeichnet. Churchill hatte zwar die Absicht, auch die Heuschrecken in seiner Rede zu erwähnen, aber jetzt sagte er nur, daß es »seit 1932, bestimmt aber seit Anfang 1933, als Herr Hitler an die Macht kam, in diesem Lande allgemein bekannt war, daß in Deutschland die Wiederaufrüstung in allem Ernst begonnen hatte«. Dann wandte er sich milde lächelnd dem Premierminister zu und brachte seine Freude darüber zum Ausdruck, ihn wieder im Unterhaus zu sehen, »voller Lebenskraft... ausgeruht und, wie wir hören, auch verjüngt«. Er sagte, da er Baldwin kenne, sei er überzeugt, der Premierminister werde sich nicht »scheuen«, eine begründete Kritik an »seiner Leitung der öffentlichen Angelegenheiten« anzuhören. Jedenfalls habe Winston die Absicht, »in diesem Sinne fortzufahren«.

Und nun spannte er, wie der heimgekehrte Odysseus, seinen Bogen. Sein Ausdruck verhärtete sich. Die Jovialität verblaßte, seine Stimme nahm einen härteren Ton an, und, ohne Baldwin aus den Augen zu lassen, erklärte er, daß in Sachen der nationalen Sicherheit »die Hauptverantwortung für alles, was getan oder nicht getan wurde, unausweichlich auf ihm liegt«. Dann nahm er ein Papier aus der Westentasche und ließ den Pfeil fliegen; langsam und jedes Wort betonend verlas er das Versprechen Baldwins vom 8. März 1934:

Jede Regierung dieses Landes – eine nationale Regierung mehr als jede andere und diese Regierung – wird dafür sorgen, daß dieses Land, was die Stärke und Schlagkraft der Luftstreitkräfte betrifft, nicht mehr irgendeinem anderen Land unterlegen sein wird, das sich in militärischer Reichweite unserer Küsten befindet.

Im Hohen Haus herrschte absolute Stille, aber Churchill erhob die Stimme, als müsse er einen störenden Lärm übertönen: »Nun, Sir, ich habe an dieses feierliche Versprechen geglaubt.« Er erinnerte die Abgeordneten daran, daß einige seiner Freunde, die weniger leichtgläubig seien als er, bestimmte Zusagen gefordert hätten, Baldwin habe »diese Abgeordneten nicht mit seiner gewohnten Liebenswürdigkeit behandelt, sondern sie dafür getadelt, daß sie es gewagt hatten, an der Absicht der Regierung zu zweifeln, der Verpflichtung nachzukommen, die er an jenem Nachmittag in so feierlicher Form übernommen hatte«. Mit schneidender Stimme erklärte Winston: *»Ich glaube nicht, daß jemals eine Verantwortung direkter und in einer persönlicheren Art übernommen worden ist.«*

Damit war Baldwin persönlich in die Schußlinie geraten. Alle rechneten mit einem direkten Angriff auf ihn. Das tat er auch selbst, und Winston wußte es natürlich. Deshalb ließ er ihn zunächst noch im Ungewissen und beschäftigte sich kurz mit dem scheinbar weniger aufreizenden Thema der ministeriellen Überwachung der Streitkräfte. Er sagte: »Die angemessene Organisation besteht aus vier Institutionen – der Flotte, der Armee, den Luftstreitkräften und dem Versorgungsministerium, wobei der Minister für die Koordinierung der Verteidigungsanstrengungen die Arbeit dieser vier Institutionen überwacht.« Er stellte fest, daß »praktisch jedes Mitglied dieses Hohen Hauses dem zustimmt«, und sagte – dabei verschärfte sich sein Ton von neuem –, wenn Inskip »bei seiner Ernennung so viel über dieses Thema gewußt hätte«, wie er bis heute habe erfahren müssen, würde er auf dieser Reorganisation bestanden haben. Nun, da er gezwungen sei, Stellung zu nehmen, weigere er sich, seinen Standpunkt zu ändern; er behaupte, ein Versorgungsministerium werde mehr schaden als nützen, militärische Programme stören oder verzögern, das Land beunruhigen, den Handel zum Erliegen bringen, die Finanzen zerrütten und das Land in »ein riesiges Munitionslager« verwandeln. Doch überraschenderweise habe Inskip dem Parlament gesagt, »›die Entscheidung ist nicht endgültig‹. Sie werde in wenigen Wochen noch einmal überprüft werden.« Churchill wandte sich Inskip zu und fragte: »Was werden Sie in wenigen Wochen über diese Sache wissen, was Ihnen nicht schon jetzt bekannt ist und Sie nicht schon vor einem Jahr gewußt haben sollten oder nicht in den vergangenen sechs Monaten erfahren haben? Was wird in den folgenden Wochen geschehen, um all diese großartigen Argumente zu widerlegen, von denen Sie überwältigt worden sind, und was wird plötzlich dazu führen, daß Sie es für notwendig halten werden, den Exporthandel lahmzulegen, die Finanzen zu zerrütten und das Land in ein großes Munitionslager zu verwandeln?«

Und eine Minute darauf wünschte Hoare, nie das Wort »flüssig« gehört zu haben.

»Der Erste Lord der Admiralität... hat gesagt, ›die Lage wird ständig von uns überprüft‹. Er hat uns versichert, alles sei flüssig. Ich bin überzeugt, daß das richtig ist. Jeder kann sehen, wie die Lage ist. Die Regierung kann sich nicht entschließen oder kann den Premierminister nicht dazu bringen, einen Entschluß zu fassen.

So verhält sie sich auch weiterhin paradox, beschließt nur, nichts zu beschließen, ist entschlossen, unentschlossen zu sein, besteht unerbittlich darauf, sich treiben zu lassen, beharrt darauf, alles im Fluß zu halten, und setzt ihre ganze Kraft dafür ein, handlungsunfähig zu bleiben. So bereiten wir uns weitere Monate und Jahre darauf vor – eine kostbare Zeit, die vielleicht darauf verwendet werden könnte, die Größe der britischen Nation zu bewahren –, die Heuschrecken zu ernähren. Die Regierung wird mir sagen, ›ein Versorgungsministerium ist nicht notwendig, denn alles ist in Ordnung‹. Ich bestreite das. ›Die Lage ist zufriedenstellend.‹ Das ist nicht wahr. ›Alles läuft nach Plan.‹ Wir wissen, was das bedeutet.«

Jetzt hatte er sie in der Zange und legte ihnen in scharfem Ton Daten, Zahlen und Informationen vor, die den Abgeordneten, die nicht auf der Regierungsbank saßen, neu waren. Sie besagten, daß sich 140000 junge Engländer freiwillig zur Territorialarmee (der Reserve) gemeldet hatten, um dann festzustellen, daß es keine Waffen und Ausrüstung für sie gab. Er zeichnete ein erschütterndes Bild von dem Zustand der Panzertruppe (»in den Jahren, in denen wir die Heuschrecken gefüttert haben, ist nichts geschehen«). Er bemängelte das Fehlen von Panzerabwehrgeschützen, Flugabwehrgeschützen und Funkgeräten. Als humoristische Einlage erzählte er eine Geschichte, die er von einem seiner Freunde gehört hatte: Der Freund war »auf eine Gruppe von Personen gestoßen, die sich auf sonderbare Weise im Gelände bewegten, auf die Knie fielen und eigenartig gestikulierten«. Der Freund fragte sich, ob es Menschen waren, die eine besondere Gymnastik trieben, irgendwelche Sektierer oder auch nur »Verrückte, die sich in der frischen Luft Bewegung machten«. Aber schließlich mußte er feststellen, daß es Angehörige »einer Scheinwerferkompanie der Londoner Territorialtruppe bei einer Geländeübung ohne Scheinwerfer waren«. Nach einer längeren

Pause rief er empört: »*Und doch erzählt man uns, wir brauchen kein Versorgungsministerium.*«

Viele Abgeordnete waren noch im Rauchsalon gewesen, als Churchill mit seiner Rede begann, aber inzwischen hatte es sich herumgesprochen, daß es sich lohnen würde zuzuhören, und nun hatte sich das Plenum gefüllt. Winston hatte eine Pose eingenommen, die fast an einen biblischen Propheten erinnerte. Er stand breitbeinig und unbeweglich da, nur sein Kopf bewegte sich langsam vor und zurück, während er seine Blicke durch den ganzen Raum schweifen ließ und zornig erklärte: »Wenn wir so weitermachen, und ich kann nicht erkennen, welche Macht uns daran hindern wird, so weiterzumachen, dann wird es eines Tages vielleicht zu einer furchtbaren Abrechnung kommen, und diejenigen, die sich die ganze Verantwortung aufgeladen haben, verfügen entweder über sehr starke Nerven, oder sie sind unfähig vorauszusehen, mit welchen Möglichkeiten wir rechnen müssen.«

Alles wartete gespannt darauf, was er jetzt sagen würde, und nach einem jener für Churchill typischen Zwischenakte, bei dem er Verwirrung vortäuschte und die Atmosphäre damit auflockerte, daß er so tat, als suche er verzweifelt nach einem Schriftstück, um dann nicht zu wissen, mit welchem Wort er den nächsten Satz beginnen sollte, richtete er sich wieder auf, schlug einen neuen Ton an und wandte sich »der wichtigsten Frage zu, den Luftstreitkräften«. Er sagte, am Dienstag abend habe Hoare versichert, »daß es keinen Grund für die Behauptung gebe, daß wir in unserem Programm zum Aufbau der Luftstreitkräfte ›weit zurückgefallen‹ sind. Aus seinen Worten geht klar hervor, daß wir im Rückstand sind. Die einzige Frage ist, welche Bedeutung hat das Wort ›weit‹ für den Ersten Lord? Zur Vermehrung der Luftstreitkräfte hat er außerdem gesagt, sie sei ›nicht unbefriedigend‹. Man weiß aber nicht, welche Normen für ihn gelten...«

Hier unterbrach sich Winston. Die Pause lastete schwer auf seinen Zuhörern. Andere Abgeordnete hatten es bisher unterlassen, in Gegenwart von Hoare darüber zu sprechen, daß er Äthiopien geopfert hatte. Für Winston hatte das afrikanische Kaiserreich keine besondere Bedeutung. Was ihn wurmte, war die Tatsache, daß Hoare dem Völkerbund einen tödlichen Schlag versetzt hatte, denn er war überzeugt, daß diese Institution die größte Hoffnung für die Rettung Europas darstellte. Wer den Grundsatz der kollektiven Sicherheit sabotierte, durfte nach seiner Meinung nicht geschont werden. Finster starrte er Hoare an, der auf der anderen Seite des Mittelgangs saß, und sagte langsam: »Seine Normen verändern sich von Zeit zu Zeit. In jener Rede am 11. September (vor dem Völkerbund) *galt eine Norm*, und in dem Abkommen zwischen Hoare und Laval *war es mit Sicherheit eine ganz andere.*«

In ruhigerem Ton berichtete Churchill dem Hohen Haus in großen Zügen über die Bemühungen der Deputation, die im Juli bei Baldwin vorstellig geworden war. Baldwin hatte gesagt, Winstons Fakten und Zahlen seien »übertrieben«, aber nach einer nochmaligen Überprüfung während der folgenden drei Monate hatte Churchill festgestellt, daß sie durchaus zutreffend waren, »und wenn nicht fremde Ohren alles hörten, was wir sagen, oder wenn wir uns in geheimer Sitzung befänden, würde ich meine damalige Erklärung jetzt wiederholen«. Es folgte eine präzise Zusammenfassung über die Kräfteverhältnisse bei den Luftstreitkräften in Europa und ein Vergleich der britischen und deutschen fliegenden Verbände. Dann erinnerte er das Hohe Haus daran, daß »die Regierung uns feierlich versprochen hat, die Parität mit Deutschland werde durch die Verteidigungskräfte der Territorialarmee aufrechterhalten. Gegenwärtig sind wir günstigenfalls... in der Luft etwa zwei Drittel so stark wie die Deutschen.« Wieder fiel sein vorwurfsvoller Blick auf Hoare. Der Erste Lord habe die Schätzungen Churchills über die Stärke der Luftwaffe und der RAF bestätigt und trotzdem gesagt: »Ich bin bevollmächtigt zu erklären, daß die Lage befriedigend ist.« Dazu sagte Winston: »Das kann ich einfach nicht verstehen. Vielleicht wird der Premierminister uns die Lage erläutern.«

Churchill erklärte, das Hohe Haus habe keine andere Wahl als einen aus sechs bis acht »unabhängigen, verantwortungsbewußten, erfahrenen, verschwiegenen Abgeordneten« bestehenden Untersuchungsausschuß einzusetzen, der »dem Parlament einen kurzen Bericht über die Frage vorlegen sollte, ob er die bisherige Regierungspolitik bestätigt oder auf welche Weise vorhandene Mängel zu beseitigen seien. Ich glaube, das ist es« – und nun zeigte sich zum ersten Mal, daß er seine Vorwürfe nicht nur gegen die Regierungsbank richten wollte –, »was jedes Parlament, das diesen Namen verdient, unter diesen Umständen tun würde... Ich hoffe, daß die Mitglieder des Unterhauses ungeachtet aller Rücksichten auf die Parteidisziplin darauf bestehen werden, zu erfahren, wo wir in einer Angelegenheit stehen, bei der es um unsere Freiheiten und unser Leben geht.« Bevor er zum Abschluß seiner Rede kam, feuerte er einen direkten Schuß auf Baldwin ab. »Ich möchte glauben, daß die Regierung und vor allem der Premierminister, der eine so schwere Last zu tragen hat, einen solchen Vorschlag begrüßen werden.«

Dann fuhr er fort:

»Als Folge von Versäumnissen, zu denen es trotz deutlicher Warnungen gekommen ist, stehen wir nun am Beginn einer Periode, die von Gefahren gekennzeichnet ist, die größer sind als alles, was Großbritannien seit der erfolgreichen Beendigung des U-Boot-Krieges erlebt hat... Die Zeit des Zögerns, der halben Maßnahmen, der Beschwichtigung, der verhängnisvollen Selbsttäuschungen und Verzögerungen geht zu Ende. Sie wird abgelöst von einer Periode, in der die Konsequenzen sichtbar werden... Deutschland könnte demnächst durchaus den Höhepunkt seiner gewaltigen militärischen Vorbereitungen erreicht haben... Wenn wir diese Periode verkürzen können, in der die deutsche Armee soviel stärker sein wird als die französische und bevor die britischen Luftstreitkräfte in der Lage sind, die ihnen angemessene Rolle zu spielen, könnten wir die Architekten sein, die den Frieden in der Welt auf ein festes Fundament stellen.«[124]

Ein anderer Redner hätte mit diesen Worten geendet. Aber Winston hatte noch nicht alles gesagt, was er sagen wollte. Der Churchill der 30er Jahre war stolz darauf, auf einsamem Posten zu stehen. Die öffentliche Meinung hatte ihn nicht beeinflussen können. Aber andere waren ihrem Einfluß erlegen, und ihnen wollte er die Leviten lesen. Wenn er sie damit beleidigte, dann hatten sie es verdient. Es ist unvorstellbar, daß Franklin Roosevelt den amerikanischen Kongreß wegen seiner Haltung verurteilte, und auch Hitler – der es ungestraft hätte tun können – würde nicht soweit gehen, den Reichstag zu beleidigen. Churchill konnte das Unterhaus tadeln und tat es auch. Und was er nun sagte, war der beste Teil seiner Rede. Harold Nicolson, der Zeuge dieses Auftritts war, schreibt darüber: »Sein Stil ist bedächtiger und langsamer als gewöhnlich, aber seine Worte wirken wie Schläge mit dem Vorschlaghammer.«[125] Sogar die *Times* bezeichnete den Schluß dieser Rede als »brillant«:

Zwei Dinge in diesen Debatten haben mich, wie ich gestehen muß, nach meinen langen parlamentarischen Erfahrungen erschüttert. Das erste waren die Gefahren, die in wenigen Jahren plötzlich auf uns zugekommen sind und unsere Lage ebenso verändert haben wie das Aussehen der übrigen Welt. Zweitens hat es mich erschüttert, daß das Unterhaus zur Abwendung dieser Gefahren nichts Entscheidendes unternommen hat. Ich muß sagen, das habe ich nicht erwartet. Ich hätte nie geglaubt, man würde es zulassen, daß wir Monat für Monat und Jahr um Jahr immer tiefer in diese unangenehme Situation geraten würden und daß sogar das Eingeständnis der Regierung, Fehler begangen zu haben, das Parlament nicht veranlaßt hat, sich auf dieses Problem zu konzentrieren und alle notwendigen Anstrengungen zu unternehmen, um uns aus dieser Lage zu befreien. Ich sage, wenn sich das Hohe Haus nicht entschließt, selbst die Wahrheit zu ergründen, dann wird es sich einer Pflichtvergessenheit schuldig machen, für die es in seiner langen Geschichte keine Parallele gibt.[126]

Baldwins stockend vorgetragene und inhaltlich erschreckend nichtssagende Antwort hat, wie ein Historiker meint, »seinem Ansehen bis an sein Lebensende und über das Grab hinaus schweren Schaden zugefügt«. Nicolson schrieb: »Er spricht langsam, und man spürt deutlich, welche Mühe es ihm macht.« Einer der Einpeitscher flüsterte: »Das wird ihn die Energie von drei Monaten kosten.« Gegen Ende der Rede hatte Nicolson den Eindruck, seine Stimme sei so »müde wie die eines Mannes, der einen langen Weg hinter sich gebracht hat. Das Unterhaus muß erkennen, daß der liebe alte Mann seine Vitalität verloren hat.«[127]

Das Ergebnis war erschütternd. Er sprach wie gewöhnlich frei; das machte zum Teil seinen Charme aus. Aber diesmal nützte ihm seine berühmte Aufrichtigkeit nichts. Er sagte: »Ich möchte gegenüber dem Hohen Haus ganz offen sprechen... Die Meinungsunterschiede zwischen Mr. Churchill und mir bestehen seit 1933.« Nachdem er die Finanzkrise erwähnt und gesagt hatte, eine Demokratie bleibe bei der Formulierung und Durchsetzung ihrer politischen Linie »fast immer zwei Jahre hinter jeder Diktatur zurück«, erklärte er: »Ich lege dem Hohen Haus meine persönlichen Ansichten mit beängstigender Aufrichtigkeit vor.« Dann sprach er über die Jahre 1933 und 1934 und sagte, »zu jener Zeit herrschte im ganzen Land wahrscheinlich eine stärkere pazifistische Stimmung als irgendwann seit dem Krieg«.

Und plötzlich redete er nicht mehr von den Gefahren, die das Leben und die Existenzgrundlage der britischen Bürger bedrohten, sondern von Wahlen, Wahlpropaganda und Nachwahlen, bei denen jeder Kandidat, »der es wagte, das Thema der Landesverteidigung auch nur am Rande zu erwähnen, von der Masse seiner Zuhörer angepöbelt und ausgepfiffen wurde«. Das war, wie er sagte, »1933 die Stimmung im Lande. Meine Stellung als Führer einer großen Partei war alles andere als angenehm.« Nach den Nachwahlen in East Fulham, bei denen ein bis dahin sicherer konservativer Sitz im Parlament als Folge erheblicher Stimmenverluste verlorenging, und zwar aufgrund der pazifistischen Einstellung der Wähler, habe er sich gefragt, »welche Chancen es in den nächsten ein oder zwei Jahren noch dafür geben wird, daß das Land der Regierung angesichts einer so veränderten Stimmung ein Mandat für die Wiederaufrüstung erteilen wird. Angenommen, ich wäre hinausgegangen und hätte gesagt, Deutschland rüste wieder auf, und auch wir müßten aufrüsten, glaubt irgend jemand wirklich, daß diese pazifistische Demokratie in diesem Augenblick meinem Aufruf gefolgt wäre? Ich kann mir nicht vorstellen, daß irgend etwas von meinem Standpunkt aus sicherer zum Verlust der Wahlen geführt hätte als das.«[128]

Dies läßt nur eine Interpretation zu: Der Sieg der Konservativen bedeutete für Stanley Baldwin mehr als die Bedrohung durch die Bombenflugzeuge der Luftwaffe im Luftraum über Großbritannien. Sogar die *Times* kam zehn Jahre später nach dem Tode von Baldwin zu dem traurigen Schluß: »Was er dem parteipolitischen Nutzen geopfert hat, verschleierte das eigentliche Problem, verzögerte die Aufklärung der Öffentlichkeit und behinderte die Wiederaufrüstung in dem Tempo, von dem der Erfolg jeder vernünftigen Außenpolitik damals abhing.«

Es gibt auch Leute, die Baldwins Haltung zu rechtfertigen suchen. Sie sagen, wenn die Koalition die Wahlen verloren hätte, dann wäre die Labour Party an die Macht gekommen, die jede Aufrüstung ablehnte. Es ist richtig, daß Labour davon nichts wissen wollte, aber auch Baldwin hatte nicht wirklich aufgerüstet. 1935 hatte er die Wähler aufgerufen, die Konservative Partei zu unterstützen, und ihnen gesagt, trotz der erschreckenden Berichte aus Deutschland »muß ich gestehen, daß ich in meiner persönlichen politischen Erfahrung keiner Regierung begegnet bin, die alle diese bösen Absichten hat«. Das Schlagwort, mit dem er die Wahlen gewinnen wollte, hieß, »keine große Aufrüstung!«[129]

Für Churchill war das Argument, »die Regierung habe vor den allgemeinen Wahlen kein Mandat für die Aufrüstung«, »völlig unzulässig«:

»Die Verantwortlichkeit der Minister für die öffentliche Sicherheit ist absolut und erfordert kein Mandat. Sie ist sogar die vorrangige Aufgabe der Regierung und damit der eigentliche Grund für ihre Existenz. Hinter dem Premierminister standen gewaltige Mehrheiten in beiden Häusern des Parlaments, die bereit waren, allen für die Verteidigung notwendigen Maßnahmen zuzustimmen. Das Land hat bisher noch nie versäumt, seine Pflicht zu tun, wenn ihm die wahren Tatsachen vorgelegt wurden, und ich kann nicht erkennen, wo es eine Rechtfertigung für dieses Versäumnis gibt.«[130]

Anschließend schrieb Londonderry an Winston: »SB hat ein bemerkenswertes Zugeständnis gemacht.« Der Premierminister habe noch nie anerkannt, daß »das Land Risiken auf sich nähme. Vielmehr hat er geschwiegen. Wir haben ihn und Neville auf die Risiken aufmerksam gemacht, aber sie haben sich zu sehr gefürchtet, Nachwahlen zu verlieren.« In einer Nachschrift fügte Londonderry hinzu: »Neville war der eigentliche Schurke in diesem Drama, weil er als Schatzkanzler aus Gründen der Finanzlage alles abgeblockt hat.« Doch Churchill blieb bei seinen Vorwürfen gegen Baldwin, die sich aus dessen eigenen Worten ergaben: »Hier zeigte sich die nackte Wahrheit über seine Motive, die jedem Anstand widersprechen. Daß ein Premierminister offen bekannte, er habe seine Pflicht im Hinblick auf die nationale Sicherheit nicht erfüllt, weil er fürchtete, die Wahlen zu verlieren, war ein Vorgang, für den es in unserer politischen Geschichte keine Parallele gibt.«[131]

Das zweite Eingeständnis, daß er sein Versprechen nicht gehalten hatte, das 18 Monate nach dem ersten kam, schockierte ganz England. Baldwins Ansehen war dahin. William James hatte geschrieben: »Eine Idee ist *Ausdruck* der Wahrheit. Sie *wird* wahr, wird wahr *gemacht* durch die Ereignisse.« Jetzt hatte der »liebe Vikar« es erleben müssen. Morton schrieb an Churchill: »Heute liegt sein Name im Schmutz.« Macmillan erinnerte sich, noch vor einem Jahr genoß er »höheres Ansehen als je zuvor. Jedermann vertraute ihm. Er stand auf einem Gipfel.« Wenige Tage vor den allgemeinen Wahlen rühmte sich Baldwin, vor der Peace Society eine denkwürdige Rede gehalten zu haben. Nachdem er von der Generation gesprochen hatte, die in Frankreich und Flandern geopfert worden war, wandte er sich dem Thema Frieden zu: »Alles, was wir besitzen, bewahren und wertschätzen, ist in Gefahr.« Er hatte überzeugend von allem Schönen gesprochen, das der Krieg zerstören könnte. Aber er hatte sich nicht dazu geäußert, wie eine solche Zerstörung verhindert werden könnte. Telford Taylor schreibt, er ließ sich »zu leicht von den Gefahren des Augenblicks beeindrucken und zuwenig von dem Gedanken an die Gefahren der Zukunft leiten«.[132]

Für den Premierminister war das vergangene Jahr ein Jahr fast ununterbrochener Katastrophen gewesen: Hoare – Laval; Hoares unterwürfige Lobreden nach seiner Rückkehr ins Kabinett hatten Baldwin nur geschadet; es folgte die noch ungeschicktere Ernennung von Inskip; dann kamen die Besetzung des Rheinlands und seine demütigenden, erfolglosen Versuche, Mussolini und Hitler nach ihren ungesetzlichen Unternehmungen zu Zugeständnissen zu bewegen; und jetzt hatte er sich Churchills Philippika anhören müssen, der sein eigenes schockierendes Eingeständnis gefolgt war, Parteiinteressen höher bewertet zu haben als die Interessen des Landes.

Die Freunde Baldwins sorgten sich um seine Gesundheit und seine emotionale Stabilität. Schon seit einiger Zeit hatte es Alarmsignale gegeben. Seit Februar litt er zeitweilig unter Ermüdungserscheinungen, und am 30. April stellte Tom Jones fest, daß er Medikamente gegen »nervöse Erschöpfungszustände« einnahm. Bei einer gründlichen Untersuchung stellte sein Hausarzt fest, daß bei ihm keine Funktionsstörungen vorlagen. Der Arzt erklärte, sein Patient sei nur überarbeitet.[133]

Der Premierminister beabsichtigte zurückzutreten und als Earl Baldwin of Bewdley ins Oberhaus einzuziehen. Er wollte jedoch den Eindruck hinterlassen, seinem Land vor dem Ausscheiden aus dem Amt einen besonderen Dienst erwiesen zu haben. Aber die englische Bevölkerung war empört, als sie erfuhr, daß die äußere Sicherheit des Landes gefährdet sei. Er war es nicht gewohnt, von der Öffentlichkeit angefeindet zu werden, und hatte nicht die Kraft, einer solchen Feindschaft wie Churchill die Stirn zu bieten. Um einen Vergleich des Soziologen David Riesman zu variieren, ließ sich Winston durch einen eingebauten Kreiselkompaß leiten, mit dessen Hilfe er auch durch das dichteste Gewühl sein Ziel erreichen konnte, während sich der Premierminister auf eine Art soziologisches Radargerät verließ – auf die Signale, die er von seinen Wählern empfing –, um seinen Kurs zu bestimmen.

Enttäuscht vom Parlament und in der Hoffnung, außerhalb des Unterhauses Unterstützung zu finden, hatte Winston angefangen, mit kleinen Organisationen Verbindung aufzunehmen, die sich darum bemühten, der Nation bewußt zu machen, in welcher Gefahr sie sich befand. Im Juni 1935 sprach er auf Bitten von Lady Bonham Carter bei einem Essen im Victoria Hotel vor der Gruppe Focus. Das war mit Sicherheit keine Organisation, die den Kern für eine Massenbewegung hätte bilden können. Die Anwesenden stimmten darin überein, daß es keine Vereinsstatuten und keine eingeschriebenen Mitglieder geben dürfe. Die Gruppe bestand ohnedies nur aus 16 Personen. Aber die Veranstaltung hatte trotzdem eine gewisse Bedeutung, denn es handelte sich um bekannte Persönlichkeiten aus den verschiedensten Schichten mit unterschiedlichen politischen Überzeugungen. Es waren Konservative, Liberale, Mitglieder der Labour Party, Aristokraten und ein Vertreter der Arbeiterklasse. Winston übernahm wie selbstverständlich sofort die Führung. Als sein Einfluß nach der Demütigung Baldwins zunahm, wurde er auch im World Anti-Nazi Council tätig, dessen Vorsitzender der Generalsekretär des mächtigen britischen Trade Union Congress, Sir Walter Citrine, war. Hier hat Churchill zum ersten Mal mit Sozialisten zusammengearbeitet, um ein gemeinsames politisches Ziel zu verfolgen. Er forderte seine Zuhörer auf, dafür zu werben, daß Engländer aller Klassen, vom »einfachen Arbeiter« bis zum »kriegslüsternen Oberst« gegen die drohende Gefahr zusammenstehen müßten. Die Regierung müsse sich in ihrer Außenpolitik darum bemühen, eine Vereinbarung mit allen Ländern von der Ostsee bis zur Ägäis einschließlich der Sowjetunion zustande zu bringen, die sich verpflichten sollten, »jedem Opfer einer nicht provozierten Aggression beizustehen«, und zu diesem Zweck müsse jede Nation »ein bestimmtes Truppenkontingent« bereitstellen.[134]

Er sprach jetzt täglich und schrieb jeden Abend Zeitungsartikel, die Informationen aus neuen Quellen enthielten. Zu seinen Informanten gehörte auch Viscount Cecil of Chelwood (der ehemalige Lord Robert Cecil), ein Mitglied der League of Nations Union (der Völkerbundsliga). In Chartwell empfing Churchill den Erfinder des Radar, Robert Watson-Watt, der ihm mitteilte, daß das Luftfahrtministerium nicht bereit sei, seine Geräte zu erproben – eine Maßnahme, die sogar Inskip empfohlen hatte, die jedoch Baldwin und die meisten Kabinettsmitglieder überstimmt hatten. Die für die Teilstreitkräfte verantwortlichen Ministerien teilten Winstons Auffassung, daß es dringend erforderlich sei, die Rüstung voranzutreiben, obwohl, wie Martin Gilbert schreibt, »im Kabinett der Unmut über seine angebliche Einmischung und … seine ständig wiederholte Aufforderung an die Minister und Ministerialbeamten zur größeren Wachsamkeit zunahm«.[135]

Auf seiner zweiten Sitzung rief der Anti-Nazi Council eine weitere Bewegung ins Leben, die Bewegung zur Verteidigung von Freiheit und Frieden. Churchill glaubte, eine bessere Bezeichnung wäre »Bewegung zur Förderung der Aufrüstung und zur Einhaltung der Statuten des Völkerbunds«. Damit sollte deutlich werden, daß eine Politik der Aufrüstung und der kollektiven Sicherheit nach den Statuten des Völkerbunds verfolgt werden müsse. Citrine und andere der Labour Party nahestehende Persönlichkeiten scheuten sich davor, eine solche Politik zu unterstützen. Ein solches Vorhaben brachte sie in Verlegenheit, denn die von Attlee geführten Sozialisten im Parlament unterstützten zwar den Völkerbund, lehnten aber die Aufrüstung ab. Trotzdem waren sie damit einverstanden, daß Churchill auf der ersten großen Versammlung der Bewegung am 3. Dezember 1936 in der Albert Hall die Grundsatzrede halten sollte. Dazu brauchte er die Unterstützung der Mehrheit, die auf diese Weise sichergestellt war. In einem Brief an Austen Chamberlain sprach er von dem »gesunden Geist« der Labourführer und meinte: »Ich war überrascht, feststellen zu können, welche Entschlossenheit und Klarheit des Denkens bei ihnen herrschte und mit welcher Deutlichkeit sie die von der wachsenden deutschen Stärke ausgehende Gefahr erkannten.«[136]

Das Ergebnis der Massenversammlung übertraf alle Erwartungen. Winston erinnerte sich später: »Wir hatten das Gefühl, daß wir kurz davorstanden, für unsere Auffassungen nicht nur die Achtung der Öffentlichkeit zu gewinnen, sondern uns auch damit durchsetzen zu können.« Als Lady Violet Bonham Carter am Versammlungsort eintraf, sah sie »vor der Albert Hall eine große Menschenmenge« und dabei »Gruppen von Kommunisten und Faschisten, die Flugblätter verteilten und zu demonstrieren versuchten«. Im »grünen Zimmer«, wo sich die Sprecher versammelt hatten, traf sie auf Citrine, Sir Archibald Sinclair und drei Mitglieder des Oberhauses, darunter Lord Allen of Hurtwood, der im letzten Krieg aus Gewissensgründen den Wehrdienst verweigert hatte. Man hatte den Eindruck, die Veranstaltung werde wie geplant die Regierung mit großer Entschiedenheit zum Handeln auffordern und zu einem persönlichen Triumph für Churchill werden. Die Bewegung, die für die folgende Woche weitere Massenversammlungen im ganzen Land vorbereitet hatte, konnte von der Regierung kaum noch übersehen werden. Der organisierte Aufruf zur Wiederaufrüstung mit dem Ziel, im Sinne der Statuten des Völkerbunds die kollektive Sicherheit herzustellen – die Presse hatte die überzeugenden Formulierungen von Churchill übernommen –, schien zu einem bedeutenden historischen Ereignis zu werden. Man glaubte, daß nur ein Mann diese Bemühungen scheitern lassen könnte: der englische König. Und genau das ist dann auch geschehen.[137]

Die »Hoffnungen« von Lady Violet wurden, wie sie schreibt, »durch Vorahnungen erschüttert, die wie ein scharfer Nadelstich wirkten. Ich wußte, Winston konnte nicht an zwei Dinge gleichzeitig denken. Und ich fragte mich, ob er an diesem Abend sein Hauptziel aus dem Auge verlieren könnte.« Später schrieb sie, als er das grüne Zimmer betrat, habe sie »auf den ersten Blick erkannt, daß meine Befürchtungen gerechtfertigt waren. Seine Miene war ernst und düster. Er ging auf Citrine zu und sagte, er glaube, in diesem entscheidenden Augenblick eine Erklärung abgeben zu müssen.« Citrine zitierte Winstons Worte wie folgt: »Die Leute werden eine Erklärung von mir erwarten.«[138]

Damit hob sich der Vorhang zum letzten Akt in einer der traurigsten Episoden in Churchills politischer Laufbahn, der Abdankungskrise von 1936. Jeder, der seine Worte gehört hatte, wußte, was er meinte, denn alle Anwesenden hatten den Leitartikel in der Morgenausgabe der *Times* gelesen. Aber niemand wußte, daß Churchill vor dem Verlassen seiner Wohnung in den Morpeth Mansions den Text einer Rundfunkansprache bekommen hatte, mit der Eduard VIII. der Nation seinen Entschluß bekanntgeben wollte. Citrine war entsetzt, daß Winston daran dachte, dieses Problem öffentlich auch nur zu erwähnen. Er sagte ihm, seine Zuhörer erwarteten mit Sicherheit keine derartige Erklärung von ihm. Diese Veranstaltung habe mit dem König nichts zu tun. »Man wird Sie dafür rügen«, sagte Citrine, »und wenn es sonst niemand tut, dann werde ich es tun.« Überrascht erwiderte Winston: »Ich muß mir die Sache noch einmal überlegen.« Lady Violet behauptete, Citrine sei sogar noch weiter gegangen und habe verlangt, »wenn dies die Absicht von Mr. Churchill sei, dann könne er (Citrine) nicht den Vorsitz übernehmen. Damit war die Sache erledigt... Aber obwohl Winston sich dem Ultimatum Citrines beugen mußte, konnte ich sehen, wie schwer es ihm fiel, nachgeben zu müssen.«[139]

Die Presse berichtete übereinstimmend, daß alle Redner starken Beifall ernteten. Churchill hörte »anhaltende Hochrufe«, und Lady Violet hatte »während meiner ganzen Rede das Gefühl, daß ich noch nie vor einem so positiv reagierenden und inspirierenden Publikum gesprochen hatte«. Churchill war der letzte Redner. Lady Violet schreibt: »Seine Worte wurden begeistert aufgenommen, und natürlich war es eine gute Rede. (Er kann keine schlechten Reden halten.) Aber viele von uns hatten den Eindruck, daß er nicht ganz in Form war, und natürlich wußten wir auch, warum. Er war mit seinem Herzen und seinen Gedanken ganz woanders.«[140]

Was dann geschah, läßt sich nicht mehr genau feststellen. Churchill hat später geschrieben, er habe einen Mann rufen hören, »Gott schütze den König«, und »einer momentanen Eingebung folgend« gesagt: »Es gibt noch eine andere bedeutsame Sache, die uns heute abend schwere Sorgen bereitet. In wenigen Minuten werden wir singen ›God Save the King‹. Ich werde diese Worte mit tieferer Hingabe singen als ich sie je in meinem Leben gesungen habe.« Dann nannte er Eduard VIII. – nach seinem eigenen Bericht über die Ereignisse dieses Tages – »eine verehrte und einzigartige Persönlichkeit« und sagte, er erwarte, das Parlament werde »im Hinblick auf diese wichtigen, die Verfassung betreffenden Fragen seiner Aufgabe gerecht werden«. Er vertraue darauf, daß »die britische Nation, das Britische Empire... und das britische Volk es nicht an der angemessenen großzügigen Haltung gegenüber dem Souverän fehlen lassen werden«.[141]

Dieser Bericht ist praktisch unwidersprochen von der Geschichte übernommen worden. Ein so zuverlässiger Zeuge wie Macmillan glaubte, der Untergang des aufgehenden Sterns von Winston und die bemerkenswerte Rückkehr von Baldwin ins politische Leben seien an jenem Abend in der Albert Hall eingeleitet worden, als »Churchill mit wenigen Worten seiner Sympathie für den König Ausdruck verlieh«. Lord Strauss, der damals dem Parlament und später dem Kriegskabinett Winstons angehörte, erinnert sich, daß »Churchill auf einer Versammlung in der Albert Hall eine dramatische Rede zur Rechtfertigung des Königs hielt. Damit war die Veranstaltung gescheitert.«[142]

Doch niemand, der sich an jenem Abend in der Nähe oder auf der Rednertribüne aufgehalten hatte, konnte sich später daran erinnern, daß Winston den König auch nur mit einem einzigen Wort erwähnt hatte, und daher sei auch nichts über die »Krise um die königliche Heirat« gesagt worden. Citrine, der vorher erklärt hatte, er werde Winston öffentlich zur Rede stellen, wenn er etwas zur Rechtfertigung Eduards sagen sollte, hat nichts Derartiges gesagt. Niemand hatte in so unmittelbarer Nähe neben Winston gestanden und ihn aufmerksamer beobachtet als Lady Violet. Sie erinnerte sich, daß »er gegen Ende der Versammlung mit Mr. Eugen Spier davon sprach, mit welcher Begeisterung die Anwesenden die Nationalhymne gesungen hatten, was er als eine Billigung seiner Haltung zur Frage der Heirat des Königs interpretierte«. Man kann nur vermuten, daß Churchill damals so gefühlt hat und später glaubte, er habe diesen Gefühlen auch mit Worten Ausdruck verliehen. Darin irrte er sich. Er irrte sich auch, als er annahm, daß das begeisterte Singen der Nationalhymne ein Zeichen dafür war, daß diese Menschen auf der Seite des Königs standen. Jede Versammlung von britischen Patrioten hätte mit dem Singen der Hymne geendet.[143]

In Wirklichkeit waren die Untertanen des Souveräns empört über sein Verhalten. Als sie wenige Tage später erfuhren, daß Winston entschlossen war, die Rolle seines Hauptverteidigers zu übernehmen – und (fälschlicherweise) glaubten, er habe dem König geraten, »die Zugbrücke aufzuziehen, die Fallgitter herunterzulassen und den Angreifern zuzurufen, sie sollten nur kommen und versuchen, uns zu überwältigen« – wandte sich ihr Zorn gegen Churchill, was verheerende Folgen für das große Ziel hatte, dem er sich verpflichtet fühlte. Die anderen Massenversammlungen, die im Anschluß an die Veranstaltung in der Albert Hall geplant waren, wurden abgesagt. Chamberlain versicherte einem erleichterten Kabinett, daß die von Churchill geführte Bewegung für die Wiederaufrüstung gestorben sei. Die Regierung werde mit Hitler nicht dadurch fertigwerden, daß sie für jede deutsche Bombe eine englische, für jedes deutsche Infanteriegewehr ein britisches Short Lee-Enfield-Gewehr und für jede Messerschmitt eine Spitfire bauen ließ, sondern dadurch, daß sie ihm die Hand zur Freundschaft und zur Beschwichtigung reichte. Hitler habe mit Sicherheit erkannt, daß er mit seinen Forderungen irgendwo an eine Grenze stoßen müsse. Churchill rede, als wollten die Deutschen ganz Europa beherrschen. Das sei absurd. Wenn ihnen das gelingen würde, was sollten sie dann mit Europa tun? Und im übrigen seien die wilden Gerüchte über die von der SA veranstalteten antisemitischen Pogrome barer Unsinn. Wenn die Judenverfolgung die von Winston behaupteten Ausmaße angenommen hätte, dann würde auch Hitler davon erfahren und die Verantwortlichen einsperren lassen. Aber wenn man Churchill höre, dann klänge das so, als wolle der Führer jeden Juden in Europa umbringen![144]

»Ich dien« ist der Wahlspruch der Prinzen von Wales, deren Dienst vor allem darin besteht, auf den Tod ihres regierenden Elternteils zu warten, um dann den Thron zu besteigen und nach etwa einem Jahr offiziell gekrönt zu werden. In den neun Jahrhunderten seit der Eroberung Englands durch die Normannen im Jahr 1066 haben 35 Männer und 6 Frauen (wenn man Wilhelm von Oraniens Maria hinzurechnet) England und seine Besitzungen regiert. Im Buckingham-Palast, in Windsor Castle, in Sandringham oder in jeder anderen königlichen Residenz ist ein englischer Souverän eine ehrfurchtgebietende Persönlichkeit und so reich, daß niemand den genauen Geldwert dieses Reichtums angeben kann. Er steigt und fällt wie die Aktienkurse an der Börse – oder wie die Zuneigung, welche die Untertanen der Krone ihrem Souverän entgegenbringen.

In grauer Vorzeit, in den Jahrhunderten der absoluten Monarchien, kannte die Macht der Könige praktisch keine Grenzen. Der Herrscher hatte das uneingeschränkte Recht, ohne die Zustimmung irgendeiner Institution Krieg zu führen, Steuern eintreiben zu lassen, zu vergewaltigen, zu morden, zu plündern und Feuer zu legen. Diese despotischen Vollmachten fanden ihre Grenzen allein in seinem Gewissen, vorausgesetzt er hatte eines, und in der Erkenntnis, daß er gestürzt werden konnte, wenn er sich zu viele mächtige Vasallen zu Feinden machte. Mit der Unterzeichnung der Magna Carta von 1215 in Runnymede wurde die Autorität des Königs eingeschränkt, und es folgten gelegentlich weitere Einschränkungen. 1837, als Königin Viktoria zum ersten Mal ihre wohlklingende Stimme im Kensington Palast hören ließ, konnte ein Parlamentsmitglied nicht Premierminister werden, ohne »das Vertrauen der Krone« zu besitzen. Als 30 Jahre später *The English Constitution* von Walter Bagehot verkündet wurde, behielt der Souverän drei bedeutende Rechte. Er mußte konsultiert werden, durfte anregen und warnen. Man hatte diese Vollmachten bewußt nicht eng umgrenzt. Ein bedeutender Souverän wie Königin Viktoria konnte einen starken Einfluß ausüben und sogar politische Entscheidungen treffen, wenn sie mit ihrem berühmt scharfen Blick eine günstige Gelegenheit erspähte. Sie verlangte, täglich konsultiert zu werden, sie gab mit großem Geschick ihren Premierministern und deren Kabinett Anregungen, und sie ermahnte die Politiker auch. Doch so willensstark Viktoria auch war, sie erkannte deutlich, daß ihre Macht mit der Ausweitung des Stimmrechts immer weiter unterhöhlt wurde. Im 58. Jahr ihrer Regierung, 1894 bei der Geburt ihres ersten Urenkels, der auf die Namen Edward Albert Christian George Andrew Patrick David getauft wurde, war nur noch wenig von der einstigen Macht übriggeblieben. Das Unterhaus gratulierte der Königin zur Geburt des Knaben, aber Keir Hardie, der erste Labourabgeordnete im Parlament, hielt eine beachtenswerte Rede, in der er die folgenden prophetischen Worte sprach: »Von frühester Kindheit an wird dieser (Knabe) von Speichelleckern und Schmeichlern umgeben sein, die ihm einreden werden, er sei ein höheres Wesen... Er wird auf eine Weltreise geschickt werden, dann wird es wahrscheinlich Gerüchte über eine morganatische Ehe geben, und schließlich wird das Land aufgerufen werden, die Rechnung zu bezahlen.«[145]

Als dem jungen Mann 1911 der Titel des Prinzen von Wales verliehen wurde, war der Souverän praktisch nur noch eine Marionette. Sein Vater, Georg V., durfte sich ohne Zustimmung des Premierministers mit keinem einzigen Wort in der Öffentlichkeit äußern. Wenn er zur Parlamentseröffnung eine Rede hielt, mußte er sie aus einem von anderen verfaßten Manuskript verlesen – mit der strikten Anweisung, keine Passage besonders zu betonen.

Dennoch hatte Georg V. Freude an seiner Aufgabe, und wie die meisten Männer seiner Generation war er dazu erzogen worden, den Sinn des Lebens in der Pflichterfüllung zu sehen. Edward dagegen wurde zu einer Zeit erwachsen, als die Selbstdisziplin bei Standespersonen ebenso wie bei den gewöhnlichen Bürgern der Zügellosigkeit und Genußsucht zu weichen begann. Während der ersten Amtszeit von Stanley Baldwin als Premierminister in den 20er Jahren gab es zwischen ihm und Edward manche scharfe Auseinandersetzung. Das ganze Auftreten Seiner Königlichen Hoheit – seine Kleidung, die Mißachtung der Konventionen, sein Umgang und seine besondere Vorliebe für das Tanzen in öffentlichen Lokalen – verstärkten die Bedenken derjenigen, die an seiner Eignung zum Thronerben zweifelten. Er selbst teilte ihre Meinung. Winstons Cousine Anita Leslie wurde Zeugin einer üblen Szene zwischen dem Prinzen und seinem Vater. Edward schrie den Vater an und erklärte, auf den Thron verzichten zu wollen, und als der Vater ärgerlich wurde, bekam der junge Mann einen Wutanfall. Zutiefst erschüttert verließ der Monarch das Zimmer. Kurz darauf starb der König.[146]

Sein so schwer zu bändigender Sohn, der ihm als Eduard VIII. gefolgt war, wurde mit der Thronbesteigung unter anderem auch »Verteidiger des Glaubens« – des Glaubens der englischen Staatskirche, die die Scheidung verbot. Er war seit dem wahnsinnigen Georg III., der vor 176 Jahren regiert hatte, der erste unverheiratete britische König. Inzwischen war Eduard 42 Jahre alt, und sowohl seine Untertanen als auch die königliche Familie waren der Ansicht, es sei Zeit für ihn, sich nach einer Königin umzusehen. Das tat er auch. In seiner Autobiographie schreibt er in einem leichtfertigen Ton, daß der »rollende Stein nach einem Ort zu suchen begann, an dem er sich ausruhen könnte«. Er hatte Beziehungen zu vielen Frauen gehabt, interessierte sich aber seltsamerweise nicht für hübsche junge Mädchen, sondern für deren Mütter. Und er wurde nicht nur von Frauen angezogen, die über das Alter hinaus waren, Kinder zu bekommen, sondern diese Frauen waren meist auch verheiratet.[147]

Die Suche endete erst in seinen letzten Jahren als Prinz von Wales, als er Mrs. Wallis Warfield Spencer Simpson entdeckte oder von ihr entdeckt wurde. Sie war eine charmante Abenteurerin aus Baltimore, vornehmer, aber nicht ganz sicherer Herkunft, und hatte es gelernt, sich wie Becky Sharp mehr oder weniger ehrlich durchs Leben zu schlagen. Als junge Frau lebte sie »in recht bescheidenen Verhältnissen. Ihre Bekannten in Baltimore sprachen allerdings davon, daß sie davon lebte, wohlhabende Männer zu verführen. Wallis war nicht schön, hatte aber eine noch seltenere Gabe: sie war intelligent. Mit ihren violetten Augen, den dunklen Haaren, dem zartrosa Teint und einer aufregenden Figur sowie dem besonderen Talent, geduldig zuhören zu können, war sie überall beliebt. 1916 hatte sie einen Seeoffizier geheiratet. Nach der Scheidung ging sie mit dem Mann ihrer besten Freundin, Ernest Simpson, einem wohlhabenden Schiffsmakler, durch. Simpson hatte oft beruflich in London zu tun und ließ sich dabei von seiner Frau begleiten. Nachdem sie auf einer Gartenparty dem Prinzen von Wales vorgestellt worden war, ließ dieser sie nicht mehr aus den Augen. Niemand weiß, wie oft und unter welchen Umständen sie sich getroffen haben, aber nach der Thronbesteigung Edwards reichte sie die Scheidungsklage gegen ihren zweiten Mann ein. In dem Gerichtsverfahren wurde viel schmutzige Wäsche gewaschen, und während es durch die verschiedenen Instanzen der britischen Gerichte lief, machte sich mancher große Sorgen bei dem Gedanken, Seine Majestät könnte selbst in die Sache verwickelt werden.[148]

Anfang Februar 1936, einen knappen Monat nach der Thronbesteigung Eduards, erfuhr Stanley Baldwin, sein neuer Souverän habe die Absicht, Mrs. Simpson zu heiraten, sobald die Scheidung rechtsgültig sei. Da Baldwin diese Neuigkeit von dritter Seite erfahren hatte, hielt er sie für unglaubwürdig und kümmerte sich nicht weiter darum. Sir Walter Monckton, der engste Vertraute von Edward, schrieb später: »Ich habe die ganze Zeit geglaubt, und zwar schon lange bevor von einer Heirat die Rede war und auch noch später, daß sie, wenn sie zwischen ihrer Liebe und seinen Verpflichtungen als König und Kaiser würden wählen müssen, schließlich das Opfer bringen würden, so schwer es ihnen auch fallen mochte.«[149]

Aber Monckton war sich seiner Sache nicht sicher und ging am 7. Juli zu Churchill, um seinen Rat einzuholen. Clementine hat einmal gesagt, Winston sei der letzte gewesen, der noch »an die göttlichen Vorrechte der Könige glaubte«. Es war ihm fast unmöglich, unfreundliche Gedanken über einen Inhaber des englischen Throns zu hegen. Aber er wußte genau, welche Gefahr Wallis bedeutete. Zur Zeit von Georgs V. Tod war es, wie er später in einer nicht veröffentlichten Darstellung der Ereignisse schrieb, »in weiten Kreisen der Politik und Gesellschaft bekannt«, daß Eduard »eine tiefe Zuneigung zu Mrs. Simpson gefaßt hatte«. Doch dann hieß es weiter: »Obwohl belastet mit dem Stigma einer schuldigen Liebe könnte keine menschliche Beziehung natürlicher und weniger getrübt durch Unschicklichkeit oder Unanständigkeit erscheinen.« Wenn es einen Mann gab, mit dem Wallis eine platonische freundschaftliche Beziehung unterhielt, dann ist sein Name für die Geschichte verloren. Und doch schrieb Churchill, Eduard habe zuerst als Prinz und jetzt als König »ihre Gesellschaft genossen und in ihr Qualitäten entdeckt, die für sein persönliches Glück so notwendig waren wie die Luft, die er atmete«. Winston kam dann zu dem eigenartigen Schluß, in ihrer Gegenwart habe sich der König »geborgen« gefühlt.[150]

An jenem Dienstagabend in den Morpeth Mansions Nr. 11 sagte Monckton ihm alles, was er wußte, aber das war noch lange nicht die ganze Wahrheit. Mr. Simpson lebte jetzt mit einer anderen Frau zusammen, und deshalb verlange Wallis ihre Freiheit. Monckton fügte hinzu, zwar denke der König nicht daran, sie zu heiraten, aber sein starkes »Verlangen, sie zu besitzen« würde befriedigt werden, wenn sie frei wäre. Er habe sogar vor, sie zu einem Besuch in Balmoral Castle, der königlichen Residenz in Schottland, einzuladen.[151]

Churchill machte ein mißmutiges Gesicht. Seine Vorstellungen davon, was geschieht, wenn zwei normale Menschen beiderlei Geschlechts allein zusammen sind, waren vielleicht etwas unschuldig, aber er wußte, welches Verhalten von der Öffentlichkeit gebilligt oder abgelehnt wird. Er sagte, allein die Scheidung sei »äußerst gefährlich«. Klatsch sei eine Sache für sich, aber Gerichtsverfahren lägen »auf einer anderen Ebene«. Wenn eine Frau wie Wallis ihre Freiheit zurückgewinne, »könnte jeder Pfarrer von der Kanzel verkünden, ein unschuldiger Mann habe sich scheiden lassen, weil der König eine intime Beziehung zu seiner Frau unterhalten habe«. Er empfahl »dringend, alles zu tun, um eine solche Scheidungsklage zu vermeiden«. Er wandte sich auch entschieden gegen eine Einladung Mrs. Simpsons nach Balmoral. Man müsse Eduard darauf hinweisen, »daß seine Freundschaft (mit Mrs. Simpson) nicht öffentlich zur Schau gestellt werden sollte«. Später schrieb er, daß seine Empfehlungen »Mrs. Simpson durchaus nicht gefallen haben«; sie sei »überrascht gewesen, daß ich mich ›gegen sie‹ ausgesprochen hätte«. Am Donnerstag aß Churchill mit dem König im York House zu Abend. Monckton hatte Eduard noch nichts über sein Gespräch mit Churchill gesagt, und nun fragte dieser ihn, ob Monckton bei ihm gewesen sei. Winston nickte. Eduard wollte wissen, worüber sie gesprochen hätten. Churchill beantwortete die Frage mit nur einem Wort: »Klatsch.« Später schrieb er: »Seine Majestät sah mich streng an, verfolgte das Thema aber nicht weiter.« Als Monckton ihm meldete, was Churchill gesagt hatte, beachtete der König seinen Rat nicht.[152]

Am 4. Oktober mietete Wallis ein Haus am Regent's Park, und drei Wochen später bekam sie in Ipswich ein vorläufiges Scheidungsurteil. Es war zunächst noch nicht rechtskräftig, und deshalb konnte sie erst wieder heiraten, nachdem weitere sechs Monate vergangen waren. Alle amerikanischen Zeitungen berichteten auf den Titelseiten von der Scheidung. In England war dies anders. Die britische Presse folgte einer persönlichen Bitte des Königs und erwähnte den Vorfall nicht. Als Churchill schrieb, die Geschichte sei »in weiten Kreisen von Politik und Gesellschaft« bekannt, sprach er von den Menschen, die *er* kannte, und das waren die Angehörigen der englischen Oberschicht. Die übrige britische Öffentlichkeit hatte nichts über die gescheiterte Ehe von Wallis erfahren. Sogar Anthony Eden wußte nichts davon, bis Baldwin, der am 12. Oktober von einem Urlaub zurückkehrte, ihn mit der Frage überraschte: »Haben Sie irgendwelche Briefe über den König erhalten?« Der junge Außenminister antwortete: »Nein, soweit ich weiß nicht. Weshalb sollte ich solche Briefe bekommen haben?« Die Antwort fand er, wie er später schrieb, als er ins Auswärtige Amt zurückkehrte. Dort lagen »Briefe aus Übersee, wo die Presse weniger zurückhaltend war... (Die Zeitungen) schrieben über den König und Mrs. Simpson und deren bevorstehende Scheidung, und sie waren kritisch.« Während des ganzen Sommers und Frühherbstes hatten die Bewohner der Dominions und die Amerikaner interessiert verfolgt, was H. L. Mencken »die aufsehenerregendste Geschichte seit der Auferstehung« nannte.[153]

Philip Guedalla hat später gesagt, Baldwin habe den König »strenger behandelt als die Gegner des Königs«. Die beunruhigenden Ereignisse auf dem Kontinent haben die körperlichen und seelischen Kräfte des »lieben Vikars« sicher außerordentlich stark beansprucht, aber seine sensible Antenne für innenpolitische Entwicklungen blieb intakt. Macmillan erinnert sich: »Hier handelte es sich um eine Angelegenheit, in der seine besonderen Gaben und seine liebenswerte Persönlichkeit voll zur Wirkung kamen. Die Schwierigkeiten des Königs waren damals in erster Linie ein ›Familienproblem‹. Niemand konnte mit so etwas geschickter und einfühlsamer umgehen als Baldwin, und niemand wußte besser, was im einzelnen zu unternehmen war.« Er hatte darum gebetet, einen letzten Triumph erleben zu dürfen, und hätte auf keine bessere Gelegenheit dafür hoffen können.[154]

Aber Monarchen, sogar konstitutionelle Monarchen, sind für jeden, der dazu erzogen ist, dem Träger der Krone mit Ehrfurcht zu begegnen, achtunggebietende Persönlichkeiten, und dieser Souverän erwies sich als so verschlagen und unangreifbar, wie es ihm kein Parlamentsmitglied zugetraut hätte. Er hatte Monckton, seinen Anwalt und seine Familie belogen. Trotz seiner feierlichen Beteuerungen hatte er gegenüber Wallis ehrliche Absichten. Er wollte sie tatsächlich heiraten. Schließlich vertraute er sich seiner Mutter an. Wutentbrannt und zutiefst gekränkt sagte ihm Königin Mary, es sei seine verfassungsmäßige Pflicht, den Premierminister sofort von seiner Absicht zu unterrichten.[155]

Am Montag, dem 16. November, sprach er mit Baldwin. Der Premierminister war überzeugt, daß die Briten Mrs. Simpson unter keinen Umständen als Königin, als in den Fürstenstand erhobene rechtmäßige Gattin des Königs oder als morganatische Ehefrau akzeptieren würden. Wäre die ganze Angelegenheit diskret behandelt worden, dann hätte Seine Majestät sie sich als Mätresse halten können, aber da sie in den Vereinigten Staaten und in den Dominions schon in aller Munde war, würde ihr Name auch bald in den Schlagzeilen der britischen Zeitungen auftauchen. Der König seinerseits war nicht bereit, eine illegale Verbindung mit ihr einzugehen. Er wollte sie heiraten und den Thron mit ihr teilen. Und als Baldwin ihm sagte, das sei undenkbar, war er nicht bereit nachzugeben. So gab es nur eine einzige Lösung. Eduard VIII. mußte abdanken, und sein Bruder, der Herzog von York, »Bertie«, mußte als König Georg VI. die Nachfolge antreten. Augenscheinlich waren sich Seine Majestät und der Premierminister von Anfang an darüber klar, daß dies die einzig mögliche Lösung war, aber Baldwin konnte dem König diesen Vorschlag nicht machen und auch nicht erwarten, daß der König von sich aus seine Abdankung anbot. Daß die Initiative von einem Außenseiter ausging, war völlig ausgeschlossen. »Die Frau aus Baltimore«, wie die Presse sie jetzt nannte, hielt sich zu dieser Zeit in Cannes auf und ahnte nicht, daß ihr nächster Name vermutlich nicht »Wallis Regina«, sondern Mrs. Windsor sein würde.

Nun hatte Baldwin die Verpflichtung, den Inhalt seines Gesprächs mit dem König dem Kabinett, den Führern der Oppositionsparteien, den älteren Staatsmännern und den führenden Persönlichkeiten im Oberhaus mitzuteilen. Darauf erschien Lord Salisbury am folgenden Tag mit einer kleinen Gruppe empörter älterer Parlamentarier in der Downing Street Nr. 10. Er sagte, sie hätten zwar nichts dagegen einzuwenden, wenn ein gewöhnlicher Bürger »sein Verhältnis heiraten« wolle, es sei aber etwas ganz anderes, wenn »ein Mann, der schon bei seiner Geburt eine hohe Verantwortung übernommen hat, bereit ist, die damit verbundenen Verpflichtungen aufs Spiel zu setzen, um seiner Leidenschaft für irgendeine Frau nachzugeben«. Salisbury hatte Churchill eingeladen, sich dieser Delegation anzuschließen, aber Winston hatte es abgelehnt. Er erklärte, er teile zwar die Ansicht der Delegierten, wenn er sich aber jetzt festlegte, würde er »jeden Einfluß auf den

König verlieren«. Er wolle statt dessen persönlich an Seine Majestät appellieren und ihm sagen, ebenso wie Millionen Engländer seiner Generation »im Kriege jedes denkbare Opfer gebracht hätten, so müsse auch er jetzt bereit sein, seinem Land dieses Opfer zu bringen«. Doch mit seinem Vorsatz stieß Winston auf gewisse Schwierigkeiten. Er hatte gute Erfolgsaussichten, aber um seine Chance zu nutzen, mußte er mit dem König sprechen, und Baldwin wollte das nicht zulassen. Der König hatte sich auf seine Veranlassung in das Jagdschloß Fort Belvedere zurückgezogen. Wer ihn besuchen wollte, brauchte dazu die Genehmigung des Premierministers, und nur ganz wenige ausgesuchte Persönlichkeiten hatten sie erhalten, vor allem der Erzbischof von Canterbury und Geoffrey Dawson von der *Times*.[156]

Angesichts dieser Situation hatte sich in Winstons Denken inzwischen eine gewisse Unlogik eingeschlichen. Am Mittwoch der folgenden Woche sagte Baldwin, der sich über die Parteien hinweg um die Unterstützung des Parlaments bemühte, Churchill, Attlee und Sinclair, falls der König sich weigern sollte, seine Heiratspläne aufzugeben, würden er und sein Kabinett zurücktreten. Er wolle ihre Meinung über diesen Entschluß hören. Attlee und Sinclair erklärten sofort, sie seien nicht bereit, das Amt des Premierministers zu übernehmen. Churchill sagte, für ihn sei die Sache »nicht ganz einfach«, aber er werde »ganz gewiß die Regierung unterstützen«. Er sei überzeugt, der König werde seine Heiratspläne aufgeben. Zugleich gebe es nach seiner Ansicht keinen Grund, weshalb die beiden sich nach der Scheidung von Wallis nicht auch »weiterhin sehen könnten, ohne zu heiraten«. Selbst wenn man wie Winston glaubte, diese Freundschaft sei eine rein platonische, würde ein solches Verhalten einen Skandal auslösen, der, wie er Monckton selbst gesagt hatte, die Krone nur beschmutzen konnte. Darüber hinaus – und hier berührte er ein Problem, das im Verlauf der Krise immer schwieriger wurde – bedauerte Churchill, daß viele eine rasche Entscheidung verlangten. Nach seiner Auffassung gab es keinen Grund, »übereilt« zu handeln. Es handle sich hier schließlich nur um eine »leidenschaftliche Verliebtheit« des Königs. Er sagte, mit der Zeit, nach höchstens zwei oder drei Monaten, würde die Leidenschaft abgeklungen sein, und Seine Majestät würde zur Vernunft kommen. Baldwin, der den Gesichtsausdruck des Königs sehr aufmerksam beobachtet hatte, während dieser über Wallis sprach, wußte es besser.[157]

Churchill erkannte, wie er an Salisbury schrieb, daß die entscheidende »Schwierigkeit« erst nach der Scheidung von Wallis entstanden war. Es sei »Ehrensache für einen Mann, die Frau zu heiraten, die seinetwillen geschieden worden sei oder die Scheidung verlangt hat«. Diese Schwierigkeit sei »unüberwindlich, es sei denn, die betreffende

Dame ist von sich aus bereit, den Mann freizugeben«. Deshalb stimmte er dem Plan zu, eine Abordnung nach Cannes zu schicken, die das erreichen sollte. Eine solche Delegation wurde unter der Führung von Lord Beaverbrook gebildet. Er war vielleicht der einzige Untertan Eduards, der den Mut besaß, die Auserwählte seines Königs zu bitten, »den Gedanken an eine Heirat mit dem König aufzugeben, ob es nun eine morganatische Ehe werden sollte oder nicht«. Dazu müsse sie nur ihren Antrag auf die Ausstellung einer Bescheinigung der endgültigen Scheidung zurücknehmen. Winston glaubte, damit werde sich die Krise beenden lassen. Er machte sich große Hoffnungen und schrieb in einem Brief über Beaverbrook: »Er kann kämpfen wie ein Tiger… Ein *treuer* Tiger! Eine sehr seltene Spezies.« Aber wenn Beaverbrook ein Tiger war, dann war Wallis ein menschenfressendes Tigerweibchen. Sie zeigte ihm und den anderen Untertanen des Königs die kalte Schulter und teilte ihnen mit, wenn sich ihr Souverän zur Heirat entschließen sollte, werde sie ihm keine Hindernisse in den Weg legen.[158]

Bis jetzt wußte die Öffentlichkeit nicht, in welche ausweglose Situation alle Beteiligten geraten waren. Aber das änderte sich am 2. Dezember, als Seine Eminenz Alfred Blunt, der Bischof von Bradford, mit seiner Kritik an den seltenen Kirchenbesuchen des Königs ungewollt einen Sturm der Empörung auslöste. Die Presse ergriff diese Gelegenheit, und die Zeitungen in Bradford, Leeds, Manchester, Nottingham, Darlington und Birmingham brachten Artikel über Wallis. Keine Macht der Welt konnte jetzt die *Times* daran hindern, sich am folgenden Tag mit der Krise zu beschäftigen. Das Kabinett trat zu einer Sondersitzung zusammen. Duff Cooper schlug vor, die Krönung wie geplant stattfinden zu lassen und die Frage der Heirat erst zu behandeln, nachdem der König im Mai gekrönt worden sei. Aber alle anderen stimmten dagegen. Sie sagten ihm, würde man seinem Vorschlag folgen, dann geriete die Monarchie, das Symbol der Einheit des Staates, in den Mittelpunkt eines Sturms, der Großbritannien und das Empire verwüsten könnte, wobei die Möglichkeit bestünde, daß sich eine Königspartei bildete und England in die Zeit zurückgeworfen würde, in der der königliche Hof und das Unterhaus sich um die Regierungsmacht stritten. Duff Cooper wurde auch daran erinnert, daß der Premierminister noch andere Pflichten hatte, darunter die Wiederaufrüstung und die Bewältigung außenpolitischer Aufgaben in Spanien, Genf und Äthiopien. Das ließ sich nicht bestreiten. Macmillan hatte Verständnis für den König, betonte aber später, »abgesehen von den persönlichen Problemen, um die es hier ging, nahm das öffentliche Interesse im größeren Zusammenhang schweren Schaden. Wochenlang – während des ganzen Spätsommers und Herbstes – waren der Premierminister und seine führenden

Kollegen ... zu einer Zeit, in der es galt, lebenswichtige Entscheidungen zu treffen, mit den komplexen Problemen dieser Affäre beschäftigt.«[159]

Baldwin erklärte, die Angelegenheit müsse rasch zum Abschluß gebracht werden. Das Kabinett stimmte ihm zu. Am Abend sagte der König dem Premierminister noch einmal, sein Entschluß, Wallis zu heiraten, sei endgültig. Baldwin erwiderte, die Haltung der Regierung werde sich nicht ändern. Es müsse dringend eine Lösung gefunden werden, und es habe keinen Sinn, die Entscheidung länger hinauszuzögern. Churchill wußte nichts von der Unterredung. Während Baldwin und Eduard miteinander sprachen, meldete sich Winston im Unterhaus zu Wort und verlangte, daß keine unwiderruflichen Maßnahmen getroffen werden dürften, bevor das Parlament konsultiert werde. Die Reaktion auf seinen Antrag war zorniges Gemurmel. Anschließend suchten er und Beaverbrook den Anwalt des Königs auf und erklärten sich mit dem Wunsch Eduards einverstanden, zur Nation zu sprechen. Noch zur gleichen Stunde legte Baldwin sein Veto gegen eine Rundfunkansprache des Königs mit der Begründung ein, ein solcher Auftritt sei »ganz und gar verfassungswidrig«.

Der Leitartikel der *Times* am nächsten Morgen – dem Tag der Massenversammlung in der Albert Hall – war der erste Kanonenschuß in Dawsons Kampagne gegen die Heirat. Darin schrieb er von »einem ernsten konstitutionellen Problem«, das durch »einen Konflikt zwischen den Absichten des Königs und den Ratschlägen seiner Minister« entstanden sei. Weiter stellte er fest, »das hohe Amt, das Seine Majestät innehat, ist keines Mannes persönlicher Besitz. Es ist eine heilige Verpflichtung, die von einer Generation zur nächsten weitergegeben wird.« Der Weg, den ein Souverän zu gehen habe, sei nicht leicht, besonders, wenn dieser, »ohne glücklich verheiratet zu sein, ein mittleres Alter erreicht hat«, aber Seine Majestät müsse verstehen, daß die Monarchie selbst »geschwächt würde, wenn private Neigungen in einen offenen Konflikt mit den Verpflichtungen gegenüber der Öffentlichkeit geraten und man es zuläßt, daß sie die Oberhand gewinnen«. Eduard fühlte sich zutiefst getroffen. In seinen Memoiren schreibt er verbittert: »Die Presse baut auf; die Presse reißt nieder. Während meines ganzen Lebens bin ich ein hilfloser Tonklumpen gewesen, aus dem sie das Abbild eines liebenswerten Prinzen geformt hat. Jetzt hat sich das Blatt gewendet, und die Presse ist entschlossen, den natürlichen Menschen zu vernichten, der ich immer gewesen bin.«[160]

Churchill war in einen emotionalen Zwiespalt geraten, und bei dem Versuch, die nicht standesgemäße Heirat des Königs mit seiner Treue zur Krone in Einklang zu bringen, gab er widersprüchliche Erklärungen ab. Bei einem Essen mit Sir Walter Citrine sagte er sehr ruhig: »Ich werde ihn verteidigen. Ich glaube, das ist meine Pflicht.« Es war das Gegenteil dessen, was er Salisbury versprochen hatte, und der überraschte Citrine sagte: »Wie meinen Sie das? Ohne Rücksicht auf das, was er getan hat?« Citrine berichtete später, Winston »machte ein ernstes Gesicht, legte die Hände auf die Brust und sagte gefühlvoll, ›er fühlt es hier‹ «.[161]

Die Menschen, die Churchill am nächsten standen, waren entsetzt. Seine Tochter Mary berichtet, daß Clementine »ganz anderer Meinung war. Sie sah sehr deutlich etwas anderes. Es war ihr klar, daß das Eintreten Winstons für den König ihm schweren Schaden zufügen und man ihm vorwerfen werde, aus dieser Krise politisches Kapital schlagen zu wollen.« Harold Nicolson schrieb, Churchill habe die Ansicht vertreten, man solle es dem König überlassen, »sich sein Mädchen auszusuchen«. Aber es ging um mehr als das. Winstons Hausarzt meinte: »König und Vaterland, in dieser Reihenfolge, das ist Winstons ganze Religion.« Doch auch er hatte nicht erkannt, was wirklich hinter Winstons Haltung stand. Zum Teil war es Churchills unerschütterliche Treue gegenüber den Menschen, die seine Freunde waren. Eine seiner Sekretärinnen erinnert sich, daß er, selbst wenn jemand eine Ehrlosigkeit begangen hatte, sagte: »Ich will nichts davon hören. Dieser Mann ist mein Freund.«[162]

Lady Violet Bonham Carter stieß bei ihrem Versuch, Winston von seiner Meinung abzubringen, auf »eisige Feindschaft« und kam ebenso wie Clementine zu dem Schluß, daß er »völlig blind« für die Ablehnung »einer anrüchigen morganatischen Ehe« durch die Öffentlichkeit war. Violet schrieb, »sein Eintreten für Eduard VIII. war Ausdruck einer romantischen Loyalität. Er wäre bereit gewesen, sich gegen eine waffenstarrende Welt neben seinen König zu stellen.« Winston selbst hat später etwa das gleiche gesagt: »Ich hätte mich schämen müssen, wenn ich in meiner unabhängigen und inoffiziellen Stellung nicht nach jeder Möglichkeit gesucht hätte, ihn auf dem Thron seiner Väter zu halten, auch wenn ein solches Bemühen noch so aussichtslos erschien.« Das war eine vom Gefühl und nicht von der Vernunft bestimmte Haltung; es war, als habe der König gerufen: »Wer wird mir nun zur Seite stehen, die Brücke mit mir zu verteidigen?« Zwei Männer waren ihm zu Hilfe geeilt, Beaverbrook und Churchill. Aber ihre Motive waren ganz verschieden. Später hat Beaverbrook gesagt, er habe versucht, Baldwin zu »treffen«. Winston erwiderte erregt: »*Ich* habe nicht versucht, irgend jemanden zu ›treffen‹. Ich wollte den König retten.«[163]

Das war nicht möglich, und als Eduard einen Tag nach Erscheinen des Leitartikels in der *Times* und der Massenversammlung in der Albert Hall den Premierminister fragte, ob er Churchill als »einen alten

Wallis Simpson und Eduard VIII.

Freund« empfangen dürfe, mit dem er »offen sprechen« könnte, erklärte sich Baldwin einverstanden. Er wußte, daß er gesiegt hatte. Er hatte Seiner Majestät eben gesagt, das Kabinett verlange noch am gleichen Wochenende eine Entscheidung – es war jetzt Freitag – oder, wenn möglich, noch am gleichen Abend. Eduard hatte ihm geantwortet: »Sie werden nicht mehr viel länger warten müssen.« Er habe nicht nach der Krone verlangt, und er werde nicht um sie kämpfen. Der konservative Abgeordnete Henry Channon schrieb in sein Tagebuch: »Der König sagte (dem Herzog von Kent), er habe schon vor mehr als zwei Jahren gewußt, daß er zwar ein ausgezeichneter Prinz von Wales sei und ihm diese Stellung gefiele, er fürchte sich jedoch davor, König zu werden, weil er nicht wisse, ob er ein guter König sein könne. Er werde die damit verbundene Einschränkung der persönlichen Freiheit, die Etikette und die Einsamkeit nicht ertragen können. Wenn es jetzt nicht zu diesem Problem gekommen wäre, dann vielleicht zu anderen Schwierigkeiten.«[164]

Doch in seinem Gespräch mit Churchill, der im Glauben, den König noch retten zu können, am Abend des 4. Dezember nach Fort Belvedere gefahren war, erwähnte Eduard mit keinem Wort die Tatsache, daß er sich mit seinem Schicksal abgefunden und Baldwin zugesagt hatte, bis zu einem bestimmten Zeitpunkt eine Entscheidung zu treffen. Churchill hatte den Eindruck, Eduard »brauche noch 14 Tage, um die Angelegenheit zu überdenken«. Winston hatte sogar vermutet, der Premierminister werde ihm nicht weniger als einen Monat Zeit geben. Er sagte: »Eure Majestät brauchen sich keine Sorgen darum zu machen, etwa nicht genügend Zeit zu haben. Wenn Sie Zeit brauchen, dann gibt es in diesem Lande keine Macht, die sie Ihnen verweigern könnte. Mr. Baldwin würde Ihnen sicher keine Schwierigkeiten machen.« Dann gab er dem König einen Rat. Er solle »unter keinen Umständen das Land verlassen«. Das würde »den denkbar ungünstigsten Eindruck machen«; denn jeder würde sagen, er wolle sich jetzt »mit Mrs. Simpson treffen«. Eduard bestritt das und erklärte, er habe nicht die Absicht, sie zu besuchen, glaube jedoch, er brauche jetzt »einen Szenenwechsel« und wolle in die Alpen fahren. Aber dann gab er diesen Gedanken auf, denn Winston war sein Freund und aufrichtigster Verteidiger, und er wollte sich nicht mit ihm streiten. In seinen Memoiren schrieb er später: »Als Mr. Baldwin mit mir über die Monarchie sprach, war das so, als sei es eine trockene und leblose Sache. Aber als Mr. Churchill darüber redete, wurde die Monarchie lebendig, wuchs und wurde von Licht durchflutet.«[165]

Am Samstag vormittag schickte Winston dem Premierminister einen ausführlichen Bericht über seine Audienz beim König und entwarf eine Erklärung zur Veröffentlichung in den Sonntagszeitungen. Sie begann mit den Worten: »Ich bitte um Zeit und Geduld.« Weiter hieß es, es gebe keinen Konflikt zwischen dem König und dem Parlament, denn das Parlament sei nicht konsultiert und nicht aufgefordert worden, Stellung zu nehmen. Im übrigen sei es in der Geschichte Englands noch nie vorgekommen, daß ein Monarch »auf Veranlassung eines amtierenden Ministers« abgedankt habe. Da das Scheidungsurteil für Mrs. Simpson nicht vor April 1937 rechtskräftig werden würde, könne die Hochzeit nicht vor dem Frühjahr gefeiert werden, und »aus den verschiedensten Gründen« könnte es geschehen, »daß es überhaupt nicht dazu kommt«. Im übrigen habe »ein begabter und geliebter König, der zwischen privaten und öffentlichen Pflichten und Verantwortlichkeiten hin- und hergerissen wird, das Äußerste an Ritterlichkeit und Mitgefühl verdient«.[166]

Wenn Churchill dem König gesagt hatte, man werde ihm genügend Zeit lassen, dann hatte er sich geirrt. In Wirklichkeit hatte Baldwin dem Kabinett am gleichen Sonntag gesagt, »diese Angelegenheit muß noch vor Weihnachten zum Abschluß gebracht werden«. Monckton, der an der Sitzung teilnahm, berichtet, Chamberlain habe sogar gesagt, so viel Zeit dürfe man ihm nicht lassen; die Ungewißheit werde »dem Weihnachtsgeschäft schaden«. Man sprach jetzt schon ganz offen davon, daß sich der König mit seiner Abdankung abgefunden habe. Beaverbrook unterrichtete Churchill telefonisch von der ungünstigen Lage: »Unser Hahn will nicht kämpfen.« Doch Winston wollte nicht aufgeben und entwarf für den König einen Kompromißvorschlag. Darin sollte der König erklären, er räume dem Kabinett das Vetorecht gegen seine Heiratspläne für den Fall ein, daß die Sache im April entschieden werden müsse. Sinclair zeichnete den Entwurf ab, aber als er in Fort Belvedere eintraf, lehnte ihn der König, wie Winston später an Boothby schrieb, »mit der Begründung ab, daß es unehrenhaft wäre, die Sache noch länger hinauszuzögern, da sein Entschluß feststünde und er auch nicht mehr umzustimmen sei«. Danach, so fügte Churchill hinzu, »hätten keine menschlichen Bemühungen den Lauf der Ereignisse noch ändern können«.[167]

Doch zu seinem Unglück stolperte Winston, bevor er die Antwort des Königs auf seinen Vorschlag zur Kenntnis genommen hatte, in die schlimmste politische Niederlage seines Lebens. Bob Boothby, einer der wenigen Abgeordneten, die noch treu zu ihm hielten, war am Wochenende in Chartwell zu Gast gewesen. Dort hatte er erlebt, daß Churchill »schweigsam und ruhelos sich nach allen Seiten umsah wie ein Hund..., der im nächsten Augenblick auf den Teppich kotzen wird«. Später sagte Boothby einem Freund, er habe schon am Sonntag gefürchtet, daß »Winston irgend etwas Furchtbares tun wird«, aber er habe es sich nie träumen lassen, daß er ins Unterhaus kommen »und sich dort auskotzen würde«.[168]

Am Montag, dem 11. September nahm Churchill an einem Treffen des Anglo-French Luncheon Club teil und erschien, wie Boothby berichtet, »zum ersten und einzigen Mal in seinem Leben betrunken« im Parlament. Es war zur Zeit der Fragestunde. Der Premierminister beantwortete äußerst geschickt und geduldig alle Fragen über die Krise. Die Stimmung war freundlich. Die Abgeordneten hatten während des Wochenendes den Kontakt zu ihren Wahlkreisen aufgenommen und festgestellt, daß nur wenige Wähler Verständnis für das Verhalten Eduards hatten. Harold Nicolson schrieb an Vita: »Das Tragische ist, daß die Menschen, nachdem sie den ersten gefühlsmäßigen Schock überwunden haben, die Abdankung des Königs *verlangen*. Ich glaube, fast das ganze Unterhaus ist jetzt gegen den König.« Er schrieb, die Abgeordneten sagten, »wenn es schon soweit gekommen ist, daß er nicht mehr bereit ist, seine Pflicht zu erfüllen... dann kann man von diesem Mann nichts Gutes mehr erwarten«.[169]

Während Winston an seinen Platz ging, erklärte Baldwin – und das war im Grunde eine Unaufrichtigkeit –, die Regierung werde nichts unternehmen. Winston mußte später in einem Brief an Boothby zugeben, daß er »nicht deutlich genug erkannt hatte, wie weit der Premierminister den von mir zum Ausdruck gebrachten Auffassungen entgegengekommen war. Ich hätte natürlich begrüßen müssen, was er sagte...« Ohne sich darüber klar zu sein, daß es sich um die Fragestunde handelte, stand er auf, um seine Presseerklärung vom Vortag zu verteidigen. Er begann mit den Worten: »Darf ich meinen ehrenwerten Freund fragen, ob er uns die Zusicherung geben kann, daß keine unwiderruflichen Maßnahmen getroffen werden, bevor das Haus eine ausführliche Erklärung zur Kenntnis genommen hat –« mehr konnte er nicht sagen. Die Abgeordneten protestierten wie ein Mann mit einer Demonstration kollektiven Zorns. Macmillan erinnert sich an »die Feindseligkeit, die ihm von allen Seiten entgegenschlug – von den Konservativen, den Sozialisten und den Liberalen«. Winterton, der dem Unterhaus seit 47 Jahren angehörte, nannte die Demonstration »eine der wütendsten gegen einen Mann im Unterhaus gerichteten Manifestationen, die ich je mitangehört habe«. Einzelne Rufe ließen sich unterscheiden – »aufhören!« »Ruhe!« »Lügner!« –, aber im übrigen hörte man nur ein wortloses lautes Lachen und ohrenbetäubendes Brüllen.[170]

Leo Amery schrieb in sein Tagebuch, Churchill sei »von der geschlossenen Feindseligkeit des Hauses zutiefst erschüttert« gewesen, und Nicolson notierte: »Winston ist im Haus zusammengebrochen... In fünf Minuten hat er alles, was er in zwei Jahren geduldig aufgebaut hatte, zum Einsturz gebracht.« Winston selbst fühlte sich »ganz allein in einem von Zorn erfüllten Unterhaus. Wenn ich in Aktion bin, lasse ich mich von feindlichen Gefühlsausbrüchen sonst nicht beeindrucken«, aber jetzt sei es »rein physisch fast unmöglich gewesen, mir Gehör zu verschaffen«. Und trotzdem blieb er in der gewohnten kämpferischen Haltung mit vorgeschobenem Unterkiefer und grimmigem Gesichtsausdruck stehen, bis ihm der Sprecher zu seiner Überraschung das Wort entzog, weil er versucht habe, in der Fragestunde eine Rede zu halten. Mit zornrotem Gesicht wandte er sich an Baldwin und rief, wie Beaverbrook berichtet: »Sie werden nicht zufrieden sein, bevor Sie ihm das Genick gebrochen haben, nicht wahr?« Dann verließ er, gefolgt von Brendan Bracken, den Raum. Wie die *Times* am nächsten Morgen berichtete, war es »die eindrucksvollste Zurückweisung in der modernen Parlamentsgeschichte«.[171]

Ein so ungewöhnliches Schauspiel läßt Motive vermuten, die wahrscheinlich tiefer lagen als der äußere Anlaß, denn Churchill hatte in der Heiratskrise im Grunde nur eine Nebenrolle gespielt und nichts bewirken können. Die Simpson-Affäre hat offenbar sowohl in der Öffentlichkeit als auch im privaten Bereich zu Überreaktionen geführt. Boothby meint, sie habe das öffentliche Interesse so vollständig in Anspruch genommen, weil »es hier endlich etwas Bewegendes und Erregendes gab, von dem keine Gefahr ausging«. Man konnte sich gefahrlos für die eine oder die andere Seite einsetzen, und wie die Sache auch ausgehen würde, bei der Lösung des Problems ging es nicht um Leben und Tod. So wurden durch die Krise in gewisser Weise die Spannungen abgebaut, die in Großbritannien im Verlauf der Debatte um die Wiederaufrüstung und die zunehmende Wahrscheinlichkeit eines neuen Krieges in Europa entstanden waren. Die Menschen hatten sich über die von Churchill genannten alarmierenden Tatsachen Gedanken gemacht, und es hatte ihnen nicht gefallen, daß er behauptete, sie befänden sich in einer immer gefährlicher werdenden Lage. Als die Ereignisse ihm recht gaben, wuchsen diese Spannungen. Doch nun hatte sich gezeigt, daß er auf der falschen Seite stand, und deshalb wandte sich der Zorn der Briten gegen ihn. Wenn sie ihre Wut an ihm ausließen, meinten sie damit die Wahrscheinlichkeit eines neuen großen militärischen Konflikts, den sie nicht verschuldet hatten und für den sie, wie sie glaubten, auch nicht verantwortlich waren.[172]

Nach dem von Churchill ausgelösten Tumult im Unterhaus steuerten die Ereignisse rasch auf eine Entscheidung zu. Am Donnerstag, dem 10. Dezember, unterzeichnete der König die Abdankungsurkunde, die besagte, daß seine Regierungszeit am Mittag des folgenden Tages zu Ende gehen würde. Baldwin brachte sie noch am gleichen Nachmittag ins Unterhaus mit, ließ sie von dem zuständigen Beamten verlesen und hielt eine ausgezeichnete Rede, in der er den Verlauf der Krise im einzelnen schilderte. Während er das unterzeichnete Schriftstück in die Höhe hielt, erklärte er: »Noch nie hat das Parlament eine so wichtige Urkunde erhalten, und noch niemals hat ein Minister eine schwierigere, und ich darf sagen unangenehmere Aufgabe übernehmen müssen.«[173]

Letzteres entsprach nicht ganz der Wahrheit. In einem kurzen Gespräch mit Harold Nicolson sagte Baldwin: »Mein lieber Nicolson, ich habe in dem Augenblick Erfolg gehabt, als ich ihn am dringendsten brauchte.« Nach einem Jahr voller Enttäuschungen ist ihm die Anerkennung, die er nach diesem Meisterstück erfahren hat, kaum unangenehm gewesen. Aber niemand hat ihn darum beneidet. Churchill schrieb im *Evening Standard*, der Premierminister habe »noch nie beeindruckender und mit größerer parlamentarischer Gewandtheit gesprochen«. Sein eigener kurzer Bericht darüber, was er während der Krise unternommen hatte – in dem er darauf hinwies, daß ihm dabei nur lückenhafte Informationen zur Verfügung gestanden hatten –, wurde von den Abgeordneten zunächst mit mißtrauischem Schweigen entgegengenommen, das sich aber dann in Sympathie verwandelte, und wie es im offiziellen Parlamentsbericht heißt, erntete Winston am Schluß »lauten Beifall«. Amery schreibt in seinem Tagebuch: »Winston erhob sich, um sich einem feindlich gesinnten Parlament zu stellen, und vollzog mit einer bewundernswert formulierten kurzen Rede einen strategischen Rückzug.«[174]

Am Freitag war Churchill in Fort Belvedere zum Mittagessen eingeladen und arbeitete mit dem König am Text seiner Abdankungsrede im Rundfunk. Eduard schreibt in seinen Memoiren, »jeder Kenner des Stils von Churchill konnte auf den ersten Blick sehen«, von wem die Rede verfaßt war, denn sie enthielt für ihn so charakteristische Redewendungen wie »von meinem Vater in der konstitutionellen Tradition erzogen« und »ein unvergleichlicher Segen, dessen sich so viele von Ihnen erfreuen, der mir jedoch versagt geblieben ist – ein glückliches Familienleben mit Frau und Kindern«. Nach dem Besuch schrieb Winston über seinen Gastgeber: »Seine Haltung ist bewundernswert.« Wie hätte es auch anders sein sollen? Eduard war jetzt alle Pflichten los, die er verabscheute. Bald würde er mit der Frau vereinigt sein, die er liebte, und konnte den Rest seines Lebens als Seine königliche Hoheit, der Herzog von Windsor, genießen. Sein Bruder würde ihm diesen Titel nach der Abdankung verleihen, obwohl die königliche Familie zum Ärger von Eduard verlangt hatte, daß Wallis nicht als königliche Hoheit bezeichnet werden dürfe. Aber immerhin würde sie sich Herzogin nennen dürfen, und das war mehr als ihre Freunde in Baltimore jemals erwartet hätten. Nach dem Mittagessen mit Winston blickte Eduard auf seine Uhr und stellte fest, »jetzt bin ich nicht mehr König«. Er schreibt, als er sich von Churchill verabschiedete, »hatte er Tränen in den Augen. Ich sehe ihn noch an der Tür stehen, in der einen Hand den Hut, in der anderen den Spazierstock. Er muß sich an irgend etwas Besonderes erinnert haben, denn er schlug mit dem Stock den Takt zu einer Strophe, die er im Selbstgespräch rezitierte.« Es war eine Strophe aus Andrew Marvells Ode auf die Enthauptung von König Karl I.:

He nothing common did or mean
Upon that memorable scene.[175]

Aber auf den Straßen Londons sangen die Kinder einen ganz anderen Spottvers:

Hört, was die Engel singen,
Mrs. Simpson zwickt unseren König.

Aber es war nicht nur der König, den sie zwickte. Als Churchill in Chartwell mit Bill Deakin die Rundfunkansprache seines ehemaligen Königs anhörte, war er zu Tränen gerührt – nicht durch den von ihm verfaßten Text, sondern weil ihm bewußt wurde, was diese Worte bedeuteten. Für ihn und alle, die sich darum bemüht hatten, die Verteidigungsfähigkeit Englands zu stärken, hatte die Krise katastrophale Auswirkungen. Später schrieb er: »Alle Kräfte, die ich in der Bewegung für die Aufrüstung und die Einhaltung der Statuten des Völkerbunds gesammelt hatte, deren Zustandekommen, wie ich glaube, meiner Initiative zu verdanken war, hatten sich jetzt von mir distanziert oder waren auseinandergelaufen, und von mir hatte die Öffentlichkeit eine so schlechte Meinung, daß fast jeder überzeugt war, meine politische Laufbahn sei zu Ende.«[176]

Gewiß war sein Feldzug für die Stärkung der Verteidigungsbereitschaft gescheitert. Violet Bonham Carter schrieb, viele seiner treuen Anhänger »haben mir gesagt, wenn er weiter die Führung in der Bewegung beanspruchte, wären wir hoffnungslos kompromittiert«. Macmillan glaubte, ohne die Simpsonkrise hätte die Bewegung »vielleicht die schon geschwächte Position des Premierministers ins Wanken bringen können. Es wäre uns vielleicht gelungen, eine neue politische Linie oder einen Regierungswechsel – oder beides zu erreichen. Aber leider!... Die ganze Wirkung der Massenversammlung in der Albert Hall ging verloren – erstens durch die Abdankung und zweitens als Folge des katastrophalen Prestigeverlusts von Churchill.«[177]

Nach dem von Churchill ausgelösten Tumult im Unterhaus hatte Boothby Winston in einem zornigen Brief an ihre Vereinbarung erinnert, daß »Sie Ihren ganzen Einfluß einsetzen werden«, was »entscheidend« einer erfolgreichen Lösung des Problems der Heirat des Königs hätte dienen können. »Aber heute nachmittag haben Sie dem König sowohl im Parlament als auch im ganzen Land einen schweren Schlag versetzt und ihm damit mehr geschadet als mit allem, was sich Baldwin hätte vorstellen können. Sie haben die Zahl unserer potentiellen Anhänger auf das absolute Minimum reduziert – ich würde sagen, es sind jetzt im Ganzen nur noch sieben. *Und Sie haben es getan, ohne Ihre besten Freunde und Anhänger zu konsultieren.*« Boothby war bereit gewesen, »Ihnen blind zu folgen«, weil, wie er in einem zweiten Brief schrieb, »ich leidenschaftlich glaube, daß Sie der einzige Mann sind, der dieses Land und die Welt in den nächsten zwei kritischen Jahren retten kann«. Aber jetzt sahen sich die Parteigänger Churchills von Männern angegriffen, die unmittelbar davorstanden, sich den politischen Forderungen Churchills anzuschließen. Einer von ihnen war bereit gewesen, »einigen seiner Freunde in der australischen Regierung... unter Berufung auf Sie Telegramme zu schicken«. Jetzt weigere er sich jedoch, das zu tun. Boothby erklärte: »Nur wenn Sie sich auf die Überzeugungskraft objektiver Argumente verlassen, die sich auf Ihren unerreichten Intellekt und Ihre Erfahrungen stützen, können Sie die solide politische Mitte im Unterhaus für sich gewinnen und die Stellung der von allen geachteten Autorität einnehmen, die Ihnen gebührt.«[178]

Während der Krönung des neuen Königs im Mai in der Westminster Abbey flüsterte Winston Clementine ins Ohr: »Du hattest recht. Jetzt sehe ich, daß der andere nicht fähig dazu gewesen wäre.« Aber eine öffentliche Entschuldigung war ihm ebenso unmöglich wie das Eingeständnis eines Irrtums. Am ersten Weihnachtsfeiertag schrieb er an Lloyd George, der seinen Urlaub in Westindien verbrachte: »Wir haben hier eine schreckliche Zeit erlebt... Gut, daß Sie sich da herausgehalten haben« – als hätte der Waliser Radikale mit seiner einfachen Herkunft und seiner Verachtung für den Adel seine politische Karriere riskiert, um einen Mann zu retten, der für eine Frau auf eine Krone verzichtete. An den Herzog von Westminster schrieb Churchill: »Es ist erstaunlich, wie Baldwin jedesmal stärker wird, wenn er einen Menschen oder eine Sache vernichtet hat, die für unser Land etwas bedeuteten.« Aber hätte Eduard für England und für die Sache, um die es Churchill ging, etwas bedeutet, dann hätte er seine Flitterwochen nicht in Deutschland verbringen und den Hitlergruß der Nazis, die ihn am Straßenrand mit ausgestreckten Armen empfingen, nicht selbst mit steif emporgerecktem Arm und »Heil« erwidern dürfen.[179]

Der Stratege und Staatsmann Churchill konnte die Leistungen des politischen Technikers Baldwin nicht anerkennen. Macmillan mußte mit einem gewissen Neid zugeben, daß es Baldwin mit erstaunlichem Geschick gelungen war, »seine Autorität ungeheuer zu stärken, während Churchill seinen Einfluß fast völlig verloren hatte«. Nicolson meinte, Baldwin habe seine Überlegenheit vor allem der Simpson-Affäre zu verdanken, ein führender Labourabgeordneter habe ihm gesagt: »Gott sei Dank haben wir S. B. an der Spitze. Kein anderer hätte diese Lage meistern können.« Nicolson war stolz darauf, »wie einmütig das Unterhaus in Krisenzeiten ist. Es gab keine Hysterie und keine Parteipolitik.« In Wirklichkeit hatte es beides gegeben; Hysterie bei dem gegen Churchill gerichteten Gefühlsausbruch, und nach Baldwins Sieg eine Stärkung der Konservativen, die einem Wahlsieg gleichkam.[180]

Am Schluß begriff Winston das Ausmaß der Katastrophe, in die er geraten war, und versank in tiefe Depressionen. Nach der Abdankung des Königs traf er in Paris mit Beaverbrook zusammen und sagte ihm: »Meine politische Karriere ist beendet.« Beaverbrook erwiderte zwar, »Unsinn!«, schrieb aber später: »Es war reiner Zufall, daß er bei Kriegsausbruch noch dem Parlament angehörte.« Nach dem Kriege erinnerte Bernard Baruch Churchill daran, wie 1936 »Ihre politische Karriere beendet zu sein schien und Sie sich überlegten, ob Sie sich an irgendeinem Geschäftsunternehmen beteiligen sollten«. Als Lord Davis Winston empfahl, die Nation durch eine neue Vortragsreise zur Besinnung zu bringen, erwiderte Churchill, er glaube, es bestünde die Neigung, »den Wert öffentlicher Versammlungen zu überschätzen«. Er sagte, »ein armer Teufel kann sich allzu leicht völlig verausgaben, ohne die öffentliche Meinung auch nur im geringsten zu beeinflussen. Wenn wir an den Rundfunk herankommen könnten, wäre ein gewisser Fortschritt vielleicht möglich. Aber man hat uns den Zugang dazu mit allen Mitteln verbaut.«[181]

Damit hatte er recht. Die Beschwichtigungspolitiker fühlten sich wieder sicher, waren überzeugt, daß Churchill ein gefährlicher Provokateur sei, und taten alles, ihn zum Schweigen zu bringen. Das Kabinett prüfte einen Plan der BBC für eine neue Sendereihe über die Europapolitik. Duff Cooper vertrat als einziger die Auffassung, alle gut unterrichteten Engländer sollten aufgefordert werden, im Rahmen dieser Reihe zu sprechen, aber die übrigen Kabinettsmitglieder lehnten es ab, Personen zu Wort kommen zu lassen, »die eine eigene unabhängige Meinung zum Ausdruck bringen würden«. Der Kabinettssekretär Hankey schlug vor, Churchill nicht mehr das Vorrecht zu gewähren, in die Stellungnahmen des Luftfahrtministeriums Einblick zu nehmen, ein Vorrecht, das er als Angehöriger des Kronrats genoß und für seine Kritik an der RAF benutzte. Er sagte: »Soweit ich es beurteilen kann, hat es keinen Sinn, diese Kontroverse mit Mr. Churchill fortzusetzen.« Baldwin stimmte ihm zu, machte aber sofort einen Rückzieher, als Winston ihm telefonisch drohte, seine Denkschriften »nach Belieben bei meinen Freunden« in Umlauf zu setzen. Die Regierung wußte, wie zutreffend Winstons Informationen waren, obwohl bisher noch kein Mitglied des Kabinetts auf dieses Problem eingegangen war.[182]

Er wußte – und sprach auch mit Inskip darüber –, daß die britische Wiederaufrüstung »immer mehr ins Hintertreffen geriet« und daß die britische Luftwaffe der deutschen »entscheidend und bedauerlicherweise« unterlegen war. Lord Rothermere, der als erster ausländischer Hausgast Hitlers in Berchtesgaden übernachtet hatte, schrieb an Churchill, der Führer behaupte, »es bestünde eine enge Freundschaft zwischen Deutschland und England, aber es wird eine Freundschaft zu seinen und nicht zu unseren Bedingungen sein«. Rothermere sagte voraus, »selbst wenn es nicht zum Krieg kommen sollte, werden Großbritannien und Frankreich noch vor Ende dieses Jahrzehnts praktisch (deutsche) Vasallenstaaten sein. Die Vorstellung, daß wir nicht kämpfen können, verbreitet sich in ganz England.« Am 5. Februar 1937 schrieb Winston im *Evening Standard*, daß 15 Millionen Tschechen jetzt »in der Furcht vor einem militärischen Überfall leben, auf den eine mit eiserner Strenge durchgeführte Besetzung des Landes folgen wird«. Dort herrsche die von Goebbels betriebene »Haßpropaganda, gefördert von der Druckerpresse und dem Radio«, und der Propagandafeldzug Berlins könnte sich demnächst auch gegen Belgien, Holland, Schweden, die Schweiz und sogar Großbritannien richten.[183]

Das alles vertiefte seine melancholische Stimmung. Clementine und die 14jährige Mary verbrachten einen Skiurlaub im Flexen Hotel in Zürs am Arlberg. Winston war mit Deakin in Chartwell zurückgeblieben und arbeitete an seinem *Marlborough*. Daneben verfaßte er, wie er seiner Frau schrieb, »Zeitungsartikel, um die Suppe am Kochen zu halten«. Doch die Einnahmen aus dieser Tätigkeit reichten nicht aus. Auf seinem Schreibtisch stapelten sich die unbezahlten Rechnungen. Sogar das Wetter war unerfreulich trübe und grau, und ein schwerer Regen fesselte ihn und seine Staffelei an das eine Ende des Arbeitszimmers, wo er die Möbel mit Staubüberzügen bedeckt hatte, aus dem Fenster blickte und malte, was er draußen sah. Endlich klärte sich der Himmel auf. Der Journalist Cecil Roberts, ein alter Bekannter, besuchte ihn und fand ihn am Teichufer, wo er gebeugt auf einem Stuhl saß und seine Schwäne anstarrte. Winston sprach in düsterer Stimmung von dem bevorstehenden Wachwechsel in der Downing Street Nr. 10, wo Baldwin von Chamberlain abgelöst werden sollte. Er sagte: »Es gibt für nichts einen Plan, und das ist nicht gut. Sie tappen im Nebel herum. Alles ist sehr, sehr schwarz.«[184]

Die Fleet Street nahm den Regierungswechsel mit Beifall auf, und das tat auch die Öffentlichkeit in Großbritannien. Man war überzeugt, diese Männer würden den Frieden bewahren.

III.
Rücklaufende Brandung

In den auf die Krise um die Heirat des Königs folgenden Monaten erreichte die Popularität Churchills ihren Tiefpunkt. Nach den Weihnachtsfeiertagen brachte Randolph die amerikanische Schriftstellerin Virginia Cowles zu einem Mittagessen nach Chartwell mit. Sehr viel später erinnerte sie sich: »Das Jahr 1937 war eines der schmerzlichsten im Leben Churchills. Sein Einfluß war auf dem Nullpunkt angelangt, zum Teil als Folge der Abdankungskrise, zum Teil weil Hitler und Mussolini nichts unternahmen und die Menschen zu glauben begannen, es werde doch nicht zum Krieg kommen.« Bei einem Spaziergang durch den Park fand sie ihn »unten am Teich in einer zerrissenen Jacke und mit zerbeultem Hut auf dem Kopf, wie er mit einem Stock im Wasser herumstocherte und versuchte, einen seiner Fische aufzuspüren, der anscheinend verschwunden war. Der Fisch tauchte schließlich wieder auf, aber sein Ansehen in London schien endgültig verloren.«[1]

Am 27. Mai 1937, sechs Tage nach der Krönung von Georg VI. in der Westminster-Abtei, trat Stanley Baldwin zurück und verließ seinen Posten, wie Churchill schrieb, »im wärmenden Licht der öffentlichen Dankbarkeit und Wertschätzung«. Harold Nicolson notierte in seinem Tagebuch: »Noch niemand ist bei seinem Ausscheiden aus dem Amt von einer so glühenden Zuneigung begleitet worden.« In der Westminster-Abtei wurde Baldwin mit fast ebenso starkem Beifall begrüßt wie der König. In seinem Leitartikel erklärte Dawson, der »liebe Vikar« habe sich »als der authentische Sprecher der Nation erwiesen« – ein überraschendes Lob; bis dahin hatte Dawson diese Rolle der *Times* vorbehalten – und, so fuhr er fort, die Menge habe ihm »zugejubelt, weil die Menschen gekommen waren, um in ihm die Verkörperung ihrer eigenen höchsten Bestrebungen zu sehen«. Während die Zimmermädchen in der Downing Street Nr. 10 an jenem Abend die Koffer packten, wurde der scheidende Premierminister als Earl Baldwin of Bewdley in den Adelsstand erhoben und mit dem Hosenbandorden ausgezeichnet, seiner Gattin wurde der Titel einer Dame des Britischen Empire verliehen. »In diesem Augenblick scheinen sich alle Herzen geöffnet zu haben«, schrieb Stanley Baldwin an Halifax. »Es ist wunderbar. Ich bin müde, glücklich und zufrieden.« Churchill allerdings sagte: »Nun, endlich ist auch das Licht in diesem alten Dummkopf verlöscht.«[2]

Stanley Baldwin, der »Vikar«.

Die Geschichtsschreibung hat zwischen Baldwin und Neville Chamberlain eine enge Verbindung hergestellt, wenngleich sie völlig verschieden waren und bei ihrem Ausscheiden aus dem Amt ein jeweils ganz anderes Vermächtnis hinterlassen haben. Stanley Baldwin war ein Befürworter der Beschwichtigungspolitik, ohne selbst wirklich aktiv zu werden. Auf dem Gebiet der auswärtigen Angelegenheiten fühlte er sich unsicher und überließ es daher anderen Regierungen, besonders der deutschen, die Initiative zu ergreifen. Chamberlain hat nie an seinen eigenen Fähigkeiten gezweifelt und deshalb aktiv in das politische Geschehen eingegriffen. Wie Churchill später schrieb, folgte auf den von einer »vagen, aber dennoch tiefgründigen Intuition« bestimmten Stanley Baldwin der »enge, scharfkantige Betätigungsdrang« eines »lebhaften, geschäftstüchtigen, voreingenommenen und selbstsicheren« Mannes. Macmillan glaubte, der neue Premierminister sei sich »nur zu sicher, daß er auf jede Frage die richtige Antwort wußte. Die Bewältigung von Problemen war für Baldwin weitgehend eine Sache des Temperaments und des Gefühls. Chamberlain näherte sich ihnen mit einem klaren, logischen Verstand. Das Schlimme war nur, daß seine Fehleinschätzungen katastrophale Folgen hatten, wenn er sich irrte.«[3]

Der Charme Baldwins hatte zum Teil in seiner grenzenlosen Duldsamkeit gelegen. Er hatte nie gezeigt, daß er sich gekränkt fühlte, auch nicht, wenn es jemand darauf anlegte, ihn zu kränken. Chamberlain andererseits »konnte sogar von seinen Anhängern keine Kritik vertragen«, wie Leo Amery in seinen Memoiren schreibt. »Kritik war für ihn gleichbedeutend mit Insubordination, und nach seiner Auffassung gehörte zu jeder Teamarbeit eine strenge Disziplin.« Eden und Duff Cooper, unabhängig denkende Männer, die es gewohnt waren, offen ihre Meinung zu sagen, wurden auf den Kabinettssitzungen kaum angehört. Zuerst hatte Eden es begeistert begrüßt, daß es Chamberlain gelungen war, die »mit Fett eingeschmierte Stange« zu erklimmen, wie Disraeli den Aufstieg zum Amt des Premierministers genannt hatte. Er hatte Halifax gesagt, es wäre eine große Erleichterung, »einen Premierminister zu haben, der auch ein gewisses Interesse für die auswärtigen Angelegenheiten zeigt«. Als Eden jedoch feststellen mußte, daß Neville Chamberlain sein eigener Außenminister sein wollte, gefiel ihm das weniger, besonders wenn der Premierminister sich in außenpolitischen Fragen von zwei anderen Ministern beraten ließ, die früher das Auswärtige Amt geleitet hatten, von Simon und Hoare. Halifax, Simon, Hoare und Chamberlain bildeten, wie die britische Presse sie nannte, »die Großen Vier«. Die drei im Rang unter ihm stehenden Mitglieder dieses Gremiums wagten es nicht, Chamberlain zu widersprechen oder seine Urteilsfähigkeit in Frage zu stellen. Hoare schrieb: »Mein Instinkt und meine Erziehung verlangten von mir, den Ideen Chamberlains zuzustimmen.« Mit anderen Worten, wer dem Premierminister nicht widersprach, hatte keine Schwierigkeiten.[4]

Während die Beschwichtigungspolitiker immer weiter von der traditionellen britischen Außenpolitik abwichen und den für sie bequemsten Weg verfolgten, waren sie sich offensichtlich nicht der Tatsache bewußt, daß Hitler die großen politischen Ziele, die er in seinem Buch *Mein Kampf* vorgezeichnet hatte, nun in besorgniserregender Weise zu verwirklichen suchte. Statt dessen konzentrierten sie sich auf politische Intrigen. Der Präsident des geheimen Staatsrats im britischen Kabinett, Lord Halifax, hatte ein Auge auf das Amt Edens im Auswärtigen Amt geworfen, und Chamberlain war nicht abgeneigt, ihn zum Außenminister zu ernennen, obwohl Halifax schon im ersten Amtsjahr der neuen Regierung bewiesen hatte, wie wenig er die Spielregeln der Diplomatie beherrschte. Am 7. November 1937 besuchte er als erstes Mitglied des britischen Kabinetts Hitler auf seinem Berghof in Berchtesgaden aufgrund einer Einladung, die Hitler bewußt nicht auf die Franzosen ausgedehnt hatte. Als sein Wagen an der Einfahrt hielt, blieb er sitzen. Angehörige des britischen Hochadels öffnen nicht selbst die Wagentür. Durch das Wagenfenster sah er draußen ein paar schwarze Hosen. Da er glaubte, sie gehörten einem Lakaien, murmelte er ungeduldig etwas über die Verzögerung, bis der entsetzte Chauffeur ihm zuflüsterte: »Der Führer! Der Führer!« Nachdem Halifax selbst die Tür geöffnet hatte, erklärte er, warum er nicht ausgestiegen war. Dabei lachte er schallend. Adolf Hitler war der letzte, der es vertragen konnte, mit einem Bedienten verwechselt zu werden. Er warf Halifax einen wütenden Blick zu. Das war kein günstiger Auftakt. Als Halifax dem Premierminister in der Downing Street den Vorfall schilderte, mußte auch Chamberlain zugeben, daß dieses Mißverständnis nicht einer gewissen Komik entbehrte, das war aber auch das einzige, was Halifax daran interessierte. Dann sagte er Chamberlain, welche Lösung Hitler für die Beendigung der Unruhen in Indien vorgeschlagen habe: »Erschießen Sie Gandhi.« Auch das amüsierte den Premierminister. Keiner der beiden Herren kam auf den Gedanken, Hitler könnte es ernst gemeint haben.[5]

Chamberlain war entsetzt, als das Unterhaus eine Debatte über die Deutschlandreise von Halifax verlangte. Entschlossen, freundschaftliche und vertrauensvolle Beziehungen zum Dritten Reich herzustellen, fürchtete er, Hitler, der keine Vorstellung von der Bedeutung einer freien Presse oder einer frei geführten Parlamentsdebatte hatte, würde kritische Äußerungen übelnehmen, die der Premierminister nicht verhindern konnte. Deshalb ließ er Eden mitteilen, er hoffe, es würden keine Äußerungen fallen, die »die Diktatoren beunruhigen« könnten. Doch das waren vergebliche Hoffnungen. Am 21. Dezember 1937 hielt Winston eine sehr offene und scharfe Rede. Er sagte, zweimal sei der nationalsozialistische Außenminister nach London eingeladen worden, und zweimal habe er die Einladung zurückgewiesen. Die Reise von Halifax sei eine unangemessene Reaktion auf die Halsstarrigkeit der Nazis und darüber hinaus eine Beleidigung für die Franzosen gewesen. »Unseren Beziehungen zu Frankreich« maß er »die größte Bedeutung« zu. Die Sicherheit der beiden Demokratien gründe sich »auf die Stärke der französischen Armee und auf die Stärke der britischen Flotte«. Er verwies darauf, daß »die Deutschen in der Tschechoslowakei die Regierungsform, unter der sie leben müssen«, seit Hitler Reichskanzler und Führer des Deutschen Reichs geworden sei, lautstark ablehnten. Er hoffe, daß nicht noch mehr Europäer unter einem nationalsozialistischen Regime würden leiden müssen. Das träfe »besonders für die Juden« zu. Mit erhobener Stimme sagte er, es sei nicht zu fassen, daß Hitler ein Komplott gegen eine ganze Rasse inszeniert habe, die er aus der

Gesellschaft, »in die sie hineingeboren sind«, ausmerzen will, oder daß er Angehörige einer anderen Rasse schon in »frühester Kindheit von der übrigen Bevölkerung isoliert und sie dem Haß und der Verachtung ihrer Mitmenschen aussetzt. Das ist sehr schmerzlich.«[6]

Chamberlain machte sich ganz andere Vorstellungen. In den Weihnachtsfeiertagen hatte er das Buch *The House That Hitler Built* von Steven Roberts gelesen, in dem der Verfasser schwere Vorwürfe gegen den Nationalsozialismus erhebt. Doch an seine Schwester Ida schrieb er: »Wenn ich dem Verfasser glauben wollte, dann müßte ich verzweifeln, aber ich tue es nicht und werde es auch nicht tun. Zum Glück habe ich meine eigenen Vorstellungen von der Möglichkeit, mit den Deutschen zu verhandeln. Sie sind sofort und sogar begeistert von all jenen begrüßt worden, denen ich sie vorgelegt habe, und wir haben (Nevile) Henderson (den britischen Botschafter in Berlin) gebeten, herzukommen und die Angelegenheit mit uns zu besprechen.«[7]

Indessen beobachtete Churchill aufmerksam das Unheil, das sich in Mitteleuropa zusammenbraute, und sah sich in seiner Überzeugung gestärkt, daß es Zeit war, und zwar höchste Zeit, etwas für die Verteidigungsfähigkeit Großbritanniens zu tun. Aus absolut zuverlässiger Quelle hatte er einen Entwurf für den von Hitler geplanten »Fall Grün« bekommen. Das war das Konzept für den in zwei oder drei Monaten vorgesehenen Einmarsch in die Tschechoslowakei mit drei Armeekorps. Ein anderer Informant hatte ihm über die verzweifelten Versuche der Regierungen in den Hauptstädten der osteuropäischen Länder geschrieben, »Deutschland nicht zu provozieren«, und berichtet, die nationalsozialistische Führung sei »überzeugt, daß wir neutral bleiben werden, wenn sie die Tschechoslowakei angriffen«. Aus einer dritten Quelle hatte er genaue Zahlen über die Verluste der RAF mit neuen Flugzeugen bekommen, die auf die schlechte Ausbildung der Piloten und Flugzeugmechaniker zurückzuführen waren.[8]

Aber Arthur Neville Chamberlain, der fest davon überzeugt war, daß es keinen Krieg geben werde, glaubte auch nicht daran, daß die Streitkräfte in absehbarer Zeit eine wichtige Aufgabe würden erfüllen müssen. Churchill mußte allein gegen den Strom schwimmen, und am 16. März 1937 verlor er mit dem Tod von Sir Joseph Austen Chamberlain, dem Halbbruder des Premiers, seinen angesehensten Verbündeten in dem Feldzug, mit dem er Großbritannien die politische Wirklichkeit bewußt machen wollte. An Lady Chamberlain schrieb er: »Nichts kann die Einsamkeit lindern oder die Lücke ausfüllen. In diesem letzten Jahr habe ich ihn häufiger gesehen und enger mit ihm zusammengearbeitet als zu irgendeiner anderen Zeit politischer und persönlicher Verbundenheit im Verlauf von nahezu 40 Jahren.«[9]

Während immer deutlicher erkennbar wurde, welchen außenpolitischen Kurs Neville Chamberlain eingeschlagen hatte – Bündnisse mit dem italienischen Faschismus und dem deutschen Nationalsozialismus unter Ausschluß Frankreichs, während England alte Streitigkeiten begrub und damit den Frieden für Großbritannien sicherte –, hörten die Minister immer weniger von ihrem Regierungschef persönlich. Der neue Hausherr in der Downing Street Nr. 10 war nur sehr selten bereit, irgend jemanden zu empfangen. Die Besucher wurden schon an der Tür von Sir Horace Wilson begrüßt, einem höflichen Mann mit tiefliegenden Augen und sanfter Stimme, der zur Zeit des Burenkriegs seine Laufbahn als Beamter in der Zivilverwaltung begonnen hatte. Als erster Industrieberater der Regierung hatte er sich für Chamberlain in den sechs Jahren, in denen Neville das Amt des Schatzkanzlers innehatte, als unentbehrlicher Mitarbeiter erwiesen. Nachdem Chamberlain die Zügel von Baldwin übernommen hatte, ernannte der neue Premierminister Sir Horace zum Leiter der Zivilverwaltung und des Schatzamts. Obwohl er nicht in diese Stellung gewählt worden war und die britische Öffentlichkeit ihn nicht kannte, verfügte der Berater Chamberlains über mehr Einfluß als die meisten Kabinettsmitglieder und diente seinem Herrn in ähnlicher Weise, wie Rasputin dem letzten Zaren gedient hatte. Ende 1937 baute er, wie W. J. Brown schreibt, für sich »eine mächtigere Stellung in Großbritannien auf, als sie irgend jemand seit Kardinal Wolsey innegehabt hatte... Sein Einfluß war in fast jeder Beziehung schlecht... In all den kritischen Jahren, als rasches, kühnes und energisches Handeln allein unseren Bedürfnissen entsprochen hätte, förderte Wilsons Kompromisse suchender, neue Begriffe formulierender Verstand die Schwäche des Premierministers, die auf diese Weise immer deutlicher zum Ausdruck kam.« Die »Großen Vier« machten Schlagzeilen, aber es war Wilson, der mit seinem Einfluß auf Chamberlain – dessen Vertrauen zu ihm grenzenlos war – zum Hohenpriester der Beschwichtigungspolitik wurde.[10]

Churchill war bereit gewesen, im Geiste der Versöhnung auf dem Parteikonvent der Konservativen zu erscheinen, um Chamberlain bei dessen Bewerbung um das Amt des Parteivorsitzenden zu unterstützen, aber es war vergebliche Liebesmüh. Churchill war kein nachtragender Mensch, aber, wie sich Sir John Colville erinnerte, konnte er »eine gewisse Verbitterung gegenüber der Parteiführung nicht ganz unterdrücken, die es ihm zunächst unter Baldwin und dann unter Chamberlain in den 30er Jahren verwehrt hatte, ein öffentliches Amt zu bekleiden«. Seine in der Caxton Hall am 31. Mai 1937 zur Ernennung von Chamberlain gehaltene Rede war nicht ganz das, was die Tories eigentlich hatten hören wollen. Nachdem er den Leistungen Nevilles als

Schatzkanzler bei der Belebung des Außenhandels und der Wiederherstellung der Kreditfähigkeit Englands im Ausland die bei solchen Gelegenheiten übliche Anerkennung gezollt hatte (»eine beachtliche Leistung«), warnte er die Konservativen und erklärte, er habe die Absicht, seinen einsamen, unpopulären Weg weiter zu verfolgen. Er erklärte, die Rolle des politischen Führers sei nie als »diktatorisch oder despotisch« interpretiert worden; das Unterhaus »ist auch heute noch die Arena der freien Debatte«. Obwohl er nicht im entferntesten daran glaubte, sagte er, Chamberlain würde »als angesehener Parlamentarier und Mitglied des Unterhauses nichts gegen ehrlich ausgetragene Meinungsverschiedenheiten« haben, und er werde der Meinung der Partei »ihren untergeordneten, aber doch berechtigten Platz in seinem Denken zubilligen«. Ein konservativer Abgeordneter bezeichnete die Ausführungen Churchills als »eine gekonnte, leidenschaftliche Rede, nicht ohne einen Anflug von Bitterkeit«.[11]

Sogar Nicolson konnte sich nicht entschließen, unter Churchills Banner zu marschieren. Seiner Frau Vita schrieb er: »Sei unbesorgt, mein Liebling. Ich werde mich nicht in Winstons Brigade einreihen. Meine Führer sind Anthony (Eden) und Malcolm (MacDonald).« Edens Gefolgschaft war größer als die von Churchill, die nur noch aus Boothby, Bracken und Duncan Sandys bestand, der seit seiner Heirat mit Diana im Jahr 1935 Winstons Schwiegersohn war.[12]

Zweifellos hatte Chamberlain nicht nur die konservativen Parlamentsabgeordneten, sondern auch die britische Öffentlichkeit auf seiner Seite, während Churchill als Schwarzseher und Bangemacher abgelehnt wurde. Sir John Reith sorgte dafür, daß man ihn nur selten in den Sendungen der BBC hörte, und dabei erfreute sich Reith der vollen Unterstützung des Premierministers. In einer Woche wurde Reith von Horace Wilson zweimal in die Downing Street Nr. 10 bestellt, der ihn darauf hinwies, daß Chamberlain nicht damit einverstanden war, Auszüge aus Reden im Parlament zu senden, in denen die Regierung kritisiert wurde. Wenn ein Abgeordneter sich gegen einen solchen Kritiker wandte, war dies eine andere Sache. Wie für alle Missionare galten für ihn zwei Normen: Wenn die Mitglieder seines Kabinetts eine andere Meinung vertraten als er, nahm er für sich das Recht in Anspruch, die endgültige Entscheidung zu treffen, und brachte, wenn es möglich war, jeden zum Schweigen, der ihn mit guten Argumenten kritisierte.[13] Das wäre ihm aber kaum gelungen, wenn seine Landsleute nicht mit seiner Politik einverstanden gewesen wären. Die Stimmen der Beschwichtigungspolitiker der 30er Jahre haben für unsere Ohren heute einen seltsamen Klang. Damals hielten die meisten Engländer das, was sie sagten, für durchaus vernünftig, und diejenigen, die sich dagegen aussprachen, wurden verspottet, verächtlich gemacht und sogar des Verrats beschuldigt. 1937 strömten die Menschen in England in die Kinos, um Frank Capras Film *Lost Horizon* nach dem Roman von James Hilton zu sehen. Zu Beginn macht sich der Hauptdarsteller Robert Conway – gespielt von Ronald Colman – bittere Vorwürfe wegen seiner Charakterlosigkeit. Als Pazifist hatte er geglaubt, Großbritannien sollte seine Armee auflösen, alle Kriegsschiffe versenken, alle Bombenflugzeuge und Jäger der RAF verschrotten und alle Schwerter zu Pflugscharen umschmieden. Wenn feindliche Truppen englischen Boden betraten, dann sollten sie, so hatte er behauptet, höflich begrüßt und nach ihren Wünschen gefragt werden, die sofort zu erfüllen waren. Nachdem er jedoch zum Außenminister mit Sondervollmachten ernannt worden war, hatte ihn der Mut verlassen. Bevor der Film Anfang der 40er Jahre britischen und amerikanischen Soldaten gezeigt wurde, mußten viele Szenen herausgeschnitten werden. Die uniformierten jungen Leute wußten, was Hitler getan hätte, wenn er nach Shangri-La einmarschiert wäre, dessen Bewohner mit Sicherheit keine Arier waren.

Anfang 1938 entschloß sich Neville zu einem kühnen Schritt, über den er schon vorher im Vertrauen mit seiner Schwester gesprochen hatte. Die Idee des Premierministers wurde unter der Bezeichnung »koloniale Befriedung« bekannt. In *Mein Kampf* und in seinen demagogischen Reden auf den nationalsozialistischen Massenversammlungen hatte sich Hitler bitter über den »Raub« der deutschen Kolonien beklagt, der durch den Versailler Vertrag sanktioniert worden war. Chamberlain glaubte, wenn man Deutschland die Kolonien zurückgäbe, würde Hitler seine Pläne aufgeben, in benachbarte europäische Länder einzufallen und deren Gebiete zu annektieren. Er legte diese Idee dem Kabinett vor und erklärte, man könne die Freundschaft der Nationalsozialisten dadurch gewinnen, daß man »ein ganz neues Kapitel in der Geschichte der Entwicklung der afrikanischen Kolonien« aufschlüge, in welches das Deutsche Reich als eine der afrikanischen Kolonialmächte einbezogen werden könne, »indem man ihm die Verwaltung bestimmter Territorien überträgt«. Henderson und Halifax stimmten begeistert zu. Eden gab seine Zustimmung nur sehr zögernd, worauf der Premierminister ihm einen strafenden Blick zuwarf. Das war ein böses Omen.[14]

Horace Wilson beauftragte eine Gruppe von Spezialisten der Zivilverwaltung, die für die Übergabe der kolonialen Besitzungen erforderlichen Dokumente zu entwerfen. Halifax sagte dem Botschafter Hitlers in London, Ribbentrop, England suche »dringend nach Möglichkeiten«, dem Deutschen Reich »Zugeständnisse zu machen«. Eden, der die Politik Chamberlains immer noch loyal unterstützte, versicherte dem nationalsozialistischen Botschafter, die Regierung Seiner Majestät habe den »aufrichtigen Wunsch«, dem Deutschen Reich seine Kolonien zurückzugeben, wenn England als Gegenleistung Garantien erhielte, die Großbritannien »das Gefühl größerer Sicherheit« gäben, was allerdings gewisse Vereinbarungen im Bereich der Rüstung erfordere.[15]

Die durch die Nachrichten aus London beunruhigten Franzosen erhoben energischen Widerspruch gegen eine Anerkennung des deutschen Anspruchs auf Kolonien mit dem Ziel, die nationalsozialistische Regierung zu beschwichtigen, und der britische Kolonialminister Ormsby-Gore sorgte dafür, daß das Vorhaben scheiterte. Eden hatte vor einiger Zeit gesagt, die moralische Überlegenheit Großbritanniens werde an Glaubwürdigkeit verlieren, wenn es ebenso wie Hitler und Mussolini Verträge zerrisse und Vereinbarungen nicht einhalte – und nun erinnerte ihn Chamberlains Kolonialminister daran, daß die Verwirklichung dieses Plans genau das bedeuten werde. Über einem Teil der früheren deutschen Kolonien wehte jetzt der Union Jack, das bedeute aber nicht, daß diese Gebiete britischer Besitz waren. Der Völkerbund hatte den Briten das Mandat über diese Gebiete zugesprochen unter der Voraussetzung, daß sich die Lebensbedingungen der Bevölkerung unter britischer Verwaltung bessern würden. Derartige Verpflichtung ließe sich nicht erfüllen, wenn diese Gebiete dem Dritten Reich übergeben würden, das aus dem Völkerbund ausgetreten war und offiziell die Auffassung vertrat, die Schwarzen gehörten ebenso wie die Juden einer minderwertigen Rasse an.

Aber die Beschwichtigungspolitiker nahmen es, wie alle Fundamentalisten, mit den Tatsachen nicht so genau. Einer der angesehensten englischen Intellektuellen, R. W. Seton-Watson, schrieb empört: »Die bequeme These, Deutschland sei unfähig, Kolonien zu verwalten, ist ebenso unwahr wie beleidigend und sollte widerrufen werden.« Nach der Besetzung des Rheinlands durch Hitler und dem Abschluß des englisch-deutschen Flottenabkommens habe es sich erwiesen, daß der Versailler Vertrag und die Statuten des Völkerbundes kaum noch eine politische Bedeutung hätten. Dawson übernahm wieder einmal die Rolle des selbsternannten Sprechers für 40 Millionen Briten und schrieb: »Die öffentliche Meinung in Großbritannien ist der Regierung vermutlich weit voraus« in ihrer Überzeugung, daß die Herstellung stabiler Beziehungen zu Deutschland das einzige Ziel »unserer Außenpolitik« sein sollte. Er behauptete, die englische Bevölkerung habe »nur wenig Verständnis für die Auffassung«, daß sich das Deutsche Reich noch an ihm »vor 20 Jahren auferlegte Beschränkungen« halten müsse.[16]

Doch nun kam es zu Meinungsverschiedenheiten bei den Beschwichtigungspolitikern. Hitler weigerte sich, auf dem Gebiet der Aufrüstung Zugeständnisse zu machen, Eden erklärte daraufhin die Beschwichtigungsversuche für gescheitert. Churchills Vetter, Lord Londonderry, schloß sich dieser Auffassung an. Er war zunächst dafür eingetreten, Deutschland alle ehemaligen Kolonien zurückzugeben, glaubte aber, Großbritannien müsse dafür gewisse Gegenleistungen fordern. Einem Freund sagte er, »unsere Versöhnungsbereitschaft« dürfe in Berlin auf keinen Fall als Schwäche interpretiert werden, er fürchte, die Deutschen würden, wenn sie stark genug seien, versuchen, ihre Forderungen »mit Waffengewalt durchzusetzen... Ich habe den Eindruck, daß uns die unentschlossene Politik der Regierung langsam, aber sicher in diese Lage manövriert.«[17]

In Wirklichkeit befand sich Chamberlain schon jetzt in einer solchen Lage. Im Februar 1938, zwei Jahre nach der ersten Debatte im Unterhaus über das Problem der deutschen Ansprüche auf die ehemaligen Kolonien, telegrafierte er – trotz leidenschaftlicher Proteste Edens – an Nevile Henderson nach Berlin, er sei bereit, auf größere Zugeständnisse der Deutschen zu verzichten. Um dieses Geschäft gegenüber der britischen Öffentlichkeit zu »rechtfertigen«, sollten die Nationalsozialisten ein Angebot »in Richtung auf die Sicherung des Friedens in Europa« machen. Er verzichtete aber auf die von ihm zunächst geforderten weitgehenden Rüstungsbeschränkungen und meinte, eine Vereinbarung über Bombenangriffe aus der Luft wäre ausreichend. Als Ribbentrop auch diesen Vorschlag zurückwies, gab Chamberlain klein bei. Nun sagte er, das Problem der Kolonien könne sofort gelöst werden. Er werde die Kolonien nicht als Tauschobjekt bei künftigen Verhandlungen verwenden.[18]

Chamberlain machte Hitler ein neues Angebot. Afrikanische Kolonien, die niemals zum deutschen Kolonialbesitz gehört hatten – und daher im Versailler Vertrag nicht genannt worden waren –, sollten »neu aufgeteilt« werden. Sie befänden sich gegenwärtig im Besitz von Frankreich, Belgien (der Kongo) und Portugal (Angola), jetzt sollte England sie dem Reich schenken. Hitler verstand diese Sprache, denn es war seine eigene. Interessiert fragte er, was geschehen werde, wenn sich die Belgier und Portugiesen weigerten. Chamberlain erwiderte, nicht nur Portugal und Belgien, sondern »vermutlich« auch Frankreich würden schließlich bereit sein, »an dieser Lösung mitzuwirken«. Doch zunächst sei es wichtig, daß kein Wort über seinen neuen Plan nach Paris, »geschweige denn« nach Lissabon oder Brüssel durchsickere. Die Regierungen dieser Länder würden »lediglich unterrichtet werden«, daß Gespräche über »Deutschland und England betreffende Fragen«

geführt worden seien. Doch leider gab es in Großbritannien eine freie Presse, und Henderson mußte Hitler erklären, daß Chamberlain keine Möglichkeit besaß, den Journalisten vorzuschreiben, was sie zu schreiben hätten und was nicht. Der Botschafter erklärte jedoch, er habe mit »etwa 80« Männern von der Fleet Street gesprochen und sie eindringlich darauf hingewiesen, wie notwendig es sei, in dieser Angelegenheit die Diskretion zu wahren. Zugleich teilte Halifax der Wilhelmstraße mit, die BBC habe »Maßnahmen ergriffen«, durch die sichergestellt sei, daß in den Rundfunksendungen das Thema der Kolonien nicht angesprochen würde. In London nahm Horace Wilson Kenntnis davon, daß Halifax »sich besonders darum bemüht hatte«, über dieses Geschäft nichts an die Öffentlichkeit dringen zu lassen. Wilson sagte, er hoffe, daß ihm das gelingen werde.[19]

Für Chamberlain bedeutete dieses ganze Spiel ein unglaubliches Risiko. Im Austausch gegen ein Scheinversprechen zur Beruhigung britischer Nerven legte er Territorien auf den diplomatischen Verhandlungstisch, die zum Kolonialbesitz anderer Mächte gehörten, die er nicht konsultiert hatte und die auch nicht unterrichtet werden sollten, bevor die Entscheidung endgültig getroffen war. Zu seinem Glück lehnte der deutsche Reichskanzler seinen Vorschlag ab. Wieder hatte Hitler alle Welt, einschließlich seiner eigenen Diplomaten, zum Narren gehalten. Noch am 10. November 1937 hatte Freiherr Ernst von Weizsäcker, der in der Wilhelmstraße die gleiche Rolle spielte wie Vansittart in der Downing Street, geschrieben, Deutschland verlange von England die Rückgabe der Kolonien, denn Großbritannien brauche vor allem Ruhe, und es wäre günstig, wenn man feststellen könnte, was England für eine solche Ruhe zu zahlen bereit sei. Doch Hitler hatte inzwischen ein feines Gefühl für die Schwächen Chamberlains entwickelt. Am 3. März sagte er dem überraschten Henderson, er habe keine Verwendung für die Kolonien. Sie wären »nur eine Belastung für mich«. Die Entscheidung in dieser Frage könne noch vier, sechs, acht oder sogar zehn Jahre warten. Als der britische Botschafter ihn um eine definitive Entscheidung bat, sagte Hitler ihm eine schriftliche Antwort zu, aber wie Henderson in seinen Memoiren schreibt, verließ er »Berlin eineinhalb Jahre später, ohne sie erhalten zu haben«. Viel zu spät mußte Henderson erkennen, daß das deutsche Verlangen auf Rückgabe der ehemaligen Kolonien nur ein Ablenkungsmanöver gewesen war und es Hitler nicht auf eine »Verständigung mit Großbritannien« ankam, sondern nur auf die »Vorherrschaft in Mittel- und Osteuropa«.[20]

Der Premierminister hatte Mussolini heftig umworben in der Hoffnung, ihn auf die Seite Englands zu ziehen, bevor Hitler ihn für sich gewinnen konnte, aber Hitler war der geschicktere Verführer. Eden wußte das ebensogut wie der österreichische Regierungschef Kurt von Schuschnigg, der 1934 die nationalsozialistischen Mörder des damaligen Kanzlers Dollfuß hatte hängen lassen und jetzt selbst Kanzler geworden war. Nun versuchten sowohl Hitler als auch Mussolini, Schuschnigg auf ihre Seite zu ziehen. Im Sommer 1936 hatte ihn der Duce davon überzeugt, daß die Herstellung freundschaftlicher Beziehungen zum Dritten Reich für Österreich günstig sei, und in dem daraus resultierenden gemeinsamen Kommuniqué vom 11. Juli 1936 hieß es, die österreichische Außenpolitik werde von dem Grundsatz ausgehen, »daß sich Österreich als einen deutschen Staat betrachtet«, während das Deutsche Reich »die volle Souveränität des österreichischen Bundesstaates« anerkannte. Das war ein schlechtes Geschäft. Ein geheimes Zusatzabkommen verpflichtete Österreich dazu, die Pressefreiheit im eigenen Lande einzuschränken und nationalsozialistische »politische Gefangene« in österreichischen Gefängnissen zu amnestieren. Viele von ihnen gehörten der SA an und waren als Mörder von Juden und Gegner Hitlers verurteilt worden.[21]

Schuschnigg war zwar ein frommer Katholik und eine Führerpersönlichkeit, wußte jedoch, daß seine schwache Armee gegen Hitlers Wehrmacht und Luftwaffe nichts ausrichten konnte. Und Mussolini beantwortete die Frage, ob er auch weiterhin die österreichischen Grenzen garantieren werde, ausweichend. Schuschnigg unterstützte zu jener Zeit die Habsburger Restaurationsbestrebungen, denn er erblickte in der Wiedereinführung der Monarchie die einzige Möglichkeit, die österreichische Unabhängigkeit zu wahren. Am 12. Februar 1938 bat Hitler ihn zu einer Besprechung auf seinen Berghof bei Berchtesgaden. Berlin erklärte, das Treffen sei anberaumt worden, um bessere Beziehungen zwischen beiden Ländern herzustellen. Doch Schuschnigg traute dem Frieden nicht. Zudem war er nicht der Mann, der sich ohne weiteres einschüchtern ließ, aber Hitler war es bisher jedes Mal gelungen, seine politischen Gesprächspartner über den Tisch zu ziehen.

Wie in den meisten Fällen waren seine Verhandlungsmethoden auch hier alles andere als subtil. In der braunen SA-Uniform und flankiert von deutschen Generälen – ein krasser Verstoß gegen das diplomatische Protokoll, besonders gegenüber einem Österreicher der alten Wiener Schule – führte er seinen besorgten Gast in sein im ersten Stock gelegenes Arbeitszimmer, durch dessen großes Fenster man das ganze Panorama der schneebedeckten Alpengipfel überblicken konnte. In seinem später verfaßten Bericht über das Treffen mit dem Titel *Ein Re-*

quiem in Rot-Weiß-Rot schildert Schuschnigg das nun folgende Gespräch als »etwas einseitig«.[22]

In Wirklichkeit war das Verhalten Hitlers empörend. Der österreichische Bundeskanzler sprach Hitler als »Herr Reichskanzler« an, wie es die diplomatische Höflichkeit erforderte, doch Hitler war so taktlos, ihn nur als »Schuschnigg« anzureden. Dabei sprach er in einem strengen und verächtlichen Ton mit seinem Gast. Während er aus dem Fenster auf die österreichischen Berge blickte, erklärte er, er habe eine historische Mission und werde diese ihm von der Vorsehung gestellte Aufgabe erfüllen. Wer nicht für ihn sei, werde »unter die Räder« kommen. Österreich sei zu schwach, um seiner Wehrmacht Widerstand zu leisten, und habe keine Verbündeten. Italien? Er und Mussolini seien miteinander »im reinen«. Frankreich hätte ihm die Besetzung des Rheinlands verwehren können, aber jetzt sei es für Frankreich zu spät. Und England? Er habe sich mit den Briten geeinigt, England werde »keinen Finger für Österreich rühren«. Für Schuschnigg hätte Hitler ebensogut chinesisch sprechen können; er hatte das Gefühl, der deutsche Reichskanzler käme »aus einer anderen Welt«.

Zum Schluß setzte sich Hitler mit seiner geradezu hypnotischen Überzeugungskraft durch. Nach elf Stunden dauernden Beschimpfungen und Drohungen und nachdem Hitler ihn wütend angeschrien und erklärt hatte, wenn er den Befehl dazu gebe, werde die österreichische Verteidigung zusammenbrechen, gab Schuschnigg nach. Er akzeptierte das Ultimatum Hitlers und unterzeichnete eine von Ribbentrop entworfene, zwei Seiten umfassende »Vereinbarung«. Darin verpflichtete er sich, alle verurteilten Nationalsozialisten aus dem Gefängnis zu entlassen, ihre Partei als legitim anzuerkennen und drei Nationalsozialisten als Minister in sein Kabinett aufzunehmen, unter ihnen den berüchtigten Arthur Seyß-Inquart, der als Innenminister die uneingeschränkte Verfügungsgewalt über die Polizei und die Sicherheitskräfte haben sollte.[23]

Hitlers Bericht über das Treffen, in dem er das Verständnis und die »warmherzige Bereitschaft« Schuschniggs lobte, engere Beziehungen zwischen Österreich und Deutschland herzustellen, wurde vom Reichstag mit stürmischem Beifall aufgenommen. Churchill kommentierte den Vorgang mit den bissigen Worten: »Wenn eine Schlange ihr Opfer verschlingen will, bedeckt sie es vorher mit Schleim.« Die Auswirkungen dieser Entwicklung waren in allen Hauptstädten der Welt spürbar, wenn auch nicht alle führenden Politiker begreifen wollten, was sie bedeuteten. Am 16. Februar, dem gleichen Tag, an dem das österreichische Kabinett den Forderungen Hitlers entsprechend umgebildet wurde, trat das Kabinett Chamberlains zusammen, um über eine von der RAF beantragte Erhöhung des Etats der britischen Luftstreitkräfte zu beraten. Außenminister Eden und der Erste Lord der Admiralität, Duff Cooper, hielten diese Maßnahme für längst überfällig. Schatzkanzler Simon sprach sich dagegen aus und begründete seinen Widerstand damit, daß höhere Steuern die »gegenwärtig günstige Finanzlage« Großbritanniens gefährden würden. Chamberlain schloß sich dieser Ansicht an. Das tat auch Inskip, obwohl er der für die Koordinierung der Verteidigungsanstrengungen verantwortliche Minister war. Er sagte, das Außenministerium solle »den Umfang unserer außenpolitischen Verpflichtungen herabsetzen und die Zahl unserer potentiellen Feinde verringern«. Das konnte nur die Fortsetzung der Beschwichtigungspolitik gegenüber Deutschland und Italien bedeuten, und als Chamberlain rief, »hört, hört«, rötete sich Edens Gesicht.[24]

Die Beziehungen zwischen dem Premierminister und seinem jungen Außenminister näherten sich dem Punkt, an dem es zum Bruch kommen mußte. Im Januar hatte Präsident Roosevelt Chamberlain telegrafisch vorgeschlagen, die europäischen Regierungen sollten in Washington zusammenkommen, um über ihre Differenzen zu sprechen. Der Premierminister empfand diesen Vorschlag als lästige Einmischung – der Stellvertreter Vansittarts im Auswärtigen Amt, Sir Alexander Cadogan, schreibt, Chamberlain »empfand für die Amerikaner eine fast instinktive Geringschätzung« – und lehnte das Angebot Roosevelts ab, ohne Eden zu konsultieren. In seiner in kühlem Ton abgefaßten Antwort teilte er dem amerikanischen Präsidenten mit, er werde sich mit den Diktatoren verständigen können, und zwar zunächst mit Mussolini. Die Regierung Seiner Majestät sei bereit, »die italienische Besetzung Äthiopiens *de jure* anzuerkennen, wenn sie feststellen könne, daß die italienische Regierung den Nachweis für ihr aufrichtiges Verlangen erbracht habe, vertrauensvolle und freundschaftliche Beziehungen (zu Großbritannien) wiederherzustellen«.[25]

Nach Auffassung von Churchill war durch die schroffe Ablehnung des Angebots von Roosevelt durch Chamberlain die letzte Chance vertan, »die Welt auf andere Weise vor der Tyrannei zu bewahren als durch einen Krieg«, wie Churchill in seinen Memoiren schreibt. Wenn diese Stellungnahme ungewöhnlich erscheint, dann muß man sich Churchills Gedankengänge klarmachen, denen auch Eden zustimmte. Wie Winston schreibt, nahm Roosevelt »große innenpolitische Risiken auf sich, wenn er bewußt die Vereinigten Staaten in die immer düsterer werdende europäische Szene einbezog«. Aber er wußte, daß die Demokratien in Europa nicht ohne amerikanische Hilfe überleben konnten. Roosevelt war nicht der Mann, den man zweimal beleidigen konnte. Seine Botschaft war in einem höflichen, ja rücksichtsvollen Ton abgefaßt. Jetzt wußte er, daß er sich nie mit Chamberlain würde einigen können. Er hatte erkannt, daß Hitler irgendwann in die Schranken gewiesen werden mußte. Wenn Großbritannien Hitler zum Opfer fiel, konnte Roosevelt den Frieden für Amerika noch für eine Generation bewahren, aber dann würden sich die Vereinigten Staaten in einer hoffnungslosen Lage befinden. Schon jetzt fingen die Bewunderer der Nationalsozialisten in den lateinamerikanischen Großstädten an, die Knüppel zu schwingen. Deshalb war der Präsident ebenso wie Churchill entschlossen, eine besondere Beziehung zwischen England und Amerika herzustellen.[26]

Chamberlain zog Vereinbarungen mit Deutschland und Italien der amerikanischen Hilfe vor. Und er und seine Umgebung sahen in ihrem Außenminister einen Mann, der sich dieser Politik in den Weg stellte. Das klingt heute verwunderlich. Später genoß Eden in der britischen und amerikanischen Öffentlichkeit das Ansehen eines glänzenden Politikers, der nur noch von Churchill in den Schatten gestellt wurde. In Wirklichkeit war er eher vorsichtig als ehrgeizig. Bis gegen Ende des Jahrzehnts gab es im Grundsätzlichen kaum irgendwelche Unterschiede zwischen ihm und dem Premierminister, auf dessen Freundschaft und Vertrauen er sich verlassen konnte. Als Hitler Österreich bedrohte, hatte er dem Kabinett gesagt, er glaube »nicht in der Lage zu sein, einen Widerstand zu empfehlen, den wir in Wirklichkeit nicht leisten können«. Dennoch versuchte Chamberlain, Hankey davon zu überzeugen, daß Eden »von einigen sentimentalen Leuten im Auswärtigen Amt umgestimmt« worden sei. Lady Ivy Chamberlain, die Witwe von Austen, die stolz ein neues faschistisches Parteiabzeichen trug, berichtete aus Rom, Eden werde dort »mit deutlicher Abneigung und Mißtrauen« angesehen. Der Premierminister beauftragte Persönlichkeiten wie sie mit privaten diplomatischen Aufgaben oder ließ persönliche Botschaften unter seinem Namen auf diesem Wege ins Ausland gelangen und überging und demütigte auf diese Weise den Außenminister. Warum? Die wahrscheinlichste Erklärung ist, daß Chamberlain, wie Eden einem Freund sagte, eine gewisse Sympathie für Diktatoren hatte, »deren Machtvollkommenheit ihn beeindruckte«.[27]

Ende Februar erreichte die Situation ihren dramatischen Höhepunkt. Hitler hatte Schuschnigg an einem Samstag mit seinen Drohungen gedemütigt. Die Demütigung Edens folgte eine Woche später. Er hatte den italienischen Botschafter in England, Dino Grandi, zu einem Gespräch in das Auswärtige Amt gebeten. Auf Anweisung aus Rom wies Grandi die Einladung zurück und bat, von Chamberlain empfangen zu werden, um mit ihm über die neuen Zugeständnisse zu sprechen, die Hitler von Schuschnigg verlangte. Der Premierminister willigte ein und wies Eden an, am Freitag, dem 18. Februar, an dem Gespräch mit dem italienischen Botschafter teilzunehmen. Damit geriet der britische Außenminister in die einmalige Lage, zu erleben, wie der Geschäftsträger einer potentiellen Feindmacht und sein eigener Premierminister ihm als Bundesgenossen entgegentraten. Telford Taylor meint dazu, »etwas Ähnliches dürfte es in der Geschichte der Diplomatie noch kaum gegeben haben«.[28]

Der britische Nachrichtendienst hatte Eden gemeldet, Hitler habe beschlossen, Österreich mit Waffengewalt zu annektieren, und Mussolini habe sich verpflichtet, nicht einzugreifen. Auf die Frage des Premierministers bestritt Grandi eine derartige Vereinbarung und fügte hinzu, wenn Großbritannien mit der Politik Mussolinis nicht einverstanden sei, werde sich die feindselige Haltung Italiens gegenüber der Regierung Seiner Majestät verhärten. Nach der Besprechung mit Grandi schrieb Eden in sein Tagebuch: »N. C. wurde sehr heftig... ging im Zimmer auf und ab und sagte in sehr leidenschaftlichem Ton, ›Anthony, Sie haben eine Gelegenheit nach der anderen verpaßt. Das kann so nicht weitergehen‹.« Nachdem Eden fünf Jahre dem Stern der Beschwichtigungspolitik gefolgt war, mußte er jetzt feststellen, daß es nur ein Irrlicht gewesen war. Erst vor einer Woche hatte er auf einer Parteiversammlung in Birmingham gesagt, er werde »keiner Opferung von Grundsätzen zustimmen und sich nicht davor scheuen, Verantwortung zu übernehmen, um rasche Erfolge verbuchen zu können«. Der Friede könne nur »auf der Basis eines freiwilligen Ausgleichs und gegenseitiger Achtung« gewahrt werden. Wenn er dieses Versprechen nicht brechen wollte, dann mußte er jetzt zurücktreten. Am Samstag teilte der Premierminister seinem Kabinett mit, er habe beschlossen, direkte Verhandlungen mit dem Duce zu führen. Am folgenden Tag trat Eden empört von seinem Amt als Außenminister zurück, und sein Staatssekretär folgte ihm.[29]

Halifax, der zu seinem Nachfolger ernannt wurde, war hoch erfreut. Chamberlain war erleichtert, und niemand im Parlament war überrascht. Zum neuen Staatssekretär ernannte er R. A. (»Rab«) Butler. Butler machte seinen Antrittsbesuch in der Deutschen Botschaft, sprach mit den deutschen Diplomaten über seine engen Beziehungen zu Sir Horace Wilson und erklärte, ihm ginge es in erster Linie um eine »enge und dauernde Zusammenarbeit« mit dem Deutschen Reich. Er werde alles tun, was in seinen Kräften stünde, um diese Beziehungen zu pflegen. Die Botschaft, die bereits die Wilhelmstraße davon unterrichtet hatte, daß Wilson »entschieden pro-deutsch« sei, meldete nun, auch Butler »hat keine Vorurteile gegen uns«.[30]

Die Leser der *Times* mußten den Eindruck gewinnen, wer sich auf die

Seite von Eden stellte, würde von niemandem angehört werden. In Wirklichkeit war das Land inzwischen stärker gespalten, als Dawson es zugeben wollte. Englands angesehenster Journalist wurde in Oxford heftig angegriffen. Ein junger Student fragte ihn, warum sich das Auswärtige Amt mit Zustimmung der *Times* so intensiv mit Mussolini und anderen Faschisten beschäftigte, während »die Gefahr gar nicht von ihnen ausgeht. Es sind die Deutschen, die so stark sind, daß sie alle anderen bedrohen.« Dawsons Antwort zeigte, welcher Substanzverlust eintrat, wenn die Ehre ihre Bedeutung verlor: »Vorausgesetzt, Sie haben recht – ich will damit nicht sagen, daß ich Ihnen zustimme –, aber wenn die Deutschen so stark sind, wie Sie sagen, *sollten wir sie dann nicht unterstützen?*«[31]

Winston hatte gewisse Vorbehalte gegenüber Eden – er glaubte, er sei gelegentlich zu schwach und es fehle ihm an Urteilsvermögen –, aber er wußte, daß er sich in Frankreich als tapferer Offizier bewährt hatte und nie bereit sein werde, die Ehre Englands für einen faulen Frieden zu opfern. Später schilderte er, wie die Nachricht vom Rücktritt Edens auf ihn gewirkt hatte:

»Am späten Abend des 20. Februar erreichte mich in meinem alten Zimmer in Chartwell die telefonische Nachricht... daß Eden zurückgetreten war. Ich muß gestehen, daß sie mir zu Herzen ging und ich eine Zeitlang von tiefer Verzweiflung gepackt wurde. In meinem langen Leben hat es viele Höhen und Tiefen gegeben. Während des ganzen nun bevorstehenden Krieges und in seinen dunkelsten Zeiten... habe ich immer gut geschlafen, bin erfrischt aufgewacht und hatte keine anderen Gefühle als das Verlangen, die Aufgaben zu bewältigen, die der neue Morgen mir bringen würde. Aber diesmal, am Abend des 20. Februar 1938, und nur dies einzige Mal, habe ich nicht einschlafen können. Von Mitternacht bis zum Morgengrauen lag ich, bedrängt von Sorgen und Befürchtungen, im Bett. Ich hatte das Gefühl, vor mir stand eine aufrechte, jugendliche Gestalt, die sich tapfer den langen, trüben, schleppenden Fluten der Selbstaufgabe, der falschen Maßnahmen und der schwächlichen Impulse entgegenstellte. Ich selbst hätte manches anders gemacht, aber er schien mir in diesem Augenblick die Lebenshoffnung der britischen Nation zu verkörpern, der großen alten britischen Rasse, die so viel für die Menschheit getan und noch so viel mehr zu geben hatte. Jetzt hatte er seinen Posten verlassen. Ich sah, wie das Tageslicht allmählich die Fenster erhellte, und erblickte vor meinem geistigen Auge die Vision des Todes.«

Er schrieb Eden einen kurzen Brief, in dem er ihm riet, in welcher Form er seinen Rücktritt vor dem Parlament begründen sollte, und ihn drängte, er solle sich nicht durch »persönliche Gefühle der Freundschaft gegenüber Ihren ehemaligen Kollegen daran hindern lassen, Ihrer guten Sache voll gerecht zu werden«.[32]

Verletzt und zornig sprach Eden am 21. Februar im Unterhaus: »Ich wäre nicht aufrichtig, wenn ich so tun wollte, als sei dies ein Ausnahmefall. Das ist es nicht.« Ohne im einzelnen auf die schroffe Zurückweisung des Vorschlags von Roosevelt oder Hitlers Absicht, Österreich zu annektieren, einzugehen, sagte er langsam: »Während der vergangenen Wochen hat es im Hinblick auf eine außerordentlich wichtige Entscheidung im Bereich der Außenpolitik, bei der es nicht um Italien ging, fundamentale Meinungsverschiedenheiten gegeben.« Was er hier vortrug, war eine Neufassung dessen, was Winston seit mehr als fünf Jahren in seinen Reden immer wieder gesagt hatte: »Ich glaube nicht, daß wir bei der Befriedung Europas Fortschritte machen können, wenn wir es zulassen, daß im Ausland der Eindruck entsteht, wir seien bereit, jedem Druck nachzugeben... Ich persönlich bin überzeugt, jeder Fortschritt hängt vor allem vom Charakter der Nation ab, und dieser Charakter muß seinen Ausdruck in einem Geist der Entschlossenheit finden. Ich bin überzeugt, daß es diesen Geist gibt. Ich glaube, wenn wir nicht bereit wären, ihm unsere Stimme zu verleihen, dann wäre das unfair gegenüber unserem Land und gegenüber der Welt.«[33]

Churchill meldete sich am folgenden Tag zu Wort. Er erinnerte daran, daß die Faschisten und Nazis in jüngster Zeit immer wieder »wortbrüchig« geworden waren, und sagte, er glaube, »jetzt war es nicht die rechte Zeit für Verhandlungen mit Italien«. Darüber hinaus »werden die diktatorisch regierten Mächte in Europa von einem Übergriff zum nächsten immer stärker, und die parlamentarischen Demokratien weichen gedemütigt und verwirrt zurück«. Für die Diktatoren sei dies eine gute Woche gewesen, »eine der besten, die sie je erlebt haben. Der deutsche Diktator hat die Hand auf ein kleines, aber historisch bedeutendes Land gelegt, und der italienische Diktator hat seine Vendetta gegen meinen ehrenwerten Freund, den letzten Außenminister, zum siegreichen Abschluß gebracht... Alle Macht, Majestät, Überlegenheit und Kraft des Britischen Weltreichs haben meinen ehrenwerten Freund nicht schützen können. Signor Mussolini kann sich seinen Skalp an den Gürtel hängen.« Jeder wisse, wie wenig der Premierminister für Amerika übrig habe. Churchill sehe jedoch die Zeit kommen, in der Großbritannien die Vereinigten Staaten dringend als Bündnispartner brauchen werde. Aber nach dieser schmachvollen Episode »haben Millionen von Menschen dort... Anlaß genug, an der Aufrichtigkeit des britischen Idealismus zu zweifeln und uns mit ihren Gegnern auf dem europäischen Kontinent in einen Topf zu werfen«. Er sagte, das sei ein schwerer Schlag für Großbritannien, dessen Politik es bisher gewesen sei, den Völkerbund zu stärken. Chamberlain habe den Völkerbund dagegen verächtlich gemacht. Churchill fragte: »Ist das die neue Politik, sich mit den totalitären Mächten in der Hoffnung zu arrangieren, daß der Friede mit entscheidenden und weitreichenden Akten der Unterwerfung nicht nur durch die Verletzung unseres Nationalgefühls und unseres Stolzes, sondern auch in der Form konkreter Zugeständnisse bewahrt werden kann?« Er erinnerte die Abgeordneten an die Schwäche der britischen Streitkräfte, die Besetzung des Rheinlands und die dramatischen Entwicklungen in Österreich, die sich jetzt ihrem tragischen Höhepunkt näherten, und fügte hinzu: »Wir wissen nicht, ob die Tschechoslowakei nicht mit einem ähnlichen Angriff zu rechnen hat.« Es sei töricht, sich von den Amerikanern abzuwenden. Dann sprach er Chamberlain direkt an: »Ich sage voraus, daß der Tag kommen wird, an dem Sie sich im Zusammenhang mit irgendeinem Punkt oder irgendeinem Problem zum Kampf werden stellen müssen, und ich bete zu Gott, daß wir, wenn dieser Tag kommt, nicht gezwungen sein werden, den Kampf allein zu bestehen.«[34]

Nach 30jähriger Ehe hatten die Churchills ein Alter erreicht, in dem sich die Familienbande lockern. Mit Ausnahme von Mary, die jetzt etwa 15 Jahre alt war, waren die Kinder erwachsen. Die fast 30 Jahre alte Diana hatte den Sohn von Sir Abe Bailey geheiratet, einem reichen Südafrikaner und Freund von Winston. Sie hatte sich nach einem Jahr wieder scheiden lassen und Duncan Sandys geheiratet. Nun hatte sie zwei Kinder. Randolph hatte sich Ende der Zwanzig mit einem jungen Mädchen aus Cleveland, Ohio, verlobt, die Verlobung aber auf Drängen seiner Mutter wieder gelöst, die dabei an das Glück ihres Sohnes gedacht hatte, aber im Grunde war es das junge Mädchen, das sich glücklich schätzen konnte. Trotz seines guten Namens und seiner glänzenden Erscheinung war der einzige Sohn Churchills für jede Braut, aber auch für jeden, der seinen Weg kreuzte, eine schwere Last. Schon jetzt hatte er nicht weniger Feinde als sein Vater. In den Statuten eines Clubs war sogar die Zusatzbestimmung aufgenommen worden: »Randolph Churchill ist als Mitglied nicht geeignet.« Auf einer Abendgesellschaft geriet er mit einem leitenden Angestellten des Unternehmens British Petroleum in Streit und schrie ihn an: »Sie haben hier nichts zu melden. Sie sind nur ein Schreiber in einem Ölladen.« Er war Kettenraucher, und in vorgerücktem Alter stellten die Ärzte einen Darmtumor bei ihm fest. Seine Feinde wünschten ihm nur das Schlimmste, aber sie wurden enttäuscht. Es war ein gutartiger Tumor. Lord Stanley of Alderly erfuhr in einer Bar von dem Ergebnis der Operation und sagte:

»Welcher Jammer, daß man Randolph das einzige entfernt hat, was nicht bösartig ist.« Beide Eltern waren für seine schlechte Erziehung verantwortlich, aber die größere Schuld trifft wahrscheinlich Winston. Da er sich noch sehr gut an seine eigene traurige Schulzeit erinnerte, zeigte er Verständnis dafür, daß sich sein Sohn der Disziplin in Eton nicht fügen wollte. Nach nur vier Semestern am Christ Church College verließ Randolph die Universität Oxford, um seine berufliche Laufbahn mit einer Vortragsreise durch die Vereinigten Staaten zu beginnen. Wie sich Mary erinnert, hielten alle Familienmitglieder außer Winston das Unternehmen für ein »törichtes Abenteuer«.[35]

Schließlich – und etwas anderes konnte man wahrscheinlich nicht erwarten – wandte sich der junge Mann gegen seinen Vater. Bei den Mahlzeiten kam es immer wieder zu fürchterlichen Auseinandersetzungen zwischen den beiden, oft in Gegenwart angesehener Gäste. Es entwickelte sich, wie Colville es nannte, »eine bedauernswert traurige Beziehung«. Zu der entscheidenden Auseinandersetzung kam es nach einem Besuch des Kriegsministers Leslie Hore-Belisha im Januar 1938 in Chartwell. Nach einigen Wochen schickte Churchill dem Minister ein kleines Geschenk. Das war eine für ihn typische Geste – Großzügigkeit gegenüber einem Mann, dessen Gesellschaft er schätzte, obwohl er mit der von ihm vertretenen Verteidigungspolitik der Regierung nicht einverstanden war. Eines Abends beim Essen im Kreis der Familie kritisierte Winston scharf die Rolle von Hore-Belisha bei der Gestaltung dieser Politik. Randolph unterbrach ihn und sagte, wenn sein Vater dieser Ansicht sei, dann habe er sich wohl mit der Einladung und dem Geschenk die Gunst des Kriegsministers erschleichen wollen. Die anderen Familienmitglieder waren sprachlos vor Schreck. Der junge Churchill hatte ironisch sein wollen, hätte aber wissen müssen, daß sein Vater keinen Spaß verstand, wenn es um seine persönliche Ehre ging. Wutentbrannt sprach Winston kein Wort mehr mit ihm. Am nächsten Tag schrieb Randolph seinem Vater einen Brief, aber nicht um sich zu entschuldigen, sondern um ihm vorzuwerfen, daß er sich in »mürrisches Schweigen« gehüllt habe. Churchill antwortete ihm: »Ich habe Deine Bemerkung für außerordentlich unfreundlich, beleidigend und unwahr gehalten, und ich bin sicher, daß ein Sohn nicht so mit seinem Vater sprechen darf. Dein Brief hat den Schmerz nicht gelindert, den sie mir verursacht hat, nicht nur um meinetwillen, sondern auch Deinetwegen und wegen unserer Beziehungen... Ich kann nicht mehr das Risiko auf mich nehmen, in dieser Weise von Dir beleidigt zu werden, und möchte Dich daher in nächster Zeit nicht mehr sehen.«[36]

Im Lauf der Jahre wurde, wie Colville berichtet, »der Spieß umgedreht, und wenn Randolph in Chartwell erschien und sich vornahm,

Im ersten Kriegsmonat heiratet Randolph, der im alten Regiment seines Vaters, bei den 4. Husaren, dient, Pamela, die Tochter von Lord und Lady Digby.

freundlich und friedlich zu sein, war es Winston, der ihn angriff«. So wurden die Beziehungen immer schlechter, erreichten allerdings nie den Tiefpunkt wie das Verhältnis zwischen Winston und dessen Vater. Sie waren aber dennoch sehr schmerzlich für die ganze Familie. Wo aber stand Randolphs Mutter? Nun, sie nahm zwar am Familienleben teil, aber Randolph hätte ebensogut auf ihre Gegenwart verzichten können. Reserviert, schweigsam und mit abgewandten Augen zeigte Clementine durch ihr ganzes Verhalten, daß sie ihren Mann gewarnt, er aber nicht auf sie gehört habe und dies nun das Ergebnis sei. Aber auch der Sohn fühlte sich in Gegenwart seiner Mutter nicht wohl. Nachdem er Pamela Digby geheiratet hatte, erzählte er seiner Frau, daß Clementine ihn »hasse«. Das war eine unsinnige Behauptung, aber die Freunde der Familie hielten sie für eine ungewöhnliche Mutter. Bis ins letzte

Clementine im Jahr 1939 in Chartwell mit einem der beiden Jungfüchse Charles-James und Victoria. Unmittelbar vor Kriegsausbruch wurden die beiden Füchse im Wald in Freiheit gesetzt.

Viertel des 20. Jahrhunderts haben die Ehefrauen von im öffentlichen Leben stehenden Briten sich darum bemüht, die Verpflichtungen gegenüber ihren Ehemännern und ihren Kindern so zu erfüllen, daß die Harmonie des Familienlebens nicht gestört wurde. Die meisten mußten dabei Kompromisse schließen. Für Clementine stand Winston immer an erster Stelle. Mary erinnert sich, daß er und seine berufliche Laufbahn »ihre Gedanken und ihre Energie voll in Anspruch nahmen«. Das ist allerdings nicht ganz richtig. Mary mußte zugeben, daß sie »keine Jasagerin war und nie die Fähigkeit verloren hat, selbständig zu denken«. Sie war ein starker Charakter mit ganz eigenen Vorstellungen. Als Pamela Schwierigkeiten mit ihrem jungen Ehemann hatte, riet Clemmie ihr: »Pack deine Sachen, nimm die Kinder, fahre ab und sage ihm nicht, wohin du fährst. Du kannst dir nicht vorstellen, wie lieb und freundlich er sein wird, wenn du zurückkommst.«[37]

Auf jeden Fall war der »Chumbolly« – sein Kosename in der Kindheit – zum Problem geworden. Das war auch das »Maultier«, die hinreißend aussehende, grünäugige Sarah mit ihrem tizianroten Haar und dem milchweißen Teint, die inzwischen Mitte der Zwanzig war. Ihre Mutter schrieb an eine Freundin: »Manchmal sieht sie wirklich entzükkend aus – aber sie kann auch aussehen wie eine übelgelaunte Krähe.« Schlecht gelaunt war sie, wenn sie ihren Willen nicht durchsetzen konnte. Aber in der Regel gelang ihr dies. Sie war der Liebling ihres Vaters, der ihr keinen Wunsch abschlagen konnte. Sie hatte beschlossen, zum Theater zu gehen, und tat es auch, zunächst als Statistin in C. B. Cochrans »Young Ladies«. Das war nach der Beschreibung von Pamela »eine Londoner Revue, in der nackte Mädchen als Tänzerinnen auftraten – so nackt wie es damals möglich war. Das war nicht gerade der Beruf, den sich die Eltern für ihre Tochter erträumt hatten.« Dann verliebte sie sich, während sie in *Follow the Sun* auftrat, in den Operettenschauspieler Vic Oliver, einen 33jährigen Wiener, der angeblich Jude und schon zweimal verheiratet gewesen war. Die Eltern protestierten vehement. Sie wollten die Verbindung auf keinen Fall zulassen, aber auch Sarah gab nicht nach. Nachdem die Differenzen ein ganzes Jahr gedauert hatten, brannte sie nach New York durch, wo Vic arbeitete. Winston schickte Randolph nach Amerika und beauftragte amerikanische Anwälte, die Heirat zu verhindern, aber da Sarah mündig war, konnten sie nichts erreichen. Am Heiligen Abend 1936, zwei Wochen nach der Abdankung von Eduard VIII., wurde aus Sarah Mrs. Victor Oliver. Die Zeitungen machten eine Sensation aus der Affäre, und Randolphs wütende Proteste machten alles nur noch schlimmer. Hankey schrieb nach Chartwell, »wir beide haben großes Verständnis für euch«, und sogar Baldwin schrieb an Churchill, er solle »wissen, daß ich von Herzen mit Ihnen gefühlt habe, als ich in den Zeitungen über gewisse familiäre Sorgen las, die Ihnen großen Kummer bereitet haben müssen. Ich kenne Sie gut genug, um zu wissen, wie nah Ihnen diese Dinge gegangen sind.« Ein Freund der Familie meinte, »Sarah hat Winston und er ihr das Herz gebrochen«.[38]

So blieb nur noch Mary übrig, das in Chartwell aufgewachsene Kind. Anders als ihre Geschwister konnte sie sich an kein anderes Zuhause erinnern. Hier lebte sie mit einer unüberschaubaren Zahl zahmer Haustiere, mit Lämmern, Zwerghühnern, einem Blenheim Spaniel, einem beigefarbenen Mops, einer orangefarbenen Katze, zwei jungen Füchsen und drei Ziegen, von denen die eine Zwillinge und eine andere sogar Drillinge zur Welt brachte, die alle gemeinsam – sehr zum Ärger von Clementine – die jungen Kirschbäume kahlfraßen. Sarah hatte in einem Pariser Mädchenpensionat bei dem damals noch ganz unbekannten späteren französischen Außenminister Georges Bidault Französisch gelernt. Mary lernte es während der Schulferien in Chartwell von Madame Gabrielle l'Honoré, einer Entdeckung von Clemmie. Außerdem standen Mary die Pferde einer nahegelegenen Reitschule zur Verfügung. Was ihre Beziehung zu Clementine betrifft, so sagt sie heute, sie habe ihre Mutter »geachtet und bewundert, aber nie ein sehr enges Verhältnis zu ihr gehabt«, obwohl Clementine mit ihr zum Skilaufen in die Schweiz fuhr. Nach ihrem ersten zehntägigen Aufenthalt in Zürs bekam Winston einen Bericht: »Mary ist neunzehnmal hingefallen... Heute nehme ich den Schlitten, denn es langweilt mich, ständig zu stürzen!« Der Brief war unterzeichnet: »Deine mit blauen Flecken gezeichnete, sich abmühende, aber unverzagte Clemmie«.[39]

Manchmal fuhr das Ehepaar jetzt gemeinsam in die Ferien. Dann besuchten sie die Marlboroughs in Blenheim und Lou Sueil, Lord und Lady Desborough in Taplow, Sir Philip Sassoon in Trent Park und den Herzog von Westminster (von seinen Freunden Bendor genannt) in seinen Häusern in England, Frankreich und Schottland. Aber das waren Verwandte oder sehr alte Freunde. Andere Standesgenossen fanden den Umgang mit ihnen etwas beschwerlich. Winstons Kritik an dem neuen Deutschland wurde für ungehörig gehalten, ja sogar als illoyal gegenüber der Regierung Seiner Majestät angesehen. Außerdem war sein Betragen in mancher Hinsicht seltsam. Wie konnte man jemanden einladen, der nicht über antisemitische Witze lachte? Seine Frau war fast ebenso schlimm und in mancher Hinsicht sogar schlimmer. In Chartwell brüskierte sie sogar ihre eigenen Gäste, und das gehörte sich nicht. Mary erinnert sich, daß »ihre Opfer niemals die Schüchternen waren, mochten sie so langweilig sein, wie sie wollten, sondern die Vorlauten und Selbstsicheren«, und in ihrem »durch nichts zu unterdrükkenden Radikalismus nahm sie sogar hochgestellte Tories und die meisten sehr wohlhabenden Leute aufs Korn und verspottete sie«. Zweimal hat sie in Chartwell sogar einen britischen General gedemütigt. Als sie ihre Gäste vor dem Abendessen sich selbst überließ, um ein Bad zu nehmen, sagte sie seinem Adjutanten, sie erwarte, ihn in einer halben Stunde wiederzusehen. Der General sagte, sein Adjutant pflege nicht mit ihm an einem Tisch zu essen. Darauf erwiderte Clementine: »In meinem Haus, Herr General, lade ich ein, wen ich will, und brauche dazu nicht Ihre Befehle.« Der Adjutant wurde ebenso wie die anderen Gäste zu Tisch gebeten. Beim zweiten Mal vertrat der General die alte, abgedroschene Auffassung der Militärs, daß alle Politiker unehrlich seien. Darauf stand Clementine auf und sagte feierlich: »Wenn das Ihre Ansicht ist, Herr General, dann sollten Sie sofort abreisen. Ich werde Ihre Koffer packen lassen.« Verwirrt stammelte der General eine Entschuldigung.[40]

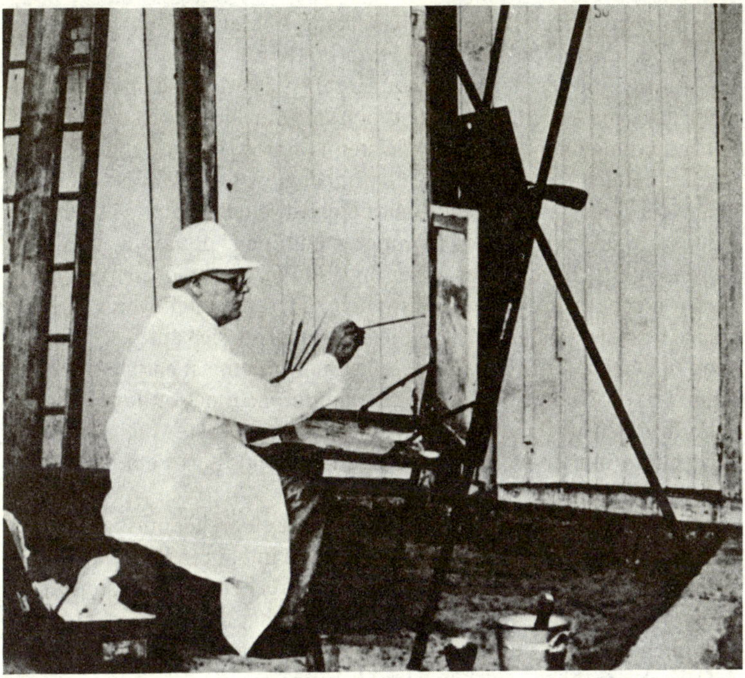

In den unruhigen 30er Jahren suchte Churchill oft Entspannung beim Malen.

Doch gewöhnlich fuhren die Churchills getrennt in die Ferien. Das Malen war für Winston die beste Entspannung und das Ventil, Dampf abzulassen. Die »malerische« Riviera, wie er sie nannte, war für ihn unwiderstehlich. »Ich male den ganzen Tag, und nach Sonnenuntergang spiele ich, soweit es meine Mittel erlauben«, schrieb er im zeitigen Frühjahr des Jahres 1937 an den ehemaligen Eduard VIII., den jetzigen Herzog von Windsor. Er traf sich häufig mit Eduard und Wallis. Aus dem Château de l'Horizon, wo er bei Maxine Elliott zu Gast war, schrieb er an Clemmie:

»Entweder essen die Windsors hier, oder wir sind zum Abendessen bei ihnen. Sie haben ein hübsches kleines Palais in unmittelbarer Nachbarschaft von La D (La Dragonnière, Lord Rothermeres Villa am Cap Martin). Alles außerordentlich schön und geschmackvoll. Rote Livreen, und der kleine Mann selbst pikfein gekleidet im Balmoral Tartan mit Dolch, Halskrause und so weiter... Rothermere und ich werden morgen abend mit ihm essen. Zweifellos will er mit uns über seinen

Plan sprechen, nach Hause zurückzukehren. Man sähe das zwar nicht gern, aber man kann ihn nicht daran hindern.«[41]

Die Angehörigen der britischen Gesellschaft, die sich an der Mittelmeerküste niedergelassen hatten, betrachteten sich als Neo-Eduardianer, und diejenigen, die es sich leisten konnten, waren so faul, wie es nur faule Reiche sein können. Churchill aber war ein fleißiger Mann. In einem für ihn typischen Brief schrieb er an seine Frau: »Ich verbringe jeden Morgen im Bett und bin mit meinem Buch gut vorangekommen. Durchschnittlich werden es jeden Tag 500 Worte, obwohl ich eigentlich Ferien mache. Ich werde viel für Dich zu lesen haben, wenn Du nach Hause kommst.« Seine gelegentlichen Versuche, sich am gesellschaftlichen Leben an der Riviera zu beteiligen, waren meist enttäuschend. Er nahm Unterricht in einem, wie er es nannte, »sehr netten Tanz. Wir machen drei Schritte und hüpfen dann.« Etwas kleinlaut fügte er hinzu: »Ich hüpfe immer im falschen Augenblick, und das veranlaßt leider kleinliche Leute, mich auszulachen.«[42]

Immerhin kam dieses sorgenfreie Leben seinen hedonistischen Neigungen entgegen, und wenn er ausreichend mit guten Speisen und Getränken und den seinem Geschmack entsprechenden teuersten Zigarren versorgt wurde, war es ihm relativ gleichgültig, wem er diese Annehmlichkeiten zu verdanken hatte. Als Staatsmann war Churchill absolut unbestechlich, aber im Urlaub konnte er sich dem Einfluß von Frauen wie Maxine Elliott und »Daisy«, der Tochter des Duc de Decazes, die in den Gesellschaftsspalten der Zeitungen mit ihrem richtigen Namen »Mrs. Reginald Fellowes« genannt wurde, obwohl Mr. Fellowes unsichtbar blieb, nicht entziehen – auch wenn er einen hohen Preis dafür verlangte. Daisy verwendete einen großen Teil ihrer Zeit mit dem Versuch, Winston zu verführen, aber neben seiner Malerei, dem Korrigieren von Druckfahnen, dem Spiel an den grünbezogenen Spieltischen der Riviera, seinen Monologen beim Genuß eines guten Brandy und den Freunden der Tafel hatte er keine Zeit für die Genüsse, die sie im Sinn hatte, und ist sich ihrer Absichten vielleicht gar nicht einmal bewußt gewesen. Frauen sind für ihn stets rätselhafte Wesen geblieben. Er hatte seine Clementine, und das genügte ihm.

Bei ihr lagen die Dinge allerdings etwas anders. Gegen Ende ihres Lebens hat sie Mary gestanden: »Es bedurfte all meiner Zeit und Kraft, mit ihm auszukommen.« Das war übertrieben. Als Mrs. Winston Churchill mußte sie einen starken Charakter haben, aber zum Glück war sie vital genug, auch ihren eigenen Interessen nachzugehen, die sich wesentlich von den seinen unterschieden. Sie hatte keine schriftstellerischen Ambitionen, malte nicht, hatte nichts für das Glücksspiel übrig und fühlte sich in der sogenannten »vornehmen Welt« nicht zu Hause.

Sie konnte Maxine nicht ausstehen und würdigte Daisy keines Blickes. Ihre jüngste Tochter erinnert sich: »Ihren Urlaub verbrachte sie am liebsten in einem bescheidenen, aber bequemen Hotel an irgendeinem schönen oder interessanten Ort«, wo sie in der Gesellschaft von Menschen, die ihr zusagten, »eine oder zwei Wochen damit zubrachte, in aller Ruhe die Gegend kennenzulernen und sich die Sehenswürdigkeiten zeigen zu lassen.« Winston verabscheute solche Unternehmungen, besonders wenn er sich im Rahmen einer Gruppe in Kunstausstellungen oder Museen die langatmigen Erklärungen von Fremdenführern anhören mußte, die den Touristen erklärten, weshalb dieser oder jener Gegenstand besonders wertvoll sei. Bei solchen Gelegenheiten stand Churchill meist zitternd vor Ungeduld am äußeren Rand der Gruppe, weil er nichts sagen und den Mann nicht einmal unterbrechen durfte und er deshalb auch nicht im Mittelpunkt des allgemeinen Interesses stand.[43]

Ehrgeizige Politiker legen Wert darauf, einen gesunden und leistungsfähigen Eindruck zu machen, und Churchill war für seine Bewunderer die robuste Verkörperung von John Bull. Aber er war seit seiner Kindheit anfällig gegen alle möglichen Krankheiten. Manchmal mußte er auf Anordnung seiner Ärzte Urlaub machen, und bei anderen Gelegenheiten erkrankte er während der Ferien an Grippe oder fiebrigen Infektionen. Auf einer Reise nach Venedig, die er mit Clemmie, Randolph, Sarah und dem Prof unternahm, infizierte er sich in Bayern mit Paratyphus. Sein Zustand war so ernst, daß eine Rückkehr nach England nicht in Frage kam. So mußte er in einem Salzburger Sanatorium untergebracht werden, wo er zwei Wochen vor Schwäche nicht den Kopf heben konnte. Er blieb noch eine dritte Woche ans Bett gefesselt und gab schließlich jede Hoffnung auf, nach Italien weiterreisen zu können. Aber er konnte schreiben, und der Umstand, daß sein Bankkonto immer wieder in die roten Zahlen geriet, machte es erforderlich, daß er mit seiner Arbeit etwas verdiente. Noch während seines Aufenthalts im Sanatorium begann er, im Auftrag von Lord Riddell für *News of the World* eine Artikelserie mit dem Titel »The World's Great Stories« zu schreiben. Nach Chartwell zurückgekehrt schrieb er seinem Vetter, dem Herzog von Marlborough, er fühle sich noch »recht elend, aber in einer Woche werde ich wieder in Ordnung sein. Es war ein englischer Bazillus, den ich ins Ausland mitgenommen hatte, und so kann ich dem in mancher anderer Hinsicht irregeleiteten europäischen Kontinent keinen Vorwurf machen.«[44]

Clementine, die inzwischen die Fünfzig überschritten hatte, teilte mit ihrem Mann die seltsame Mischung aus unverwüstlicher Energie und einer zarten Konstitution. Während sich das erste Jahr der Regierungszeit Chamberlains dem Ende zuneigte und Halifax mit dem Premierminister über Vereinbarungen mit Italien verhandelte – um sich damit, wie sie dem Parlament im Vertrauen mitteilten, die Unterstützung Mussolinis in einem künftigen europäischen Konflikt zu sichern –, absolvierte Clemmie eine Kur in Cauterets in den Pyrenäen, unweit von Lourdes. Das Weihnachtsfest mußte Winston dann ohne seine Frau feiern, die sich im Südpazifik auf dem französischen Archipel der Îles Sous-le-Vent am Strand erholte. Vielleicht regte sie dieses Vergnügen zu weiteren Abenteuern an. Als gute Reiterin sah man sie oft zu Pferde. Außerdem spielte sie häufig und mit zunehmendem Geschick Tennis, gelegentlich auch mit dem Prof, der in ihrer Gesellschaft seine Weiberfeindschaft vergaß. Sie schwamm, ging auf Einladung von Bendor auf die Wildschweinjagd und hatte 1936, im Jahr der Rheinlandkrise, angefangen Ski zu laufen und ihre Leistungen in dieser Sportart wesentlich verbessert, während sie mit ihrer Schwägerin, Lady Gwendeline (»Goonie«) Churchill und Venetia Montagu ihren Urlaub in den Alpen verbrachte und abends in Zürs bei stundenlangen Gesprächen am Kamin über eine sonnigere Vergangenheit die von vielen Sorgen überschattete Gegenwart zu vergessen suchte.[45]

Ihre schönsten Erinnerungen aus den Jahren zwischen den Kriegen knüpften sich an eine aufregende Reise, die sie im dritten Winter des Dritten Reichs, etwa um die Zeit zwischen der Ermordung des österreichischen Kanzlers Dollfuß durch die Nazis und Hitlers Ankündigung, daß Deutschland unter Mißachtung des Versailler Vertrags wieder aufrüsten werde, um die halbe Welt führte. Eine besondere Freude war für sie die Einladung von Lord Moyne, ihn auf seiner Yacht *Rosaura* auf einer Expedition zu begleiten. Moyne – der zehn Jahre später in Kairo von jüdischen Terroristen ermordet wurde – hatte sich auf ein ausgefallenes Abenteuer eingelassen, das an den Film *King Kong* erinnert und mit dem er dem müßigen Leben eines reichen Engländers zwischen den Kriegen eine gewisse Würze verleihen wollte. Sein Ziel war Komodo, eine entlegene Insel im heutigen Indonesien, auf der angeblich »drachenartige Rieseneidechsen« lebten. Moyne wollte einige dieser Tiere für den Londoner Zoo fangen. Diese Reptilien existierten tatsächlich. Ein Mitglied seines Teams fotografierte eine zwölf Fuß lange Echse mit einem Schwein im Fang, und Moyne brachte zwei kleinere Exemplare mit nach Hause. Aber der eigentliche Zweck der Reise war es, in einer exotischen Umgebung dem europäischen Alltag mit seiner düsteren Stimmung zu entfliehen. Winston und die Kinder brachten Clementine zur Victoria Station, und in ihrem ersten Brief schrieb sie, sie habe, »als ich Euch alle auf dem Bahnsteig stehen sah, daran gedacht, wie sehr ich Euch liebe, und vor allem und mehr als alle anderen *Dich*, mein geliebter Winston... Ihr saht alle so lieb und schön aus, wie Ihr dort standet, und ich dachte, wie glücklich ich bin, eine solche Familie zu haben. Sorge Dich nicht um Deine streunende Katze – sie ist mit erhobenem Schwanz im Dschungel verschwunden, aber sie wird sehr bald zu ihrem Körbchen zurückkehren und sich dort gemütlich einrollen...«

Auf hoher See war Clementine – jedenfalls zu Anfang – ganz sie selbst. Wenn sie in ihrer Luxuskabine nach Hause schrieb, konnte sie in aller Ruhe »die Fotos meiner Familie betrachten, die auf der Kommode standen«. Sie hatte sich »eine riesige Handarbeit vorgenommen, die ich auf Veranlassung von Venetia mitgenommen habe. Dazu habe ich 144 Rollen Seidengarn, das ich zum Steppen brauche, aber ich fürchte, selbst wenn ich den ganzen Tag sticke und keinen einzigen Schmetterling oder Drachen fange, werde ich diese Arbeit bis zu meiner Rückkehr nicht beenden können!« Nach 30jähriger Ehe waren ihre vertrauten Briefe an Churchill und seine Antworten immer noch so charmant wie in den Flitterwochen. Am Neujahrstag schrieb sie aus Madras: »O mein Liebling, ich denke so viel an Dich und wie Du mein Leben bereichert hast. Ich habe Dich sehr geliebt, aber ich wünschte, ich wäre Dir eine unterhaltsamere Frau gewesen. Wie schön wäre es, wenn wir wieder jung sein könnten.«

Er antwortete, sie habe ihm »einige sehr liebe Worte darüber geschrieben, wie ich Dein Leben bereichert hätte. Ich kann Dir gar nicht sagen, wie sehr mich das gefreut hat, denn ich fühle mich immer so sehr in Deiner Schuld, wenn man in der Liebe überhaupt davon sprechen kann, daß man einander etwas schuldig ist. Es war ganz lieb von Dir, mir das zu schreiben, und ich hoffe und bete, daß es mir gelingen wird, Dich in den Jahren, die mir noch bleiben, glücklich zu machen und Dir das Gefühl der Sicherheit zu geben. Ich möchte Dir soviel Zärtlichkeit schenken, mein Liebling, wie Du es verdient hast, und Dich in einer sorgenfreien Situation zurücklassen, wenn mein Rennen gelaufen ist. Was es für mich bedeutet hat, all diese Jahre in Deinem Herzen und in der Gemeinschaft mit Dir zu leben, können Worte nicht ausdrücken. Die Zeit vergeht schnell, aber ist es nicht herrlich zu sehen, wie groß und immer größer der Schatz wird, den wir gemeinsam gesammelt haben mitten in den Stürmen und Aufregungen so vieler ereignisreicher und für Millionen von Menschen tragischer und schrecklicher Jahre?«[46]

Winstons Probleme während der Abwesenheit seiner Frau waren zwar unbedeutend, aber doch störend für einen Mann, der versuchte, das Parlament auf seine Seite zu bringen und die ersten Abschnitte im nächsten Band seiner *Marlborough*-Biographie zu schreiben. Sein bedeutender Vorfahr faszinierte ihn, obwohl er jetzt auch manche seiner Schwächen entdeckte. Marlborough war »viel weniger stolz als der

Durchschnittsmann«, schrieb er an Clemmie, ja er war sogar fähig gewesen, vor anderen »zu kriechen«. »Nur im Felde und in seiner Liebe zu Sarah hat er sich zu höheren Gefühlen aufgeschwungen. Mars und Venus sind immer noch die beiden wichtigsten Gottheiten im klassischen Himmel.« Deprimierend war, daß der Biograph von den Höhen der Charakteranalyse herabsteigen mußte, um sich mit Gegenwartsproblemen zu beschäftigen, wie dem Fuchs, der die Gänse dezimierte, einer explosionsartigen Vermehrung der in Chartwell lebenden Hunde und den fieberhaften Erkrankungen der jungen Churchills, die, wie Winston meinte, eigentlich zu alt waren, um sich noch mit Kinderkrankheiten zu infizieren. Bei seinen Nachforschungen stellte Winston fest, daß Marys Mops in seiner unnatürlichen Lüsternheit schuld daran war, daß plötzlich jede Hündin im näheren Umkreis einen Wurf Welpen zur Welt brachte. Aber man konnte Mary keine Vorwürfe machen, denn sie lag mit Keuchhusten zu Bett. Randolph war mit einer schweren Gelbsucht nach Hause gekommen. Sarah war blaß und müde, und das lag, wie ihr Vater an Clemmie schrieb, daran, daß sie »praktisch vier Stunden täglich tanzte und dann noch Bälle besuchte... Ich habe ihr deshalb gesagt, sie dürfe an den Tagen, an denen sie ihre Tanzstunden nimmt, nicht noch abends auf irgendwelche Bälle gehen.« Was nun die jungen Hunde betraf, so hatte er »alle Hunde aus unserem Teil des Hauses verbannt... Ich glaube wirklich, du wirst für den Treppenabsatz vor meiner Tür einen neuen Läufer kaufen müssen.«[47]

Jeder andere Schriftsteller hätte sich um diese Nebensächlichkeiten gar nicht gekümmert, sondern sich auf sein Manuskript konzentriert. Aber es gehörte zum Churchill-Syndrom, daß er sich in den Stunden, in denen er sich in sein Zimmer zurückzog, trotz aller Ablenkungen vollkommen auf seine Arbeit konzentrieren konnte und daß er die anderen Aktivitäten brauchte, um sich mit Energie aufzuladen. Zu diesen Aktivitäten gehörte auch die Geselligkeit. Er brauchte Menschen, wie Schiffe das Wasser brauchen. Wenn der Prof für zwei Tage zu Besuch kam, war er entzückt. Er war es auch, als seine älteste Tochter in dem Augenblick auftauchte, in dem er sie am dringendsten brauchte. »Als ich mich gestern abend hinsetzte, um, wie ich glaubte, einsam und verlassen mein Neujahrsdinner zu essen«, schrieb er an seine Frau, »erschien plötzlich Diana. Sie sah entzückend aus und war ganz unaufgefordert gekommen, um mir Gesellschaft zu leisten.«[48]

Körperliche Arbeit war ebenso wichtig für ihn. Jeden Tag war er damit beschäftigt, eine Mauer zu bauen, die, wie er Clemmie versprochen hatte, bei ihrer Rückkehr fertig sein würde. Das hätte genügen sollen, aber er beschäftigte sich gleichzeitig an zwei Stellen mit der Umgestaltung der Parkanlagen. Auf einem der Teiche in Chartwell verwandelte er eine Halbinsel in eine Insel, wo die Gänse nisten und brüten konnten, ohne vom Fuchs belästigt zu werden. Hinter dem Schwimmbecken legte er einen sogenannten versenkten Zaun an, um den Blick über die »durch nichts unterbrochene grüne Fläche des Tals« freizugeben. Diese ganze Arbeit wurde innerhalb einer Woche mit einem gewaltigen Bagger erledigt, den er sich für 25 Pfund geliehen hatte. Er versicherte seiner Frau, der Bagger leiste »mehr als 40 Männer«. Er könne Dinge tun, die weit über die Leistungsfähigkeit des Menschen hinausgingen, denn »er ist eine Raupe und kann völlig aufgeweichtes Gelände überwinden, ohne irgendeinen Schaden anzurichten«.[49]

Dieses Gerät war für ihn ein lebendiges Wesen. Winston hatte die Gewohnheit, jeden belebten und unbelebten Gegenstand mit einer Persönlichkeit und einem Vornamen zu versehen. Für Mary war der Bagger ganz einfach »das Ungeheuer«. Das »Baggerdrama«, wie man es in Chartwell nannte, nahm seinen Anfang, als dieses Ungeheuer wie ein schwerer Panzer auf dem Grundstück auftauchte. Winston betrachtete das fremdartige Wesen mit bewunderndem Staunen, das sich bald in Unbehagen, Besorgnis, Mitleid und schließlich in Wut verwandelte. In seinem nächsten Brief an Clemmie schrieb er, das Vorhaben habe sich als »ein größeres und länger dauerndes Unternehmen erwiesen, als ich erwartete. Im ganzen wird es 14 Tage in Anspruch nehmen.« Fast ein Monat war vergangen, als er verzweifelt berichtete, der Bagger sei in einen Graben gerutscht, und trotz heroischer Anstrengungen sei es nicht gelungen, ihn herauszuziehen. Die Arbeit habe deshalb schon drei Wochen ruhen müssen. Schließlich wurden vier hydraulische Hebevorrichtungen gemietet, mit deren Hilfe »das Untier aus seinem Loch herauskam«. Nun bezweifelte Churchill, »ob ich mit weniger als 150 Pfund aus der Sache herauskommen werde«. Der Bagger hatte sich zehn Wochen auf seinem Grund und Boden befunden, und jetzt mußte er für die ganze Zeit die Miete bezahlen. Als sich der Tag des Abtransports näherte, wurde das Gerät zum Gegenstand einer gründlichen Untersuchung, deren Ergebnisse der abwesenden Herrin des Hauses Chartwell pflichtgemäß gemeldet wurden: »Das Tier hat sehr starke Hände, aber seine Raupenfüße sind schwach, und da das Gelände durch den Regen aufgeweicht war, bereitete es ihnen große Schwierigkeiten, den Burschen von der Stelle zu bewegen. Man wird auf der ganzen Strecke vom Teich bis zum Tor Balken auslegen müssen, über die das Tier am Montag watscheln wird. Ich werde froh sein, wenn es sich endlich aus dem Staub gemacht hat.«[50]

Am 8. März schrieb er erleichtert: »Der Bagger ist fort, Gott sei Dank.« Seine Frau wußte, wie sie ihn wieder aufmuntern konnte. Aus dem fernen Singapur schrieb sie: »Deine Leistungen sind wirklich bewundernswert... Ich bin entzückt, wenn ich mir den versunkenen Zaun vorstelle. Bitte wirf nicht zu viel Erde auf die Gartenseite, denn sonst könnte der Hang zu steil werden... Wie reizend wird es sein, wenn Deine schöne Mauer fertig ist.« Wie gewohnt hatte sie auch auf dieser Reise Augen und Ohren offen gehalten, um Winston über alles Wichtige berichten zu können. Sie hatte sich die große Werft in Singapur angesehen und festgestellt, daß die Kürzungen der Verteidigungsausgaben durch die Regierung zu einem Rückgang der Arbeit geführt hatten. Dann war sie in der größten Buchhandlung der Stadt gewesen und hatte gefragt, »wie die Nachfrage nach Deinen Büchern ist«. Man hatte ihr gesagt, eine gekürzte Ausgabe seiner Geschichte des Ersten Weltkriegs, *The World Crisis*, sei »sehr gut gegangen«, und der zweite Band des *Marlborough* »geht besser als der erste. Sie haben zwölf Exemplare verkauft und fünf weitere nachbestellt. Ich finde, das ist recht gut, wenn man bedenkt, wie teuer das Buch ist.«[51]

Etwa um die gleiche Zeit ließ Clementine die zivilisierte Welt hinter sich, legte ihre Handarbeit zur Seite, packte die Familienfotos ein und vergaß die Enge ihres bisherigen Lebens. Die *Rosaura* nahm Kurs auf die exotischsten Inseln der Welt; Borneo, Celebes, die Molukken, Neukaledonien, die Neuen Hebriden, New Britain und die Salomoninseln. »Das ist das Wahre!« schrieb sie in euphorischem Überschwang, »noch nicht auf der Karte vermessene Seegebiete, unerforschte Territorien, splitternackte Wilde.« Der leicht besorgte Churchill, der sich vielleicht an seine eigenen Abenteuer erinnert fühlte, antwortete, er müsse staunen, »wenn ich auf die Karte blicke und sehe, welche enormen Entfernungen Du zurückgelegt hast... und es bedrückt mich, das Gewicht dieser Entfernungen zu spüren, das auf uns beiden liegt. Wie froh werde ich sein, wenn Du Dich wieder heimwärts wendest und die Post uns über kürzere Entfernungen schneller erreicht und nicht mehr so lange auf sich warten läßt und uns an unsere Trennung erinnert!« Seine Befürchtungen waren durchaus begründet. Clementine befand sich in Gefahr, ja sogar in Lebensgefahr. Einmal verlor sie im fast undurchdringlichen tropischen Dschungel den Kontakt zu den anderen Mitgliedern der Expedition. Völlig durchnäßt nach einem plötzlichen Platzregen und in panischer Angst vor Echsen und Schlangen, die das Unterholz um sie her bevölkerten, rief sie um Hilfe, ohne gehört zu werden, bis endlich der zweite Offizier der Yacht durch das dichte Gestrüpp heraneilte und sie rettete. Sie schrieb: »Fast hätte ich ihn geküßt.«[52]

Das Schlimme war, daß sie tatsächlich das Verlangen hatte, geküßt zu werden, und hier lag auch die größere Gefahr. Zu den weniger erfreulichen Tatsachen dieses Lebens gehört es, daß die geschlechtliche Begierde bei Männern und Frauen in einem jeweils anderen Lebensalter den Höhepunkt erreicht. Mencken schreibt: »Dem himmlischen Edison ist es offenbar nie in den Sinn gekommen, für diese elementaren Bedürfnisse bestimmte Normen festzusetzen.« Die sexuelle Erregbarkeit des Mannes ist mit 15 Jahren am stärksten; bei der durchschnittlichen Frau erreicht die erotische Leidenschaft Mitte der Dreißig ihren Höhepunkt. Churchill hat es während seines ganzen Lebens verstanden, diese Gefühle zu sublimieren. Seine besten Freunde sind sich darin einig, daß er sogar als junger Mann nur ein geringes sexuelles Bedürfnis hatte, und nach Überschreiten der Sechzig war sein Vulkan praktisch erloschen. Als ihm ein Kollege im Unterhaus zuflüsterte, daß sein Hosenschlitz offen sei, machte er ein trauriges Gesicht und sagte: »Das tut nichts. Der tote Vogel verläßt das Nest nicht mehr.«[53]

Aber Clementine hatte noch ein verwundbares Herz. Die ganze Umgebung hatte sich gegen sie verschworen. Die Schiffsreise durch das tropische Meer, vorbei an üppigen, namenlosen Inseln und dem betäubenden Duft exotischer Blumen weckte in ihr das Gefühl, in eine andere Welt versetzt zu sein. Wie die Heldin in einem Roman von Somerset Maugham – willensstark, puritanisch, ja sogar spröde – lernte sie einen romantischen, ungebundenen Mann kennen und verliebte sich in ihn. Dieser Mann war Terence Philip, ein gutaussehender, wohlhabender Kunsthändler, sieben Jahre jünger als sie. La Rochefoucauld hat gesagt, bei jeder Affäre sei ein Partner der liebende und der andere der geliebte. Philip war der geliebte Partner. Sehr viel später hat Clementine gestanden, daß die Initiative von ihr ausgegangen war. Doch sie fügte hinzu, »aber er hat mich dazu gebracht, daß ich ihn lieben mußte«. Mary vergleicht diese Beziehung mit »einer zarten tropischen Blume, die in einem graueren, kälteren Klima nicht überleben kann«. Clementine kam wieder zur Vernunft. Sie war nicht dafür geschaffen, in romantischen Gefühlen zu schwelgen. Ihr Schicksal war unauflöslich mit dem Churchills verbunden. Sehr viel später hat sie in einem nostalgischen Brief den Zauber jener drei Monate unter dem Kreuz des Südens geschildert und gesagt, sie habe sich für kurze Zeit in den Freudentaumel von Aschenputtel auf dem Ball gestürzt, doch dann habe die Uhr geschlagen, und sie sei geflohen. Natürlich sehnte sie sich nach Philip. Sie ist dann noch einige Male mit ihm zusammengetroffen und hat Churchill in jenem Sommer um seine Zustimmung zu einer zweiten Reise gebeten. An eine Freundin schrieb sie: »Es ist sehr schön, wieder zu Hause zu sein, aber mein Himmel, ich möchte so gern wieder hinaus! Mr. Pug ist sehr lieb, aber jetzt sagt er ›Nein‹...« Noch vor ihrer Rückkehr hatte er ihr geschrieben: »Ich denke viel an Dich, mein geliebtes Kätzchen... und bin glücklich, daß wir dieses Leben gemeinsam gelebt haben – und ich habe die Hoffnung, noch einige Jahre in diesem anmutigen Tal zubringen zu dürfen... Ich habe das Gefühl, dies ist eine wichtige Erfahrung und ein Abenteuer für Dich gewesen, und es hat Deinem Leben neue Perspektiven eröffnet und Deinen Horizont erweitert. So habe ich Dir Dein langes Fortbleiben nicht verübelt, aber jetzt möchte ich, daß Du zurückkommst.«[54]

Als Souvenir brachte sie eine wunderschöne balinesische Taube mit, die in Chartwell in einem hübschen, aus Weiden geflochtenen Käfig gehalten wurde. Aber lange hielt der Vogel die Gefangenschaft nicht aus, und vielleicht hat Clementine das auch gewußt. Als die Taube gestorben war, wurde sie an der Gartenmauer unter der Sonnenuhr begraben. Heute kann man noch die Grabschrift lesen, die Clementine unter der Sonnenuhr hat einmeißeln lassen:

Hier liegt die balinesische Taube

Es tut nicht gut zu fliehen
Von einem treuen Mann.
Doch fern liegt eine Insel,
Ich denke noch daran.

1937 war Churchill im Unterhaus fast vollständig isoliert. Seine Tochter Mary berichtet: »Seine allmähliche Entfremdung von der Führung der Konservativen Partei als Folge seines... öffentlichen Eintretens für die Wiederaufrüstung und seiner Gegnerschaft gegen das immer stärker werdende Deutschland ließ die Wahrscheinlichkeit, daß ihm ein öffentliches Amt angeboten wurde, zunehmend geringer werden.« Seine Isolierung wirkte sich besonders in den Medien aus, die den an der Macht befindlichen politischen Kräften nahestanden, besonders in der *Times* und der BBC. Dennoch erreichte Winston Millionen von Lesern mit seinen wortgewaltigen Zeitungsartikeln. 1937 waren es mehr als hundert. Zu ihnen gehörten die alle 14 Tage erscheinenden Beiträge in Beaverbrooks *Evening Standard*, die auch in den *Glasgow Evening News*, dem *Aberdeen Evening Express*, dem *Belfast Telegraph*, dem *Adelaide Advertiser*, dem *East African Standard* und der *Madras Mail* abgedruckt wurden. Übersetzungen erschienen in Brüssel, Rotterdam, Kopenhagen, Stockholm, Oslo, Tallinn, Kaunas, Zürich, Lausanne, Prag, Bukarest, Krakau, Buenos Aires, Trondheim, Luzern, Budapest und Belgrad, und *News of the World* brachten wöchentlich einen Essay. *News of the World* wurden von den Mächtigen wegen angeblicher Sensationshascherei und ihrer Sympathien für die Arbeiterklasse abgelehnt, aber da sich hier 400 Millionen Leser erreichen ließen, konnte ein

Mann, der mit seinen Gedanken etwas bewegen wollte, nicht auf dieses Forum verzichten, und Churchill war ohnedies nicht in der Lage, sich die Medien auszusuchen, die ihm am besten gefielen. Am 3. November 1937 schrieb er an die Herausgeber der *News* und bezeichnete sie als »eine großartige Plattform, von der aus man die in ihrer Haltung beständige, scharfsinnige, gutherzige, freundliche Masse der britischen Bevölkerung ansprechen kann, und ich weiß die Gelegenheit zu schätzen, das tun zu können, ganz abgesehen von den anständigen Honoraren, die Sie zahlen«.[55]

Anständig war das richtige Wort. Am 18. Dezember 1937 bekam er, nachdem er sich bereit erklärt hatte, 1938 sechzehn Artikel für die *News of the World* zu schreiben, einen Scheck über 4500 Pfund. Der Journalist William L. Shirer lernte Randolph Ende der 30er Jahre als Kollegen kennen und erfuhr von ihm einiges über die finanziellen Verhältnisse Winstons. Er schreibt, Randolph habe erklärt, »sein Vater lebe vor allem von einer wöchentlich in vielen Zeitungen auf der ganzen Welt abgedruckten Artikelserie. Auf diese Serie seien mehr als 200 Blätter abonniert, die dafür wöchentlich etwa 2000 Pfund bezahlten. Churchill erhielte von dieser Summe etwa zwischen 300 und 1500 Pfund. Das ist ein ganz ansehnliches Einkommen, auch wenn er damit nicht reich werden kann.« Aber Winston ließ es sich nicht nehmen, trotzdem das Leben eines reichen Mannes zu führen, und die meisten Engländer einschließlich einiger, die ihn gut kannten, wären überrascht gewesen zu erfahren, daß er sein ganzes Leben damit beschäftigt gewesen ist, sich seine Gläubiger vom Leibe zu halten, was manchmal gar nicht so einfach war.[56]

Im Ausland wurde seine Meinung eher ernst genommen als im eigenen Parlament. Wie er selbst sagte, war er »ein privates, aber doch einigermaßen prominentes Mitglied des Parlaments«. Zeitungsherausgeber, die ihn nicht schätzten, hätten ihn am liebsten ignoriert, aber ihre Reporter sorgten dafür, daß er beachtet wurde, denn sie wußten, daß sich die Öffentlichkeit für alles interessierte, was über ihn berichtet wurde. Irgendwann muß jeder Engländer ein Foto von ihm gesehen haben, das ihn bei der Maurerarbeit zeigt. Als sich eine britische Fachzeitschrift für Herrenschneider darüber beklagte, wie schlecht er angezogen sei, erregte diese Nachricht sogar in den Vereinigten Staaten das Interesse der Zeitungsleser. Der französische Staatsmann Léon Blum kam nach Chartwell, um seinen Rat einzuholen. Französische Generäle luden ihn ein, die Maginotlinie zu besichtigen. Er folgte der Einladung, und als er die Befestigungsanlagen gesehen hatte, malte er sie. In Frankreich hatte er eine große Anhängerschaft. Als König Georg VI. und die Königin Paris besuchten, wurden die Churchills zu allen öffentlichen

Veranstaltungen während dieses Besuchs eingeladen und stets besser placiert als der britische Botschafter. Nach ihrem Tode fand man bei Clementines Papieren eine Menükarte aus Versailles vom 21. Juli 1938 mit den Unterschriften der beiden Herren, die neben ihr gesessen hatten. Es waren der damals gefeierte und heute vergessene Schriftsteller M. Gabriel Hanotaux und Marschall Philippe Pétain, der Held von Verdun, dessen Verhalten im Zweiten Weltkrieg Anlaß zu scharfer Kritik geben sollte.[57]

Zu denen, die erkannten, was man von Churchill zu erwarten hatte, wenn es zum Kriege kommen sollte, gehörte auch ein Mann, der wesentlich dazu beigetragen hat, daß es zu diesem Krieg kam. Einige Monate vor dem Rücktritt Edens lud Botschafter Joachim von Ribbentrop Winston auf Veranlassung Hitlers ein, ihn in der deutschen Botschaft in London zu besuchen. Der äußere Anlaß war ein Artikel Churchills in Beaverbrooks *Evening Standard*. Darin hatte Winston geschrieben, eine kürzlich von Ribbentrop gehaltene Rede sei falsch interpretiert worden. Aber in Wirklichkeit ging es um mehr. Die Botschafter der Großmächte ließen sich nicht dazu herab, sich zu Zeitungsartikeln in ihren Gastländern zu äußern; das taten ihre Untergebenen. Und als Churchill am 21. Mai 1937 in die deutsche Botschaft kam, wurde sein Artikel mit keinem Wort erwähnt. Die Angelegenheit, die Ribbentrop mit ihm besprechen wollte, war so wichtig, daß das unter vier Augen geführte Gespräch mehr als zwei Stunden dauerte. Der Botschafter sagte, der Führer sei bereit, den Bestand des Britischen Empire zu garantieren. Darauf erwiderte Churchill, das habe die königliche Flotte schon seit Jahrhunderten getan und dazu brauche sie keine Hilfe von außen. Doch Ribbentrop erklärte, das Dritte Reich werde dennoch »darüber wachen«, daß das Empire nicht gefährdet würde. Als Gegenleistung verlange Hitler lediglich »freie Hand« in Osteuropa. Er erklärte, Deutschland brauche Lebensraum für seine immer zahlreicher werdende Bevölkerung. Der verblüffte Winston fragte, wieviel Lebensraum Hitler verlange.[58]

Der Nazibotschafter stand auf und zeigte dem erstaunten Winston anhand einer Wandkarte die von Hitler beanspruchten Gebiete: Es waren ganz Polen, die ganze Ukraine und die Sowjetrepublik Weißrußland einschließlich der Pripjetsümpfe. Churchill wollte seinen Augen nicht trauen. Damit würde sich die Fläche des Deutschen Reichs verfünffachen, von 471380 auf 1968400 Quadratkilometer.

Großbritannien umfaßte weniger als 230510 Quadratkilometer. Nach einer langen Pause erwiderte er, zwischen Großbritannien und der Sowjetunion bestünde zwar »ein gespanntes Verhältnis« und die Briten »hassen den Kommunismus nicht weniger als Hitler«, aber doch nicht *so* sehr. Er könne nur im eigenen Namen sprechen, sei jedoch überzeugt, daß keine britische Regierung es zulassen werde, daß Deutschland »ganz Mittel- und Osteuropa beherrscht«. Wie Churchill später berichtete, wandte sich Ribbentrop »abrupt von mir ab und sagte, in diesem Fall ist der Krieg unvermeidlich. Der Entschluß des Führers steht fest. Nichts kann ihn und nichts kann uns daran hindern, ihn zu verwirklichen.« Churchill warnte ihn dringend, »England nicht zu unterschätzen« und sich vor allem nicht »durch die Haltung der gegenwärtigen Regierung täuschen zu lassen«. Er sagte, Großbritannien »ist ein seltames Land, und nur wenige Ausländer können die Haltung der Briten verstehen... Sie sind sehr intelligent. Wenn Sie uns in einen neuen Krieg stürzen, dann werden wir, wie beim letzten Mal, die ganze Welt gegen Sie mobilisieren.« Der Botschafter fuhr auf und sagte: »Oh, England mag sehr intelligent sein, aber diesmal wird es die Welt nicht gegen Deutschland mobilisieren können.« Da Churchill glaubte, der Inhalt dieses Gesprächs müsse »aktenkundig gemacht werden«, setzte er »das Auswärtige Amt davon in Kenntnis«.[59]

Für das Außenministerium war das nichts Neues, man war aber überrascht, daß Hitler an Churchill herangetreten war, seinen unversöhnlichsten Feind. Offensichtlich glaubte er, ihn einschüchtern zu können. Außerdem bemerkte man mit einigem Erstaunen, daß dies eine der wenigen Gelegenheiten war, bei denen Winston Whitehall von seinen Erkenntnissen unterrichtet hatte. Gewöhnlich ließ er sich von den Angehörigen des Auswärtigen Amts auf dem laufenden halten. Seine Lagekarte in Chartwell enthielt fast ebenso detaillierte und zutreffende Angaben wie die in Whitehall. Er hatte seine Nachforschungen zunächst in bescheidenem Umfang begonnen, aber jetzt blühte sein Handel mit gestohlenen Waren – mit Staatsgeheimnissen, die nicht für die Augen eines noch so prominenten Parlamentsmitglieds bestimmt waren. In Chartwell und in seiner Wohnung in Westminster konnte er in aller Ruhe geheime britische Dokumente und Berichte über die letzten Entwicklungen in acht Hauptstädten auf dem europäischen Kontinent studieren. Zu seinen Informanten in London gehörten drei Mitglieder des Kabinetts von Chamberlain; Männer aus der Welt der Wissenschaft, der Technik und des kulturellen Lebens wie Sir Eustace Tennyson-d'Eyncourt und Sir William Beveridge; aus dem Kriegsministerium der Chef des Imperial General Staff (zuerst Sir Cyril Deverell und von 1939 an Sir Edmund Ironside), ein Brigadegeneral und zwei Obersten; in der RAF ein Luftmarschall, ein Oberstleutnant, ein Oberst und ein Major und in der Admiralität ein Vizeadmiral (Sir Reginald Henderson), ein Konteradmiral, ein Kapitän zur See und der hochintelligente junge Fregattenkapitän Lord Louis Mountbatten. Im Auswärtigen Amt unterstützten ihn fast alle höheren Beamten. Ribbentrop hatte geglaubt, er würde Winston mit seiner Mitteilung außer Fassung bringen, und war verblüfft, als er feststellen mußte, daß Churchill sofort die richtige Antwort parat hatte. Der deutsche Botschafter hatte lediglich bestätigt, was Churchill schon seit einigen Monaten wußte, und zwar durch Vansittarts Agenten in Görings Luftfahrtministerium.

Vansittart unterrichtete ihn laufend über die Vorgänge in der Berliner Wilhelmstraße, aber seine Daten über die Unzulänglichkeiten bei der RAF, die auf der Regierungsbank für soviel Unruhe sorgten, kamen direkt von Offizieren, die es riskierten, vor ein Militärgericht gestellt zu werden, wenn ihnen nachgewiesen werden konnte, daß sie diese Informationen an Churchill weitergegeben hatten. Oberst Lachlan MacLean, der in Frankreich Kompaniechef in einem Gurkha Schützenregiment gewesen war, bevor er 1916 zur Luftwaffe versetzt wurde, hatte sich eine scharfe Rüge eingehandelt, als er einen Bericht über die unzureichende und veraltete Ausrüstung der RAF vorlegte und darin zu dem Schluß kam, falls es in den nächsten drei oder fünf Jahren zum Kriege kommen sollte, »werden wir, zumindest in der Luft, nicht zurückschlagen können«. Oberstleutnant Anderson besorgte sich eine Kopie des Berichts und schickte sie an Churchill, der ihm schrieb, er würde sich freuen, den Verfasser kennenzulernen. In dem Bericht von MacLean heißt es: »Ich begleitete Anderson zur Wohnung von Winston in Westminster, und nachdem ich ihm vorgestellt worden war, beglückwünschte er mich zu meinem schriftlichen Bericht, und wir sprachen über die Wiederaufrüstung der Luftstreitkräfte.« Anschließend habe Anderson ihm gesagt, Churchill brauche weitere Daten für eine Rede im Unterhaus. MacLean solle eine Denkschrift verfassen, »und ich sollte ihm dieses Papier übergeben und würde vielleicht Churchill in seiner Wohnung aufsuchen müssen, um mit ihm darüber zu sprechen«. Die Zusammenarbeit entwickelte sich weiter so, daß »ich Winstons Privatsekretärin, Mrs. Pearman, Berichte über wichtigere Entwicklungen bei der Aufrüstung der Luftstreitkräfte schickte«. In weniger als sieben Monaten trafen sich die beiden Offiziere der RAF entweder in Morpeth Mansions oder in Chartwell siebenmal mit Churchill. Dabei war es unvermeidlich, daß sie auch Lindemann kennenlernten. Es kam zum Austausch von Berichten über so geheime Angelegenheiten wie Radar und »Geschwindigkeiten und Flugbahnen von Artilleriegeschossen« – Dinge, die einem Laien langweilig vorkommen aber drei Jahre später für das Überleben Großbritanniens von entscheidender Bedeutung waren.[60]

Zu den wichtigen Gästen, die aus dem Ausland kamen, um mit Churchill zu sprechen, gehörten auch die folgenden Persönlichkeiten, deren

Namen im Gästebuch von Chartwell verzeichnet sind: Der rumänische Außenminister Nicolae Titulescu, der ehemalige deutsche Reichskanzler Heinrich Brüning, der französische Luftfahrtminister Pierre Cot, der britische Botschafter in Belgrad, der sich für den Plan Churchills aussprach, Jugoslawien zu besuchen und die Bildung einer europäischen Allianz zur Abwehr eines von den Nationalsozialisten geführten Angriffskriegs zu empfehlen. Alle diese Gäste wurden auch zum Abendessen eingeladen. Britische Zivilisten, die Churchill mit Informationen versorgten, kamen entweder zum Tee nach Chartwell oder gegen 11.00 Uhr vormittags in seine Londoner Wohnung und hinterließen bei ihrem Abschied Kopien von Blaupausen, Tabellen, graphischen Darstellungen, Protokollen von Kabinettssitzungen und vertraulichen Berichten an den Premierminister, die alle zu den Verschlußsachen im Kriegsministerium, in der Admiralität, dem Luftfahrtministerium oder der Downing Street gehörten.

Am folgenden Morgen verglich Winston beim Frühstück im Bett, und während er an seinem ersten Highball nippte, den Inhalt dieser Papiere mit Informationen aus der Wilhelmstraße und dem Hotel Adlon unter den Linden, mit Berichten der Freundinnen der engsten Berater des Duce, mit Informationen aus den Außenministerien von Helsinki bis Athen und mit Depeschen aus Frankreich. Churchill tauschte regelmäßig Daten mit den drei aufeinanderfolgenden französischen Premierministern Blum, Flandin und Édouard Daladier aus. Ein typischer Fall war ein Brief, den er Anfang 1938 an Daladier schrieb, um ihn zu bitten, Informationen zu überprüfen, »die ich aus verschiedenen Quellen über die gegenwärtige und voraussichtliche Stärke der deutschen Armee erhalten habe«. Nach diesen Angaben waren es jetzt 40 »kriegsstarke« Divisionen, vier davon Panzerdivisionen, wobei bis zum 1. Oktober weitere 20 Divisionen aufgestellt sein sollten. Für zusätzliche 36 Reservedivisionen standen die voll ausgebildeten Mannschaften zur Verfügung. Das bedeutete eine Zunahme der deutschen Streitkräfte auf das Siebenfache innerhalb eines Jahres, eine militärische Aufrüstung, wie es sie bisher in Friedenszeiten noch nie gegeben hatte. Falls es Hitler gelingen sollte, den Anschluß Österreichs zu vollziehen, und dort die allgemeine Wehrpflicht eingeführt würde, kämen weitere 12 österreichische Divisionen hinzu. Daladier setzte sich mit dem französischen Kriegsminister in der Rue Saint-Dominique und dem Deuxième Bureau in Verbindung, ließ dort diese Angaben überprüfen und schrieb an Churchill, daß die Erkenntnisse der Franzosen »genau mit den Ihren übereinstimmen«. Sogar Desmond Morton war beeindruckt. »Ich bin erstaunt«, schrieb er an Winston, »von Ihren Detailkenntnissen in Verteidigungsangelegenheiten.«[61]

Das alles blieb der Regierungsbank im Unterhaus nicht verborgen. Aber dies lag nicht in Churchills Absicht. Spione arbeiten im allgemeinen verdeckt. Die durch Spionage gewonnenen Erkenntnisse werden ohne Wissen derjenigen genutzt, gegen die sich die Spionage richtet. Wenn diese Erkenntnisse an die Öffentlichkeit gelangen, verlieren sie ihren Wert, und die Agenten können enttarnt werden. Aber Churchill hatte politische Motive; er wollte eine Umkehr der britischen Militärpolitik erreichen. Im Herbst 1937 und bis ins Jahr 1938 häuften sich bei ihm die beunruhigenden Berichte von Anderson, Morton und, über MacLean, von Luftmarschall Sir Edgar Ludlow-Hewitt von der RAF. Im Unterhaus wurde seine Kritik an der unzureichenden Verteidigungsbereitschaft Großbritanniens zusehends schärfer. Auch die Kritik an Churchills Haltung nahm zu, aber wie Morton ihm schrieb, war er »nicht der erste, der die Wahrheit gesagt und sich damit unbeliebt gemacht hat«. Auch wenn Prophezeiungen sich als richtig erwiesen, fuhr Morton fort, hätten die Menschen »die Gewohnheit, den Propheten zu kreuzigen, oder... sie ersticken ihn in einer Gaswolke der Propaganda. Doch man hat Sie noch nicht zum Schweigen gebracht, und so gibt es noch eine gewisse Hoffnung für das Empire.«[62]

In den Augen der Regierung Seiner Majestät, der Pressemagnaten wie Beaverbrook und der meisten Mitglieder des Parlaments waren die Besorgnisse Churchills völlig unbegründet. Für sie bestand auch nicht die entfernteste Möglichkeit für einen Krieg zwischen Großbritannien und dem nationalsozialistischen Deutschland. Differenzen zwischen dem Britischen Empire und dem Deutschen Reich ließen sich nach ihrer Ansicht am Konferenztisch beilegen. Da Großbritannien bereit war, Hitlers Wünsche zu erfüllen, sei es nicht notwendig, auch nur einen Tropfen Blut zu vergießen oder die zunehmende Produktivität Englands durch einen aufgeblähten Verteidigungsetat zu gefährden.

Es schmerzte Churchill, daß ihn die Regierung Seiner Majestät für einen zudringlichen Besserwisser und eine Kassandra hielt. Doch seine Zahlen – über die auch die Regierung verfügte – verlangten dringend danach, daß etwas geschah. Im Herbst 1937 erarbeitete das Luftfahrtministerium eine Studie, nach der die RAF im Dezember 1939 über nur 1736 Flugzeuge, Deutschland aber über 3240 Maschinen verfügen werde. Chamberlain, der erkannt hatte, daß hier eine Lösung gefunden werden müsse, hatte eine Delegation der deutschen Luftwaffe unter General Erhard Milch für eine Woche nach Großbritannien eingeladen, um den Deutschen die neuesten Modelle der RAF am Boden und im Vorbeiflug vorzuführen. Am 12. Oktober schickte Oberst MacLean einen Bericht darüber nach Chartwell. MacLean hatte den begründeten Verdacht, daß die Deutschen vermuteten, die englischen Luftstreitkräfte seien den ihren unterlegen, und nun gekommen waren, um »sich ihre Vermutungen bestätigen zu lassen«. MacLean schrieb, wenn sie erkannt hätten, wie schwach die britischen Luftstreitkräfte in Wirklichkeit waren – und das werde ihnen kaum entgehen, da die von ihnen besichtigten Flugzeuge nicht voll einsatzfähig waren –, dann würden diese Erkenntnisse »mit Sicherheit die Politik Deutschlands beeinflussen … Wir versuchen, ihnen vorzumachen, daß wir in der Luft nicht zu schlagen sind, ohne die Beweise dafür vorlegen zu können, und dann haben wir unsere Gegner eingeladen, sich diese Beweise anzusehen, und meinen, wir könnten sie ein zweites Mal täuschen.«[63]

Der besorgte Churchill erkannte sofort, in welchem Dilemma sich die britische Regierung befand. Die Einladung an die Deutschen konnte nicht zurückgenommen werden, ohne alles noch zu verschlimmern. Aber es war Zeit, daß die Regierung energische Schritte unternahm, um die Versäumnisse beim Aufbau der Luftstreitkräfte wettzumachen. Seine neuesten Daten konnten, wie er an Sir Maurice Hankey schrieb, dem Unterhaus »wegen der gegenwärtig so gefährlichen Weltlage« nicht vorgelegt werden. Nun hatte er beschlossen, Hankey, dessen Stimme als Kabinettssekretär und Mitglied des Verteidigungsausschusses in der Regierung ein gewisses Gewicht hatte, mit den Tatsachen vertraut zu machen. Hankey war sich des Problems bewußt. Er hatte an Inskip geschrieben, wenn die Öffentlichkeit erführe, wie verwundbar Großbritannien gegenüber einem Angriff durch eine fremde Macht sei, werde die Regierung Seiner Majestät »gezwungen sein, in letzter Minute schlecht vorbereitete Maßnahmen zu ergreifen«. Am 16. Oktober schickte Winston ihm den Bericht von MacLean, ohne dessen Namen zu nennen. Er sagte nur, sein Informant sei »ein hoher Stabsoffizier der RAF«. Er fügte hinzu: »Ich vertraue auf unsere Freundschaft und Ihre Ehrenhaftigkeit und erwarte, daß Sie nicht versuchen werden, den Informanten zu identifizieren. Aber sehen Sie sich die Tatsachen an!«[64]

Zu seinem Entsetzen kümmerte sich Hankey nicht um die Tatsachen, sondern schrieb ihm einen langen, vorwurfsvollen Brief. Darin hieß es, er sei »ziemlich besorgt, weil Sie so viele vertrauliche Mitteilungen dieser Art erhalten«, besonders angesichts der Tatsache, daß Winston »ein Kritiker der Ministerien« sei, in deren Dienst diese Offiziere stünden, die darüber hinaus die größeren politischen Zusammenhänge nicht kennen würden. Wenn sie sich über bestimmte Dinge Sorgen machten, dann sollten sie mit ihren Vorgesetzten oder mit dem zuständigen Minister darüber sprechen. Informationen »durch die Hintertür« seien abzulehnen, weil solche Methoden »Mißtrauen wecken und die Disziplin in den Streitkräften untergraben«. In einem sehr kühlen Antwortbrief schrieb Churchill, er habe nicht mit einer so »ausführlichen Belehrung«

gerechnet, und fügte hinzu, »seien Sie versichert, daß ich Sie nicht mehr in dieser Sache belästigen werde«.[65]

Die Regierung Seiner Majestät war sich inzwischen klar darüber, daß Churchill über ein leistungsfähiges Spionagenetz verfügte, und damit begann eine fieberhafte Suche nach den »faulen Äpfeln«, wie Horace Wilson Winstons Informanten nannte. Schon bald nach dem Briefwechsel Churchills mit Hankey schied MacLean aus der RAF aus, angeblich unter Druck. Doch die Befürworter eines Militärbündnisses mit Deutschland glaubten, die wahren Übeltäter in den höheren Rängen der Ministerialbürokratie finden zu können. Im Auswärtigen Amt war Vansittart mit seiner Aggressivität und Arroganz derjenige, den man in erster Linie verdächtigte. Seit er mit Chamberlain in die Downing Street Nr. 10 eingezogen war, hatte Wilson den ständigen Staatssekretär im Auswärtigen Amt beargwöhnt und hielt ihn, wie Churchill in seinem Buch über den Zweiten Weltkrieg schreibt, für einen »Deutschenhasser«. Nach Auffassung der Regierung Seiner Majestät machte sich jeder, der das Dritte Reich kritisierte, verdächtig. Der Premierminister hatte die Warnungen Vansittarts vor der deutschen Aggressivität als »hysterisch« abgetan, und Wilson hatte den Staatssekretär als »Bangemacher« bezeichnet, der »alle Bemühungen der Regierung behindert, freundschaftliche Beziehungen zu den diktatorisch regierten Staaten herzustellen«. Er behauptete auch, Vansittarts »Einfluß auf Anthony Eden ist sehr groß«.[66]

Eden, der damals noch Außenminister war, hätte sich hinter Vansittart stellen können, und seine anständige Gesinnung sagte ihm auch, daß er es tun sollte. Aber wie Gilbert und Gott sich ausdrückten, »drehte er unklug und voreilig sein Mäntelchen nach dem Wind«, als Chamberlain erklärte, Vansittart müsse von Sir Alexander Cadogan, einem Protegé von Horace Wilson, abgelöst werden. Vansittart verfügte über eine 35jährige Erfahrung in der Außenpolitik, aber Cadogan, der ein überzeugter Anhänger der Beschwichtigungspolitik war und an die Möglichkeit eines englisch-deutschen Bündnisses glaubte, würde sich eher der Auffassung von Chamberlain anschließen, daß das Dritte Reich die europäische Nation sei, die das besondere Vertrauen Großbritanniens verdiene.[67]

Am 1. Januar 1938 wurde Vansittart befördert und mit dem nichtssagenden Titel eines außenpolitischen Chefberaters der Regierung ausgezeichnet. An seiner Stelle sollte Cadogan die Verwaltung des Auswärtigen Amts übernehmen. Die Deutschen waren entzückt. Ernst von Wörmann, der diplomatische Geschäftsträger an Hitlers Londoner Botschaft, nahm befriedigt Kenntnis davon, daß Vansittart den britischen Botschaftern in den ausländischen Hauptstädten keine Anweisungen mehr geben könne und auch vertrauliche Mitteilungen nicht mehr über ihn weitergeleitet würden. Solche Dokumente wurden ihm nur noch zugeleitet, wenn Cadogan dies für notwendig hielt. Die Tatsache, daß er sein altes Büro behalten durfte, täuschte niemanden. Seine »Entlassung«, wie Churchill den Vorgang mit Recht bezeichnete, verblüffte die Ministerialbürokratie in Whitehall. Es war auch ein beispielloser Vorgang. Traditionsgemäß blieben ständige Staatssekretäre bis zu ihrem Tode, oder bis sie auf eigenen Wunsch zurücktraten, im Amt. Winston erfuhr in Paris davon, wo er nach einem einmonatigen Urlaub im Château de l'Horizon in der britischen Botschaft mit Daladier, der in der nächsten französischen Regierung das Amt des Premierministers übernehmen sollte, und Alexis Léger, dem Generalsekretär am Quai d'Orsay, konferierte. Daß sein mächtiger Verbündeter im Auswärtigen Amt ausgeschaltet worden war, bekümmerte Churchill zutiefst. Der britische Botschafter, Sir Eric Phipps, meldete nach London, Winston habe »kaum von etwas anderem sprechen können«. Er glaube, »die Ablösung von Vansittart sei eine sehr gefährliche Sache, sie werde als Sieg der Freunde Deutschlands in England gewertet werden, das Mißtrauen der Franzosen wecken usw.«. Phipps, der selbst ein Anhänger der Beschwichtigungspolitik war, schrieb an Hankey, er sei »ehrlich beunruhigt angesichts der Aufregung um Vansittart«. Aber Churchill erkannte sehr deutlich, was der Sturz Vansittarts bedeutete. Später schrieb er: »Niemand hat das Wachsen der deutschen Gefahr deutlicher erkannt oder vorausgesehen, und niemand war wie er bereit, andere Erwägungen zurückzustellen, wenn es darum ging, ihr zu begegnen.« Jetzt habe er »die ganze Verantwortung für den Geschäftsbetrieb im Auswärtigen Amt aus der Hand geben müssen«.[68]

Die durch diese Entwicklung ermutigten Beschwichtigungspolitiker versuchten wenige Monate später sogar, einen der wenigen Anhänger Churchills im Parlament ins Gefängnis zu bringen. Duncan Sandys hatte seine eigenen geheimen Quellen. Am 17. Juni 1938 richtete er unter Vorlage von Tatsachen und Zahlen eine Anfrage in bezug auf die Luftverteidigung Londons an das Heeresministerium. Aus dieser Anfrage ging deutlich hervor, daß er Zugang zu geheimen Informationen besaß. Daraufhin wurde er vom Generalstaatsanwalt vorgeladen, der ihm eröffnete, falls er nicht den Namen seines Informanten nannte, werde er wegen Verstoßes gegen das Geheimhaltungsgesetz vor Gericht gestellt. Sandys unterrichtete das Parlament über diesen Vorfall und beantragte die Ernennung eines Sonderausschusses zur Untersuchung der Frage, wieweit dieses Gesetz ein Mitglied des Parlaments bei der Ausübung seiner offiziellen Pflichten betraf. Winston war begeistert und schrieb an Lord Hugh Cecil, einen seiner ältesten Freunde –

vor 30 Jahren, auf der Hochzeit von Winston und Clementine, war er der Brautführer gewesen –: »Jetzt wird die Bombe platzen.«[69]

Die Aufregung erreichte ihren Höhepunkt, als Sandys am folgenden Tag das vollbesetzte Unterhaus davon unterrichtete, daß er als Reserveoffizier den Befehl erhalten hatte, in Uniform vor einem Militärgericht zu erscheinen. Das sei ein »flagranter Verstoß« gegen das jedem Parlamentsabgeordneten zustehende Recht auf Immunität. Attlee und Sinclair, die Führer der Labour Party und der Liberalen und natürlich auch sein Schwiegervater stellten sich hinter ihn. Letzterer bemerkte sarkastisch, ein zum Schutz der nationalen Verteidigung unternommener Schritt dürfe nicht dazu mißbraucht werden, Minister zu schützen, die es versäumt hätten, die Verteidigungsfähigkeit des Landes sicherzustellen. Nachdem das Unterhaus Sandys ohne Gegenstimme recht gegeben hatte, schrieb Oliver Harvey vom Auswärtigen Amt in sein Tagebuch: »Wie ich höre, ist Winston hell begeistert.« Doch die Beschwichtigungspolitiker ließen sich nicht davon abhalten, die Untersuchung aufgrund einer technischen Formalität wiederaufzunehmen. Dabei zeigte sich, daß Sandys mit seiner Kritik am Versagen des Heeresministeriums recht gehabt hatte. Churchill nutzte auch weiterhin jede Gelegenheit, seine Kritiker in die Schranken zu weisen. Einem Abgeordneten schrieb er, er sei »ganz zufrieden mit meinem Platz in der Ecke«.[70]

Das war er natürlich nicht, aber wer im politischen Abseits steht, genießt eine Freiheit, die denen nicht vergönnt ist, welche die Verantwortung tragen, und das traf besonders auf Winston zu. Selbst Hankey hatte zugeben müssen, daß er »ein führender Staatsmann« war, an dessen patriotischer Gesinnung nicht zu zweifeln sei. Als solcher war er von der Delegation der deutschen Luftwaffe aufgesucht und von Botschafter Joachim von Ribbentrop von den politischen Absichten Hitlers unterrichtet worden.[71]

Der zentrale Glaubenssatz der Beschwichtigungspolitiker war, daß niemand den Krieg wolle. Sie wußten nicht oder weigerten sich zu glauben, daß der deutsche Reichskanzler eine Ausnahme war. Deshalb »schliefen« die siegreichen Verbündeten von 1918, wie Churchill sich ausdrückte, während Deutschland, dessen Regierung sich nicht vor den Wählern verantworten mußte, Armeen ausbildete, Schiffe baute und Schwärme von Bombern und Jagdflugzeugen in den Himmel schickte. Am 5. November 1937 hatte Hitler seine Generäle und hochrangigen Diplomaten um sich versammelt, um ihnen seine unwiderrufliche Entscheidung bekanntzugeben: Deutschland mußte einen Krieg führen. Er selbst wurde nicht jünger und wollte kämpfen, er wollte seine Armeen in den Kampf führen, solange er noch über die notwendige Tatkraft verfügte, um persönlich das Kommando zu übernehmen. Heer und Luftwaffe erhielten den Befehl, sich auf den Krieg vorzubereiten, zu dem es »schon 1938« kommen könne.

Die Besprechung fand in der Reichskanzlei statt, wo er vier Stunden und fünfzehn Minuten ununterbrochen redete und dabei auch die Möglichkeit eines Krieges zwischen Japan und Frankreich in Betracht zog. Verächtlich bezeichnete er Frankreich und England als die beiden »haßerfüllten« Länder und verkündete erneut seine bekannte These von dem Lebensraum, den Deutschland brauche. Er sagte, er habe bewußt dafür gesorgt, daß der Krieg in Spanien länger dauerte als unbedingt notwendig, weil der Spanische Bürgerkrieg unter Umständen auch zu einem bewaffneten Konflikt zwischen Italien auf der einen und Großbritannien und Frankreich auf der anderen Seite führen könnte. Das würde Deutschland den Weg ebnen, das tschechische und das österreichische Problem zu lösen. Er fügte hinzu, daß die Annexion der Tschechoslowakei und Österreichs die strategische Lage verbessern, neue Quellen für die Ernährung des deutschen Volkes, die Eingliederung von weiteren 12 Millionen »Deutschen« und vor allem eine genügende Zahl junger Männer bringen werde, um zwölf neue Divisionen aufstellen zu können. Wenn Deutschland diesen Krieg zwischen Italien und den Demokratien ausnutzen wolle, dann müsse der Überfall auf die Tschechei natürlich »blitzartig schnell« erfolgen. Am Schluß erklärte er sich bereit – und zwar zum letzten Mal –, Fragen seiner Untergebenen zu beantworten.[72]

Drei Männer wagten es, sich seinen Plänen entgegenzustellen. Es waren die Generäle von Blomberg und Freiherr von Fritsch sowie Außenminister von Neurath. Sie wiesen auf eine Tatsache hin, die, wie jeder der Anwesenden wußte, nicht zu bestreiten war: Es widerspräche jeder Logik, einen Krieg zwischen Großbritannien und Italien vorauszusagen. Darüber hinaus bestehe seit 1925 ein Militärbündnis zwischen Frankreich und der Tschechoslowakei – die Tschechen seien außerdem durch das seit 1936 bestehende Bündnis zwischen Frankreich und der Sowjetunion abgesichert. Vor weniger als zwei Monaten hatte der französische Außenminister ausdrücklich darauf hingewiesen, daß Frankreich seine Verpflichtungen erfüllen werde, »in welcher Form die Aggression auch erfolgen sollte, wenn es sich mit Sicherheit um eine Aggression handelt«. Das britische Auswärtige Amt hatte inoffiziell verlauten lassen, daß darauf eine britische Kriegserklärung an Deutschland folgen werde.[73]

Hitler ignorierte diese Warnungen. Innerhalb von drei Monaten waren die Männer, die ihm widersprochen hatten, aus ihren Ämtern entlassen. Neurath wurde als Außenminister von Ribbentrop abgelöst, obwohl er, um sein Ansehen im Ausland nicht zu schädigen, mit einem neuen eindrucksvollen Titel ausgezeichnet wurde. Aber Blomberg und Fritsch, die Führer der militärischen Elite Deutschlands, wurden persönlich vernichtet, und Hitler wäre nicht er selbst gewesen, wenn er es nicht auf die denkbar gemeinste Weise getan hätte. Blomberg wurde mit der Begründung entlassen, seine Frau sei früher eine Prostituierte gewesen. Gegen den Oberbefehlshaber des Heeres, den Freiherrn Werner von Fritsch, wurde der unsinnige Vorwurf erhoben, er sei homosexuell und habe in irgendeiner dunklen Nebenstraße in der Nähe des Bahnhofs Wannsee mit einem Mann aus der Berliner Unterwelt, dem sogenannten Bayernsepp, homosexuellen Verkehr gehabt. Der in seiner Ehre zutiefst gekränkte General hielt es für unter seiner Würde, sich gegen eine solche Anschuldigung zu verteidigen, und sagte Hitler, er würde nur vor einem Kriegsgericht aussagen. Hitler hatte keine Beweise gegen den General, denn es gab auch keine, und er hatte nicht die Absicht, das Offizierskorps über einen Mann aus seinen eigenen Reihen zu Gericht sitzen zu lassen. Aber das Gerichtsverfahren fand statt, und der General wurde wegen erwiesener Unschuld freigesprochen. Trotzdem befahl Hitler ihm, den Abschied zu nehmen, und erklärte sich selbst am 4. Februar 1938 zum »Obersten Kriegsherrn«. Damit übernahm er den persönlichen Befehl über die gesamte deutsche Wehrmacht. Seine diktatorischen Vollmachten sind bis zu seinem Tode unangetastet geblieben.[74]

Nun beschloß Hitler, der österreichischen Unabhängigkeit den Garaus zu machen. Auf dem Berghof hatte er Schuschnigg noch eine kurze Atempause gewährt. Acht Tage nachdem der verzweifelte österreichische Kanzler nach Wien zurückgekehrt war, veranstaltete Hitler einen seiner leidenschaftlichen Auftritte vor dem Reichstag. Mit krächzender Stimme verkündete er, die politische Trennung vom Reich dürfe nicht zu einer Mißachtung des allgemeinen Rechts der Selbstbestimmung führen... Zu den Interessen des Deutschen Reichs gehöre der Schutz jener deutschen Volksgenossen, die nicht in der Lage seien, aus eigener Kraft ihre politische und geistige Freiheit zu sichern. Er befahl Jodl und Göring, die Streitkräfte mobil zu machen und die Reservisten einzuberufen. Damit standen Schuschnigg 4126200 erstklassig ausgebildete Soldaten gegenüber. Nach den Bestimmungen des Versailler Vertrags hätten es nur 100000 sein dürfen. Österreich verfügte dagegen über nur 38000 meist deutschstämmige Soldaten, auf deren Loyalität sich das Land bei einer solchen Konfrontation kaum verlassen konnte.[75]

Aber wie viele Österreicher wünschten wirklich den Anschluß an das Dritte Reich? Im *Evening Standard* vom 4. März schätzte Churchill, daß zwei Drittel der Landsleute Schuschniggs bereit waren, ihre Unabhängigkeit zu verteidigen. Am folgenden Tag widersprach ihm die Cousine seiner Frau, Unity Mitford. Unity bewunderte die Nazis und hatte Hitler häufig auf seinen Reisen begleitet, nachdem er vor fünf Jahren Reichskanzler geworden war. Jetzt schrieb sie an den »lieben Vetter Winston«, er sei wie die meisten Engländer »sehr falsch über die Verhältnisse in Österreich unterrichtet, die in der britischen Presse ständig unzutreffend dargestellt werden«. Sie sei in Wien gewesen, als der Führer dem österreichischen Kanzler die Leviten gelesen habe. Nun schrieb sie:

»Der Jubel, der in allen Bevölkerungsschichten ausbrach, muß eine der gewaltigsten Demonstrationen einer (politischen) Überzeugung gewesen sein, die die Welt je gesehen hat... Jedermann sah glücklich und hoffnungsvoll in die Zukunft... In Graz, Linz und Wien habe ich Demonstrationen erlebt, bei denen die Menschen vor Freude wahnsinnig wurden und man auf den Straßen nicht mehr durchkam, weil sie von Leuten verstopft waren, die ›Heil Hitler! Anschluß!‹ riefen und Hakenkreuzfähnchen schwenkten. Nachts brannten auf den Bergen in der Umgebung von Wien die Freudenfeuer in der Form von Hakenkreuzen.« Sie schätzte, bei »einer freien Volksbefragung würden *mindestens* 80 Prozent der Stimmen für die Nazis abgegeben werden«.[76]

Churchill übermittelte diese Schätzung dem erfahrenen Diplomaten und österreichischen Botschafter in London, Georg Franckenstein, und bat ihn um seine Ansicht mit der Zusicherung, daß er seine Antwort vertraulich behandeln würde. Franckenstein wies darauf hin, daß die österreichischen Nazis sich bewußt laut und auffällig benähmen, weil sie den Eindruck erwecken wollten, daß sie die Mehrheit hinter sich hätten. Er räumte allerdings ein, daß die Nationalsozialisten in Österreich »die Rede Hitlers mit lautem Jubel begrüßt hatten«. Aber obwohl sich die Nazis »außerordentlich aktiv« zeigten, verhielte sich die Mehrheit der Bevölkerung auf den ausdrücklichen Wunsch von Schuschnigg ruhig und diszipliniert, »um Konflikte und Blutvergießen zu vermeiden, die zu einer Intervention Deutschlands führen könnten«. Franckenstein hatte sich mit einigen gut unterrichteten und objektiven Beobachtern in Verbindung gesetzt und sie gefragt, für wie stark sie den Anteil der Nazis in der österreichischen Bevölkerung hielten. »Einige von ihnen meinten, es seien 25, andere sprachen von 35 Prozent, aber alle stimmten darin überein, daß die Mehrheit für ein unabhängiges Österreich ist.«[77]

Chamberlain hatte die »Verhandlungen« auf dem Berghof ausdrücklich begrüßt. Wie weit der Premierminister von seinen eigenen Hoffnungen und seinen Beratern getäuscht worden ist, wird sich nie genau feststellen lassen, aber die uns vorliegenden Dokumente beweisen, daß er sich nicht gescheut hat, in Krisensituationen das Parlament und die britische Öffentlichkeit zu belügen. Nach Wien zurückgekehrt hatten Schuschnigg und sein Staatssekretär im Auswärtigen Amt, Guido Schmidt, in allen Einzelheiten über das unmögliche Verhalten Hitlers und dessen Ultimatum berichtet. Sie hatten alle ausländischen Geschäftsträger davon unterrichtet, besonders den englischen Botschafter. William L. Shirer, der sich damals in Wien aufhielt, hatte Gelegenheit, den genauen Bericht der britischen Botschaft zu lesen, bevor er telegrafisch nach London weitergegeben wurde. Sogar Botschafter Henderson, der das Dritte Reich fast ebensosehr bewunderte wie Unity Mitford, schrieb, der österreichische Kanzler sei »bedroht und eingeschüchtert worden und akzeptierte angesichts dieser Drohungen eine Regelung, mit der er keineswegs einverstanden war«. Außerdem hatten die Korrespondenten des *Daily Telegraph* und der *Times* zutreffende Berichte über Hitlers grobe und erpresserische Methoden telefonisch nach London durchgegeben. Dawson druckte nicht alle Depeschen seiner europäischen Korrespondenten, aber die nicht veröffentlichten schickte er an die Downing Street Nr. 10. Deshalb kann niemand behaupten, der Premierminister habe nicht erfahren, was auf dem Berghof geschehen war. Im Gegenteil, er war sich durchaus der Tatsache bewußt, daß die Unabhängigkeit Österreichs ernsthaft gefährdet war. Trotzdem erklärte er am 2. März im Unterhaus, es sei weiter nichts geschehen, »als daß sich zwei Staatsmänner über gewisse Maßnahmen für die Verbesserung der Beziehungen zwischen ihren beiden Ländern geeinigt haben ... So darf man kaum annehmen, daß nur, weil zwei Staatsmänner vereinbart haben, in einem der beiden Länder gewisse innenpolitische Veränderungen vorzunehmen – Veränderungen, die im Interesse der gegenseitigen Beziehungen wünschenswert waren –, das eine Land zugunsten des anderen auf seine Unabhängigkeit verzichtet habe. Im Gegenteil, die Rede des Bundeskanzlers (Schuschnigg) vom 23. Februar enthielt nichts, woraus man schließen könnte, daß der Bundeskanzler selbst glaube, die Unabhängigkeit seines Landes aufgegeben zu haben.«[78]

In Wirklichkeit war die Rede Schuschniggs vor dem österreichischen Bundestag nach seiner Rückkehr vom Berghof ein Akt der Verzweiflung und bewies einen erstaunlichen Mut. Der Bundeskanzler erklärte darin, daß Österreich den Nazis keine Zugeständnisse machen werde. Er sagte, »wir werden ihnen Einhalt gebieten und sagen, bis hierher und nicht weiter«. Er beteuerte, sein Land werde niemals seine Selbständigkeit aufgeben, und beendete die Rede mit dem Ruf: »Rot-Weiß-Rot bis in den Tod!«[79]

Sich Hitler in dieser Weise zu widersetzen war gefährlich. Einen österreichischen Bundeskanzler hatte er bereits ermorden lassen. Seine österreichischen Nazis, die, falls dies möglich war, noch brutaler waren als die deutschen, zogen in wilden Horden durch die Straßen – allein in Graz waren es 20000 –, rissen die österreichischen Fahnen von den Masten und hißten statt dessen die Hakenkreuzflagge. Die Polizei griff auf Befehl von Seyß-Inquart nicht ein. In Wien versammelten sich Tausende hysterischer Nazis auf dem Karlsplatz, schrien »Sieg Heil! Heil Hitler!« und verlangten, daß Schuschnigg aufgehängt werde. Aber der österreichische Bundeskanzler war standhafter als die Männer, die damals das Britische Empire regierten und sich fürchteten, Hitler herauszufordern. Am 9. März ordnete Schuschnigg für Sonntag, den 13. März, eine Volksbefragung an. Seine Landsleute sollten sagen, ob sie ein freies, unabhängiges und christliches Österreich oder den »Anschluß« an das Reich wollten.[80]

In einem kurzen Brief an Churchill schrieb Botschafter Franckenstein triumphierend, jetzt würden die österreichischen Wähler »das ›Duell‹ zwischen Mrs. Mitford und mir« entscheiden. Aber am folgenden Tag – es war Donnerstag, der 10. März – war der Botschafter nicht mehr so zuversichtlich. Bei einem Essen, zu dem ihn Leo Amery am Eaton Square 112 eingeladen hatte, stellte Harold Nicolson fest, daß der Österreicher »besorgt und niedergeschlagen« wirkte. Als die anderen Gäste ihn dazu beglückwünschten, daß Schuschnigg eine Volksabstimmung angeordnet und sich gegenüber Hitler so tapfer verhalten hatte, schien er, wie Nicolson berichtet, »nicht zu glauben, daß diese Tapferkeit sehr viel helfen wird«.[81]

Bis zur Ankündigung der Volksabstimmung hatte Hitler nicht beabsichtigt, sofort den »Anschluß«, das heißt die Annexion des südlichen Nachbarn Deutschlands zu vollziehen. Er wollte aus Österreich lediglich einen Vasallenstaat machen. Hitlers Absicht war es gewesen, Österreich dadurch zu beherrschen, daß er zunächst Schuschniggs Stellung untergrub, ihn dann stürzte und schließlich dafür sorgte, daß österreichische Nazis die Regierung übernahmen. Schuschniggs Rundfunkansprache am Mittwochabend, dem 9. März, war einer der drei Vorgänge, die Hitler davon überzeugten, daß Österreich annektiert werden müsse und *könne*, daß es aufhören müsse, als eigenständige Nation fortzubestehen, um als Teil Gesamtdeutschlands in das Reich integriert zu werden.

Die beiden anderen Vorgänge waren die Reaktionen auf die Rundfunkansprache in Rom und in London. Bevor er das Nachbarland vergewaltigen konnte, mußte Hitler sicher sein, daß Österreich isoliert war. Als er gegenüber Schuschnigg behauptet hatte, Österreich habe keine Verbündeten, war das nur ein Bluff gewesen. Damals wußte er noch nicht, daß sich Italien, Frankreich und Großbritannien nicht einmischen würden. Im Falle Frankreichs spielte das keine große Rolle. Churchill hatte seinen Gästen aus Paris immer wieder gesagt, die Tatsache, daß sie so schwache Regierungen hätten, schade ihrem Ansehen im Ausland. Die Regierung Camille Chautemps stürzte am Donnerstag, den 10. März. In Frankreich würde es einen Monat lang keinen Premierminister geben, und so lange blieben die Franzosen handlungsunfähig.

Von Italien hatte sich Schuschnigg mehr erhofft. Als Dollfuß vor vier Jahren ermordet worden war, hatte Mussolini ihm geholfen, den nationalsozialistischen Staatsstreich zu verhindern. Aber als Schuschnigg ihn jetzt fragte, was er von der Volksabstimmung hielte, antwortete der Duce: »Das ist ein Fehler!« Hitler wußte dies allerdings nicht; als seine Truppen am Donnerstag zum Einmarsch nach Österreich an der deutschen Südgrenze aufmarschierten, stellte er in einem Brief an Mussolini die unsinnige Behauptung auf, in Österreich herrsche das Chaos, Österreicher und Tschechen beabsichtigten, mit »mindestens 20 Millionen Mann« in Deutschland einzufallen, und die Tatsache, daß Schuschnigg auf seine »mehr als bescheidenen« Forderungen nicht eingegangen sei, zeige, wie lächerlich die »sogenannte Volksbefragung« sei. Am Freitag machte ihm der Duce, der es noch nicht verwunden hatte, daß Briten und Franzosen versucht hatten, ihn an der Eroberung von Äthiopien zu hindern, die Mitteilung, Österreich sei für ihn »ohne Belang«. Hitler jubelte und sagte dem Überbringer dieser Botschaft: »Sagen Sie Mussolini, ich werde ihm das nie vergessen... nie, nie, nie, was auch immer geschieht!«[82]

Diktatoren, die sich nicht um die öffentliche Meinung kümmern müssen, können tun, was sie wollen. Britische Staatsmänner konnten das nicht. Sie mußten die Auffassung ihrer Kollegen berücksichtigen, waren ihrem Gewissen verantwortlich und mußten schließlich auch an ihre Wähler denken. So flüchtete sich die Regierung Seiner Majestät in die Scheinheiligkeit und erklärte, die britischen Streitkräfte seien zu schwach, um sich dem wiederbewaffneten Deutschen Reich entgegenzustellen (dabei übersah sie die Tatsache, daß sie selbst für diese Schwäche verantwortlich war), und Hitler, der sich von allen Seiten bedroht fühle, müsse besänftigt werden. Der britische Botschafter in Berlin, Henderson, schrieb: »Die große Frage, die sich alle Deutschen stellen, war, ›was wird England tun?‹« Er empfahl seinem Minister, nichts zu unternehmen. In seinen Memoiren erklärt er: »Die Regierung Seiner Majestät war nicht in der Lage, Österreich durch (ihr) Eingreifen zu retten.« Er fügte hinzu, und hier sind seine Argumente wirklich bemerkenswert, »es gab keine wirklich überzeugenden Gründe für ein Vorgehen gegen Hitler. Österreich war ein deutsches Land, und viele Österreicher waren aus innerster Überzeugung für einen Anschluß an das Deutsche Reich.« Mit der Volksbefragung hatte festgestellt werden sollen, wie viele es waren, aber Henderson bezeichnete sie als den entscheidenden Fehler Schuschniggs und den »letzten verzweifelten Versuch eines Glücksspielers«, das Schicksal zu seinen Gunsten zu wenden. Augenscheinlich war keiner der Beschwichtigungspolitiker auf den Gedanken gekommen, daß der Kanzler eines unabhängigen Landes mit dem Entschluß, seine Landsleute zu fragen, ob sie kapitulieren oder ihre Selbständigkeit bewahren wollten, nicht nur im Rahmen seiner rechtmäßigen Befugnisse handelte – die Legalität seines Vorgehens ließ sich nicht bezweifeln –, sondern auch das einzig Richtige tat. Aber Henderson erklärte im Brustton der Überzeugung: »Die Friedensliebe des britischen Volkes war zu groß, um einen Krieg zu billigen, dessen moralische Berechtigung in jeder Hinsicht bezweifelt werden mußte.«[83]

Schon eine Stunde nach der Rundfunkansprache Schuschniggs am Mittwoch begann Goebbels mit seiner Hetzkampagne gegen ihn. Churchill malte am folgenden Abend in einer Rede in Manchester ein düsteres Bild von der gegenwärtigen Weltlage: »Der Horizont ist in den vergangenen Monaten – und in den letzten Stunden – nicht heller geworden.« Am Donnerstag mußte der britische Außenminister die dringende Frage, was England unternehmen sollte, endgültig beantworten. Halifax und Ribbentrop führten ein mehrere Stunden dauerndes Gespräch unter vier Augen, und anschließend schickte Ribbentrop ein Telegramm nach Berlin, das nach dem Krieg mit anderen Dokumenten über die deutsche Außenpolitik im Nürnberger Kriegsverbrecherprozeß vorgelegt wurde. Darin berichtete Ribbentrop, England werde im Hinblick auf Österreich nichts unternehmen, selbst wenn Deutschland mit nackter Gewalt vorgehen sollte, vorausgesetzt, es erfolgt »eine sehr rasche Regelung«.[84]

Das war eine deutliche, wenn auch sehr zynische Sprache. Der Schwindel ging am Freitagvormittag weiter. Ribbentrop frühstückte in seiner Londoner Botschaft mit Thomas Jones, Astor, Inskip und einem deutschen Botschaftsangehörigen. Die Gäste waren sorgfältig ausgesucht worden und warteten ebenso gespannt wie viele andere Engländer darauf, wie Ribbentrop das Vorgehen Hitlers rechtfertigen würde. Schon 1936, als Ribbentrop als neuer deutscher Botschafter am Hof von St. James nach London gekommen war, hatte sich Lord Lothian mit ihm in Verbindung gesetzt und gesagt, er hoffe, daß eine Annexion Österreichs durch Deutschland, auch wenn es dabei zu einer militärischen Konfrontation und Blutvergießen kommen sollte, nicht zu einer »Entfremdung« zwischen der Regierung Seiner Majestät und der Wilhelmstraße führen werde.[85]

Thomas Jones hatte Lady Grigg bezeichnenderweise geschrieben: »Ich warne unermüdlich vor einer Politik, die der Ächtung Deutschlands gleichkommen würde, so unberechenbar Hitler und seine Leute auch sein mögen... Wir haben genügend Beweise dafür, daß Deutsche aller Schichten freundschaftliche Beziehungen zu uns unterhalten wollen.« Im übrigen bekleidete Jones kein öffentliches Amt. 1930 hatte er sich als stellvertretender Kabinettssekretär pensionieren lassen und stand damals im Rang weit unter Vansittart. Astor war vor sieben Jahren britischer Delegierter beim Völkerbund gewesen und hatte sich dann ins Privatleben zurückgezogen. Inskip, der ein Amt bekleidete, für das er sich absolut nicht eignete, war das einzige Kabinettsmitglied, das an diesem Frühstück teilnahm. Aber Ribbentrop wußte, daß diese Männer wichtige Entscheidungen trafen und bereit sein würden, seiner Logik zu folgen.[86]

Nach dem Freitagsfrühstück notierte Jones in seinem Tagebuch, Ribbentrop »war offensichtlich außerordentlich besorgt... Er sagte uns, Schuschnigg habe gehandelt, ohne seine nationalsozialistischen Kollegen zu konsultieren, und das wurmte ihn.« Niemand hatte die Möglichkeit erwähnt, daß Schuschnigg an Dollfuß gedacht und gefürchtet haben könnte, auch er würde solche Konsultationen unter Umständen mit dem Leben bezahlen müssen. Aber Ribbentrops Frühstücksgäste haben sich doch nicht vollkommen täuschen lassen. Jones schrieb: »Beim Fortgehen unterhielten wir uns darüber, daß R. hinsichtlich der Gespräche in Berchtesgaden (auf dem Berghof) nicht ganz offen gewesen war.« Sie kannten »den Bericht, den Schuschnigg unserem österreichischen Botschafter gegeben hatte« und wußten, »daß dieses Gespräch die schrecklichste Erfahrung seines Lebens gewesen war«. Und doch hielt Jones an seiner Überzeugung fest, daß England Hitler die unsinnigsten Zugeständnisse machen und ihm auch die zweite Wange hinhalten müsse. Diese Logik hatte zur Besetzung des Rheinlands geführt, und nun sollte Österreich den Nazis in den Rachen geworfen werden.[87]

Ribbentrop war nur noch in London, um seine Geschäfte als Botschafter abzuwickeln, Hitler hatte ihn zum Außenminister des Dritten Reichs ernannt. Dem Frühstück in der deutschen Botschaft folgte ein Abschiedsessen in der Downing Street Nr. 10, das der Premierminister zu Ehren von Ribbentrop veranstaltete und an dem Churchill als unbeteiligter, aber aufmerksamer Zuschauer teilnahm. Da Winston der unbeliebteste Engländer in der Berliner Wilhelmstraße war, hätte Chamberlain seinen Namen am liebsten von der Gästeliste gestrichen, aber das war unmöglich. Der Premierminister konnte den Nazis nicht das Recht einräumen, ihm vorzuschreiben, wen er einladen dürfe und wen nicht. Zudem war Churchill eine in der ganzen Welt angesehene Persönlichkeit und hatte sechs britischen Kabinetten angehört. Wäre er übergangen worden, hätte dies zu einem Aufstand im Unterhaus geführt.

Winston und Clementine eingeschlossen nahmen sechzehn Personen an dem Essen teil. Noch während der Mahlzeit brachte ein Kurier des Auswärtigen Amts Cadogan einen Umschlag. Der Nachfolger Vansittarts öffnete ihn, las das darin enthaltene Schreiben, stand auf, ging um den Tisch herum und gab es Chamberlain. Churchill ahnte nichts Gutes. Später erinnerte er sich: »Die Befangenheit des Premierministers war nicht zu übersehen.« Auf ein Zeichen ihres Mannes stand Mrs. Chamberlain auf und sagte, »lassen Sie uns alle zum Kaffee in den Salon gehen«. Winston hatte das Gefühl, daß »die ganze Gesellschaft von einer gewissen Unruhe erfaßt wurde. Alle schienen damit zu rechnen, daß sie sich im nächsten Augenblick von unserem Ehrengast verabschieden müßten«. Doch das Ehepaar Ribbentrop war augenscheinlich bester Laune. Churchill vermutete, daß es Ribbentrop nur darauf ankam, »den Premierminister von seiner Arbeit und vom Telefon fernzuhalten«. Schließlich sagte Chamberlain: »Es tut mir leid, aber ich habe noch eine dringende Angelegenheit zu erledigen.« Als sich Churchill zum Abschied vor Gertrud von Ribbentrop verbeugte, sagte er: »Ich hoffe, die Freundschaft zwischen England und Deutschland wird fortbestehen.« Sie warf ihm einen bösen Blick zu und erwiderte hochmütig: »Wenn Sie nicht alles verderben.«[88]

Da Churchill bei Tisch der vom Ehrengast am weitesten entfernte Platz angewiesen worden war, hatte er nicht hören können, worüber sich Chamberlain und Ribbentrop unterhielten. Deshalb glaubte er, als er die Downing Street Nr. 10 verließ, das diplomatische Geschäft, das hier besprochen worden war, sei erledigt. Doch schon eine Stunde später kannte er, obwohl ihn Vansittart nicht mehr mit solchen Informationen versorgen konnte, den Inhalt der Botschaft, die dem Premierminister beim Essen übergeben worden war. In zwei Telegrammen hatte die britische Botschaft in Wien gemeldet, daß die Deutschen um 5.50 Uhr morgens den Grenzübergang nach Österreich bei Salzburg gesperrt hatten, daß die Divisionen der Wehrmacht entlang der ganzen Grenze zwischen beiden Ländern aufmarschiert waren und daß Seyß-Inquart auf Anordnung Hitlers um 10.00 Uhr in Schuschniggs Büro erschienen war und von ihm verlangt hatte, die Volksabstimmung abzusagen. Vor die Alternative gestellt, daß es andernfalls zu Blutvergießen kommen werde, hatte Schuschnigg, der über eine viel zu schwache Armee verfügte, kapituliert. Doch auf das erste Ultimatum der Nazis, dem er sich hatte beugen müssen, folgte sofort das nächste. Hitler verlangte den Rücktritt von Schuschnigg und die Übernahme seines Amts als Bundeskanzler durch Seyß-Inquart, dessen erste Amtshandlung darin bestehen sollte, die Reichskanzlei in Berlin um den Einmarsch deutscher Truppen nach Österreich zu ersuchen, um »die Ordnung wiederherzustellen«. Ob diese Forderungen nun erfüllt würden oder nicht, um 22.00 Uhr würden 100000 deutsche Soldaten die Grenze überschreiten, nach Wien vorrücken und die österreichische Hauptstadt einschließen. Churchill hatte die scharfen Auseinandersetzungen in der Downing Street Nr. 10 nicht mehr miterlebt – ein Wortgefecht, das deutlich gezeigt hatte, welch tiefe kulturelle Kluft zwischen den Beschwichtigungspolitikern und denen bestand, die sie zu beschwichtigen suchten. Und er hatte auch nicht mehr den friedlichen Ausgang dieser Auseinandersetzungen mitbekommen. Die Engländer legten zur Erleichterung des gesellschaftlichen Umgangs großen Wert auf Höflichkeit und gute Manieren. Die deutschen Aristokraten, die in vielen Fällen mit den englischen verwandt oder verschwägert waren, teilten diese Haltung. Bis zum Einzug Hitlers in die Reichskanzlei waren die deutschen Diplomaten in ihren gestreiften Hosen bekannt und beliebt wegen ihrer vornehmen Haltung, der Beherrschung der diplomatischen Sprache und der gewissenhaften Einhaltung aller internationalen Verträge. Die Beziehungen zwischen den europäischen Mächten waren damals von der strengen Wahrung fast ritualistischer äußerer Umgangsformen gekennzeichnet, auch wenn es dann zu den blutigsten militärischen Auseinandersetzungen kam. Churchill hat einmal gesagt: »Wenn man einen Mann töten muß, kostet es nichts, höflich zu sein.«[89]

Aber zwischen den »alten Knaben«, die an jenem Freitag, dem 11. März 1938, in der Downing Street mit dem nationalsozialistischen Außenminister, dem Vertreter seines Führers, zu Mittag aßen, bestand eine tiefe Kluft. Zum ersten Mal in der Geschichte lag die politische Macht in einem europäischen Staat in den Händen von Männern, die dem unteren Mittelstand angehörten. Ribbentrop hatte sein »von« irgendeiner entfernten Tante zu verdanken, ohne selbst wirklich adlig zu sein. Bevor Hitler auf ihn aufmerksam geworden war, hatte sein einziger Vorzug darin bestanden, daß er stark auf Frauen wirkte, deshalb war es ihm auch gelungen, die Tochter seines Arbeitgebers zu heiraten und als Schwiegersohn eines wohlhabenden Mannes den anstrengenden, langweiligen und schlechtbezahlten Beruf eines durch ganz Europa reisenden Sektvertreters aufzugeben. Als Engländer wäre er niemals in einen Londoner Club aufgenommen worden, geschweige denn in das Kabinett einer konservativen Regierung. Für Chamberlain und seine Minister, die sich einzureden versuchten, daß er gesellschaftsfähig sei, war er ein Rätsel; sie verkehrten nur mit ihm, weil er im März 1938 zum offiziellen Vertreter der größten Militärmacht der Welt ernannt worden war. Bisher hatten es die Angehörigen der englischen Oberschicht in Angelegenheiten der Außenpolitik noch nie mit solchen Europäern zu tun gehabt.

Bevor Ribbentrop zu dem Essen in die Downing Street fuhr, kannte er bereits das erste Ultimatum Hitlers, vor das er Schuschnigg gestellt hatte – er müsse die Volksabstimmung absagen, oder deutsche Truppen würden in Österreich einmarschieren. Bald darauf erfuhr er von dem zweiten Ultimatum, mit dem Schuschnigg aufgefordert wurde, sein Amt als Bundeskanzler an Seyß-Inquart zu übergeben. Doch noch wenige Augenblicke bevor Cadogan dem Premierminister den Bericht der britischen Botschaft in Wien über diese Entwicklungen aushändigte, hatte Ribbentrop mit keinem Wort angedeutet, daß irgend etwas Außergewöhnliches geschehen sei. Er tat das auch nicht, als der Premierminister ihm versicherte, es sei sein »aufrichtiger Wunsch und fester Entschluß, die britisch-deutschen Beziehungen in Ordnung zu bringen«. Nachdem der Premierminister die beiden Telegramme gelesen hatte, warf er seinem Ehrengast einen prüfenden Blick zu und fragte, weshalb deutsche Truppen an der österreichischen Grenze zusammengezogen würden. Ohne eine Miene zu verziehen, antwortete Ribbentrop, er nähme an, es handle sich um ein »Frühjahrsmanöver«. Diese Antwort befriedigte Chamberlain natürlich nicht, aber es war im allgemeinen nicht seine Art, sich während eines Mittagessens über solche Dinge zu unterhalten, besonders wenn der lautstärkste englische Kritiker seiner Außen- und Verteidigungspolitik am anderen Ende des Tisches saß und ihn durchdringend ansah.[90]

Erst nachdem sich alle anderen Gäste verabschiedet hatten, bat Chamberlain Ribbentrop und Halifax in den Salon. Inzwischen waren weitere Berichte über das Ultimatum Hitlers und seine weiteren Forderungen aus Wien eingetroffen. Nun las Chamberlain diese Berichte vor. Wie Ribbentrop seinem Führer anschließend meldete, fand das Gespräch in einer gespannten Atmosphäre statt. Zu seiner Überraschung war Halifax, der auf dem Berghof noch überaus zuvorkommend gewesen war, jetzt erregter als Chamberlain, der wenigstens nach außen einen ruhigen und beherrschten Eindruck machte. Ribbentrop tat das, was die Nazis am besten konnten. Anstatt das Unentschuldbare zu rechtfertigen, bestritt er ganz einfach »die Wahrheit der Berichte«. Die Engländer stellten keine weiteren Fragen, ließen sich den erstaunlichen Vorwurf gefallen, daß britische Diplomaten in Wien sich das alles ausgedacht hätten, und begleiteten Ribbentrop höflich zur Tür. Dieser meldete seinem Führer, der Abschied sei durchaus freundlich gewesen, und sogar Halifax habe sich wieder beruhigt.[91]

Bei seinem Versuch, Hitlers Gewaltakt weniger brutal erscheinen zu lassen, hatte Ribbentrop seine Gastgeber nicht nur belogen, er hatte sie auch unterschätzt. Zu akzeptieren, daß Österreich im Einflußbereich des Deutschen Reiches lag, war eine Sache, nackte Bajonette eine andere. Als der nationalsozialistische Außenminister in seine Botschaft zurückgekehrt war, hatten Chamberlain und Halifax begriffen, daß ihr Gast ihnen gegenüber nicht sehr aufrichtig gewesen war. Sie erinnerten sich daran, daß es Ribbentrop gewesen war, der die von Schuschnigg angeordnete Volksbefragung als »Betrug und Schwindel« und »Verletzung von Buchstaben und Geist des Berchtesgadener Abkommens« bezeichnet hatte. Im Verlauf der nächsten Stunde erfuhren sie, daß Seyß-Inquart öffentlich erklärt hatte, er habe das Amt des österreichischen Bundeskanzlers übernommen, und daß Hitler eine Rundfunkansprache vorbereitete, in der er seinen neuen Untertanen »eine echte Volksabstimmung« versprechen wollte, die von der SS und der Gestapo überwacht werden sollte. Außerdem wollte er bekanntgeben, daß Schuschnigg geflohen sei. Halifax überredete einen widerstrebenden Geoffrey Dawson, den jetzt deutlich als Staatsstreich zu erkennenden Vorgang zu verurteilen, und Chamberlain brachte auf einer Sondersitzung des Kabinetts sein Entsetzen darüber zum Ausdruck, in welcher »Art« die Annexion erfolgt war. Er nannte sie »bedrückend« und sagte, sie sei »ein typisches Beispiel für einen Akt der Machtpolitik«. Henderson wurde angewiesen, der Wilhelmstraße eine offizielle Note zu überbringen, mit der erklärt wurde, daß »die Regierung Seiner Majestät sich verpflichtet fühlt, schärfsten Protest einzulegen«.[92]

Aber Henderson hatte bereits alle britischen Einwände dadurch unwirksam gemacht, daß er Göring gesagt hatte, Österreich sei »einem unbedachten und schlecht vorbereiteten Mißgriff Schuschniggs« zum Opfer gefallen. Im nachhinein ließ sich mit Worten nur noch wenig ausrichten. Vor dem Anschluß hatte Halifax die Deutschen dazu ermutigt, und während der letzten bitteren Stunden der Amtszeit von Schuschnigg hatte er ihm telegrafiert, er könne nicht »die Verantwortung übernehmen«, ihm zu Maßnahmen zu raten, »die (Ihr) Land Gefahren aussetzen könnten, gegen die die Regierung Seiner Majestät keinen Schutz garantieren kann« – und dies alles trotz der von Großbritannien in Stresa übernommenen Verpflichtung, die Unabhängigkeit Österreichs zu garantieren.[93]

In Berlin nahm Neurath die britische Note entgegen. Sehr viel später mußte Henderson zugeben, »Proteste ohne den festen Entschluß, Gewalt anzuwenden, wenn sie unbeachtet blieben, hätten die deutschen

Churchill und Außenminister Lord Halifax am 29. März 1938 im Gespräch über den Anschluß Österreichs an das Deutsche Reich auf dem Weg vom Außenministerium zum Parlament.

Truppen nicht aufhalten können, die sich bereits auf dem Marsch befanden. Er dachte an das Fiasko der Rheinlandbesetzung vor zwei Jahren und erkannte, daß »Deutschland zu stark geworden war, um von leeren Gesten beeindruckt zu werden, die Leute wie Ribbentrop nur in ihrer Meinung bestärkten, Großbritannien werde sich alles gefallen lassen, um nicht kämpfen zu müssen. Laute Proteste konnten gegen Waffengewalt nichts ausrichten.«[94]

Im Tagebuch von Nicolson spürt man die Dynamik der sich an diesem Wochenende überschlagenden Ereignisse. Am Freitagabend, dem 11. März, notierte er seine Gedanken über die Kapitulation Schuschniggs nach dessen erschütternder »Abschiedsansprache im Rundfunk, in der er erklärte, er weiche der ›brutalen Gewalt‹«. Am Samstag fuhr Hitler selbst über die Grenze nach Linz, wo er zur Schule gegangen war. Auf die Vorwürfe des unschlüssigen Henderson reagierte Göring mit »wütenden Angriffen gegen Schuschniggs angebliche Unzuverlässigkeit«. Nicolson bestätigte die Richtigkeit der Auffassungen seiner Wähler aus der Arbeiterschaft und schrieb: »Sie sind alle gegen Chamberlain und sagen, ›es hat sich gezeigt, daß Eden recht hatte‹.«[95]

In der Downing Street Nr. 10 sagte Chamberlain am Samstag seinem Kabinett, Eden habe mit seiner Ablehnung der Aufnahme freundschaftlicher Beziehungen zum Duce nicht recht gehabt: »Man könnte sagen, wir haben die Gespräche mit Italien zu spät aufgenommen... Signor Mussolini hätte zur Zeit der Berchtesgadener Gespräche Truppen an den Brennerpaß verlegt, aber er war sich seiner Position im Mittelmeerraum nicht sicher.« Cadogan warf seinem Vorgänger Vansittart vor, auf Österreich fixiert zu sein, »obwohl wir nichts dafür tun können« (»ein Idiot mit einer fixen Idee – alles Getue und sonst nichts«). Aber für den Premierminister war Eden der Sündenbock. Seiner Schwester schrieb Chamberlain am folgenden Tag: »Sehr wahrscheinlich hätte das verhindert werden können, wenn ich anstelle von Anthony Halifax im Auswärtigen Amt gehabt hätte.« Er fügte hinzu: »Wie sehr hätte sich Roosevelt blamiert, wenn er seinen großartigen Vorschlag gemacht hätte. Was hätte er von uns gedacht, wenn wir ihn ermutigt hätten, diesen Vorschlag öffentlich bekanntzugeben, wie es Anthony beabsichtigte? Und auch wir hätten uns vor der ganzen Welt lächerlich gemacht.« Chamberlain dachte nicht daran, daß ein Premierminister, der den nationalsozialistischen Außenminister zu einem Essen eingeladen hatte, während Hitler Österreich besetzte, von der Weltöffentlichkeit als der größere Narr ausgelacht werden könnte.[96]

Bei den Vorbereitungen auf die bevorstehende Parlamentsdebatte über die Militärpolitik und die dabei zu verfolgende Strategie hatte Horace Wilson am Donnerstag an Chamberlain geschrieben, daß er damit rechne, Churchill werde eine parlamentarische Untersuchung über die Luftverteidigung verlangen. Nun notierte er in seinem Tagebuch, daß der Premierminister auf einer Kabinettssitzung entschieden hatte, »eine Untersuchung sollte sofort und mit aller Entschiedenheit abgelehnt werden, und man müsse an dieser Entscheidung festhalten, auch wenn sie im Verlauf der Debatte noch so scharf kritisiert würde«. Nach dem offiziellen Sitzungsprotokoll wurden die Anwesenden davon unterrichtet, »daß der ehrenwerte Winston Churchill beabsichtigt, die Regierung wegen des unzureichenden Programms für die Luftstreitkräfte anzugreifen und den Antrag der Opposition, das Luftfahrtministerium zur Beantwortung bestimmter Fragen aufzufordern, zu unterstützen.

Es wurde die Meinung geäußert, daß eine Rede, in der unsere Anstrengungen als unzureichend hingestellt würden, gegenwärtig sehr schädliche außenpolitische Auswirkungen haben würde«, während den Beziehungen zu Deutschland besser gedient wäre, wenn man »den Eindruck der Stärke« erwecke. Wie die Nazis getäuscht werden sollten, obwohl sie die Schwäche der britischen Verteidigung genau kannten – besonders der britischen Luftstreitkräfte –, war eine Frage, die vom Kabinett nicht behandelt wurde.[97]

Es ist Sonntag, der 13. März, der Tag, den Schuschnigg für die Volksabstimmung vorgesehen hatte, aber statt dessen werden 100 000 deutsche Soldaten, voran die Zweite Panzerdivision des Generals Heinz Guderian und die SS-Leibstandarte Adolf Hitler, von begeisterten Österreichern mit Blumen überschüttet. Goebbels nennt den Einzug der deutschen Truppen einen »Blumenkrieg«. Seyß-Inquart legt seinem Führer eine Proklamation vor, in der erklärt wird, daß Österreich aufgehört hat zu bestehen. Es sei jetzt die »Ostmark«, eine Provinz des Deutschen Reiches.

Am Montag läßt sich die Lage in Österreich deutlicher überblicken. Es ist unbezweifelbar, daß viele Österreicher die Truppen des deutschen Heeres und der Waffen-SS begeistert empfangen haben, aber sie sind in der Minderheit. Churchill schreibt an Unity Mitford: »Weil Herr Hitler die freie Meinungsäußerung gefürchtet hat, sind wir gezwungen, das gegenwärtige gräßliche Schauspiel mitanzusehen.« Nun habe der Führer weitere sieben Millionen Untertanen in sein sich ausdehnendes Reich aufgenommen und dabei eine unschätzbar wertvolle militärstrategische Position eingenommen, ohne einen einzigen Schuß abzufeuern.[98]

Indem sie Hitler erlaubten, Österreich zu besetzen, haben die Regierungen der europäischen Länder Tausende von Antifaschisten verraten, nicht nur Österreicher, sondern auch deutsche Emigranten. Viele sind geflohen, um ihr Leben zu retten, und verstopfen die in die Tschechoslowakei, nach Polen und Ungarn führenden Straßen. Einige werden an den Grenzen zurückgewiesen. Andere, die über das notwendige Geld verfügen, sind im Besitz von Pässen, werden zunächst an den Straßensperren durchgelassen, aber an den Zollstationen verwehrt man ihnen die Einreise, weil sie keine Visa haben. Der Besitz der notwendigen Dokumente ist für Tausende eine Frage des Überlebens. Bei ihrer Rückkehr in die österreichische Hauptstadt werden ihre Anträge auf die Erteilung eines Visums in den britischen und französischen Konsulaten abgelehnt. Allein in Wien werden 70 000 Personen festgenommen. Noch im gleichen Monat sind praktisch alle, die zu fliehen versuchten, von den Exekutionskommandos der SS erschossen worden, haben sich selbst das Leben genommen oder sind in die von den Nazis neu eingerichteten österreichischen Konzentrationslager eingeliefert worden.

In der *Times* erscheinen keine Fotos der Flüchtlinge. Statt dessen bringt Dawson Abbildungen österreichischer Nazis, die mit strahlenden Gesichtern die deutschen Bataillone an sich vorbeimarschieren lassen und damit den Eindruck erwecken, als werde der Anschluß von all ihren Landsleuten mit überschäumendem Jubel begrüßt. Das ist eine schlimme Verzerrung der Wirklichkeit. Ausländische Touristen und Korrespondenten, besonders die amerikanischen, erklären, daß dieser Eindruck falsch sei. Zu ihnen gehört auch Shirer. Später schreibt er: »Das Verhalten der Wiener Nazis war schlimmer als alles, was ich in Deutschland gesehen habe. Es war eine Orgie des Sadismus.«[99]

In einem seiner in vielen Zeitungen abgedruckten Artikel schreibt Churchill: »Die österreichischen Nazis sind besonders bösartig. Mit ihren Plünderungen, ihrer Korruption und ihrer Brutalität übertreffen sie alles, was in einem zivilisierten Land möglich erscheint.« Die Berichte seiner österreichischen Informanten, die Chartwell erreichen, bestätigen diese Aussage. Ein entkräfteter, ausgemergelter Schuschnigg wird, nachdem er die folgenden sieben Jahre in Dachau und dann in Neiderdorf, einem Konzentrationslager in Südtirol, zugebracht hat, von amerikanischen Truppen im letzten Augenblick befreit, bevor die Gestapowachen ihn erschießen können. Das ganze Elend, das die Opfer des Nationalsozialismus in dieser Zeit ertragen mußten, spiegelt sich in den Briefen, die Churchill nach dem Anschluß von seinen österreichischen Informanten bekommen hat: »Meine vielen Freunde in dieser Stadt sind zutiefst verzweifelt«; »...viele abscheuliche Vorfälle. Eine sechsköpfige jüdische Familie hat sich vor kurzem erschossen, nur wenige Häuser von uns entfernt«; »gestern vormittag sah ich zwei gut angezogene Frauen, die gezwungen wurden, auf den Knien den Bürgersteig zu schrubben, um ein ›Heil Schuschnigg!‹ zu entfernen.« Churchill schreibt an Dawson und fragt ihn, warum nichts über diesen Teil der Geschichte berichtet wird. Die kühle Antwort lautet: »Ich glaube, es besteht kein Zweifel daran, daß der Eindruck des allgemeinen Jubels überwältigend war.«[100]

Noch vor zwei Jahren hätten sich die Leser damit zufriedengegeben. Aber seit der Rheinlandbesetzung hatte sich die Stimmung in der britischen Öffentlichkeit geändert. Die Parlamentsabgeordneten hören von ihren Wählern: Selbst wenn die meisten Österreicher unter dem Hakenkreuz leben wollen, dann haben diejenigen, die es ablehnen, auch ihre Rechte. Werden sie verfolgt? Die Antworten des Auswärtigen Amts auf solche Fragen sind vage. Auch die Haltung der Angehörigen der britischen Oberschicht hat sich verändert. Sie verfügten über das notwendige Geld, Reisen auf den europäischen Kontinent zu unternehmen. Das Rheinland zu besuchen galt als unfein. Man konnte sich dort nicht von seinen Standesgenossen sehen lassen, wenn man wie ein gewöhnlicher Tourist den Kölner Dom bestaunte. Die Besetzung dieses Gebiets durch Hitler bedeutete für die meisten ihrer Standesgenossen keine Bedrohung. In Österreich liegen die Dinge anders. Dort haben sie Freunde und Verwandte, in Wien, in den Jagdhütten an den Hängen der österreichischen Alpen und in den ausgedehnten österreichischen Waldgebieten. Und nun machen sie sich Sorgen um das Schicksal dieser Menschen. Zu denen, die diese Sorgen teilen, gehören Lady Londonderry, Lady Halifax und die Frau des britischen Premierministers. Botschafter Henderson kann diese Leute nicht mit billigen Ausreden täuschen. Sie nennen ihm Namen. Er legt Ribbentrop die Liste vor und fragt ihn, wo diese Menschen geblieben sind. Der Reichsaußenminister antwortet, ihm sei dieses Interesse »unverständlich. Die britische Regierung hat für die Opfer des Schuschnigg-Regimes nie einen Finger gerührt.« Das sei eine unverschämte Note, die nichts Gutes verheiße. Die Deutschen beginnen, sich wieder als Deutsche zu fühlen – wie die Deutschen des Zweiten Reichs, der großen Schöpfung Bismarcks nach dem preußischen Sieg über das Frankreich Napoleons III. im Jahr 1871. Damals glaubte Deutschland an den Wert von Blut und Eisen. Es galt das Schlagwort, »ein Volk, ein Kaiser, ein Reich«. Damals dominierten engstirnige Junker und hochmütige preußische Offiziere, die mit dem Monokel im Auge »freche« Zivilisten in Elsaß-Lothringen ohrfeigten und die sogar von Frauen verlangten, daß sie vom Bürgersteig in die Gosse auswichen, um sie vorbeizulassen.[101]

Neurath verstärkte diesen Eindruck der Arroganz, als er Hendersons Protestnote mit der Bemerkung zurückgab: Die Beziehungen zwischen dem Reich und Österreich könnten nur als eine innere Angelegenheit des deutschen Volkes angesehen werden, die nicht Sache dritter Mächte sei... Aus diesem Grund müsse die deutsche Regierung den Protest der britischen Regierung von Anfang an als unzulässig zurückweisen. Wenn der Botschafter Seiner Majestät einen Beweis für das Telegramm verlange, mit dem Seyß-Inquart den Einmarsch der Truppen des Führers in die Ostmark erbeten habe, werde er ihn in den Veröffentlichungen »der deutschen Presse« finden.[102]

Am Montag, dem 14. März, hörte Nicolson »eine trockene Erklärung« des Premierministers im Unterhaus, »in der von wirklicher Politik kaum etwas zu spüren war«. Die Abgeordneten hatten erwartet, mehr über Österreich zu hören, aber die Regierungsbank schien sich darin einig zu sein (und ebenso das Auswärtige Amt unter seinem neuen ständigen Staatssekretär), den Anschluß Österreichs zu übersehen und sich anderen Angelegenheiten zuzuwenden. Zur Annexion Österreichs durch Hitler erklärte der Premierminister: »Es ist eine harte Tatsache, daß sich das Geschehene durch nichts hätte verhindern lassen können – es sei denn, daß dieses Land und andere Länder bereit gewesen wären, Gewalt anzuwenden.« Ein Hinterbänkler rief: »Wie steht es mit der Wiederaufrüstung?« Chamberlains Antwort war ausweichend. Er sagte, die Regierung werde die Angelegenheit noch einmal überprüfen, und »wir werden rechtzeitig bekanntgeben, welche weiteren Schritte wir für notwendig halten«. Nicolson schrieb: »Es sieht nach einer echten nationalen Krise aus.« Aber das spürte man weder in der Downing Street noch in den Korridoren von Whitehall.[103]

Seit Vansittart seinen Posten im Auswärtigen Amt hatte abgeben müssen, verfolgte dessen Führung einen unentschlossenen, schwankenden Kurs. Cadogan, dessen Posten mit so weitreichenden Vollmachten ausgestattet war, daß er fast über den gleichen Einfluß verfügte wie Außenminister Halifax, schien unfähig zu sein, auch nur die Möglichkeit in Erwägung zu ziehen, daß man der Gewalt mit Gewalt begegnen könne. Schon am Samstag, dem 12. März, schrieb er in sein Tagebuch: »Im Hinblick auf Österreich sind wir hilflos – das ist erledigt. Vielleicht werden wir auch hinsichtlich der Tschechoslowakei hilflos sein... Muß es denn wirklich wieder zu einem Kampf um Leben und Tod mit Deutschland kommen?... Ich möchte glauben, nein. Aber ich werde den Kampf gegen Van... und all die Kräfte des Bösen aufnehmen müssen. Gott gebe mir die Kraft dazu. Bisher haben wir noch nichts Falsches getan.«[104]

Einen Monat vor der Krise, nach Schuschniggs Demütigung in Berchtesgaden, hätte Cadogan »fast« gewünscht, daß »Deutschland Österreich schluckt und die Sache damit erledigt ist«, und jetzt, da Hitler das Land verschlungen hatte, schrieb er an Nevile Henderson: »Gott sei Dank, das Problem Österreich ist erledigt. Ich muß zugeben, wir sind sehr schlecht über dieses Land unterrichtet gewesen... Offenbar hätten wir einen großen Fehler begangen, wenn wir versucht hätten, den Anschluß gegen den Wunsch eines sehr großen Teils der Bevölkerung zu verhindern. Schließlich war das nicht unsere Sache. Wir hatten keine besonderen Sympathien für die Österreicher. Wir haben uns nur gegen den Anschluß gewendet, um Deutschland eins auszuwischen.«[105]

Während der gleichen Unterhaussitzung am Montag hatte Churchill eine Antwort für den Premierminister und das Auswärtige Amt parat. Nicolson schrieb: »Winston hat die Rede seines Lebens gehalten.« Churchills instinktive Reaktion auf den »Anschluß« war sein Vorschlag gewesen, die Angelegenheit dem Völkerbund vorzulegen. Er und Lord Cecil waren damit zu Halifax gegangen, aber der Außenminister hatte ihnen gesagt, »ein solches Verfahren hätte praktisch keinen Einfluß auf die gegenwärtige Situation und könnte sie nicht ändern«. Deshalb legte Churchill dem Unterhaus seine Vorstellungen von einer Außenpolitik vor, die möglicherweise zu einem Militärputsch in Berlin geführt und das Naziregime gestürzt hätte.[106]

Churchill wußte um die Notwendigkeit eines britischen Vorgehens, dem alle politischen Kräfte zustimmten, und plädierte für eine entschlossene Politik mit dem Ziel, Hitler jede neue Aggression zu verwehren. Er verschaffte den Abgeordneten einen Überblick über den in Österreich angerichteten Schaden, den er für außerordentlich groß hielt. Die Tatsache, daß die Nazis Wien beherrschten, »das Kommunikationszentrum für alle Länder, die das alte österreichisch-ungarische Kaiserreich gebildet hatten, und für alle Länder Südosteuropas«, bedrohe das ganze Donaubecken, besonders die Tschechoslowakei, die »das bedeutendste Industriegebiet« in Österreich-Ungarn gewesen sei. Der Name habe für englische Ohren zweifellos einen »fremdländischen Klang«, aber die tschechische Armee sei »zwei- bis dreimal so stark« wie die britische, ihre Munitionsvorräte seien dreimal so groß wie die Italiens, und die Tschechen seien »ein vitales Volk; sie haben ihre durch Verträge garantierten Rechte, sie verfügen über Grenzbefestigungen, und sie haben den deutlich zum Ausdruck gebrachten Willen, in Freiheit zu leben«. Doch gegenwärtig seien sie isoliert.[107]

Wie Leo Amery schon am gleichen Tage gesagt habe, fehle es England an einer außenpolitischen Linie. Nun meinte Churchill, es sei dringend notwendig, sich für eine klare Außenpolitik zu entscheiden, und zwar schnell. Er fragte die Abgeordneten: »Warum sollen wir annehmen, die Zeit sei auf unserer Seite?« An jedem neuen Tag sei das Deutsche Reich stärker als am vergangenen. Das Parlament könne »heute abend nicht sagen, ›laßt das Vergangene vergangen sein‹. Wir können nicht sagen, ›die Vergangenheit liegt hinter uns‹, ohne die Zukunft preiszugeben.« Churchill erklärte, das von ihm vorgetragene geopolitische Konzept werde für Großbritannien und für alle europäischen Nationen, die sich durch die starke und immer stärker werdende Wehrmacht Hitlers bedroht fühlten, den Frieden sichern.[108]

Winston erklärte dem Hohen Haus, die vernachlässigten Verteidigungskräfte Englands seien zu schwach, um sich gegenüber dem ständig aufrüstenden Reich und den von ihm beherrschten Ländern zu behaupten: »Der Nationalsozialismus und alles, was unter diesen Begriff fällt, ist auf dem Wege, die absolute Herrschaft über ein von etwa 200 Millionen Menschen bewohntes Gebiet zu erringen.« Selbst eine mit allen verfügbaren Mitteln betriebene Wiederaufrüstung werde nicht ausreichen. Großbritannien brauche Verbündete. Hier horchten die Abgeordneten auf. Sie wußten, woran Winston dachte, und schon hörte man einige Buhrufe aus den Reihen der konservativen Hinterbänkler. Er wandte sich kurz an sie und sagte: »Ich weiß, einige meiner ehrenwerten Freunde auf dieser Seite des Hohen Hauses werden lachen, wenn sie meine Vorschläge hören. Ich sage, ›lachen Sie, aber hören Sie zu‹.«[109]

Diejenigen, die bereit waren, ihm ihre Aufmerksamkeit zu schenken, hörten die Erläuterung eines ideenreichen, wohlüberlegten Plans, der nationalsozialistischen Aggression mit einem enggeknüpften Bündnis von Nationen entgegenzutreten, die einzeln nichts erreichen konnten, aber gemeinsam stark genug sein würden, um die Generäle Hitlers, wenn nicht sogar Hitler selbst zu veranlassen, von seinen Angriffsabsichten Abstand zu nehmen. Churchill lenkte die Aufmerksamkeit seiner Zuhörer auf die drei Staaten der Kleinen Entente, die Tschechoslowakei, Rumänien und Jugoslawien. Jeder von ihnen sei eine zweitrangige Macht, »aber es sind sehr kraftvolle Staaten, und vereint wären sie eine Großmacht«. Der erste verfüge über die Skoda-Munitionsfabriken, der zweite über Erdöl, der dritte über Erzvorkommen und andere Rohstoffe – und sie alle unterhielten starke Armeen. Der Anschluß Österreichs habe »einen Keil« in die Kleine Entente getrieben, aber wenn sie dadurch aufgerüttelt worden seien, dann wäre der Preis vielleicht nicht zu hoch. Jedes dieser Länder stünde vor einer einfachen Entscheidung; »sich wie Österreich zu unterwerfen oder wirksame Maßnahmen zu ergreifen, solange es noch Zeit ist, die Gefahr abzuwenden und, wenn sie nicht abgewendet werden kann, mit ihr fertig zu werden«. Dazu könnte, wie er sagte, die Erweiterung der Kleinen Entente durch das Angebot der Mitgliedschaft an andere Donauländer wie Ungarn und Bulgarien gehören, die Hitlers Plänen ebenso im Wege standen. Damit könnte der deutsche Vorstoß nach Osten zur Gewinnung neuen Lebensraums aufgehalten werden. Zugleich sollten Großbritannien und Frankreich sich verpflichten, Deutschland den Krieg zu erklären, falls Hitler ein osteuropäisches Land angriff. Für den Fall, daß das von Churchill vorgesehene Bündnis zustande käme, sähe sich der deutsche Generalstab vor das gleiche Dilemma gestellt, das er sich seit 1918 geschworen hatte unter allen Umständen zu vermeiden: den Zweifrontenkrieg. Nun wandte sich Winston an die Hinterbänkler, die für seine

Worte nur ein hämisches Grinsen übrig hatten, und sagte mit erhobener Stimme: »Wir haben uns in eine Lage manövriert, aus der es keinen Ausweg gibt, ohne daß wir gewisse Risiken auf uns nehmen. Nach gewissenhafter Überlegung und weil ich es für meine Pflicht halte, fordere ich die Regierung Seiner Majestät dringend auf, feierlich zu erklären, daß sich Großbritannien noch einmal ausdrücklich verpflichtet, sich strikt an die Bestimmungen des Völkerbunds zu halten. Was ist denn so lächerlich an der kollektiven Sicherheit? Das einzig Lächerliche daran ist der Umstand, daß wir sie nicht haben.«

Aber Churchill wußte, daß das bloße Wiederherstellen des Gleichgewichts der Kräfte, so zweckmäßig, vernünftig und sogar lebensnotwendig dies sein mochte, die britische Öffentlichkeit nicht befriedigte, solange sie die eine Million britischer Gefallener in den Schützengräben des Ersten Weltkriegs nicht vergessen hatte. Winston glaubte an eine Staatskunst auf höherer Ebene, und er glaubte, die britische Bevölkerung werde sich für diese höheren Grundsätze gewinnen lassen. Er behauptete, es müsse eine »moralische Basis« für die britische Aufrüstung und Außenpolitik geben, und nur unter einem solchen Aspekt sei es möglich, die Zustimmung des ganzen britischen Volkes zu gewinnen. Auf dieser Basis könne sich das Parlament »die aufrichtige und tatkräftige Unterstützung« – und hier schloß Churchill bezeichnenderweise auch Amerika in seinen Plan ein – »aller englischsprechenden Menschen auf der ganzen Welt sichern«.

Als ersten Schritt empfahl er die praktische Einkreisung des Dritten Reichs. Verträge, welche die westlichen Demokratien und die Donaustaaten zu einer Front vereinigten, würden die deutsche Aggression verhindern, und England werde die Sicherheit zurückgewinnen, die es 1914 verloren habe. Er schloß mit den Worten:

»Wenn sich eine Reihe von Staaten im Rahmen eines feierlichen Vertrags zur gegenseitigen Verteidigung gegen Aggressionen um Großbritannien und Frankreich scharten; wenn sie ihre Streitkräfte zu einem, wie man es nennen könnte, großen Bündnis miteinander vereinigten ... Wenn all das, wie es in allen Ehren geschehen kann, auf der Grundlage des Völkerbundspaktes in Verfolgung aller Ziele und Ideale des Völkerbunds geschähe; wenn das vom moralischen Gewissen der Welt getragen würde, woran ich nicht zweifle, und wenn es im Jahr 1938 dazu käme – und, glauben Sie mir, das ist vielleicht die letzte Chance, es zu tun –, dann sage ich, daß man vielleicht noch jetzt den bevorstehenden Krieg verhindern kann. Dann wird vielleicht das Unheil, das sich über Europa zusammenbraut, noch einmal an uns vorübergehen. Dann werden sich vielleicht die wilden Leidenschaften, von denen heute ein großes Volk ergriffen wird, nach innen und nicht nach außen wenden und zu einer inneren, nicht aber zu einer nach außen gerichteten Explosion führen, und die Menschheit bliebe von dieser tödlichen Feuerprobe verschont, auf die wir seit Monaten zusteuern... Bevor wir diese Hoffnung fahren lassen, dieses große Ziel und diesen Plan, und ich will nicht verschweigen, daß auch Risiken damit verbunden sind, sollten jene, die ihn zurückweisen wollen, sehr gründlich und in allem Ernst darüber nachdenken, was mit uns geschehen wird, wenn alles andere den Wölfen vorgeworfen worden ist und wir allein und verlassen unser Schicksal meistern sollen.«[110]

Eine solche Rede und ein solcher Vorschlag des in ganz Europa bekannten Staatsmannes konnten nicht übersehen und auch nicht beiseite geschoben werden, um zu einem späteren Zeitpunkt über diese Gedanken zu beraten und zu diskutieren. In Moskau lobte der sowjetische Kommissar für auswärtige Angelegenheiten, Maxim Litwinow, die Strategie des großen Bündnisses, er verurteilte den Anschluß Österreichs als einen Akt der Aggression und eine Bedrohung der kleinen Länder zwischen der Sowjetunion und dem Reich und erklärte – obwohl Churchill in seiner Rede Rußland nicht als Partner in dem von ihm vorgeschlagenen großen Bündnis genannt hatte –, daß seine Regierung bereit sei, »sich an kollektiven Maßnahmen zu beteiligen... um weiteren Aggressionen entgegenzutreten und die zunehmend drohende Gefahr eines Blutbades in einem neuen Weltkrieg zu bannen«. Er sagte, die UdSSR sei »bereit, sofort im Rahmen des Völkerbunds oder außerhalb dieser Organisation Gespräche mit anderen Mächten über die praktischen Maßnahmen aufzunehmen, die unter den gegenwärtigen Umständen erforderlich sind«.[111]

Botschafter Maisky übermittelte Litwinows Erklärung an das Auswärtige Amt, das nach den diplomatischen Gepflogenheiten verpflichtet war, sie innerhalb einer Woche zu beantworten. Auch Frankreich fühlte sich ermutigt. Joseph Paul-Boncour, der inzwischen als Außenminister am Quai d'Orsay residierte, ließ durch seinen Botschafter in London, Corbin, eine ähnliche Note überreichen. Halifax nahm diese Angebote mit eleganter Höflichkeit und dem Ausdruck der Dankbarkeit für das Interesse der Russen und Franzosen, die er in Wirklichkeit gar nicht empfand, entgegen. Der edle Lord verachtete die Bolschewisten und war Zeit seines Lebens ein Feind Frankreichs. Nachdem sich Corbin verabschiedet hatte, sagte er: »Die Franzosen sind nie bereit, sich den Realitäten zu stellen und haben eine besondere Vorliebe für leere Worte und Beteuerungen.« Cadogan stimmte ihm zu. Paul-Boncour, der von 1914 bis 1918 als Kommandeur eines Infanteriebataillons an der Front gestanden hatte und mit der Croix de Guerre ausgezeichnet worden war, stand seit 1899 im politischen Leben und hatte seinem

Land als Kriegsminister, Arbeitsminister und Premierminister gedient. Trotzdem glaubte Cadogan, er sei »kein Außenminister, der in einem so ernsten Augenblick ein ernstzunehmender Partner bei Gesprächen über die europäische Krise sein könnte«.[112]

Nicolson war verzweifelt. »Ein Gefühl der Angst und Sorge hängt über uns wie eine dunkle Wolke. Hitler hat Österreich vollständig geschluckt; von Anschluß kann keine Rede sein, nur von völliger Absorption.« Im gleichen Eintrag heißt es, ein Kollege habe, ohne daß ihm widersprochen worden sei, behauptet, »die Regierung habe das Land verraten, und die Tories dächten nur an die rote Gefahr und kümmerten sich nicht um das Empire. Ich bin selbst von Zweifeln geplagt und weiß nicht recht, wie ich mich verhalten soll. Wie kann ich eine solche Regierung weiter unterstützen?«

Im Rückblick verurteilte Lord Boothby sowohl die politische Führung als auch ihre Gefolgschaft:

»Von 1935 bis 1939 habe ich die politischen Führer in Großbritannien in der Regierung und in der Opposition aus unmittelbarer Nähe beobachtet und bin dabei zu der Überzeugung gelangt, an der ich auch heute noch festhalte, daß sie mit Ausnahmen, und das sind Winston Churchill und Leopold Amery, alle furchtsame Männer waren. Bei vier Gelegenheiten wäre es möglich gewesen, Hitler und seiner Mörderbande durch ein Ultimatum das Handwerk zu legen und einen zweiten Weltkrieg zu verhindern... Jedesmal haben wir versäumt, das zu tun. Und viermal ist eine ganze Menge. Ich fürchte, der Grund läßt sich nur in einer elenden Kombination von Feigheit und Habgier finden; und die verantwortlichen britischen Minister hätten nicht befördert, sondern entlassen werden sollen.«[113]

Und doch wurde Churchills Vision – Hitler mit einer großen Koalition der durch die Nazis bedrohten Nationen entgegenzutreten – von Millionen begeistert aufgenommen. Der Londoner *Star* brachte seine Dankbarkeit dafür zum Ausdruck, daß »ein Mann gestern abend im Parlament ein offenes Wort gesprochen und eine Rede gehalten hat, die dieser Stunde gerecht wurde«. Liddell Hart schickte dem Kriegsministerium eine Denkschrift, in der er schrieb, »wir sind blind, wenn wir nicht erkennen können, daß wir zur Verteidigung Jugoslawiens verpflichtet sind«. Er fügte hinzu, daß es sich bei der »militärischen Lage Frankreichs vor allem darum handelt, daß die Fähigkeit Deutschlands, seine Kräfte im Westen zu konzentrieren, von der Tschechoslowakei abgelenkt wird«. Nach dem Protokoll einer Kabinettssitzung vom 16. März hatte Halifax gesagt: »Die öffentliche Meinung verlangt immer entschiedener, daß sich die Verteidigungsanstrengungen des Landes auf die Möglichkeit eines Krieges einstellen.« Der Premierminister nickte bedächtig und antwortete, er sei sich der Stimmung im Lande durchaus bewußt und wisse, daß die Bevölkerung das Recht habe, eine Erklärung in Presse und Rundfunk von ihm zu hören, aber im Augenblick sei er sich selbst »noch nicht klar darüber, wie weit oder in welche Richtung wir gehen müssen«.[114]

In Wirklichkeit war Chamberlain durchaus versucht, Churchills ehrgeizigen Vorschlag in Betracht zu ziehen. Napoleon war von einer Koalition verbündeter Mächte unter der Führung Englands geschlagen worden. Weshalb sollte man nicht auch Hitler mit der gleichen Strategie überwältigen? Aber Bündnisse zu schließen entsprach nicht dem Stil Chamberlains. Ebenso wie Baldwin fühlte er sich gegenüber Ausländern unsicher. Er traute ihnen nicht so recht, und die Unterschiede im Nationalcharakter der einzelnen Völker weckten nur selten seine Neugier. Am 21. März zitierte Dawson den Premierminister mit den Worten, er habe sich »von Winstons Idee eines umfassenden Bündnisses abgewendet und sich für eine Politik des diplomatischen Vorgehens entschieden, ohne neue Verpflichtungen einzugehen«.[115]

Die letzten acht Tage im Parlament waren angefüllt mit Debatten. Dabei standen Churchill und seine Anhänger auf der einen und die Regierung auf der anderen Seite. Daß Österreich aufgehört hatte zu bestehen, hatte man anscheinend kaum wahrgenommen, und während Churchills Idee von einem umfassenden Bündnis darauf gerichtet war, die Zukunft ganz Europas zu sichern, richtete sich die Aufmerksamkeit in jenen acht Tagen ausschließlich auf das nächste Angriffsziel Hitlers: die Tschechoslowakei.

Man war sich ganz allgemein darin einig, daß der Oberste Kriegsherr des Deutschen Reiches entweder ein Wahnsinniger oder ein Genie war. Auf keinen Fall durfte man damit rechnen, daß er sich wie ein normaler Mensch verhielt, und er tat das auch nur sehr selten. General Alfred Jodl, der Chef des Wehrmachtsführungsstabes, hatte bereits fünf Jahre mit ihm zusammengearbeitet. Er glaubte, daß er Hitler jetzt verstünde. Doch nach dem Anschluß Österreichs schrieb Jodl in sein Tagebuch, der Führer habe nach der Annexion angedeutet, er habe keine Eile, die tschechische Frage zu lösen. In Wirklichkeit arbeitete Hitler eifrig an den Vorbereitungen für den »Fall Grün«. Das waren die Pläne für einen Überraschungsangriff gegen die Tschechoslowakei, für die Blomberg vor neun Monaten den ersten Entwurf geliefert hatte.[116]

Heute erscheint es uns unerklärlich, wie sich damals jemand vom Fall Grün überraschen lassen konnte. In seiner Reichtagsrede vom 20. Februar, in der Hitler von den mehr als zehn Millionen Deutschen gespro-

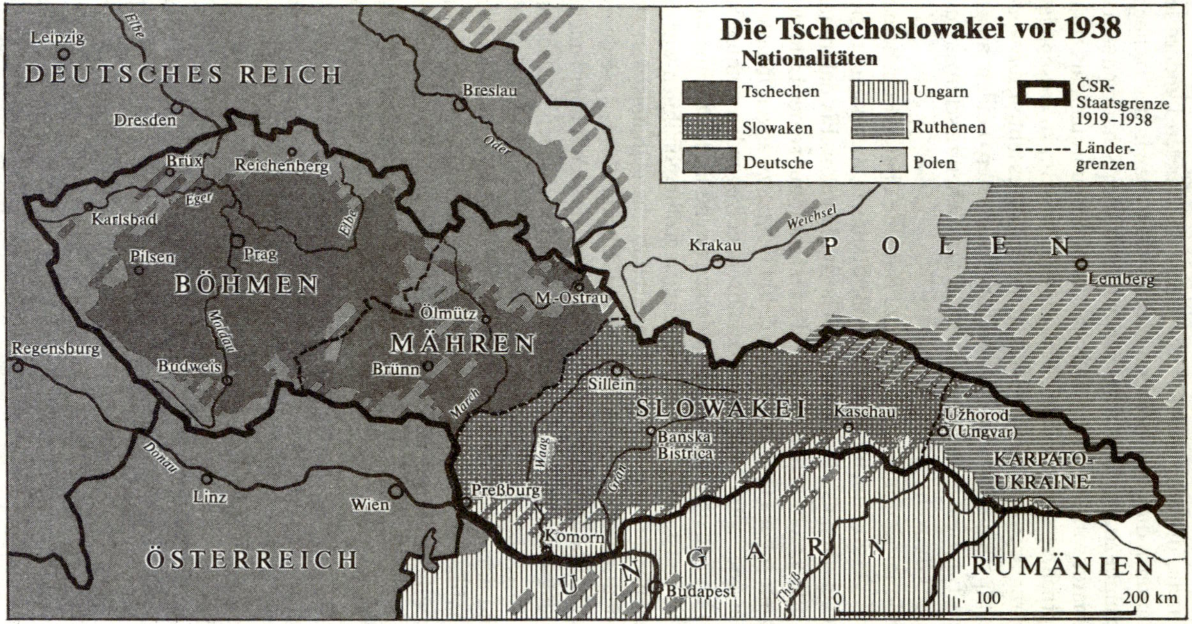
Die Tschechoslowakei vor 1938
Nationalitäten
Tschechen
Slowaken
Deutsche
Ungarn
Ruthenen
Polen
ČSR-Staatsgrenze 1919–1938
Ländergrenzen
DEUTSCHES REICH
Leipzig
Dresden
Breslau
Elbe
Oder
Brüx
Reichenberg
Eger
Karlsbad
Pilsen
Prag
BÖHMEN
Moldau
Budweis
Regensburg
M.-Ostrau
Ölmütz
MÄHREN
Brünn
March
Krakau
Weichsel
POLEN
Lemberg
Sillein
SLOWAKEI
Kaschau
Užhorod
(Ungvar)
Banska
Bistrica
Waag
Gran
KARPATO-UKRAINE
Donau
Linz
Wien
Preßburg
Komorn
ÖSTERREICH
UNGARN
Budapest
Theiß
RUMÄNIEN
0
100
200 km

chen hatte, die in zwei an Deutschland grenzenden Ländern lebten, hatte er auch die drei Millionen Sudetendeutschen in der Tschechoslowakei einbezogen, die im Norden des Landes im Schatten der Sudeten beheimatet waren. In Prag war man zutiefst beunruhigt, als Hitler davon sprach, es sei unerträglich für eine Weltmacht, zu wissen, daß jenseits ihrer Grenzen Menschen des gleichen Volkes lebten, die wegen ihrer Sympathien für die Nation den schwersten Leiden ausgesetzt seien... Das Reich sei entschlossen, die Deutschen zu schützen, die jenseits der Grenzen lebten.[117]

Londoner Zeitungen hatten kurze Berichte über Unruhen im Sudetenland veröffentlicht, aber in Großbritannien interessierten sich die Menschen damals nicht für die Tschechoslowakei. Bis dahin hatte es auch Hitler nicht getan. Das Land stand zwar auf seiner Liste der Angriffsziele, aber erst ziemlich am Schluß. Jetzt zwangen ihn die Sudetendeutschen zum Handeln. Die aufsehenerregenden Erfolge Hitlers hatten im Sudetenland fünf pseudonazistische Parteien entstehen lassen. Die lautstärkste und wahrscheinlich größte von ihnen war die Sudetendeutsche Heimatfront mit ihrer politischen Organisation, der Sudetendeutschen Partei (SDP) unter der Führung Konrad Henleins. Das war im Grunde ein eher unauffälliger Turnlehrer, der aber zunehmend zu einem überzeugten Anhänger des charismatischen deutschen Führers wurde. Eine der wirksamsten Kampfmethoden der Heimatfront bestand darin, Schlägerbanden der SDP in von Tschechen bewohnte Ortschaften zu schicken und Grenzzwischenfälle zu provozieren. Diese tätlichen Auseinandersetzungen bewiesen die Militanz der Heimatfront, aber dadurch gewann diese Gruppierung auch die Sympathien weiter Kreise in Deutschland. Hitlers Landsleute erinnerten sich an seine im Wahlkampf gegebenen Versprechungen, er werde alle Deutschen befreien, die in anderen Ländern unterdrückt würden.*

In den letzten Jahren war Präsident Eduard Benesch wachsam und vorsichtig gewesen, auch Görings ehrenwörtliche Erklärung, die Tschechen hätten nichts vom Deutschen Reich zu befürchten, hatte ihn nicht beruhigt. Er war überzeugt, die Unruhen im Sudetenland würden von Berlin organisiert, um einen Vorwand für die Intervention deutscher Truppen zu schaffen, und im Frühjahr 1938 zeigte sich, wie recht er mit dieser Beurteilung der Lage hatte.

Churchill hatte schon seit langem erkannt, welche Gefahr ein revanchelüsternes, militärisch erstarktes Deutschland in Mitteleuropa für die Tschechoslowakei bedeuten würde. Bereits am 13. Februar 1925 hatte er dringend empfohlen, die Landesgrenzen in Osteuropa neu festzule-

* Im dritten Band der Biographie wird die Sudeten- und die Polenkrise im Kommentar eines deutschen Historikers analysiert.

gen, weil nach seiner Ansicht ein »echter Friede« so lange nicht gewahrt werden könne, wie es Gebiete mit einer starken deutschen Bevölkerung außerhalb der Grenzen des Deutschen Reiches gebe. Dieser Vorschlag wurde mit der Begründung abgelehnt, daß vor jeder Grenzveränderung der Versailler Vertrag »zerrissen« werden müsse. Am 31. März 1931 – zwei Jahre bevor Hindenburg Hitler zum Reichskanzler ernannte – machte er die Leser der Hearst-Zeitungen mit der Tatsache bekannt, daß Thomas Masaryk, der erste Präsident der Tschechoslowakei, und Benesch »eine alte Nation neu gegründet haben... Sie haben auf dem breiten Fundament der sozialen Demokratie und des Antikommunismus einen starken Staat geschaffen.« Sollte es jedoch zu einer Vereinigung von Deutschland und Österreich kommen, »geriete die Tschechoslowakei in große Gefahr«.[118]

Je gründlicher Hitler über die Tschechoslowakei nachdachte, desto stärker wurde seine Überzeugung, daß die bloße Existenz dieses Landes eine Zumutung für ihn sei. Schon die Tatsache, daß dieser Staat seine Entstehung dem Friedensvertrag von Versailles zu verdanken hatte, genügte, ihn zu verdammen. Darüber hinaus fehlte ihm die ethnische Identität. Innerhalb der Grenzen des alten Königreichs Böhmen lebten jetzt Ungarn, Ruthenen, Slowaken, Deutsche und Tschechen. Bis 1938 dachten weder Hitler noch Henlein an eine regelrechte Annexion. Die meisten Bewohner des Sudetenlandes – etwa 18 Prozent der 15 Millionen Bürger der Tschechoslowakei – hatten sich im Lauf von Generationen mit Tschechen und Angehörigen anderer Volksgruppen vermischt. Henlein war nicht legitimiert, für sie zu sprechen. Tausende von ihnen waren zudem Flüchtlinge aus dem Reich, die Gott dafür dankten, daß sie nicht unter dem Hakenkreuz leben mußten. Aber Hitler war überzeugt, die SDP habe eine Zukunft, und hatte beschlossen, in diese Zukunft zu investieren. Seit 1935 zahlte die Wilhelmstraße der Sudetenpartei monatlich 15000 Reichsmark.

Am 19. Mai 1935 hatte die SDP bei den Wahlen mit 1250000 Stimmen einen erstaunlich hohen Zuwachs für sich gewinnen können. Das waren drei Fünftel der vom deutschen Bevölkerungsteil abgegebenen Stimmen, damit war die SDP zur zweitstärksten Partei im tschechoslowakischen Parlament geworden. Churchill nannte die demonstrative Unterstützung der Sudetendeutschen Partei »eine sehr beachtliche Tatsache im Hinblick auf die Energie, die von den Deutschen aufgebracht wird, wenn sie vom nationalsozialistischen Geist inspiriert werden«. Es war, wie er sagte, eines der zahlreichen Alarmzeichen, die durch den Erfolg der Diktatur in Deutschland ausgelöst worden seien. Dabei ginge es hier nicht nur »um die äußerst wichtige Frage der Selbstbestimmung, sondern auch um das die ganze Menschheit betreffende Problem der

Erhaltung freier Regierungen und der westlichen Zivilisation, die von den immer stärker werdenden Kräften des Totalitarismus und Despotismus bedrängt werden«.[119]

Es gab Grund genug, besorgt zu sein: Im Sommer 1936 waren in den baltischen Staaten und der Freien Stadt Danzig, in der alle Schlüsselstellungen in der Stadtverwaltung von Männern besetzt waren, die das Hakenkreuz am Rockaufschlug trugen, nationalsozialistische Parteien gegründet worden. Am 21. Juli schrieb Churchill an Lord Rothermere: »Meine Informationen stimmen mit den Ihren überein; die Tschechoslowakei wird sehr bald Schlagzeilen machen.« Er hatte recht. Die Tschechen unternahmen große Anstrengungen, militärisch aufzurüsten, und bauten eine starke Befestigungslinie entlang der deutschen Grenze. Goebbels behauptete sogar, sie erlaubten den Russen, Militärflugplätze auf tschechischem Boden einzurichten, und begann mit einem Verleumdungsfeldzug, der an seine Angriffe gegen die österreichische Regierung vor der Ermordung von Bundeskanzler Dollfuß erinnerte. Am 5. Februar 1937 schrieb Churchill im *Evening Standard*, daß in jedem Augenblick ein mächtiger Nachbar einen Streit (mit den Tschechen) vom Zaun brechen könne. »Schon jetzt sehen sie in der reglementierten deutschen Presse, in welche Richtung die Vorwürfe zielen, in denen behauptet wird, sie seien Kommunisten und bereiteten ihre Flugplätze für einen russischen Angriff gegen Deutschland vor. Dabei ist es zwecklos, wenn sie ihre Unschuld beteuern und sich bereit erklären, ihre militärischen Einrichtungen von deutschen oder internationalen Gremien inspizieren zu lassen.«[120]

Im Juni 1937 erhielt Winston einen langen Bericht von einer seiner zuverlässigsten Informantin, Sheila Grant Duff, einer Cousine von Clemmie, die in Oxford studiert hatte und jetzt in Prag lebte. Sie schrieb, in der westlichen Tschechoslowakei käme es ständig zu Übergriffen sudetendeutscher Banden, die nachts die Straßen unsicher machten, Juden verprügelten, ihre Läden plünderten und ihre Synagogen entweihten. Sie zitierte zwei Nazis aus der Gefolgschaft Henleins, die behauptet hatten, von tschechischen Polizisten mißhandelt worden zu sein: »Das könnte der Anlaß für Gegenmaßnahmen sein, mit denen die deutsche Presse gedroht hat.« Sheila machte sich Sorgen um die Zukunft des tschechischen Staates. Sie bat Winston, »alles in Ihrer Macht Stehende zu tun und dafür zu sorgen, daß wir fest und unbeugsam bleiben. Die Lage ist noch nie so kritisch gewesen, und ich bin überzeugt, daß sie sich nur durch unsere Festigkeit retten läßt. Die Tschechoslowakei ist im Augenblick fast ausschließlich auf uns angewiesen.« Im Oktober schrieb Winston an Lord Londonderry – der immer noch an die Möglichkeit einer Freundschaft zwischen England und den Nationalsozialisten glaubte –, daß jede Übereinkunft mit den Deutschen bedeuten würde, ihnen »in Mittel- und Südeuropa freie Hand zu lassen, soweit es uns betrifft. Das bedeutet, sie würden sich Österreich und die Tschechoslowakei einverleiben, um damit die Schaffung eines gigantischen mitteleuropäischen Blocks vorzubereiten. Es läge gewiß nicht in unserem Interesse, eine solche Aggressionspolitik zuzulassen.«[121]

Doch die Regierung Chamberlain war offensichtlich der gleichen Auffassung wie Lord Londonderry und lehnte es auch weiterhin ab, die von den Streitkräften dringend benötigten Gelder zur Verfügung zu stellen. Im Februar 1938 legte der Luftfahrtminister, Lord Swinton, dessen bisherige Aufrüstungsvorschläge abgelehnt worden waren, wieder einen Etat für die RAF vor, der »das Minimum für die Sicherheit« darstellte. Die Versuche, mit der gewaltigen Überlegenheit der deutschen Luftwaffe an Jagdflugzeugen gleichzuziehen, waren aufgegeben worden. Nun wollte sich die RAF mit so vielen Flugzeugen zufriedengeben, wie sie für die Abwehr deutscher »Bombenflugzeuge notwendig waren, die gegen dieses Land eingesetzt werden könnten«. Inskip erklärte, das wäre zu teuer. Er schlug vor, nicht nur die Zahl der sofort einsatzfähigen britischen Militärflugzeuge zu verringern, sondern auch die der in Reserve gehaltenen Maschinen. Halifax, der diesen Vorschlag unterstützte, betonte, es sei notwendig, »jede mögliche Anstrengung zu unternehmen, um gute Beziehungen zu Deutschland herzustellen«. Mit anderen Worten, Großbritannien sollte sich aller Kriegsvorbereitungen enthalten, die den Unwillen Hitlers erregen könnten. Chamberlain faßte das Ergebnis der Gespräche zusammen und sagte seinen Ministern – was sie bereits wußten –, daß er »den Erhalt unserer wirtschaftlichen Stabilität« für außerordentlich wichtig hielte. Obwohl Swinton auf eine schnelle Entscheidung drängte, geht aus den Diskussionsprotokollen hervor, daß »über den Ausbau der Luftstreitkräfte keine endgültige Entscheidung getroffen wurde«. Auch die Festlegung des Budgets der Admiralität wurde auf das folgende Jahr verschoben.[122]

Indessen tickte die tschechische Zeitbombe weiter. Einer von Churchills Gewährsleuten schickte von einer Reise durch Osteuropa eine Lagebeurteilung nach Chartwell und wies darauf hin, daß die kleinen Länder entschlossen seien, »Deutschland nicht zu provozieren«, während die Deutschen selbst »überzeugt sind, daß wir neutral bleiben werden, wenn sie die Tschechoslowakei angreifen«. Die Stimmung in der Tschechoslowakei bezeichnete er als »verzweifelt«. Durch die nicht zuletzt auf Drängen der Tschechen in Versailles erfolgte Festlegung der geltenden Grenzen mußte der Staat jetzt in Landstrichen gegen das Deutsche Reich verteidigt werden, in denen fast ausschließlich Sudetendeutsche lebten. Das Sudetengebirge, das Benesch zur Abwehr eines deutschen

Angriffs hatte befestigen lassen, war ein Bestandteil des von Henleins nazistischen deutschen Wählern bewohnten Gebiets. Wenn dieses Gebiet von Hitler annektiert würde, dann würden diese Befestigungen den Deutschen in die Hände fallen, und die übrige Tschechoslowakei wäre gegenüber einem deutschen Angriff wehrlos.[123]

Im März lösten die turbulenten Ereignisse in Wien Massendemonstrationen im Sudetenland aus, der Ruf nach »Heimkehr ins Reich« wurde laut, und die lokalen Auseinandersetzungen zwischen Tschechen und Sudetendeutschen nahmen zu. In Eger demonstrierten 25 000 Sudetendeutsche beim Geläut der Kirchenglocken. In Saaz marschierten 15 000 Menschen mit dem Ruf »ein Volk, ein Reich, ein Führer« durch die Straßen. Hitler verkündete vor der Welt, wie sehr die Sudetendeutschen in ihrer Heimat unterdrückt würden. Und anständige Engländer, die im öffentlichen Leben standen, unter ihnen ein anständiger Premierminister und sein anständiges Kabinett, zögerten, ihm zu widersprechen, weil ein offen ausgesprochener Zweifel Hitler »provozieren« konnte. In Wirklichkeit brauchte Hitler gar keine Provokation. Er war jetzt fest entschlossen, den tschechischen Staat zu vernichten und in das Reich einzugliedern.[124]

Unmittelbar nach dem Vorschlag Churchills für ein umfassendes Verteidigungsbündnis hatte Cadogan mit Chamberlain und Halifax über diese Möglichkeit gesprochen und dabei den Eindruck gewonnen, daß der Premierminister und sein Außenminister diesen Vorschlag ernsthaft in Erwägung zögen. Cadogan vertrat eine andere Meinung und brachte sie in seinem Bericht für das Auswärtige Amt zum Ausdruck. Seine Haltung wurde von seinen Kollegen jedoch nicht geteilt, zu denen auch sein zweiter Unterstaatssekretär, Sir Orme Sargent gehörte, ein Protegé von Vansittart. In einer an Cadogan gerichteten Denkschrift bezeichnete Sargent den Anschluß Österreichs als den ersten Schritt einer nationalsozialistischen »Expansionspolitik, die alle schwachen und desorganisierten Länder des Donaubeckens politisch und wirtschaftlich zu Vasallenstaaten« machen werde.[125]

Nun übernahm William Strang, der Nachfolger von Ralph Wigram als Leiter der Zentralabteilung des Auswärtigen Amts, die Aufgabe, die verschiedenen Auffassungen einander gegenüberzustellen. Nach seiner Ansicht gab es drei Möglichkeiten für das Vorgehen der britischen Regierung. Die letzte und erbärmlichste Alternative war nach seinen Worten »eine negative Lösung, die nicht vorgeschlagen wird, weil sie irgendwelche Vorteile verspricht«, sondern nur unter der Voraussetzung, daß England zu schwach sei, um anders zu reagieren. In diesem Fall sollte Großbritannien versuchen, Frankreich und die Tschechoslowakei davon zu überzeugen, daß es am besten sei, wenn die Tschechen jetzt mit den Deutschen die Bedingungen aushandelten, solange das unter vergleichbar günstigeren Voraussetzungen noch möglich sei. Zu einem späteren Zeitpunkt würde sich die Situation für die Tschechoslowakei verschlechtern.[126]

Cadogan gefiel diese Option am besten. Er empfahl, Großbritannien solle sich nicht verpflichten, Frankreich bei der Erfüllung seiner Zusage zu unterstützen, den Tschechen zu Hilfe zu kommen, wenn sie angegriffen würden. Am Abend des 16. März schrieb er in sein Tagebuch: »Man wird mich ›feig‹ nennen, aber nach tage- und nächtelangem Nachdenken bin ich zu dem Schluß gekommen, daß es die am wenigsten ungünstige Entscheidung ist. Wir dürfen es jetzt nicht auf einen Konflikt ankommen lassen – wir würden eine vernichtende Niederlage erleiden... Das ist die Politik des geringsten Widerstandes, für die sich das Kabinett wahrscheinlich entscheiden wird.« Er hatte recht. Nach Churchills Rede schrieb Chamberlain an seine Schwester Ida, daß »der Plan für die ›Große Allianz‹, wie Winston es nennt, mir schon lange vorgeschwebt ist, bevor er ihn erwähnte... Ich habe mit Halifax darüber gesprochen.« Beide hätten es für eine »sehr attraktive Idee« gehalten, und »es spricht auch wirklich alles dafür, bis man sich überlegt, wie dieser Plan realisiert werden könnte. In dem Augenblick schwindet die Attraktivität. Man muß sich nur die Karte ansehen, um zu erkennen, daß nichts, was wir oder Frankreich unternehmen könnten, die Tschechoslowakei davor bewahren kann, von den Deutschen überrannt zu werden.« Er sei zu dem Schluß gekommen, daß »wir der Tschechoslowakei nicht helfen könnten – sie würde nur zum Vorwand für einen Krieg mit Deutschland werden«. Aber er beabsichtige, flexibel zu bleiben. Sollten die Sudetendeutschen einer vernünftigen Lösung zustimmen, dann sei er »nicht sicher, ob ich unter solchen Umständen nicht bereit wäre, gemeinsam mit Deutschland die tschechische Unabhängigkeit zu garantieren«. Das waren außenpolitische Vorstellungen, mit denen sich Großbritannien selbst der Handlungsfreiheit beraubte. Chamberlain weigerte sich, gemeinsam mit Frankreich die Unverletzbarkeit der Tschechoslowakei zu verteidigen, war aber unter Umständen bereit, mit den Nazis eine Vereinbarung zu treffen. In Berlin tat Henderson schon so, als sei die englisch-deutsche Allianz bereits eine Realität. Er sprach ganz offen von »diesen verdammten Tschechen«, und als ein Diplomat aus seinem Stab einen Bericht an das Auswärtige Amt begann, »so etwas wie die Tschechoslowakei existiert gar nicht«, schrieb er an den Rand, das sei »im großen und ganzen richtig«.[127]

Die *Times* drängte die Tschechen, mit Hitler zu verhandeln, und erklärte, der tschechische Starrsinn könnte zum Krieg führen. Außerdem berichtete die Zeitung über eine Rede von Alan Lennox-Boyd, einem persönlichen Freund von Winston, der in Biggleswade gesagt hatte, Hitler könne »die Tschechoslowakei schlucken, ohne die Sicherheit Großbritanniens zu gefährden«. Boothby schickte Churchill den Zeitungsausschnitt mit dem Bericht über die Rede und bezeichnete sie als »eine Aufforderung an Deutschland, die Sache zu Ende zu bringen«.[128]

Zur gleichen Zeit, als Lennox-Boyd seine Rede hielt, erläuterte Churchill seinen Standpunkt in einem Artikel für den *Evening Standard.* Er schrieb, offensichtlich müsse Prag sich darum bemühen, seine deutsche Minderheit »in jeder Hinsicht gut zu behandeln und ihr die vollen Bürgerrechte zu gewähren, soweit sich das mit der Sicherheit des Staates vereinbaren läßt«, er habe aber jeden Grund zu glauben, daß dies bereits geschehe. Die wirkliche Gefahr liege, wie er die Dinge sehe, darin, daß die Deutschen Zwischenfälle provozieren könnten, um einen Einmarsch in die Tschechoslowakei zu rechtfertigen. Er begrüße daher die Versicherung der Franzosen, Frankreich werde Wort halten und seine Vertragsverpflichtungen erfüllen, die Tschechen zu unterstützen, wenn sie einem nicht provozierten Angriff zum Opfer fielen. Er fügte hinzu: »Darüber hinaus muß die britische Regierung erklären, was sie in einem solchen Fall zu tun gedenkt.«[129]

So mußte sich die Regierung auf der internen Kabinettssitzung am 18. März zwei Herausforderungen Churchills stellen, seinem Aufruf zur Bildung einer großen Allianz und der Forderung, sich einem Defensivbündnis zwischen Frankreich und der Tschechoslowakei anzuschließen. Chamberlain hatte die Stabschefs der Streitkräfte gefragt, ob sie für einen Krieg gerüstet seien. Natürlich kannte er die Antwort schon vorher: Obwohl er für die Aufrüstung mehr getan hatte als Baldwin, ließen sich die Rüstungsanstrengungen Großbritanniens nicht mit denen Hitlers vergleichen. Die Produktion der Jagdflugzeuge des Typs Hawker Hurricane hatte vor fünf Monaten begonnen; der Bau der neuen Spitfire mit den Möwenflügeln, die mit vier zusätzlichen Maschinengewehren (insgesamt waren es damit acht) bestückt wurde, war gefolgt. Beide Maschinen waren den besten Jägern der deutschen Luftwaffe überlegen, aber mit den vorhandenen Geldern konnte nur eine geringe Stückzahl fertiggestellt und in Dienst genommen werden. Deshalb teilte das Luftfahrtministerium dem Premierminister mit, man könne gegenwärtig nicht sagen, daß die RAF »in der Lage ist, Operationen im Rahmen größerer kriegerischer Auseinandersetzungen durchzuführen«. Nachdem das Kabinett diese Aussagen zur Kenntnis genommen hatte, sagte Halifax, wie es im Sitzungsprotokoll heißt, sie bewiesen »schlüssig«, daß es »erforderlich ist, alle notwendigen Schritte zu tun und jedes nur denkbare Argument dafür einzusetzen, um Frankreich davon abzuhalten, der Tschechoslowakei zu Hilfe zu kommen«.[130]

Aber diese Argumentation war selbst nicht schlüssig. Die Fragen, die der Premierminister an die Generalstabschefs der Streitkräfte gerichtet hatte, bezogen sich nur auf bestimmte Einzelheiten, die Berichte einzelner Fachleute waren dabei unberücksichtigt geblieben. So glaubte zum Beispiel der Befehlshaber der Jagdverbände der RAF, Air Chief Marshal Sir Hugh Dowding, der in der Schlacht über Großbritannien die Führung dieser Verbände übernehmen sollte, daß die Geschwindigkeit und die hohe Steigfähigkeit der neuen britischen Jagdflugzeuge zusammen mit der Kette von Radartürmen, die jetzt an der Südostküste Englands aufgestellt worden waren, es ermöglichen würden, feindliche Bombenflugzeuge bei klarem Wetter abzufangen, wenn 60 Prozent der feindlichen Angriffsverbände schon im Anflug geortet werden könnten. Die Radargeräte erlaubten es auch, auf die ständigen Aufklärungsflüge mit Jagdflugzeugen zu verzichten, und die Präzision dieser Geräte wurde täglich verbessert.

Halifax hatte seinen Beratern im Auswärtigen Amt schon vorher gesagt, die Verhandlungen über das von Churchill vorgeschlagene Bündnis würden lange Zeit in Anspruch nehmen und »sowohl eine Provokation als auch ein Anlaß für Deutschland sein, die Tschechoslowakei aus dem Weg zu räumen«, bevor die Tinte der Unterschriften auf dem Vertrag getrocknet sei. Kolonialminister Ormsby-Gore meinte, es sei »schlecht und gefährlich«, solche vertraglichen Verpflichtungen einzugehen; der Präsident des Geheimen Staatsrats, Hailsham, glaubte, die Vorbereitungen für ein solches Bündnis würden »den Angriff auf die Tschechoslowakei beschleunigen«; Verteidigungsminister Inskip nannte die Tschechoslowakei »einen Unsicherheitsfaktor in Mitteleuropa«. Schatzkanzler Simon stimmte ihm zu und sagte, das Land sei »eine sehr künstliche Schöpfung ohne Wurzeln in der Vergangenheit«. Die entscheidenden Stimmen waren jedoch die des Außenministers und des Premierministers. Halifax vertrat das erstaunliche Argument, ohne eine offizielle Verpflichtung Großbritanniens würden Frankreich und Deutschland nur »auf Vermutungen« angewiesen und weniger geneigt sein, sich auf einen großen Krieg einzulassen. Chamberlain stimmte ihm zu. Er sagte dem Kabinett, England sei, »was die militärische Rüstung betrifft, nicht in der Lage«, Krieg zu führen – ohne ein Wort darüber zu verlieren, wer für diese Misere verantwortlich sei –, und Frankreich sei »in einer hoffnungslosen Lage... Es wird nicht möglich sein, der Tschechoslowakei rasch zu Hilfe zu kommen«, und wenn das Deutsche Reich auf dem Verhandlungsweg bekäme, was es wolle, gäbe es »keinen Grund für die Annahme, daß (es) ein solches Verfahren zugunsten einer Gewaltlösung ablehnen würde«. Großbritannien solle mit der Suche nach einer »für Deutschland akzeptablen« Lösung die Initiative ergreifen. Das Kabinett schloß sich seiner Ansicht an, daß es »ein Fehler wäre, sich in die sichere Katastrophe zu stürzen, um einer künftigen gefährlichen Entwicklung zuvorzukommen, zu der es unter Umständen niemals kommen wird«. Halifax gab zu, Frankreich unter Druck zu setzen, den Forderungen der Sudetendeutschen nachzugeben, sei zwar »ein unerfreuliches Geschäft«, das jedoch »in möglichst liebenswürdiger Form« abgewickelt werden müsse. Er kam zu dem gleichen Schluß wie der Premierminister und sagte: »Wir müssen es ablehnen, im Hinblick auf die Tschechoslowakei neue Verpflichtungen zu übernehmen, und wir müssen versuchen, Dr. Benesch und auch die französische Regierung davon zu überzeugen, daß es für die Tschechoslowakei am günstigsten wäre, die bestmöglichen Bedingungen mit Deutschland auszuhandeln.« Bis dahin müsse man »den Franzosen begreiflich machen, daß es vor allem darauf ankommt... eine friedliche und dauerhafte Lösung zu finden«.[131]

In einem anschließenden Gespräch mit Cadogan sagte Halifax, die Kabinettsmitglieder seien »einstimmig« der Auffassung gewesen, »die Tschechoslowakei sei nicht die Knochen eines einzigen britischen Grenadiers wert«. Das entsprach nicht ganz den Tatsachen. Der Erste Lord der Admiralität, Duff Cooper, war mit dem Inhalt der an Frankreich gerichteten Note nicht einverstanden gewesen und hatte sie als eine »kalte Weigerung, Frankreich zu unterstützen« bezeichnet, die »wie eine Verurteilung zur Isolierung« klang. Er meinte, wenn es zu einem Krieg zwischen Frankreich und Deutschland käme, »müßten auch wir kämpfen, ob es uns gefällt oder nicht, und das sollten wir auch sagen«.[132]

In der Welt außerhalb der Downing Street Nr. 10 und sogar bei den Hinterbänklern im Parlament erzeugten Chamberlain und sein Kabinett den Eindruck, sie glaubten, Deutsche und Tschechen würden ihre Konflikte in vernünftiger Weise ausräumen können. In ein so verworrenes Netz von Beziehungen könne sich England aufgrund von französischen Entscheidungen nicht verwickeln lassen, sollte es aber zum Kriege kommen, werde der Union Jack neben der Trikolore wehen – jedenfalls war das der Eindruck der übrigen Welt. In Wirklichkeit waren der Premierminister und sein Außenminister entschlossen, *unter allen Umständen* zu verhindern daß England und Frankreich zur Rettung der Tschechoslowakei in einen Krieg verwickelt wurden. Am 21. März sagte Halifax den Beamten des Auswärtigen Amts, jetzt käme es darauf an, »Frankreich davon abzuhalten, der Tschechoslowakei zu Hilfe zu kommen«. Hilaire Belloc kennzeichnete die Politik Chamberlains bei einem Mittagessen mit Duff Cooper wie folgt:

Liebe Tschechoslowakei,
Ich glaube nicht, daß man dich angreifen wird,
Aber ich werde dich nicht unterstützen.[133]

In dem Bericht, den die Stabschefs der britischen Streitkräfte dem Premierminister vorgelegt hatten, war auch eine Lagebeurteilung enthalten, die den deutschen Generalstab in Berlin überrascht hätte, denn hier erklärten sie, sie seien »sicher, daß Deutschland die ganze Tschechoslowakei in weniger als einer Woche überrennen könnte«. Am Freitag, dem 18. März, sagte Chamberlain dem Kabinett, er sei überzeugt, Hitler interessiere sich nur für das Sudetenland und habe nicht die Absicht, die übrige Tschechoslowakei zu besetzen, weil es seine Politik sei, »alle Deutschen in das Reich zurückzuführen, nicht aber Angehörige anderer Nationalitäten«. Diese Behauptung war kein Beweis für den politischen Weitblick des Premierministers, aber am Donnerstag nachmittag ging er in einer außenpolitischen Debatte im Unterhaus noch näher auf dieses Thema ein. Er sagte, die Regierung Seiner Majestät habe beschlossen, sich nicht an Bündnissen auf dem europäischen Kontinent zu beteiligen. Sollte sich Frankreich entscheiden, wegen des Sudetenlandes Krieg zu führen, werde sich Großbritannien nicht verpflichten, daran teilzunehmen. Er sagte, in der Tschechoslowakei würden die »vitalen Interessen« Großbritanniens nicht berührt. Natürlich habe man den Franzosen gesagt, daß juristische Überlegungen keine Rolle spielten, »wenn es um zwei große Länder wie Großbritannien und Frankreich geht, die seit langer Zeit freundschaftlich miteinander verbunden sind, deren Interessen eng miteinander verwoben seien, die sich den gleichen Idealen der demokratischen Freiheit verpflichtet fühlten und entschlossen seien, diese Ideale zu verteidigen«. Ein *aide-mémoire* diesen Inhalts sei dem britischen Botschafter in Paris zugestellt worden. Die Russen hätten keine solche Zusage bekommen.[134]

Als Churchill aufstand, um dem Premierminister zu antworten, blickte Virginia Cowles, die zum erstenmal auf der Besuchertribüne eine Unterhaussitzung miterlebte, hinunter auf das, wie sie schrieb, »Meer der schwarzen Anzüge und weißen Gesichter«. Winston schien ihr zunächst »nur einer von vielen zu sein; aber als er zu sprechen begann, tönten seine Worte mit erschreckender Entschiedenheit durch den Raum«. Wie schon oft an dieser Stelle schrieb er Chamberlain Auffassungen zu, die dieser so nicht vertrat. Er sagte, er freue sich zu hören, daß Großbritannien mit der Französischen Republik Vereinbarungen für die gegenseitige Verteidigung getroffen habe, die einem Verteidigungsbündnis gleichkämen. Aber dann fragte er: »Warum soll man das nicht aussprechen? Warum soll man die Wirkung dieser Vereinbarung nicht durch ein Militärbündnis erhöhen, das die gegenseitigen Verpflichtungen in allen Einzelheiten festlegt?« In gleicher Weise könnte man sich gegenüber der Tschechoslowakei verpflichten, nicht in der Form »einer dauernden oder automatischen Verpflichtung«, sondern nur für den Fall »eines Akts der gewalttätigen Aggression« durch die Deutschen. Wenn der von den Nazis auf Prag ausgeübte Druck nicht durch andere Großmächte ausgeglichen würde, werde der von Benesch und Masaryk gegründete demokratische Staat »gezwungen sein, ständig weit über das hinaus zu kapitulieren, was jedes unparteiische Tribunal für gerechtfertigt oder rechtmäßig ansehen würde, bis am Schluß die Souveränität, die Unabhängigkeit, die Integrität des Landes zerstört sein werden«. Churchill sagte, es sei absurd, so zu tun, als könne England beiseite stehen, und naiv zu glauben, daß die Sudetenkrise die letzte von Hitler verursachte Krise sein werde: »Die Macht, auf die sich der deutsche Diktator stützt, nimmt täglich zu. Sein Appetit könnte beim Essen größer werden. Die Kräfte des Rechts und der Freiheit haben seit langer Zeit nichts als Rückschläge, Versagen und Demütigungen erlebt. Ihr Einfluß würde durch jedes Anzeichen für gemeinsames Handeln, Initiative und Zusammenschluß ungeheuer gestärkt werden. »England sollte sich nicht nur verpflichten, Paris und Prag zu unterstützen, sondern es auch als seine Aufgabe ansehen, die Integrität eines jeden Staates zu schützen, der in die Reichweite der Artillerie der deutschen Wehrmacht kommen könnte.«[135]

Eine große Gefahr liege, wie er sagte, in der zunehmenden Selbstzufriedenheit während der Perioden, in denen Hitler gerade keine Forderungen stelle: »Wenn eine Boa constrictor ihre Beute verschlungen hat, braucht sie oft lange Zeit, um sie zu verdauen.« Auf jede Unverschämtheit der Nationalsozialisten – die Aufstellung der Luftwaffe und die Einführung der allgemeinen Wehrpflicht, die Besetzung des Rheinlands und den anschließenden Bau der Befestigungen – sei eine Pause gefolgt. »Jetzt«, sagte er, »nachdem Österreich zu bestehen aufgehört hat, sind wir alle aufgeschreckt und bestürzt, aber vielleicht wird es nach einiger Zeit wieder eine Pause geben... Dann werden die Leute sagen, ›da sieht man, wie uns die Schwarzseher getäuscht haben; Europa hat sich beruhigt, alles hat sich in Wohlgefallen aufgelöst, und die Kriegsgefahr ist vorüber‹. Der Premierminister wird vielleicht wiederholen, was er vor einigen Wochen gesagt hat, und behaupten, die Spannungen in Europa hätten wesentlich nachgelassen. Die *Times* wird in einem Leitartikel sagen, diejenigen hätten sich gründlich blamiert, die am Beginn des österreichischen Anschlusses lautstark besondere Maßnahmen in der Außenpolitik und zur Stärkung der Landesverteidigung verlangt haben, und wie klug die Regierung gewesen sei, die sich nicht durch diesen vorübergehenden Zwischenfall habe beeindrucken lassen.«

Eine solche Haltung einzunehmen sei durch nichts zu rechtfertigen, sondern eine flagrante Mißachtung der Tatsachen. Jeden Tag, jede Woche werde die Bevölkerung Österreichs »den Härten der nationalsozialistischen Herrschaft« ausgesetzt. Jeden Tag, jede Minute stellten sich die Kräfte »des militärischen Überfalls und der Einschüchterung« für neue Angriffe bereit. Schon bald werde »der nächste Schlag« geführt werden. »Was ich fürchte«, sagte er dem Unterhaus, »ist, daß die Bereitschaft, jetzt etwas zu unternehmen, verlorengehen könnte, während die Gefahr nicht geringer geworden ist, sondern größer wird, während ein Land nach dem anderen das nationalsozialistische Regierungssystem übernimmt und die umfangreichen Vorbereitungen der Nationalsozialisten abgeschlossen werden.«

Er kam zum Schluß seiner Rede. Die Abgeordneten hörten ihm schweigend zu. Er senkte den Kopf, und eine kaum hörbare Veränderung im Ton seiner Stimme steigerte die dramatische Wirkung dessen, was er nun sagte und in seinen Aufzeichnungen wie folgt niedergeschrieben hatte:

Fünf Jahre lang habe ich in diesem Hohen Haus über diese Dinge gesprochen – und keinen großen Erfolg dabei gehabt.

Ich habe zusehen müssen, wie diese berühmte Insel unaufhaltsam und kraftlos die Stufen hinuntergestiegen ist, die in einen tiefen Abgrund führen.

Am Anfang sind es bequeme, breite Stufen, aber sehr bald hört der Teppichläufer auf.

Etwas weiter unten sind es nur noch Steinfliesen, und wenn man noch ein Stück weitergeht, zerbröckeln sie unter den Füßen…[136]

Dann fuhr er in ruhigem Ton fort:

Wenn die britische Nation und das Britische Empire von einer tödlichen Katastrophe heimgesucht werden sollten, werden die Historiker nach tausend Jahren immer noch vergeblich nach der Lösung des Rätsels suchen. Sie werden nie begreifen, wie es gekommen ist, daß eine siegreiche Nation, die alle Mittel in der Hand hatte, es so weit hat kommen lassen und alles fortgeworfen hat, was sie durch unermeßliche Opfer und unvergleichliche Siege gewonnen hatte – vom Winde verweht!

Nun sind die Sieger die Besiegten, und jene, die ihre Waffen gestreckt und den Waffenstillstand angeboten haben, befinden sich auf dem Weg zur Weltherrschaft. Das ist die Lage – das ist der erschreckende Wandel, der stattgefunden hat… Jetzt ist es Zeit, die Nation endlich wachzurütteln… Wir sollten jedes Hindernis beiseite räumen und uns durch die Vereinigung aller physischen und geistigen Kräfte unseres Volkes darum bemühen, die große britische Nation vor aller Welt auferstehen zu lassen; denn eine solche Nation, die sich wieder ihrer alten Stärke bewußt wird, kann die Zivilisation auch noch zu dieser späten Stunde retten.[137]

Als er zu seinem Platz ging und sich setzte, hörte man nur noch, wie die Abgeordneten ihre knisternden Papiere zusammenlegten und zu der Tür hinausgingen, die in den Wandelgang führte. Dort wartete auch Virginia Cowles auf einen prominenten konservativen Abgeordneten, der sie zum Tee eingeladen hatte. Sie sah ihn kommen, begrüßte ihn und fragte ihn nach seiner Meinung über Winstons Rede. Er antwortete: »Oh, es war die übliche Churchillsche Litanei; er rasselt gern mit dem Säbel, und er kann das sehr gut, aber man muß es immer mit einer Prise Salz nehmen.« Sie erinnert sich: »Das entsprach damals der allgemeinen Stimmung im Unterhaus.« Sogar Churchill wußte, daß Chamberlains Bestreben »die Nation nicht wachzurütteln«, der Stimmung der Engländer entsprach, die nicht wachgerüttelt werden wollten. Ebenso wie die Zeitungsleser ignorierte die Fleet Street die Rede Churchills und brachte nur Berichte über die Ansprache von Chamberlain. Der liberale *Manchester Guardian* erklärte: »Mr. Chamberlain hat die Gegner im eigenen Lager zum Schweigen gebracht«, und im *New Statesman* forderte John Maynard Keynes die Tschechen auf, mit Hitler eine Vereinbarung auszuhandeln. Die Chamberlains und die Cadogans fuhren zu einer Wochenendparty nach Cliveden, auf der sie sich, wie Cadogan sich ausdrückte, »mit den üblichen Leuten« trafen. Der Premierminister gewann nach dem Essen bei einem Gesellschaftsspiel. Man ließ ihn jedesmal gewinnen. Das bedeutete ihm sehr viel.[138]

Nachdem er seine warnende Stimme im Unterhaus erhoben hatte, erhielt Churchill am nächsten Morgen einen überraschenden und höchst unerfreulichen Brief des Chefredakteurs von Beaverbrooks *Evening Standard*, mit dem sein Vertrag gekündigt wurde. Das bedeutete praktisch das Ende seiner Arbeit für diese Zeitung und einer alle 14 Tage erscheinenden Artikelserie, die für ihn die wertvollste öffentliche Plattform gewesen war. Der Redakteur begründete die Maßnahme damit, daß »es sich gezeigt hat, daß Ihre Ansichten über die Außenpolitik und die Rolle, die dieses Land spielen sollte, den unseren in jeder Hinsicht widersprechen«. Winston erwiderte, es sei »von Anfang an klar gewesen daß ich andere politische Auffassungen vertrete als Lord Beaverbrook, aber ich habe den Eindruck, daß der Unterschied in den Auffassungen deutlich geringer war als im Falle der Karikaturen von Low«. Aber dann wurde er schärfer: »Ich hatte geglaubt, Lord Beaverbrook sei stolz darauf, im *Evening Standard* ein Forum für die unterschiedlichsten Meinungen geschaffen zu haben, allerdings einschließlich seiner eigenen.«[139]

Es war ein schwerer Schlag, ein jährlicher Verlust von 1820 Pfund, und der Zeitpunkt hätte kaum ungünstiger sein können. Er stand vor dem finanziellen Ruin. Nun saß er in seinem Arbeitszimmer in Chartwell und starrte auf die Zahlenkolonnen, die ihn erröten ließen. Als Schatzkanzler hatte er in den 20er Jahren fast fünf Jahre lang Englands Finanzen verwaltet, doch es war ihm nicht gelungen, seine eigenen Finanzen in Ordnung zu halten. Es gab nur wenige Schriftsteller, deren Einkommen sich mit dem seinen vergleichen ließ. In den vergangenen acht Jahren hatte er 102 102 Pfund verdient. Das war ein durchschnittliches Jahreseinkommen von 12 763 Pfund. Für Chartwell, seine Londoner Wohnung und die laufenden Ausgaben mußte er jedes Jahr mehr als 10 000 Pfund ausgeben, und seine Reisen, seine Sekretärinnen, die anderen Mitarbeiter und die teuren Mittag- und Abendessen, zu denen er seine Kollegen und Gäste vom europäischen Kontinent einlud, trieben ihn immer tiefer in die roten Zahlen.[140]

Im vergangenen Jahr hätte er seine erste echte finanzielle Krise erlebt. In seinen Briefen, die er in den ersten Wochen des Jahres 1937 an Clementine geschrieben hatte, sprach er zunächst verschleiert, dann aber immer offener ständig von Geld, was sonst durchaus nicht seine Art war, und berichtete von zaghaften Versuchen, hier und dort etwas einzusparen, während er in Wirklichkeit an anderer Stelle über seine Verhältnisse lebte. Er hatte für Randolph und Sarah in Westminster Garden Wohnungen eingerichtet und »Sarah gesagt, ich würde ihr 200 Pfund für ihre sonstigen Ausgaben geben«. Er rechtfertigte sich damit, daß er ihr das schon lange versprochen habe und erinnerte Clementine daran, daß die Kohlen, die in Chartwell zum Heizen benötigt wurden und »in fünf Lieferungen zu jeweils einer Tonne für 9,11,0... Pfund früher nur 14 Tage reichten«. Die letzte Lieferung habe das Haus jedoch drei Monate warmhalten müssen, obwohl das Wetter »rauh und meist miserabel« gewesen sei. Außerdem habe er beim Béziguespiel nur zwölf Pfund verloren, und »mit dem Wein sind wir sehr sparsam gewesen und haben nur wenig getrunken«. Auch die Telefonrechnungen seien »deutlich niedriger gewesen. Die Post schickt uns alle 14 Tage die

Telefonrechnung, und auf diese Weise können wir die Sache unter Kontrolle halten.« Am Schluß schrieb er mit einem gewissen Stolz, »diesmal werde ich Inches nicht ins Ausland mitnehmen«.[141]

Clemmie wußte natürlich, daß die geringe Summe, die er damit einsparte, daß er seinen Kammerdiener zu Hause ließ, angesichts der hohen Kosten seines Aufenthalts an der Riviera überhaupt nicht ins Gewicht fiel. Und auch er selbst schrieb am 2. Februar in trüber Stimmung, er habe mit dem Grundstücksmakler Mr. Frank Capon gesprochen. »Er sagt mir, er kenne eine Dame, die auf der Suche nach einem Haus wie Chartwell sei, und sie habe Chartwell sogar erwähnt.« Der Makler sagte, er werde »unter keinen Umständen eine Summe unter 30000 Pfund nennen. Sollte ich 25000 Pfund bekommen, würde ich mich damit zufriedengeben. Wenn wir keinen guten Preis erzielen, können wir Chartwell noch ein oder zwei Jahre halten. Aber wir sollten ein gutes Angebot nicht zurückweisen angesichts der Tatsache, daß unsere Kinder fast alle flügge sind und ich wahrscheinlich in mein letztes Lebensjahrzehnt eingetreten bin.«[142]

Er wußte aus Erfahrung, daß es in seiner Familie ständig finanzielle Schwierigkeiten gab. Das lag daran – obwohl er es nie zugegeben hätte –, daß er selbst der größte Verschwender in der Familie war. Trotzdem stellte er im April einen Haushaltsplan auf und kürzte die persönlichen Ausgaben für alle Familienmitglieder auf 6000 Pfund. Dazu erklärte er feierlich: »Dieser Betrag darf unter keinen Umständen überschritten werden.« Noch im gleichen Jahr wurde er ebenso wie im vergangenen um 4000 Pfund überschritten. Der Fehler an dem Haushaltsplan war die Tatsache, daß die Ausgaben des Hausherrn nicht darin berücksichtigt wurden, denn Churchill hatte nicht die Absicht, auf seinen extravaganten Lebensstil zu verzichten. Niemand außer Clemmie durfte ein Wort zu diesem Thema sagen. Deshalb kam er zu dem Schluß, er müsse härter arbeiten. Er würde nicht betteln gehen, könne aber nicht mehr auf Vortragshonorare verzichten, obwohl ihm die dafür aufgewendete Zeit bei seinen Bemühungen um die Stärkung der Verteidigungsfähigkeit Englands fehlen würde.[143]

Ein Jahr nach Beaverbrooks Kündigung hatte es den Anschein, als habe er keine andere Wahl mehr und müsse sein Haus und die 32 Hektar Grund und Boden verkaufen. Wahrscheinlich würde er auch seinen Sitz im Parlament aufgeben, um als Schriftsteller, mit Vorträgen und/oder im Geschäftsleben Geld zu verdienen. Bisher war ein amerikanisches Aktienpaket seine eiserne Reserve gewesen. Doch dort, wo er sich am sichersten gefühlt hatte, erlitt er den schwersten Verlust. Anfang März 1938 wirkte sich die Wirtschaftskrise in den Vereinigten Staaten verheerend auf das Börsengeschäft aus. Die Aktienkurse fielen so rasch und so tief, daß Churchills Börsenmakler, Vickers da Costa, ihm sagen mußte, seine amerikanischen Investitionen seien verloren. Es war sogar noch schlimmer. Er schuldete der Maklerfirma 18000 Pfund. Woher sollte er diese gewaltige Summe nehmen? Mit dem Erscheinen seiner *Geschichte der englischsprechenden Völker* – aber nur dann – würde er ein Honorar in Höhe von 15000 Pfund bekommen. Trotzdem würden ihm noch 3000 Pfund fehlen. Seine Honorare als Journalist waren zwar hoch, aber sie genügten nicht, die hohen britischen Einkommen- und Vermögensteuern zu bezahlen. Chartwell mußte verkauft werden.

Als junger Mann war Churchill der am besten bezahlte Korrespondent des Empire, vielleicht sogar der Welt gewesen. Noch immer bekam er für seine Artikel die höchsten Honorare von den Redaktionen der Zeitungen und Zeitschriften, aber vom modernen Journalismus verstand er nur wenig. Nun beschloß er, Chartwell in einer ganzseitigen Anzeige in der *Times* zum Verkauf anzubieten. Die Anzeige sollte am 2. April erscheinen. Er glaubte, die Tatsache, daß er beabsichtigte, sein Haus zu verkaufen, werde in der Rubrik »Londoner's Diary« der *Times* mit ein paar Sätzen erwähnt werden. Aber berühmte Schriftsteller vergessen oft, daß sie berühmt sind, und die Mißgunst politischer Gegner entgeht gelegentlich der Aufmerksamkeit von Staatsmännern, die selbst gegenüber diesen Leuten keine derartigen Gefühle hegen. So war auch Winston nicht darauf vorbereitet, was nun geschah. Beaverbrooks *Daily Express* griff die Geschichte sofort auf, und Winstons ehemaliger und künftiger Freund, der jetzt zu den überzeugtesten Befürwortern der Beschwichtigungspolitik gehörte, unterstellte Churchill in einem Artikel, seine Verantwortungslosigkeit zeige sich darin, daß er sein eigenes Haus verkaufen wolle, während er versuche, die von Chamberlain vorgenommenen Einsparungen im Staatshaushalt zu sabotieren. Die Schlagzeile der Zeitung vom 17. März lautete: CHURCHILL FOLGT L. G. NACH PARIS. Für Beaverbrook bedeutete Paris ein unzulässiges Intrigenspiel mit einem schwachen Verbündeten, während die vernünftigste Politik eine Annäherung an das starke nationalsozialistische Deutschland gewesen wäre. Der Satz, der diese Auffassung verrät, lautete: »In gewissen Kreisen zweifelt man daran, ob es wünschenswert sei, daß britische Politiker gerade zu diesem Zeitpunkt Paris besuchen.« Sogar die Hearst-Presse hat sich nie auf ein so niedriges Niveau begeben. Und die *Times* brachte einen Bericht auf der für die wichtigsten politischen Nachrichten reservierten Seite – damals wurden auf der Titelseite nur Anzeigen abgedruckt – mit der Überschrift: MR. CHURCHILLS HAUS IN KENT STEHT ZUM VERKAUF. Der Artikel berührte Persönliches, was Winston zutiefst kränkte.[144]

Indessen versuchte Winston, eine Bresche in seiner Mauer zu schließen – den Einkommensverlust, der ihm durch die Kündigung seines Vertrages mit dem *Evening Standard* entstanden war. Er schrieb an den Eigentümer des *Daily Telegraph*, Lord Camrose, schilderte ihm die Umstände, die zu seinem Bruch mit dem *Standard* geführt hatten, und bot ihm an, künftig Artikel für den *Telegraph* zu schreiben. Er legte seinem Brief drei Listen von Zeitungen bei, die seine Artikelserie übernommen hatten. Die erste Liste enthielt die in Großbritannien erscheinenden Zeitungen, auf der zweiten waren die englischsprachigen Zeitungen auf der ganzen Welt angegeben, und auf der dritten die Zeitungen, die Übersetzungen von seinen Beiträgen brachten. Sein Agent Imre Revesz hatte die letzte Liste zusammengestellt, die zeigte, daß Churchills Auffassungen und Enthüllungen, die er in erster Linie seinem privaten Nachrichtendienst zu verdanken hatte, seine Leser in 17 verschiedenen Sprachen erreichten. Dazu schrieb er: »Wie Sie sehen werden, ist das eine ganz schöne Plattform, wenngleich mit der Ausweitung der Macht der Nationalsozialisten – wie etwa in Wien – einige Planken herausgebrochen worden sind.« Camrose erklärte sich bereit, einen Probevertrag auf sechs Monate mit Winston abzuschließen und ihm für jeden Beitrag 70 Pfund zu bezahlen. Die Zusammenarbeit währte 14 Monate, bis der *Daily Mirror* ihm günstigere Bedingungen anbot.[145]

Das war ein wichtiger Schritt, aber das Geld reichte doch nicht, um Chartwell zu retten. Churchill hatte nie mit Geld umgehen können und bewunderte jeden, der es konnte. Diese Leute wiederum waren von ihm fasziniert, und das war sein Glück, denn sonst hätte seine Verschwendungssucht ihn seinen Parlamentssitz gekostet, bevor er zu dem einzigen Mann wurde, der England retten konnte. Bernard Baruch hatte ihn 1929 gerettet, aber Winston konnte ihn nicht ein zweites Mal um die gleiche Gefälligkeit bitten. Außerdem war Baruch in Amerika. Der einzige wohlhabende Mann in seinem engeren Freundeskreis war Brendan Bracken; niemand wußte, wie Bracken zu seinem Geld gekommen und wie reich er wirklich war; es bereitete ihm Vergnügen, sich mit einem Schleier des Geheimnisses zu umgeben. Jedenfalls gab es nur wenige Menschen, die über soviel flüssiges Geld verfügten, wie Winston es brauchte, und Brendan selbst gehörte nicht zu ihnen.

Aber er *kannte* solche Leute. Am Tag nach Erscheinen des Artikels im *Daily Express* sprach Winston mit Bracken und sagte ihm, er suche jemanden, der bereit sei, für drei Jahre sein Aktienpaket zu übernehmen mit der Vollmacht, Wertpapiere zu kaufen oder zu verkaufen, und zwar unter der Voraussetzung, daß sich seine Schulden dabei nicht erhöhten. Er sei bereit, für die darauf geliehene Summe Zinsen zu zahlen

– etwa 800 Pfund jährlich. Anschließend schrieb er an Bracken: »Ginge es nicht um meine Verpflichtungen gegenüber der Öffentlichkeit, würde ich mit meinem Geld ganz gut auskommen.« Er schrieb, er sei »nicht geeignet«, und außerdem sei es »zu aufreibend«, täglich die Entwicklung auf dem Geldmarkt zu verfolgen, »während man sich um die großen weltpolitischen Fragen kümmern muß, um die es heute geht. Ich wäre wirklich dankbar, wenn mir gerade diese Sorge während der nächsten Jahre genommen würde, die mich jetzt überrascht hat. Künftig wird mir das mit Sicherheit nicht mehr passieren. Ich kann Ihnen gar nicht sagen, wie erleichtert ich wäre, wenn ich nicht mehr daran denken müßte und die wichtigen Entscheidungen treffen könnte, die vielleicht noch auf mich zukommen werden, ohne durch diese Sorgen abgelenkt zu werden.«[146]

Bracken war beunruhigt. Österreich war den Nazis in die Hände gefallen, und nun bedrohten sie die Tschechoslowakei. Chamberlain lehnte es ab, den Verteidigungsetat zu erhöhen, weil er fürchtete, Berlin könne das mißverstehen. Für Brendan war Churchill der einzige politische Führer, der sich der braunen Flutwelle entgegenstellte, ohne auf die Haltung der Regierung Seiner Majestät Rücksicht zu nehmen – und Bracken wußte, daß auch andere so dachten wie er. Die Vorstellung, daß Churchill Zeit und Energie mit literarischer Lohnarbeit für *Collier's* und *News of the World* verschwendete und seinen Eckplatz im Unterhaus verließ, um irgendwo in der Provinz Vorträge zu halten, Winston also das Zentrum der politischen Macht verlassen könnte, während das Schicksal der zivilisierten Welt auf dem Spiel stand, war für ihn unerträglich. Zu den Bekannten Brackens in der Londoner City gehörten reiche Männer – viele von ihnen, aber nicht alle, waren Juden –, die voller Entsetzen beobachteten, wie Chamberlain mit seiner Politik Hitler zu beschwichtigen suchte. Deshalb verfaßte er eine Denkschrift, in der er die schwierige Lage Churchills schilderte, und schickte sie diesen Leuten. Er erklärte, wenn Winston darauf verzichtete, weiter am öffentlichen Leben teilzunehmen, könne er seine Schulden bezahlen und ein Vermögen erwerben. »Aber wie könnte er das tun, solange sich die Ereignisse derartig zuspitzen?« Einer dieser Männer nahm ihn zur Seite, führte ein ruhiges Gespräch mit ihm, schüttelte ihm die Hand, und damit war die Sache erledigt.[147]

Nachdem Churchill von dem Geschäft verständigt worden war, schrieb er an Bracken: »Anliegend schicke ich Ihnen einen Brief, den Sie Ihrem Freund zeigen können. *Ihnen* möchte ich nur sagen, was Hitler jüngst bei einer weniger erfreulichen Gelegenheit Mussolini gesagt hat: ›Ich werde Ihnen diesen unschätzbaren Dienst nie vergessen.‹« Der »Freund« war Sir Henry Strakosch, ein Industrieller in der Londoner City, der seit mehr als 40 Jahren Goldminen in Südafrika ausbeutete. Winston kannte ihn. Er war einer seiner wichtigsten Informanten. Seit Hitler die Wiederaufrüstung Deutschlands beschlossen hatte, lieferte ihm der südafrikanische Industriemagnat zuverlässige Tatsachen und Zahlen über den deutschen Rüstungsetat. Sein Stolz hinderte Churchill daran, selbst um finanzielle Hilfe zu bitten, deshalb hatte es sein treuester Anhänger, Bracken, für ihn getan. Strakosch erklärte sich bereit, Churchills Verluste zu decken, und kaufte ihm seine entwerteten amerikanischen Papiere zu dem Preis ab, den er dafür bezahlt hatte. Er schrieb an Winston, er werde »dieses Aktienpaket drei Jahre behalten, während Sie mir freie Hand lassen, jederzeit einzelne Papiere zu verkaufen oder gegen andere umzutauschen, aber nur unter der Voraussetzung, daß Ihnen keine weiteren Kosten entstehen«.[148]

Damit war Chartwell gerettet (die Anzeige in der *Times* wurde nach einmaligem Erscheinen zurückgezogen), und Churchill hatte eine Atempause gewonnen. Aber das Geld war ihm nicht geschenkt, sondern nur geliehen worden. Er hätte sich geweigert, ein Geschenk anzunehmen, und Strakosch hatte sein Vermögen nicht dadurch erworben, daß er den Samariter für leichtsinnige Politiker spielte. Winston konnte Parlamentsmitglied bleiben, vorausgesetzt er hielt die mit seinen Verlegern vereinbarten Termine ein – vor allem die für den letzten Band seiner *Marlborough*-Biographie und für *A History of the English-speaking Peoples* – und bezahlte Strakosch die fällig werdenden Abzahlungsraten.

Während das nächste furchtbare Gemetzel in Europa immer näher rückte – noch nie war es so schwierig gewesen, einen Krieg zu beginnen –, ging der Winston, den die Öffentlichkeit nie zu Gesicht bekam, Nacht für Nacht in seinem Arbeitszimmer auf und ab und konzentrierte sich, ohne sich von irgend etwas ablenken zu lassen, allein auf das Thema, das ihn jetzt beschäftigte. Seine Ausdrucksweise wurde immer prägnanter, während er nach den richtigen Worten suchte, um seinem Zorn Ausdruck zu verleihen, einer Wut, mit der sich nur die Leidenschaft Hitlers messen konnte, dem es freistand zu handeln, während Churchill, der nicht einmal in der Lage war, seine finanziellen Angelegenheiten zu ordnen, spürte, wie er immer älter wurde, ohne hoffen zu dürfen, daß sich an seiner Position als Außenseiter im Parlament etwas ändern würde.

An den Unterhaussitzungen nahm er nur noch teil, wenn über wichtige Themen debattiert oder über entscheidende Fragen abgestimmt wurde. Während seine Kollegen in London schliefen, ging er in Kent in seinem buntgemusterten Morgenrock unruhig auf und ab, prüfte die kurzen Berichte seiner Forschungsassistenten, diktierte, schickte die mit der Maschine geschriebenen Manuskripte durch einen Kurier zum Drucker und korrigierte die Fahnen mit roter Tinte. Er nannte es »das Spiel mit den Druckfahnen«, ein sehr teures Vergnügen, denn der Verfasser mußte bei umfangreichen Korrekturen selbst für die zusätzlichen Druckkosten aufkommen. Nach einer abschließenden sorgfältigen Überprüfung des Satzbaus und der Rechtschreibung durch seinen ehemaligen Privatsekretär, den kürzlich geadelten Eddie Marsh, wurde das Manuskript dem Kurier übergeben, und damit war die Arbeit erledigt. Immer wieder kritisierte die Regierungsbank Churchill, weil er nur selten an den Unterhaussitzungen teilnahm, aber was hätte er mit einer regelmäßigen Teilnahme erreichen können? Im November und Dezember 1937 arbeitete er intensiv an seiner *Marlborough*-Biographie. Während dieser Zeit hatten der Premierminister und sein Kabinett es zugelassen – angeblich aus Gründen der Wirtschaftlichkeit –, daß die militärische Stärke Englands immer weiter hinter der Deutschlands zurückblieb. Aber auch mit einer Teilnahme an den Parlamentssitzungen hätte Churchill nichts daran ändern können. Die Regierung Seiner Majestät brauchte nicht die Zustimmung des Unterhauses. Sie war nicht einmal verpflichtet, das Parlament vom Stand der Dinge zu unterrichten, und sie hat es auch nicht getan. Im Grunde war die Nörgelei wegen des Fernbleibens von Churchill unaufrichtig, denn solange er in Chartwell war, blieb die Regierung von seiner beißenden Kritik verschont. In einem Brief an Maxine Elliott vom Februar 1938 schrieb er, jetzt sei er entschlossen, das Buch »bis Ende des Monats zum Abschluß zu bringen. Deshalb kümmere ich mich nicht viel um das Unterhaus, und ich glaube, die Minister werden mir das nicht übelnehmen!«[149]

Winston war zwar der überzeugendste Rhetoriker in England, aber seine Parlamentsreden wurden nur von denen gehört, die an den Sitzungen teilnahmen, während er mit dem geschriebenen Wort die ganze Welt erreichen konnte. Nach Jahren erfuhr man aus dem Weißen Haus, daß ein Exemplar seines Buches *While England Slept*, das war die amerikanische Ausgabe von *Arms and the Covenant*, auf dem Nachttisch von Präsident Roosevelt gelegen hatte. Darin waren wichtige Abschnitte wie etwa eine Analyse der Friedensinitiative des Präsidenten unterstrichen. Churchills Texte hatten einen so zwingenden Rhythmus, daß man darin die Kraft spürte, mit der er eine große Zuhörerschaft fesseln und überzeugen konnte. Und seine Leistungsfähigkeit war erstaunlich; Ende der 30er Jahre erreichte seine Produktivität ihren Höhepunkt, denn anders hätte er seinen laufenden finanziellen Verpflichtungen nicht nachkommen können. Ende 1937 erschien sein Buch *Great Contemporaries*, das im folgenden Jahr eine zweite, neu durchgesehene Auflage erlebte. Daneben erschienen *Arms and the Cove-*

nant und der vierte und letzte Band seiner *Marlborough*-Biographie. Das Buch *Step by Step* kam Mitte 1939 heraus. 1938 arbeitete er an seiner vierbändigen *Geschichte der englischsprechenden Völker* und veröffentlichte 59 Zeitschriftenartikel über so unterschiedliche Themen wie »Würde ich mein Leben noch einmal leben wollen?« und »Frauen im Krieg«. Zwei der Bücher – *Great Contemporaries* und *Step by Step* – waren Sammlungen von Aufsätzen für Zeitungen und Zeitschriften, und *Arms and the Covenant* enthielt seine wichtigsten außenpolitischen Reden. Aber auch diese Veröffentlichungen erforderten umfangreiche Arbeiten bei der Durchsicht, und viele Abschnitte mußten neu geschrieben werden. Nach der Lektüre des vierten Bandes der *Marlborough*-Biographie schrieb ihm Maxine Elliott von der Riviera: »Es erscheint mir unglaublich, daß ein Mann die Genialität besitzt, ein solches Buch zu schreiben und zugleich ein normales Leben zu führen, welches das Tausendfache an Verpflichtungen mit sich bringt als das Leben jedes weniger bedeutenden Mannes.«[150]

Das alles hatte natürlich auch seinen Preis. Trotz aller gesellschaftlichen und familiären Verpflichtungen, ausgedehnter Urlaubsreisen und intensiver Arbeit im Staatsdienst hat Churchill in seinem Leben 44 Bücher geschrieben, fünf davon zur Regierungszeit der Königin Viktoria. Das war die Periode, in der sich sein literarischer Stil und seine politischen Grundauffassungen gebildet haben. Mit Ausnahme der kleinen Erbschaft, die es ihm ermöglichte, Chartwell zu kaufen, war die schriftstellerische Arbeit seine einzige Einkommensquelle, aber noch niemals hatte er unter einem solchen Druck schreiben müssen, und das in einem Alter, in dem andere Schriftsteller ihr Arbeitstempo verringern oder sich ganz zur Ruhe setzen.

Es gab Zeiten, in denen ihn der bloße Umfang der Vorarbeiten für seine historischen Werke und das Drängen seines Agenten, seiner Verleger und Zeitungsredakteure zur Verzweiflung brachten. »Ich arbeite in zwei Schichten«, schrieb er an Clementine, die zu einem Urlaub ins Ausland gereist war, »es ist anstrengend, und ich leide unter dem Druck.« Wie jeder Schriftsteller hoffte auch er auf unerwartete Gewinne durch den Verkauf hoher Auflagen seiner Bücher. Wenn einmal ein Scheck eintraf, mit dem er nicht gerechnet hatte, begrüßte er dieses Ereignis mit strahlendem Lächeln, und Mrs. Landemare bekam den Auftrag, für ein besonders gutes Abendessen zu sorgen. Doch einmal erlebte er eine schlimme Enttäuschung. Er hatte an Clementine geschrieben: »Morgen beginnt der *Daily Herald* mit der Auslieferung der neuen billigen Auflage der *World Crisis*, die bei Odham's gedruckt worden ist. Jeder der beiden Bände kann für drei/neun verkauft werden – ein Wunder der Massenproduktion. Man rechnet mit einem Verkauf von 150000 Exemplaren! Es freut mich, daß die arbeitende Bevölkerung zum erstenmal meine Version der Geschichte (von Gallipoli) kennenlernen wird.« Das zu erwartende Honorar hätte mehr als 1000 Pfund betragen und hätte ihn sicher ebensosehr gefreut. Aber damals war die Zeit der billigen Taschenbücher noch nicht gekommen. Die arbeitende Bevölkerung blieb unaufgeklärt, und Churchill wartete vergeblich auf seine Tantiemen. So mußte er auch weiter in zwei Schichten arbeiten, wobei ihn besonders die kurzen Ablieferungstermine ärgerten, denn er glaubte, wenn man ihm mehr Zeit ließe, würde das Endprodukt an Qualität gewinnen. An Clemmie schrieb er: »Ich sollte mehr Zeit für meine Bücher haben und nicht gezwungen sein, eine so schwierige Aufgabe wie den vierten Band des *Marlborough* innerhalb von vier oder fünf Monaten zu erledigen.« Außerdem mußte er auch noch den Ablieferungstermin für seine *Geschichte der englischsprechenden Völker* einhalten, die ihm »16000 Pfund einbringen wird, aber von mir verlangt, ungeheuer viel zu lesen und gründlich nachzudenken, wenn ich diesem gewaltigen Thema gerecht werden will«.[151]

Der Zeitdruck, unter dem er stand, hat seinem literarischen Ansehen eher geschadet. Sein Meisterwerk ist *The World Crisis*. Dieses sechsbändige Werk wurde innerhalb von sieben Jahren von 1923 bis 1931 veröffentlicht. Die 3261 Seiten umfassende Darstellung des Ersten Weltkriegs beginnt im Jahr 1911 mit den Ursachen des Krieges und endet mit den sich in den 20er Jahren ergebenden Rückschlägen. Glänzend geschrieben gewinnt es durch die Tatsache, daß der Verfasser persönlich an kriegsentscheidenden Beratungen teilgenommen und als Bataillonskommandeur in den französischen Schützengräben an der Front gelegen hat. Der britische Historiker Robert Rhodes James schreibt: »Danach muß alles andere den Leser enttäuschen.«[152]

Auch der *Marlborough* und *Eine Geschichte der englischsprechenden Völker* sind in dem, wie Philip Guedalla es bezeichnet, »wohlklingenden heroischen Stil« geschrieben. Aber der zweite Lord Birkenhead, der Sohn von Churchills altem Freund F. E., bedauerte »seinen Mangel an historischer Objektivität, die Tatsache, daß er gewöhnlich eine bestimmte Politik oder eine bestimmte Sache rechtfertigt, aber nicht klar erkennt, welche Gefühle und Motive andere Menschen bewegen«. Ironischerweise war es Churchill selbst, der einen Teil seiner Schwierigkeiten schon als junger Mann diagnostiziert hatte, als er schrieb: »Es gibt nur wenige reiche Schriftsteller. Nur wenige Menschen lassen sich vom Wert des Geldes nicht beeindrucken... An die Stelle sorgfältiger Arbeit treten ein rasch hingeworfener Stil, eine übertriebene Gespreiztheit und die Neigung zum literarischen Diebstahl. Der Schriftsteller schreibt nicht mehr, um berühmt, sondern um reich zu werden. Deshalb verlieren seine Bücher an Wert. Das alles ist sehr traurig, aber sehr wahr.« Doch um gerecht zu sein, muß man sagen, daß er in seinen Beiträgen für Monatszeitschriften auch höhere Motive verfolgt hat. Die Ereignisse in Europa überstürzten sich, und da er im Parlament kaum Einfluß hatte, machte er die Presse zu seinem Sprachrohr. Er glaubte, die Nation mit seiner Rhetorik wachrütteln zu können, auch wenn seine Artikel literarisch keinen sehr hohen Wert besaßen. Es gelang ihm.[153]

Nachdem vor 20 Jahren zehn Millionen junge Männer hingeschlachtet worden waren, schien eine Wiederholung dieses Ringens unvorstellbar. Die Deutschen verabscheuten den Krieg ebenso wie ihre ehemaligen und künftigen Feinde, aber die öffentliche Meinung in Deutschland wurde in einem nie dagewesenen Ausmaß vom Staat beeinflußt. Die nationalsozialistische Reichskulturkammer bestimmte die Lehrpläne an den Schulen, sie verfügte, welche Musik gespielt werden durfte, sie erließ Richtlinien für den Inhalt der Radiosendungen und unterwarf die Presse einer strengen Zensur, so daß die Zeitungen nur schreiben durften, was der offiziellen politischen Linie entsprach. Sie schrieb den Menschen vor, welche Bücher sie lesen und welche Theaterstücke und Filme sie sehen durften. Der Bevölkerung wurde eingehämmert, daß der Führer nur die edelsten Ziele verfolge und die größten Anstrengungen unternähme, um den Frieden zu bewahren. Wer ihn bedrohte und die Deutschen haßte, weil sie als Angehörige der arischen Rasse allen anderen überlegen waren, wurde jedes Jahr im September auf dem Nürnberger Reichsparteitag an den Pranger gestellt.

In Großbritannien war man im allgemeinen besser informiert. Allerdings war die *Times* nicht die einzige Zeitung, deren gewissenlose Redakteure ihre eigene Zunft in Verruf brachten, wenn sie die Tatsachen verzerrten oder sogar verschwiegen. Doch wer sich dafür interessierte, konnte die Wahrheit erfahren. Die meisten Menschen zogen es jedoch vor, sie zu ignorieren. Mit der Möglichkeit eines neuen Weltkriegs konfrontiert, suchten sie die Wirklichkeit zu verdrängen. Die Bewohner Londons, die in ihren Träumen von der Vorstellung geängstigt wurden, die braunen Nazibanden könnten auch hier die Straßen unsicher machen, konnten ihre Alpträume vergessen, wenn sie im St. James's Theatre eine Vorstellung von Terence Rattigans *After the Dance* besuchten, im Duchess *The Corn Is Green* von Emlyn Williams ansahen, ein Theaterstück, das jeden Abend vor ausverkauftem Haus gespielt wurde, oder His Majesty's Theatre besuchten, wo der Höhepunkt des Abends das Quartett »The Stately Homes of England« in Noel Cowards *Operette* war, die 133 Aufführungen erlebte.

Wer den Angriffskrieg der Japaner in China oder den Bürgerkrieg in Spanien vergessen wollte, hatte genügend Möglichkeiten, sich abzulenken. Dazu gab es aufregende Sportereignisse, oder man konnte sich in den guten Buchhandlungen die neuesten Bestseller besorgen wie *The Code of the Woosters* von P. G. Wodehouse, *Scoop* von Evelyn Waugh und Graham Greenes *Brighton Rock*. Aus Amerika kamen die letzten Bücher von Faulkner, Hemingway, Steinbeck und Nathanael West. Auch den begeisterten Theaterbesuchern hatten die Vereinigten Staaten etwas zu bieten, zum Beispiel *Life with Father* und *The Boys from Syracuse* von Rodgers und Hart. Die beliebtesten amerikanischen Filme waren *Vom Winde verweht, Der Hexer* und Walt Disneys *Schneewittchen und die sieben Zwerge*.

1938, im Jahr des österreichischen Anschlusses und des Münchener Abkommens, beglückte Großbritannien die Welt mit einem Schlager und einem Tanz, der ganz Europa und die Vereinigten Staaten eroberte:

Any time you're Lambeth way,
Any evening any day,
You'll find us all,
Doin' the Lambeth walk.
Hey!

Aber seine schönsten Beiträge zur Kunst der leichten Muse leistete Großbritannien erst nach dem Zweiten Weltkrieg. In den 30er Jahren blieben die britischen Unterhaltungskünstler dem traditionellen Stil der übermütigen Songs treu, die man in den Music-Halls zu hören bekam. Aber jetzt waren diese Etablissements nur noch zur Hälfte gefüllt, und die Veranstalter erinnerten sich wehmütig an die Zeiten, in denen Harry Lauder, Lillie Langtry und George Leybourne (»Champagne Charlie Is My Name«) hier aufgetreten waren. Jetzt füllten vitale Amerikaner die Lücken aus. Allein *Schneewittchen* hatte drei neue Schlager mitgebracht. Zu den anderen in den Jahren 1938 und 1939 importierten beliebten Songs gehörten »Over the Rainbow«, »Three Little Fishes«, »A-Tisket, A-Tasket«, »Flat Foot Floogie with the Floy Floy« und »Are You Having Any Fun?«.[154]

Zu denen, die weniger Spaß am Leben hatten, gehörten mehr als zwei Drittel der in der Tschechoslowakei lebenden Menschen. Daß dieses Land von Mai 1938 bis März 1939 ständig Schlagzeilen machte, erklärt vielleicht die Beliebtheit des alten tschechischen Trinkliedes »Macht ein neues Faß auf«. Die meisten Menschen hatten nicht den Eindruck, daß der Zweite Weltkrieg schon begonnen habe, wenngleich die Chinesen, die Äthiopier und die Spanier anderer Meinung gewesen wären. Am schwersten hatten allerdings die Juden unter den Nazis zu leiden. Im folgenden gibt Nicolson den Inhalt des Berichts eines Österreichers wieder, dem es »kürzlich gelungen war, aus Wien zu fliehen«:

»Am vergangenen Sonntag wurden die Spaziergänger im Prater zusammengetrieben und die Juden von den anderen abgesondert. Ein jüdischer Herr mußte sich nackt ausziehen und auf allen vieren über den Rasen kriechen. Die alten jüdischen Damen ließen sie mit Leitern auf die Bäume klettern, wo sie wie Vögel piepsen mußten. Die Russen haben niemals solche Greueltaten verübt. Man kann einen Menschen umbringen, aber ihm seine menschliche Würde zu nehmen ist bestialisch. Dieser Mann erzählte mir, er habe mit eigenen Augen gesehen, wie die Fürstin Stahremberg die Pissoirs auf dem Bahnhof reinigen mußte. Erschütternd waren die vielen Selbstmorde. Über der Stadt hängt eine dunkle Wolke des Elends.«[155]

Die deutschen Juden befanden sich in einer verzweifelten Lage. In jeder Ortschaft waren Plakate angebracht, auf denen zu lesen war, daß sie unerwünscht seien. Niemand durfte einen Juden beschäftigen, und jüdische Läden und Wohnungen wurden von der SA geplündert. Zu den Opfern gehörten auch die aus Polen stammenden Eltern Herschel Grynszpans, eines 17jährigen Flüchtlings in Paris. Am 7. November 1938 erschoß Grynszpan den dritten Sekretär der deutschen Botschaft in Paris, Ernst vom Rath. Die Nazis erkannten sofort, welche Gelegenheit ihnen damit geboten wurde. Am 9. November forderte Goebbels alle Deutschen zu »einer spontanen Reaktion des deutschen Volkes« auf, die am gleichen Abend in Szene gesetzt wurde. Niemand weiß, zu wie vielen Morden und Plünderungen es in der sogenannten Kristallnacht kam, aber es war der größte Pogrom der neueren Geschichte. Der SS-Führer und Chef der Sicherheitspolizei Reinhard Heydrich meldete, 7500 jüdische Geschäfte seien zerstört worden.[156]

Am 10. Mai 1938 aß der erste Sekretär des britischen Botschafters Henderson, Ivone Kirkpatrick, mit Herrn von Bismarck vom deutschen Auswärtigen Amt zu Mittag. Kirkpatrick hatte ihm einen Vorschlag zu machen, von dem, wie er sagte, die Franzosen nicht unterrichtet waren. In seinem Bericht an Ribbentrop zitierte Bismarck den britischen Botschaftssekretär wie folgt: »Wenn die deutsche Regierung der britischen Regierung vertraulich mitteilte, welche Lösung der sudetendeutschen Frage sie anstrebe, werde die britische Regierung Prag so stark unter Druck setzen, daß die tschechoslowakische Regierung gezwungen sein werde, den deutschen Wünschen nachzukommen.«[157]

Wenn man voraussetzt, daß Politiker sich von ihrer patriotischen Überzeugung, der Vernunft oder auch dem Bemühen um das politische Überleben leiten lassen, dann ist das Verhalten der Regierung Seiner Majestät in der Außenpolitik jener Jahre völlig unverständlich. Man versteht es allerdings besser, wenn man berücksichtigt, daß die Regierung Seiner Majestät und die maßgebenden Diplomaten, die ihre Stellungen den Männern in der Downing Street verdankten, der Überzeugung waren, England sollte seine Bindungen an das von linken Politikern regierte Frankreich aufgeben und ein Bündnis mit Hitlerdeutschland schließen, um so eine geschlossene Front gegen die Sowjetunion zu errichten. Es ist eine Ironie der Geschichte, daß gerade Churchill, der entschiedenste britische Gegner der Bolschewiki, diese Politik von Anfang an leidenschaftlich bekämpft hat.

Er konnte nicht sehr viel mehr tun, als Bill Deakin nach Prag zu schikken, der dort als sein persönlicher Vertreter die tschechische Regierung fragte, ob sie seinem Plan für eine große Allianz zustimme – was sie bejahte –, und sich zu erkundigen, wieweit die Berichte über Unruhen im Sudetenland zutrafen. Im Frühjahr 1938 gingen die Tschechen energisch gegen die aufbegehrenden Sudetendeutschen vor, faßten aber ihre Rädelsführer mit Samthandschuhen an, um Deutschland keinen Vorwand für eine Intervention zu geben. Am 12. März – dem Tag, an dem Hitler Österreich annektierte und Churchill den britischen Außenminister Halifax mit Erfolg drängte, in Genf gegen diese Annexion zu protestieren – wies der tschechische Außenminister, Dr. Kamil Krofta, seine Botschafter an, »alle unnötige Kritik zu unterlassen und alles zu unternehmen, um nicht in die Sache hineingezogen zu werden«. Der tschechische Botschafter in London war Jan Masaryk, der Sohn von Thomas Masaryk. Er fürchtete, daß London seine Sympathie für die Sache der Tschechen zu deutlich zum Ausdruck bringen könnte. Am Abend des 13. März versammelte sich eine Menschenmenge auf dem Trafalgar Square und begrüßte mit lautem Beifall den Vorschlag, vor der Residenz des tschechischen Botschafters auf dem Grosvenor Place eine Sympathiekundgebung zu veranstalten. Der Botschafter erklärte, er sei »stark beunruhigt«, daraufhin wurde die Demonstration ohne weiteres Aufsehen abgesagt. Wie mächtig Hitler damals schon war, zeigte sich daran, daß die bloße Möglichkeit, seinen Unwillen zu erregen, genügte, um auf eine friedliche Sympathiekundgebung für ein Land zu verzichten, das er zunehmend bedrohte.[158]

In den Zeitungsberichten über die Unruhen in der Tschechoslowakei hieß es, der deutsche Reichskanzler sei darüber verärgert. Die britische Öffentlichkeit nahm nicht an, daß er sie selbst hätte veranlassen können. Woodrow Wilson hatte sich in Versailles leidenschaftlich um das

Recht auf Selbstbestimmung ethnischer Minderheiten bemüht und damit unter anderem den Anstoß dazu gegeben, daß viele aufgeklärte Europäer mit den unzufriedenen Sudetendeutschen sympathisierten. Wenn man den deutschen Beobachtern glauben wollte – und unter den überzeugten Pazifisten gab es viele, die an den Aussagen der Deutschen nicht zweifelten –, dann ging die tschechische Regierung ungemein brutal gegen die demonstrierenden Sudetendeutschen vor. Harold Macmillan hat später geschrieben: »Es ist eine Geschichtsfälschung zu behaupten, die Beschwichtigungspolitik sei zur Zeit des Münchner Abkommens nicht von weiten Kreisen unterstützt worden, entweder offen oder stillschweigend. Erst als der nicht mehr aufzuhaltende Lauf der Ereignisse den wahren Charakter des Mannes erkennen ließ, der in Deutschland die Macht an sich gerissen hatte, begann sich die öffentliche Meinung in Großbritannien zu ändern.«[159]

Nur sehr eindringliche Warnungen haben die Menschen schließlich veranlaßt, ihre Meinung zu ändern, und außer Churchill haben sich auch sehr wenige darum bemüht. Auch die Londoner Presse übte scharfe Kritik an den Franzosen. Der *Observer* schrieb: »Wir dürfen es nicht zulassen, daß das Britische Empire durch die besonderen französischen Bündnisse mit Moskau und Prag in die Katastrophe geführt wird.« Der damalige Herausgeber der liberalen Zeitung *New Statesman*, Kingsley Martin, hat sich später zu dem Pessimismus in Whitehall und in der Downing Street Nr. 10 geäußert. Er glaubte, diese Entwicklung habe Ende der 20er Jahre begonnen, zur Zeit der Weimarer Republik in Deutschland, als fast jeder gut informierte Engländer »die Auffassung der Franzosen, Deutschland dürfe nur der Rang einer zweitklassigen Macht zugestanden werden, für absurd hielt und die Meinung vertrat, der Versailler Vertrag müsse zugunsten Deutschlands revidiert werden«. Doch Frankreich wollte das nicht zulassen, und die militärisch geschwächte Weimarer Republik, der ihre ehemaligen Gegner immer noch mißtrauten, konnte nichts unternehmen. Aber 1938 hatte Martin das Gefühl, daß »die Dinge sich soweit entwickelt hatten, daß es keinen Sinn mehr hat, einen bewaffneten Widerstand gegen die Diktatoren vorzubereiten. Wenn es einen Krieg geben sollte, würden wir ihn verlieren. Wir mußten deshalb nach den friedlichsten Möglichkeiten suchen, ihnen allmählich alles zu geben, was sie forderten.«[160]

Zu den lebhaftesten Befürwortern der Beschwichtigungspolitik gehörte ein anglikanischer Bischof, der Reverend Morley Headlam, der auf einer kirchlichen Veranstaltung die Unterdrückung der Religionsfreiheit durch Hitler zu rechtfertigen versuchte und erklärte, es sei »nur fair, zu erkennen, daß die allermeisten« Nationalsozialisten glaubten, sie übten mit ihren Auffassungen »einen starken spirituellen Einfluß«

auf ihre Mitmenschen aus, und betrachteten ihre Sendung als »den wahren Ausdruck des Christentums«. Es gebe »in Deutschland keine Verfolgung der Religion«, meinte Bischof Headlam, nur eine »Verfolgung politischer Aktivitäten«. Geoffrey Dawson ließ die Predigten des Bischofs ungekürzt veröffentlichen, warf dafür aber die Berichte seiner eigenen Korrespondenten in Berlin über die Einweisung deutscher Geistlicher in die Konzentrationslager in den Papierkorb.[161] Ein Nazi, der England besuchte, sagte auf einer Versammlung der Anglo-German Fellowship: »Herr Hitler hat der Kirche freie Hand gelassen... Er ist selbst ein sehr religiöser Mann.«

Was sich später zur ersten tschechischen Krise auswachsen sollte, nahm am 24. April mit einer Rede Konrad Henleins auf einer Versammlung der Sudetendeutschen Partei in Karlsbad seinen Anfang. Dort verlas Henlein eine Liste mit acht Forderungen an die Regierung in Prag. Sie trugen den Stempel Hitlers; am 28. März, zwei Wochen nach dem Anschluß, war Henlein zu einer dreistündigen Sitzung nach Berlin gereist, auf der Hitler und sein Außenminister ihm ihre Anweisungen gegeben hatten. Hitlers letzte Worte an den Führer der Sudetendeutschen Partei wurden 1945 in den Akten der Wilhelmstraße gefunden und in Nürnberg als Beweismittel der Anklage vorgelegt. Der Führer hatte seinem sudetendeutschen Handlanger gesagt, seine Partei solle Forderungen an die tschechische Regierung stellen, die diese nicht akzeptieren könne. Neben harmloseren Bedingungen für eine friedliche Einigung mit den Tschechen enthielt die Karlsbader Rede zwei Forderungen, die jede Prager Regierung zurückweisen mußte. Das eine war die Anerkennung der vollständigen Autonomie der Sudetendeutschen im tschechischen Staat und das zweite die Gewährung des Rechts für die im Sudetenland lebenden Deutschen, sich frei zu ihrem deutschen Wesen und der »deutschen Weltanschauung« zu bekennen. Später fügte Henlein noch eine weitere Forderung hinzu: Er verlangte die Revision der tschechischen Außenpolitik, durch die sich die Prager Regierung bisher in die Reihe der Feinde Deutschlands eingeordnet habe, wobei sie es als die besondere Aufgabe des tschechischen Volkes ansah, ein slawisches Bollwerk gegen Hitlers Drang nach Osten zu errichten.[162]

Das war eine Provokation und zu diesem Zeitpunkt schwer verständlich. Wenn Hitler wirklich das Wohl der Sudetendeutschen am Herzen lag, ja selbst wenn er beabsichtigte, das Sudetenland zu annektieren – kurz gesagt, wenn er bei der Verfolgung seiner politischen Ziele schwere Unruhen und Blutvergießen vermeiden wollte –, dann hatte er den falschen Weg beschritten. Noch vor zwei Tagen hatte der tschechoslowakische Botschafter Basil Newton gesagt, er wolle im Mai und

Juni »ernsthafte Verhandlungen« mit Henlein aufnehmen und, wenn eine Einigung erzielt werden könne, im Juli die notwendigen Gesetze in der tschechischen Legislative beschließen lassen. Nun gab Prag diesen Plan auf. Die tschechische Presse war empört. Der tschechische Außenminister Krofta bezeichnete die Forderungen Henleins als »weitreichend und gefährlich«, denn sie könnten zur Einschränkung der Gleichberechtigung und Freiheit anderer Minderheiten, besonders der Juden, führen. Außerdem sei die Forderung, den Sudetendeutschen einen besonderen rechtlichen Status zu gewähren, völlig inakzeptabel. Dennoch sei die Koalitionsregierung unter Premierminister Milan Hodža, eines Slowaken, der von einer breiten Mehrheit unterstützt wurde, durchaus verhandlungsbereit. Er sagte Newton jedoch, er bezweifle, daß vor den Gemeindewahlen noch irgendwelche »ernst zu nehmende« Verhandlungen geführt werden könnten.[163]

Mitte April war die Regierung in Frankreich gestürzt, und am 28. April, vier Tage nach der Karlsbader Rede Henleins, kam der neue französische Premierminister für zwei Tage zu Gesprächen zwischen den Alliierten des letzten Krieges nach London. Es war Édouard Daladier. Er wurde begleitet von Georges Bonnet, dem zehnten französischen Außenminister in weniger als sechs Jahren. Daladier, der noch nicht zu den Defätisten gehörte, war entschlossen, den Verpflichtungen nachzukommen, die sein Land gegenüber den jetzt in eine so schwierige Lage geratenen Tschechen übernommen hatte. Ebenso wie Churchill glaubte er, Hitlers Ziel sei nichts Geringeres als die »Zerstörung des gegenwärtig bestehenden tschechoslowakischen Staates«. Um ihn daran zu hindern, wollte Daladier eine gemeinsame Erklärung abgeben, mit der Hitler davon in Kenntnis gesetzt werden sollte, daß ein deutscher Einmarsch in die Tschechoslowakei eine Kriegserklärung durch Paris und London auslösen werde. Aber als er in die Downing Street Nr. 10 kam, mußte er feststellen, daß es die falsche Adresse war, wenn er Unterstützung für eine solide antinazistische Front suchte. Am 20. März hatte Chamberlain an seine Schwester Ida geschrieben: »Ich habe deshalb jeden Gedanken daran fallengelassen, der Tschechoslowakei oder den Franzosen im Zusammenhang mit ihren Verpflichtungen gegenüber diesem Lande irgendwelche Garantien zu geben.« Das gleiche sagte er auch Daladier, der sich enttäuscht von ihm verabschiedete.[164]

Bonnet, den Churchill als »die Quintessenz der Beschwichtigung« bezeichnete, war insgeheim begeistert, seine Haltung entsprach der Stimmung der französischen Politiker und der Einstellung der Pariser Presse. Die Armee der Dritten Republik war bereit, gegen die Deutschen in den Krieg zu ziehen, und das galt auch für die Bevölkerung mit ihren bitteren Erfahrungen aus den Jahren 1914 bis 1918. Aber die politische Führung und die Presse machten sich daran, diese Haltung in ihr Gegenteil zu verkehren. Prof. Joseph Barthelemy, der in der Vichy-Regierung des Marschalls Pétain den Posten des Justizministers übernehmen sollte, vertrat in *Le Temps* die Auffassung, die häufigen Verletzungen des Vertrags von Locarno hätten Frankreich von seinen Vertragsverpflichtungen entbunden. Die Zeitungen *Paris-Soir, Le Matin, Le Figaro, Paris-Midi, Information, L'Action Française, Le Temps, Le Petit Parisien* und das sozialistische Blatt *Le Populaire* – das heißt, jede Tageszeitung in der französischen Hauptstadt außer dem chauvinistischen Blatt *L'Époque* und dem Organ der Kommunistischen Partei *L'Humanité* – lehnten die Verteidigung der demokratischen Tschechoslowakei ab.[165]

Churchills finanzielle Schwierigkeiten fesselten ihn die meiste Zeit an seine Arbeit in Chartwell, er mußte das notwendige Geld verdienen, um seinen Verpflichtungen gegenüber Sir Henry Strakosch nachzukommen. Chamberlain hatte es während seiner Amtszeit mit keiner starken Opposition zu tun. In erster Linie hatte er sich mit der »Gruppe Eden« auseinanderzusetzen, wie sie von der Londoner Presse genannt wurde. Das waren 20 bis 30 Parlamentsmitglieder, die sich unter dem Vorsitz von Eden regelmäßig in verschiedenen Häusern trafen. Churchills Anhänger waren die »Alte Garde«, das waren damals nie mehr als vier oder fünf Abgeordnete. Er war zu häufig und zu lange nicht in London, um die Unterstützung einer größeren Zahl von Abgeordneten zu gewinnen, während »der Rücktritt von Eden«, wie Harold Macmillan sich erinnert, »zumindest dazu geführt hatte, daß es nun einen Mittelpunkt gab, um den sich die Abweichler aus der Konservativen Partei gruppieren konnten«.[166]

Doch die Gäste in Chartwell, die Korrespondenz und häufigen Telefongespräche hielten Churchill über die Entwicklungen in der Hauptstadt auf dem laufenden, und da die im öffentlichen Leben stehenden Männer seiner Generation gewissenhaft über alle politische Aktivitäten und persönlichen Eindrücke Buch führten, kann man die zunehmend wichtiger werdende Rolle Churchills im öffentlichen Leben Großbritanniens aufgrund zuverlässiger schriftlicher Zeugnisse sehr genau verfolgen. Seine hohe Intelligenz und sein Durchsetzungsvermögen wurden schon während seiner ersten Jahre im Parlament vor fast 40 Jahren erkannt, und doch haben ihm seine Zeitgenossen immer wieder vorgeworfen, daß es ihm an Urteilsfähigkeit fehle. Isaiah Berlin hat später geschrieben: »Wenn Biographen und Historiker darangehen, seine Ansichten darzustellen und zu analysieren ... werden sie feststellen, daß seine Meinung zu all diesen Themen durch ganz bestimmte Vorstellungen geprägt ist, die er schon sehr früh entwickelt hat und die sich später nur verstärkt haben.«[167]

Wenn immer er in London war, besuchte Winston auch Whitehall, um sich mit Vansittart zu treffen, der zwar seine einflußreiche Stellung verloren hatte, aber immer noch die Verbindung zu seinen ausländischen Nachrichtenquellen pflegte und durch Freunde und ehemalige Untergebene im Auswärtigen Amt vertrauliche Informationen erhielt. Der zunehmende Defätismus bei vielen Engländern und besonders bei britischen Diplomaten besorgte ihn ebenso wie Winston. In Paris hatte Sir Eric Phipps in einem Gespräch mit Bonnet gesagt, die Tschechen hätten sich mit der Erklärung, sie würden kämpfen, wenn die Deutschen einmarschieren sollten, »ins Unrecht gesetzt«. Basil Newton hatte in Prag ständig die Forderungen der Nazis unterstützt. Dem Auswärtigen Amt gab er den Rat, Großbritannien sollte sich nicht einmischen, wenn die Franzosen glaubten, es läge »in ihrem Interesse, am Status quo festzuhalten«. Schon am 13. März 1938, einen Tag nach dem Anschluß Österreichs, meldete Newton nach London: »Wenn ich mit meiner Auffassung recht habe, daß sich die gegenwärtige politische Position der Tschechoslowakei auf die Dauer nicht aufrechterhalten läßt, dann wird es den Tschechen auf die Dauer nicht gut tun, wenn wir ihnen empfehlen, bei dieser Haltung zu bleiben.«[168]

Am empörendsten von allen Botschaftern Seiner Majestät verhielt sich Sir Nevile Henderson. Mit seiner Doppelzüngigkeit hatte er es erreicht, daß er zum britischen Botschafter in Berlin ernannt wurde, aber jeder andere Außen- oder Premierminister hätte ihn schon längst entlassen, bevor er für den Frieden in Europa zur tödlichen Gefahr werden konnte. Als Duff Cooper im Unterhaus von ihm sagte, er sei »entschieden antitschechisch und prodeutsch«, ergriff niemand das Wort, um Henderson zu verteidigen. Eine andere Interpretation seines Verhaltens war nicht möglich. Er bezeichnete die Tschechen als »borniert und starrköpfig« und ihren Präsidenten Benesch, der an den Universitäten von Prag, Paris und Dijon studiert hatte, als den »borniertesten von allen«. Als offizieller Vertreter Seiner Britischen Majestät erklärte er den Deutschen: »Großbritannien würde nicht daran denken, das Leben auch nur eines einzigen Matrosen oder Soldaten der Luftstreitkräfte für die Tschechoslowakei zu riskieren, und wird... jeder vernünftigen Lösung zustimmen, solange nicht der Versuch unternommen wird, Gewalt anzuwenden.«[169]

Churchill dagegen legte alle anderen Arbeiten beiseite, um die Tschechen mit seinen Artikeln und Reden in Manchester, Bristol, Sheffield und Birmingham zu unterstützen und die Öffentlichkeit in Großbritannien auf die große Gefahr aufmerksam zu machen, die Chamberlain und seine Umgebung nicht sahen. Am 1. Mai 1938 veröffentlichte er in *News of the World* eine neue Artikelserie. Der erste Aufsatz dieser Reihe trug den Titel »Maßnahmen zur Sicherung der nationalen Verteidigungsfähigkeit«. Darin schrieb er, das Überleben Großbritanniens in dem bevorstehenden Konflikt hinge vom Ausmaß und der Wirksamkeit der für die Fliegerabwehr getroffenen Maßnahmen ab. Er forderte die sofortige Bereitstellung der dafür notwendigen Mittel und Kräfte, damit möglichst bald sichergestellt werden könne, daß »die verfluchten fliegenden Mörder – als solche muß ich die Besatzungen der Flugzeuge bezeichnen, welche die Zivilbevölkerung bombardieren –, dieses Verbrechen mit dem Tod bezahlen müssen«. Er erklärte, »die beste Sicherheitsgarantie werden starke und gutausgebildete Luftstreitkräfte sein, die in der Lage sind, die feindliche Luftwaffe im fairen Luftkampf zu schlagen«. Deshalb sei es unbedingt erforderlich, die theoretischen und praktischen Voraussetzungen dafür zu schaffen und das notwendige Geld bereitzustellen. Chamberlain war empört. Er faßte den Artikel als Angriff auf die Außenpolitik der Regierung Seiner Majestät auf, als einen hinterhältigen Schlag gegen die noch schwache Brücke der Verständigung, die der Premierminister und der Außenminister zwischen London und Berlin zu bauen versuchten.

Trotzdem hatte es jetzt keinen Sinn mehr, nach den Schuldigen zu suchen, die man für das verantwortlich machen konnte, was unterlassen worden war und getan werden mußte. Anders als Baldwin hielt Chamberlain sogar eine Aufrüstung in bestimmten Grenzen für notwendig. Die Einschränkungen ergaben sich für ihn vor allem aus seiner großen Sorge um die Erhaltung der wirtschaftlichen Prosperität in Großbritannien. Wie er die Dinge sah, gefährdete die bisherige Praxis, mit der das Kabinett die von den drei Teilstreitkräften vorgelegten Haushaltsentwürfe genehmigte, die finanzielle Stabilität des Landes. Nach seiner Vorstellung sollte eine Obergrenze für Verteidigungsausgaben festgelegt werden, um es dann den Teilstreitkräften zu überlassen, diese Summe unter sich aufzuteilen.

Das war die Methode eines Geschäftsmannes, die Verteidigungsfähigkeit seines Landes sicherzustellen, jedem anderen mußte sie sinnlos erscheinen. Duff Cooper wandte sich scharf gegen »das absurde neue System, die Geldmittel für die Verteidigungskräfte zu rationieren«. Am vernünftigsten war es nach seiner Ansicht, »zuerst den Bedarf der Streitkräfte festzustellen und dann danach zu fragen, welche Mittel dafür zur Verfügung stehen«. Die Soldaten lehnten die Methode des Premierministers noch entschiedener ab. Oberstleutnant Henry Pownall, der dem Verteidigungsausschuß für das Empire angehörte, notierte in seinem Tagebuch, die Theorie des Premierministers über »eine Begrenzung der für die Kriegsvorbereitungen notwendigen Mittel« sei »eine höchst gefährliche Ketzerei«. Die Politiker »können oder wollen nicht erkennen, daß wir, wenn es wieder zum Krieg gegen Deutschland kommen sollte, noch einmal *um unser Leben* kämpfen müssen. Unsere Anstrengungen zu Lande, zur See und in der Luft müssen auf ein Höchstmaß gesteigert werden... Laß uns in Gottes Namen erkennen, daß dies von Anfang an geschehen muß – und damit meine ich *jetzt.*«[170]

Chamberlain sagte seinem Kabinett, die Produktivität der britischen Industrie könne mit der deutschen nicht Schritt halten, »wenn wir nicht bereit sind, unsere Facharbeiter in einem so ungeheuren Maß zwangszuverpflichten, wie dies in Deutschland geschieht«. Er zöge es vor, sich auf »freiwillige« Leistungen der Rüstungsindustrie zu verlassen, obwohl sich die Unternehmen dieser Branche bisher noch nie durch einen besonderen Patriotismus ausgezeichnet hatten. Jedenfalls mußte jetzt die Rechnung dafür bezahlt werden, daß die Verteidigungsfähigkeit der Nation jahrelang vernachlässigt worden war, vor allem während der Amtszeit von MacDonald und Baldwin. Die Bevölkerung war beunruhigt, und der Premierminister brauchte einen Sündenbock. Dabei fiel sein Blick auf den Luftfahrtminister, Lord Swinton, der keine allzu große Begeisterung für die Beschwichtigungspolitik gezeigt hatte. Später schilderte Churchill eine Sitzung des Ausschusses für die Luftverteidigung am 12. Mai 1938, auf der »wir alle sehr eifrig mit der Erörterung technischer Probleme beschäftigt waren, als dem Luftfahrtminister eine kurze schriftliche Mitteilung vorgelegt wurde, die besagte, er werde in der Downing Street erwartet«. Swinton verließ sofort die Sitzung und »kam nicht mehr zurück. Mr. Chamberlain hatte ihn entlassen.«[171]

Es gab Spekulationen darüber, daß Churchill an seiner Stelle zum Luftfahrtminister ernannt werden könnte, wenn auch Kenner der Lage genau wußten, daß dies unmöglich war. Statt dessen gab der Premierminister eine Umbesetzung innerhalb des Kabinetts bekannt; Swinton wurde von Gesundheitsminister Sir Kingsley Wood abgelöst, dem ältesten und treuesten Anhänger von Chamberlain, der ein Feind Frankreichs und der glühendste Anhänger der Beschwichtigungspolitik war. Er hatte sich stets noch eifriger für die Freundschaft mit dem nationalsozialistischen Deutschland eingesetzt als der Premierminister. Kingsley Wood hatte nie eine Uniform getragen und bisher nur im Bereich der Gesundheit, der Erziehung und der Wohlfahrt gearbeitet. Nicolson schrieb an Vita: »Gestern war ein aufregender Tag. Swinton wurde entlassen. Ich habe sofort telefoniert, oder vielmehr ließ ich Duncan (Sandys) bei Winston anrufen... Wie unsinnig das Ganze ist! Wir erleben die größte Krise in unserer Geschichte, während ein Genie wie Winston zum Nichtstun verurteilt ist und Kingsley Wood zum Luftfahrtminister ernannt wird.« Andere Umbesetzungen im Kabinett erschienen ihm ebenso unverständlich. Er machte den Chefeinpeitscher David Margesson dafür verantwortlich (»nicht... geeignet, ein Kabinett zusammenzustellen«), mußte schließlich aber zugeben, daß es in einem solchen Durcheinander unmöglich sei, jemandem die Verantwortung aufzubürden. (Dabei übersah er allerdings den Premierminister.) Am Schluß schrieb er: »Niemand kann das alles verstehen. Man hat wirklich den Eindruck, daß die ganze Show platzen wird. Das glauben nicht nur wichtige Leute wie Winston, sondern auch die schweigenden anständigen Abgeordneten, von denen man nie etwas hört. Sie meinen, eine neue Regierung werde auf viel breiterer Basis gebildet werden, vielleicht als Koalitionsregierung«. Hier war Nicolson seiner Zeit – fast auf den Tag – um zwei Jahre voraus.[172]

Die Führung der RAF hielt, zuerst unter Sir Hugh (»Boom«) Trenchard und dann unter Lord Weir, immer noch an der geheiligten Doktrin fest, daß »der Bomber immer durchkommen wird«. Trenchard und Weir glaubten deshalb, Großbritanniens einzige Hoffnung auf Überleben läge in der Fähigkeit, vernichtende Vergeltungsschläge gegen den Feind zu führen. In jedem Plan für den Aufbau der RAF wurde verlangt, daß zwei- oder dreimal so viele Bombenflugzeuge wie Jagdflugzeuge gebaut werden müßten. Bombenflugzeuge waren allerdings teurer und verlangten mehr fliegendes und Bodenpersonal. Im Frühjahr 1938 konnte sich Dowding gegenüber dieser Theorie mit seiner Forderung durchsetzen, zum Abfangen feindlicher Bombenflugzeuge vermehrt Radargeräte und schnelle Jagdflugzeuge zu bauen. Doch bevor diese Umstellung in der Praxis erkennbar wurde, mußte Großbritannien mit einem Überschuß an Bombenflugzeugen und einer zu geringen Zahl von Jagdflugzeugen der Typen Spitfire und Hawker Hurricane leben.

Diese Unausgewogenheit, die Tatsache, daß man nicht mehr auf die Schlagkraft der schweren Bomber vertrauen konnte, bei weitem übertriebene Vorstellungen von der Stärke der deutschen Luftwaffe und die schädlichen Auswirkungen der Rationierung der den Streitkräften für dringend erforderliche Ausrüstung zur Verfügung gestellten Geldmittel belasteten die Moral der RAF. 1938 schien sie ihren Tiefpunkt erreicht zu haben, zum Teil auch als Folge von Äußerungen des berühmtesten Fliegers seiner Zeit. Schon Anfang 1936 machte sich der Einfluß von Oberst Charles Lindbergh bemerkbar. Nach einem Aufenthalt in Deutschland erschien er auf Einladung des amerikanischen Botschafters, Joseph Kennedy, in London. Kennedy stellte ihn allen möglichen

Leuten vor, denn er teilte die Ansichten Chamberlains, seines Kabinetts, der Fleet Street und praktisch aller Briten, die politischen Einfluß hatten und an den Entscheidungen beteiligt waren. Göring, General Ernst Udet und die hohen Offiziere der deutschen Luftwaffe hatten es verstanden, den »einsamen Adler« zu beeindrucken, aber das war noch nicht alles. Wie viele andere ausländische Besucher Berlins waren er und seine Frau überwältigt von der Energie und dem Selbstvertrauen Hitlers und seiner Volksgenossen. Mrs. Lindbergh schrieb: »An der Kraft, der Einigkeit und Zielstrebigkeit Deutschlands gibt es keinen Zweifel. Sie sind gewaltig.« Was die Lindberghs bei den folgenden Besuchen in Deutschland erfuhren, hat sie nicht veranlaßt, ihre Meinung zu ändern. Im April 1938 schrieb Lindbergh in sein Tagebuch: »England scheint, was seine militärische Stärke betrifft, hoffnungslos hinter Deutschland zurückgeblieben zu sein«, und: »Die Engländer zeichnen sich dadurch aus, daß bei ihnen Vertrauen an die Stelle von Leistungsfähigkeit, Starrheit an die Stelle von Stärke und Entschlossenheit an die Stelle von Intelligenz treten... Man muß erkennen, daß England ein Land ist, in dem sehr viele langsame, ein wenig törichte und gleichgültige Menschen neben einer kleinen Gruppe von genialen Persönlichkeiten leben.«[173]

In der amerikanischen Botschaft sagte er im September einer sorgfältig ausgewählten Gesellschaft von Engländern, die er wahrscheinlich zu den Genies rechnete (Kennedy hatte Churchill nicht eingeladen), sie hätten nicht erkannt, »welche Veränderungen es in der Fliegerei gegeben hat«, und daß »dies der Anfang vom Ende Englands als Großmacht ist«. Er glaube, »die Deutschen sind in der Luft stärker als alle anderen europäischen Länder zusammen«, und sie bauen ihre »Überlegenheit auf diesem Gebiet ständig aus«. Er glaube, England und Frankreich seien »in der Luft viel zu schwach, um sich (vor einem Angriff) schützen zu können... Ich halte es für lebenswichtig, einen europäischen Krieg in nächster Zukunft unbedingt zu vermeiden. Ich glaube, ein jetzt beginnender Krieg könnte leicht zum Untergang der europäischen Zivilisation führen.«[174]

In Cliveden – Lindbergh war als Ehrengast eingeladen worden – vertraten Thomas Jones und Lord Astor den Standpunkt, England müsse kämpfen, »wenn Deutschland in die Tschechoslowakei einmarschiert«. Die anderen, angeführt von Lady Nancy, protestierten laut. Später schrieb Jones, nachdem er noch einmal überdacht habe, was Lindbergh gesagt hatte, »habe ich mich auf die Seite derer gestellt, die sich auch um den Preis der Demütigung unter allen Umständen für den Frieden einsetzten, weil ich den Eindruck hatte, daß unsere Luftstreitkräfte nicht genügend auf eine kriegerische Auseinandersetzung vorbereitet waren, wegen des düsteren Bildes, das Lindbergh gemalt hatte, und weil er glaubte, die Demokratien würden vollkommen und endgültig geschlagen werden«.[175]

Nachdem Roosevelt ihn öffentlich als »Defätisten« gebrandmarkt hatte, begann Lindbergh an Ansehen zu verlieren, und als die Historiker während der Kriegsverbrecherprozesse in Nürnberg Zugang zu den Dokumenten der Wilhelmstraße bekamen, zeigte sich, daß seine Beurteilung der Stärke der deutschen Luftwaffe nicht den Tatsachen entsprochen hatte. Ein wie hohes Ansehen Lindbergh vor dem Kriege genoß, zeigt sich jedoch deutlich an der Tatsache, daß Roosevelt es für notwendig hielt, ihm in dieser Weise entgegenzutreten. 1938 stand er noch auf dem Gipfel seines Ruhms. A. L. Rowse erinnert sich: »Ich weiß noch, welches Theater damals um Lindbergh gemacht wurde; in Angelegenheiten der Fliegerei hielt man ihn für allwissend... In einem Gespräch mit mir hat Dawson Lindbergh zitiert; die Leute, die in Cliveden verkehrten, hielten sehr viel von ihm.« Sheila Grant Duff berichtete in einem Brief an Churchill aus Mitteleuropa, Lindbergh habe die Deutschen in ihrer Überzeugung bestärkt, England »werde neutral bleiben, wenn sie die Tschechoslowakei angriffen«. Am 18. Oktober 1938, drei Wochen nach dem Münchener Abkommen, zeichnete Hitler den amerikanischen Flieger mit dem höchsten Orden aus, den Deutschland Ausländern verleihen konnte, dem deutschen Adlerorden mit Stern. In der Verleihungsurkunde hieß es, er habe sich »um das Deutsche Reich verdient gemacht«. Der »einsame Adler« hatte diese Auszeichnung in der Tat verdient.[176]

Am Freitag, dem 6. Mai 1938, als die Rezession in Amerika ihren Tiefpunkt erreicht hatte und Churchill vor dem finanziellen Ruin stand, sagte Lord Rothermere den Lesern seiner *Daily Mail*, »die Tschechoslowakei interessiert uns nicht im geringsten. Wenn sich Frankreich dort die Finger verbrennen will, dann ist das seine Sache.« Bonnet, der einen schwachen Magen besaß, wurde es übel, als er diesen Artikel während des Frühstücks las. Am Samstag, dem 7. Mai, überreichten französische und britische Diplomaten in Prag dem tschechischen Außenminister Krofta eine offizielle Note. Hitler kannte bereits den Inhalt dieses Schreibens. Vor vier Tagen hatte Halifax dem neuen deutschen Botschafter am Hof von St. James, Herbert von Dirksen, gesagt, mit dieser Demarche solle »Benesch veranlaßt werden, den Sudetendeutschen ein Höchstmaß an Entgegenkommen zu zeigen«. (Der britische Außenminister hatte den tschechoslowakischen Botschafter Masaryk weniger höflich behandelt.) Die Tschechen wurden aufgefordert, »die größten Anstrengungen« zu unternehmen und bis an die »äußerste Grenze« zu gehen, um Henleins Forderungen vom 24. April zu erfüllen in der Hoffnung, daß eine »umfassende und dauernde Regelung« mit den Sudetendeutschen erreicht werden könne. Dirksen meldete der Wilhelmstraße, Chamberlain und seine Regierung »bezweifelten«, daß ein militärisches Vorgehen möglich sei, wenngleich die Franzosen die Lage optimistischer betrachteten und zu marschieren bereit seien.[177]

Henderson teilte den Deutschen seine persönliche Ansicht mit: »Frankreich setzt sich für die Tschechen und Deutschland setzt sich für die Sudetendeutschen ein. Großbritannien unterstützt Deutschland.« Er sagte, er »hoffe dringend«, der Führer werde »eine gewisse Zusammenarbeit mit Großbritannien in dieser Angelegenheit nicht ablehnen, was dann vielleicht auch zur Zusammenarbeit auf anderen Gebieten führen könnte«. Ribbentrop erwiderte, wenn diese Frage gelöst sei, werde das Deutsche Reich befriedigt sein.[178]

Alle Zweifel über die Haltung der Regierung Seiner Majestät wurden vom Premierminister persönlich ausgeräumt. Lady Astor hatte Chamberlain am 10. Mai ein Essen gegeben. Zu dieser Gelegenheit hatte sie auch amerikanische und kanadische Auslandskorrespondenten eingeladen. Der Premierminister war die unterwürfige Haltung britischer Journalisten gewohnt. Bei diesen Gesprächen sagte er den Journalisten, welche seiner Aussagen sie zitieren dürften und welche nicht, eine gefährliche Methode, die leicht zu Mißverständnissen führen konnte. Am 14. Mai erschienen die Berichte der Korrespondenten im *Montreal Star* und in der *New York Times*. Der *Star* meldete: »Nichts scheint klarer zu sein, als daß die Briten nicht damit rechnen, für die Tschechoslowakei kämpfen zu müssen... Wenn das so ist, müssen die Tschechen, falls sie vernünftig sind, die deutschen Forderungen erfüllen.« Der Korrespondent der *New York Times*, der früher als außenpolitischer Korrespondent für die Londoner *Times* gearbeitet hatte, ging noch weiter: »Mr. Chamberlain gibt heute... mit Sicherheit einer noch drastischeren Lösung den Vorzug – nämlich der Abtrennung der deutschen Gebiete vom Staatsgebiet der tschechoslowakischen Republik und der Eingliederung dieser Gebiete in das Deutsche Reich.«[179]

Nun griff auch die britische Presse diese Berichte auf. In weniger als einer Woche erfuhr die deutsche Botschaft, daß sich die Zeitungsartikel auf Äußerungen des Premierministers bei dem von Nancy Astor gegebenen Essen bezogen. Dirksen meldete nach Berlin, Chamberlain werde der Abtrennung des Sudetenlands von der Tschechoslowakei zustimmen, vorausgesetzt, das Verlangen der Bevölkerung würde durch eine Volksabstimmung bestätigt, »die nicht durch Zwangsmaßnahmen seitens des Deutschen Reichs gestört« werden dürfe.

Hitler hatte gezögert, der Tschechoslowakei mit einem deutschen Einmarsch zu drohen. Er wußte, der Anschluß Österreichs war sehr viel einfacher gewesen. Österreich hatte keine Verbündeten gehabt und war militärisch schwach gewesen. Außerdem befand sich das Land nicht in einer strategischen Lage, deren Gefährdung die Sicherheit Großbritanniens und Frankreichs bedroht hätte. Weil diese Voraussetzungen bei den Tschechen gegeben waren, würde er mit der bewußten Herbeiführung einer Krise einen großen europäischen Krieg oder einen demütigenden Verzicht riskieren. Hier kam alles auf schnelles Handeln an. Er mußte die Demokratien vor vollendete Tatsachen stellen, bevor die Sympathien für das Opfer seiner Aggression in diesen Ländern, in denen die öffentliche Meinung viel bedeutete, zu stark wurden und die Russen die Gelegenheit ergriffen, mit einer Intervention zur europäischen Macht zu werden. Doch bevor er ein solches Wagnis unternahm, brauchte Hitler die Garantie, daß ihm die westlichen Demokratien freie Hand lassen würden. Inzwischen hatte er sie – und Großbritannien hatte sie ihm geliefert.

Obwohl Hitlers Zweifel von Chamberlain zum Teil ausgeräumt worden waren, hatte er noch einen zweiten Plan in der Hinterhand. Oberst Malcolm Grahame Christie war eine rätselhafte Persönlichkeit und glich in gewisser Weise den Figuren in den Romanen von Eric Ambler und den Filmen von Alfred Hitchcock. Der in Deutschland aufgewachsene und ausgebildete Ingenieur war im letzten Krieg britischer Jagdflieger gewesen. Anschließend hatte er als Botschaftsattaché in Washington und Berlin gearbeitet, wo er Freundschaft mit Göring schloß. 1930 war er aus der RAF ausgeschieden, und zwar unter dem Vorwand, Geschäftsmann zu werden, dessen Arbeit häufige Reisen nach Deutschland erforderte. In Wirklichkeit arbeitete er für den britischen Nachrichtendienst und sammelte Daten über die Luftwaffe und die militärischen Pläne des Deutschen Reichs. Vansittart, der seinen bisherigen Posten hatte aufgeben müssen, aber immer noch als Berater des Auswärtigen Amts tätig war, war sein Vorgesetzter. Als Vansittart eine Anfrage von Henlein erhielt, in der ihn dieser um ein Gespräch bat, beauftragte er Christie, die Reise Henleins nach London zu arrangieren. Vansittart glaubte, wenn man die Sudetendeutschen davon überzeugen könnte, daß Großbritannien eine entschlossene Haltung einnähme, würden sie es sich sehr gründlich überlegen, ob sie Prag noch einmal verhöhnen dürften. Er scheint nicht an die Möglichkeit gedacht zu haben, daß Henlein als überzeugter Nazi auf Anweisung von Berlin handelte.[180]

Das war in der Tat so. Am 12. Mai, genau zwei Monate nach dem Anschluß Österreichs, hatte er auf seiner Reise nach Westen in Berlin Station gemacht, war durch eine selten benutzte Tür in das Außenministerium eingelassen und dort von Ernst Freiherr von Weizsäcker, dem Staatssekretär Ribbentrops, empfangen worden, der ihm die letzten Instruktionen gab. Am wichtigsten seien, wie Weizsäcker sagte, die Fragen der Briten, aus denen sich entnehmen ließe, daß sie glaubten, er sei von irgendeinem Mitglied der deutschen Regierung wie zum Beispiel Weizsäcker auf seine Mission vorbereitet worden. Besonderes Gewicht habe der Führer auf ein Zusammentreffen mit Churchill gelegt, denn er glaube, entweder Churchill oder Eden würden in der nächsten englischen Regierung Premierminister werden. Schließlich, und hier kam es auf seine persönliche Urteilsfähigkeit an, sollte er die Stimmung der Männer erkunden, die gegenwärtig in England an der Regierung waren. Waren sie so schwach und unfähig, wie es den Anschein hatte? Oder war dies alles eine Falle? Hitler, der es selbst glänzend verstand, seinen Verhandlungspartnern Fallen zu stellen, hatte häufig den Verdacht, daß auch die Regierungen anderer Länder diese Taktik anwandten, wobei er sich selbst als Opfer solcher Machenschaften sah.[181]

In einer Aktennotiz für das Außenministerium schrieb Vansittart: »Zwar war es unmöglich, daß Regierungsmitglieder Herrn Henlein empfingen, weil sonst der Verdacht geweckt wurde, daß hier Verhandlungen stattfinden, aber Herr Henlein sollte nicht nur mit mir, sondern auch mit einigen wichtigen Persönlichkeiten aus dem Unterhaus sprechen können.« Dabei konnte man auf Churchill nicht verzichten. Der sudetendeutsche Gast wollte sich ein Bild von den in Großbritannien herrschenden Ansichten machen, und so würde ein Zusammentreffen mit Winston ihn vielleicht davon überzeugen können, daß der britische Löwe noch brüllen konnte. Nachdem Churchill von diesem Plan unterrichtet worden war, erklärte er sich bereit, Henlein zum Mittagessen in seine Wohnung in den Morpeth Mansions einzuladen. An Archibald Sinclair schrieb Winston: »Sein Besuch wird geheimgehalten. Daß er nach London kommen wollte, um mit Van und einigen anderen zu sprechen, ist ein günstiges Zeichen.« Die anderen Gäste waren Sinclair, Christie und der Prof, der die Aufgabe des Dolmetschers übernahm und sich Notizen über den Inhalt der Gespräche machte.[182]

Henleins schauspielerisches Talent führte zum Erfolg. Man hörte ihm aufmerksam zu und nickte zustimmend, als er erklärte, die übertriebenen Forderungen in seiner Karlsbader Rede sollten nicht ernst genommen werden. Das seien Maximalforderungen gewesen, und er sei bereit, sie aufzugeben. Er glaube, das Recht zu haben, die nationalsozialistische Ideologie zu vertreten, nicht aber »sie anderen aufzuzwingen«. Auf die Frage, ob Hitler ihn vielleicht nur als Schachfigur bei seinen Eroberungsplänen im Osten benutze, versicherte er mit seinem Ehrenwort, er habe weder irgendwelche Befehle noch Weisungen aus Berlin bekommen. Ebenso bestritt er, das Vetorecht in der tschechoslowakischen Außenpolitik für sich in Anspruch genommen zu haben. Churchill fragte ihn, ob es ihm klar sei, daß ein Zwischenfall im Sudetenland »allzu leicht ganz Europa in Brand setzen könnte« – daß zum Beispiel »wenn Deutschland marschierte, Frankreich eingreifen und England folgen werde«.

Henlein erwiderte, er habe das von Anfang an gewußt und es deshalb vermieden, die Tschechen zu reizen, auch wenn er »glaubte im Recht zu sein«. Für die Zukunft gebe es nach seiner Ansicht drei Möglichkeiten: »Die Autonomie innerhalb des tschechischen Staates«, eine Volksabstimmung, die wahrscheinlich zu einem Anschluß führen werde, und den Krieg. Seine Anhänger seien »ungeduldig« und gäben dem Anschluß den Vorzug. Wenn Prag auf ihre Wünsche nicht einginge, würden sie die europäischen Großmächte ersuchen, eine Volksabstimmung »unter internationaler Aufsicht« zu ermöglichen.[183]

Die Polizei sowie die Beamten der Eisenbahn und Post im Sudetenland sollten deutsch sprechen, und die Sudetendeutschen sollten ihre eigenen Gemeinde- und Kreisverwaltungen bekommen, doch »die Grenzbefestigungen könnten von tschechischen Truppen besetzt werden, die natürlich freien Zugang zu diesen Befestigungen haben müßten«. Als Henlein ging – nicht um in seine Heimat zurückzufahren, wie seine Gastgeber vermuteten, sondern nach Berchtesgaden, wo er Hitler Bericht erstatten würde –, rief ihm einer der anderen Gäste nach: »Wir hoffen, Sie sind kein zweiter Seyß-Inquart!« Henlein blieb kurz stehen, wandte sich um und sagte: »Das kommt nicht in Frage!« Anschließend sprach Churchill mit Masaryk über die von Henlein genannten Bedingungen, und wie Winston in seinen Memoiren schreibt, zeigte sich Masaryk »mit einer Lösung in diesem Sinne einverstanden«. Am 16. Mai, drei Tage nach dem Essen mit Henlein, sagte Churchill in einer Rede in Bristol, er sähe »keinen Grund, weshalb die Sudetendeutschen nicht vertrauenswürdige und geachtete Partner in dem fortschrittlichsten und demokratischsten neuen europäischen Staat werden sollten«.[184]

Weizsäcker hatte Henlein für seine Gespräche in England in weiser Voraussicht geraten, die traditionelle britische Wertschätzung der Fairness auszunutzen. Bisher hatte man hier den Eindruck gehabt, in der Tschechoslowakei ginge es im Grunde um eine Auseinandersetzung zwischen ungleichen Gegnern, wobei das mächtige Deutsche Reich einen beherzten, aber militärisch weit unterlegenen Nachbarn einschüchterte. Jetzt glaubte man zu erkennen, daß eine uneinsichtige Prager Regierung sich weigerte, einer schwachen Minderheit ihre Rechte zuzugestehen. Auf dem Berghof meldete Henlein seinem Führer, von England und wahrscheinlich auch von Frankreich sei keine Intervention zugunsten der Tschechen zu befürchten.[185]

Das Mittagessen in den Morpeth Mansions hatte am Freitag, dem 13. Mai stattgefunden, und am Montag darauf hatte sich Churchill in seiner Rede dafür ausgesprochen, Henlein zu unterstützen. Am Mittwoch brachte eine Leipziger Zeitung einen Bericht über die Verlegung deutscher Angriffsdivisionen an die tschechische Grenze. Am Donnerstag meldete das britische Konsulat in Dresden, es gebe deutliche Hinweise darauf, daß »deutsche Truppen im südlichen Schlesien und im Norden Österreichs zusammengezogen werden«. Am gleichen Tag trafen ein ähnlicher Bericht aus Bayern und ein Telegramm von Henderson in London ein, in dem es hieß: »Auch mein französischer Kollege hat Gerüchte über Truppenkonzentrationen an der (tschechischen) Grenze gehört.« Am folgenden Tag rief der besorgte tschechische Außenminister Krofta den deutschen Geschäftsträger in Prag, Ernst Eisenlohr, an, um gegen diese Truppenkonzentrationen zu protestieren. Auf seinem Schreibtisch lagen mehrere übereinstimmende Meldungen über starke deutsche Truppenkonzentrationen in Sachsen. Damit waren die Voraussetzungen für die Krise im Mai geschaffen.[186]

Am Sonntag sollten die tschechischen Gemeindewahlen stattfinden. Seit der Rückkehr Henleins in das Sudetenland herrschten dort chaotische Zustände. Sudetendeutsche Jugendliche mit Hakenkreuzbinden hatten ihre tschechischen Nachbarn angegriffen, waren in Fackelzügen durch die Straßen gezogen und hatten Versammlungen abgehalten, die mit den Rufen »Sieg Heil!« und »Wir wollen heim ins Reich!« endeten. Goebbels hatte inzwischen seine Hetzpropaganda gegen den »tschechischen Terror« verstärkt. Die Parallelen zum Anschluß Österreichs waren unübersehbar. Jeder Zwischenfall konnte jetzt zum Einmarsch deutscher Truppen führen, und am Freitag, dem 20. Mai, wurden dann auch zwei sudetendeutsche Motorradfahrer erschossen, die das Haltesignal eines tschechischen Polizisten nicht beachtet hatten. Nach einer Krisensitzung des tschechischen Kabinetts auf dem Hradschin stimmte Präsident Benesch einer dringenden Empfehlung des tschechischen Generalstabs zu, Reservisten einzuberufen und Sonderverbände in die Garnisonen des Sudetenlandes einrücken zu lassen.

In Berlin bestritt Ribbentrop entschieden, daß deutsche Truppen in feindlicher Absicht an der tschechischen Grenze zusammengezogen worden seien, aber als Eisenlohr und sein Militärattaché den tschechischen Generalstabschef General Ludvik Krejci aufsuchten, legte dieser ihnen eine beeindruckende Sammlung von nach seiner Auffassung »unwiderlegbaren Beweisen« dafür vor, »daß in Sachsen acht bis zehn Divisionen zusammengezogen« worden seien. Weitere zwölf Divisionen könnten »innerhalb von zwölf Stunden in Marsch gesetzt werden«. So zeichnete sich ein für die Tschechen immer bedrohlicheres Bild der Lage ab. Krejcis Armee glaubte, sie könne einem deutschen Angriff so lange Widerstand leisten, bis Frankreich, Großbritannien und die Sowjetunion eingriffen, vorausgesetzt die tschechischen Grenzbefestigungen wurden besetzt und kampfbereit gemacht. Doch die größte Gefahr drohte dem Land im Falle eines Überraschungsangriffs der an der Grenze zusammengezogenen deutschen Truppen, die sich dort nach Ansicht des tschechischen Generalstabs »nur zur Tarnung für die Abhaltung von Manövern« versammelt hatten.[187]

Mit diesen »Manövern« begründete auch das Oberkommando der Wehrmacht die Truppenbewegungen gegenüber von Weizsäcker, der diese Begründung an eine skeptische Weltöffentlichkeit weitergab. Doch diesmal entsprach sie den Tatsachen. Noch war die Wehrmacht nicht zum Kriege gerüstet. Eine genaue Überprüfung der Akten des Oberkommandos der Wehrmacht und des deutschen Außenministeriums in Nürnberg nach dem Kriege zeigte, daß es im Mai 1938 weder in Schlesien noch in Österreich eine Bereitstellung deutscher Truppen zum Angriff gegeben hatte. Die Erklärung des Oberkommandos der Wehrmacht, daß sich die deutschen Truppen an der tschechischen Grenze nur zu »Friedensmanövern« versammelt hätten, war zutreffend. Jeder Ausländer wäre durch die Zahl der deutschen Soldaten in der Nähe der Grenze beunruhigt gewesen, aber zu jener Zeit konnte man im ganzen deutschen Reich die Anwesenheit starker Truppenverbände beobachten. Deutschland war zu einer hochgerüsteten Nation geworden und hatte sein ganzes Wirtschaftspotential in den Dienst der Rüstung gestellt. Hitler hatte in der Tat die Absicht, in die Tschechoslowakei einzumarschieren, und die jetzt an der Grenze stationierten Soldaten sollten die Vorhut bilden – dies aber erst später.

Im Frühjahr 1938 hatte man das jedoch noch nicht erkannt. In Paris und London hatten die für die entscheidenden Beschlüsse verantwortlichen Männer jeden Grund zu glauben, Hitler warte nur darauf, von seinem Berghof oberhalb von Berchtesgaden aus den nächsten blitzartigen Schlag zu führen. Daladier erläuterte dem deutschen Botschafter, den er zu sich eingeladen hatte, die Haltung der Franzosen und sprach mit ihm »ganz offen als ehemaliger französischer Soldat mit seinem deutschen Kameraden«. Er warnte ihn und versicherte, falls Hitler in die Tschechoslowakei einmarschieren würde, »müßten die Franzosen kämpfen, denn das seien sie ihrer Ehre schuldig«. Das Ergebnis könne nur die völlige Vernichtung der europäischen Zivilisation sein. In der bewährten Tradition der britischen Diplomatie schickte Halifax, wenn auch ungern, den unglücklichen Henderson zweimal mit persönlichen

Botschaften zu Ribbentrop in die Wilhelmstraße. In der ersten ließ er erklären, daß »die Regierung Seiner Majestät nicht dafür garantieren kann, daß sie sich unter Umständen nicht gezwungen sehen werde, sich zu beteiligen«, wenn Frankreich in Erfüllung seiner vertraglichen Verpflichtungen interveniere. Die zweite Note enthielt die Warnung, daß es, falls die Deutschen Gewalt anwendeten, »es mir völlig unmöglich ist vorauszusagen, welche Folgen das haben könnte, und deshalb müsse ich ihn bitten, nicht damit zu rechnen, daß es diesem Land möglich sein wird, beiseite zu stehen«.[188]

Jetzt ließ sich ein enormer Gesichtsverlust Deutschlands nicht mehr vermeiden. Da die deutsche Wehrmacht noch nicht auf eine kriegerische Auseinandersetzung vorbereitet war, konnte Hitler nicht angreifen, und da er es nicht tat, kamen die westlichen Alliierten zu dem Schluß, er sei bereit, nachzugeben. Das war jedenfalls Churchills Interpretation. Am 23. Juni schrieb er im *Daily Telegraph*, es habe den Anschein gehabt, daß die Tschechen dazu verurteilt seien, »ganz von Berlin geschluckt und von den Mühlen der Gestapo zu Staub zermahlen zu werden«. Doch jetzt wisse Hitler, daß die Tschechoslowakei nicht »allein gelassen werden wird, um sich wochenlang gegen eine Lawine aus Feuer und Stahl zu wehren«.

Churchill glaubte, die Beilegung der Krise sei ein Triumph für England, aber die Regierung Seiner Majestät sah die Dinge anders. Obwohl sie anscheinend einen diplomatischen Sieg errungen hatte, ließ sie sich nicht dadurch ermutigen. Das Kabinett fürchtete vielmehr das Schlimmste. Überzeugt, Deutschland habe die Absicht gehabt, militärisch vorzugehen, stand es noch immer unter dem Eindruck der Gefahr, der Großbritannien gerade noch entronnen war, und die Minister wischten sich den Angstschweiß von der Stirn. Chamberlain schrieb an seine Schwester: »Je mehr ich über das letzte Wochenende höre, desto stärker fühle ich, wie verdammt gefährlich die Situation war.« In einem anderen Brief an sie schrieb er: »Die Deutschen, die in ihrem Wesen Tyrannen sind, sind sich ihrer Stärke und unserer Schwäche nur allzusehr bewußt, und bis wir so stark sind wie sie, werden wir ständig in chronischer Angst leben müssen.« Nachdem Halifax und Cadogan die in den letzten Wochen eingegangenen Depeschen noch einmal sorgfältig geprüft hatten, schworen sie sich, es nie wieder zu einer so gefährlichen Lage kommen zu lassen, und schickten deshalb ein Telegramm nach Paris, in dem sie die Franzosen warnten und ihnen mitteilten, sie sollten sich »keine Illusionen« über die Möglichkeit einer britischen Hilfe »gegen eine deutsche Aggression« machen.[189]

Zu der Krise im Mai war es durch ein Mißverständnis gekommen. Wäre Hitler ein normaler Mensch gewesen, hätte er sich glücklich geschätzt, noch einmal davongekommen zu sein. Da er dies jedoch nicht war, sondern die dunkle Seite des deutschen Nationalcharakters verkörperte und die vier schrecklichen Jahre nicht vergessen konnte, die nicht nur mit der deutschen, sondern auch mit seiner persönlichen Niederlage zu Ende gegangen waren, wollte er jetzt das erlittene Unrecht kompensieren. Daß er tatsächlich die Absicht gehabt hatte, in die Tschechoslowakei einzumarschieren – und das einzige wirkliche Mißverständnis im Mai nur darin bestanden hatte, daß sich seine Gegner im Zeitpunkt geirrt hatten –, machte alles nur noch schlimmer. Mencken hat einmal geschrieben: »Ungerechtigkeit ist verhältnismäßig leicht zu ertragen. Was schmerzt, ist Gerechtigkeit.« Am 28. Mai kam Hitler überraschend nach Berlin und befahl die ranghöchsten Vertreter des OKW, der Partei und der Regierung in die Reichskanzlei. Mit zornbebender Stimme sagte er, die Sudetenfrage werde jetzt »ein für allemal radikal« gelöst werden. Die militärischen Vorbereitungen müßten am 2. Oktober abgeschlossen sein. Am Westwall werde rund um die Uhr weitergearbeitet, um die Befestigungen zu verstärken, und 96 kriegsstarke Divisionen müßten sofort bereitgestellt werden. Spätestens bis zum 1. Oktober 1938 müsse die Durchführung von »Fall Grün« sichergestellt sein. Dann drohte er in dem aus so vielen Reden bekannten verkrampft wütenden Ton: »Es ist mein unerschütterlicher Wille, die Tschechoslowakei von der Landkarte auszulöschen!«[190]

Churchill, der sich nicht vorstellen konnte, daß Hitler tatsächlich zum Äußersten entschlossen war, versuchte seine Leser am 6. Juli mit einem Artikel im *Daily Telegraph* zu beruhigen. Nach reiflicher Überlegung war er zu dem Schluß gekommen, daß der Anschluß Österreichs für die Nazis nicht ein solcher Triumph gewesen sei, wie es zunächst den Anschein gehabt hatte. Er erinnerte sie an seine damalige Rede im Parlament. Er hatte gesagt:

»Wenn eine Boa constrictor eine Ziege oder ein Reh verschlungen hat, hält sie gewöhnlich einen mehrere Monate dauernden Verdauungsschlaf. Es kann aber auch geschehen, daß dieser angenehme Zustand durch Verdauungsstörungen unterbrochen wird... Wenn die Beute nicht richtig zerquetscht oder mit Schleim umgeben worden ist, besonders wenn sie mit Hörnern und Klauen verschlungen wurde, wird die Riesenschlange von heftigen Krämpfen befallen und sucht sie unter Zuckungen und Würgen wieder loszuwerden. Für diesen rein zoologischen Vorgang gibt es vielleicht eine Parallele. Er erinnert, wenn auch nur sehr entfernt, an das, was geschehen ist, seit Österreich in das Deutsche Reich eingegliedert worden ist.«

Er sagte, aus »einem ununterbrochenen Strom zuverlässiger Informationen« ließe sich erkennen, daß die deutschen Nazis in weiten Teilen der Bevölkerung auf Ablehnung stießen, besonders bei »sehr vielen Juden... Millionen von Katholiken... Monarchisten, die eine Wiedereinsetzung der Habsburger anstreben... überzeugten Sozialisten und linken Elementen unter den Arbeitern... und zahlreichen Angehörigen der ehemaligen Oberschicht im österreichisch-ungarischen Kaiserreich«. »Den stärksten und einzigen geheimen Widerstand gegen die Nazifizierung« leisteten in Österreich »seltsamerweise« gerade die »österreichischen Nazis, die zunächst Ursache und Vorwand für den Einmarsch der deutschen Truppen« gewesen seien. Mit besonderer Genugtuung schilderte Churchill ihre Wut und Empörung, als sie feststellen mußten, daß ihnen die politisch einflußreichen Posten verschlossen blieben, die ihnen manchen materiellen Vorteil gebracht hätten.

Die Verfasser von Leitartikeln genießen die Freiheit, sich gelegentlich einen Ausflug in das Reich der Phantasie erlauben zu dürfen, und Churchills optimistisches Bild von der Lage in Österreich war leider nur ein solches Wunschbild. Seine zahlreichen Informanten bürgten für die Richtigkeit seiner Informationen, aber in seinem Artikel vom 6. Juli im *Daily Telegraph* war ihm ein Irrtum unterlaufen, den wir heute deutlich erkennen, der jedoch damals nicht ohne weiteres auszumachen war. Er schrieb: »Eine Klärung der tschechischen Frage und eine Aussöhnung mit den Tschechen wäre keine Demütigung für Herrn Hitler.« Der Führer könne vielmehr stolz darauf sein, für die Sudetendeutschen »eine geachtete Stellung und einen rechtmäßigen Platz im Land ihrer Geburt« gewonnen zu haben. Dazu habe er Reformen durchgesetzt, durch die »das Fundament des Friedens in Europa eher gestärkt als erschüttert« worden sei. Churchill war für Konrad Henlein bei seinem diplomatischen Bemühen um das Vertrauen der Engländer der Gesprächspartner gewesen, durch den er die Regierung in Prag ermahnen ließ, ihre beunruhigten Bürger im Sudetenland besser zu behandeln und die politischen Ziele Hitlers nachsichtiger zu beurteilen. Noch am 26. Juli wandte sich Churchill in einem Artikel im *Daily Telegraph* in diesem Sinne an Prag und schrieb: »Die tschechische Regierung schuldet es den Westmächten, jedes Zugeständnis zu machen, das sich mit der Souveränität und Integrität ihres Staats vereinbaren läßt, und zwar sofort.« Engländer, die verlangten, »Deutschland dürfe jenseits seiner Grenzen keine Unruhe schüren«, sollten konsequenterweise »einen kleinen Staat daher auch nicht ermutigen, eine starre Haltung einzunehmen«.

Sheila Grant Duff war mit Churchills Haltung nicht einverstanden und schrieb ihm, daß »sich die Deutschen und die Sudetendeutschen auf Ihre Worte und Ihr Verhalten berufen. Sie behaupten, von Ihnen gegen die Tschechen unterstützt zu werden, und die extremen Elemente wollen mit solchen Argumenten die gemäßigteren zwingen, ihre Ansprüche geltend zu machen.« Sie erinnerte Winston daran, daß Henlein »sich in seinem Gespräch mit Ihnen als außerordentlich gemäßigt gezeigt und gesagt hat, die Erfüllung *aller* seiner Karlsbader Forderungen sei nicht die notwendige Voraussetzung für eine Einigung mit den Tschechen«. Aber sie schrieb, »seit seiner Rückkehr nach Prag hat er seine ursprünglichen Forderungen von neuem erhoben«. Sie glaube, Churchill sei »der einzige britische Staatsmann, den die Deutschen fürchten. Wenn Sie Entgegenkommen zeigen, werden sie glauben, sie könnten von der britischen Regierung viel stärkere Unterstützung erwarten, von der sie glauben, sie fürchte sich vor möglichen Konsequenzen... Henlein ist nach dem Gespräch mit Ihnen sehr viel radikaler geworden.« Damit hatte sie recht. Der von Halifax unter Druck gesetzte Benesch bot den Sudetendeutschen eine »kantonale Selbstverwaltung« an, ein Zugeständnis, das auch die übertriebensten Hoffnungen des sudetendeutschen Führers zur Zeit seines Gesprächs mit Churchill in den Morpeth Mansions weit übertraf. Seine Anhänger jubelten, aber nach seiner Besprechung mit Hitler in Berchtesgaden wies Henlein dieses Angebot zurück und verlangte die volle Selbständigkeit einschließlich der Verfügungsgewalt über die tschechischen Befestigungsanlagen in den Sudeten.[191]

Churchill verfügte auch weiterhin über sehr viel tüchtigere Informanten als die Regierung. Männer, die keinem anderen Korrespondenten als Gesprächspartner zur Verfügung standen, kamen nach Chartwell, um von ihm befragt zu werden. Schon am 14. Juli 1938, weniger als acht Wochen nach der Krise im Mai und ein Jahr bevor sich Hitler gegen Polen wandte, unterhielt sich Winston mit dem Gauleiter von Danzig und überzeugten Nationalsozialisten Albert Forster in seinem Wohnzimmer in Chartwell. Viele seiner Gäste nahmen mit solchen Besuchen ein großes persönliches Risiko auf sich, aber keiner von ihnen riskierte mehr als Major Ewald von Kleist-Schmenzin.

Am 18. August 1938 stieg dieser Major von Kleist in Zivil und incognito im Park Lane Hotel ab und ließ sich von dem Taxichauffeur Frank Jenner aus Westerham nach Kent bringen. Während des Gesprächs mit dem deutschen Offizier machte sich Randolph Notizen, während sein Vater zuhörte und den Gast von Zeit zu Zeit unterbrach, um ihm Fragen zu stellen oder seine Aussagen zu kommentieren. Kleist erklärte, der Angriff gegen die Tschechoslowakei stünde »unmittelbar« bevor. Er glaubte, er werde zwischen dem jährlich abgehaltenen Nürnberger Parteitag der Nationalsozialisten in der ersten Septemberwoche und dem Ende des Monats erfolgen. In Randolphs Notizen steht der Satz: »Niemand in Deutschland will den Krieg mit Ausnahme von H.« Die

Generäle seien für den Frieden und »überzeugt, daß ein Angriff gegen die Tschechoslowakei Deutschland in einen Krieg gegen Frankreich und Großbritannien verwickeln werde«. Sie seien bereit, dem Führer den Gehorsam zu verweigern und ihn sogar zu stürzen, brauchten aber »ein wenig Ermutigung«. Churchill erwiderte, viele Engländer seien zwar nicht bereit, sich »kalten Blutes« für einen Krieg auszusprechen, aber nur wenige würden »untätig beiseite stehen, wenn die Kämpfe begonnen haben«. Er betonte, er selbst und diejenigen, die in dieser Frage seine Ansichten teilten, seien »gegen den Nationalsozialismus und gegen den Krieg, nicht aber gegen die Deutschen«. Kleist sagte, er werde das seinen Freunden und Kameraden übermitteln, wäre aber dankbar für eine Geste, auch wenn sie von »privaten Parlamentsmitgliedern« käme, die dazu beitragen könnte, »die überall in Deutschland herrschende Stimmung gegen den Krieg« zu stärken. Nach der Abreise Kleists aus Chartwell unterrichtete Churchill den britischen Außenminister Halifax vom Inhalt seines Gesprächs, und als Kleist am 23. August London verließ, nahm er einen von Churchill unterschriebenen Brief mit, in dem dieser erklärte, das Überschreiten der tschechischen Grenze durch starke Verbände des deutschen Heeres und der Luftwaffe werde zu einem neuen Weltkrieg führen, in dem alle daran beteiligten Nationen »bis zum bitteren Ende um Sieg oder Tod« kämpfen würden.[192]

Wenn Winston Informationen erhielt, die er nicht veröffentlichen konnte, gab er sie in den meisten Fällen an Regierungsmitglieder weiter, die sie gewöhnlich nicht beachteten. Kleist hätte ein sehr wertvoller Kontaktmann sein können, aber als eine Zusammenfassung dessen, was er gesagt hatte, dem Premierminister vorgelegt wurde, tat Chamberlain die Sache mit einer Handbewegung ab und sagte: »Ich nehme an, Kleist ist ein leidenschaftlicher Gegner Hitlers, und es kommt ihm vor allem darauf an, seine Freunde in Deutschland zu einem Umsturzversuch zu veranlassen. Er erinnert mich an die Jakobiner am französischen Hof, und ich glaube, wir dürfen vieles von dem, was er gesagt hat, nicht ernst nehmen.«[193]

Ebenso wie Churchill, der in letzter Zeit stets eine Waffe mit sich führte, fürchtete Hitler, daß ihm etwas zustoßen könnte, bevor er seine historische Mission erfüllt habe. Seinen Generälen sagte er, es wäre tragisch, wenn der bevorstehende Krieg ohne ihn geführt werden müßte, nachdem er so große Anstrengungen für eine gerechte Sache unternommen habe. Er wußte, daß sie sich um die Möglichkeit eines Zweifrontenkrieges Sorgen machten, und deshalb hatte er am 18. Juni nach Fertigstellung seiner Direktive für den Einmarsch in die Tschechoslowakei dem Chef des OKW, Feldmarschall Wilhelm Keitel, versichert, er werde den Marschbefehl nur unterschreiben, wenn er fest davon überzeugt sei, daß ebenso wie bei der Besetzung der entmilitarisierten Zone im Rheinland und beim Einmarsch nach Österreich Frankreich nicht marschieren und daher auch England nicht intervenieren werde.[194]

Keitel war ein Speichellecker, aber andere Truppenbefehlshaber ließen sich durch solche Versicherungen nicht beruhigen. Am 12. Juni hatte Daladier die 1924 von Frankreich übernommene Garantie der tschechischen Grenzen erneuert und erklärt, sie sei eine »heilige« Verpflichtung, der sein Land nicht ausweichen könne. Der Fehlschlag der Mission Kleists im August in England hatte die Generäle enttäuscht, denn obwohl der Brief, den Churchill ihm mitgegeben hatte, ermutigend klang, gehörte Winston nicht der britischen Regierung an, und das würde wahrscheinlich auch so bleiben. Ein weiterer Grund zur Sorge war eine der üblichen Selbstbeweihräucherungen Hitlers in einer Rede vor dem deutschen Generalstab auf dem Truppenübungsplatz Kummersdorf. Hier hatte der Führer gesagt, jede günstige Gelegenheit müsse beim Schopf ergriffen werden, denn sie käme nicht wieder... Ende des Jahres werde man auf einen großen Erfolg zurückblicken können. Der Westwall, der stündlich stärker würde, könne Franzosen und Briten in Schach halten, falls sie eingreifen sollten, während deutsche Truppen die Grenze zur Tschechoslowakei überschritten. Der Befehlshaber, der den Westwall nicht halten könne, sei ein »Schurke«. Major Helmuth Groscurth vom deutschen militärischen Nachrichtendienst notierte in seinem Tagebuch, der Führer habe »völligen Unsinn« geredet.[195]

Das Verhalten der europäischen Staatsmänner im Spätsommer und Frühherbst des Jahres 1938 erinnerte an das der Personen in einem grotesken Theaterstück von Friedrich Dürrenmatt; jeder ging dabei von Voraussetzungen aus, welche die anderen für alarmierend oder sogar absurd hielten. In Paris ist Daladier angesichts der Möglichkeit, daß es wieder zu einem großen europäischen Krieg kommen könnte, zutiefst besorgt, aber er vertraut auf seinen britischen Verbündeten und die Stärke seiner Armee, und die bloße Vorstellung, daß Frankreich sein Wort brechen könnte, ist für ihn undenkbar. Bonnet, der fast täglich sein Wort bricht, denkt kaum noch an etwas anderes. In London träumt die Regierung Seiner Majestät immer noch davon, Frankreich im Stich zu lassen und ein neues Bündnis mit Deutschland zu schließen. Viele Angehörige der deutschen Regierung haben den gleichen Wunsch, aber nur einer von ihnen hat die Macht, einen solchen Entschluß durchzusetzen, doch dessen Geist ist krank. Er hat Keitel gesagt, die westlichen Demokratien würden nicht kämpfen, aber er glaubt selbst nicht daran, und auch der Chef des deutschen Generalstabs, General Ludwig Beck, tut es nicht und reicht am 27. August seinen Abschied ein. Wer den Aberglauben des Führers an seine Intuition nicht teilt, muß seine Pläne für absurd halten. Er hat sich, wie Beck sagt, in eine »unhaltbare« Lage manövriert. Später schreibt William L. Shirer: »Am 1. Oktober 1938 war Deutschland nicht in der Lage, einen Krieg gegen die Tschechoslowakei, Frankreich und Großbritannien zu beginnen (das war das von Hitler festgesetzte Datum, von dem er nicht abweichen wollte)... Hätte er das getan, wäre er sehr schnell und ohne Schwierigkeiten besiegt worden, und das wäre das Ende Hitlers und des Dritten Reichs gewesen.«[196]

Es wäre nicht einmal soweit gekommen. Die Verschwörer an der Spitze der Wehrmacht hätten eingegriffen. Acht Jahre später wurde Feldmarschall Keitel im Nürnberger Kriegsverbrecherprozeß gefragt, wie der Generalstab auf die Kapitulation Chamberlains in München reagiert habe. Er antwortete: »Wir waren außerordentlich glücklich, daß es nicht zu einer militärischen Operation kommen mußte, weil... wir immer der Meinung gewesen waren, daß unsere zum Angriff gegen die Grenzbefestigungen der Tschechoslowakei verfügbaren Kräfte nicht ausreichten.« Gegen Ende des Nürnberger Prozesses sagte General Franz Halder in einer Vernehmung durch einen amerikanischen Offizier aus, die tschechische Frage habe die deutschen Generäle zu einer Verschwörung gegen Hitler veranlaßt. Er sagte, hätte der Führer 1938 den Angriff befohlen, wären die Reichskanzlei und die Regierungsbehörden, besonders die Ministerien, die von Parteimitgliedern und überzeugten Anhängern Hitlers verwaltet wurden, militärisch besetzt worden, und zwar mit dem klaren Ziel, jedes Blutvergießen zu vermeiden, die Verantwortlichen jedoch anschließend vor der ganzen deutschen Nation vor Gericht zu stellen.[197]

Indessen waren die Tschechen im Vertrauen auf ihre starken Befestigungsanlagen und die beiden mit ihnen verbündeten Demokratien im Westen auf alles gefaßt – nur nicht darauf, von diesen beiden Bündnispartnern verraten zu werden. Die Polen und Ungarn andererseits wollten die Gelegenheit nutzen, ihr Schäfchen ins trockene zu bringen. Wenn die Deutschen einen Teil der Tschechoslowakei annektierten, beanspruchten auch sie einen Teil der Beute. Mussolini in Rom glaubte, die anderen warteten gespannt darauf, in welche Richtung er gehen werde. In Wirklichkeit kümmerte sich niemand um ihn. Seit dem Fiasko in Äthiopien glaubte niemand mehr an den militärischen Wert der Legionen des Duce. Aber wie würden sich die Russen verhalten? Das Schicksal der Tschechoslowakei war für die Sowjetunion von höchster strategischer Bedeutung. Wenn Hitler sich in den Besitz des Sudetenlandes und der tschechischen Befestigungen setzte, verloren die Sowjets das vorgeschobene Bollwerk ihres Verteidigungssystems. Hitler war sich dessen bewußt; er bezeichnete das Land Beneschs als »sowjetrussischen Flugzeugträger«. Auch das Auswärtige Amt in Whitehall wußte um diese Zusammenhänge. Seine Berufsdiplomaten hatten ihre politischen Vorgesetzten wiederholt gedrängt, »Gespräche« mit den Russen zu beginnen, aber obwohl Litwinow seit dem Anschluß Österreichs an das Deutsche Reich versucht hatte, mit der Sowjetunion in ein gegen die Nationalsozialisten gerichtetes Bündnis einzutreten, taten die Beschwichtigungspolitiker in Großbritannien auch weiterhin so, als existiere die UdSSR gar nicht.[198] Ein Vorfall zeigt deutlich, wie weit gewisse Politiker in London und in Frankreich zu gehen bereit waren, um ein Bündnis mit der Sowjetunion unmöglich zu machen. Dem französischen Geschäftsträger in Moskau schlug Litwinow »sofortige Gespräche zwischen sowjetischen, französischen und tschechischen Fachleuten« vor. Bonnet ließ den Bericht seines Geschäftsträgers in einem Panzerschrank verschwinden und sprach mit niemandem darüber. Zwei Tage später versuchte er den britischen Botschafter in Paris zu täuschen und sagte ihm, die Rumänen würden es nicht zulassen, daß russische Militärflugzeuge zur Unterstützung der Tschechen ihren Luftraum verletzten. Aber der Generalsekretär am Quai d'Orsay, der unbestechliche Alexis Léger, hatte Phipps bereits davon unterrichtet, daß die Russen diese Erlaubnis bekommen würden. Trotz der Versuche von Bonnet, die Wahrheit zu verschleiern, erfuhr R. A. Butler, der neue junge Unterstaatssekretär von Halifax, davon und suchte seinerseits, die Sache in Vergessenheit geraten zu lassen. Er erklärte: »Wollen wir hoffen, daß nichts daraus wird.«[199]

Churchill hoffte auf das Gegenteil. Hitler hatte mindestens 1,5 Millionen Soldaten an der tschechoslowakischen Grenze versammelt, und Churchill hielt die Hilfe der Russen für außerordentlich wichtig. Am 31. August schrieb er an Halifax und riet, Großbritannien, Frankreich und Rußland sollten »eine gemeinsame Note« an Hitler richten und darin ihr »Verlangen nach Frieden, ihre tiefe Besorgnis angesichts der militärischen Vorbereitungen Deutschlands«, ihr gemeinsames Interesse an »einer friedlichen Lösung der tschechoslowakischen Kontroverse« und ihre Überzeugung zum Ausdruck bringen, daß »eine deutsche Invasion der Tschechoslowakei zu lebensbedrohenden Schwierigkeiten« führen werde. Er sagte, die Botschafter der drei Mächte sollten diese Note Präsident Roosevelt vorlegen, »und wir sollten uns nach Kräften bemühen, ihn zu veranlassen, sein Möglichstes zur Unterstützung dieser Initiative zu tun«. Winston hielt es »nicht für unmöglich«, daß der Präsident »sich dann an H. wenden wird, um ihn auf den Ernst der Lage aufmerksam zu machen... und ihm zu sagen, daß auf eine Invasion der Tschechoslowakei unausweichlich ein Weltkrieg folgen werde und er dringend zu einer friedlichen Beilegung des Konflikts riete«. Die »friedlichen Elemente in den offiziellen deutschen Kreisen« – und niemand im Auswärtigen Amt war sich ihrer Stärke deutlicher bewußt – würden »Widerstand leisten« und den Führer zwingen, »in Verhandlungen mit Roosevelt selbst einen Ausweg zu finden«. Churchill gab zu, er könne nur vermuten, daß sich die Dinge so entwickeln würden; »man kann es nur hoffen«. Aber jede kleinste Hoffnung war besser als gar keine.[200]

Er fuhr nach Whitehall und übergab Halifax seinen Brief, der damit in die Downing Street Nr. 10 gelangte. Wie jedes andere an den Premierminister gerichtete Schreiben einschließlich der Schriftstücke, die das königliche Wappen trugen, wurde auch dieser Brief zunächst dem verschlagenen Sir Horace Wilson vorgelegt. Auf der Höhe seiner Macht war Rasputin in Moskau eine bekannte Erscheinung. Doch Wilson glich eher einem Maulwurf, der unter der Erde nach Insekten jagt. Wenn sich eine Nation in großer Gefahr befindet und Hunderttausende von Menschenleben auf dem Spiel stehen, dann weigert sie sich nicht, die Tür zu öffnen, wenn ein starker Nachbar läutet, der seine eigene Zukunft durch den gleichen Schatten bedroht sieht und nun seine Hilfe anbietet. Aber gerade das hat Horace Wilson seinem Schutzherrn praktisch angeboten. Als Churchills Vorschlag Chamberlain vorgelegt wurde, geschah das mit einem Begleitschreiben in der korrekten Handschrift seines Majordomus, der ihn in Bausch und Bogen verurteilte. Winston behauptete, er sei »eine Mischung aus Diplomatie und Drohung«, die Hitlers Zorn erregen werde, weil auch Rußland der Koalition angehörte, die sich ihm nun entgegenstellte. Er sagte voraus, wenn man Wilsons Vorschlag folgen würde, werde England allzu leicht in eine Situation geraten, in der »wir unter Umständen… allein mit Deutschland fertig werden müssen« – aber gerade das werde natürlich nicht geschehen.[201]

Indessen erhielt Winston die Bestätigung, daß sein Plan an anderer Stelle positiv aufgenommen werden würde. Am 2. September setzte sich der russische Botschafter mit Chartwell in Verbindung und ließ Churchill mitteilen, er würde ihn gern aufsuchen, um »eine dringende Angelegenheit« mit ihm zu besprechen. Maisky hatte den Auftrag, ihn von einem Gespräch zu unterrichten, das der französische Geschäftsträger am Tage zuvor in Moskau mit dem Außenkommissar Litwinow geführt hatte, dessen wesentlicher Inhalt darin bestand, daß die Sowjetunion bereit war, sich Schulter an Schulter mit den Briten und Franzosen gegen Hitler zu stellen. Später erinnerte sich Churchill: »Noch bevor er sehr weit gekommen war, wurde mir klar, daß er mir gegenüber als Privatperson eine Erklärung abgab, weil die Sowjetregierung diesem Weg gegenüber einem direkten Angebot an das Auswärtige Amt den Vorzug gab, da sie dort mit einer Absage rechnen mußte.« Als der russische Botschafter gegangen war, fühlte er sich in dieser Vermutung bestärkt, weil »nicht um Vertraulichkeit gebeten worden war«. Da Winston die Angelegenheit für außerordentlich wichtig hielt, verfaßte er für Halifax einen detaillierten Bericht über das Gespräch und achtete besonders darauf, daß nicht schon die Ausdrucksweise seines Schreibens »seine Beurteilung durch Halifax und Chamberlain negativ beeinflussen könnte«. Auch dieser Bericht wurde von der Regierung Seiner Majestät sehr kühl aufgenommen. Wie Winston später schrieb, antwortete Halifax »sehr zurückhaltend, er glaube nicht, daß ein Vorgehen in der vorgeschlagenen Weise... hilfreich wäre, er werde aber die Angelegenheit im Auge behalten«.[202]

Doch als Churchills Vorschlag am 31. August mit der Stellungnahme von Wilson, der sich Chamberlain angeschlossen hatte, an das Auswärtige Amt zurückgegeben wurde, war Halifax beunruhigt gewesen. Wenn Hitler ein Feind Großbritanniens war, dann arbeitete auch die Zeit gegen England. Die Regierung müßte eine klare politische Aussage machen, bevor der Reichskanzler wieder eine seiner Brandreden vor dem Reichstag hielt und damit Henleins Nazis im Sudetenland zu neuen Gewaltdemonstrationen anregte. Prag würde sich in diesem Fall verpflichtet fühlen, mit Gewalt die Ruhe und Ordnung wiederherzustellen. Darauf würde Hitler wütend auf die angebliche Brutalität der tschechischen Polizei reagieren, und der Teufelskreis würde sich so lange wiederholen, bis der Knüppel eines ungeduldigen Polizisten dazu führen konnte, daß deutsche Truppen die Grenze überschritten. Deshalb beschloß der Außenminister, selbst das Wort zu ergreifen und deutlich zum Ausdruck zu bringen, daß Großbritannien die von den Sudetendeutschen provozierten Zwischenfälle mißbilligte. Er schickte den Text seiner Erklärung in die Downing Street Nr. 10 und bekam ihn mit den kritischen Anmerkungen Wilsons, ergänzt durch die Zustimmung des Premierministers, zurück.

Wilson gefiel der Entwurf des Außenministers noch weniger als der Vorschlag Winstons. Er erklärte, »jeder intelligente Journalist... könnte daraus nur einen Schluß ziehen, nämlich daß wir Deutschland bedrohen«. Halifax ließ sich nicht aus der Ruhe bringen und schickte dem Premierminister einen zweiten Entwurf, zu dem Chamberlain persönlich Stellung nahm. Er erklärte, er könne auch an der neuen Fassung nichts Gutes finden. Ein Abschnitt darin werde mit Sicherheit »Proteste in den Dominions auslösen«, ein zweiter sei eine »deutliche Drohung«, und das Ganze sei verfrüht, denn man müsse vorher den Nürnberger Parteitag abwarten. Die Absicht von Halifax war es gewesen, die Haltung der Regierung Seiner Majestät zu dokumentieren, *bevor* Hitler seine übliche Schmährede auf dem in jedem September veranstalteten Parteitag gehalten hatte. Auch die Botschafter Henderson und Newton äußerten sich kritisch, und Halifax schrieb an Henderson, er habe »die Idee, eine öffentliche Rede zu halten, mehr oder weniger aufgegeben«.[203]

Andere teilten seine Besorgnisse, unter ihnen sogar Freunde des neuen Deutschland. Henderson berichtete, Ribbentrop glaube, England werde »unter keinen Umständen etwas unternehmen«, und Staatssekretär von Weizsäcker habe erklärt, »der Krieg von 1914 hätte vielleicht vermieden werden können, wenn Großbritannien sich rechtzeitig zu Wort gemeldet hätte«. Bei einer Beratung im Auswärtigen Amt am 4. September setzte sich die Auffassung durch, daß es notwendig sei, dem deutschen Führer »eine *private* Warnung« zukommen zu lassen, in der deutlich gesagt werden sollte, »daß wir zum Schutz Frankreichs eingreifen müßten«. Cadogan glaubte, das habe insofern einen Sinn, als »Hitler wahrscheinlich eingeredet worden ist, unsere Erklärungen vom März und vom Mai seien nur abgegeben worden, um ihn zu täuschen, und das ist gefährlich«. Dennoch unternahm die britische Regierung nichts.[204]

Die britische Außenpolitik ging seit Ende März, als der Premierminister es abgelehnt hatte, sich irgendwie festzulegen oder die Ereignisse in Europa auch nur zur Kenntnis zu nehmen, fast unmerklich in eine neue Richtung. Jetzt konzentrierte sich Chamberlain auf zwei politische Ziele, die sich gegenseitig ausschlossen. Einerseits wollte er eine besondere Beziehung zum Deutschen Reich herstellen, versuchte aber gleichzeitig, die seit langem bestehende Freundschaft zwischen England und Frankreich aufrechtzuerhalten. Beides gleichzeitig zu erreichen war unmöglich, aber eine *gewisse* Verbindung zum europäischen Kontinent war notwendig. Wenn diese Verbindung nicht bestand, war England nur eine Insel vor der Küste Europas und der Willkür der europäischen Großmacht ausgesetzt, die dort die Vorherrschaft gewonnen hatte. Als daher Lord Maugham, der Bruder von Somerset Maugham, sagte, im Sudetenland seien »keine vitalen britischen Interessen berührt«, erinnerte ihn Duff Cooper empört daran, daß »es immer das Hauptinteresse dieses Landes gewesen ist, zu verhindern, daß eine europäische Nation zu mächtig wird«, und daß Großbritannien in dem nationalsozialistischen Deutschland »der bedrohlichsten Macht gegenübersteht, die jemals die Vorherrschaft in Europa innegehabt hat«. Sich dieser Macht entgegenzustellen »liegt ganz offensichtlich im britischen Interesse«. Kein einziges Kabinettsmitglied widersprach dieser Auffassung. Doch obwohl sich die Krise täglich verschärfte, wurde weder öffentlich noch über private diplomatische Kanäle eine außenpolitische Grundsatzerklärung abgegeben.[205]

Die einzige britische Stimme, die sich während des ganzen Sommers 1938 hören ließ, war die von Geoffrey Dawson. Am 3. Juni hatte er in seinem Leitartikel Überlegungen zu der Frage angestellt, ob es ratsam sei, »den Deutschen in der Tschechoslowakei zu erlauben – durch eine Volksabstimmung oder auf andere Weise –, selbst über ihre Zukunft zu entscheiden, auch wenn das die Abtretung des von ihnen bewohnten Gebiets an das Deutsche Reich bedeutete«. Er fragte sogar, ob es vernünftig sei, anderen Minderheiten in der Tschechoslowakei die gleichen Zugeständnisse zu machen. Das wäre, wie er zugeben mußte, »eine drastische Maßnahme zur Beilegung der gegenwärtigen Unruhen, aber etwas Drastisches wird unter Umständen notwendig sein«.

Drastisch war nicht das richtige Wort; die Befolgung seines Vorschlags hätte zur Katastrophe geführt. Der von Benesch und Masaryk gegründete Staat war ein Vielvölkerstaat, in verkleinertem Maßstab ein Spiegelbild des österreichisch-ungarischen Kaiserreichs, zu dem die Tschechoslowakei früher gehört hatte. Innerhalb der tschechoslowakischen Grenzen lebten Tschechen, Slowaken, Deutsche, Ungarn und Ruthenen. Das bedeutete aber noch nicht, daß dieses Staatsgebilde nicht lebensfähig war. Was Dawson geschrieben hatte, war völliger Unsinn. Aber viele Europäer glaubten, die *Times* sei die Stimme der Downing Street, und Anfang September 1938 gab es keinen Sprecher der Regierung Seiner Majestät, der das bestritt. Da in Whitehall niemand existierte, der die außenpolitische Linie festlegte, hatte ein Zeitungsredakteur diese Aufgabe übernommen.

Doch der Premierminister hielt es für wichtiger, persönlich die diplomatische Initiative zu ergreifen.

Es ist geradezu rührend, mit welchem fast kindlichen Glauben Neville Chamberlain an seinem Plan Z festhielt, einem ganz simplen Vorhaben, das an jene Fortsetzungsgeschichten auf den für Kinder und Jugendliche bestimmten Seiten gewisser Zeitschriften erinnerte, die von den jungen Chamberlains ebenso wie von vielen viktorianischen Jugendlichen ihrer Klasse an den langen Samstagnachmittagen verschlungen wurden, wenn sie keine Spielgefährten hatten und die Kinderfrau anderweitig beschäftigt war. Diese Geschichten waren mit Federzeichnungen illustriert, auf denen die gutaussehenden, muskulösen Helden, die hilflosen, aber immer siegreichen Heldinnen und die finsterblickenden Schurken abgebildet waren, denen es schließlich in der letzten Folge an den Kragen ging. Und wie waren sie überlistet worden? Durch den Plan Z! Oder den Plan X oder Q. Das war eine einfache Kriegslist, die niemanden außer den Bösewichten zu Schaden kommen ließ. Wir begegnen einem solchen Plan im Kopf des inzwischen erwachsen gewordenen, alternden Neville zum erstenmal wieder in einer Denkschrift von Sir Horace Wilson, die er nach einer Kabinettssitzung am 30. August 1938 verfaßt hat. Er und der Premierminister hatten vor zwei oder drei Tagen darüber gesprochen, und nun schrieb er: »Es gibt einen sogenannten ›Plan Z‹, den nur der Premierminister, der Schatzkanzler, der Außenminister, Sir Nevile Henderson und ich kennen.«[206]

Weiter heißt es in der Denkschrift, der Erfolg des geplanten Unternehmens hinge davon ab, »daß es völlig überraschend kommt, und es ist entscheidend wichtig, nichts darüber verlauten zu lassen«. Aus einer zweiten Denkschrift Wilsons vom folgenden Tag kann man erkennen, worum es sich handelte: »Sobald Henderson davon unterrichtet worden ist, daß der Plan Z in Angriff genommen werden soll, wird er feststellen, wo sich Hitler aufhält, aber er wird nicht sagen, weshalb er es wissen will.« Wenn es die Zeit erlaube, werde dem Botschafter Seiner Majestät in Berlin die Ankunftszeit mitgeteilt werden, die er dann Ribbentrop übermitteln solle. Wenn dann noch Zeit sei, »würden wir es gern tun, bevor wir hier öffentlich bekanntgegeben haben, daß wir nach dem Plan Z vorgegangen sind. Der Ort des Eintreffens muß Berlin sein, denn dazu bedarf es der Mitarbeit von Henderson und Ribbentrop. (Schmidt ist zuverlässig.)«[207]

Daß es Wilson so sehr darauf ankam, genügend Zeit für das Unternehmen zu haben, läßt nur eine Interpretation zu; der Plan war für eine äußerste Krisensituation gedacht, für den Fall eines deutschen Einmarsches in die Tschechoslowakei, der vielleicht schon in wenigen Stunden erfolgen konnte. Daß es notwendig war zu wissen, wo Hitler sich aufhielt, und die Erwähnung von Paul Schmidt, des persönlichen Dolmetschers des Führers, läßt vermuten, daß es sich um einen überraschenden Besuch bei ihm handelte – ohne vorherige Einladung oder besondere Vorbereitungen. Wahrscheinlich hatte der Premierminister vor, in Deutschland zu landen und den überraschten Deutschen zu sagen, »bringen Sie mich zu Ihrem Führer«, obwohl das schwierig gewesen wäre, denn ebenso wie Hitler beherrschte er nur seine Muttersprache. Am 3. September schrieb Chamberlain an seine Schwester Ida: »Ich zerbreche mir den Kopf auf der Suche nach einer Möglichkeit, die Katastrophe abzuwenden, wenn es den Anschein hat, daß sie unmittelbar bevorsteht. Dabei dachte ich an ein so unkonventionelles und gewagtes Verfahren, daß es Halifax den Atem verschlug. Aber da Henderson glaubte, damit könne die Situation in der elften Stunde gerettet werden, habe ich den Gedanken daran nicht aufgegeben, wenngleich ich die ganze Zeit hoffe, daß es nicht notwendig sein wird, es zu versuchen.« Wenn der Erfolg des Unternehmens, wie Horace Wilson geschrieben hatte, von der absoluten Geheimhaltung abhing, dann waren die Chancen dafür sehr gering, denn Henderson war bekannt dafür, daß er seinen nationalsozialistischen Freunden Göring und Ribbentrop auch streng vertrauliche Informationen zugänglich machte. Zudem wurde der Kreis der Eingeweihten immer größer. Auch Hoare und Simon gehörten dazu. Niemand dachte daran, daß ein Premierminister das Land nicht ohne Erlaubnis des Königs verlassen durfte, aber immerhin dachte man daran, daß die Zustimmung des Kabinetts eingeholt werden sollte. Schließlich einigte man sich jedoch darauf, dies nicht zu tun. Damit beanspruchte Chamberlain politische Vollmachten, die schon fast denen Hitlers gleichkamen.[208]

Acht Monate des Jahres, das mit der Entlassung Vansittarts und Edens Rücktritt begonnen hatte, waren inzwischen vergangen, und die erste Septemberwoche hatte mit schönem Wetter begonnen. 1914 hatte die Wilhelmstraße keine klaren Vorstellungen von den Absichten Englands gehabt, aber jetzt waren die dort sitzenden Nazis völlig verwirrt. Der Quai d'Orsay hatte so deutlich erkennen lassen, wie das für Diplomaten möglich ist, daß die Franzosen kämpfen würden, wenn die Deutschen die tschechische Grenze verletzten, und Großbritannien war mit Frankreich verbündet. Aber nach einer langen Kabinettssitzung in der Downing Street sprach Henderson mit Ribbentrop und sagte ihm: »Die Sudetendeutschen und die Tschechen sind Großbritannien völlig gleichgültig. Großbritannien interessiert sich nur für die Haltung Frankreichs.«[209]

Es entspricht den bizarren Abläufen der jetzt drohenden großen Sudetenkrise, daß der Verfasser des Leitartikels der *Times* vom 7. September nie mit Namen genannt worden ist. Dawson hat anschließend immer wieder erklärt, er sei damals nach einem verlängerten Wochenende auf dem Lande nach London zurückgekehrt und erst am Dienstag, dem 6. September, am Spätnachmittag wieder in sein Büro gekommen. Dort habe er den unvollständigen Entwurf eines Leitartikels über die Tschechoslowakei gelesen, einen Abschnitt darin gestrichen, angeordnet, daß er umgeschrieben werden müsse, und sei dann, augenscheinlich erschöpft von dieser anstrengenden Arbeit, zum Essen gegangen. Bei seiner Rückkehr um 23.45 Uhr habe er das unangenehme Gefühl gehabt, der Artikel dürfe in der vorliegenden Form nicht gedruckt werden. Ein franzosenfreundlicher Kollege, den er um Rat fragte, habe ihm geraten, weitere Streichungen vorzunehmen. Diejenigen, denen daran gelegen war, einen neuen großen Krieg zu vermeiden, hätten damals am besten die ganze Auflage der Zeitung und dann zur Sicherheit auch noch das Verlagsgebäude verbrannt. Wie Martin Gilbert berichtet, unterstützte ein Abschnitt des Artikels »praktisch die extremen Forderungen Henleins, die nicht nur für Benesch, sondern auch für viele Sudetendeutsche unannehmbar waren, für die ein Anschluß an Deutschland den Verlust der Freiheit, Einweisung in Konzentrationslager, Zwangsarbeit und Tod bedeuten würde«. Der Abschnitt lautete:

»Wenn die Sudetendeutschen jetzt mehr verlangen, als die tschechische Regierung zu geben bereit ist... kann man nur daraus schließen, daß die Deutschen über die bloße Beseitigung der Unzulänglichkeiten hinausgehen wollen, über die sich diejenigen beschweren, die sich in der tschechoslowakischen Republik nicht wohl fühlen. In diesem Falle wird es sich für die tschechoslowakische Regierung vielleicht lohnen, darüber nachzudenken, ob sie wirklich das in gewissen Kreisen für richtig gehaltene Verfahren ablehnen soll, mit dem die staatliche Homogenität in der Tschechoslowakei dadurch erhöht würde, daß der von einer fremden Bevölkerung bewohnte Gebietsstreifen abgetreten wird, der an das von einer rassisch einheitlichen Nation bewohnte Gebiet grenzt.«[210]

Angesichts der besonderen Beziehungen, die zwischen der *Times* und der Regierung bestanden, wird man in der Geschichte des Journalismus kaum eine verantwortungslosere Aussage finden. Der nicht genannte Verfasser – seine Identität wurde von Dawson nicht preisgegeben, der den Artikel entweder selbst geschrieben hat oder wußte, wer es getan hatte – zeigt darin eine erstaunliche Unkenntnis hinsichtlich der Geographie, der Geschichte, der ethnischen Vielfalt und des weiten Spektrums politischer Überzeugungen der im Schatten des Sudetengebirges lebenden Menschen. Wie Churchill am folgenden Tag in einem Leserbrief schrieb, den Dawson nicht veröffentlichen wollte, würde die Befolgung des Vorschlags der *Times* bedeuten, daß »den deutschen Nazis die ganze über das Gebirge verlaufende Verteidigungslinie entlang der alten böhmischen Grenze überlassen würde, die für den tschechoslowakischen Staat bewußt festgelegt worden war, um auf diese Weise seine nationale Existenz zu sichern«. Die deutsche Propaganda hatte den Eindruck erweckt, daß im Sudetenland nur Deutsche lebten und daß Henlein ihr Sprecher sei. Beides war falsch. Es gab noch vier andere politische Parteien, die – wie die Sozialdemokraten und Kommunisten – in scharfer Gegnerschaft zu den sudetendeutschen Nazis standen, und nicht wenige politische Flüchtlinge aus dem Dritten Reich hatten hier Zuflucht gefunden. Wie ihre österreichischen Leidensgefährten wußten sie, daß die Namen ihrer Führer auf der schwarzen Liste der Gestapo standen. Für sie war der Leitartikel der *Times* zumindest der erste Entwurf ihres Todesurteils.[211]

Jan Masaryk mußte an diesem Vormittag zweimal das britische Außenministerium in Whitehall aufsuchen, bis es endlich bereit war zu erklären, daß der Vorschlag der *Times* »in keiner Weise die Auffassungen der Regierung Seiner Majestät wiedergibt«. Doch bis zur Veröffentlichung dieser Erklärung war man in allen europäischen Hauptstädten überzeugt, daß dies so sei. In Blackpool gab die nationale Exekutive der Labour Party eine offizielle Erklärung ab, in der es hieß, daß »die britische Regierung keinen Zweifel daran lassen darf, daß sie vereint mit der französischen und sowjetischen Regierung jedem Angriff gegen die Tschechoslowakei Widerstand leisten wird«. Halifax bestätigte das. Nicht zum letztenmal geriet er in seiner Haltung zur tschechischen Frage ins Schwanken; wie viele Beschwichtigungspolitikre wurde er gelegentlich von Zweifeln geplagt, ob es klug sei, den Forderungen Hitlers immer wieder nachzugeben.[212]

Inzwischen waren an der tschechischen Grenze starke deutsche Truppenverbände zusammengezogen worden, und in London wußte man, daß diesmal keine Manöver abgehalten werden sollten. Am Abend des 6. September war Theodor Kordt, der in Abwesenheit des deutschen Botschafters Dirksen dessen Vertretung übernommen hatte, am hinteren Eingang der Downing Street Nr. 10, gegenüber dem Exerzierplatz der Horse Guards, erschienen und hatte zuerst Horace Wilson und dann Halifax, der in aller Eile aus dem Außenministerium herübergebeten worden war, gesagt, er müsse aus Gewissensgründen seine Dienstpflichten verletzen und sei als Sprecher politischer und militärischer Kreise in Berlin gekommen, die entschlossen seien, den Ausbruch eines Krieges mit allen Mitteln zu verhindern. Er und seine Freunde bäten die britische Regierung um eine deutliche Warnung mit dem Inhalt, daß England die Tschechen militärisch unterstützen werde. Er sagte, Hitler habe beschlossen, am 19. oder 20. des Monats »einzumarschieren«.[213]

Die Mitteilung von Kordt wurde in sensationeller Weise bestätigt, als Carl Jacob Burckhardt vom Völkerbund dem britischen Botschafter in Bern im Auftrag von Weizsäcker, dem zweiten Mann im deutschen Außenministerium, bis in alle Einzelheiten die gleiche Mitteilung machte wie Kordt und dabei betonte, daß es unbedingt notwendig sei, Hitler zu warnen und ihn wissen zu lassen, daß der Einmarsch in die Tschechoslowakei den Krieg bedeuten werde. Mit der nur zögernd gegebenen Zustimmung Chamberlains entwarf Halifax eine scharf formulierte Note an die deutsche Regierung: Wenn die tschechische Grenze verletzt werden sollte, würde Frankreich Deutschland den Krieg erklären und damit »eine Folge von Ereignissen« auslösen, die zu einem allgemeinen Konflikt führen werden, »bei dem Großbritannien nicht beiseite stehen kann«. Aber Botschafter Henderson – der nicht berechtigt war, die Anweisungen des Außenministers irgendwie zu beurteilen – weigerte sich, die Note weiterzuleiten, und zwar mit der Begründung, sie werde Hitler erzürnen. Im übrigen habe er »den Persönlichkeiten, auf die es ankommt« die britische Haltung so klargemacht, daß keine Zweifel mehr daran bestehen könnten. Aufgrund dieser Zusicherung und weil es schwierig war, die direkte Verbindung zu Henderson herzustellen, der während der fünf Tage, an denen er am Nürnberger Parteitag teilnahm, in einem Sonderzug lebte, erklärte sich Halifax »unter der Voraussetzung, daß Sie Herrn von Ribbentrop... den Inhalt dessen, was Sie ihm in meinem Auftrag sagen sollten, bereits mitgeteilt haben«, damit einverstanden, daß Henderson auf eine weitere Intervention bei der deutschen Regierung verzichtete.[214]

Es gibt keine schriftlichen Aufzeichnungen darüber, was der Botschafter Seiner Majestät in Berlin wirklich gesagt hat, aber der SS-Offizier, der Henderson auf dem Nürnberger Parteitag begleitete, hat später gesagt, daß dieser während seines Aufenthalts dort »mit einem Seufzer erklärte, Großbritannien müsse jetzt für seine Mitschuld am Versailler Vertrag bezahlen« und seine Abneigung gegen die Tschechen in sehr deutlichen Worten zum Ausdruck gebracht habe.[215]

Drei Tage nach Erscheinen des Leitartikels in der *Times* sprach Göring vor einer hysterischen Massenversammlung in Nürnberg und nannte die Tschechen eine »elende Zwergenrasse... die ein kultiviertes Volk unterdrückt« und Sklavendienste für »Moskau und die ewige Teufelsfratze der Juden« leiste. Hitler ergriff wie üblich erst am letzten Abend des Parteitags, am Montag, dem 12. September, das Wort. Im hellen Licht der Scheinwerfer hielt er seine Hetzrede und wurde nach jeder neuen Beschimpfung der Tschechen durch das laute »Sieg Heil!« der Menge unterbrochen. In seiner verzerrten Darstellung der Krise im Mai erinnerte er seine Zuhörer an die angebliche Demütigung Deutschlands durch Benesch und seine »jüdischen Verschwörer«. Mit schweißbedecktem Gesicht und auf der Stirn festgeklebter schwarzer Haarsträhne beschimpfte er die Tschechoslowakei als »monströses Gebilde« und verlangte das »Selbstbestimmungsrecht« und »Gerechtigkeit« für die Sudetendeutschen. In grenzenloser Überheblichkeit erklärte er, die Deutschen in Österreich wüßten am besten, wie bitter es sei, getrennt vom Vaterland leben zu müssen, und behauptete, sie würden als erste die Bedeutung dessen verstehen, was er an diesem Tag zu sagen habe. Das sollten sie auch wirklich. Aber auch Winston Churchill hatte es begriffen. Nach dem Protokoll der Kabinettssitzung vom gleichen Tag hatte Halifax berichtet, er und der Premierminister hätten am vergangenen Tage (Sonntag) mit Churchill gesprochen. Er sagte: »Der Vorschlag von Mr. Churchill war, daß wir Deutschland sagen sollten, falls es den Fuß in die Tschechoslowakei setzte, würden wir uns im Krieg mit den Deutschen befinden. Mr. Churchill räumte ein, daß dieses Vorgehen eine Erweiterung dessen sei, was er vor zwei oder drei Wochen vorgeschlagen habe, er glaube jedoch, daß wir damit kein zusätzliches Risiko eingehen würden.«[216]

Doch während Winston einen zweiten Anschluß unaufhaltsam näher kommen sah, hörten die nervösen Kabinette in Paris und London aus Hitlers Nürnberger Rede, die sie im Radio verfolgt hatten, nur hohles Getöse. Sie erwarteten, was das Auswärtige Amt einen »Auslöser« nannte. Das waren Erklärungen und Forderungen, die nur durch militärische Aktionen der Deutschen gegen Prag entschieden werden konnten. Da Hitler jedoch keine präzisen Forderungen gestellt hatte, fühlten sich der britische und der französische Premierminister und ihre Kabinette erleichtert. Da sie die Mentalität Hitlers nicht kannten, beurteilten sie die Lage falsch. Dies war sein Milieu, und er wußte, daß seine wilden Gesten und sein sinnloses Toben genügten, im Sudetenland blutige Unruhen auszulösen – was man sich in England und Frankreich nicht vorstellen konnte. Prag verhängte das Standrecht über Teile Westböhmens und mobilisierte seine Truppen. Die nationalsozialistische Zeitung *Der Angriff* bezeichnete das als »Schreckensherrschaft«, und Henlein floh nach Deutschland. Doch plötzlich beruhigte sich die Lage, und am Donnerstag vormittag verlief das Leben im Sudetenland wieder in normalen Bahnen.[217]

In der Downing Street Nr. 10 und in der Pariser Residenz des französischen Premierministers war das anders. Premier Daladier machte Chamberlain telegrafisch den Vorschlag, die Regierungschefs Frankreichs, Großbritanniens und Deutschlands sollten zu einer Dreierkonferenz zusammenkommen. Aber der Premierminister war ihm zuvorgekommen. Während die Unruhen im Sudetenland besorgniserregende Ausmaße annahmen, beschloß Chamberlain, seinen Plan Z in Kraft zu setzen. Unter Umgehung von Henderson schickte er Hitler am Abend des 13. September ein Telegramm, in dem es hieß, angesichts »der zunehmend kritischer werdenden Lage schlage ich vor, sofort zu Ihnen zu kommen, um zu versuchen, eine friedliche Lösung zu finden«. Er wolle das Flugzeug benutzen und könne »morgen abfliegen«. Er bat, ihm den frühest möglichen Zeitpunkt für ein solches Treffen zu nennen und seine Anfrage möglichst umgehend zu beantworten. Chamberlain war voller Tatendrang und befand sich in der Stimmung, die jeder Kaufmann bei dem Kunden kennt, der schon vor dem Betreten des Geschäfts entschlossen ist, etwas zu kaufen und jeden geforderten Preis dafür zu bezahlen.[218]

Neville Chamberlain. Er glaubte, Hitler durch immer neue Zugeständnisse beschwichtigen zu können.

Im *Daily Telegraph* vom 15. September sagte Churchill voraus, daß es zu Blutvergießen kommen werde. Er schrieb, die Tschechen seien »fest entschlossen, um ihr Leben und ihre Freiheit zu kämpfen«. Wenn »alle die Sorgen und der Druck, denen sie ausgesetzt worden sind, sie nicht entmutigt hätten«, würden sie dem Angreifer Verluste in Höhe von 300000 oder 400000 Mann beibringen, doch die Welt werde sie nicht dafür verurteilen. Die Schuld läge bei der deutschen Aggression. »Von dem Augenblick an, an dem der erste Schuß abgefeuert wird und deutsche Truppen versuchen, die tschechoslowakische Grenze zu überschreiten, wird sich die ganze Szene verwandeln, und ein Aufschrei der Empörung wird von den freien Völkern der Welt ausgehen, die zu nichts weniger als zu einem Kreuzzug gegen den Angreifer aufrufen werden.«

Zwar konnte er noch seine Alarmtrompete blasen, aber das übrige Orchester folgte einer anderen Partitur. Oliver Harvey vom Auswärtigen Amt schrieb: »Die britische Presse reagiert mit deutlicher Zustimmung auf die Nachricht vom Besuch des Premierministers. In der City spürt man Erleichterung. Auch in Deutschland ist man erleichtert. In

Amerika sieht es so aus, als sähe man darin eine Kapitulation. Winston sagt, es sei die größte Torheit, die man je begangen habe.« Churchill wußte, was der Premierminister vorhatte. Er kannte eine schriftliche Erklärung Chamberlains, in der er sich vor fast einem Jahr dazu geäußert hatte, was er den Nazis sagen wollte: »Versichern Sie uns glaubwürdig, daß Sie gegenüber den Österreichern und Tschechoslowaken keine Gewalt anwenden werden, dann werden wir Ihnen eine ähnliche Zusage machen und erklären, daß auch wir keine Gewalt anwenden werden, um Sie daran zu hindern, die von Ihnen gewünschten Veränderungen durchzusetzen, wenn Sie diese Veränderungen mit friedlichen Mitteln herbeiführen können.« Winston sagte die Teilnahme an einer Kreuzfahrt in die Karibik ab, zu der ihn Lord Moyne eingeladen hatte, und schrieb ihm dazu: »Es tut mir leid, aber eine Wolke der Unsicherheit hängt gegenwärtig über allen Plänen... Es scheint, als müßten wir in naher Zukunft die traurige Entscheidung zwischen Krieg und Schande treffen. Ich habe das Gefühl, daß wir uns für die Schande entscheiden werden, um etwas später dennoch in einen Krieg getrieben zu werden, und zwar zu noch ungünstigeren Bedingungen als heute.«[219]

Der Premierminister sah die Dinge allerdings anders. Er glaubte, nur die Wahl zwischen Frieden und völliger Zerstörung zu haben, und er sah nichts Schändliches darin, den Frieden damit zu erkaufen, daß England einen anmaßenden kleinen Staat an der Grenze Deutschlands in die Knie zwang. R. A. Butler, der ihn bei den Vorbereitungen für die Reise zu Hitler beobachtete, hat seine damalige Stimmung sehr viel später als »leidenschaftlich erregt« bezeichnet. Es gab aber auch Engländer, die sich um den Verlust eines starken Verbündeten – der Tschechoslowakei – Sorgen machten, dessen Armee vom britischen Militärattaché in Prag als die »wahrscheinlich beste in den kleineren europäischen Staaten« bezeichnet wurde, die nach Besetzung der Grenzbefestigungen noch 30 bis 40 Divisionen ins Feld stellen konnte. Andere waren beunruhigt durch den moralischen Aspekt dieses Verhaltens und die Verletzung des britischen Stolzes, die es bedeutete. Winstons 16jährige Tochter Mary schrieb an ihren Vater: »Ich habe die Entwicklung des tschechoslowakischen Problems sehr aufmerksam und mit Interesse verfolgt. Ich glaube, wir machen die Dinge durch unsere schwache Politik nur noch schwieriger.«[220]

Chamberlain, der der öffentlichen Meinung, der Presse und in gewissem Maß auch dem Unterhaus und sogar dem Kabinett mißtraute, hatte dafür gesorgt, daß ihm während seiner privaten diplomatischen Mission unerwünschte Ratschläge erspart blieben. Das Parlament war in den Ferien und würde auch in nächster Zeit nicht zusammentreten. (Harold Macmillan beklagte sich, es werde »mehr und mehr wie eine

Art Reichstag behandelt«.) Der außenpolitische Kabinettsausschuß hatte vor drei Monaten seine letzte Sitzung gehabt, und bis zur nächsten würde es noch einen Monat dauern.[221]

Wer den äußeren Rahmen der späteren Konferenzen führender Staatsmänner kennt, besonders der Begegnungen, an denen Churchill teilgenommen hat, wird vielleicht überrascht sein, daß der Premierminister außer zwei Schreibkräften und zwei Sicherheitsbeamten – die ein zweites Flugzeug benutzten – nur drei Begleiter auf diese Reise mitnahm; den allgegenwärtigen Sir Horace Wilson und zwei junge Diplomaten aus dem Auswärtigen Amt. Ebenso wie Chamberlain sprach keiner von ihnen ein Wort deutsch. Henderson, der in München mit der Delegation zusammentreffen sollte, beherrschte die deutsche Sprache, war aber auch ein Meister in der Kunst, mit vielen Worten nichts zu sagen. Chamberlain und Hitler sollten ihre Gespräche unter vier Augen führen und dabei nur von einem Dolmetscher unterstützt werden. Der Premierminister hatte keinen strategischen Plan, keine Vorschläge und keine Gesprächsthemen vorbereitet, auf die er hätte ausweichen können, wenn unerwartete Reaktionen Hitlers weitere Überlegungen erforderlich machen sollten. Wie er später sagte, betrachtete er sich als Einmannmission, deren Aufgabe es war, »im persönlichen Gespräch festzustellen, ob die Hoffnung besteht, den Frieden zu retten«. Horace Wilson hatte gewisse Gegenvorschläge schriftlich formuliert, aber wie es scheint war der Premierminister nur darauf vorbereitet, die Bedingungen Hitlers zu akzeptieren. Chamberlain hatte vorher noch nie in einem Flugzeug gesessen, und man hatte ihm gesagt, er müsse auf dem drei Stunden dauernden Flug nach München mit böigem Wetter rechnen. Verständlicherweise war er nervös. Deshalb hatte er Geoffrey Dawson gebeten, ihn zum Flughafen Heston zu begleiten. Bei einer solchen Gelegenheit war es tröstlich, einen Freund zur Seite zu haben, der einem vernünftige Antworten geben konnte, wenn man unvernünftige Zweifel hegte; einen Menschen, der einen verstand und dem man vertrauen durfte.[222]

Hitler hat sich des Verrats, des Inzests, der Anstiftung zum Aufruhr und des Mordes an Millionen von Menschen schuldig gemacht. Aber in kleinen Dingen war er ein kleinbürgerlicher Tugendbold. Er war Vegetarier und Nichtraucher, und er benutzte nie irgendwelche schmutzigen Wörter. »Um Himmels willen« war der stärkste Ausdruck, dessen er sich bediente, und genau mit diesen Worten reagierte er, als man ihm meldete, der Premierminister Großbritanniens, der politische Führer des größten Weltreichs der Geschichte, werde ihn besuchen, wie es die englischen Pilger in den ersten Tagen des Dritten Reichs getan hatten. Nach seiner Landung in München am 15. September gegen Mittag wurde Chamberlain mit militärischen Ehren empfangen. Die Ehrenkompanie trug, wie Wilson beobachtete, ohne zu begreifen, was das bedeutete, das Totenkopfabzeichen an den Mützen. Keiner der englischen Gäste wußte, daß diese Leute zum gleichen SS-Totenkopfverband gehörten, der auch das Wachpersonal für das Konzentrationslager Dachau stellte – kein gutes Omen für den Beginn der Gespräche mit Hitler.

Chamberlain schrieb an Ida, er habe sich auf der Autofahrt vom Flughafen zum Bahnhof »ganz wohl gefühlt« und sei »entzückt von dem begeisterten Empfang durch die Menge gewesen... die die Straßen zum Bahnhof säumte«. Nach einer drei Stunden dauernden Bahnfahrt traf er in Berchtesgaden ein. Von dort wurden er und sein Begleiter zum Berghof gefahren. Chamberlain schrieb später: »Auf der Mitte der Treppe stand der Führer barhäuptig in einem khakifarbenen Uniformrock mit roter Armbinde und einem Hakenkreuz darauf, auf der Brust das Eiserne Kreuz.« Der Premierminister fand, wenn man von dieser Kostümierung absah, »sah er ganz unbedeutend aus. Er würde einem in einer Menschenmenge niemals auffallen, und man würde ihn für einen Anstreicher halten«, aber Chamberlain versagte es sich, den Satz mit der Pointe zu beenden, die dazugehört hätte: »der er einmal gewesen ist«.[223]

Der Premierminister war schon seit dem frühen Morgen unterwegs, und jetzt war es kurz nach 17.30 Uhr, als er und Hitler in Begleitung von Hitlers Dolmetscher Schmidt die Treppe zum Arbeitszimmer hinaufgingen, wo Schuschnigg vor sieben Monaten mit finsteren Drohungen eingeschüchtert worden war. Hitler beherrschte das Gespräch und äußerte sich langatmig darüber, daß er sich geschworen habe, die tschechische Frage »so oder so« zu lösen. Er sagte, die drei Millionen Deutschen im Sudetenland müßten in das Reich »zurückkehren«. Er werde eher einen Weltkrieg riskieren als zulassen, daß sich die Sache noch länger hinauszögere. Chamberlain hatte immer wieder versucht, zu den Erklärungen Hitlers Stellung zu nehmen, und nun gelang es ihm endlich, seinen Gesprächspartner zu unterbrechen – in dessen Augen eine Ungehörigkeit. Er fragte, wenn Hitler entschlossen sei, das Problem mit Gewalt zu lösen, »warum haben Sie mich kommen lassen? Das war Zeitverschwendung.« Hitler beruhigte sich und schlug vor zu prüfen, ob nicht doch eine friedliche Lösung gefunden werden könne. Er fragte, ob Großbritannien einer »Loslösung« des Sudetenlands zustimmen werde, die sich auf das »Selbstbestimmungsrecht der Völker« gründe. Das war eine Falle, und Chamberlain tappte hinein. Er sagte, er freue sich, daß Hitler nun »zum Kern der Sache« gekommen sei. Natürlich werde er die Angelegenheit mit seinem Kabinett beraten und sich mit den Franzosen in Verbindung setzen müssen. Nach den Aufzeichnungen von Schmidt fügte er hinzu, »er könne persönlich erklären, daß er die Loslösung des Sudetenlandes im Prinzip für richtig hielte ... er wolle jetzt nach England zurückkehren, der Regierung Bericht erstatten und sich ihre Zustimmung zu seiner persönlichen Haltung sichern«. Das ganze war ein abgekartetes Spiel, und Chamberlain war der Betrogene.[224]

In Chartwell schrieb Winston an den Generalsekretär des Anti-Nazi Council, A. H. Richards: »Wenn die Regierung, wie ich fürchte, es zulassen wird, daß die Tschechoslowakei zerschlagen wird, dann glaube ich, daß eine Periode sehr harter Arbeit vor uns allen liegt.« Auch vor Chamberlain lag eine Zeit der harten Arbeit. Der an einer Nation begangene Verrat erfordert ebensoviel Schreibarbeit, Konferenzen und Verhandlungen über nicht geklärte Probleme wie ihre Rettung. Aber der Premierminister glaubte, *er* sei der Retter. Er verlangte von Hitler das Versprechen, daß Deutschland keinen Angriff beginnen werde, bis in wenigen Tagen ein zweites Gipfeltreffen stattgefunden habe, und erhielt es. Wie er später an Ida schrieb, hatte Chamberlain bei seiner Abreise aus Berchtesgaden das Gefühl, »ein gewisses Vertrauensverhältnis hergestellt zu haben, was meine Absicht war, und meinerseits gewann ich, trotz der Härte und Rücksichtslosigkeit, die ich in seinem Gesicht zu sehen glaubte, den Eindruck, auf diesen Mann könne man sich verlassen, wenn er einem sein Wort gegeben hatte«.[225]

Am 17. September beschrieb Chamberlain in London Hitler dem Kabinett als »den ordinärsten kleinen Hund« und ein »höchst ungewöhnliches Geschöpf«, wiederholte jedoch seine Überzeugung, er werde »unbedingt zu seinem Wort stehen«. Er fügte hinzu, man habe ihm gesagt (wahrscheinlich war es Henderson), daß der Führer einen »sehr günstigen Eindruck« von ihm gehabt habe. Das sei »von größter Bedeutung, denn die Fortführung dieser Verhandlungen hängt vor allem von persönlichen Kontakten ab«. Er betonte, Hitler habe ihm versichert, er wolle »keine Tschechen im Deutschen Reich«; es werde ihm genügen, die Sudetendeutschen eingegliedert zu haben. »Der Eindruck, den ich gewonnen habe, war, daß Herr Hitler meinte, was er sagte ... Nach meiner Ansicht sagt Herr Hitler die Wahrheit.«[226] Nachdem er dem Führer dieses Zeugnis ausgestellt hatte, nahm der Premierminister an, seine Minister würden sich mit der Abtretung des Sudetenlands an das Reich einverstanden erklären. Zu seiner Überraschung und zu seinem Kummer lehnten es einige von ihnen ab, den Anspruch Deutschlands auf dieses Gebiet anzuerkennen, bevor die Frage noch einmal gründlich diskutiert worden sei. Auch in Paris hatte man, wie Phipps berichtete, starke Bedenken. Léon Blum schrieb in *Le Populaire*, der Krieg werde sich wahrscheinlich vermeiden lassen, aber »unter solchen Umständen, daß ich, der ich viele Jahre meines Lebens (dem Ringen um den Frieden) gewidmet habe, keine Freude empfinden kann. Ich fühle mich zwischen dem Gefühl feiger Erleichterung und der Scham hin- und hergerissen.«[227]

Churchill wurde von keinen Zweifeln geplagt; er war empört. Er schickte seinem Agenten Revesz eine Erklärung mit dem Auftrag, sie an die europäische Presse weiterzugeben. Darin schrieb er: »Die persönliche Intervention von Mr. Chamberlain und sein Flug zum Besuch von Herrn Hitler ändern nichts am Ernst des Problems, um das es hier geht. Wir müssen hoffen, daß dies nicht das Vorspiel zu einem weiteren völligen Versagen der westlichen Demokratien bei dem Versuch gewesen ist, den Drohungen und der Gewaltanwendung des nationalsozialistischen Deutschland zu widerstehen.« Phipps meldete Halifax, daß Churchill den Quai d'Orsay angerufen habe, und bemerkte sarkastisch, Winston »hat vermutlich... Blitz und Donner losgelassen, um Bonnet weich zu machen«.[228]

Aber Frankreich hatte sich schon auf die Lösung Chamberlains festgelegt. Eine von Daladier und Bonnet geleitete Delegation kam am 18. September nach Whitehall. Die Hauptsorge des französischen Premiers war es, zu vermeiden, daß eine Volksabstimmung vorgeschlagen wurde, »eine Waffe, mit der die deutsche Regierung Mitteleuropa ständig in einem Zustand der Besorgnis und der Spannung halten könnte«. Chamberlain versicherte ihm, er habe diese Möglichkeit ausgeschlossen – er wisse, Hitler werde sie ablehnen, denn wenn solche Wahlen unter Aufsicht stattfänden, könnte er sie verlieren. Die Franzosen hatten trotzdem noch Bedenken; sie erklärten, sie könnten aus ihrem Vertrag mit den Tschechen nicht aussteigen. Sie wollten, daß die Briten gemeinsam mit Frankreich die Grenzen der verstümmelten Tschechoslowakei garantierten, die nach der Abtretung des Sudetenlandes übrigbleiben würden. Chamberlain und Halifax versuchten, das zu vermeiden, gaben aber nach fast drei Stunden dauernden Diskussionen nach. Der Premierminister tröstete sich mit der von Hitler auf dem Berghof gegebenen Versicherung, er interessiere sich nur für die Sudetendeutschen. Er hielt das Begehren der Franzosen für absurd. Wenn England nicht bereit gewesen war, für eine verteidigungsfähige Tschechoslowakei zu kämpfen, weshalb sollte es sich bereit erklären, einem nicht zu verteidigenden Reststaat zu Hilfe zu kommen? Benesch hatte dieses Problem erkannt. Als ihm der Vorschlag der Engländer und Franzosen von Basil Newton vorgelegt wurde, lehnte er ihn ab, und zwar, wie Newton berichtete, mit der Begründung, daß »Garantien, die er bereits besäße, sich als wertlos erwiesen hätten«.[229]

Am 20. September vertrat die *Times* die Auffassung, der englisch-französische Vorschlag, mit dem Hitler zugestanden würde, was ihm andernfalls sehr teuer zu stehen gekommen wäre, könne »nach der Natur der Dinge der tschechischen Regierung zunächst kaum gefallen, am wenigsten aber Präsident Benesch«. Das war eine starke Untertreibung. Natürlich stieß der Vorschlag bei den Tschechen auf Ablehnung, und am 20. September um 20.00 Uhr weigerte sich die tschechische Regierung, der Annexion eines Teils ihres souveränen Staatsgebiets zuzustimmen. Sie erklärte, als politische Führung einer Demokratie könne sie eine so weitreichende Entscheidung nicht ohne Zustimmung ihres Parlaments treffen. Darüber hinaus könne das Eingehen auf die Forderungen Hitlers die »Frage des Friedens« nicht lösen, weil dadurch auch Unruhe bei den ethnischen Minderheiten in anderen Teilen des Landes entstehen werde. Schließlich werde dadurch auch »das Gleichgewicht der Kräfte in Europa zerstört«.[230]

Dies war einer jener rätselhaften historischen Augenblicke, in denen die Ereignisse eine Eigendynamik entwickeln und anfangen, einen unwiderstehlichen Druck zu erzeugen. Es gab keinen Anlaß zur Eile; Ribbentrop teilte Paris, London und Prag mit, der Führer könne warten, und auf seinen Vorschlag wurde das nächste Treffen zwischen Hitler und Chamberlain vom Mittwoch, dem 21. September, auf Donnerstag verschoben. Immerhin machte Phipps Bonnet den Vorschlag, man solle Benesch sagen, wenn seine Antwort nicht die vollständige und sofortige Annahme dessen darstellte, was praktisch ein Ultimatum der Alliierten war, würden England und Frankreich »im Fall eines deutschen Angriffs die Tschechoslowakei sich selbst überlassen«.[231]

Der britische Geschäftsträger in Prag, Newton, teilte Whitehall mit, wenn er Präsident Benesch vor ein Ultimatum stellen könne, dann würden »er und seine Regierung das Gefühl haben, sich der höheren Gewalt beugen zu müssen«. So etwa gestaltete sich dann auch der weitere Ablauf der Ereignisse. Am 21. Dezember um 2.00 Uhr morgens übergaben Newton und sein französischer Kollege Victor de Lacroix Benesch eine diplomatische Note, mit der sie ihm mitteilten, die Abtretung des Sudetenlands an das Deutsche Reich sei »die einzige Möglichkeit, den Krieg und die Besetzung der Tschechoslowakei zu vermeiden«, und wenn er bei seiner Weigerung bliebe, werde er »die Verantwortung für den Krieg tragen«, der Frankreich und England in verschiedene Lager treiben müsse, weil die Engländer sich für neutral erklären würden. Die britische Neutralität bedeute darüber hinaus, daß Frankreich, wenn »der Krieg beginnt, nicht daran teilnehmen, das heißt seine Vertragsverpflichtungen nicht erfüllen wird«. Die beiden Geschäftsträger verhandelten eineinhalb Stunden mit dem Tschechen, bis er schließlich nachgab. Jan Masaryk schickte den Text des englisch-französischen Ultimatums an den Abgeordneten der Labour Party Hugh Dalton, einen Verbündeten von Churchill. Als Dalton ihn im Unterhaus verlas, erwiderte Sir Samuel Hoare feierlich, er sei »in fast jeder Hinsicht eine völlig unzutreffende Beschreibung der Vorschläge, die wir der tschechoslowakischen Regierung gemacht haben«. Zu den Anzeichen für den moralischen Zerfall in der Clique um Chamberlain gehörte die Tatsache, daß auch die britischen Bewunderer Hitlers dieser großen Lüge zustimmten.[232]

Ebenso taube Ohren hatte der Premierminister für den Appell des amerikanischen Präsidenten Roosevelt, der ihn an den humanitären Aspekt des Problems erinnerte und ihm klarzumachen versuchte, in welche Lage die aus dem Sudetenland vertriebenen Tschechen geraten würden, unter denen sich schon jetzt eine Panik auszubreiten begann. Die Anti-Nazis im Sudetenland saßen bereits in der Falle. Am Mittwoch abend sprach Wenzel Jaksch, der Führer der 400000 deutschen Sozialdemokraten in der Tschechoslowakei, mit John Troutbeck, dem Ersten Sekretär der britischen Botschaft in Prag, und sagte ihm, seine politischen Freunde wüßten nicht, wohin sie gehen sollten. Die Tschechen hatten genug mit der Masse ihrer eigenen Landsleute zu tun, die aus dem Sudetengebiet in das Innere der Tschechoslowakei strömten, und wiesen die Sudetendeutschen ab, die dorthin zu fliehen suchten. Jaksch sagte Troutbeck, deshalb müßten sie »ihr Leben in die Hände der britischen und französischen Regierung legen und sie bitten, ihnen zu sagen, was für sie getan werden könne«. Aber die alliierten Botschafter blieben stumm. Das Wiener Drama wiederholte sich zum zweitenmal. Die politischen Freunde von Jaksch beantragten Einreisevisa für Großbritannien und Frankreich, die ihnen jedoch verweigert wurden. So kehrten sie nach Hause zurück, um auf die Gestapo zu warten, die nicht lange auf sich warten ließ.[233]

Churchill war seit Beginn der Krise aktiv gewesen und hatte jedes Mittel angewendet, um Chamberlain umzustimmen. Er hatte auch versucht, hinter den Kulissen zu arbeiten, aber in einem Land mit einer freien Presse war das unmöglich. Am Dienstag, dem 6. September, hatte der *Daily Express* zu seinem Ärger gemeldet, daß der frühere deutsche Reichskanzler Heinrich Brüning in Chartwell gewesen war und seinen Gastgeber gebeten hatte, die Regierung Seiner Majestät zu drängen, »ganz offen mit Hitler zu sprechen«. Nachdem die *Times* in ihrem verheerenden Leitartikel vom 7. September die Teilung der Tschechoslowakei vorgeschlagen hatte, war Winston einige Male bei Halifax gewesen, um festzustellen, was die Regierung unternehmen wolle, und ihre Politik zu beeinflussen. Am Donnerstag, dem 15. September, dem Tag der Abreise Chamberlains nach Berchtesgaden, beschäftigte sich Winston in seinem regelmäßig im *Daily Telegraph* erscheinenden Artikel ausschließlich mit der tschechischen Frage.[234]

Jetzt bereute er es bitter, 1931 wegen einer Grundsatzfrage aus dem Führungsgremium der Konservativen Partei ausgeschieden zu sein. Wie sein Vater, der aus anderen Gründen vor 50 Jahren sein Amtssiegel als Schatzkanzler zurückgegeben hatte, stand auch Winston seither im politischen Abseits. Nun beunruhigte ihn die Nachricht, daß zwei einflußreiche Mitglieder des Kabinetts von Daladier, Paul Reynaud und Georges Mandel, ihr Amt zur Verfügung stellen wollten, wenn Frankreich seine Verpflichtungen gegenüber der Tschechoslowakei nicht erfüllen sollte. Churchill war, unmittelbar nachdem ihn diese Nachricht erreicht hatte, am 20. September nach Paris geflogen, um ihnen zu sagen, wenn sie aus der Regierung ausschieden, verzichteten sie darauf, an der Gestaltung einer besseren und vernünftigeren Außenpolitik mitzuwirken. Entweder die Überzeugungskraft seiner Argumente oder seine starke Persönlichkeit und die Tatsache, daß er Hitlers entschiedenster Gegner in Europa war – vielleicht aber auch alles zusammen –, konnte sie schließlich umstimmen. Sie erklärten, im Amt bleiben zu wollen.[235]

Am 21. September flog er zurück nach London. In seiner Wohnung in den Morpeth Mansions entwarf er eine Erklärung, in der er alle Pläne, die Tschechoslowakei zu balkanisieren, ablehnte. Er sagte, eine Teilung des Landes würde »eine vollständige Kapitulation der westlichen Demokratien vor der Drohung der Nationalsozialisten mit Gewalt« darstellen und England und Frankreich in eine »noch schwächere und gefährlichere Lage« bringen. Mit einer Neutralisierung der Tschechoslowakei würden mindestens 25 deutsche Divisionen frei werden, die dann Frankreich, Belgien und Holland bedrohen könnten, während »für die triumphierenden Nazis der Weg zum Schwarzen Meer frei würde«. Es sei »nicht die Tschechoslowakei allein, die bedroht werde, sondern auch die Freiheit und die demokratische Regierungsform aller Nationen«. Die Vorstellung, daß man damit Sicherheit erkaufen könne, indem man »einen kleinen Staat den Wölfen vorwirft«, sei »ein verhängnisvoller Irrtum«.[236]

Am 22. September brach Chamberlain zu seiner zweiten Flugreise auf, wieder ließ er sich von Dawson zum Flughafen begleiten. Kurz vor dem Abflug in Heston wurde der Premierminister durch die Anwesenheit einer kleinen Gruppe von Personen irritiert, die nicht gekommen waren, um ihm eine gute Reise zu wünschen, sondern um ihrem Mißfallen Ausdruck zu verleihen. In Deutschland wurde er freundlicher begrüßt. Das zweite Gipfeltreffen sollte in der kleinen Stadt Bad Godesberg am Rhein stattfinden. Der Premierminister und sein kleines Gefolge, zu dem auch zwei britische Diplomaten gehörten, die ihn vom Flugplatz abholten, Botschafter Henderson und Ivone Kirkpatrick, wurden in dem oberhalb des Rheins im Siebengebirge gelegenen Hotel Petersberg untergebracht. Die deutsche Öffentlichkeit hatte nur erfahren, daß Chamberlain gekommen war, um zu versuchen, den Frieden zu erhalten. Das genügte, die Bevölkerung für ihn einzunehmen.

Noch während der Premierminister, Kirkpatrick und Henderson sich mit der Fähre auf das andere Rheinufer übersetzen ließen, um im Hotel Dreesen mit Hitler zu sprechen, nahm Churchill ein Taxi, das ihn von der Downing Street in seine Wohnung in den Morpeth Mansions bringen sollte. Er hatte den Amtssitz des Premierministers aufgesucht, um zu fragen, was Chamberlain in Godesberg im einzelnen vorschlagen wolle, und nun versammelten sich fünf Angehörige des Oberhauses und drei Mitglieder des Unterhauses – Bracken, Sinclair und Nicolson – in seiner Wohnung, um zu hören, was er erfahren hatte. Nicolson kam als letzter und wartete auf den Aufzug, als Winston, nachdem er das Taxi bezahlt hatte, durch die Haustür kam. Während sie gemeinsam hinauffuhren, sagte Nicolson: »Das ist die Hölle.« Churchill murmelte: »Es ist das Ende des Britischen Empire.« Nach den Aufzeichnungen in Nicolsons Tagebuch berichtete Churchill, das Kabinett habe von Chamberlain »eine feste Haltung« gefordert; er solle auf der Demobilisierung der deutschen Truppen und auf der Einsetzung einer internationalen Kommission zur Überwachung der Abtretung des Sudetenlandes bestehen. Außerdem solle er sich weigern, über polnische oder ungarische Ansprüche auf tschechisches Gebiet zu sprechen, und eine deutsche Garantie für die neuen tschechischen Grenzen verlangen. Fast einstimmig sagten seine Gäste: »Aber Hitler wird auf solche Bedingungen niemals eingehen!« Winston erwiderte: »In diesem Fall wird Chamberlain noch heute abend zurückkommen, und es wird Krieg geben.« Ein Mitglied des Oberhauses meinte: »Dann wird es sehr unangenehm sein zu wissen, daß sich unser Premierminister auf deutschem Boden befindet.« Winston schüttelte den Kopf und brummte: »Sogar die Deutschen werden nicht so töricht sein, uns unseres geliebten Premierministers zu berauben.«[237]

Hitler hat die vom britischen Kabinett formulierten Bedingungen weder akzeptiert noch abgelehnt, denn er gab Chamberlain gar nicht erst die Möglichkeit, sie ihm vorzutragen. Der Premierminister hatte dem Führer, um ihn zu besänftigen, sofort gesagt, daß England und Frankreich mit der Abtretung des Sudetenlandes einverstanden seien. Zu seinem Entsetzen erwiderte Hitler schroff, das tue ihm leid, aber das gehe nun nicht mehr. Er war entschlossen, ohne Rücksicht auf die Folgen jetzt sehr viel mehr zu verlangen. Er wollte den Krieg, und der alte Mann, der ihm gegenübersaß, wollte seine Pläne durchkreuzen. Nun erklärte Hitler, er hielte die Ansprüche der Polen und Ungarn auf tschechisches Gebiet für berechtigt, und der Friede könne nicht gewahrt werden, ohne daß diese Ansprüche befriedigt würden. Im übrigen müsse die Sudetenfrage bis zum 1. Oktober endgültig gelöst sein. Deshalb sei es auch nicht mehr möglich, auf die Frage des Selbstbestimmungsrechts einzugehen. Dann legte er Chamberlain eine Landkarte vor, auf der das Gebiet eingezeichnet war, das sofort von deutschen Truppen besetzt werden müsse. Aus den Aufzeichnungen von Kirkpatrick geht hervor, daß Chamberlain »enttäuscht und verwirrt« war. Er sagte Hitler, er habe »seine ganze politische Karriere riskiert«, um die Zustimmung seines Kabinetts zu den Grundsätzen zu gewinnen, über die man sich in Berchtesgaden geeinigt habe. Nach drei Stunden ergebnisloser und, wie Chamberlain telefonisch noch am selben Abend nach London berichtete, »höchst unbefriedigender« Gespräche wurde die Fortsetzung der Konferenz auf den folgenden Tag verschoben.[238]

Indessen war gemeldet worden, deutsche Truppen seien in das Egerland einmarschiert und die Regierung in Prag bereite die Mobilmachung vor. Als souveräne Macht brauchte die Tschechoslowakei niemanden zu fragen, ob sie Defensivmaßnahmen ergreifen dürfe, aber Benesch suchte den Rat der beiden großen Demokratien, auch wenn das nur bedeutete, daß sich die Beziehungen zu England und Frankreich nicht abkühlen sollten. Die tschechische Bitte, mit der Mobilmachung einverstanden zu sein, wurde nach Godesberg weitergeleitet und von Henderson, wie nicht anders zu erwarten, mit der Bitte beantwortet: »Warten Sie noch etwas.« Dieser Telegrammwechsel war auch nach London durchgegeben worden. Hier setzte sich das Kabinett über die Empfehlung von Henderson hinweg und gab Benesch grünes Licht. Aber Sir Horace Wilson in Godesberg widerrief diese Anweisung sofort, ohne sich mit irgendeiner zuständigen Stelle in Verbindung gesetzt zu haben. Die Franzosen forderten die Tschechen jetzt auf, ihre Mobilmachungspläne in Kraft zu setzen. Durch diese Widersprüche verwirrt, zögerte die Regierung in Prag.

Der britische Botschafter in Paris, Phipps, war empört. Er schickte dem Auswärtigen Amt in Whitehall ein Telegramm: »Die besten Kräfte in Frankreich sind gegen den Krieg. Die Regierung Seiner Majestät sollte erkennen, welch ungeheure Gefahr darin liegt, auch nur den Anschein zu erwecken, daß wir eine kleine, aber laute und korrupte Gruppe von Kriegstreibern hier ermutigen.« Cadogan – in der für ihn ungewohnten Rolle eines Falken – wies ihn ärgerlich zurecht: »Mit der Gruppe von Kriegstreibern meinen Sie sicher nicht all jene, die der Auffassung sind, daß Frankreich seine vertraglichen Verpflichtungen gegenüber der Tschechoslowakei erfüllen muß.« Der ebenso erboste Phipps antwortete böse: »Ich meinte die von Moskau bezahlten Kommunisten, die seit Monaten für den Krieg arbeiten.«[239]

Halifax war kein Kommunist, aber er hatte begonnen, ernsthaft darüber nachzudenken, ob es nicht richtig sei, sich mit den Russen in Verbindung zu setzen. Winston bestärkte ihn bei diesen Überlegungen, und obwohl er es unaufgefordert tat, war Halifax, der schon seit längerer Zeit nichts aus Godesberg gehört hatte, froh darüber. Die Gespräche zwischen Hitler und dem britischen Premierminister waren bis zum Freitag, dem 23. September, vertagt worden. Der Krieg schien unmittelbar bevorzustehen. Am Freitag um 13.15 Uhr wies der Außenminister den britischen Vertreter in Genf, Butler, an: »Es wäre nützlich, wenn Sie sich mit M. Litwinow über die gegenwärtige Lage unterhalten könnten, um zu versuchen, von ihm etwas über die Auffassungen und Absichten seiner Regierung zu erfahren.«[240]

Um 22.00 Uhr schickte Halifax Chamberlain mit Zustimmung des Kabinetts ein Telegramm, in dem es hieß: »Bei der überwiegenden Mehrheit der Bevölkerung scheint sich die Auffassung zu verhärten, daß wir mit unseren Zugeständnissen an die äußerste Grenze gegangen sind und daß es jetzt Sache des Kanzlers ist, einen Beitrag zu leisten... Ihre Kollegen halten es für außerordentlich wichtig, daß Sie angesichts Ihrer persönlichen Auffassung, des von der Regierung vertretenen Standpunkts und der Stimmung im Lande nicht abreisen sollten, ohne dem Kanzler nach Möglichkeit in einem persönlichen Gespräch klargemacht zu haben, daß es nach den weitgehenden Zugeständnissen der tschechoslowakischen Regierung ein unverzeihliches Verbrechen gegen die Menschheit wäre, wenn er... es ablehnen sollte, die Gelegenheit für eine friedliche Lösung zu ergreifen.« Wieder hörte man nichts aus Godesberg. Eine Stunde verging und dann eine zweite. Schließlich schickte Chamberlain dem überraschten Halifax einen kurzen Bericht, in dem er das ungeduldig wartende Auswärtige Amt davon unterrichtete, daß Hitlers Forderungen und ein dauernder Friede in Europa miteinander vereinbar seien. In Whitehall fragte man sich, was geschehen sein könnte. Die Antwort war: Der Premierminister war übertölpelt worden.[241]

Das für Freitag vormittag um 11.30 Uhr zwischen Chamberlain und Hitler vorgesehene Treffen war immer wieder verschoben worden, während mehrere Briefe und Noten zwischen den beiden Männern ausgetauscht worden waren, in denen sie einander ihre Standpunkte erläuterten. Erst um 22.30 Uhr fuhr Chamberlain wieder über den Rhein. Der deutsche Kanzler erwartete ihn an der Anlegestelle der Fähre und begleitete ihn in die Hotelhalle. Aber die freundliche Stimmung verflog sehr bald, nachdem die britische Delegation ein ausführliches Memorandum gelesen hatte, in dem die deutsche Seite den Standpunkt Hitlers in allen Einzelheiten darlegte.

Das Schriftstück enthielt die Forderung, daß die Tschechen am 26. September um 8.00 Uhr vormittags mit der Räumung des Sudetenlands beginnen und sie innerhalb von zwei Tagen abschließen sollten. Jeder Tscheche, der das Gebiet nach diesem Zeitpunkt noch nicht verlassen habe, werde wegen unbefugten Aufenthalts auf deutschem Staatsgebiet verhaftet oder erschossen werden. Während der zwei Tage der Räumung würden deutsche Truppen einrücken, um das Gebiet zu »schützen« und »die Ordnung wiederherzustellen«.[242]

Chamberlain war entrüstet. Es kam zu einem erregten Wortwechsel; das Gespräch wurde unterbrochen, als ein Adjutant die Nachricht brachte, daß Benesch über den Rundfunk die Generalmobilmachung der Tschechoslowakei bekanntgegeben hatte. Wie der Dolmetscher Schmidt berichtet, wurde es »totenstill« im Raum. Dann kam es zu einer heftigen Auseinandersetzung. Eines der wenigen deutschen Worte, die der Premierminister kannte, war das Wort *Diktat*, und nachdem er Hitlers Memorandum noch einmal gelesen und mit Schmidt über die Übersetzung gesprochen hatte, die noch nicht ins reine geschrieben worden war, sagte er erregt: »Aber das ist ein Ultimatum!« Keineswegs, behauptete Hitler. Er schob dem Premierminister das Papier zu und forderte ihn auf, zu lesen, was dort stand. Er behauptete, es sei kein Diktat, und sagte, es stehe ja »Memorandum« darüber. Chamberlain ließ sich durch diese Wortklauberei nicht beeindrucken und sagte, er werde schweren Herzens nach Hause fliegen. Das paßte Hitler nicht ins Konzept, und deshalb bot er ihm unvermittelt eine Konzession an, was er, wie er behauptete, bisher noch nie getan habe. Die Räumung des Sudetenlandes durch die Tschechen müsse nicht unbedingt am 1. Oktober beendet sein. Das war ein ausgemachter Schwindel. Chamberlain wußte nicht, daß der deutsche Generalstab Hitler davon informiert hatte, die deutschen Truppen könnten auf keinen Fall vor dem 1. Oktober einmarschieren. Aber der Premierminister war beeindruckt und erklärte sich mit dem Vorschlag einverstanden. Schmidt schreibt, als das Treffen gegen 1.30 Uhr zu Ende ging, habe sich Chamberlain herzlich vom Führer verabschiedet. Beim Verlassen des Hotels fragte ihn ein Journalist: »Ist es hoffnungslos, Sir?« Chamberlain antwortete: »Das möchte ich nicht sagen. Die Entscheidung liegt jetzt bei den Tschechen.« Mit anderen Worten, der Friede könne gewahrt werden, es sei denn, die Tschechen bestanden starrköpfig darauf, ihr Vaterland zu verteidigen.[243]

Die Bedingungen Hitlers wurden in London mit Bestürzung zur Kenntnis genommen. Cadogan schrieb in sein Tagebuch: »Hitlers Memorandum ist jetzt eingetroffen. Es ist entsetzlich.« Er schrieb, in der vergangenen Woche sei »aus der ›Autonomie‹ die Abtretung« geworden, und »wir haben unser Gewissen damit beruhigt, wenigstens ich habe es getan, daß wir uns darüber geeinigt haben, es müsse eine ›ordnungsgemäße‹ Abtretung sein«. Das bedeute »Schutzmaßnahmen für die Umsiedlung der Bevölkerung, materielle Entschädigung usw. Jetzt sagt Hitler, er müsse *sofort* das ganze Gebiet militärisch besetzen (um für Ordnung zu sorgen!) und die Schutzmaßnahmen und Abstimmungen könnten *anschließend* erledigt werden! Damit haben wir auf alle Garantien verzichtet. Der Premierminister leitet diesen ›Vorschlag‹ an Prag weiter. Gott sei Dank hat er noch nicht empfohlen, ihn zu akzeptieren.«[244]

Am Samstag nachmittag kehrte Chamberlain nach London zurück und brachte Hitlers Memorandum, eine Karte, auf der die Gebiete eingezeichnet waren, die von der Wehrmacht (und anschließend von der Gestapo) besetzt werden sollten, und einen Zeitplan für die Räumung des Gebiets von den Tschechen mit. Um 17.30 Uhr begann unter seiner Leitung die von den Ministern ungeduldig erwartete Kabinettssitzung. Er erklärte, zunächst sei er »ungehalten« gewesen, weil Hitler »mir neue Forderungen aufdrängen wollte«. Doch dann »habe ich meine Ansichten zu diesem Punkt modifiziert«. Der Premierminister fügte hinzu, er glaube, es sei ihm gelungen, »einen gewissen persönlichen Einfluß auf Hitler auszuüben«, der ihm gesagt habe, »›Sie sind seit vielen Jahren der erste Mann, dem ich irgendwelche Zugeständnisse gemacht habe‹«. Er berichtete, Hitler habe ihm gesagt, wenn es ihnen gelungen sei, »diese Frage ohne Konflikt zu lösen, dann könnte das ein Wendepunkt in den englisch-deutschen Beziehungen sein«. Der Führer habe von sich aus hinzugefügt, was er von den Tschechen verlange, sei »die letzte territoriale Forderung«, die er in Europa zu stellen habe – dies hatte er allerdings schon mehrmals behauptet. Der Premierminister hielt diese Aussage für so wichtig, daß er einen zweisprachigen jungen Diplomaten anwies, sie auch in deutscher Sprache niederzuschreiben: *»Die letzte territoriale Forderung.«* Chamberlain betonte ausdrücklich, daß Hitler nicht zu dieser Aussage gedrängt worden sei und »mit großem Ernst« gesprochen habe. Eden hat später gesagt: »Chamberlain wußte, daß Hitler log. Er wollte nur nicht glauben, daß Hitler *ihn* belügen würde.« Jetzt war Chamberlain zu dem Schluß gekommen, daß »wir diese Bedingungen (Hitlers) akzeptieren und den Tschechen den Rat geben sollten, es auch zu tun«.[245]

Duff Cooper protestierte. Er sagte, bisher habe man vor der unangenehmen Alternative gestanden, sich für einen Frieden in Unehren oder den Krieg entscheiden zu müssen. Jetzt sah er »eine dritte Möglichkeit, die Teilnahme an einem Krieg, der mit unserer Ehre unvereinbar ist. Damit meine ich, wir werden von der öffentlichen Meinung in einen Krieg hineingestoßen, obwohl diejenigen, für die wir kämpfen sollen, den Krieg schon verloren haben.« Aber die anderen Minister schlossen sich der Auffassung des Premierministers an.

Die politische Führung in der Tschechoslowakei konnte es kaum fassen, daß sich Chamberlain so verhalten hatte, wie es sich jetzt zeigte. In Frankreich machte Daladier immer noch »die moralische Frage« zu schaffen, wie er es nannte. Churchill warnte ihn davor, auf diesem Kurs zu bleiben. Am Montag, dem 26. September, suchte Winston Außenminister Halifax im Auswärtigen Amt auf, bat ihn, Rex Leeper kommen zu lassen, und diktierte Leeper mit dem stillschweigenden Einverständnis des Außenministers ein von ihm verfaßtes Kommuniqué: »Wenn... ein deutscher Angriff gegen die Tschechoslowakei erfolgt... wird Frankreich verpflichtet sein, ihr zu Hilfe zu kommen, und Großbritannien und Rußland werden Frankreich mit Sicherheit zur Seite stehen.« Es ist ein Beweis für die starke persönliche Ausstrahlung Churchills, daß Halifax dieses Kommuniqué »autorisierte«. A. J. P. Taylor schreibt dazu, Halifax habe diese Erklärung zwar gebilligt, »sie aber nicht unterzeichnet. Auf diesem Umweg suchte er seine Haltung für die Gegenwart und für die Zukunft zu sichern: Er erhielt sich das Vertrauen Chamberlains und war trotzdem später der einzige an dem Münchener Abkommen beteiligte Mann, der sich auch weiterhin der Wertschätzung Churchills erfreuen durfte.«[246]

Das Kommuniqué blieb wirkungslos. Bonnet in Paris tat es als eine Fälschung ab, und Chamberlain nahm ihm noch am gleichen Abend jede Bedeutung mit einer Erklärung, in der er noch einmal bestätigte, er werde alle Forderungen Hitlers erfüllen. Am Sonntag hatte das Auswärtige Amt in einer Aktennotiz die neue Haltung Großbritanniens gegenüber den Tschechen wie folgt definiert: »Man kann es als gegeben ansehen, daß die einzige Hoffnung, den Krieg zu vermeiden oder zumindest zu lokalisieren für die Regierung Seiner Majestät darin besteht... keinerlei Zweifel daran zu lassen, daß sie (die Tschechen) den deutschen Plan akzeptieren müssen oder jeden Anspruch darauf verlieren, weiterhin von den Westmächten unterstützt zu werden.« Trotzdem wies Jan Masaryk das Memorandum, das Chamberlain von Hitler übergeben worden war, offiziell zurück und bezeichnete es als »ein *de facto*-Ultimatum, wie es gewöhnlich einer besiegten Nation gestellt wird, nicht aber als einen Vorschlag, der einem souveränen Staat gemacht werden kann... Die Nation des heiligen Wenzel, von Johannes

Hus und Thomas Masaryk wird keine Nation von Sklaven werden.« Chamberlain schickte am Montag Horace Wilson als seinen persönlichen Beauftragten nach Deutschland, um dort zu verlangen, daß die Einzelheiten der Annexion von einer aus Deutschen, Tschechen und Engländern bestehenden Kommission festgelegt werden sollten. Wenn Hitler diesen Vorschlag zurückweisen sollte, war Wilson bevollmächtigt, ihm zu erklären, daß Frankreich und England auf der Seite der Tschechen kämpfen würden. Das war keine gute Idee. In dem einzigen Zugeständnis, das Hitler in Godesberg gemacht hatte, hieß es, daß die Abtretung des Sudetenlands an das Deutsche Reich am 1. Oktober abgeschlossen sein werde. Als Sir Horace ihm die Einsetzung der Kommission vorschlug, sagte Hitler, die Annahme des Memorandums sei eine unabdingbare Voraussetzung und müsse bis zum Mittwoch, dem 28. September, um 14.00 Uhr erfolgt sein. Später bezeichnete Wilson die Begegnung mit Hitler als eine sehr »aufregende Stunde«. Zu seinem Entsetzen hatte sich Hitler bei dieser Begegnung in einen seiner bekannten Wutanfälle hineingesteigert. Dieser Auftritt des Führers tat seine Wirkung. Dem Beispiel Hendersons folgend beschloß Sir Horace, Chamberlains Warnung nicht auszusprechen.[247]

Der immer noch wütende Hitler führte am gleichen Abend einen gehässigen Angriff gegen Benesch. William L. Shirer hatte den Eindruck, er habe »vollkommen die Selbstbeherrschung verloren«. Er behauptete, auf Befehl des tschechischen Präsidenten seien ganze Landstriche entvölkert worden. Man habe Dörfer niedergebrannt und versucht, Deutsche mit Handgranaten und Gas auszuräuchern. Nach einer Pause habe er gerufen, jetzt stünden zwei Männer einander gegenüber, auf der einen Seite Herr Benesch und auf der anderen er selbst. Nach einer weiteren Pause habe er gebrüllt, jetzt sei Herr Benesch an der Reihe, sich zu entscheiden.[248]

Chamberlains Reaktion auf die Rede im Sportpalast war sogar für seine Verhältnisse ungewöhnlich. Hitler hatte ihn beiläufig darin erwähnt, und jetzt sagte er der Presse: »Ich habe die Rede des deutschen Kanzlers gelesen und weiß es zu schätzen, daß er meine Bemühungen zur Rettung des Friedens anerkennt.« Er sei bereit, seine Bemühungen fortzusetzen. Wilson machte dem Führer am Dienstag einen Abschiedsbesuch und sagte ihm, wie der Dolmetscher Schmidt berichtet: »Ich werde versuchen, die Tschechen zur Vernunft zu bringen.« Hitler überreichte ihm ein Schreiben mit den letzten Zugeständnissen des Deutschen Reichs an England. In dem an Chamberlain gerichteten Brief bot er dem britischen Premierminister an, die neuen Grenzen der verstümmelten Tschechoslowakei offiziell und persönlich als Führer des Deutschen Reiches zu garantieren. Am Abend des 27. September hielt der Premierminister eine Rundfunkansprache, die besonders wegen eines Satzes bemerkenswert ist, den man nur als Ausdruck des Defätismus bezeichnen kann: »Wie furchtbar, fantastisch und unglaublich ist es, daß wir hier wegen eines Streits in einem fernen Land zwischen Menschen, von denen wir nichts wissen, Gräben ausheben und Gasmasken ausprobieren.«[249]

Wenn Chamberlain nach den vergangenen fünf Monaten noch immer nichts über die Tschechoslowakei wußte, dann war er schwer von Begriff. Harold Macmillan hat später dazu gesagt: »In dieser Botschaft an die Nation wurde nichts über die Leiden des tschechischen Volkes gesagt, sondern nur Verständnis für Hitler aufgebracht und seine Empörung darüber, daß gegen die berechtigten Beschwerden der Deutschen nicht schon längst etwas unternommen worden sei, zusammen mit dem Angebot, zu ›garantieren‹, daß die tschechische Regierung ›ihre Versprechen einhalten‹ werde.«[250]

Die Schilderungen dessen, was ein neuer europäischer Krieg bedeuten könnte, hatten bei den Menschen in Großbritannien und Frankreich die schwersten Befürchtungen ausgelöst. Macmillan schrieb: »In den letzten Septembertagen – den fünf Tagen nach der Rückkehr Chamberlains aus Bad Godesberg – suchte man sich mit dem brutalen Gedanken abzufinden, daß es wieder einen Krieg geben könnte«, daß das »Undenkbare unter Umständen unmittelbar bevorstünde«. Man hatte der Bevölkerung gesagt, daß Luftangriffe »unvorstellbare Verwüstungen« anrichten würden und man damit rechnen müsse, »daß es ungeheuer hohe Verluste unter der Zivilbevölkerung« geben werde. Baldwin hatte vorausgesagt, bei dem ersten Angriff der Luftwaffe auf London würden 60000 Zivilisten umkommen. (In Wirklichkeit starben während des ganzen Krieges 90000 Engländer im Bombenhagel der deutschen Kampfflugzeuge.) Angesichts dieser unglaublichen Zahlen war die Stimmung bei den Bewohnern Londons und der anderen großen Industriestädte in den Midlands etwa die gleiche, wie man sie bei den Amerikanern erwarten könnte, wenn man ihnen in den 80er Jahren sagen würde, daß ferngelenkte Raketen mit nuklearen Sprengköpfen auf die amerikanischen Großstädte abgefeuert würden. Die Regierung Seiner Majestät zeigte sich unfähig, dieses Problem zu bewältigen. Panik war die unvermeidliche Folge einer offiziellen Bekanntmachung, mit der Eltern von kleinen Kindern unter zwei Jahren angewiesen wurden, diese Kinder zu bestimmten Sammelstellen zu bringen, wo ihnen Gasmasken gegen Giftgas angepaßt werden sollten. Es gab sogar Gerüchte, die von einigen Presseorganen bestätigt wurden, daß im Hyde Park Schutzgräben ausgehoben würden.[251]

Am frühen Morgen des 28. September schien der Kriegsausbruch unmittelbar bevorzustehen. Um 14.00 Uhr lief das Ultimatum Hitlers aus. Aber am späten Vormittag ließ Chamberlain durch seinen Botschafter in Rom Mussolini bitten, persönlich zu intervenieren, um den Frieden zu retten. Der Duce ließ sich telefonisch mit Berlin verbinden, und nach einer Stunde hatte sich Hitler bereit erklärt, den britischen Premierminister noch einmal zu empfangen. Er lud Mussolini ein, an dem Treffen teilzunehmen, und der Duce, der sich durch die Aufforderung geschmeichelt fühlte, sagte zu.[252]

Der Auftritt des Premierministers im Parlament am Nachmittag des gleichen Tages war von denen inszeniert worden, die Großbritannien an den Rand der Katastrophe gebracht hatten. Um die Mittagszeit war Hitlers Einladung an Chamberlain in der deutschen Botschaft in London eingetroffen. Dort wurde sie sofort entschlüsselt und an die Downing Street Nr. 10 weitergeleitet. Dann vergingen drei Stunden, ohne daß etwas geschah. Chamberlain schilderte dem Unterhaus auf seiner ersten Sitzung seit Beginn der Parlamentsferien im August das diplomatische Durcheinander, als ein Kurier im Sitzungssaal erschien. Normalerweise wäre eine so wichtige Depesche auf der Regierungsbank abgegeben worden, aber in diesem Fall ging der Kurier zu Halifax, der auf der für Mitglieder des Oberhauses bestimmten Galerie saß. Er ließ das Schriftstück an Simon weiterreichen, der es las und dann dem Premierminister vorlegte. Die Abgeordneten beobachteten diesen Vorgang mit zunehmendem Interesse. Nun fragte Chamberlain so laut, daß es jeder im Sitzungssaal hören konnte: »Soll ich es ihnen jetzt sagen?« Als Simon lächelte und nickte, verkündete er: »Herr Hitler hat sich eben bereit erklärt, seine Mobilmachung um 24 Stunden zu verschieben und in München zu einer Konferenz mit mir, Signor Mussolini und Monsieur Daladier zusammenzutreffen.« Ein Parlamentsabgeordneter bezeichnet das, was jetzt folgte, in seinem Tagebuch als »einen der dramatischsten Augenblicke, die ich je erlebt habe. Eine Sekunde lang herrschte absolute Stille. Dann brach ein lauter Beifallssturm los, denn die Abgeordneten wußten, daß dies den Frieden erhalten konnte.« Harold Macmillan schreibt: »Ich stand, wie alle anderen, auf und teilte die allgemeine Erregung.«[253]

Doch einigen war es nicht entgangen, daß diese Szene sorgfältig vorbereitet worden war. Macmillan erinnert sich, daß »Eden es einfach nicht ertragen konnte; er stand auf und verließ den Raum. Ein anderer Abgeordneter blieb tapfer sitzen und weigerte sich aufzustehen. Es war Harold Nicolson.« Auch Amery blieb mit vor der Brust gekreuzten Armen auf seinem Platz sitzen. Seine Kollegen riefen: »Stehen Sie auf! Stehen Sie auf!« und »Danken Sie Gott für diesen Premierminister!« Dann, so schreibt Macmillan, »sah ich einen Mann, der schweigend und

Auf dem Höhepunkt der Münchener Krise im September 1938 verläßt Winston Churchill zutiefst besorgt die Downing Street Nr. 10 nach einem Gespräch mit Premierminister Neville Chamberlain.

mit zwischen den Schultern eingezogenem Kopf dasaß. Seine ganze Haltung war Ausdruck der Wut und Verzweiflung. Es war Churchill.« Aber der stets großmütige Winston stand auf, als Chamberlain an ihm vorbeiging, schüttelte dem Premierminister die Hand und wünschte ihm eine »glückliche Reise«.[254]

Die antinazistischen Verschwörer im deutschen Heer waren bereit gewesen, jetzt zuzuschlagen. Der Befehl, Hitler festzunehmen und alle Regierungsgebäude einschließlich der Reichskanzlei zu besetzen, hatte um die Mittagszeit auf dem Schreibtisch von General Franz Halder gelegen, und General Erwin von Witzleben wartete darauf, dessen Unterschrift zu beglaubigen, als eine Ordonanz mit einer offiziellen Bekanntmachung das Zimmer betrat: Chamberlain und Daladier würden zu weiteren Gesprächen nach München kommen. Halder hat später ausgesagt: »Deshalb nahm ich den Ausführungsbefehl zurück, weil angesichts dieser Tatsache die Voraussetzungen für unser Eingreifen nicht mehr vorhanden waren.« Am folgenden Tag tanzten, wie Telford Taylor schreibt, »die vier Männer von München ihre Quadrille«.[255]

Das Webster-Lexikon schreibt unter dem Stichwort »Munich«: »Ein Fall der widerstandslosen Erfüllung und Unterwerfung gegenüber den Forderungen einer Aggressor-Nation.« In Wirklichkeit hat die Münchener Konferenz an der bereits bestehenden Lage kaum noch etwas geändert. Das Schicksal der Tschechen war in Berchtesgaden und Bad Godesberg entschieden worden. Die Teilnahme Großbritanniens war ein grober Verstoß gegen die für eine parlamentarische Regierung geltenden Regeln. Als der Premierminister von den hysterischen Abgeordneten aus dem Sitzungssaal hinausbegleitet wurde, war sich niemand der Tatsache bewußt gewesen, daß er eine schwere Unterlassungssünde begangen hatte. Seine (und Horace Wilsons) erfolglosen, verschwommenen und höchst fragwürdigen Gespräche mit dem deutschen Reichskanzler waren zu keiner Zeit zum Gegenstand einer Unterhausdebatte gemacht worden. Das ganze Kabinett versammelte sich am nächsten Morgen auf dem Flughafen, um Chamberlain Glück zu wünschen, aber weder das Kabinett (einschließlich des Außenministers) noch das Parlament waren davon unterrichtet worden, welche politischen Schritte zur Konferenz von München geführt hatten.

In München war der Premierminister offensichtlich hocherfreut, Hitler wiederzusehen und an seiner Seite zu stehen. Aber hier wurde er zum Opfer eines erheblichen Irrtums. Später schrieb er glücklich an seine Schwester, der kürzlich aus Berlin zurückgekehrte Sohn der Astors, William, habe den Eindruck, daß »Hitler mich wirklich mag und glaubt, er könne gut mit mir zusammenarbeiten«. Das war in dem Sinne richtig, daß auch ein bewaffneter Bankräuber glaubt, mit dem Kassierer ein gutes Geschäft machen zu können. In Wirklichkeit war Chamberlain dem deutschen Führer ausgesprochen unsympathisch, der ihn für einen »unbedeutenden« Mann hielt. Hitler erkannte ihn nur deshalb als Verhandlungspartner an, weil er glaubte, Chamberlain sei weich und leicht zu beeinflussen. Er wußte, daß es auch für ihn gefährliche Persönlichkeiten im britischen Parlament gab. Am Vorabend von München sagte er, er sei sich der Tatsache bewußt, daß Chamberlain eines Tages von Churchill abgelöst werden könne, dessen Ziel es sein werde, sofort einen neuen Weltkrieg gegen Deutschland zu entfesseln.[256]

Hitler hatte recht. Er hatte Churchill nie persönlich kennengelernt, aber er verstand ihn ebenso, wie Winston Hitler verstand. Walter Lippmann hat einmal gesagt, die Eignung für ein hohes Regierungsamt läge im Temperament und nicht im Intellekt, und auf dieser Ebene hatten beide Männer mehr Gemeinsamkeiten, als jeder von ihnen hätte zugeben wollen. Die unzähligen Millionen, die Winston mit seiner Genialität fasziniert hat, würden empört jeden Vergleich zwischen diesen beiden Persönlichkeiten ablehnen. Dennoch war jeder von ihnen zumindest partiell das Spiegelbild des anderen. Da der unbeugsame Verteidiger der westlichen Zivilisation schließlich den Sieg davongetragen hat, haben sich auch seine Vorstellungen gegenüber denen Hitlers durchsetzen können. Was geschehen wäre, wenn der nationalsozialistische Führer gesiegt hätte, ist unausdenkbar. Eine Mitte der 80er Jahre durchgeführte Meinungsumfrage hat gezeigt, daß die große Mehrheit der deutschen Bevölkerung glaubt, das Schlimmste, was Deutschland hätte geschehen können, wäre ein Sieg des Dritten Reichs gewesen.[257]

Der Teufel ist ein gefallener Engel; er und Gott waren einander zunächst sehr ähnlich. Der deutsche Reichskanzler und sein englischer Widersacher waren beide geborene Volksführer. Beide glaubten an die Überlegenheit ihrer Rasse und die historische Mission ihrer Nation. Beide waren künstlerisch begabt. Allerdings war Churchill dem Führer auf diesem Gebiet überlegen. Aber Hitler, der verächtlich als billiger Postkartenmaler abgetan wird, war eine charismatische Persönlichkeit, getrieben von finsteren, aber profunden Leidenschaften, ein Mann, dessen Stimme in Nürnberg Menschen dazu inspirierte, ihr Leben für ihn hinzugeben und mit dem Ruf »Heil Hitler!« zu sterben. Es ist eine unbestreitbare Tatsache, daß sich Hitler und Churchill nicht durch ihren Verstand, sondern durch ihre Intuition haben leiten lassen.

Der Geschäftsmann Chamberlain, der es gewohnt war, mit ehrlichen Partnern freundschaftliche Beziehungen zu unterhalten und lohnende Geschäfte mit ihnen abzuschließen, verstand keinen der beiden. Dem Premierminister imponierte der Erfolg. Er glaubte, der Beherrscher des mächtigsten Landes auf dem europäischen Kontinent müsse ein Mann sein, mit dem sich auskommen ließe. Neville scheint sich nicht klar darüber gewesen zu sein, daß fast jeder, der versucht hatte, mit diesem ungewöhnlichen Menschen ein Geschäft zu machen, ermordet, in ein Konzentrationslager eingeliefert oder gezwungen worden war, ins Exil zu gehen.

Chamberlain hatte sich das ganze Ausmaß der Schrecken, die das Dritte Reich über die Menschen gebracht hat, nie vorstellen können. Hitler hatte feierlich erklärt, wenn er den unterdrückten Sudetendeutschen ihre Rechte wiedergegeben habe, werde er keine weiteren territorialen Ansprüche mehr stellen, und Chamberlain hat ihm dies geglaubt. Als er in seiner Rundfunkansprache die Tschechoslowakei als ein »fernes Land« bezeichnete, hatte der Premierminister niemanden täuschen wollen. Obwohl das »tschechische Problem« ihn seit Monaten beschäftigte, war die Tschechoslowakei für ihn genau das; ein Problem und nicht ein von lebendigen Menschen bewohntes Land. Er verstand nichts von der Geographie Osteuropas und hatte keine Ahnung davon, daß es dort Serben, Kroaten, Slowaken, Tschechen, Polen und Zigeuner gab. Er hörte nicht auf die Warnungen des Auswärtigen Amts und nahm alles hin, was der mächtige deutsche Kriegsherr ihm sagte.

Churchill war besser informiert. Er hatte sich intensiv mit der Vergangenheit Hitlers beschäftigt und wußte sehr genau, wie oft er seine feierlichen Versprechen gebrochen hatte. Nachdem er gegen die Bestimmungen des Versailler Vertrags verstoßen hatte, versprach er, sich an den von Deutschland unterzeichneten Vertrag von Locarno zu halten. Als er den Locarnopakt mißachtete – lange bevor das Sudetenland zum Synonym für die politische Krise wurde –, beteuerte er, nach der Besetzung des Rheinlands habe er keine territorialen Ansprüche mehr. Als er Österreich durch deutsche Truppen besetzen ließ, garantierte er der Tschechoslowakei großmütig ihre Grenzen. Hitler hat seine Position sehr geschickt immer weiter ausgebaut. Er behauptete, sich nur für Deutsche zu interessieren – natürlich einschließlich derer, die außerhalb der Grenzen des Deutschen Reichs lebten. Aber im Verlauf der vergangenen 2000 Jahre war in Europa ein rassisches und kulturelles Völkergemisch entstanden. Wie Duff Cooper im Unterhaus sagte, »gibt es Deutsche in der Schweiz, in Dänemark und im Elsaß; ich glaube, eines der wenigen Länder in Europa, wo es keine Deutschen gibt, ist Spanien, und es gibt Gerüchte, Deutschland interessiere sich jetzt auch für dieses Land«.[258]

Churchills Informanten in Deutschland meldeten, daß die großen Munitionsfabriken im Ruhrgebiet auf Anordnung der Regierung in Berlin auch weiterhin rund um die Uhr arbeiteten. In Kiel und Hamburg liefen zahlreiche neue U-Boote vom Stapel. Mit Telekameras ausgerüstete deutsche Aufklärungsflugzeuge überflogen Osteuropa, Skandinavien, Belgien, Holland und sogar Frankreich. Zu den Parlamentssitzungen brachte Churchill jetzt seine neuesten Tabellen mit, die zeigten, daß der Abstand zwischen dem britischen und dem deutschen Arsenal immer größer wurde. Da der Krieg sich jetzt kaum noch vermeiden ließ, hielt er es für günstiger, ihn sofort zu beginnen, solange Frankreich bereit sei, seine vertraglichen Verpflichtungen gegenüber der Tschechoslowakei zu erfüllen, um die deutschen Strategen vor das Problem eines Zweifrontenkrieges zu stellen.

Die Krise hatte ihren Höhepunkt erreicht. Violet Bonham Carter erinnert sich an die Stimmung Churchills zu dieser Zeit: »Mit Recht mißtraute er Chamberlain, denn er war überzeugt, der Premierminister suche immer noch verzweifelt nach einem Ausweg«, während es eine solche Möglichkeit, die sich mit der Ehre Großbritanniens vereinbaren ließ, nicht mehr gab. An diesem 29. September, als die sogenannte Viermächtekonferenz in München begann, traf sich der Freundeskreis um Churchill im Klavierzimmer des Savoy Hotels zum Mittagessen. Violet schreibt: »Winston machte ein sorgenvolles, finsteres Gesicht. Ich sah, daß er, ebenso wie ich, das Schlimmste befürchtete. Schließlich schlug ich vor, einige von uns sollten ein Telegramm an den Premierminister entwerfen, um ihn zu beschwören, keine weiteren Zugeständnisse auf Kosten der Tschechen zu machen, und ihn zu warnen, wenn er es täte, werde er nach seiner Rückkehr das ganze Unterhaus gegen sich haben.« Das Telegramm sollte unter anderen von Churchill, Lord (Robert) Cecil, Attlee, Archie Sinclair, Eden, Liddell Hart, Lloyd George und Lord Lloyd unterzeichnet werden.[259]

Das Telegramm wurde entworfen, man verzichtete jedoch auf die Warnung. Um 19.00 Uhr traf man sich wieder im Savoy Hotel. Als Winston die Anwesenden aufforderte, es zu unterschreiben, erklärten sich Sinclair, Lloyd und Cecil sofort bereit. Aber einige von denen, die gesagt hatten, sie würden wiederkommen, waren nicht erschienen. Eden konnte telefonisch nicht erreicht werden, lehnte es aber ab, namentlich genannt zu werden. Dann wurde Attlee angerufen, doch auch er weigerte sich. Er sagte, er brauche die Zustimmung seiner Partei. Nicolson notierte in seinem Tagebuch: »Wir saßen da und mußten zu unserem Kummer erkennen, daß nichts mehr getan werden konnte. Sogar Winston schien seinen Kampfgeist verloren zu haben... Soweit man sehen kann, wird Hitler alles bekommen, was er verlangt.«[260]

Man beschloß, das Telegramm nicht abzuschicken. Nachdem sich alle anderen verabschiedet hatten, blieb Churchill allein mit Violet zurück. »Winston saß wie versteinert auf seinem Stuhl. Ich sah, daß er Tränen in den Augen hatte. Ich konnte nachfühlen, wie ihm das Eisen in die Seele gefahren war. Sein letzter Versuch einer Ehrenrettung war fehlgeschlagen.« Bitter enttäuscht sprach sie von denen, die sich geweigert hatten, mit ihrem Namen für die von ihnen vertretenen Grundsätze einzustehen. Dann sagte Churchill: »Was sind das nur für Menschen? Der Tag ist nicht fern, an dem wir statt unserer Unterschriften unser Leben werden geben müssen – das Leben von Millionen. Können wir das überleben? Verdienen wir es, nachdem uns aller Mut verlassen hat?«[261]

Am frühen Nachmittag jenes Donnerstags – während der verzweifelte Churchill im Savoy Hotel zu Mittag aß – führte Hitler seine Gäste von einem Imbiß im Braunen Haus, dem Sitz der nationalsozialistischen Partei, in sein Privatbüro, um die Zukunft eines Landes in einer Konferenz zu bestimmen, an der die gewählten Führer dieser Nation nicht teilnehmen durften. Zwei Tschechen, Hubert Masarik und Vojtech Mastny, waren mit der britischen Delegation als »Beobachter« nach München gekommen, aber als Chamberlain den zaghaften Vorschlag machte, sie an den Gesprächen zu beteiligen, lehnte Hitler das schroff ab. Mit dem Hinweis, daß die Prager Delegation später von den Entscheidungen, die von Hitler, Chamberlain, Mussolini und Daladier getroffen werden sollten, unterrichtet würde, war das Problem erledigt.

Mussolini legte eine angeblich von ihm verfaßte Denkschrift vor, die jedoch in Wirklichkeit von Göring, Neurath und Weizsäcker formuliert worden war. Die Engländer – auch diesmal hatte sich Chamberlain von Horace Wilson begleiten lassen – nahmen an, sie sei die Verhandlungsgrundlage, aber Hitler war nicht bereit, sich auf Verhandlungen einzulassen. Er wiederholte vielmehr immer wieder, was er verlangte, wann er es verlangte und was er damit tun oder nicht tun würde. Trotzdem versuchten seine Verhandlungspartner aus Paris und London den ganzen Abend bis nach Mitternacht, ihm Zugeständnisse abzuringen. Die Vereinbarung, die in den ersten Morgenstunden des 30. September unterzeichnet wurde (datiert vom 29. September), bestimmte im einzelnen, daß die Tschechoslowakei sofort mit der Räumung des Sudetenlands beginnen müsse. Alle Tschechen im Sudetenland sollten dieses Gebiet bis zum 10. Oktober verlassen haben, wobei niemand Überlegungen anstellte, wohin sie gehen sollten. Die Durchführung dieser Ausweisung sollte von einer internationalen Kommission überwacht werden, die auch den Zeitpunkt der Volksabstimmung und den Grenzverlauf des tschechischen Rumpfstaates festlegen sollte. Außerdem mußte diese Kommission dafür sorgen, daß alle in dem von der Tschechoslowakei abgetretenen Gebiet »bestehenden Einrichtungen« intakt blieben. Indessen nutzte Polen die allgemeine Verwirrung aus und ließ sich einen Gebietsstreifen von etwa 780 Quadratkilometern bei Teschen übereignen. Sollten andere »Probleme polnischer und ungarischer Minderheiten in der Tschechoslowakei« nicht durch Verhandlungen mit Prag erledigt werden können, würden sie »Gegenstand« einer weiteren Viermächtekonferenz werden.[262]

Die Verhandlungen konnten in verhältnismäßig kurzer Zeit abgeschlossen werden, nachdem tüchtige junge deutsche Diplomaten dafür gesorgt hatten, daß alle noch offenen Fragen in angemessener Form erledigt worden waren. Im Grunde war es ein niederträchtiges Komplott gewesen, aber nur Daladier und François-Poncet waren sich dieser Tatsache bewußt. Der französische Premierminister saß mit finsterem Gesicht schweigend da. Sein Botschafter in Deutschland empfand es als Demütigung, daß sein Land einen Verbündeten verraten hatte. Der italienische Außenminister Graf Ciano hörte zufällig, wie er mit vor Scham stockender Stimme sagte: »Hier kann man sehen, wie Frankreich die einzigen Verbündeten behandelt, die ihm noch treu geblieben sind.«[263]

Unmittelbar bevor man auseinandergehen wollte, fiel Horace Wilson noch etwas ein, und er fragte: »Und was machen wir mit den Tschechen?«[264]

Während die anderen Konferenzteilnehmer darüber diskutierten, wer die Tschechen vom Ergebnis des Treffens unterrichten und wie man sich ihrer Mitarbeit versichern sollte, sprach der Premierminister mit Hitler über die wirtschaftlichen Schwierigkeiten in Deutschland. Der Führer erklärte sich bereit, einen Blick auf eine gemeinsame Erklärung über die künftigen englisch-deutschen Beziehungen zu werfen, die der Premierminister mitgebracht hatte. Für Chamberlain war dies der Höhepunkt der Konferenz. Er berichtete darüber: »Während der Dolmetscher den Text ins Deutsche übersetzte, sagte Hitler immer wieder ›ja, ja‹, und am Schluß sagte er: ›Ja, natürlich werde ich das unterschreiben; wann sollen wir es tun?‹ Ich sagte ›jetzt‹, und dann gingen wir an den Schreibtisch und setzten unsere Unterschriften unter die beiden Ausfertigungen, die ich mitgebracht hatte.« Weder Schmidt noch Alec Douglas-Home, Chamberlains parlamentarischer Privatsekretär, die den beiden zusahen, teilten die Überzeugung des Premierministers, daß Hitler so begeistert war, wie Chamberlain glaubte. Schmidt hat später geschrieben, Hitler habe sich nur »mit einem gewissen Widerwillen« bereit gefunden, das Papier zu unterschreiben, weil es zu vage abgefaßt war, um als verbindliche Verpflichtung angesehen zu werden. Schließlich habe er es nur getan, um »Chamberlain einen Gefallen zu tun«. Douglas-Home hatte den Eindruck, daß er das Dokument nur »flüchtig« unterzeichnete. Verglichen mit seinem Namenszug auf anderen Schriftstücken wirkte die Unterschrift hier nachlässig und war kaum zu entziffern.[265]

Am frühen Morgen des 30. September um 2.30 Uhr begab sich der Premierminister mit einer Delegation in das Regina Hotel, wo die Tschechen untergebracht waren, um ihnen das Schicksal ihres Landes bekanntzugeben. Hubert Masarik, der den Text laut vorlas, hat später gesagt, er habe den Eindruck gehabt, die Franzosen seien »peinlich berührt« gewesen. Die Vereinbarung war für die Alliierten allerdings eine peinliche Sache. Für die Tschechen waren die darin enthaltenen Bestimmungen schockierend. Doch wie Masarik berichtet, »gähnte

Chamberlain gelangweilt und zeigte sich keineswegs beeindruckt«. Er und Daladier sagten, eine Zustimmung der Tschechen sei genaugenommen nicht notwendig. Es kam auch wirklich nicht mehr darauf an, denn die Entscheidung war endgültig. Nach den späteren Aufzeichnungen von Horace Wilson wurde Mastny »recht deutlich darauf hingewiesen... daß es für seine Regierung am besten sei, sich mit diesen gegenüber dem deutschen Memorandum von Bad Godesberg sehr viel günstigeren Bedingungen einverstanden zu erklären«. Das entsprach jedoch nicht den Tatsachen, denn Hitler hatte keinerlei Zugeständnisse gemacht. Alle seine in Bad Godesberg erhobenen empörenden Forderungen waren von den Alliierten akzeptiert worden.[266]

Während die Tschechen mit den Männern zusammentrafen, die sie verraten hatten, war Churchill zu einem späten Abendessen mit anderen Mitgliedern des Other Club in das Savoy zurückgekehrt und nahm anschließend an einer Besprechung teil. An Schlaf war nicht mehr zu denken. Colin Coote, ein Mitglied des Other Club und Mitarbeiter der *Times,* berichtet, daß man gespannt auf das Erscheinen der ersten Londoner Morgenzeitungen wartete, die wahrscheinlich über das Ergebnis der Münchener Konferenz berichten würden. Bis dahin diskutierte man über die in Bad Godesberg gestellten Forderungen und über die Frage, ob es dem Premierminister gelingen werde, sie zu modifizieren. Dabei kam es, wie Coote schreibt, zu »einer heftigen Auseinandersetzung. »Man begann zu begreifen, weshalb im Unterhaus ein roter Streifen auf dem Teppich außerhalb der Reichweite des Degens eines Abgeordneten auf der gegenüberliegenden Bank die Grenze bezeichnet, die der jeweilige Sprecher nicht überschreiten darf.« Ein Verteidiger Chamberlains wurde so grob beleidigt, daß er die Runde verließ und zu Hause angekommen schriftlich seinen Austritt aus dem Club erklärte.[267]

Coote schreibt: »Winston griff die beiden Minister wütend an (den Ersten Lord der Admiralität, Duff Cooper, und den Minister für Schottland, Walter Elliott)... Man konnte stets deutlich erkennen, wenn er innerlich erregt war, denn eine kleine Mißbildung an seinem Gaumen verlieh bei solchen Gelegenheiten seiner Stimme einen besonderen Klang. Diesmal war es nicht – wie sonst – eine Art Echo, sondern ein lautes Dröhnen.« Er fragte die Minister: »Wie können ehrenhafte Männer mit einer reichen Lebenserfahrung, die sich im Großen Krieg durch ihre Tapferkeit ausgezeichnet haben, einer so feigen Politik zustimmen? Das war gemein, schmutzig, unmenschlich und selbstmörderisch... Das Opfer der Ehre wird das Opfer von Menschenleben zur Folge haben.« In seinen Memoiren schreibt Cooper, und er hat recht damit, daß Churchill ihn zu Unrecht angegriffen habe. Im Grunde stimmte er Winston zu, aber er gehörte immer noch dem Kabinett an und glaubte, seine Ehre erfordere es, daß er die Regierung zum letztenmal verteidigte.[268]

Schließlich zog einer der Anwesenden seine Uhr aus der Tasche und sagte, die ersten Zeitungen müßten schon erschienen sein. Er steckte die Uhr ein, ging hinaus und kam nach einiger Zeit mit einem Extrablatt zurück. Duff Cooper riß es ihm aus der Hand und las die Meldung über das Ergebnis der Münchener Konferenz, wie Coote berichtet, »mit sichtlichem Zorn und Abscheu« laut vor. Dann stand er auf und ging wortlos hinaus. Die anderen blieben schweigend zurück. Coote schreibt: »Niemand versuchte, sie zu verteidigen. Die Demütigung war fast körperlich zu spüren.« Churchill verließ das Hotel in Begleitung des jungen konservativen Abgeordneten Richard Law. Sie kamen an der offenen Tür eines vollbesetzten Restaurants vorbei, aus dem sie lautes Lachen hörten. Law schrieb sehr viel später: »Die Menschen waren alle sehr froh. Ich war mir der Gegenwart des tief in Gedanken versunkenen Mannes neben mir sehr deutlich bewußt.« Als sie ein Stück weitergegangen waren, murmelte Winston: »Diese armen Menschen. Sie ahnen nicht, was ihnen noch bevorsteht.« In der Dunkelheit sind sie vielleicht auch dem englischen Schriftsteller E. M. Forster begegnet. Die einzige Ähnlichkeit zwischen ihm und Churchill bestand darin, daß sie beide geniale Persönlichkeiten waren und über eine bemerkenswerte Intuitionsgabe verfügten. Forster hatte von den Vereinbarungen in München gehört und beschreibt, wie er »ziellos in der Stadt herumirrte und die Extraausgaben der Zeitungen las, die zum Teil schon in der Gosse lagen«. Er meinte, es seien »gute Nachrichten« gewesen, »und sie hätten große Freude auslösen müssen; im Unterhaus sind sie auch sehr freudig aufgenommen worden. Aber unbedeutende und unrealistische Menschen sehen die Zukunft manchmal klarer voraus als diejenigen, die an ihrer Gestaltung beteiligt sind, und ich wußte sofort, daß diese Nachrichten nur zum Teil gut waren. Der Friede flatterte auf den an die Mauern gehefteten Plakaten, aber nicht auf Engelsflügeln.«[269] Am späten Vormittag des 30. September unterhielten sich Winston, Clemmie und Lord Cecil ganz ernsthaft über die Frage, ob sie nicht mit einer Gruppe gleichgesinnter Freunde zur Downing Street Nr. 10 gehen und die Fenster mit Ziegelsteinen einschlagen sollten. Inzwischen hatten sich die beiden tschechischen Delegierten im Regina Hotel darauf geeinigt, den Kampf aufzugeben. Die Zeit drängte, denn um 17.00 Uhr würde die internationale Kommission in Berlin zusammentreten, um die Einzelheiten für die Räumung der ersten Zone des Sudetenlands, die am 1. Oktober beginnen sollte, und die Übergabe der Polizeigewalt von den örtlichen Behörden an die deutsche Wehrmacht festzulegen.

Die Tschechen waren natürlich empört – wären sie es nicht gewesen, hätte man an ihrem Geisteszustand zweifeln müssen –, und ihr Zorn richtete sich in erster Linie gegen die Franzosen. Für Chamberlain hatten sie nur Verachtung übrig. Der Bericht Masariks endete mit den Worten: »Die Atmosphäre war für alle Anwesenden bedrückend. Es war uns auf brutale Weise mitgeteilt worden, und zwar von einem Franzosen, daß dies ein Urteilsspruch sei, gegen den es kein Einspruchsrecht gab und der nicht mehr abgemildert werden könnte. Mr. Chamberlain versuchte nicht, seine Müdigkeit zu verbergen. Nach der Verlesung des Textes übergab man uns eine geringfügig korrigierte Karte. Wir verabschiedeten uns und gingen. Die tschechoslowakische Republik in den Grenzen des Jahres 1918 hatte aufgehört zu bestehen.«[270]

Masarik hatte jedoch die Unterwerfung der Tschechoslowakei nicht offiziell akzeptiert. Das konnte er auch gar nicht, denn diese Entscheidung mußte in Prag getroffen werden. Aber er wußte, daß es keine Hoffnung mehr gab. Hitler mußte Prag nicht einmal mehr vor ein Ultimatum stellen – die Engländer hatten es für ihn getan. Frank Ashton-Gwatkin, das Mitglied der britischen Delegation, das diese zweifelhafte Ehre haben sollte, traf am 30. September von München kommend ein, frühstückte mit dem britischen Militärattaché Oberstleutnant H. C. T. Stronge und zeigte ihm das Münchener Abkommen. Stronge erklärte, die Tschechoslowakei werde niemals auf solche Bedingungen eingehen. Damit würde sie auf ihre Verteidigungsfähigkeit verzichten und jeder Willkür hilflos ausgeliefert sein. Ashton-Gwatkin meinte, die Tschechen würden gezwungen werden, es zu tun. Stronge war, wie er sich selbst ausdrückte, »zutiefst erschüttert«.[271]

Noch am gleichen Tag kapitulierte Benesch nach erregten Auseinandersetzungen mit seinen militärischen und zivilen Beratern. Fünf Tage später trat er zurück, entschloß sich aber auf Drängen seiner Minister, um 19.00 Uhr eine Rundfunkansprache an die tschechische Nation zu halten, in der er seinen Landsleuten sagte, wie es den Männern ums Herz war, die sie als ihre Regierung gewählt hatten. Churchill schrieb später: »Sie wollten ihren Protest gegen eine Entscheidung zum Ausdruck bringen, an der sie nicht beteiligt waren.« Vor dem Mikrofon sagte Benesch, er bleibe, »was ich immer gewesen bin, ein überzeugter Demokrat«. Deshalb stelle er jetzt sein Amt zur Verfügung; er glaube, es sei »am besten, die sich jetzt entwickelnde neue Konstellation in Europa nicht zu stören«. (Sein Nachfolger sollte ein antisemitischer Bankier werden, der sich, wie eine Zeitung schrieb, »Deutschlands Vertrauen erfreute«.) Benesch sagte: »Erwarten Sie von mir keine Schuldzuweisungen. Aber ich will nur soviel sagen« – und hier wurde er so bitter, wie er es als seriöser Mann werden konnte –, »daß die von uns verlangten Opfer unermeßlich groß und unermeßlich ungerecht waren. Das wird die Nation nie vergessen, auch wenn sie diese Opfer geduldig hingenommen hat.« Unmittelbar darauf übernahm die SS im Sudetenland das Regiment. Niemand weiß, wie viele Tschechen in der folgenden Woche ermordet wurden. Man hat geschätzt, daß mehr als die Hälfte von ihnen Juden waren. Genaue Zahlen standen nicht zur Verfügung. Nachdem die Männer Hitlers die Macht im Sudetenland übernommen hatten, herrschte eine absolute Nachrichtensperre.[272]

Die deutschen Generäle hatten Blut geschwitzt und konnten jetzt kaum glauben, welches Glück sie gehabt hatten. Sie waren sich darin einig, daß das Deutsche Reich eine militärische Niederlage erlitten hätte, wenn sich die Briten und Franzosen den Forderungen Hitlers widersetzt hätten. Das zeigte sich viel später im Nürnberger Prozeß. Hier sagte der Chef des Oberkommandos der Wehrmacht, Keitel, aus: »Aus rein militärischer Sicht fehlten uns die Mittel für einen Angriff, bei dem die (tschechischen) Grenzbefestigungen durchbrochen werden mußten.« Generalfeldmarschall von Manstein, der begabteste deutsche Heerführer, der in Nürnberg nicht unter Anklage gestellt wurde, hat geäußert, wenn sich die Tschechoslowakei verteidigt hätte, wären die deutschen Truppen von ihren Befestigungen aufgehalten worden, da ihnen die Mittel fehlten, einen Durchbruch zu erzwingen. Und Alfred Jodl, der Chef des Wehrmachtsführungsstabes, sagte zu seiner eigenen Verteidigung vor dem internationalen Militärtribunal, es wäre sinnlos gewesen, mit fünf regulären und sieben Reservedivisionen den Westwall gegen 100 französische Divisionen zu verteidigen. »Das war militärisch unmöglich.« Churchill hat später geschrieben, er habe es »immer für falsch gehalten, daß Benesch nachgegeben hat. Er hätte seine Befestigungslinie verteidigen sollen. Wie ich schon damals glaubte, wären ihm die Franzosen nach Beginn der Feindseligkeiten in einer Welle der nationalen Leidenschaft zu Hilfe gekommen, und Großbritannien hätte sich sofort Frankreich an die Seite gestellt.« Diese Gelegenheit war tragischerweise versäumt worden.[273]

Doch Hitler, der in seinem Sonderzug nach Berlin zurückkehrte, freute sich nicht über den Ausgang der Konferenz. Vor seiner SS-Leibwache schimpfte er wütend, Chamberlain habe ihm den Einzug in Prag verdorben. Nach seinem großen strategischen Plan sollte die Besetzung Österreichs und der Tschechoslowakei der Auftakt für einen umfassenden Feldzug zur Eroberung neuen Lebensraums im Osten sein. Im Anschluß daran hatte er vor, sich gegen Belgien, Holland und Frankreich zu wenden und diese Länder in die Knie zu zwingen. Erst vor zehn Tagen hatte er dem ungarischen Premierminister gesagt, am klügsten wäre es, »die Tschechoslowakei zu zerschlagen«. Die einzige Gefahr läge darin, daß die Tschechen schon bei der ersten Androhung von Gewalt zu Kreuze kriechen würden. Jetzt waren die Briten an ihrer Stelle zu Kreuze gekrochen; es war Chamberlain, der den »größten Feldherrn aller Zeiten« um seinen ersten Sieg auf dem Schlachtfeld gebracht hatte.[274]

Auch Daladier fühlte sich auf dem Heimflug elend, verlassen und verzweifelt. Später sagte er Amery, nach der Landung in Paris, und während das Flugzeug ausrollte, habe er den Mantelkragen hochgeschlagen, um sein Gesicht vor den faulen Eiern zu schützen, mit denen er glaubte beworfen zu werden, wenn er in die Nähe der auf ihn wartenden Menschenmenge käme. Zu seiner Überraschung gab es keine faulen Eier, und niemand rief *»Merde!«* oder *»Nous sommes trahis!«* Verblüfft blieb er in der Mitte der Gangway stehen. Die Menschen applaudierten und riefen *»Vive Daladier!«*, *»Vive la Paix!«* und *»Vive la France!«* Er wurde begrüßt, als habe er einen großen Sieg errungen. Daladier war alles andere als eitel. Er wandte sich an Léger und flüsterte: »Diese Narren!« Es gab nur ganz wenige Mißfallensäußerungen. Ein Mann in der Menge brummte: *»Vive la France malgré tout.«* Doch bei den meisten war die Freude groß – wenn auch völlig unbegründet. Da die Deutschen nicht mehr mit einer starken tschechischen Armee im Osten rechnen mußten, war München für Frankreich eine Katastrophe. Das Reich Hitlers war stärker geworden und würde in kurzer Zeit über eine doppelt so starke Armee verfügen. Dennoch ratifizierte die Deputiertenkammer die Münchener Vereinbarungen mit 535 zu 75 Stimmen. Einem Journalisten, der ihn interviewte, sagte Bonnet: »Ja, wir haben einen Vertrag mit den Tschechen, und Frankreich hält sich an sein feierlich gegebenes Wort. Die Tschechoslowakei wurde nicht besetzt, nicht wahr?«[275]

Chamberlain hatte das von ihm so hoch bewertete Dokument in der Tasche, das heute in irgendeiner obskuren Akte im Imperial War Museum schlummert. Damit hat er damals wahrscheinlich nicht gerechnet. Damals war es ein gefeiertes Schriftstück gewesen, obwohl Harold Nicolson es im Parlament als »jenen Fetzen Papier« bezeichnet hat, mit dem die Nachbarn Deutschlands betrogen und die Sicherheit Englands in Gefahr gebracht worden sei. In Wirklichkeit hatte es keinerlei Bedeutung. Deshalb hat Hitler es auch unterschrieben. In seinem ersten Absatz wird erklärt, daß die englisch-deutschen Beziehungen »für die beiden Länder und für Europa von größter Bedeutung« seien. Im zweiten Absatz wird gesagt, das Münchener Abkommen und das englisch-deutsche Flottenabkommen von 1935 symbolisierten »den Wunsch unserer beiden Völker, nie wieder gegeneinander Krieg zu führen«. Im dritten Abschnitt heißt es, der Premierminister Großbritanniens und der Führer des Dritten Reichs beabsichtigten, sich in allen Fragen zu konsultieren, die ihre beiden Länder betrafen, weil beide entschlossen seien, ihre Bemühungen fortzusetzen, mögliche Anlässe für Differenzen auszuräumen und damit zur Sicherung des Friedens in Europa beizutragen. Das war alles. Es fehlte sogar die in jedem Nichtangriffspakt enthaltene Versicherung, auf kriegerische Auseinandersetzungen gegeneinander zu verzichten. Statt dessen wurde nur zum Ausdruck gebracht, daß beide Völker den Wunsch hatten, nicht gegeneinander Krieg zu führen.

Aber in jenem unruhigen Herbst 1938 – in dem Orson Welles mit seinem Hörspiel über die Landung von Marsbewohnern in New Jersey eine Panik auslöste und Tausende von Amerikanern veranlaßte, in die Berge zu fliehen – glaubten die Menschen, Chamberlain habe etwas Großartiges bewirkt. Die Engländer, die von dem Schreckgespenst geängstigt wurden, es könne jeden Tag zu einer Kriegserklärung kommen, hatten das Gefühl, von einer schweren Sorge befreit zu sein. Sie suchten ihrer Dankbarkeit Ausdruck zu verleihen, und bei manchen wurde diese Stimmung geradezu hysterisch.[276]

Der Premierminister war auf dem Heimflug »angenehm ermattet« gewesen, aber als er die riesige Menschenmenge sah, die ihn auf dem Flughafen von Heston erwartete, hatte er das Gefühl, 50 Jahre jünger zu sein. Auf seine Begleiter machte er den Eindruck, so erregt und energisch zu sein wie ein junger Mann, der von einem großen Abenteuer nach Hause zurückkehrte. Die Menschen jubelten ihm zu, und als er ihnen die drei kläglichen Abschnitte aus seinem Papier vorlas, jubelten sie noch lauter, riefen »guter alter Neville!« und sangen »For he's a jolly good fellow«. Dann erschien ein Kurier in königlicher Livree und überreichte ihm eine Botschaft seines Souveräns, der ihn bat, sofort zum Buckingham-Palast zu kommen, »damit ich Ihnen persönlich meine herzlichsten Glückwünsche aussprechen kann... Bis dahin soll mit diesem Schreiben ein Mann auf das wärmste begrüßt werden, der mit seiner Geduld und Entschlossenheit die dauernde Dankbarkeit seiner Landsleute im ganzen Empire verdient hat.« In einem Brief an Ida schrieb Neville: »Sogar die Schilderungen in den Zeitungen vermitteln keine Vorstellung von den Szenen auf den Straßen während meiner Fahrt von Heston zum Palast. Sie waren auf der ganzen Strecke von Menschen aller Bevölkerungsschichten gesäumt, die sich heiser schrien, auf das Trittbrett sprangen, gegen die Fenster klopften und mir die Hand schütteln wollten.«[277]

Aber erst in der Downing Street erreichte der Jubel seinen Höhepunkt, und hier geschah es auch, daß Chamberlain sich übernahm – obwohl sich die Menge dessen zunächst nicht bewußt wurde. In der Überlieferung jeder Nation gibt es Szenen, Aussprüche und Taten, die die Phantasie der Menschen beflügelt haben. Aber ein großes Ereignis, eine Rede oder eine Legende läßt sich nicht wiederholen, denn die Wirkung liegt zum Teil darin, daß diese Dinge einmalig sind. Deshalb kann es keinen zweiten Arthur, keine zweite heilige Johanna und keinen zweiten Lincoln geben. Das erklärt auch, weshalb Chamberlains letzter öffentlicher Auftritt an diesem Tag seines Triumphs zum Fehlschlag wurde.

Benjamin Disraelis größter diplomatischer Erfolg kam auf dem Kongreß von Berlin im Jahr 1878. Anders als Chamberlains München war Berlin ein echter Beitrag zum europäischen Frieden. Die osteuropäischen Staaten waren dabei, einander an die Kehle zu gehen, die russischen Diplomaten begingen einen Fehler nach dem anderen, und selbst Bismarck konnte keine befriedigende Lösung finden. Doch Disraeli gelang es, diese schwere Aufgabe zu bewältigen. Die Tatsache, daß er mit dem Wesen der verschiedenen Kulturen vertraut war, erlaubte es ihm, eine neue Landkarte zu entwerfen, den Ausbruch von Kriegen zu verhindern und einen schweren Konflikt zwischen Russen und Türken zu beenden. An jenem Herbstabend des Jahres 1938 erinnerten sich noch viele an jene große Leistung vor 60 Jahren, und auch Chamberlain dachte daran. Er berichtete seiner Schwester, er habe »aus dem selben Fenster« zu der Menge gesprochen, aus dem, »wie ich glaube, Dizzy vor 60 Jahren verkündet hat, daß ein ehrenvoller Friede geschlossen worden sei«. (Er irrte sich; Disraeli hatte seine Erklärung am 16. Juli 1878 im Unterhaus abgegeben.) Diesmal hatte Chamberlains Frau gesagt: »Neville, geh ans Fenster und wiederhole ein historisches Ereignis; sage, ›Frieden für unsere Zeit‹.« Er antwortete eisig: »Nein, so etwas tue ich nicht.«

Dann tat er es doch. Er schwenkte das Stück Papier, das er und Hitler unterzeichnet hatten, und rief den dicht gedrängt vor dem Fenster stehenden Menschen zu: »Meine guten Freunde, dies ist das zweite Mal in unserer Geschichte, daß ein ehrenhafter Friede aus Deutschland in die Downing Street zurückgekommen ist. Ich glaube, es ist der Friede für unsere Zeit.« Im allgemeinen sind Männer, die im Licht der Öffentlichkeit stehen, klug genug, keine übertriebenen Voraussagen zu machen. Und sehr bald sollte Chamberlain es bereuen, diese Prophezeiung gewagt zu haben.[278]

Doch die Wogen der Bewunderung und des Lobes schlugen immer noch hoch. Die *Times* posaunte: »Kein von einem Sieg auf dem Schlachtfeld zurückgekehrter Eroberer ist mit edleren Lorbeeren geschmückt worden.« Der *Paris-Soir* bot ihm »ein Stück französischen Boden« an, wo er seinen Lieblingssport ausüben könnte, das Forellenangeln; »ein sprechenderes Bild des Friedens läßt sich nicht vorstellen«. 50 Engländer machten den Vorschlag, zu Ehren Chamberlains eine nationale Stiftung zu gründen. Alle diejenigen, die ihm bei seiner Abreise nach München zugejubelt hatten, fühlten sich bestätigt. Nicolson berichtet von einem Gespräch mit Margot Asquith. Sie hatte gesagt: »Nun müssen Sie zugeben, Harold, daß er ein großer Mann ist.« Er antwortete: »Durchaus nicht.« – »Sie sind ebenso schlimm wie Violet«, fuhr sie ihn an; »er ist der größte Engländer, der je gelebt hat.« Doch selbst Nicolson gab in seinem Tagebuch zu, daß er für einen Augenblick das Gefühl »einer ungeheueren *physischen* Erleichterung hatte, weil ich mich an diesem Abend vor keinem deutschen Bombenangriff fürchten mußte«.[279]

Aber er fügte hinzu: »...meine moralischen Bedenken haben sich in keiner Weise verringert.« Nachdem der allgemeine Jubel verstummt war, nahmen sich einige nachdenkliche Männer die Zeit, die in München ausgehandelten Bedingungen in aller Ruhe noch einmal zu lesen, und was sie dabei fanden, beunruhigte sie. Halifax hatte geahnt, was kommen würde. Auf dem Triumphzug von Heston in die Stadt hatte er den Premierminister in Erstaunen versetzt, als er vorschlug, eine nationale Regierung zu bilden, Churchill und Eden ins Kabinett aufzunehmen und der Labour Party eine Regierungsbeteiligung anzubieten. Chamberlain sagte, er werde sich das »überlegen«, aber nichts deutet darauf hin, daß er es wirklich getan hat. Lord Lloyd, der vor der Downing Street Nr. 10 in der Menge gestanden hatte, gab später zu, er sei »freudig erregt« gewesen, bis Chamberlain von einem »ehrenhaften Frieden« sprach. »In diesem Augenblick erschrak ich; das hätte er nicht sagen dürfen, denn nun wurde mir klar, daß er unsere Ehre verkauft hatte, um dafür den Frieden einzuhandeln.«[280]

Als besondere Sensation wurde es empfunden, daß sich der Erste Lord der Admiralität, Alfred Duff Cooper, von Chamberlain und seinen Getreuen trennte. Der konservative Hinterbänkler Vyvyan Adams nannte ihn den »Vorkämpfer auf dem Wege der Nation von der Hysterie zurück zur Vernunft«. Empört über das Buckeln des Premierministers vor Hitler, seinen Verrat an den Tschechen und seinen selbstgefälligen Stolz auf das nichtssagende Stück Papier, das er und Hitler unterzeichnet hatten, trat Cooper am Samstag, dem 1. Oktober, einen Tag nach der Rückkehr Chamberlains, zurück. Duff Cooper schrieb, Chamberlain war »ebenso froh, mich los zu sein, wie ich entschlossen war, zu gehen«. Lady Diana Cooper erinnerte sich später daran, wie sie Winston angerufen hatte, »um es ihm mitzuteilen. Er konnte vor Erregung kaum sprechen. Ich hörte, wie er schluchzte.« Churchill freute sich, daß »ein Minister so ehrlich war, sich zu widersetzen... In dem Augenblick,

Alfred Duff Cooper, Erster Lord der Admiralität, verläßt das Kabinett Chamberlain. Er begründet seinen Rücktritt mit seiner Ablehnung des Münchener Abkommens.

als es Mr. Chamberlain gelungen war, die öffentliche Meinung für sich zu gewinnen, bahnte er sich den Weg durch die begeisterte Menge, um zu erklären, daß er die Handlungsweise ihres Führers entschieden ablehnte.«[281]

Allmählich wurden die ersten Zweifel laut, aber es war noch zu früh für die Kritiker, sich Gehör zu verschaffen. Einige Parlamentsmitglieder rangen bereits mit ihrem Gewissen, aber die drei Tage dauernde Debatte im Unterhaus über die Münchener Konferenz fand schon am Abend des 5. Oktober statt. Dann mußten die Abgeordneten entscheiden, »ob das Hohe Haus die Politik der Regierung Seiner Majestät billigt, durch die der Krieg in der jüngsten Krise vermieden wurde, und ihr Bemühen unterstützt, einen dauernden Frieden zu sichern«. Über das Abstimmungsergebnis gab es nicht den geringsten Zweifel, nachdem Baldwin vor drei Jahren dafür gesorgt hatte, daß die Konservativen über eine so große Mehrheit verfügten.

Aber selbst jene Konservativen, die ihrem Führer unbeirrt die Treue gehalten hatten, fingen jetzt an, sich Sorgen zu machen. Nach der Abstimmung schrieb der unabhängige Abgeordnete Sir Alan Herbert:

»Meine Seele bäumt sich auf bei dem Gedanken an einen neuen und, wie ich aufgrund der Beurteilung vieler Fachleute mit Sicherheit glaube, viel schlimmeren Krieg... Aber – mag es nun Wunschdenken, besorgte Hoffnung, soldatische Treue oder christlicher Glaube gewesen sein – ich wollte, daß Mr. Chamberlain recht behält und es ihm gelingt, den Frieden zu bewahren... So stimmte ich betrübt für München; und die ganze Sache machte mich krank.«

IV.
Wirbelsturm

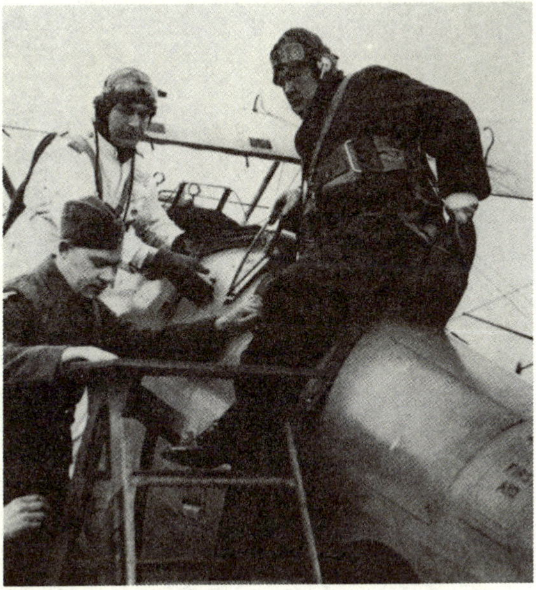

Am Samstag vor der Parlamentsdebatte über das Münchener Abkommen war Winston in Chartwell mit Maurerarbeiten beschäftigt und erwartete den Besuch eines 26jährigen Mitarbeiters der BBC, der damals noch völlig unbekannt war, aber Anfang der 50er Jahre zu einer traurigen Berühmtheit werden sollte. Es war Guy Burgess, der zusammen mit Kim Philby und Donald Maclean – sie gehörten alle drei der Oberschicht an und hatten in Cambridge studiert – die Sondererlaubnis bekam, die geheimsten Regierungsdokumente der Vereinigten Staaten, darunter auch den täglichen Funkverkehr der CIA und die aus Korea eintreffenden Depeschen, zu sichten. Diese drei Männer wurden dann vom sowjetischen Geheimdienst als Agenten angeworben. Doch an jenem sonnigen Morgen, als Churchill in einem blauen Overall (einem Vorläufer des »Sirenenanzugs«, den er im Krieg zu tragen pflegte) seine Arbeit unterbrach und mit der Maurerkelle in der Hand seinen Gast begrüßte, lag das alles noch in weiter Ferne. Die Begegnung war im Grunde zwecklos. Winston hatte in einer Sendung der BBC einen halbstündigen Vortrag über die Lage im Mittelmeer halten sollen, doch als die tschechische Krise ausbrach, hatte er darum gebeten, diese Sendung abzusagen. Aber Burgess legte großen Wert darauf, mit Churchill zu sprechen, und da sich dieser dem Sender irgendwie verpflichtet fühlte, lud er den jungen Mitarbeiter der BBC ein.

Zunächst war Winston recht mürrisch. Wie sich Burgess später erinnerte, beklagte er sich darüber, daß er »hinsichtlich der politischen Sendungen sehr schlecht behandelt worden sei und die BBC ihn nicht habe zu Wort kommen lassen... Dann sagte er, künftig werde das wahrscheinlich noch schlimmer werden, da er den Eindruck habe, die BBC werde jetzt von der Regierung kontrolliert.« Winston erzählte Burgess, er habe kürzlich einen Brief von Benesch – er nannte ihn »Herr Beans« – bekommen, der ihn um »Rat und Beistand« gebeten habe. Nun fragte Churchill, »was soll ich ihm antworten? – Denn eine Antwort werde und muß ich ihm geben... Ich bin doch nur ein alter Mann ohne Macht und ohne Partei. Welchen Rat kann ich geben, welchen Beistand kann ich ihm leisten?« Burgess geriet ins Stottern und sagte schließlich, Winston könne Benesch seine Beredsamkeit anbieten. Das gefiel Winston: »Meine Beredsamkeit! Ja richtig... Darauf kann sich Herr Beans voll und ganz verlassen« – er machte eine Pause, und nach einem schalkhaften Augenzwinkern fuhr er fort –, »es gibt Leute, die sagen würden, ich hätte zuviel davon. Das kann ich ihm anbieten. Aber was sonst, Mr. Burgess, was kann ich ihm sonst noch bieten?« Burgess war im allgemeinen nie um eine Antwort verlegen, aber jetzt wußte er nicht, was er sagen sollte. Er dachte angestrengt nach, es wollte ihm aber nichts einfallen. Vor ihm saß ein bedeutender Mann, der Todfeind des Faschismus, der sich enttäuscht in die Isolation zurückgezogen hatte. Churchill sagte: »Sie schweigen, Mr. Burgess. Es ist richtig, daß Sie schweigen. Was habe ich Herrn Beans noch zu bieten? Nur eines, meinen einzigen Sohn Randolph, der sich inzwischen bereits zum Offizier ausbilden läßt.«[1]

Während des ganzen Jahres 1938 waren die Warnungen Churchills immer deutlicher und dringender und zugleich immer unwirksamer geworden. Seine Aussprüche wurden nur noch selten zitiert, weil er sich mit ihnen gegen die »Männer von München« wandte, wie die Fleet Street sie nannte, von denen man glaubte, sie hätten den Ausbruch eines großen europäischen Krieges verhindert. Bei jeder Zusammenkunft politisch interessierter Menschen wäre es ungehörig gewesen zu fragen: »Haben Sie gehört, was Winston über Neville sagt? ›In den Tiefen jener staubigen Seele gibt es nichts anderes als die verächtliche Kapitulation‹.« Oder: »Churchill sagt, die Regierung habe die Wahl zwischen Krieg und Schande gehabt. Sie hat sich für die Schande entschieden. Und sie wird auch den Krieg bekommen.« Doch mit einigen seiner Aussprüche erzielte Winston die gewünschte Wirkung. Malcolm MacDonald, der Sohn von Ramsay und Minister für die Kolonien und Dominions in der Regierung Chamberlain, erinnert sich mit Mißbehagen, aber auch einem gewissen Vergnügen daran, wie er in einer Rede über die Zukunft von Palästina sagte: »Ich kann mich an keine Zeit erinnern, in der man mir keine Geschichten über Jerusalem und Bethlehem, dem Geburtsort des Friedensfürsten, erzählt hat«, und wie Churchill in einer Atempause murmelte: »Ich habe immer geglaubt, er sei in Birmingham geboren.«[2]

Am Montag, dem 3. Oktober 1938 um 15.34 Uhr eröffnete das Parlament die Debatte über das Münchener Abkommen. Nach den geltenden Regeln ergriff der ausscheidende Minister Duff Cooper als erster das Wort. Er sagte: »Der Premierminister hat es für richtig gehalten, mit Herrn Hitler in der Sprache der versöhnlichen Verständigungsbereitschaft zu sprechen. Ich hatte den Eindruck, daß er die Sprache der geballten Faust besser verstanden hätte … Wir haben der Tschechoslowakei die Verteidigungsfähigkeit im gleichen Atemzug genommen, wie wir sie ihr garantiert haben. Das ist so, als versetzte man jemandem einen tödlichen Schlag und schlösse gleichzeitig eine Lebensversicherung für ihn ab.«

Er sagte, Chamberlain maße dem Dokument, das er und Hitler in München unterzeichnet hatten, eine »wesentliche Bedeutung« zu. »Aber«, so fragte er, »was bedeuten diese Worte? Bedeuten sie, daß Herr Hitler bereit ist, sich von uns an der Verwirklichung seiner Absichten hindern zu lassen? Das hat er bisher noch nie getan. Oder bedeuten sie, daß er glaubt, er könne uns auch hier wie bisher jedesmal mit Bluff, lauten Drohungen und Erpressung einschüchtern, ohne kämpfen zu müssen? Sonst hat dieses Schriftstück praktisch keine Bedeutung.« Duff Cooper schloß mit den Worten: »Vielleicht habe ich meine politische Karriere ruiniert. Aber das hat wenig zu sagen. Ich habe etwas bewahrt, das großen Wert für mich besitzt. Ich kann immer noch erhobenen Hauptes durchs Leben gehen.«[3]

Die Abschiedsrede Coopers hinterließ bei den Abgeordneten einen tiefen Eindruck. Der Parlamentskorrespondent der *Times*, Anthony Winn, schrieb in seinem Bericht, sie sei positiv aufgenommen worden. Dawson, der nicht im Unterhaus gewesen war, zerriß den Artikel von Winn und schrieb einen eigenen Bericht, in dem er die Rede »eine nasse Sprengladung« nannte. Der Artikel erschien unter der Überschrift »Von unserem Parlamentskorrespondenten«. Darauf kündigte Winn seine Stelle bei der *Times*.[4]

Nach Duff Cooper sprach der Premierminister, würdigte pflichtgemäß die Verdienste seines Ministers, ging jedoch nicht auf seine Argumente ein. Chamberlain hatte dem Kabinett schon am gleichen Tag seine Auffassungen erläutert. Die freundlichste Interpretation seiner Haltung wäre es, zu sagen, er habe vergessen, daß er Premierminister war, und geglaubt, die Dinge aus der Sicht des Schatzkanzlers beurteilen zu müssen. Seit der Zeit, als er dieses Amt innegehabt hatte, sagte er dem Kabinett immer wieder, er werde von der Vorstellung verfolgt, »wir könnten unter der Last der Wiederaufrüstung zusammenbrechen«. Deshalb habe er sich darum bemüht, »die Ursachen... für das Wettrüsten aus dem Weg zu räumen«. Jetzt, nach seinen Vereinbarungen mit dem deutschen Reichskanzler, sei England in »einer hoffnungsvolleren Lage«. Die nächsten Schritte wären weitere Vereinbarungen, »mit denen das Wettrüsten beendet wird«. Die Bemühungen um die Stärkung der Verteidigungsfähigkeit des Landes sollten weitergehen, aber das sei »nicht das gleiche wie die Behauptung, als Dankopfer für die gegenwärtige Entspannung sollten wir sofort mit einer Erweiterung unseres Rüstungsprogramms beginnen«. Nun erklärte er dem Hohen Haus, sein Ziel sei es gewesen, »für die Befriedung Europas zu arbeiten, für die Beseitigung jenes Mißtrauens und jener Animositäten, welche die Atmosphäre schon so lange vergiftet haben. Es ist ein langer und über viele Hindernisse führender Weg, der zur Versöhnung führt.« Die Tschechoslowakei sei »das letzte und vielleicht gefährlichste« dieser Hindernisse gewesen, aber »jetzt, da wir es überwunden haben, glaube ich, daß es möglich sein könnte, weitere Fortschritte auf dem Wege zur Normalität zu machen«.[5]

Die Abgeordneten hörten ihm nicht schweigend zu. Als er stolz davon sprach, daß die Tschechen die Sudetendeutschen aus der Gefangenschaft freigegeben hätten, rief ein Parlamentsmitglied dazwischen: »Und was sagen Sie zu den tschechischen Geiseln?« Als er »tiefes Mitgefühl« für die Tschechoslowakei äußerte, riefen mehrere Abgeordnete: »Schämen Sie sich!« Er erwiderte: »Ich habe nichts getan, worüber ich mich schämen müßte. Sollen doch diejenigen, die es getan haben, den Kopf hängen lassen. Wir müssen aufrichtige Sympathie für eine kleine und tapfere Nation in der Stunde ihres nationalen Unglücks und ihrer schweren Verluste empfinden.« Ein Hinterbänkler unterbrach ihn: »Es ist eine Beleidigung, so etwas zu sagen.« Dann erklärte Chamberlain, »der wirkliche Triumph« von München »ist es, daß sich hier gezeigt hat, daß die Vertreter von vier Großmächten die Möglichkeit finden können, sich darüber zu einigen, wie eine schwierige und delikate Operation durch Gespräche anstelle von Waffengewalt durchgeführt werden kann, und die damit eine Katastrophe abgewendet haben, die den Untergang der zivilisierten Welt bedeutet hätte, wie wir sie kennen«.[6]

Während Harold Nicolson den Premierminister beobachtete, dachte er: »Er ist sichtlich müde und nervös, und die Rede ist nicht gut angekommen. Dann steht Anthony Eden auf. Zuerst glaubte ich, er werde nicht deutlich genug sein, aber er hatte das Haus schon auf seiner Seite, bevor er mit seinem Angriff begonnen hatte. Als es soweit war, war er großartig.« Eden bezweifelte, daß »die Ereignisse der letzten Tage... den Beginn einer günstigeren Entwicklung darstellen, wie mein ehrenwerter Freund (Chamberlain) hofft«. Er glaube vielmehr, »sie verschaffen uns nur eine Atempause von vielleicht sechs Monaten oder noch weniger, bevor wir vor der nächsten Krise stehen«.[7]

Als Nächster sprach Attlee und erklärte, man befände sich »mitten in einer Tragödie. Wir haben eine Demütigung zu spüren bekommen. Das war kein Sieg der Vernunft und der Menschlichkeit. Es war ein Sieg der nackten Gewalt.« Daß der Premierminister das Münchener Abkommen als einen Sieg des Selbstbestimmungsrechts bezeichnet hatte, sei, wie Sinclair sagte, »eine völlige Verdrehung der Tatsachen«, denn das abgetretene Gebiet werde zwar von »einer starken deutschen Minderheit« bewohnt, es sei aber dennoch eine Minderheit, und viele Deutsche in der Tschechoslowakei hätten nicht den Wunsch, in das Deutsche Reich eingegliedert zu werden. Er sagte zutreffend voraus, mit dem »Eindringen deutscher Truppen werden viele veranlaßt werden, dieses Gebiet zu verlassen, die unter anderen Umständen in ihrer angestammten Heimat geblieben wären. Deshalb dürfen wir nicht behaupten, daß hier das Selbstbestimmungsrecht verwirklicht wird.« Auch Amery, Macmillan und Bracken griffen das Münchener Abkommen mit scharfen Worten an.[8]

Während der fast drei Tage, die diese Debatte dauerte, saß Churchill schweigend und unbeweglich auf seinem Platz. Er sollte am Mittwoch abend sprechen, nachdem der Schatzkanzler Sir John Simon als letztes Kabinettsmitglied den Standpunkt der Regierung erläutert hatte. Simon erklärte, die Zeit werde Chamberlain schließlich recht geben: »Nur die Geschichte wird entscheiden können, ob das, was in München geschehen ist... zu einer Verbesserung der Lage geführt hat oder ob diejenigen recht behalten werden, die eine Verschlimmerung der Lage vorausgesagt haben.« Die Krise sei eine wertvolle Erfahrung für das britische Volk gewesen. Das nächste Mal werde jeder genau wissen, was zu tun sei. Das Münchener Abkommen sei »ein entscheidender Fortschritt gegenüber dem Memorandum von Godesberg«. Alle Anwesenden wußten, daß das falsch war, und schließlich mußte er zugeben, daß sich die Regierung Seiner Majestät »heute durchaus der Tatsache bewußt ist, daß der Krieg zwar vermieden werden konnte, Herr Hitler aber wieder seine erklärten Absichten hat durchsetzen können, ohne daß es zu einer Kriegserklärung gekommen ist«.[9]

Es war 17.10 Uhr, als der Sprecher Churchill aufrief, und als Winston aufstand, war die Stimmung im Unterhaus wie vor einem Stierkampf in Spanien in dem Augenblick, in dem der Stier in die Arena stürmt. Bevor er noch ein Dutzend Worte gesprochen hatte, wurde es unruhig, denn nichts, was er sagte, klang versöhnlich. So blieb es während der ganzen 49 Minuten, die seine Rede dauerte. Die Proteste begannen mit dem Zwischenruf von Nancy Astor: »Unverschämt! Unverschämt!« Mit dem Kinn auf der Brust, den Daumen in den Westentaschen, stand er breitbeinig da, ließ seine Blicke über die Versammlung schweifen und erklärte, er müsse damit beginnen, »sehr unangenehme und sehr peinliche Dinge zu sagen... Wir haben eine vollständige und durch nichts zu beschönigende Niederlage erlitten, und... Frankreich hat dabei noch größeren Schaden genommen als wir.« Nancy rief »Unsinn«, im gleichen Augenblick wandte er sich ihr zu und sagte: »Wenn die verehrte Lady ›Unsinn‹ ruft, dann muß sie überhört haben, daß der Schatzkanzler eben in seiner aufschlußreichen und ausführlichen Rede gesagt hat, daß das Äußerste... was der Premierminister mit seinen gewaltigen

Anstrengungen, mit all der großen Mühe und der Mobilisierung der Bevölkerung, die in diesem Lande stattgefunden hat, und mit all den Befürchtungen und Spannungen, die wir über uns haben ergehen lassen, erreicht hat« – hier wurde er durch den Ruf »Frieden!« unterbrochen – »... das Äußerste, was er für die Tschechoslowakei und in der hier behandelten Sache erreicht hat, war, daß der deutsche Diktator sich nicht die ganze Mahlzeit auf einmal vom Tisch geholt hat, sondern damit zufrieden war, daß ihm die Gerichte einzeln serviert wurden.« Er hielte es für wenig sinnvoll, zwischen den Ergebnissen von Berchtesgaden, Bad Godesberg und München Unterschiede feststellen zu wollen. »Was hier geschehen ist, läßt sich mit der folgenden Metapher deutlich machen. Zunächst wurde mit vorgehaltener Pistole die Herausgabe von einem Pfund gefordert. Als diese Forderung erfüllt war, wurden zwei Pfund mit vorgehaltener Pistole verlangt. Schließlich gab sich der Diktator mit einem Pfund, 17 Shilling und Sixpence zufrieden. Der Rest wurde mit der Zusage ausgeglichen, daß wir ihm künftig in jeder Beziehung entgegenkommen würden.« Das Abkommen, das Chamberlain mitgebracht habe, hätte »während des Sommers jederzeit auch auf dem gewöhnlichen diplomatischen Weg erreicht werden können. Und ich will noch eines sagen; ich glaube, hätten wir die Tschechen sich selbst überlassen und ihnen gesagt, sie könnten mit keiner Hilfe der Westmächte rechnen, dann wäre es ihnen gelungen, ein günstigeres Abkommen auszuhandeln als das, das ihnen jetzt aufgezwungen wird.«

Dann ging er im einzelnen auf das aggressive Vorgehen Hitlers ein und erläuterte, weshalb alle Bemühungen, ihm Einhalt zu gebieten, fehlgeschlagen seien: »Man kann niemals vollkommen sicher sein, daß es nicht zum Kampf kommen wird, wenn eine Seite entschlossen ist, in jeder Beziehung nachzugeben.« Er selbst habe »immer die Auffassung vertreten, der Frieden könne nur gewahrt werden, wenn die Kräfte, denen sich der Aggressor gegenübersieht, stark genug sind, ihn abzuschrecken, und zugleich alles unternommen wird, vorhandene Mißstände zu beseitigen«. Frankreich und Großbritannien hätten – »besonders wenn sie enge Kontakte mit Rußland unterhalten hätten, was mit Sicherheit nicht geschehen ist« – die »kleineren europäischen Staaten« beeinflussen können, »und ich glaube, sie wären auch in der Lage gewesen, entscheidend auf die Haltung Polens einzuwirken«. Ihr Einfluß wäre auch im Deutschen Reich spürbar gewesen und hätte »jenes intensive Verlangen nach Frieden gestärkt, das die wehrlosen deutschen Massen mit ihren britischen und französischen Mitmenschen teilen und das, wie wir erfahren haben, einen leidenschaftlichen und nur selten erlebten Ausdruck in der Freude gefunden hat, mit der dem Premierminister in Europa Beifall gespendet worden ist.«

Bündnisse und Maßnahmen zur Abschreckung des Angreifers »großer und kleiner Mächte, die gewillt sein müssen, sich für Recht und eine ordnungsgemäße Beseitigung von Mißständen einzusetzen ... hätten durchaus ihre Wirkung haben können«. Er hielte es nicht »für gerechtfertigt, denen, die dieser Richtung folgen wollten, und zwar konsequent und entschlossen, vorzuwerfen, sie wollten einen Krieg beginnen. Außer Unterwerfung und Krieg gab es eine dritte Alternative, die uns nicht nur erlaubt hätte, auf einen dauerhaften Frieden, sondern auch auf eine gerechte Lösung aller Probleme zu hoffen.« Natürlich müsse Großbritannien, wenn eine solche Politik erfolgreich sein sollte, »deutlich erklären, und zwar rechtzeitig, daß es zusammen mit anderen die Tschechoslowakei gegen jeden nicht provozierten Angriff verteidigen werde. Die Regierung Seiner Majestät hat sich geweigert, diese Garantie zu einer Zeit zu geben, in der damit die Situation hätte gerettet werden können. Als sie schließlich gegeben wurde, war es zu spät, und jetzt übernimmt die Regierung für die Zukunft erneut diese Verpflichtung, obwohl sie nicht mehr über die Kräfte verfügt, die sie brauchte, um ihre Zusage einzuhalten.

Jetzt ist alles vorbei.
Schweigend, traurig, verlassen und gedemütigt
zieht die Tschechoslowakei in die
Finsternis zurück.

Ihre Bindungen an die westlichen Demokratien
haben ihr in jeder Hinsicht geschadet.«

Volksabstimmungen, wie sie in der Parteizentrale Hitlers in München vorgeschlagen worden seien, hätten »nichts mit echter Selbstbestimmung zu tun. Es ist Schwindel und Betrug, hier diesen Begriff zu verwenden. Wir in diesem Lande haben ebenso wie die Menschen in anderen liberalen und demokratischen Ländern durchaus das Recht, den Grundsatz der Selbstbestimmung als ein hohes Ideal zu bezeichnen, aber in jenen totalitären Staaten, in denen jeder Bevölkerungsgruppe und jeder Glaubensrichtung auch die geringste Toleranz verweigert wird, klingt dieses Wort wie ein Hohn.« Jedenfalls »hat die Mehrheit der Menschen in diesem Gebietsstreifen, der jetzt abgetreten werden soll, niemals den Wunsch geäußert, von den Nazis regiert zu werden. Ich glaube auch jetzt nicht daran, daß sie sich, wenn man sie jetzt nach ihrer Meinung befragte, für diese Lösung entscheiden würden.«

Er fragte: »Wie sieht die Lage in der Tschechoslowakei jetzt aus? Das Land ist nicht nur politisch verstümmelt, sondern auch wirtschaftlich und finanziell herrscht das vollkommene Chaos. Das Bankensystem und das Eisenbahnnetz sind auseinandergerissen, die Industriekapazität ist wesentlich geschwächt, und die Umsiedlung großer Bevölkerungsteile ist für die Betroffenen außerordentlich schmerzlich.« Churchill erläuterte das an einem Beispiel: »Die Bergleute im Sudetenland, die alle Tschechen sind und deren Familien seit Jahrhunderten in diesem Gebiet gelebt haben, müssen jetzt in eine Gegend fliehen, wo es kaum Bergwerke gibt, in denen sie arbeiten können.« Er sagte – prophetisch –, er zweifle daran, daß »der tschechoslowakische Staat künftig als unabhängiges Gemeinwesen weiterbestehen kann. Sie werden feststellen, daß die Tschechoslowakei in einem Zeitraum, der sich vielleicht über Jahre, unter Umständen aber auch nur über Monate erstrekken kann, vom Naziregime verschlungen werden wird.«

Als echter Konservativer orientierte sich Churchill »an der Weisheit der Vergangenheit, denn alle Weisheit ist keine neue Weisheit«. In den Parlamentsferien hatte er sich mit der Regierungszeit von König Ethelred dem Unberatenen beschäftigt, besonders mit den »schlichten Worten der angelsächsischen Chronik, die vor 1000 Jahren aufgezeichnet wurde«. Daraus zitierte er den folgenden Satz: »All dieses Elend kam über uns, weil wir schlecht beraten waren, weil ihnen nicht rechtzeitig ein Tribut angeboten worden war und wir ihnen trotzdem keinen Widerstand geleistet haben; aber als sie das größte Unheil angerichtet hatten, wurde der Friede mit ihnen geschlossen.« So sei es auch jetzt: »Wir stehen vor einer Katastrophe größten Ausmaßes, von der Großbritannien und Frankreich betroffen sind. Davor dürfen wir nicht die Augen verschließen. Wir werden uns jetzt damit abfinden müssen, daß alle Länder in Mittel- und Osteuropa möglichst günstige Bedingungen mit der triumphierenden nationalsozialistischen Macht aushandeln werden.« Der Prestigeverlust der Demokratien spotte jeder Beschreibung, sagte er dem Hohen Haus. In Warschau hätten der britische und der französische Botschafter den polnischen Außenminister, Oberst Jozef Beck, aufsuchen wollen. »Die Türe wurde ihnen vor der Nase zugeschlagen.« Jetzt frage er sich, »in welche Lage Frankreich und England dieses Jahr und in den folgenden Jahren noch geraten werden«. Die deutsche Armee sei jetzt wahrscheinlich schon stärker als die französische, »wenn auch bei weitem nicht so gereift und gut ausgebildet«. Es gebe noch Optionen, über die man noch nicht nachgedacht habe, sie seien jedoch keineswegs ermutigend. Was er aber als »untragbar« empfinde, sei »das Gefühl, daß unser Land in den Macht- und Einflußbereich des nationalsozialistischen Deutschland und unsere Existenz in die Abhängigkeit vom Wohlwollen oder der Willkür der Nazis geraten könnte... In sehr wenigen Jahren, vielleicht in wenigen Monaten werden wir mit Forderungen konfrontiert werden«, die »Gebietsabtretungen oder den Verzicht auf die Freiheit zur Folge haben können«. Eine »Politik der Unterwerfung« würde »Beschränkungen« der Freiheit der Rede und der Presse zur Folge haben. »Manchmal muß ich sogar hören, daß wir es englischen Politikern nicht erlauben dürften, das nationalsozialistische System der Diktatur zu kritisieren.«

Er nehme unseren »loyalen, tapferen Landsleuten ... die natürlichen, spontanen Ausbrüche der Freude und der Erleichterung nicht übel«, zu denen es gekommen ist, als sie erfuhren, daß sie nicht mit einem sofortigen Kriegsausbruch rechnen müßten, »aber sie sollten die Wahrheit wissen. Sie sollten wissen, daß wir unsere Verteidigungsfähigkeit in sträflicher Weise vernachlässigt haben; sie sollten wissen, daß wir auch ohne Krieg eine Niederlage erlitten haben, unter deren Folgen wir noch lange werden leiden müssen; sie sollten wissen, daß wir einen unheilvollen Meilenstein in unserer Geschichte hinter uns gelassen haben, als das ganze Gleichgewicht der Kräfte in Europa in Unordnung geriet, und daß heute für die westlichen Demokratien die furchterregenden Worte gelten: ›Gewogen und zu leicht befunden.‹

Und glauben Sie nicht, daß dies das Ende ist.
Das ist erst der Beginn der Abrechnung.

Das ist erst der erste Schluck –
der erste Vorgeschmack eines bitteren Getränks
aus einem Becher, den wir in den nächsten Jahren
werden leeren müssen –

Es sei denn –
wir werden unter gewaltigen Anstrengungen unsere
gesunde Moral und unsere kriegerische Stärke
zurückgewinnen,
uns erheben und entschlossen für die Freiheit
eintreten
wie in alter Zeit.«[10]

Lord Maugham nannte Churchill einen »Agitator«, der »erschossen oder aufgehängt« werden sollte. Die *Times* berichtete, Churchill habe »das vollbesetzte Unterhaus mit Prophezeiungen traktiert, die den Propheten Jeremias als Optimisten erscheinen lassen«, und sprach gönnerhaft von seiner »bedrückenden Aufrichtigkeit«. Der *Daily Express* nannte seine Rede »die beunruhigende Bußpredigt eines Mannes, dessen ganzes Denken von den Eroberungen Marlboroughs beherrscht wird« und schrieb, daß er es versäumt habe, die Regierung zu unterstützen, »schwächt seinen Einfluß bei den Mitgliedern der Konservativen Partei«. Damit hatte die Zeitung recht. Robert Rhodes James notiert, »die gegen ihn gerichtete Stimmung in der Partei intensivierte sich jetzt«.[11]

Das Parlament wurde immer noch von den privilegierten Schichten und ihrer Furcht vor den Sowjets beherrscht, einer Furcht, auf der Hitler spielte wie auf einer Stradivari, indem er ständig verkündete, sein Hauptziel sei die »Bekämpfung des Bolschewismus«. Aber außerhalb von Westminster und Whitehall – in den Midlands, den Bergwerken, dem Lake District, an den Nebenflüssen der Themse, am Humber und Severn, in den Handelsstädten Liverpool, Manchester, Birmingham, Sheffield, Leeds und Bristol – war München, nachdem die erste Aufwallung der Dankbarkeit für die Bewahrung des Friedens abgeklungen war, ein umstrittenes Thema. Auch im Unterhaus schleppte sich die Debatte nur noch mühsam weiter, nachdem die schweren Geschütze der Kritiker Chamberlains – Duff Cooper, Eden und Churchill als Richtkanonier – das Feuer eingestellt hatten.

Beim einfachen Volk lag die Sache anders, zumal die Arbeiter aus dem Spanischen Bürgerkrieg gelernt hatten, daß sich dem Faschismus nicht ohne Blutvergießen Halt gebieten ließ. Das war aber nicht nur den Arbeitern bewußt. In Mayfair, Park Lane und Bloomsbury empörten sich die Ehefrauen vieler konservativer Abgeordneter darüber, daß ihre Männer die Beschwichtigungspolitik Chamberlains unterstützten.

Die hitzigen Streitgespräche beschränkten sich nicht auf das Vereinigte Königreich – England, Schottland, Wales und Nordirland. Großbritannien war immer noch die einzige Supermacht der Welt. Die Nachwirkungen der in Whitehall und in der Downing Street getroffenen Entscheidungen waren fast überall spürbar – in allen Dominions und sogar in den Vereinigten Staaten, die sich noch nicht für eine klare Linie entscheiden konnten und zwischen Pazifismus und Isolationismus wie beim Blindekuhspiel hin- und herschwankten. Churchill hat später geschrieben: »Bei den Konservativen waren Familien und enge Freunde in ihrer politischen Haltung so zerrissen, wie ich es vorher noch nie erlebt hatte. Männer und Frauen, die schon viele Jahre durch ihre Parteizugehörigkeit, gesellschaftliche und Familienbande miteinander verbunden waren, warfen einander jetzt nur noch wütende und verächtliche Blicke zu.« Seine Tochter Mary schreibt: »Im Rückblick ist es schwierig, die Gefühle des Zorns, der Scham und der Bitterkeit zu beschreiben, von denen jene beherrscht wurden, die das Münchener Abkommen ablehnten.« Und Lady Diana Cooper erzählt, daß »Ehepartner nicht mehr miteinander sprachen und Väter und Söhne einander unverzeihliche Dinge sagten; es war so, als litte das ganze Land unter schweren Geburtswehen. Und in gewisser Weise traf das auch zu.«[12]

Harold Macmillan glaubte, der Keim für ein neues, stolzes Großbritannien sei vor zwei Jahren im Sommer 1938 gelegt worden, als meist junge Tories mit abweichenden Auffassungen anfingen, an der Regierung Chamberlain Kritik zu üben. Die Anhänger von Leo Amery wurden stärker, nachdem sie mit der Regierung gebrochen hatten, aber die Opposition der Anhänger Edens war am deutlichsten zu spüren. Sie wurden von der Presse beobachtet. Viele ihrer Führer hatten sich im Ersten Weltkrieg ausgezeichnet, und man betrachtete sie im allgemeinen als die nächste Ministergeneration. Doch im großen und ganzen waren sie zu wohlerzogen, begegneten den Angehörigen der älteren Generation mit zu großem Respekt, scheuten sich, ihre Ansichten energisch öffentlich zu vertreten, und waren viel zu phantasielos, um den Schwung und die Durchsetzungskraft junger Rebellen zu entwickeln. Sie vermieden es, dem Premierminister zu nahe zu treten, und hielten bewußt Abstand von Churchill und seinen wenigen Freunden. Als Duncan Sandys Interesse zeigte, an einem ihrer Treffen teilzunehmen, sagte man ihm, seine Gegenwart sei nicht erwünscht. In dieser negativen Haltung kamen auch die Schwächen ihres Führers zum Ausdruck. Das Ausscheiden Edens aus dem Auswärtigen Amt war die politische Sensation der letzten Sitzungsperiode des Parlaments gewesen, aber seine Rücktrittsrede war so formuliert, daß sich niemand dadurch beleidigt fühlen konnte. Macmillan meinte, anschließend seien »die Abgeordneten sich nicht ganz klar darüber gewesen, worum es bei diesem Streit überhaupt ging«. Auf einer politischen Versammlung in der Queen's Hall, die als Protestdemonstration gegen das Münchener Abkommen veranstaltet worden war, hatte sich Eden, wie Liddell Hart schreibt, so zurückhaltend geäußert, daß es seine Zuhörer irritierte und sie unruhig wurden. Nachdem er sich gesetzt hatte, rief Violet Bonham Carter zu einer formellen Abstimmung auf, mit der ihm die Dankbarkeit der Versammlung zum Ausdruck gebracht werden sollte, doch anschließend sagte sie, sie habe das Gefühl gehabt, eher eine Abstimmung vorgeschlagen zu haben, mit der Eden das Mißtrauen ausgesprochen werden sollte. Edens Vorzug habe vor allem darin bestanden, daß er weder Neville Chamberlain noch Winston Churchill war.[13]

Heute könnte man meinen, daß die Briten, nachdem sie begriffen hatten, welchen Preis Chamberlain für Hitlers Unterschrift hatte zahlen müssen, sich Churchill zugewendet haben sollten. Schließlich haben sie es dann ja auch getan, aber die öffentliche Meinung braucht lange Zeit, zu einer gemeinsamen Linie zu finden, und so schwankte sie auch in England, während der Winter hereinbrach und das Jahr 1939 begann. Die meisten Briten waren mit Sicherheit empört über den Verrat an den Tschechen. Eine nach Bad Godesberg durchgeführte Befragung zeigte, daß zwei von drei Engländern die von England und Frankreich gemachten Vorschläge ablehnten, weil Deutschland damit zu großzügig behandelt werde. Am Abend des 22. September war Duff Cooper einer »großen Menschenmenge« begegnet, die »an Whitehall vorbeimarschierte und rief, ›steht den Tschechen bei‹ und ›Chamberlain muß gehen‹«. Doch England war noch nicht bereit, nach Churchill zu rufen. Man war dagegen, Hitlers Forderungen zu erfüllen, aber die Abscheu vor einem neuen Grabenkrieg war immer noch sehr lebendig. Obwohl Winston seine oft wiederholte Forderung, die Verteidigungsfähigkeit Englands zu stärken, in der Absicht erhoben hatte, einen neuen Krieg zu vermeiden, wußte jeder, daß er mit Begeisterung kämpfen würde, wenn es dazu kommen sollte. Ein Kandidat der Labour Party hatte schon 1923 behauptet, er sei »militant bis in die Fingerspitzen«. Nach dem Münchener Abkommen zitierte ein kritischer Abgeordneter im Unterhaus einen Ausspruch von Gardiner, den dieser vor 30 Jahren getan hatte: »Churchill wird seinen Namen in das Buch der Geschichte schreiben; passen Sie auf, daß er ihn nicht mit Blut schreibt.«[14]

Macmillan notierte: »Jeder wußte, daß die Regierung im ganzen Land so stark unterstützt wurde, daß sie im Parlament nicht ernsthaft gefährdet werden konnte. Auf unseren fast täglich stattfindenden Konferenzen im Kreis unserer Freunde hatten wir die düstersten Vorahnungen. Aber die Strömung war noch zu stark. Sie war gegen uns – und besonders gegen Churchill.« Die Zusammenkünfte der Abweichler wurden heimlich, ja fast verschwörerisch abgehalten. Nicolson vertraute seiner Frau an, er habe mit zwölf Parlamentsmitgliedern eine »Geheimsitzung« gehabt, an der auch Eden, Amery, Macmillan, Sidney Herbert und Duff Cooper teilgenommen hätten. Dabei habe man »beschlossen, daß wir nicht öffentlich als Gruppe auftreten und uns auch nicht als Gruppe bezeichnen sollten«. Es ist schwer zu verstehen, was diese Leute damit erreichen wollten. Sie wollten sich »nur von Zeit zu Zeit treffen, Meinungen austauschen und uns für eine Revolte organisieren, wenn es notwendig werden sollte«. Aber sie waren zu ängstlich und viel zu wohlerzogen, um zu rebellieren. Nicolson charakterisierte diese Leute als »gute Tories und vernünftige Männer. Diese Gruppe unterscheidet sich entschieden von der Gruppe um Churchill... Das ist mir sehr viel angenehmer.«[15]

Daß sich ein Teil der Konservativen von Churchill abwandte, läßt sich unter anderem auch auf seine ausgeprägte Überheblichkeit zurückführen, die in der Politik manchmal nützlich sein, aber im Privatleben zu erheblichen Spannungen führen kann. Boothby hat einmal gesagt, »du sollst keine anderen Götter haben neben mir« sei für ihn immer das erste und das wichtigste Gebot gewesen. Desmond Morton schrieb sehr viel später an einen Journalisten: »Ich glaube, es ist wirklich wahr, daß Winstons ›Freunde‹ Menschen sein müssen, die ihm etwas nützen. Er konnte sich nicht vorstellen, einen Freund zu haben, der für ihn keinen praktischen Wert hatte, sondern nur deshalb ein Freund war, weil er ihn mochte.« Morton hat das allerdings erst sehr viel später zu einer Zeit geschrieben, als er verbittert war, weil Churchill ihm keinen wichtigeren Posten im Kriegskabinett eingeräumt hatte. Aber selbst Violet Bonham Carter, die Winston bewunderte, mußte zugeben: »Von einem Freund verlangte er die aktive Beteiligung an seinen Vorhaben oder zumindest seine Zustimmung.«[16]

Das war jedoch nicht der Grund, weshalb die Parlamentarier, die seine Auffassungen teilten, ihm im Unterhaus aus dem Wege gingen. Man hielt Churchill für gefährlich. Wenn ein Mitglied des Parlaments den Ehrgeiz hatte, Minister zu werden, konnte der Umgang mit Churchill seine Chancen verderben, und das wollten diese Leute nicht riskieren. Weil Churchill stets zuversichtlich, stark und selbstsicher erschien, kamen sie nie auf den Gedanken, daß es ihm guttun könnte, wenn ihm jemand freundschaftlich auf die Schulter klopfte oder ihm ein paar freundliche Worte über eine gelungene Rede sagte, zumal er in den Leitartikeln der Zeitungen kritisiert wurde und der Lordkanzler meinte, man sollte ihn für das, was er gesagt habe, aufhängen oder erschießen. Der Premierminister nahm unter Umständen von seinen Worten Notiz oder ließ sich darüber berichten. Doch nachdem er auf dem Flughafen und in der Downing Street die Begeisterung der Menge erlebt hatte, trat Chamberlain wie ein Messias auf.

Am Donnerstag, dem Tag nach der Rede Churchills, beantragte der Premierminister, die Sitzungsperiode des Unterhauses bis zum 1. November zu unterbrechen. Attlee, Sinclair und einige andere Konservative protestierten entschieden dagegen, Macmillan am vehementesten. Churchill drängte darauf, Mitte Oktober eine zwei Tage dauernde Sitzung einzuberufen. Er sagte, es sei »eine Herabsetzung des Parlaments, wenn man glaube, es sei nicht geeignet, sich mit diesen wichtigen Angelegenheiten zu beschäftigen, und solle in einer der bedeutungsvollsten Perioden, die wir je erlebt haben, in die Ferien geschickt werden«. Chamberlain erwiderte in verächtlichem Ton, der Sprecher habe zu entscheiden, wann das Haus wieder zusammentreten solle. Winston protestierte und erklärte, »aber nur auf Anweisung der Regierung Seiner Majestät«. Jeder Abgeordnete wußte das. Chamberlain nannte die Bemerkung Churchills »unwürdiges Geschwätz«, und nun mußte die Sache zwischen den beiden ausgetragen werden. Winston war auf die

Unterstützung seiner Kollegen angewiesen, die ihn jedoch im Stich ließen. Er schrieb an die Downing Street Nr. 10, protestierte gegen die beleidigenden Worte des Premierministers, und dieser antwortete: »Es tut mir leid, wenn Sie glauben, ich hätte Sie beleidigt, aber ich muß sagen, für einen Mann, der so häufig andere angreift, sind Sie sehr empfindlich. Ich habe Ihre Ausführungen als sehr beleidigend für mich und diejenigen empfunden, mit denen ich zusammengearbeitet habe... Sie können nicht erwarten, daß ich mir Ihre Schläge gefallen lasse, ohne zurückzuschlagen.«[17]

Churchill kehrte zutiefst deprimiert nach Chartwell zurück. Er sagte einen Vortrag am Imperial Defence College ab und erklärte: »Die Veränderung der Lage bereitet mir so schwere Sorgen, daß ich im Augenblick nicht die Kraft habe, die mir von Ihnen übertragene Aufgabe zu übernehmen.« Paul Reynaud und Georges Mandel waren aus Protest gegen das Münchener Abkommen aus dem französischen Kabinett ausgeschieden, und Winston schrieb an Reynaud: »Ich kann nicht erkennen, welche außenpolitischen Möglichkeiten die Französische Republik jetzt hat. Kein kleiner Staat wird künftig seine Zukunft riskieren, wenn er sich dabei auf eine Garantie Frankreichs stützen muß. Auch im Hinblick auf uns mache ich mir keine Illusionen... Können wir mit Erfolg etwas gegen die drohende Vorherrschaft der Nazis unternehmen, oder sollten wir getrennt voneinander versuchen, die günstigsten Bedingungen mit ihnen auszuhandeln – während wir gleichzeitig aufrüsten? Oder ist es noch möglich, gemeinsam etwas zu unternehmen?« Sein Neffe John George Churchill hat später mit Martin Gilbert über die Vorgänge während dieser Zeit gesprochen und gesagt: »Die düstere Stimmung nach München war wirklich schrecklich. Wenn man in Chartwell mit ihm allein war, dann war seine Verzweiflung manchmal überwältigend.« Einem alten kanadischen Freund schrieb Winston am 11. Oktober: »Ich bin zur Zeit zutiefst bekümmert, und die gegenwärtige Lage beunruhigt mich. Bisher sind die friedliebenden Mächte entschieden stärker gewesen als die Diktatoren, wir müssen aber damit rechnen, daß sich das Gleichgewicht im nächsten Jahr verändert.«[18]

Er hatte geglaubt, seinen persönlichen Tiefpunkt erreicht zu haben, als König Eduard abdankte, aber jetzt war alles noch schlimmer. Doch das eine war Teil des anderen. A. J. P. Taylor schreibt, 1936 »hatte man den Eindruck, daß Churchill der Brennpunkt aller patriotischen und demokratischen Gefühle sei«, aber Winstons unklare Haltung im Hinblick auf den Spanischen Bürgerkrieg und die Tatsache, daß er sich auf die Seite des unglaubwürdig gewordenen Monarchen gestellt hatte, führten dazu, daß er einen großen Teil seiner Anhängerschaft verlor und »sein Ansehen dahinschwand«, besonders bei der politischen Linken.

Daß er immer mehr in die Isolation geriet, wird im allgemeinen damit erklärt, daß das Parlament mit Empörung seinen langdauernden und vergeblichen Kampf um den Erhalt der britischen Herrschaft in Indien zur Kenntnis genommen hatte. Aber Chamberlain hatte die parlamentarischen Manöver bedauert, die schließlich dazu führten, daß Indien den Status eines Dominions erhielt. Die Labour Party billigte zwar die Unterstützung des Völkerbunds durch Winston, war aber nicht bereit, ihn bei seinen Bemühungen um die kollektive Sicherheit zu unterstützen. Die Idealisten wandten sich, wie Taylor schreibt, von ihm ab, »und so blieb er bis zum Ausbruch des Krieges ein einsamer Mann, dem beide Seiten mißtrauten«. Nach der Ernüchterung, die dem Münchener Abkommen in Großbritannien folgte – und die »erste Ekstase war«, wie Muggeridge schrieb, »bald vorbei«, als die Engländer erkannten, daß »weitere Zugeständnisse an Deutschland« folgen würden –, hätten vernünftige Männer wenigstens anerkennen können, daß Churchill recht gehabt hatte. Aber in der Politik geht es nie vernünftig zu. Nachdem das Kabinett Churchills Vorwürfe und Zweifel bestritten, lächerlich gemacht und verspottet hatte, konnte es ihm jetzt nicht recht geben, ohne sein eigenes Versagen einzugestehen.[19]

Während die letzten Wochen des Jahres 1938 dahinschlichen, wäre jeder, der gewettet hätte, daß der Abgeordnete für Epping auch noch nach einem Jahr seinen Eckplatz einnehmen werde, berechtigt gewesen zu fragen, welche Chancen er habe, diese Wette zu gewinnen. Es gab zwei Möglichkeiten für Churchill, seinen Sitz im Parlament zu verlieren. Er konnte selbst zurücktreten, oder seine Wähler konnten ihn abberufen. Er gehörte dem Unterhaus seit vielen Jahren an und hatte die ganze Zeit gehofft, an der Regierungsverantwortung beteiligt zu werden, aber die Chancen dafür waren so gering wie eh und je. Immer noch setzte er sich für eine Stärkung der britischen Verteidigungskräfte ein, und in den Augen der Beschwichtigungspolitiker genügte das schon, um ihn trotz seiner beachtlichen Fähigkeiten zu disqualifizieren. Außerdem kam, wie Chamberlain in seinem Tagebuch schreibt, eine Anerkennung Churchills nicht in Frage, solange es möglich schien, freundschaftliche Beziehungen zu Hitler und Mussolini herzustellen: »Ich würde nicht etwas riskieren, das sie mit Sicherheit als eine Provokation ansehen würden.« Macmillan sagte Hugh Dalton, daß bei Churchill, ob er nun dem Parlament angehörte oder nicht, stets die Gefahr bestünde, daß er »in die Rolle der selbstgefälligen Kassandra zurückfällt. Er würde sagen: ›Nun gut, ich habe mein Bestes getan. Ich habe alle diese Reden gehalten. Niemand hat auf mich gehört. Alle meine Voraussagen haben sich erfüllt. Die Regierung hat mir nur die kalte Schulter gezeigt. Was kann ich da noch tun?‹«[20]

In London schien es unvorstellbar, daß Churchill gezwungen werden könnte, auf seinen Sitz im Parlament zu verzichten. Aber in den ersten Wochen nach München, als es so aussah, als sei es Chamberlain wirklich gelungen, den Frieden zu sichern, waren die meisten konservativen Wähler stolz auf den Führer ihrer Partei und empört, wenn er kritisiert wurde. In diesem politischen Klima erschien im *Sunday Express* ein kurzer Artikel unter der Überschrift: »In Epping brauen sich Schwierigkeiten für Churchill zusammen. Der Wahlkampf ist heftig, und die Wahlkämpfer sind entschlossen.« Winston beschwerte sich bei Beaverbrook und schrieb, der Bericht sei »irreführend, was den wahren Stand der Dinge betrifft, und sicherlich sehr wenig hilfreich für mich«. Letzteres war richtig, aber der Bericht war auch zutreffend. Zwei seiner treuen Wähler, Sir Harry Goschen und Sir Colin Thornton-Kemsley, waren sehr verärgert über seine Rede zum Thema München. Goschen schrieb an den Vorsitzenden der Epping Conservative Association, Sir James Hawkey, er könne sich des Eindrucks nicht erwehren, »daß es ein Jammer war, wie er die Harmonie im Unterhaus durch seine Rede störte… Ich glaube, es wäre sehr viel besser gewesen, wenn er geschwiegen und keine Rede gehalten hätte.«[21]

Goschen beschloß, Churchill dennoch die Treue zu halten, aber Thornton-Kemsley verlangte, daß er von einem Mann abgelöst würde, der bereit sei, »die konservative Regierung zu unterstützen, nicht aber… sie in Mißkredit zu bringen«. Am 4. November verteidigte Churchill in einer öffentlichen Versammlung seine Haltung in der Frage des Münchener Abkommens. Nach ihm sprach Thornton-Kemsley und behauptete, Winstons Versuche, Deutschland mit einem »Ring starker bewaffneter Mächte« einzukreisen, seien fehlgeschlagen. Es bestünden, wie er behauptete, keine Gegensätze zwischen britischen und deutschen politischen Zielen, und wenn die vier in München vertretenen Nationen sich »über eine Politik der Freundschaft einigen« könnten, werde es keine andere Nation wagen, einen Krieg zu beginnen. Die Zuhörer schienen geteilter Meinung zu sein, aber Hawkey stellte sich auf die Seite von Winston, und seine Wähler einigten sich auf eine Erklärung, in der bedauert wurde, daß die Regierung Seiner Majestät es versäumt habe, auf die Warnungen ihrer Mitglieder »während der vergangenen fünf Jahre« zu hören, und in der sie behaupteten, wären der Premierminister und sein Kabinett dem Rat Churchills gefolgt, dann wäre Chamberlain »in einer viel günstigeren Verhandlungsposition gegenüber den Regierungschefs der diktatorisch regierten Staaten gewesen«.[22]

Im November hatte es den Anschein, daß sich Churchill seiner Wähler in Epping sicher sein konnte, aber wie Sarah ihm später schrieb:

»Was nützt die ganze Politik, wenn sie nicht auf Dich hören wollen?« Doch auf denjenigen, der am wenigsten zuhörte, kam es am meisten an.[23]

Neville Chamberlain glaubte, München sei der triumphale Höhepunkt seiner politischen Laufbahn gewesen. Abweichende Meinungen konnte er nicht ertragen. Er war ein Verfechter der strengen Parteidisziplin, dazu eitel, rücksichtslos und nachtragend. Diese wenig anziehenden Eigenschaften wurden ausgeglichen durch eine nie ermüdende Energie, einen starken Intellekt und eine noch stärker ausgeprägte Gabe, andere zu beherrschen. William Strang vom Auswärtigen Amt, der das Münchener Abkommen empört ablehnte, sah in ihm trotzdem »einen Mann mit einem kühlen, ruhigen Verstand, einem starken Willen und klaren politischen Vorstellungen, der mit Hingabe dem öffentlichen Interesse diente und fest an seine eigene Urteilsfähigkeit glaubte«.[24]

Daß Chamberlain Humor hatte, läßt sich nicht belegen. Nach seiner Auffassung durften öffentliche Aufgaben und staatliche Einrichtungen nicht auf die leichte Schulter genommen werden. Rugby (wonach das englische Fußballspiel benannt ist) verabscheute er ebenso, wie Winston Harrow verabscheut hatte. Dennoch gehörten die englischen Internatsschulen für ihn zur bestehenden Gesellschaftsordnung und durften daher nicht lächerlich gemacht werden. Als Churchill im Unterhaus sagte, »Großbritannien gleicht einem Laokoon, der von den Schlangen eines veralteten Schulsystems erwürgt wird«, und erklärte, das englische Schulsystem »wirft falsche Perlen echten Säuen vor«, machte Neville ein böses Gesicht. Die Unfähigkeit, sich über komische oder launische Einfälle zu freuen, ist typisch für Fanatiker, und der Premierminister glich jetzt dem Steuermann eines Schiffs, der den Kurs festgelegt und sich dazu an das Steuerrad hat binden lassen. Nach München hätte er der Sicherheit Englands die höchste Priorität einräumen müssen, aber am ersten Weihnachtsfeiertag des Jahres 1938 schrieb Oliver Harvey, ein höherer Beamter im Auswärtigen Amt, entmutigt in sein Tagebuch, daß Chamberlain die Aufrüstung nicht energisch genug vorantrieb, daß das Committee of Imperial Defence unter Inskip »immer langsamer arbeitet« und daß »Inskip unbedingt gehen muß. Wir brauchen dort einen viel energischeren und ideenreicheren Mann. Winston wäre die beste Wahl, aber ich glaube, der Premierminister würde lieber sterben als ihn akzeptieren.«[25]

Das ließ sich gewiß nicht bestreiten. Im November hatte Chamberlain von der Regierungsbank aus im Unterhaus Winston scharf angegriffen und den alten Vorwurf wiederholt, Churchill sei unzuverlässig. Es war die bekannte alte Leier, aber niemand konnte sich daran erinnern, daß ein britischer Premierminister sich jemals in ähnlicher Weise gegen einen einfachen Abgeordneten seiner eigenen Partei gewandt hatte. So etwas tat man einfach nicht. Und es war besonders unklug, es mit Churchill zu versuchen, wie Chamberlain erfahren mußte, als Winston am 9. Dezember vor 1200 Wählern seines Wahlkreises in Chingford sagte, der Premierminister habe vor dem Parlament erklärt, »trotz all meiner großen Gaben hätte ich einen Mangel an Urteilsfähigkeit bewiesen. Ich bin gern bereit, meine Beurteilung der außenpolitischen Lage und der Verteidigungsfähigkeit Englands während der vergangenen fünf Jahre mit der Beurteilung durch ihn vergleichen zu lassen.«[26]

Es war eine für Chamberlain vernichtende Rede. Churchill erinnerte seine Zuhörer daran, daß Chamberlain 1934 Schatzkanzler gewesen sei, als Winston den damaligen Premierminister Baldwin darauf aufmerksam gemacht hatte, daß »die Deutschen eine geheime Luftwaffe besaßen, die sehr bald stärker sein würde als unsere. Ich nannte zuverlässige Zahlen und machte bestimmte Voraussagen. Natürlich wurde das alles mit dem ganzen Gewicht der amtlichen Autorität bestritten.« Damals habe man ihn als »Bangemacher« verspottet. Doch nun erinnerte er seine Zuhörer daran, daß Baldwin sechs Monate später »vor dem Unterhaus zugeben mußte, er habe sich geirrt, und sagte, ›wir alle tragen die Schuld‹.« Baldwin habe »für seinen Fehler, der sich für das Britische Empire und die britische Freiheit als tödlich erweisen kann, mehr Beifall geerntet« als die meisten Engländer, die der Nation wertvolle Dienste geleistet hätten. »Mr. Chamberlain war nach Mr. Baldwin das einflußreichste Mitglied jener Regierung... Er kannte alle Tatsachen. Aber er hat die Lage ebenso falsch beurteilt wie Mr. Baldwin, und wir müssen heute die Folgen tragen.« Dieses Versagen sei jedoch nur der Anfang. Ein Jahr später habe Winston verlangt, daß die RAF verdoppelt und dann noch einmal verdoppelt werden müsse, was Lord Samuel, der ebenso wie Chamberlain an die Richtigkeit der Beschwichtigungspolitik glaubte, veranlaßt habe zu sagen, er hielte »mein Urteilsvermögen für so gering, daß er mich mit einem malaiischen Amokläufer verglich. Es wäre für ihn und seinesgleichen besser gewesen, wenn man meinem Rat gefolgt wäre. Sie stünden dann nicht dort, wo sie heute stehen.«

Dann wandte er sich der Erfolgsbilanz von Chamberlain als Premierminister während der vergangenen zwei Jahre zu. Sehr bald nachdem er in die Downing Street Nr. 10 eingezogen sei, habe »der Premierminister eine persönliche Vereinbarung mit Mr. de Valera getroffen und ihm die befestigten Häfen an der Südküste von Irland überlassen, die lebenswichtig für unsere Versorgung mit Nahrungsmitteln in Kriegszeiten sind«. Der Premierminister habe seinen englischen Landsleuten den Eindruck vermittelt, daß »das Land, das sich heute Eire nennt, mit uns in Freundschaft verbunden sei, aber ich habe ihn mit meiner mangelhaften Urteilsfähigkeit gewarnt und gesagt, wenn wir in große Gefahr gerieten, werde Mr. De Valera als Preis für seine Freundschaft oder Unterstützung die Abtretung von Ulster an Irland verlangen«. Und so sei es dann auch gekommen. Kürzlich habe De Valera erklärt, er könne England weder seine Freundschaft noch seine Unterstützung anbieten, solange britische Truppen in Nordirland stationiert seien.

Dann habe Chamberlain im Februar 1938 gesagt, daß die Spannungen in Europa wesentlich nachgelassen hätten. »Aber schon nach wenigen Wochen hat das nationalsozialistische Deutschland Österreich annektiert. Ich habe vorausgesagt, er werde seine Behauptung wiederholen, sobald der Schock, der auf die Vergewaltigung Österreichs folgte, überwunden sein werde. Er tat es Ende Juli mit genau den gleichen Worten. Mitte August machte Deutschland für jene angeblichen Manöver mobil, die uns alle an den Rand des Krieges gebracht haben... Auf dem Bankett des Lord Mayor in der Guildhall im November sagte er uns, in Europa seien friedlichere Verhältnisse eingekehrt. Kaum hatte er diese Worte gesprochen, als die Übergriffe der Nazis gegen den jüdischen Bevölkerungsteil in der ganzen zivilisierten Welt Empörung auslösten.«

Diese »in der Vergangenheit liegenden nachweisbaren Fehlurteile«, und damit beendete Winston seine Rede, sollten berücksichtigt werden, wenn man überlegte, »welche Voraussagen zum Teil für die Zukunft gemacht worden sind, deren Folgen sich jetzt noch nicht abschätzen lassen«.[27]

Mit Ausnahme der Regierungsbank fand Churchill im Parlament sehr aufmerksame Zuhörer, und zwar unter der Elite: angesehene Männer, die auf anderen Gebieten bedeutende Leistungen aufzuweisen hatten. Viele von ihnen waren nicht deshalb Hinterbänkler, weil sie keine Eignung besaßen, ein Ministeramt zu übernehmen, sondern weil ihnen für solche Aufgaben nur eine begrenzte Zeit zur Verfügung stand. In der Abstimmung über das Münchener Abkommen hatten die Abgeordneten, einem altehrwürdigen Ritual folgend, die Kammer durch zwei verschiedene Türen verlassen und damit zum Ausdruck gebracht, ob sie für oder gegen das Abkommen waren. Doch 30 angesehene Konservative waren sitzen geblieben und enthielten sich damit der Stimme. Das, so schrieb Nicolson, »muß die Regierung verärgert haben, denn es war nicht die Zahl der abgegebenen Stimmen, sondern unser guter Ruf, um den es hier ging«. Zu denen, die sich der Stimme enthalten hatten, gehörten Churchill, Eden, Duff Cooper, Leo Amery, Roger Keyes, Macmillan, Sandys, Bracken und Boothby. Das war ein deutliches Zeichen für die Verwirrung in der Partei. Nicolson meinte, die meisten Abgeordneten seien sich klar darüber gewesen, daß diese Dissidenten »viel mehr über das eigentliche Problem wußten als sie selbst«. Zweifellos habe »dies die Regierung nervös gemacht... Die Sitzung wird unterbrochen, während die Tories den Abgeordneten zurufen, Mut zu zeigen. Aber sie wissen sehr gut, daß Chamberlain uns in eine äußerst prekäre Lage gebracht hat und wir eigentlich bereit sein sollten, in einen Krieg gegen Hitler einzutreten, um ihm das Handwerk zu legen. Das nächstemal wird er viel zu stark für uns sein.« Am 17. November schrieb Churchill im *Daily Telegraph:* »Jedermann muß erkennen, daß der Premierminister eine ganz klare politische Linie verfolgt... Nächstes Jahr um diese Zeit werden wir wissen, ob die Ansichten des Premierministers über Herrn Hitler und die deutsche Nazipartei richtig oder falsch sind. Nächstes Jahr um diese Zeit werden wir wissen, ob die Beschwichtigungspolitik ihn beschwichtigt oder nur seinen unersättlichen Appetit gereizt hat.« Am 12. Dezember schrieb er in einem persönlichen Brief an Lord Wolmer: »Neville führt uns vom Regen in die Traufe.«[28]

Gewiß hatte Chamberlain 1938 während seiner Regierungsverantwortung eine Reihe katastrophaler Niederlagen hinnehmen müssen, die das Gleichgewicht der Kräfte in Europa verändert und osteuropäische Nationen, die mit Frankreich und Großbritannien befreundet waren, in Gefahr gebracht hatten. Durch den Anschluß Österreichs und durch das Münchener Abkommen hatte die Einwohnerzahl des Deutschen Reichs um 10250000 zugenommen. Damit war auch die Zahl der Wehrpflichtigen und der Arbeitskräfte für die Rüstungsindustrie, über die das vergrößerte Reich jetzt verfügen konnte, wesentlich angestiegen. Und es war schon jetzt deutlich zu erkennen, daß die in München beschlossenen Absicherungen – die internationale Kommission und die Garantie der neuen tschechoslowakischen Grenzen – bedeutungslos waren. Die Kommission trat unter den Augen Ribbentrops in der Berliner Wilhelmstraße zusammen. Die britischen und französischen Delegierten waren von Halifax und Bonnet angewiesen worden, wenn irgend möglich die Wünsche Hitlers zu erfüllen. Die Voraussage Churchills, daß der tschechische Staat die Verschiebung seiner Grenzen nicht überleben werde, hatte sich sehr bald bewahrheitet. Nach dem Rücktritt von Benesch, nachdem die tschechischen Befestigungsanlagen von den Deutschen übernommen worden waren, und angesichts der Tatsache, daß sich die ethnischen Minderheiten in der Tschechoslowakei gegenseitig an die Kehle gingen, zerfiel die einzige Demokratie in Osteuropa. Die Slowaken verlangten am 6. Oktober 1938 als erste die Autonomie; drei Tage später folgten die Ukrainer ihrem Beispiel;

und am 2. November mußte die Tschechoslowakei, dem Beschluß eines aus Deutschen und Italienern bestehenden Schiedsgerichts folgend, 11914 Quadratkilometer an Ungarn abtreten. Damit behielt die Tschechoslowakei de facto nur noch Böhmen und Mähren, was etwa dem Gebiet entsprach, das von den selbständigen Regierungen der Slowakei und Rutheniens verwaltet wurde.

In Chartwell las Churchill Berichte antifaschistischer Flüchtlinge aus dem Sudetenland. Sie entsprachen dem, was man vorher aus Wien gehört hatte: Nächtliche Verhaftungen, Exekutionskommandos der Gestapo, angesehene politische Führer verschwanden in Konzentrationslagern. Am 7. Oktober ließ Halifax in Berlin eine Note überreichen, in der Presseberichte über solche Übergriffe zitiert wurden. Weiter hieß es darin, er wäre dankbar für Informationen, mit denen »Behauptungen widerlegt werden könnten, deren Verbreitung die Befürworter guter englisch-deutscher Beziehungen bei der Verwirklichung ihrer Bestrebungen behindern könnte«. Mit seiner Antwort erteilte Hitler dem britischen Außenminister eine Lektion im Stil von *Mein Kampf:* Wer sich bereit fand, mit den Nazis Verhandlungen aufzunehmen, wurde unweigerlich zum Verlierer, und die Wunden, die seinem Stolz beigebracht worden waren, wurden mit einer zusätzlichen kräftigen Prise Salz behandelt. In einer zwei Tage später in Saarbrücken gehaltenen Rede erklärte Hitler aggressiv, Deutschland könne es nicht länger ertragen, von Gouvernanten bevormundet zu werden. Wenn sich britische Politiker nach dem Schicksal von Deutschen innerhalb der Grenzen des Deutschen Reichs erkundigten – oder von zum Reich gehörenden Gebieten –, dann kümmerten sie sich um Dinge, die sie nichts angingen.[29]

Am Silvesterabend des Jahres 1938 schrieb Nicolson: »Es war ein schlechtes Jahr... Ein böses Jahr. Das nächste Jahr wird noch schlechter sein.« Churchill war optimistischer und sagte seinen Wählern im Januar, obwohl Engländer wie er daran zweifelten, daß in München »ein dauerhafter Friede ausgehandelt worden ist«, hätten sie wenigstens das Gefühl, auf eine »Atempause« hoffen zu dürfen. Er sagte: »Lassen Sie uns dafür sorgen, daß diese Atempause nicht ungenützt vergeht.« Später, nachdem sich herausgestellt hatte, daß die für das Münchener Abkommen verantwortlichen Männer einen schweren Fehler begangen hatten, war es dieser Gedanke, mit dem sie sich zu rechtfertigen suchten. Sie erklärten, auf diese Weise Zeit für die Wiederaufrüstung gewonnen zu haben. Aber die Zeit wurde nicht entsprechend genutzt. Einen Tag nach der Rede Churchills lehnte Chamberlain die Forderung seines Kriegsministers Hore-Belisha ab, den Wehretat zu erhöhen, und zwar mit der gleichen müden Begründung, wie sie das Kabinett schon so oft gehört hatte. Er sagte, »die Frage der Finanzen darf nicht übersehen werden, denn unsere Finanzkraft ist eine unserer stärksten Waffen in jedem Krieg, der nicht in kürzester Zeit vorüber ist.« Als ehemaliger Schatzkanzler glaube er, die finanzielle Lage in Großbritannien sähe »außerordentlich gefährlich« aus. Andere Minister meinten, Hitler werde durch eine britische Aufrüstung erschreckt werden und sie als unvereinbar mit dem Geist von München ansehen. Er werde fragen, weshalb sich England bis an die Zähne bewaffne, während die beiden Länder freundschaftlich miteinander verbunden seien.

Hore-Belisha schlug die Einführung der allgemeinen Wehrpflicht vor. Das wurde abgelehnt. Kingsley Wood verlangte, in der Luft die Parität mit Deutschland herzustellen. Auch dieses Ansinnen wurde abgelehnt, aber da er alle ihm zugestandenen Mittel dazu verwendete, neue überlegene Jagdflugzeuge zu bauen – während sich die zahlenmäßig überlegene deutsche Luftwaffe mit dem begnügte, was sie bereits hatte –, stieg die Zahl der Spitfire- und Hurricane-Geschwader innerhalb eines Jahres von 5 auf 47. Auch die Zahl der Flugabwehrbatterien erhöhte sich wesentlich, aber »diese Verbesserungen waren«, wie Churchill später schrieb, »unbedeutend, verglichen mit der gewaltigen deutschen Aufrüstung«.[30]

Auf jedem anderen militärischen Gebiet – bei der Artillerie, den Panzern und den motorisierten Divisionen – war die Überlegenheit der Deutschen überwältigend. Während Chamberlain seinen Ministern Vorträge über den militärischen Wert von Aktien und Wertpapieren hielt und 304 Millionen Pfund für die Rüstung ausgab, überstiegen die deutschen Rüstungsausgaben die Summe von 1,5 Milliarden Pfund. Das war das Fünffache. Die Zahl der deutschen Divisionen stieg von 7 auf 51. Nach der Einberufung aller Reservisten konnte Deutschland eine mehr als 7 Millionen Mann starke Armee ins Feld stellen. Damit war die deutsche Wehrmacht stärker als die Streitkräfte Frankreichs und Englands zusammen, und anders als die Demokratien brauchte Deutschland keine Truppen zur Sicherung überseeischen Kolonialbesitzes. Verglichen mit Frankreich, stellte Churchill fest, nahm die deutsche Armee nach 1938 mit jedem Monat nicht nur »an Truppenstärke zu... sondern auch an Qualität und Ausbildungsstand«. Nach seiner Überzeugung »waren die Deutschen, auch was die Kampfmoral betraf, überlegen«. Das Nachlassen der militärischen Entschlossenheit in Frankreich führte er auf das Münchener Abkommen zurück: »Der Kampfgeist jeder Armee leidet, wenn ein Verbündeter im Stich gelassen wird, besonders wenn das aus Furcht vor einem Krieg geschieht.«[31]

Knapp zwei Monate nach München feierte Winston Churchill seinen 65. Geburtstag. Einige Parlamentarier, unter ihnen auch gute Freunde, glaubten, Alterserscheinungen bei ihm feststellen zu können. Am Montag, dem 5. Dezember, lag dem Unterhaus der lang erwartete Bericht über den grotesken Versuch vor, Duncan Sandys vor ein Militärgericht zu stellen. Doch alle Anschuldigungen mußten fallengelassen werden, der Bericht machte »Mißverständnisse« für das Verfahren verantwortlich. Churchill meldete sich zu Wort. Die Rede begann in gewohnt brillanter Form, und wie Nicolson schrieb, erwartete jeder »eine zündende Ansprache«.

»Er wirft Hore-Belisha vor, zu selbstgefällig gewesen zu sein. Letzterer steht auf und sagt: ›wann und wo?‹ Winston antwortet: ›ich bin nicht unvorbereitet hergekommen‹, und fängt an, in seinen Papieren nach etwas zu suchen, unter denen sich auch einige Zeitungsausschnitte befinden. Er nimmt sich Zeit. Er findet, was er sucht. Aber es sind keine sehr guten Zitate, und was er vorliest, rechtfertigt Hore-Belisha eher, als daß es ihn belastet. Winston ist sichtlich verwirrt. Er versucht, wieder in Schwung zu kommen, aber irgendwie hat man ihm den Wind aus den Segeln genommen, die bedenklich zu flattern beginnen. Der neben mir sitzende Bill Mabane sagt: ›Er wird alt.‹«[32]

Aber es war nicht das Alter; Winston hatte seine Vitalität noch nicht verloren. Er versuchte nur, zuviel auf einmal zu tun. Das Erstaunliche war, daß er noch die Zeit fand, überhaupt ins Unterhaus zu gehen. Einen großen Teil seiner Zeit brachte er mit Schreiben zu, und obwohl er Mühe hatte, allen Verpflichtungen rechtzeitig nachzukommen, häuften sich in Chartwell, wie Grace Hamblin sich erinnert, die Einladungen, Vorträge zu halten. Während die Feuer der Begeisterung, die das Münchener Abkommen ausgelöst hatte, zu Asche wurden, wollten die Menschen den Mann sehen und hören, dessen Prophezeiungen sich jetzt bewahrheiteten. Er war vernünftig genug, diese Angebote abzulehnen, obwohl einige von ihnen durchaus verlockend waren. Sie kamen von der Völkerbundsliga, der Oxford Union (von deren jungem Präsidenten, dem späteren Premierminister Edward Heath) und von einer jüdischen Jugendorganisation »Rally for National Service« (»Weil Sie sich so mutig für die Verteidigung der Freiheit eingesetzt und gegen den Nazismus gewandt haben, genießen Sie in allen jüdischen Kreisen hohes Ansehen«). Er lehnte sogar die Einladung von General Edward L. Spears zu einem Abendessen ab, obwohl er vor 20 Jahren mit Spears an der Front in Flandern gestanden hatte, und entschuldigte sich damit, daß »ich dieses Jahr unbedingt jeden Abend zu Hause sein muß, um das Geschichtswerk zu vollenden, das ich schreibe«.[33]

Doch tagsüber empfing er Gäste; französische Politiker, Persönlichkeiten in einflußreichen Stellungen in Wien und Prag und deutsche Antinazis, von denen viele, wie etwa Graf Lutz Schwerin von Krosigk, der Finanzminister Hitlers, Angehörige der alten wilhelminischen Aristokratie waren. Im Januar schickte ein hochrangiger französischer Informant Churchill eine streng vertrauliche Nachricht, von der selbst die britische Regierung bis dahin noch keine Kenntnis hatte. Agenten des Deuxieme Bureau meldeten, daß deutsche Munitionstransporte vom Sudetenland durch die Tschechoslowakei an die ungarische Grenze gebracht worden seien. Churchill gab diese Information sofort an das Auswärtige Amt weiter, wo sie bestätigt und dann als Teil eines Programms zur Vorbereitung von Manövern und zur Umrüstung der österreichischen Armee, die mit deutschen Waffen auf den deutschen Standard gebracht werden sollte, abgetan wurde.[34]

Natürlich konnte sich Winston nicht an eine spartanische Lebensweise gewöhnen. Zwar arbeitete kaum jemand härter als er – mit dem Schreiben hatte er jetzt mehr zu tun als je zuvor, und außerdem war er auch intensiv mit Maurerarbeiten beschäftigt –, aber er hatte nicht die Absicht, auf den gewohnten Luxus zu verzichten. Im Unterhaus verteidigte er sich schlagfertig gegen alle Vorwürfe, die ihm deshalb gemacht wurden. Zu den unglücklichsten Opfern seiner Sticheleien gehörte Sir Stafford Cripps. Er war einer der wenigen Labourabgeordneten, die ebenso wie Churchill die Beschwichtigungspolitik entschieden ablehnten, und rief die Regierungsbank immer wieder dazu auf, die Verteidigungsfähigkeit Großbritanniens zu stärken, bevor Hitler zuschlug. Er war aber auch eine asketische Natur, lebte vegetarisch, trank weder Kaffee noch Tee und gab das Zigarrenrauchen auf, weil er es als vulgär empfand. »Mein Gott«, sagte Churchill, als man ihm dies erzählte, »Cripps hat das letzte Band zwischen sich und der menschlichen Zivilisation zerschnitten.« Bei einer anderen Gelegenheit unternahm Churchill einen Rundflug über der Sahara, als sein Flugzeug wegen eines Maschinenschadens notlanden mußte. Während es repariert wurde, stieg Winston aus, um sich die Beine zu vertreten, blickte sich um und sagte: »Nun sitzen wir hier fest in diesem Ozean aus Sand – kein Grashalm, kein Tropfen Wasser und keine Blume. Cripps würde seine helle Freude daran haben.«[35]

Churchill hatte nicht die Absicht, sein Arbeitstempo zu verringern, doch er wußte aus Erfahrung, daß er an der Riviera ebenso produktiv sein konnte wie in England, aber in einer viel angenehmeren Umgebung. So sagte er in der ersten Januarwoche des Jahres 1939 Kingsley Martin vom *New Statesman*, der ihn interviewt hatte: »Krieg ist etwas Furchtbares, aber die Sklaverei ist noch schlimmer, und Sie können sicher sein, das britische Volk würde lieber kämpfend zugrunde gehen als in Knechtschaft leben.« Er selbst befand sich auf dem Weg zu Maxines Château de l'Horizon. Als er in Paris umsteigen mußte, las er in der Zeitung, die Deutschen hätten bekanntgegeben, sie würden ihre Unterseebootflotte gewaltig ausbauen. In Cannes angekommen, setzte er sich, noch bevor er die Koffer ausgepackt hatte, hin und schrieb einen Artikel für den *Daily Telegraph*, den er sofort telegrafisch abschickte und in dem er das deutsche U-Boot-Programm als »schweren Schlag für jede internationale Zusammenarbeit zur Unterstützung des Völkerrechts« bezeichnete. Er sagte, dieser Plan bedeute, daß England von einer »vermeidbaren Gefahr« bedroht werde, deren man nur nach »hohen Verlusten und schwerem Leid« Herr werden könne. Der *Telegraph* wurde in Cannes nicht gelesen, aber eine örtliche Zeitung hatte die Rechte für den Nachdruck seiner Artikel erworben, und die Leute in den vornehmen Villen erschraken, als diese Zeitung einen früheren Artikel abdruckte, in dem Churchill Überlegungen darüber anstellte, wie die Spannungen zwischen Großbritannien und der Sowjetunion abgebaut werden könnten. Zu seinen Lesern gehörte auch der englische Exkönig und jetzige Herzog von Windsor, der die Ausführungen Churchills mit Empörung zur Kenntnis nahm.[36]

Auf Churchill wirkte Eduards einst so majestätischer Zorn jetzt eher wie ein klägliches Wimmern. Winston hatte alle Illusionen über diesen Mann verloren, den er so selbstlos auf Kosten seiner Karriere und der Sache, für die er kämpfte, unterstützt hatte. Er war zu der Auffassung gelangt, dem Herzog fehle jede Substanz. Er läse nie ein ernsthaftes Buch, nähme sich nie die Zeit, über wichtige weltpolitische Fragen nachzudenken, und wenn er seine Meinung äußere, dann sei sie gekennzeichnet von engstirnigen, auf schlechten Informationen beruhenden Vorurteilen. Er sei vernarrt in seine Frau, die ihn herumkommandiere, was ihm aber offensichtlich gefiele. Besonders amüsierte es Winston, wie Wallis ihren Mann veranlaßte, sich auffällig zu kleiden. An dem denkwürdigen Abend, als der Herzog in Maxines weiß-goldenem Speisezimmer mit Churchill die Klingen kreuzte, trug er einen kurzen schottischen Faltenrock aus dem Stuart Tartan. Wie Vincent Sheean schreibt, hatte er Glück, daß Winston ihn nicht des letzten Feigenblatts beraubte. In Sheeans Aufzeichnungen heißt es: »... der Herzog von Windsor und Mr. Churchill führten ein langes Streitgespräch, während die anderen schweigend zuhörten ... Wir saßen am Kamin. Mr. Churchill blickte finster vor sich auf den Boden und erinnerte Seine Königliche Hoheit, ohne ein Blatt vor den Mund zu nehmen, an die britische Verfassung – wenn unsere Könige mit unserer Verfassung in Konflikt geraten, wechseln wir unsere Könige – und erklärte dann, die Nation sei in die ernsteste Gefahr ihrer langen Geschichte geraten. Der Herzog in seinem Schottenrock... saß in der Sofaecke und unterbrach ihn, sooft er konnte. Dabei widersprach er ihm ständig, wurde aber – mit ausgesucht höflichen Worten – gründlich darüber belehrt, was die politische Klugheit und die Verantwortung vor der Öffentlichkeit verlange... Es war etwas dramatisch Endgültiges, Unwiderrufliches an diesem Disput.«[37]

Sheean und die Gastgeberin meinten, diejenigen, die glaubten, Winston sei schon altersschwach, hätten an diesem Abend dabei sein sollen. Später schrieb Maxine an Churchill: »Noch nie habe ich Sie in so guter Form erlebt... Sie sind das unglaublich begabteste Geschöpf in der ganzen Welt, und wenn Sie fortgehen, ist es so, als sei die Sonne untergegangen.« Lady Diana Cooper schreibt: »Die Menschen sprechen davon, wie tapfer Winston 1940 gewesen sei, aber seinen höchsten Mut, und es war ein *moralischer* Mut, zeigte er, als er den Krieg kommen sah, während England praktisch wehrlos war und er selbst zusehen mußte. Damals schnitten ihn dieselben Männer auf dem Parliament Square, die er als seine Gäste bewirtet hatte, weil er die Wahrheit sagte.«

Er ertrug es; er mußte es ertragen, aber deshalb mußte es ihm nicht gefallen. Während er sich von den Fesseln, die man ihm angelegt hatte, verzweifelt zu befreien suchte, erinnerte er Virginia Cowles an »einen reißenden Strom, der versucht, seine Dämme zu brechen«.[38]

Das war die eine Seite seines Charakters, und für alle außer denen, die ihm wirklich nahestanden, war das der eigentliche Churchill, und hier zeigten sich sein wahres Wesen und seine Veranlagung. Die meisten Menschen, die im Licht der Öffentlichkeit stehen, haben eine Persönlichkeit für die Welt und eine zweite für das Privatleben. Winston Churchill war eine Ausnahme. Mit seinen großen Reden konnte er das ganze Parlament in den Bann ziehen. Seine Gäste in Chartwell waren fasziniert, wenn er zu Hause die gleiche Sprache, die gleichen eigentümlichen Wendungen und Ausdrücke benutzte. Wenn er mit alten Kameraden über vergangene Zeiten sprach, spürte man dabei stets die starken Emotionen, die solche Erinnerungen in ihm wachriefen. Seine Augen wurden feucht, aber der Augenblick der Rührung ging vorüber wie ein kurzer Sommerregen. Die einzigen Menschen, denen Churchill sein Herz öffnete – die die Kraft und Tiefe seiner Liebe kannten, deren ganze Fülle unerschöpflich schien und ihnen rückhaltlos zufloß, wenn sie sich einsam fühlten oder von Sorgen bedrängt wurden –, die wenigen, die ihm wirklich etwas bedeuteten, waren seine Familienangehörigen. Seine Gedanken waren ständig bei ihnen. In einem Brief aus dem Jahr 1939, der sich mit einem ganz anderen Thema beschäftigt, steht unvermittelt der Satz: »Mary war... besonders reizend zu mir, und sie wird immer schöner.« Nur wenige Väter sind von ihrem Sohn so oft

Anfang 1939 beteiligt sich Winston als Dachdecker am Bau von Orchard Cottage. Er hat diesen Anbau als Ruhesitz für sich und Clementine entworfen und persönlich einen großen Teil der Bauarbeiten geleistet.

enttäuscht worden wie er, und doch war es selbstverständlich, daß Randolph, wenn er heiraten und eine Familie gründen würde, Chartwell übernehmen sollte. Seine Eltern würden dann in ein bescheideneres Heim umziehen. Diese neue Unterkunft vorzubereiten, war der Anlaß für das neuerliche Interesse Churchills an der Maurerarbeit. Seine schriftstellerische Tätigkeit verlangte es, daß er sich zwischendurch entspannte, und das war ihm auch bewußt. Es gab nur eine bestimmte Zahl von Stunden am Tag, in denen er schöpferisch tätig sein konnte; was darüber hinaus geschrieben wurde, taugte nichts. So malte er, fütterte seine Fische, genoß seine guten Zigarren und arbeitete als Maurer, um dabei seinen Gedanken nachzugehen und seine geistigen Kräfte zu sammeln.[39]

Wie üblich waren in Chartwell auch einige Reparaturarbeiten fällig. Am 28. Januar schrieb er an Clemmie, er beaufsichtige die Dachdecker beim Auswechseln schadhafter Dachpfannen, ließe die Fußböden erneuern und Türen und Schränke reparieren. Jeder andere Landedelmann in seinem Alter hätte sich mit der Beaufsichtigung solcher Arbeiten begnügt. Aber Churchill hatte wie immer weiterreichende Pläne. Er war schon damit beschäftigt, eigenhändig ein kleines Haus zu bauen, und plante ein zweites – für Clemmie und sich –, wenn er sich zur Ruhe setzen und Randolph Herr auf Chartwell werden sollte. Er schrieb ihr: »Im Sommer, wenn, wie ich überzeugt bin, das Buch fertig sein wird, denke ich daran, ein Haus zu bauen.« Es sollte auf einem vier Hektar großen Grundstück weit abseits des Herrenhauses stehen und würde »etwa 3000 Pfund kosten«. Das war verhältnismäßig preiswert. Wenn er seine vertraglichen Verpflichtungen für die Fertigstellung des Buches über die englischsprechenden Völker erfüllen, die Aufträge für *Collier's, News of the World*, den *Daily Mirror* und seine alle 14 Tage erscheinende Artikelreihe erledigen könnte, würde er 1939 mit seiner literarischen Arbeit 15 781 Pfund verdienen. Da er wußte, wie schrecklich ihr die Vorstellung war, er könnte sich in neue Schulden stürzen, beruhigte er sie und schrieb: »Wir könnten das Haus für fünf- oder sechstausend Pfund verkaufen.« Nach Erfüllung aller Verträge mit seinen Verlagen wolle er den bekannten Architekten Sir Edwin Lutyens bitten, einen Kostenvoranschlag zu machen und den Bauplan zu begutachten, fügte aber sofort hinzu, »ich bin überzeugt, er wird nichts dafür verlangen, denn er hat mir schon immer angeboten, mich zu beraten«. Für Winston bedeutete die Arbeit an diesem Bau vor allem eine körperliche Entspannung: »Ich werde mich den ganzen Sommer damit amüsieren, und es wird meiner Gesundheit guttun.« Um ihr das Vorhaben noch schmackhafter zu machen, versprach er, »im Erdgeschoß wirst Du ein schönes großes Zimmer haben« und »Du kannst sicher sein, daß nichts unternommen wird, bevor Du die Pläne gesehen und gutgeheißen hast. Ich habe mindestens noch zwei Monate an dem ersten kleinen Haus zu arbeiten.« Er hatte es schon »Orchard Cottage« getauft.[40]

Dieser Brief erreichte sie in Barbados. Das eben vergangene Jahr, das für die britische Außenpolitik so katastrophal gewesen war, hatte auch ihr manche Unannehmlichkeit gebracht. Durch eine Reihe nicht sehr ernster Erkrankungen war sie an allen größeren Unternehmungen gehindert worden, im Juli war sie deshalb fast drei Wochen allein zur Kur in den französischen Pyrenäen gewesen. In Paris hatte sie sich einen Zeh gebrochen, keine große Sache, aber doch schmerzhaft und langwierig. Dann kam das Münchener Abkommen, das Winston so scharf verurteilte. Schon zu Beginn ihrer Ehe hatte sie als Frau eines Politikers, der oft eine unpopuläre Haltung einnahm, erfahren, daß auch sie einen Teil des Preises dafür bezahlen und es hinnehmen mußte, gesellschaftlich geächtet zu werden. Zuerst war sie schockiert und gekränkt gewesen, wenn alte Bekannte ihr auf der Straße auswichen, um sie nicht grüßen zu müssen. Aber damals war sie jung und psychisch robust gewesen. Gestählt durch ihren eigenen Zorn hatte sie sich daran gewöhnt, dieses schäbige Verhalten hinzunehmen. Das bedeutete für sie kein großes Opfer; sie teilte die Überzeugungen ihres Mannes und war stolz darauf, seine Frau zu sein. Das war sie noch immer, aber jetzt war sie älter geworden, und es fiel ihr nicht mehr so leicht, diese Kränkungen zu ertragen. Ihre Stimmung war auf dem Tiefpunkt, als die Rettung oder das, was es dem Anschein nach war, in der Form einer Einladung von Lord Moyne erschien, der ihr vorschlug, mit ihm und seinen Freunden wieder eine Reise an Bord der *Rosaura* zu unternehmen, diesmal in die Karibik. Sie liebte die Yacht und die idyllischen Inseln, aber ihre Hoffnung, noch einmal die ekstatische Freude zu erleben, die sie vor vier Jahren auf der Kreuzfahrt durch die Südsee empfunden hatte, zerschlug sich. Als überzeugte Liberale war sie empört angesichts der in Britisch Westindien herrschenden Zustände. Sie schrieb an Winston: »Diese Inseln sind wunderschön, sind aber vom Menschen entweiht und verdorben worden.« Die stärkehaltige Ernährung erhielte die Menschen zwar am Leben, sie seien aber unterernährt. Es gebe keinerlei sanitäre Anlagen, nicht einmal Erdlatrinen. »Und das«, schrieb sie erzürnt, »ist ein Teil des Britischen Empire, über dem die Sonne niemals untergeht.«[41]

Clemmie hatte das Gefühl, von ihrem Mann vernachlässigt zu werden. Früher hatte er ihr, wenn sie voneinander getrennt waren, lange, kluge Briefe mit der Hand geschrieben und sie mit Zeichnungen von kleinen Schweinen oder Möpsen illustriert. Jetzt war er so sehr mit seinen Manuskripten, Lawinen von Post und den ständigen Parlamentskrisen beschäftigt, daß er nur kurze Mitteilungen diktierte oder ihr Telegramme schickte. Darauf reagierte sie streng: »*Bitte* telegrafiere nicht – ich hasse Telegramme, die nur sagen, ›es geht mir gut, es regnet, herzlichst Winston‹.« Was er ihr mitzuteilen hatte, war schlimmer, als wenn er gar nicht geschrieben hätte. So schickte er ihr etwa die Todesanzeige von Sir Sidney Peel, der sich kurz nach der Jahrhundertwende, als sie achtzehn Jahre alt gewesen war, in sie verliebt hatte. Sie hätte ihn fast geheiratet und war zweimal heimlich mit ihm verlobt gewesen. Winston schrieb dazu: »Viele sterben, die ich gekannt habe, als wir jung waren. Es ist erstaunlich, wenn man sich dem Ende des Lebens nähert und noch die gleichen Gefühle hat wie vor 50 Jahren. Man muß wirklich auf ein plötzliches Ende hoffen, bevor einen die Kräfte verlassen.« Als die *Rosaura* sich der alten Werft Nelsons auf Antigua näherte, wurde Clemmie vom Heimweh gepackt. »Ich sehne mich schrecklich nach Dir,

Mary und unserem Zuhause«, schrieb sie, »und obwohl es angenehm ist, dem englischen Winter zu entgehen und die Wärme hier zu genießen, glaube ich wirklich, ich sollte nach Hause kommen – allerdings hoffe ich, daß diese lange Reise in einem warmen Klima meine Gesundheit wiederherstellen wird – ich fühle mich noch nicht sehr stark, bin aber überzeugt, daß ich mich noch ganz erholen werde.«[42]

Sie erholte sich rasch, als sie aus den Zeitungsnachrichten und den zahlreichen langen und reumütigen Briefen Winstons erkannte, wie einsam und von Sorgen bedrängt er sein mußte. Im *Daily Telegraph* vom 9. Februar hatte er zu seinem Bedauern zugeben müssen, daß er kaum Unterstützung für seine feste Haltung gegenüber der Aggressivität der Nationalsozialisten fand und daß sich ein dieser Auffassung widersprechender »leiser Optimismus« auf »unzureichende Rechtfertigungen« stützte. Er wies auf Presseberichte über lange Truppentransportzüge hin, die Wien und München passiert hätten, und fragte, »wohin fahren sie, und welche Absichten stehen dahinter?« Offensichtlich interessierte sich die britische Öffentlichkeit nicht dafür. Mussolini bereitete einen Überfall auf Albanien vor, und Hitler hatte erklärt, Deutschland werde den Duce unterstützen: »Es ist natürlich klar, daß der deutsche Diktator es sich nicht leisten könnte, dem Sturz seines italienischen Kollegen tatenlos zuzusehen.«

Dennoch verharrte England in seiner Lethargie. Um seine Landsleute wachzurütteln, entschloß sich Winston kurzfristig, seinen Disraeli-Schreibtisch zu verlassen und auf eine Vortragsreise zu gehen. Aber die Versammlungen waren anfangs schlecht besucht, und die Reaktion seiner Zuhörer war schwach. An einen Freund schrieb er: »Nichts als die schrecklichen Lehren der Wirklichkeit wird diese allmächtige, gleichgültige Regierung beeindrucken. Das Schlimmste ist, daß unsere Lage in erschreckender Weise geschwächt sein wird, wenn es endlich gelungen sein wird, sie zu überzeugen oder durch eine andere zu ersetzen.« Hitler schien zum Kampf entschlossen zu sein, gleichgültig aus welchem Anlaß, und jedes neue Zugeständnis von Chamberlain und Halifax schwächte Großbritannien, während die entscheidende Kraftprobe näherrückte.[43]

Mitten in einem Brief nach Hause stellte Clementine unvermittelt die Frage: »O Winston, treiben wir auf einen Krieg zu?« Es schiene ihr so, als stolpere das sich nach Frieden sehnende, aber wehrlose England auf den Rand des Abgrunds zu, »ohne die Intelligenz zu besitzen, den Krieg zu vermeiden, oder den Willen, sich darauf vorzubereiten«. Am Schluß schrieb sie quer über die ganze Seite: »Gott segne Dich, mein Liebling.« So umwölkte sich ihre Stimmung und wurde immer düsterer, und das führte schließlich zu einem Temperamentsausbruch. Der Anlaß war ein

Gespräch über eine politische Sendung der BBC, das Moyne und seine Gäste führten. Der Sprecher war ein leidenschaftlicher Anhänger der Beschwichtigungspolitik – Sir John Reith hatte die andere Seite nicht zu Wort kommen lassen –, und als Churchill namentlich angegriffen wurde, rief Lady Vera Broughton, die auch der Partei angehörte: »Hört, hört!« Clementine wartete auf ein versöhnliches Wort ihres Gastgebers, aber er preßte nur die Lippen zusammen und sagte nichts. Das war Wind in ihren Segeln. Sie stürmte in ihre Kabine, schrieb ihm eine kurze Erklärung und packte ihre Sachen. Lady Broughton suchte Clemmie auf und bat sie zu bleiben – vergeblich. Winston Churchill war beleidigt worden, und seine Frau war nicht bereit, das zu entschuldigen. Nachdem die Yacht in den Hafen eingelaufen war, buchte sie eine Überfahrt auf der *Cuba*, die am folgenden Morgen nach England auslief.[44]

Als sie die Halle des Herrenhauses in Chartwell betrat, ließ sie ihren alten Balzruf hören, »Wot!« Aus der Tiefe des Hauses tönte das frohe Echo: »Wot!« Er umarmte sie, hörte sich mit Stolz ihre Geschichte an, berichtete von den Fortschritten seiner Arbeit am Manuskript des Buches, das er schrieb, und teilte ihr dann so rücksichtsvoll wie möglich mit, daß man wieder versucht hatte, ihm seinen Sitz im Parlament streitig zu machen. Dieser zweite gegen ihn gerichtete Feldzug, der dem ersten nach vier Monaten gefolgt war, wurde wieder von Thornton-Kemsley geführt. Aber der Ruf »Frieden für unsere Zeit«, mit dem Chamberlain damals durchs Land gezogen war, hatte jetzt einen hohlen Klang. Winston glaubte, er brauche nur einen oder zwei Versammlungsräume zu mieten und zu sagen, was ihm am Herzen lag, dann würden sich seine Wähler inzwischen wieder um ihn scharen.

Das war seine Strategie, und sie führte zum Erfolg, zuerst am 10. März 1939 in Chigwell und vier Tage später in Waltham Abbey. In Chigwell war er in glänzender Form und hielt eine zündende Rede. Dabei verurteilte er erneut das Münchener Abkommen (»Ich nehme kein einziges Wort zurück«) und erklärte, er werde größere Verteidigungsausgaben »wärmstens unterstützen«, billigte einen kürzlich erfolgten Besuch Chamberlains in der sowjetischen Botschaft, mit dem er »der Welt habe zeigen wollen«, daß Großbritannien bereit sei, mit Moskau zusammenzuarbeiten, »solange Rußland sich weiter als aktiver Freund des Friedens erweist«. Dann sagte er allerdings etwas, das nicht ganz der Wahrheit entsprach: »Ich habe zehn Jahre kein öffentliches Amt bekleidet, aber mit der Arbeit, die ich in den vergangenen fünf Jahren als unabhängiger Konservativer geleistet habe, bin ich zufriedener als mit allem, was ich bisher im Staatsdienst habe tun können.« Schließlich fragte Churchill seine Zuhörer: »Was nützt uns ein Parlament, wenn es nicht der Ort ist, an dem den Menschen die Wahrheit gesagt werden kann?«[45]

Winston gewann wieder an Zuversicht, und das war nicht verwunderlich. In den auf das Münchener Abkommen folgenden Monaten hatte sich Hitler in die Gruppe seiner Gegner eingereiht. Zweifellos hatte sich der Führer provoziert gefühlt: Churchill zitierte Nietzsche, der geschrieben hatte, »wenn du lange in einen Abgrund blickst, dann blickt der Abgrund auch in dich«. Churchill hatte seit der Machtergreifung durch die Nationalsozialisten unverwandt auf das Deutsche Reich gestarrt. Jetzt blickte Hitler zurück und beschloß, dafür zu sorgen, daß dieser Störenfried ausgeschaltet werde. Vor allem hatte ihn geärgert, daß gewisse Engländer, und besonders Winston in seinen Artikelserien, versuchten, die Gegner des Nationalsozialismus zu ermutigen. In einer Rede in Weimar sagte er, wenn Mr. Churchill weniger mit Verrätern und mehr mit Deutschen zu tun hätte, würde er sehen, wie unsinnig das sei, was er sage. Hitler könne diesem Mann versichern, der augenscheinlich auf dem Mond lebe, daß es in Deutschland keine politischen Gegner seiner Regierung gebe, sondern nur die Kräfte der nationalsozialistischen Bewegung, ihre Führer und deren Kampfgenossen. Er sagte voraus, wenn Churchill wieder ein politisches Amt übernehmen würde, werde er sofort einen neuen Weltkrieg gegen Deutschland inszenieren.[46]

Churchill gab darauf sofort eine Erklärung ab, in der er seine Überraschung darüber zum Ausdruck brachte, daß das Oberhaupt eines großen Staates »Parlamentsmitglieder angriff, die keine offizielle Position innehaben und nicht einmal Parteiführer sind«. Er sagte: »Ein solches Vorgehen kann nur den Einfluß der von ihm angegriffenen Männer stärken, weil ihre Landsleute sich schon lange eine eigene Meinung über sie haben bilden können und keine Belehrung eines Ausländers brauchen.« Wie A. J. P. Taylor schreibt, versuchte Hitler, »die öffentliche Meinung in Großbritannien zu spalten«. Er meinte, Engländer ließen sich ebenso manipulieren wie Deutsche und glaubte, die Empfehlung, Großbritannien sollte aufrüsten, werde auf den Widerstand deutschfreundlicher Engländer stoßen – deren Zahl er weit überschätzte und von denen er erwartete, er werde sie auf seine Seite ziehen können, wenn er Winston als »Kriegshetzer« bezeichnete. Er habe geglaubt, auf diese Weise Churchill das Handwerk zu legen. Das sei ein kolossaler Irrtum. Wie Taylor weiter schrieb, ärgerte es die britischen Wähler, daß »Hitler sich in ihre Angelegenheiten einmischte. Sie glaubten an den Grundsatz der Nichteinmischung. Hitler könne in Osteuropa tun, was er wolle; er könne die Tschechoslowakei zerschlagen oder in die Ukraine einfallen. Aber er solle sich nicht um britische Politiker kümmern.« Seine Forderung, Churchill solle das Handwerk gelegt werden, habe, wie Taylor schreibt, den englischen »Kriegshetzern« eine »Popularität verschafft, die sie allein nie hätten gewinnen können«.[47]

Man fragt sich, wer oder was hinter diesen gegen Churchill gerichteten Angriffen stand. Wenig bekannte Hinterbänkler können ihren Sitz im Unterhaus nach den nächsten Wahlen wieder verlieren, aber niemand konnte sich daran erinnern, daß jemals ein von mehreren Gegnern geplanter Versuch unternommen worden war, einen bedeutenden, in allen europäischen Hauptstädten bekannten und geachteten Staatsmann um sein Mandat zu bringen. Gerüchteweise verlautete, einigen Kritikern Winstons sei deutsches Geld angeboten worden, aber für ein so schäbiges Vorgehen gibt es keine konkreten Beweise. Thornton-Kemsley machte eine glaubwürdigere Andeutung, aus der man schließen konnte, wer ihn unterstützte. Wenn Winston nicht mit »unserem großen Premierminister« zusammenarbeiten wolle, »dann sollte ihn der gute Wille und der Name einer großen Partei schützen«. Später fügte er hinzu: »Man hat mir klargemacht, daß die sich im Wahlkreis Epping zusammenbrauende ›Revolte‹… höheren Orts begrüßt würde.«[48]

Er sagte nicht ausdrücklich, welche hochgestellten Persönlichkeiten er meinte, aber es war kaum ein Geheimnis, daß der Premierminister sich freuen würde, wenn sein redegewandter Kritiker sich ins Privatleben zurückziehen würde. An seine Schwester hatte er geschrieben, Winston »führt einen regelrechten Feldzug gegen mich mit Unterstützung des tschechischen Ministers (Jan) Masaryk. Natürlich haben sie keine Ahnung, daß ich von ihren Machenschaften weiß.« Er habe »Informationen über das, was sie tun und sagen, was zum xten Mal beweist, wie vollständig sich Winston täuschen kann, wenn er es will, und wie gutgläubig ein Ausländer sein kann, wenn man ihm sagt, was er hören will«. Es ist unwahrscheinlich, daß Chamberlain bereit gewesen wäre, eine Verschwörung gegen Churchill anzuzetteln, aber es ist noch unwahrscheinlicher, daß Tories »in hohen Stellungen« Thornton-Kemsley ohne Wissen oder Unterstützung des Parteiführers ermutigen würden. Wie man die Sache auch ansehen mag, der Versuch, Churchill um seinen Sitz im Parlament zu bringen, ist ein deprimierendes Symptom für die schmutzigen Intrigen, die sich auf der politischen Bühne in England abspielten, während die Stunde der Gefahr in greifbare Nähe rückte – zugleich ist es ironischerweise die direkte Folge eines selbstlosen, aber unüberlegten Kreuzzugs für den Frieden.[49]

Als Winston am 14. März nach Waltham Abbey kam, um seine Rede zu halten, wurde ihm ein Bericht übergeben, der die Mitteilung enthielt, daß deutsche Truppen entlang der Grenzen der verstümmelten

Tschechoslowakei zusammengezogen wurden. Am Rednerpult wich er von seinem vorbereiteten Text ab und sagte: »Die tschechoslowakische Republik wird vor unseren Augen zerschlagen. Sie wird vollständig von den Nazis geschluckt, und erst wenn der nationalsozialistische Schatten von Europa genommen sein wird – und das wird mit Sicherheit geschehen –, werden die Tschechoslowakei und das alte Böhmen wieder den Weg in die Freiheit finden.« Aber, so fügte er hinzu, anzunehmen, diese neue Aggression bedeute keine Bedrohung Englands, sei »eine große Illusion«. Obwohl Großbritannien nichts unternehmen könne, um dieser Entwicklung Einhalt zu gebieten, würden die Briten »ungeheure Leiden« auf sich nehmen müssen. Sie würden nicht nur finanzielle Opfer bringen müssen, die »nicht notwendig gewesen wären, wenn man zu einem früheren Zeitpunkt entschlossen gehandelt hätte«, sondern aus dem gleichen Grund würden auch viele Engländer ihr Leben verlieren.[50]

Am späten Abend des gleichen Tages, nachdem in einer Sendung der BBC gemeldet worden war, daß Hitler die restliche Tschechoslowakei annektiert habe, sagte Churchill, der eben an einem Kapitel über das Ende des 17. Jahrhunderts arbeitete, seinem Sohn: »Es fällt einem schwer, nicht an die aktuellen Ereignisse zu denken und sich auf die Regierungszeit von Jakob II. zu konzentrieren, aber ich werde es trotzdem tun.« Das war vielleicht der erstaunlichste Beweis für seine Konzentrationsfähigkeit. Randolph blickte seinem Vater erstaunt nach, als dieser die Treppe hinauf in sein Arbeitszimmer ging. Die Presseberichte waren in der Tat sensationell, wurden aber am folgenden Tag bestätigt. Erst vor drei Jahren hatte der Führer des Dritten Reichs in seiner Friedensrede der Welt verkündet, er habe keine »territorialen Ansprüche« mehr in Europa, und hatte versichert, Deutschland werde niemals den Frieden brechen. In München hatte er Chamberlain gesagt, er könne in seinem Herrschaftsbereich keine Tschechen gebrauchen, und hatte sogar mit dem britischen Premierminister die Grenzen des verstümmelten tschechischen Staats garantiert. Nun, am 15. März, fuhr er an der Spitze seiner Truppen in die tschechische Hauptstadt ein und begrüßte in seinem Mercedes stehend die Bevölkerung mit dem zum Hitlergruß ausgestreckten Arm. Aber anders als in Wien und im Sudetenland wurde dieser Gruß nur von wenigen erwidert. Die Tschechen waren zutiefst bestürzt, und das galt für ganz Europa – und auch für Neville Chamberlain.[51]

HITLER IN PRAG! So konnte man es auf den Zeitungsplakaten an den Kiosken in ganz England lesen. »Was tut er dort?« fragten sich die empörten Engländer. Sie hatten gelesen, wozu er sich in München gegenüber Chamberlain persönlich verpflichtet hatte, und sie kannten seine Zusage, er werde sich nach den Empfehlungen der internationalen Kommission richten, nach denen die deutsche Souveränität nur in Gebieten anerkannt werden würde, in denen die überwiegende Mehrheit der Bevölkerung aus Deutschen bestand. Die meisten Briten wußten nicht, daß Deutschland mit dem stillschweigenden Einverständnis von London und Paris die Empfehlungen der Kommission mißachtete, sie wußten nichts von der allmählichen Auflösung der Tschechoslowakei und hatten keine Ahnung, daß die Nazis unter Mißachtung des Münchener Abkommens Ungarn und Polen große tschechische Gebietsstreifen überlassen hatten, in denen mehr als eine Viertelmillion tschechischer Bürger lebten, die jetzt in andere Staaten eingebürgert wurden. Die britische Presse hatte zwar über diese ominösen und folgenschweren Ereignisse berichtet, aber nur kurz und wenig verständlich.

Die Regierung Seiner Majestät hatte die Engländer nicht auf diesen Schlag vorbereitet. So hatten sie auch nicht mit dem Einmarsch in Prag gerechnet. In seiner jüngsten Rede hatte Hitler davon gesprochen, welches Glück es für die Welt sein werde, wenn Briten und Deutsche sich vertrauensvoll einigten. Am 10. März, nur fünf Tage vor Hitlers Einmarsch in Prag, hatte der Premierminister im Unterhaus erklärt, auf dem europäischen Kontinent werde jetzt »eine Periode der Ruhe eintreten«. Hoare hatte als nächster Redner vorausgesagt, wenn Hitler, Mussolini, Franco, Chamberlain und Daladier zusammenarbeiteten, könnten sie den Alptraum des Krieges und die Lasten der Aufrüstung »von uns nehmen und in unglaublich kurzer Zeit einen entscheidenden Wandel in der Weltgeschichte bewirken«. Im Gefolge dieser gemeinsamen Anstrengungen hatte Hoare geglaubt, ein neues »Goldenes Zeitalter« heraufziehen zu sehen, das sich verwirklichen lassen würde, wenn man nicht dem Rat jener folgte, die sich für eine Stärkung der militärischen Verteidigungsfähigkeit Großbritanniens einsetzten. Er nannte diese Männer sogar beim Namen. Es waren Churchill, Eden, Duff Cooper, Bracken, Amery, Boothby, Sandys, Nicolson, Macmillan und Keyes.[52]

Ein Hinterbänkler zitierte mit leiser Stimme Shakespeare:

> *Daß England, von Verteidigung entblößt*
> *geschwankt hat und gezittert vor den bösen*
> *Nachbarn…*

Hoare hatte zwar törichte Argumente vorgebracht, und Churchill wußte das, aber er konnte sie nicht glaubwürdig entkräften, ohne Informanten bloßzustellen, die schon von der Gestapo beschattet wurden. Zwei Wochen nach dem Münchener Abkommen hatte Hitler Prags neuen prodeutschen Außenminister, Frantisek Chvalkovsky, zu sich bestellt und ihm gesagt, die Tschechoslowakei müsse ihre freundschaftlichen Beziehungen zu Großbritannien abbrechen und sich damit abfinden, daß ihr »angemessener Status« der eines deutschen Vasallenstaates sei. Die Tschechoslowakei dürfe dabei nicht versuchen, Deutschland hinters Licht zu führen. Wenn sie es täte, »mache ich in 24 Stunden – nein in acht Stunden – Schluß« mit ihr. Im folgenden Monat bekam Winston von einem seiner Informanten eine geheime Denkschrift, in der Hitler seinen Außenminister Ribbentrop und von Weizsäcker über die nächste Phase seiner Außenpolitik unterrichtete. Demnach sollte Großbritannien mit Reden und in der Presse angegriffen werden, und zwar zuerst die Opposition und dann Chamberlain selbst. In München habe er gelernt, wie man mit den Engländern umgehen müsse – man müsse sie »vor den Bauch treten«. Er habe vor, »Chamberlain zu stürzen«. Wie absurd seine Vorstellungen waren und wie wenig er die in Großbritannien geltenden parlamentarischen Regeln kannte, wird daraus erkennbar, daß Hitler davon ausging, daß die Opposition dann keine neue Regierung werde bilden können und das gleiche geschehen werde wie in Frankreich. Dann wäre die Politik Großbritanniens gelähmt, und der Faschismus werde die Oberhand gewinnen.[53]

Am 12. März, drei Tage vor der Vergewaltigung des tschechischen Rumpfstaates durch Hitler, war in Chartwell der Bericht eines Agenten aus Brünn in Mähren eingetroffen. Daraus erfuhr Winston, daß Hitler noch in dieser Woche in das 80 Kilometer von Prag entfernte Brünn kommen werde. Viele öffentliche Gebäude seien mit Hakenkreuzfahnen geschmückt, und jeden Abend versammelten sich Nazis »in oder vor dem Deutschen Haus, um zu singen und zu demonstrieren«. Als an einem Abend ein Demonstrationszug mit Antinazis an dem Deutschen Haus vorbeimarschierte, hatten die Männer mit den Hakenkreuz-Armbinden »Sieg Heil!« gerufen und das »Horst-Wessel-Lied« gesungen. Diesen Nazis habe man gesagt, »Hitler wird am 15. März kommen, und seit einigen Wochen haben sich die Menschen daran gewöhnt, anstelle von ›Heil Hitler!‹ ›Heil März!‹ zu rufen«.[54]

Am Morgen des 14. März hatte die slowakische Legislative, die mit der Zentralregierung in Prag in Streit geraten war, die Unabhängigkeit der Slowakei erklärt. Das bot Hitler die Gelegenheit, die er angestrebt hatte. Ribbentrop unterrichtete die Tschechen vom Mißfallen seines Führers und verlangte eine sofortige Lösung des Problems. Um

22.40 Uhr – die Versammlung in Waltham Abbey, auf der Churchill gesprochen hatte, war gerade zu Ende gegangen – kam auf dem Anhalter Bahnhof in Berlin ein Zug an, der Chvalkovsky und Dr. Emil Hacha, einen ehemaligen Richter am Obersten Gericht der Tschechoslowakei und jetzigen tschechoslowakischen Präsidenten, in die Reichshauptstadt brachte. Eine Ehrenwache der SS begleitete sie in das Hotel Adlon und dann in die Reichskanzlei, wo der Führer sie bis 1.15 Uhr warten ließ. Hacha war kein Masaryk und kein Benesch. Er war bereit, vor Hitler zu kapitulieren, und erhob schwere Vorwürfe gegen seine großen Vorgänger. Nach München, meinte er, »habe ich mich gefragt, ob es für die Tschechoslowakei wirklich eine gute Sache gewesen ist, ein unabhängiger Staat zu sein«. Er habe erkannt, daß das Schicksal seines Landes »in den Händen des Führers liegt, und ich glaube daß es in diesen Händen gut aufgehoben ist«. Er wisse, daß die Tschechen in der Wilhelmstraße einen schlechten Ruf hätten. Für ihn erkläre sich das damit, daß »es noch viele Anhänger des Benesch-Regimes gibt«. Er werde jedoch »mit allen Mitteln versuchen, sie zum Schweigen zu bringen«. Unterwürfig fügte er hinzu, er hoffe, der Führer »wird Verständnis für meine Ansicht haben, daß die Tschechoslowakei das Recht hat, ein nationales Leben zu führen«.[55]

Dafür aber hatte Hitler gar kein Verständnis. Er sagte, Hachas »Restbestand« verdanke seine Existenz seiner Nachsicht. In München habe er gehofft, die Tschechen würden sich unter der neuen Führung bessern, er habe aber auch beschlossen, diesen Staat vollständig zu zerstören, wenn die an Benesch erinnernden Tendenzen nicht verschwänden. Jetzt habe sich gezeigt, daß das nicht geschehen sei. Deshalb seien am vergangenen Sonntag, dem 12. März, »die Würfel gefallen«. Er habe den Befehl für den Einmarsch deutscher Truppen und die Eingliederung der Tschechoslowakei in das Deutsche Reich gegeben. Sein Dolmetscher Schmidt berichtet, die Tschechen hätten wie versteinert dagesessen, und nur an ihren Augen habe man erkennen können, daß sie noch lebten. Hitler sagte ihnen, um 6.00 Uhr würde die deutsche Wehrmacht auf seinen Befehl die Grenze in der Nähe der von der Luftwaffe bereits besetzten tschechischen Flugplätze überschreiten. Jeder Verteidigungsversuch werde »mit roher Gewalt« gebrochen werden. Nach einer Pause sagte er, natürlich hätten die Tschechen die Wahl. Wenn die Verteidiger die Waffen streckten, werde er sie großzügig behandeln, ihnen die Autonomie und sogar ein gewisses Ausmaß an Freiheit gewähren. Dann führte er sie in ein anderes Zimmer, um die Einzelheiten zu besprechen.[56]

Dort warteten schon Göring und Ribbentrop an einem Tisch, auf dem die verschiedensten Schriftstücke lagen. Sie legten ihnen die einzelnen

Papiere vor und drohten, Prag werde in zweieinhalb Stunden durch einen Bombenangriff zerstört und ihre Familien müßten sterben, wenn sie die Unterschrift unter die Dokumente verweigerten, mit denen die Auflösung der Tschechoslowakei beschlossen wurde. Hacha, der ein krankes Herz hatte, erlitt einen Schwächeanfall. Da man in der Weltöffentlichkeit den Eindruck vermeiden wollte, der Präsident der Tschechoslowakei sei in der Reichskanzlei ermordet worden, wurde Hitlers Leibarzt, Dr. Theodor Morell, hinzugezogen, durch dessen Behandlung Hitler später drogenabhängig wurde. Er gab Hacha eine Injektion, und über eine rasch hergestellte Telefonverbindung mit Prag wies der wiedererwachte Präsident mit schwacher Stimme sein Kabinett an, zu kapitulieren. Nachdem Morell dem Patienten eine zweite Spritze verabreicht hatte, unterzeichneten beide Tschechen die Papiere. Es war jetzt 3.55 Uhr morgens. Zwei Stunden später überschritten deutsche Truppen die Grenze des tschechoslowakischen Reststaates. Hacha wurde zum Regierungschef des deutschen Protektorats Böhmen und Mähren ernannt. Aber die Welt wußte bereits, wer das Land in Wirklichkeit regierte. Hitler hatte es nach seinem Einzug in Prag offen ausgesprochen. Bevor er an diesem Tag auf dem Hradschin zu Bett ging, ließ er triumphierend erklären: »Die Tschechoslowakei existiert nicht mehr!«[57]

Am gleichen Abend, als Hitler in Prag zur Ruhe ging, hatte sich Churchill im Grillions Club mit Sir Horace Rumbold zum Essen verabredet. Der ehemalige Botschafter Seiner Majestät in Berlin war entlassen worden, nachdem die Nazis seine Post geöffnet und festgestellt hatten, daß er seinem Ministerium über die tatsächlich in Deutschland herrschenden Verhältnisse berichtete. Die Nazis hatten verlangt, daß ein neuer Botschafter ernannt werde, der mehr Verständnis für die Politik des Führers habe. Rumbold war deprimiert. Nachdem er erfahren hatte, daß Hitler in Prag war, glaubte er, daß »sogar Chamberlain jetzt erkennen muß, daß Hitlers Erklärungen und Versprechen nicht den Atem wert sind, mit dem sie ausgesprochen wurden … Ich muß gestehen, ich bin in meinem ganzen Leben nicht so mutlos gewesen wie jetzt.« Es verdroß ihn, daß das Auswärtige Amt seine Warnungen während der vergangenen Monate nicht beachtet hatte, er hatte jedoch beobachtet, daß »die Abscheu vor Nazi-Deutschland« in allen Bevölkerungsschichten Großbritanniens »zugenommen hat und sich die Überzeugung durchsetzt, daß mit den Nazis nichts anzufangen ist«.

Er sagte Churchill, das gäbe ihm ein Fünkchen Hoffnung. Und doch gäbe es immer noch Engländer, die sich um ein englisch-deutsches Bündnis bemühten. Einer von ihnen sei Lord Brocket, den er für einen »der leichtgläubigsten Esel« hielte. Brocket war von Göring zur Jagd eingeladen worden, und Göring hatte ihm eine außerordentlich wichtige Neuigkeit anvertraut: »Weder er (Göring) noch Hitler hätten etwas von den jüngsten Ausschreitungen der Nazis gegen die Juden gewußt.« Nach gründlichen Überlegungen war Rumbold zu der Überzeugung gelangt, daß man 1939 mit neuen Aggressionen der Nationalsozialisten rechnen müsse. Am folgenden Tag schrieb er an seinen Bruder: »Dieses Jahr… wird ihnen die letzte Möglichkeit geben, dies mit einiger Aussicht auf Erfolg zu tun.« An Churchill schrieb er noch am gleichen Nachmittag, es herrsche ganz allgemein ein Gefühl der Unbehaglichkeit. »Sie haben mich gestern abend gefragt, was ich über die gegenwärtige Lage denke. Ich sagte darauf, ich sei zutiefst entmutigt. Das war eine Untertreibung… Ich bin noch nie so deprimiert gewesen und habe mich noch nie so unwohl gefühlt wie jetzt, und zwar weil ich den Eindruck habe, daß unsere Regierung es seit einem Jahr oder noch länger versäumt hat, in die Zukunft zu blicken oder den Charakter des Mannes zu verstehen, mit dem wir es zu tun haben… Ich hoffe nur, der Premierminister wird nicht auf den Gedanken kommen, Hitler noch einmal zu besuchen.« Am 20. März bedankte sich Churchill für Rumbolds Brief und schrieb: »Seit der Absendung Ihres Briefes haben die Ereignisse ihre eigene unwiderlegbare Geschichte erzählt.«[58]

»Der entscheidende Schlag ist geführt worden«, sagte Churchill am 24. März seinen Lesern. Hitler habe »den Rest des Vertrauens der Briten und Franzosen verspielt, die sich so sehr darum bemüht haben, ihm zu glauben. Das Münchener Abkommen, das Deutschland so große Vorteile bot, ist in brutaler Weise gebrochen worden.« Das britische Vertrauen zur Nazi-Hierarchie könne »nicht wiederhergestellt werden, solange die gegenwärtigen Machthaber in Deutschland regieren… In Großbritannien ist es zu einer echten Revolution der Gefühle und Meinungen gekommen, und sie findet ihren Widerhall in allen sich selbst verwaltenden Dominions. Einen ähnlichen Vorgang kann man sogar im ganzen Britischen Empire beobachten. Dieser gewaltige Meinungsumschwung all derer, die bisher noch hoffnungsvoll in die Zukunft blickten, hat sich in einer einzigen Woche vollzogen, nicht aber an einem einzigen Tag. Es war keine Explosion, sondern das Entfachen eines Feuers, das ständig heller brannte, Stunde um Stunde, bis es die intensive Hitze der inneren Überzeugung erreichte.«[59]

Das oder etwas Ähnliches war in der Tat geschehen. In ganz Großbritannien ließ sich jetzt ein entscheidender Umschwung in der öffentlichen Meinung feststellen. Hitlers Prager Gewaltstreich – dem eine Woche später die Annexion des Memellandes, eines Teils von Litauen, folgte – war das zentrale Ereignis, das den Stimmungswandel in Großbritannien herbeiführte. Der Geist der Freundschaft zwischen London und Berlin, von dem Chamberlain glaubte, er sei das Ergebnis des Münchener Abkommens, hatte, wie A. J. P. Taylor schreibt, »seinen Glanz verloren«. Und Robert Rhodes James kommt bei seiner Beurteilung dieser Periode zu folgendem Schluß: »Man kann nur sagen, und zwar mit vollem Recht, daß es nach der Annexion der Tschechoslowakei im März 1939 nur noch von wenigen Briten für möglich gehalten wurde, einen Krieg gegen Deutschland zu vermeiden. Für Menschen, die jenes Jahr nicht mehr bewußt erlebt haben, ist es unverständlich, wie die 1938 deutlich erkennbare Furcht vor dem Kriege so plötzlich verflogen zu sein schien. Die Briten wollten zwar keinen Krieg, aber... sie waren das Zaudern satt, hatten genug von falschen Versprechungen und Wunschdenken und sehnten sich nach einer einfachen, klaren Lösung.«[60]

Noch im gleichen Jahr wurde in England eine Alteisensammlung veranstaltet, aber für Lord Baldwin mußte eine Ausnahme gemacht werden; die schmiedeeisernen Tore an der Einfahrt zu seinem Landsitz wurden gebraucht, um erzürnte Menschen fernzuhalten, die ihn noch vor zwei Jahren überall, wo er auftauchte, mit lautem Beifall begrüßt hatten. Verbittert erinnerte sich Malcolm Muggeridge an Chamberlains Rückkehr aus München und die Worte, die er an die Menschen gerichtet hatte, die ihn auf dem Flughafen begrüßten: »Er zeigte ihnen das Originaldokument, deutete auf die Unterschriften und sagte ihnen, sie sollten ruhig nach Hause und zu Bett gehen und darauf vertrauen, daß sie nicht nur die nächste und übernächste Nacht ungestört würden schlafen können, sondern viele Nächte, vielleicht sogar für alle Zeit. Frieden in unserer Zeit; Frieden in seiner Zeit – nicht einmal das. Die erste ekstatische Freude war bald vorüber.«[61]

Muggeridge galt als Sonderling und wurde im Unterhaus nicht ernst genommen, weil er stets gegen den Strom schwamm. Doch jetzt vertrat er die gleiche Auffassung wie die Mehrheit der Bevölkerung. Die Abgeordneten wußten das, denn ihre Wähler teilten es ihnen in ungezählten Zuschriften mit. Nur der Premierminister blieb blind gegenüber dem allgemeinen Stimmungsumschwung. In einer Rede vor dem Unterhaus am 15. März erwähnte er mit keinem Wort, daß sich die Nazis die ethnischen Gegensätze zunutze gemacht hatten, die seit jeher die einzelnen Volksgruppen in Osteuropa spalteten. Er verkündete feierlich, die Slowakei habe ihre »Unabhängigkeit« erklärt. Was in Preßburg geschehen war, ließ sich kaum mit der amerikanischen Unabhängigkeit vergleichen. Die Proklamation war von einer kleinen Gruppe extremistischer slowakischer Faschisten verkündet worden, aber aus den Ausführungen des Premierministers vor dem Unterhaus ging das nicht hervor. Er sagte: »Diese (slowakische) Erklärung hat eine innere Spaltung des Staates beendet, dessen Grenzen zu garantieren wir vorgeschlagen hatten. Die Regierung Seiner Majestät kann sich deshalb nicht mehr an diese Verpflichtung gebunden fühlen.«[62]

In der Downing Street sagten ihm seine Minister, seine Erklärung sei unverständlich. Aber er weigerte sich zuzugeben, daß das Ereignis, das ihn zum Helden gemacht hatte, in das Gegenteil umgeschlagen war. Doch sein Kabinett ließ nicht locker, und er geriet unter den zunehmenden Druck seiner eigenen Einpeitscher, seiner engsten Mitarbeiter und sogar des Königs. Schließlich erkannte Chamberlain am 17. März die demütigende Tatsache, daß Hitler ihn getäuscht hatte und das Papier, das ihre Unterschriften trug, nur eine Beruhigungspille war.

Ein anderer Staatsmann hätte vielleicht seine unglaubwürdig gewordene Politik aufgegeben, und zunächst hatte es auch den Anschein, der Premierminister habe sich entschlossen, das zu tun. Doch er war zu tief in die Vorstellungen der Beschwichtigungspolitik verstrickt und konnte sich nicht von seiner Überzeugung trennen, der Weg zum dauernden Frieden sei mit Kompromissen gepflastert. Damit wurde seine offizielle Haltung schizoid und schwankte von einem Extrem ins andere. An jenem Freitag war er entschieden aggressiv. Die Besetzung Prags hatte ihn erzürnt, und in einer Rede vor einer Massenversammlung in Birmingham, wo sich der Sohn von Joe Chamberlain besonderer Sympathien erfreute, machte er, wenigstens für den Augenblick, eine volle Kehrtwendung. Er sagte, er glaube, die meisten Engländer seien mit dem Münchener Abkommen nicht einverstanden gewesen, hätten jedoch »mein ehrliches Verlangen geteilt, diese Politik fortzusetzen«. Nun teile er »ihre Enttäuschung« und »ihre Empörung«. Hitler habe die Eingliederung dessen, was von der Tschechoslowakei übriggeblieben sei, durch die dort herrschenden Unruhen zu rechtfertigen gesucht. »Ist dies der letzte Angriff auf einen kleinen Staat, oder wird ihm ein zweiter folgen? Ist dies wirklich ein Schritt in die Richtung des Versuchs, mit Gewalt die Weltherrschaft zu erringen?« Chamberlain sagte, wenn das so sei, werde Großbritannien sich daran beteiligen, »der Herausforderung mit aller Macht Widerstand zu leisten«.[63]

Halifax meinte zu Dirksen: »In den englisch-deutschen Beziehungen sind die Uhren weit zurückgestellt worden.« Aber Chamberlain erlaubte dem Auswärtigen Amt erst am 18. März, drei Tage nach der Besetzung Prags, der deutschen Regierung eine offizielle Protestnote zu schicken. Bonnet, der ähnlich wie er unter Druck gesetzt worden war, tat das gleiche. Kuriere der französischen und der britischen Botschaft begaben sich in die Wilhelmstraße und lieferten im deutschen Außenministerium scharf formulierte Noten ab, in denen gegen die »Verletzung des Geists von München« protestiert wurde. Ribbentrop legte sie ungelesen beiseite.[64]

Die Geringschätzung der Noten durch den deutschen Außenminister hatte gute Gründe. Es hatte schon zu viele ähnliche Noten gegeben, die sich gegen die Besetzung des Rheinlands, die dort errichteten Befestigungsanlagen, den Anschluß Österreichs, gegen die Kristallnacht und die darauf folgenden antisemitischen Ausschreitungen gerichtet hatten. Ribbentrop kannte dieses Ritual. Er wußte, in Kürze würde Henderson erscheinen und erklären, daß die Freundschaft zwischen beiden Ländern nicht gefährdet werden dürfe und alle Mißverständnisse durch Verhandlungen ausgeräumt werden könnten. Und tatsächlich meldete sich der britische Botschafter noch zur gleichen Stunde bei ihm.

Am 15. März sollte eine Konferenz britischer und deutscher Industrieller in Düsseldorf beginnen. Sie fand wie geplant statt. Während Hitler durch Prag fuhr, unterzeichneten die Teilnehmer eine vorläufige Vereinbarung, in der unter anderem festgelegt wurde, daß Deutschland entschlossen war, die Devisenreserven des Landes auszugeben, das es eben annektiert hatte – die Reichsbank verfügte demnach jetzt über gestohlene Gelder zur Finanzierung des Hitlerregimes.[65]

Das Verfügungsrecht über das im Ausland deponierte tschechische Gold wurde bald zum Gegenstand leidenschaftlich ausgetragener Meinungsverschiedenheiten in England. Obwohl die Bank von England sofort die tschechischen Guthaben einfror, stand ein Teil des bei ihr liegenden tschechischen Goldes – im Wert von sechs Millionen Pfund – der Bank für International Settlements zur Verfügung, die es zur Reichsbank transferieren wollte. Mitte Mai verstärkten sich Gerüchte, ein deutscher Vertreter sei nach London gekommen, um hier Verhandlungen darüber zu führen, und die Regierung Seiner Majestät weigere sich zu intervenieren. Am 26. Mai kam es im Unterhaus zum Eklat. Empörte Abgeordnete fragten, wo die sechs Millionen Pfund in Gold geblieben seien und warum die Regierung es zuließ, daß dieses Gold nach Deutschland transferiert wurde? Schatzkanzler Simon erwiderte, er wisse nicht einmal, ob er berechtigt sei, die Bank um Auskunft über die tschechischen Guthaben zu bitten. Aber die Abgeordneten ließen nicht locker. Nach dem Anschluß Österreichs waren die Wiener Banken zu Goldminen für Hitler geworden. Alle österreichischen Guthaben waren den Nazis zur Verfügung gestellt worden, und nun wollte das britische Parlament eine Wiederholung verhindern. Bracken sagte: »Das ist wirklich die schäbigste Form der Beschwichtigungspolitik... Die Deutschen mit dem Geld der unglücklichen Tschechen zu beschwichtigen.«[66]

Chamberlain wich dem Problem aus, aber Churchill griff das Thema mit großer Leidenschaft auf. Die britische Aufrüstung kam allmählich in Schwung, hatte die Deutschen zwar noch nicht einholen können, aber endlich hatte man angefangen, diese Aufgabe anzupacken. Er sagte dem Hohen Haus: »Nun fordern wir unsere Leute auf, in die Armee einzutreten und sich mit dieser neuen Form der Wehrpflicht einverstanden zu erklären; wir zahlen Steuern in gewaltiger Höhe, um uns zu schützen. Wenn unsere Regierung gleichzeitig so ungeschickt ist, daß es möglich ist, diese sechs Millionen Pfund an die Naziregierung in Deutschland zu überweisen, und zwar zum Zweck der Wiederaufrüstung, wenn dieses Geld uns aus der Hand genommen wird, um unter bestimmten Umständen schneller zurückzukommen, als es fortgegeben worden ist, dann werden die Bemühungen der Menschen jeder Bevölkerungsschicht und jeder Partei, die nationale Verteidigungsfähigkeit zu sichern und alle Kräfte des Landes dafür einzusetzen, lächerlich gemacht.«[67]

Der Premierminister errötete, als Winston sagte, er könne nicht verstehen, wie ihm diese Tatsache entgangen sein könnte. Churchill verlangte von ihm, »den Transfer dieser sechs Millionen Pfund tschechischen Geldes in die Hände derer, die die tschechische Republik zerstört hatten, zu verhindern«. Nach Ansicht Chamberlains war das wieder ein Beispiel für Churchills Mangel an Urteilsfähigkeit und dafür, daß er nichts von der Geschäftswelt verstünde. Gefühle hätten in der internationalen Finanzwelt keinen Platz. Der Regierungswechsel in Prag sei legal vollzogen worden, denn die tschechische Regierung habe die Dokumente Hitlers unterzeichnet und Hacha habe einen berechtigten Anspruch auf das Gold, das Benesch hier im Namen der Tschechoslowakei hinterlegt habe.[68]

Wegen eines Tricks – einer in aller Eile eingeführten Veränderung in den Buchungsmethoden der Bank von England – und aufgrund der Tatsache, daß wichtige Reichsbankakten später bei der Bombardierung von Berlin verlorengingen, weiß bis heute niemand, ob es den Nazis gelungen ist, an diese tschechischen Vermögenswerte heranzukommen. Gilbert und Gott behaupten, Deutschland habe »das Gold nicht eingefordert«. Aber selbst wenn dem nationalsozialistischen Deutschland ein erwarteter Gewinn verlorengegangen sein sollte, behielt es doch die meisten seiner einflußreichen britischen Freunde.[69]

In London wurde Hitler für seine Großzügigkeit und Zurückhaltung bei der Unterdrückung von Unruhen in Prag gelobt – ein Lob, das er nicht verdient hatte. In den Monaten nach der Besetzung Prags durch deutsche Truppen wurden 101000 Tschechen ermordet. Mehr als die Hälfte von ihnen waren Juden. Damals wußte man das nicht, denn es war außerordentlich schwierig, zutreffende Berichte über das Verhalten der Deutschen in Prag zu bekommen. Die Deutschen hatten schon vor der Besetzung der Stadt begonnen, ihren Einfluß geltend zu machen. Einer von Churchills Informanten hatte aus Brünn geschrieben: »Überall hört man den Nazigruß ›Heil Hitler‹, und in allen deutschen Lokalen hängt ein Hitlerbild.« In dem Bericht hieß es weiter, die Nazis griffen junge Tschechen an und verprügelten sie, Juden würden gezwungen, sich registrieren zu lassen, und – das Folgende ist wirklich ein Stück schwarzer Humor – im hiesigen Capitol-Kino wird der deutsche Olympiadefilm gezeigt. Alle Nazis waren begierig, ihn zu sehen, aber vor dem Eingang hatten andere Nazis Posten aufgestellt, die ihnen den Eintritt verwehrten... weil das Kino einem Juden gehört!« Derselbe Informant beschreibt den Einmarsch der Deutschen: »Ich habe miterlebt, wie die ersten deutschen Truppen in die Stadt kamen... Die Deutschen hier waren begeistert, aber die übrige Bevölkerung verhielt sich erstaunlich ruhig. Alles ist jetzt mit Hakenkreuzen geschmückt. Gestern morgen stattete Hitler der Stadt einen überraschenden Besuch ab. Der Empfang war sehr kühl. Er fuhr sofort wieder ab, ohne die für den Abend vorgesehene Rede zu halten. Nur wenige Menschen haben ihn gesehen oder auch nur erkannt.«[70]

Obwohl den Auslandskorrespondenten das ganze Ausmaß der nationalsozialistischen Greueltaten in der Tschechoslowakei verborgen blieb, konnte man sie nicht daran hindern, die Prügeleien auf den Straßen, die Judenverfolgungen und das Verschwinden tschechischer Intellektueller wahrzunehmen, nachdem die Konzentrationslager gebaut, mit Stacheldraht eingezäunt und mit Wachtürmen für Maschinengewehre und Suchscheinwerfer ausgestattet worden waren. Die Tatsache ließ sich nicht vertuschen, daß Hitler diesmal nicht als Beschützer der Deutschen in einem Nachbarland auftrat, sondern als ein Aggressor, der auf Raub, Versklavung, Mord und Vernichtung aus war. Die Tschechen waren die ersten Slawen, die er unterworfen hatte. Immer wieder brach er seine Versprechungen, aber seine Drohungen machte er stets wahr. In einem geheimen Führerbefehl ordnete er an, die Tschechen zu »assimilieren«, vor allem als »Sklavenarbeiter« im Reichsgebiet. Die anderen, besonders die Intellektuellen, sollten »ausgeschaltet« werden. Das alles stand bereits in seinem Buch *Mein Kampf*, dem Bestseller, den nur wenige gelesen hatten und den die meisten als Fieberphantasien abtaten. Churchill war praktisch der einzige im öffentlichen Leben stehende Mann, der Hitler beim Wort genommen hatte, und er veröffentlichte nun eine Sammlung seiner im *Evening Standard* und *Daily Telegraph* erschienenen Artikel unter dem Titel *Step by Step*. Clement Attlee schrieb ihm, »es muß eine melancholische Befriedigung sein, wenn Sie sehen, wie recht Sie hatten«, und Lord Wolmer schrieb: »Das Buch ist ein Zeugnis Ihres Scharfsinns und Ihres Muts.«[71]

Doch mächtige Nazis waren für manche Briten zu gefeierten Persönlichkeiten geworden. Am 18. März sprach R. H. S. Crossman, ein künftiges Kabinettsmitglied, im Unterhaus von Görings »Mut und Tüchtigkeit«. Er sagte: »Neben Hitler ist er der einzige bedeutende Staatsmann im Dritten Reich... Außerdem war es seine Energie bei der Reorganisation der preußischen Polizei und der Einrichtung der Gestapo, die Hitler in die Lage versetzten, 1933 seine Position zu festigen, und die folgenden Triumphe der nationalsozialistischen Außenpolitik wären ohne seine Arbeit nicht möglich gewesen.«[72]

Die Gleichgültigkeit des Parlaments gegenüber dem Schicksal der tschechischen Juden empörte Churchill. Nachdem die Nazis ihnen ihren gesamten materiellen Besitz geraubt hatten, zogen sie mittellos durch die Straßen Osteuropas. Erschütternde Fotos zeigten dieses Elend, aber Dawson weigerte sich, sie in der *Times* zu zeigen. Seinen Mitarbeitern erklärte er, er könne den Opfern nicht helfen, und wenn er die Fotos veröffentlichte, werde Hitler dies übelnehmen. Dann, neun Wochen nach der Besetzung Prags, verkündete die Regierung Chamberlain, daß die britische Politik in Palästina geändert worden sei. Die Zeit der unbegrenzten Einwanderung von Juden sei vorüber; man werde in den nächsten fünf Jahren die Zahl derer, denen die Einreise nach Palästina gestattet würde, streng begrenzen, und danach würden alle Juden abgewiesen werden, »es sei denn, die Araber in Palästina erklärten sich bereit, ihre Einwanderung zuzulassen«. Damit verloren die europäischen Juden, die aus dem nationalsozialistischen Reich fliehen wollten, ihr wichtigstes Zufluchtsland, und die Araber erhielten ein Vetorecht gegen die eventuelle Errichtung eines jüdischen Staates.[73]

Das war ganz im Sinne der Nationalsozialisten. Aber es war auch eine Aufkündigung der Balfour-Deklaration, mit der 1917 die britische Unterstützung bei »der Gründung einer nationalen Heimstatt für das jüdische Volk« zugesagt worden war. Für Churchill, der seit 30 Jahren mit den Zionisten sympathisierte, stellte das einen schlimmen Verrat und eine Verletzung seiner persönlichen Ehre dar. 1921 hatte er als Kolonialminister Großbritannien verpflichtet, eine Heimstatt für die Juden zu schaffen, die »Judäa« oder »Israel« heißen sollte. Und 1937 hatte er seine Unterstützung einer in Palästina anzusiedelnden jüdischen Nation öffentlich und privat gegenüber Chaim Weizmann, dem Präsidenten der zionistischen Weltorganisation erklärt, mit dem er eng befreundet war. Im Mai 1939 wurde die neue Nahostpolitik im Unterhaus von Malcolm MacDonald verteidigt, der jetzt das Kolonialministerium leitete. Amery protestierte mit scharfen Worten gegen die neue Regelung, und Churchill behandelte das Problem am 22. Mai in einer Rede im Unterhaus, nachdem er Weizmann deren Text vorgelegt hatte (der sagte, die Rede sei ausgezeichnet).

Als jemand, der intensiv und an verantwortlicher Stelle an der Gestaltung unserer Palästinapolitik mitgewirkt hat, »könne er nicht« zusehen, »wie feierliche Verpflichtungen, die Großbritannien vor der Weltöffentlichkeit übernommen hat, nun beiseite geschoben werden«. Vielleicht habe die Regierung »administrative« Gründe für ihr Vorgehen. Doch das sei unwahrscheinlich. Niemand habe einen derartigen Vorschlag gemacht. Oder vielleicht geschah es, um »ein ruhigeres Leben führen zu können«, was sich, wie er voraussagte, als »vergebliche Hoffnung« erweisen werde. Zum Vetorecht der Araber sagte er: »Da liegt der Bruch; das ist die Verletzung unserer Zusage; das ist die Aufkündigung der Balfour-Deklaration; das ist das Ende der Vision, aller Hoffnungen und Träume.« Er fragte: »Was werden unsere potentiellen Feinde denken?... Werden sie nicht versucht sein zu sagen: ›Da sind sie wieder auf der Flucht. Das ist ein neues München.‹« Am Schluß seiner Rede sah er dem Premierminister direkt in die Augen und erinnerte Chamberlain daran, daß er vor 20 Jahren gesagt hatte – und hier zitierte er ihn wörtlich –: »Die Zionisten werden eine schwere Verantwortung übernehmen müssen, wenn sie in Kürze mit Freude im Herzen wieder in die alte Heimat ihres Volkes einziehen. Dann werden sie die Aufgabe übernehmen, im alten Palästina einen neuen Wohlstand und eine neue Zivilisation aufzubauen, in einem Land, das so lange vernachlässigt und schlecht regiert worden ist.« Churchill schloß mit drei vernichtenden Sätzen: »Nun, sie sind dieser Aufforderung gefolgt. Sie haben diese Hoffnung zur Wirklichkeit werden lassen. Wie kann er es übers Herz bringen, ihnen diesen tödlichen Schlag zu versetzen?«[74]

Am 28. März erlebte das Hohe Haus die ersten Anzeichen einer Revolte von Abgeordneten der Konservativen Partei gegen ihre Führung, als 30 angesehene Konservative – unter ihnen Churchill, Eden, Duff Cooper und Macmillan – die Bildung einer neuen Regierung mit Ministern aus allen Parteien verlangten.

Chamberlain, ein erfahrener Politiker, aber kein großer Staatsmann, war darauf vorbereitet. Er wußte, das Land teilte seinen Glauben an den Wert des Münchener Abkommens nicht mehr. Die Beschwichtigungspolitiker waren sich der Tatsache bewußt, daß sie einen Krieg politisch nicht überleben würden.

Auf einer Geheimsitzung des außenpolitischen Ausschusses sagte Daladier, alle Vereinbarungen zwischen Frankreich und Deutschland seien *»en ruine«*. Wenn Frankreich nicht in der Lage sei, die Konsequenzen zu tragen, dann werde es »zu einer Massenflucht unter den mit uns befreundeten Ländern kommen, die uns bisher treu zur Seite gestanden haben. Sie werden sich in die Sklaverei (*à la servitude*) stürzen. Und wir dürfen uns keine Illusionen darüber machen, was dann geschehen wird. Unser Land wird neue Invasionen erleben, und das könnte unseren Untergang bedeuten.«

In der Downing Street Nr. 10 und im Élysée-Palast war man sich darin einig, daß das nächste Opfer Hitlers identifiziert und in ein festes Militärbündnis mit den Demokratien eingebunden werden müsse.[75] Es war ein Wunder, daß das Dritte Reich im siebenten Jahr seines Bestehens noch keinen allgemeinen Konflikt ausgelöst hatte. Aber dieser Konflikt näherte sich jetzt. Der Historiker Brian Gardner schreibt: »Während sich die Nationen für den Krieg rüsteten, von dem die Staatsmänner behaupteten, sie hätten ihn vermieden, herrschte in Europa eine trügerische politische Ruhe. Man fragte sich, wo Hitler das nächste Mal zuschlagen würde und wann?« Die in London und Paris gefundene Antwort bewies die außenpolitische Unfähigkeit der dortigen Regierungen. Sie entschieden sich für das falsche Land.[76]

Weniger als zwei Wochen nachdem Hitler die restliche Tschechoslowakei geschluckt hatte, schrieb der britische Premierminister einer seiner Schwestern: »Es besteht immer die Möglichkeit, daß Deutschland noch hinterhältiger vorgehen wird und daß wir nun mit einem ›Handelsabkommen‹ konfrontiert werden, mit dem Rumänien praktisch den Deutschen auf Gnade und Ungnade ausgeliefert sein wird.« Rumänien hatte keine gemeinsame Grenze mit dem Deutschen Reich, grenzte aber an Ungarn; die Regierung in Budapest war gegenüber Bukarest feindlich eingestellt und wird nichts dagegen einzuwenden haben – ja, sie würde es auch nicht wagen, Einwände zu erheben –, wenn deutsche Panzer ungarisches Territorium durchquerten und in Rumänien eindringen würden, einen unterentwickelten Balkanstaat, in dem es jedoch reiche Ölvorkommen gab und der die Donaumündung beherrschte.[77]

In Paris setzte sich Phipps mit Bonnet in Verbindung und fragte ihn, ob er glaube, daß Rumänien »der nächste Gang im nationalsozialistischen Menü« sein werde. Bonnet hielt das für »sehr wahrscheinlich«. Wie aus später am Quai d'Orsay aufgefundenen Akten hervorgeht, war er sogar davon überzeugt. Auch Henderson vertrat die Ansicht, Hitlers nächstes Ziel sei »die Einnahme des ganzen Donaubeckens mit militärischer Gewalt«. Der rumänische Botschafter in London, Virgil Tilea, schien das zu bestätigen. Tilea kam am Donnerstag, dem 16. März, einen Tag nach der Einnahme von Prag, in das Auswärtige Amt. Er trug seine Darstellung der Lage einem Unterstaatssekretär vor und sprach dann mit Halifax und Cadogan. Anschließend wandte er sich über die *Times* und den *Daily Telegraph* an die Öffentlichkeit. Der wesentliche

Inhalt seiner Geschichte war, daß seine Regierung »aus geheimen und anderen Quellen erfahren habe, die Deutschen planten, Ungarn zu überrennen und »Rumänien in der gleichen Weise zu zerschlagen, wie sie es mit der Tschechoslowakei getan hatten... um aus Rumänien ein deutsches Protektorat zu machen«. Ihr Hauptziel bei diesem Unternehmen würden die Erdölfelder bei Ploesti sein. Der rumänische Botschafter bat um einen Kredit in Höhe von 10 Millionen Pfund zur Stärkung der rumänischen Verteidigungsfähigkeit und betonte die »extreme Dringlichkeit« einer »präzisen Darstellung« der britischen Haltung »für den Fall, daß Rumänien einer deutschen Aggression zum Opfer fallen sollte«. Die »unmittelbare Gefahr« erhöhte sich dadurch, daß Deutschland kürzlich die Forderung erhoben habe, im Handel zwischen beiden Ländern bevorzugt behandelt zu werden, und zwar in einem Ton, der »diese Forderung als Ultimatum erscheinen läßt«. Dieser Eindruck werde durch Truppenbewegungen der Wehrmacht an der Grenze verstärkt. Mit dem Ausbruch von Feindseligkeiten müsse man »vielleicht schon in den nächsten Tagen« rechnen.[78]

Halifax war aufs höchste beunruhigt. Offensichtlich hat er die besorgten Ausführungen des rumänischen Botschafters für bare Münze genommen, ohne den Bericht Tileas sorgfältig überprüfen zu lassen. Wenn die Wilhelmstraße einen solchen kühnen Handstreich geplant hätte, dann hätte die rumänische Regierung etwas davon gewußt, und ein Appell an Großbritannien wäre auf höchster Ebene erfolgt. Doch statt dessen schickten Halifax und Cadogan – ohne sich vorher mit ihrem Botschafter in Bukarest, Sir Reginald Hoare, in Verbindung zu setzen – den britischen Botschaftern in Paris, Moskau, Warschau, Ankara, Athen und Belgrad Telegramme, in denen sie ihnen den Inhalt des Berichts von Tilea mitteilten und sie anwiesen festzustellen, was die politischen Führungen in diesen Hauptstädten zu tun gedächten, falls sich der Bericht bewahrheiten sollte. Als Sir Reginald von der Geschichte Tileas unterrichtet wurde, forderte er das Auswärtige Amt auf, diese Alarmsignale zu widerrufen. Er hielt die Darstellung von Tilea für völlig unglaubwürdig, und der rumänische Außenminister dementierte sie dann auch in allen Punkten. Der Botschafter Seiner Majestät in Warschau, Sir Howard Kennard, telegraphierte, das polnische Außenministerium sei »äußerst skeptisch« und wie sich zeigte, waren dies auch andere Außenministerien in ganz Europa.[79]

Der Bericht von Tilea hatte sich als unglaubwürdig erwiesen, er weigerte sich jedoch, ihn zu widerrufen, und die britische Regierung reagierte genau so, wie sie es getan hätte, wenn Tileas Angaben bestätigt worden wären. Chamberlain rief das Kabinett am Samstag, dem 18. März, zu einer Krisensitzung zusammen. Halifax berichtete, der rumänische Außenminister Grigore Gafencu habe bestritten, daß an dem, was Tilea kolportiert hatte, auch nur ein einziges wahres Wort sei, und versichert, daß die Beziehungen zwischen seiner Regierung und dem Deutschen Reich »völlig normal verlaufen wie zwischen gleichberechtigten Staaten«. Der britische Außenminister meinte deshalb, die Lage sei daher »wahrscheinlich« nicht »unmittelbar bedrohlich«. Aber wie jeder wisse, sei Hitler zu allem fähig. Er schlug vor, man solle sich auf die nächste Krise vorbereiten und darüber nachdenken, welche Haltung die Regierung Seiner Majestät dann einnehmen müsse. Seine persönliche Meinung sei, »wenn sich Deutschland in einem Akt der nackten Aggression gegen Rumänien wenden sollte, wäre es für dieses Land außerordentlich schwierig, nicht alles in seiner Macht Stehende zu unternehmen, um (andere Länder) zum Widerstand aufzurufen und selbst an diesem Widerstand teilzunehmen«.[80]

Dann sprach man darüber, auf welche Weise sich feststellen ließe, welche Länder bereit sein würden, sich gemeinsam mit Großbritannien dem nationalsozialistischen Deutschland entgegenzustellen. Als Churchill sich im Parlament dafür eingesetzt hatte, eine große Allianz zu bilden, wäre ein solches Bündnis noch möglich gewesen, aber seit München hatte Großbritannien nur noch wenige Freunde in Osteuropa. Man hatte kein Vertrauen mehr zur britischen Regierung. Es gab Minister, die eine Annäherung an die Sowjetunion empfahlen, den Erzfeind des nationalsozialistischen Deutschland und die stärkste Militärmacht in Osteuropa. Aber Chamberlain hegte gegenüber Rußland, wie er seiner Schwester schrieb, »das tiefste Mißtrauen«. Am Schluß der Kabinettssitzung vom Samstag sagte er, die wichtigste Frage sei, ob Großbritannien andere Länder dazu bewegen kann, uns darin zu unterstützen, »daß wir jedem neuen Akt der Aggression von seiten Deutschlands entgegentreten«.[81]

Tilea hatte gemeint, es würde die Stellung Großbritanniens stärken, wenn sich Polen als drittes Land dem Bündnis anschlösse. Halifax und Chamberlain gefiel dieser Gedanke. Polen hatte eine gemeinsame Grenze mit Rumänien und befand sich nach den Feststellungen des britischen Nachrichtendienstes (dessen Agenten keine sehr engen Beziehungen zu Churchills Informanten gehabt haben können) »gegenüber Deutschland in einer starken Position«. Die Regierungen in Warschau und Berlin zeigten viele Gemeinsamkeiten. In beiden Ländern wurden die Juden verfolgt; die Polen haßten das sowjetische Rußland ebenso wie die Deutschen; beide Regierungen hatten gegen die Tschechen zusammengearbeitet – während der Münchener Krise und in der Zeit danach hatten Ribbentrop und der polnische Außenminister, Oberst Jozef Beck, einander die Bälle zugespielt. Die Polen hatten nichts unversucht gelassen, die Stellung Prags zu schwächen, und hatten mit Hitlers Zustimmung tschechisches Gebiet annektiert. 1934 hatten das Deutsche Reich und Polen einen Nichtangriffspakt auf zehn Jahre unterzeichnet, in dem beide Länder die bestehenden territorialen Rechte anerkannten. Mit diesem Vertrag hatte das von Frankreich in Osteuropa aufgebaute Bündnissystem die ersten Risse bekommen. Seither hatte sich Beck eifrig und wie es schien erfolgreich darum bemüht, mit Deutschland die bestmöglichen Beziehungen zu unterhalten.[82]

Die Hafenstadt Danzig blieb natürlich ein wunder Punkt. Doch als ein polnischer Politiker in Danzig gefragt wurde, ob er damit rechne, daß die Deutschen versuchen könnten, die Stadt militärisch zu nehmen, erklärte er »mit aller Entschiedenheit«, daß mit einer solchen Möglichkeit nicht zu rechnen sei. Der deutsche Botschafter in London, Dirksen, versicherte Halifax, das Deutsche Reich beabsichtige zwar, für Danzig einen neuen Status durchzusetzen, Hitler werde das jedoch weder durch Drohungen noch durch Gewalt zu erreichen suchen. Er werde vielmehr »Konsultationen mit der polnischen Regierung« vorschlagen. Die besänftigende Wirkung der deutschen Verhandlungsbereitschaft war in diesen Jahren außerordentlich groß. Doch Hitler hat niemals verhandelt. Er hat gelogen, geblufft, mit Erpressung gearbeitet, aber ernsthafte Verhandlungen verabscheute er und hielt sie für eine Art des Umgangs mit anderen, zu der nur Schwächlinge Zuflucht nähmen. Die letzte und entscheidende Karte, die Polen ausspielen konnte, war seine angebliche militärische Stärke. Anders als seine Nachbarn – und auch anders als Großbritannien – verfügte Polen über ein, wenigstens auf dem Papier, sehr starkes stehendes Heer: Eine Million Mann standen unter Waffen, und dazu kamen im Kriegsfall 800000 Reservisten.[83]

Der Mann, der zu entscheiden hatte, ob und wann diese Truppen eingesetzt werden sollten, war eine rätselhafte Persönlichkeit, ein polnischer Oberst, der in mancher Hinsicht dem deutschen Diktator glich. Niemand zweifelte an den Fähigkeiten von Jozef Beck. Sein beachtliches diplomatisches Geschick hatte dazu geführt, daß er mit 38 Jahren zum polnischen Außenminister ernannt wurde. Mit seiner Intelligenz und seiner starken Willenskraft hatte er die Achtung seiner Landsleute gewonnen, viele mißtrauten ihm aber auch und lehnten ihn wegen seiner Doppelzüngigkeit, Unehrlichkeit und seines unmoralischen Privatlebens ab. In Rom, wo er einen langen Urlaub verbracht hatte, charakterisierte ihn die Fürstin von Piemont als einen Mann »mit einem Gesicht, wie man es in französischen Zeitungen als das eines Verführers kleiner Mädchen sehen kann«. Ciano hielt ihn für »einen unsympathischen Gesellen, der Kälte verbreitet«. Als er in jenem Frühjahr in London war, gab ihm die Regierung Seiner Majestät ein Mittagessen im Savoy. Auf Churchill machte er einen »zynischen« und »kaltherzigen« Eindruck. Winston beobachtete ihn aufmerksam, weil er mehr über die Spannungen zwischen Warschau und Berlin wußte als jeder andere mit Ausnahme des Ehrengasts. Ganz beiläufig fragte er Beck: »Werden Sie in Ihrem Sonderzug auf der Fahrt durch Deutschland unbehelligt wieder in Polen ankommen?« Der Oberst sah ihn durchdringend an und antwortete ganz ruhig: »Ich glaube, dafür haben wir noch Zeit.«[84]

Léger hatte dem Auswärtigen Amt den Rat gegeben, Beck nicht zu trauen, weil er, um Hitler nach Süden abzulenken, »Rumänien verraten hat oder dabei ist, es zu tun«. Halifax hatte jedoch von diesen Machenschaften ganz falsche Vorstellungen; es war Beck, der den Eindruck erwecken wollte, Polen habe von Deutschland nichts zu fürchten, und der alles tat, diesen Eindruck plausibel erscheinen zu lassen. Sein Botschafter in London sagte Halifax, Beck werde »alles daransetzen«, einen Streit mit dem Deutschen Reich zu vermeiden. In einem Gespräch mit Halifax erzählte Beck selbst, er und Ribbentrop würden demnächst über Danzig verhandeln, und er habe beschlossen, den Deutschen »großzügige« Bedingungen anzubieten. Seine Politik sei es, »nichts Provozierendes« zu tun. Auf die Frage nach Einzelheiten sagte er, er wolle die Briten nicht mit einer Analyse des Danziger Dilemmas »belästigen«. Es handele sich um ein lokales Problem, das leicht zu lösen sei; es sei unvorstellbar, daß es sich zu einem internationalen Problem auswachsen könne.[85]

Halifax hielt es für unbedingt notwendig, daß Rumänien von Polen unterstützt wurde. Doch als er Beck am 19. März aufforderte, sich einer Viermächteerklärung anzuschließen, mit der die Deutschen vor jeder Aggression in Osteuropa gewarnt werden sollten – die vier Mächte waren Großbritannien, Frankreich, Polen und Rußland –, lehnte Beck das ab. Er meinte, damit würde Deutschland nur provoziert werden, außerdem wolle Polen in keiner Weise mit der Sowjetunion zusammenarbeiten. Botschafter Kennard in Warschau bat Beck, sich die Sache noch einmal zu überlegen, und fünf Tage später machte der polnische Außenminister einen Gegenvorschlag, der Halifax durch den Londoner Botschafter Becks, den Grafen Eduard Raczynski, vorgelegt wurde. Darin regte Beck an, daß beide Länder eine bilaterale Vereinbarung unterzeichnen sollten, nach der sich Großbritannien und Polen im Fall einer Bedrohung Polens durch Deutschland zu »Konsultationen« verpflichteten. Diese Vereinbarung sollte, wie Raczynski sagte, geheim bleiben, um die Deutschen nicht zu verärgern. Halifax und Chamberlain fanden keinen besonderen Gefallen an dieser Idee. Einmal wurde Rumänien in diesem Vorschlag nicht erwähnt, um das sich Großbritannien zu dieser Zeit die größten Sorgen machte, und außerdem würde eine geheime Vereinbarung das Vertrauensverhältnis zu den Franzosen stören, die regelmäßig von den Briten konsultiert worden waren. Schließlich hätte ein solcher Vertrag keinerlei abschreckende Wirkung auf die Nazis. Deshalb sei es notwendig, eine öffentliche Erklärung abzugeben.[86]

Schließlich kam Halifax auf die Idee, das Problem auf andere Weise zu lösen, und schlug dem Premierminister vor, daß Großbritannien noch einen Schritt weitergehen und die Sicherheit Polens förmlich garantieren sollte. Damit könnte Beck vielleicht veranlaßt werden, Großbritannien entgegenzukommen und sich an der Garantieerklärung für Rumänien zu beteiligen. Chamberlain meinte, das sei einen Versuch wert, denn schließlich habe Hitler keine Ansprüche auf polnisches Gebiet erhoben. Was könnte eine solche Garantie also schaden? Auf seine Anweisung arbeiteten Halifax, Cadogan und Butler deshalb noch am gleichen Abend den Entwurf einer Erklärung aus, in der die von England zu übernehmenden Verpflichtungen präzisiert wurden. Nach Rücksprache mit dem Quai d'Orsay wurde beschlossen, daß England und Frankreich das Angebot machen sollten, Polen oder Rumänien zu Hilfe zu kommen, wenn eines dieser Länder von Deutschland angegriffen würde und sich gegen diesen Angriff zur Wehr setzte. Die gegenüber Bukarest zu übernehmende Verpflichtung wurde allerdings davon abhängig gemacht, daß sich auch Warschau zur Intervention bereit erklärte. Der Premierminister und sein Außenminister waren überzeugt, daß ihr Vorschlag Unterstützung finden werde. Am 27. März wurde er in Warschau und Bukarest vorgelegt.[87]

Man glaubte, wenn die Reaktionen aus den beiden Hauptstädten eingetroffen sein würden, könne man gleichzeitig mit Polen und Rumänien über weitere Einzelheiten verhandeln. Die Lage auf dem europäischen Kontinent war ruhig. Nichts schien besonders eilig zu sein. Doch plötzlich änderte sich das alles. Ein Grund dafür war Chamberlain selbst. Obwohl er politische Probleme im allgemeinen kühl und geschäftsmäßig behandelte, konnte er auch durchaus spontan reagieren. Dann ging sein Temperament mit ihm durch, und so hatte er in einem Jahr zur Vernichtung einer verteidigungsfähigen Tschechoslowakei beigetragen, während er jetzt im nächsten die Sicherheit Polens garantieren wollte, das, wie sich zeigte, sehr viel weniger leicht zu verteidigen war. Er hatte sich monatelang durch Gerüchte täuschen lassen; das war gefährlich, weil sich seine Entscheidungen oft auf unbestimmte und nicht bestätigte Informationen gründeten. Der von Tilea ausgelöste falsche Alarm war nur ein Beispiel dafür.

Ein zweiter Grund war eine Warnung von Ian Colvin, und in diesem

Fall waren die Konsequenzen sehr viel schwerwiegender. Colvin, der Berliner Korrespondent für die Londoner Zeitung *News Chronicle* gehörte zu den intelligentesten Journalisten in Europa. Seine Informationsquellen hatte er in der obersten Etage der nationalsozialistischen Hierarchie. Er gehörte aber auch zum Nachrichtennetz von Churchill. Mehr als einmal hatte er Direktiven Hitlers, die nur für drei oder vier nationalsozialistische Führer bestimmt waren, nach Chartwell geschickt. Seine Voraussagen hatten sich häufig als richtig erwiesen, und als er am späten Dienstag nachmittag, dem 28. März, nach London flog, um mit Halifax und Cadogan zu sprechen, schenkten sie ihm ihre ungeteilte Aufmerksamkeit.[88]

Im Januar hatte er ihnen gesagt, »ein Lebensmittellieferant der deutschen Armee« habe die Anweisung erhalten, »die gleiche Menge von Rationen wie im September 1938 bis zum 28. März 1939 bereitzustellen«. Sie sollten »in den Teil von Pommern geliefert werden, der gegenüber dem Eisenbahnknotenpunkt von Bromberg im Polnischen Korridor eine Ausbuchtung bildet«. Das war besorgniserregend genug, aber Colvins Flug nach London war außerdem durch die Ausgaben der Zeitungen *Völkischer Beobachter, Der Angriff* und *Berliner Tageblatt* vom vergangenen Tage angeregt worden. Sie alle brachten empörte Berichte über »Zwischenfälle« an der deutsch-polnischen Grenze, über Angriffe auf Zollstationen und sogar auf deutsche Zivilisten durch polnische »Schweine«, von denen einige gestanden hätten, auf Befehl Warschaus gehandelt zu haben. Niemand im Auswärtigen Amt mußte daran erinnert werden, daß die Nazis vor ihren Einfällen in andere Länder ähnliche Grenzzwischenfälle provoziert hatten. Colvin wurde in die Downing Street Nr. 10 begleitet, wo Chamberlain sich seinen Bericht anhörte und der Empfehlung des Auswärtigen Amts zustimmte, daß sofort eine öffentliche Erklärung abgegeben werden müsse, mit der sich Großbritannien zur Verteidigung Polens verpflichtete.[89]

Am nächsten Morgen übermittelte das Kabinett den von ihm gebilligten Text den Polen und den Franzosen, die sich der von den Briten übernommenen Verpflichtung anschlossen. Das Parlament war nicht ganz so gefügig. Kritische Abgeordnete zwangen den Premierminister zu dem Zugeständnis, daß der britische Nachrichtendienst keine Erkenntnisse besaß, die den Verdacht Colvins bestätigten. Das bedeutete keinen Zweifel am Wert seiner journalistischen Arbeit, aber die Normen, die für einen guten Zeitungsartikel gelten, unterliegen ganz anderen Prämissen als die Voraussetzungen dafür, daß ein Premierminister erklärt, unter welchen Bedingungen er die militärischen Streitkräfte seines Landes einsetzen werde. In diesem Fall hatte Colvin das, was er erfahren hatte, falsch interpretiert. Die Tatsachen waren richtig, aber sie gehörten zu einem deutschen Plan, dessen Termine vordatiert worden waren. Die manipulierten Grenzzwischenfälle sollten Hitler zum Vorwand dienen, gegen Polen vorzugehen, was er auch wirklich plante, aber seine Direktive an die Wehrmacht sah solche Aktionen für September und nicht schon für März 1939 vor. Er war jetzt noch nicht dafür gerüstet. Nach einem Besuch des Memellands, seiner jüngsten Erwerbung, war er nach einem kurzen Aufenthalt in Berlin nach München weitergefahren und hatte im Oberkommando der Wehrmacht verschiedene Anweisungen hinterlassen. Da hieß es unter anderem, der Führer wünsche nicht, das Problem Danzig mit Gewalt zu lösen. Er wolle Polen damit nicht England in die Arme treiben... Doch es solle schon jetzt an den Vorbereitungen gearbeitet werden. Eine Lösung in nächster Zukunft werde sich auf besonders günstige politische Voraussetzungen stützen müssen. In diesem Fall solle Polen so vollständig zerschlagen werden, daß es in den folgenden Jahrzehnten kein politischer Faktor mehr sein werde.[90]

Seine engsten Mitarbeiter wußten, daß er die Hakenkreuzfahne noch vor dem ersten Schneefall über Polen hissen wollte. Chamberlain hatte daher die richtigen Zielvorstellungen, als er am 31. März vor dem Unterhaus erklärte:

»Im Falle eines jeden Vorgehens, das die Unabhängigkeit Polens deutlich bedroht und wogegen die polnische Regierung sich verpflichtet fühlt, mit ihren nationalen Streitkräften Widerstand zu leisten, wird die Regierung Seiner Majestät der polnischen Regierung sofort jede in ihrer Macht stehende Unterstützung gewähren. Ich darf sagen, daß mich die französische Regierung ermächtigt hat zu erklären, daß sie in dieser Angelegenheit die gleiche Haltung einnimmt wie die Regierung Seiner Majestät.«[91]

Damit gab Chamberlain den außenpolitischen Grundsatz auf, keine Verpflichtungen auf dem europäischen Kontinent zu übernehmen, dem Großbritannien seit 1918 gefolgt war. Noch hatte er kein förmliches Militärbündnis unterzeichnet, war jedoch einen großen Schritt in diese Richtung gegangen. Obwohl alle äußeren Anzeichen dagegen sprachen, glaubte er immer noch, er könne Hitler davon abhalten, den Polen mit Gewalt seinen Willen aufzuzwingen. Außerdem war er überzeugt, daß Polen eine starke Militärmacht sei. Das waren verhängnisvolle Fehleinschätzungen.

Frankreich, das sich bereits verpflichtet hatte, Polen militärisch zu unterstützen, war sichtlich erleichtert. Aber alle Engländer, die in der Lage waren, die strategischen Zusammenhänge zu beurteilen, waren – mit wenigen Ausnahmen – entsetzt. Boothby sagte zu Churchill: »Dies ist die verrückteste Entscheidung, die unser Land je getroffen hat.« Er sagte, nicht nur die politische Entscheidung sei verrückt, sondern auch der Mann, mit dem man es dabei zu tun habe. Er habe länger als eine Stunde mit Hitler gesprochen, und als dieser ihm gesagt habe, Deutschland werde Polen als Sprungbrett für einen Überfall auf die Sowjetunion benutzen, habe er in Hitlers Augen »das unverkennbare Aufblitzen« des Wahnsinns gesehen. Der Führer habe Boothby versichert, er wolle »Großbritannien und das Britische Empire nicht angreifen, allerdings werde er, wenn England sich mit Polen oder Rußland verbünde, keine andere Wahl haben«. Zu Boothbys Schrecken hatte Chamberlain jetzt »Polen plötzlich eine bedingungslose Garantie gegeben, ohne daß die Russen ihm verbindlich ihre Unterstützung zugesagt hatten«. Auch Basil Liddell Hart hielt die den Polen gegebene Garantie für »töricht, nutzlos und provozierend ... Eine unüberlegte Geste, die das Schicksal Großbritanniens in die Hände der in Polen regierenden Männer legte, auf deren politische Urteilsfähigkeit man sich nicht verlassen kann.« Um seinem Protest Nachdruck zu verleihen, verzichtete er auf seine weitere Mitarbeit als militärischer Korrespondent bei der *Times*. Im Unterhaus stellte Lloyd George die rhetorische Frage, ob der Generalstab sich einverstanden erklärt habe, ein Land zu verteidigen, das britische Truppen unter keinen Umständen erreichen könnten. Duff Cooper notierte in seinem Tagebuch: »In unserer Geschichte haben wir noch nie die Entscheidung, ob Großbritannien sich an einem Krieg beteiligen soll, einer der kleineren Mächte überlassen.«[92]

Churchills Reaktion auf die den Polen gegebene Garantie war ambivalent. In seinen nach dem Krieg erschienenen Memoiren schrieb er, Polen habe sich »mit dem Hunger einer Hyäne an der Ausplünderung und Zerstörung des tschechoslowakischen Staats« beteiligt. Er meinte, 1938 wäre es vernünftig gewesen, mit den Tschechen als Verbündeten zu kämpfen, doch nun nach sechs Jahren einer »versöhnlichen Beschwichtigungspolitik« habe Großbritannien seine jungen Männer aufgefordert, »ihr Leben für die territoriale Integrität Polens einzusetzen«. Er schrieb: »Hier hatte man endlich eine Entscheidung getroffen, und zwar im denkbar ungeeignetsten Augenblick und mit einer höchst unbefriedigenden Begründung, eine Entscheidung, die mit Sicherheit zu einem furchtbaren Blutbad führen mußte, die vielen Millionen Menschen das Leben kosten sollte.« Doch damals hatte er das nicht gesagt. In einer Rede vor dem Unterhaus erklärte er vielmehr: »Die Rettung und die Integrität Polens sind politische Ziele, die die Achtung der ganzen Welt verdienen.« Er fügte hinzu, Chamberlains Erklärung bedeute, daß zwischen dem Premierminister und den Kritikern seiner Außenpolitik eine »fast vollständige Übereinstimmung« bestehe: »Wir können uns nicht länger hin- und herstoßen lassen.« Das kam einer uneingeschränkten Zustimmung sehr nah. Mit viel Toleranz läßt sich dieser Zwiespalt in der Haltung Churchills damit erklären, daß er sich 1939 durch die Feststellung inspirieren ließ, daß Chamberlain bereit war, *für etwas* zu kämpfen. Um fair zu sein, muß man darauf hinweisen, daß Winston schon eine Woche später seine Zweifel an der Richtigkeit der den Polen gegebenen Garantie angemeldet hat.[93]

Chamberlain hatte dem Kabinett gesagt, Polen sei »sehr wahrscheinlich der Schlüssel zur Lage (in Europa)«. Aber darin irrte er sich. Es war richtig, daß die Polen ungemein tapfer waren und die eine Million polnischen Soldaten, gegliedert in 30 Infanteriedivisionen und 12 starke Kavalleriebrigaden mit ihren prächtigen Uniformen, eine beeindrukkende Streitmacht darstellten. Doch leider konnten sie gegen die deutschen Panzerverbände nichts ausrichten. Die Deutschen hatten zum Überfall auf Polen 62 Divisionen bereitgestellt. Sie verfügten über die besten Soldaten in Europa, und ihre führenden Offiziere beherrschten die Taktik des modernen Bewegungskrieges. Wie Liddell Hart berichtet, glaubte Halifax, »daß Polen militärisch stärker sei als Rußland, und deshalb gab er Polen als Verbündetem den Vorzug«. Doch die polnischen Generäle »vertrauten immer noch auf den militärischen Wert starker berittener Kavallerieverbände und hielten an der längst überholten Vorstellung fest, eine Schlacht sei mit Kavallerieattacken zu gewinnen. Doch diese Ideen waren schon seit 80 Jahren überholt, die Wirkungslosigkeit von Kavallerieattacken hatte sich schon im Amerikanischen Bürgerkrieg erwiesen.«[94]

Dennoch verhielt sich Jozef Beck so, als sei er der Vertreter einer erstrangigen Militärmacht – und zweifellos hat er dies auch selbst geglaubt. Am 2. April fuhr der elegant gekleidete, kettenrauchende und nach jungen Frauen schielende polnische Oberst nach London, um über die Einzelheiten der neuen Garantieerklärung Großbritanniens für Polen zu verhandeln. Die Regierung Seiner Majestät rechnete zwar damit, daß diese Verhandlungen zu einer polnischen Garantie der rumänischen Grenzen führen würden, aber das Auswärtige Amt hatte es versäumt, von Warschau eine entsprechende Zusage einzuholen. Chamberlain, der nach der Begrüßung seines Gastes von der Downing Street Nr. 10 nach Whitehall gekommen war, saß Beck nun allein gegenüber – nachdem Halifax dieses Thema schon mit ihm behandelt hatte.

Zu seinem Ärger lehnte Beck ab, sich festzulegen. Er sagte, mit einem solchen Manöver würde Polen die Spannungen in Osteuropa verstärken. Darüber hinaus würde es »automatisch« zu einem Militärbündnis zwischen Ungarn und Deutschland führen. Halifax erwiderte erregt, dieses Bündnis bestünde de facto bereits, wenn auch noch nicht de jure, und angesichts der Bedrohung des europäischen Kontinents durch einen herannahenden Konflikt könne sich »das Fehlen ›konzertierter Pläne‹ verhängnisvoll auswirken«. Beck erinnerte seine Gesprächspartner höflich an die kürzlich von Chamberlain im Unterhaus ausgesprochene Warnung vor der Entstehung »feindlicher Blöcke« und sagte, »starre politische Systeme« seien ebenso gefährlich. In diesem Augenblick kam der Premierminister ins Zimmer, und je länger er Beck zuhörte, desto stärker wurden seine Bedenken. Chamberlain sagte, eine Vereinbarung mit Polen allein sei sinnlos; Rumänien sei »der entscheidende Punkt«. Der Oberst zündete sich eine Zigarette an und wiederholte seine Einwände gegen ein »zu starres System«. Nun versuchte der Premierminister, seinem Gast die schlimmen Folgen eines solchen Verzichts deutlich zu machen. Er sagte, wenn deutsche Truppen Rumänien besetzten, »würde Polen eine längere Grenze gegen Deutschland zu verteidigen haben«. Beck antwortete gelassen, »die Grenze würde sich nur um ein kurzes Stück verlängern«, und fügte hinzu, außerdem würde sie durch das Gebirge führen und könne daher »mit verhältnismäßig schwachen Kräften« gehalten werden.[95]

Chamberlain – der jetzt offenbar zum erstenmal begriff, was die Verpflichtungen bedeuteten, die Großbritannien gegenüber Warschau übernommen hatte – brachte nun seine Besorgnis darüber zum Ausdruck, daß ein deutscher Überfall auf Polen Großbritannien in einen Krieg verwickeln könnte. Beck schwieg; dazu gab es nichts zu sagen. Chamberlain fragte naiv, wo Hitler das nächstemal zuschlagen werde. Der Pole erwiderte sarkastisch, wenn man den Erklärungen der Nazis glauben dürfe, dann sei »die ernsteste Frage die Frage nach den Kolonien«. Nun erkundigte sich Chamberlain nach der Rolle, die Rußland in einem solchen Konflikt spielen würde, und wies darauf hin, daß es keine gemeinsame Grenze zwischen Deutschland und der Sowjetunion gebe. In einem Krieg gegen Deutschland würde die Rote Armee über polnisches oder rumänisches Territorium nach Westen vorstoßen müssen. Beck erwiderte, »jede Verbindung zwischen Polen und Rußland« würde einen Krieg zwischen Polen und dem Deutschen Reich bedeuten. Wozu sich Großbritannien und die Sowjetunion auch immer entschließen sollten, Polen werde sich »heraushalten«. Nun wurde das Thema Rumänien zum dritten Mal zur Diskussion gestellt, und Beck erklärte, Rumänien sollte sich selbst überlassen bleiben, »bis sich das Problem des Donauraums von selbst gelöst hat«. Was er dann sagte, waren reine Erfindungen. Deutschland habe die Rechte Polens in Danzig »niemals in Frage gestellt«; Ribbentrop habe sie sogar »kürzlich von neuem bestätigt«. Er bezweifle, daß Hitler »einen Konflikt wegen lokaler Angelegenheiten riskieren« werde oder daß die »ernste Gefahr« einer deutschen Aggression bestehe. Der Premierminister sagte, er vermute,

Polen sei durch die Übernahme der tschechischen Skodawerke durch Deutschland geschwächt worden. Beck erwiderte, Polen sei »keineswegs« von den Skodafabriken abhängig. Die von der polnischen Armee benötigte Munition werde größtenteils im eigenen Land hergestellt; die Polen exportierten sogar Waffen und »beliefern selbst Großbritannien mit Geschützen«.[96]

Das war sogar für Chamberlain zuviel. Als Wirtschaftsfachmann beobachtete er die Handelsbilanz Englands schärfer als jeder andere Premierminister. Er wußte, was Großbritannien importierte, woher es kam, welche Mengen geliefert und welche Preise dafür bezahlt wurden, besonders wenn es sich um Güter handelte, die die Regierung Seiner Majestät kaufte. Polnische Waffen standen nicht auf dieser Liste. Der vornehme Oberst Beck war also ein Lügner. Chamberlain und Halifax fingen an zu begreifen, weshalb dieser Mann eine Legende war. Er versuchte sie zum Narren zu halten. Die Verhandlungen der britischen Regierung mit ihm, die schließlich zu der Garantie geführt hatten, waren ein Fehlschlag. Die Sicherheit in Europa war nicht gestärkt worden, sondern die Verwundbarkeit Großbritanniens hatte zugenommen.[97]

In der Politik wird ein quietschendes Rad nur selten geschmiert. Das zeigt sich am deutlichsten, wenn eine bekannte Persönlichkeit, die den politischen Führer angreift, in der Öffentlichkeit einen zweifelhaften Ruf genießt. Die Masse wird bei allen Kontroversen mißtrauisch. Nur ungern trennt sie sich von einmal gewonnenen Überzeugungen, Gefühlen und Vorurteilen und entzieht denen, die dazu ausersehen sind, ihr Geschick zu bestimmen, nur selten ihre Unterstützung. So wird das Beharrungsvermögen zum automatischen Helfer des Amtsinhabers. Das gleiche bewirkt die Tatsache, daß der Mensch nur ungern Fehler zugibt. Diejenigen, die den Mann an der Spitze unterstützen, beharren trotz aller Gegenbeweise darauf, die richtige Wahl getroffen zu haben.

Chamberlain sonnte sich noch im Glanz des Jubels, mit dem er bei seiner Rückkehr aus München empfangen worden war. Nun glaubte er, da er damals den Frieden gerettet habe, könne er es auch ein zweites Mal tun. Und die Engländer sehnten sich immer noch nach einem dauernden Frieden. Chamberlain glaubte, Zeit zu haben. Er dachte, er könne die nächsten allgemeinen Wahlen bis zum Jahr 1942 hinausschieben. Seine loyalen Bewunderer glaubten, bis dahin werde der alte Mann noch einmal ein Kaninchen aus dem Hut ziehen können, und der alte Mann selbst glaubte es auch. Irgendwo war etwas in die falsche Richtung gelaufen. Wenn er es finden und identifizieren konnte, dann würde er die Welt wieder in Ordnung bringen. Aber er stand vor einem Rätsel. Was war es? Wo ließ es sich finden?

Die Quelle seiner größten Sorge befand sich in der Reichskanzlei, aber jetzt hatte Hitlers Kollege, der Diktator in Rom beschlossen, zuzugreifen, solange es noch möglich war. Auf seinem Balkon, unter dem mit großen Buchstaben die Aufschrift zu lesen war *Il Duce ha sempre ragione!* (»Der Duce hat immer recht!«), war Mussolini zu der Überzeugung gekommen, der Führer habe ihn in den Hintergrund gedrängt. Am sichersten kam man in die Schlagzeilen, wenn man den Frieden brach. Deshalb würde der Duce die internationale Presse dadurch aufschrecken, daß er sich für eine persönliche Beleidigung rächte: Die Albaner unter ihrem König Zogu hatten sich über die unverschämten Taktiken der dortigen faschistischen Partei beschwert. Nun wurden die zerfetzten Standarten, die die italienischen Legionen durch den Staub Äthiopiens getragen hatten, entrollt und geflickt; italienische Kriegsschiffe beschossen die Küste Albaniens und zwangen Zogu und seine Königin, erst nach Griechenland und dann in die Türkei zu fliehen.

Churchill bemerkte sarkastisch: »Die britische Gewohnheit, das Wochenende zu feiern, und die Beachtung, die alle kirchlichen Feiertage in Großbritannien finden, werden im Ausland aufmerksam zur Kenntnis genommen.« Dann wies er darauf hin, daß dies kein Operettenkrieg sei. Obwohl das gebirgige Albanien nur ein kleines, von Bauern bewohntes Land sei, habe es als Sprungbrett für eine Invasion Griechenlands eine strategische Bedeutung. Man hatte schon seit einigen Wochen mit diesem Unternehmen Mussolinis gerechnet – jede italienische Botschaft war durchlässig wie ein Sieb –, aber Churchill war der einzige englische Staatsmann, der sich genau überlegt hatte, was er für eine angemessene Reaktion Großbritanniens hielt. Am Abend bevor der Duce sein albanisches Abenteuer begann, hatte Winston in Cherkeley, dem Landsitz von Beaverbrook in der Nähe von Leatherhead, zu Abend gegessen. Während die anderen Backgammon spielten, unterhielt er sich mit dem Chefredakteur des *Daily Express*, Arthur Christiansen, dem er hier zum ersten Mal begegnet war. Offenbar war er in der Stimmung, sein schauspielerisches Talent zu beweisen, denn wie Christiansen in seinen Memoiren schreibt, »ließ er die Worte über seine Zunge rollen, als wolle er sie einzeln auskosten, bevor er sie aussprach«. Er fragte: »Wo befindet sich – ah – die britische Flotte heute abend? Sie liegt untätig in der Bucht von Neapel. Zweifellos – ah – ist der Befehlshaber der britischen Schiffe vor Neapel – ah – an Land, und wahrscheinlich sogar auf Befehl von – ah – Mussolini persönlich zum Essen im Yacht Club von Neapel eingeladen.« Mit finsterer Miene kaute Winston auf seiner Zigarre herum und brummte dann: »Und wo *sollte* die britische Flotte heute abend sein? Auf der anderen Seite des italienischen Stiefels in der Adria und nicht im westlichen Mittelmeer, um die Vergewaltigung Albaniens zu verhindern.«[98]

Am Karfreitag, dem 7. April, watete die erste Welle italienischer Soldaten im Morgengrauen an Land. Einige von ihnen ertranken in der gefährlichen Brandung. Die Bewohner räumten den Küstenstreifen und eine genügend große Zahl Albaner wurde versammelt, um eine Vereinigung mit Italien zu fordern. König Viktor Emanuel nahm widerwillig die albanische Krone an. Es war ein unrühmlicher Sieg. Churchill war zu Hause in Kent, als die Nachricht von dem italienischen Überfall Chartwell erreichte. Er schrieb an die Downing Street Nr. 10: »Jetzt geht es um Stunden.« Das Parlament müsse »spätestens bis Dienstag zu einer Sondersitzung einberufen werden«. Er hoffe, Chamberlain werde »wie im Fall der Vereinbarung mit Polen« eine geschlossene parlamentarische Front bilden können. Wie Churchill die Dinge sah, »ist es unbedingt erforderlich, daß wir die außenpolitische Initiative wiedergewinnen... Jetzt geht es um nicht weniger als die ganze Balkanhalbinsel. Wenn diese Staaten dem deutschen und italienischen Druck ausgesetzt bleiben, während wir, wie diese Leute vielleicht glauben, handlungsunfähig sind, dann werden die Balkanstaaten gezwungen sein, Berlin die günstigsten Bedingungen einzuräumen. Wie verzweifelt wird unsere Lage dann werden!«[99]

Als ersten Schritt schlug er die Besetzung der griechischen Insel Korfu durch britische Truppen vor, »natürlich mit Zustimmung Griechenlands«. Wenn die königliche Flotte als erste dort sei, würde ein italienischer Angriff, »auch wenn er sich nur gegen wenige britische Schiffe richtete, bedeuten, daß Mussolini dafür verantwortlich ist, einen Angriffskrieg gegen England begonnen zu haben. Dieser Umstand gibt allen Kräften in England, die eine Beteiligung Großbritanniens an einem großen Krieg ablehnen, die besten Chancen. Weit davon entfernt, die ernsten Risiken zu erhöhen, die gegenwärtig bestehen, werden sie verringert werden. Aber diese Maßnahmen sollten noch heute abend getroffen werden.« Chamberlain antwortete, dieses Manöver habe im Kabinett keine Unterstützung gefunden. Doch Winston ließ sich so leicht nicht abweisen. In der folgenden Woche schrieb der Premierminister seiner Schwester, daß Churchill »den ganzen Tag immer wieder telefonisch verlangt hat, das Parlament für den Sonntag zusammenzurufen und die Flotte anzuweisen, Korfu noch am gleichen Abend anzulaufen!« Wenn Winston dem Kabinett angehörte »würde er mich zwingen, meinen Widerstand gegen übereilte Vorschläge dieser Art aufzugeben?«[100]

Der Vorschlag war in der Tat unüberlegt. Churchill hatte eine klassische Demonstration der Überlegenheit zur See empfohlen und dabei übersehen, welche schweren Verluste die italienischen Luftstreitkräfte der britischen Flotte hätten beibringen können. Später sollte er lernen, daß man den Kampfwert der Luftstreitkräfte zur See nicht unterschätzen darf. Aber das Wichtigste an seinem Vorschlag war, daß er verlangte, etwas zu unternehmen – während der Premierminister vor allem ein Mann des Abwartens war, der sich erst dann zu einem Entschluß durchringen konnte, wenn er, wie im Fall von München, vor einer direkten Bedrohung stand und damit rechnen mußte, daß England in einen Krieg verwickelt wurde. Harold Macmillan, den Churchill am Karfreitag zum Mittagessen nach Chartwell eingeladen hatte, erinnerte sich später: »Hier konnte ich zum erstenmal Churchill bei der Arbeit beobachten. Landkarten wurden herausgeholt, jede Sekretärin bekam ihre besondere Aufgabe, und die Telefone fingen an zu läuten.« Chartwell verwandelte sich in einen Staat im Staate, in dem Fachberater und Forscher die notwendigen Unterlagen aus den Aktenschränken holten und die entsprechenden Daten auf graphischen Darstellungen eintrugen. Gegen Ende seines Lebens schrieb Macmillan: »Ich werde das Bild, das sich mir an jenem Frühlingstag bot, und die Ausstrahlung der Macht und Energie, den großen Fluß unermüdlicher Tätigkeit, der von Churchill ausging, obwohl er kein öffentliches Amt bekleidete, immer vor Augen haben.« Man hatte den Eindruck, daß die Beamten in den Londoner Ministerien nicht wußten, was sie tun sollten, aber in Chartwell, wo der Hausherr regierte, war es anders. Macmillan schildert seinen Eindruck: »Er allein schien die Zügel fest in der Hand zu haben, während alle anderen in ihrer Verwirrung nicht wußten, was sie tun sollten.«[101]

Chamberlain empfand die Vorschläge Winstons als anmaßend, aber kein anderer lebender Engländer in Uniform oder Zivil verfügte über ein so profundes Wissen auf dem Gebiet der Seekriegführung. Winstons Aktivitäten, die Macmillan verblüfften, wurden von Chamberlain jedoch als störend empfunden. Bei seiner Schwester beschwerte sich der Premierminister: »Es macht die Sache nicht leichter, wenn man ständig belästigt wird... Von den beiden Oppositionsgruppen und von Winston, der der Schlimmste von allen ist und den ganzen Tag über fast stündlich anruft.«[102]

Eigentlich hätte sich der Premierminister beraten lassen sollen; im Mittelmeerraum stand viel auf dem Spiel. Seit er in die Downing Street Nr. 10 eingezogen war, hatte er sich eifrig um das Wohlwollen Mussolinis bemüht und versucht, einen Keil zwischen den Duce und den Führer zu treiben. Im Januar war er in Begleitung einiger Angehöriger des Auswärtigen Amts nach Rom gereist und hatte »Musso«, wie Chamberlain ihn in seinem Tagebuch nannte, um seine Vermittlung gebeten. Insbesondere hoffte er, den Duce dazu bewegen zu können, daß er »Herrn Hitler daran hindert, irgendeine ›Wahnsinnstat‹ zu begehen«. Mussolini fragte den Premierminister, ob er über ein bestimmtes Thema mit ihm sprechen wolle. Chamberlain antwortete, die deutsche Wiederaufrüstung und die Truppenbewegungen der Wehrmacht hätten »in ganz Europa... tiefe Besorgnis und Zweifel ausgelöst«. Wie Ciano berichtet, hörte sich das für seinen Schwiegervater wie ein Wimmern an; er habe mit einem Trompetenstoß gerechnet, aber das sei ein Instrument, das Neville Chamberlain nicht beherrsche. »Die Gespräche mit den Engländern sind beendet«, schrieb Ciano und tat sie als »bedeutungslos« ab. Churchill hatte bereits damit gerechnet, daß Chamberlain in Italien nichts erreichen würde. Schon vorher hatte er bei einem Essen mit Vansittart und Duff Cooper gesagt: »Mussolini glaubt ebenso wie Hitler, Großbritannien sei ein furchtsames, kraftloses altes Weib, das schlimmstenfalls viel Lärm machen werde, aber irgendwie unfähig sei, Krieg zu führen. Leider muß man diesen Eindruck haben.«[103]

Als man Bismarck sagte, die Römer träumten von der Errichtung eines zweiten Imperiums, meinte er: »Die Italiener haben einen starken Appetit, aber schlechte Zähne.« Das klingt zwar brutal, aber treffender könnte Mussolini nicht charakterisiert werden. Das kleine Albanien war ebenso wie das kleine Äthiopien alles, was die neue italienische Armee unter Einsatz all ihrer Kräfte mit verzweifelten Anstrengungen erobern konnte. Aber immerhin war sein Angriff gegen das Reich König Zogus eine Aggression und mußte deshalb vom Parlament verurteilt werden, und damit bestand die einst reale Möglichkeit nicht mehr, daß Italien Seite an Seite mit den Demokratien marschierte. Kluge britische Staatsmänner hätten jetzt geschwiegen. Aber Chamberlain, der stets den Ölzweig schwenkte, wenn er den Säbel ziehen sollte, hatte die besondere Begabung, dafür zu sorgen, daß Großbritannien zur unrechten Zeit mit den Muskeln spielte.. Am folgenden Donnerstag, dem 13. April, verkündete er vor dem überraschten Unterhaus, daß die Regierung Seiner Majestät beschlossen habe, die Grenzen Griechenlands, der Türkei und noch einmal auch die Rumäniens zu garantieren.

Winston hatte bereits große Bedenken wegen der für Polen übernommenen Garantie, zum Teil weil er erfahren hatte, daß der Premierminister diese Sorgen teilte. Am Montag, dem 3. April, drei Tage nachdem Chamberlain die neue Form der Beziehungen zu Polen bekanntgegeben hatte, sagte Churchill dem Parlament, »jetzt ist nicht die Zeit für Verhandlungen. Nach dem Verbrechen und dem Verrat an der Tschechoslowakei ist es unsere vornehmste Pflicht, die Achtung vor dem Völkerrecht und das öffentliche Vertrauen in Europa wiederherzustellen.« Zunächst fragten sich die Abgeordneten, was er damit sagen wollte, doch dann machte er sie auf eine »schlimme Passage im Leitartikel der Samstagsausgabe der *Times* aufmerksam, vergleichbar mit dem, was die Zeitung vor der Vernichtung der Tschechoslowakei geschrieben hat«. Dawson hatte geschrieben: »Die neuen Verpflichtungen, die dieses Land gestern übernommen hat, verlangen von Großbritannien nicht, jeden Zoll der gegenwärtigen Grenze Polens zu verteidigen. Das Schlüsselwort in der Erklärung heißt nicht ›Integrität‹, sondern ›Unabhängigkeit‹.« Weiter hieß es in dem Leitartikel, der Premierminister spricht hier nicht von einer »blinden Anerkennung des Status quo... Dieses Land hat niemals die Einkreisung Deutschlands befürwortet und lehnt auch jetzt die Verstärkung der wirtschaftlichen Kraft und des Einflusses Deutschlands nicht ab. Es hat auch nichts gegen die konstruktive Arbeit einzuwenden, die Deutschland noch für Europa leisten könnte.«[104] Ironisch bemerkte Winston: »Die Selbstverständlichkeit, mit der der Herausgeber der *Times* voraussetzt, daß er stets im Namen Großbritanniens spricht, ist im höchsten Maße erstaunlich.«

Churchill war sich nicht der Tatsache bewußt, daß diese Aussage tatsächlich den Ansichten Chamberlains entsprach. Vor der Rede Winstons am gleichen Montag hatte der Premierminister seiner Schwester geschrieben, seine Erklärung, mit der England sein Schicksal mit dem Polens verband, sei »nicht provozierend im Ton, sondern fest; sie ist klar, betont aber den wichtigen Umstand (und nur die *Times* hatte das begriffen), daß es uns nicht um die Staatsgrenzen, sondern um Angriffe gegen die Unabhängigkeit der Polen geht. Und wir sind es, die beurteilen werden, ob diese Unabhängigkeit bedroht ist oder nicht.« Berichte, nach denen die Beschwichtigungspolitik erledigt sei, waren, wie es schien, stark übertrieben. Aber sie lag im Sterben. Erst vor wenigen Wochen hatte Margot Asquith erklärt, jeder, »der gegen die Friedenspolitik der Regierung ist«, mache sich des Verrats schuldig. Doch sie gehörte zu denen, die nach der Vergewaltigung Prags durch die Nationalsozialisten eine vollkommene Kehrtwendung vollzogen hatten. Nachdem der Premierminister in seiner Rede in Birmingham gegen die Verletzung des Münchener Abkommens protestiert hatte, schrieb sie an Winston: »Wir sind *alte* Freunde (Ich *sehr* alt!). Ich denke, Sie sollten in die Downing Street Nr. 10 gehen und Ihre Dienste anbieten, gleichgültig in welcher Position der Premierminister Sie verwenden will. Wir *müssen* Deutschland zeigen, daß wir uns in der Ablehnung seines Verlangens, Europa zu beherrschen, einig sind.«[105]

Wenn sich eine so stolze Frau durch die Ereignisse in Prag soweit demütigte, daß sie ihre bisherige Überzeugung für falsch erklärte und sich für eine Stärkung der Verteidigungsfähigkeit Großbritanniens, eine harte Linie gegenüber Hitler und vor allem für Churchills Rückkehr ins Kabinett aussprach – wenn dieses eine Ereignis bewirkte, daß sich Margot mit ihrer Stieftochter Violet versöhnte, die schon lange glaubte, nur

Churchill könne England retten, und beide Frauen sich unter Tränen umarmten –, dann überrascht es kaum, daß sich diese Versöhnung in zahlreichen britischen Häusern wiederholte und diejenigen, die geglaubt hatten, München bedeute den »Frieden für unsere Zeit«, ebenfalls eine Kehrtwendung vollzogen und einen langen politischen Streit beendeten. Churchill, dann Chamberlain und schließlich Margot beteten für die Einigkeit des Landes, für gemeinsames Handeln, für das Ende des Streits, der England geschwächt und nur Hitler etwas genützt hatte.

Margot Asquiths Wunsch, die Nation solle sich im Streben nach einem Ziel vereinigen, konnte nicht in Erfüllung gehen. England marschierte nicht im Gleichschritt geschlossen in eine Richtung. In einer Demokratie ist so etwas auch nicht möglich. Der Premierminister glaubte, die von Churchill vorgeschlagene Politik werde das Land spalten. Aber die eine oder andere Richtung mußte von der Mehrheit akzeptiert werden und sich durchsetzen. Es fragte sich nur, welche, und während England um die allgemeine Übereinstimmung rang, mußten die Engländer vieles nachholen. In sechs verlorenen Jahren war die britische Öffentlichkeit irregeführt und falsch informiert worden. Wohl war die Öffentlichkeit bereit gewesen, ja sie hatte es sogar verlangt, getäuscht zu werden, aber von den in britischen Schulen erzogenen politischen Führern erwartete man, daß sie mehr leisteten als sich beliebt zu machen. Jetzt, während des ganzen Jahres 1939 und bis ins Jahr 1940, als der Wandel in einem England, das sich enttäuscht von der Beschwichtigungspolitik abwandte, immer deutlicher zu spüren war, schlug das lange Pendel in die andere Richtung aus, und die Menschen begriffen, daß die Ehre der Nation einen hohen Wert besaß und deshalb verteidigt werden mußte.

Dieser Umschwung verlief nicht glatt und vollzog sich weder rasch noch ohne Unterbrechung. Eine gewisse Unsicherheit hatte sich schon vor München bemerkbar gemacht; nachdem der Premierminister aus London angereist war, um sich in Bad Godesberg mit Hitler zu treffen, hatte der deutsche Geschäftsträger in einem Telegramm an die Wilhelmstraße berichtet: »Chamberlain und sein Gefolge sind belastet mit großen Sorgen abgereist... Fraglos nimmt der Widerstand gegen Chamberlains Politik zu.« Aber dann hatte der Premierminister, wie die britische Öffentlichkeit glaubte, einen ehrenvollen Frieden nach Hause gebracht, und damit war dem Stimmungsumschwung zunächst Einhalt geboten worden. Nach Prag kam er wieder in Bewegung, aber nur, um sich zu verlangsamen, als die für Polen abgegebenen Garantien bekanntgemacht wurden.[106]

So ging es mit Unterbrechungen sprunghaft weiter. Die britische Bevölkerung war immer noch zutiefst autoritätsgläubig, und Neville Chamberlain behielt die Zügel fest in der Hand. Die Fleet Street war zunächst völlig gespalten. Und diejenigen, die einen Regierungswechsel verlangten, konnten sich nicht darüber einigen, wer die Führung übernehmen sollte. Im Rückblick scheint Churchill der einzig geeignete Kandidat gewesen zu sein, aber damals war es anders. Als die Popularität des Premierministers zu schwinden begann, fingen führende Konservative unter ihrem Chefeinpeitscher David Margesson an, sich nach einem Nachfolger umzusehen. Die meisten von ihnen gaben Halifax den Vorzug. Auch Chamberlain favorisierte seinen Außenminister. Das taten auch der König und die *Times*. Doch außerhalb des der Regierung nahestehenden Personenkreises war Halifax diskreditiert. Als neuen Mann in der Downing Street verlangten die meisten großen Londoner Tageszeitungen und – wenn man den Umfragen glauben sollte, auch die meisten Engländer – eine Persönlichkeit, die vor Hitler nicht zu Kreuze gekrochen war und nicht für den bejammernswerten Zustand der britischen Streitkräfte verantwortlich gemacht werden konnte.

Winston erfüllte diese Voraussetzungen und wäre deshalb der richtige Kandidat gewesen. Doch trotzdem wurden zunächst andere Namen genannt. Eden und Duff Cooper waren enttäuscht aus dem Kabinett ausgeschieden. Auch Amery hatte Mut gezeigt. Dennoch hatten alle Rivalen Churchills ihre Schwächen. Eden und Cooper hatten zu lange mit ihrem Rücktritt gewartet. Und Amery, der Hitler zunächst falsch beurteilt hatte, war mit Baldwins drakonischen Kürzungen im britischen Verteidigungsetat in den Jahren einverstanden gewesen, in denen eine Wiederaufrüstung lebensnotwendig gewesen wäre.

Diejenigen, die dafür sorgen wollten, daß in der Downing Street ein frischer Wind wehte, suchten nach einem Politiker von Format, der die bisherige Politik der Regierung ablehnte und eine neue Richtung einschlagen wollte. Hier hatte besonders Eden seine Probleme. Schon vor seiner Ernennung zum Außenminister war er ein überzeugter Beschwichtigungspolitiker gewesen. Nun kränkte es ihn, daß man sich daran erinnerte, welche Rolle er bei Hitlers Einmarsch in das entmilitarisierte Rheinland gespielt hatte, denn er hatte geglaubt, seine damalige passive Haltung sei längst vergessen. Duff Cooper wiederum war unberechenbar, und man warf ihm Mangel an Urteilsfähigkeit vor. Als die Beziehungen zwischen Whitehall und der Wilhelmstraße immer schlechter wurden, schrieb er dem 72jährige Earl Baldwin of Bewdley, dem Mann, an den sich kein anderer Konservativer erinnern wollte, und machte ihm einen einzigartigen Vorschlag: »Wenn es zu einer internationalen Krise kommen sollte, was, wie ich glaube, geschehen wird, werden wir gezwungen sein, eine Koalitionsregierung zu bilden.« Dann beschäftigte er sich mit den beiden wahrscheinlichsten Kandidaten für das Amt des Premierministers – »Halifax oder Winston«. Er glaubte nicht, daß der erstere »es schaffen« würde, und Churchill » hat zu viele und zu leidenschaftliche Gegner«. Er fügte hinzu, viele Engländer »trauen ihm nicht«. Nachdem er dem ehemaligen Premierminister, der für die Vernachlässigung der Verteidigungsfähigkeit Großbritanniens eine noch größere Verantwortung trug als Chamberlain, seine Auffassung erläutert hatte, machte ihm Duff Cooper den folgenden Vorschlag: »Ich frage mich, ob Sie, nachdem Sie zwei Jahre Zeit gehabt haben, sich zu erholen, glauben, diese Aufgabe wieder übernehmen zu können.« Da das Ansehen des Earl Baldwin of Bewdley so stark gelitten hatte, daß auch er nicht mehr mit der Zustimmung der Öffentlichkeit rechnete, antwortete er, er glaube nicht, dazu in der Lage zu sein.[107]

Aber auch an einer möglichen Kandidatur Churchills gab es Zweifel. Amery, Eden und Duff Cooper beherrschten wenigstens die Sprache ihrer Zeit, und sie alle hatten im Parlament mehr Anhänger als der geniale, aber einsame und exzentrische Winston, dessen Stern eben erst wieder über dem Horizont sichtbar zu werden begann. 1932 hatte Nancy Astor ihn abgeschrieben und erklärt, er sei »erledigt«; man hatte geglaubt, mit der Ablehnung des Münchener Abkommens habe er politischen Selbstmord begangen. Außerdem dachten zu dieser Zeit zwar schon viele daran, daß Chamberlain zurücktreten sollte, aber es war kein Problem, das sofort gelöst werden mußte. Weil seine Partei über eine starke Mehrheit verfügte, konnte ihn nur ein Aufstand unter den konservativen Hinterbänklern aus der Downing Street Nr. 10 vertreiben. Er befand sich in Schwierigkeiten, aber diese Schwierigkeiten waren noch nicht sehr groß. Seine politischen Gegner konnten nichts unternehmen, bevor er nicht noch mehr politische Niederlagen erlitten hatte. Und das Unterhaus wußte, daß ein gewöhnlicher Kabinettsposten Churchill nicht mehr genügen würde. Er wollte ein Ministerium nur übernehmen, wenn es das Sprungbrett zum Amt des Premierministers war, und daraus ergaben sich weitere Fragen. Oberflächlich betrachtet gehörte Churchill in den 30er Jahren zu den Persönlichkeiten, die nur im äußersten Notfall als Premierminister in Frage kamen. Er war schon reif für die Pensionierung und in seinem Auftreten, seiner äußeren Erscheinung und seiner Ausdrucksweise ein Anachronismus. Er konnte sich noch an Gladstone erinnern und hatte in seiner Jugend erlebt, wie die Erinnerung an den Sieg von Waterloo mit Freudenfeuern gefeiert wurde. Der Anlaß dafür, daß seine Partei ihn ins politische

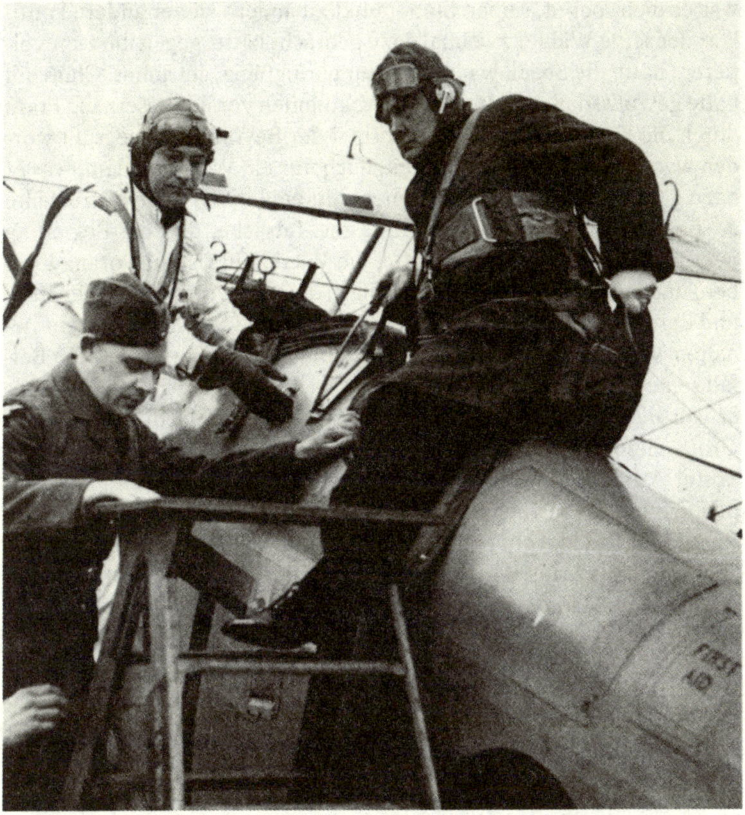

Als Ehrenkommodore der RAF fliegt Winston am 16. April 1939 in Kenley in einer Maschine als Kopilot mit.

Abseits gestellt hatte, war die direkte Folge seiner Überzeugung gewesen, daß die britische Herrschaft in Indien fortbestehen müsse – ein Glaubensartikel aus dem 19. Jahrhundert, der jedoch im 20. Jahrhundert durchaus umstritten war.

Seit er nicht mehr der Regierung angehörte, hatte er einen erfolglosen Feldzug gegen die Empire-, Verteidigungs- und Außenpolitik seiner Partei geführt. Er hatte die Engländer, die das Gemetzel des Schützengrabenkriegs noch deutlich vor Augen hatten, zur Wiederaufrüstung aufgerufen, er hatte die Tapferkeit auf dem Schlachtfeld zur Tugend erklärt und, wie Samuel Hoare schrieb, »der ganzen Welt« den Eindruck vermittelt, er sei »die wahre Verkörperung einer Kriegspolitik«. Dabei war er nicht bereit, seinen Standpunkt zu ändern. Jeder andere Politiker, der seine Wähler zweimal dazu gebracht hätte, gegen ihn zu revoltieren, hätte die Segel, wenn auch nur geringfügig, getrimmt. Churchill hatte gewußt, daß das Münchener Abkommen vor der Besetzung Prags durch die Deutschen von der Mehrheit der Bevölkerung begrüßt worden war. Aber er war nicht bereit, auch nur ein Wort von dem, was er dazu gesagt hatte, zurückzunehmen. Mit beißenden Reden verurteilte er die Beschwichtigungspolitik und die Tatsache, daß die Regierung Seiner Majestät es versäumt hatte, die Wiederaufrüstung voranzutreiben, und zwar vor einer Zuhörerschaft, die seine Ansichten nicht teilte und deren Stimmen er brauchte, wenn er seinen Sitz im Parlament behalten wollte. Die Ablehnung seines Publikums schmerzte ihn. Der Beifall seiner Zuhörer war ihm wichtiger als den meisten Politikern. Aber er war nicht in der Lage, Kompromisse zu schließen. In seinem Buch *Große Zeitgenossen* hatte er geschrieben: »Der Erfolg des Politikers kostet Arbeit und Mühe. Er rechnet mit dem Mißerfolg und hofft auf den Erfolg.« Beharrlichkeit ist die Voraussetzung für den Erfolg in der Politik, sie verlangt aber auch Opfer. Ein britischer Historiker, der Winston durchaus kritisch beurteilt, räumt ein, bei einem empfindsamen und stolzen Mann sei es ein Zeichen außergewöhnlicher Charakterstärke, wenn er an einer politischen Richtung festhält, die in den Augen anderer und gelegentlich sogar in den Augen des Politikers selbst erledigt zu sein scheine. Ralph Waldo Emerson hat einmal gesagt, daß es einen Unterschied zwischen Intellekt und Charakter gibt. Für seine hohe Intelligenz ist Churchill gerühmt worden; sein Charakter hat ihn daran gehindert, diesen Umstand für sich zu nutzen. Er hatte das dringende Verlangen, ein Ministeramt zu übernehmen, aber nur unter bestimmten Voraussetzungen. Hätten seine Wähler ihn abgelehnt, dann hätte er sich so verhalten, wie es die folgende Strophe von Emerson zum Ausdruck bringt: »Lebe wohl, stolze Welt! Ich kehre heim; du bist nicht mein Freund, und ich bin nicht der deine.«[108]

Aber nun hatten sich die scheinbaren politischen Schwächen Churchills nach der Besetzung von Prag in Stärken verwandelt. Über Nacht hatte es sich erwiesen, daß die von ihm angegriffene Politik gescheitert war. England war getäuscht worden, und die Engländer hatten genug von ihrem lieben »Vikar« und ihrem guten alten Neville. Martin Gilbert schreibt dazu: »Mit dem auf die Besetzung Prags durch Hitler folgenden Schock... erhöhte sich das allgemeine Bedürfnis nach einem entscheidenden Wandel der britischen Außenpolitik.« Die Briten warteten begierig auf den Ruf zu den Waffen, aber Chamberlain hatte ebenso wie Baldwin vor ihm nicht den Mut dazu. Man hörte ihn jedoch laut und deutlich in den Reden Churchills und in seinem Verlangen nach der »Wiederherstellung einer gesunden Moral«. Wie ein Mitarbeiter der *Yale Review* sich ausdrückte, war dies »seine Art zu sagen, daß die Engländer nach München von neuem lernen mußten, das Böse als solches zu erkennen. Sie hatten die Fähigkeit verloren, einen Schurken zu entlarven; sie hatten keine festen Grundsätze und keine unerschütterlichen Überzeugungen mehr.«[109]

Hinter Chamberlain stand immer noch die Mehrheit der Abgeordneten im Unterhaus. Es ist eine Besonderheit des parlamentarischen Systems in Großbritannien, daß das Parlament sich nicht durch eine Massenhysterie oder einen plötzlichen und unbegründeten Stimmungsumschwung in der öffentlichen Meinung beeinflussen läßt. So bleibt unter Umständen auch ein Stimmungswandel in der Wählerschaft zunächst unbeachtet, und das Unterhaus folgt auch weiterhin seinem politischen Führer, besonders wenn es sich um eine starke, entschlossene und intelligente Persönlichkeit handelt. Jeder Abgeordnete ist allein den Wählern in seinem Wahlkreis verantwortlich und bekommt das auch nur in den allgemeinen Wahlen zu spüren. Hitler berührte einen wunden Punkt, als er am 8. November 1938 sagte: »Hinter Churchill stehen schließlich nur 14000, 20000 oder 30000 Stimmen (in Wirklichkeit waren es 34849) – ich kann nicht genau sagen, wie viele es sind –, aber hinter mir stehen 40 Millionen.« Da es unter Hitler keine Wahlen mehr gab, ließ sich diese Behauptung nicht beweisen. Doch selbst im demokratischen England standen die konservativen Abgeordneten unter einem gewissen Druck, der zwar nicht von den Wählern ausging, sondern von Margesson und den anderen Einpeitschern, die in der Downing Street Nr. 12 saßen und ihre Anweisungen von der Downing Street Nr. 10 bekamen.[110]

Doch natürlich mußte das Unterhaus auf Dauer auch auf die öffentliche Meinung Rücksicht nehmen. Das galt auch für den Premierminister, obwohl ein eigenwilliger Mann wie Chamberlain auch ohne Zustimmung des Parlaments und sogar ohne Zustimmung seines Kabinetts Entschlüsse fassen konnte. Nach Prag verstärkte sich die Opposition gegen die Politik des Premierministers während des ganzen Jahres 1939. Sie begann bei den Lesern der Artikel von Churchill, deren Zahl sich Woche um Woche vergrößerte. Seine Kommentare erschienen im *Daily Telegraph*, in der *Picture Post*, den *Illustrated London News*, der *Daily Mail* und – in den Vereinigten Staaten, wo er mit seinen Ausführungen ein künftiges Bündnis vorbereitete – in *Collier's*. Die Titel seiner Aufsätze sprechen für sich selbst: »Laßt die tyrannischen Verbrecher bombardieren!«, »Wie die Politik Großbritanniens aussehen sollte«, »Krieg, jetzt oder nie«, »Ein Pakt mit Rußland bereitet sich vor«, »Bomben können uns jetzt nicht schrecken«, »Wie Deutschland die Taktik der Einkreisung nutzt« und »Kein Blut wird fließen, es sei denn...«

Aber die von Churchill verfaßten Artikel waren nur einer der zahlreichen Faktoren, die das Gewissen der britischen Öffentlichkeit wachrüttelten. Am wirksamsten war das Verhalten Hitlers. Ohne ihn wäre es nicht möglich gewesen, den britischen Kampfgeist zu wecken. Das »drohende Unwetter«, wie er es später nannte, wurde jetzt auch der breiten Öffentlichkeit bewußt: den Männern in den Pubs, den jungen Müttern, den Gemüsehändlern, den Handelsvertretern, den Lastwagenfahrern, den Geschäftsleuten, den Betriebsräten, ja praktisch allen mit Ausnahme der an der Macht befindlichen Oligarchie, die sich erst wieder nach drei Jahren ihren Wählern stellen mußte. Allmählich wandelte sich die Haltung von 50 Millionen Engländern, bis Großbritannien zum Spiegelbild des Landes wurde, auf dessen Thron Eduard VIII. verzichtet hatte, einer tapferen Nation, die sich ihrer glorreichen Vergangenheit wieder bewußt wurde, von der sie sich nach München zunächst abgewendet hatte. Diese Umkehr war viel entscheidender als das, was Hitler vor zehn Jahren in Deutschland bewirkt hatte. Die Deutschen waren schließlich schon seit 2000 Jahren ein kriegerisches Volk. In den englischen Schulen lernte die Jugend, daß »die Zivilisation am Rhein und an der Donau, an den Grenzen des Römischen Reichs, aufhört« oder, wie Winston es ausdrückte, »ein lebender Hunne bedeutet einen herannahenden Krieg«. In den vergangenen 70 Jahren hatte sich Deutschland auf den europäischen Schlachtfeldern einen Namen gemacht, während sich das Britische Empire darum bemüht hatte, die Welt mit der Pax Britannica zu beglücken.[111]

Nachdem die Beschwichtigungspolitik gescheitert war, begann man nach Sündenböcken zu suchen. Ebenso wie Gallipoli wurde die Beschwichtigungspolitik zur politischen Waffe, die sich vor allem gegen die Konservative Partei richtete. Michael Foot und zwei Mitarbeiter haben später einen vernichtenden Angriff der Labour Party gegen die Beschwichtigungspolitiker veröffentlicht. Unter dem Titel *Guilty Men* richtete sich dieses Buch gegen 15 Konservative, darunter Chamberlain, Simon, Hoare, MacDonald, Halifax und Baldwin. Sie wurden beschuldigt, die Verteidigungskraft Englands vernachlässigt und es versäumt zu haben, das Land auf den unvermeidlichen Konflikt vorzubereiten. Das Buch wurde von der Presse begeistert aufgenommen. Die Zeitschrift *Atlantic Monthly* nannte es eine unwiderlegbare Bloßstellung des »Versagens und der Blindheit« Baldwins. Der *Spectator* sah darin den überzeugenden Beweis dafür, daß die Koalition und die konservativen Ministerien »von Hitler getäuscht wurden und sich, als ihnen die Realitäten bewußt wurden, nicht energisch genug der Aufgabe einer Wiederherstellung der Verteidigungsfähigkeit gestellt haben«. Der *Boston Transcript* bezeichnete die in dem Buch vorgetragenen Argumente als »unwiderlegbar«.[112]

Das waren sie aber nicht. Während der ganzen 30er Jahre hatte Foot, ein Sozialist, der pazifistischen Reden stets Beifall zollte und der pazifistischen Linie Attlees gefolgt war, stets die Bewilligung von Geldern für die britische Armee, die Admiralität und die RAF abgelehnt. Wären die Konservativen seiner politischen Linie gefolgt, dann hätte Großbritannien den Nationalsozialisten völlig unbewaffnet gegenübergestanden. Das Triumvirat MacDonald – Baldwin – Chamberlain ist nie so weit gegangen. Die Konservativen haben wenigstens die Infrastruktur intakt gelassen. Man könnte fast sagen, das Buch *Guilty Men* sei von Männern geschrieben worden, deren Schuld noch größer war.

Obwohl sich die Lage immer mehr zuspitzte, wurde Churchill noch immer von beiden im Unterhaus vertretenen Parteien bekämpft, aber wie Brian Gardner schreibt, »begann die Öffentlichkeit, anders darüber zu denken; für einen Mann, der als Abenteurer angesehen wurde, hatte er seine Warnungen während einer beachtlich langen Zeit ständig wiederholt und dabei eine seltene Beständigkeit, Entschlossenheit und Integrität gezeigt«. J.B. Priestly, der politisch sehr weit links stand, schrieb, es gebe drei dringende Gründe, Churchill in das Kabinett aufzunehmen. Das seien seine »hervorragenden Fähigkeiten und reichen Erfahrungen«, die den Ministern Chamberlains offensichtlich fehlten; die immer deutlicher werdende Erkenntnis, daß »die Menschen ihn dort zu sehen wünschen« und die Tatsache, daß »seine Beteiligung an der Regierung zumindest dazu beitragen wird, der Welt, die zu unseren Staatsmännern nicht mehr das geringste Vertrauen hat, zu zeigen, daß wir es ernst meinen«.[113]

In einem Land, in dem jeder frei seine Meinung äußern darf, machen sich Veränderungen der öffentlichen Meinung zuerst in der Presse bemerkbar. Lord Boothby glaubte, bis zu dem auf Prag folgenden großen Erwachen seien die meisten Londoner Zeitungen »mit Ausnahme des *Daily Telegraph* ausgesprochen feig gewesen« und ihre Redakteure hätten sich ausnahmslos der von Geoffrey Dawson vertretenen Linie angeschlossen. Boothby schrieb: »Die Fleet Street hat alles getan, Neville Chamberlain und seiner erbärmlichen Regierung zu helfen, das ganze Land feig zu machen.« Der Propagandafeldzug mit dem Ziel, Chamberlain als Helden und Churchill als Schurken darzustellen, erreichte in den unmittelbar auf das Münchener Abkommen folgenden Wochen seinen Höhepunkt. Sogar Kingsley Martin, der linksorientierte Chefredakteur des *New Statesman*, der die Regierung Seiner Majestät beschuldigt hatte, den Faschisten und nazistischen Aggressoren nicht energisch entgegengetreten zu sein, habe sich durch das Münchener Betrugsmanöver täuschen lassen und sich dessen später geschämt. Sir John Reith von der BBC ließ die Kritiker Hitlers auch weiterhin nicht zu Wort kommen – Sir Horace Rumbold und Harold Nicolson wurden daran gehindert, im Rundfunk zu sprechen, weil sie »antideutsch« seien.[114]

Dennoch gab es in London Journalisten, die objektiv blieben. Enttäuscht von der Doppelzüngigkeit, den Halbwahrheiten und Entstellungen ihrer Regierung und der Leichtgläubigkeit ihrer Leser waren sie überrascht festzustellen, daß Churchill vom Mittelstand, dem unteren Mittelstand und der Arbeiterklasse zunehmend unterstützt wurde. Das war die breite Masse der englischen Wähler, und diese Schichten erwiesen sich jetzt, wie es schien, als das Rückgrat Englands. Sie verlangten die Beteiligung Winstons an der Regierung in einem Amt, in dem er die Möglichkeit haben sollte, verantwortlich zu handeln und seine Meinung durchzusetzen – also als Leiter eines Ministeriums. Sogar im Kabinett gab es Persönlichkeiten, die sich für ihn einsetzten. Malcolm MacDonald erinnert sich, daß »die Regierung geteilter Meinung darüber war, ob Churchill in das Kabinett aufgenommen werden sollte oder nicht. Die jüngeren Mitglieder waren für ihn, die älteren skeptisch… Wir hatten den Eindruck, in einen Krieg hineingezogen worden zu sein. Deshalb brauchten wir Churchill, und zwar nicht als Premierminister, sondern als einen für die Erfüllung von Kriegsaufgaben geeigneten Minister – oder als einen Minister für den zu erwartenden Krieg. Aber Neville zögerte, seine Zustimmung zu geben.«[115]

Chamberlain hielt es nicht für notwendig, Sonderministerien für den Kriegsfall einzurichten, denn er war immer noch überzeugt, er habe den Engländern den Frieden auf Lebenszeit gesichert. Das zeigte sich deutlich, als die Debatte um die Einrichtung eines Versorgungsministeriums – das schon vor drei Jahren am 23. April 1936 von Churchill vorgeschlagen worden war – ihren Höhepunkt erreichte. Ohne einen dafür zuständigen Minister, der auf dem Gebiet der Wirtschaft bevollmächtigt sein müßte, um die britische Industrie zu mobilisieren und für ein nationales Arsenal zu sorgen, würden künftige Rekruten keine Gewehre und nicht einmal Uniformen bekommen. Im Kriegsfall genügte es nicht mehr, die Nation zu den Waffen zu rufen. Man brauchte dazu auch die im modernen Krieg entscheidenden Geschütze, Panzer und Militärflugzeuge. Für die Herstellung solcher Waffen brauchte man eine bestimmte Anlaufzeit. Am 28. Oktober, einen Monat nach München, hatte der Planungsdirektor des Luftfahrtministeriums seine Zweifel zum Ausdruck gebracht, ob die Reserven der RAF »in einem modernen Krieg länger als eine Woche ausreichen würden«. Churchills

Im Frühjahr 1939 setzten die Diktatoren ihren Vormarsch in Europa fort; das Memelland, Albanien und der bis dahin noch nicht besetzte Teil der Tschechoslowakei fielen an Hitler und Mussolini. Nun begann auch die Fleet Street, die britische Öffentlichkeit zu alarmieren.

Nachrichtenverbindungen hatten dafür gesorgt, daß eine Kopie dieses Berichts nach Chartwell kam, und er hatte einem Freund geschrieben, daß solche Versäumnisse »den Ministern jede Glaubwürdigkeit bei der Beurteilung nationaler Interessen nimmt«.[116]

Zwei Tage zuvor hatte der Premierminister seinem Kabinett gesagt, er werde kein Versorgungsministerium einrichten. Niemand konnte seinen Glauben an die Beschwichtigungspolitik erschüttern, nicht einmal Adolf Hitler. Am 14. November hatte Halifax auf einer Sitzung des außenpolitischen Kabinettsausschusses den Führer wie folgt zitiert: »Anstelle von Chamberlain würde ich nicht eine Minute zögern, mein Land auf die drastischste Weise auf einen ›totalen‹ Krieg vorzubereiten, und ich würde es gründlich organisieren. Wenn die Engländer bis zum Frühjahr 1939 noch nicht die allgemeine Wehrpflicht eingeführt haben, können sie ihr Weltreich als verloren ansehen. Es ist erstaunlich, wie leicht es uns die Demokratien machen, unser Ziel zu erreichen.« Nach einem Augenblick eisigen Schweigens rief der Premierminister den nächsten Punkt der Tagesordnung auf.[117]

Für Churchill war die Einrichtung des neuen Ministeriums zwingend geboten. Noch in der gleichen Woche war er im Unterhaus aufgestanden, um einen Beschluß für eine sofortige Einrichtung vorzuschlagen: »Ich sage es so deutlich, wie es nur möglich ist. Wenn nur 50 Mitglieder der Konservativen Partei heute abend in die Lobby gingen, um für diesen Zusatzantrag zu stimmen, dann würde es den Bestand der Regierung nicht berühren, sondern sie veranlassen, etwas zu tun.« Er erklärte, die rasche Herstellung von Munition hätte schon vor langer Zeit beginnen sollen, und zwar in einem bedeutend größeren Umfang, als es das Kriegsministerium jetzt beabsichtige. Die Regierung beantwortete den Antrag mit der Behauptung, ein solches Ministerium werde die britische Industrie in große Schwierigkeiten bringen, und deshalb sei es klüger, »auf eine gute Zusammenarbeit und nicht auf Zwang zu vertrauen«. Immer noch stand die Mehrheit der Abgeordneten hinter Chamberlain, und Winston erlitt eine schwere Niederlage. Nicht 50 Parlamentsmitglieder, sondern nur 2 unterstützten ihn – Bracken und Macmillan. In Berlin war die Freude groß. SCHWERE NIEDERLAGE FÜR CHURCHILL lautete die Schlagzeile in einer nationalsozialistischen Zeitung. Ein anderes deutsches Blatt jubelte: CHURCHILLS INTRIGEN GESCHEITERT – SOGAR DUFF COOPER UND EDEN LIESSEN SICH NICHT EINFANGEN.[118]

Noch am 2. März 1939 mußte sich der Premierminister von seinem eigenen Kriegsminister, Leslie Hore-Belisha, sagen lassen, wenn es der Regierung mit der Verteidigung des Landes Ernst sei, dann müsse etwas getan werden, um die Streitkräfte zu bewaffnen und auszurüsten, und die britischen Großindustriellen würden auf niemanden hören, der keinen Sitz am Kabinettstisch habe. Mit einer müden Handbewegung unterbrach ihn der Premierminister und sagte, die Streitkräfte bekämen bereits »ihre Ware, und jetzt, da die öffentliche Meinung in diesem Punkt befriedigt wird, glaube ich, daß das Verlangen nach einem Ministerium abklingen wird«.[119]

Aber das geschah nicht, und Hore-Belisha ließ nicht nach, am Kabinettstisch auf der Erfüllung seiner Forderungen zu bestehen. Verzweifelt berichtete er seinen Kollegen über die Versorgungslücken bei den Streitkräften und erläuterte, wie ein Fachminister diese Lücken füllen könnte. Er suchte Churchill in den Morpeth Mansions zu Gesprächen über strategische Fragen auf, und als Winston sich bei seinen Maurerarbeiten am Fuß verletzt hatte, fuhr der Minister sogar nach Chartwell, um sich Winstons Rat zu holen. Das war riskant; in einem Kabinett, das von Jasagern beherrscht wurde, war der rebellische Kriegsminister isoliert.

Und doch ließ sich die Einrichtung eines Versorgungsministeriums nicht mehr vermeiden. Sogar Chamberlain wußte das. Im April 1939 nach der Besetzung Prags durch die Deutschen erklärte das von ihm eingesetzte Gremium von Industriellen – das waren die Männer, die er am meisten bewunderte und die er vor der Bürokratie hatte schützen wollen –, ihre wichtigste Empfehlung zur Lösung eines dringenden Problems, das »sobald wie möglich« in Angriff genommen werden müsse, sei »die Einrichtung eines Versorgungsministeriums«. Brendan Bracken schrieb an Bernard Baruch: »Winston hat in seinem langen Kampf gesiegt... Keine in der Öffentlichkeit bekannte Persönlichkeit unserer Zeit hat soviel Weitblick gezeigt wie er, und ich glaube, sein langes, einsames Ringen... wird sich als das beste Kapitel in seinem ereignisreichen Leben erweisen.«[120]

Die Öffentlichkeit, die Fleet Street, das Parlament und die meisten Mitglieder des Kabinetts hatten angenommen, Churchill werde das neue Ministerium übernehmen. Im ganzen Land gab es niemanden, der über die Erfahrungen verfügte, die er vor 20 Jahren als verantwortlicher Leiter der Kriegsindustrie gesammelt hatte. Am 19. April schrieb Nicolson in sein Tagebuch: »Das Gefühl, daß Winston der Mann ist, auf den es ankommt, wird immer stärker, und wahrscheinlich werden wir ihn schon bald im Kabinett sehen.« In einem Brief an Winston schrieb Lord Rothermere, er rechne damit, daß er »schon in nächster Zeit eine schwere Verantwortung« werde übernehmen müssen, und bot ihm 600 Pfund an, wenn er ein Jahr lang keinen Brandy mehr trinken würde. Er fügte hinzu, ganz England »und besonders auch ich werden Ihnen wünschen, daß Sie sich in bester Verfassung befinden, wenn dieser Tag kommt«.[121]

Doch den neuen Posten übernahm nicht der hervorragend dafür geeignete Mann, der England am besten gedient hätte, sondern Leslie Burgin, der bisherige Transportminister, der vorher nur parlamentarischer Sekretär im Handelsministerium gewesen war. Nicolson notierte in seinem Tagebuch zwei Reaktionen im Unterhaus: »Ein tiefes Erschrecken« und »ein schmerzliches Stöhnen«. Die Zeitschrift *British Weekly* berichtete: »Auf beiden Seiten des Unterhauses war man zutiefst enttäuscht darüber, daß bei der Kabinettsumbildung nicht auch so hervorragende Persönlichkeiten wie Mr. Winston Churchill und Mr. Anthony Eden berücksichtigt worden waren.« Samuel Hoare hat später gesagt, daß Churchill übergangen worden war, sei darauf zurückzuführen, daß er England wiederholt aufgerufen habe, zu den Waffen zu greifen. Deshalb sei er als Kriegshetzer angesehen worden, und der Premierminister wollte es, wie sein Biograph schreibt, unter allen Umständen vermeiden, daß »Hitler glaubte, (Winston) sei der Sprecher für die Regierung Seiner Majestät«.[122]

Also war die Entscheidung Chamberlains, Winston zu übergehen und Burgin zum Minister zu ernennen, aus Rücksicht auf die Wilhelmstraße getroffen worden, und der Premierminister rechtfertigt sie in seinem Tagebuch wie folgt: »Wenn es eine Möglichkeit gibt, die Spannungen abzubauen und wieder normale Beziehungen zu den Diktatoren herzustellen, dann würde ich diese Möglichkeit nicht durch eine Entscheidung gefährden, die von ihnen mit Sicherheit als Herausforderung angesehen wird.« Aber im Parlament mußte er einen Preis dafür bezahlen. Wie Nicolson schreibt, reagierte man dort mit »tiefem Bedauern«. Unabhängige Abgeordnete hätten »gehofft, der Premierminister werde die Gelegenheit nutzen, sein Kabinett auf eine breitere Basis zu stellen. Sehr viele haben den Eindruck, daß er eine zweigleisige Politik verfolgt. Auf der einen Seite spricht er sich offen für die Aufrüstung aus, und auf der anderen Seite verfolgt er im geheimen weiterhin die Beschwichtigungspolitik und die Ratschläge von Wilson. Chamberlains Weigerung, Männer in sein Kabinett aufzunehmen, die keine Jasager waren, führte zu einer echten Verstimmung.«[123]

Am 18. März feierte Neville Chamberlain seinen 70. Geburtstag. Er war erschöpft, und die Saat seiner persönlichen Tragödie begann aufzugehen. Zwei anstrengende Jahre in der Downing Street Nr. 10 waren nicht spurlos an ihm vorübergegangen. Rab Butler war am Karfreitag auf dem Lande gewesen. Als er erfuhr, daß die Italiener in Albanien gelandet waren, eilte er sofort in die Downing Street, und noch sehr viel später erinnerte er sich daran, wie er die Treppe hinauf in ein kleines Zimmer geführt wurde, von dem aus man den Garten überblicken konnte und das der Premierminister als Arbeitszimmer benutzte. Das Fenster war offen, und auf dem Fenstersims lag Vogelfutter. Butlers Erscheinen schien Chamberlain zu stören, er zeigte sich erstaunt über die Sorgen seines Gastes. Er sagte: »Ich habe das sichere Gefühl, Mussolini ist entschlossen, nichts gegen uns zu unternehmen.« Butler schreibt: »Als ich anfing, über die Bedrohung des Balkan zu sprechen, fiel er mir ins Wort: ›Reden Sie doch keinen Unsinn. Fahren Sie nach Hause und gehen zu Bett.‹ Dann ging er ans Fenster und fütterte die Vögel.«[124]

In einem Brief an seine Schwester erwähnte Chamberlain auch das albanische Abenteuer des Duce, verurteilte darin aber nicht die italienische Aggression, sondern die Doppelzüngigkeit Mussolinis: »Als ich am Donnerstag fortfuhr, hatte ich gehofft, Musso werde seinen Coup so darstellen, als habe man sich schon vorher darüber geeinigt, und so dafür sorgen, daß sich möglichst keine für Europa bedeutsamen Fragen daraus ergeben.« Es folgte ein unerwartetes Eingeständnis, zu dem er sich erst jetzt nach so vielen falschen Versprechungen aus Rom und Berlin durchgerungen hatte. Er schrieb: »Wenn ich den Zusicherungen der Diktatoren jemals geglaubt habe, dann schwindet dieser Glaube jetzt sehr rasch dahin.«[125]

Vor der Parlamentsdebatte über Albanien am 13. April bat der Premierminister Winston zu sich »in der Hoffnung, eine möglichst große Einstimmigkeit im Unterhaus zu erreichen«. In der Debatte unterstützte Churchill die Garantieerklärung Chamberlains für Rumänien und Griechenland und sagte, er erwarte »noch wirksamere Vereinbarungen mit der Türkei«. Wenn es gelänge, ein umfassendes und festes Bündnissystem zu errichten, dann könnten der Welt »noch jetzt in elfter Stunde die schlimmsten Leiden« erspart werden. Er fragte sich aber auch, wie die Regierung Seiner Majestät so weitreichende Verpflichtungen eingehen könne, während Großbritannien nur über so schwache Verteidigungskräfte verfüge – wie man es wagen könne, mit so lauter Stimme zu sprechen, während man nur einen so kleinen Stock in der Hand habe. Das Parlament müsse jetzt mindestens aufgefordert werden, der Einführung der allgemeinen Wehrpflicht für die jungen Männer in Großbritannien zuzustimmen. Er könne nicht verstehen, weshalb die Regierung bisher zu dieser so dringenden Frage geschwiegen habe. Er fragte: »Wie bringen wir es fertig, hier zu Hause ein angenehmes und bequemes Leben zu führen, ohne zu wagen, das Wort ›Wehrpflicht‹ auch nur auszusprechen oder bereit zu sein, die notwendigen Maßnahmen zu ergreifen, die erforderlich wären, um die Armee zu rekrutieren und auszurüsten, deren Einsatz wir versprochen haben?«[126]

Dann wandte er sich einem Problem zu, über das die Abgeordneten zwar im Rauchsalon oder in der Lobby gesprochen hatten, das aber im Plenum niemals erwähnt worden war. Das war die einzigartige Stellung von Sir Horace Wilson, dessen Einfluß auf Chamberlain jeder Eingeweihte kannte und von dem man wußte, daß er mit dem Dritten Reich sympathisierte und sich skrupellos in die Beziehungen des Premierministers zu anderen Beratern der Regierung einschließlich hochrangiger Kabinettsmitglieder einmischte. Ohne Namen zu nennen, fragte Churchill, wie Persönlichkeiten auf der Regierungsbank es fertigbrächten, nur fünf Tage vor der Vergewaltigung der Tschechoslowakei durch Hitler von der »Morgenröte eines neuen Goldenen Zeitalters« zu sprechen. Weshalb war die Regierung von diesen Ereignissen überrascht worden? »Nach 25jährigen Erfahrungen in Krieg und Frieden glaube ich, daß der britische Nachrichtendienst der beste seiner Art auf der Welt ist. Und doch haben wir sowohl bei der Unterwerfung Böhmens und dem Überfall auf Albanien gesehen, daß Minister der Krone offenbar keine Ahnung davon hatten oder wenigstens nicht daran glaubten, daß so etwas geschehen könne. Ich kann nicht glauben, daß die Schuld beim britischen Geheimdienst zu suchen ist.«

Churchill fuhr fort, er kenne »sehr wohl den Patriotismus und den aufrichtigen Wunsch, in vollkommener Redlichkeit zu handeln, der die Minister der Krone beseelt, aber ich frage mich, ob es hier nicht eine Hand gibt, die sich einmischt und den Ministern bestimmte Informationen vorenthält oder ihnen nur in gefilterter Form zukommen läßt«. Mehr als einmal »haben die Tatsachen hochrangige Minister der Krone nicht erreichen dürfen, bevor sie so modifiziert worden waren, daß sie keine Beunruhigung mehr hervorrufen konnten«.[127]

Chamberlain sah sich in die Enge getrieben. Der April war zum härtesten Monat seiner Amtszeit als Premierminister geworden. Er hatte nach München mit einer ganz anderen Entwicklung gerechnet; einer wachsenden Freundschaft mit Deutschland und Italien, mit einer Belebung des Außenhandels zur Stärkung der britischen Industrie, die noch immer schwer unter den Folgen der Weltwirtschaftskrise litt, und, wenn Hitler und der Duce erkannt haben würden, daß sie den Briten trauen könnten, mit einer weltweiten Abrüstung. Statt dessen hatte er erleben müssen, daß seine diplomatische Strategie scheiterte, als die Nationalsozialisten die Tschechoslowakei annektierten, die Italiener in Albanien einfielen und den Balkan bedrohten, Rußland sich in die innereuropäischen Angelegenheiten einmischte und, was am beunruhigendsten war, die Nationalsozialisten anfingen, Polen unter Druck zu setzen, die einzige Trumpfkarte Englands in Osteuropa – und zwar in einer für Hitler typischen Weise, wie man es auch vor dem Anschluß Österreichs und vor der Tschechenkrise erlebt hatte.

Auch Roosevelt hatte sich vermittelnd eingeschaltet. Die Besorgnis des amerikanischen Präsidenten im Hinblick auf die unsichere Zukunft Europas war nach den italienischen Truppenlandungen in Albanien deutlich zum Ausdruck gekommen. Eine Woche nach der Invasion hatte der Präsident persönliche Botschaften an Mussolini und Hitler geschickt und sie aufgefordert, sich zu verpflichten, sich während der folgenden zehn »oder sogar fünfundzwanzig Jahre, wenn wir so weit vorausblicken wollen« jeder weiteren Aggression zu enthalten. Beide Diktatoren hatten den Präsidenten verspottet. Der Duce bezeichnete seine Forderung als »die Folge einer infantilen Paralyse«. Göring behauptete, Roosevelt sei »im Anfangsstadium einer Geisteskrankheit«, und am 28. April verhöhnte Hitler den Präsidenten mit brutalen Worten vor dem Reichstag. Dann kündigte er das englisch-deutsche Flottenabkommen von 1935 und die deutsch-polnischen Vereinbarungen von 1934 mit der Begründung, Polen und Großbritannien hätten sich verschworen, das Deutsche Reich einzukreisen.[128]

Chamberlain lehnte die Initiative Roosevelts als »eine unerwünschte Einmischung der Yankees« ab. Er sympathisierte mit Berlin und war gegenüber Washington gleichgültig oder feindlich eingestellt. Er glaubte

Hitler und mißtraute Roosevelt. Sidney Herbert hatte an Churchill geschrieben: »Was der Premierminister konsequent zu ignorieren scheint, ist die öffentliche Meinung in Amerika.« Er versuchte sich auch über die öffentliche Meinung in Großbritannien hinwegzusetzen, aber seine Handlungsfreiheit wurde im Lauf der Zeit immer stärker eingeschränkt. Die Ereignisse bestimmten immer mehr sein Verhalten und zwangen ihn schließlich zu einer Maßnahme, die zu ergreifen er bis dahin strikt abgelehnt hatte: die Einführung der allgemeinen Wehrpflicht.[129]

Man hat Churchill vorgeworfen, er lebe in der Vergangenheit. Aber das tat in Wirklichkeit die Regierung. Wenn sich die Beschwichtigungspolitiker weigerten, die allgemeine Wehrpflicht einzuführen, dann ignorierten sie den veränderten Status Großbritanniens als Weltmacht. Seit Generationen hatte der europäische Kontinent die Auffassungen britischer Premierminister respektiert und ihren Rat als bedeutsam anerkannt, weil hinter ihnen das große Britische Empire stand, das – wie 1914 – bereit war, zu den Waffen zu greifen, wenn der Souverän auf Anweisung seiner Regierung und ohne seine Dominions zu konsultieren sich mit seinem ganzen gewaltigen Herrschaftsbereich an einem weltweiten Krieg beteiligte. Königin Viktoria hatte die Bewohner ihrer imperialen Besitzungen als »mein Volk« bezeichnet. Aber die Beziehungen ihres Urenkels zu deren Urenkeln hatten sich aufgrund der geltenden parlamentarischen Regeln verändert. Obwohl die Dominions sich wahrscheinlich einer Kriegserklärung Englands anschließen würden, konnte man nicht mit Sicherheit damit rechnen.

Diese entscheidende Tatsache, zusammen mit der Vernachlässigung der auf den Britischen Inseln stationierten Streitkräfte durch MacDonald, Baldwin und Chamberlain, bedeutete, daß Großbritannien nicht mehr erwarten durfte, der europäische Kontinent werde sich einen Schnupfen holen, wenn der britische Premierminister nieste. Chamberlain hatte die Tschechen wie Schachfiguren behandelt. Aber in Wirklichkeit wären die tschechischen Streitkräfte – 40 gutausgebildete und ausgerüstete Divisionen – den britischen weit überlegen gewesen. Starke stehende Armeen besaßen damals in Europa die Franzosen und Italiener mit je 100 Divisionen, die Deutschen mit mehr als 200 und die – von Chamberlain völlig außer acht gelassenen – Sowjets mit 300 Divisionen. Großbritannien verfügte zwar über ein beachtliches militärisches Potential, und hätte die Regierungsbank auf die Appelle Churchills während der vergangenen sechs Jahre gehört, dann besäße das Land jetzt wahrscheinlich ein schlagkräftiges stehendes Heer, aber man hatte seine Warnungen in den Wind geschlagen. Auf die Aufforderung, ein Expeditionskorps bereitzustellen, hätte der Chef des Imperial General Staff sofort zwei reguläre Divisionen auf den europäischen Kontinent entsenden können. Zwei weitere reguläre und vier Divisionen der Territorialarmee hätten zu einem späteren Zeitpunkt zur Verfügung gestanden.

Selbst Chamberlain mußte dieses Problem erkennen. Ende März tat er einen halben Schritt in Richtung auf die Einführung der allgemeinen Wehrpflicht und erhöhte die Mannschaftsstärke der Territorialarmee um 210000 Mann, für die es allerdings derzeit keine Waffen und Ausrüstung gab. Damit verdoppelte er theoretisch die Heeresreserve. Doch niemand ließ sich dadurch täuschen. Am 24. April gab er schließlich seinen Widerstand auf und schlug, nachdem das neue Versorgungsministerium eingerichtet worden war, die Einführung der allgemeinen Wehrpflicht vor. Der von einer erregten Öffentlichkeit ausgehende Druck, die Presse, seine eigene Partei und sogar der König hatten diesen Sinneswandel endlich bewirkt. Aber den stärksten Einfluß hatte die Beharrlichkeit von Hore-Belisha, der, wie Winston später schrieb, »sein politisches Überleben aufs Spiel setzte. Er hatte eine heftige Auseinandersetzung mit seinem Chef. Ich habe ihn zur Zeit dieser Kraftprobe häufiger gesehen, und er konnte nie mit Sicherheit sagen, ob er nicht schon am nächsten Tag zum Rücktritt gezwungen sein werde.«[130]

Wie der *Daily Telegraph* berichtete, war Churchill während der Parlamentsdebatte über die Einführung der allgemeinen Wehrpflicht »in denkbar bester Form. Um ihn sprechen zu hören, strömten die Abgeordneten ins Plenum und drängten sich sogar auf den Galerien.« Er sprach sich nicht nur für die allgemeine Wehrpflicht aus, sondern sagte sogar, sie hätte schon unmittelbar nach München eingeführt werden sollen. Pazifistisch orientierte Parlamentsmitglieder lehnten die »Friedenswehrpflicht« entschieden ab. Dann ließ Churchill seine Blicke über die Bankreihen schweifen und fragte: »Darf man das als Frieden bezeichnen?« Und beantwortete selbst seine rhetorische Frage: »Wir haben drei katastrophale Feldzüge erlebt, und die Schlachten, die Kriegshandlungen, haben sich nicht nur gegen uns gerichtet, sondern auch gegen die Grundsätze des Rechts und der Freiheit, gegen die Interessen der friedlichen und fortschrittlichen Demokratien. Es gibt bereits eine lange Reihe solcher Schlachten – die Besetzung des Rheinlands, Abessinien, Österreich, München, Prag und Albanien ... Wir stimmen also alle darin überein, daß die gegenwärtig herrschenden politischen Umstände denen eines Krieges entsprechen.«[131]

Doch nun könne er feststellen, »daß sich das Hohe Haus geschlossen einer Sache verpflichtet fühlt«, und das gelte sogar für alle westeuropäischen Länder: »Der Impuls, der Hauptimpuls, sich den von den Nationalsozialisten vertretenen Prinzipien zu widersetzen, geht von der

Mehrzahl der Menschen aus.« Zweifellos würden viele Abgeordnete, die ihre Stimme für das Gesetz abgeben, dabei einen inneren Widerstand überwinden müssen. Auch er habe Vorbehalte, aber sie unterschieden sich von denen der meisten. Er hielte die vorgeschlagene Maßnahme für unzureichend. Sie ermögliche die Einberufung von 200000 20jährigen jungen Männern. Aber diese Rekruten könnten weder ausgerüstet noch versorgt werden, bevor das Versorgungsministerium die britische Industrie veranlaßt habe, die notwendigen Waffen und Versorgungsgüter bereitzustellen. Hier wiederhole sich die Geschichte der militärischen Reserven. Junge Engländer würden aufgerufen, ihre Freiheit und später vielleicht sogar ihr Leben zu opfern, aber die bisher geltenden Produktionspläne der englischen Fabriken hätten immer noch den Vorrang. In Wirklichkeit sei, wie Churchill sagte, dieses Gesetz nur eine Geste, und »eine Geste genügt nicht; wir brauchen eine Armee und werden sie vielleicht sogar sehr bald brauchen«. Er sagte, er habe den Eindruck, »alles ist verwirrt angesichts des rapiden politischen Kurswechsels im Hinblick auf die fundamentalen Probleme«. Die Regierung habe eine neue Richtung eingeschlagen, und man müsse deshalb annehmen, es seien Entscheidungen »nicht nach reiflicher Überlegung« getroffen worden, sondern übereilt; nicht aufgrund von Planungen, Überzeugungen oder weitblickender Vorausschau, sondern als Reaktion auf Initiativen, die in Berlin und Rom ergriffen worden seien. Davor hatte er schon seit Jahren gewarnt, aber Chamberlain hatte den Verdacht, daß jede Kritik Churchills an seiner Politik nur Ausdruck seines persönlichen Grolls sei. An seine Schwester schrieb er, er habe gehört, daß Winston »glaube, ich würde ihm das Versorgungsministerium anbieten und er deshalb bitter enttäuscht sei und sich nur noch beherrsche, weil er nichts tun will, was mich daran hindern könnte, ihm erneut eine Beteiligung an der Regierung anzubieten«.[132]

Die Beziehungen zwischen dem Duce und dem Führer wurden enger. Einen Monat nach der Parlamentsdebatte über die Wiedereinführung der allgemeinen Wehrpflicht in England ließ sich Mussolini von Hitler überreden, mit Deutschland ein Militärbündnis zu schließen. Am 22. Mai 1939 unterzeichneten die beiden Diktatoren ihren »stählernen Pakt«, in dem sie übereinkamen, bei der Beschaffung von »Lebensraum« für ihre Völker auch Gewalt anzuwenden. Wenn eines der beiden Länder in einen Krieg verwickelt werden sollte, dann würde das andere ihm »sofort als Verbündeter zu Hilfe kommen und es mit allen militärischen Kräften zu Lande, zur See und in der Luft unterstützen«. Im Kriegsfall verpflichteten sich beide Länder, keinen separaten Waffenstillstand oder Frieden abzuschließen. General Ironside sagte Churchill, England und Frankreich stünden »schlechte Zeiten« bevor.[133]

Seit drei Jahren mehren sich die Stimmen, die eine Beteiligung Churchills an der Regierung verlangen. Schon am 11. März 1936 brachte die Daily Mail *diese Karikatur als Reaktion auf die Besetzung des Rheinlands durch deutsche Truppen.*

Was der Premierminister nicht begreifen konnte, war die Tatsache, daß während Europa in den Strudel der Katastrophe gerissen wurde, die auf den traditionellen politischen Barometern abzulesenden Daten keine Bedeutung mehr hatten. Normalerweise erreichen Krisen im öffentlichen Leben ihren Höhepunkt und gehen dann wieder vorüber. Die Probleme, um die es dabei geht, sind bald vergessen. Doch während dieses Frühjahrs und Sommers hatten Churchill und Chamberlain gewissermaßen die Rollen von Romanfiguren übernommen, die von Wilkie Collins erdacht worden sein konnten. Er beschreibt in seinen Erzählungen aus Guten und Bösen bestehende Personengruppen, der Leser kann bis zum Schluß nicht sagen, wer gewinnen wird und auf welche Weise das geschehen soll. Aber bei der britischen Bevölkerung bestand 1939 kaum noch ein Zweifel daran, welcher der beiden Duellanten die größeren Sympathien genoß. Überall in England, auf Plakaten, Anschlagtafeln und Karikaturen ging es um das gleiche Thema: *Winston muß zurückkommen.*

Das Verhalten des Premierministers gegenüber Churchill hatte sich nicht verändert: Höflichkeit, hinter der sich Feindschaft verbarg. Das beunruhigte Winston. Es entsprach nicht der parlamentarischen Tradition. Winston hatte manche tiefgreifenden Differenzen mit Nevilles Vater gehabt, doch außerhalb des Parlaments waren sie recht gut miteinander ausgekommen und hatten häufig zusammen gegessen. Die Kälte, die der Premierminister ihn spüren ließ, war zum Teil darauf zurückzuführen, daß Churchill neuerdings bei den öffentlichen Meinungsumfragen besser abschnitt als Chamberlain. Seine Popularität nahm ständig zu. Ein Brief an die *Times*, den sogar Dawson nicht gewagt hatte, in den Papierkorb zu werfen, war von 375 Professoren der verschiedensten Fakultäten aller britischen Universitäten unterzeichnet und »empfahl dringend«, Churchill an einen wichtigen Kabinettsposten zu berufen.

Heute läßt sich der Zeitpunkt nicht mehr genau bestimmen, zu dem das Bedürfnis nach einer Beteiligung Churchills an der Regierungsverantwortung zum erstenmal spürbar wurde, aber schon vor der Besetzung der Tschechoslowakei durch die Deutschen hatte sich das Blatt zu seinen Gunsten gewendet. Die *Picture Post* hatte in ihrer Ausgabe vom 25. Februar 1939 über seine außenpolitischen Ansichten berichtet und vorausgesagt, »der größte Augenblick in seinem Leben steht ihm noch bevor«. Ein zweiter Beitrag, der sich ausführlich mit ihm beschäftigte, erschien in der *Picture Post* vom 4. März, und in einem dritten Artikel vom 11. März beantwortete Churchill 13 Fragen des Chefredakteurs dieser Zeitschrift und empfahl dabei die Bildung einer neuen Regierung, in der einige Kabinettsposten auch von Mitgliedern der Labour Party besetzt werden sollten. Die Zeitungen brachten Leserbriefe und sogar Leitartikel, die von ihm als dem »einzigen Mann« sprachen. Eine Karikatur im *Evening Advertiser* zeigte ihn vor der Downing Street Nr. 10, wo er darauf wartete, zum Versorgungsminister ernannt zu werden.

Im April erschienen fast täglich Artikel, in denen gefordert wurde, ihn wieder an der Regierung zu beteiligen. Am Freitag, dem 21. April, brachte der *Daily Telegraph* den besonders eindrucksvollen Bericht eines Professors von der Oxford Universität, dessen Vater bei Gallipoli gefallen war. Die Samstagsausgabe der *Evening News* forderte seine Ernennung zu einem möglichst frühen Zeitpunkt, und am Tage darauf beschäftigte sich die Zeitung *Sunday Pictorial* auf den ersten beiden Seiten ausschließlich mit Churchill und äußerte die Meinung: »Die Eifersucht und das Mißtrauen anderer zwingen ihn, untätig beiseite zu stehen.« Am Dienstag schickte der Chefredakteur ein Telegramm nach Chartwell: »Nach meinem Churchill-Artikel vom Sonntag habe ich zahlreiche Zuschriften bekommen. Die überwältigende Mehrzahl der

Briefschreiber steht auf Ihrer Seite.« Am Mittwoch teilte er Winston mit, er habe inzwischen 2400 Zuschriften von seinen Abonnenten erhalten. 97 Prozent von ihnen seien der Auffassung, daß Winston wieder ein Regierungsamt übernehmen sollte. Dazu erklärte er: »Ich habe noch nie eine so eindeutige Reaktion erlebt.« Die Briefe kamen aus allen Bevölkerungsschichten; von ehemaligen Soldaten, von Angehörigen der aktiven Truppe und besonders von jungen Männern. Typische Aussagen seien, wie er sagte, »kein Kriechen mehr vor Hitler« und »wir brauchen einen starken Mann, der keine Angst hat«. Der Redakteur schloß mit den Worten: »Ihr Name auf unseren Straßenplakaten erregte starkes Interesse, und es gibt nicht den geringsten Zweifel daran, wie die überwältigende Mehrheit der Menschen in unserem Land über diese Frage denkt.«[134]

WIR BRAUCHEN CHURCHILL lautete die Schlagzeile auf der ersten Seite von *Time and Tide* am 6. Mai. Vier Tage später veröffentlichte *News Chronicle* die Ergebnisse einer Umfrage, die besagten, daß 56 Prozent der Befragten Winston im Kabinett sehen wollten. 26 Prozent waren dagegen, und 18 Prozent hatten keine Meinung geäußert. Horace Wilson vernichtete das für die Downing Street Nr. 10 bestimmte Exemplar der Zeitung, bevor es dem Premierminister auf den Schreibtisch gelegt werden konnte. Das war eine vergebliche Geste, denn es gab keine Möglichkeit, vor Chamberlain zu verheimlichen, wie stark sich das Interesse der Fleet Street jetzt Churchill zugewandt hatte. Nach München war über Reden, in denen er gelobt wurde, oft gar nicht berichtet worden. Jetzt blieb keine mehr unbeachtet, und die Kommentare darüber wurden oft auf den Titelseiten der Zeitungen abgedruckt. Am 1. Juli sagte Archibald Sinclair einer begeisterten Zuhörerschaft, der Premierminister sollte Churchill und Eden in den Kreis seiner »engsten Berater« aufnehmen. Die *Yorkshire Post* brachte einen ausführlichen Bericht über diese Versammlung. Der *Star* vermutete, Winston werde bald mit einem Regierungsamt betraut werden – »Mr. Chamberlain wird demnächst sein Kabinett verstärken, man erwartet, daß er Mr. Churchill auffordern wird, in die Regierung einzutreten« –, und die Zeitung berichtete, Margesson habe sich über die Stimmung bei den Hinterbänklern der Konservativen Partei einen Eindruck verschafft und dabei habe sich herausgestellt, daß »dem Chefeinpeitscher in fast jedem einzelnen Fall gesagt wurde, die Übernahme eines Schlüsselpostens im Kabinett durch Mr. Churchill werde neues Vertrauen schaffen«. Der *Sunday Graphic* vom 2. Juli sagte voraus, Churchill werde zum Ersten Lord der Admiralität ernannt werden.[135]

Auch die Leitartikel wurden mutiger. Der *Observer* hielt es für unglaublich, daß Churchill mit »seinem großen Verständnis für die europäische Politik« kein Regierungsamt übernehmen dürfe. Die Zeitung fügte hinzu, dieses Phänomen »muß Ausländer ebenso sehr verwirren, wie es die meisten seiner eigenen Landsleute für bedauerlich halten«. Am 3. Juli drängte der *Manchester Guardian* den Premierminister, den Patriotismus über seinen persönlichen Groll zu stellen und Winstons Gaben »auf jedem Gebiet« zu nutzen, weil England »Minister mit Weitblick und Charakterstärke« ebenso dringend brauche »wie gute Verwaltungsbeamte«. Der *Daily Telegraph* stimmte zu. In der gleichen Woche verlangten auch der *Daily Mirror*, die *Evening News*, die *News Chronicle* und sogar der *Daily Worker* die Rückkehr Churchills in ein Regierungsamt mit der Begründung, daß Winston »der prominenteste Gegner der ›Münchenpolitik‹« gewesen sei. Der *Mirror* bezeichnete Winston als »den britischen Staatsmann, dem die Bevölkerung am meisten vertraut... und der dafür sorgt, daß die Sicherheit Großbritanniens gewahrt bleibt. Jahrelang hat er uns vor Gefahren gewarnt, die jetzt zu schrecklichen Realitäten geworden sind. Jahrelang hat er sich für eine Politik der *Stärke* eingesetzt, die heute von der ganzen Nation unterstützt wird.« Am folgenden Tag schlossen sich die *Daily Mail* und der *Evening Standard* den von den anderen Zeitungen vertretenen Anschauungen an. Am 7. Juli tat das auch der *Spectator* und erklärte, wenn man Churchill und Eden erlaubte, am Kabinettstisch Platz zu nehmen, wäre das »eine entscheidende Stärkung unserer guten Sache« und werde Hitler vielleicht zum Nachdenken veranlassen, bevor er seine Truppen in ein neues Land einmarschieren lasse.[136]

»O mein lieber Winston«, schrieb Maxine Elliott von der Riviera, »hat es für einen in der Öffentlichkeit stehenden Mann jemals einen solchen Triumph gegeben! Die Presse und die Öffentlichkeit verlangen einstimmig nach diesem einen Mann, der ihnen während all dieser Jahre die erschreckende Wahrheit gesagt hat, und nun laufen sie zu ihm, damit er versucht, ihnen die Kastanien aus dem Feuer zu holen.« Leo Amery schrieb ihm, er hoffe, das Drängen der Zeitungen »wird dazu führen, daß Sie in die Regierung aufgenommen werden«, und Stafford Cripps fragte: »Könnten Sie nicht eine öffentliche Erklärung abgeben... und sagen, Sie seien bereit, dem Land Ihre Dienste zur Verfügung zu stellen... Ich glaube, das würde gerade jetzt im ganzen Land einen gewaltigen Eindruck machen und dem Verlangen, daß Sie in die Regierung aufgenommen werden sollten, erheblichen Nachdruck verleihen.«[137]

Doch Churchill antwortete, er sei überzeugt, »daß ein solcher Schritt mich in jedem Gespräch schwächen würde, das ich unter Umständen mit dem betreffenden Gentleman führen müßte«. Und er hatte recht. Auch Hoare meinte, Chamberlain werde »jeden Druck von außen übelnehmen. Je lauter sich die Presse für die Beteiligung Churchills an der Regierung einsetzte, desto unwahrscheinlicher war es, daß er sich dazu entschließen würde.« Colin Coote von der *Times* – Winston nannte ihn seinen »Freund im feindlichen Lager« – schrieb an Boothby, die laute Propaganda für Churchill werde ihm nur schaden: »Ich möchte wetten, daß der andere Mr. C. auch nicht einen Augenblick darauf hören wird, denn sein Motto ist noch immer Frieden um jeden Preis, wenn er dafür nicht seine Stellung opfern muß. Und er ist mit Recht davon überzeugt, daß die Aufnahme Winstons in das Kabinett den sofort anschließenden Verlust eines Postens für ihn bedeuten würde.«[138]

Zu diesem Zeitpunkt hätte sich Hitler wahrscheinlich von nichts mehr aufhalten lassen. Ein Jahr nach München sollte er über 7188000 deutsche Männer in den Uniformen des Heeres, der Luftwaffe und der Kriegsmarine verfügen.

Die Einsatzbefehle für die Vernichtung Polens waren schon gegeben, und obwohl die kriegsunwilligen Generäle noch an ihren Umsturzplänen arbeiteten, sollten fünf Jahre vergehen, bevor sie etwas unternahmen. Winston war der letzte Engländer, den Hitler als Regierungsmitglied sehen wollte. Im Frühsommer 1939 erhielt das Auswärtige Amt in Whitehall den Bericht über ein Gespräch zwischen dem britischen General James Marshall-Cornwall und dem Reichsfinanzminister und Mitglied des deutschen Kabinetts, Graf Schwerin von Krosigk. Der deutsche Finanzminister hatte dem General gesagt, Chamberlain sollte »Winston Churchill ins Kabinett aufnehmen. Churchill ist der einzige Engländer, vor dem sich Hitler fürchtet.« Weiter berichtete Marshall-Cornwall, Schwerin habe gesagt, Hitler »nimmt den Premierminister und Lord Halifax nicht ernst, aber für ihn gehört Churchill in die gleiche Kategorie wie Roosevelt. Die bloße Tatsache, daß er einen Ministerposten übernähme, würde Hitler davon überzeugen, daß Sie tatsächlich gewillt sind, ihm Widerstand zu leisten.«[139]

Aber Chamberlain hielt es noch immer nicht für richtig, dem deutschen Diktator die Stirn zu bieten. Obwohl alles dagegen sprach, blieb er bei seiner Überzeugung, wenn man Hitler großzügig behandle, könne er zum besten Freund Großbritanniens werden. Und deshalb blieb Churchill politisch geächtet. Der Besitzer des *Daily Telegraph*, Lord Camrose, suchte die Downing Street Nr. 10 auf, um sich für Winston einzusetzen. Der Zeitungsmagnat vertrat nicht nur seine persönliche Ansicht. Er sprach für eine Gruppe hochangesehener und intelligenter Konservativer und Unabhängiger, die Chamberlain gut kannte. Mit den meisten von ihnen war er sogar befreundet. Einer von ihnen war Harold Nicolson, ein unzufriedenes Mitglied der Labour Party. Am 30. Juni, vier Tage vor dem Besuch von Camrose beim Premierminister, hatte er in sein Tagebuch geschrieben: »Jetzt kommt es darauf an, Persönlichkeiten in das Kabinett aufzunehmen, von denen man im Ausland weiß, daß sie eine Politik des Widerstands vertreten, und deren Bereitschaft, in die Regierung einzutreten, der ganzen Welt zeigen würde, daß es kein zweites München geben kann.« In einer Vorbesprechung mit Camrose hatten die Mitglieder dieser Gruppe darüber gesprochen, »wie entschieden der Premierminister die Aufnahme von Winston Churchill und Anthony Eden ins Kabinett ablehnen werde... Camrose sagte, es käme vor allem auf Winston an... Die Schwierigkeit liegt darin, daß der Premierminister selbst, aber auch Hoare und Simon sich vor Winston fürchten und sich dem Vorschlag entschieden widersetzen werden. Es würde ihnen viel leichter fallen, Anthony, Amery oder Duff Cooper zu akzeptieren.« Doch Camrose blieb hart und sagte: »Wir müssen Winston haben.« Die meisten Anwesenden stimmten ihm zu.[140]

Das war das Hauptanliegen, das Chamberlain vorgetragen werden sollte. Wie Camrose später berichtete, erwiderte der Premierminister, »er erkenne zwar die Fähigkeiten Churchills an, aber nach seinen eigenen Erfahrungen bei der Zusammenarbeit mit ihm im Kabinett habe er nicht die Überzeugung gewonnen, daß seine Aufnahme ins Kabinett ihm die Erfüllung seiner eigenen Aufgaben erleichtern werde«. Chamberlain sagte, während der vergangenen Jahre »habe er zwei Gespräche mit ihm geführt, und jedes habe mit einem heftigen Meinungsstreit geendet«. Dann hatte Camrose den Premierminister daran erinnert, daß auch der Name von Anthony Eden genannt worden sei. »Nun, Winston war in Berlin der Staatsfeind Nummer eins, und Eden war es in Italien. Ihre Aufnahme in das Kabinett könnte in beide Richtungen wirken.« Über Eden äußerte sich Chamberlain sehr vorsichtig. Sein Fall sei »nicht so folgenschwer wie der Winstons«. Er räumte ein, daß Minister Fehler machen. »Simon und Hoare mögen sich manchmal geirrt haben, aber Winston war unverbesserlich.« Camrose erwähnte nicht das Versagen von Hoare im Zusammenhang mit der Vereinbarung, die er mit Laval getroffen hatte. Das war ein viel größerer Fehler gewesen als alles, was Churchill in seiner ganzen politischen Laufbahn getan hatte.[141]

In der dritten Juliwoche glaubten die für München verantwortlichen Männer, »die Aufregung um Churchill«, wie sie es nannten, sei vorüber. Der Chefberater von Halifax schrieb in sein Tagebuch: »Pro-Churchill-Kampagne flaut ab; keinerlei Anzeichen für irgendwelche Maßnahmen in der Downing Street Nr. 10.« Chamberlain schrieb an seine Schwester: »Was die Churchill-Episode betrifft, so ist sie, um sich der plastischen Ausdrucksweise von Joe Kennedy zu bedienen, ›aus dem Bett gefallen‹... Sogar Camrose beschäftigt sich nicht mehr damit.« In einem anderen Brief schrieb er an Ida, »die Kampagne mit dem Ziel, Winston in die Regierung zu bringen«, habe lediglich »mehr Leben« in die Woche gebracht. »Jedenfalls haben sie wie üblich auch diesmal ihr Blatt überreizt.« Hoare, der in einem Brief an Lady Astors Sohn etwa das gleiche sagte – sie hatte das Parlament damit überrascht, daß sie sich für Churchill aussprach –, schrieb: »Ich war überzeugt, daß dieser Versuch fehlschlagen werde. Alles, was Winston unternimmt, ist übertrieben, und in diesem Fall war es so stark übertrieben, daß es eine deutliche Reaktion gegen ihn ausgelöst hat.«[142]

Winston hatte nicht das geringste damit zu tun. Obwohl er von seinen Anhängern bedrängt worden war, hatte er sich persönlich zurückgehalten. Bei einer Gelegenheit hatte er eine Erklärung entworfen: »Ich habe an den Bemühungen, die Regierung Seiner Majestät auf eine breitere Basis zu stellen, bei denen mein Name genannt worden ist, nicht teilgenommen.« Doch nach nochmaliger Überlegung entschied er sich, diese Erklärung nicht zu veröffentlichen. Am 24. April, bevor die Pressekampagne mit dem Ziel, seine Aufnahme ins Kabinett zu erreichen, in Schwung gekommen war, hatte er im Londoner East End auf einer großen Versammlung städtischer Arbeiter und Angestellter gesagt: »Diejenigen, die sich jetzt zur Territorialarmee melden, erfüllen damit ihre vornehmste Bürgerpflicht.« Das war mit Sicherheit keine Hetzrede, aber nachdem die Zeitungsmagnaten seinen Hut in den Ring geworfen hatten, sagte er alle öffentlichen Auftritte ab und sprach nur noch im Unterhaus.[143]

In Wirklichkeit hatte er auch gar keine Zeit, sich an einer großen politischen Kampagne zu beteiligen. Er mußte die Ablieferungstermine für seine Zeitungsartikel einhalten, und das war jetzt notwendiger als je. Seine Einnahmen aus seiner journalistischen Arbeit waren wesentlich zurückgegangen, und diese finanziellen Einbußen ließen sich nicht leichter ertragen, wenn er Hitler dafür verantwortlich machte. Während der Machtbereich der Achse wuchs – und die kleinen Staaten, die an das vergrößerte Deutsche Reich grenzten, gehorsam alle Anweisungen der Wilhelmstraße befolgten –, verzichteten die Zeitungsredakteure auf die regelmäßigen Beiträge Winstons. Seit der Besetzung Albaniens durch die Italiener hatte zum Beispiel die Regierung in Athen die Veröffentlichung von Artikeln verboten, die den Faschismus oder den Nationalsozialismus kritisierten – und zwar obwohl Großbritannien die griechischen Grenzen garantiert hatte. Imre Revesz schrieb ihm im Mai, in Rumänien würden 22 Zeitungen »direkt vom Propagandaministerium in Berlin kontrolliert«. Polen war jetzt mit Großbritannien verbündet, aber die Behörden in Warschau hatten den Abdruck seines Artikels über die Bedrohung der Polen durch die Nationalsozia-

Am 24. April 1939 ruft Churchill in einer Rede im Mansion House die jungen Engländer auf, sich freiwillig zur Territorialarmee zu melden.

listen nicht zugelassen. Churchill schickte einen Bericht über all diese Vorgänge an Cadogan ins Auswärtige Amt. Er war nicht das einzige Opfer der Strategie von Goebbels. Artikel von Duff Cooper, Attlee, Eden und Henry Wickham Steed, des Vorgängers von Dawson bei der *Times*, waren ebenfalls abgelehnt worden. Winston schrieb an Cadogan, das sei »eine ernste Sache«. An Revesz schrieb er: »Aus Angst vor Deutschland schließt sich ein Netz um unsere Aktivitäten.« Der wendige literarische Agent nahm danach Verhandlungen mit amerikanischen Rundfunkanstalten über ein- oder zweimal monatlich auszustrahlende Zehn-Minuten-Sendungen für Churchill auf. Winston schrieb ihm darauf am 8. Mai und beglückwünschte ihn dazu, daß er die Neue Welt veranlaßt habe, »das in der Alten Welt verlorengegangene Gleichgewicht wiederherzustellen«. In wenig mehr als einem Jahr sollte ein ähnlicher, leicht veränderter Ausspruch aus seinem Munde in einer schwer bedrängten freien Welt aufmerksame Zuhörer finden.[144]

Während sich dieses düstere Jahrzehnt seinem Ende näherte, war Winston in der Hauptsache damit beschäftigt, für sein finanzielles Überleben zu sorgen. Dazu war es notwendig, seine *Geschichte der englischsprechenden Völker* fertigzustellen. Nur wenn ihm das gelang, konnte er seine Verpflichtungen gegenüber Henry Strakosch erfüllen. Der Entwurf zu diesem Buch war allein Churchills Idee. »Ich habe das alles schon im Kopf«, erklärte er einem seiner Forschungsassistenten. Das galt auch für die Form seines Textes, den er diktierte und bei der Durchsicht der Druckfahnen mit dem Füllfederhalter korrigierte. Natürlich brauchte er wieder einen ganzen Stab von Mitarbeitern, und dazu hatte er sich erstklasige Fachleute ausgesucht – Bill Deakin, Maurice Ashley, C. C. Wood, Ridley Pakenham-Walsh, John Wheldon und drei Historiker, die sich später als Biographen seiner bekanntesten politischen Gegner einen Namen machen sollten. Es waren Keith Feiling (Neville Chamberlain), Alan Bullock (Hitler) und G. M. Young (Stanley Baldwin – vielleicht die negativste aller jemals veröffentlichten offiziellen Biographien). Eddie Marsh übernahm wieder die Aufgabe, die Druckfahnen zu lesen und Grammatik und Syntax zu überprüfen. Brigadier Sir James Edmonds, der Verfasser der offiziellen *Geschichte des Ersten Weltkriegs* wurde um seine Mitarbeit gebeten, weil er einer der besten Kenner des Amerikanischen Bürgerkriegs war. Im Verhältnis zu ihren Fähigkeiten und angesichts des immensen Zeitaufwands, der für die Erfüllung ihrer Aufgaben notwendig war, wurden diese Mitarbeiter gewiß nicht überbezahlt. Die Forschungsassistenten erhielten 50 Pfund im Monat und Marsh 20 Pfund für 100 000 Worte. Das waren weniger als 28 amerikanische Cents für die Seite. Aber natürlich beteiligten sie sich nicht an dieser Arbeit, um Geld damit zu verdienen. Andere Fachleute hätten es umsonst getan.[145]

Winstons Korrespondenz während dieser Monate zeigt seine besondere Begabung, sich gedanklich frei innerhalb eines historischen Zeitraums von fast 20 Jahrhunderten zu bewegen, vom Jahr 55 v. Chr., als »der Prokonsul von Gallien, Julius Caesar, seinen Blick Britannien zuwandte«, bis zum Burenkrieg. Vielleicht hatte der Verfasser dieses Thema gewählt, weil er zu jener Zeit selbst schon zur historischen Gestalt geworden war. Churchill begann das Buch mit dem am ausführlichsten behandelten Thema:

»Im Mittelpunkt unserer Geschichte liegt eine Insel, nicht sehr weit vom Kontinent entfernt und in einer Weise angelegt, daß ihre Gebirge alle im Westen und Norden liegen, während der Süden und der Osten eine sanft wellige Landschaft aus bewaldeten Tälern, offenen grasbewachsenen Hügeln und langsam fließenden Flüssen ist. Die Insel ist für jeden, der an ihrer Küste landet, leicht zugänglich, ob er nun im Frieden oder im Krieg, als Seeräuber oder Kaufmann, als Eroberer oder Missionar kommt. Ihre Bewohner sind nicht gleichgültig gegenüber den Veränderungen der Machtverhältnisse, des religiösen Glaubens oder selbst der Mode auf dem Festland, aber sie verleihen jeder praktischen Tätigkeit, jeder Doktrin, die sie aus dem Ausland übernehmen, ihren ganz eigenen Charakter und ihr besonderes Gepräge...«[146]

Er hatte viel Freude an seiner schriftstellerischen Arbeit, die ihn verjüngte und belebte. Nur wenigen bedeutenden Schriftstellern fließen aus ihrer schöpferischen Arbeit neue Kräfte zu. Die meisten leiden unter der Anstrengung und sind völlig erschöpft, wenn sie ein Werk beendet haben. Doch Churchill war in vieler Hinsicht eine Ausnahme: »Ein umfangreiches und wesentliches Buch zu schreiben ist so, als habe man einen Freund und Gefährten zur Seite, an den man sich immer wenden kann, wenn man getröstet oder unterhalten werden will, und dessen Gesellschaft um so angenehmer wird, je mehr sich dabei neue geistige Horizonte für den Autor eröffnen.« Seine Briefe spiegeln die Erregung eines Schriftstellers wider, der sich an der Ausdruckskraft seines unnachahmlichen Stils freut. An Clementine, die zum Wintersport nach Österreich gefahren war, schrieb er: »Die Tage vergehen schnell, denn ich habe so viel zu tun.«[147]

Man spürt, wie er sich an seiner eigenen Virtuosität freut, wenn er von der Umgangssprache ins klassische Englisch überwechselt und dabei Ton und Syntax verändert. In einem Brief an Clementine berichtet er über seine Fortschritte bei der Arbeit an der *Geschichte der englischsprechenden Völker*:

»Ich habe eben das Kapitel über Jeanne d'Arc abgeschlossen. Ich glaube, sie steht in der französischen Geschichte an oberster Stelle. Die großen Frauen jener Zeit waren bedeutender und stärker als die Männer.«

In einem Manuskript erkennen wir den Zauber, die Kühnheit und Kraft seiner Sprache, mit der er seine Leser fesselte:

»Und nun erschien in dem verwüsteten Land der rettende Engel, die Verkörperung edelster Vaterlandsliebe und französischen Heldentums, die vom Volk am meisten geliebte Heilige, deren Andenken die Franzosen als kostbarstes Gut bewahren, das Bauernmädchen, die ewig leuchtende und ruhmreiche Gestalt der Jeanne d'Arc.«[148]

Eden schrieb, er habe Winstons Darstellungen der Vergangenheit gelesen, »um die bedrückenden Sorgen der Gegenwart zu vergessen«. Auch Churchill selbst hat wahrscheinlich aus ähnlichen Gründen in seiner historischen Arbeit Zuflucht gesucht. Dem Kustos des London Museum, Mortimer Wheeler, schrieb er: »In diesen bangen Tagen ist es mir ein Trost gewesen, tausend Jahre zwischen meine Gedanken und das

20. Jahrhundert zu legen.« Am 10. Juli 1938 hatte er an Keith Feiling geschrieben:

»Ich habe mich endgültig in die Arbeit an den ›englisch sprechenden Völkern‹ gestürzt und amüsiere mich mit dem ›Piltdownmenschen‹, Cassivalanus, Julius Caesar, dem gelehrten Gildas, dem ehrwürdigen Beda und anderen altväterlichen Gestalten. Wie daraus etwas (a) Lesbares, (b) Originelles, (c) Wertvolles und (d) Wahres werden kann, weiß nur der leuchtende Genius Britanniens, der jedoch bisher seine Geheimnisse nicht preisgegeben hat Ihrem aufrichtigen Winston S. Churchill.«[149]

Und doch war das Schreiben alles andere als ein Spaß. Zehn Tage später schrieb er an Eddie Marsh: »Ich stolpere auf das Ende dieser Arbeit zu und bin froh, die Kraft gefunden zu haben, es zu schaffen.« Mehr als die Hälfte des in Arbeit befindlichen Bandes lag schon als Druckfahnen vor, aber noch mußten die Ergebnisse der Fachstudien von Deakin und Bullock eingefügt, Tatsachen überprüft und Stellungnahmen von Fachgelehrten auf verschiedenen Gebieten eingeholt werden. »Ich mußte hart arbeiten«, schrieb er an seinen Verleger, »und habe manche Nacht bis zwei oder drei Uhr morgens am Schreibtisch gesessen.« Anfang 1939 schrieb er an Clemmie: »Ich habe in Chartwell ein streng geregeltes Leben geführt – und jetzt sind nicht weniger als 220000 Worte im Druck, das heißt 63 Tage früher, als ich es mir vorgenommen hatte, denn ich wollte nach dem 1. August täglich 1000 Worte schreiben. Wenn ich in diesem Tempo weiterarbeite, müßte ich bis Mai fertig sein. Dann blieben mir noch sieben Monate für die Korrekturen. Es ist eine gewaltige Anstrengung, aber wenn es geschafft ist, werden die Dinge auf eine sehr befriedigende Basis gestellt sein.«[150]

Seine engsten Mitarbeiter erkannten deutlich, welchen Kraftaufwand das bedeutete. Grace Hamblin erinnert sich daran, daß Winston sehr viel von seinen Mitarbeitern verlangte. »Er trieb uns ständig an.« Kathleen Hill berichtet, daß er sehr rücksichtslos sein konnte. Aber es war auch aufregend, für ihn zu arbeiten. Mrs. Hill lebte jetzt in Chartwell und schildert ihre ersten Eindrücke: »Ich war noch niemals in einem solchen Haus gewesen. Es war lebendig, unruhig. Wenn er das Haus verlassen hatte, war es mäuschenstill. Sobald er wieder zurück war, vibrierte es.« Im Rückblick sieht sie ihn als »einen enttäuschten Mann, der nur auf den Ruf wartete, seinem Land zu dienen«.[151]

Stolz und Tätigkeitsdrang, das waren die inneren Antriebskräfte, die nie versagten und seiner Arbeit die Richtung wiesen. Seine gewaltige Arbeitsleistung ist um so erstaunlicher, wenn man bedenkt, unter welchen Zeitumständen sie erbracht wurde. Während sich die politische Entwicklung in Mitteleuropa beschleunigte, war er noch immer die am besten unterrichtete Privatperson im Lande. Ausländische Gäste, die in London eintrafen, folgten seinen Anweisungen und nahmen auf der Victoria Station den Zug nach Oxted, wo Winston sie persönlich abholte. Geschmeichelt setzten sie sich zu ihm in den Wagen, ohne sich zunächst der Tatsache bewußt zu sein, daß sie sich dem schlechtesten Autofahrer im ganzen Britischen Empire anvertraut hatten.

Vansittart, der sich mit der bedeutungslosen Amtsbezeichnung »diplomatischer Chefberater des Außenministers« auf ein totes Gleis abgeschoben fühlte, war jetzt Winstons stiller Teilhaber. Aber sein Name stand immer noch auf der Gehaltsliste der Regierung Seiner Majestät. Da er in Wirklichkeit keinen dienstlichen Aufgabenbereich hatte, konnte er seine Arbeitszeit dazu verwenden, sich ein zutreffendes Bild von der politischen Lage in Europa zu machen und sie zu analysieren. Nach dem Anschluß Österreichs wurden die Verhältnisse dort immer komplexer und besorgniserregender, während Hitler den europäischen Kontinent von einer Krise in die nächste stürzte. Irgendwie gelang es Churchill, das alles in einem Teil seines Gehirns zu speichern, während er mit einem anderen Teil seine schriftstellerische Arbeit erledigte. Nur Elisabeth I. hemmte zeitweilig den Fluß seines schöpferischen Denkens. Im August 1939 schrieb er einen Brief an den Oxforder Historiker und Fellow des All Souls College, G. M. Young. Young hatte sich bereit erklärt, einen Teil des Textes durchzusehen, und nun erkundigte sich Winston, »wie Sie mit den Fahnen zurechtkommen, die ich Ihnen geschickt habe«. Dann schrieb er, er habe »die Geschichte des Commonwealth abgeschlossen... ich bin aber noch nicht dazu gekommen, den ganzen Komplex der Königin Elisabeth aufzuarbeiten. Jetzt beschäftige ich mich mit der Chatham-Periode, was sehr anregend ist.« Mit der Regierungszeit der Königin, die ihm solche Schwierigkeiten gemacht hatte, wurde er erst nach dem Krieg fertig, aber dieser Abschnitt seines Buches stellt eine einzigartige Leistung dar. Falls er sich in seiner langen Tätigkeit als Schriftsteller je wieder mit einem so komplexen Thema hat herumschlagen müssen, dann gibt es darüber keine Aufzeichnungen.[152]

Man kann in George Monk, einem Soldaten aus Devonshire, keine Schlüsselfigur in großen historischen Zusammenhängen sehen, obwohl er sicherlich eine interessante Persönlichkeit war. Bei Ausbruch des englischen Bürgerkriegs kämpfte er auf der Seite des Königs, wurde dann von den Rundköpfen gefangengenommen und zwei Jahre im Tower gefangengesetzt. Nach seiner Freilassung kämpfte er für Cromwell, den er bewunderte, intrigierte gleichzeitig jedoch für die Wiedereinsetzung der Monarchie und wurde in den Herzogstand erhoben. Während der Pestzeit im Jahr 1665 und ein Jahr später zur Zeit des großen Brandes stellte er in London wieder Ruhe und Ordnung her.

Schließlich kämpfte er als britischer Admiral gegen die Holländer. In der langen englischen Geschichte verdient er bestenfalls eine Fußnote. Deshalb überrascht es uns, daß er in Churchills Geschichtswerk eine so wichtige Rolle spielt.

Aber mit der Geschichte ist es wie mit der Schönheit; es kommt auf das Auge des Betrachters an. Wenn der Verfasser ein Ereignis für bedeutsam hält, dann wird es erwähnt. Zum Ärger der Historiker, die ihn berieten, setzte sich Churchill über ihre Empfehlung hinweg, die Geschichte von König Alfred zu streichen, der den Kuchen der Hausfrau verbrannte. Winston argumentierte, daß Mythen für das Geschichtsverständnis der Menschen ebenso wichtig sind wie Tatsachen. Und die Erfahrungen der Menschheit aus den vergangenen 4000 Jahren gaben ihm recht. Im antiken Griechenland und Rom war die geschichtliche Wahrheit dem Stil und der dramatischen Form der Darstellung untergeordnet. Während der folgenden 1000 Jahre suchten die theologischen Historiker – andere gab es damals nicht – hinter den Ereignissen religiöse Motive sowie die Absichten und das Eingreifen Gottes. Das tat auch der heilige Augustinus in seinem Hauptwerk *De civitate Dei* und – 1000 Jahre später – im Jahr 1681 Jacques Bénigne Bossuet im *Discours sur l'histoire universelle*. Die Interpretation menschlicher Erfahrungen betrachtete man damals als Aufgabe der Religion oder der Philosophie – und sogar der Lyrik und der Romanliteratur. Die moderne Geschichtsschreibung, die sich darum bemüht, menschliche Aktivitäten zu dokumentieren und dann zu interpretieren, entwickelte sich erst Anfang des 19. Jahrhunderts. Um 1900 war sie zu einer eigenen Disziplin geworden, zum Reservat von Akademikern, die ihre mühsam errungene Anerkennung eifersüchtig verteidigten und Leute wie Churchill als Eindringlinge betrachteten.

Doch obwohl diese Historiker behaupteten, Churchill sei oberflächlich und sprunghaft, schrieb der Papst der historischen Literatur, Sir Isaiah Berlin, über eine 1928 erschienene Kritik, die den Stil Winstons beanstandete, daß »der strenge Kritiker und seine Zuhörer... sich geirrt haben. Was er und sie als bloßen Flitter und hohles Geschwätz bezeichneten, war in Wirklichkeit wohlbegründet; es waren die natürlichen Ausdrucksmittel des Verfassers für seine heroische, stark gefärbte, manchmal zu stark vereinfachende und sogar naive, aber immer aufrichtige Vorstellung vom Leben.« Sowohl als Politiker wie als Historiker war Churchill ein unverbesserlicher Romantiker. Er teilte die Menschen, über die er schrieb, in weiße und schwarze Schafe ein. Aber so sah er nun einmal das Leben. Für ihn war es der Kampf zwischen den Kräften des Lichts und den Gewalten der Finsternis. Er hat nie versucht, das zu verbergen, und nie beabsichtigt, seine Leser hinters Licht zu führen oder zu betrügen. Was er schrieb, entsprach seiner ehrlichen Überzeugung.[153]

Seine große Zukunftsvision war, und das zeigt seine *Geschichte der englischsprechenden Völker*, ein erweitertes britisches Empire, gemeinsam verwaltet und regiert von Großbritannien und den Vereinigten Staaten von Amerika. A. J. P. Taylor meint, diese Vorstellung habe zwar »manches für sich... er hat jedoch nie daran gedacht, wieweit England und Amerika miteinander verbunden waren – und das war sehr wenig –, und insbesondere auch nicht überlegt, wie eine solche Verbindung in der Zukunft aussehen sollte«. Abgesehen von der Tatsache, daß in beiden Ländern die gleiche Sprache gesprochen wurde, war für Churchill entscheidend, daß Engländer und Amerikaner Schulter an Schulter gekämpft hatten. Kriege hatten für Winston eine ungeheure historische Bedeutung. Ebenso wie Carlyle und Nietzsche glaubte er, daß der bewaffnete Konflikt der menschlichen Natur entspricht und deshalb unvermeidbar ist – ein Standpunkt, der ihn auf Kollisionskurs mit den meisten Intellektuellen seiner Zeit brachte. Seine Gegner haben behauptet, er sei immer der kleine Junge geblieben, der nie über das Spielen mit Zinnsoldaten hinausgewachsen ist. Damit wurde ihm nicht nur die persönliche Reife abgesprochen, diese Leute weigerten sich auch, ihn so ernst zu nehmen, wie er es verdiente.[154]

Trotzdem faszinierten ihn Kriege. In einem Brief an Lord Moran beklagte sich Churchill bezeichnenderweise darüber, daß in den 30 Jahren von 1830 bis 1860, als zwischen England und den Vereinigten Staaten Frieden herrschte, »nichts geschehen« sei. In jenem Teil seines Buches, das die Zeit von 1485 bis 1688 behandelt, war der Mangel an Ausgewogenheit so auffallend, daß Shakespeare nicht einmal im Personenverzeichnis erwähnt wird, und im dritten Teil wird die Industrielle Revolution nur in einem einzigen Absatz gestreift. Es ist ernüchternd, wie verächtlich er Persönlichkeiten behandelt, die den Krieg verabscheuen, oder wie er in den 40er Jahren einem britischen General aufmunternd zuruft: »Trösten Sie sich! Es kann nicht jeden Tag einen neuen Krieg geben.« Der amerikanische Historiker Crane Brinton bemängelte, daß im vierten Teil seiner *Geschichte der englischsprechenden Völker*, in dem die Jahre zwischen der Schlacht bei Waterloo und dem Ende des 19. Jahrhunderts dargestellt werden, das blutige Ringen zwischen dem Norden und dem Süden der Vereinigten Staaten »unverhältnismäßig ausführlich« behandelt wird, während der Verfasser über die Entwicklungen in den britischen Dominions »relativ wenig« zu sagen hat.

Zum Teil läßt sich diese Unausgewogenheit damit erklären, daß Churchill selbst in einer sehr turbulenten Zeit gelebt hat. Außerdem stand er – besonders gegen Ende seiner Arbeit an diesem Werk – unter einem ungeheuren persönlichen Druck. Es wurde dann auch erst nach dem Zweiten Weltkrieg veröffentlicht. Aber das Phänomen besteht nicht darin, daß der Text seines Werkes unvollständig und lückenhaft war, sondern daß er den größten Teil seiner Arbeit gerade in dieser Zeit leisten konnte. Das läßt sich zum Teil damit erklären, daß er ungeheuer konzentriert und schnell diktieren konnte, aber auch mit seinem Gedächtnis, das einer seiner Mitarbeiter »napoleonisch« genannt hat. Zudem verstand er es hervorragend, sein Forscherteam einzusetzen und die Fülle des Materials, das er im Kopf hatte, wie durch ein Prisma zu filtrieren und in einem leuchtenden, blendend hellen Lichtstrahl zu sammeln. Natürlich hätte er manche Verbesserung anbringen können, aber dazu fehlte ihm die Zeit. Wenn man bedenkt, daß er gleichzeitig aufmerksam die politischen Vorgänge in Mitteleuropa beobachtete, dann hat er mit dieser Arbeit sein Bestes geleistet. Wäre er jedoch in den ersten acht Monaten des jahres 1939 nicht die führende Persönlichkeit im Kampf gegen Hitler gewesen, dann hätten die Ergebnisse seiner schriftstellerischen Arbeit zweifellos ganz anders ausgesehen.

In der politischen Geschichte Großbritanniens war er zu Hause wie kaum ein anderer. In der ersten Januarwoche versetzte er sich ohne Schwierigkeit von Jeanne d'Arc um 416 Jahre zurück in das Jahr 1215 zur Magna Carta, um sich dann mit der Bittschrift um Herstellung des Rechts (1628) und der Habeas-Corpus-Akte (1679) zu beschäftigen. Wheldon schickte er einen Scheck über 52,10 Pfund und bat ihn, »für etwa das gleiche Honorar« die eben fertig gewordenen Kapitel über die Zeit von 1455 bis zum Tod Heinrichs VIII. im Jahr 1547 durchzusehen. Nach Chartwell zurückgekehrt, schrieb er Wheldon am 6. April, dem Vorabend von Mussolinis Landung in Albanien: »Anliegend schicke ich Ihnen Richard III., Heinrich VII., Eduard VI., Maria und Elisabeth.« Außer Elisabeth seien alle nur in einer »sehr rudimentären Form« behandelt worden; er wäre »sehr dankbar für alle Verbesserungen und Ergänzungen, die Sie dazu anbringen können«. Die Zeit vom 15. bis zum 16. Jahrhundert wurde in seinem Manuskript nur kurz gestreift, denn die politischen Ereignisse der Gegenwart nahmen seine Aufmerksamkeit nun doch sehr stark in Anspruch, und die Arbeit bedeutete jetzt sogar für ihn eine erhebliche Anstrengung. Am 24. März, als Hitler Litauen zur Abtretung des Memelgebiets zwang, schrieb er an Ashley: »Es ist sehr schwer, sich in die Vergangenheit zurückzuversetzen, wenn die Zukunft ihren Rachen vor einem aufreißt.«[155]

Im April war in England die allgemeine Wehrpflicht eingeführt worden. Roosevelt hatte an Hitler und Mussolini appelliert. In Ungarn waren nach dem Vorbild der Rassengesetze im Deutschen Reich antisemitische Gesetze erlassen worden. Winston bat Bullock um »zwei- oder dreitausend Worte« über die englische Gesellschaftsgeschichte, die »ich in den schon vorliegenden Text einarbeiten könnte«. Bei G. M. Young bedankte er sich »für Ihre unschätzbaren Anmerkungen zur Stuartperiode« und schickte ihm 5000 Worte über den Beginn der Regierungszeit Karls II., dazu eine Analyse über die Bedeutung der Konstitutionen von Clarendon für den Status der Protestanten.[156]

Im Mai hatten die Achsenmächte den sogenannten Stahlpakt unterzeichnet, während die Japaner die britischen Verbindungslinien zwischen Hongkong und Singapur durch die Blockade der britischen und französischen Besitzungen bei Tientsin bedrohten und gleichzeitig verlangten, Großbritannien solle den Chinesen seine Unterstützung entziehen. Winston schickte Young indessen die durchgesehenen Texte seiner Kapitel über das 17. Jahrhundert. Eines davon behandelte die Rückkehr der Stuarts in England 1660, ließ aber »die Cromwellperiode aus, der ich mich später zuwenden werde«. Eine Woche später machte er einen großen zeitlichen und geographischen Sprung: »Jetzt arbeite ich am Amerikanischen Bürgerkrieg. Voraussichtlich werde ich etwa 14 Tage dafür brauchen.« In Wirklichkeit vergingen vier Wochen, bevor er sich wieder meldete. Es war der 11. Juni – Großbritannien und Frankreich versuchten, eine »Friedensfront« gegen die Aggression des NS-Regimes zu bilden –, als er die Druckfahnen über den Amerikanischen Bürgerkrieg an Brigadier Edmonds schickte, und auch jetzt war er nur bis zur Schlacht von Chancellorsville (1863) gekommen. Er hoffte jedoch, »dieses Kapitel bis zum Tode von Lincoln mit 40 000 Worten abschließen zu können«. Gleichzeitig korrigierte er den Text über das 15. Jahrhundert, und während er seine Darstellung der Ereignisse von Gettysburg schrieb, diktierte er einige Abschnitte über den Eroberungskrieg der Normannen im Jahr 1066. Vier Tage später arbeitete er intensiv an der Darstellung der Regierungszeiten des Königs Johann I. (1199–1216), Eduards des Bekenners (1042–1066) und Knut I. (1016–1035).[157]

Im Juli hatte die Kriegspsychose Washington erreicht, und Churchills Entscheidung, Nacht für Nacht an seinem Disraeli-Schreibtisch zu arbeiten, grenzte schon an Heroismus. Roosevelt hatte den Kongreß aufgefordert, das Waffenembargo aufzuheben und das Neutralitätsgesetz zu ändern. Zugleich erklärte er, er werde den 1911 zwischen den Vereinigten Staaten und Japan geschlossenen Handelsvertrag kündigen. Doch Chamberlain verteidigte seine Politik auch weiterhin mit törichten Reden. Die Versuchung, diese Politik in einer großangelegten Rede in Stücke zu reißen, war fast unwiderstehlich, aber Churchill konnte nichts für England tun, wenn er vor dem finanziellen Ruin stand. Trotzdem nahm er an allen wichtigen Parlamentssitzungen teil, und seine

Gegenwart wurde von den Ministerien, dem Auswärtigen Amt, den Regierungen auf dem europäischen Kontinent und sogar in Washington und Moskau durchaus wahrgenommen.

Doch sein Manuskript hatte absoluten Vorrang, und er glaubte, er werde seine Termine einhalten können. Am 9. Juli schrieb er an seinen Verleger: »Sie werden sich freuen zu erfahren, daß *Eine Geschichte der englischsprechenden Völker* jetzt praktisch fertig ist. 460000 Worte liegen schon im Druck vor« – Churchill verwendete die Druckfahnen für Überarbeitungen, wozu sparsamere Schriftsteller das mit der Maschine geschriebene Manuskript benutzt hätten – »und mehr als die Hälfte ist schon zweimal durchgesehen worden. Ich hoffe deshalb, daß die Arbeit lange vor Ende dieses Jahres veröffentlicht werden kann.« Er glaube, »die amerikanische Seite ist sehr gut behandelt worden, und die Geschichte des Amerikanischen Bürgerkriegs ist ein kleines Buch für sich«. Aber er hatte noch viel zu tun. Am folgenden Tag war er wieder im 14. Jahrhundert bei Wyclif und Richard II., dann im 13. Jahrhundert bei Heinrich III. und Eduard I. Eine Woche später beschloß er, 47000 Worte umzuschreiben. Dann schickte er Bullock die Druckfahnen über Heinrich III. und bat ihn, den Text »freundlicherweise noch einmal zu lesen und alles zu berichtigen, womit Sie nicht einverstanden sind«. Für die äußere Form – »denken Sie bitte daran, dem Setzer die Regeln für Worte aufzuschreiben, die mit großem Anfangsbuchstaben geschrieben werden müssen« – war Eddie Marsh verantwortlich. Der Abschnitt über das Viktorianische Zeitalter war erst Mitte August fertig, und Ende des Monats beauftragte er Deakin mit einer besonders schwierigen Aufgabe: der Komposition des Gesamtwerks. »Was wir brauchen, ist ein chronologischer Bericht über den Siebenjährigen Krieg, in dem auch der Aufstieg von Chatham (William Pitt der Ältere) behandelt werden muß. Dazu gehören auch das ›Ringen auf dem europäischen Kontinent‹ und ›Friedrich der Große‹... Können Sie mir einige Bücher über die in Kapitel VII ›Der große Pitt‹ behandelte Periode besorgen? Bis Sie mir die Bücher geschickt haben, werde ich weiter an ›Königin Elisabeth‹ arbeiten.«[158]

Wenn Churchill während jener kritischen Monate nicht praktisch ein Gefangener in seinem Arbeitszimmer in Chartwell gewesen wäre, dann wäre England im September vielleicht besser auf die kommenden Ereignisse vorbereitet worden. Aber er war noch lange nicht an der politischen Macht und praktisch ohne jeden Einfluß im Unterhaus. Nur eine Katastrophe konnte bewirken, daß er das Schicksal Englands in die Hand nahm. Aber gerade die Männer, die ihn in den Jahren, nachdem Hitler Führer und Reichskanzler geworden war, ignoriert und verspottet hatten, waren dafür verantwortlich, daß sich die Katastrophe jetzt nicht mehr vermeiden ließ. Einige Beschwichtigungspolitiker fühlten sich offenbar schon sehr unbehaglich. Sogar die *Times*, die es immer noch nicht wahrhaben wollte, daß Winston von einem großen Teil der Öffentlichkeit unterstützt wurde, schrieb am 13. Juli: »Es ist durchaus möglich, daß Mr. Churchill wieder in der Regierung gebraucht werden wird.«

Für Chamberlain war das die reine Ketzerei. Er hielt unerschütterlich an der Überzeugung fest, seine Politik werde sich schließlich doch als die richtige erweisen. Zwei Tage später, am 15. Juli, schrieb er an seine Schwester Ida: »Wenn ich mich weigere, Winston ins Kabinett aufzunehmen, um denen einen Gefallen zu tun, die sagen, das werde Hitler erschrecken, dann heißt das nicht, daß man den Gedanken aufgeben soll, Hitler Furcht einzujagen oder vielmehr ihn davon zu überzeugen, daß es sich für ihn nicht auszahlen wird, Gewalt anzuwenden.« Am 23. Juli schrieb er ihr: »Eines ist, wie ich glaube, klar, nämlich daß Hitler erkannt hat, daß wir es ernst meinen und daß die Zeit für den Großen Krieg noch nicht reif ist. Insoweit erfüllt er meine Erwartungen. Anders als einige meiner Kritiker gehe ich noch weiter und sage, je länger man den Krieg hinausschieben kann, desto unwahrscheinlicher wird es, daß es überhaupt dazu kommen wird, wenn wir fortfahren, unsere Verteidigungskräfte zu stärken und unseren Verbündeten zu helfen, ihre Verteidigungskräfte auszubauen. Das ist es, was Winston und Co. nicht zu begreifen scheinen.«[159]

Sie begriffen es nicht, weil es nicht richtig war. Churchill wußte, daß Hitlers starke Armee und die Schlotbarone im Ruhrgebiet den Vorsprung gegenüber Großbritannien und Frankreich ständig vergrößerten. Er spekulierte nicht; er kannte die Tatsachen und legte sie dem Premierminister und dem Kabinett in der Hoffnung vor, sie wachzurütteln, bevor die Katastrophe eintrat. Er gewann immer noch neue Informanten in Whitehall und in der Wilhelmstraße. So war er zum Beispiel von Major F. L. Fraser am 21. März zu einem Brief angeregt worden, in dem er Chamberlain drängte, die Produktion von Fliegerabwehrwaffen sofort zu erhöhen. Fraser, der wahrscheinlich von der Flugabwehr mehr verstand als jeder andere Engländer, hatte sich bereit erklärt, im Rahmen von Winstons Nachrichtennetz mitzuarbeiten. Seine Korrespondenz mit Churchill zeigt, aus welchen Gründen sich Berufsoffiziere entschlossen, unter den gegebenen Umständen gegen die Geheimhaltungsvorschriften zu verstoßen. Er hatte Winston am 15. März geschrieben: »1916, als Sie Bataillonskommandeur bei den Royal Scots Fusiliers waren, war ich Dritter Generalstabsoffizier bei der Neunten Division; als ich 1917 verwundet wurde, waren Sie so freundlich, mich im Lazarett zu besuchen... Heute bin ich Erster Nachrichtenoffizier bei der Abteilung für Fliegerabwehr (Air Raid Precautions Department) und gehöre dieser Abteilung seit 1936 an. ich wäre Ihnen sehr dankbar, wenn Sie mir einige Minuten Ihrer Zeit opfern könnten, denn ich würde gern gewisse Angelegenheiten mit Ihnen besprechen.« Chamberlain war im Ersten Weltkrieg Bürgermeister von Birmingham und anschließend Generaldirektor des National Service gewesen. Er hatte keine Vorstellung davon, welche kameradschaftlichen Bindungen zwischen den Männern bestanden, die die gleiche Uniform getragen und die schweren Kämpfe überlebt hatten.[160]

Im Juni lud der Luftfahrtminister Kingsley Wood Churchill ein, die Militärflughäfen zu besichtigen, auf denen Radargeräte aufgestellt worden waren. Nachdem er sich die Radartürme von Biggin Hill, Bawdsey und Martlesham angesehen hatte, schrieb Churchill an Wood, seine Reise sei »außerordentlich interessant und auch ermutigend« gewesen. Da er damit rechnete, daß die deutsche Luftwaffe unter Hermann Göring im Kriegsfall England mit Bombenflugzeugen angreifen würde, empfahl er: »Diese Radarstationen müssen sofort (mit Fliegerabwehrwaffen) geschützt werden.« Zunächst hatte er daran gedacht, »Scheinstellungen einrichten zu lassen, die nur geringe Kosten verursachen würden«, aber »wenn ich mir die Sache genauer überlege, dann glaube ich, daß das nur die Wirkung einer Rauchwolke hätte«. Am Schluß seines Briefes schrieb er: »Wir stehen an der Schwelle einer Entwicklung, in deren Verlauf gewaltige Sicherheitsvorkehrungen für unsere Insel getroffen werden müssen. Leider müssen wir diese Schwelle überschreiten, und die Zeit drängt.«[161]

Auch der Premierminister machte sich Sorgen darum, daß ihm die Zeit davonlaufen könnte, aber er hielt die militärischen Vorbereitungen für nicht so dringend notwendig wie Winston. Chamberlain schrieb an seine Schwester: »Wie immer will ich Zeit gewinnen, denn ich kann mich nicht mit dem Gedanken abfinden, daß der Krieg unvermeidlich sei«, und in einem Brief an den Erzbischof von Canterbury sagte er voraus: »Eines Tages werden die Tschechen einsehen, daß ich sie für eine glücklichere Zukunft gerettet habe.« Er glaube, dadurch, daß er sie geopfert habe, sei »wenigstens der Weg zu jener allgemeinen Befriedung geöffnet worden, die allein die Welt vor dem Chaos bewahren kann«. Halifax erklärte Anfang Juni in einer Rede vor dem Oberhaus, »das wirklich gefährliche Element in der gegenwärtigen Situation … ist, daß das deutsche Volk als ganzes zu der Überzeugung kommen könnte, Großbritannien habe jeden Wunsch aufgegeben, zu einer Verständigung mit Deutschland zu kommen, und jeder weitere Versuch in dieser Richtung müsse aufgegeben werden«.[162]

Winston schrieb an Halifax, seine Äußerungen hätten ihn »ein wenig beunruhigt«, denn sie bedeuteten eine Fortsetzung der Beschwichtigungspolitik. Er machte den Außenminister auf die »sehr schlimmen Berichte« über »blutige Episoden«, Unterdrückung und Terror in Böhmen, Mähren und der Slowakei aufmerksam. Angesichts dieser Greueltaten sei er überzeugt, es sei ihm klar, »daß alles Reden über... Lebensraum oder irgendwelche Zugeständnisse, solange neun Millionen Tschechen in Unfreiheit leben müssen, zu erheblichen Meinungsverschiedenheiten zwischen uns führen muß«. Aber der Defätismus schien wie ein dichter Nebel über Whitehall zu liegen. Bei seinen öffentlichen Auftritten wurde Joseph Kennedy, Hitlers bester Freund im Diplomatischen Korps, von den Londonern mit lautem Jubel begrüßt. Churchill wurde mit den Auffassungen des amerikanischen Botschafters auf einer Abendgesellschaft konfrontiert, zu der ihn Harold Nicolson und seine Frau, Vita Sackville-West, eingeladen hatten. Der amerikanische Publizist Walter Lippmann, der sich auch unter den Gästen befand, berichtete über eine Begegnung mit Kennedy am gleichen Nachmittag, der bei ihm den Eindruck hinterlassen hatte, er sei ein Freund der Nazis, antisemitisch und überzeugt, der Krieg sei unvermeidbar und Großbritannien werde besiegt werden. Nicolson notierte in seinem Tagebuch: »Winston wird durch diesen Defätismus zu einer glühenden Rede angeregt. Er sitzt zusammengekrümmt da, schwenkt sein Whiskyglas, um seinen Worten Nachdruck zu verleihen, und klopft mit der anderen Hand die Zigarre auf dem Aschenbecher aus.« In seinem Tagebuch zitiert Nicolson seinen Gast wie folgt:

»Es mag richtig sein, es kann durchaus richtig sein... daß dieses Land bei Beginn dieses bevorstehenden und, wie ich glaube, fast unvermeidlichen Krieges großen Gefahren und schweren Prüfungen ausgesetzt sein wird. Es mag richtig sein, daß Stahl und Feuer Tag und Nacht auf uns herabregnen und weit und breit Tod und Vernichtung bringen werden. Es mag richtig sein, daß unsere Verbindungswege zur See bedroht und unsere Versorgung mit Nahrungsmitteln in Frage gestellt sein werden. Aber ich bitte Sie, mir zu glauben, Mr. Lippmann, diese Prüfungen und Katastrophen werden nur dazu führen, die Entschlossenheit des britischen Volkes zu stählen und unseren Siegeswillen zu stärken. Nein, der Botschafter sollte das nicht gesagt haben, Mr. Lippmann; er sollte dieses furchtbare Wort nicht ausgesprochen haben. Doch nehmen wir an – was ich selbst nicht einen Augenblick für möglich halte –, daß Mr. Kennedy mit seinen tragischen Äußerungen recht hatte, dann wäre ich bereit, lieber im Kampf mein Leben hinzugeben als aus Furcht vor einer Niederlage vor den Drohungen dieser wahrhaft finsteren Männer zu kapitulieren. Dann wird es Ihre Sache sein, die Sache der Amerikaner, das große Erbe der englisch sprechenden Völker zu bewahren und zu erhalten. Es wird Ihre Sache sein, im imperialen Maßstab zu denken. Das bedeutet, stets weit über die eigenen nationalen Interessen hinauszudenken. Ich würde in dem großen Ringen, das ich kommen sehe, auch nicht glücklich sterben, wenn ich nicht überzeugt wäre, daß, wenn wir auf dieser so sehr geliebten Insel der Wildheit und Macht unserer Feinde erliegen sollten, dort drüben auf Ihrem fernen und unangreifbaren Kontinent die Fackel der Freiheit ungetrübt und – so glaube und hoffe ich – unerschrocken weiterbrennen wird.«[163]

Aber Churchill war stets mehr als ein Rhetoriker. Lippmann hatte während des Essens neben ihm gesessen, und die Notizen, die der Amerikaner sich noch spät abends gemacht hatte, zeigen, wie zutreffend er die weltpolitische Lage beurteilte und auf welche Weise er den Sieg zu erringen glaubte:

»Würde Verluste im Fernen Osten verringern; keine Verzettelung der Flotte; Vergleich mit Japan nach dem Krieg. Mitteleuropa 1914 als ganzes mobilisiert. Damals hatte Deutschland zehn tschechoslowakische Divisionen; jetzt braucht es sechs, um die Tschechoslowakei zu besetzen. Ungarn, Jugoslawien, Rumänien gefährlich und unzuverlässig. Polen, eine neue Kraft, und dahinter das russische Polster. Sinnlos den Deutschen zu sagen, sie seien nicht eingekreist. Besser, sie mit gerechtem Zorn zu überwältigen. Das einzige Argument, das zählt, ist die Gewalt. Zwecklos, die Politik in Übereinstimmung mit der Goebbelspropaganda zu gestalten. Selbst die Initiative ergreifen, damit sie folgen. Im Fall einer deutschen Mobilmachung, die Flotte mobilisieren; bei der ersten Provokation die deutschen Eisenbahnverbindungen zu Europa unterbrechen und sie daran hindern, etwas dagegen zu unternehmen...«[164]

Am 18. Juni schrieb Churchill in *News of the World*, es sei zwar unmöglich, dem Krieg eine gute Seite abzugewinnen, aber er bedeute nicht die vollständige Vernichtung. Sogar gegen die »Greuel« der Bombenangriffe gegen die Zivilbevölkerung ließe sich etwas unternehmen, und zwar durch Evakuierungen, durch Angriffe von Jagdflugzeugen der RAF gegen die Bomber, durch Fliegerabwehrgeschütze – das Radargerät durfte er aus Geheimhaltungsgründen nicht erwähnen – und durch den Bau von Schutzräumen. Dennoch blühe der Defätismus und die Politik, in der diese Haltung zum Ausdruck kommt – Friede um jeden Preis –, immer noch in den oberen Schichten der englischen Gesellschaft. Hitler habe Chamberlain in Prag betrogen, und Chamberlain habe blind zurückgeschlagen, glaube aber immer noch an die Beschwichtigungspolitik. Auch er sei ein loyaler Untertan der Krone, und dies sei einer der seltenen Augenblicke, in denen ein konstitutioneller Monarch die Politik beeinflussen könnte. Königin Viktoria habe das wiederholt getan, einfach dadurch, daß sie offen und deutlich ihre Meinung sagte. Aber diese Chance sei verspielt worden. Georg VI. sei zurückhaltend, sage wenig, und seine Sympathien lägen bei Chamberlain. Die Königinmutter habe in einem Brief an den König die Reaktion der königlichen Familie auf München zum Ausdruck gebracht: »Ich bin sicher, es ärgert Dich ebenso wie mich, daß sich diese Leute so häßlich über das Verhalten des Premierministers äußern. Diesmal stimme ich mit Lady Oxford überein, die gestern beim Verlassen des Unterhauses ausgerufen haben soll, ›er hat uns den Frieden gebracht, warum können diese Leute nicht dankbar sein?‹«

Churchill wollte unbedingt sein Manuskript zu Ende bringen und dringend notwendige Dinge tun, die ihm niemand abnehmen konnte. Von seinen Informanten in Whitehall hatte er erfahren, daß der Premierminister und sein Außenminister ihren französischen Verbündeten schäbig behandelt und direkt mit Hitler und Mussolini verhandelt hatten, ohne die Franzosen zu informieren. Allerdings hatte es den Anschein, daß die führender französischen Politiker sie dazu ermutigt hatten. In München hatte Daladier neben Chamberlain die zweite Geige gespielt. Er hatte sich über die Vereinbarung zwar geärgert, aber nicht dagegen protestiert, obwohl er zu den energischeren Premierministern in der schwachen Dritten Republik gehörte. Doch wenn es wieder zum Krieg kommen sollte, dann würden die französischen und nicht die britischen Soldaten die Hauptlast auf den Schlachtfeldern zu tragen haben. Aber Chamberlain und Halifax träumten immer noch von einer Achse London–Berlin–Rom.

V.
In der Brandung

Um seine Termine einhalten zu können, stellte Churchill an sich selbst und seine Sekretärinnen rücksichtslos die höchsten Anforderungen. Nur wenn ein wichtiger Gast kam, gönnte er ihnen, ihren Schreibmaschinen und sich selbst eine Ruhepause. Vom Frühjahr bis zum Hochsommer wurde Chartwell für zahlreiche Parlamentarier, Flaggoffiziere, Generäle, Luftmarschälle, Regierungsmitglieder und sogar Minister des amtierenden Kabinetts, die von der alptraumhaften Vorstellung verfolgt wurden, daß eines Tages siegreiche deutsche Truppen durch die Straßen Londons marschieren könnten, zu dem Ort, an dem sie sich während des Wochenendes mit Winston berieten.

Zu denen, die ihre Karriere aufs Spiel setzten, um Winstons Rat einzuholen, gehörte auch der künftige Chef des Empire-Generalstabs, Tiny Ironside, jetzt Sir Edmund Ironside, Generalinspekteur der in Übersee stationierten Streitkräfte. Der General teilte nicht nur die Sorgen seines Gastgebers, die beiden Männer waren seit dem Burenkrieg auch miteinander befreundet, und es bestand sogar eine besonders herzliche Beziehung zwischen beiden. In seinem Tagebuch schreibt der General, »wir saßen die ganze Nacht zusammen«. Nach dem Abendessen »unterhielten wir uns bis heute morgen um 5.00 Uhr«. Dabei behandelten sie die verschiedensten Themen. Churchill sagte, wenn er ein Regierungsamt übernähme, würde er »sehr viel kürzer treten müssen, denn ich könnte mein Geld dann nicht mehr mit Schreiben verdienen«. Ironside meinte, wenn es im vergangenen Jahr zum Krieg gekommen und das Münchener Abkommen nicht geschlossen worden wäre, dann würde sein Gastgeber zumindest Erster Lord der Admiralität oder Kriegsminister, vielleicht sogar Premierminister sein. Immerhin habe Winston im Kabinett auch Freunde gewonnen, besonders »Belisha... denn es war Belisha, der die allgemeine Wehrpflicht durchgesetzt hat«. Beide seien sich darin einig gewesen, daß »Neville Chamberlain kein Kriegspremier ist. In seinem Herzen ist er ein Pazifist. Er glaubt fest daran, daß Gott ihn dazu ausersehen hat, den uns jetzt drohenden Krieg zu verhindern.« Nach Winstons Ansicht war es, wie der General schrieb, »jetzt zu spät für alle Friedensbemühungen«. Die Würfel seien gefallen, und Hitler werde einen Krieg beginnen. Ironside stimmte ihm zu und machte sich große Sorgen, denn er wußte, daß der Generalstab trotz aller Bemühungen Hore-Belishas »keine wohldurchdachten Pläne für den Einsatz der britischen Streitkräfte in einem allgemeinen europäischen Krieg hatte«.[1]

Anders als das Heeresministerium hatte Churchill ganz konkrete Pläne. In einem von ihm verfaßten Papier über die Strategie der britischen Flotte schlug er unter anderem vor, die Admiralität solle »ein Schlachtschiffgeschwader in die Ostsee verlegen. Das wird die Deutschen lähmen und viele deutsche Divisionen binden.« Am folgenden Tag notierte Ironside in seinem Tagebuch: »Ich werde den Gedanken nicht los, daß wir in ihm einen großartigen Strategen mit einer lebendigen Vorstellungskraft besitzen, während die Flotte selbst keinerlei Pläne macht.« Als der gegenwärtige Erste Seelord Befehlshaber der Mittelmeerflotte gewesen war, hatte Ironside ihn nach »einem Offensivplan gegen Italien« gefragt. Damals hatte es einen solchen Plan nicht gegeben, und nun schrieb der General: »Ich bin sicher, daß es auch heute noch keinen gibt.«[2]

Viele einflußreiche Persönlichkeiten hatten damals den Eindruck, Deutschland und Großbritannien seien praktisch miteinander verbündet, und soweit es irgendwelche Pläne für den Einsatz britischer Streitkräfte gebe, gründeten sie sich auf diese Voraussetzung. Eine dieser Persönlichkeiten war Lord Kemsley, ein Bruder von Lord Camrose und wie dieser ein Zeitungsmagnat von der Fleet Street. Am gleichen Vormittag, als Winston und Ironside sich nach einem herzhaften Frühstück voneinander verabschiedeten, war Kemsley in Deutschland zu Besuch bei einigen führenden Männern des NS-Regimes, zu denen Alfred Rosenberg, der Herausgeber des *Völkischen Beobachters*, dem Zentralorgan der NSDAP, aber auch Ernst von Weizsäcker, Staatssekretär im Außenministerium, gehörten. Beide fragten ihn, wie einflußreich die Kritiker Chamberlains in England und besondes Winston Churchill seien. Am Donnerstag, dem 27. Juli, wurde Kemsley in Bayreuth auch von Hitler empfangen, der ihn ebenfalls nach Churchill »und seiner Ausdruckskraft« fragte. Nach den Aufzeichnungen Kemsleys antwortete er, nach seiner Meinung »findet die Opposition im Ausland mehr Beachtung als in England«. Dann erinnerte er den Führer daran, daß »Mr. Churchill bisher schon viermal Schiffbruch erlitten hat, zum ersten Mal im Zusammenhang mit der Abdankung von König Eduard VIII.«.[3]

Dieses empörende Verhalten hat England schwer geschadet, denn damit wurden die Nazis in ihrem Glauben bestärkt, England werde unter keinen Umständen kämpfen – Churchill sei ein Exzentriker ohne jede Gefolgschaft, der nur seine eigene Meinung verkünde. Vor wenigen Monaten wäre das zutreffend gewesen. Aber als Zeitungsherausgeber hätte Kemsley wissen müssen, wie sehr sich die öffentliche Meinung seit Prag geändert hatte und daß Churchill jetzt überall hohes Ansehen genoß. Nun, im Sommer 1939, hätte Winston überall in England und zu jedem Thema sprechen können und hohe Honorare dafür bekommen. Am 27. Juli schrieb Ironside in sein Tagebuch: »Ich muß immer wieder an Winston Churchill dort in Westerham denken, an seinen glühenden Patriotismus und seine Ideen zur Rettung des Empire. Ein Mann, der weiß, daß man handeln muß, um zu gewinnen. Man darf nicht untätig bleiben und es zulassen, daß ständig auf einen eingeschlagen wird. Winston kocht wahrscheinlich vor Wut über diese Tatenlosigkeit. Ich sehe ihn in seinem Zimmer auf- und abgehen.«[4]

Die Tatsache, daß Großbritannien erheblich an Glaubwürdigkeit eingebüßt hatte, war eine der peinlichsten Folgen des Münchener Abkommens. Auf dem europäischen Kontinent befürchtete man, daß die Regierung Seiner Majestät auf künftige Forderungen der Nationalsozialisten mit bloßem diplomatischem Gerede reagieren werde, das schließlich zur Kapitulation führen müsse. Churchill warnte das Unterhaus und sagte: »Das geringste Zeichen der Schwäche wird nur die Gefahren erhöhen, die sich nicht nur für uns, sondern für die ganze Welt aus dieser Lage ergeben.« Er beschwor den Premierminister: »Weichen Sie um keinen Yard mehr zurück.«[5]

Die Garantieerklärung Großbritanniens gegenüber Polen war nach seiner Überzeugung ein Wechsel, der mit Sicherheit eingelöst werden mußte. Im *Daily Telegraph* schrieb er, »der begehrliche Blick des nationalsozialistischen Deutschland« werde sich bald »auf Polen richten«. Seine große Sorge war es, daß Chamberlain sich weigern könnte, seinen Verpflichtungen nachzukommen. Mit dem Verrat des Premierministers an den Tschechen war ein Präzedenzfall geschaffen worden. Die erste Verletzung eines Vertrags falle demjenigen, der ihn geschlossen hat, verhältnismäßig schwer; beim zweiten Mal sei es schon leichter. Wenn er vor die Wahl gestellt würde, entweder sein Wort zu brechen oder den Frieden, würde der Premierminister, wie Winston fürchtete, nicht zögern, sich seiner Verpflichtung zur Rettung Polens zu entziehen, und das mußte unweigerlich zur Katastrophe führen. Hier ging es um Großbritanniens Ehre. Hitler würde zum uneingeschränkten Beherrscher Europas werden, dessen Freiheit wäre verspielt.[6]

Doch was würde geschehen, wenn sich der Premierminister anders verhielte, als man es von ihm gewohnt war? Angenommen, er hielt sein Wort, und Großbritannien trat gemeinsam mit Frankreich in den Krieg ein? Die Entscheidung lag bei ihm; die Franzosen hatten London die Initiative überlassen und waren zu schweigenden, sich unterordnenden Partnern Großbritanniens geworden. In diesem Fall würden an die Stelle diplomatischer Probleme strategische Fragen treten. Churchill studierte in Chartwell die Landkarte und stellte sich die Frage, welche Lehren aus den Ereignisssen zu ziehen seien, die er in seinem Buch *The World Crisis* behandelt hatte. Während der ersten drei Jahre des Schützengrabenkriegs hatten sich die alliierten Armeen nur deshalb behaupten können, weil die starken Kräfte des Zaren eine Million Deutsche an der Ostfront fesselten. Nachdem die Bolschewiki 1917 das Regime der Romanows gestürzt und einen für sie äußerst harten Frieden mit den Generälen des Kaisers unterzeichnet hatten, wurde die Million deutscher Soldaten an der Ostfront nicht mehr gebraucht und konnte nach Westen verlegt werden, um dort den entscheidenden Schlag zu führen. 1918 hätten die Deutschen fast den totalen Sieg errungen. Nur das Eintreffen einer starken amerikanischen Armee hatte die erschöpften Alliierten in letzter Minute vor der Niederlage bewahrt.

Jetzt waren die Amerikaner – durch ein vom Kongreß verabschiedetes Gesetz – zur Neutralität verpflichtet. Churchill bezweifelte, daß die Polen das deutsche Heer im Osten binden konnten. Deshalb würden sich die Ereignisse von 1918 wiederholen, nur daß die westlichen Demokratien diesmal nicht nur auf die Amerikaner, sondern auch auf die Italiener verzichten mußten. Jetzt war zu befürchten, daß die Deutschen den Krieg gewinnen würden, und nach einem gegen Hitler verlorenen Krieg würde die Zukunft allen daran beteiligten Völkern unvorstellbare Schrecken bringen.

Nach der Vernichtung der Tschechoslowakei und der darauf folgenden Demoralisierung ihrer Nachbarn im Süden verfügten Großbritannien und Frankreich im Osten über keinen starken Verbündeten mehr. Polen allein reichte nicht aus. Churchill war deshalb zu der Überzeugung gelangt, daß die Demokratien im Osten einen Verbündeten brauchten, der stärker war als Polen – eine Nation, die die Wehrmacht in Schach halten und Hitler zwingen würde, einen Zweifrontenkrieg zu führen. Und ostwärts des Deutschen Reiches gab es nur eine derartige Großmacht: die UdSSR. Zwar hätte Winston fast jedem anderen Land den Vorzug gegeben, aber die langen Jahre der Beschwichtigungspolitik, des Pazifismus, des Defätismus und der unzureichenden Verteidigungsetats hatten dazu geführt, daß die Demokratien zu Bettlern geworden waren – zumindest aber zu Bittstellern. Immerhin hatte Moskau gute Gründe, positiv auf westliche Vorschläge zu reagieren. Die Sowjetunion war das Hauptangriffsziel Adolf Hitlers. Sie sollte vernichtet werden. Das hatte er in *Mein Kampf* deutlich ausgesprochen und seither in vielen Führerreden bestätigt.

Für Winston lag die Lösung des englisch-französischen Dilemmas auf der Hand: Whitehall mußte sich vor allem um die Wiederherstellung normaler Beziehungen zur Sowjetunion bemühen. Er wußte allerdings, daß es sehr schwer sein würde, die politische Führung in Großbritannien davon zu überzeugen, daß es notwendig sei, sich mit den Sowjets zu verbünden. Als die Labour Party die Regierung kritisierte und aufzählte, wie oft Baldwin und Chamberlain Hitler in die Hände gespielt hatten, stellte sich Winston daher hinter die Regierung. Am Montag, dem 3. April, begann er eine längere Unterhausrede damit, daß er die den Polen gegebene Garantie als »großartig« bezeichnete und der Politik des Premierministers seine »volle Unterstützung« zusagte. Auf solche anerkennenden Worte Churchills folgten oft zwar keine hinterhältigen Angriffe, aber neue Vorschläge, die dem Premierminister noch weniger gefielen als die gewohnte Kritik. In diesem Fall erinnerte Winston an einen Vorschlag, den er schon einmal gemacht hatte, und zitierte aus einer seiner Reden des vergangenen Jahres: Wenn sich eine Anzahl von Staaten Großbritannien und Frankreich in einem feierlichen Bündnis zur Abwehr jeder Aggression anschlössen; wenn sie ihre Kräfte vereinigten in einer »Großen Allianz« und ihre militärstrategischen Pläne aufeinander abstimmten... »dann sage ich, daß man auch jetzt noch diesen uns drohenden Krieg verhindern könnte«.[7]

Seither habe sich »die Lage verschlechtert«. Einer der Vorwände Hitlers für die von ihm beabsichtigte Versklavung von Millionen sei seine paranoide Behauptung gewesen, daß Deutschlands Feinde versuchten, das Deutsche Reich »einzukreisen«. In der Tat hätten, wie Churchill sagte, er und seine Freunde auf »die Einkreisung eines Aggressors« gedrängt. Die kollektive Sicherheit schütze Nationen, die sich bedroht fühlten, und alle Nationen hätten ein Recht darauf, einschließlich des Dritten Reichs: »Wenn Herr Hitler fürchtet, von Rußland überrannt, von Polen überfallen und von Belgien, Holland oder der Schweiz angegriffen zu werden, dann muß er das der Welt nur offen sagen, um die feierlichsten internationalen Garantien zu bekommen. Wir verlangen für uns keine Sicherheit, von der wir nicht auch wünschen, daß sich Deutschland ihrer erfreuen könnte.« Wenn jedoch die Sicherheit für alle Länder den Vorrang habe, dann seien halbe Maßnahmen gefährlicher als gar keine: »Wenn wir uns mit einer Garantie für Polen zufrieden gäben, dann wäre das so, als setzten wir uns im Niemandsland dem Feuer aus den Schützengräben auf beiden Seiten aus, ohne irgendwo Deckung zu finden... Wir müssen jetzt vorangehen, bis eine befriedigende Lösung gefunden ist. Nachdem wir einmal damit begonnen haben, ein großes Bündnis gegen die Aggression zu schließen, können wir es uns nicht leisten, dieses Bemühen scheitern zu lassen.«

Man dürfe dabei auch nicht Regime ausschließen, mit denen man nicht einverstanden sei, vorausgesetzt, daß ihre Führung sich um den Frieden bemühe.

Wie der Premierminister gefürchtet hatte, bedeutete der Vorschlag Winstons eine ganz neue Außenpolitik, die Aufnahme freundschaftlicher Beziehungen zu der einzigen Großmacht, die Chamberlain zutiefst verachtete. Daß Churchill den Bolschewismus verabscheute, war allgemein bekannt, und er hatte seine Haltung gegenüber der Sowjetunion deutlich genug zum Ausdruck gebracht. Er hatte Lenin als »Pestbazillus« bezeichnet, vom »bolschewistischen Krebsgeschwür im Fleisch eines unglückseligen Volkes« gesprochen und »den bestialischen Heißhunger« des kommunistischen Rußland verurteilt, einer »Tyrannei der niedrigsten Art«, wo »Tausende von Menschen kaltblütig hingerichtet oder ermordet worden sind«. Aber er hatte auch erklärt, wenn die Sicherheit Großbritanniens und seines Empire auf dem Spiel stünden, würde sein Gewissen zu einem »sanften jungen Mädchen« – und das war jetzt geschehen. Er wollte, daß sich die Rote Armee mit ihren fünf Millionen Soldaten der deutschen Wehrmacht entgegenstellte, und er sagte dem Unterhaus, warum er das für notwendig hielt.[8]

»Rußland ist ein gewaltiges Gegengewicht auf der Waage des Weltfriedens. Wir können nicht ermessen, eine wie gewichtige Unterstützung wir gegebenenfalls von der Sowjetunion zu erwarten haben.« Die Labour Party habe »eine möglichst weitgehende Zusammenarbeit mit der UdSSR« vorgeschlagen. Winston hielt das für »eine sehr zutreffende und der gegenwärtigen Lage entsprechende Aussage«. Aber er fügte hinzu: »Um feststellen zu können, wo wir in unseren Beziehungen zu Rußland stehen, muß man fragen, was im Interesse des russischen Volkes liegt.« Und er fragte: »Weshalb sollten wir damit rechnen, daß Sowjetrußland bereit sein wird, mit uns zusammenzuarbeiten? Wir haben mit Sicherheit keinen Anspruch auf den guten Willen der Russen, und sie nicht auf den unseren.« Die Antwort sei, wie er sagte, »daß Sowjetrußland durch die ehrgeizigen Ziele der deutschen Nationalsozialisten schwer gefährdet wird«. Dann erläuterte er, wo das NS-Regime die UdSSR bedrohte. Dabei nannte er das Donautal, das Schwarze Meer (eine »Eroberung der Ukraine durch das nationalsozialistische Deutschland, auf die Hitler zugegebenermaßen seine begierigen Blicke gerichtet hat, wäre eine direkte Bedrohung des Lebens des russischen Sowjetstaats«) und Ziele im Fernen Osten. So »kann niemand sagen, daß es keine konkreten gemeinsamen Interessen der westlichen Demokratien und der Sowjetunion gibt, und wir dürfen nichts tun, was die natürlichen Auswirkungen dieser Gemeinsamkeit der Interessen stören könnte... Die größte Torheit – und niemand glaubt, daß wir sie begehen werden – wäre es, jeder natürlichen Zusammenarbeit mit der Sowjetunion die kalte Schulter zu zeigen und sie abzulehnen, wenn die Sowjets erkennen, daß sie in ihrem ureigensten Interesse liegt und unbedingt notwendig ist.« Am vernünftigsten wäre es, die bolschewistische Vergangenheit zu vergessen und Großbritannien, Frankreich und Rußland in einem »Dreierbündnis« zu vereinigen.[9]

Aber die Männer von München vertraten die Ansicht, es sei töricht, dem Vorschlag Winstons zu folgen. Am 26. März schrieb der Premierminister in einem Privatbrief: »Ich habe nicht das geringste Vertrauen zur Fähigkeit (Rußlands), eine wirksame Offensive zu führen und aufrechtzuerhalten, selbst wenn es das tun wollte.« Und selbst wenn die Russen es wollten und konnten, zweifelte er daran, daß ihre Hilfe zu begrüßen sei. Nach seiner Überzeugung waren die Bolschewiki und nicht die Nazis nach wie vor die größere Bedrohung der westlichen Zivilisation. Damit vertrat Chamberlain die Meinung der in Großbritannien herrschenden Klassen. Wie Winston später zu seiner Rede vom 3. April im Unterhaus bemerkte, »hörte ich eine gewisse Bewegung hinter mir. Ich hörte, wie die edle Dame, die Abgeordnete des Wahlkreises Sutton in Plymouth (die Vicomtesse Astor) ihre Abneigung gegenüber jedem Kontakt mit dem bolschewistischen Rußland zum Ausdruck brachte.« Er fragte bissig: »Wo war diese Abneigung, als sie mit Mr. Bernard Shaw Sowjetrußland einen Besuch abstattete?« Lady Astor unterbrach ihn: »Ich habe den großen Vorzug gehabt, nach Rußland zu gehen und es zu sehen; Sie haben nur den Vorzug gehabt, von außen etwas darüber zu hören.« Winston erwiderte, worauf es hier ankäme, sei, daß »die Zeit, als sie nach Rußland ging und diesem Land ihren Beifall und ihre Zustimmung ausdrückte, die gleiche Zeit war, in der ihr Einfluß den Interessen unseres Landes sehr abträglich war«.[10]

Er sagte, es gebe »sehr ernste Gründe« für die Herstellung enger Beziehungen zur Sowjetunion, »und ich hoffe, es wird mir gelingen, das zu begründen, ohne irgend jemanden zu beleidigen«. Trotzdem löste dieser Vorschlag ein allgemeines Erschrecken aus. Die Vorstellung, die Hände der Zarenmörder zu ergreifen, die er selbst einmal als »blutige Tatzen« bezeichnet hatte, schockierte alle Konservativen von der Regierungsbank bis zu den Hinterbänklern. Aber er sprach jetzt nicht zu ihnen und nicht zu Nancy Astor. Er sprach während dieser abendlichen Sitzung auch nicht zum Unterhaus. Seine Worte richteten sich an den Kreml. Iwan Maisky saß auf der Galerie, und seine Gegenwart kann kein Zufall gewesen sein. Es war üblich, daß die Regierung Seiner Majestät die ausländischen Botschafter ins Parlament einlud, wenn außenpolitische Fragen behandelt wurden. Aber es verstieß gegen die sonst geltenden Regeln, wenn ein einfacher Abgeordneter eine solche Einladung aussprach. Anders hätte der russische Botschafter jedoch an diesem Montag mit Sicherheit keine Einladung bekommen können, denn seine Beziehungen zu Halifax waren die denkbar schlechtesten. Nach München schrieb der britische Außenminister, Maiskys »Haltung schien mir... durch ein gewisses Mißtrauen gekennzeichnet zu sein«. Der Botschafter seinerseits bezeichnete die Beschwichtigungspolitiker als »Komplizen« Hitlers.[11]

Damit vertrat er die Ansichten seines Vorgesetzten in Moskau, des Kommissars für Auswärtige Angelegenheiten, Maxim Litwinow. Churchill und Litwinow hatten sehr ähnliche Vorstellungen, und am 18. März, drei Tage nach der Vernichtung der Tschechoslowakei, hatte der Kommissar den ersten diplomatischen Schritt in Richtung auf die Herstellung guter Beziehungen zu Großbritannien getan und eine sofortige Konferenz der sechs Mächte – Rußland, Rumänien, Polen, Großbritannien, Frankreich und die Türkei – vorgeschlagen, um eine »Friedensfront« gegen das expandierende Deutsche Reich zu bilden. In den Akten des Quai d'Orsay finden sich keine Unterlagen über eine Reaktion Bonnets auf einen solchen Vorschlag, die sowjetischen Sondierungen werden nicht einmal in den umfangreichen und selbstgefälligen Memoiren des französischen Außenministers erwähnt. Halifax und Chamberlain hatten die Initiative Litwinows gelesen, aber der Premierminister lehnte den Plan als »voreilig« ab, und das Auswärtige Amt teilte den Russen mit, er sei »nicht akzeptabel«. Am 19. März suchte Maisky das Auswärtige Amt auf, um sich nach den Gründen zu erkundigen. Halifax sagte ihm, er könne gegenwärtig keinen seiner Mitarbeiter entbehren, und kein Minister der Krone stünde für die Teilnahme an einer Konferenz in Bukarest zur Verfügung. Obwohl Litwinow öffentlich erklärt hatte, daß die Sowjetunion keine Garantien für Polen und Rumänien abgeben werde, wenn die Regierungen dieser Länder nicht darum bäten – sie taten es nicht, denn sie fürchteten nationalsozialistische Vergeltungsmaßnahmen –, sagte Chamberlain am 23. März dem Unterhaus, die Regierung Seiner Majestät hielte wenig davon, in Europa »Widerstandsblöcke« zu errichten. Das war das gleiche Argument, mit dem Beck sich später weigern sollte, eine Garantie für Rumänien abzugeben. Nach einem frustrierenden Gespräch mit Halifax ging Maisky zu Lord Boothby und sagte ihm, diese Ablehnung des russischen Vorschlags habe »der Politik der kollektiven Sicherheit einen weiteren schweren Schlag« versetzt.[12]

Churchills Beziehung zu dem sowjetischen Botschafter war ganz anders. Die beiden Männer hatten sich in den vergangenen sieben Jahren regelmäßig getroffen, um über diplomatische Schritte zu sprechen, mit denen die Nationalsozialisten von ihrem aggressiven Vorgehen abgehalten oder abgeschreckt werden könnten. Nach der Rede Churchills, in der er vorgeschlagen hatte, Großbritannien solle mit Moskau über die Möglichkeit einer engeren Zusammenarbeit sprechen, gingen die Abgeordneten auseinander, und Maisky kam hinunter in den Rauchsalon, um mit Churchill und anderen Abgeordneten zu sprechen, die er kannte. Nicolson schreibt in seinem Tagebuch, Winston habe zu Maisky gesagt: »Wenn wir diese neue Politik zum Erfolg führen wollen, brauchen wir die Hilfe Rußlands.« Er habe zwar für das sowjetische System nichts übrig und habe es auch nie geschätzt, »aber die Polen und Rumänen mögen es noch weniger. Obwohl sie bereit sein könnten, Sie im Notfall hereinzulassen, würden sie gewiß die Zusicherung von Ihnen verlangen, daß Sie schließlich wieder abziehen. Können Sie uns eine solche Zusicherung geben?« Das war eine entscheidende Frage, aber ein Botschafter konnte sie nicht beantworten, außerdem wurden sie unterbrochen. Nicolson schreibt: »Ich fürchte, Llyod George ist nicht wirklich für diese neue Politik, und er lenkt Maisky ab... Winston verwahrt sich dagegen und greift Lloyd George an. ›Das dürfen Sie nicht tun, mein Lieber. Sie stecken einen Stock zwischen die Speichen des Rades der Geschichte.‹«[13]

Das klingt nicht sehr glaubwürdig. Es ist schwer vorstellbar, daß Churchill nicht schon vor seiner Rede mit Maisky gesprochen hat, mit dem er so enge Beziehungen unterhielt. Schon am 9. Februar hatte Maisky einige Schriftsteller und unabhängige Abgeordnete eingeladen und sie davon zu überzeugen versucht, daß Briten und Russen ihre ideologischen Differenzen begraben und dem gemeinsamen Feind zusammen entgegentreten sollten. Boothby, J. B. Priestly und Nicolson hatten an einem solchen Essen in der sowjetischen Botschaft teilgenommen, und Nicolson schrieb am gleichen Abend in sein Tagebuch: »Maisky sagt, Rußland habe sich durch das Münchener Abkommen offensichtlich verletzt gefühlt, und wir könnten nicht mit einem russischen Vorschlag rechnen. Aber (und hier wurde er ernst) wenn *wir* an die Sowjetunion herantreten würden, dann würde Rußland nicht so zurückhaltend oder nachtragend sein, wie wir vielleicht glaubten. Bob Boothby und ich tauschen einen Blick aus wie einen Tennisball, der über das Netz fliegt.«[14]

Nach der Besetzung von Prag durch die Deutschen hatten die Russen tatsächlich einen Vorstoß unternommen: den Vorschlag für eine Sechsmächtekonferenz in Bukarest. Anschließend und während des ganzen Frühjahrs und Sommers 1939 traf sich Churchills Sohn häufig mit dem sowjetischen Botschafter. Chamberlain sprach in einem Brief an seine Schwester von »einer regelrechten Verschwörung, an der Mr. Maisky beteiligt ist, denn er unterhält sehr enge Beziehungen zu Randolph« – und man darf annehmen, daß Winston, als er am Abend des 3. April aufstand, um seine Rede zu halten, die Zusicherung des Russen hatte, daß seine Saat nicht auf unfruchtbaren Boden fallen werde. Zweifellos hat das Drängen von Maisky bei seinem Vorschlag eine Rolle gespielt, obwohl es allein nicht genügt hätte. Churchill hätte sich sicherlich um eine Bestätigung der Zusage Maiskys durch einen hochrangigen sowjetischen Führer bemüht, oder eine solche Zusage ist tatsächlich von höherer Stelle gemacht worden.[15]

Höchstwahrscheinlich kam sie von Litwinow. Der sowjetische Kommissar für Auswärtige Angelegenheiten spielte bei den Intrigen im Kreml eine eigenartige Rolle. Er hatte sich für die Revolution entschieden, wurde 1901 verhaftet und mit Gefängnis bestraft, konnte aber nach England fliehen und schloß sich 1903 den Bolschewiki an. Damit gehörte er der Partei länger an als Stalin. Dennoch wurde er nach der Revolution nicht in die Hierarchie des Kreml aufgenommen. Er war Jude, hatte während der Revolution von 1905 im Ausland gelebt, seine Frau war Engländerin, und bei Ausbruch der Revolution von 1917 war er als Vertreter Lenins in London gewesen, während die Kommunisten, die an die eigene Zukunft dachten, dafür sorgten, daß sie auf den Barrikaden gesehen wurden. Trotzdem war Litwinow seit 1930 Kommissar für Auswärtige Angelegenheiten. Stalin vertraute ihm und ließ sich von Litwinow überzeugen, daß es für die Sowjetunion günstiger wäre, engere Beziehungen zu England und Frankreich zu suchen, als sich auf das Wohlwollen Hitlers zu verlassen. Auf Hitler könne man sich ohnehin nicht verlassen. Deshalb war es, wie Harold Macmillan schreibt, das Ziel der sowjetischen Außenpolitik, »die Sicherheit durch den Völkerbund und durch Bündnisse mit den westlichen Demokratien anzustreben«.[16]

Das Haupthindernis für die Sowjets war auch weiterhin, was Thomas Jones als Chamberlains »russischen Komplex« bezeichnete. Ende November 1938 hatte Bernard Shaw für Maisky und Jones in seiner Wohnung ein Essen gegeben. In seinem Tagebuch notiert Jones, was Maisky dabei über die Rückschläge sagte, die Litwinow – und seine Politik – während des vergangenen Jahres erlitten hatte. Unmittelbar nach dem Anschluß Österreichs habe sich Litwinow an Paris gewandt und vorgeschlagen, eine gemeinsame Erklärung abzugeben, in der sich beide Länder verpflichten, für die Unabhängigkeit der Tschechoslowakei zu kämpfen. Am Quai d'Orsay war diese Demarche ignoriert worden. Am 2. September hatte der sowjetische Außenkommissar einen zweiten Versuch unternommen. Bonnet ließ auch diese Note unbeachtet. Daraufhin ging Maisky nach Whitehall. Auch dort erlebte er eine Enttäuschung. Jones schreibt: »Außer daß er für die Ansichten der Russen ein gewisses Interesse zeigte, ließ Halifax nicht erkennen, ob er etwas unternehmen werde.« Daß man die Sowjets nicht an der Münchener Konferenz hatte teilnehmen lassen, bedeutete für Litwinow und Maisky einen ungeheuren Prestigeverlust im Kreml. Daß die Engländer und die Franzosen Litwinows Vorschlag für eine Sechsmächtekonferenz zurückgewiesen hatten, war ein weiterer Schlag. Dennoch erlaubte ihm Stalin, 1939 einen weiteren bedeutenden Schritt vorzubereiten. Diese Vorbereitungen waren fast abgeschlossen, als Churchill, bewußt oder unbewußt, am 3. April im Parlament den ersten Kanonenschuß abfeuerte.[17]

Zehn Tage später, am Donnerstag, dem 13. April, feuerte Winston in der Debatte, die der Besetzung Albaniens durch die Italiener folgte, ein zweites Geschütz ab und warnte das Parlament vor der jetzt immer näher rückenden Gefahr: »Ein großer Teil Europas hat weitgehend mobilgemacht. Millionen von Soldaten stehen für einen Krieg bereit. Überall sind die Grenzbefestigungen militärisch besetzt. Überall hat man das Gefühl, daß ein neuer Schlag unmittelbar bevorsteht.« Er fragte, ob im Falle eines Kriegsausbruchs »noch daran gezweifelt werden kann, daß wir uns daran beteiligen werden«. Vor drei Monaten hätte Großbritannien, da es auf dem europäischen Kontinent noch keine Verpflichtungen übernommen hatte, neutral bleiben können, aber jetzt habe die Regierung Seiner Majestät »in jeder Richtung und unter Berücksichtigung all dessen, was geschehen ist, nach meiner Auffassung zu Recht« Garantien übernommen. Vor München, als die Lage noch günstiger schien, habe sich Großbritannien von den wachsenden Spannungen auf dem europäischen Kontinent distanziert. Er sagte: »Wenn wir beabsichtigen, ganz Europa vom Rand des Abgrunds fernzuhalten und in die Höhen von Recht und Frieden zu führen, dann müssen wir selbst ein leuchtendes Vorbild sein.« Aber wenn die Regierung »unser Volk und die Völker vieler Länder vor den dunklen, bedrohlichen Wogen retten will, die sich überall um uns her auftürmen«, dann muß sie jede Gelegenheit ergreifen oder dort, wo es sie nicht gibt, solche Gelegenheiten schaffen.

Dann wandte er sich wieder der Annäherung an die Sowjets zu und sagte: »Vor einigen Tagen habe ich versucht, dem Hohen Haus zu zeigen, welches große Interesse Rußland daran hat, eine weitere Ausdehnung nationalsozialistischer Macht nach Osten zu verhindern. Auf dieses starke, natürliche und legitime Interesse müssen wir uns verlassen, und ich bin überzeugt, wir werden von der Regierung hören, daß die Schritte, die sie unternimmt, geeignet sind, uns eine sehr enge Zusammenarbeit mit Rußland zu ermöglichen, und daß keine Vorurteile auf seiten Englands oder Frankreichs die enge Zusammenarbeit zwischen den beiden Ländern stören dürfen, damit wir unseren bedrängten und in Not geratenen Verbündeten mit dem unermeßlichen, wenn auch nicht ganz sicher abschätzbaren, aber gewiß enormen Gewicht des russischen Potentials eine größere Sicherheit verleihen können.«[18]

Zwei Tage später erfolgte eine gewisse Reaktion. England und Frankreich konnten den Vorschlag Rußlands für eine Sechsmächtekonferenz in Bukarest nicht rundweg ablehnen; das wäre unhöflich, undiplomatisch und politisch unklug gewesen, und die britische Bevölkerung spürte bereits die Zeit kommen, in der Großbritannien auf jeden Freund angewiesen sein würde, den es bekommen konnte. Deshalb erhielten die Sowjets am 15. April einen offiziellen Vorschlag aus Whitehall und vom Quai d'Orsay. Der Inhalt dieses Vorschlags enttäuschte sie. Die Briten forderten Rußland lediglich auf, ihrem Beispiel zu folgen und die Unabhängigkeit Polens und Rumäniens zu garantieren. Die Franzosen hatten weiter gehen wollen. Sie hatten vorgeschlagen, Großbritannien, Frankreich und die Sowjetunion sollten einander zu Hilfe kommen, falls Deutschland eines dieser Länder angriff, aber Chamberlain und Halifax waren nicht bereit, den Franzosen Folge zu leisten.[19]

Litwinow wünschte, daß sich die beiden westeuropäischen Länder sehr viel stärker engagierten. Am folgenden Montag schreckte er die Regierungen in allen europäischen Staaten auf, als er dem britischen Botschafter in Moskau, Sir William Seeds, einen formellen Vorschlag unterbreitete, der vorsah, daß jede deutsche Offensive im Osten nicht nur auf den Widerstand Polens, sondern auch auf den der sehr viel stärkeren Sowjetunion und ihrer Roten Armee stoßen würde. Was Stalins Außenkommissar vorgelegt hatte, war in der Tat nichts weniger als der Plan für ein Dreierbündnis – eine Neuschöpfung der Entente, die 1914 dem Zweiten Reich des Kaisers den Krieg erklärt hatte und Deutschland und Österreich auch ohne amerikanische Hilfe hätte besiegen können, wenn das Bündnis nicht drei Jahre später durch die bolschewistische Revolution zerschlagen worden wäre.

Nach dem Vertragsentwurf Litwinows sollten sich England, Frankreich und Rußland nicht nur gegenseitig unterstützen, wenn eines dieser Länder von Hitler angegriffen würde, sondern es sollte auch im einzelnen festgelegt werden, in welcher Stärke und für welche Aufgaben ihre Armeen, Flotten und Luftstreitkräfte eingesetzt werden sollten. Dieses Bündnis, dem auch Polen beitreten könnte, wenn es das wünschte, sollte die Signatarmächte verpflichten, »sich gegenseitig im Fall einer Aggression in Europa« gegen jedes Mitglied des Bündnisses oder gegen »osteuropäische Staaten zwischen der Ostsee und dem Schwarzen Meer, die an die Sowjetunion grenzen, gegenseitig jede denkbare Unterstützung einschließlich des militärischen Beistands zu gewähren«. Darüber hinaus verpflichteten sich die vertragschließenden Parteien, mit den Angreifern »ohne die gemeinsame Zustimmung der drei Mächte« weder Verhandlungen zu führen noch Frieden zu schließen.[20]

Die Einkreisung Deutschlands, ein Märchen, das Hitler auf den Nürnberger Parteitagen seinen Zuhörern aufgetischt hatte, würde damit für die Deutschen zur abschreckenden Wirklichkeit werden. Ein militärischer Vorstoß der deutschen Streitkräfte in jede beliebige Richtung würde sofort auf den Widerstand eines jeden Landes an den Reichsgrenzen mit Ausnahme der Schweiz und Italiens stoßen, dessen Legionen, gemessen an ihren Leistungen in Äthiopien und Albanien, nur einen sehr geringen Kampfwert hatten. Jetzt kam es nur noch darauf an, diesen Plan so rasch wie möglich zu verwirklichen. Deutschland war inzwischen soweit zum Krieg gerüstet, daß Hitler noch zuschlagen konnte, solange die Verhandlungen über das Bündnis nicht abgeschlossen waren. Außerdem war sich Litwinow der Tatsache bewußt, daß Stalin jedes Zögern der westlichen Verbündeten mit Mißtrauen zur Kenntnis nehmen würde. Deshalb forderte der Kommissar für Auswärtige Angelegenheiten den sofortigen Beginn von Gesprächen zwischen den drei Mächten über die zu ergreifenden militärischen Maßnahmen. Es war sein letzter Versuch, gemeinsam mit dem Westen eine geschlossene Front gegen das nationalsozialistische Deutschland aufzubauen. Dabei riskierte er sein eigenes politisches Überleben, glaubte jedoch fest an das Gelingen seines Plans.[21]

Die Kritiker der Regierung Chamberlain in London begrüßten dieses Vorhaben. Macmillan erinnert sich: »Das war Litwinows – und unsere – letzte Chance.« Später hat Churchill die damalige Lage wie folgt kurz zusammengefaßt: »Wenn… Mr. Chamberlain bei Empfang des russischen Angebots geantwortet hätte, ›ja, wir wollen uns zu dritt zusammentun und Hitler das Genick brechen‹ oder etwas ähnliches, dann hätte das Parlament seine Zustimmung gegeben, Stalin hätte Verständnis gehabt, und die Geschichte hätte vielleicht einen anderen Verlauf genommen. Schlimmer hätte es auf jeden Fall nicht kommen können.« Robert Coulondre, der ehemalige französische Botschafter in Moskau, der jetzt den Botschafterposten in Berlin innehatte, hielt das Angebot von Litwinow für fast zu gut, um wahr zu sein. Er drängte Paris telegrafisch, sofort darauf einzugehen.[22]

Seine Empfehlung wurde zurückgewiesen. Wie Thomas Jones schrieb, waren die für München verantwortlichen Männer in Paris und

London »sehr viel optimistischer als ich in ihrer Beurteilung des Verhaltens der Diktatoren« – Hitler und Mussolini – und mißtrauten dem Despoten im Kreml sehr viel mehr. Der Radikalsozialist Jean Montigny hatte die Deputiertenkammer vor »dem Irrtum und der Illusion jeder Außenpolitik« gewarnt, die »sich auch nur zum Teil auf das Vertrauen zur Kampfkraft der sowjetischen Armee außerhalb der russischen Grenzen und auf die Loyalität der Sowjetregierung stützte«. Viele Deputierte machten sich Sorgen um die Bereitschaft Polens, sowjetische Hilfe anzunehmen; als Polens Verbündeter sei Frankreich dafür zuständig. Trotzdem stimmte das französische Kabinett am 22. April, wenn auch mit wenig Begeisterung, dem Vorschlag Litwinows als Verhandlungsgrundlage zu und unterrichtete die Briten in diesem Sinne. Der Quai d'Orsay hatte damit Stellung bezogen, während Whitehall seine Entscheidung hinauszögerte.[23]

Am 19. April beschäftigte sich der außenpolitische Kabinettsausschuß mit der Initiative Litwinows. Das Auswärtige Amt war erstaunt über seine klare Aussage. Im Gegensatz dazu war die Garantieerklärung Großbritanniens für Polen – und zwar in voller Absicht – ein Sieb mit vielen Löchern. Der Vorschlag von Litwinow ließ bei Horace Wilson den Atem stocken. Was würde geschehen, wenn eine Kopie dieses Dokuments Hitler in die Hände fiel? Angenommen, er machte England dafür verantwortlich! Die Folgen wären unausdenkbar, und deshalb bezeichnete Cadogan in der Abwesenheit von Halifax den russischen Plan, anstatt darüber nachzudenken, als »ganz unannehmbar«. Er behauptete, die militärische Stärke der Sowjetunion sei gering, und erklärte, »praktisch spricht alles gegen die Annahme des russischen Vorschlags«. Doch als Verwaltungsbeamter mußte sich der Unterstaatssekretär der Tatsache bewußt sein, daß es in England mehr als nur eine Partei gab. Innenpolitisch konnte dieses Problem zu großen Schwierigkeiten führen. Deshalb fügte er hinzu, »es wird sehr schwierig sein, das sowjetische Angebot abzulehnen... Die Linke in diesem Land wird höchstwahrscheinlich« eine Ablehnung politisch für sich ausnutzen. Es gebe auch die »sehr entfernte« Möglichkeit, daß die Russen sich mit den Deutschen einigten. Dennoch schloß Cadogan mit der Empfehlung, »wenn man alles berücksichtigt«, sollte das Angebot Litwinows mit der Begründung abgelehnt werden, daß Großbritannien damit »eine Abkühlung der Beziehungen zu seinen Freunden riskiere und der Propaganda seiner Gegner Nahrung gebe, ohne dafür einen konkreten materiellen Beitrag zur Stärkung unserer Front zu leisten«. Man fragt sich, wer nach Meinung von Cadogan Englands »Freunde« und »Gegner« waren.[24]

Wie ein Kabinettsmitglied sagte, befand sich Großbritannien in einer

»sehr peinlichen« Lage. Das französische Kabinett hatte, wenn auch widerstrebend, beschlossen, dem Plan zuzustimmen. Churchill, Lloyd George, Eden, Duff Cooper, die Labour Party und die Liberalen würden Krach schlagen, wenn die Regierung Seiner Majestät ihn ablehnte. Die Polen und die Rumänen würden im Gegensatz dazu mit Empörung auf die Annahme des Angebots von Litwinow reagieren. Schließlich – und das war entscheidend – erfüllte der bloße Gedanke an die Möglichkeit eines Bündnisses mit den Sowjets Chamberlain, Halifax, Wilson, Cadogan, Inskip und Simon mit Abscheu. Wie Thomas Jones in seinem Tagebuch notierte, »schauderte uns« bei dem Gedanken an die Russen. Auf der Suche nach einem Ausweg konsultierte der Premierminister die Chefs des Generalstabs und klammerte sich dann an einen Punkt in ihrem Bericht. Dort hieß es, die militärische Unterstützung, die Rußland den Polen oder Rumänen gewähren könne, »ist nicht so stark, wie man im allgemeinen annehmen könnte«.[25]

Doch Chamberlain ignorierte die daran anschließenden Schlußfolgerungen der Stabschefs, die besagten, daß »eine Zusammenarbeit mit den Russen insofern einen unschätzbaren Wert hätte, als Deutschland dann keinen Zugang zu den immensen russischen Reserven an Nahrungsmitteln und Rohmaterial hätte und rascher unserem wirtschaftlichen Würgegriff erliegen müßte«. Er äußerte sich auch nicht zu einer ergänzenden Bewertung der Chefs des Generalstabes, die mit folgenden Sätzen schloß:

»Eine uneingeschränkte Garantie für gegenseitige Unterstützung zwischen Großbritannien, Frankreich und der Sowjetunion bietet gewisse Vorteile. Sie würde eine geschlossene Front gewaltigen Ausmaßes gegen die Aggression darstellen... Wenn es uns nicht gelingt, mit den Sowjets eine Vereinbarung zu treffen, könnte das als außenpolitische Niederlage angesehen werden, was insofern ernste militärische Rückwirkungen haben müßte, als es die Deutschen sofort zu neuen Aggressionen ermutigen und ihnen schließlich die Sowjetunion in die Arme treiben würde... Darüber hinaus würde Rußland, wenn es neutral bliebe, nach Beendigung der Feindseligkeiten eine beherrschende Stellung einnehmen.«[26]

Wie Cadogan berichtet, fühlte sich Chamberlain durch diesen Absatz des militärischen Gutachtens »beunruhigt«. Im privaten Kreis drohte er, »eher zurückzutreten als einen Bündnisvertrag mit den Sowjets zu unterzeichnen«. Großadmiral Lord Chatfield, für den die Verteidigung Großbritanniens mehr bedeutete als seine Feindschaft gegenüber dem Bolschewismus, wies darauf hin, daß es den Chefs des Generalstabs vor allem darauf ankäme, »daß sich Rußland unter keinen Umständen mit Deutschland verbündete. Damit würde sich für uns eine außerordentlich gefährliche Lage ergeben.« Diese Äußerung löste im Auswärtigen Amt nur Gelächter aus. Man teilte dem Admiral mit, daß eine Verbindung zwischen Kommunisten und Nazis ebenso unmöglich sei wie zwischen Öl und Wasser. Man empfahl ihm mit höflichen Worten, er solle sich lieber um die königliche Flotte kümmern – für die außenpolitischen Angelegenheiten sei Whitehall verantwortlich.[27]

Nachdem London zwei Wochen geschwiegen hatte, verlor Stalin, der es nicht gewohnt war, lange auf Antworten zu warten, den letzten Rest seiner Geduld. Auf der letzten Seite der *Prawda* vom 3. Mai erschien in der Spalte »Kurznachrichten« eine Notiz mit dem Wortlaut: »Genosse Litwinow ist auf eigenen Wunsch aus dem Amt des Kommissars für Auswärtige Angelegenheiten ausgeschieden.«

In den westlichen Demokratien erkannte man zunächst nicht, welche Bedeutung die Entlassung Litwinows hatte. Die Abteilung MI VI des britischen Nachrichtendienstes und das Deuxième Bureau in Paris hatten es versäumt, ihre Regierungen davon zu unterrichten, daß Litwinows Nachfolger, Wjatscheslaw Molotow, wie Churchill später schrieb, »schon seit jeher ein Arrangement mit Hitler befürwortet hatte« und daß er »durch München und manches andere davon überzeugt worden war, daß weder Großbritannien noch Frankreich kämpfen würden, ohne selbst angegriffen zu werden, und man daher nicht viel von Engländern und Franzosen erwarten dürfe«. Wie die Diplomaten des Auswärtigen Amts hat auch der normale Bürger in Großbritannien nie im Traum daran gedacht, daß ein Bündnisvertrag zwischen Moskau und Berlin möglich sei. Man glaubte vielmehr, es werde demnächst zum Krieg zwischen Deutschland und der Sowjetunion kommen.[28]

Doch nicht Molotow sollte die endgültige Entscheidung darüber treffen, in welche Richtung sich die Sowjets jetzt wandten; das konnte nur Josef Stalin tun. Es ist unmöglich, die Gedankengänge eines Psychopathen zu ergründen – die kürzeste Entfernung zwischen zwei Punkten wird dabei zum Labyrinth –, aber Churchill erkannte, daß der Wahnsinn Stalins Methode hatte. So undurchschaubar er auch sein mochte, er war ein Patriot. Ebenso wie Winston sah er die von Deutschland ausgehende Gefahr und wollte sein Land davor retten. Um dies Ziel zu erreichen, war ihm jedes Mittel recht. So suchte er in aller Ruhe nach der geeigneten Methode.

Zweifellos wäre es ihm am liebsten gewesen, auf jedes Bündnis verzichten zu können. Wenn man ihn in den europäischen Hauptstädten mit Mißtrauen beargwöhnte, dann war sein Mißtrauen gegenüber den politischen Führern im Westen geradezu paranoisch. Doch er erkannte jetzt, daß er eine Entscheidung treffen mußte. Und obwohl Litwinow in Ungnade gefallen war, tendierte er nach wie vor zu einer Zusammenarbeit mit Großbritannien und Frankreich. Deshalb wurde der neue Kommissar für Auswärtige Angelegenheiten trotz seiner Deutschfreundlichkeit angewiesen, die Gespräche mit Halifax und Bonnet nicht abzubrechen.

Coulondre fühlte sich durch die Ernennung von Molotow ermutigt. Von Berlin aus telegrafierte er dem Quai d'Orsay, Molotow sei Vorsitzender des Rates der Volkskommissare und »Mitglied des Politbüros, das für die Verwirklichung der Vorstellungen Stalins verantwortlich ist«; seine Ernennung bedeute, »daß die sowjetische Außenpolitik nur an Klarheit und Präzision gewinnen kann, und Frankreich und England werden keinen Grund haben, dies zu bedauern«. Bonnet schreibt in seinen Memoiren, die Zusicherungen des russischen Botschafters in Paris, daß der Wechsel im Amt des Außenkommissars »keine Veränderung in der sowjetischen Außenpolitik bedeutet« und daß die diplomatischen Gespräche zwischen den Beauftragten der drei Nationen beginnen könnten, sobald Großbritannien und Frankreich dazu bereit seien, hätten ihn »durchaus befriedigt«. Maisky teilte Chamberlain und Halifax sinngemäß das gleiche mit, doch sie erklärten, für solche Gespräche sei es noch zu früh.[29]

Im Grunde war es für die Demokratien durchaus bedauerlich, daß ihr Fürsprecher im Kreml abgelöst worden war. Die Deutschen erkannten sofort, daß sie Boden gewonnen hatten. Um diesen Eindruck zu verstärken, suchte der russische Geschäftsträger in Berlin die Wilhelmstraße auf und betonte »die große Bedeutung der Persönlichkeit Molotows« – eines kurzangebundenen, eigensinnigen Mannes, der nur russisch sprach und die westlichen Verbündeten verachtete – und seine »Bedeutung für die künftige sowjetische Außenpolitik«. Ein Bericht aus Warschau meldete, daß Litwinow zurückgetreten sei, nachdem Marschall Woroschilow ihm erzählt hatte, die Rote Armee sei nicht bereit, für Polen zu kämpfen, und im Namen des russischen Generalstabs erklärt hatte, es sei der Roten Armee gar nicht möglich, »allzu weitreichende militärische Verpflichtungen zu übernehmen«. Die *Frankfurter Zeitung* kommentierte die Entlassung Litwinows und bezeichnete sie als einen schweren Rückschlag für die britisch-französische »Einkreisungspolitik«. Der deutsche Geschäftsträger in Moskau teilte der Wilhelmstraße telegrafisch mit, da Litwinow noch am 2. Mai den englischen Botschafter empfangen und gestern in der Presse als Ehrengast bei der Maiparade genannt worden sei, scheine seine Entlassung die Folge einer spontanen Entscheidung Stalins zu sein... Auf dem letzten Parteikongreß habe Stalin zur Vorsicht gemahnt, damit die Sowjetunion nicht in den Konflikt hineingezogen werden könne. Molotow, der kein Jude sei, müsse als »engster Freund und Mitarbeiter Stalins«

angesehen werden. Seine Ernennung sei offensichtlich die Garantie dafür, daß sich die sowjetische Außenpolitik auch weiterhin streng an die Vorstellungen Stalins halten werde.[30]

Es gab Engländer, die sich erhebliche Sorgen machten. In London notierte Nicolson in seinem Tagebuch, besonders »die Leute von der politischen Linken« seien »stark beunruhigt… Sie sind sich durchaus nicht sicher, daß Rußland keinen Neutralitätspakt mit Deutschland abschließen wird. Das ist auch meine große Furcht.« In seinen Memoiren schreibt Churchill über die Entlassung von Litwinow in scharfem Ton: »Der bedeutende Jude, das Ziel heftiger deutscher Angriffe, wurde wie ein zerbrochenes Werkzeug zunächst einmal fortgeworfen und mußte, ohne ein Wort der Erklärung sagen zu dürfen, von der Weltbühne abtreten und verschwand, abgespeist mit einem Hungerlohn und von der Polizei überwacht, in der Versenkung.«[31]

Wir wissen nicht, welche Informationen Churchill über die internen Auseinandersetzungen im Kreml hatte. Der sowjetische Botschafter Maisky war höchstwahrscheinlich sein wichtigster Informant. Es kann kaum ein Zufall gewesen sein, daß er am 4. Mai, einen Tag nach der Entlassung von Litwinow, seine Kampagne für ein Dreierbündnis wieder aufnahm. Wie er wußte, war Polen das Haupthindernis. Die Polen wollten den Durchmarsch russischer Truppen durch ihr Territorium auf keinen Fall zulassen, nicht einmal, wenn Deutschland Frankreich angegriffen hätte und die Rote Armee zur Unterstützung der Franzosen nach Westen hätte marschieren wollen. Beck und seine Kameraden in Warschau betrachteten die Russen immer noch als Aussätzige und nahmen es jedem übel, der sie nicht als solche behandeln wollte.

Churchill glaubte, man müsse trotz der in Warschau gehegten Befürchtungen die Gelegenheit nutzen. Im *Daily Telegraph* wies er darauf hin, daß »zehn oder zwölf Tage vergangen sind, seit das russische Angebot gemacht wurde. Das britische Volk… hat das Recht, gemeinsam mit der Französischen Republik Polen aufzufordern, der gemeinsamen Sache keine Hindernisse in den Weg zu legen.« Hitlers künftige Beute brauche nicht nur »die uneingeschränkte Hilfe Rußlands«, sondern auch die der drei baltischen Staaten, die, von der Sowjetunion mit Waffen und Munition ausgerüstet, »vielleicht 20 Divisionen tüchtiger Soldaten« zur Verfügung stellen könnten. Er habe Verständnis für die polnische Politik, deren Ziel es sei, »einen Ausgleich zwischen den Deutschen und dem russischen Nachbarn Polens herzustellen«, aber jetzt, da man an den üblen Absichten der Nazis nicht mehr zweifeln könne, »wird eine definitive Annäherung zwischen Polen und Rußland unverzichtbar«. Andernfalls werde es mit Sicherheit zum Krieg kommen, und der wahrscheinliche deutsche Sieg werde Polen in Ketten legen. Er schrieb, Briten und Franzosen könnten dem deutschen Heer im Westen Widerstand leisten, aber ohne die Rote Armee werde die Ostfront zusammenbrechen. Er sei überzeugt, die Sowjetunion werde auf solche Vorschläge positiv reagieren:

»Es liegt im russischen Interesse, die Pläne von Herrn Hitler in Osteuropa unter allen Umständen zu vereiteln. Noch sollte es möglich sein, alle Staaten und Völker von der Ostsee bis zum Schwarzen Meer in einer geschlossenen Front gegen neue Verbrechen und Überfälle zu vereinigen. Eine solche Front, wenn sie in guter Absicht und begleitet von beherzten und wirksamen militärischen Vorbereitungen, kombiniert mit der Stärke der Westmächte, errichtet wird, könnte Hitler, Göring, Himmler, Ribbentrop, Goebbels und Genossen mit einer Streitmacht konfrontieren, die herauszufordern das deutsche Volk nur sehr ungern wagen wird.«[32]

Was er in diesem Artikel nicht erwähnt, ihm aber noch größere Sorgen bereitete, war die Tatsache, daß seine eigene Regierung ein Dreierbündnis ebenso entschieden ablehnte wie Beck. Die Sowjetunion wartete immer noch auf eine offizielle Stellungnahme zum Vorschlag Litwinows. Am gleichen Tag suchte Lord Camrose – praktisch im Auftrag von Winston – das Auswärtige Amt auf, um mit Halifax ein Gespräch unter Standesgenossen zu führen. Dabei trug Camrose dem Außenminister alle Gründe für die Errichtung eines Friedensblocks vor. Nachdem er das Auswärtige Amt verlassen hatte, schrieb er einen Bericht, in dem er die Gegenargumente des Außenministers zusammenfaßte. Halifax glaubte, ein solches Bündnis würde in Tokio schlecht aufgenommen werden. Rumänien würde sich ebenso wie Polen dagegen aussprechen. Die englischen Katholiken würden es aus religiösen Gründen ablehnen. Spanien könnte sich dadurch veranlaßt sehen, sich der Achse anzuschließen, die Beziehungen zu Italien würden darunter leiden, die Portugiesen könnten etwas dagegen einwenden, und Hitler könnte dazu getrieben werden, »verzweifelte Maßnahmen« zu treffen. Camrose hatte geduldig erwidert, alle diese Punkte seien belanglos oder unzutreffend – die Italiener seien ohnehin bereits mit den Deutschen verbündet – gemessen an der Notwendigkeit, den Aggressionen der Nationalsozialisten Einhalt zu gebieten, Großbritannien zu verteidigen und einen großen europäischen Krieg zu vermeiden. Halifax hatte höflich zugehört, sich aber nicht beeindrucken lassen.[33]

Am 8. Mai, drei Wochen nachdem die Sowjetunion ihr weitreichendes Angebot gemacht hatte, wurde es von London beantwortet. William Shirer schrieb: »Die Antwort war praktisch eine Ablehnung. Sie verstärkte den Verdacht in Moskau, daß Chamberlain nicht bereit sei, mit Rußland ein Militärbündnis zu schließen, um Hitler an der Eroberung Polens zu hindern.« Die Regierung Seiner Majestät ließ die Tür – einen Spalt breit – offen. Sie werde den Vorschlag noch einmal prüfen. Das Hoffnungsfünkchen glühte noch, aber nur sehr schwach.[34]

Erst am 19. Mai äußerte sich Chamberlain im Unterhaus zu dem russischen Vorschlag, und auch dies erst, nachdem Churchill, Lloyd George und Eden, wie Winston schrieb, »der Regierung in aller Deutlichkeit gesagt hatten, wie dringend notwendig es sei, mit den Russen sofort weitreichende Vereinbarungen zu treffen, und zwar zu Bedingungen, welche die Interessen beider Seiten berücksichtigten«. Eine Stunde lang versuchte Lloyd George, die Regierung davon zu überzeugen, daß eine Entscheidung dringend notwendig sei und man einer klaren politischen Linie folgen müsse, mit der die Freunde Englands unterstützt und seine Feinde in die Schranken gewiesen würden. Churchill bezeichnete die Rede des Premierministers zum sowjetischen Vorschlag als »kühl und verächtlich«. Später schrieb er, Chamberlains Ansichten zeigten »den gleichen Mangel an Verständnis für die Erfordernisse der gegenwärtigen Lage… wie die Ablehnung der Vorschläge Roosevelts im vergangenen Jahr«. Der Premierminister behauptete, »wenn gesagt wird, wir achteten die Unterstützung durch die Sowjetunion gering, dann ist das unbegründet«. Wenn die Regierung »eine Methode entwickeln könnte, die es uns erlauben würde, mit der Sowjetunion zusammenzuarbeiten und ihre Unterstützung anzunehmen… würden wir sie begrüßen; wir wünschen eine solche Zusammenarbeit; wir halten sie für wertvoll«. Er sagte, es wäre töricht zu behaupten, daß Rußland, »jenes riesige Land mit seiner großen Bevölkerung und seinen gewaltigen Ressourcen keine große Bedeutung habe«. Gespräche zwischen britischen und sowjetischen Diplomaten hätten, wie er sagte, bereits begonnen. Leider hätten sie sich festgefahren. Er gab zu, daß es ihm schwerfalle, Moskau die Hand zu reichen, bestand jedoch darauf, daß seine Haltung »praktisch und nicht ideologisch« begründet sei. Es gebe »eine Art Schleier, eine Art Mauer zwischen den beiden Regierungen, die zu durchdringen außerordentlich schwierig ist«.[35]

Churchill glaubte, der Schleier läge im Kopf des Premierministers. Seine Skepsis war berechtigt; noch vor zwei Monaten hatte Chamberlain seiner Schwester über die Sowjetunion geschrieben: »Ich muß gestehen, daß ich gegenüber Rußland das tiefste Mißtrauen hege… Ich mißtraue seinen Motiven, die mir mit unseren Vorstellungen von Freiheit sehr wenig zu tun zu haben scheinen und offenbar nur darauf gerichtet sind, jedem anderen Gewalt anzutun. Außerdem wird Rußland von vielen kleineren Staaten, die ihm mißtrauen, gehaßt, vor allem von Polen, Rumänien und Finnland.« Bezeichnenderweise beunruhigte es ihn nicht, wie der Begriff der Freiheit von den Nationalsozialisten ausgelegt wurde, obwohl Hitler damals sehr viel deutlicher zeigte, wie sehr es ihm darum ging, anderen Gewalt anzutun, und dabei auch sehr viel erfolgreicher war als Stalin. Colin Coote schrieb an Churchill, »wegen seines phantastischen Widerwillens gegen Sowjetrußland ist der Premierminister im Grunde damit einverstanden, daß die nationalsozialistische Ideologie in Europa vorherrscht«.[36]

Den französischen Deputierten im Pariser Regierungsviertel erschien ein Bündnis mit Moskau sehr viel attraktiver. Zwischen ihnen und der deutschen Wehrmacht gab es keinen Kanal. Aber für Minister wie Bonnet war die Sowjetunion das Reich des Bösen, und sie bemühten sich gar nicht, dies zu verbergen. Doch weder in der französischen noch in der britischen Hauptstadt waren sich die politisch maßgebenden Männer der Tatsache bewußt, daß es nicht auf ihre persönliche Meinung ankam. Männer, die die Regierungsgeschäfte in großen Staaten leiten, haben es mit ihren ausländischen Kollegen zu tun, und dabei spielt es keine Rolle, was sie persönlich von ihnen halten. Die bewußte Grobheit der Alliierten gegenüber der Sowjetunion im Frühjahr und Sommer 1939, als Rußland ihnen die kollektive Sicherheit anbot, war unverzeihlich. Den Millionen Menschen, für deren Schicksal sie verantwortlich waren, haben sie nicht damit gedient. Man kann darüber streiten, ob Litwinow, wenn man ihm mit Höflichkeit begegnet wäre und die Gelegenheit gehabt hätte, in vertraulichen Gesprächen unter vier Augen seine Probleme zu erörtern, wie das unter Diplomaten üblich ist, den Krieg hätte verhindern können, den ganz Europa mit Ausnahme Hitlers und seiner Komplizen fürchtete. Die Tatsache, daß die Alliierten die Politik Litwinows und das interne Funktionieren der sowjetischen Bürokratie nicht begriffen, vermag ihr Versagen nicht zu entschuldigen.

Winston, der über die Ideologien hinausblickte, sah England in Gefahr, dessen Überleben ihm wichtiger war als alles andere. Am 19. Mai sagte er im Unterhaus, er bezweifle, daß die Rede Chamberlains im Parlament bei der Erfüllung seiner Aufgabe geholfen habe. »Ich wage auch zu sagen, daß sie jene nicht hat beruhigen können, die angesichts der gegenwärtigen Lage Böses ahnen.« Er könne, wie er sagte, »durchaus nicht verstehen, welche Einwände es gegen eine Verständigung mit den Russen gibt... Das Bündnis hat nur den Zweck, weitere Aggressionen zu verhindern. Ich kann nicht erkennen, was falsch daran ist.« Dann wandte er sich der Regierungsbank zu und sagte dem Premierminister: »Wenn Sie darangehen... die Interessen und die Loyalität der russischen Regierung in dieser Angelegenheit zu untersuchen, dann dürfen Sie sich nicht von Gefühlen leiten lassen. Sie müssen sich daran orientieren, um welche vitalen Interessen es geht. Die vitalen Hauptinteressen Rußlands sind eng damit verbunden, in Zusammenarbeit mit Großbritannien und Frankreich weitere aggressive Akte zu verhindern.« Er fragte: »Wenn Sie bereit sind, sich im Fall eines Krieges mit Rußland zu verbünden« – was Chamberlain gesagt hatte –, »weshalb scheuen Sie sich, jetzt ein Bündnis mit Rußland zu schließen, da Sie doch gerade dadurch den Ausbruch eines Krieges verhindern könnten? Ich kann alle diese diplomatischen Feinheiten und Verzögerungen nicht verstehen. Wenn es zum Schlimmsten kommen sollte, dann müssen Sie es mit ihnen durchstehen und das Beste daraus machen. Wenn es nicht zu solchen Schwierigkeiten kommt, nun, dann werden Sie im Vorfeld solcher Entwicklungen die durch das Bündnis erreichte Sicherheit gehabt haben.«[37]

Natürlich gebe es am Rande eines jeden Vertrags komplizierte Probleme, aber das Problem, das hier zu lösen sei, könne kaum einfacher sein. Dieser Plan für ein Dreierbündnis sei ein erster Schritt und eine Einladung an andere gefährdete Länder, sich in den Schutz dieser gemeinsamen Front zu begeben. Er wäre die ehrlichste und praktischste Methode, das Problem zu lösen.

»Ich weiß nicht, ob ich das meinem ehrenwerten Freund damit empfehlen kann, daß ich als besonderes Kompliment für ihn einen Vergleich anstelle. Es ist wie das Aufrichten eines gepanzerten Schirms, unter dem Schutz zu suchen andere Länder aufgefordert werden, wenn sie das tun wollen. Aber wir dürfen die Tatsache nicht aus unserem Bewußtsein verdrängen, daß wir uns im Augenblick an einem toten Punkt befinden. Welche Differenzen gibt es? Wir haben Polen und Rumänien bereits Garantien gegeben, und die Regierung sagt uns, sie wäre froh, wenn Rußland ähnliche Garantien geben wolle. Deshalb werden wir, wenn Polen und Rumänien angegriffen werden, uns im Krieg befinden, und das gilt auch für Rußland. Es besteht also fast kein Zweifel daran, daß diejenigen, die sich mit der gleichen Macht verbündet haben, auch miteinander verbündet sind.« Er fuhr fort: »Selbstverständlich wird Rußland keine Verträge schließen, wenn es nicht als gleichberechtigter Partner behandelt wird, und nicht nur das, sondern es muß darauf vertrauen können, daß die von den Alliierten – von der Friedensfront – angewendeten Methoden geeignet sind, zum Erfolg zu führen.« Eine vage Politik und eine schwankende Führung werde Nationen entmutigen, die andernfalls bereit wären, in eine Koalition einzutreten, und Chamberlain müsse »erkennen, daß keiner dieser osteuropäischen Staaten sich auf einen, sagen wir, ein Jahr dauernden Krieg einlassen kann, wenn hinter diesen Staaten nicht die massive und solide Unterstützung eines freundlich gesinnten Rußland steht, das mit einer Koalition der

Westmächte verbunden ist«. Dann kam Churchill auf die für jeden Engländer wichtigste Frage zu sprechen: »Wenn keine Ostfront aufgebaut wird, was wird dann mit dem Westen geschehen? Was wird mit den Ländern an der Westfront geschehen, mit denen wir, auch wenn wir ihnen keine Garantien gegeben haben, selbstverständlich verbunden sind – mit Ländern wie Belgien, Holland, Dänemark und der Schweiz?... Wie sollen sie verteidigt werden, wenn es keine aktive Ostfront gibt?« Er schloß mit den Worten:

»Es ist eine gewaltige Sache, diese Frage der Ostfront. Ich bin erstaunt, daß sich nicht mehr Menschen dafür interessieren. Ich erwarte von der Sowjetunion keine Geschenke. Dies ist nicht die Zeit, von anderen Ländern Geschenke anzunehmen. Aber es gibt ein Angebot, ein faires Angebot und nach meiner Meinung ein besseres Angebot als das, was die Regierung zunächst erwartet hat. Es ist einfacher, direkter und aussichtsreicher. Wir dürfen es nicht beiseite schieben und alles beim alten lassen. Ich flehe die Regierung Seiner Majestät an, einige dieser brutalen Wahrheiten zu begreifen. Ohne eine wirksame Ostfront lassen sich unsere Interessen im Westen nicht erfolgreich verteidigen, und ohne Rußland kann es keine wirksame Ostfront geben. Wenn die Regierung Seiner Majestät jetzt, nachdem sie unsere Verteidigung lange Zeit vernachlässigt, die Tschechoslowakei mit allem, was dieses Land militärisch bedeutet, fortgeworfen und uns zu Hilfeleistungen verpflichtet hat, ohne die technischen Aspekte der Verteidigung Polens und Rumäniens zu untersuchen, die unverzichtbare Unterstützung durch Rußland zurückweist und fortwirft und uns damit in denkbar übler Weise in den schlimmsten aller Kriege stürzt, dann wird sie das Vertrauen und, das muß ich hinzufügen, die Großmut nicht verdient haben, die Ihnen Ihre Landsleute entgegengebracht haben.«[38]

Winston – und inzwischen auch die große Mehrheit der britischen Öffentlichkeit – hielt diese Argumente für unwiderlegbar. Der Premierminister beugte sich der scharfen Kritik und erklärte am 23. Mai sich widerwillig bereit, mit den Sowjets über die Grundlagen eines britisch-französisch-sowjetischen Bündnisses zu verhandeln. Allerdings glaubte er selbst nicht an die Notwendigkeit eines solchen Bündnisses. Und vielleicht lag eine gewisse Logik in dem Argument, daß man einen starken Verbündeten jenseits der Ostgrenze Deutschlands – oder auch an dessen Westgrenze – nicht brauchte, wenn man ohnedies beabsichtigte, Hitlers Forderungen zu erfüllen. Nach diesem Muster war man jedenfalls bisher verfahren; die Kapitulation entsprach dem Charakter des britischen Premierministers. Der Propagandaminister Hitlers, der fest davon überzeugt war, daß Chamberlain nachgeben werde, sprach das sogar offen aus. Der *Observer* berichtete, Goebbels habe vorausgesagt, daß »Hitler mit der Sicherung des Friedens einen persönlichen Triumph erleben werde, weil Mr. Chamberlain die Polen zum Nachgeben zwingen wird«.[39]

Wo und worin sollten sie nachgeben?

Nachdem sich Chamberlain im Namen Großbritanniens verpflichtet hatte, die Polen im Kampf um ihre Unabhängigkeit zu unterstützen, hatte Daladier seinem Kabinett gesagt, die Briten betrachteten jetzt die Weichsel und nicht den Rhein als ihre Grenze. An der Mündung der Weichsel lag die Freie Stadt Danzig, ein im Vertrag von Versailles errichteter Freistaat. Die eigentliche Bedeutung der Stadt ergab sich aus der Tatsache, daß sie an der Ostsee gelegen war. Da sich der Hafen von Danzig durch den Polnischen Korridor erreichen ließ – eine weitere Schöpfung von Versailles –, hatten die Polen auf diesem Wege einen Zugang zum offenen Meer und dem Welthandel. Doch wie fast alle in Versailles gemachten größeren Geschenke war auch die Umwandlung der Souveränitätsrechte der Stadt auf Kosten der Deutschen erfolgt. Bis zum Friedensvertrag von 1919 hatte sie zum Deutschen Reich gehört. Danzig ist ein deutscher Name, und erst nach 1945 haben es die Polen nur noch Gdansk genannt.

1939 gehörte Danzig nicht zu Polen, wenngleich den Lesern des *Völkischen Beobachters* eingeredet worden war, daß dies so sei. Die Sieger von 1918 hatten der Stadt den Status eines Freistaats zugestanden, aber da die überwiegende Mehrzahl der Bewohner Deutsche waren, beherrschten die Deutschen auch die Legislative. Schon Ende der 20er Jahre kam es häufig zu Spannungen zwischen der Stadtverwaltung und der Gesetzgebenden Körperschaft, und seit 1933, nach der Machtergreifung durch die Nationalsozialisten im Deutschen Reich, hatten sich diese Spannungen jedes Jahr intensiviert. Die gewählten Abgeordneten waren stolz auf ihre Mitgliedschaft in der örtlichen Nazipartei und trugen, um diese Gesinnung zu dokumentieren, Hakenkreuzarmbinden. Auf Anweisung aus Berlin hätten sie innerhalb einer Stunde einen Aufstand in Szene setzen können.

Der Streit um Danzig sollte zum Anlaß für den Zweiten Weltkrieg werden, aber er hatte lange Zeit unter der Oberfläche geschwelt wie ein Riß in der Erdkruste, der, wenn er aufbricht, ein Erdbeben zur Folge hat. Das britische Auswärtige Amt war sich bis zum Frühjahr 1939 der Bedeutung dieses Problems kaum bewußt gewesen, ein erschütternder Beweis für die Unfähigkeit von Whitehall und der Abteilung MI 6, des geheimen Nachrichtendienstes. Das Vorbeben in Danzig war schon spürbar gewesen, lange bevor die Deutschen im Sudetenland ihrer Unzufriedenheit Luft machten; der Plan Hitlers, diese Situation auszunutzen, wird schon in *Mein Kampf* erwähnt. Aber schon bevor das Problem akut wurde, glaubte die Regierung Seiner Majestät, daß es sich ohne weiteres würde lösen lassen. Das war jedoch nicht möglich, weil Hitler es nicht wollte. An der Auffassung, daß man Hitler beeinflussen könne – und hier lag die Wurzel des Versagens der britischen Außenpolitik in den Jahren vor dem Krieg –, änderte sich bis zum August 1939 nichts. Und sogar nachdem die Feindseligkeiten schon begonnen hatten, hielt Chamberlain daran fest wie ein alter Hund, der einen abgenagten Knochen nicht loslassen will.

Die Briten wären vielleicht hellhöriger gewesen, wenn Oberst Beck während seines Besuchs in London im April 1939 diese Frage nicht bagatellisiert hätte. Der höfliche polnische Oberst hatte seinen Gastgebern versichert, daß sie sich um Danzig keine Sorgen zu machen brauchten; er wolle sie mit diesem Problem nicht weiter »belästigen«. Beck hatte gelogen; die Frage nach der Zukunft der Freien Stadt war in Wirklichkeit Anlaß zu ernster Sorge, und die über ihr liegenden Schatten begannen sich schon am 5. November 1937 zu verdunkeln, als Konstantin von Neurath dem polnischen Botschafter in Berlin, Jozef Lipski gesagt hatte, »die Danziger Frage« werde, bis sie gelöst sei, die deutsch-polnischen Beziehungen permanent belasten, die einzig mögliche Lösung sei »die Wiedereingliederung des deutschen Danzig in... das Reich«. Im folgenden Jahr unmittelbar nach Abschluß des Münchener Abkommens hatte Ribbentrop den polnischen Botschafter Lipski zu einem dreistündigen Arbeitsessen nach Berchtesgaden eingeladen, um mit ihm über Danzig zu sprechen. Er sagte, die Stadt müsse an Deutschland zurückgegeben werden. Außerdem verlange Deutschland exterritoriale Rechte im Polnischen Korridor und eine öffentliche Verurteilung der Sowjetunion durch die Polen. Chamberlain hatte sich ursprünglich deshalb zum Beistand für Polen verpflichtet, weil er glaubte, Rumänien sei Hitlers nächstes Eroberungsziel, und wünschte, daß die Polen gemeinsam mit Großbritannien die Unabhängigkeit Rumäniens garantierten. In Wirklichkeit befand sich Polen damals in sehr viel größerer Gefahr als Rumänien.[40]

Nach Prag hatte Ribbentrop die Polen tiefer in den Strudel der Machtpolitik hineingezogen. Am Dienstag, dem 21. März, hatte er Lipski wieder zu sich bestellt und seine Forderungen hinsichtlich Danzigs und des Korridors wiederholt. Außerdem hatte er sich über die antinazistischen Demonstrationen in Polen beschwert und verlangt, dergleichen zu verhindern und dafür zu sorgen, daß die polnischen Zeitungen auf jede Kritik an Hitler verzichteten. Das Fehlen einer »positiven Reaktion« auf das Problem Danzig habe »einen ungünstigen Eindruck«

auf Hitler gemacht, sagte er in drohendem Ton. Hitler könne »über die eigenartige Haltung der Polen zu einer Reihe von Fragen« nur noch staunen. Vielleicht sei es das klügste, wenn Oberst Beck diese Angelegenheiten selbst mit dem Führer bespräche, der andernfalls den Eindruck gewinnen könnte, daß Polen »einfach nicht bereit ist«, dem Deutschen Reich entgegenzukommen.[41]

Lipski war nach Hause geflogen, hatte sich seine Instruktionen von Beck geholt und war am Sonntag mit einem Memorandum des Obersten wieder in der Wilhelmstraße erschienen. Abgesehen von der höflichen Form, in der dieses Schreiben abgefaßt war, enthielt es die klare Ablehnung aller Forderungen Hitlers und die Weigerung, nach Berlin zu kommen, bevor »alle Fragen im voraus entsprechend den diplomatischen Gepflogenheiten geklärt worden sind«. Beck warnte, wenn sich die Dinge so weiterentwickeln sollten wie bisher, dann könne daraus »eine ernste Situation entstehen«. Die Montagszeitungen brachten Berichte über antideutsche Ausschreitungen in Bromberg – einer auch von Deutschen bewohnten Stadt im westlichen Polen. Ribbentrop nahm diese Unruhen zum Anlaß, Lipski zu sich zu bestellen und ihm zu sagen, die Polen in Bromberg seien für die Unruhen verantwortlich und er könne »die polnische Regierung nicht mehr verstehen«. Er fügte hinzu, Polen habe ausweichend auf das großzügige deutsche Angebot reagiert. Dadurch seien die Beziehungen zwischen beiden Ländern schwer belastet worden.[42]

Das Auswärtige Amt in Whitehall hatte das Ticken der Zeitbombe erst in der zweiten Aprilwoche vernommen, als Goebbels das Gerücht verbreiten ließ, Deutschland plane zum Geburtstag des Führers am 20. April einen Schlag gegen Danzig. Als Halifax davon hörte, fragte er sich, wie Polen auf eine manipulierte »innere Revolte« in der Stadt reagieren werde, und bat den Botschafter Seiner Majestät in Warschau, diese Frage zu klären, die ihm »keineswegs klar« sei. Er habe den Eindruck, wenn die Polen bereit seien, mit dem Deutschen Reich einen Vertrag zu schließen, dann würden sie »der deutschen Regierung dadurch den Boden unter den Füßen fortziehen, daß sie ihre Verhandlungsbereitschaft zeigten«. Beck lehnte das schroff ab. Er hielt es zur Zeit nicht für »opportun«, Berlin ein solches Angebot zu machen. Wenn die Deutschen den Status quo ändern wollten, müßten sie die Initiative ergreifen und ihre Ansprüche präzisieren; die polnische Regierung werde sie dann prüfen. Sie werde jedoch nicht bereit sein zu verhandeln. Die Polen bestanden darauf, daß Danzig eine Freie Stadt blieb, denn es war neben Gdingen ihr einziger großer Hafen und unterstand nach den Bestimmungen des Versailler Vertrags dem Völkerbund. Danzig den Nazis zu überlassen, würde als Zeichen der Schwäche gedeutet werden und die Deutschen zu neuen Forderungen ermutigen. Halifax, den diese Argumente nicht überzeugten, erklärte, daß er Verhandlungen den Vorzug gebe. Becks Erster Privatsekretär sagte einem britischen Diplomaten, diese Äußerungen »könnten Zweifel daran entstehen lassen, daß Großbritannien zu seinem Wort stehen wird«. Er fügte hinzu, sie weckten Erinnerungen an München, und das sei »kein guter Präzedenzfall«.[43]

In Danzig erfuhr die Öffentlichkeit am letzten Freitag im April von dieser Krise, als Hitler vor dem Reichstag und der Weltöffentlichkeit – einschließlich der entsetzten Regierungen in London und Paris – verkündete, das deutsche Auswärtige Amt habe während der vergangenen sechs Monate mit Beck über die deutschen Ansprüche gegenüber Polen verhandelt. Mit lauter Stimme rief Hitler, Danzig sei eine deutsche Stadt und müsse ins Reich »zurückkehren«. Außerdem verlangte er das Recht, durch den Polnischen Korridor eine Autobahn und eine zweigleisige Eisenbahnstrecke nach Ostpreußen zu bauen. Schließlich müsse Polen dem Antikomintern-Pakt beitreten. Seine gegenüber Polen gemachten Vorschläge bezeichnete Hitler als »die denkbar größten Zugeständnisse im Interesse des Friedens in Europa«. Und doch, so fügte er drohend hinzu, hätten die Polen sein letztes und einziges Angebot abgelehnt.[44]

In Wirklichkeit war das alles nur Theater. Das Oberkommando der Wehrmacht und die Nazihierarchie wußten, daß Hitler entschlossen war, Polen zu überfallen, was auch geschehen mochte. Vor fast einem Monat hatte er seinem Oberkommando bereits die numerierten Ausfertigungen des mit der Aufschrift »Geheime Kommandosache« versehenen Befehls für den »Fall Weiß« zukommen lassen. Darin hieß es, die Aufgabe der Wehrmacht sei es, die polnischen Streitkräfte zu vernichten. Dazu sei ein Überraschungsangriff vorgesehen und vorzubereiten. Weiter hieß es, die überraschende Besetzung von Danzig könne unabhängig vom Fall Weiß durch die Ausnutzung einer günstigen politischen Situation möglich werden.[45]

Er hatte diese Situation durch einen seiner geschicktesten Schachzüge herbeigeführt. Danzig genoß jetzt die ungeteilte Aufmerksamkeit der ausländischen Politiker. Sie waren überzeugt, die Freie Stadt sei sein nächstes Eroberungsziel. Nun wollte er diese vorgefaßte Meinung zur Erreichung seines wirklichen Zieles ausnutzen. Das war die Eroberung von ganz Polen. Er kannte seinen Chamberlain. Trotz aller Warnungen vor einem größeren militärischen Unternehmen hatte der Premierminister an seine Schwester geschrieben: »Gegenwärtig ist Danzig die Gefahrenstelle.« Dann hieß es in seinem Brief, er »denke daran, Musso einen weiteren Vorschlag zu machen und ihn zu bitten, sich um einen zwölfmonatigen Waffenstillstand zu bemühen und damit für eine Abkühlung der politischen Atmosphäre zu sorgen«. Der Duce, dem viel daran gelegen war, den Eindruck zu verstärken, daß Hitler seine Empfehlungen ernst nahm, schrieb dem Reichskanzler, daß »das britische Ersuchen« um eine Periode der Abkühlung im Hinblick auf Danzig »die Voraussetzungen dafür enthält... eine für Deutschland günstige Lösung zu erreichen«, die nicht den »Rhythmus Ihrer glänzenden Leistungen stören würde... denn Sie werden einen neuen unbezweifelbaren Erfolg den schon erreichten hinzufügen können«.[46]

Aber eine Lösung des Danziger Problems – die Eingliederung der Stadt in das Deutsche Reich – würde Hitler eines Vorwands für den Überfall auf Polen berauben. Am 23. Mai befahl er die Oberbefehlshaber der Wehrmachtteile und deren Generalstabschefs zu sich, um ihnen zu sagen, daß er beschlossen habe, Polen bei der nächsten Gelegenheit anzugreifen. Es werde zu keiner Wiederholung der tschechischen Affäre kommen, sondern »es wird Krieg geben«. Er sei überzeugt, die Garantie der polnischen Grenzen durch Großbritannien sei ein Bluff. Einige Wochen später befahl er seine Generäle nach Zossen, 32 Kilometer südöstlich von Berlin, wo er das Hauptquartier für den Führungsstab der Wehrmacht und ein Büro für sich selbst eingerichtet hatte, und sagte ihnen, sie dürften nicht davor zurückschrecken, die Probleme im Osten zu lösen, auch wenn man dabei das Risiko eingehen müsse, daß Schwierigkeiten im Westen entstünden, weil er überzeugt sei, daß die Demokratien nicht kämpfen und daher solche »Komplikationen« letztlich doch nicht entstehen würden.[47]

Die in Zossen versammelten Offiziere hielten das für einen Irrtum, aber zunächst behielt er recht. Während des ganzen Sommers 1939 bestimmten die Beschwichtigungspolitiker die Außenpolitik der Regierung Seiner Majestät. Lord Rothermere schrieb am 17. Juli an Churchill: »Wenn wir Vorsicht walten lassen, dann glaube ich nicht, daß es wegen Danzig zum Krieg kommen wird. Hitler hat bei mir den unauslöschlichen Eindruck hinterlassen, daß er niemals offen die Initiative ergreifen und die Verantwortung für ein Blutvergießen übernehmen wird. Ich glaube, während meines langen Gesprächs mit ihm hat er das mindestens ein Dutzendmal gesagt.« Trotzdem habe England, wie er schrieb, »Tag und Nacht weiter gerüstet und dafür, wenn notwendig, alle verfügbaren Mittel eingesetzt«. Rothermere glaubte, Hitler sei »schlecht behandelt worden. Anstelle der Sprache des Vorwurfs und der Zurückweisung, deren wir uns im Umgang mit ihm bedient haben, hätten wir es, wie ich meine, mit der Sprache der Butter versuchen sollen... Die Sprache der Kanonen wird uns vielleicht nicht annähernd so weit bringen wie die Sprache der Butter.«* Er schloß mit den denkwürdigen Worten: »Ich habe noch nie erlebt, daß in England von maßgebender Stelle ein Wort der Anerkennung über die gewaltigen Leistungen Hitlers in Deutschland gesagt worden ist.«[48]

Nach zwei Tagen beantwortete Churchill diesen Brief: »Was Danzig betrifft, so mögen Sie recht haben, aber kommt es wirklich darauf an, wie man die Sache nennt? Offensichtlich müssen wir mit einem großen ›Schlag‹ rechnen, und alle Vorbereitungen in Deutschland deuten einwandfrei darauf hin, daß er irgendwann im August erfolgen wird. Ob H. die Sache absagen wird oder nicht, ist ein psychologisches Problem, das Sie wahrscheinlich ebensogut beurteilen können wie jeder andere Zeitgenosse. Ich fürchte, er verachtet Chamberlain und ist davon überzeugt, daß dieser seine Regierung deshalb nicht auf eine breitere Basis stellt, weil er nachgeben will, sobald das Parlament in die Ferien gegangen ist.« Während er an seinem Buch arbeite, bliebe Winston, wie er sagte, »zunächst ganz still... Ich habe meine Warnungen ausgesprochen, und es tröstet mich, daß ich, da ich ohnehin zur Untätigkeit verdammt bin, keine Verantwortung tragen muß.« Aber natürlich fühlte er sich nicht frei von jeder Verantwortung. Stärker als der Druck von außen, der ihn zum Schweigen zwang, war der Druck von innen. Sein Gewissen, und das war sein Wesenskern, zwang ihn, sich immer wieder an die Öffentlichkeit zu wenden.[49]

Die erste Gelegenheit dazu war ein Essen im 1900 Club am 21. Juni. Winstons deutschfreundlicher Vetter Lord Londonderry war der Gastgeber. Der Ehrengast war Halifax. Nachdem Winston diejenigen unter den Gästen, die seine Auffassungen zu den politischen Tagesfragen nicht teilten, am Anfang seiner Ansprache mit salbungsvollen Worten begrüßt und ihre Leistungen gewürdigt hatte, erinnerte er Londonderry an »die flagrante und brutale Art, in der das Münchener Abkommen von der nationalsozialistischen Regierung in Stücke gerissen« worden war, und an »die Torheit oder Schurkerei der nationalsozialistischen Vergewaltigung« des tschechischen Rumpfstaats. Am Schluß setzte er sich noch einmal für das von ihm empfohlene Dreierbündnis ein und sagte: »Ich glaube, die meisten Anwesenden heute abend billigen und begrüßen die Bereitschaft der Regierung Seiner Majestät, ein Bündnis mit Sowjetrußland zu schließen, ohne das im Osten keine wirkliche Stabilität geschaffen oder über längere Zeit bewahrt werden kann.«[50]

Er selbst war entmutigt. Cripps besuchte ihn am folgenden Nachmittag in seiner Wohnung und blieb länger als eine Stunde. In seinem Tage-

* Anspielung auf die Frage Görings in einer Rede zur deutschen Aufrüstung: »Wollt ihr Butter oder Kanonen?« (Anm. d. Übers.)

buch schreibt er, Winston »schimpfte mit starken Worten auf den Premierminister und sagte, er und Eden seien bereit gewesen, in das Kabinett einzutreten, nachdem Hitler Prag besetzt habe, seien jedoch nicht aufgenommen worden, weil dann die Beschwichtigungspolitik nicht mehr hätte weitergeführt werden können«. Er sei sich mit Cripps darin einig gewesen, daß das Parlament eine Koalitionsregierung brauche, »aber verzweifelt, da es keine Möglichkeit gebe, Chamberlain loszuwerden oder ihn zu überzeugen«. Mit besonderer Genugtuung fügt Cripps hinzu: »Unter anderem wies er darauf hin, daß die ›linke‹ Volksfrontbewegung großen Zulauf bekommen hätte, wenn Chamberlain seine Außenpolitik nach Prag nicht geändert hätte, und ich nehme an, er hätte diese Bewegung sogar unterstützen können!« Am Donnerstag, dem 22. Juni, erwähnte Churchill in einem Artikel im *Daily Telegraph* Berichte, nach denen deutsche Truppen an der slowakischen Grenze zusammengezogen worden seien, und schrieb, das bedeute, daß die Wehrmacht beabsichtige, gegen Polens »Südflanke« vorzustoßen, und daß Hitler sich in den Besitz von Danzig setzen wolle, um »Polen den Zugang zur See abzuschneiden«. Am Tag darauf schrieb Winston an G. M. Young: »Es tut mir leid, aber wie ich die Dinge sehe, ist die Lage äußerst bedrohlich.« Doch in der Öffentlichkeit gab er sich nach wie vor zuversichtlich. Am Dienstag, dem 27. Juni, sprach er im Carlton Club, wie die *Yorkshire Post* schrieb, vor der »größten Zuhörerschaft, die sich je zu einer solchen Gelegenheit versammelt hat« und rief zu »einem umfassenden und soliden Bündnis« mit Rußland auf. Er sagte seinen Zuhörern, er wünsche, »ich könnte Herrn Hitler davon überzeugen, daß die Geduld der britischen Nation und mit Sicherheit auch die des Britischen Empire endgültig am Ende ist. Wir haben den Bruch feierlich gegebener Versprechen und gültiger Verträge immer und immer wieder geduldig hingenommen. Doch Herr Hitler würde einen schweren Fehler begehen, wenn er sich einredete, daß Feigheit und Entartung die Ursachen für alle diese Rückzüge seien.«[51]

Aber genau das war es, was Hitler glaubte. Außerdem ändern erfolgreiche Verbrecher nur selten ihre Taktik. Die Deutschen im Sudetenland hatten Chamberlain veranlaßt, in München zu kapitulieren, und in Danzig gab es in der Bevölkerung prozentual mehr Deutsche als in der Tschechoslowakei. So mußte man damit rechnen, daß Hitler auch hier bei seiner Taktik blieb. Er glaubte, der britische Premierminister werde für seine Vorstellungen Verständnis aufbringen, und er hatte recht. Chamberlain schrieb an seine Schwester Ida, »sollte sich das Problem (Danzig) jetzt zuspitzen«, dann bezweifle er, daß »noch eine andere Lösung als der Krieg praktisch denkbar ist«, aber wenn der Führer »noch ein wenig Geduld haben sollte, kann ich mir vorstellen, daß ein

Weg gefunden werden könnte, die deutschen Ansprüche zu befriedigen und zugleich die Unabhängigkeit Polens und dessen wirtschaftliche Sicherheit zu wahren«. Er mußte an die Jubelrufe denken, mit denen er bei seiner Rückkehr aus München empfangen worden war, und hoffte auf eine Wiederholung. Auch er war nicht bereit, von seiner Taktik abzuweichen.[52]

Ende Juni setzte Goebbels ein neues Gerücht in die Welt, das besagte, es werde am Wochenende in Danzig zu Unruhen kommen. Damit wollte er die britische Entschlossenheit testen und konnte feststellen, daß sie schwach war. Ribbentrops Staatssekretär von Weizsäcker sagte dem französischen Botschafter Coulondre: »Wir wissen, daß Sie (Frankreich) kämpfen würden, aber was England betrifft, so sind wir nicht sicher.« Daladier war beunruhigt und setzte sich mit der britischen Regierung in Verbindung. Er sagte den Briten, »nur eine sehr energische Erklärung... wird einen Staatsstreich in Danzig verhindern können«, und in Warschau sagte ein Mitglied der herrschenden Militärjunta dem britischen Geschäftsträger Clifford Norton, wenn Großbritannien und Frankreich fest blieben, werde es keinen Staatsstreich geben. Zur gleichen Zeit teilte der britische Generalkonsul in Danzig dem Auswärtigen Amt mit, daß die Deutschen dort behaupteten, die westlichen Alliierten »werden Polen im Stich lassen und nicht für Danzig kämpfen«.[53]

Der Generalkonsul empfahl der britischen Regierung, eine feste Haltung einzunehmen, aber Halifax wollte nichts davon hören. Der Außenminister hatte nicht die Absicht, sich für Danzig in einen Krieg verwickeln zu lassen. Am 1. Juli teilten die Franzosen auf eigene Initiative dem deutschen Außenminister Ribbentrop mit: Jedes Vorgehen, gleich welcher Art, das dazu führen würde, den Status quo in Danzig zu verändern und den bewaffneten Widerstand Polens zu provozieren, würde die französisch-polnischen Vereinbarungen ins Spiel bringen und »Frankreich verpflichten, Polen sofort zu Hilfe zu kommen«. Bonnet schlug Halifax vor, »möglichst bald« einen ähnlichen Schritt zu tun, aber Halifax weigerte sich. Am 10. Juli erklärte Chamberlain im Parlament, ein Staatsstreich in Danzig »würde eine Bedrohung der polnischen Unabhängigkeit bedeuten, die zu verteidigen wir uns verpflichtet haben«, fügte jedoch hinzu, weitere Verhandlungen »sollten möglich sein... wenn sich die Atmosphäre abkühlt«.[54]

Churchill wußte, daß der Premierminister die Polen unter Druck setzte. Der Herausgeber des *Observer*, J. L. Garvin, hatte ihm wiederholt vorgeworfen, das zu tun, und nun war sich auch die Öffentlichkeit dieser Tatsache bewußt. Wie Chamberlain seiner Schwester am 23. Juli schrieb, hatte er »in der vergangenen Woche gehört, Hitler habe Herrn

Forster, dem Danziger Naziführer, gesagt, er werde den Ton der Agitation dämpfen. Allerdings sollte der deutsche Anspruch auf die Eingliederung Danzigs in das Reich aufrechterhalten werden, aber das könne noch bis zum nächsten Jahr oder sogar noch länger warten.« Bis dahin »würde die Stadt entmilitarisiert und die Presse zum Schweigen gebracht werden«. Besonderes Gewicht werde jedoch auf die Notwendigkeit der vorläufigen Geheimhaltung und auf die Zurückhaltung der polnischen Seite gelegt. Chamberlain hatte »den Polen alle möglichen Warnungen zukommen lassen, begleitet von Ermahnungen, nichts nach außen dringen zu lassen«. Doch leider hätten die Deutschen »die Katze aus dem Sack gelassen und all meinen Feinden« die Möglichkeit gegeben »zu behaupten, ›das habe ich doch schon immer gesagt, er will Polen verkaufen‹, um es mir unmöglich zu machen, mit den Deutschen über irgendein Thema Gespräche zu führen«.[55]

Das war eine Verschleierung der Wahrheit. Er sprach – durch Halifax – sowohl mit den Deutschen als auch mit den Polen und stellte sich dabei, ebenso wie sein Außenminister, stets auf die Seite der Nazis. Ein bemerkenswertes Beispiel für das Doppelspiel, das hier getrieben wurde, ergab sich, als die Polen um einen Kredit zum Kauf von Rüstungsgütern nachsuchten. Oberst Adam Koc, ein Mitglied der Warschauer Junta, war am 14. Juni mit einer aus Finanzexperten bestehenden Delegation nach London gekommen. Die Briten hatten ihm »grundsätzlich eine generelle Entscheidung« zugesagt, aber während der ersten zehn Tage von Kocs Aufenthalt in England wurde er nur einmal vom wirtschaftlichen Chefberater der Regierung empfangen, und diese Begegnung brachte keine konkreten Ergebnisse, sondern blieb eine »bloße Formsache«. Zwei Wochen später bot das Schatzamt den Polen acht Millionen Pfund an. Das war viel weniger, als sie brauchten, und es waren so viele für die Polen schwer zu erfüllende Bedingungen daran geknüpft, daß Koc enttäuscht und deprimiert nach Warschau zurückkehrte. Nach gründlicher Überlegung kamen die Polen zu ihrem »großen Bedauern« zu dem Schluß, das Angebot nicht annehmen zu können. Darauf ersuchte Koc um einen in amerikanische Dollar konvertierbaren Kredit, der es Polen erlauben würde, in den Vereinigten Staaten Waffen zu kaufen. Schatzkanzler Simon, der bereit gewesen war, tschechisches Gold durch seine »Butterfinger« gleiten zu lassen, wie Churchill sich ausdrückte, erklärte, da »dies unsere eigene finanzielle Position belasten würde«, könne er »nicht zustimmen«. Aber zur gleichen Zeit boten Beamte des Schatzamts, wie Gilbert und Gott bei einer Untersuchung dieser Transaktionen feststellten, »den Deutschen ein weitgehendes wirtschaftliches Entgegenkommen als Gegenleistung für einen englisch-deutschen Nichtangriffspakt an«. Sir Orme Sargent, der nach dem Sturz von Vansittart der entschiedenste Gegner der Beschwichtigungspolitik im Auswärtigen Amt war, hielt es für einen Wahnsinn, dem nationalsozialistischen Deutschland solche Vergünstigungen zu gewähren, während Polen so unfreundlich behandelt würde. In jenem Sommer ging unter den Engländern, die seine Meineung teilten, der Dolores Ibarruri im Spanischen Bürgerkrieg zugeschriebene Satz von Mund zu Mund: »Es ist besser, aufrechtstehend zu sterben, als auf den Knien weiterzuleben.« Die stolzen Männer, aus denen die Regierung Seiner Majestät bestand, dachten natürlich nicht im Traum daran, auf den Knien zu leben, aber sie glaubten, sie würden mit dem Frieden belohnt werden, wenn sie auf die Polemiken Hitlers damit reagierten, daß sie die andere Wange hinhielten und Berlin die denkbar großzügigste Behandlung zuteil werden ließen. Den Polen, die dazu ermutigt worden waren, ihre Unabhängigkeit England anzuvertrauen, überließen sie es, mit veralteten Waffen und mangelhafter Munition in die Schlacht zu ziehen.[56]

In der Gegenwart herrschen niemals absolute Ordnung, Zuverlässigkeit oder Vernunft, und wer versucht, sie so darzustellen, wenn sie zur Vergangenheit geworden ist, erreicht damit nur, daß diese Darstellung unglaubwürdig erscheint. Neben den scharfsinnigen Beobachtungen und intelligenten Schlußfolgerungen von Männern wie Churchill und Sargent gab es unzählige andere Berichte und Voraussagen, die den ihren in jeder Weise widersprachen. Alle diese Aussagen, die klugen und weitblickenden ebenso wie die törichten und unsinnigen überfallen die Menschen in einem wirren Durcheinander, und die meisten politisch Verantwortlichen glauben, wenn sie die Wahl haben, nur das, was sie glauben wollen, und akzeptieren alles, was ihre Politik und ihre Überzeugungen rechtfertigt. Dabei versuchen sie nach Möglichkeit zu verhindern, daß die Wahrheit schließlich im Papierkorb landet.

Neville Chamberlain brauchte einen sehr großen Papierkorb, denn er war eigensinnig und hatte einen starken Willen, und noch lange nachdem seine Untergebenen den Glauben an die Richtigkeit der Beschwichtigungspolitik aufgegeben hatten, hielt er an seiner Überzeugung fest, wenn er Hitler nur ein geeignetes Geschäft vorschlage, werde dieser darauf eingehen. Macmillan erinnert sich: »Hitler wurde von britischen Politikern immer als brillantes, aber leicht erregbares Genie angesehen, das durch Freundlichkeit besänftigt oder durch harte Worte aus der Fassung gebracht werden konnte. Es war dieses in verhängnisvoller Weise falsche Bild über das Wesen von Diktatoren... das die eigentliche Ursache dafür gewesen ist, daß in diesen tragischen Jahren so vieles in die falsche Richtung lief.« Irgendwie fand man für jede wilde Drohung und jedes unberechenbare Verhalten in der Reichskanzlei eine Entschuldigung. Carl Jacob Burckhardt, der Hochkommissar des Völkerbunds für Danzig, der später das Buch *Meine Danziger Mission 1937–1939* schrieb, erzählte Halifax, der Führer habe ihm gesagt: »Wenn es jetzt noch zu dem geringsten Zwischenfall kommt, werde ich die Polen ohne Vorwarnung so zerschmettern, daß man anschließend keine Spur mehr von Polen finden kann. Ich werde mit der ganzen Stärke einer motorisierten Armee zuschlagen, von der die Polen keine Vorstellung haben.« Burckhardt glaubte, die »Prahlerei« des Führers sei Ausdruck seiner »Furcht«, und Halifax hielt diese Erklärung für glaubhaft und vernünftig.[57]

Ende Mai befürwortete praktisch jeder maßgebende Außenpolitiker in Europa das Dreierbündnis mit Ausnahme des britischen Premierministers. Seinen Schwestern teilte er mit, Halifax habe ihm geschrieben, es sei ihm nicht gelungen, »Maisky von seiner Forderung abzubringen, ein Dreierbündnis zu schließen, und Daladier habe darauf bestanden, daß es notwendig sei; Polen habe keine Einwände erhoben... Es schien klar, daß wir nur die Wahl zwischen Annahme und dem Abbruch der Verhandlungen hätten«, was »zweifellos Berlin mit Freude erfüllen und Paris entmutigen würde«. Es gäbe »kein Zeichen der Ablehnung des Bündnisses in der Presse«, und es sei »offensichtlich, daß eine Weigerung zu gewaltigen Schwierigkeiten im Unterhaus führen würde, selbst wenn ich mein Kabinett überzeugen könnte«. Dennoch mißtraute er den Russen immer noch und hatte kein Vertrauen zur Roten Armee. Er hielt es weiterhin für verhängnisvoll, Europa in zwei bewaffnete Lager aufzuteilen, und schrieb, der einzige, der ihn unterstütze, sei Rab Butler, und er wäre »kein sehr einflußreicher Verbündeter«. Der Premierminister suchte nach einem Ausweg und wies Horace Wilson an, einen Plan auszuarbeiten, der den Russen gebe, »was sie wollen«, aber »die Idee eines Bündnisses« ausschlösse und an dessen Stelle »eine Absichtserklärung unter bestimmten Voraussetzungen« anbiete.[58]

Das war am 28. Mai 1939. Churchills wiederholte Aufforderungen, das Bündnis möglichst bald abzuschließen, begann Chamberlain zu irritieren wie die chinesische Wassertortur. Winston erneuerte seine Forderung am 8. Juni im *Daily Telegraph*, aber diesmal in einem neuen, feierlichen Ton. Er schrieb, es gäbe Gründe zu bezweifeln, daß die Regierung Seiner Majestät in der ehrlichen Absicht verhandle, zu einem Abschluß zu kommen. Seine Ansicht wurde augenscheinlich durch die Reaktion der Regierung Seiner Majestät auf einen Vorschlag des Kreml bestätigt, der um die Entsendung eines britischen Sonderbotschafters nach Moskau gebeten hatte. Eden erklärte sich sofort bereit, diesen

Auftrag zu übernehmen. Er wäre hervorragend dafür geeignet gewesen. Als ehemaliger Außenminister war er schon mehrmals und unter günstigen äußeren Umständen mit Stalin zusammengetroffen, und sein Rücktritt als Kabinettsmitglied wegen einer Grundsatzfrage hatte sein Ansehen auf dem europäischen Kontinent gestärkt. Doch statt dessen schickte Chamberlain den, wie Churchill sagte, »tüchtigen Beamten« William Strang, »der jedoch außerhalb des Auswärtigen Amts völlig unbekannt war«. Das war, wie Winston es nannte, »ein weiterer Fehler. Einen Mann so niedrigen Ranges mit einer solchen Aufgabe zu betrauen war eine regelrechte Beleidigung.« Die Russen waren in Protokollfragen äußerst empfindlich, und nachdem der junge Diplomat sein Beglaubigungsschreiben überreicht hatte, wurde er dann auch vom neuen Kommissar für Auswärtige Angelegenheiten ignoriert. Am 19. Juni schrieb Nicolson: »Strang ist von Molotow seit Freitag nicht mehr empfangen worden. Und doch... hat Halifax gegenüber Winston gestern behauptet, alles sei in Ordnung. Ich gestehe, ich habe ein sehr unbehagliches Gefühl.«[59]

Im Parlament wiederholte der Premierminister seine Zusage, Polen beizustehen, wenn es überfallen werden sollte. Trotzdem hatte Churchill das Gefühl, daß die Regierung von einer defätistischen Stimmung beherrscht werde. Wie so oft in Augenblicken der Verzweiflung, blickte er nach Westen über den Atlantik auf die einzige Macht, die, wenn sie zu den Waffen griff, das nationalsozialistische Deutschland vernichtend schlagen konnte, ohne Europas Zukunft an Stalin zu verpfänden. Am 18. Juni schrieb er in *News of the World*, nachdem er sich mit der Frage beschäftigt hatte, auf welche Weise etwas gegen die »verbrecherische« Bombardierung ziviler Ziele unternommen werden könne: »Die Menschen in den Vereinigten Staaten könnten bald als Zuschauer solche grausigen Ereignisse erleben. Aber manchmal kommt es vor, daß ein grausiges Schauspiel die zornige Empörung der Zuschauer weckt. In diesem Fall könnten wir es erleben, daß die Zuschauer sich von ihren bequemen Sitzen erheben und herbeieilen, um die Arbeit der Rettung und der Vergeltung zu übernehmen.«

Doch Großbritannien und Frankreich schienen ihr Publikum zu verlieren. Die diplomatischen Gespräche in Moskau waren nicht abstoßend, sondern ermüdend und langweilig geworden. Die Verhandlungen schleppten sich mühsam weiter. Nachdem es kurze Zeit am Verhandlungstisch zu lebhaften Gesprächen gekommen war, ließ Halifax auf Anweisung von Chamberlain wieder die Zügel schleifen. Das war gefährlich, denn man begann in den anderen europäischen Hauptstädten an Englands Entschlossenheit und Stärke zu zweifeln. Am 7. Juli bestellte Mussolini, der es wie kein anderer verstand, den starken Mann zu spielen, den Botschafter Seiner Majestät in Rom, Sir Percy Loraine, zu sich und sagte hochmütig: »Erzählen Sie Chamberlain, wenn England bereit ist, zur Verteidigung Polens zu kämpfen, wird Italien mit dem ihm verbündeten Deutschland zu den Waffen greifen.«[60]

In Wirklichkeit war das nichts als eine leere Drohung. Trotz des »stählernen Bündnisses« war das italienische Ende der Achse nur sehr schwach. Mussolinis Streitkräfte waren auf einen Krieg nicht vorbereitet. Doch Whitehall war sich dessen nicht bewußt (und auch Hitler nicht), und Chamberlains übertriebene Bemühungen, Italien in der englisch-französischen Entente zu halten, waren ohnedies gescheitert.

Daß Belgien aus dem Bündnis ausgeschieden war, konnte ernstere Folgen haben. Drei Jahre waren vergangen, seit die Belgier erklärt hatten, sie würden nicht mehr an den Stabsgesprächen mit Offizieren des britischen und französischen Kriegsministeriums teilnehmen. Sie wollten vielmehr in jedem künftigen europäischen Konflikt strenge Neutralität wahren. Aber ebenso wie 1914 hatte Belgien auch jetzt gar nicht die Freiheit, eine solche Entscheidung zu treffen. Wenn sich Hitlers starke neue Wehrmacht entschloß, durch Belgien und Holland nach Frankreich vorzustoßen, würde sie das auf dem gleichen Weg tun und die alte blutige Wunde öffnen, die der Kaiser dem Land vor einem Vierteljahrhundert geschlagen hatte. Und eine Nation, die von fremden Streitkräften überfallen wird, kann nicht neutral bleiben. Der Souverän in Brüssel hatte dem Generalstab Hitlers seine Aufgabe mit dieser Neutralitätserklärung nur erleichtert. König Leopold III. war, wie Churchill schrieb, zu dieser Entscheidung gekommen, weil er »die Tatsachen außer acht gelassen hatte«. Er mußte es erleben, daß sein Volk von den deutschen Streitkräften unterworfen, die jungen belgischen Männer als Zwangsarbeiter in die Munitionsfabriken an der Ruhr geschickt wurden und die Alten als Geiseln die Folgen tragen mußten, wenn sich belgische Widerstandskämpfer gegen die fremde Besatzung wehrten. Als er 1944 entmachtet wurde, mußte sein Volk immer noch das ihm vom Dritten Reich auferlegte Joch der Fremdherrschaft tragen.[61]

Obwohl Hitler das Münchener Abkommen zerrissen hatte, täglich Meldungen über nationalsozialistische Verbrechen in Österreich und der als »Protektorat« einverleibten Tschechoslowakei eintrafen und es zu blutigen Auseinandersetzungen zwischen Volksdeutschen und Polen kam, blieb Neville Chamberlain ungerührt davon in seiner Luxuskabine auf der *Titanic*. Und seine Troika – Halifax, Simon und Hoare – ließ sich ebensowenig aus der Ruhe bringen. Churchill, unruhig, aber ohne Einfluß auf die konkrete Politik, arbeitete in Chartwell an seinen Manuskripten oder saß in Gedanken versunken an seinem Fischteich, die Hände im Schoß wie Waffen, die er nicht gebrauchen durfte, während der Krieg in Europa unaufhaltsam näherrückte. Die Regierung Chamberlain ignorierte Churchill auch weiterhin, aber die Weltöffentlichkeit hatte ihn nicht vergessen. J. L. Garvin verfaßte einen Leitartikel für den *Observer* und schrieb, wenn Churchill ins Kabinett aufgenommen würde, dann würde diese Entscheidung in ganz Europa als »schlüssiger Beweis für die nationale Handlungsfähigkeit und Entschlossenheit angesehen werden«. Am 22. Juli schrieb die *Prawda*, die baltischen Staaten dürften nicht den Nazis in die Hände fallen, und erklärte, »die Sicherheit dieser Staaten« sei für Großbritannien und Frankreich von entscheidender Bedeutung, »was sogar ein Politiker wie Mr. Churchill erkannt hat«.[62]

Wenn Churchill behauptete, er habe keinen Ehrgeiz und genieße das Leben eines Landedelmannes in Kent, dann war das nur das übliche Gerede eines Politikers, dem die Teilnahme an der politischen Macht verwehrt wird. Nach wie vor wartete er voller Ungeduld darauf, in die Regierung berufen zu werden. Es drängte ihn danach, das Steuer selbst in die Hand zu nehmen. Die Übernahme politischer Verantwortung hatte von jeher einen besonderen Reiz auf ihn ausgeübt – das würde niemals anders sein und machte einen Teil seines Charmes aus. Seine Ausdrucksweise, seine Gesten und Stimmungen erinnerten an den schwer zu bändigenden kleinen Jungen, der er als Schüler in Harrow gewesen war. Er spürte nach wie vor das dringende Verlangen, sich persönlich auszuzeichnen. Das höchste Regierungsamt reizte ihn nicht zuletzt deshalb, weil damit auch Orden und Ehrungen, die Audienzen beim Souverän, die von Polizeieskorten und Motorrädern begleiteten Fahrten durch London verbunden waren. Es gab aber auch noch andere Motive, die ihn beflügelten. Wie er selbst nicht ohne Stolz erklärte, war er ein Egoist. Er strebte nach der Macht und *brauchte* sie. Er kannte seinen eigenen Wert, und es schmerzte ihn, wenn er sah, daß mittelmäßige Männer ohne Phantasie, Weitblick, Ehrgefühl sein Land verrieten. Egoismus und menschliche Größe liegen so nahe beieinander, daß sie sich nicht selten in einem Mann vereinigen, und er war ein solcher Mann. Wie Lord Chatham, der sich im 18. Jahrhundert am Siebenjährigen Krieg beteiligt hatte, konnte Churchill sagen: »Ich glaube, ich kann dieses Land retten, außer mir kann es niemand.«[63]

Neville Chamberlain konnte es sicher nicht. Seine Gleichgültigkeit gegenüber dem russischen Vorschlag bewies das. Die Gespräche in Moskau waren jetzt völlig ins Stocken geraten. Am 13. Juli, fast drei Monate nach dem sowjetischen Angebot an Großbritannien und Frankreich, schrieb Winston im *Daily Mirror*, es könne keine Entschuldigung für die »unerklärliche Verzögerung« der Unterzeichnung »eines soliden, bindenden und umfassenden Bündnisses« zwischen Moskau, Paris und London geben. Dieses Zaudern erhöhe »die Gefahr einer falschen Entscheidung durch Herrn Hitler. Es ist in der Tat bedauerlich, daß das Großsegel des Friedens und der Stärke, welches das Schiff des menschlichen Schicksals sicher an dem Riff vorbeitragen könnte, nur halb gehißt im Winde flattert.«

Doch der Premierminister ließ sich nicht beeindrucken. Er schrieb an Ida: »Was den Wert der russischen Hilfe betrifft, bin ich so skeptisch, daß ich nicht glauben kann, unsere Position werde sich wesentlich verschlechtern, wenn wir ohne sie auskommen müßten.« Das war ein erstaunliches Fehlurteil. Hitler hatte seinem Dolmetscher gesagt, wenn Großbritannien und Frankreich das sowjetische Angebot annähmen und ein Dreierbündnis bildeten, von dem Litwinow träumte, werde er einem zahlenmäßig und in der Bewaffnung weit überlegenen Gegner gegenüberstehen, dem es gelungen wäre, ihn zu überlisten. Er werde gezwungen sein, seine Kriegspläne aufzugeben und auf günstigere Zeiten zu warten. Churchill hat später geschrieben, die Dreimächtekoalition »hätte Deutschland zutiefst beunruhigt«. Angesichts der militärischen Überlegenheit der Alliierten hätten die Länder, die der Führer als seine nächsten Opfer ausersehen hatte, die diplomatische Initiative zurückgewonnen, und »Hitler hätte es sich nicht leisten können, sich auf einen Zweifrontenkrieg einzulassen... und es wäre ihm auch nicht mehr möglich gewesen, seine Gegner in Schach zu halten. Es war ein Jammer, daß es nicht gelungen ist, ihn in diese ausweglose Situation zu bringen, die ihn durchaus das Leben hätte kosten können.« Winston kam zu dem Schluß: »Nachdem wir 1939 in diese furchtbare Bedrängnis geraten waren, war es lebenswichtig, nach einer umfassenderen Lösung zu suchen.«[64]

Während des ganzen Juli zogen sich die Dreimächtegespräche ergebnislos dahin und flackerten unstet wie das Licht der letzten Kerze in einem dunklen Haus. Die *Prawda* berichtete, »in den Kreisen des sowjetischen Außenkommissariat werden die Ergebnisse der ersten Gespräche als nicht sehr günstig beurteilt«. Tatsächlich hatte Maisky dem Kommissariat gesagt, er glaube, die Männer aus London »wollen, daß die Gespräche scheitern«, und Chamberlain sei ein Werkzeug der »Cliveden-Clique«, die den Verhandlungen nur zugestimmt habe, um die Kritiker im Parlament zu besänftigen. Beide Seiten mißtrauten einander. Cadogan entwickelte einen tiefgründigen Haß auf die sowjetische Delegation. Ihr Vorsitzender war ein Mann, den zu hassen ihm besonders leicht fiel. Churchill, der ihm später in verschiedenen offiziellen Funktionen begegnet ist, beschreibt Molotow in dem für ihn bezeichnenden Stil: Er sei »ein Mann von außergewöhnlichen Fähigkeiten und kaltblütiger Rücksichtslosigkeit gewesen. Er hatte die furchtbaren Gefahren und Prüfungen überlebt, denen alle bolschewistischen Führer in den Jahren des Triumphs der Revolution ausgesetzt waren… Sein Rundschädel, der schwarze Schnurrbart und die durchdringenden Augen, sein kantiges Gesicht, seine sprachliche Gewandtheit und durch nichts zu erschütternde Haltung waren Ausdruck seiner Qualitäten und Fähigkeiten. Vor allem war er ein Mann, der sich hervorragend zum Vertreter und Werkzeug der Politik einer unberechenbaren Maschine eignete… Ich habe nie ein menschliches Wesen gesehen, das vollkommener den modernen Vorstellungen von einem Roboter entsprochen hätte.«[65]

Doch während der Moskauer Gespräche hatte Molotow auch genügend Gründe, zornig zu werden. Cadogan schrieb: »Wir geben ihnen alles, was sie wünschen, und zwar mit beiden Händen, und sie klopfen uns nur auf die Finger.« Das war absurd; wie konnten die Briten ihren russischen Verhandlungspartnern »alles geben, was sie wollten«, wenn sie sich trotz wiederholter dringender Bitten der Sowjets weigerten, auf Polen Druck auszuüben, damit es sich den Vereinbarungen anschloß – das wäre durchaus im Interesse der Polen gewesen, denn in einem Krieg hätten sie zwischen Rußland und Deutschland in einer Falle gesessen. Die englischen und französischen Delegierten lehnten den einfachen und umfassenden sowjetischen Vorschlag ab und schlugen statt dessen unilaterale Garantien durch einzelne Nationen vor. Die Engländer wehrten sich gegen jede Entscheidung, verharrten in diplomatischer Lethargie und zweifelten daran, daß Großbritannien hier irgend etwas zu gewinnen oder zu verlieren habe; ebenso wie Chamberlain und Halifax glaubten die meisten nicht, daß sich die Rote Armee mit der deutschen Wehrmacht messen könne. Und ebenso wie der Premierminister und sein Außenminister waren sie überzeugt, daß es um nichts anderes ginge.[66]

Dies war ein historischer Irrtum. Harold Macmillan, einer der wenigen, die voraussahen, was kommen werde, verstand die Blindheit seiner Parteifreunde nicht. Teilweise waren sie die Opfer einer falschen Selbsteinschätzung, einer Illusion, die für Großmächte typisch ist. Wie die Amerikaner der nächsten Generation glaubten sie, alle anderen Länder hätten großen Respekt vor ihnen. In Wirklichkeit verachteten die Männer im Kreml die westlichen Alliierten, und sie hatten allen Grund dafür. England und Frankreich hatten sich nach dem Waffenstillstand von 1918 in den russischen Bürgerkrieg eingemischt und Truppen zum Kampf gegen die Bolschewiki nach Rußland entsandt. Beide Länder hatten dem neuen russischen Regime diplomatische Sanktionen auferlegt. Und sie hatten nach dem Kriege die Sowjetunion zur Abtretung russischen Territoriums genötigt. Deutschland andererseits hatte sich nach dem Krieg an keiner dieser Maßnahmen beteiligt. Selbst nach der Machtergreifung durch die Nazis waren, wie Macmillan schreibt, »die deutsch-russischen Beziehungen gut und sogar herzlich« gewesen. Natürlich habe »Hitlers leidenschaftlich und offensiv geführte antikommunistische Propaganda Stalin verdrossen, aber er war nicht der Mann, der sich durch Worte von einem Vorhaben abhalten ließ, das er für vorteilhaft hielt«.[67]

Doch welcher außenpolitische Schritt würde Rußland angesichts der sich zuspitzenden europäischen Krise irgendwelche Vorteile bringen? Der Krieg stand vor der Tür, das Deutsche Reich würde der Aggressor sein, und Hitler war Stalin durchaus nicht wohlgesonnen. Wenn Rußland sich mit den Demokratien verbündete, würde der Führer des Dritten Reiches gezwungen sein, an zwei Fronten zu kämpfen. Andererseits würde ein solcher Vertrag einen Krieg zwischen Deutschland und der Sowjetunion bedeuten. Großbritannien und Frankreich konnten Stalin den Frieden nicht garantieren – aber Hitler konnte dies. Ein deutsch-sowjetischer Nichtangriffspakt würde Rußland den Frieden erhalten, wenn es sich entschloß, neutral zu bleiben. Ohne einen einzigen Rotarmisten zu verlieren, konnte es die vor 20 Jahren auf Drängen der Westmächte an Rumänien, Polen und die baltischen Staaten abgetretenen Gebiete wieder in Besitz nehmen. Wenn sich Stalin jetzt zu diesem Schritt entschloß und die Alliierten geschlagen würden, dann würde er am Ende Deutschland allein gegenüberstehen. Aber bis dahin konnte Hitler unter Umständen nicht mehr am Leben oder gestürzt worden sein. Oder Deutschland könnte dann besiegt werden. Die Versuchung, sich jetzt dem bevorstehenden Krieg zu entziehen, um für weitere Aufrüstung Zeit zu gewinnen, war ungeheuer groß.

Bis dahin ließ er die Gespräche mit den Alliierten weiterführen in der Hoffnung, sie würden ihm einen Grund liefern, sich der auf die Dauer größeren Gefahr zu entziehen. Sehr viel später schrieb Churchill: »Es ist auch heute noch nicht möglich zu sagen, in welchem Augenblick Stalin endgültig die Absicht aufgegeben hat, mit den westlichen Demokratien zusammenzuarbeiten«, und seine Aufmerksamkeit einer »Vereinbarung mit Hitler« zugewandt hat. Nach der gegenüber Boothby vertretenen Ansicht Maiskys fielen die Würfel am 19. März, als Halifax das Zustandekommen der von Moskau vorgeschlagenen Konferenz in Bukarest verhinderte, aber es weist alles darauf hin, daß eine klare Zusage Großbritanniens und Frankreichs das Dreierbündnis noch Mitte August hätte retten können. Dennoch hielt sich Stalin seine deutsche Option offen.[68]

Wie lange ist sie offen geblieben? Nach dem Kriege haben russische Emigranten eine Schrift mit dem Titel *Notes for a Journal* veröffentlicht und Maxim Litwinow als deren Verfasser bezeichnet. Diese Urheberschaft läßt sich allerdings nicht beweisen. Nach jener Quelle hatte der sowjetische Diktator schon nach der Lektüre des Münchener Abkommens eine Entspannung in den Beziehungen zu Deutschland ins Auge gefaßt. Ende 1938 soll er Litwinow gesagt haben: »Wir sind bereit, zu einer Vereinbarung mit den Deutschen zu kommen... und Polen unschädlich zu machen.« Nach einem Tagebucheintrag vom Januar 1939 hatte Stalin Alexej Merekalow, den russischen Botschafter in Berlin, angewiesen, offen mit Ernst von Weizsäcker zu sprechen und ihm zu sagen, daß »wir bis jetzt nicht zu einer Vereinbarung kommen konnten, es aber jetzt können«.[69]

Höchstwahrscheinlich kommt diese Darstellung – oder eine Variante – der Wahrheit sehr nahe. Wäre München eine Schlacht gewesen, dann hätte sie zu den entscheidendsten Schlachten der Geschichte gehört. Walter Lippmann schreibt: »Als Großbritannien und Frankreich die Tschechoslowakei Hitler zum Opfer brachten, opferten sie in Wirklichkeit ihr Bündnis mit Rußland. Sie wollten ihre Sicherheit damit erkaufen, daß sie in München die Verbindung zu Rußland aufgaben, und zwar in der letzten vergeblichen Hoffnung, Deutschland und Rußland würden gegeneinander kämpfen und sich gegenseitig zugrunde richten.« Stalin war sich dieser Tatsache bewußt. Am 10. März, fünf Tage vor der Besetzung Prags, hatte er den Demokratien den wütenden Vorwurf gemacht, Österreich und die Tschechoslowakei geopfert zu haben, und sie beschuldigt, sie versuchten, das Deutsche Reich in einen Krieg mit der UdSSR zu »verwickeln«. Dabei sollten »die Deutschen weiter nach Osten vorstoßen, wo sie reiche Beute machen könnten«. Man habe ihnen gesagt: »Fangt nur einen Krieg mit den Bolschewiken an, dann wird sich alles andere von selbst regeln!«[70]

Whitehall konnte die Schatten nicht erkennen, die künftige Ereignisse vorauswarfen, aber das Mißtrauen der Franzosen war schon lange vor Prag geweckt worden, als Coulondre den Quai d'Orsay vor einer drohenden Annäherung zwischen Deutschland und der Sowjetunion gewarnt hatte. Er hatte gesagt, das Ziel sei die Aufteilung Polens zwischen den beiden Ländern. Am 9. Mai telegrafierte er dem Quai d'Orsay: »Seit 24 Stunden ist Berlin voll von Gerüchten, Deutschland habe oder werde Rußland Vorschläge machen, die zu einer Teilung Polens führen.« Am 22. Mai berichtete er, Ribbentrop habe gesagt, daß Polen »früher oder später verschwinden und wieder zwischen Deutschland und Rußland aufgeteilt werden müsse. Nach seinen Vorstellungen steht diese Teilung in enger Verbindung mit einer Annäherung zwischen

Berlin und Moskau.« Später berichtete Coulondre nach Paris, Hitler »wird einen Krieg wagen, wenn er nicht gegen Rußland kämpfen muß. Andererseits wird er, wenn er weiß, daß er auch gegen die Sowjetunion kämpfen muß, lieber einen Rückzieher machen, als sein Land, seine Partei und sich selbst dem Verderben auszusetzen.«[71]

Nachdem sich Daladier die telegrafischen Berichte von Coulondre genauer angesehen hatte, schrieb er: »Seit Mai (1939) hatte die UdSSR zwei Verhandlungen geführt, eine mit Frankreich, die andere mit Deutschland. Sie scheint dabei die Teilung der Verteidigung Polens vorgezogen zu haben.« Augenscheinlich erkannte Chamberlain als letzter Politiker in Europa, daß es bei den Russen eine doppelte Buchführung gab. Als sich der Premierminister Ende Mai schließlich bereit erklärte, auf der Grundlage der in Litwinows ursprünglichem Vorschlag enthaltenen Bedingungen mit den Russen zu verhandeln, berichtete der deutsche Botschafter Dirksen dem Auswärtigen Amt in der Wilhelmstraße, Chamberlain habe diesen Schritt »mit größtem Widerwillen« getan und sei dazu durch Berichte an das Auswärtige Amt über »das Vorfühlen der Deutschen in Moskau« veranlaßt worden. Wie Dirksen schrieb, fürchteten Chamberlain und Halifax, »daß es Deutschland gelingen könnte, Sowjetrußland zur Neutralität oder sogar zur wohlwollenden Neutralität zu veranlassen«.[72]

Doch zu dieser Zeit befanden sich die beiden Diktatoren schon auf dem Wege zum Traualtar. Churchill meinte später: »Es fragt sich, wer von den beiden den stärkeren Widerwillen empfunden hat, Hitler oder Stalin.« Aber von Vernunftehen erwartet man nicht, daß sie den Partnern besonderes Vergnügen bereiten. »Sie verdienen einander«, war damals in den demokratischen Ländern und in den Vereinigten Staaten ein geflügeltes Wort. Jedenfalls hatte Hitler, der bis dahin als der neue Machiavelli angesehen wurde, in Stalin einen Mann gefunden, der mindestens ebenso verschlagen war wie er selbst. Es war bezeichnend für Stalins Amoralität, daß einen Tag nachdem Litwinow England und Frankreich aufgefordert hatte, mit Rußland ein antifaschistisches Bündnis zu schließen, Merekalow bei Ernst von Weizsäcker in der Wilhelmstraße vorsprach, um über Wirtschaftsfragen zu sprechen, die sich aus der Angliederung der Tschechoslowakei an das neue Großdeutschland ergaben. Zunächst erkundigte er sich danach, ob Rußland von den Skodawerken, die nun für die deutsche Rüstung arbeiteten, Waffen kaufen könne.[73] In Wirklichkeit ging es dem sowjetischen Botschafter jedoch um mehr als eine Belebung des Handels zwischen dem Deutschen Reich und der Sowjetunion. Mit seinem Erscheinen im Büro des Staatssekretärs von Ribbentrop begann eine neue Phase in den Beziehungen zwischen den beiden Diktaturen. Zuerst ging von Weizsäcker auf die Frage nach Waffenverkäufen aus den Skodawerken ein. Er sagte seinem Besucher, daß Meldungen über sowjetische Verhandlungen mit Großbritannien und Frankreich im Blick auf ein Militärbündnis »keine günstige Atmosphäre für die Lieferung von Kriegsmaterial an Sowjetrußland« erzeugten.

Der Botschafter hatte vor fast einem Jahr sein Beglaubigungsschreiben überreicht, und dies war das erste Mal, daß er in das deutsche Außenministerium kam. Anders als Ribbentrop war Weizsäcker Berufsdiplomat. So konnte er sich gut vorstellen, worauf Merekalow hinauswollte. Um ihn zu veranlassen, zur Sache zu kommen, sagte er, die russische Presse »schlägt nicht den gleichen feindseligen Ton gegenüber Deutschland an wie die amerikanischen und einige englische Zeitungen«.[74]

Der Besucher erwiderte: »Ideologische Meinungsverschiedenheiten haben die russisch-italienischen Beziehungen kaum beeinflußt, und sie müssen auch die russisch-deutschen Beziehungen nicht behindern... Es gibt keinen Grund dafür, daß Rußland und Deutschland nicht ein normales Verhältnis zueinander unterhalten könnten. Und ausgehend vom Normalen sollten unsere Beziehungen immer besser werden.« Dieser ersten Fühlungnahme folgten zunächst zwei Begegnungen zwischen Dr. Julius Schnurre von der Wilhelmstraße und Georgi Astachow, dem russischen Geschäftsträger, und dann am 20. Mai ein langes Gespräch zwischen Molotow und Botschafter Friedrich Werner Graf von der Schulenburg in Moskau. Der Kommissar für Auswärtige Angelegenheiten war, wie Schulenburg berichtete, »sehr freundlich« und bereit, über die wirtschaftliche und politische Zusammenarbeit zwischen beiden Mächten zu sprechen. Damit war die Saat gelegt, obwohl man daran zweifeln konnte, daß sie Wurzeln schlagen und zur Blüte kommen würde. Russische Diplomaten bemühten sich immer noch darum, Großbritannien und Frankreich günstig zu stimmen. Aber für den Fall, daß die Gespräche mit den Westmächten scheiterten, hatte Stalin für eine Alternative gesorgt.[75]

Am 24. Juli schienen sich die Aussichten für eine Einigung zwischen den drei mächtigsten Gegnern des Deutschen Reiches zu bessern. Molotow, der die britischen und französischen Beauftragten zu sich gebeten hatte, zeigte sich zugänglicher; offenbar hatte er neue Anweisungen aus dem Kreml erhalten. Er sagte, da es sich bei den noch ungelösten politischen Fragen nur um technische Details handle, schlüge er vor, eine entsprechende militärische Vereinbarung zu entwerfen, in der die Verpflichtungen jeder Nation in einem gegenseitigen Beistandspakt für den Fall einer nationalsozialistischen Aggression festgelegt werden sollten. Das britische Auswärtige Amt und der Quai d'Orsay wurden konsultiert. Die Franzosen stimmten begeistert zu, die Briten waren zurückhaltender. Dirksen berichtete der Wilhelmstraße – die durch das in Aussicht genommene Bündnis sichtlich beunruhigt war –, daß die Regierung Seiner Majestät die Gespräche über ein Militärbündnis »skeptisch« beurteilte.[76]

Sehr bald bestätigten die Ereignisse den Bericht des deutschen Botschafters. In der Diplomatie kommt es sehr auf das Prestige der Männer an, die mit der Führung von Verhandlungen betraut werden. Die Russen hatten mit diesen Gesprächen Offiziere beauftragt, die den höchsten Rang in der Roten Armee innehatten. Es waren Marschall Woroschilow, der russische Verteidigungskommissar, der Chef des Generalstabs der Roten Armee und die Oberbefehlshaber der Luftstreitkräfte und der Kriegsmarine. Zum Leiter der französischen Delegation hatte Daladier den Armeegeneral Joseph Doumenc, den früheren stellvertretenden Generalstabschef von Maxime Weygand, bestimmt, der in Frankreich als der hervorragendste Offizier angesehen wurde, der jemals unter der Trikolore gedient hatte. Aber Chamberlain wiederholte den Fehler, den er mit der Ernennung von Strang gemacht hatte, und stieß den Kreml bewußt vor den Kopf. Vor einem Monat war Großbritannien bei den englisch-polnischen Militärgesprächen in Warschau von Tiny Ironside vertreten worden. Diesmal mußte Tiny zu Hause bleiben. Statt dessen wurde die aus unbekannten Persönlichkeiten niedrigen Ranges bestehende britische Delegation von Admiral Sir Reginald A. R. Plunkett-Ernle-Erle-Drax geleitet, von dem Dirksen schrieb, er stünde »praktisch kurz vor der Pensionierung und hat nie dem Admiralstab der britischen Flotte angehört«.[77]

Die Gespräche waren von Whitehall so nachlässig vorbereitet worden, daß Plunkett-Ernle-Erle-Drax nicht einmal eine schriftliche Verhandlungsvollmacht mitgegeben worden war – ein schwerer Verstoß gegen die diplomatische Höflichkeit; allerdings war er ohnedies angewiesen worden, unhöflich zu sein. Aus den Akten des britischen Außenministeriums geht hervor, daß man ihm gesagt hatte, er dürfe sich nur ganz unbestimmt äußern und solle dafür sorgen, daß die Gespräche nur »sehr langsam« vorankommen. Als letztes Zeichen der Nichtachtung gegenüber den Russen hatten die Briten, die für die Beförderung der alliierten Delegationen verantwortlich waren, es abgelehnt, sie nach Moskau fliegen zu lassen, was nur einen Tag in Anspruch genommen hätte. Statt dessen mußten sie das Neuntausend-Tonnen-Passagier- und Handelsschiff *City of Exeter* nehmen, ein uraltes Fahrzeug, dessen Höchstgeschwindigkeit, wie der Stellvertreter von Molotow feststellte, 13 Knoten betrug. Am 5. August liefen sie in England aus und kamen erst am 9. August spätabends in Leningrad an. In Moskau waren sie am 11. August. Die *Queen Mary* hätte sie schneller nach New York bringen können. Und in diesem August zählte ebenso wie in jenem anderen August vor einem Vierteljahrhundert jede Stunde. Das Dreierbündnis hatte inzwischen Hitlers ungeteilte Aufmerksamkeit; er wußte, wie bedrohlich es sein würde, und hatte Ribbentrop befohlen, sein Zustandekommen zu verhindern. Joachim von Ribbentrop war zwar nur ein Sektvertreter, aber er war ein sehr guter Verkäufer gewesen und wußte, daß Molotow ein guter Kunde sein würde. Das einzige Hindernis war Stalin. Das genügte, jeden Diplomaten zu entmutigen, nur nicht einen, der im Falle des Mißlingens seiner Mission mit leeren Händen zu Hitler hätte zurückkehren müssen. Nun hoffte der deutsche Außenminister darauf, daß die englischen und französischen Offiziere sich so ungeschickt verhalten würden, daß ihre Mission fehlschlug.[78]

Und das taten sie dann auch oder – um genauer zu sein – ihre Regierungen. Die Gespräche der Militärs in Moskau begannen schon auf schwankendem Boden. Marschall Woroschilow empfand es als Kränkung, daß Plunkett-Ernle-Erle-Drax kein von Chamberlain unterzeichnetes Beglaubigungsschreiben vorzuweisen hatte. Die Sowjets legten großen Wert auf die Wahrung äußerer Formen und interpretierten diese Nachlässigkeit als ein Zeichen dafür, daß Großbritannien die ganze Sache nicht sehr ernst nahm. General Doumenc auf der anderen Seite kam von Anfang an glänzend mit den Russen aus. Sein von Daladier unterschriebener *Ordre de service* war formvollendet; er beeindruckte die Generäle der Roten Armee durch seine Vertrautheit mit der militärischen Tradition in Rußland und zeigte Verständnis für ihre schmerzlichen Erinnerungen an die feindliche Haltung der Alliierten gegenüber den Bolschewiki im Bürgerkrieg zwischen 1918 und 1920. Die Stalinschen Säuberungen des Offizierskorps der Roten Armee überging er mit taktvollem Schweigen. Um die Russen bei diesen Gesprächen zu beeindrucken, hatte er, wie einer seiner Untergebenen sich ausdrückte, »die Wirklichkeit ein wenig korrigiert«. Er sagte, die Maginotlinie erstrecke sich gegenwärtig »von der Schweizer Grenze bis zum Meer«. Wie jeder Zeitungskorrespondent den Sowjets hätte sagen können – und wie sie ihr Nachrichtendienst zweifellos auch informiert hatte –, war sie weniger als halb so lang. Zur Verteidigung von Doumenc muß allerdings gesagt werden, daß die französische ebenso wie die britische Delegation angewiesen worden war, militärische Schwächen zu verschleiern. Die Briten waren weniger geschickte Lügner. Ihr Militärsprecher erklärte fröhlich, Großbritannien könne »in den Anfangsphasen des Krieges« 16 Divisionen ins Feld stellen. Die Franzosen waren, wie eines ihrer Delegationsmitglieder später schrieb, »erstaunt«; das sei das »Drei- oder Vierfache« dessen, was Ironside bei den jüngsten englisch-französischen Stabsgesprächen angegeben habe. Mißtrauisch geworden wollte Woroschilow jetzt genau wissen: »Wie viele Divisionen werden Sie haben, wenn der Krieg sehr bald ausbricht?« Die für die Briten peinliche Antwort lautete, daß Englands stehende Armee gegenwärtig aus »fünf regulären Divisionen und einer motorisierten Division« bestand. Wie ein französischer Offizier später schrieb, »erkannte die sowjetische Delegation jetzt deutlicher als bis dahin die enorme Schwäche des Britischen Empire«.[79]

Sonntag, den 13. August, am späten Nachmittag stellte Woroschilow die für die Russen entscheidende Frage. Er wies darauf hin, daß die Sowjetunion keine gemeinsame Grenze mit dem Deutschen Reich hatte. Was, so wollte er wissen, konnte die Rote Armee nach Ansicht des französischen und des britischen Generalstabs tun, wenn Polen oder Rumänien angegriffen würden, da sowjetische Truppen nicht eingreifen könnten, ohne »das Territorium anderer Staaten« zu verletzen. Nach längerem Schweigen erwiderten Doumenc und Plunkett-Ernle-Erle-Drax, sie würden diese Frage am nächsten Vormittag beantworten. Auf diese Weise gewannen sie eine Atempause, aber am nächsten Tag waren die Fragen des sowjetischen Marschalls präziser: Würde es den sowjetischen Streitkräften erlaubt werden, durch das Tor von Wilna in Polen und durch das polnische Galizien gegen die Wehrmacht zu marschieren? Er sagte kurz und bündig: »Wir verlangen eine klare Beantwortung dieser Fragen. Nach meiner Meinung ist es ohne eine exakte und eindeutige Antwort zwecklos, diese militärischen Gespräche weiterzuführen.« Es sei Sache der Alliierten, die Erlaubnis für den Durchmarsch russischer Truppen zu erwirken, weil sie und nicht die Sowjetunion die Unverletzlichkeit Polens und Rumäniens garantiert hätten. Während der folgenden zwei Tage bemühten sich die alliierten Diplomaten um die Zustimmung der Polen, deshalb kamen die militärischen Gespräche nicht vom Fleck. Am 17. August war Woroschilows Geduld am Ende. Er verlangte eine Vertagung der Konferenz bis zum Eintreffen einer definitiven Antwort aus Warschau. Man kam überein, sich am Montag, dem 21. August, wieder zu treffen.[80]

Am 18. August sprachen der britische und der französische Botschafter in Warschau mit Beck. Er sagte ihnen, die sowjetischen Truppen hätten »keinen militärischen Wert«. Der Chef des polnischen Generalstabs stimmte ihm zu und meinte, er könne nicht erkennen, welchen Vorteil es bringen würde, wenn »Truppen der Roten Armee in Polen operierten«. Zwei Tage später lehnte der polnische Außenminister das Ersuchen der Engländer und Franzosen offiziell ab. Er erklärte, im übrigen wolle er nichts mehr davon wissen: »Ich werde keinerlei Gespräche mehr über die Verwendung eines Teils unseres Territoriums durch fremde Truppen zulassen.« Er sagte, wenn Polen sich damit einverstanden erklärte, »würde das zu einer sofortigen Kriegserklärung durch Deutschland führen«. Hitler fürchtete er, aber wenn er an Stalin dachte, dann packte ihn das Grauen.[81]

Hier ergibt sich natürlich die Frage, weshalb Paris und London Beck nicht vor ein Ultimatum gestellt haben. Unter diesen besonderen Umständen wären sie durchaus berechtigt gewesen zu erklären, wenn Polen nicht bereit sei, sich von der Roten Armee verteidigen zu lassen, dann fühlten sich auch Großbritannien und Frankreich nicht mehr verpflichtet, zur Unterstützung Polens an einem Krieg teilzunehmen. Mit diesem Dilemma hatte man schon im April gerechnet, vier Tage nachdem Chamberlain die unilaterale Verpflichtung Großbritanniens bekanntgegeben hatte, die Unabhängigkeit Polens zu garantieren. Damals hatten Churchill und Lloyd George im Unterhaus darauf gedrängt, daß die Sowjetunion aufgefordert werden sollte, einem Bündnis von Ländern beizutreten, die von einer faschistischen Aggression bedroht würden. Lloyd George und Churchill hatten verlangt, daß die Garantie Chamberlains nur unter der Bedingung gelten sollte, daß die Polen die Hilfe der UdSSR akzeptierten. Lloyd George hatte gewarnt:

»Wenn wir uns ohne die Hilfe Rußlands darauf einlassen, geraten wir in eine Falle... Ich kann nicht verstehen, warum wir uns nicht des Beitritts von Rußland versichert haben, bevor wir uns auf dieses gewaltige Unternehmen einließen... Wenn Rußland nicht an dieser Sache beteiligt worden ist, weil die Polen gewisse Einwände gegen eine solche Beteiligung erheben, ist es an uns, die Bedingungen zu nennen, und wenn die Polen nicht bereit sind, die einzigen Bedingungen zu akzeptieren, unter denen wir ihnen mit Aussicht auf Erfolg helfen können, dann müssen sie die Verantwortung dafür tragen.«[82]

Noch war die endgültige Entscheidung nicht gefallen. Der englisch-polnische Beistandspakt war noch nicht unterzeichnet. Der britische Außenminister hätte eine einfache Lösung finden und die Unterschrift von der Zustimmung Becks zur Unterstützung durch Rußland abhängig machen können. Bonnet hatte diese Taktik sogar vorgeschlagen. Halifax schickte den Vorschlag Bonnets zur Downing Street, aber Chamberlain erwiderte kühl, er lehne es ab, sich an einem solchen »Manöver« zu beteiligen. »Manöver« gehörte ebenso wie das Wort »Kreaturen« zu den Ausdrücken, die er am liebsten verwendete, wenn er bestimmte Maßnahmen oder Personen negativ beurteilte, aber in diesem Zusammenhang war dies bedeutungslos. Der Premierminister mußte ein anderes Motiv haben. Das wahrscheinlichste, das er zwar nicht nannte, war seine tiefsitzende Abneigung gegenüber der Sowjetunion.

Daladier, bestürzt über den möglichen Verlust eines mächtigen Verbündeten an der Ostgrenze Deutschlands, war hartnäckiger und wollte die diplomatische Niederlage nicht ohne weiteres hinnehmen. Nach einem letzten Appell an Warschau, der schroff abgelehnt wurde, wies der französische Premierminister am Morgen des 21. August Doumenc an, unter möglichst günstigen Bedingungen eine Militärkonvention mit Rußland zu unterzeichnen unter dem Vorbehalt, daß die Vereinbarung vom Kabinett genehmigt werden müsse. Außerdem bevollmächtigte er seinen Botschafter in Moskau, Molotow zu sagen, Frankreich sei »grundsätzlich« damit einverstanden, daß russische Soldaten das Recht haben sollten, nach Polen einzumarschieren, wenn Hitler dieses Land angreife. Aber diese Telegramme erreichten die sowjetische Hauptstadt erst am späten Abend, und um diese Zeit hatte das Drama schon seinen Abschluß gefunden.

Die Polen waren nicht nur gedrängt worden, schlimmstenfalls sowjetische Hilfe anzunehmen, man hatte ihnen auch empfohlen, im Hinblick auf Danzig nachzugeben, um Hitler zu besänftigen und zu verhüten, daß sich die Spannungen in Europa verschärften. In den letzten britischen Verhandlungen um den Status von Danzig war der von den Nazis so sehr geschätzte Diplomat und Gegenspieler von Churchill, Sir Nevile Henderson, der Botschafter Seiner Majestät in Berlin, eine Schlüsselfigur und manchmal sogar *die* Schlüsselfigur. Henderson rechtfertigte die Ausschreitungen der Nazis in Danzig gegen die Juden, lehnte engere Beziehungen zwischen London und Warschau ab und meinte, die Polen sollten etwas weniger über die Tapferkeit ihrer Soldaten reden und mehr über die »Realitäten« ihrer Position an der Ostgrenze von Großdeutschland nachdenken. Er kritisierte sein eigenes Land und sagte Cadogan, England habe die Polen mit seinen Garantien zu sehr ermutigt. Nach seiner Ansicht sollte Großbritannien Danzig Hitler überlassen. Seine große Befürchtung war, daß Beck, Koc und die anderen höheren Offiziere in Polen die Deutschen verärgern könnten. Ende Juli sagte er Halifax, Danzig sollte zu einer »*deutschen* freien Stadt« erklärt werden und die dort lebenden Polen sollten gezwungen werden, die Stadt zu verlassen. Er behauptete, bis dahin »wird es in Osteuropa keinen wirklichen Frieden geben«.[83]

Der britische Geschäftsträger in Warschau, Clifford Norton, griff Henderson in seinen Telegrammen scharf an. Er glaubte, jetzt sei nicht der richtige Zeitpunkt für Verhandlungen zwischen Deutschland und Polen. Er schrieb, bevor irgendwelche Gespräche beginnen könnten, müßten die Stärke Polens und die gerechte Sache dieses Landes »nicht nur von seinen Partnern, sondern auch von seinen Gegnern deutlich wahrgenommen werden«. Er bezweifelte überhaupt den Wert von Verhandlungen: »Auch wenn Danzig nicht mehr im Vordergrund der politischen Bühne stünde... gibt es kaum Grund zu hoffen, daß nach Beilegung dieses Streits das Goldene Zeitalter anbrechen wird.« Als Henderson das als eine bloße Hypothese kritisierte, erwiderte Norton, daß der Führer und seine Nazihierarchie »von dem Verlangen beseelt sind, ganz Osteuropa zu beherrschen«. Er schrieb, angesichts dieser Tatsache »darf es nicht dazu kommen... daß irgendwelche Schwierigkeiten den festen Bestand des englisch-polnischen Bündnisses erschüttern«.[84]

Wenn man die Dokumente über die britische Außenpolitik jenes Sommers liest – Hendersons Depeschen, die Denkschriften von Halifax und die Papiere des Premierministers –, dann wundert man sich, daß Großbritannien sich damals gegenüber Polen und nicht gegenüber Deutschland verpflichtet hat. Norton erinnerte den Außenminister daran. Deshalb versuchte Halifax, ihn zu übergehen, in der Downing Street bezeichnete man ihn herablassend als »Polenfreund«. Die Regierung Seiner Majestät war entschlossen, die Polen daran zu hindern, Großbritannien in einen Krieg hineinzuziehen. Henderson glaubte, dies eben sei ihre Absicht. Er telegrafierte nach Whitehall, ihr Ziel sei es, das Dritte Reich zu »demütigen«.[85]

Im Lauf der Zeit sollte es allerdings dazu kommen, daß *einige* Länder gedemütigt wurden. Regierungen nahmen Standpunkte ein, die man nicht ohne Gesichtsverlust aufgeben konnte. Großbritannien hatte sich gegenüber Polen verpflichtet; wenn sich das Gleichgewicht der Kräfte in Europa dramatisch verschob und die Position Polens unhaltbar wurde, geriet England in eine ausweglose Lage. Falls Henderson jemals an eine solche Möglichkeit gedacht hat, dann läßt sich das heute nicht mehr nachweisen. Wahrscheinlich hat er es nicht getan. Als überzeugter Beschwichtigungspolitiker wollte er auch sich selbst gegenüber nicht zugeben, daß es zu einer entscheidenden Auseinandersetzung kommen könnte. Die Verfechter der Beschwichtigungspolitik glaubten, in einer ausweglosen Lage würden sie über neue Lösungsmöglichkeiten verhandeln können, und ihre Armeen würden untätig zusehen.

Doch von der deutschen Armee durfte man das nicht erwarten. Hitler hatte in Zossen allzu deutlich gesagt, was er beabsichtigte. Deutschland würde nach Polen einmarschieren, und damit sollte das große Sterben beginnen – ohne Rücksicht darauf, was die Diplomaten taten. Die Siegeshoffnungen des Deutschen Reichs gründeten sich jedoch auf die Verhandlungserfolge, die man von seinem ersten Diplomaten erwartete. Ribbentrop tat sein Bestes und zugleich sein Schlimmstes, um einen Pakt mit der Sowjetunion zustande zu bringen, obwohl sein Führer ihm dabei gewisse Schwierigkeiten in den Weg legte. Hitler verabscheute die Slawen fast ebensosehr wie er die Juden haßte, und obwohl er sich der Tatsache bewußt war, daß ein Dreierbündnis für ihn und sein Reich die gefährlichste Bedrohung bedeuten würde, hatte er im Mai und Juni gezögert, den entscheidenden Schritt zu tun.

Ende Mai hatte der Führer die Wilhelmstraße angewiesen, »erträglichere« Beziehungen zwischen Deutschland und der Sowjetunion herzustellen, und gesagt, sein Botschafter in Moskau, Graf von der Schulenburg, solle Molotow dies »sobald wie möglich« mitteilen. Vier Tage später widerrief er diese Anweisung und erklärte, er zöge ein »modifiziertes Verfahren« vor. Inzwischen hatten Handelsgespräche begonnen, die jedoch im Juni auf Veranlassung Hitlers plötzlich unterbrochen wurden. Am 18. Juli wurden sie wieder aufgenommen, nachdem die Sowjets mitgeteilt hatten, sie seien bereit, die wirtschaftlichen Beziehungen zwischen beiden Ländern zu vertiefen und zu intensivieren. Hitlers Rüstungsindustrie litt an einem Mangel an Rohstoffen. Deshalb befahl er Schulenburg, zum frühest möglichen Zeitpunkt ein Handelsabkommen zu unterzeichnen und »den Faden der politischen Gespräche mit dem Kommissar für Auswärtige Angelegenheiten wiederaufzunehmen«. Nun begannen Russen und Deutsche unvermittelt über die Machtverteilung in Polen und den baltischen Staaten zu sprechen – über die Inbesitznahme von Territorien durch eine gemeinsame Aggression – Vorhaben, an die politische Führer in demokratischen Ländern nicht wagen würden zu denken, weil eine freie Presse und eine informierte Öffentlichkeit sie zwingen würde, davon Abstand zu nehmen.[86]

Die Engländer waren stolz auf ihre alten Bräuche und Traditionen, die zum Teil ans Exzentrische grenzten. Zu Churchills Verzweiflung hielt die britische Oberschicht an ihrer Gewohnheit fest, »die Wochenenden auf dem Lande zu verbringen, während sich Hitler an den Wochenenden die Länder holt, die er haben will«. Das bedeutete, daß am Wochenende keine wichtigen Entscheidungen getroffen werden konnten, weil diejenigen, die befugt waren, sie zu treffen, telefonisch nicht erreicht werden konnten. Empfehlungen, die Wochenenden auf dem Lande zu verkürzen oder dafür zu sorgen, daß man im Notfall erreichbar sei, wurden mit eisigen Blicken quittiert. Die politischen Führer Großbritanniens ertrugen es nicht, gedrängt zu werden. Was sie an den Amerikanern mit am meisten störte, war, daß sie stets den Eindruck erweckten, in Eile zu sein. Und eben dies galt als unbritisch. Die begüterte Klasse in England galt nicht umsonst als eine Klasse von Müßiggängern.[87]

Als der Juli verging und der August begann, ließ sich an der zeitlichen Abfolge der Ereignisse ablesen, welchen Preis England für seine edwardianischen Gewohnheiten würde zahlen müssen, wenn es versuchte, einen Attila des 20. Jahrhunderts zu überlisten und auszumanövrieren.

Am 31. Juli, dem Tag, an dem Chamberlain dem Parlament mitteilte, daß eine alliierte Militärmission nach Moskau geschickt werden würde, erhielt der deutsche Botschafter in Moskau ein »dringendes und geheimes« Telegramm aus der Wilhelmstraße, in dem er angewiesen wurde, sofort Molotow aufzusuchen. Drei Tage später, noch bevor die englisch-französische Mission sich zur Reise nach Leningrad einschiffte, präzisierten sich die russisch-deutschen Gespräche. Im Rahmen seiner »Blitzwerbung« hatte Ribbentrop von Schulenburg angewiesen, den Russen »angesichts der politischen Lage und im Interesse der Beschleunigung der Sache... konkretere Bedingungen« anzubieten. Hitler hatte sein Zögern aufgegeben.[88]

Er hatte den Einmarsch nach Polen für Ende August vorgesehen. Die deutsche Armee sollte Polen überwältigen, bevor der Regen im Oktober die unbefestigten Straßen für seine Panzer unpassierbar machte. Er mußte den Russen in Moskau mehr anbieten als die westlichen Verbündeten, und um sein Ziel zu erreichen, war ihm kein Preis zu hoch. Am 12. August, gegen Ende einer Konferenz mit dem italienischen Außenminister, sagte Hitler, er habe eben ein Telegramm aus Moskau erhalten. Die Russen hätten sich mit der Entsendung eines deutschen Bevollmächtigten zu politischen Verhandlungen nach Moskau einverstanden erklärt.[89]

Vielleicht war das nur ein Trick gewesen, um Ciano zu beeindrucken – ein solches Telegramm hat sich unter den 1945 erbeuteten deutschen Dokumenten nicht finden lassen –, aber andere Dokumente lassen keinen Zweifel daran, daß Molotow am gleichen Tag Gesprächen über Fragen zugestimmt hat, die Schulenburg aufgeworfen hatte, und dazu gehörte auch die polnische Frage. Der Kommissar für Auswärtige Angelegenheiten betonte dabei die sowjetische Auffassung, daß solche Gespräche »schrittweise geführt« werden müßten. Als diese Forderung der Reichskanzlei übermittelt wurde, erklärte Hitler, lange Gespräche kämen nicht in Frage. Den Grund nannte er nicht – daß nämlich deutsche Truppen schon in weniger als drei Wochen in Marsch gesetzt werden sollten. Und der Abschluß des Dreierbündnisses war eine höchst beunruhigende Möglichkeit: Am gleichen Nachmittag hatten in Moskau die Militärgespräche der Engländer und Franzosen mit den Russen begonnen.[90]

Am Montag, dem 14. August, tat Hitler auf dem Obersalzberg den entscheidenden Schritt. Er sagte seiner engsten Umgebung: »Das große Drama nähert sich jetzt seinem Höhepunkt!« Er war überzeugt, daß weder Großbritannien noch Frankreich einen einzigen Soldaten für Polen opfern würden. Er behauptete, der Quai d'Orsay werde sich den in London getroffenen Entscheidungen beugen und England habe keinen politischen Führer von Format. Der Mann, den er in München kennengelernt habe, gehöre nicht zu denen, die bereit seien, einen neuen Weltkrieg zu beginnen. Immerhin wußte er, wie sehr seine Generäle einen Zweifrontenkrieg fürchteten, deshalb schickte Ribbentrop auf seinen Befehl Graf von der Schulenburg ein »dringendes« Telegramm, das der deutsche Botschafter Molotow vorlesen sollte.[91]

In diesem an den Kreml gerichteten Telegramm erklärte Ribbentrop, das Deutsche Reich sei bereit, ihn selbst nach Moskau zu entsenden, um alle anstehenden Probleme »von der Ostsee bis zum Schwarzen Meer« zu lösen. Zugleich versuchte er, Stalins Wahnvorstellungen auszunutzen, und behauptete, Großbritannien und Frankreich »versuchen, Rußland in einen Krieg mit Deutschland zu treiben«. Er wußte, Stalin hatte in einer Rede vor dem Parteikongreß die gleichen Worte benutzt. Am Dienstag abend begrüßte Molotow den deutschen Botschafter von der Schulenburg herzlich und fragte ihn, ob seine Regierung bereit sei, gemeinsam mit der Sowjetunion die Existenz der baltischen Staaten zu »garantieren und« – das kam völlig unerwartet – »einen Nichtangriffspakt zwischen der Sowjetunion und dem Deutschen Reich abzuschließen«. Hitler war begeistert; Stalin erklärte sich bereit, die Rolle des Zuschauers zu übernehmen, während die deutsche Wehrmacht Polen eroberte. Am Mittwoch telegrafierte Ribbentrop die Antwort Hitlers: »Deutschland ist bereit, einen Nichtangriffspakt mit der Sowjetunion abzuschließen... und gemeinsam die baltischen Staaten zu garantieren.« Sein Außenminister hatte bereits die Koffer gepackt, um nach Moskau zu fliegen mit der »uneingeschränkten Vollmacht Hitlers... die entsprechenden Verträge zu unterzeichnen«.[92]

Stalin wußte, was er Hitler schenkte. Aber er wußte auch, was er selbst erhalten würde – alles, was Rußland in Versailles verloren hatte, und mehr: Estland, Lettland, Litauen, weite Gebiete in Polen und Rumänien und was Ribbentrop in seinem Telegramm vom 14. August als die »Südostfragen« bezeichnet hatte, das heißt Gebiete auf dem Balkan. Von den westlichen Demokratien konnte er diese Gebiete nicht bekommen. Wenn die Russen dem Dreierbündnis beitraten, würden die deutschen Panzer unter Umständen durch Polen vorstoßen und ohne anzuhalten auf das Gebiet der Sowjetunion vordringen. Aber trotzdem erklärte der Kommissar für Auswärtige Angelegenheiten nach Rücksprache mit dem Generalsekretär, als Schulenburg ihm Ribbentrops Ersuchen übermittelte, am Freitag, dem 18. August, empfangen zu werden, es sei zu früh, denn die Konferenz erfordere eine »gründliche Vorbereitung«. Im übrigen gab er sich jedoch sehr zugänglich und sagte dem deutschen Botschafter, er sei »hocherfreut« angesichts der Aussicht auf einen Besuch des Reichsaußenministers. Hier zeige sich »ein deutlicher Gegensatz gegenüber England, das in der Person von Strang nur einen zweitrangigen Beamten nach Moskau geschickt hat«. Seine militärischen Unterhändler wies er inzwischen an, die Alliierten zu fragen, welche Vorteile ein Bündnis mit Großbritannien und Frankreich Rußland bieten werde.[93]

Das Spiel zwischen dem Tyrannen im Kreml und dem Tyrannen auf dem Berghof ging weiter. Hitlers Blicke waren auf den Kalender und auf die Uhr gerichtet. Wenn der Krieg zum vorgesehenen Zeitpunkt beginnen sollte, dann mußte das OKW rasch seine Befehle bekommen. Zwei starke Heeresgruppen mußten an den polnischen Grenzen bereitgestellt werden, während deutsche Unterseebootflotten Kurs auf britische Gewässer nahmen. Stalin und Molotow spürten deutlich die Ungeduld Hitlers und beschlossen, ihn zappeln zu lassen. Am Freitag abend, dem 18. August, traf ein weiteres dringendes Telegramm vom Obersalzberg bei Schulenburg ein. Darin hieß es, er müsse darauf bestehen, daß Ribbentrop sofort von Molotow empfangen würde, und könne sich nicht mit einer abschlägigen Antwort zufriedengeben. Der deutsche Außenminister sei vom Führer bevollmächtigt, alle Probleme vollständig und endgültig zu erledigen. So sei Ribbentrop zum Beispiel bereit, ein Sonderprotokoll zu unterzeichnen, das die Interessen beider vertragschließende Parteien regelte, einschließlich einer Festlegung der Interessensphären im baltischen Raum.[94]

Das Telegramm kam am Samstag um 5.45 Uhr morgens in der deutschen Botschaft in Moskau an, und der Botschafter bat Molotow, ihn um 14.00 Uhr zu empfangen. Aber bei diesem Treffen weigerte sich Molotow, ein für den Besuch Ribbentrops geeignetes Datum zu nennen; er wiederholte, die Konferenz verlange »gründliche Vorbereitungen«. Enttäuscht kehrte Schulenburg in seine Botschaft zurück und überlegte, wie er die sowjetische Entscheidung Hitler beibringen sollte, der keine Entschuldigung gelten ließ und jedes Versagen rücksichtslos bestrafte. Schulenburg fürchtete die Folgen so sehr, daß er um göttlichen Beistand zu bitten begann.

Und sein Gebet wurde erhört. Um 16.30 Uhr läutete das Telefon. Es war Molotow, der ihn noch einmal zu sich bat. Nach dem zweiten Gespräch konnte der sichtlich erleichterte Schulenburg der Wilhelmstraße telegrafisch einen Erfolg melden. »Die sowjetische Regierung ist bereit, den Reichsaußenminister in Moskau zu empfangen.« Mit diesen Worten begann sein Telegramm. Der sowjetische Kommissar für Auswärtige Angelegenheiten hatte ihm gesagt, Ribbentrop könne am 26. oder 27. August in Moskau eintreffen. Dazu »überreichte mir Molotow den Entwurf eines Nichtangriffspakts«. Hitler war begeistert, aber er hatte den Beginn des Krieges gegen Polen schon für den 26. August festgesetzt. Deshalb mußten jetzt drastische Maßnahmen getroffen werden. Hitler überwand seine Abneigung gegenüber den Bolschewiki und schickte Stalin am 20. August ein persönliches Telegramm, mit dem er sich grundsätzlich mit den für den Nichtangriffspakt vorgeschlagenen Bedingungen einverstanden erklärte und darauf drängte, daß die abschließenden Verhandlungen sobald wie möglich stattfinden sollten.[95]

Am nächsten Abend unterbrach der Berliner Rundfunk ein Musikprogramm, um eine Sondermeldung durchzugeben: »Die Reichsregierung und die sowjetische Regierung haben vereinbart, einen Nichtangriffspakt miteinander abzuschließen. Der Reichsminister des Auswärtigen wird am Mittwoch, dem 23. August, in Moskau eintreffen, um die Verhandlungen abzuschließen.« Es war kurz vor Mitternacht am Montag, dem 21. August 1939. Europa blieben noch neun Tage, bis das große Gemetzel begann.[96]

Diese Verschwörung gegen den Frieden – denn das war es, was dieser Pakt im Grunde bedeutete – war ein zynisches Geschäft, und Rußland sollte einen hohen Preis dafür bezahlen. Aber die britische und die französische Regierung hatten eine traurige Rolle dabei gespielt. Mehr als vier Monate waren vergangen, seit Litwinow ihnen seinen Vorschlag gemacht hatte. Hätten sie die Gelegenheit ergriffen und wäre Eden rechtzeitig mit den notwendigen Vollmachten in die Sowjetunion gekommen, dann hätte Hitler vielleicht nie die Chance gehabt zu versuchen, seine Eroberungspläne zu verwirklichen. Rußland brauchte den Frieden, und jeder wußte dies, nur die Regierungen der beiden Demokratien wollten es nicht begreifen. Drei Jahre später erklärte Stalin in einem Gespräch mit Churchill: »Wir standen unter dem Eindruck, daß die britische und die französische Regierung entschlossen seien, sich nicht am Krieg zu beteiligen, wenn Polen angegriffen würde, sondern hofften, das diplomatische Zusammenwirken von Großbritannien, Frankreich und Rußland werde Hitler abschrecken. Wir waren sicher, daß sie sich irrten.« Winston hat später geschrieben: »So konnte Hitler mit Leichtigkeit die Abwehrkräfte des erst nach langem Zögern und zu spät beschlossenen Bündnisses gegen ihn neutralisieren.«[97]

Bonnet mußte, wie er später in seinen Memoiren schrieb, erkennen, daß dies für das »arme Frankreich« ein Desaster gewesen sei. Eine Sitzung des Conseil de la Défense Nationale war geprägt von einer trüben und defätistischen Stimmung. Der charakterschwache französische Oberbefehlshaber, General Gamelin, sagte, die Armee werde bis 1942 nicht fähig sein, einen Krieg zu führen; bestenfalls könne Frankreich mobil machen und Polen dadurch in gewisser Weise entlasten, daß die französische Armee »eine Anzahl starker deutscher Verbände an unserer Grenze bindet«. Bonnet meinte sogar, man solle überlegen, ob es nicht möglich sei, daß sich Frankreich über seine vertragsmäßigen Verpflichtungen hinwegsetzte und die Polen ihrem Schicksal überließe.[98]

Nur Daladier mit seinem harten Bauernschädel konnte sich gegenüber dem Kleinmut Bonnets durchsetzen. Der Premier erklärte seinem Minister, daß die Verpflichtung Frankreichs gegenüber Polen eine Ehrensache sei, und zwar schon seit Marschall Foch 1921 mit den Polen eine geheime militärische Vereinbarung getroffen hatte. Darin hatte sich Frankreich verpflichtet, mit der Armee der Dritten Republik den Aggressor anzugreifen, wenn ein deutscher oder ein russischer Soldat den Fuß auf polnischen Boden setzen sollte. Daher beschloß der Conseil de la Défense auf Verlangen des Premiers, daß die einzige Lösung *(la seule solution)* in der gegenwärtigen Krise das Festhalten an unseren Verpflichtungen Polen gegenüber *(nos engagements vis-à-vis de la Pologne)* sei. In einer öffentlichen Erklärung bekräftigte die französische Regierung ihre Verpflichtung, die Bestimmungen des Bündnisses mit Polen einzuhalten, nach denen jede Seite der anderen garantierte, ihr »sofort und direkt bei jeder direkten oder indirekten Bedrohung ihrer vitalen Interessen« zu Hilfe zu kommen. Der offizielle Text der zwischen den Regierungen getroffenen Vereinbarungen konnte nicht präziser sein.[99]

Aber das von Rußland vorgeschlagene und von Churchill begeistert begrüßte Dreierbündnis – mit dem der Krieg vielleicht hätte verhindert werden können oder das zumindest dazu geführt hätte, daß die Deutschen ihre gewaltige militärische Überlegenheit verloren – war nun zu einem der großen Fragezeichen der Geschichte geworden. England und Frankreich waren in die Lage enttäuschter Bräute geraten. Die Sowjets, die dringend eine solche Verbindung brauchten, hatten um ihre Hand angehalten. Da auch ihnen ein starker Partner fehlte, waren sie der Sowjetunion, wenn auch zögernd, zum Altar gefolgt. Doch dort hatte sich die ritualistische Frage gestellt, ob irgend jemand berechtigte Einwände gegen diese Verbindung habe. Und in diesem entscheidenden Augenblick hatten sich die Polen rücksichtslos zu Wort gemeldet und die Russen in die peinliche Lage des abgewiesenen Bräutigams gebracht. Ribbentrop nutzte geschickt ihre Enttäuschung aus und hatte allen Grund, sich darüber zu freuen. Die Freude von Beck ist schwerer zu begreifen, aber auch er triumphierte. Gewöhnlich verwaltete er sein Amt als strenger Zuchtmeister mit starrem, ausdruckslosem Gesicht. Aber in jener kritischen Woche verzog sich dieses Gesicht zu einem Lächeln der Schadenfreude, dem Lächeln eines Mannes, der seine Rechte genoß. Im russisch-polnischen Krieg von 1920 waren die Bolschewiki tief in das Heimatland Becks und bis vor die Tore von Warschau vorgestoßen.

Jetzt hatten sie geglaubt, dies wiederholen zu können, aber er war intelligenter gewesen als sie. Das sei, wie er seinen Mitarbeitern sagte, sein größter Erfolg. Wenn man später einmal seiner gedenken werde, dann deshalb, weil es ihm gelungen sei, die Rote Armee von polnischem Boden fernzuhalten. Er habe Polen vor den Kommunisten gerettet.

So hatten also Nazis und Kommunisten, bis jetzt erbitterte Feinde, eine Vielzahl geheimer Gespräche miteinander geführt. Das wechselseitige Vertrauen hatte zugenommen, während die von Zweifeln geplagte britische Öffentlichkeit beobachtete, wie die Schöpfer des Bündnisses zwischen Moskau, London und Paris, von dem sie soviel erwartet hatten, vergebens darum rangen, eine Totgeburt zu vermeiden.

Churchill hatte sich nur selten kurze Atempausen bei der Arbeit an seinem Buch gegönnt. Jede wichtige politische Entwicklung veranlaßte ihn jedoch, an den Parlamentssitzungen im Unterhaus teilzunehmen, und der Premierminister schuf eine solche Gelegenheit, als er beschloß, die Abgeordneten für zwei Monate in den Urlaub zu schicken, und zwar vom 4. August bis zum 3. Oktober. Chamberlain schrieb von seinem Landsitz in Chequers an seine Schwester, daß »alle meine Informationen vermuten lassen, daß Hitler jetzt erkennt, ohne einen großen Krieg keine weiteren Eroberungen mehr machen zu können, und deshalb beschlossen hat, Danzig auf Eis zu legen«. Wenn das Parlament jedoch darauf drängen sollte, die militärische Stärke Großbritanniens zu demonstrieren, werde der Führer glauben, »er müsse etwas tun, um zu zeigen, daß er sich nicht fürchtet. Ich wäre daher durchaus nicht überrascht, von Bewegungen starker Truppenverbände in der Nähe der polnischen Grenze zu hören... Das ist ein Teil des Nervenkrieges und (würde) zweifellos Winston zu hysterischen Reaktionen veranlassen.« Provozierende Reden im Unterhaus und die Forderung, Truppenmanöver abzuhalten, würden, wie Chamberlain schrieb, »Hitler in die Hände spielen und der Welt (den Eindruck) vermitteln, daß wir in Panik geraten sind«.[100]

Churchill war zwar nicht in Panik geraten, machte sich jedoch Sorgen und fürchtete, wie einer seiner Freunde es ausdrückte, »daß Neville, wenn er das Unterhaus losgeworden ist, auf ein neues München zusteuern wird«. Deshalb beschloß er, gegen Chamberlains Entscheidung, das Parlament in die Ferien zu schicken, Einspruch zu erheben. General Spears, der das letzte Juli-Wochenende in Chartwell zugebracht hatte, sagte Harold Nicolson: »Der alte Junge ist entschlossen, sich mit aller Schärfe dagegen zu wenden mit der Begründung, es habe keinen Sinn, wenn Chamberlain behaupte, er werde das Parlament zurückrufen, wenn sich die Lage verändern sollte. Er müsse versprechen, das zu tun, wenn sich auch nur das geringste Wölkchen am Horizont zeigt.« Churchill sagte Spears, das Parlament in die Ferien zu schicken sei ein schwerer Fehler, weil dieser Schritt Hitler davon überzeugen werde, daß Großbritannien im Fall einer Krise nur langsam werde reagieren können, während Rußland den Eindruck gewinne, Großbritannien interessiere sich nicht ernsthaft für die kollektive Sicherheit. An Lord Wolmer schrieb er: »Daß sich die Mitglieder des Parlaments in alle Winde zerstreuen dürfen, ist eine Mißachtung der Bedeutung dieser Institution.«[101]

Die meisten konservativen Kritiker der Beschwichtigungspolitik stimmten ihm zu, meinten jedoch, daß dieses Problem nicht ernst genug sei, um eine Abstimmung zu erzwingen, die sich gegen den Parteiführer richte. Auch Harold Macmillan war dieser Ansicht, rief Churchill an und bat ihn, sich die Sache noch einmal zu überlegen. Doch Winston weigerte sich entschieden. Selbst Eden meinte, man solle Chamberlain diesmal seinen Willen lassen, und Nicolson empfahl in seinem Tagebuch »sich der Parteilinie zu unterwerfen«. Er fügte hinzu: »Ich würde es tun, wenn Winston sich nicht weigerte, und ich kann den alten Löwen auf dem Gang in die Lobby nicht allein lassen. Aber im übrigen bin ich ganz entschieden dagegen, daß das Unterhaus für ganze zwei Monate in die Ferien geschickt werden soll. Ich betrachte es als einen Verstoß gegen Verfassungsgrundsätze und als eine Mißachtung des Hohen Hauses.«[102]

Am 2. August begann Churchill seine Rede im Parlament mit den folgenden Worten: »Dieses Hohe Haus wird in unserem Land manchmal scharf kritisiert, aber im Ausland wird es geachtet.« Die Unterhausdebatten und die hier gestellten Anträge würden besonders von den Diktatoren aufmerksam verfolgt, die diese Vorgänge »als Ausdruck des nationalen Willens der Briten und als ein Instrument dieses Willens ansehen werden, der entschlossen ist, jeder Aggression Widerstand zu leisten«. Winston erklärte, er habe »den Eindruck, daß jetzt alles in der Schwebe ist«. Es sei mit Sicherheit der »ungeeignetste Augenblick«, das Parlament in die Ferien zu schicken, »während die Mächte des Bösen am stärksten sind«. Berlin behaupte, das Deutsche Reich verfüge über zwei Millionen Mann unter Waffen – doch in Wirklichkeit sei diese Zahl mindestens dreimal so hoch, und weitere 500000 Mann würden noch in diesem Monat hinzukommen.[103]

Er habe erfahren, daß die Schulen in großen Teilen der Tschechoslowakei, besonders in Böhmen, geräumt und als Lazarette für verwundete deutsche Soldaten eingerichtet würden. Nach den vorliegenden Meldungen gebe es »erhebliche Transporte von militärischem Nachschub und Truppen durch Österreich in östlicher Richtung, und die Lage in Tirol ist äußerst gespannt«. Alles deute auf eine Krise hin, und

»das sind im höchsten Grade beunruhigende Anzeichen«. Daher wäre es, wie er sagte, »verhängnisvoll, bedauerlich und beschämend, wenn das Unterhaus in diesem Augenblick seiner langen Geschichte darauf verzichten wollte, seine Rolle als wirksamer und entscheidender Faktor... gegen die Aggression zu spielen«. Dann folgte der schwerste Vorwurf:

»Aber am schlimmsten wäre es, und ich hoffe, das wird nicht geschehen, wenn die Regierung dem Hohen Haus sagen würde, ›geht nach Hause! Macht euch keine Sorgen und amüsiert euch. Nehmt eure Gasmasken mit, aber kümmert euch nicht um irgendwelche politischen Probleme. Überlaßt das den klugen und erfahrenen Ministern‹, die uns schließlich, soweit es unsere Verteidigung betrifft, dorthin gebracht haben, wo wir im Dezember des vergangenen Jahres gelandet sind, und die uns – ich gebe allerdings zu, daß sie mit großen Schwierigkeiten zu kämpfen hatten – in der Außenpolitik jetzt an den Punkt gebracht haben, an dem wir Garantien für Polen und Rumänien übernommen haben, nachdem wir die Tschechoslowakei verloren und Rußland nicht auf unsere Seite gebracht haben«[104]

Amery und Macmillan erhoben ebenfalls Einwände gegen so lange Parlamentsferien, aber Chamberlain ließ sich nicht beeindrucken. Nicolson notierte in seinem Tagebuch: »Zum Erstaunen des Unterhauses steht der Premierminister auf, und nachdem er erklärt hat, er werde um keinen Zoll zurückweichen, fügt er hinzu... er wünsche deutlich zu sagen, daß er die Abstimmung als einen Mißtrauensantrag gegen ihn selbst betrachte... Der allgemeine Eindruck ist, daß Chamberlain der wirklichen Lage nicht gerecht geworden ist und die Gefühle des Hohen Hauses in grober Weise verletzt hat.« Die Parteidisziplin setzte sich durch, 40 konservative Abgeordnete enthielten sich allerdings der Stimme. Mit diesem Mißklang endete die Sitzungsperiode, und das Parlament ging in die Sommerferien.[105]

Am folgenden Dienstag hielt Winston eine Rundfunkansprache, die in die Vereinigten Staaten übertragen wurde. Wieder blickte er nach Westen, davon überzeugt, daß die Hoffnung auf die Sicherheit Englands und, wenn es zum Schlimmsten kommen sollte, auch die Rettung Großbritanniens jenseits des Atlantik zu suchen seien, bei den großen und noch nicht ausgeschöpften Machtreserven der Vereinigten Staaten. Die Tatsache, daß seine Mutter Amerikanerin war, verringerte in keiner Weise seine Loyalität gegenüber der britischen Krone – man hatte von ihm gesagt, er sei »zu 50 Prozent Amerikaner und zu 100 Prozent Brite« –, aber seine Abstammung hatte eine besondere Bedeutung für ihn; er war stolz, Verwandte jenseits des Atlantik zu haben, und bewunderte die Vereinigten Staaten, was Baldwin und Chamberlain durchaus nicht taten. Außerdem war Franklin Roosevelt amerikanischer Präsident. Die meisten Bewohner des Weißen Hauses hätte Winston nicht als ebenbürtig anerkannt, aber Roosevelt gehörte nicht zu ihnen. Wie Churchill war er ein bedeutender Staatsmann. Die beiden Männer unterschieden sich auf manche Weise voneinander, aber beide verfügten über einen scharfen Intellekt, Weitblick, Mut und waren überzeugt, wenn die westliche Zivilisation überleben sollte, müßte Adolf Hitler vernichtet werden. Die Schwierigkeit Roosevelts lag darin, daß die Mehrheit der Amerikaner Isolationisten waren. Sie oder ihre Vorfahren stammten aus Europa, und nun wollten sie mit irgendwelchen »europäischen Kriegen« nichts mehr zu tun haben. Roosevelt und Churchill erkannten, daß der deutsche Demagoge der Feind der Freiheit aller Menschen war. In seiner Rundfunkansprache versuchte Churchill, seinen amerikanischen Zuhörern das klarzumachen, und hoffte, Roosevelt werde ihn in diesem Bemühen unterstützen.

Zu Beginn schlug er die falsche Tonart an. Im allgemeinen konnten sein scharfer Verstand und sein Sarkasmus tödliche Waffen sein, aber diesmal wirkten seine Worte plump, und sein beißender Spott war fast peinlich. Er begann mit den Worten: »Ferienzeit, meine Damen und Herren! Ferienzeit, meine Freunde jenseits des Atlantik! Es sind Ferien, und der Sommer ruft den arbeitenden Menschen in allen Ländern zu, sie dürften ihre Büros und Fabriken mit der eintönigen Routine des Alltags verlassen, um sich für eine kurze Zeit zu entspannen...« Und im gleichen Tonfall ging es eine ganze Weile weiter: »Lassen Sie mich in die Vergangenheit zurückblicken. Was haben wir vor 25 Jahren mit unseren Sommerferien angefangen?« Millionen seiner Zuhörer waren zu jung, um sich an diese Zeit zu erinnern, und die anderen hatten nicht so eindringlich wie er erlebt, wie die Deutschen »Belgien überfielen und seine Bevölkerung unterjochten«. Er hatte vergessen, daß die Vereinigten Staaten Deutschland erst drei Jahre später den Krieg erklärt hatten und daß dann noch ein weiteres Jahr verging, bevor die amerikanischen »Doughboys«, von denen die meisten kaum wußten, wo Belgien lag, in die Schützengräben einrückten.[106]

Im gleichen spöttischen Ton erklärte er, wenn man Dr. Goebbels glauben wollte, »müßte man annehmen, daß es... diese niederträchtigen Belgier« und »England und die Juden gewesen sind«, die Deutschland angegriffen hätten, das vier Jahre lang männlich für seine gerechte Sache gekämpft hat und fast einen überwältigenden Sieg errungen hätte, als »die Juden diesen Sieg vereitelten und ihnen in den Rücken fielen. Bewaffnet mit den vierzehn Punkten des Präsidenten Wilson versetzten sie, wie man uns weismachen will, den deutschen Armeen den Dolchstoß in den Rücken.«

Doch dann änderte sich sein Tonfall, und Churchill wurde wieder er selbst. Feierlich und zugleich mitreißend und überzeugend sagte er: »Ein unheimliches Schweigen liegt über ganz Europa, nein, über der ganzen Welt.« Was bedeutete dieses Schweigen? »Nun, es ist ein erwartungsvolles Schweigen, und in vielen Ländern ist es das Schweigen der Furcht.« Aber, so fuhr er mit leiser Stimme fort, wenn man genau hinhöre, dann könne man »den Marschtritt der Armeen auf den Kieswegen der Übungsplätze knirschen und auf den vom Regen aufgeweichten Feldern platschen hören, den Marschtritt von zwei Millionen Deutschen und mehr als einer Million Italiener«. Er erinnerte seine Zuhörer an ihre bisherigen Eroberungen – Österreich, die Tschechoslowakei, Abessinien, Albanien – Raubzüge, von denen Hitler und Mussolini behaupteten, sie hätten sie unternommen, um diese Völker zu »befreien«. »Kein Wunder, daß die Nachbarn Deutschlands und Italiens schweigen und sich im stillen fragen, wer als nächster ›befreit‹ werden soll.«

Nachdem er noch einmal auf die Notwendigkeit hingewiesen hatte, wirksame Maßnahmen für die kollektive Sicherheit zu ergreifen, setzte er sich mit dem Vorwurf der Nationalsozialisten auseinander, Deutschland werde von seinen Feinden »eingekreist«. Dann verglich er mit wenigen treffenden Worten die amerikanische und die britische Verfassung miteinander und sagte: »Es ist merkwürdig, wie die englisch sprechenden Völker sich schon immer vor jeder Einmann-Herrschaft gefürchtet haben.« Sie hätten es stets abgelehnt, »sich mit Haut und Haar, Körper und Seele einem einzelnen Mann zu unterwerfen und ihn als ein Idol zu verehren«. Das Deutsche Reich blicke auf eine andere Tradition zurück: »In Deutschland sitzt auf einem Berggipfel ein Mann, der an einem einzigen Tag... alles, was wir besitzen, in den Rauch und die Flammen eines Vulkans stürzen kann.« Wenn dieser Mann »keinen Krieg führen will, dann wird es keinen Krieg geben. Außer ihm hat niemand die Absicht, Krieg zu führen... Niemand hat je davon geträumt, Deutschland anzugreifen.«

Am Schluß sagte er: »Glauben Sie mir, meine amerikanischen Freunde, das britische und das französische Volk beten nicht um den Frieden, weil wir feige davor zurückschrecken, schwere Leiden oder gar den Tod auf uns zu nehmen.« Das waren wieder leere Worte, denn jeder sucht dem Leid auszuweichen, und das hat mit Feigheit nichts zu tun. Aber wie immer fand er am Ende seiner Ansprache starke Worte:

»Doch was es auch sei, Frieden oder Krieg – ein Frieden, der uns die Aussicht auf einen umfassenderen allgemeinen Wohlstand eröffnet, einen Zustand, der in greifbare Nähe gerückt ist, oder ein Krieg, der ein furchtbares Blutbad und unvorstellbare Zerstörungen bedeuten würde –, wir müssen uns darum bemühen, für die Zukunft ein System menschlicher Beziehungen zu entwickeln, das dieser schon so lange dauernden schrecklichen Ungewißheit ein Ende bereitet, das es den schöpferischen Kräften in dieser Welt ermöglicht, weiter wirksam zu bleiben, und das das ganze Leben der Menschheit aus der Abhängigkeit von den Vorzügen, den Launen oder der Gemeinheit eines einzigen Mannes befreit.«[107]

Selbst wenn er nicht in Hochform war, verstand es Churchill, die Hörer seiner Rundfunkansprachen zu fesseln, und mit der Zeit gelang ihm das immer besser. Jetzt begannen auch politisch interessierte Amerikaner das zu spüren. Schon Anfang Oktober 1938 hatte er seinen Zuhörern in den Vereinigten Staaten gesagt, weshalb München eine Katastrophe gewesen war und welche Gefahren sich daraus ergaben. Thomas Jones schrieb an einen Freund in den Vereinigten Staaten: »Die Rede, mit der sich Churchill an die Amerikaner gewandt hat, war zwar in ihrer äußeren Form brillant, wird hier jedoch kritisiert, weil man glaubt, daß uns nicht viel damit geholfen ist. Ich möchte glauben, daß wir im Augenblick Amerika sich selbst überlassen sollten.«[108]

Nach München hatte es in der britischen Öffentlichkeit einen deutlichen Meinungsumschwung gegeben, nicht aber bei Chamberlain, und die allgemeine Stimmung im Lande spiegelte sich nicht in seiner Politik. Die Öffentlichkeit – und sogar das Unterhaus – wußte sehr wenig von den Entscheidungen und Verpflichtungen, welche die Regierung im Namen ihres Königs getroffen und übernommen hatte und die die Zukunft des Landes beeinflussen würden. Niemand wußte, ob Großbritannien auch wirklich eine Zukunft hatte. Die Fleet Street hatte die Zeitungsleser über Verhandlungen unterrichtet, die auf ein Bündnis mit der Sowjetunion hinausliefen, weil Litwinow den Auslandskorrespondenten seine Pläne mitgeteilt hatte. Aber kein Engländer wußte etwas von den Gesprächen zwischen Berlin und Moskau, und eine Zeitlang wußte sogar die politische Führung nichts davon. Aber Englands Polenpolitik hätte überall in Großbritannien bekannt sein müssen. Zumindest das Parlament hätte darüber debattieren sollen. Doch praktisch wurde sie nur von wenigen Männern unter der Führung von Chamberlain, Halifax und Horace Wilson bestimmt, die nichts von den in London, Warschau und Berlin getroffenen Maßnahmen und Gegenmaßnahmen verlauten ließen, weil sie wußten, daß ihre Landsleute nicht damit einverstanden sein würden. Es waren immer noch die für München verantwortlichen Männer. Sie hielten starr an der Beschwichtigungspolitik fest, und dazu gehörten Doppelzüngigkeit, Lügen, eine Stärkung des Deutschen Reichs und die Schwächung all derer, die in einem künftigen Konflikt die Gegner des nationalsozialistischen Führers sein würden.

Die Regierung Seiner Majestät hatte die Tschechen verraten und war jetzt bereit, auch die Polen zu verraten, wenn sie glaubte, Großbritannien damit aus dem Krieg heraushalten zu können.

Hitler und Stalin konnten ihre Zeitungsleute mundtot machen; in den Demokratien war das unmöglich. Auslandskorrespondenten aus den Vereinigten Staaten und den europäischen Hauptstädten waren sich der zunehmenden Spannungen zwischen London und Warschau bewußt, und obwohl sie nicht alle Einzelheiten erfuhren, stellten sie den Polen doch ein Forum zur Verfügung, die Weltöffentlichkeit mit ihren Beschwerden bekanntzumachen, die durchaus gerechtfertigt waren, wie sich herausstellte, als die 40 Bände der *Documents on British Foreign Policy 1919–1939* nach dem Krieg veröffentlicht wurden. Es ging vor allem um die Frage, ob England für Polen kämpfen würde oder nicht. Einer der ersten Journalisten, der dieses Problem ganz offen ansprach, war Garvin, der in jenem Sommer im *Observer* schrieb, der Ruf Chamberlains spiegele sich in den Worten wider, mit denen sich Bekannte auf den Straßen von Warschau begrüßten. Sie sagten nur: »Erinnere dich an München.«[109]

Am Montag, dem 14. August, dem Tag, an dem Ribbentrop dem deutschen Botschafter Schulenburg telegrafisch mitteilte, er wolle »im Namen des Führers« nach Moskau fliegen, um »die deutsch-russische Freundschaft wiederherzustellen« , reiste Churchill nach Frankreich, um sich drei Tage lang die Maginotlinie anzusehen. Es war ein Unternehmen seiner persönlichen Diplomatie, ein damals schon längst nicht mehr übliches, heute sogar illegales Verfahren, das nur selten nennenswerte Ergebnisse zeitigt. Zur Zeit von Winstons Abreise wußten Chamberlain und sein Kabinett nicht, daß er das Land verlassen hatte. Nur der Empire-Generalstab, dessen Segen er hatte, kannte sein Reiseziel und seine Absichten. In Frankreich kannten alle maßgeblichen Persönlichkeiten seinen Namen und seine politische Einstellung.[110]

Die politischen Beziehungen zwischen den beiden westlichen Verbündeten waren auf einem Tiefpunkt angelangt; die Warschauer Junta hatte einen Keil zwischen sie getrieben. Und Churchill mußte zu seinem großen Kummer feststellen, daß dem Riß zwischen London und Paris eine ausgesprochene Kälte auf militärischer Ebene entsprach. Der Conseil Supérieur de la Guerre, das französische Oberkommando, hatte seine militärischen Pläne umgestellt, aber Tiny Ironside waren keine Einzelheiten mitgeteilt worden. Er hoffte, die Kriegsvorbereitungen der Franzosen seien besser als die britischen.

Daß Winston jenseits des Kanals ein so hohes Ansehen genoß,

machte ihn zum idealen Gesprächspartner der Franzosen, mit denen er anders als der britische Generalstab offen reden konnte. Er konnte ihnen Fragen stellen und sie davon überzeugen, daß Großbritannien auf ihrer Seite stand. 1936 hatte er als Gast der französischen Regierung Verdun, Metz und die nach dem Politiker André Maginot benannte Befestigungslinie besichtigt, die gebaut worden war, weil Maginot glaubte, daß feste Zäune Nachbarn, die einander nicht wohlgesonnen sind, veranlassen können, einen gewissen Abstand zu wahren. Es fällt auf, daß Winston in seinen damaligen Briefen zu solchen Vorstellungen keine persönliche Meinung geäußert hat. An Clementine hatte er geschrieben: »Es war nichts zu sehen, denn die Soldaten versteckten sich in Erdlöchern oder unter den Büschen. Aber für jeden, der etwas von militärischen Dingen versteht, war es sehr lehrreich.« Jetzt wollte er sich die Anlagen genauer ansehen. An Ironside schrieb er, er werde morgen den Rhein-Abschnitt besichtigen. »Die Generäle Georges und Gamelin werden so freundlich sein, mich während eines Teils der Zeit zu begleiten, und ich nehme an, wir werden die Gelegenheit haben, uns etwas eingehender über die Dinge zu unterhalten, die wir angesprochen haben.«[111]

In Begleitung von General Spears landete er in Le Bourget, wo er von Gamelins Stellvertreter, General Joseph Georges empfangen wurde, einem vielbeschäftigten Mann, der sich die Zeit genommen hatte, mit Winston die Befestigungsanlagen zu inspizieren. Winston fühlte sich geschmeichelt und schrieb noch am gleichen Abend aus dem Hotel Ritz an Clementine: »Georges wird im Krieg das Oberkommando der Armee übernehmen.« Vom Flugplatz sei der General mit ihm und Spears »zu dem Restaurant im Bois gefahren, wo wir in herrlichem Sonnenschein zu Mittag aßen und lange Zeit ›fachsimpelten‹«. Zum Nachtisch gab es Walderdbeeren in Weißwein, und der französische General sagte, die Franzosen glaubten, »es werde nichts geschehen, bevor der erste Schnee in den Alpen fällt und Mussolini für den Winter Schutz gewährt«. Churchill teilte diese Ansicht. »Das sieht so aus, als würde es Anfang oder Mitte September sein. Dann hätte Hitler immer noch zwei Monate Zeit, mit Polen fertig zu werden, bevor die Schlammperiode dort einsetzt. Das sind natürlich alles nur Spekulationen, aber sie sind wohlbegründet. Das scheint auch in das deutsche Programm zu passen, soweit es bisher veröffentlicht worden ist.«[112]

Während der Besichtigungsreise stand ihnen, wie Winston stolz berichtete, »ein Michelin-Sonderzug« zur Verfügung, in dem sie auch zu Abend aßen und »zwei sehr lange Tage« zubrachten. Winston berichtete, seine Gastgeber seien überzeugt, daß sich der Ausbruch von Feindseligkeiten nicht mehr werde vermeiden lassen. Wie Spears notierte, sagte Georges, nach seiner Überzeugung »stünde der Kriegsausbruch kurz bevor, und die Deutschen seien entschlossen, den Krieg zu beginnen, wenn man ihnen nicht alles gäbe, was sie verlangen«. Spears schrieb: »Es zeigte sich, daß General Georges ebensowenig daran zweifelte wie wir, daß der Zeitgewinn in München den Deutschen größere Vorteile gebracht habe als uns, immer vorausgesetzt, daß sie schon damals die feste Absicht hatten, einen Krieg zu beginnen, was er allerdings bezweifelte. Er glaubte, Hitler habe geblufft.« Er habe seinen Gästen gesagt, noch vor einem Jahr hätten die Deutschen keine wirksamen Verteidigungsanlagen an der französischen Grenze gehabt. Jetzt hätten sie den Westwall gebaut, die sogenannte Siegfriedlinie, »eine nach den modernsten Erkenntnissen in die Tiefe gegliederte starke Verteidigungsstellung, während die Maginotlinie nur linear angelegt war«. Noch vor einem Jahr sei die französische Artillerie der deutschen »unvergleichlich überlegen« gewesen; jetzt verfügten die Deutschen, denen nach dem Münchner Abkommen auch die tschechoslowakischen Rüstungsbetriebe von Skoda in die Hände gefallen waren, über schwere Geschütze. Darüber hinaus hätten die Nazis, wie Georges sagte, die absolute Luftüberlegenheit, »und alles, was wir tun konnten, war zu bauen und zu bauen und möglichst umfangreiche Rüstungsaufträge an die Vereinigten Staaten zu vergeben«.[113]

Bei seiner zweiten Besichtigung der Maginotlinie bestätigten sich für Churchill seine neugewonnenen Auffassungen über die moderne Taktik und Strategie. Nachdem er mit General Gamelin, dem Chef des französischen Generalstabs und in Aussicht genommenen Oberbefehlshaber der französischen Armee (Georges sollte Befehlshaber der Feldarmee werden), zu Mittag gegessen hatte, hinterließ Gamelin die Anweisung, daß Winston und Spears durch Teile des komplexen Verteidigungssystems geführt werden sollten, die bisher noch keinem ausländischen Besucher gezeigt worden waren. Das waren die Befestigungen am Rhein, wirksame neue Panzersperren, unterirdische Eisenbahnen gegenüber dem Westwall und, für den Fall, daß Hitler beschließen sollte, seinen Angriff durch Schweizer Gebiet zu führen, Stellungen für schwere Geschütze, mit denen Straßenkreuzungen auf Schweizer Gebiet beschossen werden konnten. Und während am Dienstag, dem 15. August, englische und französische Diplomaten vergeblich versuchten, den Polen die Zustimmung für den Durchmarsch sowjetischer Truppen durch ihr Gebiet abzuringen, wurden Churchill und Spears von Georges durch die 136 Kilometer lange, furchteinflößende Befestigungsanlage geführt, die vor vier Jahren fertiggestellt worden war.

Geschützt durch mehr als drei Meter dicke Betonwände befanden sich in jeder Kasematte Granatwerfer, aus dicht über den Boden angebrachten Schlitzen konnten Maschinengewehre mit einem Schwenkwinkel von 50 Grad und Panzerabwehr-Schnellfeuergeschütze feuern. Jeder dieser Bunker war mit 25 Mann besetzt, die durch Tunnel und Aufzüge in ihre tief unter der Erde eingerichteten Schlafräume gelangen konnten. Die Kasematten waren geschickt getarnt, so daß der Angreifer, der in den Wald eindrang, außer zwei Beobachtungskuppeln über jedem Bunker nichts von der Anlage sehen konnte.

Acht Kilometer hinter dieser vordersten Befestigungslinie lagen im seitlichen Abstand von fünf bis acht Kilometern Bunker aus Stahlbeton, in denen bis zu 1200 Poilus untergebracht werden konnten, die aus ihren unterirdischen Kasernen mit elektrischen Eisenbahnen nach vorn zu ihren Geschütztürmen gebracht werden sollten. Für die Ventilatoren sorgten Kompressoren, in denen Filter angebracht waren, die das Eindringen von Giftgas verhinderten. Ein größeres Fort bestand aus 15 bis 18 Betonbunkern, bestückt mit Geschützen in den Kalibern von 37 bis 135 Millimetern. Sie waren fest in versenkbare Türme eingebaut. Jeder dieser Bunker bestand aus zwei Teilen, die durch unterirdische Gänge miteinander verbunden waren, einige davon mehr als 1600 Meter lang. Wenn der eine Teil vom Feind erobert worden war, konnte der andere weiterkämpfen und den Feind unter schweres Feuer nehmen. In Verdun waren 1916 zwei Forts, Douaumont und Vaux, von den Deutschen eingenommen worden, denen es gelungen war, in das Verbindungssystem einzudringen und in die Tiefe vorzustoßen. Um das zu verhindern, waren in der Maginotlinie Einrichtungen für sogenannte »Intervalltruppen« eingerichtet worden. Das waren Sonderverbände mit einer eigenen Feldartillerie, die während eines schweren feindlichen Angriffs in jedes beliebige Fort verlegt werden konnten. Diese Truppen sollten, wie Alistair Horne erklärt, »das kompensieren, was diesen Befestigungen fehlte – die Mobilität«.[114]

Am Mittwoch, dem 16. August, fuhren Winston und seine Begleitung einschließlich eines Korrespondenten der *Times* bis in die vorderste Linie in Rufweite der deutschen Soldaten am rechten Rheinufer. Die *Times* berichtete, Winston sei »verwundert« gewesen, gegenüber von Neubreisach eine riesige Tafel mit der Aufschrift »Ein Volk, ein Reich, ein Führer« und am linken Rheinufer ein französisches Plakat mit der Aufschrift »Liberté, Égalité, Fraternité« zu sehen. Churchill war erstaunt, aber nicht über diese nutzlose Propaganda gelangweilter Soldaten. Ihn verwunderte die deutlich erkennbare Absicht hinter der Gliederung der deutschen Truppen, die von dem militärisch nicht geschulten Auge des Reporters nicht wahrgenommen wurde, die er und sein Begleiter jedoch sofort erkannten. Spears schrieb: »Diese Besichtigungsreise zerstörte jede Illusion, daß es nicht die Absicht Deutschlands sei, Krieg zu führen, und zwar schon bald. Die von ihnen getroffenen und kaum getarnten Vorbereitungen waren nur allzu deutlich zu erkennen.«[115]

Am Abend führten die britischen Gäste mit einer Gruppe französischer Offiziere lange Gespräche darüber, welche Bedrohung Fallschirmtruppen für die Befestigungslinie darstellten, über Panzerfallen und durch künstlichen Nebel getarnte Angriffe – Winston hielt das für ein sehr wichtiges Thema –, sowie über die Notwendigkeit, schwere Panzer einzusetzen. Über diese Notwendigkeit waren sich alle Gesprächsteilnehmer einig. Während Spears zuhörte, dachte er an das Jahr 1915 und den Höhenrücken von Vimy. Damals hatte Winston mit einem französischen General und seinem Stab mit großem Ernst über seine Theorie vom »Landkreuzer« gesprochen. Nachdem sich Churchill verabschiedet hatte, war Spears noch dageblieben, und nun erinnerte er sich, »wie herzhaft die Franzosen über diese absurde Idee gelacht hatten«. Sie hatten Spears gesagt: »Ihre Politiker sind noch komischer als unsere.«[116]

Am Donnerstag, als Ribbentrops Luftwaffenpilot die Anweisung erhielt, den sofortigen Abflug zum Moskauer Flughafen Chodnynka vorzubereiten, waren Churchill und Spears wieder in Paris und ließen sich in die Gästeliste des Hotels Ritz eintragen. Sehr viel später sagte Spears, was ihn auf dieser Reise am meisten beeindruckt habe, sei »Winstons unglaubliche Vitalität« gewesen. Im Alter von fast 65 Jahren hätte er das Recht gehabt, auf die Besichtigung von einigen Nebensächlichkeiten der Maginotlinie zu verzichten, aber er hatte darauf bestanden, jeden Bunker anzusehen, in dessen Nähe er kam, die Panzersperren vor der Hauptkampflinie zu prüfen (wobei er immer wieder im Stacheldraht hängenblieb), in die Panzergräben zu klettern und die befestigten Truppenunterkünfte, die sogenannten *maisons fortes*, für die Soldaten, die Stellungen außerhalb der Bunker einnehmen mußten, zu besichtigen. Drei Tage lang war er ununterbrochen unterwegs gewesen, war durch die Tunnel und die Schlafräume geeilt und hatte sich danach erkundigt, ob sie an bestimmten Stellen das Gewicht schwerer Panzer aushalten könnten. Dann hatte man ihn die Steilhänge bis zum Rheinufer hinuntergeführt, wo er mit in die Seiten gestemmten Armen dastand und die deutschen Soldaten am anderen Ufer anstarrte.

Aber das war noch nicht alles. In seinem Hotelzimmer verfaßte er einen Bericht, den ein Kurier zum Kriegsministerium bringen mußte. Er hielt das für wichtig und fing an, das Ministerium »auf einige Punkte aufmerksam zu machen, die mir im Verlauf meiner langen Gespräche aufgefallen sind«. Er glaubte, der bevorstehende Krieg müßte besser organisiert werden als der letzte, und deshalb empfahl er eine engere

Zusammenarbeit »der britischen und französischen Nachschuborganisationen«. Nach seiner Meinung war die Art, wie die Deutschen ihre Industrie einsetzten, »der größte Vorteil, den sie besitzen«. Die westlichen Verbündeten »sollten es ihnen gleichtun«.[117]

Er glaubte, in der »Eröffnungsphase« des Krieges sei kaum mit der Möglichkeit des Einsatzes starker deutscher Truppenverbände zu rechnen. Die Strategie der Wehrmacht würde es sein, zuerst den Widerstand Polens zu brechen. Es sei unbedingt erforderlich, das zu verhindern. Wenn die Polen besiegt seien, könnten die Deutschen kehrtmachen und sich mit allen verfügbaren Kräften gegen die westlichen Verbündeten wenden. Frankreich konnte nach der Mobilmachung aller Reserven sechs Millionen Mann ins Feld stellen, aber die gegenwärtige Mannschaftsstärke der französischen Armee war nur ein Bruchteil dessen, was den Deutschen zur Verfügung stand. Um Polen zu entlasten, sollten die Franzosen bereit sein, »die Deutschen entlang der ganzen Front in Kämpfe zu verwickeln... und zu zwingen, ihre Stellungen mit starken Kräften zu besetzen«. Da sich die deutsche Grenze an der Westfront »über sehr viele Kilometer erstreckt, sollte es möglich sein, eine sehr große Zahl von deutschen Divisionen im Westen zu binden«. Der Gedanke, daß England und Frankreich untätig bleiben und die Polen, in der Hoffnung auf einen Verhandlungsfrieden mit Hitler, ihrem Schicksal überlassen könnten, ist ihm zu keiner Zeit in den Sinn gekommen.[118]

Er hatte jedoch schwere Bedenken im Hinblick auf die »statische Strategie« der Franzosen. Die Pariser Tageszeitungen bezeichneten die Maginotlinie als den »Schild Frankreichs«. Doch Winston schrieb, der große Vorteil eines Schildes läge darin, daß man ihn bewegen könne, um jeden Teil des Körpers eines Soldaten zu schützen. Die Maginotlinie war unbeweglich. Sie konnte die Franzosen nicht schützen, wenn Deutschland sie über die klassische Invasionsroute, das belgische Tiefland, angriff – »die französische Magengrube«, wie Clausewitz es genannt hat. Churchill erinnerte sich an einen alten Witz, den man sich in Whitehall erzählte: »Das Kriegsministerium bereitet sich stets auf den letzten Krieg vor.« Jetzt konnte man das, wie er meinte, »sicherlich von Frankreich behaupten«. In seinem Bericht an Tiny Ironside schrieb er: »Die französische Front kann zwar nicht überrascht werden... doch die Flanken dieser Front... stützen sich auf zwei kleine neutrale Staaten.« Er räumte ein, daß die Franzosen »alles in ihrer Macht Stehende getan haben, um sich vor einem feindlichen Einfall durch die Schweiz zu schützen, doch andererseits hält man die Haltung Belgiens für ganz und gar unbefriedigend. Gegenwärtig gibt es keinerlei militärische Beziehungen zwischen den Franzosen und den Belgiern.«[119]

Er hatte angefangen, den Maginot-Geist zu verstehen. Darin drückte sich die Haltung einer ganzen Nation aus, die keinen Krieg verlieren, ihn aber auch nicht wirklich gewinnen wollte. Die französischen Soldaten von 1914 hatten nach Revanche verlangt und Elsaß-Lothringen zurückgewinnen wollen, das ihre Großväter nach der Niederlage im Deutsch-Französischen Krieg von 1870/71 verloren hatten. Nach den Bestimmungen des Versailler Vertrags waren diese beiden Provinzen an Frankreich zurückgefallen, und jetzt hatte das Land keine Kriegsziele mehr. Als der französische Kriegsminister 1935 auf die Mittel zur Verstärkung der Panzertruppen verzichtet hatte, fragte er die ihm begeistert zujubelnden Abgeordneten in der Deputiertenkammer: »Wie können wir noch an eine Offensive glauben, nachdem wir Milliarden für die Errichtung unserer Grenzbefestigungen ausgegeben haben? Sollen wir so wahnsinnig sein, über diese Befestigungen hinaus vorzustoßen und uns dabei auf Gott weiß was für ein Abenteuer einlassen?« Und doch kannte jeder – einschließlich des deutschen Generalstabs in seinem Hauptquartier in den Kiefernwäldern von Zossen – die Grundsätze, nach denen Frankreich den nächsten Krieg zu führen gedachte. Da der französische Kriegsminister nicht mit einem deutschen Angriff durch die Schweiz rechnen mußte, erwartete man, daß der Feind durch die Maginotlinie in Schach gehalten werden könne, während andere französische Verbände durch Belgien einen Gegenangriff gegen die angreifenden Deutschen führen könnten. Doch wenn es den angreifenden Poilus am notwendigen Angriffsschwung fehlte, würde dieses Unternehmen scheitern. Ein Frankreich, das sich hinter diesen Befestigungen sicher fühlte »wie die Lotus essenden Mandarine hinter der großen Chinesischen Mauer«, wie es ein Schriftsteller ausgedrückt hat, war in Trägheit verfallen, in eine mutlose Schlaffheit, die das genaue Gegenteil der Haltung war, welche die angriffslustigen, singenden und marschierenden jungen deutschen Soldaten jenseits der Grenze zeigten.[120]

Auf seiner Besichtigungstour beschränkte sich Churchill wie die meisten hochrangigen Besucher darauf, nur mit den höheren französischen Offizieren über seine Eindrücke zu sprechen. Für die Franzosen wäre es eine große Beleidigung gewesen, wenn er sich anders verhalten hätte. Spears berichtet, das äußere Erscheinungsbild dieser Männer habe ihm gefallen. »Er wußte, wie er jedem in die Augen blicken mußte, dem er begegnete, um sein Gegenüber davon zu überzeugen, daß er von einem Mann verstanden wurde, von dem man auch in Frankreich wußte, daß er eine bedeutende Persönlichkeit war.« Aber es ist ein Jammer, daß Winston nicht mit den niedrigeren Rängen gesprochen hat, er selbst hat dies später auch bedauert, als er erkennen mußte, daß sich der Kampfgeist, der die Franzosen einst an der Marne beflügelte, »mit dem Sieg erschöpft hatte«. Es war so, als sei das Frankreich der Dritten Republik ein anderes Land geworden. Der Begriff der Tapferkeit verband sich für die meisten seiner französischen Gesprächspartner mit dem sinnlosen Gemetzel von 1914–1918. 27 Prozent der jungen Franzosen im Alter von 18 bis 27 Jahren waren auf den Schlachtfeldern des Ersten Weltkriegs gefallen. Simone de Beauvoir erzählt von einem Dr. Lemair, der zahllose verwundete Poilus unter entsetzlichen äußeren Umständen operiert hatte und sich, nach Hause zurückgekehrt, »ins Bett legte, um nie wieder aufzustehen«.[121]

Niemand wußte, wie viele Überlebende des Krieges, die 1939 in Frankreich die militärische Führung hätten übernehmen sollen, an der Front ausgelaugt, erschöpft und innerlich zerbrochen waren. Aber es war erschütternd zu sehen, wie sehr die Qualität der militärischen Führung gelitten hatte. Der Conseil Supérieur de la Guerre, dessen Mitglieder bei Kriegsausbruch hochrangige Generäle waren, steckte in einem Sumpf von Bürokratie, einer *paperasse,* wie die Franzosen das nannten. Man verachtete die Panzerwaffe (wie man 1914 Minenwerfer, Maschinengewehre und Militärflugzeuge verachtet hatte). 1921 hatte der damalige Oberbefehlshaber Marschall Pétain über die Zukunft der Kriegführung mit gepanzerten Waffen nur 19 Worte übrig gehabt: »Panzer unterstützen das Vorgehen der Infanterie durch die Überwindung von Hindernissen und das Brechen des vom Feind geleisteten Widerstands.« Seine Nachfolger vertraten die gleiche Auffassung. Wie Charles de Gaulle Anfang der 30er Jahre feststellte, hatte niemand im Conseil Supérieur begriffen, daß der Einsatz von Luftstreitkräften die Kriegführung revolutionieren würde und welche Bedeutung die Verwendung von gepanzerten Fahrzeugen hatte, die jetzt, »ohne durch Artilleriefeuer daran gehindert zu werden, täglich 160 Kilometer zurücklegen konnten«. Kein einziger französischer General hatte sich für diese Fragen interessiert. Die Denkschriften de Gaulles waren ungelesen an ihn zurückgeschickt worden, und als er seine umstrittenen Ansichten in *Vers l'armée de métier* veröffentlichte, wurde sein Name aus der Beförderungsliste gestrichen.[122]

Nach der Besichtigung der Maginotlinie im Jahr 1936 hatte Churchill der Militärdoktrin des Conseil zugestimmt. Später schrieb er, da er »so viele Jahre keinen Zugang zu offiziellen Informationen« gehabt habe, hätte er nicht verstanden, »mit welcher Schlagkraft die Masse der vom Feind entwickelten beweglichen Panzerverbände eingesetzt werden kann. Ich wußte, daß es sie gab, hatte aber meine Meinung nicht geändert, wie ich es hätte tun sollen.«[123]

Er hatte recht. 1915 hatte er die ersten gepanzerten Kampfwagen bauen lassen. Damals hatte man über diesen »närrischen Einfall Winstons« gelacht. Und er war der letzte gewesen, der sich im Parlament als Hinterbänkler damit entschuldigt hätte, daß er keinen Zugang zu offiziellen Informationen habe. Es ist fraglich, ob irgendein Kabinettsmitglied einschließlich des Premierministers ausreichend darüber informiert war, was im Kriegsministerium, in der Admiralität und der RAF geschah. Winston war im Lauf der Zeit Chef aller dieser militärischen Institutionen gewesen, und die Offiziere in ihren Stäben hatten dafür gesorgt, daß er über die neuesten militärischen Entwicklungen auf dem laufenden gehalten wurde. Als Schatzkanzler hatte er 1927 sogar die aufsehenerregenden Manöver des britischen »gepanzerten Versuchsverbandes« bei Salisbury beobachtet, bei denen sich sehr deutlich zeigte, welchen hohen militärischen Wert schnelle Panzerverbände haben. Dennoch hatte Churchill noch 1938 geschrieben: »Der Panzer wird zweifellos eine wichtige Rolle spielen, ich selbst zweifle jedoch sehr daran, daß er je wieder die gleiche große militärische Bedeutung haben wird wie 1918... Heute sind das Panzerabwehrgewehr und das Panzerabwehrgeschütz so wirkungsvoll, daß die Haut des armen Panzers nicht mehr dick genug sein kann, um ihnen zu widerstehen.«[124]

Man hatte ihm auch andere Auffassungen vorgetragen. Die eindrucksvollsten Argumente lieferte Captain Basil Liddell Hart. Nach dem Waffenstillstand hatte Liddell Hart der Gruppe von Offizieren angehört, die die neue Ausbildungsvorschrift für die Infanterie entwarf. Damals und später als Militärkorrespondent der *Times* hatte er die erste praktische Alternative zum Grabenkrieg entwickelt, in dem die Fronten im Ersten Weltkrieg erstarrt waren und den er selbst überlebt hatte. Statt dessen schlug er eine Offensive der »sich ausdehnenden Sturmflut« vor, deren Spitze schnelle, mobile und starke Panzerverbände übernehmen sollten, denen ebenso bewegliche Geschütze auf Selbstfahrlafetten und motorisierte Infanterie folgen sollten, die auf gepanzerten Transportfahrzeugen dem Feind in den Rücken stießen. Nach der Vorstellung von Liddell Hart sollte die moderne Taktik auf die alten methodischen Belagerungstechniken verzichten, bei denen der Schwerpunkt des Angriffs dort angesetzt wurde, wo der Feind am stärksten war. Nun sollte der Angreifer den schwächsten Punkt in der Verteidigungsstellung des Gegners suchen und hier mit seiner mobilen Feuerkraft den Durchbruch erzwingen und tief im Rücken des Feindes neue Fronten schaffen.

Churchill beherrschte die französische Sprache nur sehr unvollkommen, und er war de Gaulle noch nicht begegnet, aber er und Lloyd George hatten Liddell Hart in den Morpeth Mansions kennengelernt und sich seine Theorien angehört. Wenigstens Lloyd George hatte das getan. In seinen Memoiren schreibt Liddell Hart: »Es war... auffallend, daß sich Churchill auf einen Satz konzentrieren konnte, während Ll. G. einen Gedanken aufnahm und seine Weiterentwicklung bis zum nächsten Gedanken verfolgte... Außerdem war Churchill in jedem Gespräch derjenige, der am meisten redete.« Winston war allen militärischen Neuerungen durchaus zugänglich. Auch wenn er einige Zeit brauchte, die Bedeutung der Luftstreitkräfte im modernen Krieg zu erkennen, sah er doch deutlich die Schwächen der englischen Luftverteidigung. Doch was den Einsatz der Bodentruppen betraf, hielt er immer noch an der Militärdoktrin der zusammenhängenden Front fest. Er erinnerte sich daran, daß es gelungen war, den Durchbruch durch die Verteidigungslinie Ludendorffs zu erzwingen, aber er dachte nicht mehr an den vier Jahre dauernden blutigen Stellungskrieg, dem jeder Erfolg versagt geblieben war. Dieser innere Widerspruch läßt sich vielleicht mit seiner Jugend erklären und der Tatsache, daß er die frühen Mannesjahre in einem romantisch verklärten Licht sah (»Zwanzig bis Fünfundzwanzig!« sagte er oft, »das sind die Jahre!«). Nun waren die Pferde durch Panzer ersetzt worden, aber im Herzen war er der junge Husarenoffizier geblieben. Irgendwo bewahrte er noch die nostalgische Erinnerung an die viktorianischen Kolonialkriege mit ihren geringen blutigen Verlusten – jedenfalls auf der Seite der Briten –, die für ihn niemals ihren heroischen Glanz verloren. Nur die Großartigkeit der gewonnenen Schlachten war in seinem Gedächtnis haften geblieben, aber an das Elend des Krieges wollte er sich nicht mehr erinnern. Dabei vergaß er, daß das moralische Urteil im Kriege von den Siegern gesprochen wird, und siegreiche Armeen werden von denen geführt, welche die modernsten und wirksamsten Werkzeuge ihres Handwerks beherrschen.[125]

Trotzdem besaß er eine seltene Begabung für Strategie und hatte bei dem Gespräch in den Morpeth Mansions aufmerksamer zugehört als Liddell Hart glaubte. Wenn Spears an die gemeinsame Besichtigung der Maginotlinie am Vorabend des Krieges zurückdachte, dann erinnerte er sich am lebhaftesten daran, wie Churchill während der langen Gespräche am Kartentisch mit sicherem Instinkt die große Schwäche im französischen Verteidigungssystem erkannte. Mit gespitzten Lippen starrte er, wie Spears in seinem Bericht schreibt, auf die Karte, »als sei es eine Kristallkugel«. Zunächst hatte er gelächelt, aber dann verschwand das Lächeln, und er schüttelte besorgt den Kopf, während er den Finger auf die Flanke der Maginotlinie legte, wo sie bei Montmédy endete und gegenüber dem Ardennenwald in Feldbefestigungen auslief. »Er sagte, er hoffe, diese Feldbefestigungen seien stark genug.« Zwar hatte Marschall Pétain einmal erklärt, die Ardennen seien »für starke Kräfte unpassierbar«. Das zu behaupten, sagte Winston, sei jedoch »jetzt sehr unklug«. Er forderte Lloyd George auf, »daran zu denken, daß wir es mit einer neuen Waffe zu tun haben, mit starken Panzerkräften, auf die sich die Deutschen zweifellos konzentrieren, und daß Wälder sich solchen Verbänden besonders anbieten, weil sie sich hier versammeln können, ohne aus der Luft erkannt zu werden«.[126]

Spears wußte nicht mehr, was Lloyd George darauf geantwortet hatte, aber weder er noch Weygand reagierten auf diesen Hinweis Churchills. Das deutsche Oberkommando in seinem streng bewachten Hauptquartier außerhalb von Berlin beschäftigte sich ebenfalls sehr intensiv mit dieser Stelle in den Ardennen. Die deutschen Generäle glaubten, sie könnten mit ihren Panzerkräften die Maginotlinie umgehen, Paris nehmen und die Franzosen auf die Knie zwingen – um innerhalb von sechs Wochen das zu erreichen, worum sich ihre Väter im Verlauf eines vier Jahre dauernden blutigen und frustrierenden Grabenkriegs vergeblich bemüht hatten.

Am Freitag, dem 18. August, während der deutsche Botschafter in Moskau, Graf von der Schulenburg, auf Befehl Hitlers versuchte, die Vertragsverhandlungen abzuschließen und sich gegen Stalins Verzögerungstaktik durchzusetzen, trennten sich Spears und Churchill. Spears kehrte nach London zurück, und Winston besuchte Consuelo Balsan, geborene Vanderbilt und seit 26 Jahren Herzogin von Marlborough, in ihrem 80 Kilometer nördlich von Paris gelegenen Schloß bei Dreux. Sie hatte sich 1921 – in beiderseitigem Einvernehmen – von Charles (»Sunny«) Marlborough scheiden lassen, Winston und seine Familie waren stets gerngesehene Gäste in ihrem Haus. Churchill hatte nicht vergessen, daß sich die Druckfahnen und Umbrüche auf seinem Schreibtisch in Chartwell stapelten, aber obwohl er nach außen hin tatkräftig und zuversichtlich wirkte, war er müde und abgespannt. Da er glaubte, Abwechslung sei die beste Erholung, beschloß er zu malen. Clementine und Mary, die demnächst ihren 17. Geburtstag feiern würde, erwarteten ihn dort. Mary erinnert sich, es sei ihnen sehr wohl bewußt gewesen, daß sie nicht mehr mit einer langen Friedenszeit rechnen konnten. Deshalb genossen sie »ganz bewußt diese schönen Sommertage; wir schwammen, spielten Tennis (der Lieblingssport von Clementine) und aßen Walderdbeeren; Winston malte ein schönes Bild von dem prächtigen alten, aus roten Ziegeln errichteten Haus; wir besuchten die Kathedrale von Chartres, durchflutet von dem kühlen blauen Licht der farbigen Fenster«. Wie eine Melodie, die einem nicht aus dem Sinn gehen will, mußte sie ständig an eine Zeile von Walter de la Mare denken: »Wirf einen letzten Blick auf alles Schöne.«[127]

Zu den Gästen von Consuelo gehörte auch Paul Maze, der schon lange mit Winston befreundete Maler. Maze notierte in seinem Tagebuch: »Wir sprachen über seinen Besuch der Maginotlinie mit Georges – sehr beeindruckt von dem, was er gesehen hat.« Beim Abendessen war Winston schlecht gelaunt, »aber mit Grund«, dachte Maze, »denn die Versammlung konnte die drohende Gefahr nicht erkennen. Als (Sir Evan) Charteris die Treppe hinaufging, um zu Bett zu gehen, rief er mir zu: ›Hören Sie nicht auf ihn. Er ist ein Kriegshetzer‹«. An zwei aufeinanderfolgenden Tagen malten er und Winston zusammen. Maze schrieb, während sie nebeneinander arbeiteten, »wandte sich Churchill plötzlich zu mir und sagte: ›Das ist für eine lange Zeit das letzte Bild, das wir im Frieden malen werden.‹ Was mich erstaunte, war seine Konzentration beim Malen. Niemand konnte besser begreifen als er, was die Kriegsgefahr bedeutete und wie schlecht wir darauf vorbereitet waren.« Während der Arbeit äußerte sich Winston gelegentlich zur relativen Stärke der Armeen auf beiden Seiten. »Sie sind stark. Das kann ich Ihnen sagen, sie sind stark.« Dann »nahm er die dicke Zigarre zwischen die Zähne, und ich spürte seinen unbeugsamen Willen. Dann sagte er, ›und doch, wir werden mit ihm fertig werden‹.«[128]

Nach einem drei Tage dauernden Aufenthalt im Schloß von Consuelo reiste Winston plötzlich ab. Später schrieb er in seinen Memoiren, er habe »beschlossen, nach Hause zu fahren, wo ich wenigstens feststellen konnte, was geschah«, nachdem er seiner Frau versprochen hatte, »ihr rechtzeitig zu schreiben«. Es war der 22. August. Die Deutschen und die Russen hatten bekanntgegeben, daß die abschließenden Verhandlungen über einen Nichtangriffspakt zwischen beiden Ländern morgen beginnen würden. Das war die offizielle Bestätigung dafür, daß das Dreierbündnis gestorben war. Die Alliierten konnten keine Unterstützung mehr von der Sowjetunion erwarten. Die Lage war sogar noch schlimmer als sie glaubten. Mit diesem Pakt sollte nicht nur vereinbart werden, daß, wenn eines der beiden Länder »zum Gegenstand einer kriegerischen Aktion einer dritten Seite« werden sollte, das andere Land »diese dritte Macht in keiner Weise unterstützen« werde, sondern in einem geheimen Zusatzprotokoll kamen die Signatarmächte überein, die gegenseitigen »Einflußsphären in Osteuropa« zu respektieren. Das war die Grundlage für die einen Monat später erfolgte Aufteilung des besiegten Polen zwischen der Sowjetunion und dem Deutschen Reich. Jedenfalls hat der bevorstehende Vertrag auf die Engländer ähnlich gewirkt wie Pearl Harbor auf die Amerikaner. Nicolson, der in den Abendnachrichten der BBC davon erfahren hatte, berichtet, welchen Schock die Nachricht in Großbritannien auslöste: »Damit wird unsere Friedensfront zerschlagen, und unsere Garantien für Polen, Rumänien und Griechenland sind sehr fragwürdig geworden. Ribbentrop wird sich ins Fäustchen lachen. Ich fühle mich wie gelähmt... Ich habe den Eindruck, wir sind zutiefst gedemütigt worden.« Malcolm Muggeridge schrieb: »Während man sich eine dunkle Straße entlangtastete, hatte man das unbestimmte Gefühl, daß das Leben, wie wir es gewohnt sind, vorüber ist; die beruhigende Vertrautheit verschwindet auf Nimmerwiedersehen.«[129]

Auf der Heimreise legte Churchill in Paris noch einen kurzen Aufenthalt ein, um mit General Georges zu Mittag zu essen, der ihm einen Bericht über die Stärke der Armeen auf beiden Seiten und ihre Kampfmoral vorlegte. »Der Inhalt beeindruckte mich so sehr«, schrieb Winston später, »daß ich zum erstenmal sagte: ›Aber Sie sind die Herren der Lage‹«. Der General antwortete: »Die Deutschen haben eine sehr starke Armee«, und fügte geheimnisvoll hinzu: »Wir werden es uns nicht leisten können, den ersten Schlag zu führen.« Mit anderen Worten, die französische Innenpolitik erlaubte es der französischen Armee nicht, unmittelbar nach der Kriegserklärung einen Präventivschlag gegen das Ruhrgebiet zu führen – die einzige Hoffnung Polens und, wie sich später herausstellte, auch Frankreichs. Augenscheinlich hat Winston das nicht sofort verstanden, denn er verließ die französische Hauptstadt in bester Stimmung. Bei der Abreise aus Dreux hatte er einen deprimierten Eindruck gemacht, und Maze hatte ihm eine Notiz mitgegeben, die er unterwegs lesen sollte: »Machen Sie sich keine Sorgen, Winston. Sie *wissen*, daß Sie Premierminister sein und uns zum Sieg führen werden.«[130]

In seinem Bericht über die Ereignisse dieser Tage schrieb Churchill: »Diese Nacht schlief ich in Chartwell.« Er schlief nicht unbewacht. In *The Gathering Storm* schreibt er: »Es war bekannt, daß es damals 20 000 organisierte deutsche Nazis in England gab, und es hätte ihrem Vorgehen in anderen befreundeten Ländern entsprochen, wenn dem Kriegsausbruch eine Reihe von Sabotageakten und Morden vorausgegangen wäre.« Im Februar hatte er für das Instandsetzen seiner beiden Gewehre 6 Pfund und 15 Shilling ausgegeben. Jetzt waren sie gereinigt, eingefettet, mit neuen Abzügen und Kreuzzapfen versehen, und die beiden Doppelläufe waren justiert worden. Winston hatte Inspektor W. H. Thompson, den pensionierten Detektiv von Scotland Yard, der in den 20er Jahren sein Leibwächter gewesen war, gebeten, seine alten Pflichten wiederaufzunehmen. Thompson erinnerte sich, daß »Mr. Churchill auf der Heimfahrt vom Flughafen Croydon immer ernster wurde, während er in Gedanken versunken dasaß und schließlich langsam und nachdenklich sagte: ›Noch ehe die Ernte eingebracht ist – werden wir uns im Krieg befinden‹«.[131]

Winston hatte, wie er später schrieb, nicht offiziell um einen solchen Schutz gebeten, aber »ich hatte genügend Informationen, um überzeugt zu sein, daß Hitler mich als einen Feind betrachtete«. In Chartwell lösten er und Thompson sich bei den Wachen ab. Er schrieb: »Während der eine schlief, wachte der andere. Auf diese Weise konnten wir nicht überrascht werden.« Er wußte, daß im Kriegsfall eine »schwere Belastung« auf ihn wartete – »und wer konnte daran zweifeln, daß es dazu kommen würde?« Seine Frau und seine Tochter bezweifelten es nicht. Schon nach wenigen Tagen folgten sie ihm auf dem Weg über Paris nach England. Mary erinnert sich: »An jenem goldenen Sommerabend wimmelte es auf der Gare du Nord von Soldaten; die französische Armee hatte mobil gemacht.«[132]

Am Morgen fühlte sich Churchill erfrischt und fuhr sofort nach London. Nicolson stellte fest, »er ist eben in Hochform aus Paris zurückgekehrt. Die Franzosen sind durch den russisch-deutschen Pakt nicht beunruhigt und sind bereit, Polen trotzdem zu unterstützen.« Winston habe »eben Paul Reynaud angerufen, der ihm versichert hat, alles sei in Ordnung; damit meint er wahrscheinlich den Krieg«. Das war richtig, aber er sagte es nur, weil es keine Alternative gab, die sich mit der Ehre Frankreichs vereinbaren ließ. Noch vor einem Jahr hatte der Mann in der Downing Street Nr. 10 geglaubt, daß es sie gäbe. Diese neue Krise war der bittere Preis, den die Beschwichtigungspolitiker für diesen Irrtum bezahlen mußten. Jetzt waren sie in eine noch kritischere Lage geraten. Es gab keine tschechischen Divisionen mehr, die an ihrer Seite marschieren würden, und die Russen, die bereit gewesen waren, für die Tschechoslowakei zu kämpfen, hatten die Seiten gewechselt. Churchill glaubte, wenn die Alliierten in München fest geblieben wären, dann »hätte der Krieg vermieden werden können«, und »wenn es zum Schlimmsten gekommen wäre, dann wäre unsere Lage viel günstiger gewesen als zu jedem späteren Zeitpunkt«.[133]

Dieser Zeitpunkt war jetzt gekommen. Am Abend seiner Rückkehr schrieb Winston einen Artikel für den *Daily Mirror* mit der Überschrift »In der elften Stunde«, der am 24. August erschien. Er schrieb, angesichts des Bündnisses zwischen den Nazis und den Kommunisten würde es »immer schwieriger zu sehen, wie der Krieg abgewendet werden kann«. Er erklärte: »Die Katastrophe nähert sich von allen Seiten und auf allen Wegen. Die militärischen Vorbereitungen der Deutschen haben bereits einen Punkt erreicht, an dem man jeden Augenblick mit Aktionen größten Ausmaßes rechnen kann.« Zum Nachmittag des 24. August hatte Chamberlain das Parlament aus den Ferien zurückgerufen, und auf dem Wege ins Unterhaus mußten die Abgeordneten eine Reihe von Demonstranten passieren, die Plakate in die Höhe hielten, auf denen, eingerahmt von einem blauen Kreis, der Name CHURCHILL zu lesen war. Das Hohe Haus billigte ein angesichts der Kriegsgefahr erforderliches Notstandsgesetz; die königliche Flotte wurde auf die Gefechtsstationen befohlen, Reservisten wurden eingezogen, 25 Handelsschiffe wurden requiriert, um zu bewaffneten Handelskreuzern umgebaut zu werden, eine Urlaubssperre wurde angeordnet, die Dominions wurden alarmiert, und 24 000 Reservisten erhielten den Befehl, Fliegerabwehrbatterien, Radarstationen und Sperrballonstationen zu besetzen.

So griff Großbritannien zu den Waffen, aber von Kriegsbegeisterung war nichts zu spüren. 1914 war ganz London und auch das Parlament vom Kriegsfieber ergriffen worden. Jetzt herrschte – in Paris und Berlin war es nicht anders – eine düstere und resignierte Stimmung. Victor Cazalet schrieb in sein Tagebuch, das Plenum des Unterhauses sei »voll besetzt« gewesen, und Chamberlain habe »eine gute, aber nicht sehr eindrucksvolle Rede« gehalten. Anschließend habe er »mit Lloyd George und Winston im Rauchsalon gesessen. Beide sehr anti-Chamberlain. Sie meinen, er sei dafür verantwortlich, daß wir in diese schlimme Lage geraten sind. Wir hätten Polen niemals diese Garantien geben dürfen, ohne daß es sich bereit erklärte, der russischen Armee die Überschreitung seiner Grenzen zu erlauben.« Später schloß sich auch Nicolson dieser Gruppe im Rauchsalon an; er hatte gerüchtweise gehört, der Premierminister habe seinen Rücktritt angeboten, falls es zum Kriege kommen sollte, aber der König werde sich weigern, dieses Angebot zu akzeptieren. Am Abend traf sich Churchill zum Essen mit Duff Cooper, Eden, Sandys und Sinclair im Savoy. In seinem Tagebuch notierte Duff Cooper: »Wir waren alle sehr bedrückt.«[134]

Am 25. August unterzeichnete die Regierung Seiner Majestät, nachdem sie erkannt hatte, in welch schwere Gefahr Polen angesichts des deutsch-sowjetischen Pakts geraten war, einen Bündnisvertrag mit den Polen. Damit wurde die unilaterale Garantie Großbritanniens zu einem bilateralen Beistandspakt. Die Verpflichtungen Großbritanniens gegenüber Polen wurden dadurch sehr viel bindender. Am folgenden Dienstag notierte Eddie Marsh nach einem Telefongespräch mit Churchill in seinem Tagebuch, daß Winston gesagt hatte, »Hitler sei offensichtlich nervös geworden, aber er sähe keine Möglichkeit zurückzuweichen, denn das werde ihn das Leben kosten«. Am gleichen Tag schickte das Auswärtige Amt Berlin eine Note, mit der Deutschland vor dem Versuch gewarnt wurde, Danzig im Handstreich zu nehmen. Churchill las den Text der Note, bevor sie abgeschickt wurde – es gelang ihm stets, im kritischen Augenblick in das Auswärtige Amt zu kommen, weil er von seinen Vertrauensleuten dort rechtzeitig informiert wurde. Er hielt die Note nicht für energisch genug. Duff Cooper notierte in seinem Tagebuch, daß Vansittart versichert habe, »die Note der Regierung Seiner Majestät an Hitler entsprach allem, was man wünschen könnte. Winston rief den polnischen Botschafter vom Auswärtigen Amt aus an, der sagte, er sei mit der von unserer Regierung gewährten Unterstützung vollkommen zufrieden.«[135]

Am Samstag kam Ironside zum Mittagessen nach Chartwell und stellte fest, daß Winston »noch ganz unter dem Einfluß seiner Begegnung mit Georges stand, mit dem er in Frankreich gesprochen hatte. Ich konnte feststellen, daß seine Ansichten sich stark denen der Franzosen angeglichen hatten... Vor allem verlangte er, daß wir eine starke Armee nach Frankreich schicken müßten, weil wir uns nicht darauf verlassen könnten, daß die Franzosen in der Lage seien, unsere Aufgabe mit zu übernehmen.« Nach seinen Vorstellungen sollten bis Weihnachten 20 britische Divisionen über den Kanal gebracht werden. Bevor Ironside Chartwell verließ, meinte Winston, die Regierung Seiner Majestät nähme bei dem Versuch, die Entwicklung in Europa in ihrem Sinne zu beeinflussen, eine so selbstsichere Haltung ein, wie sie durch den Zustand der britischen Streitkräfte nicht gerechtfertigt würde. Ironside schrieb später zu dem gleichen Thema: »Wir versuchten, den Verlauf der Dinge so stark zu beeinflussen, als verfügten wir über eine Armee mit eineinhalb Millionen Soldaten.«[136]

Churchill glaubte, die Regierung habe immer noch nicht ganz begriffen, daß die außerordentlich gefährliche Lage auf dem Kontinent durchgreifende Maßnahmen erfordere. Der Premierminister und die Kabinettsmitglieder glaubten augenscheinlich, es handele sich nur um eine der üblichen Krisen, die überwunden werden könnten, wenn man sich Hitler unterwarf, und blieben daher in den folgenden Tagen relativ passiv. Mit wenigen bemerkenswerten Ausnahmen – Shirer, Colvin, Sheean, John Gunther und den besten Londoner Journalisten – vermittelten die Presseberichte vom europäischen Kontinent nicht den Eindruck, daß besondere Eile geboten sei. Einer der zuverlässigsten Gewährsleute Winstons war Geoffrey Parsons von der *New York Herald Tribune*. Am Sonntag schickte Parsons ein Telegramm nach Chartwell: »Schicke Ihnen diese Nachricht telegrafisch, weil jede Stunde zählt. Unmöglich das Vertrauen Hitlers und der deutschen Bevölkerung darauf zu überschätzen, daß Großbritannien kapitulieren wird... Niemand hat mit etwas anderem gerechnet als einem schnellen und leichten Sieg über die Polen, nachdem den Menschen ständig eingeredet worden ist, Großbritannien werde niemals für Danzig oder Polen kämpfen... Der allgemeine Zynismus gegenüber der britischen Haltung erstaunt mich nach meinem Besuch in London. Aber er existiert nach Meinung amerikanischer Beobachter in Großbritannien.«[137]

Chamberlain scheint das gespürt zu haben und hatte, soweit es sein Bestreben, Hitler auf keinen Fall zu provozieren, zuließ, Maßnahmen getroffen, um diesem Eindruck entgegenzuwirken. Am 22. August hatte er Hitler einen persönlichen Brief geschrieben und ihm mitgeteilt, daß sich Großbritannien auf die Möglichkeit eines Krieges vorbereite. Er erklärte, diese Mobilmachungsmaßnahmen seien die Folge deutscher Truppenbewegungen und der Vermutungen »gewisser Kreise in Berlin«, daß seit der Bekanntgabe der deutschen Vereinbarungen mit Rußland »eine Intervention Großbritanniens zugunsten von Polen keine Möglichkeit mehr sei, mit der man rechnen müsse. Eine größere Fehleinschätzung könnte es nicht geben.« Der Premierminister schrieb, was der Pakt Hitlers mit Stalin auch bedeuten möge, »er kann nichts an den Verpflichtungen ändern, die Großbritannien gegenüber Polen übernommen hat, die von der Regierung Seiner Majestät wiederholt und deutlich öffentlich bestätigt worden sind und die zu erfüllen sie entschlossen ist«.[138]

Botschafter Henderson flog nach Berchtesgaden und traf am Mittwoch, dem 23. August um die Mittagszeit auf Hitlers Berghof ein, um ihm den Brief des Premierministers zu übergeben. Hitler war gereizter Stimmung – 30 deutsche Divisionen befanden sich auf dem Marsch an die polnische Grenze –, und seine Antwort war nach dem Telegramm, das Henderson an Halifax schickte, »nervös«, seine Worte waren »heftig und übertrieben sowohl im Hinblick auf England als auch auf Polen«. Die Situation der Deutschen in Polen sei unerträglich geworden, sagte er erregt. Volksdeutsche seien sogar kastriert worden. Wenn Großbritannien die Polen nicht zwingen könne, mit diesen Ausschreitungen aufzuhören, werde das Deutsche Reich genötigt sein, Gegenmaßnahmen zu treffen. Gegen Abend empfing er Henderson noch einmal. Nun war er beherrschter, und deshalb klang das, was er zu sagen hatte, noch empörender. Er erklärte, er sei jetzt 50 Jahre alt und zöge es vor, jetzt Krieg zu führen, bevor er 55 oder 60 sei. Es sei mit Sicherheit jedem klar, daß Deutschland den Weltkrieg nicht verloren hätte, wenn er damals Reichskanzler gewesen wäre. In seiner offiziellen und kompromißlosen Antwort an Chamberlain erklärte er, das Reich habe bei seinen Versuchen, die Probleme um Danzig und den Polnischen Korridor zu lösen, »beispiellose Großmut« bewiesen. Dann behauptete der deutsche »Kriegsherr« mit, wie Churchill es später genannt hat, »verlogener Unverschämtheit«, daß Englands »bedingungslose Zusicherungen« gegenüber Polen in jenem Land nur als Ermutigung interpretiert werden könnten, unter dem Deckmantel einer solchen Vereinbarung eine Welle des schrecklichsten Terrors gegen die eineinhalb Millionen Deutschen zu entfesseln, die in Polen lebten.[139]

In Danzig und Polen gingen die örtlichen Nazis mit den gleichen Methoden vor, die sich in Österreich und der Tschechoslowakei als wirksam erwiesen hatten. Uniformierte Nazis plünderten jüdische Geschäfte, schmierten große gelbe Hakenkreuze an die Mauern von Synagogen und verprügelten Kritiker ihres Führers auf den Straßen. In polnischen Dörfern und Städten, in denen ein größerer Teil der Bevölkerung aus Deutschen bestand, wurden sie von der Polizei bei solchen Übergriffen nicht behindert. Deutsche Zeitungen berichteten dagegen, daß die Opfer Volksdeutsche seien, die von polnischen Terroristen drangsaliert würden. Eine Tageszeitung in Karlsruhe brachte die Schlagzeile WARSCHAU DROHT MIT DER BOMBARDIERUNG VON DANZIG – UNGLAUBLICHE HETZE DES POLNISCHEN GRÖSSENWAHNS. Eine Berliner Zeitung warnte: POLEN, GIB ACHT!; ANTWORT AN POLEN, DEN AMOKLÄUFER GEGEN FRIEDEN UND RECHT IN EUROPA! Am Samstag, dem 26. August, berichtete das *Zwölf-Uhr-Blatt:* DIESES SPIEL MIT DEM FEUER GEHT ZU WEIT – DREI DEUTSCHE PASSAGIERFLUGZEUGE VON POLEN BESCHOSSEN – IM KORRIDOR VIELE DEUTSCHE BAUERNHÄUSER IN FLAMMEN! Ein Meisterstück Goebbelsscher Hetzpropaganda lieferte die Sonntagsausgabe des nationalsozialistischen Parteiorgans *Völkischer Beobachter:*

> GANZ POLEN IM KRIEGSFIEBER!
> 1,5 MILLIONEN MANN MOBILISIERT!
> UNUNTERBROCHENE TRUPPENTRANSPORTE ZUR GRENZE!
> CHAOS IN OBERSCHLESIEN![140]

William L. Shirer notierte trocken: »Von einer deutschen Mobilmachung war allerdings nicht die Rede.« Deutschland hatte schon seit zwei Wochen voll mobil gemacht, aber die Polen, die das Deutsche Reich auf keinen Fall provozieren wollten und von Großbritannien ersucht worden waren, sich zurückzuhalten, hatten ihre Mobilmachung verzögert. Nur 30 polnische Divisionen standen für die Verteidigung der Grenze zur Verfügung. Die Deutschen hatten 56 Divisionen einschließlich von neun Panzerdivisionen an der polnischen Grenze zusammengezogen. Zwei große Zangenbewegungen waren vorbereitet worden, um die Verteidiger zu überwältigen, Truppenverbände, deren Führer keinen Verteidigungsplan hatten und in dem naiven Glauben lebten, man könne moderne Panzerverbände mit Kavallerieattacken besiegen.[141]

Der englisch-polnische Vertrag, der beide Länder zu gegenseitigem Beistand verpflichtete, wurde an jenem letzten Freitag im August in London und Warschau bekanntgegeben. Er ließ an Deutlichkeit nichts zu wünschen übrig. Im Artikel eins wurde erklärt, wenn eines der beiden Länder einer Aggression zum Opfer fallen sollte, werde das andere dem Angreifer den Krieg erklären. Um das zu bekräftigen, sah der Artikel zwei vor, daß diese Maßnahme durch jedes Vorgehen einer europäischen Macht ausgelöst werden würde, das eine klare direkte oder indirekte Bedrohung der Unabhängigkeit einer der vertragschließenden Parteien darstellt.

So und nicht anders mußte man Hitler entgegentreten. Doch trotz der klaren Worte Chamberlains im Parlament waren die Unentschlossenheit und das Bedürfnis nach guten Beziehungen zu Deutschland noch deutlich zu spüren. Als Hitler den Vertragstext las, stellte er fest, daß Danzig nicht erwähnt wurde. Da die Freie Stadt nicht auf polnischem Territorium lag, nahm er an, England habe sich nicht verpflichtet, auch Danzig zu verteidigen. In Wirklichkeit hatte England diese Verpflichtung übernommen, aber Halifax hatte sich gescheut, es offen auszusprechen. So war – und darin zeigte sich seine diplomatische Unfähigkeit – die Verpflichtung, den Status quo von Danzig zu verteidigen, in eine Geheimklausel des Vertrags aufgenommen worden. Es wäre besser gewesen, dieses Problem gar nicht zu erwähnen. Noch im Juli hatte Duff Cooper geschrieben: »Entschlußlosigkeit ist der größte Fehler, den es in der Politik geben kann. Sobald eine Entscheidung gefallen ist, sollte man keine Zeit verlieren, sie bekanntzugeben... Es ist von größter Bedeutung, daß wir uns über unsere eigenen Absichten klarwerden. Ebenso wichtig ist es, daß sich die Welt über unsere Absichten keine falschen Vorstellungen macht.« Daß Halifax versucht hat, die Absichten der Regierung zu verschleiern, hätte schon allein Grund genug für seinen Rücktritt sein sollen.[142]

Daß Mißverständnisse zwischen den Diktatoren und den Demokratien entstanden, war ohnedies unvermeidlich. In der langen europäischen Geschichte hatten noch niemals zwei so verschiedene politische Kulturen nebeneinander existiert. Die Nazis und die Faschisten waren überzeugt, das zu sein, was Anne Morrow Lindbergh, die sie bewunderte, von ihnen gesagt hatte: »die Welle der Zukunft«. Es gab prominente Persönlichkeiten im Westen, die das vom Duce und vom Führer geschaffene Gesellschaftssystem beeindruckte. Diese neue Gesellschaftsordnung schien sehr erfolgreich zu sein. Es gab keine Streiks, keine Demonstrationen und keine Mißachtung der staatlichen Autorität. Mit der »Gleichschaltung« auf politischem Gebiet, die jede Opposition ausschloß, gelang es Hitler, die Industrieproduktion zu steigern, die Freizeit der arbeitenden Bevölkerung in seinem Sinne zu gestalten und die Jugend für patriotische Ideale zu begeistern. Die jungen Menschen waren die glühendsten Anhänger des Nationalsozialismus, aber Deutsche jeden Alters und jeder sozialen Schicht begeisterten sich inzwischen für das Regime. Die Deutschen waren seit Jahrhunderten autoritär regiert worden, und der Verlust der persönlichen Freiheit schien ihnen nichts auszumachen. Die Gleichschaltung galt im Dritten Reich freilich nicht für alle, sondern nur für jene, die am Leben bleiben wollten. Nirgends in den demokratischen Ländern, nicht einmal in den Vereinigten Staaten gab es eine Euphorie, die sich mit dem vergleichen ließ, was die überzeugten Anhänger des Nationalsozialismus damals erlebten, diese vitalen Menschen, die niemals verkehrswidrig über die Straße gingen, nie ihren Vorgesetzten widersprachen, widerspruchslos jede Belehrung durch einen Polizisten hinnahmen, aber sich in gehässiger Weise gegen jene wandten, die ihnen als Untermenschen vorgestellt wurden. Man hatte den Eindruck, daß sie einen unverhältnismäßig großen Teil ihrer Zeit damit zubrachten, zu singen und zu marschieren. Sie sangen das »Horst-Wessel-Lied« und »Deutschland, Deutschland über alles, über alles in der Welt«.

Da auch die Vereinigten Staaten zu dieser Welt gehörten und Franklin Roosevelt entschlossen war, dafür zu sorgen, daß die Hakenkreuzfahne nicht auch in Washington aufgezogen wurde, ersuchte der Präsident den Kongreß um 552 Millionen Dollar zur Stärkung der amerikanischen Verteidigungsfähigkeit. Außerdem appellierte er an Hitler, sein Schwert in der Scheide stecken zu lassen. Hitler, der alle Demokratien verachtete und als schwach und unentschlossen betrachtete, war davon überzeugt, sie ohne große Schwierigkeiten einschüchtern zu können. In England, Frankreich und den Vereinigten Staaten gab es nicht wenige, die ihm zustimmten. In allen Demokratien existierten inzwischen mehr oder weniger starke örtliche faschistische Bewegungen, selbst die Gegner der Diktaturen fragten sich, weshalb ihre Landsleute so »weich« geworden seien.

Bei der Bücherverbrennung durch die Nazis am 10. Mai 1933 hatte Goebbels, der das erste Streichholz angezündet hatte, erklärt, die Seele des deutschen Volkes könne jetzt wieder zum Ausdruck kommen. Dahinter stand die Überzeugung der Nazis, daß sich unter dem Firnis der modernen Zivilisation die primitive Lebenskraft einer Kriegsrasse verberge: Nachkommen der alten Germanen, die sich, wie Tacitus schreibt, durch ihre »wilden blauen Augen, das rote Haar und ihre Körpergröße« auszeichneten und die ihren Häuptlingen treu ergeben waren. Was die nationalsozialistischen Ideologen übersahen, war die Tatsache, daß sich Ähnliches von allen zivilisierten Nationen sagen ließ. Deutschland war nicht die einzige europäische Nation mit einer stolzen militärischen Tradition. Auch britische Soldaten hatten Schlachten gewonnen, und die königliche Flotte hatte schon 300 Jahre, bevor Bismarck aus den vielen Kleinstaaten in Mitteleuropa das Deutsche Reich zusammenschweißte, Schiffe versenkt. Churchill beschäftigte sich jede Nacht mit diesem Thema. Es war das Unglück Großbritanniens und der Welt, daß die Männer, die 1939 an der Spitze der Regierung Seiner Majestät standen, Englands Kompaß verloren hatten und, da sie nicht die Weisheit Caesars besaßen, glaubten, man könne ein gutes Geschäft mit den NS-Führern machen, wenn man ihnen die Hand reiche.

Großbritannien war vertraglich verpflichtet, Danzig zu verteidigen, aber praktisch nahm die Regierung eine ganz andere Haltung ein. Unmittelbar nach der Unterzeichnung des englisch-polnischen Vertrags am Freitag, den 25. August – dem ersten Tag der letzten Friedenswoche –, sagte Halifax dem polnischen Botschafter, er erkenne zwar an, wie lebenswichtig der Status von Danzig für Polen sei, hielte es aber weder für richtig noch für klug, »wenn die polnische Regierung es ablehnte, Gespräche über Danzig zu führen, wenn sich je die Gelegenheit dafür ergeben sollte«. Er glaubte vielmehr, die Polen »würden einen schweren Fehler begehen, wenn sie eine Haltung einnehmen wollten, die Gespräche über eine friedliche Modifizierung des Status von Danzig ausschlösse«. Trotz der festen Haltung von Daladier suchten Mitglieder der französischen Regierung verzweifelt nach Möglichkeiten, ihren Verbündeten im Osten im Stich zu lassen. Ein Mitglied des Kabinetts von Daladier sagte öffentlich: »Man kann nichts anderes tun als den Deutschen nachgeben.« Der Widerstand gegen Hitler wurde noch mehr geschwächt, als England und Frankreich unabhängig voneinander versuchten, über Mussolini an Hitler heranzukommen.[143]

Die Polen, die nicht bereit waren, den Deutschen auch nur um einen Zoll nachzugeben, glaubten, jedes Zugeständnis im Hinblick auf Danzig werde zu neuen nationalsozialistischen Forderungen führen. Der britische Botschafter in Warschau, Sir Howard Kennard, war zur Erleichterung seines erschöpften Stellvertreters aus dem Urlaub zurückgekehrt. Kennard hatte einen klareren Blick für die politische Lage als alle ranghohen Diplomaten in Whitehall mit Ausnahme des kaltgestellten Vansittart. Er erklärte dem Auswärtigen Amt, »wenn Hitler sich für den Krieg entschieden hat, dann nur in der Absicht, den Polen ihre Unabhängigkeit zu nehmen«.[144]

Aber die Regierung Seiner Majestät war überzeugt, Hitler werde sich für einen geringeren Preis dazu bewegen lassen, diesen Plan aufzugeben, wenn es nur gelang, ihn zu veranlassen, seinen Preis zu nennen. Auch Hitler mußte jetzt unmittelbar vor dem Einmarsch in Polen wissen, was Großbritannien tun würde. Am 25. August bestellte er den britischen Botschafter Henderson in die Reichskanzlei. Dort sagte er ihm, wie der Botschafter anschließend nach Whitehall berichtete, daß er »das Britische Empire akzeptiert und bereit ist, sich persönlich für sein

Fortbestehen zu verbürgen«. Sobald »das Problem von Danzig und dem Korridor« gelöst sei, werde Hitler ein detailliertes Angebot dazu machen, wie seine wenigen kolonialen Forderungen auf friedliche Weise ausgehandelt werden könnten. Vorher müsse ihn jedoch die Regierung Seiner Majestät über ihre Haltung zum polnischen Problem unterrichten.[145]

Indessen bemühte sich der Duce intensiv zu verhindern, daß der nationalsozialistische Moloch Polen überrollte. Er tat es nicht, um die Polen zu schonen oder einen zweiten Weltkrieg abzuwenden, sondern weil er als Verbündeter Deutschlands verpflichtet war, an Hitlers Seite zu kämpfen, was er aber nicht konnte. Am Morgen des 25. August geriet er in eine für ihn ungewohnt peinliche Lage. Der Führer hatte ihm einen dringenden persönlichen Brief geschrieben und ihn von dem unmittelbar bevorstehenden deutschen Überfall auf Polen unterrichtet. In diesem Brief hieß es, wenn es in Polen zu unerträglichen Vorfällen kommen sollte, werde Hitler sofort handeln.

Mussolinis Antwort erreichte Hitler gegen 18.00 Uhr. Wie sein Dolmetscher Schmidt berichtet, war der Führer fassungslos. Er hatte Italien nicht um Hilfe gebeten, denn nach dem vor drei Monaten abgeschlossenen »Stahlpakt« war dies eine Selbstverständlichkeit. Doch Hitler und Chamberlain waren nicht die einzigen europäischen Staatsmänner, die bereit waren, wortbrüchig zu werden. In seinem Antwortbrief an Hitler hatte der Duce schlicht erklärt, wenn das Deutsche Reich gegen Polen Krieg führen wolle, könne es nicht mit der Hilfe Italiens rechnen. »Die italienischen Kriegsvorbereitungen« seien, wie er sagte, noch nicht abgeschlossen. Er sei nicht in der Lage, »den Angriff abzuwehren, den die Franzosen und Engländer vor allem gegen uns richten werden«. Soweit er sich erinnern könne, sei »der Krieg bei unseren Besprechungen erst für 1942 vorgesehen worden, dann wäre ich darauf vorbereitet gewesen«. Nachdem der schon durch den Abschluß des britisch-polnischen Beistandspaktes verunsicherte Führer den Brief gelesen hatte, ließ er Keitel kommen und vertagte den Überfall auf Polen – den »Fall Weiß« – auf den 1. September.[146]

Während Europa schlief, stand Churchill gebeugt vor seinem Disraeli-Schreibtisch, redigierte Fahnen, korrigierte seine Texte mit roter Tinte oder diktierte Mrs. Hill Zusätze, die noch in seinen Text eingefügt werden mußten, während sie an ihrer Schreibmaschine saß und auf das nächste Diktat wartete. Sein Thema war jetzt die Geschichte des frühen Britannien, als in Kriegszeiten oder bei Kriegsgefahr feige Beamte geprügelt oder aufgehängt wurden. Er führte seine Leser zurück in die Zeit der Geburt Britanniens, der Besetzung durch die Römer, des Abzugs der römischen Legionen und des Chaos, das im 5. Jahrhundert folgte, als, wie der walisische Mönch Nennius berichtet, die Sachsen aus Germanien auf der Insel landeten, die damals aus vielen kleinen Königreichen bestand, und plündernd, sengend und vergewaltigend durch das Land zogen und dabei schlimme Seuchen verbreiteten. Die Könige wandten sich in ihrer Verzweiflung an einen *dux bellorum*. Das war kein Monarch, sondern ein begabter und mutiger Heerführer, der höheres Ansehen genoß als die kleinen Fürsten. Sein Name war Arthur. Nachdem er die Sachsen in zwölf blutigen Schlachten besiegt hatte, deren bedeutendste, »die alles krönende göttliche Fügung«, wie Churchill sie genannt hat, irgendwann zwischen 490 und 503 n. Chr. auf dem Mount Badon ausgefochten wurde, erlebte England eine Friedensperiode von 100 Jahren. Jetzt im Jahr 1939 in Chartwell verlieh er Arthur eine Krone und schrieb: »Sein Name führt uns aus dem Nebel der nur undeutlich erkennbaren Vorgeschichte in das helle Tageslicht der Ritterromane. Und hier erkennen wir die großartige, in ihren Umrissen noch undeutliche, aber glänzende Legende von König Arthur... Irgendwo auf der Insel versammelte ein großer Heerführer die Streitkräfte des römischen Britannien und brachte den barbarischen Invasoren eine tödliche Niederlage bei. Um ihn, um seinen Namen und um seine Taten leuchtet aller Glanz, den die Legendenbildung und die Dichtkunst verleihen können.«[147]

In London vergingen drei Tage mit der Formulierung einer offiziellen Antwort auf das unverschämte Angebot Hitlers, das Britische Empire zu »akzeptieren«, wenn das polnische Problem gelöst sei. Horace Wilson und Rab Butler stellten den ersten Entwurf am Freitag fertig. Chamberlain überarbeitete ihn bis zum späten Abend. Am Samstag um 18.30 Uhr wurde er dem ganzen Kabinett vorgelegt, und zwar in Gegenwart von Henderson, vermutlich weil er ihn dem deutschen Reichskanzler erläutern sollte. Die Antwort enthielt, wie sich herausstellte, nichts, wogegen er etwas hätte einwenden können. In erster Linie ging es um die Notwendigkeit polnischer Zugeständnisse und die Tatsache, daß die Polen bisher nicht bereit gewesen waren, irgendwelche Zugeständnisse zu machen. Hitler hatte darauf bestanden, daß sie nachgeben müßten, und die Regierung Seiner Majestät stimmte ihm zu. Hore-Belisha hielt diesen ersten Entwurf für »übertrieben servil und unterwürfig«. In seinem Tagebuch schrieb er, er habe »betont, die einzig wirksame Antwort sei es, Stärke und Entschlossenheit zu zeigen – daß (England) unter keinen Umständen den Eindruck erwecken darf, daß wir unsere Verpflichtungen gegenüber Polen nicht einhalten könnten. Kingsley Wood unterstützte mich.« Die Diskussion ging noch eine Zeitlang weiter, dann zogen sich die Diskussionsteilnehmer für die Nacht zurück.[148]

Für die Franzosen ist es La Manche, für die Deutschen der Ärmelkanal, aber Briten und Amerikaner bezeichnen ihn als den »englischen Kanal«, und zwar mit einer gewissen Berechtigung. Er hat den Briten lange Zeit als schwer zu überwindender Festungsgraben gedient, und sein militärischer Wert entsprach vielleicht dem von 100 Divisionen. Der Kanal ist jedoch nicht unüberbrückbar. Die Römer, die Sachsen und die Normannen haben ihn überquert. Philipp II., Ludwig XIV. und Napoleon haben es versucht, und es ist ihnen fast gelungen. Der Gedanke an die Möglichkeit einer Invasion hat zum »Isolationismus« geführt, wie die Viktorianer es nannten, und zwar schon drei Generationen bevor die Amerikaner glaubten, dieses Konzept erfunden zu haben. Und bis Neville Chamberlain beschloß, eine eigene Außenpolitik zu entwickeln, war der Isolationismus ein wesentliches Element der britischen Europapolitik. Man glaubte, die Sicherheit der Insel habe zwei Grundvoraussetzungen. Erstens dürfe keine Nation mit einer starken Armee Belgien und Holland in Besitz nehmen. Es war die Verletzung belgischen Territoriums durch Deutschland, die England 1914 veranlaßte, dem Deutschen Reich den Krieg zu erklären. Zweitens, die Vorherrschaft auf dem europäischen Kontinent sollte zwischen zwei oder mehr Nationen aufgeteilt werden. Chamberlain war der erste Premierminister, der die Vorherrschaft einer Nation befürwortet hat, weil er glaubte, die englisch-deutsche Freundschaft werde den Frieden garantieren und – bis Ribbentrop und Molotow ihren Bündnisvertrag in Moskau unterzeichneten – daß das Dritte Reich ein Bollwerk gegen den sowjetischen Imperialismus sei. Doch das Bemühen Englands um den Erhalt des Gleichgewichts der Kräfte in Europa ist in jedem Jahrhundert auf Widerstand gestoßen. Am häufigsten haben sich die Franzosen dagegen gewehrt, am nachhaltigsten aber vielleicht Spanien.

Während Churchill in seinem Arbeitszimmer auf und ab ging und Mrs. Hill ihre flinken Finger über die Tasten der Schreibmaschine fliegen ließ, diktierte er eine zweite Fassung der Geschichte der Großen Armada Philipps II. von Spanien, der sein Reich als den weltlichen Arm der römisch-katholischen Kirche und sich selbst als deren Schwert angesehen hatte. Er hatte sich an allen Religionskriegen seiner Zeit beteiligt, weil er fest daran glaubte, die Reformation ließe sich rückgängig machen und man könne ganz Europa wieder unter dem einen Glauben vereinigen, mochte der Preis auch noch so hoch sein. Heinrich VIII. hatte England aus der römischen Kirche herausgeführt, und nun verteidigte seine Tochter Elisabeth I. die Reformation ihres Vaters. Philipp war von den Vorstellungen besessen, England demütigen zu müssen, und als die nördlichen Niederlande sich 1581 vom Katholizismus abwandten, beschloß er, die Waffe zu schmieden, die er brauchte, um sein politisches Ziel zu erreichen. Er schuf seine »unbesiegbare Armada« mit mehr als 132 Schiffen, 3165 Kanonen und 30000 Mann, in der Absicht, Britannien zu erobern. Lord Leicester standen nur 20000 schlecht ausgebildete Soldaten zur Verfügung. Mit ihnen konnte er die Küste Englands nicht verteidigen, und so mußte die Flotte diese Aufgabe übernehmen.

Nach einem Sieg der Briten würde England die Vorherrschaft zur See von Spanien übernehmen. Aber auch hier schienen die Siegeschancen nur gering zu sein. Nur 34 Schiffe der Königin waren seetüchtig, und sie alle waren kleiner als die Galeonen des Feindes. Dazu kamen 36 Schiffe aus dem Besitz britischer Kaufleute. Diese Flotte schien zu schwach, um sich mit der Armada messen zu können. Aber sie wurde von Kapitänen geführt wie John Hawkins und Francis Drake, den tüchtigsten Seeleuten der ganzen Welt. Die Größe ihrer Schiffe sagte nichts über ihren Kampfwert aus. Aufgrund seiner Erfahrungen als Freibeuter in kolonialen Gewässern hatte Hawkins die Konstruktion seiner Fahrzeuge drastisch verändert. Er verzichtete auf die hohen Deckaufbauten und bestückte die Schiffe mit schwereren, weitreichenden Geschützen, vertiefte die Kiele und legte vor allem Wert auf Seetüchtigkeit und Geschwindigkeit.

Doch die wirkungsvollste Waffe, über die England verfügte, war seine Königin. Sie war jetzt Mitte der Fünfzig, herrschte seit 30 Jahren in England – ebenso lang wie Philipp in Spanien – und war es gewohnt, mit der Macht umzugehen. Sie verstand es, die Krone zu tragen und die damit verbundene Macht zu nutzen, und in der Stunde der nationalen Gefahr wußte sie die patriotischen Gefühle ihres Volkes zu wecken und es zur Verteidigung seiner Freiheit aufzurufen. Churchill schrieb: »Angesichts der spanischen Kriegsvorbereitungen war die Nation geeint. Während die Armada noch vor den Küsten Englands kreuzte, inspizierte Königin Elisabeth die Armee in Tilbury und richtete die folgenden mitreißenden Worte an ihre Soldaten:

›Laßt die Tyrannen erzittern. Ich selbst habe mich stets so verhalten, daß ich in aller Demut vor Gott meine Kraft und meine Sicherheit vor allem den treuen Herzen und dem guten Willen meiner Untertanen anvertraut habe; und deshalb bin ich, wie ihr seht, in der Hitze des Gefechts zu euch gekommen, um bei euch zu leben oder zu sterben, um meine Ehre und mein Blut für meinen Gott, für mein Königreich und für mein Volk, wenn nötig, in den Staub zu legen. Ich weiß, ich habe den Körper einer schwachen und zarten Frau, aber ich habe das Herz und den Mut eines Königs, ja, eines Königs von England, und ich halte es für ein Verbrechen, daß Parma oder Spanien oder irgendein Fürst in Europa es wagen könnte, die Grenzen meines Herrschaftsbereichs zu verletzen; deshalb werde ich, um mich nicht einer Verletzung meiner Ehre schuldig zu machen, selbst zu den Waffen greifen. Ich selbst werde euer Heerführer und Richter sein und einen jeden belohnen, der sich auf dem Schlachtfeld als tapferer Soldat bewährt.‹«[149]

Der erste Beschwichtigungspolitiker, den Hitler persönlich kennengelernt hatte, war Halifax gewesen, als der edle Lord vor zwei Jahren auf den Berghof gekommen war und den Reichskanzler für einen Dienstboten gehalten hatte. Der Führer, der es gewohnt war, andere Menschen abzuschätzen, erzählte seinem Gast, daß allen SS-Männern der Film *Lives of a Bengal Lancer* gezeigt würde, weil sie daraus lernen könnten, wie »eine Handvoll Engländer einen ganzen Kontinent unter ihre Herrschaft zwingen«. Bei dieser Gelegenheit hatte Hitler, wie schon gesagt, auch empfohlen, Gandhi zu erschießen. Daß sich Halifax für diese Idee nicht begeistern konnte, weckte in Hitler, wie er später seinem Dolmetscher sagte, den Verdacht, daß die Erben des Britischen Empire schwach und unentschlossen seien. Als sich die Polenkrise Mitte August verschärfte, beschloß er, die Briten auf die Probe zu stellen. Gegenüber dem Schweizer Carl Burckhardt vom Völkerbund erklärte er, er habe viel Verständnis für Halifax, er glaube, Halifax sähe die Dinge in einem größeren Zusammenhang und wünsche eine friedliche Lösung, er hoffe, den britischen Außenminister eines Tages wiederzusehen. Burckhardt schickte einen Bericht über dieses Gespräch nach London, und Halifax »überlegte sich«, ob er nicht ein Mitglied der Regierung Seiner Majestät nach Deutschland entsenden sollte, um mit Hitler zu sprechen. Ein neues München schien sich vorzubereiten.[150]

Am 27. August traf sich der Premierminister mit Birger Dahlerus, einem schwedischen Geschäftsmann, der mit Göring befreundet war und in jener Woche die Rolle eines inoffiziellen Vermittlers übernahm. Dahlerus war am Nachmittag aus Berlin kommend in London eingetroffen und sagte Chamberlain, Wilson, Halifax und Cadogan, daß Danzig und der Korridor tatsächlich die nächsten Ziele Hitlers seien. Halifax betonte gegenüber Dahlerus die Notwendigkeit »direkter Gespräche« zwischen den Deutschen und den Polen. Nun, da die Regierung Seiner Majestät »wisse«, daß es den Nationalsozialisten um Danzig ginge, könne England Beck zum Nachgeben zwingen. Das dürfe, wie der Außenminister sagte, nicht als Englands endgültige Position angesehen werden, »sondern vielmehr als Vorbereitung auf die wichtigsten Gespräche« – kurz gesagt, zur Einleitung eines Verfahrens, in dessen Verlauf man sich über weitere nationalsozialistische Forderungen einigen müsse. In Berlin suchte der Schwede noch am gleichen Abend Göring auf, aber nicht den Führer. »Hitler zu erschöpft«, telegrafierte er an das Auswärtige Amt in Whitehall. Halifax erklärte, dafür habe er Verständnis, denn Hitler habe viel zu tun. Am folgenden Morgen – es war Montag, der 28. August – wurde Dahlerus in der Reichskanzlei vorgelassen. In einem Bericht an Halifax zitierte er den Führer: »Großbritannien muß die Polen überreden, mit Deutschland zu verhandeln.« Es sei, wie Hitler sagte, »sehr wichtig, daß Sir N. Henderson« ihm eine Erklärung brächte, in der bestätigt würde, daß England beabsichtige, die Polen umzustimmen. Wie wichtig das war, zeigte sich nach einer Kabinettssitzung am gleichen Nachmittag, als der Außenminister ein Telegramm von Sir George Ogilvie Forbes, einem Botschaftsrat an der britischen Botschaft in Berlin, erhielt. Forbes zitierte Dahlerus wie folgt: »Herr Hitler vermutet, daß die Polen versuchen werden, Verhandlungen zu vermeiden. Antwort sollte daher die klare Aussage enthalten, daß die Polen dringend ersucht worden sind, *sofort die Verbindung* mit Deutschland aufzunehmen und zu verhandeln.« Daraufhin entschloß sich Halifax zu einem beispiellosen Schritt. Er schickte dem britischen Botschafter in Warschau, Kennard, das folgende Telegramm: »Die Regierung Seiner Majestät hofft zuversichtlich, daß ... die polnische Regierung... bereit ist, *sofort direkte Gespräche mit Deutschland zu beginnen.* Bitte bemühen Sie sich darum, sofort bei Herrn Beck vorgelassen zu werden, und berichten Sie telefonisch.« Damit machte Halifax, ohne sein Kabinett zu konsultieren oder auch nur zu informieren, eine nationalsozialistische Forderung zu einem Ziel der britischen Außenpolitik und schwächte dadurch Großbritanniens einzigen Verbündeten im Osten. Wenn die Wehrmacht den polnischen Widerstand gebrochen hatte, konnte Hitler kehrtmachen und sich mit allen dann verfügbaren Kräften gegen Frankreich wenden, den einzigen Verbündeten Großbritanniens im Westen. Wenn auch Frankreich von den Deutschen besiegt werden sollte, würde England allein der ersten europäischen Macht gegenüberstehen, die in diesem Jahrhundert in der Lage wäre, die Existenz Großbritanniens durch eine Überquerung des Ärmelkanals zu bedrohen.[151]

Zur gleichen Zeit schrieb Churchill in Chartwell einen Brief an Bill Deakin: »Ich habe versucht, die anliegenden Druckfahnen zu ordnen. Die vorliegende Komposition ist unmöglich. Ich schicke Ihnen meine Abzüge, bei denen die Fahnen mehr oder weniger chronologisch geordnet sind. Ich glaube, es hat keinen Sinn, Abschnitte über Georg III. und Pitt mit davon unabhängigen Studien über die amerikanischen Kolonien zu vermischen.« Der Kanada betreffende Abschnitt sei »mehr oder weniger vollständig«, ebenso der Abschnitt über Indien. Das alles werde unter der Überschrift »Das erste britische Empire« zusammengefaßt werden. Dann müsse ein Kapitel folgen, dessen Überschrift entweder »Der große Pitt« oder »Der Siebenjährige Krieg« heißen werde und das eine Darstellung »der Position des ersten britischen Empire zur Zeit des Friedens von Paris im Jahr 1763« enthielte. Das dann folgende Kapitel wäre »Die Streitigkeiten der englischsprechenden Völker« und behandle »die Regierungszeit Georgs III«. Georg III. gilt nicht gerade als bedeutender britischer Souverän, und zwar nicht nur, weil er wahnsinnig wurde. Aber seine Regierungszeit ist gekennzeichnet von erregenden Ereignissen und den Taten großer Männer, zu denen auch der bedeutendste Kriegsherr der englischen Geschichte (Nelson) gehörte. Winston hatte sich eingehend mit ihm beschäftigt, und das Ergebnis dieser Arbeit lag in den Druckfahnen vor, die er nun korrigierte, bevor sie an Deakin abgeschickt wurden.[152]

Im Herbst 1805 hatte Napoleon seine für die Invasion der Britischen Insel vorgesehenen Schiffe in Boulogne zusammengezogen. Mit der Blockade des europäischen Kontinents durch die königliche Flotte mit fast 40 Linienschiffen waren Frankreichs Pläne, den Kanal mit starken Kräften zu überqueren, gescheitert, aber jetzt glaubte Napoleon, wie Churchill schrieb, »daß die britischen Seestreitkräfte über ein weites Seegebiet zerstreut wären und der geeignete Augenblick für eine Invasion gekommen sei«.

Zu der entscheidenden Schlacht kam es in den Gewässern vor dem spanischen Kap Trafalgar. Nelson hatte es dabei mit einem an Zahl und Feuerkraft überlegenen Gegner zu tun. Bei Tagesanbruch des 21. Oktober sah er »vom Achterdeck der *Victory* die Gefechtsformation des Feindes« – eine aus 12 spanischen Schiffen bestehende Spitzengruppe und 21 französische Linienschiffe unter Villeneuve. Er signalisierte seinen Kapitänen, sich zum Angriff in Schiffskolonnen zu formieren.

Dann ging Nelson unter Deck in seine Kabine, um ein Gebet zu verrichten: »Möge der große Gott, den ich verehre, uns für mein Land und zum besten Europas einen großen und glorreichen Sieg schenken... Ich selbst lege mein Leben in Seine Hand, der mich geschaffen hat, und möge Sein Segen meinen Bemühungen zuteil werden, meinem Land treu zu dienen.«

Als sich die feindlichen Flotten einander näherten, signalisierte die Victory: »England erwartet, daß jeder Mann seine Pflicht tun wird...«

Während die Schiffe einander immer näher kamen, herrschte in der ganzen Flotte tödliches Schweigen. Jeder Kapitän steuerte auf seinen Gegner zu, und nach wenigen Minuten eröffneten beide englischen Verbände das Feuer... Die *Victory* durchbrach die feindliche Linie zwischen dem Flaggschiff von Villeneuve, der *Bucentaure* und der *Redoutable*. Die drei Schiffe blieben in gleicher Höhe und feuerten ihre Breitseiten aufeinander ab. Nelson ging aufrecht wie zur Parade über sein Achterdeck, als er um 13.15 Uhr von einem Schuß aus dem Mastkorb der *Redoutable* getroffen wurde. Die Kugel zerschmetterte sein Rückgrat. Schwer verwundet wurde er unter Deck gebracht, während die Geschütze der Victory weiter feuerten... Im Logbuch der *Victory* findet sich der folgende Eintrag: »Das Feuern dauerte mit Unterbrechungen bis 16.30 Uhr, als dem ehrenwerten Lord Viscount Nelson, K. B. und Oberbefehlshaber, der Sieg gemeldet wurde; dann starb er an seiner Verwundung.«[153]

Chamberlain und Henderson sollten an Krebs sterben, Chamberlain im Herbst 1940, Henderson zwei Jahre später. Halifax überlebte die Kriegsjahre als britischer Botschafter in Washington, wurde 1944 in den Stand eines Earl erhoben und starb im Alter von 78 Jahren am 23. Dezember 1959. Damit überlebte er die 357116 im Krieg gefallenen Briten um mehr als 14 Jahre.

Der auf Warschau ausgeübte Druck tat seine Wirkung. Zwei Stunden nach Empfang des Telegramms von Halifax teilte Kennard dem Auswärtigen Amt mit: »Polen ist bereit, sofort direkte Gespräche mit Deutschland aufzunehmen.« Sein Instinkt hatte ihm gesagt, daß Verhandlungen mit den Nazis nur zur Katastrophe führen könnten, aber die Katastrophe lag am Ende eines jeden Versuchs, sie abzuwenden. Jetzt konnte die Regierung Seiner Majestät Hitler zumindest die Antwort geben, die er verlangte, und noch am gleichen Abend suchte Botschafter Henderson den deutschen Kanzler auf, um die britische Note abzugeben. Polen hatte versichert, daß es bereit sei, »in Gespräche einzutreten«. Mit dem nächsten Schritt sollten Verhandlungen zwischen Deutschland und Polen eingeleitet werden. Anstatt direkt auf den Verhandlungsvorschlag einzugehen, trieb Hitler die Absurdität so weit, daß er fragte, ob Großbritannien »bereit sei, ein Bündnis mit Deutschland einzugehen«. Ein erfahrener Diplomat hätte erkannt, daß Hitler hier nur im trüben fischte, wenn er eine Frage der künftigen Politik ansprach, während man sich mitten in einer Krise befand, die eine sofortige Lösung verlangte. Darüber hinaus konnte, wie Vansittart bemerkte, »ein Bündnis nur ein Militärbündnis sein, wenn es irgend etwas bedeutet. Und gegen wen sollten wir uns mit einer Verbrecherbande verbünden, wie es das gegenwärtige Regime in Deutschland ist? Die bloße Andeutung einer solchen Möglichkeit würde uns in den Vereinigten Staaten unmöglich machen.« Außerdem wäre damit die Glaubwürdigkeit Großbritanniens in Ländern zerstört, gegenüber denen England

Verpflichtungen übernommen habe. Das waren vor allem Frankreich, Polen, Rumänien, die Türkei und Griechenland. Doch Henderson hatte, wie er dem Auswärtigen Amt meldete, dem Führer geantwortet, »persönlich schließe ich eine solche Möglichkeit nicht aus«.[154]

Für einen Botschafter war es unentschuldbar, zu einer solchen Frage eine persönliche Meinung zu äußern. Das Auswärtige Amt wies Henderson scharf zurecht, sagte ihm, er sei zu weit gegangen, und wies das Angebot zurück. Aber Henderson hielt es nicht für nötig, Hitler mitzuteilen, daß Großbritannien seinen Vorschlag zurückgewiesen habe. Während seines Gesprächs mit Hitler hatte dieser davon gesprochen, daß Polen vernichtet werden müsse. Das hätte jeden anderen und besonders jeden Diplomaten aufhorchen lassen, denn es bedeutete, daß er sich mit Danzig nicht zufriedengeben würde. Doch Halifax ordnete an, diese Passage aus dem Bericht über Hendersons Gespräch mit Hitler zu streichen, der nach Warschau geschickt wurde.[155]

Hitler wollte das von ihm geschaffene Problem mit Blutvergießen lösen, aber die Polen sollten als die Schuldigen erscheinen. Als der Reichskanzler am Dienstag, dem 29., den britischen Botschafter empfing, verzichtete er bewußt auf die bei Gesprächen zwischen zivilisierten Nationen üblichen Höflichkeitsformeln und Achtungsbezeugungen. Statt dessen verlangte er, daß schon am nächsten Tag ein polnischer »Bevollmächtigter« in Berlin erscheinen müsse.[156]

Sogar Henderson war verblüfft. Er stammelte, das sei »ein Diktat«. Hitler und Ribbentrop bestritten das, wie er Halifax meldete, »hitzig und mit aller Entschiedenheit«. Der britische Botschafter verließ die Reichskanzlei »bedrückt durch meine eigene Unzulänglichkeit« und »erfüllt von düsteren Vorahnungen«. Er teilte dem Auswärtigen Amt mit, Danzig »muß Deutschland zurückgegeben werden«.[157]

Halifax beantwortete den Bericht seines Botschafters mit einem Vorschlag, bei dem es um eine bloße Verfahrensfrage ging. Auch er betrachtete die Forderungen Hitlers als Ultimatum und meinte, man solle sie nicht als »Vorschläge«, sondern als »eine Diskussionsgrundlage« bezeichnen. Hitler war mit dieser bedeutungslosen Umformulierung einverstanden, verlangte aber trotzdem die sofortige Entsendung eines mit allen Vollmachten ausgestatteten Unterhändlers der polnischen Regierung. Das war ein schwer zu lösendes Problem. Die Polen hatten sich, auf diese Weise unter Druck gesetzt, gegen ihre Überzeugung bereit erklärt, mit den Deutschen zu sprechen, scheuten sich jedoch, auf die Forderung Hitlers einzugehen, mit dem nächsten Flugzeug einen mit allen Vollmachten ausgestatteten Unterhändler nach Berlin zu schicken. Das bedingungslose Eingehen auf eine solche Forderung wäre Wahnsinn gewesen; vorher sollte Hitler ihnen offizielle Vorschläge machen. Bis dahin und bevor Warschau diese Vorschläge geprüft hatte, wären Gespräche zwischen den beiden souveränen Mächten bedeutungslos gewesen, es sei denn, die Polen kapitulierten von vornherein, was, wie sie vermuteten, Hitler im Grunde erreichen wollte.[158]

Daß die Polen auch weiterhin auf ihrem Recht bestanden, betrachtete der britische Botschafter in Berlin als ein Zeichen ihres übertriebenen »Prestigedenkens« und ihres »Egoismus«. Henderson ersuchte seinen französischen Kollegen Robert Coulondre, Paris »dringend zu empfehlen«, daß Frankreich die polnische Regierung aufforderte, »den sofortigen Besuch von Herrn Beck vorzuschlagen, was nach meiner Meinung jetzt die einzige Chance bot, den Krieg zu verhindern«. Er »flehte« den polnischen Botschafter in Berlin, Lipski, an, die sofortige Absendung eines Unterhändlers aus Warschau zu erbitten, wie dies vom Kanzler des Großdeutschen Reichs verlangt worden sei.[159]

Die polnische Regierung stand damit unter einem geradezu unerträglichen Druck. Mit einer weiteren Überschreitung der Grenzen seines Zuständigkeitsbereichs wandte sich Henderson am Mittwoch um die Mittagszeit an den päpstlichen Nuntius in Berlin und schlug ihm vor, der Papst möge einen »definitiv unparteiischen Lösungsvorschlag« machen und empfehlen, eine neutrale Grenze durch katholische Priester überwachen zu lassen. Der päpstliche Nuntius hielt es jedoch für richtiger, wenn diese Aufgabe von Laien übernommen würde. Henderson und der Nuntius wußten nicht, daß der Papst sich nach einem Gespräch mit Mussolini bereits mit Warschau in Verbindung gesetzt hatte. Er hatte den Polen gesagt, wenn sie Danzig den Deutschen überließen, könne der Frieden vielleicht erhalten werden. Hitler werde dann unter Umständen bereit sein, über den Korridor und die Probleme der deutschen Minderheiten zu verhandeln. Das Oberhaupt der katholischen Kirche glaubte, sein Vorschlag werde »von den Polen sehr sorgfältig geprüft werden«.[160]

Chamberlain hielt die Halsstarrigkeit der Polen für das größte Hindernis, das einer friedlichen Lösung im Wege stünde. Der amerikanische Botschafter in London, Joseph Kennedy schickte dem State Department das folgende Telegramm: »Offen gesagt sorgt er sich mehr darum, wie man die Polen zur Vernunft bringen kann, als um die Haltung der Deutschen.« Auf der Kabinettssitzung am Mittwoch vormittag war Hore-Belisha als einziger dagegen, Beck zu drängen, einen Unterhändler nach Deutschland zu schicken. Er glaubte, es sei »wichtig, deutlich zu sagen, daß wir in diesem Punkt nicht nachgeben werden«, und er lehnte es ab, auf irgendeiner Ebene zu verhandeln, solange Hitler Warschau bedrohte und seine Truppen an der polnischen Grenze zusammenzog. Das Kabinett war sich darin einig, daß Hitlers Ultimatum

»vollkommen unzumutbar« war. Aber Halifax erklärte, »das wirklich Wichtige« sei, daß Deutschland verhandeln wolle. Die polnische Regierung müsse »bereit sein, unverzüglich« mit solchen Verhandlungen zu beginnen.[161]

Die Schwachen zum Nachgeben zu zwingen ist natürlich sehr viel leichter, als sich den Starken zu widersetzen, besonders wenn man sich einredet, daß die Schwachen das verdienen, was ihnen droht. In Berchtesgaden, Godesberg und München hatte Chamberlain bei den Tschechen Fehler erkannt, die ihm bis dahin entgangen waren. So war es jetzt auch mit den Polen. Henderson fürchtete, die Polen könnten den Zorn Hitlers wecken und die Deutschen »zwingen«, gegen Polen vorzugehen. In Wirklichkeit hatten die Deutschen die Polen provoziert, obwohl sie mit allen Mitteln versuchten, den gegenteiligen Eindruck zu erwecken. Auf Befehl Hitlers hatte der Sicherheitsdienst der SS ein Dutzend deutsche Strafgefangene in polnische Uniformen gesteckt. Auch die SS-Männer, die sie zu einem vorgetäuschten Angriff auf den deutschen Rundfunksender Gleiwitz in der Nähe der polnischen Grenze führten, trugen solche Uniformen. Sie besetzten den Sender lange genug, um durch einen fließend polnisch sprechenden Nazi einen Vorstoß Polens auf deutsches Gebiet bekanntgeben zu lassen. Die Strafgefangenen, die mit dem Decknamen »Konserven« bezeichnet wurden, sollten anschließend von einem SS-Arzt tödliche Injektionen bekommen und dann erschossen werden. Ihre blutigen Leichen sollten ausländischen Journalisten als Beweis für einen polnischen Angriff gezeigt werden.[162]

Die Beschwichtigungspolitiker vertraten die Auffassung, daß alle Bemühungen, den Frieden zu wahren, zu begrüßen seien, und sie setzten voraus, daß jeder vernünftige Mensch diese Meinung teilte. Aber für die Herrschenden in Berlin war der Krieg eine Bewährungsprobe, und wer davor zurückschreckte, hatte nur Verachtung verdient. Die für München verantwortlichen Männer hatten das nie begriffen, und Henderson war entsetzt, als die Nazis, die er als seine Freunde und künftige Verbündete angesehen hatte, zu dem Schluß kamen, jetzt sei es an der Zeit, ihn zu demütigen. Am Mittwoch abend, dem 30. August, wurde Henderson durch einen Kurier in das deutsche Außenministerium bestellt. Er rechnete mit einer guten Nachricht und glaubte, das Ministerium habe Lösungsvorschläge ausgearbeitet, über die jetzt gesprochen werden sollte.

Aber es kam zu keinen Gesprächen. Es war schon nach Mitternacht, als Ribbentrop ihn in sein Büro kommen ließ. In seinen Memoiren schreibt Henderson: »Von Anfang an behandelte er mich mit einer ausgesprochenen Feindseligkeit, die sich im Lauf des Gesprächs noch verschärfte... In großer Erregung sprang er auf, kreuzte die Arme vor der Brust und fragte, ob ich noch etwas zu sagen hätte.« Dann unterbrach er den britischen Botschafter bei jedem Versuch, ihm zu antworten – obwohl Henderson ihm nur mitteilen wollte, daß die Regierung Seiner Majestät die Polen »immer wieder vor jeder Provokation gewarnt hatte«. Schließlich gelang es dem verblüfften Botschafter zu sagen, wenn die Vorschläge des Deutschen Reichs vorlägen, könne man damit rechnen, daß die Regierung Seiner Majestät »in Warschau alles tun werde, die Verhandlungen zu ermöglichen«. Darauf las ihm der nationalsozialistische Außenminister »so schnell er konnte« ein langes Dokument vor, und zwar »in einem äußerst zornigen und vorwurfsvollen Ton«. Das Schriftstück enthielt 16 Punkte – die Rückgabe von Danzig, eine Volksabstimmung im Korridor, deutsche Souveränitätsrechte in Gdingen, eine Neufestlegung der Grenzen und so weiter –, aber Henderson unternahm, wie er später schrieb, gar nicht erst »den Versuch, genau zuzuhören«, denn er nahm an, daß man ihm das Schriftstück am Schluß aushändigen werde.[163]

Das geschah nicht. Ribbentrop steckte es in die Tasche und sagte, da kein polnischer Unterhändler nach Berlin gekommen wäre, sei es »jetzt zu spät« für irgendwelche Vorschläge. Inzwischen war mit dem 31. August der letzte Friedenstag angebrochen. Henderson benutzte ihn zu dem verzweifelten Versuch, Beck, Lipski oder einen anderen hohen polnischen Vertreter zu einem Besuch bei Ribbentrop zu bewegen. Wahrscheinlich hätte der deutsche Außenminister keinen dieser Männer mehr empfangen. Seinem Dolmetscher Schmidt hatte Hitler gesagt, sein Verhandlungsangebot sei eine Finte gewesen: »Ich brauchte ein Alibi, besonders gegenüber dem deutschen Volk, um ihm zu zeigen, daß ich alles getan hatte, um den Frieden zu wahren.« Das erkläre sein »großzügiges Angebot, die Danziger und die Korridor-Frage« zu erledigen. Jedenfalls interessierten sich die stolzen Polen nicht mehr für die Ratschläge Hendersons oder irgendeines wohlmeinenden Vermittlers. Dahlerus sagte Horace Wilson, es sei »uns klar geworden«, daß die Polen alle noch möglichen Verhandlungen »zu verhindern suchten«.[164]

Das war richtig. Sie hatten ihr Vertrauen zu England verloren, wenngleich sich Wilson, Henderson, Halifax und Chamberlain nicht vorstellen konnten, weshalb. Churchill hätte es ihnen sagen können und es später auch getan hat. Sie hatten Ribbentrops Lügen über polnische Brutalitäten geglaubt, aber Becks Berichte über nationalsozialistische Verbrechen als unglaubwürdig zurückgewiesen. Halifax und Chamberlain hatten Dirksen vertraut, hatten es aber nicht nur gegenüber dem polnischen Botschafter Raczynski, sondern auch gegenüber den Franzosen an Offenheit fehlen lassen. Sie verletzten Buchstaben und Geist feierlich geschlossener Verträge, die sie selbst entworfen und erst vor wenigen Tagen unterzeichnet hatten. An die Möglichkeit, kämpfen zu müssen, wollten sie nicht denken. Das war für sie unvorstellbar, und damit hatten sie ihren Mut eingebüßt. Bei ihren verzweifelten Bemühungen, dieser Eventualität auszuweichen, hatten sie sogar zu Tricks und Täuschungen gegriffen. Dennoch besaßen sie immer noch die Regierungsgewalt und konnten nach einem Einmarsch deutscher Truppen in Polen »immer noch den Buchstaben einer Deklaration erfüllen, ohne aufs Ganze zu gehen«, wie Hoare dem Kabinett am Montag gesagt hatte. Mit anderen Worten, sie konnten den Krieg erklären, ohne Krieg führen zu müssen. König Arthur, Elisabeth I., Hawkins, Drake und Nelson hätten nicht verstanden, wovon Hoare sprach, und sogar Churchill brauchte einige Zeit, es zu verstehen.[165]

Während Henderson verzweifelt versuchte, die »polnische Starrköpfigkeit«, wie Chamberlain es nannte, zu überwinden und in seiner Botschaft unruhig auf und ab ging bei dem angestrengten Bemühen, sich an die 16 Punkte zu erinnern, die der deutsche Außenminister ihm viel zu schnell vorgelesen hatte, diktierte Churchill in Chartwell Briefe an Chamberlain, Kingsley Wood, seinen Verleger, und an G. M. Young (»es ist eine Wohltat, in Zeiten wie diesen in andere Jahrhunderte zu entfliehen«). In seinem Brief an Chamberlain drängte er den Premierminister, energische Maßnahmen zu ergreifen, weil es augenscheinlich nicht mehr möglich sei, daß »Hitler sich aus dem Gefängnis befreite, in das er sich selbst gebracht hat«, aber schließlich beschloß Winston, den Brief nicht abzuschicken. Das war eine kluge Entscheidung. Der Premierminister reagierte kaum noch auf seine Vorschläge, und wenn, wie Churchill glaubte, seine Aussichten, auf einen Kabinettsposten berufen zu werden, etwas besser geworden waren, dann war es mit Sicherheit unklug, einem mißtrauischen Premierminister ungefragt Ratschläge zu erteilen.[166]

Gegenüber dem Luftfahrtminister Kingsley Wood konnte er dagegen ganz offen sein. Auf dem Heimflug vom Schloß Consuelo Balsans stellte er fest, daß die Gebäude und betonierten Flächen vor den Hangars auf dem Flughafen Croydon nicht getarnt waren und die Flughafenbehörde das Ausheben von Schutzgräben für Piloten und Flugzeugbesatzungen bei Luftangriffen »verschleppte«. Außerdem ging der Bau von unterirdischen Schutzräumen viel zu langsam voran. Daß er sich zu diesen Details äußerte, war charakteristisch. Solche Mängel waren jedoch bezeichnend für die Nachlässigkeit der für den Flughafen Verantwortlichen und der Bauunternehmer. Britische Zeitungen hatten über den Hitler-Stalin-Pakt berichtet, und die Öffentlichkeit war von dieser Nachricht beunruhigt. Aber nur wenige wußten etwas von den ominösen Vorgängen auf diplomatischer Ebene, die meisten waren sich nicht der Tatsache bewußt, daß Europa unaufhaltsam auf einen

Ende August 1939, unmittelbar vor Ausbruch des Zweiten Weltkriegs, gehen Churchill und Anthony Eden zum Unterhaus. Immer noch werden beide von Chamberlain wie Aussätzige behandelt.

neuen Krieg zusteuerte. Nur Chamberlain, Horace Wilson und Halifax kannten wirklich alle Fakten und wußten über die Machenschaften Hitlers im einzelnen Bescheid. Dazu gehörte auch die Ermordung der sogenannten »Konserven«, von der die Öffentlichkeit erst nach dem Krieg erfahren hat, als Ribbentrop beim Nürnberger Kriegsverbrecherprozeß darüber ausgesagt hatte und für seine Beteiligung an diesen Verbrechen zum Tode verurteilt und gehängt wurde. Die Zivilbevölkerung erfuhr nicht einmal, daß sich ihre Regierung zur Verteidigung Danzigs verpflichtet hatte, daß Danzig in höchstem Maße gefährdet war und man mit dem Ausbruch des Krieges rechnen mußte.[167]

Churchill war wahrscheinlich so gut informiert wie niemand außerhalb des engsten Kreises um Chamberlain, aber sein Hauptinteresse galt um diese Zeit seinem Buch, das er unter allen Umständen sobald wie möglich abschließen wollte. Während Ribbentrop Henderson in beleidigender Weise erklärte, daß es »zu spät« sei, überarbeitete Winston sein Manuskript und schrieb an seinen Verlag:

»Ich verwende, wie Sie wissen, jeden Augenblick des mir noch verbliebenen Lebens und meine ganze Kraft darauf, unseren Vertrag einzuhalten. Alle diese Ablenkungen sind sehr, sehr schwer zu ertragen. Aber immerhin sind 530000 Worte (1621 Manuskriptseiten) jetzt im Druck, und es bleiben uns nur noch einige Kürzungen und das Korrekturlesen des Umbruchs sowie einige andere Kleinigkeiten. Sie werden besser als jeder andere verstehen, wie schwierig es für mich ist, zwischendurch eine Nacht mit anderer Arbeit zuzubringen. Ich hoffe jedoch, trotzdem alle Ihre Wünsche erfüllen zu können.«[168]

Am Freitag morgen um 8.30 Uhr wurde Churchill durch einen telefonischen Anruf von Raczynski geweckt, der ihm mitteilte, daß um 4.00 Uhr morgens 56 deutsche Divisionen, darunter neun Panzerdivisionen, die polnische Grenze in Schlesien in Richtung auf Krakau überschritten hatten. Nachdem Winston gebadet und gefrühstückt hatte, rief ihn Raczynski ein zweites Mal an. Zwei Luftflotten der deutschen Luftwaffe – das waren 1600 Flugzeuge – hatten begonnen, polnische Städte zu bombardieren. Die Verluste unter der Zivilbevölkerung waren sehr hoch. Es war jetzt 10.00 Uhr, und Winston vermutete, das Kriegsministerium hätte inzwischen weitere Einzelheiten erfahren. Doch dort wußte man nicht einmal, daß die Deutschen in Polen einmarschiert waren. Ironside notierte in seinem Tagebuch, er sei am Exerzierplatz der Horse Guards angekommen, »als es 10.00 Uhr schlug, und wurde unmittelbar darauf von Winston aus Westerham angerufen, der sagte, ›es hat angefangen. Warschau und Krakau werden bombardiert‹«. Ironside setzte sich telefonisch mit dem Chef des Empire-Generalstabs, Lord Gort, in Verbindung, »der es nicht glaubte«. Ironside forderte ihn auf, mit Hore-Belisha zu sprechen. Kurz darauf rief Gort zurück und meldete, »man hat Belisha auf dem Weg zur Downing Street gesehen«. Dann rief Ironside bei Winston an, der ihm »sagte, er habe die Nachricht vor eineinhalb Stunden direkt vom polnischen Botschafter erhalten... Wie sei es möglich, daß das Kriegsministerium nichts davon wisse?«[169]

Das lag daran, daß Raczynski, der in London die School of Economics besucht hatte und seit 20 Jahren im diplomatischen Dienst stand, mit den Feinheiten der englischen Politik vertraut war. Er wußte, daß er sich auf Winston verlassen konnte. Bei den anderen war er sich dessen nicht so sicher, und die Ereignisse sollten sein Mißtrauen sehr bald rechtfertigen. Trotz ihrer vertraglichen Verpflichtungen sahen sich Großbritannien und Frankreich durch den unprovozierten deutschen Einfall nach Polen zunächst nicht veranlaßt, dem Aggressor den Krieg zu erklären, sondern wahrten ein ominöses Schweigen. Nachdem Hore-Belisha aus der Downing Street Nr. 10 zurückgekehrt war, ordnete das Kriegsministerium um 14.00 Uhr telegrafisch die Mobilmachung an, Frankreich folgte diesem Beispiel. Aber anstatt einen Durchbruch durch den deutschen Westwall vorzubereiten – die Gelegenheit war günstig, denn Hitler vertraute darauf, daß die beiden westlichen Demokratien nichts unternehmen würden, und hatte die Grenzbefestigungen nur mit 10 Divisionen besetzt –, erklärten Paris und London ihre Verhandlungsbereitschaft für den Fall, daß Hitler seine Truppen aus Polen zurückzog. Für Berlin war dieser Verrat der Verbündeten an Polen mehr als ein Ausgleich für die nach einer knappen Stunde von Mussolini ausgesprochene Neutralitätserklärung Italiens.[170]

Der empörte Churchill verfaßte einen außerordentlich scharfen Angriff gegen die Regierung Chamberlain. Seine Stimme zählte jetzt. Der führende Labourabgeordnete Herbert Morrison hatte ihn einmal »einen Feuerfresser und Militaristen« genannt. Aber nach Prag sah Morrison in ihm Englands letzte Hoffnung. Der *Daily Telegraph,* der *Manchester Guardian* und der *Daily Mirror* gehörten jetzt zu den Zeitungen, die am energischsten die Aufnahme Winstons in die Regierung forderten. Solange sich das Ringen zwischen Churchill und seinen Kritikern auf das Unterhaus beschränkt hatte, war er nur von einer verschwindend geringen Minderheit unterstützt worden, aber nun hatte die Fleet Street sich vor der englischen Öffentlichkeit für ihn eingesetzt, die ihn jetzt als den kommenden Mann betrachtete. Daraus erklärt sich vielleicht, wenigstens zum Teil, die Tatsache, daß Chamberlain am Nachmittag in Chartwell anrief. Für 18.00 Uhr war eine Parlamentssitzung anberaumt worden. Churchill würde dazu nach London fahren, und der Premierminister meinte, er wäre dankbar, wenn Winston für ein paar Minuten in die Downing Street Nr. 10 kommen könnte, bevor er ins Unterhaus ging.

Churchill wurde im Beratungszimmer des Kabinetts von Chamberlain empfangen, der ihm sagte, er sähe »keine Hoffnung, den Krieg abzuwenden«. Er schlug vor, »ein kleines Kriegskabinett aus Ministern ohne Amtsbereich« zu bilden, das für die Kriegführung verantwortlich sein sollte. Er würde es für vernünftig halten, den Kriegsminister, den Ersten Lord der Admiralität und den Luftfahrtminister nicht in dieses Kabinett aufzunehmen. Er habe gehofft, eine große Koalition bilden zu können, aber die Labour Party hatte es abgelehnt, sich daran zu beteiligen. Später erinnerte sich Churchill, daß der Premierminister »mich aufforderte, dem Kriegskabinett als Mitglied beizutreten. Ich stimmte seinem Vorschlag kommentarlos zu, und auf dieser Basis führten wir ein langes Gespräch über Personalfragen und die zu ergreifenden Maßnahmen.« Der Premierminister habe wiederholt, daß er seine langen Bemühungen um den Frieden jetzt aufgeben müsse. Er sagte: »Die

Würfel sind gefallen.« Das Auswärtige Amt hatte Berlin mitgeteilt, wenn die Deutschen nicht »alle gegen Polen gerichteten aggressiven Aktivitäten« aufgäben und sich bereit erklärten, ihre schon dort befindlichen »Streitkräfte« abzuziehen, werde die Regierung Seiner Majestät »ohne zu zögern« ihre Verpflichtungen gegenüber den Polen erfüllen.[171]

Insgeheim hatte Chamberlain die Hoffnung, den Frieden bewahren zu können, doch noch nicht aufgegeben. Er war bereit, auf unbestimmte Zeit zu zögern, bevor er den von der Regierung Seiner Majestät gegenüber Polen übernommenen Verpflichtungen nachkam. Dem Parlament erklärte er am frühen Abend, die Regierung bereite ein Weißbuch vor, aus dem deutlich zu ersehen sein wird, »daß es unser Ziel gewesen ist, Gespräche über die polnisch-deutschen Meinungsverschiedenheiten zwischen den beiden Ländern zu ermöglichen, bei denen die Gleichberechtigung der Gesprächspartner gewährleistet sein muß mit dem Ziel, die Unabhängigkeit Polens zu sichern und zu einer international garantierten Vereinbarung zu kommen«. Bei diesen Bemühungen hatte der Premierminister die historische Bewertung seiner Amtsführung im Auge und suchte nach einer Rechtfertigung seines Verhaltens. Dieser Versuch war zum Scheitern verurteilt. Damit, daß er sich zu verteidigen suchte, anstatt zu kämpfen, sorgte er selbst dafür, daß der Versuch mißlang. Britische und deutsche außenpolitische Dokumente enthalten genaue Aufzeichnungen über jeden Tag seiner Amtsführung, und Churchill, nicht aber Chamberlain, sollte derjenige werden, der als erster die Geschichte dieser Tage schrieb. Außerdem war das letzte, was die Polen in dieser Stunde der Verzweiflung brauchten, ein Weißbuch, das die Regierung Chamberlain entlastete. Fast ohne Panzer und motorisierte Divisionen, nur mangelhaft mit Panzerabwehrwaffen und Fliegerabwehrgeschützen ausgerüstet, hatten sich die Polen entschlossen, dem Feind an ihren Grenzen entgegenzutreten und ihn mit Attacken starker Kavallerieverbände anzugreifen. Der stärkste feindliche Verband, die Heeresgruppe unter Feldmarschall Gerd von Rundstedt, die aus Mähren, der Slowakei und Schlesien vorstieß, hatte die tapferen, aber unter einem unglücklichen Stern kämpfenden Verteidiger überrollt und stürmte nun durch offenes Gelände weiter vor. Die vom Kriegsglück verlassenen polnischen Soldaten mußten den Panzerverbänden der Generäle Heinz Guderian und Ewald von Kleist weichen, die durch den Korridor vorstießen. Der polnische Feldmarschall Eduard Rydz-Smigly hatte keine Reserven, weil er im Korridor gezwungen war, an zwei Fronten zu kämpfen. Seine Reserven mußten sich einer weiteren deutschen Heeresgruppe entgegenstellen, die von Ostpreußen nach Süden vorrückte.[172]

Um 10.00 Uhr, zu der Zeit, als Churchill dem ungläubigen Ironside die Nachricht überbracht hatte, war Raczynski seiner offiziellen Verpflichtung nachgekommen und hatte Halifax aufgesucht, um ihn offiziell über den Einfall deutscher Truppen nach Polen zu unterrichten. Es sei, wie er sagte, »ein klarer Fall, wie er in dem Vertrag vorgesehen ist«. Der Außenminister erwiderte, er habe keinen Zweifel an der Richtigkeit der Darstellung des polnischen Botschafters, war aber nicht bereit, näher auf den Vertrag einzugehen. Um 10.50 Uhr hatte sich Raczynski verabschiedet, und Halifax bestellte den deutschen Geschäftsträger Theodor Kordt zu sich. Er fragte ihn, ob er über irgendwelche Nachrichten verfüge, welche die Regierung Seiner Majestät interessieren könnten. Kordt erwiderte, er wisse nichts von einem deutschen Angriff und habe keine Instruktionen von der Wilhelmstraße erhalten. Der Außenminister murmelte, nach den Meldungen, die auf seinem Schreibtisch lägen, sei »eine sehr ernste Lage entstanden«. Mehr sagte er nicht. Kordt gab um 11.45 Uhr einen kurzen telefonischen Bericht über sein Gespräch nach Berlin durch.[173]

In dieser neuen Situation gehörte Adolf Hitler scheinbar zu den wenigen Zivilisten – wenn er je wirklich ein Zivilist war –, die den Eindruck machten, ganz sie selbst geblieben zu sein. Nachdem er in einer Ansprache vor dem Reichstag den angeblichen polnischen Angriff gegen die deutsche Rundfunkstation geschildert hatte, empfing er Göring, der von dem allgegenwärtigen Dahlerus begleitet wurde. Im Reichstag hatte Hitler einen ganz gelassenen Eindruck gemacht, aber jetzt stellte Dahlerus fest, daß er »außerordentlich nervös und aufgeregt« war.[174] Er sagte, er habe immer vermutet, daß England den Krieg wolle.

Auch Henderson verhielt sich anders als erwartet. Alle Angehörigen seiner Botschaft waren zutiefst besorgt, aber er verfolgte weiter den Kurs, der so viel dazu beigetragen hatte, Europa in die Katastrophe zu führen, in die es jetzt geraten war. Um 10.45 Uhr, während das Kriegsministerium in London telegrafisch die Mobilmachung anordnete und Kordt sich auf dem Weg ins Auswärtige Amt befand, hatte der Botschafter in Berlin Halifax angerufen und gesagt: »Soweit ich weiß, haben die Polen in der Nacht die Brücke bei Dirschau gesprengt.« Es war ihre Brücke; sie hatten das Recht, sie zu sprengen, und angesichts der deutschen Soldaten, die sich mit ihren Stahlhelmen am anderen Ufer versammelten, wäre es töricht gewesen, es nicht zu tun. Aber augenscheinlich hielt Henderson das Verhalten der Polen für aggressiv. Er sagte: »Nach Erhalt dieser Nachricht hat Hitler den Befehl gegeben, die Polen von der Grenze zu vertreiben, und Göring beauftragt, die polnischen Luftstreitkräfte entlang der Grenze zu vernichten.«[175]

Der Botschafter schloß seinen Bericht mit den Worten: »Vielleicht wird Hitler mit mir sprechen wollen... In einem letzten Bemühen, den Frieden zu retten.« Die Tatsache, daß der Friede nicht mehr gerettet werden konnte – daß der Zweite Weltkrieg begonnen hatte, daß Grenzen, die von seiner eigenen Regierung garantiert worden waren, aus lächerlichem Anlaß verletzt wurden, daß Polen beider Geschlechter und aller Altersstufen seit etwa sieben Stunden sterben mußten –, wurde nicht erwähnt. Josiah Wedgwood, ein Parlamentsabgeordneter und entschiedener Gegner der Beschwichtigungspolitik, der Deutschland besucht hatte, erinnerte sich jetzt voller Erbitterung daran, wie Henderson »gelächelt und sich mit dem Bösen verbrüdert hatte«. Wie Chamberlain, Halifax und Horace Wilson gehörte Henderson der Gruppe von Engländern an, die, wie Wedgwood sagte, Hitler »für ein neues gekröntes Haupt« gehalten hatten, »über dessen ausgefallene Grausamkeiten sie kichern könnten und von dem sie sich im Grunde vielleicht gar nicht unterschieden«.[176]

Hitler hat den britischen Botschafter nicht zu sich bestellt. Später, als Großbritannien Deutschland den Krieg erklärt hatte, kehrte Henderson nach London zurück und äußerte sich, er sei bereit, Seiner Majestät an einem anderen diplomatischen Posten zu dienen, für den er nach seinen Erfahrungen geeignet sei. Das Außenministerium teilte ihm mit, daß es einen solchen Posten nicht zu vergeben habe.

In London lasen die Eltern kleiner Kinder eine Anordnung der Stadtverwaltung von Westminster, mit der sie aufgefordert wurden, »Kinder im Alter bis zu zwei Jahren zwischen 10.00 Uhr früh und 6.00 Uhr abends« zu näher bezeichneten Zentren zu bringen, wo ihnen Gasmasken angepaßt werden sollten. Diesmal war die Gefahr, daß die Bevölkerung einem Gasangriff ausgesetzt werden könnte, ganz real. John Gunther, der bis vor kurzem als Londoner Korrespondent für die *Chicago Daily News* gearbeitet hatte, sagte den Amerikanern in einer Sendung der NBC am Freitag abend, dem 1. September: »Heute abend hat London ein seltsames Gesicht. Es ist ein dunkles Gesicht. Die Stadt ist verdunkelt. Die Straßen sind dunkel, die Häuser sind dunkel.« Auf der ganzen Länge des Piccadilly hatte er weniger als ein halbes Dutzend Autos gesehen. Die einzigen Londoner, die er zu Gesicht bekommen hatte, waren Arbeiter, die Sandsäcke aufschichteten; »es sieht so aus, als sei die ganze Stadt mit Sandsäcken verbarrikadiert«. Obwohl »heute etwas begonnen hat, was zum Zweiten Weltkrieg werden könnte«, sei London »ruhig und zuversichtlich. Die Briten haben sich selbst in einem so kritischen Augenblick wie heute abend ihre gute Laune und ihre Ruhe bewahrt. Noch vor wenigen Augenblicken habe ich eine ganz typische Nachricht auf dem Ticker gesehen: ›Der Fußballverband gibt bekannt, daß nach einer eben eingetroffenen Nachricht die gegenwärtige Lage nicht eine Absage der für morgen vorgesehenen Spiele erforderlich macht.‹ «[177]

Man betrachtete so etwas als Ausdruck des britischen Phlegmas und fand es deshalb ermutigend. In Wirklichkeit war es ein Zeichen dafür, daß die Briten noch das Gefühl hatten, im Frieden zu leben, und erwarteten, daß es so bleiben werde. Darin folgten sie ihrem Premierminister und der Haltung ihrer Regierung. Nach dem am vergangenen Freitag zwischen Polen und Großbritannien geschlossenen Vertrag war England verpflichtet, »sofort« zu handeln und die Polen »mit allen Kräften, die ihnen zur Verfügung standen, zu unterstützen«, und das bedeutete Krieg gegen Deutschland. Jetzt ging es nicht mehr nur um den Status von Danzig. Die polnische Souveränität war verletzt worden. Ohne ein Ultimatum oder eine Kriegserklärung – damals war das ein unerhörter Vorgang – war die deutsche Armee an allen Fronten auf polnisches Territorium vorgestoßen, und die Luftwaffe bombardierte polnische Städte. Niemand konnte mehr bezweifeln, daß es das Ziel Hitlers war, das ganze Land militärisch zu erobern. Nach den Bestimmungen des von seiner Regierung unterzeichneten Vertrags hatte Großbritannien keine Wahl. Es war verpflichtet, Deutschland sofort den Krieg zu erklären. Aber das war nicht geschehen. Die scharfe an Berlin gerichtete Note, die Chamberlain in seinem Gespräch mit Churchill zitiert und dann im Unterhaus vorgelesen hatte, genügte nicht.[178]

Aber es gab auch Dinge, die der Öffentlichkeit zunächst verborgen geblieben waren. So hatte Halifax den britischen Botschafter in Berlin beauftragt, bei der Überreichung der Note des Auswärtigen Amts zu erklären, daß sie »nur als Warnung, nicht aber als Ultimatum aufgefaßt werden soll«. Zugleich bat das Auswärtige Amt Dahlerus: »Könnten Sie dafür sorgen, daß die Feindseligkeiten in Grenzen gehalten werden, bis Sie nach London gekommen sind?« Offenbar betrachtete man den Einfall deutscher Truppen in Polen nicht als Kriegsgrund. Die Regierung Seiner Majestät war, falls die militärischen Operationen »begrenzt« würden, bereit, mit den Deutschen zu verhandeln. Aber in Wirklichkeit gab es gar keinen Verhandlungsspielraum mehr, denn die einzige Alternative zu einer Kriegserklärung wäre es gewesen, auf den sofortigen Abzug der deutschen Truppen aus Polen zu bestehen. Roger Cambon von der französischen Botschaft sagte Halifax, die Forderung nach einem solchen Abzug »müßte an einen bestimmten Termin gebunden sein«. Halifax antwortete, das sei eine interessante Frage, aber in dieser Hinsicht könnte man geteilter Meinung sein. Cambon begriff das nicht, aber er befand sich in einer schwachen Position. Er wußte nicht genau, ob seine Regierung sich hinter ihn stellen würde. Die Reaktion Frankreichs auf die Verletzung des Territoriums seines Verbündeten war nicht weniger kläglich gewesen. Der Quai d'Orsay hatte seine »Bereitschaft zu verhandeln« erklärt, falls die deutschen Truppen aus Polen abzogen, aber ebenso wie Whitehall dafür keinen bestimmten Termin genannt.[179]

Churchill befand sich jetzt in einer unangenehmen Lage. Er hatte sich bereit erklärt, dem Kriegskabinett beizutreten, und das hinderte ihn daran, die Außenpolitik der Regierung Seiner Majestät öffentlich zu kritisieren. Kurz nach Mitternacht, am Samstag, dem 2. September, in den frühen Morgenstunden, schrieb er in seiner Stadtwohnung in den Morpeth Mansions einen Brief an den Premierminister. Es war ein sorgsam formulierter Brief, der mit einer Nebensächlichkeit begann, um sich dann dem Hauptproblem zuzuwenden.

Zunächst fragte er: »Sind wir nicht ein sehr altes Team?« Dann fuhr er fort: »Ich stelle fest, daß die sechs Persönlichkeiten, von denen Sie gestern gesprochen haben, zusammen 386 Jahre alt sind, also durchschnittlich älter als 64!« Die Weigerung der Labour Party, einer Koalitionsregierung beizutreten – sie war, obwohl Winston es nicht erwähnte, verständlich, denn Chamberlain hatte der Partei keinen einzigen Kabinettsposten angeboten –, bedeutete, »daß wir sicherlich mit einem ganzen Strom von Kritik rechnen müssen sowie mit den vielen Enttäuschungen und Überraschungen, aus denen ein Krieg zum großen Teil besteht«. Deshalb sei es »um so wichtiger, die liberale Opposition fest in unsere Reihen einzugliedern«, und wegen der Beliebtheit von Eden bei den Liberalen schlug er vor, daß auch für ihn ein Platz auf der Regierungsbank gefunden werden müsse. Dann brachte Winston seine schweren Geschütze in Stellung. Er erinnerte den Premierminister: »Die Polen sind seit 30 Stunden einem schweren Angriff ausgesetzt, und es besorgt mich zutiefst, wenn ich höre, daß in Paris von einer weiteren Note gesprochen wird. Ich nehme an, Sie werden unsere gemeinsame Kriegserklärung *spätestens* bekanntgeben können, wenn das Parlament heute nachmittag zusammentritt.« Er schloß mit den Worten: »Ich stehe Ihnen weiterhin zur Verfügung.«[180]

Den ganzen Samstag wartete er darauf, in die Downing Street Nr. 10 gerufen zu werden. Mrs. Hill erinnert sich, daß er »wie ein Löwe im Käfig auf und ab ging. Er erwartete einen Anruf, aber dieser Anruf kam nicht.« Auf einen Vorschlag der Downing Street Nr. 10 machte Lord Hankey, der auch dem neuen Kabinett angehören sollte, Winston einen Besuch in den Morpeth Mansions. Am nächsten Tag schrieb Hankey an seine Frau: »Soweit ich feststellen kann, besteht meine Hauptaufgabe darin, Winston im Auge zu behalten!... Er war voller Ideen, einige gut, andere weniger gut, aber recht ermutigend und umfassend. Ich wünschte nur, er würde einem nicht den Eindruck vermitteln, daß es ihm selbst zu gut geht!«[181]

Damals war es üblich, daß im öffentlichen Leben stehende Männer – und ihre Ehefrauen – Tagebücher führten, Briefe schrieben und selbstverfaßte Denkschriften sammelten, um diese Unterlagen später beim Schreiben ihrer Memoiren zur Hand zu haben. Deshalb wissen wir über ihre Wahrnehmungen und Meinungen mehr als künftige Geschichtsschreiber über die unseren wissen werden. Allerdings war Churchill im Parlament niemals so beliebt wie draußen im Lande. Wenn die Ereignisse ihm recht gaben, diskreditierten sie die meisten seiner Kollegen. Da es ehrenwerte Leute waren, versuchten sie, ihren Unmut zu unterdrücken, was ihnen jedoch nicht immer gelang. Hankey war ein Befürworter der Beschwichtigungspolitik gewesen. Als Winston am Tiefpunkt seiner politischen Laufbahn angelangt war, hatte er harte Kritik an ihm geübt. Jetzt ging es Winston wieder besser, und als Hankey seiner Frau mitteilte, daß er noch am gleichen Tag mit ihm zusammentreffen werde, hatte sein Brief einen leicht gehässigen Unterton. Im Rauchsalon des Unterhauses schrieb Hankey: »Es ist unglaublich, wieviel Alkohol konsumiert wurde! Auch Winston saß in einer Ecke, umringt von einigen Bewunderern, denen er irgend etwas auseinandersetze. Er hat die Presse wissen lassen, daß er ins Kriegskabinett aufgenommen werden wird – zum großen Ärger von vielen.«

Natürlich hatte Churchill die Nachricht von seiner bevorstehenden Ernennung nicht für sich behalten. Der Tagebucheintrag von Lord Camrose für diesen Tag begann mit den Worten: »Winston rief mich um 11.30 Uhr an und sagte mir, er habe der Aufnahme in das Kabinett zugestimmt und werde den Posten eines Ministers ohne Geschäftsbereich übernehmen.« Wenn man einem Zeitungsmagnaten Vergleichbares erzählte, dann war dies so, als würde es in einer Rundfunksendung der BBC bekanntgegeben. Aber es hätte nicht zu Churchills Naturell gepaßt, die Sache für sich zu behalten. Vor 30 Jahren, als er Clementine seinen Heiratsantrag gemacht hatte, versprach er ihr, ihr Jawort so lange geheimzuhalten, bis sie mit ihrer Mutter gesprochen hatte. Aber schon zehn Minuten später wußte es jeder, der sich gerade in Hörweite befand. Nachdem er zehn Jahre im politischen Abseits gestanden hatte, konnte man kaum von ihm verlangen, daß er seine Ernennung für sich behalten würde. So war es also, wenn überhaupt, keine schwerwiegende Indiskretion. Die Motive derjenigen, die sich darüber ärgerten, sind wahrscheinlich viel eher zu beanstanden.[182]

Doch an diesem Abend kam es zu einem Vertrauensbruch historischen Ausmaßes, und der Verantwortliche dafür war Neville Chamberlain. Als das Kabinett um 16.30 Uhr zusammentrat, befanden sich die Polen in einer verzweifelten Lage. Die Überlegenheit der deutschen Armee im Hinblick auf Ausbildung, Ausrüstung und Strategie hatte die von Rydz-Smigly befehligten polnischen Truppen bereits an den Rand des Zusammenbruchs gebracht. Sie hatten alle Schlachten verloren.

Die Bombenangriffe der deutschen Sturzkampfflugzeuge hatten im polnischen Hinterland ein Chaos ausgelöst, sie hatten die wichtigsten Verkehrsverbindungen unterbrochen und die Heranführung von Reserven an die kämpfende Front verhindert. Deutsche Verbände hatten die Warthe überschritten und näherten sich Krakau. Im Norden stieß die Vierte Armee nach Osten vor und hatte sich bereits mit den aus Ostpreußen nach Süden angreifenden Verbänden vereinigt. Wenn eine von allen Seiten angegriffene Nation jemals Verbündete gebraucht hat, dann war es Polen zu diesem Zeitpunkt. Die Franzosen, die bereits voll mobil gemacht hatten, hätten sofort an die Ruhr und ins Saargebiet vordringen können. Dazu hätte es nur eines einzigen Befehls bedurft. Hitler hatte die englisch-französischen Noten zurückgewiesen, die ihn aufgefordert hatten, seinen Angriff einzustellen. Er beschuldigte die Briten sogar, die Polen zu ihrer Politik der »Verfolgung und Provokation« ermutigt zu haben. Einige französische Politiker, die dem »perfiden Albion« seit jeher mißtrauten, glaubten ihm. Andere griffen nach dem letzten Strohhalm und glaubten an die Möglichkeit, daß sich der am Vormittag von Mussolini gemachte Vorschlag, eine Fünfmächtekonferenz einzuberufen, verwirklichen ließe. Die französische Regierung, die davor zurückschreckte, sich allein der Wehrmacht zu stellen, wartete auf eine britische Initiative.

Es war gut, daß die Abgeordneten im Rauchsalon sich mit einigen Drinks gestärkt hatten. Die ihnen bevorstehende Unterhaussitzung sollte zu einer harten Geduldsprobe werden. In seiner an die Deutschen gerichteten Note hatte Halifax ihnen keinen letzten Termin für die Einstellung der Feindseligkeiten genannt. Nun behauptete er im Beratungszimmer des Kabinetts, dies sei die *französische* Position, obwohl er eben diese Position unterstützt hatte. Er glaube, man müsse den Deutschen noch bis zum Sonntag mittag Zeit geben, einer Konferenz mit Frankreich und Großbritannien zuzustimmen oder sie abzulehnen. Raczynski, der im Vorzimmer gewartet hatte, wurde nun gebeten, den Ministern zu berichten. Der polnische Botschafter erzählte ihnen, daß die Deutschen mit ihren Offensiven von allen Seiten tief ins Innere seines Landes vorgedrungen waren. Diese Offensiven seien im Morgengrauen mit aller Heftigkeit wiederaufgenommen worden, und seit dem Mittag wären alle größeren polnischen Städte »schweren Bombenangriffen aus der Luft« ausgesetzt.[183]

Tief bewegt ergriff Hore-Belisha das Wort, nachdem Raczynski gegangen war. Wie er in seinem Tagebuch schreibt, sagte er seinen Kollegen, daß »ich ein weiteres Zögern entschieden ablehne, das nach meiner Ansicht zu einem Zerbrechen der Einigkeit im Lande führen würde. Die öffentliche Meinung ist dagegen, auch nur einen Zollbreit nachzugeben.« Er schlug vor, die Regierung Seiner Majestät solle Hitler sofort vor ein Ultimatum stellen, das um Mitternacht auslaufen müsse. Es kam zu einer sehr lebhaften Diskussion, wobei gleichzeitig mehrere erregte Gespräche geführt wurden, aber am Schluß einigten sich alle Beteiligten, und Hore-Belisha schrieb über das Ergebnis, das für alle Minister einschließlich des Premierministers bindend gewesen sei: »Es wurde der einstimmige Beschluß gefaßt, daß das Ultimatum um Mitternacht auslaufen sollte.« Halifax erklärte sich bereit, den Deutschen mitzuteilen, die von Großbritannien ausgesprochene Warnung sei jetzt ein Ultimatum, das mit dem Glockenschlag um 24.00 Uhr auslaufen werde. Die Minister erhoben sich, um ins Plenum zu gehen, wo sie schon erwartet wurden. Der Premierminister sollte eine Erklärung abgeben. Zur angegebenen Stunde würden sich Großbritannien und Deutschland im Kriege befinden.[184]

Was auf die Kabinettssitzung folgte, war verwirrend, ja sogar unbegreiflich. Es hatte ein einziges Telefongespräch gegeben, aber sonst hatte niemand außerhalb des Beratungszimmers des Kabinetts etwas von dem hier gefaßten Beschluß erfahren. Halifax, der immer noch an die Möglichkeit von Verhandlungen glaubte, wurde wortbrüchig und unternahm nichts – und was er dann tat, war schlimmer als nichts: Er sagte Ciano, Großbritannien betrachte es als seine Aufgabe, eine »Vermittlerrolle« zu übernehmen, und handelte damit eindeutig gegen den Kabinettsbeschluß, indem er noch immer an der Auffassung festhielt, die Warnung der Regierung Seiner Majestät »sei *kein* Ultimatum«. Das Telefongespräch wurde von Cadogan geführt. Nach Ende der Kabinettssitzung sprach er mit Bonnet in Paris und teilte ihm den gefaßten Beschluß mit. Weshalb er den britischen Botschafter Phipps überging, ist unerklärlich. Ebenso auch die Tatsache, daß er sich ausgerechnet an Bonnet wandte, den Georges Mandel gegenüber Duncan Sandys als Feigling bezeichnet hatte. Bonnet hat den Inhalt dieses Gesprächs für sich behalten. Er selbst hatte nicht entschieden, ob eine Konferenz der Großmächte von dem Abzug deutscher Truppen aus Polen abhängig gemacht werden sollte. Er hatte Cadogan gesagt, das französische Kabinett werde über diese Frage »beraten«, aber jedenfalls verlange es unter allen Umständen, daß mit jedem Ultimatum »eine Frist von 48 Stunden festgesetzt werden muß«.[185]

Um 19.30 Uhr erwartete das vollbesetzte Plenum des Unterhauses die Erklärung des Premierministers. Das Parlament war ebenso wie die britische Presse und Öffentlichkeit bereit, Deutschland den Krieg zu erklären. Die Zeit der außenpolitischen Geheimverhandlungen war vorbei. Das Land wußte, daß sich die Regierung gegenüber Polen verpflichtet hatte, es war bekannt, wie tief die deutsche Armee auf polnisches Territorium vorgedrungen war, die Öffentlichkeit wußte, daß die Verzögerung der Kriegserklärung Englands der Grund für die Überlegenheit der deutschen Luftwaffe im Luftraum über Polen war, und die Engländer waren bereit, ihrem Verbündeten zu Hilfe zu kommen. Spears hatte es noch nie erlebt, daß das Parlament »so beunruhigt und zutiefst bewegt war... die Bänke der Abgeordneten waren voll besetzt. Die unerträgliche Spannung sollte sich im nächsten Augenblick lösen, und alle Anwesenden rechneten mit der Bekanntgabe der Kriegserklärung.«[186]

Für Churchill war »die Stimmung im Hohen Haus zweifellos für den Krieg. Ich hatte sogar den Eindruck, daß die Einigkeit und Entschlossenheit größer war als auf der entsprechenden Sitzung am 2. August 1914, an der ich ebenfalls teilgenommen hatte.« Als der Premierminister aufstand, um seine Erklärung abzugeben, hatte ein anderer Abgeordneter das Gefühl, daß »die meisten (Parlamentsmitglieder) bereit waren, ihrer gewaltigen Erleichterung darüber, daß sich die Spannung endlich lösen sollte, durch wilden Beifall Ausdruck zu verleihen«.[187]

»Doch während wir zuhörten«, schrieb Spears, »verwandelte sich unsere Verwunderung in Bestürzung und die Bestürzung in Verbitterung.« Chamberlain sprach nicht von den Verbrechen der Nationalsozialisten oder von dem, was die Polen erlitten, und auch nicht von der Verpflichtung Großbritanniens, sondern von »weiteren Verhandlungen« oder vielmehr von der Möglichkeit, doch noch zu einem Ausgleich zu kommen. Die deutsche Regierung hatte den letzten Verhandlungsvorschlag der Regierung Seiner Majestät zurückgewiesen. Aber der Premierminister sagte den ihn verblüfft anstarrenden Abgeordneten, das sei nicht unbedingt ein Grund, sich entmutigen zu lassen. Der Führer des Deutschen Reiches sei ein vielbeschäftigter Mann. Es sei nicht ausgeschlossen, daß er gerade jetzt über die Empfehlung der italienischen Regierung nachdächte, eine Konferenz einzuberufen. Chamberlain bekräftigte die Forderung seiner Regierung, daß die deutschen Truppen aus Polen abgezogen werden müßten, aber trotz des einstimmigen Beschlusses seines Kabinetts und seiner Zusage, diesen Beschluß hier bekanntzugeben, erwähnte er mit keinem Wort die Tatsache, daß den Deutschen für den Truppenabzug eine Frist gesetzt werden sollte. Wörtlich sagte er: »Wenn die deutsche Regierung sich bereit erkläre, ihre Streitkräfte abzuziehen, dann würde die Regierung Seiner

Majestät die Lage so betrachten, als sei es die gleiche wie vor der Überschreitung der polnischen Grenzen durch deutsche Truppen.« Triumphierend verkündete er, dann »wäre der Weg für Gespräche zwischen Polen und dem Deutschen Reich offen«, und in diesem Fall könne sich auch Großbritannien »an solchen Gesprächen beteiligen«.[188]

Als er sich setzte, spendete ihm niemand Beifall. Statt dessen hörte Hugh Dalton ein »bedrohliches Stimmengewirr«. Margesson signalisierte seinen Einpeitschern, sie müßten sich darauf gefaßt machen, daß es zu gewalttätigen Ausschreitungen käme, und diese Sorge war nicht unbegründet. Duff Cooper und Amery saßen, wie Dalton beobachten konnte, »mit roten Gesichtern und sprachlos vor Wut« da. Cooper selbst sagte später, er sei noch nie so erregt gewesen. Spears spürte deutlich die vom Plenum ausgehende Feindseligkeit. Zwei Abgeordnete mußten sich sogar erbrechen. Churchill war mit seinem Kommentar diesmal recht zurückhaltend und sagte nur, »die Erklärung des Premierministers, die zeigte, daß er noch nicht bereit war, eine klare Entscheidung zu treffen, wurde von den Abgeordneten übel aufgenommen«, aber Amery schrieb, das Parlament »war entsetzt. Zwei ganze Tage lang waren die unglückseligen Polen bombardiert und massakriert worden«, und hier stellte der Premierminister von Großbritannien Überlegungen darüber an, wie »Hitler veranlaßt werden könnte, uns zu sagen, ob er bereit sei, seine Beute wieder herauszugeben! Und dann alle diese Nichtigkeiten über die Bedingungen einer hypothetischen Vereinbarung zwischen Deutschland und Polen!« Amery fragte, ob das Geschwätz Chamberlains »das Vorspiel für ein neues München« sei. Damals hatten sich die Abgeordneten von ihren Plätzen erhoben und dem Premierminister zugejubelt, aber »diesmal wäre jede ähnliche Erklärung auf ein allgemeines wütendes Protestgeheul gestoßen«. Als Arthur Greenwood aufstand, um im Namen der Opposition das Wort zu ergreifen, rief Amery, der fürchtete, er werde »eine rein parteipolitische Rede« halten: »Sprechen Sie für England!« Greenwood, der kein sehr glänzender Redner war, stotterte und sagte, an Chamberlain gewandt: »Ich muß Sie auf folgendes aufmerksam machen. Jede Minute weiteren Zögerns bedeutet jetzt den Verlust von Menschenleben, die Gefährdung unserer nationalen Interessen« – er machte eine kurze Pause, und Boothby rief: »Ehre!« Greenwood sagte: »Lassen Sie mich meinen Satz beenden. Ich wollte sagen, die Gefährdung des Fundaments unserer nationalen Ehre.«[189]

Die Sitzung endete, wie Amery schrieb, in »Verwirrung und Entsetzen«. Greenwood suchte den Premierminister in seinem Privatbüro hinter dem Stuhl des Sprechers auf und sagte ihm voller Empörung, wenn »die unausweichliche Entscheidung für den Krieg« nicht bekanntgegeben werde, bevor sich die Abgeordneten zur morgigen Sitzung versammelt hätten, »wird es unmöglich sein, den ordnungsmäßigen Verlauf der Aussprache zu garantieren«. Wie Ivone Kirkpatrick berichtet, bestätigte Margesson, der Greenwood gefolgt war, was dieser gesagt hatte, und warnte den Premierminister in scharfer Form, das Parlament werde »revoltieren, wenn wir auch morgen noch nichts unternommen haben«, und Spears schrieb, Chamberlain dürfe nun nicht mehr daran zweifeln, daß »das Hohe Haus keine weitere Verzögerung mehr hinnehmen wird«. Chamberlain wußte das. In die Downing Street Nr. 10 zurückgekehrt, rief er Halifax an, der gerade damit beschäftigt war, die Telegramme seiner Botschafter zu lesen. Der Premierminister sagte, seine Erklärung sei »sehr schlecht aufgenommen worden«. Halifax kam sofort herüber und sah erst jetzt, wie verzweifelt Chamberlain war. Später schrieb er, er habe noch nie erlebt, daß »Chamberlain so erregt war«. Der Premierminister bestand darauf, daß Halifax zum Abendessen blieb, und sagte, die Abgeordneten seien »wütend« gewesen; wenn es ihm und Halifax nicht gelänge, die Lage bis morgen »zu klären«, dann bezweifle er, daß sich die Regierung würde »halten können«.[190]

Der Außenminister hatte Verständnis für seinen Regierungschef. Und doch hat Halifax, noch während Chamberlain verzweifelt versuchte, die Feindseligkeiten des Parlaments innerlich zu verarbeiten, die gleiche unglückliche politische Linie weiterverfolgt, die Großbritannien in diese Sackgasse geführt hatte. Unter den Telegrammen, die ihn an diesem Nachmittag erreichten, war auch ein Bericht des Botschafters Kennard aus Warschau gewesen, in dem dieser meldete, die polnischen Streitkräfte seien als Folge der Überlegenheit der deutschen Luftwaffe in ihrer Bewegungsfreiheit schwer behindert. Beck habe »sehr diskret« vorgeschlagen, die Polen »sobald wie möglich« durch »militärische Maßnahmen im Westen« zu entlasten, und gesagt, er hoffe, die RAF werde das Abziehen eines wesentlichen Teils der deutschen Flugzeuge von der Ostfront bewirken können. Kennard teilte diese Ansicht und meinte, es müsse »alles getan werden, um an der Westfront tätig werden zu können«. Aber es gab keine Westfront, und es konnte sie auch nicht geben, bevor Großbritannien und Frankreich, die immer noch neutral waren, Deutschland den Krieg erklärt hatten. Der Botschafter wußte das. Am Schluß seines Berichts schrieb er: *»Ich nehme an, ich werde in allernächster Zeit von unserer Kriegserklärung unterrichtet werden.«*[191]

Halifax hatte das Telegramm unbeantwortet gelassen. Statt dessen hatte er Henderson angewiesen, den Text der Erklärung des Premierministers im Parlament – die gleiche Erklärung, die jetzt drohte, die Regierung Chamberlain zu spalten – »sofort bestimmten Persönlichkeiten« zugänglich zu machen. Zu ihnen gehörten Dahlerus und Göring. Und nun kehrte der britische Außenminister trotz der empörten Proteste im Unterhaus und obwohl deutlich zu erkennen war, daß die Mehrheit seine Politik grundsätzlich ablehnte, in sein Ministerium zurück in dem Glauben, der nationalsozialistische Moloch ließe sich aufhalten und werde, veranlaßt durch die Aussicht auf neue Gespräche, den Rückzug antreten.

Um 22.00 Uhr abends empfing er den polnischen Botschafter, der ihn davon informierte, daß die deutsche Luftwaffe seit den Mittagsstunden das Stadtzentrum von Warschau bombardierte. Raczynski sagte: »Mit der Verzögerung wird die Lage Polens immer verzweifelter.« Er fragte, welche Frist Großbritannien den Deutschen gesetzt habe. Der edle Lord erwiderte, er sei »nicht in der Lage«, ihm zu diesem Punkt etwas zu sagen. Der Pole war sprachlos. Wenn das englisch-polnische Bündnis auch nur die geringste Bedeutung hatte, dann waren die Polen berechtigt, eine klare Antwort auf diese für sie lebenswichtige Frage zu bekommen. Er konnte sich nicht vorstellen, weshalb sie ihm verweigert wurde, und dachte nicht im Traum daran, daß ihm eine Frist nicht genannt werden konnte, weil sie gar nicht festgelegt worden war. Und doch kannte Halifax den Preis dafür, daß er noch immer das Banner der Beschwichtigungspolitik hochzuhalten versuchte, das jetzt schon mit dem Blut von Österreichern, Tschechen und Polen befleckt war. Im Gespräch mit einem befreundeten Diplomaten gab er zu, daß »die moralischen Auswirkungen dieser Verzögerung auf Polen verheerend« seien.[192]

Die Deutschen waren sich der Gefährlichkeit der Lage durchaus bewußt – und erkannten, was es bedeutete, daß die Grenze nach Frankreich nur durch eine dünne Linie feldgrauer Truppen gesichert war. Am Samstag abend hatten sich zwei von Dirksens Diplomaten mit Horace Wilson in Verbindung gesetzt und ihn gefragt, welche Haltung England einnehmen werde, wenn die Wehrmacht Polen räumen sollte; besonders ob Großbritannien der Einrichtung eines deutschen Verbindungsweges durch den Polnischen Korridor und der Eingliederung Danzigs in das Reich zustimmen werde. Ohne auf die verzweifelte Lage der Polen einzugehen, die 48 Stunden nach Beginn der feindlichen Angriffe schon fast 100000 Mann verloren hatten, erwiderte der Handlanger Chamberlains, wenn sich die deutschen Truppen wieder in ihre Ausgangsstellungen zurückgezogen hätten, »wird die britische Regierung bereit sein, Vergangenes vergangen sein zu lassen«. Die Diplomaten hatten ihm gesagt, ihre Anfrage sei durchaus ernst gemeint; es handle sich um einen offiziellen »Vorschlag« der Wilhelmstraße.[193]

Das war ausgeschlossen. Hätte Ribbentrop einem solchen Vorschlag zugestimmt und hätte Hitler davon gehört, dann hätte das deutsche Außenministerium der Behauptung seines Botschafters am Hof von St. James widersprochen, ihn zurückgerufen und in ein Konzentrationslager gesperrt. Warum hat sich Wilson diesen Unsinn nicht nur angehört, sondern ihn sogar mit Billigung der Downing Street Nr. 10 an das Auswärtige Amt weitergegeben? Dafür gibt es nur eine Erklärung: Die Regierung Seiner Majestät hatte noch immer nicht aufgehört, alles zu glauben, was die Deutschen sagten, und alle kritischen Berichte über sie zu ignorieren. Göring bestritt, daß seine Luftwaffe polnische Städte bombardierte und dabei Zivilisten tötete oder verwundete. Der Botschafter Seiner Majestät in Warschau, Kennard, meldete, daß dies überall in Polen geschah; er könne es aus den Fenstern seiner Botschaft sehen. Doch Halifax bezweifelte es. Er verlangte detailliertere Berichte und fügte hinzu: »Bis dahin gehen wir davon aus, daß die Deutschen nur militärische Ziele angreifen.«[194]

Zu den zutiefst besorgten Männern in London gehörte an jenem Samstag abend Duff Cooper, der ehemalige Erste Lord der Admiralität, der jetzt auf eigenen Wunsch nur noch ein einfacher Abgeordneter war. Nach Ende der Parlamentssitzung waren Cooper und seine Frau – die glänzend aussehende Lady Diana, eine in der Öffentlichkeit hochangesehene Persönlichkeit, die auch Churchill aufrichtig bewunderte – am Themseufer zum Savoy gegangen. Noch gestern hatte Cooper hier mit Churchill zu Abend gegessen, und er ärgerte sich immer noch über einen häßlichen Wortwechsel mit dem Herzog von Westminster, zu dem es gekommen war, nachdem sich Churchill verabschiedet hatte. Winston und Bendor waren mehr als 30 Jahre Freunde gewesen, aber Westminsters virulenter Antisemitismus und seine Bewunderung für Hitler hatten dieser Freundschaft ein Ende bereitet. Cooper war ihm beim Verlassen des Savoy begegnet und notierte in seinem Tagebuch, daß der Herzog das Gespräch damit begonnen hatte, »auf die Juden zu schimpfen«, und »sich freute, daß wir uns noch nicht im Krieg befanden«. Dann hatte er gesagt, »Hitler wußte schließlich, daß wir seine besten Freunde sind«. Wütend hatte Cooper geantwortet: »Ich hoffe, er wird schon morgen wissen, daß wir seine unversöhnlichsten und erbittertsten Feinde sind.«[195]

Doch jetzt war es »morgen«, und Duff Coopers Hoffnung hatte sich zerschlagen. Ihm war der Appetit vergangen. Während er lustlos auf seinen Teller starrte, kamen zwei jüngere Mitglieder der Regierung an seinem Tisch vorbei. Es waren Harold Balfour, Staatssekretär im Luftfahrtministerium, und der Transportminister Euan Wallace. Cooper fragte Balfour, ob er noch im Amt sei. Seine Antwort war eine Geste »der Scham und Verzweiflung«. Wallace sagte nichts – später erklärte er, er habe gefürchtet, Cooper werde sich weigern, mit ihm zu sprechen –, aber dann schickte er ihm durch einen Kellner eine kurze Notiz. Darin schrieb er, der Premierminister habe mit seiner Erklärung »das ganze Kabinett überrascht«, und die Minister hätten verlangt, daß noch vor Mitternacht eine neue Sitzung einberufen werde. Das verwunderte Cooper. Das *ganze* Kabinett? Das war sicher eine Übertreibung. Es mußte doch auf der Regierungsbank einige Leute geben, die anderer Ansicht waren. Aber es schien kaum möglich, daß der erste Minister des Königs gegen die Auffassung seines ganzen Kabinetts den Entschluß gefaßt haben könnte, einer Verpflichtung nicht nachzukommen, die seine Regierung gegenüber einer anderen Nation übernommen hatte. Duff Cooper kannte ebenso wie Eden die Willensstärke von Neville Chamberlain, aber Chamberlain war kein Hitler. Was Wallace gesagt hatte, schien kaum möglich, und deshalb konnte Cooper nicht daran glauben. Bald darauf, gegen 22.00 Uhr, brachte ihm ein Bote eine weitere schriftliche Mitteilung: Konservative Parlamentsmitglieder, die sich wegen der Ereignisse am Nachmittag große Sorgen machten, würden sich in Winston Churchills Wohnung gegenüber der Westminster-Kathedrale treffen; Churchill würde sich freuen, wenn er auch käme. Cooper bat seine Frau, ihn zu entschuldigen, ging hinaus zur Vorfahrt des Savoy und nahm das nächste Taxi: »Morpeth Mansions Nr. 11!«[196]

Eden, Sandys, Bracken und Boothby waren schon dort. Duff Cooper war »zornig erregt«, als er sie begrüßte. Churchill schrieb später, »sie alle waren äußerst besorgt angesichts der Möglichkeit, daß wir unsere Verpflichtungen gegenüber Polen nicht erfüllten«, aber sein Bericht sagt nichts über eine grundsätzliche Meinungsverschiedenheit im Hinblick darauf, was jetzt unternommen werden müßte. Wenn sich Churchill gegen den Premierminister wandte, dann würde die Regierung Chamberlain stürzen, und eben das wollten seine Gäste. Wie Duff Cooper in seinem Tagebuch notierte, glaubte Boothby, der Premierminister habe »die Konservative Partei für immer verloren«. Er sagte, Winston habe es in der Hand, »morgen ins Unterhaus zu gehen, ihn zu stürzen und seinen Platz einzunehmen«. Wenn Winston nichts unternahm, dann wäre das Chamberlains Rettung, und das sei undenkbar. Churchill würde zwar ins Kabinett aufgenommen werden, aber um einen viel zu hohen Preis: »Unter keinen Umständen sollte sich Winston jetzt bereit erklären, unter ihm ein Regierungsamt zu übernehmen.«[197]

Die Schwierigkeit lag darin, daß er es bereits getan hatte oder zumindest glaubte, es getan zu haben. Der Premierminister hatte ihm einen Posten angeboten, und er hatte zugestimmt. Aber es handelte sich um die Aufnahme in das Kriegskabinett. Doch wenn sich England nicht am Krieg beteiligte, würde es für Winston auch kein Amt im Kriegskabinett geben. Deshalb hatte er es nicht nötig, den Premierminister zu schonen. Aber Churchill, der in Dingen der persönlichen Ehre sehr sensibel war, glaubte, er müsse sein Wort halten, auch wenn es, wie in diesem Fall, unvernünftig erschien. Auch die Tatsache, daß sich Chamberlain nach seinem Gespräch mit Winston nicht gerade wie ein Gentleman verhalten hatte, änderte nichts an dieser Haltung. Winston nahm Duff Cooper zur Seite und sagte ihm, wie Cooper in seinem Tagebuch schreibt, »er sei sehr schlecht behandelt worden, denn er habe sich am Abend zuvor bereit erklärt, in das Kriegskabinett einzutreten, habe jedoch während des ganzen folgenden Tages kein Wort vom Premierminister gehört«. Er erzählte Cooper, er habe am Nachmittag im Unterhaus »sprechen wollen«, aber da er »das Gefühl gehabt habe, schon fast ein Regierungsmitglied zu sein, habe er darauf verzichtet«. Churchill machte sich auf der einen Seite ernste Sorgen um die Zukunft, aber er wollte das Land nicht spalten. Die Öffentlichkeit konnte unter Umständen ihre Meinung über politische Führer sehr rasch ändern. Das Ansehen Chamberlains hatte schwer gelitten, aber noch bis vor kurzem war er als Held gefeiert worden. Mit seinem Namen verband sich der Begriff des Friedens, und dagegen ließ sich kaum etwas sagen. Wenn er jetzt gestürzt würde, dann wäre er ein Märtyrer, und ein in sich uneiniges England wäre für Hitler kein ernstzunehmender Gegner mehr.[198]

Draußen braute sich ein Gewitter zusammen. Der ferne Donner kam immer näher. Plötzlich prasselte ein Platzregen auf die parkenden Wagen nieder, und ein Dienstmädchen lief durch die Zimmer, um die Fenster zu schließen. Winstons Gäste hatten den Eindruck, er sei »sehr unentschlossen«. Duff Cooper schreibt, »er sagte, er wolle nicht Premierminister werden und zweifle daran, daß er für diesen Posten geeignet sei«. Das klingt unglaubwürdig. Churchill hatte nie daran gezweifelt, dieses höchste Staatsamt übernehmen zu können, und hatte es seit dem ersten Jahrzehnt des Jahrhunderts begehrt. Allerdings kommt es sehr häufig vor, daß Männer, denen plötzlich eine große Verantwortung aufgebürdet werden soll, davor zurückschrecken und Bescheidenheit vorschützen. Aber Winston war kein solcher Mann. Vielleicht hatte ihn Duff Cooper mißverstanden. Irgendwie paßt diese Haltung nicht zu ihm. Das Ganze ist ein Rätsel ohne Lösung, aber dieser Tag war voller Rätsel gewesen, und das am schwersten zu lösende war das Verhalten des Premierministers im Unterhaus.[199]

Die Männer, die sich in den Morpeth Mansions versammelt hatten, verfügten über zahlreiche Kontakte, und jeder von ihnen versuchte nun, die entsprechenden Persönlichkeiten anzurufen. Doch alle Kabinettsmitglieder schienen unerreichbar zu sein. Churchill ließ sich mit der französischen Botschaft verbinden, dort »sagte man ihm«, wie einer seiner Gäste schreibt, »daß alles in Ordnung sei – wir morgen die Dinge aus einer ganz anderen Perspektive sehen würden, was uns sehr unheimlich klang«. Churchill sagte nicht, mit wem er gesprochen hatte, aber seine Quelle erwies sich als unzuverlässig; zu dieser Stunde wußte kein Franzose in der Botschaft oder in Frankreich, was am nächsten Tag geschehen würde. Auch Anrufe bei höheren Regierungsbeamten brachten keine Neuigkeiten. Eden war überrascht und enttäuscht, als er erfuhr, daß er nicht ins Kriegskabinett aufgenommen, sondern zum Minister für die Dominions ernannt werden sollte. Wie Duff Cooper schreibt, »waren wir uns alle darin einig, daß Winston den Posten ablehnen sollte, es sei denn, auch Anthony würde in das Kriegskabinett aufgenommen, denn sonst sei er als einziger den anderen hoffnungslos unterlegen. Brendan drängte ihn, auch auf meiner Aufnahme in das Kabinett zu bestehen.« Schließlich ließ Churchill seine Gäste allein und zog sich in ein anderes Zimmer zurück. Er sagte ihnen, er werde an Chamberlain schreiben und ihnen den Brief vorlesen, bevor er ihn zur Downing Street Nr. 10 schickte.[200]

Der Brief begann in leicht vorwurfsvollem Ton: »Ich habe seit unserem Gespräch am Freitag nichts mehr von Ihnen gehört. Aus Ihren Worten konnte ich entnehmen, daß ich als Ihr Kollege in die Regierung eintreten sollte und Sie diese Ernennung demnächst bekanntgeben würden.« Soweit er sich erinnere, habe Chamberlain ihm, als er ihm die Aufnahme ins Kriegskabinett anbot, gesagt, der Krieg sei unvermeidlich. Diese Worte gäben ihm jetzt ein Rätsel auf: »Ich weiß wirklich nicht, was im Lauf dieses aufregenden Tages geschehen ist; allerdings scheint es mir, daß Sie nun von völlig anderen Vorstellungen beherrscht werden als von denen, die Sie zum Ausdruck brachten, als Sie mir sagten, ›die Würfel seien gefallen‹.« Es sei ihm klar, daß »angesichts dieser außerordentlich gefährlichen Lage in Europa Verfahrensänderungen notwendig werden können«, er fühle sich jedoch »berechtigt, Sie zu bitten, mir zu sagen, wie wir dienstlich und privat zueinander stehen, bevor die Parlamentsdebatte heute mittag beginnt«. Das war weder ein Ultimatum noch eine Warnung, aber die Drohung, die sich dahinter verbarg, war ebenso unverkennbar wie die Frist, die er dem Premierminister setzte. Chamberlain mochte Hitler für dessen Antwort soviel Zeit geben, wie er wollte; Churchill gab Chamberlain aber nur noch Zeit bis 12.00 Uhr mittags. Dann gab er ihm einen guten Rat. Angesichts der Tatsache, daß sowohl die Labour Party als auch die Liberalen ganz andere politische Vorstellungen hätten, werde es »schwierig« sein, ein arbeitsfähiges Kriegskabinett zu bilden. Die einzige Lösung bestand darin, die anderen beiden Parteien dadurch zu versöhnen, daß man ihnen anbot, die politische Macht mit ihnen zu teilen.[201]

Damit kam er zu den lautstarken Protesten im Parlament. Er schrieb: »Im Unterhaus hat man das Gefühl, daß durch die offensichtliche Schwächung unserer Entschlußkraft die nationale Einheit gefährdet ist.« Winston »unterschätze nicht die Schwierigkeiten, die Sie mit den Franzosen haben« – das war eine kühne Vermutung –, aber England müsse zu einem selbständigen Entschluß kommen »und damit unseren französischen Freunden den Anstoß geben, den sie vielleicht brauchen«. Dafür »werden wir die stärkste und vollständigste Kombination brauchen«. Dann kam die entscheidende Forderung: »Deshalb bitte ich Sie, die Zusammensetzung des Kriegskabinetts nicht bekanntzugeben, bevor wir miteinander gesprochen haben.« Am Freitag hatte er das Angebot Chamberlains kommentarlos akzeptiert, aber erst nachdem der Premierminister ihm gesagt hatte, daß Großbritannien Krieg führen werde. Jetzt hatte sich die Situation geändert, und Churchill fühlte sich berechtigt, Stellung zu nehmen und Bedingungen zu stellen. Er werde dem Kabinett nur beitreten, wenn ihm – innerhalb der angegebenen Frist – zugesichert werde, daß die Politik Chamberlains gegenüber dem nationalsozialistischen Deutschland mit den von Churchill vertretenen Grundsätzen übereinstimme. Der letzte Satz seines Briefes lautete wie folgt: »Wie ich Ihnen am gestrigen Morgen geschrieben habe, stehe ich Ihnen voll und ganz zur Verfügung und habe den aufrichtigen Wunsch, Sie bei der Erfüllung Ihrer Aufgabe zu unterstützen.« Nachdem er den Brief unterzeichnet hatte, ging er wieder zu seinen Gästen.[202]

Die in Churchills Wohnung versammelten Männer ahnten nicht, daß in Chamberlains Kabinett eine regelrechte Meuterei ausgebrochen war. Auch Duff Cooper rechnete trotz der Andeutungen von Wallace im Savoy nicht mit einer solchen Entwicklung. Die Minister empfanden Chamberlains Kehrtwendung, drei Stunden nachdem auch er ihrem einstimmigen Beschluß zugestimmt hatte, als einen regelrechten Verrat. Das galt auch für Simon und Hoare. Mit Ausnahme von Halifax, der an der Nachmittagssitzung nicht teilgenommen hatte, waren sie die mächtigsten Männer im Kabinett und standen dem Premierminister am nächsten. Als Schatzkanzler verfügte Simon ebenso wie Chamberlain über ein eigenes Büro im Parlament. Das war jetzt das Hauptquartier der Meuterer, und hier wählten sie Simon zu ihrem Führer. Robert Rhodes James schrieb: »Das Kabinett befand sich jetzt in einem Zustand akuter Spannung.« Ein anderer Minister notierte, er sei nach der Erklärung des Premierministers »fassungslos« gewesen. Hore-Belisha sagte seinen Kollegen: »Damit rücken wir von unserem den Polen gegebenen Versprechen ab, und die Franzosen laufen uns fort.« Die rebellierenden Minister wollten sich mit Chamberlain in Verbindung setzen, sich aber nicht auf einen Handel mit ihm einlassen. In der Downing Street Nr. 10

hatten sie einstimmig beschlossen, Deutschland ein Ultimatum zu stellen, und nun wollten sie verlangen, daß es *sofort* Ribbentrop in Berlin übergeben werde. Der Landwirtschaftsminister Reginald Dorman-Smith erinnerte sich später, daß sie beschlossen, zur Downing Street zu gehen und dem Premierminister »ein klares *Diktat*« zu übergeben.[203]

Simon ging ans Telefon und versuchte, die Downing Street Nr. 10 zu erreichen. Das gelang nicht. Dieses Haus war seit mehr als 200 Jahren die Residenz des britischen Premierministers, doch nun schien niemand zu Hause zu sein. Im Zimmer des Schatzkanzlers drängten sich die Minister, und wie Dorman-Smith schreibt, wurde es zusehends ungemütlicher, man begann zu schwitzen, aber »meine Kollegen... hatten beschlossen, das Zimmer nicht zu verlassen, bevor der Krieg erklärt war. Während wir dort saßen, am Telefon warteten und nichts geschah, hatte ich das Gefühl, ein körperloser Geist zu sein. Es war eine irgendwie unwirkliche Situation. Wir befanden uns ›im Streik‹ – wie jene armen kleinen Bergleute da unten in ihren Schächten.« Eigentlich war es Zeit, zu Abend zu essen, aber die Sekretärinnen konnten nichts auftreiben und brachten schließlich nur etwas Wasser in kleinen Pappbechern herein. Um 21.00 Uhr schickten Simon, Hore-Belisha und zwei andere Minister dem Premierminister einen Brief, in dem wir »unsere Punkte darlegten«, wie Hore-Belisha berichtet. Schließlich wurde Simon mit Chamberlain verbunden, der sie alle in die Downing Street Nr. 10 einlud. Draußen goß es in Strömen. Einige hatten ihre eigenen Wagen, andere nahmen ein Taxi oder fuhren sogar »per Anhalter«. Dorman-Smith erinnert sich: »Inzwischen sahen wir *alle* entsetzlich ungepflegt aus und waren schockiert festzustellen, daß Halifax, der mit dem Premierminister zu Abend gegessen hatte, und Cadogan im Abendanzug erschienen waren.«[204]

Chamberlain hatte sich nicht zum Essen umgezogen. Er war zu beschäftigt gewesen, und als er seine Minister in das Beratungszimmer des Kabinetts führte, entnahmen sie aus dem, was er, Halifax und Cadogan sagten, weshalb Simon ihn nicht telefonisch hatte erreichen können. Noch um 21.30 Uhr, kurz nachdem er das von den vier ranghöchsten Mitgliedern seiner Regierung unterzeichnete Ultimatum des Kabinetts erhielt, hatte er telefonisch mit Rom gesprochen und versucht, die von Mussolini vorgeschlagene Fünfmächtekonferenz zustande zu bringen, allerdings unter der Voraussetzung, daß solche Gespräche erst beginnen konnten, wenn die nach Polen eingedrungenen deutschen Truppen wieder in Deutschland seien. Mit dem letzten Bescheid von Ciano hatten sich die Hoffnungen des Premierministers zerschlagen. Der Schwiegersohn des Duce hatte ihm gesagt, die Italiener hielten es »nicht für möglich«, die Deutschen zu bitten, an einer solchen Konferenz teilzunehmen. Das Verlangen Großbritanniens nach einem Abzug der Wehrmacht aus Polen werde nur den Zorn des Führers auslösen. Sollte Hitler »von sich aus« beschließen, seine Truppen abzuziehen, dann sei alles »schön und gut«, sagte Ciano, aber Mussolini sähe sich »nicht imstande, ihn dazu zu drängen«.[205]

Damit waren alle Beschwichtigungsversuche endgültig gescheitert. Chamberlain bedauerte, daß sein ganzes Bemühen, den Frieden zu erhalten, fehlgeschlagen war. Halifax war sich dessen nicht so sicher, aber schließlich trug nicht er die Verantwortung und war an jenem Nachmittag auch nicht im Unterhaus gewesen. Die Entscheidung lag bei Chamberlain, und nachdem er sie getroffen hatte, mußte er sich jetzt mit Paris in Verbindung setzen und eine gemeinsame Kriegserklärung vereinbaren. Kurz vor 22.00 Uhr, während die abtrünnigen Konservativen sich in den Morpeth Mansions berieten, hatte er Premierminister Daladier angerufen und ihm gesagt, es sei »im Unterhaus zu einer häßlichen Szene« gekommen und auch seine »Kollegen im Kabinett sind beunruhigt«. Daladier erwiderte, die französische Regierung habe beschlossen, den Deutschen ein 48stündiges Ultimatum zu stellen, das morgen mittag, Sonntag, dem 3. September, anlaufen werde. Der Premierminister sagte, das käme nicht in Frage; wenn er zustimme, »wird es unmöglich sein... die Situation hier in der Hand zu behalten«. Er verlangte jetzt ein englisch-französisches Ultimatum, das morgen um 8.00 Uhr bekanntgegeben werden und morgen mittag auslaufen sollte. Daladier, der dadurch in eine schwierige Situation geraten war, erwiderte, er werde mit seinen Ministern sprechen und Chamberlain seine Antwort über den Quai d'Orsay zukommen lassen.[206]

Vom Beratungszimmer des Kabinetts aus hatte Cadogan ebenfalls in Paris angerufen und Bonnet gesagt, die Regierung Seiner Majestät würde es zwar vorziehen, wenn die beiden Demokratien Deutschland gleichzeitig den Krieg erklärten, aber England könne nicht bis Dienstag mittag warten. Wenn die deutsche Offensive im gleichen Tempo voranginge, werde Polen bis dahin in eine hoffnungslose Lage geraten sein. Bonnet erwiderte, England könne das Ultimatum bis zum Sonntag begrenzen, denn die Briten hätten die Kinder aus London evakuiert, aber »wir können unsere jungen Menschen nicht so schnell aus Paris herausbekommen«. Die Franzosen hatten nicht mit diesem Problem gerechnet, sonst hätten sie dem britischen Beispiel folgen können. Jetzt, da sie in letzter Minute mit Anrufen aus der Downing Street Nr. 10 und dem britischen Auswärtigen Amt bedrängt wurden, wußten sie nicht, wie sie es lösen sollten. Soweit sich Dorman-Smith erinnert, waren sie »überzeugt, Paris werde sofort nach der Kriegserklärung bombardiert werden... Deshalb waren sie zutiefst erschrocken über unseren Beschluß, den Deutschen sofort ein Ultimatum zu stellen, und sagten: ›Wollen Sie, daß unsere Frauen und Kinder im Bombenhagel umkommen?‹ « Doch die Regierung Seiner Majestät blieb fest. Die Franzosen waren verärgert und überrascht, und ihre Verstimmung war während des ganzen Sonntags deutlich zu spüren. Ihr tüchtiger Botschafter in London, Charles Corbin, hatte seine Regierung allerdings darauf aufmerksam gemacht, wenn die Regierung Seiner Majestät Berlin kein Ultimatum stelle, bevor das Parlament wieder zusammentrete, »riskiert sie, gestürzt zu werden«. Die an häufige Regierungswechsel gewöhnten französischen Politiker haben dieses Argument wahrscheinlich verstanden.[207]

Bisher war Chamberlain den Franzosen stets soweit wie möglich entgegengekommen, und er hatte dies auch fast immer für möglich gehalten. Das renitente Kabinett – das, wie Gilbert und Gott sich ausdrückten, Englands »Aufruhr des Gewissens« darstellte – hatte seinen Führern das Rückgrat gestärkt. Das entscheidende Gespräch fand zwischen den beiden Außenministern statt. Halifax war über die Straße in sein Ministerium gegangen, um von dort aus zu telefonieren, der Premierminister hatte ihm in Gegenwart des erregten Hore-Belisha genaue Anweisungen dafür gegeben. Chamberlain hatte noch nicht entschieden, auf welche Weise er dem Verlangen des Kabinetts nachgeben werde, aber er wollte die Franzosen wissen lassen, daß Großbritannien bereit sei, auch unabhängig von Paris zu handeln. So unterrichtete Halifax den französischen Außenminister davon, daß die britische Regierung Berlin noch am gleichen Abend ein Ultimatum schicken und den Deutschen eine Frist setzen werde. Sie habe »angesichts der schwierigen Lage, die sich im Unterhaus ergeben hat«, keine andere Wahl. Jedes Zögern Chamberlains würde es jetzt »sehr zweifelhaft« erscheinen lassen, ob er »die Position« der Regierung Seiner Majestät »halten könnte«. Wenn Frankreich sein Ultimatum bis nach 8.00 Uhr vormittags verschieben wollte, dann sei das Sache der Franzosen. Um diese Zeit werde sich Großbritannien bereits im Kriege befinden.[208]

Als Halifax mit Ivone Kirkpatrick in die Downing Street Nr. 10 zurückkam, traf er dort auf Hugh Dalton und begrüßte ihn schon fast wie einen Kollegen. Obwohl Dalton im Parlament die Labour Party vertrat, war auch er in Eton zur Schule gegangen, hatte in Cambridge das King's College und die London School of Economics absolviert und war unter Mac Donald zwei Jahre parlamentarischer Staatssekretär im Außenministerium gewesen. Halifax sagte ihm, daß er sich mit den Franzosen über den Termin des Ultimatums noch nicht habe einigen können, und fragte, ob er glaube, daß die Labour Party damit einverstanden sein werde, wenn England den Deutschen zunächst allein den Krieg erkläre.

Dalton sagte, er könne nicht für die Partei sprechen, das sei aber auch nicht notwendig. Greenwood habe dem Premierminister bereits die offizielle Stellungnahme der Partei erläutert. Kirkpatrick sagte, er könne nur für sich selbst sprechen, und tat es dann auch. Die Öffentlichkeit sei »bestürzt und beunruhigt. Wenn wir nicht in den Krieg eintreten, sind wir verloren.«[209]

Nach einem ausführlichen Gespräch mit Margesson – der noch einmal erklärte, er könne keine Verantwortung für die Folgen übernehmen, wenn morgen vor dem Zusammentreten des Parlaments der Krieg noch nicht erklärt sei – kam Chamberlain schließlich in das Beratungszimmer des Kabinetts zurück, um mit den Ministern zu sprechen. Es war 23.00 Uhr. Alle waren hungrig und müde, aber niemand war gegangen oder hatte vergessen, weshalb man sich versammelt hatte, und jeder war entschlossen, an der in Simons Büro verabredeten Strategie festzuhalten. Dorman-Smith hatte den Eindruck, daß »der Premierminister ruhig, ja sogar eiskalt« war. Chamberlain berichtete den Ministern von den Vorbehalten der Franzosen und sagte, ihre Sorgen hätten ihn beeindruckt; er rechne mit dem Schlimmsten und fürchte, »daß Paris tatsächlich aus der Luft angegriffen werden könnte«. Niemand äußerte sich dazu. Als er jedoch erklärte, wenn ein Ultimatum abgeschickt werden sollte, dann müßten sie mit dem Zeitpunkt einverstanden sein, meldeten sie sich zu Wort. Hore-Belisha meinte, Henderson solle es um 2.00 Uhr morgens, also in weniger als drei Stunden, den Deutschen übergeben, und es müßte vier Stunden später auslaufen. »Je weniger Zeit vergeht, desto besser.« Viele nickten zustimmend, und Halifax verließ das Zimmer, um Henderson ein Telegramm zu schikken: »Ich werde Ihnen heute nacht vielleicht noch Anweisungen geben müssen... Bitte halten Sie sich bereit zu handeln.« Aber die Tatsache, daß sich Chamberlain praktisch bereit erklärt hatte, Deutschland den Krieg zu erklären, hatte den Kampfgeist der Meuterer geschwächt. So war es wieder möglich, sie zu manipulieren. Am Ende stimmten sie dem Vorschlag zu, das Ultimatum um 9.00 Uhr vormittags zu überreichen und es zwei Stunden später um 11.00 Uhr auslaufen zu lassen. Damit, daß das Kabinett sich nicht hinter Hore-Belisha gestellt hatte, gab Großbritannien den deutschen Truppen weitere fünf Stunden Zeit, und im modernen Bewegungskrieg bedeutete das sehr viel. Wenn die Zeit verstrichen war, würden die Deutschen schon an der Weichsel stehen.[210]

Inzwischen war es fast Mitternacht. Draußen stürmte es, und das Gewitter kam immer näher. Es stand jetzt über dem St. James's Park, und Blitz und Donner folgten einander in ganz kurzen Abständen. Simon und Sir John Anderson vom Innenministerium standen in einer Zimmerecke und unterhielten sich. Chamberlain *schien* entschlossen zu sein, aber man hatte diesen Eindruck schon vor sieben Stunden im gleichen Zimmer gehabt, als er mit der »sofortigen Erfüllung der britischen Verpflichtungen gegenüber Polen« einverstanden gewesen war und sich bereit erklärt hatte, den Deutschen um Mitternacht ein Ultimatum zu stellen. Diesmal verlangten die Minister eine bindende Erklärung. Er sollte entweder versprechen, die Entscheidung des neu zusammengetretenen Kabinetts zu respektieren, oder die Minister würden den Streit vor die Öffentlichkeit bringen. Nachdem sie ihm das gesagt hatten, nickte Chamberlain und erwiderte ganz ruhig: »In Ordnung, meine Herren. Das bedeutet Krieg.«[211]

Kaum hatte er das gesagt, ertönte, wie Dorman-Smith berichtet, »ein gewaltiger Donnerschlag, und das ganze Beratungszimmer des Kabinetts wurde von einem blendend hellen Blitz erleuchtet. Es war der ohrenbetäubendste Donnerschlag, den ich je in meinem Leben gehört habe. Das ganze Gebäude erzitterte.«[212]

Derselbe gewaltige Donnerschlag erschütterte auch Churchills Wohnung, und auch dort hatten sich dramatische Dinge ereignet. Winston hatte gerade seinen Brief an den Premierminister vorgelesen. Geblendet von dem grellen Blitz atmeten seine Freunde tief auf und erklärten übereinstimmend, der Inhalt seines Briefes sei großartig. Doch dann fingen sie an, laut darüber zu diskutieren, was noch hinzugefügt und was gestrichen werden sollte. Aber das hatte keinen praktischen Wert, denn der Brief mußte, wenn er seine Wirkung tun sollte, sofort zur Downing Street Nr. 10 geschickt werden. Winston mischte sich nicht in das Gespräch ein. Er hatte nicht die Absicht, auch nur ein Komma zu ändern. Und der gewaltige Blitzschlag kam ihm wie gerufen.

In Wirklichkeit wartete er auf einen zweiten dramatischen Augenblick. Während er mit dem Aufsetzen seines Briefes beschäftigt gewesen war, hatte er in den Pausen einige Telefongespräche geführt und auch mit einem der revoltierenden Minister in der Downing Street Nr. 10 gesprochen. Jetzt sagte er seinen Gästen, daß irgend jemand – er sprach geheimnisvoll von einem »Freund« – zurückrufen und ihm sagen werde, was beschlossen worden sei. Duff Cooper notiert belustigt: »Leider ließ seine Sekretärin die Show platzen, als sie hereinkam und sagte, ›Mr. Hore-Belisha ist am Apparat‹. Das ärgerte Churchill natürlich. Als er zurückkam, teilte er uns mit, man habe beschlossen, ›das Ultimatum am folgenden Morgen zu übergeben‹.« Damit änderte sich die Situation. Der Streit war beendet, und die Männer in den Morpeth Mansions gewannen ihre Haltung wieder. Nach kurzer Überlegung beschloß Winston, seinen Brief an Chamberlain trotzdem abzuschicken. Dann suchte er aus Schränken und Schubladen verschiedene Gegenstände heraus, die er in weiser Voraussicht schon vor einem Jahr vor der Münchner Krise besorgt hatte. Sie standen alle auf einer Liste, die er in der Tasche hatte: »Eine Taschenlampe für Mrs. Churchill; Verdunklungsmaterial für die Tür; Klebeband, Klebstoff und schwarzes Papier.« Seine Gäste, die jetzt aufbrachen, hatten keine Vorsichtsmaßnahmen getroffen, »und so wanderten wir« wie Duff Cooper schreibt, »durch die dunklen Straßen«.[213]

Halifax hatte Henderson telegrafisch angewiesen, sich für 9.00 Uhr vormittags bei Ribbentrop anzumelden. Da das Ultimatum erst am folgenden Morgen aufgesetzt werden mußte, ging er anschließend zu Bett. Kirkpatrick hatte den Eindruck, er sei »erleichtert«, daß das Warten vorüber war und er seine Rolle als Beschwichtigungspolitiker aufgeben konnte. Für seinen französischen Kollegen traf das nicht zu. Während der britische Außenminister schlief, unternahm Bonnet einen letzten absurden Versuch, den Krieg gegen Hitlerdeutschland zu vermeiden. Er rief Ciano an und fragte ihn, ob ein symbolischer Rückzug der deutschen Truppen möglich sei. Ciano wußte, daß Hitler ein solches Ansinnen nur empören würde. Er schrieb in sein Tagebuch: »Es kann nichts getan werden. Ich werfe das Papier in den Papierkorb, ohne den Duce zu informieren.«[214]

Henderson überreichte das Ultimatum, auch wenn er zutiefst erschüttert war. Nachdem er vergeblich auf eine Antwort gewartet hatte – Hitler sollte die Antwort mit seinen U-Booten geben, die im Seegebiet vor den britischen Küsten patrouillierten –, verabschiedete er sich von Dahlerus, der feststellte, daß der britische Botschafter »seinen tiefen Kummer und seine Enttäuschung« nicht verbergen konnte. Später schrieb Dahlerus, »gewisse Kreise in England sind ihm gegenüber skeptisch und glauben, er habe sich von den Nazis beeinflussen lassen«, aber der Schwede hielt das für ungerechtfertigt. Er habe nie feststellen können, »daß er sich von der deutschen Politik hat übertölpeln lassen«. Da Dahlerus selbst ein Opfer solcher Täuschungsmanöver war, hat sein Urteil hier nur wenig Gewicht. Aber wenn Hendersons Träume jetzt in Trümmern lagen, dann waren es nicht nur *seine* Träume; seine Vorgesetzten in London hatten sie geteilt. Er hatte sich nicht um seinen König und sein Land verdient gemacht, und das gleiche galt auch für sie. Und nichts von dem, was er zum Schaden des englischen Ansehens und zur Schwächung Großbritanniens in den Jahren getan hatte, bevor die Engländer vor der größten Herausforderung ihrer Geschichte standen, wäre ohne die Zustimmung und sogar die Ermutigung durch Chamberlain, Halifax und Cadogan möglich gewesen.[215]

Das britische Ultimatum lief aus, die französische Kriegserklärung sollte um 17.00 Uhr, sechs Stunden später, folgen. Am 3. September um 11.15 Uhr hielt der Premierminister über die BBC eine Ansprache an die Nation und sagte seinen Landsleuten, daß sich England und Deutschland wieder im Krieg befanden. Es war weder eine beachtenswerte noch eine inspirierende Rede. Boothby schrieb an Churchill: »Die unmittelbar vor Ihnen liegende Aufgabe scheint heute durch den Premierminister erheblich erleichtert worden zu sein. Er hat nicht die Rede eines Mannes gehalten, der die Absicht hat, uns *durch* dieses Ringen zu führen.« Winston und Clementine hatten die Rede in den Morpeth Mansions im Radio gehört, und kaum war Chamberlains Stimme verklungen, als man in der ganzen Stadt den durchdringenden Laut der Luftschutzsirenen hörte, der für eine ganze Generation von Engländern so unvergeßlich werden sollte. Winston, Clementine und Inspektor Thompson liefen zur Tür. »Jetzt müssen wir es Hitler zeigen«, sagte Churchill und stieg statt in den Luftschutzraum die Treppe hinauf zum Dach. »Der Krieg ist weniger als eine halbe Stunde alt, und schon hat er seine Bomber über London.« In Wirklichkeit war es ein falscher Alarm. Churchill wußte es allerdings nicht, als er, wie er schreibt, »in das klare, kalte Septemberlicht« hinausblickte, um zu sehen, wie »30 oder 40 zylindrische Ballons langsam über der Stadt aufstiegen. Inspektor Thompson erinnert sich: »Nur mit Schwierigkeiten konnten wir ihn dazu bewegen, in den Luftschutzraum zu gehen. Er war erst dazu bereit, als wir ihn darauf hinwiesen, daß er den anderen ein Beispiel geben müsse. So gingen wir also hinunter... der alte Mann mit einer Flasche Brandy unter dem Arm.«[216]

Sie machten sich auf den Weg zu dem, wie Churchill schreibt, »für uns zuständigen Luftschutzraum«. Er lag etwa 100 Meter entfernt an derselben Straße, »ein offener Keller, nicht einmal mit Sandsäcken geschützt«. Hier hatten sich schon die Bewohner von einem halben Dutzend Wohnungen versammelt. »Alle waren gut gelaunt und zum Scherzen aufgelegt, wie es die Art der Engländer ist, wenn ihnen etwas Unbekanntes begegnet.« Aber wie Fritz Günther von Tschirschky, ein deutscher Flüchtling, berichtet, war Churchill keineswegs guter Stimmung. Tschirschky blieb draußen vor dem Luftschutzraum, weil er fürchtete, man würde ihn als Deutschen dort nicht gerne sehen, bis Clemmie, die ihn kannte, ihn aufforderte herunterzukommen. Dort fand er Churchill, der »empört mit dem Fuß aufstampfte und sich darüber beklagte, daß es kein Telefon und kein tragbares Funkgerät gebe. Er behauptete, die Deutschen hätten viel besser ausgestattete Luftschutzräume.« Tschirschky bot ihm an, ein tragbares Radiogerät aus seiner Wohnung zu holen, Churchill sagte: »Ihr Deutschen seit so verdammt tüchtig – bitte seien Sie so gut und holen Sie das Gerät.« Aber im gleichen Augenblick hörte man wieder die Sirenen. Churchill erinnerte sich später, daß er »nicht sicher war, ob es nicht eine Wiederholung der ersten Warnung sei, aber dann kam ein Mann die Straße entlanggelaufen und rief, ›Entwarnung‹ «.[217]

Das Parlament trat um die Mittagszeit zusammen, und als Churchill durch die Lobby ging, gab ihm jemand einen kurzen Brief des Premierministers, der ihn bat, er möge ihn aufsuchen, »sobald sich die Debatte beruhigt hat«. Aber es kam zu keinen langen Debatten. Das zwischen ihnen umstrittene Problem war gelöst. Der Premierminister sprach als erster und sagte, es sei »ein trauriger Tag«. Offenbar hatte er sich aus einer Taube in einen Falken verwandelt, denn er fügte hinzu: »Ich hoffe, ich werde noch den Tag erleben, an dem der Hitlerismus vernichtet ist.« Greenwood sprach für die Labour Party und sagte, die »unerträgliche Spannung« habe sich gelöst. Dann sprach er den tapferen Polen seine Hochachtung aus, die »jetzt um ihr Überleben kämpfen«. Seine Worte wurden mit starkem Beifall aufgenommen. Churchill, der als dritter sprechen sollte, schrieb später: »Während ich auf meinem Platz saß und den Reden zuhörte, überkam mich eine tiefe Ruhe nach den starken Leidenschaften und Erregungen der vergangenen Tage. Ich spürte eine Heiterkeit des Geistes und hatte das Gefühl, irgendwie über den menschlichen und persönlichen Dingen zu stehen. Die ganze Herrlichkeit des alten England, so friedliebend und unvorbereitet es auch sein mochte, aber sofort bereit, furchtlos für seine Ehre einzustehen, ließ mich erschauern und schien unser Geschick in jene Sphären zu heben, die weit jenseits aller irdischen Dinge und körperlichen Gefühle liegen. Ich versuchte mit meiner Rede dem Haus etwas von dieser Stimmung zu vermitteln.«[218]

Das Parlament hatte seine jahrelangen Warnungen und seine scharfe Verurteilung des Münchener Abkommens ebensowenig vergessen wie die zahllosen Szenen, in denen man ihn ausgelacht und verspottet hatte, sobald er versuchte zu sagen, daß die zunehmende militärische Überlegenheit des nationalsozialistischen Deutschland für die Engländer und ihre Insel eine schwere Bedrohung darstellte. Er hatte das alles schon vor mehr als sechs Jahren vorausgesehen, und niemand wäre eher berechtigt gewesen zu behaupten, »das habe ich doch schon immer gesagt«, als er. Aber seine Freunde wußten, daß er das niemals tun würde. Er hatte einmal gesagt: »Wenn wir mit der Vergangenheit streiten, können wir die Zukunft verlieren.« Dem Gespräch mit dem Premierminister hat er gewiß mit großen Hoffnungen entgegengesehen. Hätte er jetzt seine Verbitterung über Vergangenes spüren lassen, dann hätte er damit seine Zukunftschancen verringert. So erklärte er zu Beginn seiner Rede: »In dieser ernsten Stunde ist es ein Trost, wenn wir uns an unsere wiederholten Bemühungen um den Frieden erinnern und sie im Gedächtnis behalten. Sie standen alle unter einem ungünstigen Stern, sind aber ehrlich und aufrichtig gewesen... Draußen mag der Sturm des Krieges wehen, und unser Land mag von seinen heftigen Windstößen gepeitscht werden, aber in unseren Herzen sieht es an diesem Sonntagmorgen friedlich aus... Wir haben ein ruhiges Gewissen.«[219]

Er warnte seine Zuhörer und sagte, sie müßten »mit vielen Enttäuschungen und vielen unangenehmen Überraschungen« rechnen, fügte aber hinzu, »wir dürfen jedoch sicher sein, daß die Aufgabe, die wir aus freiem Willen übernommen haben, die Fähigkeiten und Kräfte des Britischen Empire und der Französischen Republik nicht überfordern wird«. Allerdings konnte man nicht behaupten, daß Chamberlain diese Aufgabe aus freien Stücken übernommen hatte, und Frankreich war noch nicht in den Krieg eingetreten, aber als er das Empire erwähnte, murmelten die Abgeordneten zustimmend. Schon in der ersten Stunde, nachdem die Entscheidung gefallen war, hatten Australien und Neuseeland Deutschland den Krieg erklärt, und die anderen Dominions waren bereit, ihrem Beispiel zu folgen. Churchill erwähnte, daß der Premierminister gesagt hatte, es sei »ein trauriger Tag«, und das sei er auch, aber man habe auch jeden Grund, dankbar dafür zu sein, daß eine neue Generation von Briten »bereit ist zu beweisen, daß sie unserer großen Vergangenheit würdig ist und dem Beispiel jener großen Männer, der Väter unseres Landes, folgen wird, die das Fundament unserer Gesetze gelegt haben und denen wir die Größe unseres Landes verdanken«.

Zu diesem Teil von Winstons Rede war der Beifall nur schwach. Seine Worte waren prophetisch, aber an jenem ersten Tag des Krieges machte sich die ältere Generation ernste Sorgen um die Jugend Englands und die immer noch starken pazifistischen Tendenzen, die in dem noch nicht in Vergessenheit geratenen Oxford-Eid zum Ausdruck kamen. Hitler war die Verkörperung des Bösen, und auch die Jugend wußte das. Er hatte England diesen verhaßten Krieg aufgezwungen. Aber die junge Generation würde nicht mehr mit der gleichen Begeisterung für den Union Jack kämpfen wie 1914. Es war notwendig, den Menschen zu sagen, welche Ideale es zu verteidigen galt, und das zu tun bemühte sich Churchill am Schluß seiner Ansprache. Er sagte, während der vergangenen Tage habe das Parlament Gesetze verabschiedet, die »der Exekutive unsere wertvollsten traditionellen Freiheiten« anvertrauten, in deren Händen sie jedoch durchaus sicher seien. Keine britische Regierung werde sie »im Interesse von Klassen oder Parteien« mißbrauchen, sondern sie »in Ehren halten und schützen«. Englands Traum sei eine Welt, in der man allen Regierungen vertrauen könne und in der die Würde aller Menschen geachtet werde:

»Es geht hier nicht darum, für Danzig oder für Polen zu kämpfen.

Wir werden kämpfen, um die Welt von der Seuche der nationalsozialistischen Tyrannei zu befreien und um all das zu verteidigen, was dem Menschen am heiligsten ist. Dies ist kein Krieg um Vorherrschaft, um die Ausweitung unseres Herrschaftsbereichs oder um materiellen Gewinn. Es ist kein Krieg, mit dem irgendein Land des Sonnenlichts oder der Möglichkeiten beraubt werden soll, am allgemeinen Fortschritt teilzunehmen. Es ist ein Krieg, dessen Ziel vor allem darin besteht, eine felsenfeste Grundlage für die Rechte des Individuums zu schaffen, und es ist ein Krieg, die Würde des Menschen zu sichern und ihr neues Leben einzuhauchen... Wir richten unseren Blick zuversichtlich und vertrauensvoll in eine Zukunft, in der unsere Freiheiten und Rechte wiederhergestellt werden sollen und in der wir sie mit den Völkern werden teilen können, die ihre Segnungen nicht kennen.[220]

Es gab keinen großen Beifallssturm; die Einpeitscher auf beiden Seiten des Hauses, die Winstons Beredsamkeit kannten, hatten dafür gesorgt. Aber nachdem Lloyd George als letzter das Wort ergriffen hatte, drängten sich Abgeordnete aller Parteien um Winston und streckten ihm die Hände entgegen, um ihn zu beglückwünschen. Ein Vergleich mit der Rede des Premierministers war unvermeidlich. In seinem Tagebuch bezeichnete sie Amery als »gut, aber nicht die Rede eines politischen Führers im Krieg. Ich denke, nach alledem sehe ich gegen Ende des Jahres Winston als Premierminister.«[221]

Wenn der Premierminister solche wenig schmeichelhaften Vergleiche gehört haben sollte, hat er es sich nicht anmerken lassen. Nachdem er Churchill betont herzlich begrüßt hatte, sagte er ihm, er habe seine Briefe mit Interesse gelesen und werde das Kabinett umbilden. Die Liberalen hätten es abgelehnt, in die Regierung einzutreten, und bisher habe er für die drei Minister der Teilstreitkräfte noch keine Rolle im Kriegskabinett gesehen. Sie hätten ihn jedoch gedrängt, seine Meinung zu ändern, und er habe nachgegeben. Damit würde das Durchschnittsalter der Kabinettsmitglieder – eine Angelegenheit, um die sich Winston Sorgen gemacht hatte – unter 60 Jahren liegen. Hore-Belisha werde Kriegsminister und Kingsley Wood Luftfahrtminister bleiben. Chamberlain schlug jedoch vor, den gegenwärtigen Ersten Lord der Admiralität, den Earl of Stanhope, auf einen andern Posten zu versetzen und Churchill die Admiralität anzuvertrauen.

Damit gehörte Winston dem Kriegskabinett an und übernahm gleichzeitig die Verantwortung für das Ministerium, das ihm das liebste war. Er schrieb, er sei »sehr froh darüber, weil ich, obwohl ich es nicht ausdrücklich erwähnt hatte, natürlich lieber eine bestimmte Aufgabe über-

Am 1. September 1939 überschritten deutsche Truppen die Grenze nach Polen. Am 3. September erklärte Großbritannien Deutschland den Krieg, und am selben Tag ernannte Chamberlain Winston Churchill zum Ersten Lord der Admiralität. Dieses Foto wurde am 4. September aufgenommen, dem ersten Tag Churchills in seinem neuen Amt.

nahm, als mich nur um die Arbeit anderer zu kümmern, was sehr wohl das Los eines noch so einflußreichen Ministers sein kann, der kein eigenes Ministerium verwaltet«. Er schrieb, hätte Chamberlain ihm am Freitag die Wahl zwischen dem Kriegskabinett und der Admiralität gelassen, »hätte ich mich natürlich für die Admiralität entschieden. Jetzt bekam ich beides.« Clementine wartete im Wagen vor der Downing Street Nr. 10, und als Winston herauskam, sagte er ihr: »Es ist die Admiralität. Das ist sehr viel besser, als ich geglaubt habe.«[222]

Am liebsten wäre er sofort in sein neues Amt gegangen, weil »die ersten Stunden eines Krieges für die Flotten entscheidend sein können«, aber um 17.00 Uhr sollte die erste Sitzung des Kriegskabinetts beginnen. Obwohl das vor allem eine Formalität sein würde, mußte er daran teilnehmen. Deshalb benachrichtigte er die Admiralität – »ich werde zur Übernahme meines Amtes um 18.00 Uhr erscheinen« – und begab sich in die Downing Street. Die Presse unter der Führung der *Times* befürwortete die Leitung der Kriegsanstrengungen durch eine kleine Gruppe von nicht mehr als fünf oder sechs Verantwortlichen. Aber einschließlich des Innenministers (Sir John Anderson) und des neuen Ministers für die Dominions (Eden) bestand Chamberlains Kriegskabinett aus elf Mitgliedern. Die anderen neun waren er selbst, Halifax, Hoare (Lord Siegelbewahrer), Simon (Schatzkanzler), Hore-Belisha (Kriegsminister), Kinsgley Wood (Luftfahrtminister), Hankey (Minister ohne Amtsbereich), Churchill und Lord Chatfield (Koordinierung der Verteidigungsanstrengungen). Die »großen Vier«, Chamberlain, Halifax, Hoare und Simon, blieben also immer noch im Amt. Sie hatten so lange im Licht der Öffentlichkeit gestanden, daß sie für jeden Rückschlag verantwortlich gemacht werden würden, den England in diesem Krieg erleben sollte, obwohl sie nur deshalb noch auf ihren Posten blieben, weil sie der öffentlichen Meinung gefolgt waren. Jeder Zeitungsleser kannte sie – den »guten alten Neville«, wie die Menschen ihn in seiner Glanzzeit genannt hatten, den typischen britischen Geschäftsmann; Halifax, der die besondere Gabe hatte, sich im rechten Augenblick ins Rampenlicht zu stellen, den adretten, lebhaften Hoare mit seinen guten Beziehungen zur Fleet Street und den pedantischen Juristen Simon, von dem es hieß, als Schatzkanzler sei er in der Hauptsache damit beschäftigt, dafür zu sorgen, daß Großbritannien genügend Geld hatte, um nach dem verlorenen Krieg die Kriegsschulden bezahlen zu können.[223]

Wenn, wie Chamberlain eine Woche später erklärte, die Redlichkeit »unsere besondere Stärke« war, dann teilte niemand dieses Gefühl mit ihm. Die Briten waren deprimiert. Die *Times* berichtete amüsiert, ein 86jähriger Schäfer habe dem Premierminister einen Spazierstock in der Form eines zusammengerollten Regenschirms geschenkt, den er mit einem Taschenmesser aus Ulmenholz geschnitzt hatte. Aber Schäfer waren nicht durch massive Bombenangriffe der Luftwaffe bedroht, die nach einer späteren Schätzung des Verteidigungsausschusses 60 Tage dauern und 600000 Tote und 1,2 Millionen Verwundete kosten würden. Der Ausschuß hatte aus unverständlichen Gründen eine Erklärung veröffentlicht, in der es hieß, es seien alle notwendigen Vorsichtsmaßnahmen getroffen worden: Krankenhausbetten stünden für die Verwundeten zur Verfügung, Tausende von Särgen aus Pappe waren aufgestapelt und für die Presse fotografiert worden, und mehr als eine Million Vordrucke für Totenscheine waren mit der Post versandt worden. Der britischen Öffentlichkeit, die Baldwins Warnung, daß »der Bomber immer durchkommen wird«, nicht vergessen hatte, fehlte zwar der Kampfgeist, aber mit solchen Maßnahmen ließ er sich kaum wecken.

Winstons Kritiker hatten vorausgesagt, wenn man ihm einen Kabinettsposten geben würde, werde er für Streit sorgen. Nun stellten sie zu ihrer Genugtuung fest, daß er es bereits tat. Die erste Aufgabe des Kriegskabinetts war es, einen neuen Chef des Empire-Generalstabs zu ernennen, weil Kriegsminister Hore-Belisha den bisherigen Generalstabschef Gort ablösen wollte. Das Kriegsministerium gab Ironside den Vorzug, ebenso auch Hore-Belisha. Aber Ironside selbst hatte sich an keinen politischen Manövern beteiligt. Andere Generäle hatten sich bei einigen Ministern beliebt gemacht, die sie jetzt vorschlugen. Doch Churchill erhob energisch Einspruch, und Hore-Belisha schildert in seinem Tagebuch, was geschah: »Es gab einigen Widerstand gegen die Ernennung von Ironside, aber Winston stellte sich auf meine Seite und unterstützte ihn energisch. Damit war die Sache erledigt.« Außerdem verlangte Churchill einen Bericht über die Produktionskapazität der britischen Rüstungsindustrie bei der Herstellung von Geschützen. Während über diese Frage diskutiert wurde, kam Generalmajor H. L. Ismay, der Sekretär des Verteidigungsausschusses, ins Zimmer und brachte eine Meldung der Luftaufklärung mit: Eine deutsche Flotte aus vier oder fünf Schlachtschiffen, vier Kreuzern und fünf Zerstörern hatte die Anker gelichtet und war in See gestochen. Als Erster Lord der Admiralität achtete Churchill besonders auf jede Bedrohung der britischen Handelsflotte, die für die Versorgung Englands lebenswichtig war, durch Unterseeboote und andere Kriegsschiffe. Er sagte, wenn das die Aufgabe dieser Flotte sei, dann werde sie Kurs auf die Ostsee nehmen. Der Luftfahrtminister Kingsley Wood bestätigte dies und erklärte, die RAF könne sich kein »geeigneteres Angriffsziel« wünschen. Darauf wurde ein Luftangriff mit 27 Blenheim-Bombern und neun Maschinen vom Typ Wellington befohlen. Aber wie bei so vielen anderen Unternehmungen zu Beginn des Krieges wollte auch hier auf britischer Seite nichts recht klappen. Sir Ian Jacob, der damals der Downing Street Nr. 10 als Verbindungsoffizier zugeteilt war, erinnert sich, daß dieser gescheiterte Einsatz der RAF »zeigte, wie unwirksam und ungeeignet unsere Flugzeuge und Bomber bei einem Unternehmen gegen eine starke Fliegerabwehr und gut gepanzerte Schiffe waren«. Noch bevor sie ihre Ziele angreifen konnten, wurden die britischen Flugzeuge von der deutschen Schiffsflak abgeschossen.[224]

Nach der Sitzung machte sich Churchill auf den Weg zur Admiralität, die der Flotte bereits signalisiert hatte: »Winston ist wieder da.« In Begleitung eines jungen Freundes überquerte er den Exerzierplatz der Horse-Guards. Dabei sagte er, um die Moral in Großbritannien zu stärken, müsse man etwas für das öffentliche Ansehen des Militärs tun. In den Jahren 1914 bis 1918 hatte die chauvinistische Presse Generäle und Admiräle zu Halbgöttern gemacht, und als die Öffentlichkeit nach dem Krieg die Wahrheit über das Gemetzel in Frankreich und Flandern erfuhr, wollte niemand mehr etwas von ihnen wissen. Im Zweiten Weltkrieg wurden Ehre und Ansehen des Soldatenberufs wiederhergestellt, aber nicht soweit es die Zeit zwischen den Kriegen betraf; man glaubte immer noch, daß die englischen Offiziere damals in der Mehrzahl engstirnige, phantasielose Kommißköpfe gewesen seien. Sie waren es nicht. Churchill hatte die Erfahrung gemacht, daß sie mit scharfem Blick und großer Besorgnis den Aufbau der Luftwaffe und der Wehrmacht in Deutschland beobachteten und es Persönlichkeiten unter ihnen gab, die ihre Karriere riskierten, wenn sie zu ihm kamen und ihm ihre Beobachtungen mitteilten, um England auf die schwere Prüfung vorzubereiten, die, wie sie wußten, aber nur wenige Zivilisten ahnten, kommen mußte.

Diejenigen, die mit einer Bombardierung Londons rechneten, hatten unter anderem dafür gesorgt, daß am Storey's Gate, zwei Blocks südlich der Downing Street, ein Luftschutzraum für die politische Führung gebaut wurde. Das C. W. R. oder Cabinet War Room, wie es die wenigen nannten, die von seiner Existenz wußten, bestand aus einer Reihe schlichter Räume einschließlich eines Schlafzimmers für den Premierminister, dessen spärliche Einrichtung unter anderem aus einem Schreibtisch und einem Mikrofon bestand, über das sich der Premierminister an die Nation wenden konnte. Mit dem Bau dieses Schutzraums – den man auch als Bunker bezeichnen könnte, da er das Überleben der politischen Führung sichern sollte – hatte man schon 1935 begonnen, nachdem das Kriegsministerium darauf hingewiesen hatte, daß die Downing Street Nr. 10 einen Bombenangriff kaum unbeschädigt überstehen könnte. Millionen von Londonern, Verbündeten und eine unbekannte Zahl feindlicher Spione kamen täglich an dem C. W. R. vorbei, ohne zu ahnen, was sich unter diesem Gebäude verbarg. Das unauffällige Haus gegenüber dem St. James's Park war durch ein unauffälliges Türschild mit der Aufschrift CENTRAL STATISTICAL OFFICE gekennzeichnet.

Eine weitere Vorsichtsmaßnahme, für die schon Vorsorge getroffen worden war, bevor die englische Öffenlichkeit überhaupt daran dachte, daß es zu einem militärischen Konflikt mit Deutschland kommen könnte, war auffälliger, ja geradezu aufsehenerregend. Für jedes größere Regierungsgebäude waren vier Meter hohe Stacheldrahtrollen vorgesehen, deren Stacheln so dick waren wie ein Daumen. Dieser Stacheldraht hatte jahrelang in irgendwelchen Magazinen gelegen und wurde erst seiner Bestimmung zugeführt, als das britische Ultimatum in Berlin vorgelegt wurde. Gleichzeitig mit der Kriegserklärung wurden die Regierungsgebäude von allen Seiten mit diesen Stacheldrahtrollen gesichert. Die Fassade der Admiralität verbarg sich hinter einigen anderen Gebäuden, bis Winston und sein Begleiter fast unmittelbar davorstanden. Als sie um eine Straßenecke bogen, standen sie unvermutet vor diesem neuen Hindernis und sahen die vielen tausend Stacheln in der Nachmittagssonne glänzen. »Großer Gott«, sagte Winstons junger Freund, »was soll das bedeuten?« Churchill antwortete: »Damit will man mich aussperren!«[225]

VI.
Flutkatastrophe

In der Admiralität hatte man schon auf ihn gewartet, und natürlich erkannte man ihn und begrüßte ihn, als er durch die Lücke im Stacheldrahtzaun zum Eingang des Gebäudes kam. Einen Führer brauchte er nicht; der ehemalige und neue Erste Lord der Admiralität ging sofort auf einen versteckten Eingang zu, wo Kathleen Hill, die er telefonisch verständigt hatte, und Captain Guy Grantham, sein künftiger Adjutant, schon auf ihn warteten. Im Gebäude angekommen lief Churchill so schnell die Treppe hinauf, daß Mrs. Hill und der Captain kaum mit ihm Schritt halten konnten, und stürmte in das ihm vertraute Büro des Ersten Lords, das diejenigen, die von 1911 bis 1915 unter Winston hier gearbeitet hatten, »das Privatbüro« nannten. Zielsicher durchquerte er das Zimmer und öffnete eine Geheimtür in der Holzvertäfelung, hinter der, wie Mrs. Hill berichtet, »eine geheime Lagekarte« sichtbar wurde, auf der die letzten Positionen alliierter und feindlicher Schiffe eingetragen waren, die sie an seinem letzten Arbeitstag eingenommen hatten. »Die Schiffe waren«, wie sich Mrs. Hill erinnert, »immer noch da« – wie am 22. Mai 1915 bei seinem Ausscheiden aus dem Amt des Ersten Lords der Admiralität, als seine kühne Dardanellenstrategie, wie er später schrieb, von unfähigen Untergebenen »endgültig verdorben« worden war und er selbst als gescheiterter Politiker angesehen wurde. Jetzt war, wie er schreibt, »ein Vierteljahrhundert vergangen, und immer noch waren wir durch die gleiche Nation einer tödlichen Gefahr ausgesetzt. Wieder sahen wir uns gezwungen, zur Verteidigung der Rechte eines schwachen Staates, der vergewaltigt und grundlos überfallen worden war, das Schwert zu ziehen. Wieder mußten wir für unser Leben und unsere Ehre gegen die Macht und den Fanatismus der tapferen, disziplinierten und grausamen deutschen Rasse kämpfen. Noch einmal! So sei es denn.«[1]

Unmittelbar nach Übernahme seines neuen Amts konnte Churchill nur wenig ausrichten. Er verlor sich zunächst in seinen Erinnerungen an die Vergangenheit – »voller Emotionen«, wie der Dritte Seelord, Konteradmiral Bruce Fraser erzählte. Noch am gleichen Abend stellte ihm der Erste Seelord, Admiral Sir Dudley Pound, seine ranghöchsten künftigen Mitarbeiter vor, und wie einst nahm Winston im Beratungszimmer den Platz des Ersten Lord der Admiralität ein. Nach der offiziellen

Begrüßung durch Pound sagte Churchill nach dem Bericht eines der Admiräle, »daß er es als besonderen Vorzug und eine Ehre empfände, wieder an diesem Platz zu sitzen... Kritisch musterte er der Reihe nach einen jeden von uns, erklärte dann, er werde uns alle später persönlich empfangen, und beendete danach die Sitzung. Er sagte, ›meine Herren, gehen Sie nun an Ihre Aufgaben und Pflichten‹.« Sie trennten sich schweigend, und einer von ihnen erinnerte sich später: »Jeder einzelne war sich der Tatsache bewußt, daß Winston jetzt für einen sehr viel größeren Verantwortungsbereich zuständig war.« Das waren seine Pflichten als Mitglied des Kriegskabinetts und seines Ausschusses für die Landstreitkräfte, seine Sorge um den Verlauf der Kämpfe in Polen und darum, daß sich Frankreich bisher seltsamerweise noch nicht dazu entschlossen hatte, aktiv an der kriegerischen Auseinandersetzung teilzunehmen.[2]

Er hatte gleich zu Beginn instinktiv das richtige Gefühl gehabt. Im Seekrieg konnten die ersten Stunden entscheidend sein. Trotzdem konnte niemand in der Admiralität die erste Tragödie zur See in diesem Krieg verhindern. Als am späten Vormittag der Beginn der Feindseligkeiten bekanntgegeben worden war, kreuzten 39 U-Boote des Admirals Karl Dönitz in den Gewässern vor den britischen Seehäfen. Eines davon, U-30, lag 250 Meilen vor der irischen Küste auf der Lauer. Um 19.45 Uhr, während Pound dem neuen Chef die Seelords vorstellte, sichtete der U-Boot-Kommandant die S.S. *Athenia*. Das war kein Kriegsschiff, sondern ein unbewaffneter Überseedampfer mit 1103 Passagieren an Bord. Die meisten von ihnen waren europäische Flüchtlinge auf dem Weg nach Amerika ins politische Asyl. Zu Beginn des Krieges hatte Hitler den uneingeschränkten U-Boot-Krieg verboten, aber der Kommandant der U-30 hielt das Schiff irrtümlich für einen britischen Hilfskreuzer und torpedierte es. Unter den 112 Toten waren 28 amerikanische Bürger. Zwei britische Zerstörer und eine schwedische Yacht nahmen die Überlebenden an Bord, die eidesstattlich versicherten, das U-Boot sei um das sinkende Schiff gekreist, ohne irgendwelche Hilfe anzubieten, obwohl sein Kommandant inzwischen erkannt haben mußte, daß er sich geirrt hatte. Die Amerikaner unter ihnen verlangten, unter dem Schutz amerikanischer Kriegsschiffe in die Heimat gebracht zu werden, was jedoch nicht möglich war. Botschafter Kennedy schickte seinen 22jährigen Sohn John F. Kennedy, der damals in Harvard studierte, nach England, um sie zu besänftigen und ihnen die sichere Heimreise nach New York zu garantieren.

Hitler kümmerte sich nicht um die öffentliche Meinung in Amerika, aber Goebbels, seinem Reichspropagandaminister, konnte sie nicht gleichgültig sein, besonders nachdem Churchill öffentlich erklärt hatte:

»Die *Athenia* wurde ohne die geringste Warnung torpediert. Sie war unbewaffnet.« Goebbels unterbrach das Programm der Berliner Rundfunkstation, um Churchill als »Lügenlord« zu bezeichnen und die Verantwortung der Deutschen für die Versenkung des Schiffes zu bestreiten. Er behauptete, die einzige Quelle für solche Berichte seien »Ihre unverschämten Lügen, Herr Churchill, Ihre teuflischen Lügen!« Die Nazipropaganda machte sich zudem die Tatsache zunutze, daß Churchills Initialen W. C. im Deutschen die Abkürzung des Wortes »Wasserklosett« sind, und verwendete diese Buchstaben auf alle mögliche Weise, um Churchill zu verhöhnen. Berlin erklärte, Churchill habe persönlich befohlen, an Bord der *Athenia* eine Zeitbombe zu verstecken. Winston schreibt dazu: »Diese Falschmeldung wurde in mir nicht freundlich gesonnenen Kreisen sogar geglaubt.« Im Unterhaus sagte er, das Passagierschiff »hatte keine defensive Bewaffnung – es war nicht mit Geschützen bestückt, und seine Decks waren nicht einmal zu diesem Zweck verstärkt worden«. Er fügte hinzu, er habe »den Angehörigen derjenigen, die durch dieses Verbrechen ums Leben gekommen sind« sein aufrichtiges Beileid übermittelt. Im engen Kreis des Kriegskabinetts meinte er jedoch: »Der Vorfall sollte im Hinblick auf die öffentliche Meinung in den Vereinigten Staaten eine günstige Wirkung haben.«[3]

Allerdings rechnete er nicht mit einem persönlichen Anruf aus dem Weißen Haus. Doch Anfang Oktober, er aß gerade mit zwei Gästen aus der Admiralität in seiner Wohnung in den Morpeth Mansions zu Abend, läutete das Telefon, und im nächsten Augenblick erschien sein Kammerdiener und Butler, um ihn an den Apparat zu holen. Churchill fragte, wer angerufen habe. »Ich weiß es nicht, Sir«, antwortete der Mann. »Sagen Sie ihm, ich sei nicht zu sprechen«, sagte Winston. Doch zu seiner Überraschung erwiderte der Butler: »Ich glaube, Sie sollten doch kommen, Sir.« Ärgerlich erhob sich Churchill und ging ans Telefon. Dann hörten seine Gäste verblüfft: »Yes, Sir… no, Sir.« Einer von ihnen meinte später, es gebe nur »wenige Menschen, die er mit ›Sir‹ anreden würde, und wir fragten uns, wer in aller Welt es sein könne. Nach einiger Zeit kam er zurück und sagte ganz aufgeregt: ›Wissen Sie, wer das war? Der Präsident der Vereinigten Staaten. Es ist schon erstaunlich sich vorzustellen, daß man in dieser kleinen Wohnung in der Victoria Street mitten in einem großen Krieg vom Präsidenten persönlich angerufen werden kann.‹ Er entschuldigte sich mit den Worten, ›es ist sehr wichtig. Ich muß sofort zum Premierminister gehen und mit ihm sprechen.‹«[4]

Roosevelt hatte mit ihm über eine eigenartige Warnung des Oberbefehlshabers der deutschen Kriegsmarine, Admiral Raeder, gesprochen.

Der Großadmiral hatte die Amerikaner davon unterrichtet, daß seine Agenten ein britisches Komplott aufgedeckt hätten: Die U. S. S. *Iroquois*, die am Tage der Kriegserklärung aus dem Hafen von Cork ausgelaufen sei, werde »unter ähnlichen Umständen wie die *Athenia*« versenkt werden, deren Versenkung, wie die Nazis behaupteten, auf Befehl Churchills erfolgt sei. Damit sollte der Eindruck erweckt werden, England wolle die Deutschen für den Verlust des Schiffes verantwortlich machen, um auf diese Weise den Eintritt der Vereinigten Staaten in den Krieg zu erreichen. Nach Rücksprache mit der Downing Street Nr. 10 und seinen Seelords telegrafierte Churchill dem Weißen Haus: »Die *Iroquois* befindet sich wahrscheinlich 1000 Seemeilen westlich von Irland... In diesen weiträumigen Gewässern ist eine Gefährdung durch U-Boote nicht vorstellbar. Die einzige Methode könnte eine in Queenstown eingeschmuggelte Zeitbombe sein. Wir halten das nicht für möglich.« Roosevelt war der gleichen Ansicht und warnte den Kommandanten des Schiffes, der sofort einen sicheren Hafen suchte und fand. Aber bei einer gründlichen Untersuchung des ganzen Schiffes wurde nichts gefunden. Die Briten beschuldigten darauf Deutschland, eine gegen England gerichtete Propaganda zu verbreiten, was Raeder sehr peinlich war. In Wirklichkeit war trotz des Verdachts, es könnte sich hier um eine Intrige handeln, keine hochrangige Persönlichkeit in diese Angelegenheit verwickelt.[5]

Die eigentliche Bedeutung dieses im Grunde unwesentlichen Zwischenfalls lag darin, daß Roosevelt die Initiative ergriffen und die Verbindung mit einer kriegführenden Macht aufgenommen hatte – trotz der offiziellen Neutralität der Vereinigten Staaten, einer Haltung, die von der überwältigenden Mehrheit der amerikanischen Bevölkerung unterstützt wurde – und bereit gewesen war, weitgehend mit den Briten zusammenzuarbeiten, wobei er sogar auf den Verdacht des Ersten Lords der Admiralität eingegangen war, daß die Deutschen eine Zeitbombe an Bord des Schiffes geschmuggelt haben könnten. Mit wenigen Ausnahmen waren sich die Briten, die mit der amerikanischen Innenpolitik und der Stimmung der amerikanischen Öffentlichkeit nicht vertraut waren, gar nicht bewußt, ein wie hohes politisches Risiko der Präsident einging. Der britische Historiker, Sir John Colville, schreibt, von Anfang an »hat Roosevelt einen weitsichtigen Idealismus bewiesen. Er wußte sehr gut, daß wenigstens vier von fünf Amerikanern nicht bereit waren, sich an einem Konflikt zu beteiligen, den sie als einen Streit zwischen europäischen Staaten betrachteten, den Ländern, aus denen ihre Vorfahren ausgewandert waren, um in Amerika Freiheit und Wohlstand zu finden. Ebenso war er sich der Tatsache bewußt, daß die Bedrohung durch den Nationalsozialismus nicht nur örtliche Bedeutung hatte... Er war entschlossen, bei seinen Bemühungen um die Bewahrung der westeuropäischen Demokratien nichts zu unterlassen, was dieser Sache dienen konnte... und er hatte den Weitblick, zu erkennen, daß ungeachtet dessen, was sein Botschafter in London, Joseph P. Kennedy, Gegenteiliges sagen sollte, Churchill der Bannerträger des Widerstands war und bleiben würde.[6]

Der Präsident hatte bewußt die Downing Street Nr. 10, das britische Auswärtige Amt und seine eigene Botschaft in London übergangen und die direkte Verbindung mit dem einzigen Mann aufgenommen, der Europa vor Hitler retten konnte. Und da Roosevelt diesen ungewöhnlichen Schritt aus eigener Initiative getan hatte, war Churchill der passive Partner bei der Aufnahme der bedeutungsvollsten und folgenschwersten Beziehung in seinem Leben. Natürlich kannten die beiden Männer einander schon so weit, daß jeder über die bedeutenden Leistungen des anderen unterrichtet war. Vor sechs Jahren hatte Winston als aufrichtiger Bewunderer des Rooseveltschen New Deal dem Präsidenten am 8. Oktober 1933 seinen ersten *Marlborough*-Band ins Weiße Haus geschickt und mit der folgenden Widmung versehen: »Mit aufrichtigen besten Wünschen für den Erfolg des größten Kreuzzuges in moderner Zeit.«[7]

Begegnet waren sie sich schon am 29. Juli 1918 bei einem Essen für das Kriegskabinett in der Gray's Inn in London, obwohl sich Churchill – zum Kummer von Roosevelt – nicht daran erinnern konnte. Der Präsident erklärte, er habe auch die später erschienenen Bücher von Churchill mit Vergnügen gelesen, darunter auch das Buch *While England Slept*, obwohl er sonst kaum etwas anderes als Zeitungen las. Über die Meinungen zeitgenössischer Schriftsteller informierte er sich am liebsten dadurch, daß er sie zu sich einlud und ihnen zuhörte. Mit Rücksicht auf die gegenwärtigen Verantwortlichkeiten Churchills war das jetzt nicht möglich, aber Roosevelt überlegte schon jetzt, wie sich ein Zusammentreffen arrangieren lassen könnte, je dramatischer, desto besser. Und er zweifelte nicht daran, daß es ihm gelingen würde. Nachdem er die durch eine Polio verursachte schwere Krankheit überwunden und zur bedeutendsten Persönlichkeit in der amerikanischen Geschichte geworden war, glaubte er, auch alles andere durchsetzen zu können, was er sich vornahm.[8] Es war ihm bewußt, daß er für die Amerikaner einer Generation den Frieden bewahren konnte, aber je mehr er über den Charakter des Naziregimes in Berlin nachdachte, desto deutlicher erkannte er, daß die nächste amerikanische Generation Hitler auf Gnade und Ungnade ausgeliefert sein würde. Am 1. September 1939, als die deutschen Panzer in Richtung Warschau vorstießen, hatte Phelps Adams von der *New York Sun* Roosevelt gefragt: »Können wir uns heraushalten?« Persönlich hatte Roosevelt seine Zweifel, aber nach einer langen Pause hatte er geantwortet: »Das ist nicht nur meine aufrichtige Hoffnung, sondern ich glaube auch, daß wir es können, und diese Administration wird alle Anstrengungen unternehmen, es zu tun.« Das war nicht ganz aufrichtig, aber der Präsident hätte sein Volk nicht erfolgreich durch diesen Krieg führen können, wenn er im nächsten Jahr nicht zum dritten Mal gewählt worden wäre. Hätte er jetzt offen seine Meinung gesagt, dann hätte er die Wahlen verloren. Aber an dem Sonntag, als Großbritannien in den Krieg eintrat, hatte er eine deutliche Warnung ausgesprochen. In einer seiner Rundfunkansprachen am Kamin sagte er seinen Landsleuten, es sei »leicht für Sie und mich, mit den Schultern zu zucken und zu sagen, Konflikte, die 1000 Meilen vom amerikanischen Festland entfernt ausgetragen werden«, seien für uns Amerikaner bedeutungslos. Aber »so leidenschaftlich wir uns auch wünschen mögen, nicht daran beteiligt zu sein, sind wir doch gezwungen zu erkennen, daß jedes Wort, das im Rundfunk gesprochen wird, jedes Schiff, das über den Ozean fährt, und jede Schlacht, die geschlagen wird, einen Einfluß auf die Zukunft Amerikas hat«. 1914 habe Woodrow Wilson dem Senat gesagt, daß »die Vereinigten Staaten sowohl praktisch als auch theoretisch neutral sein müssen... Wir müssen im Denken und im Handeln unparteiisch sein.« Nun sagte Roosevelt, das sei unmöglich: »Die Nation wird eine neutrale Nation bleiben, aber ich kann nicht verlangen, daß jeder Amerikaner auch in seinem Denken neutral bleibt. Auch von einem Neutralen kann man nicht verlangen, daß er sein Denken und sein Gewissen abschaltet.«[9]

Er selbst hat es gewagt zu denken und dabei ein ruhiges Gewissen gehabt. Zur rechten Zeit würde die ganze Welt erfahren, auf welcher Seite er stand. Er hatte schon einen seiner kühnen und genialen Schachzüge geplant. Er wollte die Freiheit der Meere für die Amerikaner einschränken. Bestimmte »Gefahrenzonen« sollten für amerikanische Bürger und Schiffe gesperrt werden; einen »*Lusitania*-Zwischenfall« sollte es diesmal nicht geben. Die amerikanischen Isolationisten würden nichts dagegen einzuwenden haben. Aber wenn sie darüber nachdachten, dann würden sie erkennen, daß eine solche Politik Großbritannien und Frankreich freie Hand gab, die trotz der deutschen U-Boote noch die Meere beherrschten. Ein nächster Schritt kam im November 1939 mit einem Zusatz zum Neutralitätsgesetz der Vereinigten Staaten, der den Verkauf von Rüstungsgütern an kriegführende Mächte unter der Voraussetzung zuließ, daß diese Güter bar bezahlt und vom Käufer in den Vereinigten Staaten abgeholt wurden. Obwohl dieses Gesetz theoretisch für alle Staaten galt, begünstigten diese Voraussetzungen diejenigen, die die Schiffahrtswege beherrschten. So konnten die Alliierten den amerikanischen Munitionsfabriken große Aufträge erteilen und die Rüstungsgüter mit eigenen Schiffen in Amerika abholen. Für das Deutsche Reich bedeutete das alles andere als die Neutralität der Vereinigten Staaten, und außerdem wurden auf diese Weise in Amerika Tausende von neuen Arbeitsplätzen geschaffen. Auf jeden Fall war Roosevelt entschlossen, alles zu tun, um den Demokratien zu helfen und Hitler zu schaden.[10]

Wenn Roosevelt ihn richtig beurteilt hatte, war Churchill der Mann, mit dem er zusammenarbeiten konnte. Noch vor seinem Anruf in Churchills Wohnung in den Morpeth Mansions hatte er dem Ersten Lord der Admiralität über die amerikanische diplomatische Post ein schriftliches Angebot gemacht. Der Brief des Präsidenten vom 11. September begann wie folgt: »Mein lieber Churchill; – da Sie und ich im Weltkrieg vergleichbare Positionen eingenommen haben (Roosevelt war der für die amerikanische Kriegsflotte zuständige Abteilungsleiter im Verteidigungsministerium der Vereinigten Staaten gewesen), sollen Sie wissen, wie froh ich bin, daß Sie wieder die Admiralität übernommen haben.« Winston – und natürlich auch Chamberlain – sollten wissen, daß »ich es jederzeit begrüßen werde, wenn Sie mich über alles, was ich nach Ihrer Auffassung wissen sollte, auf dem laufenden halten würden«, und zwar durch »versiegelte Briefe über Ihre oder meine diplomatische Post«. Am Schluß fügte er noch einige persönliche Worte hinzu: »Ich freue mich, daß Sie die *Marlborough*-Bände geschrieben haben, bevor diese Sache anfing – und ich habe sie mit großem Vergnügen gelesen.«[11]

Für Winston, der nach Westen geblickt hatte, während die Beschwichtigungspolitiker nur Berlin im Auge hatten, war dieser Brief von außerordentlicher Bedeutung. Er legte ihn dem Kriegskabinett vor und wies darauf hin, daß der Präsident als Oberbefehlshaber der amerikanischen Streitkräfte auch über alle amerikanischen Kriegsschiffe verfügte und »der königlichen Flotte einen wesentlichen Teil ihrer Verantwortung abnehmen« könne. So konnte er, ausgestattet mit den Vollmachten der Exekutive, die Küstengewässer vor Nord- und Südamerika zum Sicherheitsgürtel erklären, was die Deutschen daran hindern würde, die Handelsschiffe Seiner Majestät anzugreifen, die sich etwa »Jamaika oder Trinidad näherten, ohne dabei Feindseligkeiten mit den Vereinigten Staaten zu riskieren«. Das Kriegskabinett billigte seine Antwort, das erste von 1688 Schreiben, die zwischen den beiden Männern ausgetauscht werden sollten. Der Brief begann mit den Worten: »Das folgende von dem Marineangehörigen«, eine Floskel, die er beibehielt, bis er als Premierminister die Regierung Großbritanniens übernahm und statt dessen schrieb, »von dem ehemaligen Marineangehörigen«.[12]

Auch nach seiner Ernennung zum Ersten Lord der Admiralität hielt es Churchill nicht für notwendig, seine Tageseinteilung zu verändern. Er wußte, seine Gewohnheit, bis spät in die Nacht zu arbeiten – eine Folge seiner langen Mittagsruhe –, war für seine Untergebenen im Grunde eine Zumutung. Aber die meisten von ihnen waren Berufsoffiziere und waren es gewohnt, im Krieg gewisse Opfer zu bringen. Auch in den ersten zehn Monaten des letzten Krieges war er dem gleichen Stundenplan gefolgt. Damals war er 40 Jahre alt gewesen. Jetzt mit 65 war die Mittagsruhe eine absolute Notwendigkeit für ihn. Sie erlaubte ihm, wie er sagte, »die Arbeit von eineinhalb Tagen innerhalb eines einzigen zu bewältigen«. Mary erinnert sich, daß er nach einstündigem Mittagsschlaf »erwachte wie ein neugeborener Riese«. Da er selbst täglich 16 oder 17 Stunden arbeitete, erwartete er, daß auch seine Mitarbeiter außerhalb der gewohnten Dienststunden etwas taten. Die ihm unterstellten Offiziere haben gelegentlich versucht, am frühen Nachmittag eine Ruhepause einzulegen, aber den wenigsten gelang es, einzuschlafen. Die einzige Ausnahme war der Erste Seelord. Pound brachte es fertig, aufrecht sitzend fest zu schlafen. Die einzige Schwierigkeit bestand darin, daß er auch einschlief, ohne es zu wollen. So konnte es geschehen, daß Winston in seinem Privatbüro auf- und abging und dabei zu einer wichtigen Sache präzise und detaillierte Anweisungen gab, um dann festzustellen, daß der ranghöchste Admiral der königlichen Flotte vorübergehend außer Gefecht gesetzt war.[13]

Winstons Tag in der Admiralität begann gewöhnlich um 6.00 oder 7.00 Uhr morgens, wurde nur durch seine Mittagsruhe nach dem Essen unterbrochen, ging dann bis zu einer zwei Stunden dauernden Lagebesprechung am Abend weiter und dauerte anschließend bis 2.00 oder 3.00 Uhr morgens. Allerdings war er hier nicht in Chartwell. Sein erster Besucher am frühen Morgen war Captain Richard Pim von der königlichen Flotte. Er meldete dem Ersten Lord alle Veränderungen der Seekriegslage in der vergangenen Nacht und begann damit, sie an der Lagekarte der Admiralität zu erläutern. Er tat das ganz langsam. Winston hatte eine Karte dieser Seegebiete im Kopf, aber er brauchte eine gewisse Zeit, um die kleine Flagge, die einen bestimmten Kreuzer bezeichnete, an der neuen Position festzustecken oder – mit besonderer Genugtuung – die Nadel herauszuziehen, die ein deutsches U-Boot darstellte, das von einem britischen Zerstörer versenkt worden war. Wäre Churchill in Gefangenschaft geraten und mit Hilfe von Drogen oder Folter vom feindlichen Nachrichtendienst verhört worden, dann hätte das Ergebnis katastrophale Folgen für die britische Flotte gehabt. Deshalb verließ er das Gebäude der Admiralität niemals ohne seine Pistole und eine Giftkapsel in seinem Füllfederhalter.

In der ersten Kriegswoche wohnten Winston und Clementine noch in den Morpeth Mansions, bis die Wohnung in den beiden obersten Stockwerken des Admiralitätsgebäudes für sie renoviert war. Clementine beschloß, die farbenfrohen Chintzvorhänge zu behalten, die Lady Diana Cooper dort während der Amtszeit von Duff Cooper als Erster Lord angebracht hatte, aber alles andere wurde radikal verändert, wie Lady Diana feststellen konnte, als sie die Churchills besuchte. In ihrem Tagebuch schreibt sie: »O welche Veränderung… seit meiner Zeit!« Besonders vermißte sie ihr Bett, das »sich 16 Fuß über einem mit goldenen Delphinen und Dreizacken dekorierten Rahmen erhob; die blauen Satinvorhänge wurden von Schnüren festgehalten; an den es umgebenden Wänden entdeckte Captain Cook Australien. Jetzt hat sich alles von Grund auf verändert. Die Delphine sind in die Rumpelkammer verbannt, und der erschöpfte Erste Lord schläft auf einer niedrigen Pritsche ohne Vorhänge. In meinem riesigen weißgoldenen Kleiderschrank hängt seine Uniform. An den Wänden hängen Seekarten.«[14]

Pim hatte es nicht leicht, sich morgens Gehör zu verschaffen, während Winston zuerst in Morpeth Terrace und dann im Admiralitätsgebäude in der Badewanne herumplantschte. Der neue Erste Lord hatte es eilig, die Wohnung in den Morpeth Mansions zu verlassen. Er wollte in der Nähe seiner Seekarten sein, die in Holzrahmen an den Wänden der eleganten, 217 Jahre alten Bibliothek des Admiralitätsgebäudes hingen, aus deren Fenstern man auf den Paradeplatz der Horse Guards hinuntersah. Hier, ein Stockwerk unter der Wohnung, hatte Pim nach genauen Anweisungen von Churchill das obere Lagezimmer eingerichtet. Es wurde bald zum Nervenzentrum der königlichen Flotte. Auf den Karten an den Wänden – um sie vor den Blicken unbefugter Angehöriger der Admiralität zu verbergen, waren sie mit schwarzen Stoffbahnen verhängt – waren Stecknadeln mit kleinen Flaggen befestigt, die die letzten bekannten Positionen der Kriegsschiffe Seiner Majestät, der Geleitzüge und der bisher beobachteten feindlichen Schiffe sowie – mit Hilfe von Lloyd's of London – aller britischen Handelsschiffe bezeichneten. Über alle Einzelheiten konnte der Prof Auskunft geben, dessen Büro unmittelbar neben dem Lagezimmer eingerichtet worden war.[15]

Diese Aufklärungsarbeit lag auch im Interesse der Versicherungsgesellschaft Lloyd's. Die britischen Schiffe, welche die heimatlichen Gewässer verließen, wurden nicht nur von Unterseebooten bedroht. Auch andere bewaffnete deutsche Schiffe konnten am Horizont auftauchen; feindliche Kriegsschiffe und als friedliche Frachter getarnte bewaffnete Handelsschiffe. Ein britischer Schiffskapitän, der im Südatlantik einen Trampdampfer sichtete, konnte der Admiralität über Funk eine verschlüsselte Anfrage schicken und innerhalb weniger Minuten erfahren, ob das Schiff registriert war, welchen Auftrag es hatte und ob seine gegenwärtige Position diesem Auftrag entsprach. »Wenn ein bewaffnetes feindliches Schiff in einem bestimmten Seegebiet gemeldet wurde«, schreibt Pim in seinen bisher noch nicht veröffentlichten Memoiren, »konnten wir in wenigen Minuten sagen, welche britischen Schiffe in der Nähe waren und mit welcher Geschwindigkeit sie fuhren, so daß man ihnen, wenn notwendig, über Funk den Befehl geben konnte, den Kurs zu ändern, um der Gefahr auszuweichen.«[16]

Pim hatte einen kaum überschaubaren Aufgabenbereich, und die an ihn gestellten Anforderungen waren erheblich. Tausende von Handelsschiffen fuhren unter der englischen Handelsflagge. Sie mußten England mit Lebensmitteln und Waffen versorgen, und ständig waren wenigstens die Hälfte von ihnen auf See. Später erinnerte sich Pim, wie er dem Ersten Lord meldete, daß er mit der Einrichtung des Lagezimmers fertig sei. »Sehr gut«, sagte Churchill, nachdem er es inspiziert hatte, »aber die Karten müssen durch andere ersetzt werden. Wenn wir uns besser kennengelernt haben, werden Sie wissen, daß ich beim Malen nur Pastelltöne verwende, und von diesen grell beleuchteten starken Farben werden Sie und ich Kopfschmerzen bekommen.« Churchill verlangte von Pim und seinen anderen Mitarbeitern, daß sie alle zwölf Stunden die Positionen sämtlicher bekannten Schiffe und Geleitzüge überprüften und auf den Karten kenntlich machten. Das geschah aufgrund eines ununterbrochenen Stroms von Funksprüchen, mit denen die durch feindliche Angriffe eingetretenen Schiffsverluste, Einzelheiten über die Angriffe alliierter Kriegsschiffe und Flugzeuge, die auf beiden Seiten versenkten Tonnagen und Statistiken über die sicher in England eingetroffenen Importe gemeldet wurden. Wenn ein wichtiger Funkspruch eintraf, nachdem sich Winston in sein Appartement im Stockwerk über dem Lagezimmer zurückgezogen hatte, vergingen, wie Pim schreibt, »nur wenige Augenblicke, bis er im Lagezimmer erschien und sich einen genauen Überblick über die Fakten verschafft hatte. Ich hatte schon davon gehört, daß er ein unermüdlicher Arbeiter sei, und besser kann man seine Tätigkeit nicht beschreiben. Sein Tag begann damit, daß er meist schon kurz nach 7.00 Uhr in seinem vielfarbigen Morgenmantel in das Lagezimmer kam – oft geschah das sogar noch sehr viel früher... Mit Ausnahme einer zweistündigen Mittagsruhe arbeitete er den ganzen Tag durch und nahm sich auch für die Mahlzeiten nur wenig Zeit. Die Arbeit endete erst um 1.00 oder 2.00 Uhr morgens mit einem kurzen Besuch bei uns, bevor er schließlich zu Bett ging.[17]

Die abendliche Lagebesprechung begann gewöhnlich um 21.00 Uhr. Sie dauerte etwa zwei Stunden, und anschließend diktierte der Erste

Lord seine Reden. (»Sind Sie bereit?« fragte er die Sekretärin, »ich glaube, ich bin heute abend sehr produktiv.«) Gegen Mitternacht erschien der Prof in Churchills Privatbüro, ließ sich vor dem Kamin auf dem Sofa nieder und blieb, bis Churchill sich zurückzog. Vor dem Zubettgehen machte Winston einen Gang durch die im Kellergeschoß gelegenen Arbeitsräume – eine Privatsekretärin meinte dazu, diese Anteilnahme habe seinen Mitarbeitern besonders gutgetan – und beendete den Tag mit einem letzten Besuch im Lagezimmer. Sir Geoffrey Shakespeare, parlamentarischer Staatssekretär bei der Admiralität, berichtet, wie Winston einmal lange nach Mitternacht eine Sekretärin fragte, »wo ist the OIL?« Die verwirrte Sekretärin fragte zurück: »Welches Öl?« Darauf Churchill: »Ich habe nach dem Admiral the OIL gefragt.« Er meinte den »Earl of Cork and Orrery«. Shakespeare schreibt: »Es war kurz vor 3.00 Uhr morgens, und wir waren völlig übermüdet.«[18]

Im Buckingham-Palast wartete der König darauf, seinem neuen Ersten Lord das Amtssiegel der Admiralität zu überreichen, aber Churchill kam erst am dritten Tag nach seiner Ernennung dazu, den Majestäten die Hand zu küssen. Er hatte zuviel zu tun. Seine Vorkriegsinformanten hatten ihn über alle die Seestreitkräfte betreffenden Fragen auf dem laufenden gehalten, und als Kritiker der englisch-deutschen Flottenabkommen hatte er eine detaillierte Studie über Raeders neues Oberkommando der Kriegsmarine anfertigen lassen. Doch jetzt mußte er sich einen Überblick über alle Vorgänge innerhalb seines neuen Amtsbereichs verschaffen. Er mußte das Schiffsbauprogramm überwachen, Strategien entwickeln, Offensivoperationen planen, Prioritäten zuweisen und die Verteidigung gegen den von Raeder seit sechs Jahren geplanten aggressiven Seekrieg vorbereiten, der die Admiralität rund um die Uhr in Atem hielt. Darüber hinaus beschäftigte er sich intensiv mit der Wahrnehmung der Verantwortlichkeiten, die ihm als Mitglied des Kriegskabinetts zufielen, vor allem mit den Plänen für den weiteren Ausbau der Armee.

Auch wenn er der Admiralität nicht seine ganze Aufmerksamkeit schenken konnte, leistete er auf diesem Gebiet sehr viel mehr, als es irgendein anderer Minister hätte tun können. »Seine Energie und Vitalität waren erstaunlich«, schreibt der Historiker Arthur Marder. »Aus seinem Privatbüro ergoß sich ein wahrer Strom von schriftlichen Anweisungen oder besser gesagt Ultimaten zu jedem Aspekt der Seekriegführung, die keinen Zweifel daran ließen, was der Erste Lord der Admiralität wünschte.« Man bezeichnete diese Schriftstücke respektlos als die »Gebete des Ersten Lords«, denn sie begannen häufig mit den Worten, »Pray inform me...« (to pray ist das englische Wort für bitten oder beten) oder »Pray, warum ist das... noch nicht geschehen?«. Captain

G. R. G. Allen schreibt: »Ich kann mich noch sehr deutlich daran erinnern, welchen Eindruck die Persönlichkeit Winstons bei seinem Eintreffen in der Admiralität auf die zivilen und militärischen Mitarbeiter aller Rangstufen machte.« Bald gehörte Allen »zu den Empfängern kurzer mit ›WSC‹ unterzeichneter Notizen aus dem Privatbüro Winstons, mit denen er seine Mitarbeiter aufforderte, ihm wöchentlich über den Fortgang ihrer Arbeit zu berichten. Wenn der angeforderte Bericht gut war... bekam man vielleicht die mit roter Tinte geschriebene Antwort, ›sehr gut, weiter so‹. Das wirkte wie ein ins Wasser geworfener Stein; kleine Wellen breiteten sich ringförmig nach allen Seiten aus und regten die Mitarbeiter auf allen Ebenen an, sich noch mehr anzustrengen. Die gleiche Wirkung war in der ganzen Flotte zu spüren.«[19]

Zu den ernstesten Konflikten zwischen Churchill und seinen Mitarbeitern kam es, wenn sein Instinkt und ihre traditionelle Disziplin in Widerspruch miteinander gerieten. Im Frieden ist die schwerste Sünde, die ein Kapitän begehen kann, der Verlust seines Schiffes. Wenn das verlorene Schiff ein britisches oder amerikanisches Kriegsschiff ist, muß der Kapitän vor ein Kriegsgericht gestellt werden. Jeder Seeoffizier weiß, daß im Kriege Schiffe verlorengehen, aber ihre strenge Ausbildung macht sie zu vorsichtigen Strategen, und deshalb scheuen sie riskante Unternehmungen und gewagte Manöver. Die Seeschlacht im Skagerrak im Jahr 1916 war keine wirkliche Schlacht. Die Offiziere auf beiden Seiten trafen ihre Entscheidungen in der Absicht, mit möglichst geringen Verlusten in ihre Heimathäfen zurückzukehren. Das gelang – die Historiker bezeichneten die Schlacht im Skagerrak als unentschieden –, weil keine Seite bereit war, wirklich zu kämpfen. Wenn der Mann auf der Brücke auch nur im Unterbewußtsein glaubt, die Versenkung seines Schiffes sei die denkbar schlimmste Katastrophe für ihn, wird er sein Kommando behalten, aber später wird sich niemand seiner erinnern. Jellicoe und von Hipper, die Befehlshaber bei Jütland, sind vergessen. An Nelson, Farragut und Yamamoto wird man sich erinnern, solange Seeleute mit ihren Schiffen untergehen.[20]

Churchill war ein risikofreudiger Mann und suchte stets nach Möglichkeiten, mit dem Feind ins Gefecht zu kommen. Am Abend des zweiten Tages nach seiner Amtsübernahme versammelte er seine ranghöchsten Untergebenen und ließ auf subtile Weise spüren, daß er, was die Seekriegsführung betraf, über ein profundes Wissen verfügte. Sein Vorgänger, der träge und uninteressierte Lord Stanhope, war die Karikatur eines Ersten Lords der Admiralität gewesen, bekannt dafür, daß er von Schiffen, von der Seestrategie und von der Seefahrt nicht das geringste verstand. »Sagen Sie mir«, hatte er einmal einen Seelord gefragt, »was bedeutet eigentlich das Wort ›Lee‹ ganz genau?« Winston beherrschte die Seemannssprache wie kaum ein anderer. Nun erwähnte er, daß er nach Abschluß der Flottenabkommen in den Jahren 1930 und 1935, denen er sich im Parlament entschieden widersetzt hatte, die Konstruktion der neuen deutschen Kreuzer genau studiert habe. Während die Admiräle sich ihre Notizen machten, lieferte er seinen Zuhörern detaillierte Angaben über die Bestückung mit Geschützen, die Ausstattung der Maschinenräume und die Form der Kiellinien, jeder Flaggoffizier am Royal Naval College hätte ihn um dieses Wissen beneidet. Er wollte ein Geleitzugsystem zum Schutz der Handelsschifffahrt entwickeln und zwischen Schottland und Norwegen eine Minensperre legen. Außerdem glaubte er, daß es möglich sei, zwölf Zerstörer aus anderen Seegebieten in den Atlantik zu verlegen, wo man mit dem Schwerpunkt der feindlichen Offensive rechnen müsse. Auf seinen Befehl umgebaute Fischdampfer seien zur Bekämpfung von U-Booten ausgerüstet worden, unter anderem mit Spezialgeschützen zum Abfeuern von Wasserbomben. Die Admiralität habe die Verantwortung für die Sicherheit der Handelsschiffe übernommen, diese müßten jedoch einen präzisen Zickzackkurs fahren, um den Torpedos der U-Boote auszuweichen. Offiziere der königlichen Flotte würden ihre Logbücher und Seekarten überprüfen, sobald sie in ihre Bestimmungshäfen eingelaufen seien, und Kapitäne, die den befohlenen Zickzackkurs nicht eingehalten hätten, müßten ihre Papiere abgeben.

Im Augenblick sei Italien das große Rätsel dieses Krieges. Niemand kenne seine Absichten. Solange das so blieb, müsse die Handelsschifffahrt das Mittelmeer meiden und nach Indien die viel längere Route um das Kap nehmen. Aber Mussolini werde sich mit der Zeit entscheiden müssen. Nach Auffassung von Churchill sollte die Admiralität die Regierung »drängen«, die Lage sobald wie möglich zu klären. Schließlich stand er auf und sagte: »Der Erste Lord legt seinen Mitarbeitern von der Flotte diese Überlegungen vor mit der Bitte, sie zu überdenken, zu kritisieren und zu korrigieren.« Er erklärte, seine Bemerkungen sollten als Diskussionsgrundlage und nicht als Befehle aufgenommen werden.[21]

Admiral Sir William M. James hatte den Eindruck, daß Churchill »die Seekriegführung in bemerkenswerter Weise beherrschte« und daß dies auch »in den zahlreichen von ihm verfaßten Notizen« zum Ausdruck kam. Über diese Notizen, deren Bedeutung im Verlauf des Krieges immer deutlicher erkannt wurde, schreibt ein Offizier seines Stabes: »Der Erste Lord entwarf besondere rote Etiketten mit dem folgenden Aufdruck: HEUTE ZU ERLEDIGEN. Damit war sichergestellt, daß jedes wichtige Dokument... sofort bearbeitet wurde, und die Stellungnahme dazu sollte nicht länger sein als eine Seite.« Außerdem verlangte Winston, daß seine Anweisungen nur befolgt wurden, wenn sie schriftlich gegeben waren, dann aber sofort oder unmittelbar danach.[22]

Vor seinem Eintritt in die Regierung hatte sich Churchill natürlich ganz besonders mit dem immer größer werdenden Abstand zwischen der deutschen Luftwaffe und der RAF beschäftigt. Er hatte vorausgesehen, daß es notwendig werden würde, die Armee wesentlich zu vergrößern, und darauf gedrängt, die Aufstellung und Ausrüstung neuer Verbände rechtzeitig vorzubereiten. Die geringsten Sorgen hatte er sich um die Flotte gemacht. Sie war immer noch die stärkste Kriegsflotte der Welt, und sie hatte in einem Inselstaat, der seit mehr als drei Jahrhunderten die Meere beherrschte, den absoluten Vorrang unter allen Teilstreitkräften. Als Stanley Baldwin den Etat der Flotte kürzte und dem Parlament sagte, die britische Seemacht sei ein »teures Spielzeug«, hatte Churchill heftig dagegen protestiert und nach langer Zeit zum ersten Mal wieder ein zustimmendes Murmeln, »hört, hört«, auf beiden Seiten des Hauses vernommen. Die Bestimmung des englisch-deutschen Flottenabkommens von 1935, die den Deutschen erlaubte, für jeweils sieben von Großbritannien gebaute Tonnen zwei Tonnen Kriegsschiffe zu bauen, beunruhigte die königliche Flotte nicht. Sogar die Flotten anderer Länder hielten die Überheblichkeit der britischen Admiralität zwar für empörend, aber doch für gerechtfertigt. Am ersten Kriegstag hatte Admiral Raeder geschrieben, die deutsche Kriegsmarine sei in keiner Weise auf das große Ringen mit Großbritannien vorbereitet. Nach seiner Meinung waren die Überwasserstreitkräfte an Zahl und Stärke denen der britischen Flotte so sehr unterlegen, daß sie nur zeigen konnten, wie »tapfer sie zu sterben« vermochten. Auch die U-Boot-Waffe sei »noch viel zu schwach«, um entscheidend in den Krieg eingreifen zu können.[23]

Die deutschen Admiräle hatten seit jeher unter Minderwertigkeitskomplexen gelitten; in ihrem Land war die Armee die ranghöchste Teilstreitkraft. Aber Hitler wußte, wie stark England von Importen abhing und daß es 1917 fast in die Knie gezwungen worden wäre, als deutsche U-Boote die britischen Seewege überwachten und ohne Rücksicht auf die Nationalität alle Schiffe versenkten, die sich England näherten. Birger Dahlerus sagte er, er werde eine starke U-Boot-Waffe bauen lassen und zuerst die königliche Flotte und dann die britische Handelsflotte vernichten. Auf einen skeptischen Blick des Schweden reagierte er mit der ärgerlichen Frage: »Habe ich je in meinem Leben gelogen?«[24]

Wenn der Vertraute des Führers und Oberbefehlshaber seiner Kriegsflotte von den Seestreitkräften des Deutschen Reiches keine großen militärischen Leistungen erwartete, dann überrascht es nicht, daß auch Churchill die Gefahr nicht erkannte, die sie für England bedeuteten. Trotz zahlreicher Informanten kannte auch er die Stärke der deutschen Kriegsmarine nicht wirklich.

Im Frühsommer 1934 hatte Hitler den Geheimbefehl für den Bau der Schlachtkreuzer *Scharnhorst* und *Gneisenau* mit jeweils 26000 Tonnen gegeben, die damit die Deutschland in Versailles auferlegte Obergrenze um 16000 Tonnen überschritten. 1939 bauten die Werften in Kiel und Bremen drei Schlachtschiffe, acht schwere Kreuzer, einen Flugzeugträger, 34 Zerstörer, außerdem Torpedoboote und auf der Kruppschen Germaniawerft die ersten neuen U-Boote der Kriegsmarine, die bedeutend leistungsfähiger waren als die im Ersten Weltkrieg eingesetzten. Zwei Schiffe, die für das bekannte Register der Kriegsschiffe, *Jane's Fighting Ships*, von besonderem Interesse waren, gehörten ebenfalls zu den Neubauten, die *Graf Spee* und die *Deutschland*. Die Deutschen nannten sie Panzerschiffe; im Ausland hätte man sie als »kleine Schlachtschiffe« bezeichnet.

Diese relativ kleinen Schiffe waren, was die Leistungsfähigkeit ihrer Maschinen und ihre Kampfkraft betraf, Meisterwerke. Sie wurden von Dieselmotoren angetrieben, die ihnen eine Reichweite von 21500 Meilen erlaubten. Jedes Schiff war mit sechs 28-Zentimeter-Geschützen bestückt und hatte eine Höchstgeschwindigkeit von 28 Knoten. Nach dem Register von *Jane's* waren sie fast jedem Kriegsschiff überlegen, das schnell genug war, sie zu überholen. Bei Kriegsausbruch arbeiteten die deutschen Werften rund um die Uhr, um einen Schlachtkreuzer, zwei Schlachtschiffe mit je 41700 Tonnen und die *Bismarck* fertigzustellen, ein Superschlachtschiff mit 45000 Tonnen. Britische, französische und amerikanische Großkampfschiffe waren auf 35000 Tonnen beschränkt. Einige Militärexperten glaubten, mit der Herausforderung der Überlegenheit Großbritanniens zur See wiederhole Hitler einen Fehler des Kaisers. Sie unterschätzten ihn. Die klassische Strategie der britischen Admiralität war die Blockade gewesen. Damit hatten die Briten Napoleon und den Kaiser besiegt. Die deutsche Gegenmaßnahme war die Versenkung von Schiffen, mit denen Großbritannien versorgt wurde. Die Deutschen argumentierten, daß die Versenkung von Schiffen nicht unmenschlicher sei als eine Blockade, die dazu führte, daß deutsche Kinder verhungerten. Sie äußerten sich aber nicht zu dem Vorwurf, daß sie die Überlebenden der von ihnen versenkten Schiffe nicht retteten, sondern elend ertrinken ließen. Jedenfalls waren sie entschlossen, jedes Schiff zu torpedieren.[25]

Man hätte erwarten können, daß sich die britische Flotte nach ihren verlustreichen Duellen mit den deutschen U-Booten im letzten Krieg auf die mögliche Wiederholung einer solchen Konfrontation vorbereitet habe. Aber die ruhmreiche Vergangenheit der britischen Flotte lag augenscheinlich sehr weit zurück. Während der Jahre zwischen den Kriegen hatten die Seelords nicht an Skagerrak, sondern wahrscheinlich nur an Trafalgar gedacht. Sie erwarteten immer noch Schlachten zwischen Linienschiffen, die Breitseiten gegeneinander abfeuerten, mit denen die Decks feindlicher Schiffe leergefegt und die feindliche Flotte ausmanövriert wurde. Sie versicherten ihren zivilen Vorgesetzten, die Bedrohung durch das U-Boot sei 1918 durch die anderen Kriegsschiffe ausgeschaltet worden, außerdem verfügten sie über eine Geheimwaffe: Das Asdic, von dem Churchill schrieb, es sei »der Name für das System, getauchte Unterseeboote durch Schallwellen durch das Wasser zu orten, deren Echo von der stählernen Oberfläche der U-Boote reflektiert werde. Mit Hilfe dieses Echos ließ sich die Position des U-Boots mit einiger Genauigkeit feststellen.« Lord Chatfield, der Erste Seelord, war am 15. Juni 1938 zu einer Demonstration dieses Geräts mit ihm nach Portland gefahren. Anschließend schrieb Winston erregt: »Ich konnte den ganzen Vorgang sehen und hören, der das streng gehütete Geheimnis der Admiralität war.« Er schrieb an Chatfield: »Was mich überraschte, war die Klarheit und Stärke der Signale. Ich hatte mir etwas kaum Wahrnehmbares vorgestellt, irgend etwas Vages und Bezweifelbares. Ich habe mir nie denken können, daß es möglich sei zu hören, wie diese Geschöpfe darum bitten, vernichtet zu werden. Es ist ein wunderbares System und eine großartige Leistung.«[26]

Das war es damals aber noch nicht. Spätere Versionen, von den Amerikanern als Sonar bezeichnet, erfüllten die Erwartungen, die Churchill mit dem primitiven Gerät verknüpfte, das er besichtigt hatte, aber während seiner Amtszeit als Erster Lord der Admiralität erwies sich Asdic als nahezu wertlos. Der Umstand, daß er den unverkennbaren Laut »ping« so deutlich hatte hören können, erklärt sich aus der Tatsache, daß die an diesem Test beteiligten U-Boote sehr weit von dem Ortungsgerät entfernt waren. Je kürzer die Entfernung wurde, desto schwächer wurde das Signal, und wenn sich ein U-Boot bis auf 1500 Meter genähert hatte – die Entfernung, aus der ein Torpedo mit tödlicher Sicherheit abgefeuert werden konnte –, war das Echo kaum mehr zu hören. Auch die U-Boot-Kommandanten konnten das »Ping« hören, und sehr bald stellten sie sich darauf ein und näherten sich ihrem Ziel aus einem günstigeren Winkel. Diese Probleme bedeuteten für die Spezialisten, die das Gerät bedienten, eine große Herausforderung, und 1939 waren es nur sehr wenige. In der ersten Phase des Seekriegs wurden die Geräte von Zivilisten bedient, die einen dreimonatigen Schnellkurs absolviert hatten und eine Aufgabe übernehmen mußten, der sie nicht gewachsen waren. Zudem konnte Asdic nur gegen getauchte U-Boote eingesetzt werden. Admiral Karl Dönitz, der schon im letzten Krieg auf einem U-Boot Dienst getan hatte und jetzt die deutsche U-Boot-Flotte befehligte, ordnete deshalb an, die feindlichen Schiffe nur aufgetaucht und in der Nacht anzugreifen. Damit verlor die britische Kriegsflotte das Vertrauen zu dem neuen Ortungsgerät, das – wie Churchill – erst langsam wieder zu Ehren kam.

Dönitz, der die Schwäche der deutschen U-Boote des Jahres 1918 aus eigener Erfahrung kannte – sein eigenes war im Mittelmeer versenkt worden, und er selbst hatte nach seiner Rettung zehn Monate in britischer Kriegsgefangenschaft verbracht –, ließ in den 20er Jahren ein leistungsfähiges und wendigeres Unterwasserfahrzeug entwickeln. Zehn Tage nach Inkrafttreten des englisch-deutschen Flottenabkommens von 1935 war sein neues U-1 streng bewacht in Kiel vom Stapel gelaufen. Anders als die bisherigen Typen war U-1 mit leistungsfähigen Batterien ausgerüstet, die es ihm erlaubten, sehr viel länger auf Tauchstation zu bleiben. Noch bedeutsamer waren die technischen Neuerungen an den Torpedos, mit denen das U-Boot bestückt war. Sie wurden elektrisch angetrieben, erzeugten kein verräterisches Kielwasser und hatten eine magnetische Zündvorrichtung, die so eingestellt wurde, daß die Torpedos unter dem Kiel des feindlichen Schiffs detonierten, wo sie den größten Schaden anrichteten.

Dönitz glaubte, mit einer Flotte von 100 U-Booten könne er die Versorgung Englands durch einen »Tonnagekrieg« lahmlegen und alle Handelsschiffe mit für England bestimmten Ladungen versenken, gleichgültig unter welcher Flagge sie fuhren. Und mit 300 U-Booten, die er in sogenannten »Wolfsrudeln« einsetzen wollte, ließen sich im Atlantik monatlich 700 000 Tonnen Schiffsraum versenken, und zwar auch dann, wenn die Handelsschiffe in von Kriegsschiffen gesicherten Geleitzügen fuhren. Später stellte sich heraus, daß ihm das im ersten Jahr nach Ausbruch der Feindseligkeiten hätte gelingen können, wenn er nicht von Hitlers unberechenbaren Launen und den Rivalitäten zwischen den Wehrmachtsteilen behindert worden wäre. Trotz allem, was er Dahlerus gesagt hatte, schwankte Hitler in seiner Beurteilung des U-Boot-Krieges ständig hin und her. Bei seiner letzten Begegnung mit Dahlerus hatte er gesagt: »Ich werde U-Boote bauen, U-Boote bauen, U-Boote, U-Boote, U-Boote!«[27]

Wäre er konsequent gewesen und hätte Dönitz die von ihm verlangten 300 U-Boote geliefert, dann wäre es ihm wahrscheinlich gelungen, England auszuhungern. Aber dem »größten Feldherrn aller Zeiten« gefielen die schweren Schlachtschiffe unter der Hakenkreuzflagge noch besser, diese waffenstarrenden Ungeheuer erzeugten beim Einlaufen in europäische Häfen jenen furchterregenden Eindruck, den Hitler bei seinen Nachbarn erwecken wollte. Außerdem stellten sich die ranghöchsten Admiräle in Berlin ebenso wie die hohen Seeoffiziere in London immer noch am liebsten große Seeschlachten vor, in denen die großen Kriegsschiffe mit ihrer gewaltigen Feuerkraft ihre Gegner bezwangen. Deshalb ließ sich Hitler die Gelegenheit entgehen, Großbritannien in die Knie zu zwingen.

Und doch begann der Krieg gegen die Schiffahrt auf dem Atlantik mit einer Reihe schwerer und unerwarteter Verluste für Großbritannien. In der ersten Woche wurden sieben Handelsschiffe mit 65 000 Bruttoregistertonnen versenkt. Das war die Hälfte der wöchentlichen Verluste im April 1917, dem Monat jenes Jahres, in dem die Angriffe deutscher U-Boote ihren Höhepunkt erreichten und der englische Admiral John Jellicoe einem amerikanischen Admiral anvertraute, daß jeder vierte Frachter versenkt wurde, die englischen Getreidevorräte nur noch für sechs Wochen ausreichten und er bis zum 1. November mit der Kapitulation der Alliierten rechnete. Ende September 1939 waren 26 Schiffe durch Torpedos versenkt worden. Am 26. September sagte Churchill im Unterhaus, die Kampfhandlungen zur See hätten »mit einiger Intensität begonnen«, aber er versicherte den Abgeordneten: »Ende Oktober werden wir das Dreifache dessen an Abwehrkraft gegen die U-Boote haben, was uns zu Beginn des Krieges zur Verfügung stand.«[28]

Er fühlte sich aber auch verpflichtet, dem Parlament zu sagen, mit welcher Brutalität die Deutschen den Seekrieg führten. Die königliche Marine habe sich gewissenhaft an die »seit langem geltenden Traditionen der Seekriegführung« gehalten. Wenn die britische Kriegsflotte feindliche Schiffe versenke, würden ihre Besatzungen aus dem Wasser geholt und an Bord genommen. Sogar wenn deutsche Schiffe sich selbst versenkten, um die Formalitäten einer Übergabe an ein Prisenkommando zu vermeiden, habe die königliche Flotte ihre Besatzungen gerettet, und die britische Kriegsmarine habe niemals ein Schiff angegriffen, das unter der Flagge einer neutralen Nation fuhr. Der Feind verhalte sich ganz anders; um zu verhindern, daß England mit Nachschubgütern versorgt wurde, torpedierten die Deutschen wahllos finnische, holländische, schwedische, griechische, norwegische und belgische Schiffe »auf hoher See und nehmen dabei auch Verluste an Menschenleben in Kauf«. Churchill räumte ein, daß »deutsche U-Boot-Kommandanten gelegentlich ihr Bestes getan haben, um sich menschlich zu verhalten...«. Dennoch seien viele grausame Verbrechen verübt worden. Das Parlament könne sich mit Sicherheit an den Fall der *Athenia* erinnern. Ihrem »tragischen Ende« sei der Verlust der *Royal Sceptre* gefolgt, »deren aus 32 Mann bestehende Besatzung viele hundert Meilen von der Küste entfernt in offenen Booten zurückgelassen wurde und vermutlich umgekommen ist. Dann wurden erst vorgestern zwölf Besatzungsmitglieder der *Hazelside*, eines gewöhnlichen Handelsschiffes, bei einem Feuerüberfall getötet.« Für die Regierung Seiner Majestät ist »diese Art der Kriegführung... nichts anderes als eine Verletzung des Kriegsrechts, das die Deutschen erst vor wenigen Jahren freiwillig anerkannt haben«. So werde, wie er sagte, »der U-Boot-Krieg in einem weiten Raum mit aller Härte und Erbitterung geführt. Es ist ein Krieg, der aus dem Hinterhalt geführt wird und bei dem ungezählte Menschen ertrinken müssen, ein Krieg der Überraschungsangriffe und Täuschungsmanöver, ein Krieg der Wissenschaft gegen die seemännische Tüchtigkeit.«[29]

Einige Tage danach sprach er über die BBC von den ersten U-Boot-Angriffen und schilderte, wie »sie uns überfielen, während wir mit 2000 Schiffen... auf hoher See... unserem normalen Geschäft nachgingen«, und wie es »ihnen gelungen ist, uns schweren Schaden zuzufügen«. Doch Großbritannien stelle sich der Herausforderung in dreifacher Weise: mit Geleitzügen, der Bewaffnung von Handelsschiffen und schnellen Passagierschiffen und »natürlich britischen Angriffen gegen die U-Boote«. Die *Athenia* sei kaum in den Wellen versunken, als »die königliche Flotte... sofort mit dem Angriff gegen die U-Boote begann und sie nun Tag und Nacht jagt – ich will nicht sagen gnadenlos, denn Gott möge verhüten, daß wir uns je von unserer humanen Gesinnung trennen –, sondern mit Eifer und nicht ganz ohne Genugtuung«.[30]

Seine Stimme klang zuversichtlich, aber in Wirklichkeit machte er sich große Sorgen. Da die Flotte einen besonderen Platz in den Wertvorstellungen der Engländer einnahm, war der Schatzkanzler, der die Etats des Kriegs- und Luftfahrtministeriums in den 30er Jahren rücksichtslos gekürzt hatte, mit den Anforderungen der Admiralität verhältnismäßig sanft umgegangen. Aber da der Premierminister, die Fleet Street und die Öffentlichkeit ihre Vorurteile gegenüber allen Uniformierten nicht aufgeben wollten, war die Moral in allen Teilstreitkräften stark gesunken. In den Docks, Häfen und Marinestandorten, die Churchill besichtigte, sah er ungeputztes Messing, abgetragene Schuhe und nachlässig aufgeschossenes Tauwerk. Das waren an sich Kleinigkeiten, aber doch typische Zeichen einer nachlassenden Disziplin. Mit Männern wie diesen hätte Nelson die Schlachten am Nil, vor Kopenhagen und bei Trafalgar verloren, und Napoleon wäre an der Spitze seiner alten Garde die Mall hinaufgaloppiert, um sich die Schlüssel zum Buckingham-Palast aushändigen zu lassen.

Auch die Flotte war nicht mehr der Kampfverband, der sie gewesen war, als Churchill vor einem Vierteljahrhundert an der Spitze der Admiralität gestanden hatte. Um ihre Schlagkraft zu bewahren, wäre es nur notwendig gewesen, für Neuerungen offen zu sein und ausreichend für die Instandhaltung des vorhandenen Materials zu sorgen. Verhängnisvoll war es, daß weder seine Admiräle noch er selbst erkannten, welche Beschränkungen moderne Luftstreitkräfte den Einsatzmöglichkeiten der Seestreitkräfte auferlegten. In allen bisherigen Kriegen hatte England seine Insel einfach dadurch behaupten können, daß es Kriegsschiffe vor der Küste stationierte oder dem Feind die Durchfahrt durch eine Meerenge mit der Entsendung einer Flottille verwehren konnte. Die Kriegsmarine des Kaisers hatte zum Beispiel fast während des ganzen letzten Krieges nur in der Ostsee operieren können, weil britische Kriegsschiffe die Meerenge von Skagerrak blockierten, die die Ostsee mit der Nordsee verband. Dadurch konnte Deutschland neben anderen möglichen Angriffszielen auch die lange norwegische Küste nicht angreifen. Aber wenn die britische Flotte den Angriffen von Bombenflugzeugen der deutschen Luftwaffe ausgesetzt war, was die Admiralität nicht zugeben wollte, war es nicht mehr möglich, deutschen Schiffen die Passage durch den Skagerrak zu verwehren. Unter dem Schirm deutscher Flugzeuge konnten sie die Durchfahrt erzwingen. Weil der Erste Lord und seine Seelords 1939 nicht mit dieser Möglichkeit rechneten, sollten sie acht Monate später gezwungen werden, diese Lektion zu lernen, und einen hohen Preis dafür bezahlen.

Die Instandhaltung der Schiffe und ihrer Ausrüstung war eine andere Sache. Man hatte unentbehrliches Material für die Einsatzfähigkeit der Flotte verrosten lassen. Die Seelords führten dies darauf zurück, daß die Regierungen unter MacDonald, Baldwin und Chamberlain der Admiralität zu geringe Mittel zur Verfügung gestellt hatten. Aber das war keine ausreichende Begründung. In den 30er Jahren hatten die Gelder ausgereicht, fünf neue Schlachtschiffe, sechs Flugzeugträger und 19 schwere Kreuzer zu bauen. Man hatte ganz einfach die Zügel schleifen lassen. Im Ersten Weltkrieg hatte Lord Kitchener of Khartoum versucht, Winston in der dunklen Stunde seiner Entlassung als Erster Lord der Admiralität damit zu trösten, daß er ihn an seine gründlichen Kriegsvorbereitungen erinnerte: »Wenigstens eines kann man Ihnen nicht nehmen. Die Flotte war einsatzbereit.« Nun mußte Churchill feststellen, daß die Flotte nicht auf den Krieg vorbereitet war.[31]

Am Abend des 15. September bestieg er mit Bracken, Sinclair und Korvettenkapitän C. R. (»Tommy«) Thompson, dem Kommandanten des Flaggschiffs des Ersten Lords, in London einen Zug. Das Reiseziel war Schottland und dort der Ankerplatz der englischen Heimatflotte, die Meeresbucht von Scapa Flow in den Orkney-Inseln. Dort sollte sich die königliche Flotte kampfbereit machen. Später erinnerte er sich, wie im Herbst 1914 »bei zwei oder drei Gelegenheiten«, besonders am 17. Oktober, »Alarm gegeben wurde, weil ein U-Boot in den Ankerplatz eingedrungen sei. Geschütze wurden abgefeuert, Zerstörer durchkämmten die Gewässer, und die ganze gigantische Armada lief in aller Eile aus, um sich dem Feind zu stellen.« Scapa Flow war in der Tat von großer strategischer Bedeutung.[32]

Auch jetzt machte man sich Sorgen um dieses Meeresbecken, aber diesmal war die Sorge begründet. Auf seinem Schoß lag ein verschlossener Aktenkoffer mit Geheimdokumenten, darunter ein schockierender Bericht des Chiefs of Staff Committee, aus dem hervorging, daß die zur Verteidigung von Scapa Flow gegen feindliche Angriffe erforderlichen Maßnahmen erst im Frühjahr 1940 abgeschlossen sein würden. Nach seiner Ankunft suchte Winston den Oberbefehlshaber der Flotte, Charles Forbes, an Bord des Flaggschiffs des Admirals, H. M. S. *Nelson*, auf. Sir Charles bestätigte, daß die in das Meeresbecken führenden Kanäle nicht ordnungsgemäß mit Netzen gesichert seien. Das stählerne Gewebe sei verrostet, zerrissen oder fortgeschwemmt worden. Churchill erließ sofort einen mit dem Stempel »dringend« versehenen Befehl für die Installierung von U-Boot-Netzen und Balkensperren, den Einsatz von Flugabwehrgeschützen, Vorpostenboten, Sperrballons und Suchscheinwerfern sowie die Versenkung von Schiffswracks zur Sperrung der Einfahrten in das Becken von Scapa Flow. Bis dahin war der nicht ausreichend gesicherte Ankerplatz ein einladendes Ziel für wagemutige deutsche U-Boot-Kommandanten.[33]

Die U-Boote, die bisher große Erfolge bei der Versenkung von Handelsschiffen gehabt hatten, richteten ihre Periskope nun auf britische Kriegsschiffe. Die Deutschen hatten sogar vor der Themsemündung ein Minenfeld gelegt, und bei der Durchfahrt war ein britisches Kriegsschiff beschädigt worden. Nach der Versenkung eines zweiten Schiffs der königlichen Flotte hatte die Regierung aus Sorge um die Moral der Zivilbevölkerung die offizielle Bekanntgabe dieses Verlusts verboten. Zwei Tage vor der Abreise Churchills nach Schottland hatte ein U-Boot eine ganze Salve von Torpedos auf den Flugzeugträger H.M.S. *Ark Royal* abgefeuert, ohne das Schiff zu treffen. Die den Flugzeugträger begleitenden Zerstörer hatten das U-Boot versenkt, aber es war beunruhigend zu wissen, daß die U-Boot-Flottillen in britischen Gewässern kreuzten und jederzeit ein britisches Kriegsschiff versenken konnten.

Das geschah sogar noch, während Churchill an Bord der *Nelson* schlief, wie er am folgenden Tag erfuhr. Er und seine Begleitung kehrten im Schlafwagen von Inverness nach London zurück, und »als wir in Euston ausstiegen, war ich«, wie Winston schreibt, »überrascht, den Ersten Seelord auf dem Bahnsteig zu sehen. Admiral Pound machte ein ernstes Gesicht. ›Ich habe schlechte Nachrichten für Sie, Erster Lord. Gestern ist die *Courageous* im Kanal von Bristol versenkt worden.‹« Das Schiff war ein Flugzeugträger, »den wir damals dringend brauchten«, wie Churchill schreibt, und der Kanal von Bristol zwischen South Wales und Somerset lag nicht weit von Chartwell. Churchill sagte Pound: »Wir dürfen nicht erwarten, einen solchen Krieg führen zu können, ohne daß gelegentlich so etwas geschieht. Ich habe das schon oft erlebt.« Aber innerlich kochte er. Er wußte, daß im Unterhaus unangenehme Fragen gestellt werden würden. Um nicht mit Geleitschutz fahrende Handelsschiffe sicher in den Hafen zu bringen, hatte er Flugzeugträger zu ihrer Sicherheit eingesetzt. Die *Courageous* war von vier Zerstörern begleitet worden, aber zwei von ihnen waren zur Jagd auf deutsche U-Boote an anderer Stelle abkommandiert worden. Während der Flugzeugträger gegen den Wind abdrehte, um seinen Flugzeugen die Landung zu ermöglichen, hatte ein deutscher U-Boot-Kommandant sein Periskop ausgefahren und die ungeschützte Flanke des feindlichen Schiffes in seinem Fadenkreuz gesehen. Er feuerte seine Torpedos ab, und 518 englische Seeleute ertranken, unter ihnen der Kapitän, der, wie es damals üblich war, beschloß, mit seinem Schiff unterzugehen.[34]

Churchills ständige Sorge um Scapa Flow nahm zu, nachdem die Regierung Seiner Majestät einen Friedensfühler Hitlers zurückgewiesen hatte. Das Angebot war durch Birger Dahlerus nach London übermittelt worden. In Görings Gegenwart hatte der Führer vorgeschlagen, ein britischer Vertreter – genannt wurde auch der Name von Ironside – sollte in einem neutralen Land mit Göring zusammentreffen. Am 5. Oktober sagte Halifax im Kriegskabinett, »wir sollten die Tür nicht endgültig zuschlagen«; Hoare meinte, Großbritannien sollte »die gegen Göring gerichtete Propaganda dämpfen«; auch Kingsley Wood glaubte, man sollte Göring unterstützen, denn er »würde sich über die Beseitigung von Herrn Hitler freuen«. Diese Männer hatten nichts dazugelernt und ahnten nicht, wie stark der persönliche Einfluß Hitlers in Deutschland nach wie vor war. Es war ihnen nicht bekannt, daß die Lebenserwartung jedes Deutschen, der sich gegen ihn stellte, denkbar gering war. Churchill konnte ihre Argumente sofort widerlegen. Er sagte, wenn das Angebot nicht ernst gemeint sei, stehe dahinter wahrscheinlich die Absicht, »Uneinigkeit unter uns zu erzeugen und Zweifel zu wecken«. Wenn es aufrichtig gemeint sei, dann nicht »aus einer Anwandlung von Großherzigkeit, sondern aus Schwäche«. Vielleicht sei die Kriegsbegeisterung in Deutschland nicht so groß, wie Goebbels behauptete. Am 12. Oktober lehnte Chamberlain den Vorschlag der nationalsozialistischen Regierung ab. Winston hatte den energischeren Teil seiner Rede verfaßt und sagte anschließend in einem Gespräch mit

Pound, »man muß mit einer sehr heftigen Reaktion Hitlers rechnen. Vielleicht schon sehr bald.« Er rief die Flotte zu »besonderer Wachsamkeit« auf und empfahl, daß »die Schiffe in Scapa Flow bereit sein sollten, jederzeit auszulaufen«. Er schloß: »Bitte lassen Sie mich wissen, was wir nach Ihrer Ansicht noch tun können und wie wir uns am besten auf jede Eventualität vorbereiten können. In den nächsten Tagen werden wir mit vielen Gefahren zu rechnen haben.«[35]

Die gefährliche Lage entstand am folgenden Abend um 19.00 Uhr außerhalb von Scapa Flow in Gestalt des U-47 unter dem Befehl des 31jährigen Kapitänleutnants Günther Prien. Dönitz wußte, daß im Ersten Weltkrieg zwei U-Boote versucht hatten, in die tiefe, rings von Inseln umgebene Meeresbucht einzudringen und nicht zurückgekehrt waren. Doch nach einem genauen Studium von Luftaufnahmen des Ankerplatzes kam Dönitz zu dem Schluß, daß ein geschickter Navigationsoffizier sein Fahrzeug an drei versenkten Schiffen vorbeisteuern könnte, die den Holm-Sund sperren sollten.

Prien war sein bester U-Boot-Kommandant, dennoch wäre er fast an dieser Aufgabe gescheitert. Er brauchte knapp sechs Stunden, um durchzukommen, und hatte sich auf dem Wege scheinbar hoffnungslos in einem Kabel verfangen, das an einem der versenkten Schiffe befestigt war. Aber am Morgen des 14. Oktober um 00.30 Uhr hatte er das Becken erreicht. In einer Entfernung von 4000 Yards vor ihm lag das Schlachtschiff *Royal Oak*. Mit den ersten Torpedos verfehlte er das Schiff, aber das zweite Mal detonierten vier Torpedos gleichzeitig und brachten der *Royal Oak* tödliche Wunden bei. In seinem Logbuch schrieb Prien, zunächst sei eine laute Detonation mit Krachen und Getöse erfolgt. Dann seien Wasserfontänen und hohe Flammen emporgeschossen. Dreizehn Minuten später legte sich die *Royal Oak* auf die Seite und sank. Dabei riß sie ihre 833 Offiziere und Mannschaften mit in die Tiefe, unter ihnen den Kapitän und den Konteradmiral, der das Zweite Schlachtgeschwader befehligte.[36]

»Arme Kerle, arme Kerle«, sagte Churchill, als er von der Versenkung erfuhr, »gefangen in dieser schwarzen Tiefe.« Aber während ihm die Tränen in die Augen traten, dachte er daran, was dieser unbekannte U-Boot-Kommandant geleistet hatte, und murmelte: »Was für eine großartige Waffentat.« Aber für ihn war das Ergebnis alles andere als großartig. Er schrieb, er könne »verstehen, wie Erste Lords der Admiralität behandelt werden, wenn Schlachtschiffe versenkt werden und alles mißlingt. Wenn wir das wirklich noch einmal erleben müssen, werde ich dann wieder die schmerzliche Erfahrung meiner Entlassung aus dem Amt machen? Fisher, Wilson, Battenberg, Jellicoe, Beatty, Pakenham, Sturdee – sie alle sind nicht mehr!« Darunter setzte er die folgenden Zeilen des irischen Dichters Thomas Moore aus dem 19. Jahrhundert:

Ich bin wie einer,
Der allein gelassen
Im leeren Festsaal steht –
Die Lichter sind verloschen,
Der Blumenschmuck verwelkt,
Und alle Gäste sind gegangen
Bis auf ihn…[37]

Hoare schrieb an den Botschafter Seiner Majestät in Washington: »Winston ist von den Ereignissen in Scapa Flow schwer getroffen. Da er im Augenblick noch der große Kriegsheld ist, hat er es ganz gut überwunden. Ich schaudere, wenn ich daran denke, was geschehen wäre, wenn ein anderer an seiner Stelle Erster Lord und er in der Opposition wäre.« Hoare hatte recht. Chamberlain konnte den leidenschaftlichsten Kritiker der Vorkriegsregierungen nicht entlassen, die dafür verantwortlich waren, daß in Scapa Flow nicht die für die Verteidigung dieses Ankerplatzes notwendigen Maßnahmen getroffen worden waren. Das ganze Land wußte, daß Winston für den Zustand der königlichen Flotte im Frieden nicht verantwortlich war. Aber trotzdem nahm er diesen Rückschlag persönlich und empfand ihn als schwere Belastung. Im Unterhaus versuchte er, die eigenen Verluste gegen die versenkten feindlichen U-Boote aufzurechnen, aber die Bilanz wollte nicht stimmen. Die deutschen U-Boote ließen sich ersetzen, aber die britischen Kriegsschiffe waren lebenswichtig. Nachdem er das Kriegskabinett davon unterrichtet hatte, daß die Heimatflotte »vorläufig« in die Clydemündung im Südwesten von Schottland verlegt werden sollte, um dann in der Flottenbasis Rosyth an der Ostküste stationiert zu werden, erklärte er, der Verlust der *Royal Oak* sei »zwar eine äußerst bedauerliche Katastrophe, beeinträchtigt die allgemeine Seekriegslage jedoch nicht entscheidend«.[38]

In Wirklichkeit war dies doch der Fall. Die Deutschen waren begeistert, Hitler geriet in Ekstase, und Korvettenkapitän Prien wurde zum Nationalhelden. Sogar William L. Shirer war beeindruckt und schrieb in seinem Tagebuch, das britische Schlachtschiff sei »in der Mitte von Scapa Flow, der größten britischen Flottenbasis« versenkt worden. Dönitz hatte bewiesen, was seine U-Boote leisten konnten. Bei Ausbruch der Feindseligkeiten hatte Hitler den U-Booten befohlen, sich an die Haager Konvention zu halten, die Angriffe auf feindliche Passagier- und Handelsschiffe ohne Vorwarnung verbietet. Am 16. Oktober erklärte Großadmiral Raeder dann im Namen Hitlers offiziell, daß »alle Handelsschiffe, die definitiv als feindlich erkannt worden sind, ohne Vorwarnung torpediert werden können«. Das galt dann auch für alle Schiffe, die unter einer neutralen Flagge einen britischen Bestimmungshafen anliefen – mit Ausnahme amerikanischer Schiffe. Neutrale Schiffe waren bereits versenkt worden, und zwar entweder unbeabsichtigt oder von rücksichtslosen U-Boot-Kommandanten. Von nun an geschah es auf Befehl des Oberkommandos der Kriegsmarine.[39]

Alle Plakate, mit denen die Engländer aufgefordert wurden, »über den Sieg zu reden«, schienen die Admiralität zu verhöhnen, und Clementine Churchill schrieb ihrer Schwester Nellie aus Chartwell: »Die Kriegsberichte sind unaussprechlich grausam. Man muß sich mit dem Gedanken trösten, daß die Deutschen (wie wir *hoffen*) jetzt am stärksten sind, während wir erst am Anfang stehen. Winston arbeitet Tag und Nacht – es geht ihm Gott sei Dank gut, und er wird nur müde, wenn er nicht acht Stunden Schlaf bekommt – er braucht den Schlaf nicht ohne Unterbrechung, aber wenn er nicht innerhalb von 24 Stunden so lange schlafen kann, läßt seine Spannkraft nach.«[40]

England mußte nicht über den Sieg reden, sondern brauchte militärische Erfolge. Und die guten Nachrichten mußten von der Hochseeflotte kommen; es gab keine Kämpfe zu Lande oder in der Luft, und es bestand auch keine Aussicht darauf. In dieser frustrierenden Situation mußte die Kriegsflotte für die Erfolge sorgen. Es ging auch nicht nur um die Moral der Zivilbevölkerung. Die Lagekarten von Captain Pim erzählten eine traurige Geschichte, die immer düsterer wurde, als der Herbst sich dem Ende näherte. Am 21. November wurde der eben vom Stapel gelaufene Kreuzer *Belfast* im Firth of Forth durch eine Mine schwer beschädigt. Zwei Tage danach wurde der mit nur 46-Zoll-Geschützen bewaffnete Hilfskreuzer *Rawalpindi* von der *Scharnhorst* versenkt, die anschließend mit ihrem Schwesterschiff, der *Gneisenau*, in den Heimathafen zurückkehrte. Aber die größten Sorgen machte sich die Admiralität um die Lage im Südatlantik, wo das Panzerschiff der Deutschlandklasse, die *Graf Spee*, Amok lief. Dort sollte England am 100. Tag des Krieges endlich einen Erfolg erringen.

In den ersten Kriegswochen hatte Hitler seine schnellen, kampfstarken Panzerschiffe in der Hoffnung geschont, einem entmutigten England auch ohne sie seine Friedensbedingungen diktieren zu können. Als es sich jedoch zeigte, daß die Regierung Seiner Majestät auf Kurs bleiben wollte, schickte er auch seine Überwasserschiffe in den Kampf. Von den beiden Panzerschiffen dieser Klasse erwies sich die *Deutschland* als Enttäuschung. Sie wurde zurückbeordert, nachdem sie zwei Handelsschiffe, eines davon ein neutrales, versenkt und ein drittes aufgebracht hatte, den amerikanischen Frachter *City of Flint*, eine Prise, auf die Hitler keinen Wert legte. Die *Flint* wurde zum Gegenstand einer diplomatischen Kontroverse, die erst beendet werden konnte, nachdem ein norwegisches Schiff sie aufgebracht und an ihre amerikanische Besatzung zurückgegeben hatte. Die *Graf Spee* konnte dagegen mit ganz anderen Erfolgen aufwarten. Unter dem Kommando von Hans Langsdorff, einem Offizier aus wilhelminischer Zeit, hatte die *Spee* neun britische Handelsschiffe auf den Meeresgrund geschickt, ohne selbst einen einzigen Mann zu verlieren.

Sein Gegner war jetzt Kommodore Henry Harwood von der britischen Südatlantikflotte. Ein einzelnes Schiff in einem so riesigen Seegebiet zu finden, war fast unmöglich. Doch die *Graf Spee* verunsicherte nicht nur die Handelsschiffskapitäne, die Jagd nach dem deutschen Panzerschiff beschäftigte auch mehr als 20 alliierte Kriegsschiffe, die dringend an anderer Stelle gebraucht wurden, unter ihnen auch den Flugzeugträger *Ark Royal*, den Schlachtkreuzer *Renown* und das französische Schlachtschiff *Strasbourg*. Harwood glaubte, früher oder später werde Langsdorff unwiderstehlich von den zahlreichen schwer beladenen Handelsschiffen angezogen werden, die aus der breiten Mündung des Rio de la Plata mit Kurs auf England ausliefen. Er hatte recht. Doch als er die *Graf Spee* am 13. Dezember um 5.52 Uhr sichtete, war sein Verband dem deutschen Gegner nicht gewachsen. Seine schweren Schlachtschiffe waren zu weit entfernt, um rechtzeitig herbeigerufen zu werden. Harwood verfügte zu diesem Zeitpunkt über drei Kriegsschiffe; den schweren britischen Kreuzer *Exeter* mit sechs Acht-Zoll-Geschützen und zwei leichte Kreuzer, *Ajax* (sein Flaggschiff) und die neuseeländische *Achilles*, die nur mit Sechs-Zoll-Geschützen bestückt war. Die Reichweite der Elf-Zoll-Geschütze des deutschen Panzerschiffs betrug 15 Meilen.

Der Kommodore hatte allen britischen Kriegsschiffen im Südatlantik befohlen, jedes deutsche Schlachtschiff »bei Tag oder bei Nacht sofort anzugreifen«. Nun, da er seinen kleinen Verband über ein so weites Seegebiet zerstreut hatte, damit Langsdorff aus drei verschiedenen Richtungen von alliierten Kriegsschiffen angegriffen werden konnte, schickte er die *Exeter* mit einer Geschwindigkeit von 33 Knoten der *Graf Spee* entgegen. Da das feindliche Schiff nur 28 Knoten machte, näherten sich die beiden Schiffe mit einer Geschwindigkeit von 50 Meilen in der Stunde. Auch die *Ajax* und die *Achilles* nahmen Kurs auf die *Graf Spee*, aber die *Exeter* geriet als erste in die Reichweite Langsdorffs, und schon bald danach tötete eine 670-Pfund-Granate die Bedienungsmannschaft der Steuerbord-Torpedorohre und setzte das Kommunikationssystem und den Artillerieleitstand außer Gefecht.

Dennoch kam die *Exeter* ihrem Gegner immer näher. Ihre Geschützbedienungen hatten gerade das Feuer auf das deutsche Schiff eröffnet, als eine schwere Granate ihr Ruderhaus beschädigte und einen der Geschütztürme abriß. Aber das britische Schiff blieb auch weiter auf Kurs. Der verwundete Kapitän nahm einen Kompaß aus einem der Rettungsboote und organisierte eine Reihe von Matrosen, die seine Befehle an den Steuermann im Achterschiff weitergaben, wo die kräftigsten Männer der Besatzung das Ruder unter großer körperlicher Anstrengung mit der Hand bedienten. Aber auch diese Bemühungen waren vergeblich. Die *Exeter* wurde von zwei weiteren deutschen Granaten getroffen, deren eine das Deck aufriß und der Schiffsflanke einen tiefen Riß unmittelbar über der Wasserlinie beibrachte, während die zweite Granate die Backbordseite durchschlug. An mehreren Stellen des Schiffes war Feuer ausgebrochen, es war ganz in Rauch eingehüllt. 51 Seeleute waren gefallen. Nun mußten die *Ajax* und die *Achilles* den Kampf mit dem Panzerschiff weiterführen. Sie waren auf die Reichweite ihrer Geschütze herangekommen, ihre Kanoniere waren kampferfahrene Matrosen, und ihre Sechs-Zoll-Granaten durchlöcherten die *Graf Spee*. Nach einem 90 Minuten dauernden ununterbrochenen Gefecht, bei dem das deutsche Panzerschiff ständig wenden mußte, um sich gegen den Angreifer zu wehren, der es am meisten bedrohte, befahl Harwood seinen Kapitänen, Dampf aufzumachen und den Kampf abzubrechen.

Die schwerbeschädigte *Exeter* nahm Kurs auf die Falklandinseln, wo sie repariert werden sollte. Die *Ajax* und die *Achilles* waren weniger schwer beschädigt, obwohl der Kapitän der *Achilles* an beiden Beinen verwundet war und die beiden Geschütztürme auf dem Achterdeck der *Ajax* außer Gefecht gesetzt waren. Doch der eigentliche Verlierer war Langsdorff. Er selbst war von einer britischen Granate getroffen worden, und 37 Mann seiner Besatzung waren gefallen. Sein Schiff war nur noch ein Wrack. Es hatte 18 Treffer bekommen. Das Deck und beide Seiten waren aufgerissen, mehrere Geschütze konnten nicht mehr feuern, die Kombüsen waren verwüstet, und fast die ganze Munition war verbraucht. Eine Heimreise war, selbst wenn das Schiff nicht mehr angegriffen werden sollte, unmöglich. So schleppte es sich mühsam in einen neutralen Hafen des antinazistischen Uruguay, und der Kapitän bat um eine Frist von zwei Wochen, um sein Schiff zu reparieren. Man gewährte ihm 72 Stunden. Da Langsdorff davon ausging, daß die *Ajax* und die *Achilles* über Funk Verstärkung anfordern würden, tat er das, was er für das Vernünftigste hielt. Seine Männer bekamen Kojen auf im Hafen liegenden deutschen Frachtern, sein Schiff wurde versenkt, und er selbst wickelte sich in eine alte deutsche kaiserliche Kriegsflagge – *keine* Hakenkreuzflagge – und erschoß sich. Er hinterließ einen kurzen

Abschiedsbrief: Für einen Kapitän sei es selbstverständlich, das Schicksal mit dem seines Schiffes zu teilen.

Churchill schrieb, der Triumph der königlichen Flotte »löste in der britischen Nation große Freude aus und erhöhte unser Ansehen in der ganzen Welt. Daß drei kleinere britische Schiffe, ohne zu zögern, einen sehr viel schwerer bestückten und gepanzerten Gegner angriffen und in die Flucht schlugen, wurde überall bewundert.« Seine jüngste Tochter erinnert sich: »Es war ein herrlicher Sieg, der einen Lichtschimmer in den düsteren Dezember brachte.« Harwood wurde geadelt und zum Admiral befördert. Die Seelords schlugen vor, die *Exeter* bis zum Ende des Krieges unrepariert bei den Falklandinseln zu lassen, aber Winston wollte davon nichts hören. Er wollte Sir Henry und seine britischen Schiffe nach Hause holen und hatte die Freude, die dieser Sieg im Lande auslöste, nicht übertrieben. Wenn die Sieger jetzt in der Heimat geehrt wurden, dann würden sie nicht in Vergessenheit geraten, und die Moral der Zivilbevölkerung würde gestärkt werden, was dringend erforderlich war.[41]

Churchill hatte jetzt die Admiralität fest in der Hand. Arthur Marder schrieb: »Geflissentlich wurde vergessen, welche Rolle er 1924 bis 1929 als Schatzkanzler bei der Beschneidung des Bauprogramms für die Kreuzer der königlichen Flotte gespielt hatte. Man erinnerte sich an seine in der Admiralität gesammelten Erfahrungen, seine Liebe zur See und zur Flotte, sein gründliches Wissen über die Rolle der Seestreitkräfte in der britischen Geschichte und an seinen Ruf als jemand, der die Energie besitzt, sich durchzusetzen.« Seine Schwäche sei seine Vorliebe für komplizierte technische Dinge und ausgefallene, wenig erfolgversprechende Unternehmungen. Admiral J. H. Godfrey schrieb: »Alles Ungewöhnliche, Seltsame oder Dramatische faszinierte ihn: Geisterschiffe, Schiffsattrappen, die zum Scheitern verurteilte Operation ›Catherine‹« (und in jüngster Zeit) »Täuschungsmanöver, Sabotage und, zweifellos beeinflußt von Professor Lindemann, die praktische Anwendung neuer wissenschaftlicher Methoden.«[42]

Heute erscheinen manche seiner Vorhaben absurd, zum Beispiel das »weiße Kaninchen Nr. 6«, wie er es nannte. Das war ein »grabenaushebender Panzer«, der in einer Stunde einen zwei Meter tiefen und einen Meter breiten, eineinhalb Kilometer langen Graben ausbaggern konnte. Das Ungetüm wog 130 Tonnen, war 2,64 Meter hoch, ebenso lang und sollte nachts eingesetzt werden, um überraschend in die feindlichen Linien einzudringen. Das Kabinett erklärte sich mit diesem Vorhaben einverstanden, aber niemand hat augenscheinlich gefragt, wie ein Fahrzeug den Gegner überraschen könnte, das einen ohrenbetäubenden Lärm verursachte. Wie Godfrey berichtet, betrachtete man diese Ideen bei der Admiralität als Ausdruck »der dämonischen Energie und ungewöhnlichen Phantasie« des Ersten Lords und tolerierte sie im allgemeinen, obwohl einige von ihnen als »ärgerniserregend« angesehen wurden. Eines seiner Lieblingsprojekte war eine Einrichtung zur Abwehr feindlicher Flugzeuge. Er nannte es »Naval Wire Barrage (NWB)«. Sie sah aus wie das Gerüst eines riesigen Schirms. In Wirklichkeit war es ein Abschußgerät für 14 drei Zoll lange Projektile. An jedem dieser Projektile war ein 1000 Meter langer Draht befestigt, an dessen einem Ende ein kleiner Fallschirm angebracht war, während am anderen Ende eine zwei Pfund schwere Bombe hing. Wenn dieses Abschußgerät mit einer Rakete senkrecht in die Luft geschossen worden war, wurden die Projektile 1200 Meter über dem Boden nach unten ausgestoßen, wobei die Fallgeschwindigkeit durch die Fallschirme abgebremst wurde. Berührte ein Flugzeug den Draht, wurde die Bombe nach oben geschleudert und detonierte, sobald sie an Rumpf oder Tragfläche der Maschine aufschlug. Das Ganze war eine Idee des Prof. Churchill war begeistert davon und befahl gegen den Rat seines Waffenamts, daß 40 Schiffe mit diesen seltsamen Geräten ausgestattet werden sollten. Sie erwiesen sich als völlig wertlos. Konteradmiral R. D. Nicholls erklärte schlicht: »Alle außer Winston hielten das NWB für eine Verrücktheit.« Aber großzügig fügte er hinzu: »Es war nur ein Teil des Preises – und dazu kein sehr hoher –, der dafür bezahlt werden mußte, daß Winston weitermachte. Ohne ihn wären Großbritannien und die freie Welt verloren gewesen.«[43]

Im weiteren Verlauf des Krieges zeigte es sich jedoch, daß viele seiner Ideen zu sehr nützlichen Neuerungen führten. Das waren zum Beispiel »Window« (von Bombenflugzeugen abgeworfene Stanniolstreifen, ein Verfahren zur Täuschung feindlicher Radarstationen), »Pluto« (eine Ölleitung durch den Ärmelkanal), »Gee« (ein Leitsystem für Flugzeugpiloten) und »Mulberry« (die künstlichen Häfen, die bei der Invasion an der französischen Küste angelegt wurden).

Was noch fehlte, war eine Waffe, die mit größerer Aussicht auf Erfolg gegen U-Boote eingesetzt werden konnte, als der schon im Ersten Weltkrieg verwendete Zerstörer, zumal die königliche Flotte über viel zu wenige Zerstörer verfügte und die Aussichten gering waren, daß sich das ändern würde. Winston schrieb bei Beginn des Krieges an Konteradmiral Fraser: »Es ist sehr beunruhigend, daß wir in diesem Jahr nur sechs neue Zerstörer bekommen werden, in den folgenden neun Monaten gar keine und im ganzen Jahr 1940 nur noch drei. Neun Zerstörer in 16 Monaten, damit kann man sich unmöglich zufriedengeben.« Später schrieb er in seinen Memoiren: »Zerstörer waren die Waffe, die wir am dringendsten benötigten und an der es am meisten mangelte.«[44]

Diese Lücke mußte ausgefüllt werden. Winston vergaß jedoch auch die Bedrohung nicht, die von der deutschen Luftwaffe ausging, und forderte deshalb die Entwicklung und Massenproduktion eines Spezialschiffs für die Bekämpfung von U-Booten *und* Flugzeugen, das, »was Bewaffnung und Ausrüstung betrifft, möglichst einfach sein muß«, um die wenigen verfügbaren Zerstörer an anderer Stelle einsetzen zu können. In einer Denkschrift der Admiralität schrieb er, die Schiffe, an die er denke, sollten »billig und gefährlich sein (billig für uns, gefährlich für die U-Boote)«. Da sie »für eine besondere, aber dringende Aufgabe« gebaut werden sollten, würden sie, sobald ihre Aufgabe erfüllt sei, keinen Wert mehr haben. Doch darüber dürfe man sich keine Sorgen machen, denn jetzt käme es nur darauf an, das ins Auge gefaßte Ziel zu erreichen. Der Prof, der jetzt nur noch für die Admiralität arbeitete, sagte ihm, die moderne Kriegführung könne in der Tat unangenehm und gefährlich werden, aber niemals billig. Die Bedrohung durch die U-Boot-Waffe werde zunehmen. Die Admiralität müsse die U-Boote zunächst mit den wenigen vorhandenen Zerstörern bekämpfen.[45]

Die meisten höheren Seeoffiziere, mit denen Winston zusammenarbeitete, vertraten die noch aus der viktorianischen Zeit stammende Auffassung, daß Erfinder für alles eine technische Lösung hätten, und im Rahmen ihrer begrenzten Vorstellungskraft hatten sie sogar recht. Aber die gleichen Offiziere hatten schon die Leistungsfähigkeit von Asdic bei weitem überschätzt, bevor Winston etwas davon gesehen oder gehört hatte. Und er und der Prof (den die Admiräle nicht ausstehen konnten) haben wesentlich zur Weiterentwicklung der technologischen Kriegführung beigetragen. Einer der ersten Erfolge Großbritanniens auf technologischem Gebiet war die Entwicklung einer Methode zur Ausschaltung der Wirkung magnetischer Minen. Auf diesem Gebiet vertrat Winston die gleiche doppelte Moral wie die meisten Soldaten: Eine Waffe ist etwas Wunderbares für den, der sie erfunden und als erster eingesetzt hat, aber verabscheuungswürdig, wenn sie zuerst beim Gegner auftaucht. Vor einem Jahr hatte er in einer Denkschrift an Inskip die Meinung vertreten, daß die Sperrung des Nord-Ostsee-Kanals in jedem Krieg gegen Deutschland die wichtigste militärische Aufgabe sein werde, und empfohlen, an die Verwendung »besonderer Sprengsätze mit magnetischer Zündung« zu denken. Doch während die Briten sich noch mit der Lösung dieses Problems beschäftigten, hatten die Deutschen eine solche Mine schon gebaut. In der ersten Kriegswoche wurden magnetische Minen, die an Fallschirmen in das seichte Wasser von Kanälen und Häfen abgeworfen wurden und zündeten, wenn ein Schiff darüberfuhr, zum Alptraum für alle Handelsschiffe.[46]

Winston war empört. Die Nazis hatten seine Idee gestohlen! Kurze

Zeit betrachtete er den Einsatz solcher Minen sogar als Verbrechen. Er sagte, ihre Verwendung verstieße »gegen die allgemein anerkannten Regeln der Seekriegführung«. Im Unterhaus erklärte er: »Das ist wohl die niedrigste Form der Kriegführung, die man sich vorstellen kann. Es ist die Methode der I. R. A., Bomben in der Gepäckaufbewahrung von Eisenbahnstationen zu verstecken. Die magnetische Mine... ist vielleicht die von Herrn Hitler großsprecherisch angekündigte Geheimwaffe. Mit Sicherheit ist es eine für ihn bezeichnende Waffe, und sie wird zweifellos für alle Zeiten mit seinem Namen verbunden sein.« Da der Admiralität eine solche Mine noch nicht im Original zur Verfügung stand, konnten keine wirksamen Gegenmaßnahmen entwickelt werden. Doch dann »kam uns das Glück zu Hilfe«, wie Churchill schrieb. Am Abend des 22. November wurde beobachtet, wie ein deutsches Flugzeug einen größeren Gegenstand an einem Fallschirm in den Schlamm der Themsemündung vor Shoeburyness abwarf. Noch vor dem Morgengrauen gelang es zwei Offizieren der königlichen Flotte, die als Spezialisten für Unterwasserwaffen ausgebildet waren, den Gegenstand zu finden und sicherzustellen. Wie vermutet, war es eine magnetische Mine. Nun nahm sich der Prof der Sache an. Er fand eine Methode, Schiffe mit einem um sie herum gelegten, unter elektrischem Strom stehenden Kabel zu schützen, das die Minen zur Explosion brachte. Noch im gleichen Winter verfügte Winston selbst über magnetische Minen und entwickelte einen Plan, den Rhein mit 10000 solchen Minen zu verseuchen. Doch im Frühjahr erhoben die Franzosen aus Furcht vor deutschen Vergeltungsmaßnahmen Einspruch dagegen.[47]

Franklin Roosevelt hat später einmal gesagt: »Winston hat jeden Tag 50 Ideen, und drei oder vier davon sind gut.« Obwohl die Deutschen als erste die magnetische Mine herstellten, bewies ihr Erfolg, daß er die richtige Idee gehabt hatte. Die meisten seiner technischen Ideen wurden höflich besprochen, aber dann fallengelassen. Die Schwierigkeit lag darin, daß es seine Mitarbeiter bei der Admiralität mit einem Mann zu tun hatten, dessen gedankliche Ausflüge jenseits des Vorstellungsvermögens der meisten Berufsoffiziere lag.

So war es auch mit dem Konzept »Catherine«, das Churchill nach Katharina der Großen so genannt hatte, »weil Rußland hinter meinen Vorstellungen stand«. Er unterrichtete am 12. September, dem zehnten Tag, an dem sich Großbritannien im Kriege befand, nur seine engsten Berater in einem fünf Seiten langen Situationspapier über die von ihm vorgeschlagene Operation. Anders als die anderen Angehörigen der Admiralität spekulierte Churchill nicht mehr darüber, ob die deutsche Kriegsmarine demnächst zuschlagen werde, sondern dachte an eine Gegenoffensive der königlichen Flotte. In ihrem defensiven Denken hatten seine Admiräle geglaubt, wenn sie die Versenkungen der für die Versorgung Großbritanniens eingesetzten Handelsschiffe durch deutsche U-Boote auf ein Mindestmaß beschränken und selbst feindliche Häfen blockieren könnten, hätten sie ihre Aufgabe erfüllt und dürften es den Soldaten der Armee überlassen, das Ihrige zu tun. Aber der Erste Lord dachte anders darüber. Er sprach von einer Seestrategie, an die sie nie gedacht hatten, und während er sie ihnen erläuterte, wünschten sie, er wäre niemals auf diesen Gedanken gekommen. Wie er später in seinen Memoiren schrieb, war die Beherrschung der Ostsee »für den Feind lebenswichtig. Skandinavische Versorgungsgüter, schwedisches Erz und vor allem der Schutz gegen den Zugriff der Russen an der langen Nordküste Deutschlands – die an einer Stelle nur etwa 160 km von Berlin entfernt war – machten es dringend erforderlich, daß die deutsche Flotte die Ostsee beherrschte.« Ein Angriff gegen den Ausgang der Ostsee würde die dort stationierten deutschen Schiffe, wenn auch nur zeitweilig, am Auslaufen in die Nordsee hindern.[48]

Churchill dachte, ebenso phantasievoll wie gefährlich, sogar an die Eroberung der gesamten Ostsee, der einzigen Seeverbindung zu Norwegen, Finnland und vor allem Schweden, den wichtigsten Lieferanten für das von der deutschen Stahlindustrie an der Ruhr benötigte Eisenerz. Winston war die Schwierigkeit eines solchen Unternehmens durchaus bewußt, er zweifelte, daß ein Erfolg Hitler in die Knie zwingen werden, der auf diese Weise von seinen Rohstofflieferanten für die Herstellung von Panzern, Geschützen, Mörsern und Gewehren abgeschnitten würde.

Eine besondere Herausforderung stellten die engen Wasserstraßen dar, welche die Nordsee mit der Ostsee verbanden. Eine starke Flotte, die sie zu passieren versuchte, würde Schwärme von deutschen Bombenflugzeugen auf sich ziehen. Winston hatte schon mit dem für den Schiffbau verantwortlichen Mann bei der Admiralität über mögliche Lösungen gesprochen. In seiner Denkschrift vom 12. September hatte er geschrieben: »Es wäre... notwendig, die Panzerung der Decks zu verstärken, daß sie einen besseren Schutz gegen Angriffe aus der Luft bieten.« Zwei britische Schlachtschiffe (»drei wären natürlich besser«) wollte er mit 15-Zoll-Geschützen ausrüsten. »Ihre einzig denkbaren Gegner« wären die *Scharnhorst* und die *Gneisenau*, die einzigen Schlachtschiffe, über die Deutschland verfügte. Sie könnten beide von den mit schwereren Geschützen bestückten britischen Schlachtschiffen zerstört werden, die über eine größere Reichweite verfügten. Begleiten und schützen sollten sie ein Dutzend Fahrzeuge, die noch gebaut werden mußten, »Minenknacker«, wie er sie nannte, mit »einer starken Bugspitze, die den Schock einer Minendetonation aushalten kann«.

Während er sich allein auf die Unterstützung durch Pound verließ, verfaßte er eine fünf Seiten lange, präzise Erläuterung seines Plans, die er als »streng geheim« klassifizierte. Er schrieb: »Ich empfehle Ihnen diese Ideen zur Prüfung in der Hoffnung, daß sie zur Lösung der Schwierigkeiten beitragen werden.« Das Schriftstück wurde in nur acht Ausfertigungen verteilt, die »bis auf eine alle vernichtet werden müssen, nachdem die notwendigen Untersuchungen abgeschlossen sind«, schrieb er.[49]

Pound nahm wie folgt dazu Stellung: »Es kann kaum ein Zweifel daran bestehen, daß wir wesentlich an Prestige gewinnen werden, wenn es uns gelingt, über einen längeren Zeitraum die Ostsee zu beherrschen.« Aber der Erste Seelord sah auch Schwierigkeiten voraus. Wenn sich die Sowjetunion mit dem nationalsozialistischen Deutschland verbündete, war die Operation zum Scheitern verurteilt. Zudem sollte »die aktive Kooperation Schwedens« sichergestellt werden, das eine Flottenbasis, Reparaturmöglichkeiten und Öl zur Verfügung stellen müsse, und die hier eingesetzten britischen Schiffe müßten für diese Aufgabe entbehrlich sein, »damit wir während dieser Zeit auch ohne sie mit unseren Verbündeten den Krieg gewinnen können, und zwar gegen jede vorstellbare Kombination von Gegnern«. Winston schrieb an den Rand dieser Stellungnahme, »vollkommen einverstanden«. Für ihn war die Operation Catherine »die bedeutsamste Offensive in der Seekriegführung Großbritanniens«. Andere prüften den Vorschlag Winstons sehr sorgfältig und hielten eine solche Operation für durchführbar, wenn... und dann sahen auch sie gewisse Schwierigkeiten. Das entscheidende Problem waren die Luftstreitkräfte. Sogar Admiräle, die ihre Bedeutung unterschätzten, mußten die Bedrohung durch die Luftwaffe in Betracht ziehen. Schlachtschiffe konnten in die Ostsee gebracht werden, aber sie konnten nicht von Jagdflugzeugen der RAF begleitet werden. Die Schiffe würden ständig den heftigen Angriffen an Land stationierter feindlicher Flugzeuge ausgesetzt sein. Churchill hielt die Luftwaffe für nicht so gefährlich. An Roosevelt schrieb er: »Die Treffsicherheit der deutschen Flugzeuge, die unsere Kriegsschiffe bombardiert haben, hat uns keineswegs beeindruckt. Sie scheinen keine sehr guten Bombenzielgeräte zu haben.« Jedenfalls glaubte er, die Bedienungsmannschaften an den Fliegerabwehrgeschützen auf den Schiffen würden mit der Bedrohung aus der Luft fertig werden können.[50]

Er konnte niemanden überzeugen. Die Begeisterung für »Catherine«, die nie sehr groß gewesen war, verflüchtigte sich. Außerdem scheint Winston nie auf den Gedanken gekommen zu sein, daß die Deutschen Dänemark besetzen, schwere Artillerie an der dänischen Küste in Stellung bringen und im Kograben-Kanal Minen legen könnten.

So starb »Catherine« eines langsamen, stillen, aber kostspieligen Todes. Mit den Vorbereitungen dieser Operation hatten nicht nur die besten britischen Seestrategen viel Zeit verbracht, man hatte auch zwölf Millionen Pfund für die Spezialausrüstung der Begleitfahrzeuge ausgegeben, die die Schlachtschiffe sichern sollten. Churchill war enttäuscht, aber da der ganze Plan streng geheimgehalten worden war, brauchte er keine öffentliche Kritik zu fürchten. Bei der Admiralität erfreute er sich eines hohen Ansehens. Die Seelords und andere höhere Offiziere hielten »Catherine« im großen und ganzen für eine glänzende Idee und meinten, mit dem Erfolg einer solchen Operation hätte der Krieg beendet werden können. Es habe aber zuviel auf dem Spiel gestanden.

Allmählich erkannte man in der Admiralität, daß man dem Ersten Lord vielleicht dieses oder jenes ausreden konnte, er jedoch von einem einmal gefaßten Entschluß nicht mehr abzubringen war. Seine Gedanken gingen in die verschiedensten Richtungen, und wenn die eine blokkiert war, wandte er sich in eine andere, von der niemand etwas ahnte, bis er bereit war, sie preiszugeben. Der für den Flottenbau zuständige Flaggoffizier, Admiral Fraser, hat später beschrieben, wie Winston ihn mit der folgenden Frage verblüffte: »Nun, Herr Admiral, was tut die Flotte für RDF?« Fraser wußte nicht, was er erwidern sollte. Das Radar war das am strengsten gehütete Geheimnis bei den britischen Streitkräften, vergleichbar mit dem amerikanischen Manhattan-Projekt drei Jahre später. Fraser schrieb: »Eine Anzahl tüchtiger Offiziere arbeiteten an dem Problem, aber um wirklich weiterzukommen, mußte ihm eine hohe Priorität eingeräumt werden, besonders bei der Finanzierung.«[51]

Die von Chamberlain veranlaßten Kürzungen bei den Militärausgaben waren der Grund dafür, daß es noch kein ausgereiftes Radargerät gab. England hätte bei der Entwicklung dieser außerordentlich wirksamen Verteidigungswaffe längst die Führung übernommen haben sollen. Engländer hatten die Methode entdeckt und vervollkommnet, von deren Existenz das deutsche Oberkommando in Zossen nichts wußte. Aber noch kein einziges Schiff der königlichen Flotte war damit ausgerüstet. Nach langem Schweigen sagte Churchill: »Nun, Herr Admiral, es ist sehr wichtig.« Später wies er Fraser an, alle britischen Kriegsschiffe und besonders die für die Abwehr von U-Booten eingesetzten »mit diesem hervorragenden Gerät« auszustatten. Fraser fragte sich, wie Churchill, der bis zum Tage der Kriegserklärung Englands an Deutschland ein Hinterbänkler gewesen war, etwas über Radar hatte erfahren können. Sein Staunen wäre noch größer gewesen, wenn er gewußt hätte, daß Winston schon am 25. Juli 1935 etwas davon erfahren hatte – 24 Stunden nachdem Robert Watson-Watt seine Versuche abgeschlossen hatte, mit denen er nachwies, daß Entfernung und Flugrichtung eines sich nähernden Flugzeugs mit Hilfe von Radiowellen ermittelt werden konnten.[52]

Wenn man die Meinungen all derer zusammenfaßt, die Churchill in den Monaten seiner Tätigkeit als Erster Lord der Admiralität beobachtet haben – in ihren Briefen, Tagebüchern und Memoiren –, dann ergibt sich ein faszinierendes Porträt. Es ist verzerrt wie Picassos *Les Demoiselles d'Avignon*, komplex und außerhalb aller normalen Proportionen, aber man erkennt das beeindruckende Bild eines Mannes, der sich als hervorragender militärischer Führer bewähren wird. Dabei ist es im Grunde gleichgültig, ob diese Menschen ihn positiv oder negativ beurteilen. Jeder sieht ihn aus einer anderen Perspektive, weil er sich gegenüber einem jeden anders verhält und eine vielschichtige, kaleidoskopartige Persönlichkeit ist. Wie er wirkt, hängt davon ab, wer ihm gegenübersteht und was er diesem Gegenüber zeigen will.

Der Erste Seelord ist sein wichtigster Mitarbeiter und steht ihm am nächsten. Seine Bewunderung für Churchill ist fast grenzenlos. Niemand in der königlichen Flotte kann einen direkten Angriff gegen den Ersten Lord der Admiralität führen, weil Sir Dudley Pound, ein hervorragender Seemann und eine absolut integre Persönlichkeit, ihn sofort abwehren wird. Die Loyalität von Pound wird durch die Beliebtheit des Ersten Lords der Admiralität in der Flotte noch verstärkt. Captain S. W. Roskill, der bedeutende Marinehistoriker, zweifelt allerdings an dieser Beliebtheit und schreibt, »es gab nicht einen Admiral an einer wichtigen Kommandostelle... den Churchill, manchmal mit Pounds Unterstützung, nicht versucht hätte, von seinem Posten abzulösen«. Aber die Admiräle sind nicht die Flotte. Unter Deck genießt der Erste Lord hohes Ansehen. Die Matrosen bewundern den Kämpfer; sie wissen, daß ihm ihr Wohlergehen am Herzen liegt, und sehen in ihm einen anregenden, inspirierenden Befehlshaber. Die große Masse seiner Untergebenen steht also hinter Winston.[53]

Er braucht diese Loyalität, denn ein militärischer Führer hat naturgemäß auch Feinde. Seine natürliche Aggressivität, die er im Frieden zügeln muß und die noch vor einem Jahr sein Stigma war, ist jetzt seine Tugend. Er kann auf keine Kompromisse eingehen und darf es auch nicht. Ein militärischer Führer läßt sich mehr vom Instinkt als vom Intellekt leiten. Er hat Eamon de Valera immer mißtraut, und jetzt macht er im Kriegskabinett den Vorschlag, England solle seine früheren Flottenbasen in Irland wieder für sich beanspruchen, wenn nötig mit Gewalt. Sogar Pound weiß, daß die Flotte diese Basen nicht braucht und den Deutschen ohne weiteres den Zugang zu ihnen verwehren kann. Churchill hat daher seinen Anspruch zu Unrecht erhoben. Aber dennoch stimmen ihm die Engländer zu, denn sie haben nicht vergessen, daß sich Churchill der IRA entgegengestellt hat. Sir Andrew Cunningham, der Befehlshaber der britischen Mittelmeerflotte, wehrt sich gegen die wiederholte Einmischung des Ersten Lords in taktische Fragen, der ihm nicht nur sagt, was er tun soll, sondern auch, wie es getan werden müsse. Befehlshaber auf anderen Kriegsschauplätzen haben die gleichen Schwierigkeiten mit ihm, sind aber klug genug, den Mund zu halten. Cunningham trifft in England auf wenig Sympathie. Churchill hat ihm demonstriert, wer hier etwas zu sagen hat. Winston hat einen Befehl zur Stärkung der Verteidigungsfähigkeit der Heimatflotte in Scapa Flow erlassen – »Plan R«. Anweisungen sind unterzeichnet, aber nichts geschieht. Er erläßt einen zweiten Befehl an die Admiralität und bemängelt die seit Billigung des Plans R eingetretenen Verzögerungen. Er fragt: »Was ist seither wirklich geschehen? Wie viele Schiffwracks sind versenkt worden, wie viele Netze sind hergestellt worden? Wie viele Männer haben wie viele Tage gearbeitet? Welche Gebäude sind errichtet worden? Welche Geschützstellungen sind betoniert und fertiggestellt worden? Wie weit sind die Arbeiten an den Startbahnen auf dem Flugplatz vorangekommen? Ich glaubte, wir hätten uns vor zwei Monaten darüber geeinigt, daß wöchentlich über den Fortgang der Arbeiten berichtet werden sollte... Bis heute teile ich die Sorgen des Oberbefehlshabers über den langsamen Fortgang dieser unbedingt notwendigen Arbeit.«[54]

Dieser Befehl ist am Montag hinausgegangen. Am Dienstag geht es in Scapa Flow zu wie in einem Ameisenhaufen. R. D. Oliver, der für die Durchführung des Plans R verantwortliche Offizier, erinnerte sich: »Es war erstaunlich, wie er es verstand, alle bürokratischen Hindernisse aus dem Weg zu räumen.« Man hatte den Eindruck: »Churchill kann etwas bewirken.«[55]

Im Unterhaus übertreibt er ständig die Erfolge bei der Bekämpfung feindlicher U-Boote. Seine alten Gegner regen sich darüber auf, aber es ist Krieg, und im Krieg nimmt man es mit Tatsachen nicht so genau. Die militärischen Führer übertreiben die feindlichen Verluste ebenso wie die Bedeutung ihrer eigenen Erfolge. Sich anders zu verhalten würde vom eigenen Volk und vom Gegner als Schwäche interpretiert werden. Donald McLachan hat Verständnis dafür und schreibt später: »Der Erste Lord mußte für eine gute Kampfmoral sorgen. Die Flotte war die einzige Teilstreitkraft, die damals voll im Einsatz war. Sie durfte nicht durch zu genaue Methoden bei der Ermittlung der Zahl versenkter feindlicher Schiffe entmutigt werden. Es war wichtig, der Nation das Gefühl zu geben, daß die Flotte erfolgreich kämpfte, und die einzigen Berichte, aus denen sich das entnehmen ließ, kamen vom U-Bootkrieg.

Es kam darauf an, die dabei erzielten Erfolge ganz deutlich zu machen, und dabei hat die Wahrheit gelitten.« Bezeichnenderweise ging die RAF ein knappes Jahr später sehr viel leichtfertiger mit ihren Erfolgsmeldungen um, an denen jedoch niemand zweifelt. Im Luftfahrtministerium gab es keinen Churchill, der die Menschen zur Kritik reizte.[56]

Trotzdem ist Churchill nicht geeignet, einen erfolgreichen U-Boot-Krieg zu führen, und das liegt an seinem Temperament. Er hat von Anfang an gewußt, wenn Großbritannien das Duell mit den deutschen U-Booten verliert, kann es nicht überleben. Daß er dem Umbau von Fischereischiffen zu U-Boot-Jägern eine hohe Priorität einräumt und den Bau von Zerstörern vorantreibt, wird schließlich entscheidend zum Erfolg der Admiralität beitragen. Die Schwierigkeit liegt darin, daß dies alles Defensivmaßnahmen sind und er sich nur wohl fühlt, wenn er dem Gegner den Kampf aufzwingen kann. Er überschätzt das Asdic-Gerät. Was noch schlimmer ist, er zieht Zerstörer von den Geleitzügen ab, um »Jagdgruppen« oder »Angriffsgruppen« zusammenzustellen, die er beauftragt, U-Boote zu orten und zu zerstören. Das sei, wie er sagt, eine aggressive Kriegführung. Der Geleitschutz dagegen sei »passiv«. In einer Notiz an Pound – der ihm zustimmt – schreibt er: »Im Krieg gegen die U-Boote kann nichts wichtiger sein, als zu versuchen, eine selbständige Flotille aufzustellen, die wie eine Kavalleriedivision eingesetzt werden könnte.« Das ist ein verhängnisvoller Irrtum. Die Geleitzüge zu schwächen, um offensiv gegen die U-Boote vorzugehen, bringt zwei Nachteile: Es werden keine U-Boote versenkt, und ihre wachsamen Kommandanten ergreifen, während die Zerstörer anderswo nach ihnen suchen, die Gelegenheit, mit verheerenden Folgen in die Geleitzüge einzudringen. Und doch bleibt Churchill bei dieser »Jagdstrategie« bis zu seiner Ernennung zum Premierminister. Erst 1942, als sich die Wirksamkeit der Geleitzug-Strategie zweifelsfrei erwiesen hat, akzeptiert er sie rückhaltlos.[57]

Im Rahmen der Sitzungen des ganzen Kabinetts, des Kriegskabinetts und des Ausschusses für die Landstreitkräfte muß er häufig lange Gespräche mit den Männern führen, gegen die er während des größten Teils der vergangenen zehn Jahre einen parlamentarischen Guerillakrieg geführt hat. Aber er selbst ist nicht nachtragend. Er sagt: »Der einzige Mann, den ich hasse, ist Hitler, und das tue ich als Politiker.« Doch einige seiner Gegner sind weniger großzügig. Obwohl sie ein Jahr nach München bescheidener geworden sein sollten, ist Bescheidenheit bei Männern dieser Klasse eine seltene Tugend, besonders zu dieser Zeit. Sam Hoare war von 1936 bis 1937 Erster Lord der Admiralität. Er kann nicht leugnen, daß er zum Teil für die Vernachlässigung der Verteidigungsanlagen von Scapa Flow verantwortlich ist, ohne die das Bravourstück des deutschen U-Boot-Kommandanten Prien nicht möglich gewesen wäre. Aber wenn Hoare sich dieser Verantwortung jemals bewußt geworden ist, dann hat niemand ein solches Zugeständnis von ihm gehört. In den ersten Kriegstagen hat man jedoch gehört, wie er von Churchill behauptete, er sei »ein alter Mann, der leicht müde wird«, eine Beurteilung, die bei seinen Mitarbeitern in der Admiralität Verwunderung ausgelöst hätte, die versuchten, mit dem Tempo des alten Mannes Schritt zu halten. Wie John Reith, den Chamberlain als Informationsminister in das Kabinett aufnimmt, berichtet, hat der Premierminister gesagt, Churchill genösse ein zu hohes Ansehen, das sich vor allem auf Rundfunkberichte gründe. Reith, der diese Rundfunksendungen hätte verhindern können, wenn Winston nicht Minister gewesen wäre, stimmt dieser Beurteilung zu und schreibt in seinem Tagebuch, es bestünde »kein Zweifel« daran, wie der Premierminister »über Churchill denkt«. Kurz nach Kriegsausbruch sagt Hoare in einem Gespräch mit Beaverbrook, Winston sei auf den Sitzungen »sehr rhetorisch, sehr emotional und lebt ganz in der Vergangenheit«. In Wirklichkeit zeigen die Akten des Kabinetts, daß Churchill ebenso wie jeder andere zu jener Zeit versucht zu verstehen, was in Polen geschieht.[58]

Das Wort »Blitzkrieg« erscheint in *Webster's Third New International Dictionary* als deutsches Fremdwort. Der anonyme Journalist, der es als erster in einer englischen Zeitschrift verwendet hat, stimmt dieser Definition zu. Am 7. Oktober 1939 schrieb er in der Zeitschrift *War Illustrated*: »In der Eröffnungsphase des Krieges waren aller Augen auf Polen gerichtet, wo die deutsche Militärmaschine einen Blitzkrieg führte in der Absicht, diesen Krieg so rasch wie möglich zu beenden.« In Wirklichkeit war der Ausdruck »Blitzkrieg« ebenso wie das Konzept selbst eine britische Erfindung. Das blutige Gemetzel des in den Schützengräben der Westfront erstarrten Stellungskrieges hatte bei der Zivilbevölkerung zu Pazifismus und Isolationismus geführt. Berufssoldaten – und ein Staatsmann, nämlich Churchill – waren sich darin einig, daß eine Wiederholung des Grabenkrieges mit seiner tödlichen Zermürbungstaktik undenkbar sei.

Sie bezweifelten jedoch, daß er sich würde vermeiden lassen. Wie Platon glaubten sie, nur die Toten hätten wirklich das Ende des Krieges gesehen. Deshalb beschäftigten sich Männer wie Generalmajor J. F. C. Fuller und Hauptmann Basil Liddell Hart auf der Suche nach einer Alternative intensiv mit den Schlachten im Ersten Weltkrieg, in denen der Einsatz von Panzern zum Erfolg geführt hatte. Bei der Untersuchung der theoretischen Möglichkeiten einer ausschließlich mit motorisierten Truppen geführten Offensive entwickelten sie die Doktrin des Bewegungskrieges, in dem Panzer und taktische Luftstreitkräfte zusammenarbeiteten. Über den Polenfeldzug der deutschen Wehrmacht schrieb Liddell Hart: »Als die Theorie zunächst in Großbritannien entwickelt wurde, hatte man ihre praktische Verwirklichung in der Form eines ›blitzartigen‹ Vorgehens dargestellt. Von nun an bezeichnete man diese Taktik zutreffend, aber ironisch in der ganzen Welt als die Taktik des ›Blitzkriegs‹ – und verwendete das deutsche Wort.«[59]

Die Bezeichnung hätte auch *guerre éclair* lauten können, denn in Paris war Oberst Charles de Gaulle in seinen persönlichen Studien zu den gleichen Erkenntnissen gelangt: Auf den Schlachtfeldern der Zukunft werde es unbedingt erforderlich sein, für *la fluidité* zu sorgen, denn »das Schwert ist die Achse der Welt«. Aber in der Zeit zwischen den Kriegen interessierte sich weder England noch Frankreich für militärische Neuerungen. Sieger tun das nur selten. Berufssoldaten sind der Tradition verhaftet und wehren sich gegen alle Neuerungen; Politiker und die Öffentlichkeit schrecken davor zurück, an ein künftiges Gemetzel zu denken.[60]

Der Conseil Supérieur nahm die Vorstellungen von de Gaulle nicht ernst, sondern hielt ihn für einen Exzentriker. Fuller, der die besondere Gabe hatte, die Menschen zum Widerspruch zu reizen, mußte vorzeitig seinen Abschied nehmen. Liddell Hart betrachtete man als unterhaltsamen Schriftsteller mit verführerischen Ideen, die sich aber in der Praxis nicht durchführen ließen.

Oberst Heinz Guderian, ein begeisterter Leser der Schriften von Fuller und Liddell Hart, hatte mehr Glück. In den Jahren, bevor aus der deutschen Republik das Dritte Reich wurde, betrachteten Guderians Vorgesetzte ebenso wie die Generäle in England und Frankreich die Taktik des Bewegungskriegs mit einiger Skepsis. Aber Guderian gehörte zu den begabtesten Offizieren der Reichswehr, der Vorläuferin der Wehrmacht, und deshalb gab man ihm eine Chance und ernannte ihn zum Kommandeur einer Panzerabteilung. Dieser Truppenteil war noch nicht mit richtigen Panzern ausgerüstet, sondern nur mit Automobilen, deren Verkleidungen aus Pappe ihnen das Aussehen von Panzerfahrzeugen verliehen. Die Zusammenarbeit mit Flugzeugen mußte vorgetäuscht werden. Doch dann kam Hitler. Wie Churchill war auch der neue Reichskanzler fasziniert von allen technischen Neuerungen. Im Frühjahr 1933 besuchte er zum ersten Mal eine größere Truppenübung, und während sich die anderen Zuschauer über den Einsatz der von Guderian geführten Abteilung lustig machten, begriff Hitler sofort die Möglichkeiten dieser neuen Waffe. Das sei es, was er brauche! Das wolle er haben![61]

Später hat Goebbels mit einigem Erfolg versucht, die Welt davon zu überzeugen, daß alle am Überfall auf Polen beteiligten deutschen Divisionen Panzerdivisionen waren. In Wirklichkeit waren es nur neun. Die anderen 47 waren normale Infanteriedivisionen, deren Mannschaften die gleichen feldgrauen Uniformen und Stahlhelme trugen wie ihre Väter an der Somme, in Flandern und in den Ardennen, und sie waren ebenso wie sie mit Gewehren, Maschinengewehren und Infanteriegeschützen ausgerüstet. Aber das verringerte nicht ihren Kampfwert. Die deutschen Soldaten waren die besten Kämpfer in Europa, und ihre Kampfmoral war hervorragend. Es waren jedoch die Panzer, die den Feind das Fürchten lehrten. Jede der von Guderian befehligten Divisionen war ein selbständiger Verband und bestand aus einem Panzerregiment, Artillerie auf Selbstfahrlafetten, Pionieren und einer Aufklärungsabteilung. Sie verfügte über Panzerabwehr- und Flugabwehrgeschütze, eine Nachrichtenabteilung und ein motorisiertes Infanterieregiment. Die Polen beteten um Regen, und die Kriegsberichterstatter sprachen vom »General Schlamm«, als könnte der Zweite Weltkrieg wegen schlechten Wetters abgeblasen werden. Aber in jenem goldenen Herbst war der Wettergott nicht auf der Seite der Polen. 1870 und 1914 hatten die deutschen Soldaten vom »Kaiserwetter« gesprochen. Jetzt war es »Hitlerwetter«, und Guderians Männer stellten fest, daß das trockene, wellige polnische Gelände sich großartig für den Einsatz ihrer Panzer eignete.

Dennoch waren die Polen zuversichtlich. Sie brannten darauf, sich dem Feind in der Schlacht zu stellen, angespornt durch die Sendungen von Radio Warschau, in denen sie immer und immer wieder die Nationalhymne, Chopin und Marschmusik zu hören bekamen. Nach den Maßstäben von 1920, als die Polen zum letzten Mal – gegen die Bolschewiki – gekämpft hatten, besaßen sie eine erstklassige Armee. Das aktive Heer bestand aus zwei Millionen Mann, und dazu kamen eine Million Reservisten, die sich nun an die Front meldeten. Der Stolz des polnischen Heeres waren zwölf gut ausgebildete Kavalleriebrigaden, aber es verfügte über nur eine Panzerbrigade. Ihre Panzer waren veraltet, ebenso auch die Flugzeuge ihrer Luftstreitkräfte. Und der Kriegsplan des polnischen Marschalls Eduard Rydz-Smigly war ein schlechter polnischer Witz. Da Polen nach der Besetzung der Tschechoslowakei durch die Deutschen eine außerordentlich lange Grenze zu verteidigen hatte, wäre es klug und die einzig vernünftige Maßnahme gewesen, die polnischen Streitkräfte im Inneren des Landes zu versammeln. Statt dessen beschloß Rydz-Smigly, sich dem Feind schon an der Grenze zu stellen, ohne hinter der Front Reserven gebildet oder andere Verteidigungsvorbereitungen getroffen zu haben. Den ungläubigen Militärattachés an den alliierten Botschaften sagte er, die Verteidigung des polnischen Heeres sei der Gegenangriff.

Sein Nationalstolz, den auch seine Truppen mit ihm teilten, gebot es ihm, mehr als ein Drittel dieser Truppen im Polnischen Korridor zusammenzuziehen, wo sie deutschen Angriffen aus Osten und Westen ausgesetzt waren. Das hatte zur Folge, daß an anderen Stellen, die für die Verteidigung Polens wichtiger waren, zu wenig Kräfte zur Verfügung standen. Am charakteristischsten für die Vorstellungen der polnischen Militärs vor Beginn der Kämpfe ist vielleicht die Tatsache, daß Rydz-Smigly den Kampfwert einer Elitetruppe, der Pomorska-Kavalleriebrigade, besonders hoch einschätzte. Als die Vorhut der I. Panzerdivision Guderians im ebenen Gelände vor ihnen auftauchten, ließen Kavallerieoffiziere mit weißen Handschuhen ihre Trompeter das Signal zur Attacke blasen. So galoppierten die Pomorskas mit gezogenen Säbeln, wehenden Wimpeln und gesenkten Lanzen den Hang hinunter. Doch als sie sich dem Feind näherten und glaubten, ihn im ersten Ansturm überrennen zu können, eröffneten die Deutschen das Feuer. Die von den Granaten zerrissenen blutigen Leiber der Männer und Pferde bedeckten das mehr als eineinhalb Kilometer breite Schlachtfeld. Die wenigen polnischen Überlebenden wurden gefangengenommen. Sie hatten verzweifelt mit ihren Säbeln und Lanzen auf die deutschen Panzer eingestochen und geschlagen, weil man ihnen gesagt hatte, Guderians Panzer seien auch heute noch Attrappen aus Pappe wie 1933 – ein verhängnisvoller Irrtum.

Anderswo hörten die Polen ein drohendes Dröhnen in der Luft und sahen die deutschen Fliegergeschwader – es waren fast 2000 Maschinen –, die sie mit Kurs auf Warschau überflogen, wo sie am Nachmittag die Flugzeuge der polnischen Luftstreitkräfte am Boden zerstörten. Eine Million polnische Reservisten konnten ihre Truppenteile nicht erreichen, weil die deutsche Luftwaffe die Bahnhöfe, auf denen sie warteten, oder die Züge, in denen sie schon saßen, bombardiert hatte. Dann griff sie die Rundfunkstationen, Brücken, Fabriken, Kasernen und öffentlichen Gebäude an. Bevor die deutschen Geschwader ihren Rückflug ins Reich antraten, warfen sie über dicht bevölkerten Wohngebieten und sogar auf Kinderspielplätze Brand- und Sprengbomben ab. Bauern, die nie in ihrem Leben eine gefährlichere Waffe in der Hand gehabt hatten als eine Schrotflinte, beobachteten, wie Schnellfeuergeschütze auf Selbstfahrlafetten mit einer Geschwindigkeit von 60 Stundenkilometern über die unbefestigten Landstraßen rollten. Was sie nicht sehen konnten und auch kaum geglaubt hätten, wenn sie es gesehen hätten, war das engmaschige Nachrichtennetz, das die einzelnen Verbände der gewaltigen Kriegsmaschine miteinander verband.

Die polnischen Soldaten an der Grenze hinter dem in aller Eile gezogenen Stacheldrahtzaun hatten geglaubt, die in großer Höhe in Richtung Warschau fliegenden Bomberverbände seien die ganze Luftwaffe, aber sie hatten sich geirrt. Es war nur die Hälfte. Jetzt kamen die anderen, und ihr Angriff richtete sich gegen sie selbst. Voran flogen die Sturzkampfbomber vom Typ Junkers 87, die Stukas. Der Stuka war mehr als ein Bombenflugzeug. Mit dem Einsatz dieser Maschinen sollte der Gegner in Furcht und Schrecken versetzt werden. Bei vielen von ihnen waren Sirenen an den Fahrgestellen angebracht, und wenn das Flugzeug abkippte und sich mit ohrenbetäubendem Sirenengeheul auf sein Ziel stürzte, glaubte jeder, der es am Boden hörte, der Angriff gelte ihm persönlich. Nachdem die Stukas ihre Arbeit getan hatten, traten die deutschen Bodentruppen zum Angriff an. Die erste Angriffswelle bestand aus Guderians Panzern. Es folgten Motorräder, Panzerspähwagen, wieder Panzer und schließlich die motorisierte Infanterie und Artillerie. Es überraschte die Polen, daß diese deutschen Truppen nicht das Gefecht suchten. Sie wichen ihrem Gegner dort aus, wo er am stärksten war, und suchten bewußt die Schwachstellen in der gegnerischen Verteidigung. Sie waren in der von Rydz-Smigly befohlenen Gliederung bald gefunden, und hier erfolgte der Durchbruch. Im Rücken der polnischen Stellungen gingen die deutschen Verbände fächerförmig auseinander, zerstörten alle Nachrichtenverbindungen, nahmen die polnischen Reserven, die sich hinter der Front sicher fühlten, unter Maschinengewehrfeuer und bewirkten mit dieser Taktik die Zersplitterung der polnischen Armee, was dazu führte, daß die einzelnen Verbände voneinander isoliert wurden und sich ihre Abwehr nicht mehr koordinieren ließ. Jeder Versuch des Marschalls, seine Truppen von seinem Hauptquartier aus zu dirigieren, scheiterte daran, daß die Nachrichtenverbindungen unterbrochen waren oder jede Truppenbewegung unmöglich wurde, weil in Panik geratene polnische Zivilisten die Straßen verstopften. Die Verwirrung wurde noch größer, als die Deutschen über den Rundfunk die Bevölkerung durch vorgetäuschte polnische Nachrichtensendungen veranlaßten, die Straßen zur Flucht zu benutzen, die Rydz-Smigly am dringendsten für Truppenbewegungen brauchte. Damit hatten sie die Militärwissenschaft um eine neue Dimension erweitert. Sie hatten entdeckt, wie man die Bevölkerung, deren Schutz Aufgabe des Verteidigers ist, zum Nutzen des Angreifers veranlassen kann, im Rücken des Verteidigers ein unentwirrbares Durcheinander zu schaffen.

Als England und Frankreich Deutschland am Sonntag, dem 3. September, endlich den Krieg erklärten, wurde in Polen schon den dritten Tag gekämpft, und die Verteidiger befanden sich in einer außerordentlich kritischen Lage. Die polnischen Luftstreitkräfte existierten nicht mehr. Das Eisenbahnnetz war zerschlagen. Alle Brücken mit Ausnahme derer, die von den Deutschen noch gebraucht wurden, lagen in Trümmern. Die hervorragend ausgebildeten Soldaten der Wehrmacht wurden von einigen der tüchtigsten Generäle der deutschen Geschichte geführt. Es waren Gerd von Rundstedt, Heinz Guderian, Walter von Reichenau, Fedor von Bock, Ewald von Kleist, Günther von Kluge und Georg von Küchler. Zu ihnen gehörte auch Erich von Manstein, der jedoch nicht am Polenfeldzug teilnahm, sondern damit beschäftigt war, den Frankreichfeldzug und den deutschen Einmarsch nach Belgien und Holland vorzubereiten. Die deutschen Angriffsverbände waren bereits an drei Stellen über die polnische Grenze tief in das Innere des Landes vorgedrungen mit dem Ziel, sich vor Warschau zu vereinigen. Acht Divisionen waren aus Ostpreußen, zwölf aus Pommern und weitere siebzehn – sie führten mit 886000 Mann den Hauptstoß – aus Schlesien von Süden her gegen die polnische Hauptstadt angesetzt worden. An diesem Sonntag hatten die unter dem Befehl Kluges stehenden 630000 Mann – nach der britischen, aber noch vor der französischen Kriegserklärung – den Polnischen Korridor vom übrigen Polen abgeschnitten und gingen an beiden Ufern der Weichsel in südöstlicher Richtung gegen Warschau vor. Alle anderen Befehlshaber hatten ihre ersten Angriffsziele erreicht und waren jetzt mit komplexen Einkreisungsmanövern beschäftigt, deren strategische Bedeutung von Laien in anderen Ländern kaum erkannt werden konnte. Diese begriffen jedoch das Wesentliche: Der Krieg dauerte weniger als 72 Stunden, aber die polnische Armee befand sich bereits in der Auflösung, und an eine wirksame Verteidigung war nicht mehr zu denken.

In London war es heiß. Churchill konnte sich nicht erinnern, jemals eine solche Hitzewelle erlebt zu haben. Er trug eine schwarze Alpakajacke über einem Leinenhemd und überlegte, daß dies »genau das richtige Wetter war, das Hitler sich für seinen Überfall auf Polen wünschte. Die großen Flüsse, die bei dem Verteidigungsplan der Polen als Hindernisse eine wichtige Rolle gespielt hatten, führten so wenig Wasser, daß sie fast überall durchwatet oder durchfahren werden konnten, und der Boden war fest und trocken, so daß sich Panzer und Kraftfahrzeuge frei bewegen konnten.« Er schrieb, das Kriegskabinett hatte sich »um den Kabinettstisch« versammelt und registrierte hier den Beginn »der raschen und fast mechanischen Vernichtung eines schwächeren Staats nach der schon lange von Hitler vorgesehenen Methode«.[62]

Es war kaum zu glauben, daß die Polen ihren Gegnern tatsächlich zahlenmäßig um eine Viertelmillion Mann überlegen waren. Später erinnerte sich Churchill: »Jeden Morgen standen die Chefs des Empire-Generalstabs und General Ironside vor der Karte und gaben ausführliche Berichte und Lagebeurteilungen ab, die sehr bald keinen Zweifel mehr daran aufkommen ließen, daß der Widerstand Polens in Kürze gebrochen werden würde. Täglich berichtete ich dem Kabinett über die Meldungen, die bei der Admiralität eingegangen waren. Dieser Bericht bestand gewöhnlich aus einer Liste der von den U-Booten versenkten britischen Handelsschiffe.« Am Montag erreichten die Vorhuten der Panzerverbände Reichenaus, die erst vor drei Tagen den Jablunka-Paß in den Karpaten überschritten hatten, die Pilica 80 Kilometer hinter der polnischen Grenze. Am Dienstag, dem Tag, an dem die U-Boote von Dönitz die *Royal Sceptre* und die *Bosnia* versenkten, sagte Ironside dem Kabinett, daß mehrere Panzerdivisionen die polnischen Verteidigungsstellungen bei Tschenstochau überrannt hatten – ein Durchbruch, »der dazu führen könnte, daß die Deutschen sich in den Besitz des größten polnischen Industriegebiets setzten« und die Armee von Rydz-Smigly sich auf die Weichsel würde zurückziehen müssen. Aber immer noch dachte niemand im Beratungszimmer des Kabinetts daran, daß der organisierte Widerstand der Polen zusammenbrechen könnte. Man erinnerte sich daran, wie die große deutsche Offensive von 1914 in der Marneschlacht erfolgreich abgewehrt wurde, und fragte sich, wann und wo es den Polen gelingen werde, die feldgraue Flut zu stoppen. Aber man schrieb nicht mehr das Jahr 1914, und die Weichsel war nicht die Marne.[63]

Am 4. September berichteten die Londoner Zeitungen von einem neuen Bombenangriff auf Warschau. Die Verluste unter der Zivilbevölkerung waren angeblich sehr hoch. Abgeordnete der Labour Party erinnerten das Kabinett an Guernica und verlangten das militärische Eingreifen Großbritanniens. Das gleiche tat Churchill als Regierungsmitglied. Auf der zweiten Sitzung des Kriegskabinetts an diesem Morgen wies er darauf hin, daß das Hauptangriffsziel der Deutschen in diesem Krieg Polen sei, und schlug vor, »alles zu unternehmen, um den Druck zu verringern«. Am Anfang dieser Bemühungen müsse ein sofortiger Angriff gegen den deutschen Westwall mit französischer Infanterie und der RAF stehen. Die anderen Mitglieder des Kriegskabinetts waren sich darin einig, daß ein solches Vorgehen »dringend notwendig« sei.[64]

Das war in der Tat der Fall. Jedes andere Verhalten wäre unehrenhaft gewesen. Die Welt würde den Eindruck haben, daß die von der Regierung Seiner Majestät und der Dritten Republik abgegebenen Zusicherungen ebenso wertlos seien wie die Zusagen Hitlers. Im ersten Artikel des vor zehn Tagen unterzeichneten englisch-polnischen Vertrags hieß es: »Sollte eine der vertragschließenden Parteien in Feindseligkeiten mit einer europäischen Macht als Folge eines Angriffs der letzteren verwickelt werden... wird die andere vertragschließende Partei sofort der in die Feindseligkeiten verwickelten Partei jede Unterstützung und

Hilfe gewähren, die in ihrer Macht steht.« Im zweiten Artikel wurde vereinbart, daß jedes Land zur Anwendung von Gewalt verpflichtet sei, auch wenn keine Aggression vorläge, und zwar angesichts »jeder Aktion... welche die Unabhängigkeit einer der vertragschließenden Parteien direkt oder indirekt deutlich bedrohte«.[65]

Die Schwierigkeit lag darin, daß Großbritannien eine Insel war und keine gemeinsame Grenze mit Deutschland hatte. Die Briten verfügten über die königliche Flotte und die RAF, aber die Polen waren zur See nicht angegriffen worden, und die geringe Reichweite der damaligen Flugzeuge machte ein Eingreifen von in Großbritannien stationierten Militärflugzeugen in die Kämpfe über Polen unmöglich. Die Polen brauchten die militärische Unterstützung durch eine Armee, und über eine solche Armee verfügte England nicht. Wie Telford Taylor schreibt, befand sich Großbritannien zu Lande »noch fast in der Position eines asiatischen Staats aus dem 19. Jahrhundert, der mit seinen veralteten Waffen gegen die moderne Artillerie und die Maschinengewehre einer europäischen Macht kämpfen will«. 1914 hatte Churchill als Erster Lord der Admiralität sieben hervorragend ausgebildete britische Divisionen in Schiffen über den Ärmelkanal nach Frankreich gebracht. Jetzt bereitete er sich darauf vor, das gleiche zu tun, aber im Augenblick war es unmöglich. Es fehlten die dazu notwendigen Soldaten. Die stehende britische Armee war so klein, daß es schon peinlich war. Alles, was das Kriegsministerium zur Verfügung stellen konnte, waren vier Divisionen. Wie Winston schrieb, war das bestenfalls »ein symbolischer Beitrag«. Voller Entsetzen hatte er feststellen müssen, daß, obwohl England »die Wiege des Panzers in all seinen Varianten« gewesen war, dieses symbolische Kontingent eine »schreckliche Lücke« aufwies, denn »die britischen Expeditionsstreitkräfte verfügten nicht über eine einzige Panzerdivision«.[66]

Der Ausschuß für die Landstreitkräfte des Kriegskabinetts trat am 7. September im Innenministerium zusammen, an einem, wie Churchill später berichtete, »drückend heißen Nachmittag«. Hoare übernahm den Vorsitz und beschloß, nachdem er die Ansichten des Oberkommandos der Armee gehört hatte, »sofort mit der Aufstellung einer 55 Divisionen starken Armee zu beginnen« in der Hoffnung, daß »nach 18 Monaten zwei Drittel dieser Divisionen... entweder schon nach Frankreich geschickt oder marschbereit sein würden«. Das Luftfahrtministerium erhob Einspruch. Es hatte vor, in den folgenden zwei bis drei Jahren eine gewaltige Luftflotte aufzubauen, und »das ganze Programm des Heeresaufbaus könne nicht vor zwei Jahren verwirklicht werden, ohne daß es das für die Luftstreitkräfte vorgesehene Programm ernsthaft behinderte«. Es dauerte einige Augenblicke, bis die

Ausschußmitglieder diesen Einwand richtig verstanden hatten. Er kam von einem alten, erfahrenen Zivilbeamten im Luftfahrtministerium, der in den Jahren 1919 und 1920, als Winston dieses Ministerium geleitet hatte, ständiger Unterstaatssekretär gewesen war und jetzt erklärte, die Heeresvermehrung könne nicht vor 1942 abgeschlossen sein. Jetzt im Jahr 1939 sei es zu spät, Polen zu retten, aber eine Geste solle erfolgen. Es sei undenkbar, die französische Armee allein zu lassen. Ganz London war bereits verdunkelt, und niemand in Großbritannien konnte sagen, wann es an die Reihe kommen würde. Man rechnete aber jederzeit mit einem massiven Luftangriff, und nun sprachen die Beamten der Teilstreitkräfte von Dreijahres- oder Fünfjahresplänen, ohne daran zu denken, daß London 1942 ein nicht wiederzuerkennender und unbewohnbarer Trümmerhaufen sein könnte.

Auf einer Sitzung des vollständigen Kriegskabinetts wiederholte der Luftfahrtminister Kingsley Wood die Forderungen seines Ministeriums: Die RAF müsse den Vorrang haben, die Armee würde warten müssen. Churchill nahm zu diesen Problemen sehr energisch Stellung und erläuterte seine Gedanken in einer geheimen Denkschrift: »Ich kann mir nicht vorstellen, daß weniger als 20 Divisionen bis zum 1. März 1940 ein gegenüber der französischen Armee fairer britischer Beitrag sein könnte... Wir müssen unseren Platz in der gemeinsamen Front einnehmen, wenn wir das Bündnis zusammenhalten und den Krieg gewinnen wollen.«[67]

Das war ein gutes Argument, aber die Männer um Chamberlain hatten sich daran gewöhnt, Winston der niedrigsten Motive zu verdächtigen. In seinem Tagebuch notierte Hoare, jemand habe ihm zugeflüstert: »Er schreibt seine neuen Memoiren«, und der Präsident der Handelskammer, Oliver Stanley, bemerkte in Anspielung auf Churchills Geschichte des letzten Krieges, *The World Crisis* gehässig: »Warum hat er nicht seinen *Weltkrieg* mitgebracht?« Chamberlain zögerte. Schließlich stimmte er den Empfehlungen des Ausschusses für die Landstreitkräfte zu, aber der Bericht des Ausschusses enthielt einige beunruhigende Voraussagen. Hier hieß es, die französische Armee werde wahrscheinlich bei der Ausrüstung ihrer Männer »nach den ersten vier Kriegsmonaten unsere Hilfe brauchen«. Und doch wurde die Vermutung ausgesprochen, daß Frankreich unter Umständen dazu beitragen könnte, gewisse Mängel in Großbritannien auszugleichen. Nachdem Clementine Churchill die Liste des vom Kriegsministerium angeforderten Materials gelesen hatte, meinte sie: »Sie zeigt, welche unendliche Entfernung wir noch zurücklegen müssen, bevor wir kämpfen könnten.«[68]

Bevor England kämpfen konnte, brauchte es nicht nur Truppen und

Waffen, sondern auch eine Regierung, deren Minister bereit waren zu kämpfen. Es mußten Männer sein, die ebenso wie jeder Soldat bereit waren, alles zu opfern, auch das eigene Leben, um ein großes Ziel, die Vernichtung des nationalsozialistischen Deutschland, zu erreichen. Churchill war ein solcher Mann. Doch obwohl er dem Kabinett angehörte, stand er praktisch allein da. Die anderen Regierungsmitglieder nahmen eine schizoide Haltung ein. Es fehlte ihnen an Selbstvertrauen. Sie verhielten sich wie irgendwelche schlichte Menschen, denen man gestern gesagt hatte, die Welt werde heute untergehen, und die heute feststellten, daß sie mit dieser Prophezeiung betrogen worden waren. Sie waren noch immer vom Geist der Beschwichtigungspolitik beherrscht und hofften, daß ihr schon leicht beschädigter Messias in der Downing Street Nr. 10 doch noch recht behalten könnte. Aber England befand sich im Krieg, in einem Krieg, den es verlieren konnte – und mit Sicherheit verlieren würde, wenn sie sich mit ihrer Haltung durchsetzten.

Am Freitag vormittag, dem 8. September, war der Krieg fünf Tage alt. In seinem Lagebericht sagte Ironside dem Kriegskabinett, daß die Polen »gut kämpfen und noch nicht geschlagen sind«. In einem anderen zusammenfassenden Bericht des Kriegsministeriums hieß es, zwar seien die Polen »nicht demoralisiert«, aber ihre Bewegungsfreiheit würde »durch die überwältigende deutsche Überlegenheit in der Luft und bei den gepanzerten Fahrzeugen stark eingeschränkt«. Sie wollten wissen, was ihre Verbündeten im Westen täten. Das Luftfahrtministerium war von dem polnischen Luftattaché in London ersucht worden, deutsche Industrieanlagen und Flugplätze innerhalb der Reichweite der RAF »sofort« zu bombardieren. Er erhielt keine befriedigende Antwort. Am gleichen Tag wandte sich Leo Amery an Kingsley Wood und fragte, ob die Regierung Polen helfen werde. Amery schlug vor, über dem Schwarzwald Brandbomben abzuwerfen. Der Luftfahrtminister erwiderte: »Aber das können Sie doch nicht tun, das ist Privatbesitz. Als nächstes werden Sie mich bitten, das Ruhrgebiet zu bombardieren.« Die Gußstahlfabrik in Essen, die bedeutendste Fabrik der Rüstungswerke von Krupp, hätte man, wie Amery erwiderte, schon längst dem Erdboden gleichmachen sollen, aber Kingsley Wood meinte, wenn er das täte, würde er die Amerikaner verärgern. In seinen Memoiren schreibt Amery, er habe sich sehr zornig von Wood verabschiedet. Hugh Dalton stellte Wood die gleiche Frage, und Kingsley Wood antwortete, ein solcher Einsatz wäre eine Verletzung der Haager Konvention, die RAF müsse sich auf »militärische Ziele« konzentrieren.[69]

Noch immer bemühte sich die Regierung Seiner Majestät, Deutschland nicht zu provozieren; obwohl sich Großbritannien und das Dritte

Reich im Krieg befanden, war es der von Reith geleiteten BBC unangenehm, das Regime im nationalsozialistischen Deutschland zu kritisieren. Reith, der jetzt den Posten des Informationsministers übernommen hatte, ließ bedeutende Engländer nicht im britischen Rundfunk zu Wort kommen, die gegenüber Deutschland eine zu kritische Haltung einnahmen. Als Kabinettsmitglied konnte Hore-Belisha die Gewährung von Redezeit in der BBC nicht verwehrt werden, und im Oktober hielt er eine hervorragende Rede über die britischen Kriegsziele. Er sagte, Großbritannien kämpfe nicht für die Wiederherstellung der Tschechoslowakei oder für Polen: »Uns geht es um die Grenzen des menschlichen Geistes... Nur die Niederlage des nationalsozialistischen Deutschland kann das Dunkel erhellen, in das heute unsere Städte gehüllt sind, und den Horizont für ganz Europa und die Welt aufleuchten lassen.« Die Tage Hore-Belishas waren gezählt. Neben Churchill war er das tüchtigste Mitglied des Kriegskabinetts und setzte sich für eine energische Führung des Krieges ein. Trotzdem forderte ihn der Premierminister im Januar 1940 zum Rücktritt auf. Chamberlain wollte ihm das Informationsministerium anbieten, aber Halifax machte Einwendungen gegen diese Ernennung; er sagte, sie würde »ungünstig auf die Neutralen wirken, weil HB Jude ist«. In Deutschland war es allerdings schlimm, Jude zu sein, aber unter der Regierung Seiner Majestät hatte diese Tatsache damals nichts mit der charakterlichen Beurteilung eines Menschen zu tun.[70]

Am Mittwoch, dem 6. September, versicherte die Regierung Seiner Majestät dem Unterhaus, daß die Luftwaffe »in Polen nur militärische Ziele bombardierte«. Doch schon vor drei Tagen hatte die Regierung in Warschau die britische Regierung davon unterrichtet, daß 27 Städte von deutschen Flugzeugen bombardiert und mehr als 1000 Zivilpersonen getötet worden waren. Edward Spears beschloß, im Unterhaus die Frage aufzuwerfen, »weshalb wir die Polen nur mangelhaft unterstützen«. Er änderte aber seine Meinung, als Kingsley Wood ihm sagte, die Antwort müsse auch »strategische Fragen« berühren, und es wäre »äußerst gefährlich«, sie in der Öffentlichkeit zu erörtern. Am Samstag wies Beck den polnischen Botschafter Raczynski an, dem britischen Außenministerium die gleiche Frage zu stellen. Am Montag sprach er mit Cadogan und sagte: »Das ist uns gegenüber sehr unfair. Zumindest dürfen wir wohl fragen, was Sie zu tun bereit sind?« Cadogan versprach ihm, diese Frage am Abend zu beantworten. Aber Raczynski hörte weder an diesem Tag noch später etwas von Cadogan.[71]

Chamberlain erkannte, daß die Verärgerung im Unterhaus ständig zunahm. Er glaubte auch die Gründe zu kennen. »Die Amerys, Duff Coopers und ihresgleichen«, schrieb er, »leiden unter erheblichen

Frustrationen, weil sie nur zuschauen können.« Er fügte hinzu: »Die persönliche Abneigung von Simon und Hoare hat eine Intensität erreicht, die zu verstehen mir schwerfällt.« Aber es gab sehr vieles, was er nicht verstand. Er war weder der erste noch der letzte politische Führer, der den Kontakt und das Gefühl für die Stimmung in seinem Volk verloren hatte. Sobald eine Kriegserklärung ausgesprochen ist, wird reiner Tisch gemacht. Die frühere Friedenspolitik eines führenden Politikers ist vergessen, das gilt auch für die Entschlüsse, die zu einem Krieg geführt haben, den das Volk nicht wollte, es sei denn, der politische Führer ist so unklug, diese Probleme zur Sprache zu bringen. Noch nach der Niederlage Polens, nachdem die Fleet Street Beweise für die nationalsozialistischen Verbrechen in Polen in den Zeitungen abgedruckt hatte – die willkürlichen Morde, die anschließenden Massenexekutionen, die Folterungen und die Verschleppung von Polen zur Arbeit in deutschen Munitionsfabriken –, dachte der Premierminister noch allen Ernstes an einen Verhandlungsfrieden mit Deutschland unter der Voraussetzung, daß die extremsten Nazis aus der Regierung entfernt würden. Er schrieb, er habe die »Vorahnung«, daß der Krieg im Frühjahr 1940 zu Ende sein werde. »Es wird nicht durch eine Niederlage auf dem Schlachtfeld dazu kommen, sondern weil die Deutschen erkennen, daß sie nicht gewinnen können und daß es sich nicht lohnt, immer ärmer zu werden, wenn die Belastung sofort von einem genommen werden kann.« Wenn die Verhandlungen Erfolg hätten, würden die Deutschen vielleicht »nichts von dem aufgeben müssen, woran ihnen wirklich etwas liegt«. Man stelle sich Neville Chamberlain in der Hölle vor. Er sitzt an einem Ende des Tisches, und Satan am anderen. Beide überprüfen die Liste ihrer Erfolge, und langsam verzieht sich das Gesicht des verstorbenen Premierministers zu einer gräßlichen Fratze, als er erkennt, daß er eben seine Seele für die Zusage künftiger Verhandlungen verkauft hat.[72]

Ihm war vollkommen entgangen, daß eine defensive Kriegführung der Alliierten im Westen an der verzweifelten Lage der Polen nichts änderte. Es mußte eine Offensive oder eine ganze Reihe von Offensiven erfolgen, und zwar *jetzt*, solange die deutschen Armeen durch den Feldzug in Polen gebunden waren. Bei einem Angriff gegen den Westwall oder bei den Bombenangriffen gegen das Deutsche Reich müßte Blut fließen. Ein Infanterieangriff an der Westfront konnte nur von Frankreich geführt werden. Obwohl die britischen Expeditionsstreitkräfte mit jeder Woche stärker wurden, stellten die Franzosen die Masse der in Frankreich verfügbaren Truppen, und sie mußten entscheiden, welcher Strategie die Alliierten dort folgten. Die RAF konnte Bombenangriffe fliegen, aber auch hier hatte Frankreich wegen der gemeinsamen Grenze mit dem Deutschen Reich ein entscheidendes Wort mitzureden.

Die Franzosen taten es und entschieden sich für ein Veto. Sie lehnten die Bombardierung deutscher Städte ab, weil die Deutschen sie, wie Chamberlain dem Kriegskabinett erklärte, mit einem Angriff gegen eine der Seinebrücken vergelten könnten. Churchill war empört, aber er konnte »sie nicht umstimmen. Als ich sie sehr energisch drängte, weigerten sie sich auf eine Art, wie ich das noch nie erlebt hatte.« (Bei einer Gelegenheit in Paris) »sagte mir M. Daladier in ungewöhnlich offiziellem Ton, daß ›sich der Präsident der Republik persönlich eingeschaltet hat und daß keine aggressiven Maßnahmen ergriffen werden dürfen, die Vergeltungsmaßnahmen gegen Frankreich auslösen könnten‹.« In seinen Memoiren schreibt Winston:

»Diese Auffassung, daß der Feind nicht verärgert werden dürfe, hielt ich nicht für vertretbar. Hitler hatte alles getan, um unseren Handel durch das unterschiedslose Verminen unserer Häfen zu ersticken. Wir hatten uns nur mit Defensivmaßnahmen dagegen gewehrt. Es hatte den Anschein, als dürften sich gute, anständige zivilisierte Menschen niemals wehren, bevor sie selbst totgeschlagen worden sind. Zu jener Zeit näherte sich der furchterregende deutsche Vulkan mit all seinen unterirdischen Gluten dem Explosionspunkt. Der Scheinkrieg sollte noch Monate dauern. Auf der einen Seite gab es endlose Diskussionen über Nebensächlichkeiten, es wurden keine Entscheidungen getroffen oder, wenn sie getroffen wurden, hat man sie widerrufen, und es galt die Regel, ›behandle den Feind nicht unfreundlich, du wirst ihn damit nur zum Zorn reizen‹. Auf der anderen Seite näherte sich das Verhängnis – eine unheimliche Kriegsmaschine wälzte sich voran, bereit, uns niederzuwalzen.«[73]

Wie sich zeigte, hatte der Premierminister beschlossen, die bei den Fliegerangriffen auf Warschau, Krakau und Kattowitz getöteten Polen mit »Wahrheitsangriffen« (truth raids) auf das Deutsche Reich zu rächen. Bei diesen Einsätzen sollten Flugblätter anstelle von Bomben abgeworfen werden. Diese Strategie ging von der Annahme aus, daß die Deutschen, wenn sie durch die Flugblätter von den Verbrechen Hitlers erfuhren, sich erheben und die nationalsozialistische Führung stürzen würden. Nach dem ersten Einsatz ließ Kingsley Wood bekanntgeben, diese geniale Methode sei seine Erfindung und die Nazis in Berlin seien zutiefst beunruhigt über die Wirkung seines Propagandafeldzugs. Das Unternehmen war für die Piloten der RAF durchaus nicht ungefährlich. Die deutschen Fliegerabwehrbatterien konnten die britischen Maschinen vom Typ Blenheim, die Sprengbomben abwarfen, nicht von denen unterscheiden, die mit ihren Flugblättern die Stabilität des Regimes in

Berlin zu erschüttern versuchten, deshalb wurden auch britische Flugzeuge mit Propagandamaterial abgeschossen. Hoare fand anerkennende Worte für deren Piloten und meinte, sie schrieben für das Buch der Geschichte »ein Kapitel heroischer Tapferkeit, vergeblicher Hoffnungen und brillanter Improvisationen«.[74]

Die optimistischen Lagebeurteilungen, die Ironside dem Kriegskabinett vortrug, waren mehr durch die Tapferkeit der Polen inspiriert als durch ihre militärischen Erfolgsaussichten. Doch die Begeisterung, mit der sie kämpften, war erstaunlich. Noch am gleichen Freitag wurde der Angriff der 4. Panzerdivision gegen den südöstlichen Stadtrand von Warschau zurückgeschlagen, polnische Divisionen im Raum von Kutno traten zum Gegenangriff über die Bzura an und zwangen die deutsche 8. Armee in drei Tage dauernden Kämpfen zu einem Teilrückzug. Das war eine militärische Leistung, wie sie lange Zeit von keiner Truppe irgendeiner Armee wiederholt werden sollte. Der Angriffswille der Polen war nicht nur Ausdruck ihrer Entschlossenheit, die Ehre der polnischen Nation zu wahren, sie glaubten auch an ihren Sieg. Sie wußten allerdings, daß sie die Deutschen nicht ohne fremde Hilfe schlagen konnten, und waren überzeugt, daß dies auch nicht notwendig sein würde. England und Frankreich hatten ein festes Militärbündnis mit ihnen geschlossen und dem nationalsozialistischen Deutschland den Krieg erklärt. Deshalb gingen sie davon aus, daß die Briten bereits die deutschen Rüstungsfabriken an der Ruhr bombardierten, während die französische Armee, die stärkste der Welt, schon tief in das westliche Deutschland vorgestoßen sein mußte. Wenn sie selbst die deutschen Armeen in Polen banden, dann würden ihre Verbündeten Hitler sehr bald zwingen, ein Friedensangebot zu machen.

Doch aus Furcht vor Vergeltungsmaßnahmen der Luftwaffe hatten die Franzosen die Briten gebeten, auf Bombenangriffe der RAF gegen deutsche Städte zu verzichten, und wo war die französische Armee? Das Verhängnis der Polen verkörperte sich in demselben Offizier, der es Hitler vor drei Jahren durch seine Unschlüssigkeit ermöglicht hatte, das Rheinland zu besetzen. Maurice-Gustave Gamelin, ein kleiner, ängstlicher, wie ein Kaninchen wirkender Mann Ende der Sechzig, war im Ersten Weltkrieg Adjutant von Marschall Joseph-Jacques-Césaire Joffre gewesen und über die militärische Stufenleiter bis zum Generalissimus der französischen Armee, zum Konnetabel Frankreichs und Befehlshaber des englisch-französischen Oberkommandos aufgestiegen. Er hatte eine ganz ungewöhnliche Karriere gemacht, und zwar nicht, weil er eine besonders beeindruckende Persönlichkeit war – in Zivil wirkte er wie ein kleiner Beamter –, sondern weil er, wenn er unter Druck geriet, alles das war, was ein militärischer Befehlshaber nicht sein durfte: unentschlossen, dazu geneigt, impulsive Befehle zu geben, die er fast jedesmal widerrief, und unbeschreiblich ängstlich. Bezeichnend für seine Unberechenbarkeit waren sein Vorschlag, bei Ausbruch des Krieges durch die neutralen Länder Belgien und Holland auf deutsches Reichsgebiet vorzustoßen, und, nachdem ein entsetztes Kabinett diesen Plan abgelehnt hatte, die Erklärung, daß damit jede französische Offensive zum Scheitern verurteilt sei und die Poilus den Krieg in der Maginotlinie aussitzen sollten. Später sollte er sich bei anderen Gelegenheiten ähnlich verhalten, und zwar immer und immer wieder.

An seiner Haltung während der Rheinlandkrise hätten seine zivilen Vorgesetzten erkennen müssen, daß er für das hohe Amt, das er bekleidete, völlig ungeeignet war. Damals hatten sie von ihm ein militärisches Eingreifen verlangt, aber er hatte sie nur mit Ausreden abgespeist. Anschließend hätte er von seiner Verantwortung für die Verteidigung Frankreichs eigentlich entbunden werden müssen. Aber wie alle höheren Offiziere in der französischen Armee hatte auch er seinen *patron*, in diesem Fall war es Daladier. So war er auf seinem hohen Posten geblieben, und nun mußte der Preis bezahlt werden; nicht von ihm, nicht von Daladier, sondern von den Polen. Das Überleben Polens würde sich in wenigen Tagen, wenn nicht sogar schon nach Stunden entscheiden. Frankreich war das einzige Land, das über Streitkräfte verfügte, die stark genug waren, Polen durch einen sofortigen Angriff gegen Deutschland zu retten. Außerdem war die französisch-polnische Militärkonvention vom 19. Mai 1939 präziser als die britischen Vereinbarungen mit den Polen. Sie war von Gamelin und zwei polnischen Generälen entworfen worden und sah vor, daß »die französische Armee eine Offensive mit starken Kräften beginnen würde *(lancerait une grande offensive à l'Ouest)*, wenn die Deutschen Polen angreifen«. Die Polen hatten gefragt, wie viele Soldaten Frankreich in einem solchen Fall zur Verfügung stellen könne. Gamelin hatte »35 bis 38 Divisionen« genannt. Außerdem hatten die Polen wissen wollen, in welcher Form dieser Angriff erfolgen werde. Im Verlauf der Gespräche ergab es sich, daß die französische Armee »am dritten Tag nach der allgemeinen Mobilmachung... fortlaufend Offensivoperationen durchführen« werde. Aber der Stichtag war vorübergegangen, ohne daß Paris irgend etwas unternommen hatte.[75]

Am 23. August, unmittelbar vor dem deutschen Überfall auf Polen, hatte der unentschlossene französische Oberbefehlshaber – ohne mit den Polen darüber zu sprechen – eine Beurteilung der militärischen Leistungsfähigkeit jener Nationen vorgenommen, die mit Hitler in einen Konflikt geraten konnten. Dabei zeigte sich, wie erschüttert sein Vertrauen sowohl in die französische Armee als auch in die politische

Führung seines Landes und (was durchaus gerechtfertigt war) in sich selbst war. Er hoffte, Frankreich werde im Frühjahr 1940 gemeinsam mit Großbritannien und mit der Unterstützung durch *»matériel américain«* fähig sein, wenn notwendig einen Verteidigungskrieg zu führen. Dann erklärte dieser Mann, der den Polen am dritten Tag nach der Mobilmachung offensive Operationen versprochen hatte: »Es ist schon immer meine Auffassung gewesen, daß wir, grob gerechnet, vor 1941/42 nicht in die Offensive gehen können.« Mit anderen Worten, die Franzosen hatten das Militärbündnis mit Polen einseitig gekündigt. Obwohl der schriftliche Vertrag seine Unterschrift trug, schrieb Gamelin in seinen Memoiren: »Unser militärisches Protokoll war bedeutungslos und verpflichtete uns zu nichts.« Deshalb sei er im Herzen durchaus »befriedigt« *(satisfait)*. Unter anderem hatte er ein schon früher geschlossenes Militärbündnis übersehen, an das die französische Regierung immer noch gebunden war. Marschall Ferdinand Foch hatte es am 19. Februar 1921 mit den Polen ausgehandelt und Frankreich darin zur *effectif et rapide* Unterstützung Polens verpflichtet, falls es von Deutschland angegriffen werden sollte.[76]

Generäle haben nur selten irgendwelche Gewissensskrupel, aber sie verraten nur selten einen in Bedrängnis geratenen Verbündeten. Vielleicht veranlaßte diesen Oberbefehlshaber ein gewisses Schuldgefühl, darauf hinzuweisen, daß allein schon die französische Mobilmachung für Polen eine gewisse Entlastung bedeuten werde, weil sie »eine bestimmte Zahl starker deutscher Verbände an unserer Grenze binden wird«. Daladier fragte ihn, wie lange die von ihren Verbündeten im Stich gelassenen Polen sich würden halten können. Der Generalissimus erwiderte, er glaube, sie würden »einen ehrenhaften Widerstand« leisten, der »die Masse der Streitkräfte« des Deutschen Reiches daran hindern würde, sich gegen Frankreich zu wenden, bevor die Engländer »wirksam an unserer Seite« stehen, um Schulter an Schulter neben der französischen Armee zu kämpfen.[77]

Polen und Frankreich konnten gemeinsam den 98 deutschen Divisionen 130 Divisionen entgegenstellen. In Wirklichkeit verfügten die Deutschen jedoch nur über 62 Divisionen, weil 36, wie Liddell Hart schreibt, »praktisch noch unausgebildet und nicht vollständig ausgerüstet« waren. Die Armee von Rydz-Smigly mußte die Angriffe der deutschen Divisionen im Osten nur erfolgreich abwehren, dann konnten die Franzosen währenddessen die unerfahrenen, zweitklassigen deutschen Divisionen am anderen Rheinufer schlagen. Vor dieser Aufgabe hätte niemand zurückschrecken müssen. Die Streitkräfte Gamelins im Westen waren den Deutschen mindestens im Verhältnis zwei zu eins überlegen – ja sogar vier zu eins, wenn man den Aussagen des Chefs des

Wehrmachtsführungsstabes, dem General Alfred Jodl, im Nürnberger Kriegsverbrecherprozeß glauben will, der dem internationalen Militärtribunal sagte, er hätte 1939 mit dem Zusammenbruch des Dritten Reichs gerechnet. Dessen Überleben schrieb er »der Tatsache zu, daß die etwa 110 französischen und britischen Divisionen im Westen während des Polenfeldzugs gegen die 23 deutschen Divisionen praktisch nichts unternommen haben«.[78]

Die Generäle des deutschen Oberkommandos waren entsetzt angesichts des gewagten Spiels, auf das Hitler sich eingelassen hatte. Um den Blitzkrieg gegen Polen führen zu können, hatte er den Westwall von allen Panzerkräften, schwerer Artillerie, Kampfflugzeugen und gut ausgebildeten Truppen entblößt und die Befestigungen mit mangelhaft ausgebildeten Verbänden besetzt, die nun dem französischen Erbfeind im Westen gegenüberstanden. Es erschien unvorstellbar, daß die Franzosen diese günstige Gelegenheit nicht ergreifen würden, da sie wußten, daß ein rascher deutscher Sieg in Polen den deutschen Generalstab vom Alptraum eines Zweifrontenkriegs befreite und es Hitler erlaubte, alle verfügbaren Kräfte zu einer Großoffensive anzusetzen, um über Belgien und Holland in Frankreich einzufallen. Der Chef des OKW, Feldmarschall Wilhelm Keitel, erinnerte sich, daß »wir Soldaten während des Polenfeldzugs immer mit einem französischen Angriff rechneten und sehr überrascht waren, als nichts geschah... Ein französischer Angriff wäre nur auf einen schwachen deutschen Schirm, nicht aber auf starke Verteidigungskräfte gestoßen.«[79]

General Franz Halder stimmte ihm zu, wich aber in einem Punkt von seiner Lagebeurteilung ab. Er meinte, der Erfolg gegen Polen sei nur durch die völlige Entblößung der deutschen Westgrenze ermöglicht worden. Wenn die Franzosen angegriffen hätten, dann hätten die Deutschen sie nicht daran hindern können, den Rhein zu überschreiten und das Ruhrgebiet zu nehmen, den für die deutsche Kriegführung »entscheidenden Faktor«. Doch Halder, der mehr von der militärischen Intuition Hitlers hielt als die meisten anderen höheren Offiziere war nicht überrascht, als an der Westfront alles ruhig blieb. Am 14. August schrieb er im ersten Eintrag in sein Kriegstagebuch, er halte eine französische Offensive für »nicht sehr wahrscheinlich«. Frankreich werde nicht gegen den Wunsch der Belgier durch Holland und Belgien angreifen, und die Franzosen würden wahrscheinlich »in der Defensive bleiben«.[80]

Damals war Halder der einzige höhere Offizier im deutschen Oberkommando, der an die Voraussagen Hitlers glaubte. Am 7. September, als die Frage, ob man weitere deutsche Divisionen nach Westen verlegen sollte, ernsthaft diskutiert wurde, endete Halders Tagebucheintrag mit einigen Zeilen, in denen er die Auffassungen Hitlers zusammenfaßte, die Operationen im Westen seien noch nicht klar, es gebe Anzeichen dafür, daß keine wirkliche Absicht besteht, Krieg zu führen. Der Generalstab konnte dies nicht glauben. Man erinnerte sich an die tapferen Poilus, die in den ersten Jahren des letzten Krieges unter Joffre und Gallieni gekämpft und nach jedem deutschen Angriff zum Gegenangriff angetreten waren. Den Deutschen war nie ein wirklicher Durchbruch durch die französischen Stellungen gelungen. Die Franzosen waren ihrem Schwur *ils ne passeront pas* (sie werden nicht durchkommen) treu geblieben und hatten während sieben schrecklicher Monate Verdun gegen die besten deutschen Regimenter verteidigt. Für ihren Sieg im Jahr 1918 hatten sie einen beispiellos hohen Preis bezahlt – drei Millionen Verwundete und eine Million Tote.[81]

Aber Joffre, Gallieni, Pétain und Foch waren nicht mehr da, und an ihre Stelle war Gamelin getreten, der sich nicht mit ihnen messen konnte. Wie Halder berichtet, hatte Hitler den Eindruck, der französische Generalissimus bereite sich darauf vor, die einzige Offensive seines Lebens zu beginnen, ein lächerliches Unternehmen und eine Verhöhnung der blutigen Kämpfe um Verdun. *L'offensive de la Sarre*, wie er es nannte, war in Wirklichkeit nicht mehr als ein schwächlicher, zum Scheitern verurteilter Erkundungsvorstoß. Von seinen 85 gut ausgerüsteten Divisionen setzte er nur neun zu einem Angriffsunternehmen an einer 24 Kilometer breiten Front südöstlich von Saarbrücken an. Die französische Infanterie besetzte bei ihrem langsamen und sehr vorsichtigen Vorgehen schließlich nur 20 von ihren Bewohnern geräumte Dörfer und machte dabei einen Geländegewinn von acht Kilometern. Hier und dort kam es zu unbedeutenden Gefechten, aber die Deutschen wichen den Franzosen kampflos aus und hofften, der Generalissimus werde keine weiteren Divisionen einsetzen, um dem Angriff den nötigen Schwung zu verleihen. Die deutschen Verbände an der Westfront waren außer 11 Divisionen alle schlecht ausgebildet, unzureichend bewaffnet, und es fehlte ihnen an den notwendigen Munitionsreserven. Trotzdem befahl Gamelin am 12. September, den Angriff einzustellen. Er beglückwünschte seine Männer zu ihrem Sieg und wies sie an, sich für den Fall, daß die Deutschen ihre Offensive mit starken Kräften durch Belgien begannen, auf den Rückzug hinter die Maginotlinie vorzubereiten. Am folgenden Tag fragte der polnische Militärattaché auf Befehl des beunruhigten Rydz-Smigly bei Gamelin an, ob französische Flugzeuge den Feind angegriffen hätten und er den Vormarsch seiner Infanterie beschleunigen könne. Noch am gleichen Tag gab der Architekt der »Saaroffensive« den Polen schriftlich eine falsche Auskunft: »Mehr als die Hälfte unserer aktiven Divisionen an der Nordostfront sind in Kämpfe verwickelt.« Er behauptete, die Boches leisten »energischen Widerstand«. Die Vernehmung feindlicher Gefangener habe ergeben, daß die Deutschen »Verstärkung heranführen« – das alles war reine Erfindung – und daß französische Kampfflugzeuge von Anfang an an diesen Kämpfen beteiligt seien und damit »einen beträchtlichen Teil« der Luftwaffe binden. Er schloß mit der Behauptung, er sei weit über das hinausgegangen, was zu tun er verpflichtet sei. »Es war mir unmöglich, mehr zu tun.«[82]

Das an der Saar gewonnene Gelände mußte wiederaufgegeben werden, als Gamelin am 30. September den Rückzug befahl. Die sogenannte Saaroffensive bewies nur, daß die Franzosen immer noch an veralteten taktischen Ideen festhielten, besonders an dem Lehrsatz, daß jedem Angriff gegen eine vom Feind gehaltene Stellung eine massive Artillerievorbereitung vorausgehen müsse, der »Büchsenöffner«, wie man das 1918 genannt hatte. General André de Beaufre, damals noch Hauptmann, hat gesagt, das Unternehmen von Gamelin sei nur »eine bedeutungslose Geste gegenüber Toten« gewesen *(Voilà notre aide à la Pologne!)*, und Oberst de Gaulle bezeichnete die Offensive verächtlich als »bedeutungslose Demonstration«.[83]

Nach zehn Tage dauernden Kämpfen hatte Polen den Krieg praktisch verloren, und Rydz-Smigly, der die verzweifelten Depeschen von Becks Diplomaten in Paris und London gelesen hatte, wußte dies. Er befahl einen allgemeinen Rückzug in das südöstliche Polen, wo er an einer verkürzten Front eine Verteidigungsstellung aufbauen wollte, um noch so lange wie möglich Widerstand zu leisten. Aber der deutsche Generalstab hatte an alle Möglichkeiten gedacht. Schon mehr als die Hälfte der dem Marschall noch zur Verfügung stehenden Streitkräfte war von den Deutschen eingeschlossen worden, bevor sie sich über die Weichsel zurückziehen konnten. Von ihren Versorgungsbasen abgeschnitten und ungenügend mit Munition ausgestattet, wurden sie von zwei deutschen Armeen in die Zange genommen, und noch bevor Rydz-Smigly seinen Rückzug nach Südosten antreten konnte, waren auch seine Kräfte eingekreist. Am 17. September marschierten zwei sowjetische Heeresgruppen, wie es in einer Geheimklausel des Hitler-Stalin-Pakts vorgesehen war, von Osten her in Polen ein. Ribbentrop und Molotow hatten die Demarkationslinie entlang des Bug festgelegt, aber bei allen militärischen Operationen kommt es vor, daß einige Truppenteile ihre Befehle nicht rechtzeitig erhalten. Deshalb kam es zu Schießereien zwischen deutschen und russischen Soldaten, bei denen einige Männer auf beiden Seiten verwundet wurden. Doch dann beruhigte sich die Lage am Bug. Die beiden fremden Armeen standen jetzt in Polen, um die Polen selbst kümmerte sich niemand mehr. Das Schicksal ihres Vaterlandes hatte sich schon in den ersten drei Tagen nach dem deutschen Angriff entschieden – und das hatten sie zum nicht geringen Teil den von Gamelin vor Beginn der Kämpfe gefaßten Entschlüssen zu verdanken.

Angesichts ihrer verzweifelten Lage hätten die Polen sofort kapitulieren sollen, als sie feststellten, daß sie nicht nur der deutschen Wehrmacht, sondern auch der Roten Armee gegenüberstanden. Die Deutschen hatten ihnen Schach geboten, aber nun hatten die Russen sie mattgesetzt. Es war Zeit, die Kämpfe einzustellen. Sie waren die Opfer eines schmutzigen Geschäfts zwischen zwei Despoten, deren Hände von unschuldigem Blut befleckt waren, und sie waren von zwei Verbündeten verraten worden, deren Führer sie als ehrenwerte Männer angesehen hatten. Ihnen war keine Demütigung erspart geblieben. In London – wo ihre Sache nur auf wenig Sympathie stieß – hatte ein Kabinettsmitglied erklärt, nach dem Sieg über das nationalsozialistische Deutschland werde »wieder ein neuer polnischer Staat aufgerichtet werden«. *Der* polnische Staat, zu dessen Verteidigung England sich verpflichtet hatte, wurde nicht mehr erwähnt. Die Polen konnten nichts gewinnen, wenn sie nun bis zum bitteren Ende weiterkämpften. Damit verloren sie nur den Anspruch auf das Mitgefühl der Welt. Es wäre vernünftiger gewesen, wenn sie sich ohne viel Aufsehen in ihr Schicksal ergeben hätten.

Aber die Polen wollten kein Mitleid, und während es vielleicht der angelsächsischen Tradition entsprochen hätte, in aller Ruhe das Unvermeidliche auf sich zu nehmen, widersprach eine solche Haltung der polnischen Mentalität. Die Zeitungen brachten Fotos, die zeigten, wie sich deutsche und russische Offiziere die Hände schüttelten und sich darüber freuten, daß der Kampf zu Ende war. Aber sie irrten sich. Es gab keine Bilder von Polen, die irgend jemandem die Hand reichten. Ihre Regierung und ihr Oberkommando hatten Warschau verlassen und waren nach Rumänien gegangen, nachdem sie den polnischen Truppen befohlen hatten, bis zum letzten Mann weiterzukämpfen. Die polnischen Soldaten gehorchten. Angefeuert von patriotischen Gefühlen errichteten sie Barrikaden aus Straßenbahnwaggons, um den Panzern Reichenaus das weitere Vordringen zu erschweren. So sah sich seine Infanterie gezwungen, Warschau im blutigen Straßenkampf zu erobern. Obwohl die Nachrichtenverbindungen zum großen Teil zerstört waren, verbreiteten sich die Meldungen über die Geschehnisse in Warschau sehr bald über ganz Polen, und Tausende folgten dem Beispiel ihrer Landsleute in der Hauptstadt. Guderians Panzer stießen tief ins Innere des Landes bis nach Brest-Litowsk vor, aber als er versuchte, die alte Zitadelle der Stadt zu stürmen, stellte er fest, daß die Verteidiger einen alten Renaultpanzer in das Tor gefahren und dort fest verankert hatten. In Warschau herrschte Hungersnot. Es fehlte an Wasser, und die Stadt wurde rund um die Uhr von deutschen Flugzeugen angegriffen und mit schwerer Artillerie beschossen. Zehn Tage nach dem Einmarsch der Russen kapitulierte sie schließlich. Einige kleine Gruppen wollten sich nicht ergeben und kämpften weiter. Der stärkste polnische Verband, 17000 Mann im Dorf Kock, südöstlich der Hauptstadt, streckte die Waffen erst am 5. Oktober. 20000 polnische Soldaten und Flugzeugbesatzungen waren nach Rumänien entkommen und gelangten schließlich nach England, um in freien polnischen Bataillonen neben den Briten, Franzosen und später auch den Amerikanern ihren Kampf fortzusetzen. Polnische Zerstörer und U-Boote liefen die Orkney-Inseln an und unterstellten sich der britischen Flotte. Stalin hatte Hitler Zentralpolen überlassen. Dafür besetzte er die östlichen Provinzen, hatte freie Hand in Litauen, konnte über die Ölfelder in Südostpolen verfügen und hatte sich verpflichtet, den Deutschen jährlich 30000 Tonnen Rohöl zu liefern. Hitler annektierte einen Teil des polnischen Staatsgebiets, der Rest des Landes wurde in der NS-Terminologie als »Nebenland des Reiches« bezeichnet. An der Spitze dieses Generalgouvernements stand Hans Frank, ein penetranter junger Nazijurist und Vater von fünf Kindern. Mit der Erklärung, »die Polen sind die Arbeitssklaven des Dritten Reichs«, begann er schon damals, sich den Strick zu drehen, an dem er in Nürnberg gehängt werden sollte. Er war verantwortlich für die Ausführung von Programmen, hinter deren euphemistischen Bezeichnungen sich die gemeinsten Verbrechen verbargen, die die Geschichte kennt. Polnische Intellektuelle, Akademiker und Persönlichkeiten mit Führerqualitäten – Männer und Frauen, von denen man erwarten konnte, daß sie Franks Autorität erschüttern würden – wurden systematisch ermordet. Dieses Unternehmen, dem 3500 unschuldige Menschen zum Opfer fielen, die nur deshalb sterben mußten, weil sie sich durch hervorragende Leistungen im polnischen Kulturleben ausgezeichnet hatten, trug den Decknamen »Allgemeine Befriedungsaktion«. Für die Juden hatte Frank den »Flurbereinigungsplan« in Szene gesetzt. Später einigten sich die Nazis auf die Bezeichnung »Endlösung der Judenfrage«. Das war das Programm zur Vernichtung aller europäischen Juden.[84]

Die Stunde der größten Gefahr für die westliche Zivilisation war gekommen. Nun hatte Hitler freie Hand, sich mit allen ihm zur Verfügung stehenden Kräften gegen England und Frankreich zu wenden. Churchill hatte immer wieder – meist vor leeren Sitzen im Unterhaus – von der Notwendigkeit gesprochen, dem Nationalsozialismus in Deutschland mit einem System der kollektiven Sicherheit zu begegnen. Vor allem sei es notwendig, dem Deutschen Reich starke Nationen im Osten und Westen entgegenzustellen, um Hitler begreiflich zu machen, daß jede deutsche Aggression zu einem Zweifrontenkrieg führen werde. Zur Zeit der Machtergreifung durch die Nationalsozialisten gab es auf dem europäischen Kontinent augenscheinlich noch ein solides Sicherheitssystem: Es bestand aus Frankreich, England, der entmilitarisierten Zone im Rheinland an der deutschen Westgrenze, der Tschechoslowakei und Polen im Osten, während Rußland nach der Ermordung und Ausschaltung der deutschen Kommunisten durch die Nazis und angesichts der antisowjetischen Polemiken Hitlers mißbilligend dahinterstand. Nun hatte Hitler alle diese Bedrohungen ausgeschaltet. Allein wäre ihm das niemals gelungen. Er hatte Hilfe in London und Paris gefunden. Die polnische Armee war eine Enttäuschung gewesen. Aber Frankreich, dessen Armee ein Garant der Sicherheit der freien Völker hätte sein können, hatte nicht einmal versucht, die Gunst der Stunde zu nutzen – jener drei Wochen, in denen die deutschen Armeen im Osten gebunden waren. Nun mußten die Demokratien allein mit Hitler fertig werden – mit ihm und höchstwahrscheinlich auch mit Italien, denn der skrupellose Duce wollte auf der Seite des Gewinners stehen, und das englisch-französische Bündnis hatte fast sieben Jahre lang immer wieder verloren. In England erklärte der nonkonformistische General Fuller, Frankreich müsse von Geistesgestörten regiert werden. Er schrieb, im September hätte es zwar über »die stärkste Armee der Welt verfügt, während ihm nicht mehr als 26 Divisionen gegenüberstanden, sich aber trotzdem hinter Stahl und Beton verschanzt und abgewartet, während ein legendär tapferer Verbündeter vernichtet wurde!« In Paris erinnerte sich Léon Blum an ein Gespräch mit einem ebenfalls nonkonformistischen französischen Offizier im Jahr 1936. Der sozialistische Führer hatte gefragt: »Was würde Frankreich tun, wenn Hitler gegen Wien, Prag oder Warschau marschierte?« Charles de Gaulle hatte geantwortet: »Je nach den äußeren Umständen werden wir einen Teil unserer Reservisten einberufen oder die volle Mobilmachung anordnen. Dann werden wir durch die Sehschlitze unserer Befestigungsanlagen blicken und zusehen, wie Europa versklavt wird.« Wien, Prag und Warschau waren gefallen. Jetzt stellte sich Blum die Frage, ob die französischen Befestigungen stark genug seien, Frankreich selbst vor der Versklavung zu retten.[85]

Hitler hatte nicht erwartet, daß Frankreich und England für Polen Krieg führen würden. Nachdem sie ihm die entmilitarisierte Zone im Rheinland, Österreich und die Tschechoslowakei überlassen hatten, glaubte er, sie würden auch weiterhin an ihrer Beschwichtigungspolitik festhalten. Auch jetzt zweifelte er daran, daß sie wirklich die Absicht hatten, zu kämpfen. Daß die Franzosen keinen Angriff gegen den Westwall geführt hatten, solange er nur von schwachen Kräften besetzt war, bestätigte nach seiner Ansicht diese Beurteilung der Lage. Der erste Hinweis darauf, daß er sich im Hinblick auf das Verhalten der Briten geirrt haben könnte, war die Aufnahme von Churchill in das Kriegskabinett gewesen. Als er von seiner Ernennung hörte, hatte sich Hermann Göring in seinen Sessel fallenlassen und besorgt gesagt: »Churchill im Kabinett«; das bedeute, daß der Krieg ernsthaft angefangen habe. Jetzt würde Deutschland auch gegen England Krieg führen müssen.[86]

Die nationalsozialistische Hierarchie wußte schon seit langem, was man von Churchill zu erwarten hatte. Auch Hitler wußte das, obwohl er sich im allgemeinen nicht um seine Feinde kümmerte und alles, was man ihm über sie berichtete, unbeachtet ließ. Er verließ sich auf seinen Instinkt und verachtete im übrigen alle Ausländer. Doch England war nach seiner Ansicht der gefährlichste Feind Deutschlands, und er betrachtete Churchill als das Symbol der britischen Militanz. Nach der Unterwerfung Polens stand Winston sehr bald an erster Stelle auf der Liste seiner Gegner. In dem wie nach allen nationalsozialistischen Eroberungen folgenden Friedensangebot erklärte Hitler, Polen sei endgültig vernichtet und werde sich nie wieder erheben. Weshalb sollte man dann noch für dieses Land kämpfen? Er wolle seinem Volk weitere Leiden ersparen. Sollten sich jedoch die Auffassungen von Churchill und seinen Anhängern durchsetzen, sei dies sein letztes Angebot. Dann werde Deutschland weiterkämpfen. Wer den Krieg als die bessere Lösung ansähe, solle getrost seine zur Versöhnung ausgestreckte Hand zurückweisen.[87]

Als Kabinettsminister stand es Churchill frei, sich jederzeit über die BBC an die britische Bevölkerung zu wenden, und am 1. Oktober sagte er in seiner ersten Rundfunkansprache nach Ausbruch des Krieges: »Polen ist wieder von den beiden Großmächten überrannt worden, die es über 150 Jahre in Knechtschaft gehalten haben, ohne den polnischen Nationalstolz unterdrücken zu können.« Die heldenhafte Verteidigung Warschaus habe gezeigt, daß »die Seele Polens unzerstörbar ist und es sich wieder erheben wird wie ein Fels, der eine Zeitlang durch eine Flutwelle überspült werden kann, aber doch ein Fels bleibt«. Sein besonderes Interesse galt der Haltung der mächtigen Sowjetunion. Er hätte es vorgezogen, wenn die Russen »als Freunde und Verbündete Polens und nicht als feindliche Eindringlinge dort stünden, wo sie jetzt stehen. Aber daß die russischen Armeen bis an diese Linie vorgerückt sind, war zum Schutz Rußlands vor der Bedrohung durch die Nationalsozialisten notwendig.« Ribbentrop sei in der vergangenen Woche nach Moskau gerufen worden, wo man ihm gesagt habe, daß »die nationalsozialistischen Vorbereitungen zur Einnahme der baltischen Staaten... sofort eingestellt werden müssen«. Dann fuhr er fort:

Ich kann Ihnen nicht sagen, was Rußland tun wird. Das ist ein in den undurchdringlichen Schleier des Geheimnisses eingehülltes Rätsel.

Aber vielleicht gibt es einen Schlüssel. Dieser Schlüssel ist das nationale Interesse Rußlands.

Es kann nicht im Interesse der Sicherheit Rußlands liegen, daß Deutschland sich an der Küste des Schwarzen Meeres festsetzt

oder daß es die baltischen Staaten überrennt und die slawischen Völker in Südosteuropa unterjocht.[88]

Er verkündete mit Stolz – der im Grunde nicht gerechtfertigt war, weil er die Vorzüge des Geleitzugsystems noch immer nicht anerkennen wollte –, daß »eine Woche vergangen ist, seit das letzte britische Schiff allein oder im Geleitzug auf hoher See von einem U-Boot versenkt oder auch nur belästigt worden ist«, und er schloß mit einer jener Aussagen, zu denen sich in der Öffentlichkeit stehende Persönlichkeiten später nur noch ungern bekennen. Er sagte: »Vor uns liegen harte Zeiten, aber wie sehr unterscheidet sich die Szene von der im Oktober 1914!« Damals schien es, als werde die französische Front »unter der Wucht des imperialistischen Ansturms zerbrechen... Wir befanden uns in einer außerordentlich ungünstigen Lage; heute abend ist unsere Situation nicht ungünstiger als damals.«[89]

In Wirklichkeit war die Lage sehr viel ernster, aber niemand kann der Zukunft den Spiegel vorhalten, und die Rede wurde in England durchaus positiv aufgenommen. Der Zweite Privatsekretär des Premierministers, Jock Colville, schrieb in sein Tagebuch, Churchill »weckt tatsächlich Vertrauen in einem und wird, wie ich vermute, Premierminister sein, bevor dieser Krieg zu Ende ist«. Colville glaubte, er könnte »uns auf einen äußerst gefährlichen Weg führen. Aber er ist der einzige Mann in diesem Land, der allgemeine Achtung genießt, und vielleicht ist er, nachdem er älter geworden ist, heute weniger geneigt, sich auf voreilige Abenteuer einzulassen.« Hoare führte ebenfalls Tagebuch und schrieb, Churchill schiene »sehr heiterer Stimmung« zu sein, und

»die Presse spricht davon, daß er Premierminister werden könnte«. Das tat nicht nur die Presse. Sir John Wheeler-Bennett gehörte zu den bekannten Persönlichkeiten, die, nachdem sie Winston reden gehört hatten, »zum ersten Mal« erkannten, daß Churchill »der Sturmpilot« war, der gebraucht wurde, »um uns durch die Krise des Zweiten Weltkriegs zu führen«. Neville Chamberlain kam zwar nicht auf diesen Gedanken, aber er war beeindruckt. Er schrieb an seine Schwester, er verträte »die gleiche Ansicht wie Winston, dessen hervorragende Rundfunkansprache wir eben gehört haben. Ich glaube, Rußland wird immer so handeln, wie es nach seiner Ansicht in seinem eigenen Interesse liegt, und ich kann mir nicht vorstellen, daß es glauben könnte, es läge in seinem Interesse... daß Deutschland den Balkan beherrscht.«[90]

In Berlin schrieb William Shirer: »Die Begeisterung für den Frieden hat hier heute durch Churchills Rede gestern abend einen kleinen Dämpfer bekommen.« Goebbels unterdrückte jede Erwähnung der Aussagen Winstons über Rußland, aber daß er von den Erfolgen der Admiralität beim Schutz der Handelsschiffahrt vor den deutschen U-Boot-Angriffen gesprochen hatte, berührte einen wunden Punkt. Angeführt vom *Stürmer*, dem *Völkischen Beobachter* und dem Deutschen Nachrichtenbüro berichtete die deutsche Presse in großer Aufmachung über den U-Boot-Krieg. Die U-Boot-Kommandanten wurden als Helden gefeiert, und die Karikaturisten stellten Winston als einen zusammengeschlagenen und in die Ecke gedrängten Boxer oder als einen von Periskopen umringten Ertrinkenden dar. Seine Behauptung, daß die U-Boote eine Woche lang kein Schiff versenkt hätten, ärgerte den für die politischen Sendungen des deutschen Rundfunks verantwortlichen Hans Fritzsche. Er unterbrach eine Sendung, um Winston in einer dreizehn Minuten dauernden Hetztirade zuerst zu zitieren und dann wütend anzugreifen: Das sei es also, was dieser schmutzige Gangster glaube! Wen glaube denn dieser dreckige Lügner hinters Licht führen zu können?... So spucke Mr. Churchill – dieses aufgeblasene Schwein – durch seine schmutzigen Zähne, daß in der vergangenen Woche kein englisches Schiff von deutschen U-Booten belästigt worden sei. Das wolle er wirklich behaupten!... Natürlich seien die britischen Schiffe nicht belästigt, sondern versenkt worden.[91]

Man kann sich in der deutschen Sprache arroganter ausdrücken als in jeder anderen, aber nur wenn man sie so beherrscht, wie Winston das Englische beherrschte. In jedem Rededuell, in dem es darum ging, die andere Seite zu verunglimpfen, war er Fritzsche weit überlegen, und er bewies es im November mit seiner zweiten Rundfunkansprache während dieses Krieges. Er sagte, Deutschland sei schwächer, als es den Anschein habe. Er habe »das Gefühl und auch die Überzeugung, daß sich der deutsche Bösewicht und seine Anhänger ihrer selbst nicht mehr so sicher sind wie wir; daß sie in ihren schuldbeladenen Seelen von dem Gedanken und der Furcht verfolgt werden, es nähere sich die Rache für ihre Verbrechen und für die Orgie der Zerstörung, in die sie uns alle gestürzt haben. Wenn sie heute abend über die Grenzen des hochmütigen und waffenstarrenden nationalsozialistischen Deutschland hinausblikken, begegnen sie auf unserem ganzen Erdkreis keinem einzigen freundlichen Auge, nicht einem!«[92]

Er sagte, Rußland »beobachte sie mit steinernem Blick«, Italien »wendet die Augen ab«, Japan »ist verwirrt und glaubt, betrogen zu sein«, die Türkei, der Islam, Indien und China »würden einen Sieg der Nazis mit unverhohlenem Schrecken zur Kenntnis nehmen, denn sie wüßten sehr wohl, welches Schicksal sie dann erwartete«, und die »große englischsprechende Republik jenseits des Atlantik macht kein Geheimnis daraus, wem ihre Sympathien gehören«. So »ist die ganze Welt gegen Hitler und den Hitlerismus. Männer jeder Rasse aus allen Weltgegenden fühlen, daß dieses Schreckgespenst zwischen ihnen und dem Fortschritt steht, der ihnen zukommt und für den die Zeit reif ist«. Die »brodelnde Masse des verbrecherischen und korrupten nationalsozialistischen Parteiapparats« sei verantwortlich für die Machtvollkommenheit seines Führers, »eines von Wahnideen verfolgten, krankhaften Wesens, das das deutsche Volk zu seiner ewigen Schande in seiner Verwirrung wie einen Gott verehrt«.[93]

Jock Colville schrieb, er habe »Winstons Rundfunkansprache gehört, sehr prahlerisch, zu selbstsicher und taktlos (besonders gegenüber Italien und den USA), aber sicher sehr erheiternd«. Harold Nicolson war in seinem Urteil gegenüber Winston zwar nicht so herablassend wie Colville, hatte aber an seinen Rundfunkansprachen auch manchmal etwas auszusetzen. Nach einer von Churchills ersten Rundfunkreden schrieb Nicolson in seinem Tagebuch, Winston »ist etwas zu schwülstig, und ich glaube nicht, daß seine Rede von der großen Masse seiner Zuhörer positiv aufgenommen worden ist. Für unser pazifistisches Zeitalter ist er zu aggressiv, und obwohl die Menschen an seiner Tonlage Gefallen finden werden, wenn an die Stelle der Gleichgültigkeit der kämpferische Zorn getreten ist, bemüht er sich jetzt zu sehr darum, heroische Gefühle in ihnen zu wecken, für die sie noch nichts übrig haben.«[94]

Man zögert, Harold Nicolson zu widersprechen. Er war zu seiner Zeit einer der intelligentesten Beobachter und hat sich nur selten geirrt. Doch dies mag eine dieser Gelegenheiten gewesen sein. Nicolson gehörte ebenso wie Amery und Spears der Gruppe um Eden an und nahm bis ins Jahr 1940 regelmäßig an ihren Zusammenkünften im Carlton teil. Vor allem aber gehörte er ebenso wie Colville der Oberschicht an und war ein typischer Vertreter seiner Klasse. Deshalb konnten ihm bei der Beurteilung dessen, was die »breite Masse« empfand, Irrtümer unterlaufen. Er hat selbst zugegeben, die Gefühle seiner Wähler falsch interpretiert zu haben. Nun da die Auseinandersetzung mit Hitler begonnen hatte und englisches Blut vergossen wurde, war Churchill zu dem Mitglied der Regierung Seiner Majestät geworden, das sich mit den leidenschaftlichsten Worten gegen den Feind wandte. Das war Nicolson irgendwie peinlich; für Männer seiner Art ist Zurückhaltung oberstes Gebot, und sie scheuen sich vor jeder Übertreibung. Doch für andere soziale Schichten in England trifft das nicht zu. Der Mittelstand und die Arbeiterklasse hatten sich vom Pazifismus abgewendet, als Hitler Prag besetzte, und nach der Kriegserklärung trat der Patriotismus an seine Stelle. Bevor der Krieg zum trostlosen, grauen Alltag wurde, hatte man den Stimmungsumschwung in der Bevölkerung deutlich spüren können. Ein Zeichen dafür war der Jubel nach dem Seesieg vor Montevideo gewesen. Ähnlich wirkte die durch eine Parlamentsrede Churchills bekanntgewordene Nachricht, daß Piloten der deutschen Luftwaffe die Besatzungen von unbewaffneten Fischkuttern mit Maschinengewehren beschossen hatten und »im Rundfunk schilderten, daß es lustig gewesen sei zu sehen, wie so ein kleines Schiff ›knisternd wie ein Weihnachtsbaum zu brennen anfing‹«. Winston bekam daraufhin ungezählte Briefe von kleinen Angestellten und Bergleuten, Kellnerinnen und kleinen Geschäftsleuten, die Vergeltungsmaßnahmen verlangten. Das lehnte er natürlich ab.

Es wurde viel davon gesprochen, daß Winston das Amt des Premierministers übernehmen sollte, und zwar mehr außerhalb als innerhalb des Parlaments. Das war seit 30 Jahren der Posten, für den er am besten geeignet gewesen wäre. Das bedeutet nicht, daß er nicht auch an anderer Stelle etwas leisten konnte. Er hatte sich bereits in anderen Ministerien als tüchtiger und oft brillanter Staatsdiener bewährt, und sogar seine Kritiker in der Admiralität mußten zugeben, daß es im öffentlichen Leben keine andere Persönlichkeit gab, die ihm das Wasser reichen konnte. Doch angesichts seines weiten geistigen Horizonts, seiner Vertrautheit mit der gesamten Regierungsarbeit und seiner Unfähigkeit, seine Zunge im Zaum zu halten, brachte er das Kabinett oft zur Verzweiflung, wenn er sich in die Zuständigkeitsbereiche seiner Kollegen am Kabinettstisch einmischte. Das tat er zum Beispiel mit seinen Rundfunkansprachen. Obwohl er sich zunächst auf die Probleme der Seekriegführung beschränkte, berührte er früher oder später doch Fragen, die beim besten Willen nichts mit der Flotte zu tun hatten. Wenn er das taktvoll und zurückhaltend getan hätte, dann hätte man es ihm sicher verziehen, aber Subtilität war nicht seine starke Seite. In seiner dritten Rundfunkansprache beschäftigte er sich mit einem Thema, das fraglos in den Zuständigkeitsbereich des Auswärtigen Amts gehörte. Es ging dabei um die neutralen europäischen Nationen. Inzwischen konnte niemand mehr daran zweifeln, daß Hitler Pläne für ihre Zukunft hatte, doch wie Scarlett O'Hara glaubte man offenbar, man könne die Lösung dieser Probleme getrost der Zukunft überlassen, obwohl sich ihre Chancen mit jedem neuen Tag verschlechterten. Am 20. Januar 1940 sagte Churchill in einer Sendung der BBC:

Sie alle hoffen, daß der Sturm vorübergehen wird, bevor sie an der Reihe sind, verschlungen zu werden. Aber ich fürchte – ich habe die ernste Befürchtung –, der Sturm wird nicht vorübergehen.

Er wird wüten, und er wird brüllen, immer lauter und über einen sich ständig ausweitenden Raum. Er wird sich nach Süden ausbreiten; er wird sich nach Norden ausbreiten.

Wir dürfen nicht mit einem schnellen Ende rechnen, es sei denn, wir sind entschlossen, gemeinsam zu handeln.

Und wenn Großbritannien und Frankreich irgendwann des Kämpfens müde werden sollten, um einen schmachvollen Frieden zu schließen,

bliebe für die kleinen Staaten Europas nichts übrig als mit ihren Flotten und Besitzungen aufgeteilt zu werden zwischen den einander bekämpfenden, aber im Grunde ähnlichen barbarischen Systemen des Nazismus und des Bolschewismus.[95]

Hoare notierte dazu in seinem Tagebuch: »Winstons Rundfunkansprache an die Neutralen. Ungünstige Wirkung.« Eine Folge dieser Sendung, die in London kaum wahrgenommen wurde, war der Befehl Hitlers, eine Studie über mögliche Operationen in Skandinavien anzufertigen. Er vermutete richtig, daß der Erste Lord der Admiralität ein Auge auf Norwegen geworfen hatte. Das Auswärtige Amt sorgte sich mehr um die Reaktionen in den Hauptstädten der neutralen Staaten. Halifax schrieb beunruhigt an Churchill: »Ich fürchte, die Wirkung Ihrer Rundfunkansprache hat in den Ländern, an die Sie zweifellos in erster Linie gedacht haben, ganz anders gewirkt, als Sie es sich vorgestellt haben – wenngleich ich, wenn ich den Text Ihrer Rede vorher gesehen hätte, mit ähnlichen Reaktionen gerechnet hätte.« Zu den Zeitungen, die daran Anstoß genommen hatten, gehörten *Het Handelsblad* in Belgien, das *Journal de Genève,* die dänische Zeitung *Politiken* und das norwegische *Morgenbladet.* Halifax beklagte sich und schrieb, »es bringt mich in eine unmögliche Lage, wenn ein Regierungsmitglied wie Sie öffentlich eine Haltung einnimmt, die sich von der des Premierministers und von meiner Haltung unterscheidet, und ich glaube, da ich täglich die Verbindung zu diesen lästigen Neutralen halten muß, sollte ich in der Lage sein zu sagen, wie sie darüber denken werden«. Churchill antwortete ihm sofort: »Das ist zweifellos eine unangenehme Sache. Ich habe ehrlich geglaubt, Ihre und Nevilles Ansicht zum Ausdruck zu bringen... Seien Sie aber nicht zu sehr davon überzeugt, daß meine Haltung sich als so störend erweisen wird, wie es jetzt den Anschein hat. Was die Neutralen sagen, ist etwas ganz anderes als das, was sie denken oder was wirklich geschehen wird.« Hitler hatte tatsächlich mit den meisten neutralen Ländern ganz bestimmte Absichten, und noch bevor das Frühjahr zu Ende ging, sollte die Hakenkreuzfahne außer in der Schweiz und in Schweden über all ihren Hauptstädten wehen.[96]

Halifax hatte einen Abschnitt der Rundfunkansprache überhört, in dem es um ein Problem von großer Tragweite ging. Darin hatte sich Churchill zu den Kämpfen in Finnland geäußert, den Teilaspekt eines komplexen Problems, das niemand in England und auch er selbst nicht verstand. Die russisch-deutsche Vernunftehe in Polen war kaum geschlossen worden, als auch schon in aller Stille die Vorbereitungen für die Scheidung begannen. Stalin, dem es darauf ankam, seine baltische Flanke vor einem künftigen deutschen Angriff zu sichern, unterzeichnete Verträge mit Estland, Lettland und Litauen, die es Moskau erlaubten, in jedem dieser Länder Verbände der Roten Armee zu stationieren. Dann wandte er sich an Finnland. Zu den von ihm vorgesehenen Defensivmaßnahmen gehörte die Blockierung des Golfs von Finnland mit Artillerie an beiden Küsten zum Schutz des nach Leningrad führenden Seewegs. Die Sowjetunion bot Helsinki im Austausch für die Abtretung von 2760 Quadratkilometern finnischen Territoriums einen sowjetischen Gebietsstreifen von 5527 Quadratkilometern an. Der Nationalstolz der Finnen – und ihre Furcht vor deutschen Vergeltungsmaßnahmen – stellte sich einer solchen Vereinbarung entgegen. In ihrem verzweifelten Bemühen, Leningrad zu sichern, boten die Russen den Finnen an, das von ihnen benötigte Gebiet zu kaufen. Aber Helsinki blieb bei seiner Weigerung, und am 30. November 1939 marschierte die Rote Armee in Finnland ein. Für jeden Außenseiter war dieses Vorgehen ein ebenso verabscheuungswürdiges Verbrechen wie der Überfall der Deutschen auf Polen. Heute sieht die Sache jedoch ganz anders aus. Daß die Russen Leningrad verteidigen mußten, ist klar. Die Stadt ist später fast von den Deutschen eingenommen worden und wäre ihnen mit Sicherheit in die Hände gefallen, wenn die Sowjetunion nicht über den ehemals finnischen Gebietsstreifen verfügt hätte.

Die Erfordernisse des Krieges können dazu zwingen, gegen gewisse Grundsätze zu verstoßen. Ein Land, dessen Existenz bedroht ist, kann sich nicht immer an die vom Kriegsrecht vorgeschriebenen Regeln halten. Zur gleichen Zeit sagte Churchill dem Kriegskabinett: »Wir müssen die norwegischen territorialen Gewässer verletzen«, und Pétain, der sich um die französische Grenze an dem nicht durch die Maginotlinie gesicherten Abschnitt Sorgen machte, hatte dem Conseil Superieur de la Guerre gesagt, wenn Frankreich dem Grundsatz treubleiben wolle, der es im letzten Krieg gerettet habe – »der Defensive und einer nicht unterbrochenen Front« –, dann müsse es erkennen, daß der nicht durch die Maginotlinie geschützte Teil der Grenze das klassische Einfallstor sei, das die Deutschen seit 2000 Jahren benutzten. Deshalb kam er zu dem Schluß: »Wir müssen in Belgien einmarschieren!« Auch Winston war der Auffassung, daß Belgien unmöglich neutral bleiben könne, sondern daß es entscheidend wichtig sei, »entlang der belgischen Grenze bis zur Küste einen Schild gegen jene bedrohliche Umfassungsbewegung« zu errichten, die »1914 fast zu unserem Verderben geführt hätte«.[97]

Zum Erstaunen der ganzen Welt verteidigte sich das kleine Finnland erfolgreich gegen den russischen Angriff. Beginnend mit der Eroberung der Mandschurei durch die Japaner vor acht Jahren waren die angreifenden Mächte wiederholt von schwachen und schlecht geführten Verteidigern besiegt worden. Jetzt hatte ein kleines Land mit nur einem Vierzigstel der Stärke der Sowjetunion eine Großmacht gedemütigt und die Angreifer vor der Mannerheimlinie zurückgeschlagen, die nach dem militärischen Führer der Finnen, Feldmarschall Carl Gustaf Freiherr von Mannerheim benannt worden war. Für den finnischen Sieg gab es einige Erklärungen. Die eine war Mannerheim selbst. Vor der Russischen Revolution, als Finnland noch zum zaristischen Rußland gehörte, hatte er als Generalleutnant in der russischen Armee gedient. Damals hatte er gegen die Bolschewiki gekämpft und ihr weiteres Vordringen verhindert. Nun, im Alter von 72 Jahren, hatte er sich an die Spitze der finnischen Armee gestellt und seinen Erfolg von damals wiederholt. Stalin wiederum hatte seine Elitetruppen in Reserve gehalten, um sie zur Verfügung zu haben, wenn Hitler angreifen sollte. Gegen die Finnen hatte er die am schlechtesten ausgebildeten russischen Verbände ins Feld geschickt, denen es darüber hinaus am nötigen Kampfgeist fehlte. Die von Mannerheim geführten Männer waren dagegen von dem Willen beseelt, ihre Heimat zu verteidigen. Er überlistete die Russen mit seiner überlegenen Taktik, dem Einsatz hervorragend ausgebildeter Soldaten auf Skiern, einer genauen Kenntnis der Seen und Wälder, der natürlichen Hindernisse in diesem Gelände, und einer für die Kriegführung in nordischen Ländern besonders geeigneten Strategie, die darin bestand, dem Feind den Rückzug abzuschneiden. Wenn ihm das gelungen war, wartete er, bis die Russen durch Hunger und Kälte so geschwächt waren, daß er einen erfolgreichen Gegenangriff führen konnte. Die Angreifer verfügten nicht einmal über die im strengen finnischen Winter dringend notwendige warme Bekleidung. Als Churchill in seiner Rundfunkrede über die Neutralen sprach, hatte er eine Ausnahme gemacht: »Nur Finnland – hervorragend, nein, grandios – in höchster Gefahr – Finnland zeigt, was freie Männer leisten können. Finnland hat der ganzen Menschheit einen großartigen Dienst erwiesen. Die Finnen haben vor der ganzen Welt die militärische Schwäche der Roten Armee und der roten Luftstreitkräfte bloßgestellt. Viele Illusionen über Sowjetrußland sind in diesen wenigen Wochen blutiger Kämpfe am Polarkreis zerstreut worden.«[98]

Die Briten und Franzosen wollten nun die Gelegenheit wahrnehmen, die Finnen mit »Freiwilligen« zu unterstützen, wenn sich das Kriegsglück wenden sollte, und dabei durch Nordschweden vorstoßen und sich in den Besitz der schwedischen Erzminen in Gällivare setzen, die für die deutsche Rüstungsindustrie von entscheidender Bedeutung waren. Nach zwei Monaten, in denen sie keine Entscheidung hatten herbeiführen können, gelang es den Russen schließlich, ihre Verbindungslinien zur Grenze zwischen Leningrad und Murmansk zu sichern. Nun traten sie mit 14 Divisionen zum Großangriff gegen die Mannerheimlinie an. Diese Divisionen bestanden aus mit Schlitten ausgerüsteten Infanterieverbänden, die von schwerer Artillerie, Panzern und Flugzeugen unterstützt wurden. In fünf Wochen dauernden verlustreichen Kämpfen konnten sich die Finnen noch des russischen Angriffs erwehren. Gegen die Panzer gingen sie mit »einem neuen Typ Handgranate«, wie Churchill das nannte, vor. Es waren mit Benzin gefüllte Flaschen, in deren Öffnung ein Docht steckte, der vor dem Werfen angezündet wurde. Sie nannten dieses Wurfgeschoß »Molotow-Cocktail«. Schließlich mußten sie jedoch vor dem überlegenen Gegner zurückweichen. Das für die Verteidigung entscheidend wichtige Vyborg wurde durch einen Frontalangriff und im Rücken von Truppen bedroht, die über den zugefrorenen Golf von Finnland und die vom Eis eingeschlossene Insel Hogland vorrückten. Am 6. März 1940 machten die Finnen der Sowjetunion ein Friedensangebot, die Alliierten verzichteten darauf, die zur Unterstützung der Finnen aufgestellten Expeditionsstreitkräfte in Marsch zu setzen. Die Folgen dieser Entwicklung für England und besonders für Churchill wurden sofort deutlich. Winston glaubte, jetzt gute Gründe zu haben, um in Skandinavien einzugreifen. Aber die entscheidende, sich aus dieser Lage ergebende Operation wurde von Hitler und dem deutschen Generalstab in Zossen geplant. Ebenso wie der britische Erste Lord der Admiralität unterschätzten sie die militärische Stärke der Sowjetunion mit, wie Liddell Hart schrieb, »weitreichenden Konsequenzen im folgenden Jahr«.[99]

Churchill war nicht der erste europäische Politiker, der sich die Möglichkeiten des Rundfunks zunutze machte. Hitler tat das schon seit sieben Jahren. Aber Winston war der erste britische Staatsmann, der seine Landsleute zu Hause in ihren Wohnungen erreichte und sie noch mehr beeindruckte, als es Roosevelt mit seinen Plaudereien am Kamin getan hatte. Da der BBC sehr viel daran lag, Kontroversen zu vermeiden, waren die Rundfunkprogramme in der Zeit zwischen den Kriegen außerordentlich langweilig gewesen – »Wie pflegt man seinen Garten« und »Unsere Freunde im Zoo« waren typische Sendungen. Dazu gehörte auch Churchills Vortrag über den Mittelmeerraum, der Guy Burgess 1938 veranlaßt hatte, nach Chartwell zu kommen. Fragen, die die Öffentlichkeit interessierten, waren durchaus in der BBC behandelt worden, und bei Beginn des Jahrzehnts war es Winston sogar gelegentlich gelungen, auch seine Meinung zum Ausdruck zu bringen, aber als sich die Krise auf dem europäischen Kontinent zuspitzte und sich die Spannung erhöhte, ließ Reith zu den Diskussionen im Radio nur Persönlichkeiten zu, die gemäßigte Auffassungen vertraten und keinen Anstoß bei den Zuhörern erregten, besonders nicht bei denen, die im Unterhaus auf der Regierungsbank saßen.

Bis Churchill in das Kriegskabinett aufgenommen wurde, waren seine Zuhörer fast nur die Abgeordneten im Parlament, Personen, die ihn auf seinen Vortragsreisen hörten, und im Wahlkampf die Teilnehmer an Parteiversammlungen gewesen. Das hatte sich plötzlich geändert. England befand sich im Krieg; Großbritannien beteiligte sich zunächst nur am Seekrieg, und Millionen, die Churchills Reden nur aus gedruckten Veröffentlichungen kannten, hörten jetzt seine volltönende Stimme, wenn er mit großer Eindringlichkeit das Tempo dramatisch erhöhte, die Spannung durch Pausen steigerte und, wie ein Zuhörer schrieb, die Konsonanten so deutlich betonte, daß sein Radio vibrierte. Churchill hatte sich bereits als Verfasser von Zeitungsartikeln einen Namen gemacht, aber sie vermittelten nicht den gleichen starken Eindruck wie die persönlich vorgetragenen Rundfunkansprachen. Er fand genau die richtigen Worte für die Überzeugungen, die seine Zuhörer mit ihm teilten, aber selbst nicht zum Ausdruck bringen konnten. Er sprach von »törichten Dilettanten oder engstirnigen Materialisten, die uns manchmal fragen: ›Wofür kämpfen Großbritannien und Frankreich eigentlich?‹ Meine Antwort darauf lautet: ›Wenn wir uns weigerten zu kämpfen, würdet ihr es sehr bald merken.‹« Seine ausgefallenen, oft vereinfachenden, aber wirksamen Metaphern stärkten die Beweiskraft seiner Argumente und waren oft witzig: »Ein Affe im Urwald befindet sich durchaus am rechten Ort; ein Affe im Zoo ist Gegenstand der öffentlichen Neugier; aber ein Affe im Bett Ihrer Frau ist Anlaß zu ernster Sorge.«[100]

Als Hitler den westlichen Demokratien nach der Niederlage Polens sagte, sie hätten zwischen einem Verhandlungsfrieden mit ihm und »den Auffassungen Churchills und seiner Anhänger« zu wählen, gab ihm Chamberlain die offizielle Antwort (an deren Formulierung Churchill beteiligt war), aber England hörte am Abend des 12. November 1939 die persönliche Antwort Winstons:

»Wir haben immer und immer wieder versucht, diesen Krieg zu verhindern, und haben um des Friedens willen zugelassen, daß vieles geschah, was nicht hätte geschehen dürfen. Aber jetzt sind wir im Krieg, und wir werden Krieg führen und so lange Krieg führen, bis die andere Seite genug davon hat... Sie dürfen ganz sicher sein, daß entweder alles, was Großbritannien und Frankreich in dieser modernen Welt verkörpern, untergehen wird oder daß Hitler, das Naziregime und die wiederauflebende deutsche oder preußische Bedrohung Europas gebrochen oder vernichtet werden. So liegen die Dinge, und jedermann sollte sich mit dieser unverrückbaren und düsteren Tatsache abfinden.«[101]

Die Auftritte Churchills wurden neuerdings in der Presse kritisch gewürdigt wie die eines Schauspielers. So verglich ihn der Abgeordnete Beverley Baxter, der Artikel für die Beaverbrook-Presse schrieb und schilderte, wie sich Winston von der Regierungsbank erhob, um eine Unterhausrede zu halten, mit »dem alten Banditen, dem Schrecken der Gebirgspässe... das Feuer in ihm brannte auf kleiner Flamme. Er hatte, wie es seine Art ist, den Kopf gesenkt wie ein Kampfstier, der auf den Matador wartet. Dann hob er zweimal die Schultern, als wolle er sich vergewissern, daß seine Hände für die nun zu erwartenden Gesten frei sind.« Als Winston in einer Rundfunkansprache gesagt hatte, »jetzt haben wir den Anfang gemacht; jetzt lassen wir uns nicht mehr aufhalten; mit Gottes Hilfe und in der Überzeugung, daß wir die Verteidiger der Zivilisation und der Freiheit sind, werden wir den einmal beschrittenen Weg bis zum Ende weiterverfolgen«, schrieb Virginia Cowles, daß er »den Menschen in Großbritannien deutlich und klar die Richtung wies und dabei die Führung übernahm«, die sie brauchten und »woanders nicht gefunden hatten«.[102]

Im Dezember, dem vierten Kriegsmonat, ergab eine Meinungsumfrage, daß weniger als die Hälfte aller Briten Vertrauen zu Chamberlain hatten. Ein enttäuschter Konservativer sagte von ihm, »er hängt an seinem Amt wie ein schmutziges altes Stück Kaugummi an einem Stuhlbein«. Churchill gewann dagegen deutlich an Beliebtheit. Im Rauchsalon des Unterhauses und in der Lobby wurde die Vermutung, daß Winston die Nachfolge von Chamberlain antreten werde – ein solcher Gedanke wäre noch vor kurzem als völlig abwegig empfunden worden – jetzt nicht mehr nur im Flüsterton geäußert, sondern als ganz legitime Überlegung angesehen. Dieses Thema taucht in den Tagebuchaufzeichnungen Nicolsons immer wieder auf, besonders wenn die Lage bedrohlich zu werden scheint. Zum ersten Mal stellt er am 17. September solche Überlegungen an, als er schreibt: »Um 11.00 Uhr vormittags (eine ungünstige Stunde) kommt Vita, um mir zu sagen, daß die Russen in Polen einmarschiert sind und gegen Wilna vorstoßen... Vielleicht werden wir schon in wenigen Tagen Deutschland, Rußland und Japan gegen uns haben.« Am Ende dieses Eintrags schreibt er mit offensichtlicher Besorgnis: »Chamberlain muß gehen. Vielleicht wird Churchill unser Clemenceau oder unser Gambetta sein. Sehr elend und besorgt zu Bett gegangen.« Neun Tage später beobachtet Nicolson im Unterhaus, wie »der Premierminister aufsteht, um seine Erklärung abzugeben. Er trägt Trauerkleidung... Man spürt, wie das Vertrauen und die Zuversicht im Hohen Haus Zoll um Zoll sinken. Als er sich setzt, gibt es kaum Applaus. Während der ganzen Rede hatte Winston Churchill zusammengekauert neben ihm gesessen. Dabei sah er aus wie der chinesische Gott des Reichtums, der an einer akuten Magenverstimmung leidet.« Dann steht Churchill auf. Nicolson äußert sich euphorisch: »Die Wirkung von Winstons Rede war unendlich viel größer, als man von der Lektüre des Textes erwarten würde... Man spürte deutlich, wie sich die Stimmung im Haus mit jedem seiner Worte hob... In jenen 20 Minuten ist Churchill dem Posten des Premierministers näher gekommen als er es je gewesen ist. Anschließend sagten sogar die Anhänger von Chamberlain in der Lobby, ›jetzt haben wir unseren Führer gefunden‹.« Und dann hört Nicolson bei einem Treffen der Gruppe um Eden Anfang Oktober, wie der Zweite Lord Astor den Anwesenden sagt, daß er »es für wichtig hält, daß der Premierminister entlassen werden und Winston Churchill seine Stelle einnehmen sollte«.[103]

Auf soviel Lob – und er hörte es von vielen verschiedenen Seiten – hätte ein anderer ehrgeiziger Politiker an Winstons Stelle vielleicht versucht, die Stimmung im Parlament auszuloten und Gleichgesinnte um sich zu sammeln, um die Regierung zu stürzen und selbst eine neue zu bilden. Obwohl die Mitglieder dieses 1935 gewählten Unterhauses in ihrer Zusammensetzung nicht mehr der Stimmung im Lande entsprachen, hatten auch sie nach München große Hoffnungen gehegt und dann erleben müssen, wie sie enttäuscht wurden. Viele fühlten sich verraten, und viele andere hatten sich von ihren Wählern sagen lassen, daß diese sich verraten fühlten. Aber Churchill war kein Intrigant. Er verdankte die Admiralität und seinen Sitz im Kriegskabinett dem Premierminister. Außerdem hatte Chamberlain nicht versucht, ihn einzuschüchtern, zu drangsalieren oder sich in die von Winston geleitete Flottenpolitik einzumischen, obwohl er durchaus in die Versuchung gekommen sein könnte. Winston selbst wäre nicht Winston gewesen, wenn er nicht Kritiker unter den Seeoffizieren im Admiralsrang gehabt hätte.[104]

Chamberlain besuchte häufig das Lagezimmer in der Admiralität, war aber immer freundlich und bedankte sich beim Verlassen höflich für die ihm gegebenen Informationen. Wenn er wußte, daß Sinclair und Beaverbrook die Seekarten der Admiralität ebenfalls zu sehen bekamen, obwohl keiner von ihnen der Regierung angehörte, dann hat er das für sich behalten. Im Parlament unterstützte Winston loyal die Regierungspolitik und vertrat sie sogar am energischsten von allen Regierungsmitgliedern. Dabei lobte er gelegentlich auch den Premierminister. In einer seiner Rundfunkansprachen sagte er: »Sie wissen, ich bin nicht immer mit Mr. Chamberlain einverstanden gewesen, obwohl wir immer persönliche Freunde waren. Aber er ist ein Mann mit starkem Rückgrat, und ich kann Ihnen sagen, daß er für den Sieg ebenso hartnäckig kämpfen wird, wie er es für den Frieden getan hat.« Der Krieg hatte in der Tat eine unerwartet kämpferische Veranlagung in dem Premierminister geweckt. Colville schrieb: »Winston seinerseits bekennt sich zur uneingeschränkten Loyalität gegenüber dem Premierminister (und sie kommen wirklich großartig miteinander aus)«, während Chamberlain schrieb: »Gegenüber mir persönlich ist Winston absolut loyal, und ich höre ständig von anderen, wie er seine Bewunderung für den Premierminister zum Ausdruck gebracht hat.«[105]

In Churchills Privatleben war es ebenso. Virginia Cowles, die zum Mittagessen in die Admiralität eingeladen worden war, wunderte sich über Winstons Reaktion, als eines der Kinder versuchte, einen unschuldigen Witz über Chamberlain zu machen. Soweit sie sich erinnerte, waren solche Witze früher bei fast jeder Mahlzeit erzählt worden, aber diesmal sah sie, wie sich »das Gesicht des Vaters verfinsterte. Mit großem Ernst sagte er: ›Wenn du beleidigende Bemerkungen über meinen Chef machen willst, dann mußt du den Tisch verlassen. Wir arbeiten gemeinsam für eine große und uns alle angehende Sache, und ich bin nicht bereit, solche Äußerungen über den Premierminister zu dulden.‹« Als Lady Bonham Carter, geborene Violet Asquith, ihn in der Admiralität besuchte, begrüßte er sie mit den Worten: »Nun, da sehen wir uns nach einer kurzen Pause von 25 Jahren in den alten Räumen wieder«, doch als sie sich abfällig über »die alten Beschwichtigungspolitiker« äußerte, die immer noch der Regierung angehörten, wies er sie scharf zurecht. Mit leidenschaftlichen Worten verteidigte er Chamberlain und sagte: »Niemand ist unbeugsamer und zielstrebiger. Er hat einen eisernen Willen.«[106]

Am Freitag, dem 13. Oktober, notierte Churchill: »Meine Beziehungen zu Mr. Chamberlain waren so weit gediehen, daß er und Mrs. Chamberlain uns zum Abendessen in der Admiralität besuchten, wo wir eine bequeme Wohnung im Obergeschoß hatten. Wir waren nur zu viert.« Während der ersten Amtszeit von Stanley Baldwin als Premierminister waren die beiden Männer fünf Jahre lang Kollegen gewesen, hatten aber keinen persönlichen Verkehr miteinander gepflegt. Churchill berichtet, es sei ein »glücklicher Zufall« gewesen, daß er im Gespräch mit Chamberlain die Bahama-Inseln erwähnte – wenngleich man daran zweifeln muß, daß es wirklich ein Zufall gewesen ist –, denn er wußte, daß sein Gast mehrere Jahre dort zugebracht hatte. Winston war »entzückt festzustellen, daß mein Gast ... so gesprächig wurde, wie ich es bis dahin noch nie erlebt hatte«. Er erzählte eine lange und traurige Geschichte: Nevilles Vater war überzeugt, die Familie könne dort ein Vermögen machen und eine für das Empire einträgliche Industrie entwickeln, wenn sein jüngster Sohn auf einer unfruchtbaren Insel in der Nähe von Nassau Sisal anbaute. Neville brachte sechs Jahre damit zu, das zu versuchen. Heimgesucht von schweren Stürmen und obwohl ihm keine geeigneten Arbeitskräfte zur Verfügung standen, mußte er dort, wie Churchill schreibt, »halb nackt« sein Leben fristen und baute einen kleinen Hafen, ein Pier und einen kurzen Schienenstrang. Aber das waren nur die notwendigen Vorbereitungen für den Anbau und die Verschiffung von Sisal. Doch obwohl er versuchte, den unfruchtbaren Boden mit allen damals bekannten Düngemitteln aufzubessern, wollten die Pflanzen nicht wachsen, und das Vorhaben scheiterte. »Ich nehme an«, schreibt Winston in seiner trockenen Art, »daß die Familie das Gefühl hatte, trotz aller Liebe zu dem unglücklichen Neville sei es sehr bedauerlich, 50 000 Pfund verloren zu haben.« Und dann mußte er an etwas ganz anderes denken: »Welcher Jammer, daß Hitler bei seiner ersten Begegnung mit diesem nüchternen englischen Politiker mit seinem Regenschirm nicht wußte ... daß er es mit einem dickschädeligen Pionier aus dem äußeren Grenzbereich des Britischen Empire zu tun hatte!«[107]

Aber das war noch nicht der Höhepunkt des Abends. Während des Essens kam ein Offizier aus dem ein Stockwerk unter der Wohnung Churchills gelegenen Lagezimmer herauf und meldete, daß ein deutsches U-Boot versenkt worden sei. Als das Dessert serviert wurde, erschien er wieder mit der Nachricht, ein zweites U-Boot sei versenkt, und unmittelbar bevor die Damen den Premierminister und den Ersten Lord mit ihrem Brandy allein gelassen hatten, brachte er aufgeregt und außer Atem die Nachricht von der Versenkung eines dritten U-Boots. Mrs. Chamberlain fragte Winston: »Haben Sie das absichtlich so arrangiert?« Der Gastgeber »versicherte ihr«, wie er schreibt, »wenn sie wiederkäme, würden wir mit ähnlichen Erfolgen aufwarten können«.[108]

Als Erster Lord der Admiralität bezog Winston ein Jahresgehalt von 5000 Pfund und stellte fest, daß das Admiralitätsgebäude eine Festung war, die ihn vor allen Gläubigern schützte. Clementine fühlte sich um Jahre verjüngt. Sie hatte seit 26 Jahren kein Schiff mehr getauft, aber sie konnte sich noch an die für diese Zeremonie geltenden Regeln erinnern, als sie aufgefordert wurde, den Flugzeugträger *Indomitable* in Barrow-in-Furness vom Stapel laufen zu lassen. Auch Winston war zu diesem Anlaß erschienen, und ein Foto, das sie in dem Augenblick zeigt, als sie dem ins Wasser gleitenden Schiff nachwinkt, wurde für ihn zum Lieblingsbild seiner Frau. Als er Jahre später zu seiner Staffelei zurückkehrte, malte er nach diesem Bild ein bezauberndes Porträt von ihr. Lord Fraser, der ihn bei diesem Stapellauf beobachtete, bemerkte zunächst seine Freude in dem Augenblick, als das Schiff von der Helling glitt, »und dann die feierliche Ehrenbezeigung, vielleicht bei dem Gedanken an die schweren Kämpfe, die die *Indomitable* in Zukunft würde bestehen müssen«.[109]

Nachdem der Erste Lord der Admiralität und seine Lady das oberste Stockwerk des Admiralitätsgebäudes bezogen hatten, kamen Clementines Freundinnen – und auch Bekannte, die man nicht als Freundinnen bezeichnen konnte –, die es kaum erwarten konnten zu sehen, wie die Hausfrau ihre neue Wohnung eingerichtet hatte. Um sie nicht zu kränken, zeigte Clementine ihnen alle Räume, obwohl es für sie eine Qual war. Sie hatte einen guten Geschmack, wußte es auch und brauchte keine Bestätigung dafür. Wer diese Dinge wirklich beurteilen konnte, war Diana Cooper, und sie vertraute das, was sie zu kritisieren hatte, ihrem Tagebuch an. Aber auch hier schrieb sie, daß sie sich freute, die Churchills im Admiralitätsgebäude zu wissen: »Winstons Elan, seine Kraft und sein Vertrauen sind... ein harmonisches Glockengeläut, das die Herzen der Entmutigten höher schlagen läßt. Seine Frau, schöner als in ihrer Jugend, ist ebenso furchtlos und unermüdlich wie er. Sie läßt uns alle Wolljacken stricken, wofür die Matrosen auf den Minensuchbooten sie segnen müssen.«[110]

Winston hatte gar keine Zeit, Chartwell zu vermissen, aber hier mußte etwas geschehen. Es war sinnlos, weiterhin alle Dienstboten zu beschäftigen, während nur für die Instandhaltung gesorgt werden mußte. In den ersten Kriegstagen hatte man geglaubt, es für humanitäre Zwecke zur Verfügung stellen zu müssen. In Erwartung schwerer Bombenangriffe gegen britische Städte hatte man im August begonnen, mehr als 1250000 Frauen und Kinder, besonders aber Menschen, die in der Nähe der Docks auf der Londoner East Side lebten, zu evakuieren. Angehörige der Oberschicht, die sich nur theoretisch mit den Problemen der Unterprivilegierten und der Notstandsgebiete beschäftigt hatten, öffneten die Türen ihrer großen Landhäuser und nahmen die Evakuierten mit einem Mitleid und einer Gastfreundschaft auf, die sie sehr oft und sehr bald bedauerten. Hier trafen zwei Kulturkreise aufeinander. Manche der jungen Neuankömmlinge hatten zum Beispiel noch nie Unterwäsche besessen oder etwas davon gehört. Viele von ihnen waren es auch nicht gewohnt, am Tisch zu essen oder in Betten zu schlafen. Sie hatten in Hauseingängen oder Hinterhöfen gelebt. Manche brachten Läuse mit, die dann auch die Gastgeber oder deren Kinder befielen. Die unüberbrückbare Kluft, die sich hier auftat, zeigte sich in den Worten einer Mutter aus Whitechapel, die ihrer sechsjährigen Tochter sagte: »Du dreckiges Ding, mußt du den Teppich der Lady schmutzig machen? Geh und erledige das in der Ecke.«[111]

In Chartwell waren zwei Mütter aus dem Londoner East End mit ihren sieben Kindern aufgenommen worden. Aber wie die meisten anderen Evakuierten hielten sie es nicht lange aus, sondern gingen zurück zu den Docks, weil sie es vor Heimweh nicht ertragen konnten und ihnen die grüne Landschaft auf die Nerven ging. Clemmie besprach das Problem mit Winston. In zweijähriger Arbeit war er mit dem Bau der Orchard Cottage fast fertig geworden, die er hatte beziehen wollen, wenn Randolph – der jetzt in das alte Regiment seines Vaters, die Vierten Husaren, eingetreten war, und die schöne Pamela Digby geheiratet hatte – in das große Haus einziehen würde. Das kleine Landhaus mit seinen drei Schlafzimmern war eine durchaus bewohnbare Unterkunft; wenn der Erste Lord zum Wochenende aufs Land fahren wollte, konnten er und Clementine dort wohnen. Die Cousine Moppet erklärte sich bereit, in Chartwell für Ordnung zu sorgen. Sie bezog das kleine Haus, in dem der Chauffeur gewohnt hatte. Dort nahm sie auch Diana mit ihren beiden kleinen Kindern und dem Kindermädchen auf. Sie waren evakuiert worden, es tat ihnen aber nicht leid, London verlassen zu haben, wo ihre Mutter als Offizier im Women's Royal Naval Service (WRNS), diente. Duncan Sandys, Dianas Mann, war zu seiner Einheit in der Territorialarmee eingezogen worden und in London bei einer Fliegerabwehrbatterie stationiert. Sarah und Vic Oliver hatten eine Wohnung in den Westminster Gardens genommen. »Liebster Papa«, schrieb Sarah an Winston, »wo ich auch hingehe, kommen die Menschen auf mich zu und schütteln mir die Hand, beglückwünschen mich und lächeln mich an – Deinetwegen, und ich glaube, ich muß Dir einige ihrer guten Wünsche und Gedanken übermitteln. Neulich habe ich in der Wochenschau ein so schönes Bild von Dir gesehen, und die erregte Zustimmung der Zuschauer im Kino ließ mich plötzlich unendlich stolz darauf sein, daß ich Deine Tochter bin, und plötzlich mußte ich daran denken, daß ich Dir aus Schüchternheit und Unvermögen, die richtigen Worte zu finden nie wirklich gesagt habe, *wie sehr* ich Dich liebe und wie sehr ich versuchen will, den von mir gewählten Beruf – und diese Entscheidung hat den Menschen, die ich liebe, manchen und auch mir selbst keinen geringen Kummer bereitet – so auszufüllen, wie ich es Deinem Namen schuldig bin.«[112]

Der Brief endete mit den Worten: »Deine Dich liebende Sarah«. Sie war seine Lieblingstochter, und er brauchte sie jetzt. Die Sicherheitsbestimmungen waren so streng, daß jeder Dienstbote genau überprüft werden mußte, bevor ihm eine Unbedenklichkeitsbescheinigung ausgestellt wurde. Selbst bei Gesprächen mit den meisten Freunden und Verwandten entstand eine irgendwie gespannte Atmosphäre. Alles, was Winston während dieser Zeit durch den Kopf ging, war im Grunde streng geheim und durfte nicht erwähnt werden. Deshalb lud Clementine immer weniger Gäste ein und gab, um sich ihrer gesellschaftlichen Pflichten zu entledigen, gelegentlich Parties für ganze Gruppen von »Außenseitern«, wie die Churchills diese Menschen nannten. Die 17jährige Mary, die eben die Schule beendet hatte, lebte bei ihren Eltern, arbeitete in einer Kantine und beim Roten Kreuz und machte ihre ersten Erfahrungen im Londoner Gesellschaftsleben. Wie sie sich erinnert, gab es auch Menschen, die an Gesprächen über vertrauliche Dinge teilnehmen durften: »Es gab den kleinen goldenen Kreis vertrauenswürdiger Kollegen, die im ›geschlossenen Kreis‹ als solche anerkannt wurden und denen dieses Vertrauen natürlich heilig war.« Aber dieser Kreis war sehr klein. Im Kriege mußte jedes Kabinettsmitglied sehr vorsichtig mit dem sein, was es sagte, und das galt insbesondere für den Ersten Lord der Admiralität. Wie Winston im Ersten Weltkrieg von Jellicoe gesagt hatte, war er der einzige Minister, der den Krieg an einem Nachmittag verlieren konnte. Selbst die Liste der Außenseiter war nicht lang, und mancher, mit dem sich die Churchills früher recht nahegestanden hatten, gehörte nicht dazu.[113]

Auch der Verkehr mit Unity Mitford konnte natürlich nicht fortgesetzt werden. Sie kehrte mit einer Schußwunde im Hals, die sie sich selbst beigebracht hatte, nach England zurück. In einem Krieg zwischen ihrem Heimatland und ihrem geliebten Führer hatte sie nicht weiterleben wollen. Die Regierung traf bei ihrer Ankunft alle möglichen Vorkehrungen zum Schutz ihrer Privatsphäre und stellte sogar einen Posten mit aufgepflanztem Bajonett an das Tor des Docks. »Nazimethoden« nannte ein erboster Reporter des *Express* diese Maßnahme. Aber als ihr Vater sich darüber beschwerte, daß alle seine Familienangehörigen als Nazisympathisanten verfolgt würden, lehnte es Winston ab, etwas zu unternehmen. Lord Redesdale und seine begabten Töchter sollten zusehen, wie sie allein mit ihren Problemen fertig wurden.[114]

Der Club der fleißigen Strickerinnen, zu dem Lady Diana jetzt gehörte, war nicht das einzige Projekt, mit dem sich Clementine beschäftigte. Das Leben an Bord der kleinen Schiffe, die von der Admiralität beschlagnahmt und zu Minenräumbooten umgebaut worden waren, war spartanisch und anstrengend. Deshalb wandte sich Clemmie an die Öffentlichkeit mit der Bitte um Beiträge für einen Hilfsfonds für die Matrosen der Minenräumboote und Küstenschiffe. Außerdem arbeitete sie freiwillig im Fulmer-Chase-Entbindungsheim für Offiziersfrauen. Mit der Zeit hatte sie sich an die Gesellschaft von Brendan Bracken und dem Prof gewöhnt – wenn auch nicht damit ausgesöhnt – und lud sie ein, mit anderen Freunden aus dem »inneren Kreis«, Verwandten und regelmäßigen Gästen in Chartwell, das Weihnachtsfest im Admiralitätsgebäude zu feiern. Für Churchill war es eine seltene Gelegenheit, sich auszuspannen. Trotzdem verschwand er von Zeit zu Zeit, um sich Pims Karten anzusehen, denn er wußte, daß es auch an diesem heiligsten Feiertag Briten gab, die ihn nicht begehen konnten und deren Pflichten sie in gefährlicher Mission auf hoher See festhielten.[115]

Während der ersten acht Monate war der Krieg unbequem, deprimierend, bedrückend und vor allem langweilig, und die Briten nannten den Zweiten Weltkrieg während dieser Zeit auch den »langweiligen Krieg«. Für Chamberlain war es der Krieg im Zwielicht, für Churchill die düstere Benommenheit, für die Franzosen *cette drôle de guerre,* für die Deutschen der Sitzkrieg und für den amerikanischen Senator William Borah und seine amerikanischen Landsleute der »faule Krieg«. Aber für den durchschnittlichen Engländer blieb es ein verdammt langweiliger Krieg.[116]

In jener seltsamen Ruhepause nach dem Polenfeldzug befanden sich das Deutsche Reich und die ihm gegenüberstehenden englisch-französischen Streitkräfte im Kriegszustand, aber nach Gamelins Offensive an der Saar war der einzige Verwundete auf alliierter Seite auf dem Kontinent ein britischer Korporal, der sich beim Gewehrreinigen ins Bein schoß und eine Fleischwunde zuzog. Großbritannien war im September psychologisch auf den Krieg vorbereitet worden und bereit, Opfer zu bringen. Zwei typische Äußerungen aus jener Zeit waren, »wir dürfen Hitler nicht noch einmal davonkommen lassen« und »es mußte so kommen, und deshalb müssen wir die Sache anpacken und dafür sorgen, daß es sobald wie möglich vorüber ist«. Eine Engländerin schrieb, »ich hatte den Eindruck, die Beteiligung am Krieg sei unsere Pflicht gewesen«, weil »es das einzig Vernünftige war, was wir tun konnten... Ich hoffte im stillen (und war sehr froh, daß es niemand wußte), die Luftangriffe würden jetzt beginnen, und das Schlimmste würde möglichst rasch geschehen.« Nachdem Chamberlain über den Rundfunk die Kriegserklärung an Deutschland bekanntgegeben hatte, stand ein junges Büromädchen in Sheffield mit ihren Eltern auf, als die Nationalhymne gespielt wurde. Sie hatte »ein komisches Gefühl... Ich wußte, wir dachten alle das gleiche, daß wir gewinnen werden und müssen.« Eine Schulleiterin mittleren Alters notierte in ihrem Tagebuch: »Um 11.15 Uhr ging ich hinauf, und wir saßen gemeinsam da und hörten zu, wie Chamberlain sprach. Ich behielt den Kopf oben und kämpfte gegen die Tränen bei dem Gedanken an das bevorstehende Gemetzel. Als ›God Save the King‹ gespielt wurde, standen wir auf.«[117]

Das ganze Land hatte sich darauf vorbereitet, einen Schock zu erleben und durchzuhalten, denn jeder glaubte an die gerechte Sache – und dann geschah nichts. Ein Engländer kennzeichnete die Stimmung wie folgt: »Unser Sendungsbewußtsein ist sauer geworden.« Chamberlain verlangte, die Arbeiter sollten auf erhöhte Lohnforderungen verzichten, und begründete das mit der Behauptung, die Reichen hätten bereits freiwillige Opfer gebracht. Sogar seine Zuhörer in Birmingham lachten ihn aus. Die Admiralität, der auch die Handelsschiffahrt unterstand, bestimmte in vielen Fällen, was importiert werden dürfe und was nicht, und die Anordnung des Ersten Lords, daß alle Schiffe im Zickzackkurs zu fahren hätten, um den U-Booten auszuweichen – die gleiche Taktik war bereits im Ersten Weltkrieg angewendet worden –, verdoppelte die Länge der Seereisen. Die Folge war ein Mangel an vielen Verbrauchsgütern; an Lebensmitteln, Kohle und Futtergetreide für Geflügel – obwohl die Regierung die Bevölkerung aufgefordert hatte, in den Hinterhöfen Hühner zu halten. Zucker, Speck, Schinken und Butter waren rationiert. Im fünften Kriegsmonat waren im Vereinigten Königreich 48 Millionen Lebensmittelkarten ausgegeben worden. Als Schinkenersatz wurde Schaffleisch geräuchert, und im Land erzeugte Butter wurde mit importierter Butter gemischt und erhielt die offizielle Bezeichnung »Nation Butter«. Die Londoner Schlagersängerin Gracia Fields kreierte einen neuen Hit:

Uns ist nicht ganz wohl
ohne Rosenkohl
doch die Liebe können sie nicht rationieren!

Es gab auch einen Mangel an Geräuschen. Nach der Verordnung zur Verminderung von Lärm wurde die Verwendung der Sirenen von Krankenwagen und Fabriken sowie der Autohupen verboten. Später durften auch die Kirchenglocken nicht mehr läuten. Dieses Verbot wurde damit begründet, daß solche Geräusche die Bürger beunruhigen oder die für die Verteidigung der Stadt Verantwortlichen verwirren könnten. Die Behörden scheinen jedoch nicht auf den Gedanken gekommen zu sein, daß die Briten, die sich währernd ihres ganzen Lebens an diese Geräusche gewöhnt hatten, die plötzliche Stille beunruhigend finden könnten. Bei der Territorialarmee wurde die Munition für Gewehre und leichte Maschinengewehre rationiert, und häufig konnten Offiziere, die mit Pistolen ausgerüstet waren, keine Schießübungen mehr durchführen. Parlamentsabgeordnete, die wie Sandys auch Reserveoffiziere waren, wurden in den Offizierskasinos mit Beschwerden und Fragen überhäuft. Eine Frage, die sie selbst im Unterhaus zur Sprache bringen wollten, betraf die Hausbesitzer, zu denen viele von ihnen gehörten. In der ersten Kriegswoche hatte die Regierung viele private Gebäude für Kriegszwecke requiriert. Den Mietern wurde gekündigt, Lagerhäuser wurden geräumt, das Vieh wurde aus den Ställen getrieben, und anschließend wurden alle diese Gebäude verschlossen und versiegelt. Nun neigte sich der Winter seinem Ende zu, der Frühling stand vor der Tür, und Wohnhäuser, Lagerhäuser und Ställe standen leer. Wofür hatte die Regierung diese Gebäude vorgesehen? Und wo sollten die Evakuierten wohnen, die jetzt wieder nach London zurückströmten?[118]

So entstanden Zweifel und Mißtrauen, die Behörden verloren an Glaubwürdigkeit, und es breitete sich eine Stimmung aus, die in der britischen Armee als »in Grobheit ausartende Gleichgültigkeit« bezeichnet wurde. Am deutlichsten war diese Unruhe in der Arbeiterklasse zu spüren. Am 3. Mai, als es im Westen immer noch nichts Neues zu melden gab, erwähnte Jock Colville im Downing-Street-Tagebuch »einen etwas beunruhigenden Bericht aus dem Zentralbüro der Konservativen Partei... Es scheint, daß der Krieg in den unteren Schichten des Gemeinwesens unpopulär ist, da der Verdacht besteht, er werde im Interesse der Reichen geführt, und daß eine große Unzufriedenheit wegen des Ansteigens der Lebenshaltungskosten besteht.« Mit einigem Scharfblick fügte er hinzu: »Das ist nur ein kleiner Vorgeschmack dessen, was wir nach dem Krieg erleben werden.« Aber die Unzufriedenheit war überall zu spüren. Eine Meinungsumfrage ergab, daß 46 Prozent der britischen Bevölkerung entmutigt waren, 20 Prozent mit »einer düsteren Zukunft« rechneten, bei der es schließlich doch einen »Silberstreifen am Horizont« geben werde, während 22 Prozent sich fatalistisch in ihr Schicksal ergaben und nur 12 Prozent optimistisch waren. Churchill gehörte zu denen, die an den Silberstreifen glaubten. Am Ende der ersten Kriegswoche schrieb er an Botschafter Corbin, »wenn es eine richtige Kameradschaft gibt, kann ich an unserem Sieg nicht zweifeln«. In einem anderen Brief bekräftigte er seine Überzeugung – er zitierte dabei diejenigen, die ihn im Burenkrieg gefangengenommen hatten –: »Alles wird gut werden, wenn wir alle bis zum Ende zusammenstehen.«[119]

Immerhin litt Winston nicht unter der Verdunkelung, der unangenehmsten Belastung der Bevölkerung während eines Krieges, in dem der Feind noch nicht erschienen war. Am ersten Weihnachtsfeiertag hielt König Georg VI. traditionsgemäß eine Rundfunkansprache an sein Volk. Von seinem Vater hatte er die Eigenart geerbt, unwahrscheinlich langweilig zu sprechen. Er sagte: »Ein neues Jahr liegt vor uns. Wir können nicht sagen, was es bringen wird« – und seine letzten Worte kennzeichneten die Verhältnisse besser, als es ihm selbst bewußt war: »Gehen Sie hinaus in die Dunkelheit und legen Sie Ihre Hand in die Hand Gottes. Das wird besser für Sie sein als jedes Licht und sicherer als jeder Weg, den Sie kennen.« Die Engländer wußten verdammt gut, daß sie in die Dunkelheit hinausgehen mußten, aber sie wollten den Weg kennen, der vor ihnen lag, weil sie das für sicherer hielten, und sie waren überzeugt, daß nach Einbruch der Dunkelheit nichts besser war als Licht.[120]

Am Anfang war die undurchdringliche Finsternis etwas sehr Aufregendes gewesen. Aber die Verdunkelung brachte auch Gefahren mit sich. Im Januar ergab eine Gallup-Umfrage, daß sich seit Kriegsausbruch etwa jeder fünfte Brite während der Verdunkelung verletzt hatte. Fußgänger stießen zusammen oder rannten gegen unsichtbare Laternenpfähle, stolperten über die Stufen des Bürgersteigs oder wurden von unbeleuchteten Automobilen überfahren, die sie auf der Straße nicht gesehen hatten. Kriminelle tauchten in der sogenannten Square Mile im Herzen Londons auf und dehnten ihre Raubzüge sogar auf das West End aus. Kurz vor Weihnachten testeten einige Einkaufszentren kleine Lämpchen, die etwa so hell waren wie eine einzelne Kerze, wenn man sie aus einer Entfernung von 20 Metern sieht. Doch das wirkte noch deprimierender als die völlige Dunkelheit. Nur die jungen Menschen hatten ihren Spaß an der Dunkelheit. In der Untergrundbahn sangen sie die übermütigen Schlager, die modern gewesen waren, als Churchill ein gutaussehender junger Kavallerieoffizier gewesen war. Das Lied »Knees Up, Mother Brown« wurde wieder zum Hit. Die Zeitschrift *Mass Observation* berichtete davon, daß sich junge Pärchen ein Vergnügen daraus machten, »in Ladeneingängen Geschlechtsverkehr zu haben und sich dabei gegen die vorübergehenden Menschen durch ein anderes Pärchen abschirmen zu lassen, daß darauf wartete, anschließend das gleiche Abenteuer zu genießen. Das geschieht angeblich nur aus reiner Abenteuerlust, soll aber sehr einfach und recht aufregend sein.«[121]

Als der Krieg ausbrach, waren die Luftschutzwarte beliebte Leute. Gewöhnlich waren es freundliche, onkelhafte Nachbarn, die zunächst mit ihren Helmen etwas hilflos aussahen, wenn sie von Haus zu Haus gingen, Gasmasken überprüften und den Menschen erklärten, daß kein Lichtstrahl durch irgend eine Ritze fallen dürfe. Aber im Lauf der Zeit wurden die Menschen es müde, auf den ersten Angriff der Luftwaffe zu warten. Ein Londoner sagte einem Interviewer, er fühle sich wie ein Patient im Wartezimmer eines Zahnarztes: »Es muß kommen und wird wahrscheinlich schrecklich werden, solange es dauert, aber es wird nicht ewig dauern, und vielleicht werden mir diese Zähne schließlich doch nicht gezogen werden.« Möglicherweise würden die deutschen Heinkel- oder Junkers-Flugzeuge niemals im Nachthimmel über England erscheinen, und deshalb ließen der Vater oder die Mutter leichtsinnigerweise doch den Fensterladen oder die Tür einen Spalt offen. Dann wurden die onkelhaften Luftschutzwarte zu Ungeheuern. Ihre große Stunde sollte noch kommen, und zwar sehr bald. Doch bevor das geschah, genossen viele von ihnen einen sehr schlechten Ruf. Da jeder Engländer damals sein Haus und seine Wohnung als eine uneinnehmbare Festung betrachtete, hatte die Ungestörtheit der Privatsphäre einen sehr hohen Wert, und man gewann den Eindruck, daß die Stahlhelme tragenden Luftschutzwarte die Heiligkeit der Privatsphäre verletzten.[122]

In einem Fall hatte man in einem unbewohnten Haus eine 100-Watt-Birne brennen lassen. Dem Luftschutzwart, einem jungen, kräftig gebauten Mann, verwehrte eine mit einem Doppelschloß versehene Mahagonitür im Eichenholzrahmen den Zugang. Er besorgte sich eine lange Eisenstange, spannte alle Muskeln an, brach in das Zimmer ein und schaltete die Lampe aus. Der Schaden, den er angerichtet hatte, betrug 15 Pfund. Ein verständnisvoller Richter setzte die übliche Strafe von zwei Pfund auf ein Pfund herab. Ein empörter Londoner erklärte, er hasse die Luftschutzwarte mehr als die Nazis und würde sie am liebsten erwürgen. Wären die deutschen Bombenflugzeuge gekommen, dann wäre es anders gewesen, aber sie erschienen nicht. Laurence Thompson sprach für Tausende, als er fragte, was man aus dieser Geschichte lernen könne. Er schrieb, die Engländer seien »ein anständiges, verwirrtes und unzufriedenes Volk, das sich darauf eingestellt hat, einen Kampf auf Leben und Tod zu bestehen, und statt dessen mit den

Unbequemlichkeiten schadhafter Wasserleitungen, Kohlenknappheit, von Ungeziefer befallenen Evakuierten und der seelischen Belastung durch die Verdunkelung fertig werden muß«.[123]

Das Platzen der Wasserleitungsrohre, das die Ausmaße einer Epidemie annahm, war die Folge der grimmigen Kälte im strengsten europäischen Winter seit 45 Jahren, ein Akt göttlicher Vorsehung, der das vom König in seiner Weihnachtsansprache empfohlene Gottvertrauen aber nicht gerade stärkte. Die Kohlenknappheit spielte natürlich auch eine Rolle, aber selbst ohne die durch den Krieg bedingten Schwierigkeiten hätten Großbritannien und der europäische Kontinent gelitten. Eisenbahnen wurden unter zehn Meter hohen Schneewehen begraben und mußten mit Schneepflügen freigemacht werden, und es gab Verspätungen von mehr als 28 Stunden. Auch die zivilen Nachrichtenverbindungen waren oft unterbrochen. Zeitweilig konnte man weder telefonieren noch telegrafieren. Über Hunderte von Kilometern waren die Telefon- und Telegrafenleitungen von vereistem Schnee heruntergerissen. In Derbyshire waren die Schneewehen höher als die Hausdächer in den Dörfern. Die Themse zwischen Teddington und Surbury war auf einer Strecke von fast 13 Kilometern fest zugefroren, und auch die Straße von Dover war bei Dungeness und Folkestone mit Eis bedeckt. Später hieß es in einem Leitartikel: »Wahrscheinlich hatte man am 29. Januar, als in einem großen Teil von England als Folge der starken Schneefälle und der Vereisung der Straßen chaotische Verkehrsverhältnisse herrschten, in Berlin kaum eine Vorstellung von den Wetterverhältnissen bei uns.«[124]

Der Verfasser dieses Artikels hat wahrscheinlich nicht daran gedacht, daß auf dem europäischen Kontinent ganz ähnliche Verhältnisse herrschten. Dort war es mindestens ebenso kalt. Sogar an der Riviera herrschte unfreundliches Winterwetter, und Berlin lag ebenso wie London unter einer dicken Schneedecke. Das Wetter, das auch Polen nicht verschont hatte, verschaffte den Alliierten eine Atempause. Nur selten haben die Wetterverhältnisse den Verlauf eines Krieges so stark beeinflußt wie in diesem Jahr, obwohl man darüber streiten kann, wem der strenge Winter am meisten genützt hat. Telford Taylor glaubt, »weil nur der extreme Winter Hitler daran gehindert hat, eine Offensive gegen die schlecht ausgerüstete und schlecht vorbereitete englisch-französische Armee zu beginnen... hat das Wetter die britische Armee gerettet, die damals nur halb so stark war wie im darauffolgenden Frühjahr«. Gewiß haben die Briten es damals begrüßt, daß ihnen noch eine Atempause vergönnt war. Als aber das Oberkommando der Wehrmacht später in Nürnberg seine Aussagen machen mußte, zeigte sich, daß Hitler während dieses arktischen Kälteeinbruchs einer brillanten

Idee folgend seine für den Westen vorgesehene Strategie vollkommen änderte und damit die Voraussetzungen für den Sieg auf diesem Kriegsschauplatz schuf. Ob es den Alliierten gelungen wäre, eine deutsche Offensive im Herbst 1939 erfolgreich abzuwehren, läßt sich heute nicht mehr sagen.[125]

Hitlers militärischer Instinkt in den ersten Kriegsjahren – die Souveränität, mit der er unter den Alternativen, die ihm von den Oberbefehlshabern der Wehrmachtsteile vorgelegt wurden, die richtige erkannte – ist kaum zu überschätzen. Später, als ihn seine Siege zu der Wahnvorstellung seiner Unbesiegbarkeit verleiteten, lieferte er den gleichen Generälen den Beweis dafür, daß sie mit ihrer Auffassung recht hatten, seine Strategie sei nichts anderes als eine ununterbrochene Folge von Fehlentscheidungen. Aber das war sie nicht. Er hat seine bemerkenswerten Anfangserfolge gegen die Ratschläge der Generalität errungen, und zwar zum Teil, weil er sie einzuschätzen wußte und, was noch wichtiger war, weil er ihre Soldaten besser verstand als sie. In der Welt außerhalb des Dritten Reichs glaubten die meisten, die Wehrmacht werde nach dem Sieg über Polen eine Ruhepause einlegen, um Hitler Zeit zu geben, seine neue Eroberung zu verdauen. Ironside glaubte das nicht. Am 15. September, zwölf Tage vor der Kapitulation von Warschau, teilten die Chefs des Empire-Generalstabs dem Kriegskabinett mit, die Franzosen seien überzeugt, die Deutschen würden innerhalb des folgenden Monats »eine große Offensive an der Westfront beginnen«. Er selbst hielt eine solche deutsche Offensive noch vor Ende Oktober für möglich. Das erschien unwahrscheinlich. Sogar Churchill schrieb Chamberlain noch am gleichen Freitag, daß nach seiner Auffassung mit einem deutschen Angriff an der Westfront »so spät im Jahr« nicht mehr zu rechnen sei. Winston hielt es für wahrscheinlicher, daß sich die Deutschen nach Osten und Süden gegen Ungarn und Rumänien wenden würden. Er bezweifelte, daß Hitler gegen den Westen vorgehen werde, bevor er »die leichte Beute gemacht hat, die ihn im Osten erwartet« und damit seinem Volk »das Schauspiel wiederholter Erfolge« bieten kann.[126]

Hier hatte er die Lage nicht ganz richtig beurteilt. Doch niemand außerhalb des britischen Kriegsministeriums und des französischen Conseil Supérieur de la Guerre, und auch dort nur sehr wenige, analysierte den Polenfeldzug so zutreffend wie er. Im gleichen Brief schrieb er, er sei »entschieden der Ansicht, daß wir alle notwendigen Vorbereitungen treffen sollten, um uns im Westen zu verteidigen«. Besonders sollte das unmittelbar an der Grenze gelegene französische Gebiet »hinter Belgien Tag und Nacht mit allen vorhandenen Mitteln befestigt werden, einschließlich der Errichtung von Panzersperren mit in den Boden getriebenen Eisenbahnschienen, tiefen Gräben und Betonblöcken, wobei einige Gebietsstreifen vermint und andere für eine Überflutung vorbereitet werden sollten«. Alle diese Maßnahmen müßten »im Rahmen eines in die Tiefe gegliederten Verteidigungssystems« getroffen werden. Er schrieb, die Panzer, die Polen überrannt hätten, könnten »nur durch Geländehindernisse aufgehalten werden, die von entschlossenen Soldaten und einer starken Artillerie verteidigt werden«. Ohne solche Anlagen gäbe es keine Möglichkeit, »den Angriff gepanzerter Fahrzeuge erfolgreich abzuwehren«.[127]

Hitler war vom Kampfwert der Panzertruppe ebenso überzeugt wie Churchill, deshalb wollte er durch die neutralen Länder Belgien und Holland gegen Frankreich vorstoßen, bevor solche Hindernisse gebaut werden konnten. Außerdem nahm er an – und das zeigt, welche falschen Vorstellungen er von den in demokratischen Ländern geltenden Grundsätzen hatte –, daß die Alliierten demnächst Belgien und Holland besetzen würden. Zwei Tage nach dem Vortrag Ironsides im Kriegskabinett und Churchills Empfehlungen an den Premierminister sagte Hitler den Generälen des OKW in Zossen, er beabsichtige, nach der Kapitulation Polens die deutschen Armeen vom Osten nach Westen zu verlegen und die Offensive gegen die Westalliierten zu beginnen. Der Generalstab war schockiert. Er hatte mit einem einige Monate dauernden Stellungskrieg im Westen gerechnet, um während dieser Zeit die Ausbildung der Truppe zu verbessern und die dafür vorgesehenen Verbände für die Offensive bereitzustellen. Doch Hitler ließ sich von seinem Gedanken nicht abbringen. Wenige Wochen später erließ er die Führerweisung Nr. 6 »für die offensive Kriegführung im Westen« und ordnete darin die sofortige Vorbereitung eines Angriffs durch Luxemburg, Belgien und Holland zu einem möglichst frühen Zeitpunkt an. Das Ziel sei die Niederwerfung Frankreichs und die Errichtung »einer Basis für die Durchführung eines aussichtsreichen Luft- und Seekriegs gegen England«. Bei einer Stabsbesprechung legte er den Beginn der Offensive auf den 12. November fest.[128]

Zehn Tage nach Erlaß dieser Direktive legten die Generäle ihre Pläne für die Offensive im Westen vor. Nach Ansicht Hitlers war dieser Aufmarschplan mangelhaft und phantasielos. Er sah einen Frontalangriff durch Belgien und Holland in Richtung auf die Kanalhäfen vor. Sechs Tage später schlug Hitler vor, den Hauptstoß durch das südliche Belgien und die Ardennen in Richtung auf Sedan zu führen. Die Einwände des Generalstabs erinnern an die Bedenken von Pétain; ein Angriff durch das hügelige Waldgelände sei unmöglich. Hitler äußerte sich nicht im einzelnen dazu. Er gab seine Idee nicht auf, wurde aber vorerst durch das schlechte Wetter an ihrer Realisierung gehindert.

Das ungünstige Wetter veranlaßte Hitler, den Angriff neunmal zu verschieben. Jedesmal dachte er von neuem daran, mit einem Panzerkorps durch die Ardennen vorzustoßen. Seine Adjutanten mußten ihm Luftaufnahmen und genaue topographische Karten des Geländes beschaffen. Nachdem er sie sorgfältig studiert hatte, fühlte er sich in seiner Auffassung bestätigt. Ein großer Teil dieses Gebietes war für Panzer wider Erwarten gut geeignet. Es waren Felder und Straßen vorhanden, und die bewaldeten Gebiete, die seine Generäle abschreckten, boten den gepanzerten Verbänden gute Deckungsmöglichkeiten gegen die feindliche Luftaufklärung. Was Hitler damals nicht wußte, war, daß die Franzosen 1939 in den französischen Ardennen ein Manöver abgehalten hatten, bei dem sieben von Panzern unterstützte feindliche Divisionen die Verteidiger in die Flucht geschlagen hatten. General Walther von Brauchitsch, der Oberbefehlshaber des Heeres, bezweifelte die Durchführbarkeit des Plans; nach den damals gültigen Spielregeln mußte sich Hitler vor einer definitiven Entscheidung direkt mit ihm in Verbindung setzen. Einige seiner begabtesten Generäle, unter ihnen Manstein, Rundstedt und Guderian, waren weniger skeptisch. Wenn sehr viel stärkere Panzerkräfte als die von Hitler vorgesehenen durch die Ardennen bis zur Kanalküste vordrangen, konnten sie durch einen sogenannten Sichelschnitt die alliierten Armeen im Norden abschneiden, wo sie die Deutschen erwarteten. Am 17. Februar wurden fünf zu Befehlshabern von Armeekorps ernannte Generäle von Hitler zu einem Essen eingeladen. Zu ihnen gehörte auch Manstein. Er erläuterte in allen Einzelheiten den Plan, den er, Rundstedt und Guderian entwikkelt hatten. Hitler war begeistert. Am Mittwoch des folgenden Tages erließ er eine neue Weisung, die alle von Manstein vorgetragenen Punkte berücksichtigte. Bis zum 24. Februar hatten Hitler, Halder und das Oberkommando der Wehrmacht in Zossen, nachdem sie die letzten Tage rund um die Uhr daran gearbeitet hatten, die Befehle für die Ardennenoffiziere fertiggestellt. Der Schlag sollte im Mai erfolgen.

Als Hitler seinen Plan für den sofortigen Beginn eines Blitzkriegs im Westen vor Einbruch des Winters aufgab, waren die britischen Expeditionsstreitkräfte in Frankreich noch sehr schwach. Sie wurden jedoch im Verlauf des Winters ständig verstärkt, bis ihr Befehlshaber, Lord Gort, über fast 400 000 Mann verfügte. Anders als bei ihren Vätern im Jahr 1914 war ihre Kriegsbegeisterung sehr gering, aber sie waren bereit zu kämpfen. Die Moral der Truppe war gut, und alle Einheiten hielten sich streng an die überlieferten Formen der militärischen Disziplin. Auch die Kampfausbildung ging weiter, und die Offiziere stellten bei den Geländeübungen hohe Anforderungen an ihre Mannschaften, um sie fit zu halten. Der Schlager von Gracie Fields, mit dem sie sich über die Lebensmittelrationierung lustig machte, fand bei den britischen Soldaten keinen Anklang. Statt dessen erfreute sich ein anderes Lied großer Beliebtheit, bis sein Inhalt durch die Ereignisse widerlegt wurde:

We're gonna hang out the washing on the
Siegfried Line.
Have you any dirty washing, Mother dear?

Wenn sie Urlaub bekamen, fuhren die Soldaten nach Paris. Dort besuchten sie das Casino de Paris, um Maurice Chevalier und Josephine Baker in *Paris reste Paris* zu sehen. In der *Boîte de nuit* der Rue Volney trat Lucienne Boyer auf, und in der Comédie Française wurden Neuinszenierungen von *Cyrano de Bergerac* und *Madame Sans-Gêne* gegeben. Aber im großen und ganzen waren die Tommies von der Lichterstadt Paris enttäuscht. Die Haltung der Franzosen war ihnen unverständlich. Sie erschienen ihnen mürrisch, feindselig und mit allem unzufrieden. Zum Teil hatte das innenpolitische Ursachen. Sie hatten kein Vertrauen zu ihrer politischen Führung. Nachdem sich die Russen in Polen ihre Beute gesichert hatten, erklärte die mächtige Kommunistische Partei in Frankreich, dieser Krieg sei ein »kapitalistisch-imperialistisches Vorhaben«, bei dem die Arbeiter nichts gewinnen könnten. Auf der anderen Seite des politischen Spektrums suchte die extreme französische Rechte immer noch eine Verständigung mit dem Deutschen Reich. Nach der Niederlage Polens hielten sie ein antibolschewistisches Bollwerk für noch dringender als zuvor. Dabei zogen sie den deutschen Nationalsozialismus dem französischen Sozialismus vor. Ihr Schlachtruf lautete: »Besser Hitler als Blum!« Der begabte Schriftsteller Lucien Rebattet schrieb in einem Artikel für die faschistische Wochenzeitschrift *Je suis partout,* der Krieg sei »von den verächtlichsten Narren des verabscheuungswürdigsten jüdischen und demagogischen Regimes begonnen worden... Wieder verlangt man von uns, die Republik zu retten, eine Republik, die schlimmer ist als die von 1914... Nein, ich empfinde nicht den geringsten Zorn gegen Hitler, aber einen sehr großen Zorn gegen alle französischen Politiker, die ihm seine Triumphe ermöglicht haben.«[129]

Doch der Hauptgrund für die französischen Unmutsäußerungen war Großbritannien. Obwohl die Briten Verbündete waren, wurden sie mit Geringschätzung behandelt. Bis zu dem Zeitpunkt, als britische Brigaden einige Abschnitte in der Maginotlinie übernahmen, wußten die meisten französischen Soldaten gar nicht, daß es eine britische Expeditionsarmee in Frankreich gab. Aus den Zeitungen hätten sie es jedenfalls nicht erfahren können. Die Pariser Presse unterstützte die öffentliche Meinung, daß nicht die Aggressivität der Nationalsozialisten schuld am Kriege sei, sondern das »perfide Albion«. Nach der in Frankreich vorherrschenden Auffassung hatte England die Franzosen dazu gezwungen, ohne daß es notwendig war, an diesem Krieg teilzunehmen, und in weiten Kreisen bestand der Verdacht, daß die Briten selbst nicht die Absicht hätten zu kämpfen und daß sie sich, wenn es zu Feindseligkeiten käme, im Schutz der britischen Flotte auf ihre Insel zurückziehen würden, während die Poilus geopfert würden. Daladier sagte dem amerikanischen Botschafter, William Bullitt, er sei davon überzeugt, daß Großbritannien den Franzosen das Kämpfen überlassen wolle. Und am Quai d'Orsay sagte Alexis Léger in einem Gespräch mit Bullitt, Großbritannien fühle sich nicht verpflichtet, an diesem Krieg teilzunehmen: *»La partie est perdue. La France est seule«* (Die Partie ist verloren. Frankreich ist allein). Bei seiner ersten Stabsbesprechung als Oberbefehlshaber der alliierten Truppen zeigte Gamelin, was er von seinem Verbündeten hielt, als er nicht einmal einen Dolmetscher mitbrachte und so schnell sprach, daß die britischen Offiziere weniger als die Hälfte von dem verstanden, was er sagte.[130]

Churchill kannte Frankreich seit seiner Kindheit, und trotz seines gräßlichen Akzents sprach er fließend französisch. Hitler sprach nur deutsch. Er war nie im Ausland gewesen. Doch Churchills Vorliebe für die Franzosen war eine romantische Illusion, während der deutsche Führer das Volk, das seit mehr als 200 Jahren mit Deutschland verfeindet war, sehr zutreffend beurteilte. Churchill hat später geschrieben: »Hitler war überzeugt, das politische System in Frankreich sei bis ins Mark verfault und habe auch die französische Armee infiziert.« Welches die Gründe auch gewesen sein mögen, die Fäulnis war da, und Joseph Goebbels wußte das auszunutzen. Die Luftwaffe warf ebenso wie die RAF Flugblätter ab, aber sie waren viel wirksamer konzipiert als die englischen. Was in diesem »Konfettikrieg«, wie es ein französischer Offizier nannte, auf die französischen Linien herunterflatterte, waren keine richtigen Flugblätter, sondern Papierstreifen. Sie glichen dem bunten Herbstlaub und trugen auf der einen Seite die Aufschrift: »Im Herbst fallen die Blätter. So fallen auch die Poilus, die für die Engländer kämpfen.« Auf der anderen Seite stand: »Im Frühjahr kommen die Blätter wieder, nicht aber die Poilus.«[131]

Diesen Flugblattaktionen folgte ein Propagandafeldzug unter Einsatz französischsprechender Deutscher, die sich über Lautsprecher und mit großen Plakaten an die französischen Soldaten an der Front wandten und sie fragten, ob sie für Danzig, die Polen oder die Briten sterben wollten. Von Molotow zitierte deutsche Propagandasprüche, die besonders bei den französischen Kommunisten ihre Wirkung zeigten, machten Frankreich und Großbritannien für den Ausbruch des Krieges verantwortlich. Nach der endgültigen Niederlage Polens am 26. September begannen die Deutschen einen neuen Propagandafeldzug. Jetzt fragten sie auf den Flugblättern: »Warum wollen Frankreich und Großbritannien nun noch kämpfen? Es gibt nichts, worum man kämpfen könnte. Deutschland hat keine Forderungen gegenüber dem Westen.« Am wirksamsten war die Versicherung, wenn die Franzosen nicht das Feuer eröffneten, würden auch die deutschen Geschütze schweigen. Das amerikanische Nachrichtenmagazin *Time* zitierte das folgende Beispiel: »Wir haben den Befehl, nicht auf euch zu schießen, wenn ihr nicht auf uns schießt.« Es dauerte nicht lange, bis französische und deutsche Soldaten gemeinsam im Rhein badeten. Leser der *Time,* denen nicht bewußt war, welche Bedeutung der Kampfgeist für den Infanteristen hat – nicht nur für den Sieg, sondern auch für das Überleben des einzelnen Soldaten –, haben das vielleicht für harmlos gehalten. Aber es nützte Hitler in doppelter Hinsicht. In den ersten Kriegswochen erlaubte ihm das kameradschaftliche Verhältnis zwischen den Soldaten beider Seiten an der Westfront, die westliche Reichsgrenze mit schwachen Kräften zu halten, während die deutschen Hauptkräfte Polen niederwarfen. Außerdem verringert sich der Kampfwert von Truppen, die nichts zu tun haben, besonders wenn sie an der Sache zweifeln, für die sie kämpfen sollen. Wenn es schließlich zum Gefecht kommt, fällt es ihnen schwer, die sympathischen jungen Burschen auf der anderen Seite zu töten, und das bedeutet, daß diese jungen Burschen, die nun den Befehl haben, nicht mehr so sympathisch zu erscheinen, es viel leichter haben, *sie* zu töten.[132]

Die britischen Soldaten waren gegen solche Einflüsse augenscheinlich immun. Ihre Befehlshaber waren keine Defätisten, und weder ihre Urgroßväter noch ihre Väter waren 1870 und 1914 von deutschen Soldaten besiegt worden – im übrigen, wer hatte je davon gehört, daß der britische Soldat einen Krieg verloren hätte?

Die britischen Offiziere ließen sich durch Arroganz nicht beleidigen, weil sie selbst grenzenlos arrogant sein konnten. 1914 hatten sie ihren Soldaten gesagt, »das Land der Wogs« – ein verächtlicher Ausdruck für die Eingeborenen in den britischen Kolonien – »beginnt in Calais«. 1939 sagten sie es noch immer, während diejenigen, die damit gemeint waren, vor Wut mit den Zähnen knirschten. Wenn Gamelin seine französische Ansprache so schnell vorlas, daß kein Engländer ihn verstehen konnte, dann genügte das nicht, um in diesem Spiel die Oberhand zu gewinnen. Die Engländer hatten den Hochmut erfunden, und dagegen konnte der französische Stolz nichts ausrichten.

Die Briten machten sich jedoch ernsthaft Sorgen um die Kampfmoral der Poilus. Wenn die Deutschen kamen – und trotz aller Feindpropaganda zweifelte die britische Führung nicht daran, daß sie kommen würden –, dann würden diese französischen Soldaten die Stellungen rechts von den Briten verteidigen müssen. Wenn die Deutschen durchbrachen, dann hing die Flanke der britischen Expeditionsstreitkräfte in der Luft, und das war für eine Generation von Soldaten, die mit der Doktrin von der fortlaufenden Front großgeworden war, eine Horrorvorstellung. Immer und immer wieder hatte man ihnen gesagt, die französische Armee sei »unübertroffen«, ein Wort, das zwei Interpretationen zuließ. Jedenfalls ließ sich kaum ein Poilu an Sorglosigkeit und Mangel an militärischen Formen übertreffen. General Sir Alan Brooke, ein künftiger Chef des Empire-Generalstabs, der jetzt ein Armeekorps der britischen Expeditionsstreitkräfte befehligte, nahm an einer militärischen Zeremonie als Gast des Generals André-Georges Corap, des kommandierenden Generals der französischen 9. Armee, teil. In seinen Memoiren erinnert er sich an den Vorbeimarch der französischen Einheiten: »Selten habe ich etwas Schlampigeres und Unordentlicheres gesehen. Die Männer unrasiert, die Pferde ungeputzt, Uniformen und Sättel, die nicht paßten, schmutzige Fahrzeuge und ein völliges Fehlen jeden Stolzes der Soldaten auf ihre Person und ihre Einheiten. Was mich am meisten erschütterte... war der Gesichtsausdruck der Männer, übelgelaunt und aufsässig, und obwohl das Kommando ›die Augen links‹ gegeben worden war, machte sich kaum einer die Mühe, es zu tun.« Es wäre jedoch ungerecht, allein den wehrpflichtigen französischen Soldaten einen Vorwurf daraus zu machen, daß sie nicht bereit waren, französischen Boden zu verteidigen. Die gleiche Haltung konnte man bis in die obersten Ränge feststellen. Es war ihr eigener Oberbefehlshaber, der den Poilus verbot, auf die deutschen Arbeitskommandos am gegenüberliegenden Flußufer zu schießen, da er fürchtete: »Die Deutschen würden das Feuer erwidern.«[133]

Der Unterstaatssekretär im amerikanischen Außenministerium, Sumner Welles, der als Sonderbotschafter von Präsident Roosevelt eine Europareise unternahm und eingeladen wurde, die alliierte Front zu besichtigen, berichtete nach seiner Rückkehr in Washington, französische Offiziere hätten sich im Privatgespräch mit ihm darüber beklagt, daß ihre Männer undiszipliniert seien. Sie hätten erklärt, wenn die Deutschen nicht bald angriffen, würden die Poilus desertieren und nach Hause gehen. Wenn die Führer einer Armee gegenüber einem Ausländer im privaten Gespräch ihre eigenen Soldaten kritisieren, dann ist das ein sehr schlechtes Zeichen. Aufmerksame führende Franzosen wußten das. Nicht nur die Ausbildung war mangelhaft; weder Gamelin noch Churchills Freund, General Georges, hatten Übungen in Divisionsstärke befohlen, um die Kommandeure mit den Problemen vertraut zu machen, die bei der Führung größerer Einheiten entstehen. General André-Charles-Victor Laffargue schrieb später: »Unsere Einheiten vegetierten ohne wirkliche Aufgaben dahin, begnügten sich mit dem Wachdienst und schlugen die Zeit bis zum nächsten Urlaub oder bis zu ihrer Ablösung tot.« Häufig wurde längerer Urlaub gewährt. Man richtete Erholungszentren ein und ließ Theatergruppen aus Paris kommen, um die Soldaten zu unterhalten.[134]

Doch das nützte alles nichts. Die Moral der Truppe wurde immer schlechter. Der Befehlshaber der Ersten Armee, General Edmond Ruby, war entsetzt, »bei den Unteroffizieren und Mannschaften eine allgemeine Apathie und Unwissenheit feststellen zu müssen. Aus Furcht, kritisiert zu werden, wagte niemand, einen Befehl zu geben. Militärische Übungen wurden als reiner Spaß angesehen und jede Arbeit als eine unnötige Plackerei.« Ein weiteres Anzeichen des Verfalls war der Alkoholismus. »Die Trunksucht war ganz plötzlich ausgebrochen, und auf den größeren Bahnhöfen mußten Ausnüchterungszellen eingerichtet werden.« Es gab so viele betrunkene Soldaten in der Öffentlichkeit, daß sich die militärische Führung um die Auswirkungen dieser Erscheinung auf die »zivile« Moral Sorgen machte.[135]

Obwohl Churchill glaubte, die französische Armee werde niemals zurückweichen, so stark der deutsche Angriff auch sein sollte, überquerte er im Januar 1940 den Kanal, um der Front einen Besuch abzustatten. Zu seiner Befriedigung hatte er feststellen können, daß die französische Artillerie »sogar eine größere Reichweite hatte als die neuen deutschen Geschütze«. Aber er war zutiefst beunruhigt durch »die Stimmung in der Bevölkerung, die sich in einer großen, aus Wehrpflichtigen bestehenden Armee widerspiegelt, und zwar um so mehr, wenn diese Armee in der Heimat stationiert ist und enge Kontakte mit der Zivilbevölkerung unterhält«. Später schrieb er, in den 30er Jahren »hatten sich bedeutende Elemente als Reaktion auf den stärker werdenden Kommunismus dem Faschismus zugewendet«, und die langen Monate des Wartens, die dem Zusammenbruch Polens gefolgt waren, hatten dem Kommunismus und dem Faschismus »Zeit und Gelegenheit« gegeben, »ihr Gift wirken zu lassen«. Er erklärte, es könne »kein Zweifel« daran bestehen, daß »die Qualität der französischen Armee im Verlauf des Winters immer schlechter wurde«. In jeder Armee werde eine gesunde Moral mit verschiedenen Methoden erreicht, »aber eine der wichtigsten ist, daß die Männer mit nützlicher und interessanter Arbeit beschäftigt werden. Müßiggang ist der Boden, auf dem gefährliche Gewohnheiten gedeihen.« Er hatte festgestellt, daß »es viel zu tun gab: Die Ausbildung erforderte die ständige Aufmerksamkeit; die Verteidigungsanlagen waren alles andere als befriedigend oder vollständig, sogar in der Maginotlinie fehlten an vielen Stellen die notwendigen Feldbefestigungen; körperliche Fitness erfordert ausgiebiges Training.« Ihm war die »schlechte Qualität der täglichen Arbeitsleistung der Truppe, die augenscheinlich nichts zu tun hatte« aufgefallen, und er hatte den Eindruck, die »Leere der Straßen hinter der Front stand im auffallenden Gegensatz zu dem ständigen Kommen und Gehen in dem mehrere Meilen breiten Gebietsstreifen hinter dem britischen Abschnitt«.[136]

Auch Oberst de Gaulle glaubte, die Truppe brauche eine gründlichere Ausbildung und ein intensiveres körperliches Training. In einem Bericht an seine Vorgesetzten drängte er sie energisch, entsprechende Maßnahmen zu ergreifen. Ein solches Programm sollte nach seiner Ansicht intensiv und körperlich anstrengend sein, zum Teil weil die Männer nicht leistungsfähig genug waren und um etwas für den Geist der Truppe zu tun. Aber auf dem langen Dienstweg bis zum Oberkommando gingen seine Empfehlungen irgendwo verloren, was niemanden überraschte, der mit dem System vertraut war. Was ein militärischer Führer im Gefecht am dringendsten braucht, sind Informationen, und wenn er tüchtig ist, dann unternimmt er alles, um ein Kommunikationssystem einzurichten, das auch im Chaos der Schlacht noch funktioniert. Wenn möglich richtet er ein zweites Netz von Nachrichtenverbindungen zur Reserve ein, denn was bei Manövern im Frieden ausreichen mag, kann zerstört werden, wenn große Armeen im Kriege aufeinandertreffen.

Gamelin scheint an solche Schwierigkeiten nicht gedacht zu haben. Man hatte fast den Eindruck, er habe absichtlich dafür gesorgt, daß er in seinem Hauptquartier schwer zu erreichen war, um ungestört zu bleiben, wenn er am meisten gebraucht wurde. Während er in Vincennes am Stadtrand von Paris über seinen Dokumenten saß, hatte er es versäumt, für die notwendigen Nachrichtenverbindungen zu den Truppenbefehlshabern an der Front zu sorgen. In Vincennes gab es keine Funkstation. Er konnte den Oberbefehlshaber aller Streitkräfte an der Front, General Georges, telefonisch erreichen, dessen Hauptquartier sich in dem 56 Kilometer entfernt gelegenen La Ferté-sous-Jouarre befand, er zog es jedoch vor, persönlich dort hinzufahren. Die Hin- und Rückfahrt dauerte jeweils eine Stunde in dem starken Pariser Vorortsverkehr. Im Zeitalter des Radios und des Fernschreibers dauerte es sechs Stunden, bis ein Befehl Gamelins eine Kommandostelle der Luftstreitkräfte erreichte – und in dieser Zeit waren die zu bekämpfenden feindlichen Flugzeuge längst verschwunden –, und es dauerte 48 Stunden, bis ein an die ganze Armee gerichteter Befehl alle Kommandostellen erreicht hatte. Ein französischer Offizier hat das abgelegene Hauptquartier Gamelins als »Unterseeboot ohne Periskop« bezeichnet, und später schrieb de Gaulle erbittert: »Da saß er nun in klösterlicher Stille, umgeben von wenigen Offizieren, arbeitete und meditierte, ohne sich um seine Alltagspflichten zu kümmern. An seinem Zufluchtsort in Vincennes machte General Gamelin den Eindruck eines Gelehrten, der die chemischen Reaktionen seiner Strategie in einem Laboratorium überprüfte.«[137]

Sir John Slessor vom britischen Luftfahrtministerium, einer seiner zahlreichen Besucher aus London, hatte von dem Oberbefehlshaber den Eindruck, er sei »ein netter alter Mann, der seiner gewaltigen Aufgabe auch nicht im entferntesten gewachsen war«. Daß die Briten nichts unternahmen, um die unvermeidliche Katastrophe abzuwenden, lag zum Teil daran, daß das britische Truppenkontingent sehr viel kleiner war als das französische. Außerdem hatte es im letzten Krieg vier Jahre gedauert, bis man sich auf ein gemeinsames Oberkommando unter Foch hatte einigen können. Die meisten Mitglieder der Regierung Seiner Majestät bewunderten die Franzosen. Sie weigerten sich, die Berichte über die Anglophobie jenseits des Kanals ernst zu nehmen. Alle, einschließlich von Churchill, hielten an ihrem blinden Glauben an die französische Armee fest, die in den Jahren 1914 bis 1918 den schwersten deutschen Angriffen widerstanden und sich stets von neuem bewährt hatte. Die Poilus in diesem Krieg waren die Söhne der französischen Soldaten im letzten. Mit Sicherheit hatten sie auch ihre kämpferischen Qualitäten geerbt. Sie hatten es aber nicht. Anders als ihre Väter zogen sie es vor, am Leben zu bleiben.

Außerdem gab es die Maginotlinie. Wer sich nicht mehr an die 30er Jahre erinnern kann, wird nicht verstehen können, weshalb dieses Bauwerk ein so hohes Ansehen genoß, bevor die Stunde der Entscheidung schlug. *La Ligne* wurde als ein Weltwunder angesehen, und die Franzosen haben keine Gelegenheit versäumt, dieses Ansehen aufzupolieren. Das französische Oberkommando feierte das erste Weihnachtsfest im Kriege mit der Bekanntgabe, daß es ein unüberwindliches »Befestigungswerk« fertiggestellt habe. Das Ziel seiner Bemühungen sei es gewesen, »die Maginotlinie zu verdoppeln« und nun sei sie »praktisch fertiggestellt... Mit dem Ersten dieses Monats scheint unsere neue Befestigungslinie jede Hoffnung des Feindes zerstört zu haben, die Maginotlinie zu durchbrechen oder von der Flanke her aufzurollen.«[138]

Ein amerikanischer Auslandskorrespondent erkundigte sich nach den Ardennen. Jeder Generalstabsoffizier wußte, daß es dort keine Befestigungen gab. Hitler wußte es; Manstein, Guderian, Halder und Rundstedt wußten es. Liddell Hart wußte es bereits seit elf Jahren. Aber die amerikanische, die britische und die französische Öffentlichkeit wußten es nicht. Die große Mehrheit lebte in dem Glauben, die Maginotlinie schütze Frankreich vor jedem möglichen deutschen Vorstoß. In Vincennes zitierte ein französischer Offizier in seiner tadellos sitzenden Uniform und dem Käppi auf dem Kopf Pétain, der gesagt hatte: »*Elle est impénétrable*« (sie ist nicht zu durchdringen) – vorausgesetzt es werden »besondere Dispositionen« getroffen. Die Flanken an der Feindseite würden mit der Errichtung einiger Blockhäuser geschützt werden. Der Krieg dauere jetzt schon fast vier Monate, die Maginotlinie sei verdoppelt worden, aber die Dispositionen seien noch nicht abgeschlossen. Der Amerikaner fragte nach den Gründen. Weil die Front in diesem Abschnitt nicht in die Tiefe gegliedert sei, denn der Feind werde hier nicht angreifen. Zum Schluß hieß es: »*Ce secteur n'est pas dangereux*« (Dieser Frontabschnitt ist nicht gefährlich).[139]

Walter Lippmann wurde empfangen wie ein Staatsoberhaupt. Ein Dutzend Obersten begleiteten ihn zu einer Besichtigung der Maginotlinie und dann nach Vincennes. Lippmann meinte, die Befestigungsanlage habe nur eine Schwäche: sie befände sich an der falschen Stelle. Der Generalissimus verstand nicht, was er meinte. Der Amerikaner fragte, was geschehen werde, wenn der Feind im Norden angriff, wo die Maginotlinie an der belgischen Grenze aufhörte. Gamelin sagte, er freue sich über diese Frage. Er *hoffe*, die Deutschen würden das versuchen. »Wir brauchen eine offene Flanke, weil wir ein Schlachtfeld brauchen«, erklärte er. »Die Maginotlinie wird die Lücke verengen, durch die sie kommen können, und es uns damit ermöglichen, den Feind noch leichter zu vernichten.«[140]

Oberst de Gaulle war ein äußerst gefährlicher Mensch. Er hatte sich wiederholt mit den Anweisungen für den Einsatz von Panzerfahrzeugen beschäftigt, in denen es eindeutig hieß: »Kampfpanzer sind Geräte, welche die Infanterie begleiten... In der Schlacht stellen Panzereinheiten einen integralen Teil der Infanterie dar... Panzer sind nur Hilfswaffen... Allein entscheidend ist die Fortnahme des Angriffsziels durch die vorgehende Infanterie.« Die Aufgabe des Panzers war es also, die Infanterie zu begleiten und nicht der Kampf in selbständigen Formationen. Deutlicher konnte das nicht gesagt werden. Doch de Gaulle war schlimmer als die Offiziere der Luftstreitkräfte, die zumindest so höflich waren zu schweigen, nachdem General Gamelin ihnen gesagt hatte: »So etwas wie eine Luftschlacht gibt es nicht. Es gibt nur eine Schlacht auf dem Boden.« Doch nun erschien de Gaulle im Generalhauptquartier Montry, wo sich die meisten Generalstabsoffiziere befanden, und zwar wieder mit einem der für ihn typischen Berichte, diesmal über das, was man aus dem Blitzkrieg in Polen lernen konnte.

Darin hatte er geschrieben: »Der Benzinmotor macht alle unsere Militärdoktrinen unglaubwürdig, wie er auch unsere Befestigungsanlagen unwirksam machen wird. Wir haben ausgezeichnetes Material. Wir müssen lernen, ihn so zu verwenden, wie es die Deutschen getan haben.«[141]

Gegenwärtig, so erklärte de Gaulle, seien die französischen Panzer zur Unterstützung der Infanterie auf die ganze Armee aufgeteilt. Er behauptete, es wäre klüger, sie in Panzerdivisionen zusammenzufassen, wie es die deutsche Armee im Polenfeldzug und auch schon vor dem Anschluß Österreichs getan habe. Seine Vorschläge wurden von zwei Generälen zurückgewiesen. Einer von ihnen sagte, selbst wenn die deutschen Panzer die französischen Linien durchbrechen sollten, würden sie anschließend restlos vernichtet werden. Das französische Oberkommando hatte neben dieser Abfuhr, die es dem Oberst de Gaulle erteilte, dem Frankreich, das er liebte, einen tödlichen Schaden zugefügt. Obwohl sich die Richtigkeit der in dem von Guderian schon vor dem Krieg geschriebenen Buch *Achtung, Panzer!* vertretenen Thesen in Polen erwiesen hatte, beschloß das französische Oberkommando, seine Panzer ins Ausland zu verkaufen. Der R-35 war ein besserer Panzer als jedes deutsche Modell. Von den letzten 500 vor dem 10. Mai 1940 hergestellten Panzern dieses Typs wurden fast die Hälfte – 235 – an die Türkei, Jugoslawien und Rumänien verkauft, was zur Folge hatte, daß die französische Armee bei Beginn der deutschen Offensive nur über 90 Panzer dieses Typs verfügte. Außerdem empfingen die für die Verteidigung Frankreichs verantwortlichen Generäle zu der Zeit, als sich die deutschen Armeen, Stukas und Panzerdivisionen im Rheinland für den massiven Angriff nach Westen bereitstellten, Vertreter von Ländern, die man nicht zu den Feinden Frankreichs rechnete, zu einer Versteigerung von Rüstungsgütern und verkauften ihnen 500 Geschütze mit der dazugehörigen Munition und 830 Panzerabwehrgeschütze. Die französische Armee litt derweil unter einem akuten Mangel an diesen Waffen.[142] Aber das französische Kriegsministerium gab bekannt, daß man in der Maginotlinie 100000 Brieftauben untergebracht habe, um Meldungen durch das Artilleriefeuer zu bringen.

Nach dem Winterkrieg in Finnland hatte sich die Aufmerksamkeit der Welt Skandinavien zugewandt, eine Entwicklung, die von den Skandinaviern bedauert wurde, die ebenso wie andere Neutrale hofften, man werde sie übersehen, bis der Krieg zu Ende sei. Norwegens Wunsch, im Hintergrund zu bleiben – das die zwischen den Norwegern und dem Deutschen Reich lebenden Dänen natürlich teilten –, wurde durch ein

Unternehmen der britischen Flotte am Freitag, dem 16. Februar 1940, enttäuscht, das ganz England erregte, den Krieg ausweitete, die Popularität Churchills steigerte, ihm in der Folge aber fast zum Verhängnis wurde.

Wahrscheinlich waren Oslos verzweifelte Versuche, den Krieg in der Rolle des Zuschauers zu überstehen, von vornherein zum Scheitern verurteilt. Die Neutralität eines Landes kann nicht immer von der eigenen Regierung garantiert werden. Wenn sie von einer kriegführenden Macht verletzt wird, dann befindet sich das Land in der Lage der vielzitierten geschändeten Jungfrau, die von nun an jedem zur Verfügung steht, der sie haben will. Die Deutschen hatten die norwegischen Territorialgewässer seit Kriegsausbruch mit ihren Frachtschiffen befahren. Wie Churchill dem Kriegskabinett am 19. September gesagt hatte, war das schwedische Eisenerz aus Gällivare »lebenswichtig für die deutsche Rüstungsindustrie«. Im Sommer konnten die deutschen Schiffe dieses Erz durch den Bottnischen Meerbusen zwischen Finnland und Schweden nach Deutschland bringen, im Winter mußte es jedoch in den norwegischen Hafen Narvik transportiert werden, um dann parallel zur Küste nach Süden verschifft zu werden. Britische Unterseeboote hätten ungezählte dieser feindlichen Frachtschiffe auf dem Nordatlantik versenken können.[143]

Das war nicht geschehen, weil die deutschen Kapitäne mit ihren Schiffen innerhalb der norwegischen Dreimeilenzone blieben und die Regierung in Oslo, die deutsche Vergeltungsmaßnahmen fürchtete, nicht dagegen protestiert hatte. Nun erklärte Churchill, wenn die Deutschen »durch den Druck der norwegischen Regierung« nicht daran gehindert werden könnten, norwegische Teritorialgewässer zu befahren, werde er es als seine Pflicht ansehen, »das Minenlegen innerhalb dieser Gewässer« vorzuschlagen. Es gab einen Präzedenzfall für ein solches Vorgehen. Die Admiralität hatte 1917 das gleiche getan und damit die deutschen Schiffe veranlaßt, auf die offene See hinauszufahren. Nach der Lagebesprechung zu diesem Thema schickte Winston eine kurze Mitteilung an Pound, daß das Kriegskabinett einschließlich von Halifax »diese Maßnahme ausdrücklich begrüßt« habe. Deshalb solle der Stab der Admiralität das Minenlegen vor der norwegischen Küste vorbereiten. Er fügte hinzu: »Bitte halten Sie mich auf dem laufenden über die Fortschritte bei der Verwirklichung dieses Plans, der als gegen die deutsche Rüstungsindustrie gerichtetes Unternehmen von größter Bedeutung ist.« Eine weitere Entscheidung des Kriegskabinetts werde folgen, »wenn alle Vorbereitungen getroffen sind«.[144]

Pound traf diese Vorbereitungen, aber andere Kabinettsmitglieder hielten die Sache nicht für so dringend wie Churchill, und als das Vorhaben in Whitehall erörtert wurde, schlugen das Auswärtige Amt und die Dominions Alarm. Nach der Beratung war die Mehrheit der Mitglieder des Kriegskabinetts zu der Überzeugung gekommen, daß es nicht notwendig sei, sofort etwas zu unternehmen, und damit war die Angelegenheit zunächst erledigt. Das schien das Schicksal eines jeden originellen Vorschlags zu sein, den Winston seinen Kollegen vorlegte. Seine Enttäuschung kommt sehr deutlich in einem Brief zum Ausdruck, den er an einen Kollegen schrieb. Darin hieß es, seine »Unruhe« sei in erster Linie dadurch begründet, daß »unsere Kriegsmaschine für ein konkretes Vorgehen ein so großes Hindernis darstellt. Ich sehe, daß uns immer höhere und höhere Hindernisse in den Weg gestellt werden, so daß ich mich fragen muß, ob es überhaupt einen Plan geben kann, der die Chance hat, sie zu überwinden.«[145]

Doch Churchill verlor dieses Problem nicht aus dem Auge, und dies war einer der Gründe dafür, daß er den Plan für die Operation »Catherine« entwarf. Nun, im Februar, bot ein flagranter Übergriff der Deutschen in der Dreimeilenzone Anlaß für eine sofortige Reaktion der Admiralität. Vor der letzten Schlacht der *Graf Spee* waren die in Gefangenschaft geratenen Mitglieder der Besatzung eines versenkten britischen Handelsschiffs von dem Versorgungsschiff der *Graf Spee,* der *Altmark,* aufgenommen worden. Mehr als 300 dieser englischen Seeleute waren im Zwischendeck der *Altmark* untergebracht worden, und sie befanden sich immer noch dort, weil die kleinere *Altmark* nach der Versenkung der *Graf Spee* den beschädigten britischen Kriegsschiffen hatte entkommen können. Neun Wochen war das deutsche Schiff in der Weite des Südatlantik nicht aufzufinden gewesen. Jetzt, da es unter Treibstoff- und Verpflegungsmangel litt und keinen sicheren Hafen anlaufen konnte, wollte die *Altmark* die britischen Seeleute in die Gefangenschaft nach Deutschland bringen. Am Morgen des 16. Februar erhielt Winston die Meldung, daß ein Pilot der RAF das Schiff vor der norwegischen Küste mit Kurs nach Süden gesichtet hatte. Sofort beschloß er, die dort festgehaltenen Briten zu befreien. Er befahl allen britischen Kriegsschiffen in diesem Seegebiet, »während des Tages Kurs nach Norden zu nehmen und die *Altmark* in den Territorialgewässern aufzubringen, wenn sie gefunden werden sollte. Das Schiff verletzt die Neutralität, wenn es britische Gefangene nach Deutschland bringt. Außerdem mußte die *Altmark* als eine wertvolle Kriegsbeute angesehen werden.«[146]

Am Nachmittag sichtete H. M. S. *Cossack* unter dem Kommando von Captain Philip Vian das deutsche Schiff. Es entkam zunächst in den Jösing Fjord. Vian blockierte die Mündung des Fjords und schickte einen Zerstörer mit einem Prisenkommando hinein. Zwei norwegische Kanonenboote fingen den Zerstörer ab, und der Kapitän des einen, es war die *Kjell*, fuhr mit einer Barkasse zur *Cossack*. Später schrieb Vian, er habe dem Norweger gesagt, er »verlange das Recht, das deutsche Schiff zu durchsuchen, und fordere ihn auf, mich zu begleiten. Der norwegische Offizier antwortete, die *Altmark* sei nach ihrem Eintreffen in norwegischen Gewässern bereits dreimal durchsucht worden und man habe ›keine Gefangenen gefunden‹. Er sei angewiesen, das Entern des deutschen Schiffs mit Gewalt zu verhindern. Wie ich sehen könne, hätten seine Schiffe ihre Torpedorohre auf die *Cossack* gerichtet, eine ausweglose Situation.«[147]

Vian schickte der Admiralität einen Funkspruch und bat um weitere Instruktionen. Churchill hatte die Anweisung hinterlassen, jede Nachricht über die *Altmark* solle sofort an ihn weitergegeben werden. Dieser Vorfall illustriert das, was General Sir Ian Jacob »die wütende Kraft seiner Konzentration« genannt hat. Dazu schreibt Jacob: »Wenn sein Geist mit einem bestimmten Problem beschäftigt war, mochte es sich auch nur um eine Einzelheit handeln, dann gehörte seine ganze Aufmerksamkeit diesem Problem. Niemand konnte ihn davon ablenken.« Admiral Marder fügte hinzu: »Mit seiner ganzen Energie und Vorstellungskraft ging Churchill bei der Verfolgung seiner offensiven Ideen manchmal zu weit... Die Ostsee und in zunehmendem Maß das norwegische Teilproblem wurden für ihn fast zur fixen Idee.« Es gab Beamte im Auswärtigen Amt, die seine Antwort an Vian für zu aggressiv hielten. Das waren die gleichen Leute, die nach seiner Rundfunkansprache, in der er die neutralen Länder kritisierte, unaufgefordert erklärt hatten, der Erste Lord der Admiralität habe sich nicht im Sinne der Politik der Regierung Seiner Majestät geäußert.[148]

In Wirklichkeit waren die Anweisungen, die er Vian gab, kaum zu beanstanden – »kaum«, weil er sie auf dem Dienstweg über den Vorgesetzten von Vian, Admiral Sir Charles Forbes hätte geben sollen. Doch vorher rief er Halifax an und sagte ihm, was er vorhatte. Der Außenminister kam sofort herüber zur Admiralität, wo Winston und Pound ihm das »Gesetz der Verfolgung auf See« erläuterten. Halifax schlug vor, dem norwegischen Kapitän als Alternative vorzuschlagen, die *Altmark* gemeinsam nach Bergen zu eskortieren, um dort nach internationalem Recht eine Untersuchung durchzuführen. Die Admiralität stimmte diesem Vorschlag zu, und anschließend ging der entsprechende Befehl über Funk an die *Cossack*. Darin wurde Vian angewiesen, falls die Norweger sich weigerten, die *Altmark* nach Bergen zu eskortieren, solle er »die *Altmark* entern, die Gefangenen befreien und das Schiff in Besitz nehmen«. Für den Fall, daß ein norwegisches Schiff versuchte, ihn daran zu hindern, sollte er es zunächst warnen, »wenn es auf Sie feuert, sollten Sie nicht antworten, solange es sich nicht um einen ernsten Angriff handelt. In letzterem Fall sollten Sie sich verteidigen, und zwar nicht mit stärkerem Feuer als unbedingt notwendig. Wenn das norwegische Schiff das Feuer einstellt, sollten auch Sie es tun.«[149]

In der folgenden Nacht, während der Erste Lord der Admiralität und der Erste Seelord, wie Churchill schrieb, »mit einiger Sorge« im Lagezimmer auf Nachricht warteten, ging Vian an Bord der *Kjell* und überbrachte dem Kapitän den Alternativvorschlag von Halifax. Der Norweger lehnte ihn ab und wiederholte seine Behauptung, das deutsche Schiff sei durchsucht worden, es sei nicht bewaffnet und habe keine britischen Gefangenen an Bord. Das war zwar alles gelogen, aber wie Churchill einräumte, mußte man Verständnis für die Norweger haben, die »deutsche Vergeltungsmaßnahmen fürchteten und mit unserer Nachsicht rechneten«. Die Deutschen hatten bereits »218 000 Tonnen an skandinavischen Schiffen versenkt, was 555 skandinavischen Matrosen das Leben gekostet hatte«. Vian sagte, er werde an Bord der *Altmark* gehen. Er forderte den norwegischen Offizier auf, ihn zu begleiten. Der Norweger lehnte das jedoch ab. Er und sein Schwesterschiff beschränkten sich darauf, den Vorgang zu beobachten, ohne etwas zu unternehmen.[150]

So fuhr die *Cossack* mit aufgeblendeten Suchscheinwerfern allein in den Fjord ein und leuchtete dabei die mit Eisschollen bedeckte Wasserfläche ab, bis Vian bemerkte, daß die *Altmark* Kurs auf sein Schiff genommen hatte und versuchte, es zu rammen. Zum Glück war der Deutsche am Ruder ein schlechter Seemann. Er ließ sein Fahrzeug auf Grund laufen. Vian ging längsseits der *Altmark*, und seine Mannschaft vertäute die beiden Fahrzeuge. Dann sprang das britische Prisenkommando hinüber. Das deutsche Schiff war mit zwei Maschinenkanonen und vier Maschinengewehren bewaffnet. Die britischen Matrosen setzten sich in den Besitz dieser Waffen und richteten sie auf die deutsche Besatzung. Im Nahkampf wurden vier Deutsche getötet und fünf verwundet. Die anderen flohen an Land oder ergaben sich. Die Norweger hatten das Schiff nicht durchsucht. In den verschlossenen Stauräumen und leeren Öltanks warteten 299 Briten auf ihre Befreiung. Das Prisenkommando öffnete die Luken, und einer der britischen Matrosen rief: »Sind da unten irgendwelche Engländer?« Er hörte die vielstimmige Antwort »Ja« und rief zurück: »Die Navy ist da!« Bis Mitternacht war Vian aus dem Fjord ausgelaufen und hatte Kurs auf England genommen.[151]

Die Nachricht erreichte das Admiralitätsgebäude um 3.00 Uhr morgens. Churchill und Pound waren überglücklich. Die Frau von Randolph Churchill, Pamela, war Zeugin der Landung der *Cossack* mit den befreiten Gefangenen in Leith am Firth of Forth, wo Ärzte, Krankenwagen, die Presse und Fotografen sie erwarteten. Sie schrieb an ihren Schwiegervater: »Du mußt einen sehr aufregenden und unruhigen Freitagabend erlebt haben. Es ist tröstlich zu wissen, daß wir auch zornig sein können.« Jock Colvilles Eintrag in sein Downing-Street-Tagebuch für den Samstag begann mit den Worten: »In der Nr. 10 herrschte wegen des Zwischenfalls mit der *Altmark*, von dem wir am frühen Morgen erfuhren, große Aufregung. Es ist ein glänzender Abschluß des Sieges über die *Graf Spee*.« Der König schickte seinem Ersten Lord der Admiralität ein kurzes Glückwunschschreiben, der ihm sofort antwortete: »Es ist für mich eine sehr große Ermutigung und Genugtuung, die so huldreiche und freundliche Botschaft Eurer Majestät entgegenzunehmen... Niemand wird die Anerkennung durch Eure Majestät höher einschätzen als der sehr alte Diener Ihres königlichen Hauses und Ihres Vaters und Großvaters, der unterzeichnet als Eurer Majestät getreuer und ergebener Untertan Winston S. Churchill.«[152]

Arthur Marder spricht für die Fachleute von der königlichen Flotte, wenn er über den Zwischenfall mit der *Altmark* schreibt: »Abgesehen von ihren erheblichen moralischen Auswirkungen war es eine kleine Operation von geringer Bedeutung.« Wie wir sehen werden, hatte die Episode gewisse Nachwirkungen, aber die nur beiläufige Erwähnung ihrer Auswirkungen auf die britische Öffentlichkeit ist charakteristisch für die Haltung der Berufssoldaten. Im Kriege behandeln sie die Zivilbevölkerung mit einer gewissen Herablassung, obwohl die öffentliche Meinung, wie sich das in Frankreich bereits zeigte, einen entscheidenden Einfluß auf die Art der Kriegführung nehmen und wesentlich dazu beitragen kann, ob ein Krieg gewonnen oder verloren wird. Die Verdunkelung der Städte ohne Bombenangriffe war nur lästig, aber nach dem Zwischenfall mit der *Altmark* begannen die Menschen den Kriegsgegner zu hassen. Es waren allerdings nicht alle – die Oberschicht scheute sich noch immer davor, die chauvinistische Haltung zu zeigen, ohne die große Siege nicht erfochten werden können. Noch am 26. April 1940 sah Jock Colville »eine Gruppe bebrillter Intellektueller« im Leicester Square Bierkeller, »die ungerührt sitzenblieben, als ›God Save the King‹ gespielt wurde. Jeder bemerkte es, aber niemand tat etwas, was zeigt, daß der Krieg noch nicht dazu geführt hatte, daß wir das Gefühl für das Angemessene verloren hatten oder einen lautstarken Hurrapatriotismus zeigten«. Die einfache Bevölkerung war weniger tolerant, und die Zeitungen lieferten ihrem Unwillen immer neue Nahrung. Churchill hatte sich davon überzeugt, daß sich die befreiten Gefangenen in einem guten Gesundheitszustand befanden, aber die britische Presse bezeichnete die *Altmark* als »das Höllenschiff«. Die

Geretteten wurden veranlaßt, die von ihnen erduldeten Strapazen zu übertreiben, und wenn ihre Berichte weitererzählt wurden, klangen sie noch grausiger. Die Menschen *wollten* nun an deutsche Greueltaten glauben. Sogar nachdem vier der geretteten Männer im Londoner East End bei einer Massenversammlung auf der Bühne erschienen und man deutlich erkennen konnte, daß sie wohlgenährt und gesund aussahen, wurde eine Frau unter den Zuschauern mit den Worten zitiert: »Wenn ich einen Deutschen ertrinken sähe, würde ich ihn nicht retten. Nachdem das geschehen ist, könnte ich es nicht.«[153]

Churchill, der sich niemals von blindem Haß leiten ließ, nahm das kurze Gefecht im norwegischen Fjord zum Anlaß, die patriotischen Gefühle und das Selbstvertrauen in Männern wie Vian und den Mitgliedern seiner Besatzung zu stärken. Dem Unterhaus gefiel das. Am Dienstag, dem 20. Februar, schrieb Harold Nicolson in sein Tagebuch: »Winston wird, wenn er hereinkommt, mit lautem Beifall begrüßt.« Admiral Keyes war in jener Nacht im Lagezimmer gewesen und hatte ihm, wie Nicolson weiter schreibt, erzählt, wie »Winston Halifax anrief und sagte, ›ich habe vor, die norwegische Neutralität zu verletzen‹. Die Anweisung ging hinaus, und in der Admiralität wartete man gespannt auf das Ergebnis. Welches Ergebnis! Eine glänzende Leistung. Als Winston das Unterhaus verläßt, treffen sich unsere Blicke. Er zwinkert mir vielsagend zu.«[154]

Churchill wollte alle Möglichkeiten ausschöpfen, die dieses Ereignis ihm für die Stärkung des Kampfwillens der Briten bot. Bisher hatte man in Großbritannien noch kaum etwas vom Krieg gespürt. Er wußte, die Deutschen bereiteten sich auf eine neue Offensive vor, und die Alliierten – die ihnen keine Ruhe hätten lassen sollen – blieben untätig. Auf das Verhalten der anderen Teilstreitkräfte hatte er keinen Einfluß, aber er konnte dafür sorgen, daß sich die Flotte dem Kampf stellte. Die Schlacht vor Montevideo war für England der erste Anlaß gewesen, stolz auf die Leistungen seiner Seestreitkräfte zu sein, und am 15. Februar, einen Tag bevor die *Altmark* aufgebracht wurde, hatte er die *Exeter* bei ihrem Einlaufen im Hafen von Plymouth begrüßt. Nun, am 23. Februar, versammelte er die Helden vom Rio de la Plata im großen Saal der Guildhall, dem Sitz der Londoner Stadtregierung seit mehr als 1000 Jahren. Hinter der gotischen Fassade unter den vier prächtigen Türmen, dem reich gegliederten Wappen und den Denkmälern für Chatham, Nelson und Wellington erinnerte er die Anwesenden und die ganze Nation daran, daß die britischen Seeleute bisher die ganze Last des Krieges getragen hatten. Fast 3000 von ihnen seien bereits in dem »harten und gnadenlosen Ringen gefallen, das Tag und Nacht andauert«. Er sagte: »Der Kampfgeist all unserer Streitkräfte auf dem Salzwasser ist niemals besser und stärker gewesen als jetzt. Vielleicht blikken die Kriegshelden der Vergangenheit zu uns herab, wie das Nelsondenkmal jetzt auf uns herabblickt, ohne das Gefühl haben zu müssen, daß die Bewohner unserer Insel ihren Mut verloren haben oder daß das Beispiel, das sie uns in vergangenen Jahrhunderten gegeben haben, verblaßt ist, während die Generationen nach ihnen einander gefolgt sind. Es war nicht umsonst, daß Admiral Harwood, als er mit voller Kraft vorausfahrend, einen Feind angriff, der mit einer einzigen Salve aus seinen viel schwereren Geschützen jedes seiner Schiffe hätte versenken können, und das unsterbliche Signal Nelsons aufziehen ließ.«[155]

Mit hochgezogenen Schultern, gesenktem Kopf und leicht hin- und herschwankend, bannte er seine Zuhörer mit ernstem Blick und sammelte sich, um ihnen die letzten entscheidenden Worte zuzurufen. Es war kein »Sitzkrieg«, über den Churchill sprach. Dieser Krieg war nicht schmutzig oder erniedrigend; er war alles andere als ein moderner Krieg. Die Vernichtung der Nazis und ihres Führers war die Erfüllung einer edlen Mission. Zu der Schlacht in der Mündung des Rio de la Plata gäbe es jetzt, wie er sagte, ein Nachspiel, die großartige Leistung »der *Cossack* und ihrer Flottille«, die mutige Rettung »britischer Gefangener, die unter den Augen des Feindes und trotz der durch eine einseitige Neutralität entstandenen verwirrenden Umstände aus dem dann versenkten deutschen Hilfskreuzer befreit werden konnten... Und dem von Nelson vor 135 Jahren gegebenen Signal, ›England erwartet, daß jeder Mann seine Pflicht tun wird‹, kann man jetzt die nicht weniger stolze Antwort hinzufügen, die in der vergangenen Woche gegeben wurde: *›Die Navy ist da!‹*«[156]

In der Guildhall brach ein Sturm der Begeisterung aus, die Menschen erhoben sich von ihren Plätzen und spendeten dem Redner lauten Beifall.

Etwas mürrisch notierte Hoare in seinem Tagebuch, Winston mute den Menschen mit seinen Reden zuviel zu. Aber in Wirklichkeit hatte er mit dieser Rede genau den richtigen Ton getroffen. Niemand hatte weniger Illusionen darüber, was im Krieg geschieht, als Siegfried Sassoon, der als junger Offizier im Ersten Weltkrieg wegen seiner aufrüttelnden Antikriegsgedichte vor ein Kriegsgericht gestellt worden war. Jetzt schrieb er an Eddie Marsh: »Wie wird Winston jetzt vergöttert! Ich glaube, er ist der beliebteste – aber auch der tüchtigste – Politiker in England. Er muß sehr stolz auf die Leistungen der Flotte sein, die auch wirklich hervorragend sind. Und W. selbst hat ebenfalls Großartiges geleistet.«[157]

Seine letzten vier Worte – »die Flotte ist da!« –, schrieb Laurence Thompson, »sind von der Öffentlichkeit sofort richtig verstanden worden. Plötzlich war man sich der konstanten Gegenwart der Flotte bewußt, so eintönig und wenig ereignisreich die Kriegführung zu Lande und zu Wasser auch sein mochte. Und die Flotte erfüllte mit großem Heldenmut ihre Pflicht und mußte mit der Handelsflotte die schwersten Belastungen des Krieges auf sich nehmen.« England war mit keiner größeren Begeisterung in den Krieg gezogen als Frankreich, und die britische Bevölkerung ließ sich durch Schlagworte und melodramatische politische Äußerungen noch weniger beeinflussen. Doch während sich die inneren Spannungen in Paris und im übrigen Frankreich vertieften, nahm die Einigkeit in Großbritannien zu. Wenn die Briten schon kämpfen mußten, dann waren sie auch entschlossen, es zu tun. Und obwohl es an jenem Freitag den Anschein hatte, daß die königliche Flotte im nationalen Bewußtsein den ersten Rang einnahm, machten sich auch britische Soldaten bereit, sich zum ersten Mal in diesem Krieg ihren deutschen Gegnern zu stellen. Es wurde zu einer unheilvollen ersten Begegnung.[158]

Für Hitler war der Handstreich der britischen Flotte im Jösing Fjord »unerträglich«. Er war wütend darüber, daß die deutschen Seeleute auf der *Altmark* nicht ausdauernder gekämpft hatten. Nach Jodls Tagebuch bekam er einen Wutanfall: »Kein Widerstand, keine englischen Verluste!« Angesichts der Tatsache, daß in diesem Feuergefecht vier Deutsche gefallen waren, erscheint das ungerecht, aber der Führer legte, was die Tapferkeit seiner Soldaten betraf, seine eigenen Maßstäbe an. Seine Anerkennung blieb den Männern vorbehalten, die *seiner* wert waren. Zwei Tage später, am 19. Februar, notierte Jodl in seinem Tagebuch, »der Führer drängte energisch« auf den Abschluß der Vorbereitungen für das Unternehmen »Weserübung« – das war der Kodename für die Besetzung Norwegens – und befahl, Schiffe auszurüsten und Truppenteile bereitzustellen. Mit der Durchführung dieser Operation beauftragte er einen Kommandierenden General von der Westfront, Nikolaus von Falkenhorst, der gegen Ende des Ersten Weltkriegs in Finnland gekämpft hatte. Später hat Falkenhorst als Zeuge in Nürnberg ausgesagt, er habe den Eindruck gehabt, der Zwischenfall mit der *Altmark* habe Hitler veranlaßt, das Unternehmen jetzt zu beginnen.[159]

Die Vorgeschichte der Weserübung war komplexer, als es zunächst den Anschein haben mag. In seinen Kriegserinnerungen schreibt Churchill: »Hitler hatte am 14. Dezember beschlossen, Norwegen zu besetzen, und die generalstabsmäßige Vorbereitung erfolgte unter der Leitung von Keitel.« Das einzige bedeutende Ereignis am 14. Dezember war ein Treffen zwischen Hitler und Major Vidkun Quisling gewesen, einem ehemaligen norwegischen Verteidigungsminister, der sich für die Nationalsozialisten begeisterte und nun beschlossen hatte, sein

Land an das Deutsche Reich zu verraten. Admiral Raeder hatte Hitler empfohlen, sich den Sinneswandel dieses Mannes zunutze zu machen, und Hitler hatte sich zu einem Gespräch mit ihm bereit erklärt, weil er sich einen Eindruck von ihm verschaffen wollte. Anschließend nahm er Quisling in seine Dienste und beauftragte ihn, »die britische Propaganda zu bekämpfen« und die norwegische Nazipartei zu stärken, eine Organisation, die überwiegend nur in der Phantasie Quislings bestand. Aber das Unternehmen »Weserübung« war ursprünglich keine Idee Hitlers. Es war die einzige nicht provozierte nationalsozialistische Aggression, auf die das zutraf. Der Entwurf dafür war allein auf Befehl Raeders vom Oberkommando der Kriegsmarine ausgearbeitet worden – ein einmaliger Vorgang. Das Oberkommando des Heeres und sein Generalstab wurden nicht konsultiert, und Göring erfuhr erst wenige Stunden vor Beginn des Unternehmens davon.[160]

Hitler war natürlich davon unterrichtet worden. Sich auf ein so ehrgeiziges Abenteuer einzulassen, ohne den Reichskanzler davon in Kenntnis zu setzen, hätte jeden Offizier das Leben kosten können. Hitler wußte natürlich, daß die kaiserliche Flotte im Ersten Weltkrieg als Folge der britischen Seeblockade nicht aus der Ostsee hatte auslaufen können und ihr deshalb der Zugang zur hohen See verwehrt war. Er wußte auch, daß seine Kriegsmarine entschlossen war, sich der britischen Flotte im Kampf zu stellen und das dadurch zu ermöglichen, daß sie sich in Norwegen Basen schuf. Im Rahmen eines ausführlichen Berichts über die Operationen der Kriegsmarine hatte Raeder im Oktober gegenüber Hitler von dieser Absicht gesprochen, und nach seinen eigenen Aussagen in Nürnberg »erkannte Hitler sofort die Bedeutung der norwegischen Operation«. Wenige Wochen später, nach Ausbruch des Russisch-Finnischen Krieges, wurde sich Hitler auch der Gefahr bewußt, die sich in den Berichten über die Absicht der Alliierten abzeichnete, zur Unterstützung der Finnen ein Expeditionskorps zusammenzustellen. Ein solches Unternehmen bedrohte die Versorgung der Rüstungsfabriken an der Ruhr mit Rohmaterial, die jährlich 15 Millionen Tonnen Eisenerz brauchten und 11 Millionen Tonnen davon aus Schweden importierten. Das Unternehmen »Weserübung« könnte von Zivilisten fälschlicherweise als ein Beweis dafür interpretiert werden, daß es sich hierbei um eine geplante Aggression gehandelt habe. Das war es nicht. Berufssoldaten in jedem Lande wissen, daß die Generalstäbe schon im Frieden Pläne für den Fall des Ausbruchs von Feindseligkeiten mit anderen Mächten entwerfen, auch wenn die Wahrscheinlichkeit, daß sie einmal gebraucht werden könnten, sehr gering ist. Das Kriegsministerium in Washington hatte zum Beispiel Instruktionen für Invasionen in praktisch jedes Land Europas entworfen.[161]

Mit erbeuteten deutschen Dokumenten konnte in Nürnberg einwandfrei bewiesen werden, daß Hitler Norwegen nicht besetzen wollte. In seinem Gespräch mit Quisling, das mitstenographiert und dann mit Schreibmaschine geschrieben worden war, hatte er gesagt, er würde es lieber sehen, wenn Norwegen ebenso wie alle anderen skandinavischen Länder neutral bliebe. Er interessierte sich nicht für Pläne, die »den Kriegsschauplatz nur vergrößern würden«. Wenn Norwegen neutral blieb, dann konnte Deutschland schwedisches Erz importieren, ohne von den Briten daran gehindert zu werden. Es gibt deutliche Hinweise dafür, daß er dies auch Raeder gesagt hat. Das offizielle Kriegstagebuch der Kriegsmarine erwähnt am 13. Januar nebenher auch Skandinavien und sagt dazu, »die günstigste Lösung wäre die Aufrechterhaltung der norwegischen Neutralität«. Aber sowohl Hitler als auch der deutsche Admiralstab rechneten mit der Möglichkeit, daß die Neutralität Norwegens unter bestimmten Voraussetzungen verletzt werden könnte. Deshalb erklärte Hitler, wenn der Feind Vorbereitungen treffen sollte, den Krieg auf Skandinavien auszudehnen, werde er die zur Abwehr einer solchen Bedrohung erforderlichen Maßnahmen treffen. Auch im Kriegstagebuch der Kriegsmarine kommt die Sorge zum Ausdruck, daß »England beabsichtigt, Norwegen mit dem stillschweigenden Einverständnis der norwegischen Regierung zu besetzen«. Die zweifelhafte Quelle für solche Gerüchte war Quisling, der Hitler auch gesagt hatte, das Aufbringen der *Altmark* durch die *Cossack* sei vorher vereinbart worden. Er behauptete, die Regierung in Oslo sei der gefügige Komplize Englands; die norwegischen Kanonenboote hätten die Anweisung gehabt, nichts zu unternehmen, um auf diese Weise das Dritte Reich und seinen Führer hinters Licht zu führen. Das war der Köder, mit dem man Hitler locken konnte, aber die Aufzeichnungen über seine Besprechungen mit Raeder zeigen, daß er immer noch zögerte, weil er glaubte, »die Bewahrung der Neutralität Norwegens ist das beste«. Und noch am 9. Mai erklärte er, eine so gefährliche Operation wie eine kriegerische Auseinandersetzung zwischen seiner kleinen Flotte und der legendären königlich britischen Kriegsmarine widerspräche »allen Grundsätzen der Seekriegführung«. Trotzdem bezeichnete er auf der gleichen Konferenz die Besetzung Norwegens als »dringend«. An sich war es nicht typisch für Hitler, daß er sich nicht zu einer klaren Entscheidung durchringen konnte, aber hier hat er offenbar an der Richtigkeit seiner Entscheidung gezweifelt.[162]

Am letzten Donnerstag im März notierte William L. Shirer in seinem Tagebuch: »Deutschland kann den Krieg nicht durchstehen, wenn es nicht weiterhin schwedisches Eisenerz bekommt, das zum größten Teil im norwegischen Hafen Narvik auf deutsche Schiffe verladen wird, die der Blockade ausweichen, indem sie dicht an der norwegischen Küste entlangfahren... Mancher hat sich gefragt, warum Churchill nichts dagegen unternommen hat. Jetzt sieht es so aus, als könnte er es tun.« In Berlin würde gemeldet, daß »ein Geschwader von wenigstens neun Zerstörern Seiner Majestät vor der norwegischen Küste zusammengezogen worden sei und daß in mehreren Fällen Warnschüsse auf mit Eisenerz beladene deutsche Frachter abgegeben worden seien«. In der Wilhelmstraße hatte Shirer erfahren, man werde Churchill »beobachten«, und ein zuverlässiger Gewährsmann versicherte ihm, »wenn sich britische Zerstörer in norwegische Territorialgewässer wagen, wird Deutschland etwas unternehmen«. Er fragte sich, was die Deutschen tun würden. »Die deutsche Flotte ist der britischen weit unterlegen.«[163]

Seit dem 13. März, als eine Konzentration britischer U-Boote vor Norwegen gemeldet worden war, mehrten sich die Anzeichen dafür, daß sich die britische Flotte der norwegischen Küste näherte. Am folgenden Tag hatten die Deutschen einen Funkspruch aufgefangen, mit dem alle alliierten Truppentransportschiffe aufgefordert wurden, sich darauf vorzubereiten, zwei Stunden nach Eingang eines entsprechenden Befehls auszulaufen. Am folgenden Tag traf eine Gruppe französischer Offiziere in Bergen ein. Hitler faßte seinen endgültigen Entschluß jedoch erst am Montag, dem 1. April. Die Deutschen, die den gesamten Funkverkehr in Nordeuropa überwachten, fingen Funksprüche aus Oslo auf, aus denen hervorging, daß die Norweger ihre Artilleriestellungen an der Küste besetzten und Fliegerabwehrbatterien anwiesen, das Feuer auf jedes nicht identifizierte Objekt zu eröffnen, ohne die Erlaubnis von ihren Vorgesetzten einzuholen. Offenbar rechnete Norwegen mit einem Angriff und bereitete sich darauf vor. Wenn das Unternehmen »Weserübung« überraschend erfolgen sollte – und das war für das Gelingen der Operation unbedingt erforderlich –, dann mußte Hitler schnell handeln. Nach den vorliegenden Befehlen sollte die Invasion am 9. April beginnen. Er hatte bereits seine an die internationale Öffentlichkeit gerichtete Erklärung formuliert: Die Reichsregierung habe erfahren, daß die Briten beabsichtigten, in Norwegen zu landen.[164]

Die Welt außerhalb des Deutschen Reichs war es gewohnt, von Hitler belogen zu werden, und würde daher diese neue Beschuldigung für eine weitere absurde nazistische Lüge halten. Aber diesmal sagte er die ungeschminkte Wahrheit.

Hitlers Entscheidung fiel eine Woche nach Ostern, und nach dem strengen Winter hatte England ein für die Jahreszeit ungewöhnlich warmes, vier Tage dauerndes Wochenende gefeiert. Auf der Straße nach Brighton herrschte lebhafter Verkehr. Mehr als 200 Gäste mußten in einem Hotel in Weston-super-Mare abgewiesen werden, und die

Zimmervermieterinnen in Blackpool machten das beste Feiertagsgeschäft, an das sie sich erinnern konnten. Die Seebäder verzeichneten einen ungewöhnlich starken Besucherstrom, denn viele Briten hofften, auf See Gefechtslärm zu hören – vielleicht die Detonation eines Torpedos oder das Rattern eines Maschinengewehrs. Sie hörten nichts. Zwar befand sich Europa im Krieg, aber alles blieb friedlich. Die beunruhigenden Nachrichten aus Skandinavien wurden kaum beachtet.

Doch dann erschien ein Artikel des *Daily Express* mit der Überschrift »Wage es nur, Hitler! ruft ihm Ironside zu«. Der hochgewachsene Chef des Empire-Generalstabs war anschließend für niemanden zu sprechen. Es ärgerte ihn, daß ihn ein gewiefter Journalist aufs Glatteis geführt hatte. Reiths Informationsministerium hatte ihn überredet, einem amerikanischen Reporter ein Interview zu geben, und vorgeschlagen, er solle dem Amerikaner ein möglichst rosiges Bild von der gegenwärtigen Lage vermitteln. Tiny hatte geglaubt, es handele sich nur um ein persönliches Gespräch, dessen Inhalt nicht veröffentlicht werden würde, und war entsetzt, als er erfuhr, daß der *Express* die britischen Veröffentlichungsrechte für alles erworben hatte, was dieser Journalist schrieb. Nun mußte er zu seinem Schrecken feststellen, daß er mit Äußerungen zitiert wurde, die besagten, daß er sich nach einer militärischen Konfrontation mit Hitler sehnte: »Wir würden es begrüßen, uns mit ihm zu messen. Offen gesagt wäre uns ein deutscher Angriff gerade recht. Wir sind uns unserer Sache durchaus sicher. Wir fürchten ihn nicht.« Damit sprach er für Millionen von Engländern, die es müde waren, auf den nächsten Schritt des Ungeheuers in der Reichskanzlei zu warten. In der Downing Street Nr. 10 fragte sich Colville einen Monat nach der Niederwerfung Polens durch die Deutschen, »ob nicht alles, was bisher geschehen ist, Teil eines riesigen Bluffs war«. Drei Monate später schrieb er: »Einige Menschen scheinen zu glauben, daß Hitler nicht in die Offensive gehen werde, sondern daß es ihm vielleicht, ohne aktiv werden zu müssen, gelingen wird, einen langen Krieg zu gewinnen oder uns wenigstens wirtschaftlich zu ruinieren... So gibt es jetzt zum ersten Mal das Gefühl, daß wir unter Umständen selbst mit dem Kämpfen beginnen müssen, und Winston hat das sogar in seiner Rede am Samstag angedeutet.«[165]

Gegen den vehementen Widerstand des Auswärtigen Amts unter der Führung von Halifax hatte sich Churchill seit Ende September 1939 um die Zustimmung des Kabinetts zu seinem Plan bemüht, das unmittelbar vor der norwegischen Küste gelegene Seegebiet »mit allen Mitteln und auf jeden Fall« zu verminen, wie er das später ausgedrückt hat. Am 19. Februar gingen seine Kollegen so weit, wie sie glaubten, es verantworten zu können, und bevollmächtigten die Admiralität, »alle Vorbereitungen zu treffen«, um in den norwegischen territorialen Gewässern ein Minenfeld anzulegen, damit »es bei der Ausführung der Operation keine Verzögerungen gibt«, wenn eine solche Maßnahme wirklich angeordnet würde. Aber schon zehn Tage später wurde die Genehmigung zurückgezogen. Am 28. März wurde Winstons Vorhaben dann aber doch wieder aktuell, als der alliierte Oberste Kriegsrat dem Plan zustimmte, und am 1. April – dem gleichen Tag, an dem Hitler ohne Wissen der Alliierten grünes Licht für das Unternehmen »Weserübung« gegeben hatte – setzte das Kriegskabinett den Beginn der Operation auf See auf den 5. April fest. Weil es sich bei der Verminung dieses Gebiets nach Churchills Ansicht um eine relativ unbedeutende Operation handelte, wählte er dafür den Decknamen »Wilfred«, den Namen einer Person in einer Comic-Bilderfolge, die damals im *Daily Mirror* erschien. Er wies darauf hin, daß das Minenlegen »die Deutschen veranlassen könnte, militärisch gegen norwegisches Gebiet vorzugehen und uns damit die Gelegenheit, mit Zustimmung der norwegischen Regierung Streitkräfte auf norwegischem Boden zu landen«. Außerdem empfahl er, daß »wir auch weiterhin einen leichten Verband für ein Unternehmen gegen Narvik bereithalten sollten«. Der Oberste Kriegsrat ging noch weiter. Am 8. April sollten eine britische Brigade und ein Kontingent französischer Truppen nach Narvik geschickt werden, um »den Hafen zu besetzen und bis an die schwedische Grenze vorzurükken«. Weitere Streitkräfte sollten in Stavanger, Bergen und Trondheim landen, »um dem Feind die Besetzung dieser Basen zu verwehren«.[166]

Wäre man diesem Zeitplan gefolgt, dann hätte das höchstwahrscheinlich zu einem glänzenden Erfolg der Alliierten geführt. Am 3. April erhielt Oliver Stanley, der Hore-Belisha im Kriegsministerium abgelöst hatte, »einen etwas verstümmelten Bericht«, in dem es hieß, die Deutschen hätten »starke Truppenverbände« im Ostseehafen Rostock versammelt. Halifax meinte, das könne die jüngsten Berichte aus Stockholm bestätigen, nach denen starke deutsche Verbände in Stettin und Swinemünde auf Transportfahrzeugen verschifft würden. Der zweite Militärattaché an der holländischen Botschaft in Berlin gab eine gleichlautende Meldung an die Dänen und Norweger weiter. Das dänische Außenministerium schloß daraus, daß die deutschen Truppen für einen Einsatz in Norwegen bestimmt seien und Dänemark verschonen würden. Die Norweger wiederum glaubten, die Deutschen hätten beschlossen, Dänemark zu besetzen.[167]

Am Samstag, dem 6. April, sichteten die Piloten von britischen Aufklärungsflugzeugen, wie Churchill später schrieb, »eine aus einem Schlachtkreuzer, zwei leichten Kreuzern, vierzehn Zerstörern und einem weiteren Schiff, wahrscheinlich einem Transporter, bestehende deutsche Flotte... mit Kurs auf die Küste gegenüber der Mündung des Skagerrak«. Churchill schrieb: »Uns in der Admiralität fiel es schwer zu glauben, daß dieser Verband für Narvik bestimmt war. Trotz eines Berichts aus Kopenhagen, daß Hitler diesen Hafen in Besitz nehmen wolle, glaubte der Marinestab, die deutschen Schiffe würden wahrscheinlich umkehren und in den Skagerrak zurückfahren.«[168]

Die Briten waren zu dieser Zeit damit beschäftigt, ihre Pläne wegen ernster Meinungsverschiedenheiten mit den Franzosen umzustellen, weil diese den Verzicht auf das Unternehmen »Wilfred« im entscheidenden Augenblick durchgesetzt hatten. Churchill sagte, England solle ohne Rücksicht auf das, was die Franzosen täten, wie beabsichtigt die Minen vor der norwegischen Küste legen, und Chamberlain stimmte ihm zu. Er sagte: »Die Sache ist jetzt so weit gegangen, daß wir etwas unternehmen müssen.« Man solle jedoch noch einen Versuch machen, die Meinungsverschiedenheiten mit den Franzosen beizulegen. Wenn sie sich weigern, würde Großbritannien die Operation allein durchführen.[169]

Der Streit mit Frankreich entstand, weil die Franzosen alles vermeiden wollten, was die Deutschen zu Vergeltungsmaßnahmen veranlassen konnte. Seit mehr als sieben Jahren versuchten sie so zu tun, als gäbe es Hitler nicht, und es fiel ihnen schwer, mit dieser Gewohnheit zu brechen. So mußte es auf die Dauer zu Meinungsverschiedenheiten mit Churchill kommen, der ununterbrochen damit beschäftigt war, den Deutschen das Leben so schwer wie möglich zu machen. Eine Operation, die noch erfolgversprechender war als das Unternehmen »Wilfred«, hatte den Decknamen »Royal Marine«. Im Winter hatte Winston eingehend die Technik der Minen studiert. Dabei hatte er festgestellt, daß es unter den verschiedenen Typen eine Mine gab, die dicht unter der Wasseroberfläche schwamm. Nun faszinierte ihn die Möglichkeit, den Schiffsverkehr auf dem Rhein, dem wichtigsten deutschen Wasserweg, lahmzulegen. Zu den Hauptaufgaben der Rheinschiffahrt gehörte jetzt die Versorgung der starken deutschen Verbände an der französischen Grenze. Deshalb sollten Flußminen, die bei Berührung von Schiffen detonierten, in großer Zahl in einem zu Frankreich gehörenden Flußabschnitt unterhalb von Straßburg gelegt werden. Ihre Ziele waren unter anderen Tankschiffe, Lastkähne und Pontonbrücken. Dieser Gedanke war Winston schon während seiner Reise an den Rhein am Vorabend des Krieges gekommen, aber er hatte gezögert, dem Kriegskabinett einen entsprechenden Vorschlag zu machen, weil der Rhein auch von neutralen Schiffen befahren wurde. Angesichts des von den Deutschen geführten »uneingeschränkten U-Boot-Kriegs«, des Einsatzes von magnetischen Minen und der Beschießung von Schiffbrüchigen in

Rettungsbooten, wobei Neutrale ebenso betroffen waren wie Briten, hatte er seine Meinung geändert. Jetzt und auch später vertrat er, wie er an General Gamelin schrieb, die Auffassung, daß »die moralische und juristische Rechtfertigung« für das Unternehmen »Royal Marine« »unanfechtbar zu sein scheint«. Die Deutschen hätten »die Häfen Großbritanniens und ihre Zufahrten in jeder Weise mit illegalen Verminungen angegriffen«, sie hätten unbewaffnete Fischereischiffe beschossen und »einen rücksichtslosen U-Boot-Krieg gegen die kriegführenden Nationen und die Neutralen geführt«. Gegen einen solchen Feind seien »wirksame Vergeltungsmaßnahmen erforderlich«. Am 19. November 1939 hatte er vorgeschlagen, »eine ständige Beunruhigung dieses wichtigsten Wasserweges des Feindes in Gang zu setzen... Wir dürfen keinen einzigen Tag mehr verlieren.«[170]

Doch es vergingen Monate und nicht nur Tage, denn obwohl das Kriegskabinett seinen Empfehlungen nach acht Tagen »grundsätzlich« zugestimmt hatte, mußte der Plan in Großbritannien und Frankreich durch die zuständigen Behörden geprüft werden. Indessen gingen die Vorbereitungen für die Operation »Royal Marine« weiter. Im Januar verfügte die Admiralität über einen Vorrat von 10000 Flußminen, und die RAF mußte sich darauf vorbereiten, sie nicht nur über dem Rhein, sondern über allen größeren deutschen Flüssen und Kanälen abzuwerfen. Churchill war fasziniert von seinem Vorhaben. Wenn eingeweihte Besucher in sein Privatbüro kamen, demonstrierte Winston, wie einer seiner Mitarbeiter schreibt, den Vorgang »in einem mit Wasser gefüllten Eimer, und jeder mußte sich ansehen, wie das Modell einer Flußmine funktionierte«. Am 6. März genehmigte das Kriegskabinett schließlich das Unternehmen »Royal Marine«, und es wurde ein genauer Plan ausgearbeitet, nach dem die ersten 2000 Minen zum Einsatz kommen sollten. Anschließend sollten jede Nacht 300 bis 400 abgeworfen werden, über eine längere Zeit sollten es 2000 in jeder Woche sein. Der Oberbefehlshaber der französischen Flotte, Admiral Jean Darlan, erklärte, er sei »begeistert« von dem Vorhaben, und sagte voraus, es werde in weniger als einem Jahr »entscheidende Auswirkungen« auf den Verlauf des Krieges haben. Nun fehlte nur noch die offizielle Zustimmung der französischen Regierung.[171]

Doch sie kam nicht. Am 20. März, wenige Tage nach der Kapitulation Finnlands, trat die Regierung Daladier zurück. Daladier war beschuldigt worden, die Finnen zu spät und unzureichend unterstützt zu haben –, und Paul Reynaud wurde Premierminister. Daladier blieb Verteidigungsminister und hatte als solcher das Recht, sein Veto gegen das Unternehmen »Royal Marine« einzulegen, was er auch tat. In der Downing Street Nr. 10 erzählte man sich, Daladier »will es verhindern, daß

Reynaud die Lorbeeren dafür erntet, oder vielleicht... fürchten die Franzosen sofortige Vergeltungsmaßnahmen der Deutschen, gegen die sie nichts ausrichten können«. Den Briten wurde gesagt, der Grund für die Ablehnung sei, daß der Verteidigungsminister deutsche Vergeltungsmaßnahmen in der Form von Luftangriffen auf französische Flugzeugfabriken für möglich hielte und sie vermeiden wolle. Diese Fabriken seien zur Zeit besonders gefährdet. In zwei Monaten würde die Produktion auf verschiedene Produktionsstätten verteilt werden, dann könnten die Minen gelegt werden. Am 28. März, auf der gleichen Konferenz des obersten Kriegsrats, auf der auch das Unternehmen »Wilfred« genehmigt wurde, schaltete sich Chamberlain ein und setzte sich energisch für die Durchführung des Unternehmens »Royal Marine« ein, worauf die Franzosen sich mit dem Beginn der Verminungen am 4. April einverstanden erklärten. Nach Paris zurückgekehrt, änderten sie ihre Meinung und verlangten eine Verschiebung des Vorhabens um drei Monate. Colville schrieb: »Winston geht nach Paris, um seinen persönlichen Einfluß geltend zu machen. Wir versuchen, die Franzosen durch die Behauptung zu erpressen, daß wir unter Umständen auf das Unternehmen in den norwegischen Hoheitsgewässern verzichten würden, wenn wir es nicht mit der Verminung deutscher Wasserstraßen verbinden könnten.«[172]

Churchill hat einmal gesagt: »Nur eines ist schlimmer als gemeinsam mit Verbündeten zu kämpfen, und das ist, ohne sie kämpfen zu müssen.« Und doch ließ es sich nur schwer vorstellen, daß die Dritte Republik einen für den Sieg der Alliierten entscheidenden Schlag hätte führen können. Die Franzosen waren natürlich sehr höflich, als Winston am Abend des 4. April in Paris eintraf. Der Premierminister und die meisten Mitglieder seines Kabinetts aßen mit dem Ersten Lord der Admiralität in der britischen Botschaft zu Abend. Doch leider hatte der Verteidigungsminister, »der Stolperstein«, wie Churchill ihn nannte, keine Zeit, an diesem Essen teilzunehmen. Am folgenden Tag machte sich Winston auf, um ihn zu besuchen, und traf ihn in der Rue Saint-Dominique, wo er ihn zur Rede stellte. Wie er später schrieb, erwähnte er, daß Daladier »am vergangenen Abend nicht an dem Essen teilgenommen hatte. Er behauptete, schon vorher andere Verpflichtungen eingegangen zu sein.« Anschließend hatte der Verteidigungsminister eine ganze Zeit keine Möglichkeit mehr, ein Wort zu sagen, denn Churchill überschüttete ihn mit Argumenten, die für die sofortige Durchführung seines Vorhabens sprachen: Die Schneeschmelze in den Alpen sorge dafür, daß dies die günstigste Jahreszeit für die Verminung der Flüsse sei; der Schiffsverkehr auf dem Rhein sei sehr lebhaft; wenn die Deutschen über für Vergeltungsschläge geeignete Waffen verfügten, hätten sie diese längst eingesetzt. Aber er konnte seinen Gesprächspartner nicht überzeugen. Als Winston zu Ende war, erklärte Daladier, die Deutschen würden mit äußerster Heftigkeit reagieren, und ihre Vergeltungsschläge würden sich gegen Frankreich richten. Enttäuscht rief Churchill in London an und sagte seinen Kollegen, nach seiner Ansicht wäre es »ein sehr großer Fehler«, noch stärkeren Druck auf die Franzosen auszuüben. In Wirklichkeit war bereits ein sehr viel größerer Fehler gemacht worden. Die Operation »Wilfred«, die Verminung norwegischer Häfen, war für Freitag, den 5. April, vorgesehen, und anschließend sollten britische und französische Truppen in Norwegen landen. Wegen der Reise Winstons nach Paris war der Beginn dieser Operation um drei Tage auf Montag, den 8. April, verschoben worden. Man kann nur staunen, wenn man seine nach dem Krieg verfaßte Rechtfertigung liest: »Wenn es uns gelungen wäre, in wenigen Tagen mit den Franzosen eine Vereinbarung über die pünktliche Ausführung der beiden Projekte zu treffen, hätte auch ich einer Verschiebung von ›Wilfred‹ um ein paar Tage zugestimmt.« Doch keines dieser beiden Vorhaben war von dem anderen abhängig; daß die Franzosen nicht geneigt waren, dem einen zuzustimmen, hätte nicht verhindern dürfen, daß das andere durchgeführt wurde, und die »pünktliche Ausführung« war genau das, was durch seine Reise nach Paris im Fall von »Wilfred« unmöglich gemacht wurde.[173]

Die Verzögerung erwies sich als verhängnisvoller Fehler. Obwohl sich beide Seiten über die gegenseitigen Absichten einigermaßen klar waren, befanden sich Briten und Deutsche in einem entscheidenden Wettrennen nach Norwegen, das Falkenhorst und die deutsche Kriegsmarine dann sehr knapp gewannen. Hankey, der damals dem Kriegskabinett angehörte, schrieb später, daß Großbritannien und Deutschland »mit ihren Plänen und Vorbereitungen« im Hinblick auf die Besetzung Norwegens »etwa gleich weit vorangekommen waren. Großbritannien hatte mit seinen Planungen etwas früher begonnen... Beide Pläne wurden fast gleichzeitig in Angriff genommen, wobei Großbritannien bei dem sogenannten Akt der Aggression, wenn dieser Begriff im Hinblick auf das Vorgehen einer der beiden Seiten angewendet werden darf, einen Vorsprung von 24 Stunden hatte.« Aber Deutschlands Endspurt brachte die Entscheidung.[174]

Ohne die Absichten der Deutschen zu kennen, hielt Chamberlain am Donnerstag eine größere politische Rede. Es war der Tag, an dem der Beginn des Unternehmens »Wilfred« verschoben wurde, während Winston die Reise nach Paris unternahm. Er beendete die Rede mit vier Worten, die den Tories in ihrer Rebellion gegen ihn, die schließlich zu seinem Rücktritt führte, als wirkungsvolle Munition dienten. Auf einer

Europas Nordwestflanke 1938

Massenversammlung der Konservativen sagte er, Deutschland habe mit seinen Vorbereitungen vor Kriegsausbruch »uns gegenüber einen weiten Vorsprung gehabt« und die Regierung Seiner Majestät habe vermutet, daß »der Feind seine anfängliche Überlegenheit ausnutzen« und »versuchen wird, uns und Frankreich zu überwältigen«, bevor Briten und Franzosen die Deutschen einholen konnten. »Ist es nicht eine ganz erstaunliche Tatsache, daß ein solcher Versuch nicht unternommen wurde? Welches der Grund auch sein mag – ob Hitler geglaubt hat, er werde um das, was er bisher gewonnen hatte, nicht mehr kämpfen müssen, oder ob sich schließlich gezeigt hat, daß die deutschen Kriegsvorbereitungen doch nicht gründlich genug waren –, eines ist gewiß: Er versäumte den Bus.«[175]

Hitler hatte bereits einen anderen Bus bestiegen, der am Dienstag, dem 9. April, seinen Fahrplan mit teutonischer Pünktlichkeit einhielt und um 4.10 Uhr morgens seine Fahrgäste an ihren Bestimmungsorten aussteigen ließ. Es waren Teile von drei Divisionen des deutschen Heeres, ihre Bestimmungsorte waren Dänemark und die wichtigsten norwegischen Häfen von Oslo bis nach Narvik, mehr als 1900 Kilometer von der nächsten deutschen Marinebasis entfernt und weit jenseits des nördlichen Polarkreises gelegen. Dänemark wurde innerhalb von zwölf Stunden überrannt. Die norwegische Regierung war gerade damit beschäftigt, gegen das Verlegen von Minen durch die Briten zu protestieren, das einen Tag vorher begonnen hatte – Ribbentrop hatte es »die flagranteste Verletzung eines neutralen Landes seit der Beschießung Kopenhagens durch die Briten im Jahr 1801« genannt –, aber die deutschen Landungen stießen auf den Widerstand norwegischer Truppen. Allein in Oslo versenkten die Küstenbatterien – ironischerweise vor der Jahrhundertwende von Krupp gebaute 28-Zentimeter-Geschütze – den schweren Kreuzer *Blücher.* Außerdem beschädigten sie den Kreuzer *Emden* so schwer, daß er nicht mehr repariert werden konnte, und vernichteten einige Hilfsschiffe.

London reagierte mit Verwirrung und Unglauben auf das deutsche Abenteuer. Am Nachmittag bestätigte Chamberlain im Parlament die Zeitungsmeldungen über feindliche Landungen in Bergen und Trondheim und fügte hinzu: »Es gibt auch Meldungen über eine ähnliche Landung in Narvik, aber ich muß sehr daran zweifeln, daß sie zutreffen.« Es erschien unglaublich, daß Hitler sich so weit nach Norden vorgewagt haben könnte, besonders da er wußte, daß die britische Flotte mit starken Verbänden im Nordatlantik kreuzte. Die Admiralität meinte, es müsse sich um einen Irrtum handeln, und es sei wahrscheinlich nicht »Narvik«, sondern der Ort »Larvik« an der norwegischen Südküste gemeint. Aber am Abend wußte man, daß deutsche Truppen alle größeren norwegischen Häfen einschließlich von Narvik und Oslo, der Landeshauptstadt, besetzt hielten. Zwei Tage später sagte Churchill im vollen Vertrauen auf die Schlagkraft der britischen Seestreitkräfte dem Unterhaus, nach seiner Ansicht, »die von meinen erfahrenen Beratern geteilt wird«, habe »Herr Hitler einen schweren strategischen Fehler begangen«, und das, »was in Skandinavien geschehen ist, bedeutet für uns einen großen Vorteil«. Hitler werde nach der Einnahme nicht zu verteidigender Häfen »nun gegen Mächte kämpfen müssen, die über weit überlegene Seestreitkräfte verfügen«. Winston schloß mit den Worten: »Ich habe das Gefühl... der strategische Fehler, zu dem sich unser tödlicher Feind hat verleiten lassen, wird uns wesentliche Vorteile bringen.«[176]

Liddell Hart meinte dazu, »Churchills Luftschlösser« müßten »zusammenstürzen«. Natürlich hat die britische Flotte den von Hitler in diesem riskanten Unternehmen eingesetzten Kriegsschiffen in fast jeder Seeschlacht empfindliche Verluste beigebracht. Aber der Sieg zur See wurde nicht mehr allein durch Gefechte zwischen Überwasserstreitkräften entschieden. Churchill glaubte noch an diese Möglichkeit, ebenso auch Admiral Sir Thomas Phillips, der 20 Monate später in den Gewässern vor Malaya fallen sollte, weil er an dieser Vorstellung festhielt. Konteradmiral J. H. Godfrey schrieb: »Sowohl W. S. C. als auch Tom Phillips waren von der Idee besessen, daß eine Flotte oder ein großes Schiff sich mit den eigenen Fliegerabwehrgeschützen vor Angriffen aus der Luft schützen könnten.« Ein Vizeadmiral glaubt, Pound »wußte vor dem Zweiten Weltkrieg ebensowenig wie wir alle, was Flugzeuge Schiffen antun konnten. Das zeigte sich sehr deutlich im norwegischen Feldzug, wo wir beabsichtigten... ein Geschwader ohne Aufklärung noch Trondheim zu schicken, obwohl wir genau wußten, daß wir Bombenangriffen ausgesetzt sein würden.«[177]

Die Überzeugung, daß die britische Überlegenheit zur See in diesem ebenso wie im letzten Krieg eine deutsche Landung an der norwegischen Küste unmöglich machen werde, war der Grund für das Scheitern des strategischen Denkens der Admiralität. Admiral Forbes, der Oberbefehlshaber der britischen Heimatflotte, mußte feststellen, daß man »das Ausmaß der Angriffe, die gegen unsere militärischen Streitkräfte an Land und unsere Seestreitkräfte vor der norwegischen Küste geführt wurden, in verhängnisvoller Weise unterschätzt hatte, als die Operationen begannen«. Nach der Auffassung des Seekriegshistorikers S. W. Roskill waren die Chefs des Stabes, besonders Pound und Ironside, am uneinsichtigsten. Sie glaubten immer noch an die Überlegenheit der britischen Seestreitkräfte auf den Weltmeeren. Zu ihnen sollte aber auch der Erste Lord der Admiralität gerechnet werden. Churchill übernahm, wie man es von ihm nicht anders erwarten konnte, jedesmal das Kommando, wenn er es für notwendig hielt. Godfrey spricht von »Churchills diktatorischem Verhalten« und zitiert einen höheren Offizier mit den Worten: »Pound erwies sich als unfähig, Winston während des norwegischen Feldzugs daran zu hindern, über die Stränge zu schlagen.« Das sind – und das dürfen wir nicht vergessen – die Ansichten von Berufsoffizieren, bei denen die gegenseitige Loyalität eine Selbstverständlichkeit ist. Andererseits wandte sich Sir Eric Seal, Churchills Erster Privatsekretär in der Admiralität, leidenschaftlich gegen die Vorwürfe von Admiral Godfrey: »Es ist absolut richtig, daß er sehr viel Zeit im Lagezimmer zugebracht hat, das ihn ungeheuer faszinierte. Daraus schließen zu wollen, daß er sich die Befehlsgewalt angemaßt habe, ist in diesem Zusammenhang fast eine bösartige Verleumdung. Es ist mit Sicherheit eine unberechtigte und falsche Behauptung.«[178]

Hier gab es ein Grundproblem, das weit über persönliche Gegensätze hinausging, die man immer in Betracht ziehen mußte, wenn man die Beziehungen zwischen Churchill und denen beurteilen will, die andere Auffassungen vertraten als er. Der Krieg hatte sich verändert. Und diejenigen, die die Entwicklung der Luftwaffe beobachtet hatten, wußten dies sehr genau. Wie Gamelin berichtet, der zu einer Konferenz des obersten Kriegsrats am 26. April nach London gekommen war, hatte Pound ihm gesagt: »Es ist unmöglich, etwas gegen die Luftüberlegenheit des Feindes zu unternehmen.« Der Erste Seelord meinte, die polnischen Berichte über die furchterregende deutsche Bomberflotte seien nicht übertrieben. Am folgenden Tag sagte Reynaud, er habe feststellen müssen, daß die Admiralität »durch die Wirkung der Bombenangriffe in Angst und Schrecken versetzt worden« sei. Was er hier von der Admiralität behauptet, darf von ihrem Ersten Lord nicht gesagt werden. Immerhin war das militärische Establishment in England vom Kampfwert der Luftwaffe so beeindruckt, und zwar weniger zur See als bei der taktischen Unterstützung der Infanterie, daß man glaubte, die Franzosen müßten sich darauf vorbereiten.[179]

Aber hier geht es auch noch um etwas anderes. Was die Admiräle über die Luftstreitkräfte im norwegischen Feldzug berichten, stimmt nicht damit überein, was dort wirklich geschah. Die deutsche Luftwaffe hatte nur Erkenntnisse bestätigt, die man schon gewonnen hatte. Mit wenigen Ausnahmen, und zu ihnen gehörte Churchill, waren sich die Admiräle der Gefahr, die den Schiffen aus der Luft drohte, schon lange vor dem Krieg bewußt. Vielleicht die wichtigste militärische Entscheidung im Verlauf des Kampfs um Norwegen, die schon wenige Stunden nach dem deutschen Angriff getroffen wurde, war es, außer U-Booten keine britischen Schiffe in den Skagerrak zu schicken. Alle deutschen Schiffe mußten diese Durchfahrt zwischen der Ost- und der Nordsee benutzen. Wenn sie gesperrt würde, hätten weder Nachschub noch Verstärkungen für die bereits im Einsatz befindlichen deutschen Truppen nach Norwegen gebracht werden können. Der Kanal ist nur 115 Kilometer breit, und zur Zeit von Nelson oder sogar von Jellicoe hätten die britischen Linienschiffe die deutschen Schiffe bei dem Versuch, den Skagerrak zu durchfahren, vernichtet. Aber jetzt im Jahr 1940 hatten sich die Deutschen sofort in den Besitz aller brauchbaren norwegischen Flugplätze gesetzt, und das bedeutete, daß die Luftwaffe mit mehr als 1000 an dieser Operation beteiligten Flugzeugen den Luftraum über dem Skagerrak beherrschte, und die Admiräle weigerten sich, ihre Schlachtschiffe der Gefahr von Luftangriffen auszusetzen. In den 135 Jahren seit Trafalgar hatte die Überlegenheit zur See einer kleinen Insel ermöglicht, ihre eigene Zukunft zu bestimmen und das größte Weltreich der Geschichte zu errichten. Jetzt konnte eine kleine Maschine, die kaum mehr kostete als die Munition für ein 45-Zentimeter-Geschütz, der stärksten Flotte der Welt das Befahren strategischer Gewässer verwehren.[180]

Das Unternehmen »Weserübung« unter der Führung von Falkenhorst war bis ins einzelne sorgfältig vorbereitet und wurde rasch und mit hervorragendem militärischem Sachverstand durchgeführt. Die deutschen Kapitäne, die noch vor Morgengrauen in der Dunkelheit in die norwegischen Häfen einfuhren, beantworteten die Anrufe der Küstenbatterien auf englisch. Ein Bataillon Fallschirmjäger sprang über den Flugplätzen von Oslo und Stavanger ab und besetzte sie. Das war der erste Einsatz von Fallschirmjägern in diesem Krieg, und sein Gelingen beeindruckte die militärischen Fachleute stark. Über die Einnahme von Narvik schrieb Colville, die Deutschen haben dabei die Methode des Trojanischen Pferdes angewandt; Frachtschiffe, die gewöhnlich Eisenerz transportierten, beförderten deutsche Soldaten in ihren Lagerräumen. (»Sehr schlau«, sagte ein Kabinettsminister, »und wir haben uns wie die Trottel übertölpeln lassen!«) Hitler hatte starke Seestreitkräfte eingesetzt, aber mit der ersten Welle nur 8850 Mann nach Norden geschickt, bei keiner Landung waren mehr als 2000 Mann beteiligt. Außer Teilen einer Gebirgsjägerdivision verfügte Falkenhorst über keine Eliteeinheiten. Doch nachdem sich die deutschen Soldaten eingegraben hatten, erwies es sich als fast unmöglich, sie aus ihren Stellungen zu werfen. In Narvik hielten sich 2000 Mann einer österreichischen Gebirgsjägerdivision, verstärkt durch weitere 2000 deutsche Matrosen, viele Wochen gegen einen britischen Verband, der zeitweilig aus

25000 Mann bestand. Bei ihrem blitzartigen Vorgehen hatten die Deutschen nicht nur alle wichtigen norwegischen Flugplätze besetzt, sie hatten auch alle Rundfunkstationen und Telefonverbindungen sowie die fünf größten Häfen in Besitz genommen. Der *Völkische Beobachter* berichtete über den Feldzug gegen Norwegen mit großen roten Buchstaben unter der Schlagzeile: DEUTSCHLAND RETTET SKANDINAVIEN! Churchill schien wie gelähmt. Er sagte zu Pound: »Wir sind übertölpelt worden.« Am Donnerstag, dem 11. April, entwarf er einen Bericht über diese turbulenten Ereignisse für das Parlament, und die *Daily Mail* schrieb: »Tausend Menschen drängten sich auf dem Bürgersteig vor dem Unterhaus. ›Wo ist Winnie?‹ fragten sie, nachdem die anderen Minister eingetroffen waren. ›Ob er wohl lächeln wird? An seinem Gesicht läßt sich immer erkennen, was in der Luft liegt.‹« Aber als er kam, machte er ein abweisendes Gesicht, und im Parlament stand er, wie er später schrieb, vor »einem erregten und empörten Unterhaus«. Nicolson, der als Hinterbänkler an der Sitzung teilgenommen hatte, schrieb: »Das Haus ist bis auf den letzten Platz besetzt. Winston kommt herein. Er scheint sich nicht wohl zu fühlen und sitzt wie gewöhnlich mit seinen Papieren in der Hand zusammengekauert da. Als er aufsteht, um zu sprechen, ist deutlich zu erkennen, daß er sehr erschöpft ist... Ich habe selten einen ungünstigeren Eindruck von ihm gehabt. Die meisten Abgeordneten haben triumphale Siegesmeldungen von ihm erwartet, und als er ihnen sagt, daß die Nachricht, wir hätten Bergen, Trondheim und Oslo zurückerobert, falsch ist, geht eine Welle der Enttäuschung durch das Haus. Er zögert, bringt seine Aufzeichnungen durcheinander, setzt die falsche Brille auf, sucht in seinen Taschen nach der richtigen, sagt immer wieder Schweden, wenn er Dänemark meint, und bietet so oder so einen bedauernswerten Auftritt.«[181]

Colville hatte einen ganz anderen Eindruck. Er schrieb, obwohl Churchill »weniger geschliffen« sprach als gewöhnlich, sei er »witzig« gewesen und habe seine Zuhörer »amüsiert, als er sagte, Dänemark habe von Deutschland am meisten von allen Neutralen zu fürchten, weil es das letzte Land sei, das einen Nichtangriffspakt mit den Deutschen abgeschlossen habe. Er war klug genug, den Überoptimismus der heutigen Morgenzeitungen zu dämpfen, sprach aber sehr anerkennend über die Leistungen der Flotte während der vergangenen Tage.« Doch der Öffentlichkeit gefiel das Säbelrasseln der Fleet Street besser, und es fiel den Menschen nicht leicht, sich mit den Tatsachen abzufinden, die jetzt bekannt wurden. Alles, was die Menschen wußten oder wissen wollten, war, daß die deutsche Flotte in den Gewässern vor der ausgedehnten skandinavischen Küste kreuzte, um an verschiedenen Stellen Truppenkontingente zu landen, und daß die königliche Flotte unter der

Führung von Admiral Forbes den Feind verfolgte, um ihn zum Kampf zu stellen. Kein echter Engländer konnte daran zweifeln, wer dabei den Sieg davontragen würde. Auch Churchill sagte dem Kriegskabinett zuversichtlich: »Jetzt haben wir die Deutschen dort, wo wir sie haben wollen.« Colville notierte: »Der Erste Lord (der endlich die Chance sieht, einzugreifen) jubelt und behauptet, daß wir die deutsche Flotte bisher noch nicht vernichtend geschlagen haben, läge nur an der schlechten Sicht und dem sehr rauhen Wetter in der Nordsee. Wenn die deutschen Schiffe Schutz in ihren Heimathäfen suchen sollten, würden sie ihre Basen in Norwegen den Angriffen unserer Expeditionsstreitkräfte aussetzen.« *The Listener* zitierte einen begeisterten Hoare, der im Rundfunk gesagt hatte: »Heute sind unsere Schwingen über der Arktik ausgebreitet. Noch sind sie mit Eis bedeckt. Morgen wird die Sonne des Sieges sie mit ihrem goldenen Licht berühren, und die Schwingen, die sich über den weiten Gewässern des Nordens entfaltet haben, werden uns wieder heimwärtstragen zu dem ›ehrenhaften Frieden‹ eines freien Volkes und dem Sieg einer edlen Rasse.«[182]

Die *Times* erinnerte sich an Napoleons Krieg auf der Iberischen Halbinsel. Der *Express* berichtete über die britische Erstürmung von Narvik, das die Briten gar nicht erstürmt hatten, und schrieb, sie erinnere an die Zeit der Königin Elisabeth. Dieser Sieg erinnere an »Cadiz, wo wir dem König von Spanien den Bart versengten«. Der *Daily Mirror* sagte seinen Lesern, obwohl es notwendig sei, der deutschen Herausforderung sofort zu begegnen, seien die britischen Truppen mit Winterbekleidung und sogar mit Packsätteln für Rentiere ausgerüstet worden. Die *Daily Mail* berichtete: »Die britische Flotte ist zu einem großartigen Unternehmen aufgebrochen. Hitler wird erschüttert durch die Hammerschläge unserer Männer zur See und in der Luft.«[183]

Gamelin schreibt in seinen Erinnerungen, er habe nach Bekanntwerden des Auslaufens deutscher Schiffe Ironside gedrängt, die Verschiffung der Truppen nach Norwegen zu beschleunigen – er war durchaus damit einverstanden, überall gegen die Deutschen zu kämpfen, nur nicht in Frankreich –, aber der Chef des Empire-Generalstabs habe geantwortet: »Bei uns ist die Admiralität allmächtig; sie zieht es vor, alles methodisch zu organisieren. Sie ist überzeugt, jede deutsche Landung an der norwegischen Küste verhindern zu können.« Churchill bestätigte diese Aussage. Zwei Tage nach den deutschen Landungen notierte Shirer in seinem Tagebuch: »Die BBC zitiert Churchills heutige Rede im Unterhaus mit den Worten: ›Hitler hat einen schweren strategischen Fehler begangen.‹ Außerdem habe er gesagt, die britische Flotte werde jetzt Kurs auf die norwegische Küste nehmen und alle Schiffe im Skagerrak und Kattegat versenken. Mein Gott, ich hoffe, er hat recht.«

Aber er irrte sich. Niemand bezweifelte, daß die Flotte des deutschen Admirals Raeder der britischen weit unterlegen war, aber die norwegische Küste erstreckt sich über 3360 Kilometer und wird von tiefen Fjorden zerschnitten, von denen einige viele Kilometer ins Land hineinreichen. Davor liegen Tausende von Inseln, und während des ganzen April lag die Küste im dichten Nebel. So konnte die britische Flotte die deutschen Schiffe nur finden, wenn sie gerade in einem der umkämpften Häfen vor Anker gegangen waren.[184]

Einige dieser Schiffe wurden allerdings aufgespürt, und während der ersten Tage des norwegischen Feldzugs bewährte sich bei verschiedenen Gelegenheiten der Mut britischer Seeleute. In dem ersten Gefecht zwischen Schiffen der beiden Flotten begegneten sich der deutsche schwere Kreuzer *Admiral Hipper* (13 000 Tonnen) und der aus allen Rohren feuernde britische Zerstörer *Glowworm* (1350 Tonnen). In ausweglosen Lage begann der Zerstörer ein gewagtes Manöver, wandte sich zur Flucht und nebelte sich ein. Als die *Hipper* ihm folgte, rammte sie die Flanke des britischen Schiffes und riß dabei ein 130 Fuß langes Stück seiner Panzerung und die Steuerbord-Torpedorohre ab. Während die *Glowworm* sank, konnte die Besatzung sehen, wie der riesige schwere Kreuzer Schlagseite bekam, weil 500 Tonnen Seewasser durch ein Leck eingedrungen waren. Daß es den Briten nicht gelang, Narvik zu nehmen, war nicht Schuld der Flotte. Am Mittwoch, dem 10. April, einen Tag nachdem zehn deutsche Zerstörer Narvik genommen und zwei Bataillone unter dem Befehl General Eduard Dietls an Land gesetzt hatten, drangen fünf britische Zerstörer in den Hafen ein, versenkten zwei feindliche Zerstörer, beschädigten die anderen drei und versenkten alle deutschen Transportschiffe bis auf eines. Beim Auslaufen aus dem Hafen sichteten die Schiffe der britischen Flotte die anderen fünf deutschen Zerstörer. Diesmal war die Feuerkraft des Feindes stärker als die der britischen Schiffe. Ein britischer Zerstörer wurde versenkt, ein zweiter lief auf Grund und einer der drei übrigen wurde beschädigt.

Nach drei Tagen kehrte die königliche Flotte zurück, diesmal mit einem Schlachtschiff und einer Zerstörerflottille. Alle noch schwimmfähigen deutschen Schiffe im Hafen wurden versenkt. Der Befehlshaber des britischen Flottenverbands meldete über Funk, daß Dietl und seine Männer sich unter dem Eindruck dieser Niederlage in wilder Flucht in die Berge zurückgezogen hätten. Da Narvik jetzt nicht mehr verteidigt wurde, empfahl er, es sofort »durch die Hauptkräfte der Landungstruppen« besetzen zu lassen. Am folgenden Tag traf eine aus drei Infanteriebataillonen bestehende Vorausabteilung ein. Geführt wurde sie von Generalmajor P. J. Mackesy, einem unzuverlässigen Offizier derselben

Art wie diejenigen, die im Ersten Weltkrieg Gallipoli verloren hatten. Mackesy hielt eine Landung in Narvik für zu gefährlich und ging statt dessen in Harstad an Land. Dort gab es keine Deutschen, sondern nur freundliche Norweger, aber der Ort lag 56 Kilometer nördlich seines Angriffsziels Narvik.

Die Vermutung der *Daily Mail,* daß Hitler einen schweren Schlag erlitten hatte, war nicht ganz unzutreffend. Die Eintragungen in Jodls Tagebuch schildern an verschiedenen Stellen, daß Hitler immer wieder die Selbstbeherrschung verlor und von der Furcht gepeinigt wurde, dieses Abenteuer könne mit einer Katastrophe enden. Er befand sich ständig am Rand der Hysterie, und gelegentlich kam es zu schweren hysterischen Ausbrüchen. Der Führer sei zunehmend beunruhigt über die englischen Landungen, heißt es in einem der gemäßigteren Einträge. Der Sieg der britischen Flotte vor Narvik und die Absatzbewegung Dietls, eines alten bayerischen Spezis von Hitler, führten zu »schrecklichen Wutausbrüchen«. Hitler verlangte, Dietl und seine Männer sollten ausgeflogen werden, was jedoch unmöglich sei. Bei einer neuen Krise drohte ein Chaos bei der Führung, weil jede schlechte Nachricht Anlaß zu den schlimmsten Befürchtungen gab. Hitler war nie fähig gewesen, unvermutete Schicksalsschläge zu ertragen, und im weiteren Verlauf des Krieges nahm seine Unbeherrschtheit zu. Das Unternehmen »Weserübung« war zunächst mit keinen besonderen Risiken verbunden. Nur die Überwasserschiffe Raeders waren gefährdet, und auf sie hatte man geglaubt, verzichten zu können. Es hatte auch nur wenige Rückschläge gegeben. In Jodls Tagebuch kann man zwischen den Zeilen die besorgte Frage erkennen: Wenn sich Hitler angesichts eines fast vollständigen Sieges so verhält, wie wird er sich dann erst bei einer Niederlage verhalten?[185]

Daß die Fleet Street die Bedeutung örtlicher Erfolge übertrieb und das strategische Dilemma der Briten ignorierte, ging parallel mit der Haltung der Offiziere, die die Lageberichte für die Admiralität, das Kriegsministerium und das Luftfahrtministerium verfaßten – eine Pressepolitik, die die Militärs meist dann entwickeln, wenn sie eine Schlacht verlieren und nicht begreifen können, weshalb dies geschah. Totalitäre Regime können schlechte Nachrichten so lange unterdrücken, bis der Zivilist bemerkt, daß sein Haus in Flammen steht und seine Frau von einem Feind vergewaltigt worden ist, der angeblich kurz vor der Kapitulation stand. In demokratisch regierten Ländern sind Redakteure und Zeitungsherausgeber bereit, dieses Spiel im Krieg mitzuspielen, aber lange läßt sich die Wahrheit nicht geheimhalten, und wenn sie vertrauenswürdige Korrespondenten an die Front schicken, dann drucken sie deren Berichte auch ab. Soldaten schreiben auch nach Hause. Die Zensur kann militärische Informationen unleserlich machen, die dem Feind nützen würden, aber das Streichen von Einzelheiten über das tägliche Leben der Soldaten ist unmöglich, und genau hier begann die britische Bevölkerung, die unerfreuliche Tatsache zu begreifen, daß die für den norwegischen Feldzug verantwortlichen Männer schwere Fehler begangen hatten.

Die Kämpfe dauerten schon fast drei Wochen, als die Engländer die wirkliche Lage im kalten und grausamen Licht der Wahrheit erkannten. Dies geschah, als mehrere britische Zeitungen den angesehenen amerikanischen Auslandskorrespondenten Leland Stowe zitierten. Stowe, der sich in Norwegen aufhielt, berichtete über die Zustände bei einem englischen Bataillon, das schlecht ausgebildet, unzureichend bewaffnet, ohne Artillerie und Fliegerabwehrwaffen oder Unterstützung aus der Luft in seinen Stellungen festsaß. Nach vier Tagen dauernden Kämpfen war die Hälfte der Männer gefallen, verwundet oder in deutsche Gefangenschaft geraten. Der Rest befand sich auf dem Rückzug. Ein Offizier hatte Stowe gesagt: »Wir sind ganz einfach massakriert worden.« Das Kriegsministerium behauptete, dieser Bericht sei »eine offensichtliche Verzerrung der Tatsachen«. Aber die englischen Journalisten in Norwegen sprachen auch mit den Soldaten, und sie bestätigten die Darstellung des Amerikaners.

Die britischen Mißerfolge waren zum Teil darauf zurückzuführen, daß das Kriegsministerium nicht die geeigneten Truppen für den Einsatz in Norwegen bereitgestellt hatte, aber daran hätte sich kaum etwas ändern lassen. Die gut ausgebildeten britischen Verbände waren alle in Frankreich. Nach Norwegen hatte man vor allem Truppenteile der Territorialarmee geschickt, die erst vor acht Monaten eingezogen worden waren. Es waren Kaufleute, Bankangestellte, Bauern, Lastwagenfahrer und Transportarbeiter, Männer, die nichts vom Infanteriekampf verstanden. Die Mängel, über die sie klagten, waren weniger leicht zu erklären. Angefangen vom Chef des Empire-Generalstabs bis zum Kompanieführer einer Schützenkompanie hatten die Verantwortlichen zeitweilig skandalöse Führungsfehler begangen. Die Soldaten der Territorialarmee waren zum Kampf mit Deutschen ausgerüstet, die in Polen ihre Feuertaufe erhalten hatten und jetzt über eine vollständige Winterausrüstung verfügten, zu der sogar Mützen aus Seehundfell und pelzgefütterte Uniformen gehörten. Die Tommies mochten zwar Packsättel für Rentiere mitgebracht haben (die ihnen nichts nützten, weil die Rentiere vorsorglich ins Innere des Landes getrieben worden waren), aber kein Tommy verfügte über einen Ausrüstungsgegenstand, der in Norwegen unerläßlich war, ein paar Skier. Jeder norwegische Zivilist und jeder deutsche Soldat hatte sie. Auch die französischen Alpenjäger, die für solche Kämpfe ausgebildet waren, verfügten über Skiausrüstungen, mußten aber nach der Landung feststellen, daß die für die Versorgung verantwortlichen Behörden vergessen hatten, die Bindungen mitzuschicken, ohne die sie ihre Skier nicht benutzen konnten.

Solche Versäumnisse häuften sich im Lauf der Zeit. Zwei Bataillone der Territorialarmee bekamen ein Dutzend Landkarten, die ursprünglich für Touristen vorgesehen waren und ihre Marschziele nicht enthielten. Die von der Admiralität herausgegebenen Befehle kamen oft zu spät, wurden widerrufen, dann erneuert und schließlich noch einmal widerrufen. Ein Kreuzergeschwader sollte mit einem Verband der Expeditionsarmee aus Rosyth auslaufen, als die Admiralität erfuhr, daß man in der Nähe einen deutschen Schlachtkreuzer gesichtet hatte. Der Befehlshaber des Geschwaders erhielt den Befehl, »die Soldaten auch ohne ihre Ausrüstung an Land zu setzen und sich der Flotte auf See anzuschließen«. Als die Soldaten schließlich wieder an Bord genommen werden konnten, war der Ort, an dem sie hätten landen sollen, bereits in Feindeshand.

Zu den schwersten Fehlern kam es im Verlauf einer Operation, der sich Churchill widersetzt hatte. Es war ein Unternehmen, für das sich die Zivilisten am Kabinettstisch, 2400 Kilometer vom Kriegsschauplatz entfernt, entschieden hatten. Die Führung in Whitehall war von Anfang an durch Meinungsverschiedenheiten darüber geschwächt worden, welches das wichtigste militärische Ziel Großbritanniens in Norwegen sein sollte. Churchill vertrat die Auffassung, daß es Narvik gewesen war und auch bleiben müsse. Wegen Narvik waren die Deutschen nach Norwegen gekommen, und für die Alliierten kam es darauf an, ihnen den Zugang zum Hafen von Narvik zu verwehren. Aber andere Mitglieder des Kriegskabinetts, die sehr bald in der Mehrheit waren, hatten sich dafür ausgesprochen, die Deutschen aus Trondheim herauszuwerfen, der alten norwegischen Hauptstadt, die etwa auf halbem Wege zwischen der Südspitze der Halbinsel und Narvik lag. König Haakon VII. und seine Regierung waren aus Oslo geflohen und hatten die Briten gebeten, Trondheim zurückzuerobern, denn von hier aus wollten sie den norwegischen Widerstand gegen die deutsche Besetzung organisieren. Als Angehöriger des Hochadels nahm Halifax die Bitte des Königs sehr ernst und unterstützte seinen Wunsch. Trondheim werde den Alliierten einen hervorragenden Hafen bieten, eine Basis für den Aufmarsch von 50000 Soldaten, einen nahegelegenen Flughafen, auf dem mehrere Jagdgeschwader stationiert werden konnten, und eine direkte Eisenbahnverbindung mit Schweden, was – und die Ungereimtheit, die in dieser Behauptung lag, versuchte er nicht zu entkräften – »die Chancen einer schwedischen Intervention wesentlich erhöhen«

werde. Die Wahrscheinlichkeit, daß Schweden dem Deutschen Reich den Krieg erklären würde, war gleich Null. Hitler hatte die Schweden vor schwerwiegenden Konsequenzen gewarnt, falls sie ihre strikte Neutralität aufgaben, und Shirer schrieb am Mittwoch, dem 10. April: »Soweit ich feststellen kann, zittern die Schweden vor Angst und werden ihren norwegischen Brüdern nicht zu Hilfe kommen.«[186]

Während am Samstag, dem 13. April, Truppentransporte mit Kurs auf Narvik die Nordsee überquerten, sagte Halifax dem Kriegskabinett, die Schiffe sollten nach Trondheim umdirigiert werden, weil »es jetzt darauf ankommt, daß wir uns in den Besitz von Trondheim und den Eisenbahnlinien setzen, die von diesem Hafen aus quer über die Halbinsel führen«. Ironside widersprach energisch; auch Churchill widersetzte sich und wandte ein, daß die Voraussetzungen für eine erfolgreiche Operation gegen Trondheim sehr viel ungünstiger seien als für eine Einnahme von Narvik. Aber nur Kriegsminister Stanley schloß sich dieser Meinung an. Simon unterstützte Halifax und Chamberlain und sagte, die Norweger und die Schweden würden sonst glauben, Großbritannien »interessiere sich nur für Narvik«. Als das Kriegskabinett beschlossen hatte, die norwegischen Hoheitsgewässer zu verminen – ein deutlicher Beweis dafür, daß sich das Interesse Großbritanniens in Norwegen darauf beschränkte, die deutschen Kriegsanstrengungen zu lähmen – hatte Simon noch nicht davon gesprochen, daß bei der Festlegung militärischer Ziele auf die öffentliche Meinung Rücksicht genommen werden müsse. Nun lehnten er und seine Kollegen den Vorschlag Churchills ab, daß keine weiteren politischen Verpflichtungen mehr übernommen werden sollten.[187]

Der Angriff gegen Trondheim wurde, wie wir heute wissen, befohlen, weil es kein klares politisches Konzept gab. Zu Beginn war es das Ziel aller britischen Unternehmungen gegen die Deutschen in Norwegen gewesen, die schwedischen Eisenerzlieferungen zu unterbinden. Dazu mußte Narvik genommen werden. Der Beschluß, Trondheim zu besetzen, bedeutete die Entscheidung, ganz Norwegen in Besitz zu nehmen. Doch Norwegen hatte einen nur geringen strategischen Wert, und man muß daran zweifeln, daß eine Eroberung des ganzen Landes möglich gewesen wäre. Von den 310000 Quadratkilometern seiner Bodenfläche waren nur vier Prozent bewohnbar. Die Inbesitznahme seiner wichtigsten Häfen war eine Sache, sie gegen feindliche Angriffe zu verteidigen war, wie Hitler noch würde feststellen müssen, eine andere. Dazu war die Zustimmung der norwegischen Bevölkerung notwendig, die jedoch nicht zu erreichen war. Weniger als 10000 deutsche Soldaten hatten das Land besetzt. Dann begann sich der norwegische Untergrund zu organisieren, der Kampf begann mit Überfällen auf deutsche

Wachtposten. Obwohl die Besatzer anordneten, für jeden ermordeten Deutschen 100 Geiseln zu erschießen, sahen sich die Deutschen genötigt, 400 000 deutsche Soldaten in Norwegen zu stationieren, die Hitler dringend auf anderen Kriegsschauplätzen gebraucht hätte.

»Obwohl ich Narvik den Vorzug gab«, schrieb Churchill, diene er »einem geachteten Chef und einem freundlichen Kabinett«. Da sie den Einsatz gegen Trondheim beschlossen hatten, stürzte er sich »in dieses gewagte Abenteuer und war bereit, mit der Flotte den Kampf gegen die schwachen Batterien an der Einfahrt des Fjords aufzunehmen, die Durchfahrt durch mögliche Minenfelder zu riskieren und die Schiffe den Angriffen der deutschen Luftwaffe auszusetzen«. Er glaubte, »die sehr starken Fliegerabwehrwaffen« der britischen Kriegsschiffe würden die deutschen Luftangriffe abwehren können. Doch am 18. April waren die Chefs des Stabes zu der Überzeugung gekommen, daß ein Frontalangriff angesichts der deutschen Luftüberlegenheit zu riskant sei. Deshalb sollte Trondheim von zwei Verbänden umfaßt werden, die bereits in Häfen an Land gesetzt worden waren, die sich noch in norwegischer Hand befanden. Der eine, »Sickleforce«, stand jetzt bei Andalsnes, 160 Kilometer südwestlich der Stadt, der andere, »Mauriceforce«, bei Namsos, weit im Nordosten. Ursprünglich war ihre Landung als Ablenkungsmanöver erfolgt. Jetzt sollten sie, wie Churchill schrieb, »in einer Zangenbewegung von Norden und Süden gegen Trondheim vorgehen«.[188]

Doch für keinen dieser Flankenangriffe gab es eine Erfolgschance. Was die Feindaufklärung betraf, so mußten sich die Briten auf die Norweger verlassen, aber die Norweger versagten entweder oder wurden von den Deutschen geschickt getäuscht, die mit einem Angriff gegen diesen strategisch wichtigen Hafen rechneten. Hätten die Angreifer gewußt, daß Trondheim jetzt von 120 000 deutschen Soldaten verteidigt wurde, die ihnen im Verhältnis sechs zu eins überlegen waren und durch Panzer und mehrere Geschwader der Luftwaffe unterstützt wurden, hätten sie von dieser Operation Abstand genommen. Um sie mit einiger Aussicht auf Erfolg durchzuführen, hätten sechs oder sieben Divisionen aus Frankreich abgezogen werden müssen. Außerdem gab es erhebliche Geländeschwierigkeiten. Und die Deutschen würden sich wahrscheinlich durch einen solchen Zangenangriff nicht täuschen lassen, denn er war die klassische Alternative zum Frontalangriff, und sie wußten, aus welcher Richtung die Briten kommen würden.

Die Verstärkung der schwachen Kräfte, die bereits bei Namsos und Andalsnes gelandet waren, bereitete weitere Schwierigkeiten. Besonders bei Namsos sah es ungünstig aus. Später sollte im Parlament die Frage gestellt werden, weshalb die Truppentransporter die britischen

Infanteristen nicht bis zu den Docks von Namsos gebracht hätten. Das lag daran, daß das Kriegskabinett entsprechende Vorschläge der Flotte abgelehnt hatte. Niemand, der Namsos kannte, hätte diese Frage gestellt. Es gab nur einen einzigen Zugang, einen 24 Kilometer langen Fjord, der zu eng und zu gewunden war, um von anderen Schiffen als Zerstörern befahren zu werden. Deshalb mußten die Angriffsverbände auf die Zerstörer umgeladen werden, und bei diesem Umladen kam es zu verhängnisvollen Versäumnissen. Die Transportschiffe kehrten wieder um und nahmen die Munition, die Verpflegung, die schweren Waffen – und den Kommandeur der Brigade – wieder mit.

Bei den Vorbereitungen des Unternehmens hatte augenscheinlich keiner der Verantwortlichen an die Wetterbedingungen in diesen Breiten gedacht. Churchill hatte es getan und festgestellt, daß Namsos »unter einer vier Fuß hohen Schneeschicht lag und es dort keine Möglichkeit gibt, sich gegen die feindliche Luftaufklärung zu tarnen«. Für das norwegische Kampfgebiet hatten die Meteorologen sogar »dichten Schneefall« vorausgesagt, der »jede Bewegung unserer Truppen, die für solche Verhältnisse weder ausgerüstet noch ausgebildet waren, unmöglich machen« könne. Die Männer mußten in einem sehr kalten Klima Krieg führen, und man hatte sie nur für zwei Tage mit Nachschub versorgt. Die Entfernung zum eigentlichen Angriffsziel war groß, das Vorwärtskommen wurde durch Schneetreiben behindert, und die Deutschen, denen Verstärkungen zugeführt worden waren, landeten, als sie erfuhren, daß die Briten mit stärkeren Kräften an der norwegischen Küste eingetroffen waren, Kampfgruppen mit dem Auftrag, den britischen Angriff abzufangen. Die Soldaten des Angriffsverbandes Mauriceforce konnten nur hoffen, daß ihre Kameraden von der Sickleforce mehr Glück hatten.[189]

Aber ihnen ging es nicht besser, sondern noch schlechter. Später sagte Hoare, mit dieser Operation habe man unter anderem beabsichtigt, Flugplätze in die Hand zu bekommen. Aber die Deutschen hatten sie bereits alle besetzt, und deshalb war es der RAF unmöglich, den Kampf mit der deutschen Luftwaffe aufzunehmen. In einer sehr scharfen Stellungnahme im Unterhaus sagte Lloyd George: »In diesem Fall hätten wir Männer einsetzen sollen und nicht eine eilig zusammengekratzte Hilfstruppe... Denn die Deutschen verfügten über Eliteverbände, wie jeder weiß. Wir haben, soweit mir bekannt ist, eine mangelhaft ausgebildete Brigade der Territorialarmee (nach Norwegen) geschickt.« In Wirklichkeit gehörte nur ein Teil der in Andalsnes gelandeten Männer zur Territorialarmee, aber was sie hier erlebten, war typisch. Andalsnes war ein kleiner Fischereihafen, der sich nicht für das Ausschiffen von Truppen und Ausrüstung eignete. Den Soldaten fehlte es an Granatwerfermunition, Funkgeräten, genauen Karten und Zielgeräten für ihre Fliegerabwehrwaffen. Sie hatten den Befehl, in nördlicher Richtung gegen Trondheim vorzustoßen, aber der norwegische Befehlshaber, mit dem sie zusammenarbeiten sollten und der an der Vorbereitung der Operation in London teilgenommen hatte, überredete den britischen Brigadegeneral, mit diesen Truppen erschöpfte norwegische Kräfte in dem 130 Kilometer südöstlich gelegenen Lillehammer zu verstärken. Ein Fußmarsch über 130 Kilometer in voller Gefechtsausrüstung ist schon für einen gut ausgebildeten Infanteristen in dafür geeignetem Gelände eine ungeheure Strapaze. Die Soldaten der Territorialarmee, von denen ein norwegischer Offizier sagte, sie sähen aus wie »nicht ausgebildete Stahlarbeiter aus den Midlands« – was einige von ihnen waren –, erreichten Lillehammer in einem viel schlechteren körperlichen Zustand als die Männer, die sie verstärken sollten. Und bevor sie noch in ihre Stellungen einrücken konnten, wurden sie von den Deutschen angegriffen.[190]

Da der Gegner sie von beiden Seiten zu umfassen drohte, zogen sie sich zurück. Lillehammer wurde noch am gleichen Abend von einer deutschen Panzerabteilung besetzt. Sie mußten sich bis an ein Flußufer zurückziehen, aber die deutschen Panzer blieben ihnen auf den Fersen, und sie konnten sich auch dort nicht halten. Auf dem weiteren Rückzug über 72 Kilometer verloren sie die Verbindung zu den anderen Teilen der Brigade. Ihre Lage war verzweifelt. Die Norweger, denen sie begegneten, stellten erstaunt fest, daß sie nicht mit Skiern ausgerüstet waren. Mühsam wateten sie durch den tiefen Schnee wie durch einen Sumpf, und weil sie keine Kompasse hatten, wagten sie es nicht, die Straßen zu verlassen, die sie in die falsche Richtung führten. In den frühen Morgenstunden des 20. April erreichten zwei Kompanien, die sich im dichten Schneesturm mühsam vorarbeiteten, den kleinen Ort Nykirke. Von den Norwegern bekamen sie eine Karte, auf der sie feststellten, daß sie jetzt 320 Kilometer von Trondheim entfernt waren, das sie eigentlich hatten einnehmen sollen, und die ganze Zeit in die falsche Richtung gegangen waren.

Trotz der Gefahr, entdeckt zu werden, riefen sie in einem Hotel an, in dem sich nach Aussagen der Norweger der Bataillonsstab einquartiert hatte. »Gut, daß Sie anrufen«, sagte eine freundliche englische Stimme am anderen Ende. »Wir haben uns gerade gefragt, wo Sie geblieben sein könnten.« Nachdem die Verbindung wiederhergestellt war, machten sie sich mit neuen Anweisungen wieder auf den Weg. Unterwegs erfuhren sie, daß das Frachtschiff, auf dem ihre Transportfahrzeuge verladen waren, torpediert worden war und die Flotte die Deutschen nicht hatte daran hindern können, Panzer auszuladen. Wieder glaubten sie, auf den falschen Weg geraten zu sein, aber die Panzer holten sie bald ein, wobei sie feststellen mußten, daß sie mit ihrem Panzerabwehrgeschütz nichts gegen die starke Panzerung der feindlichen Fahrzeuge ausrichten konnten. Darauf zogen sie sich in einen Wald zurück, aber der Feind zwang sie durch schweres Granatwerferfeuer ins offene Gelände, wo sie von den Panzern mit Maschinengewehren beschossen wurden. Ohne etwas ausgerichtet zu haben, löste sich der Kampfverband auf.

Das gleiche geschah mit den Hauptkräften. Von seinem ursprünglichen Truppenteil standen dem Brigadekommandeur jetzt nur noch 300 Soldaten und neun jüngere Offiziere zur Verfügung. Er schickte die Überlebenden zurück nach Andalsnes, wo sie von britischen Schiffen aufgenommen und evakuiert werden sollten. Aber das war nicht so einfach. Auf dem Weg dorthin waren sie ständig vom Feind verfolgt worden. Nachzügler irrten zu zweit oder zu dritt im gebirgigen Gelände umher in der Hoffnung, auf freundliche Norweger zu stoßen, aber die meisten stießen zuerst auf weniger freundliche Deutsche. Einige von ihnen konnten nach Schweden entkommen und wurden dort interniert. Inzwischen hatten auch das Kriegskabinett und die Chefs des Stabes von der Katastrophe Kenntnis genommen. Mauriceforce und Sickleforce waren zehn Tage in Norwegen gewesen, und beide waren keinen Schritt weitergekommen. Sie hatten zusammen 1559 Mann verloren. Wer noch nicht in Gefangenschaft geraten war, mußte stündlich damit rechnen. Die Verantwortlichen in London, die diesen Einsatz befohlen hatten, mußten jetzt dafür sorgen, daß möglichst viele von ihnen evakuiert wurden. Die 1800 Soldaten der Kampfgruppe Sickleforce, die am Abend des 30. April vollkommen erschöpft an Bord der britischen Transportschiffe gingen, hatten das nur den Norwegern zu verdanken, die mit grausamen Vergeltungsmaßnahmen rechnen mußten, wenn die Deutschen dahinterkamen. Am Morgen wurden weitere 1300 Mann unter ständigen Luftangriffen eingeschifft, und am folgenden Abend waren es noch einmal 1000. Die Kampfgruppe Mauriceforce war glimpflicher davongekommen und hatte nur 157 Mann verloren, aber auch dieses Opfer war umsonst gewesen.

Hitler verhöhnte das britische Abenteuer vor Trondheim als einen »Fall von leichtsinnigem Dilettantismus«. Bei einer Konferenz des Obersten Kriegsrats am 27. April hatte Reynaud vorausgesagt, ein Scheitern der alliierten Operation in Mittelnorwegen würde »von der Öffentlichkeit als gewaltiger Schock empfunden werden«, die Folge könnte die Kapitulation der Alliierten vor dem Deutschen Reich sein.

Der Kriegsrat war sich darin einig gewesen, daß das Unternehmen gegen Trondheim wegen der feindlichen Luftüberlegenheit aufgegeben werden müsse. Am 1. Mai notierte Nicolson, er habe »ein Gespräch mit Buck de la Warr und Stephen King-Hall im Oberhaus geführt. Buck scheint zu glauben, wenn Norwegen verlorengeht, müsse der Premierminister zurücktreten.« Am folgenden Tag, als die Räumung von Andalsnes bekanntgegeben wurde, rief Amery verärgert bei Hoare an und sagte: »Die Regierung muß gehen.«[191]

An der Westgrenze des Deutschen Reichs hatte sich die stärkste Armee versammelt, die Deutschland je aufgestellt hatte, um nach Belgien, Holland und Frankreich einzufallen. Es waren 135 Divisionen, zehn davon Panzerdivisionen, dazu gehörten ferner praktisch alle Flugzeuge der Luftwaffe, die bereitstanden, den Himmel zu verdunkeln, sobald die Panzer- und Infanterieverbände vorrückten. Am 1. Mai setzte Hitler mit seiner Vorliebe für den Beginn militärischer Operationen am Wochenende Sonntag, den 5. Mai, als den Tag für den »Fall Gelb« fest, den Angriff gegen Belgien, Holland und Frankreich.

In Berlin hörte Shirer am 2. Mai in der Nachrichtensendung der BBC um 18.00 Uhr »die schlechte Nachricht«, daß »Chamberlain im Unterhaus soeben über den schrecklichen Rückschlag (in Skandinavien) berichtet hatte«. Zwei Tage später schrieb er voller Zorn: »Die Briten haben sich Hals über Kopf aus Namsos nördlich von Trondheim zurückgezogen und damit das Unternehmen der Verbündeten zur Unterstützung der Norweger in Mittelnorwegen zur Katastrophe werden lassen. Wo war die britische Flotte, die, wie sich Churchill erst vor wenigen Wochen gerühmt hat, die Deutschen aus den norwegischen Gewässern vertreiben sollte?« Und am 4. Mai schrieb Nicolson, daß »gegenüber dem Premierminister ein starkes Mißtrauen besteht. Seine Rede über die norwegische Expedition hat Unruhe ausgelöst. Das Unterhaus weiß sehr gut, daß es eine schwere Niederlage gewesen ist. Aber der Premierminister hat gesagt, ›der Vorteil überwiegt auf unserer Seite‹ und ›Deutschland hat sein Ziel nicht erreicht‹... Wenn Chamberlain das selbst geglaubt hat, dann war er töricht. Wenn er es nicht geglaubt hat, hat er versucht, seine Zuhörer zu täuschen. In jedem Fall muß er ihr Vertrauen verlieren.«[192]

Am Freitag, dem 3. Mai, am gleichen Tag, als die Männer der Kampfgruppe Mauriceforce ihre Transportschiffe verließen, wieder englischen Boden betraten und die Ausrüstung und Bewaffnung mitbrachten, die zu gebrauchen sie nie eine Chance gehabt hatten, aß Oberst Hans Oster von der Abwehrabteilung des OKW im Berliner Vorort Zehlendorf im Hause eines seiner besten Freunde, des Obersten G. J. Sas, des holländischen Militärattachés, eines entschiedenen Antinazis, zu Abend. Oster hatte seinem Gastgeber schon früher die deutschen Angriffspläne gegen Holland zugespielt, und zehn Tage vor der Besetzung Dänemarks und Norwegens durch die Deutschen hatte er ihm die Pläne des OKW und die genauen Daten für das Unternehmen »Weserübung« übergeben. Nun hörte Sas aufmerksam zu, als der Oberst von der deutschen Spionageabwehrabteilung ihm berichtete, daß 50 deutsche Divisionen an der deutschen Westgrenze versammelt worden seien und die schon lange erwartete Offensive in einer Woche – am 10. Mai – beginnen werde. In Wirklichkeit war der Beginn schon auf den 5. Mai festgesetzt, aber am 3. Mai verschob Hitler den Angriffsbeginn auf den 6. Mai, und zwar zum Teil wegen des ungünstigen Wetters, aber auch, weil das Außenministerium ihm gesagt hatte, sein Vorwand für die Verletzung der Neutralität von Belgien und Holland sei nicht stichhaltig. Der holländische Militärattaché schickte die Informationen, die ihm von Oster zugeleitet worden waren, am folgenden Tag mit der diplomatischen Kurierpost nach Hause. Die Nachricht erreichte Den Haag eine Stunde nach Eintreffen einer verschlüsselten Warnung des holländischen Botschafters beim Vatikan. Die Holländer gaben diese Warnung sofort an die Belgier weiter, aber nicht an die Briten oder Franzosen. Selbst zu dieser späten Stunde hielten es die belgische und die holländische Regierung für möglich, ihre Neutralität zu wahren.

Wieweit diese Informationen auch in Churchills Hände gelangt sind, läßt sich nicht sagen, aber schon vor mehr als einem Monat hatte er die Briten gewarnt: »Mehr als eine Million deutsche Soldaten einschließlich aller aktiven Divisionen und Panzerdivisionen sind an den Grenzen von Luxemburg, Belgien und Holland zusammengezogen worden und können in wenigen Stunden zum Angriff antreten. Diese neutralen Länder können jeden Augenblick von einer Lawine aus Stahl und Feuer überrollt werden.« Zehn Tage später hatte er an Admiral Forbes geschrieben: »Ich halte es für sehr wahrscheinlich, daß die große Landschlacht im Westen bald beginnen wird.«[193]

Auf französischer Seite der französisch-belgischen Grenze kam es mit Blick auf den Frontabschnitt bei Sedan zu einer kleinen Meinungsverschiedenheit. Der für diesen Abschnitt verantwortliche General Charles Huntziger war so fest davon überzeugt, daß der Feind hier nicht angreifen werde, daß er den Abbau von Panzerhindernissen befahl, die auf Anordnung eines Majors errichtet worden waren. Pierre Taittinger und ein anderer Deputierter, die beide dem Verteidigungsausschuß der Deputiertenkammer angehörten, inspizierten die Stellungen und waren entsetzt, feststellen zu müssen, wie schwach die Verteidigungsanlagen waren. In ihrem Bericht schrieben sie, das Oberkommando habe den Wert »der natürlichen Hindernisse des Ardennenwaldes und der Maas« übertrieben hoch eingeschätzt. Sie selbst »zitterten« bei dem Gedanken, was ein deutscher Angriff gegen diese strategische Stellung bewirken könnte, und empfahlen dringend, die Anlagen zu verstärken. Huntziger erwiderte: »Ich glaube, für die Verstärkung des Abschnitts bei Sedan sind keine dringenden Maßnahmen erforderlich.«[194]

Am 4. Mai verschob Hitler den Beginn der Operation »Fall Gelb« auf den 7. Mai, und der französische Premierminister Reynaud unternahm die ersten Schritte in Richtung auf die Entbindung Generals Gamelin von all seinen Pflichten. Obwohl Gamelin Oberbefehlshaber aller alliierten Truppen war, hatte er sich im Norwegen-Feldzug als vollständig hilflos erwiesen. Als die Briten ihn fragten, welche Truppen er für den Angriff auf Trondheim zur Verfügung stellen könne, hatte er geantwortet: »Eine Division monatlich.« Reynaud war empört. Er sagte: »Es wäre ein Verbrechen, wollte man diesen Schwächling an der Spitze der französischen Armee belassen.«[195]

In einer parlamentarischen Krise – wie sie sich jetzt in Westminster zusammenbraute, obwohl sich der Premierminister dessen nicht bewußt zu sein schien – hat es keinen Wert, sich an Präzedenzfällen zu orientieren. Eine große politische Umwälzung folgt keinen festen Regeln, sondern gleicht eher einem Taifun, bei dem das Wasser vor dem Heck eines Schiffes anschwillt, seine Schrauben wirkungslos macht und den Rudergänger zwingt, gegen alle Regeln der Seefahrt zu verstoßen, um das Querschlagen des Schiffs zu verhindern. Winston hatte es nie verstanden, die Wählerstimmen geschickt zu manipulieren. Wenn er jemals ein ernstes Gespräch mit dem Chefeinpeitscher der Konservativen, David Margesson geführt hat, dann fragt man sich, worüber sich die beiden Männer unterhalten haben könnten. Am Samstag, dem 27. April, um 23.00 Uhr bat er Bill Deakin zu sich. Während der vergangenen Monate hatte er das schon öfter getan. Er war sich seiner vertraglichen Verpflichtungen gegenüber dem Verlag Cassell & Company bewußt, die besagten, daß er sein Buch *A History of the English-speaking Peoples* nach Möglichkeit demnächst fertiggestellt haben sollte, und er hatte, wie Deakin schreibt, diesen gebeten, »nachmittags oder am frühen Morgen etwa eine Stunde für die Vollendung seiner Kapitel über den normannischen Eroberungsfeldzug und das mittelalterliche England zur Verfügung zu stehen«.[196]

Das war in der Geschichte der Politik sicher ein einmaliger Vorgang. Am gleichen Samstag abend schickte die Admiralität Schiffe zur Rettung der Überlebenden der unter einem ungünstigen Stern stehenden Expedition nach Trondheim aus – Winston bezeichnete sie als »zusammenhanglos« –, während die britischen Kräfte vor Narvik verstärkt wurden. Der britische Kreuzer *Glasgow* befand sich auf dem Weg nach Mold, um König Haakon, seine Regierung und die norwegische Goldreserve an Bord zu nehmen. Deutsche U-Boote hatten 101 Handelsschiffe versenkt, und ein neu zusammengestellter Korvetten-Geleitschutz, der diese Schiffe vor weiteren deutschen Angriffen schützen sollte – Winston hatte diese Hilfskreuzer als »billig und tückisch« bezeichnet, obwohl sie vielleicht weniger billig als tückisch waren –, befanden sich im Einsatz, obwohl der Erste Lord daran dachte, das Mittelmeer für den normalen britischen Schiffsverkehr zu sperren, und diese Maßnahme auch bald anordnete.

Im Privatbüro Churchills warteten, wie sich Deakin erinnert, »Funksprüche der Flotte auf Antwort, Admiräle klopften ungeduldig an die Zimmertür des Ersten Lords, während sich das Gespräch in seinem Büro mit den Gefahren der normannischen Invasion und der Gestalt Eduards des Bekenners beschäftigte, der, wie Churchill schrieb, ›nur undeutlich und wie im Nebel sichtbar wird‹. Ich sehe immer noch die Karte an der Wand mit den Positionen der britischen Flotte vor Norwegen und höre die Stimme des Ersten Lords, wie er mit der ihm eigenen Klarsicht die strategische Lage des Jahres 1066 darstellte. Aber das bedeutete nicht, daß er seine gegenwärtigen Pflichten vernachlässigte. Es war bezeichnend für den Mann mit dem unübertroffen sicheren Blick für historische Zusammenhänge. Die weit zurückliegenden Episoden waren für ihn ebenso nah und real wie diese dramatischen Ereignisse der Gegenwart.«[197]

Churchill wußte, daß sich die Regierung in einer äußerst kritischen Lage befand und unter Umständen würde abtreten müssen. Am klügsten wäre es gewesen, wenn er die Rolle des einsamen Mannes gespielt hätte, die so lange sein Schicksal gewesen war. Dabei hätte er sich durchaus korrekt verhalten, aber doch den Abstand zu einem Premierminister wahren können, mit dessen Rücktritt man rechnen mußte. Aber das konnte er nicht tun. Selbst wenn die in Schwierigkeiten geratenen Personen seine Gegner waren – wie zum Beispiel Hoare, als bekannt wurde, welches Geschäft er mit Laval vereinbart hatte –, suchte Winston sie zu trösten und, wenn er die Möglichkeit hatte, ihnen zu helfen. Jetzt spürte er deutlich, daß Chamberlain in Schwierigkeiten geraten war. Offensichtlich war der Premierminister überarbeitet. Als Chatfield als Minister für die Koordinierung der Verteidigungsanstrengungen zurücktrat, wurde sein Ministerium aufgelöst, und Churchill übernahm auf Bitten des Premierministers einen Teil seiner Aufgaben. Seit Anfang April hatte er den Vorsitz im militärischen Koordinationsausschuß des Kriegskabinetts. Eine Schlagzeile der *Daily Mail* vom 4. April lautete: MR. CHURCHILL WIRD SUPER-KRIEGSCHEF, und ein

Leitartikler schrieb, Winston sei »praktisch Großbritanniens oberster Verteidigungsminister« geworden. Der Berliner Rundfunk meldete am 3. April, Churchill sei »vom Kriegshetzer zum Oberkriegshetzer befördert worden«. Einer seiner ältesten Freunde schrieb ihm: »Sie haben jetzt wirklich eine schwere Verantwortung übernommen, Sie sitzen praktisch auf der Spitze des Baums.« Aber dann hieß es weiter in diesem Brief: »Welch schreckliche Aufgabe haben Sie übernommen, Winston. Ihre Gehilfen halte ich allerdings nicht für sehr gut.« Ein anderer etwas mißtrauischer Freund schrieb, er könne nicht umhin, sich »zu überlegen, ob das nicht alles bewußt berechnet ist... um Sie so sehr mit Arbeit zu überlasten, daß Sie in eine unmögliche Lage geraten«.[198]

Jeweils verschiedene Kräfte sammelten sich um den Premierminister und um seinen Ersten Lord, und beide konnten kaum mehr tun als auf den Posten des Premierministers zu verzichten, was absurd gewesen wäre, denn jeder von ihnen war überzeugt, der dafür am besten geeignete Mann zu sein. Auf der einen Seite flüsterte man »Gallipoli«, auf der anderen »München«. Am 1. Mai schrieb Harold Nicolson: »Die Tapers und Tadpoles« – Taper und Tadpole waren Gesellschaftslöwen in Disraelis Roman *Coningsby* – »erzählen überall, an der ganzen norwegischen Episode sei Winston schuld. Gerüchtweise verlautet, Lloyd George könnte an die Spitze eines Koalitionskabinetts berufen werden. Die Menschen sind so beunruhigt, daß alles fragt: ›Aber wer könnte Chamberlains Stelle einnehmen?‹« Der Premierminister war das Opfer einer außerordentlich ungünstigen zeitlichen Abfolge der Ereignisse, die er selbst nicht beeinflussen konnte.[199]

Aber die Menschen waren verärgert; die Downing Street Nr. 10 war entsetzt über das Ergebnis einer Gallup-Umfrage Anfang Mai nach der Niederlage in Norwegen. Die Zahl der Anhänger Chamberlains hatte sich drastisch verringert. Nur 32 Prozent der Befragten sprachen sich für ihn aus; 58 Prozent waren entschieden gegen ihn. Nicolson besuchte »die Beobachtergruppe in der Arlington Street« und traf dort, wie er am 30. April schrieb, auf »eine verdrießliche Gesellschaft. Der allgemeine Eindruck ist, daß wir den Krieg verlieren könnten. Die allgemeine Lage ist erschreckend, und wir hören Einzelheiten darüber. Wir trennen uns in düsterer Stimmung. Die schwarze Woche im Burenkrieg kann kaum deprimierender gewesen sein.«[200]

Henry Channon, ein konservativer Abgeordneter und treuer Gefolgsmann von Chamberlain, schrieb am 30. April in seinem Tagebuch, er habe wieder »von einer Kabale gegen den armen Neville« gehört. Aber dann wurde er sarkastisch: »›Sie‹ behaupten, es sei jetzt wieder genauso wie 1915, und Winston sollte Premierminister werden, denn er sei energischer, und das Land stünde hinter ihm.« Am 3. Mai notierte

Ironside in seinem Tagebuch: »Ich höre, es hat im Unterhaus einen erstklassigen Streit gegeben, und es gibt deutliche Bestrebungen, den Premierminister loszuwerden.« Dann fragte er sich, ob Churchill der geeignete Mann sei: »Natürlich ist Winston der einzige, der ihn ablösen könnte, aber er ist zu unbeständig, obwohl er alle Fähigkeiten besitzt, den Krieg zu Ende zu bringen.« Soviel war sicher: Allein Churchills unerschütterliche Gegnerschaft gegen Hitler sprachen für seine Kandidatur. Clementine schrieb: »Hättest Du nicht jahrelang aus dem Exil immer wieder vor der deutschen Gefahr gewarnt, hätte Norwegen durchaus Dein Untergang sein können.« Bezeichnenderweise schrieb ihm ein liberales Mitglied des Unterhauses am 2. Mai: »Ich glaube, Sie sind die einzige Persönlichkeit im Kabinett, die für diesen Krieg nicht verantwortlich ist. Sie haben sich nicht in den Münchener Skandal hineinziehen lassen. Ihre Aufforderung zur Wiederaufrüstung verhallte ungehört. Sie haben die kleinen Nationen nicht im Stich gelassen und unsere Freunde nicht den Wölfen vorgeworfen.«[201]

Später schrieb Winston: »Fehlschlag bei Trondheim! Unentschieden bei Narvik! Das waren in der ersten Maiwoche die einzigen Ergebnisse, die wir der britischen Nation, unseren Verbündeten und der befreundeten oder feindlichen neutralen Welt zeigen konnten. Angesichts der führenden Rolle, die ich bei diesen Ereignissen spielte... war es ein Wunder, daß ich überlebt habe.« Ebenso wie Clemmie und andere führe er dies »auf die Tatsache zurück, daß ich sechs oder sieben Jahre lang zutreffend den Lauf der Ereignisse vorausgesagt und unaufhörlich gewarnt hatte, was damals nicht beachtet wurde, woran man sich aber jetzt erinnerte«.[202]

Churchill versuchte verzweifelt, aus der gescheiterten Operation in Norwegen zu retten, was zu retten war, sie mit Würde und einem kleinen Erfolg abzuschließen – um die Verluste, die Ängste, die Kosten und die Hoffnungen zu rechtfertigen, die England sich gemacht hatte. Was in Trondheim geschehen war, konnte er nicht bedauern. Er war von Anfang an dagegen gewesen. Ihm war es allein auf Narvik angekommen. Doch trotz aller Weitsicht hatte Winston den Polarkreis übersehen. Dort versuchte Großadmiral Lord Cork and Orrery mit seinem Angriffsgeist, die Lethargie des Generals, der die Landtruppen befehligte, zu überwinden, wobei der General allerdings einen triftigen Grund dafür hatte, in dieser Lage nichts zu unternehmen. Generalmajor Pierse Joseph Mackesy hatte einen nach seiner eigenen Auffassung einwandfreien Schlachtplan entworfen. Er wollte bis zur Schneeschmelze warten und dann angreifen. Nach seinen Berechnungen würde das irgendwann im Sommer sein. Cork glaubte nicht, daß der Schnee in diesen Breiten jemals ganz fortschmelzen würde, wenngleich er jetzt mit Sicherheit zu tief war. Und er wurde ständig tiefer, denn es schneite fast täglich. Er schrieb an Winston: »Es ist zum Verzweifeln, daß man nicht weiterkommen kann, und ich verstehe sehr gut, daß Sie sich fragen, warum wir nicht vorankommen, aber ich versichere Ihnen, daß es nicht daran liegt, daß wir es nicht wollen.«[203]

Die Einnahme von Narvik war zu einer moralischen Frage geworden, obwohl nach Beginn der deutschen Großoffensive jenseits des Kanals am 10. Mai niemand in der Regierung Seiner Majestät ernsthaft daran dachte, die Stadt auch zu halten. Am 24. Mai beschloß das Kabinett, Narvik zu räumen, sobald es von den Alliierten genommen worden war. Das geschah vier Tage später, als britische, französische und polnische Truppen die Stadt einnahmen. Die Räumung begann am Dienstag, dem 4. Juni. Am Samstag hatte der letzte alliierte Soldat Narvik verlassen. In England wurde das kaum wahrgenommen. Kaum jemand interessierte sich noch für Norwegen. Die ganze Aufmerksamkeit der Öffentlichkeit galt jetzt Belgien, Holland und Nordfrankreich. Wie Churchill geschrieben hatte, war das Kabinett 1914 vor allem mit der irischen Frage beschäftigt gewesen, als »ein unheimliches Licht plötzlich, aber mit sich deutlich steigernder Intensität auf die Karte von Europa fiel«. Jetzt war dieses Licht von neuem sichtbar geworden.[204]

In Berlin konnte man nicht übersehen, daß man sich in der Hauptstadt einer kriegführenden Nation befand. Man hörte allenthalben Marschmusik, und die Schlagzeilen der Zeitungen suchten die Kriegsbegeisterung zu wecken. Am Samstag, dem 4. Mai – dem Tag, an dem Hitler den Beginn von »Fall Gelb« noch einmal verschob –, notierte Shirer in seinem Tagebuch: »Die deutschen Zeitungen sind voll von gegen Großbritannien gerichteten Beschuldigungen, das jetzt beabsichtige, den Krieg in den Mittelmeerraum, auf den Balkan oder auf andere Gebiete auszuweiten, womit, wie ich glaube, Holland gemeint ist.« Der 5. Mai war ein Sonntag, und wie sich Shirer später erinnerte, »wurde es uns in Berlin schon Anfang der Woche klar, daß der Schlag im Westen schon in wenigen Tagen geführt werden würde«.[205]

Am gleichen Samstag beantragte die »Loyale Opposition Seiner Majestät« im Parlament eine Debatte über die Kriegslage. Sie wurde auf den 7. Mai festgesetzt. Der Premierminister machte sich keine Sorgen und schien auch nicht besonders daran interessiert zu sein. Am Samstag, den 4. Mai schrieb er: »Ich glaube nicht, daß mir meine Feinde diesmal etwas anhaben können.« Mit seinen »Feinden« meinte er seine Kritiker im Unterhaus und nicht die Deutschen, obwohl Großbritannien und das Deutsche Reich schon seit acht Monaten Krieg gegeneinander führten und er selbst diesen Krieg erklärt hatte. Aber in London war es leicht, das zu vergessen. Hier gab es keine durch die Straßen marschierenden Soldaten. In der ersten Kriegswoche hatten die Menschen kaum über etwas anderes gesprochen. Jetzt wurde der Krieg, abgesehen von den Klagen über die Verdunkelung, kaum noch erwähnt.[206]

Als Kabinettsmitglied mußte sich Winston im Parlament eine gewisse Zurückhaltung auferlegen, und so breitete sich auch auf der innenpolitischen Bühne gähnende Langeweile aus. Es gab das übliche Manövrieren hinter den Kulissen. Die Beobachtergruppe, von der Nicolson gesprochen hatte, wurde geführt von Lord Salisbury, dessen Vater um die Jahrhundertwende Premierminister gewesen war. Der jetzt 78jährige, immer korrekt gekleidete Marquess war Lordsiegelbewahrer und zur Amtszeit von Baldwin Führer des Unterhauses gewesen. Er war ein Mann mit festen Grundsätzen und hatte das Münchener Abkommen so leidenschaftlich abgelehnt, daß ihn ein Gefolgsmann von Chamberlain tätlich angegriffen hatte.

Am 5. Mai schrieb der edle Lord: »Die Sonntagszeitungen erregen sich, wie ich es erwartet hatte, über Norwegen und die Regierungsumbildung. Das liegt zum großen Teil an der persönlichen Voreingenommenheit gegen den Premierminister. Ich nehme an, die Bereitschaft, Labour in die Regierung aufzunehmen, wird wachsen, aber ob die Vertreter dieser Partei unter ihm (Chamberlain) werden dienen wollen oder nicht, muß man abwarten.« In Wirklichkeit war es umgekehrt; der Premierminister hatte kein Interesse daran, ein Kabinett zu führen, dem auch Labourminister angehörten. Aber Chamberlains Popularität war so rasch auf einem solchen Tiefpunkt angelangt, daß sogar Konservative sich überlegten, wer seine Nachfolge antreten könnte. Halifax beteiligte sich nicht einmal in seinem Tagebuch an solchen Spekulationen, weil sein Name als möglicher Kandidat für das Amt des Premierministers am häufigsten genannt wurde. Geoffrey Dawson setzte sich schon seit März für ihn ein. Und am Montag, dem 6. Mai, meinte der *Evening Standard,* daß eine »Allparteiengruppe von Kritikern« verlange, einige Minister zu entlassen und sie durch Liberale und Sozialisten zu ersetzen. Der *Standard* erklärte: »Wenn Mr. Chamberlain sich weigert, eine solche Regierungsumbildung vorzunehmen, dann sollte es nach Ansicht dieser Leute einen neuen Premierminister geben. Und der Mann, für den sie sich entschieden haben, ist Lord Halifax.« Dazu hatte Halifax in seinem Tagebuch am gleichen Abend nur zu sagen: »Erheblicher politischer Lärm, aber ich bezweifle, daß das, wenigstens zunächst, viel zu bedeuten haben wird.«[207]

Der folgende Tag war Dienstag, der 7. Mai 1940.

Die an diesem Tag beginnende Parlamentsdebatte war eine der denkwürdigsten in der britischen Geschichte, aber niemand hatte das beabsichtigt oder auch nur erwartet. Wie die Geschworenen, die in einer Gerichtsverhandlung plötzlich ganz anders reagieren, als man es von ihnen erwartet hat, wurden auch die Abgeordneten von Kräften beeinflußt, die schon lange im Unterhaus schlummerten, von Auffassungen, die mit Nachdruck von einzelnen Parlamentsmitgliedern vertreten wurden, die sich bis jetzt nicht der Tatsache bewußt gewesen waren, daß sie von so vielen Kollegen geteilt wurden, die ebenso empfanden wie sie selbst. Eigentlich hätte das Unterhaus den Beschluß fassen sollen, das Parlament in die Ferien zu schicken, aber statt dessen war eine Debatte über die Fortführung des Krieges anberaumt worden. Chamberlain wollte als erster für die Konservativen sprechen. Churchill sollte am folgenden Tag die letzte Rede halten. Die Labourabgeordneten wollten Winston zuerst hören. Herbert Morrison sagte: »Wir waren der Ansicht, der Erste Lord sei der Hauptzeuge des Premierministers.« Aber der Premierminister wußte, daß Churchill sein bester Redner war und alle Argumente der Regierung so vortragen konnte wie kein anderer Minister.[208]

Der schlechteste Redner der Regierung war Chamberlain selbst. Nicolson schrieb: »Das Haus ist voll besetzt, und als Chamberlain hereinkommt, wird er mit dem Ruf ›Den Bus verpaßt!‹ begrüßt. Er hält eine sehr schwache Rede, und nur die Ja-Männer applaudieren. Er erwähnt mit einigen Worten die im Land herrschende Selbstzufriedenheit und löst damit den lautstarken und ironischen Beifall aller Abgeordneten aus, was ihn zu einer kleinen, fast weiblichen Geste der Unsicherheit veranlaßt.« Wie immer war Neville kühl und logisch, aber man hatte den Eindruck, daß die Abgeordneten ihm nicht so aufmerksam zuhörten wie gewöhnlich. Er war nicht mit dem Herzen dabei. Er sagte, Norwegen sei nicht Gallipoli gewesen – ein Vergleich, den Winston als unnötig empfunden haben mag, obwohl der Premierminister seinen Ersten Lord verteidigte und die Behauptung, daß ein einzelner Minister für das Geschehene mehr Verantwortung trüge als seine Kollegen, als »unwürdig und unbegründet« bezeichnete. Offensichtlich war er nicht in Form. Vielleicht ist ihm jetzt zum ersten Mal bewußt geworden, daß ein Schatten über seiner Regierung lag.[209]

Auch Attlee hielt nach Meinung von Nicolson »eine schwache Rede«, aber die Rede von »Archie Sinclair« war gut. Sinclair sagte, die Operation in Norwegen sei gescheitert, weil »es in der politischen Leitung des Krieges und in den an die Stäbe gegebenen Anweisungen keinen Weitblick gegeben hat«. Er fügte hinzu: »Bei unserem ersten größeren Unternehmen in diesem Krieg... mußten wir uns in unsere Verstecke zurückziehen, und das ist gegen den Geist der Männer, die sich dem Feind stellen müssen.« So scharfe Anklagen hatte man im Unterhaus nur selten gehört, aber das Feuerwerk hatte erst begonnen. Es folgte eine zweite scharfe Rede und dann eine weitere des Labourabgeordneten Josiah Wedgwood, die sehr eigenartig klang. Nicolson schrieb, er habe »alles gesagt, was nicht hätte gesagt werden sollen« und »den Eindruck erweckt, daß er nicht ganz richtig im Kopf sei. So schlägt er zum Beispiel vor, die britische Flotte sollte nach Alexandria gehen, da sie sich fürchtet, bombardiert zu werden.«[210]

Das führte zu den ersten Anzeichen dafür, daß ein Sturm losbrechen könnte. Als Wedgwood seine Ausführungen beendete, kam Roger Keyes in den Sitzungssaal. Duff Cooper hatte ihm geraten, in Uniform zu erscheinen, mit den goldenen Ärmelstreifen bis hinauf zu den Ellbogen und sechs Reihen von Ordensbändern sowie dem Großkreuz des Bathordens auf der Brust. Keyes hatte sich im Ersten Weltkrieg durch besondere Tapferkeit ausgezeichnet und 1918 das Unternehmen gegen die deutschen U-Boot-Bunker bei Zeebrügge und Ostende geführt. Nicolson reichte ihm einen Zettel, auf dem stand, was Wedgwood über die Flotte gesagt hatte. Der alte Admiral stand auf, ging zum Stuhl des Sprechers, erhielt sofort das Wort und begann damit, daß er die Aussage des Vorredners »eine verdammte Beleidigung« nannte. Das war ein im Parlament nicht zugelassener Ausdruck, aber der Sprecher wies ihn nicht zurecht, und wie Nicolson schrieb, quittierte das Unterhaus diese Worte »mit brüllendem Gelächter, besonders Lloyd George schaukelt mit knabenhaftem Vergnügen und weit offenem Mund mit dem Oberkörper vor und zurück«.[211]

Aber Keyes war nicht gekommen, um das Parlament zu amüsieren. Er hatte eine Rede mitgebracht. Jeder Abgeordnete wußte, daß er ein sehr ungeschickter Redner war, und deshalb hatte er sich auf Vorschlag von Harold Macmillan jedes Wort aufgeschrieben. Es war ein vernichtender Angriff gegen den Einsatz der Schiffe bei Narvik. Die Abgeordneten hörten schweigend zu, als er erklärte, ein Angriff der Flotte gegen Trondheim wäre gelungen, man habe ihn jedoch abgeblasen, weil der Admiralität der Schneid dazu fehlte. Das war ein Schlag, der Churchill besonders hart traf, weil er und der Admiral alte Freunde waren. Wahrscheinlich war der Vorwurf nicht gerechtfertigt, aber als Keyes sich setzte, wußte Chamberlain, daß er in eine sehr schwierige Lage geraten war. Nicolson beschrieb die Reaktion wie folgt: »Allgemeines großes Erstaunen. Es ist die bei weitem dramatischste Rede, die ich je gehört habe, und als Keyes sich setzt, gibt es donnernden Applaus.«[212]

Jetzt war Leo Amery an der Reihe. Der Sprecher rief ihn auf, als die meisten Abgeordneten den Sitzungssaal zum Essen verlassen hatten, aber Clement Davies, ein Liberaler und inoffizieller Einpeitscher der Oppositionsparteien, ging in den Speisesaal, die Lobbies und den Rauchsalon, um die Zuhörer für ihn zusammenzutrommeln. Sie stellten fest, daß es sich lohnte. Amery war ein erfahrener Parlamentarier. Er war ein Bewunderer des alten Joe Chamberlain gewesen und mit dessen beiden Söhnen befreundet. Sehr geschickt lenkte er die Kritiker der Regierung von der Flotte und damit auch von Churchill ab und wandte sich Chamberlain und dessen Einfluß auf die Kriegführung zu. Er sagte: »Irgendwie müssen wir Männer in die Regierung bringen, die den gleichen Kampfgeist, Wagemut und die gleiche Entschlossenheit und Siegeszuversicht haben wie unsere Feinde.« Gegen Ende seiner Rede sagte er: »Vor etwa 300 Jahren, als dieses Hohe Haus feststellte, daß seine Truppen immer wieder... von der Kavallerie des Prinzen Rupert geschlagen wurden, sprach Oliver Cromwell mit John Hampden. In einer seiner Reden wiederholte er, was er ihm gesagt hatte: ›Die meisten Ihrer Soldaten sind alte, verbrauchte Männer, Schankkellner und ähnliche Leute. Sie müssen mutige Leute finden, die bereit sind, aufs Ganze zu gehen, oder Sie werden auch weiter geschlagen werden.‹«

Amery machte eine Pause. Dann sagte er: »Wir kämpfen heute um unser Überleben, unsere Freiheit und um alles, was wir besitzen. Wir dürfen uns nicht länger so führen lassen wie bisher.« Wieder machte er eine Pause, um sich der Stimmung der Abgeordneten zu vergewissern. Sie hörten ihm mit gespannter Aufmerksamkeit zu. Bei der Vorbereitung dieser Rede war er auf ein weiteres Zitat gestoßen. Es war grausam, und es bestand die Gefahr, daß er die Zustimmung derer, die er bis jetzt für seine Ansichten gewonnen hatte, wieder verlor, wenn er es verwendete. Aber mitgerissen vom Schwung seiner eigenen Worte sprach er, den Blick auf die Regierungsbank gerichtet, weiter:

»Ich habe gewisse Worte von Oliver Cromwell zitiert. Jetzt werde ich weitere Worte von ihm zitieren. Ich tue es sehr ungern, denn ich spreche zu meinen alten Freunden und Weggenossen, aber es sind Worte, die, wie ich glaube, auf die gegenwärtige Situation anzuwenden sind. Folgendes hat Cromwell dem Langen Parlament gesagt, als er glaubte, es sei nicht mehr fähig, die Sache der Nation angemessen zu vertreten:

Sie sitzen hier schon zu lange, um noch etwas ausrichten zu können. Gehen Sie, sage ich, denn wir wollen nichts mehr mit Ihnen zu tun haben. Im Namen Gottes, gehen Sie.«[213]

Menschen, die Chamberlain nahestanden, hatten den Eindruck, daß Amerys schonungsloser Angriff ihn zutiefst erschüttert hat. Churchill schrieb später: »Das waren grausame Worte aus dem Munde eines langjährigen Freundes und Kollegen, der wie er den Wahlkreis Birmingham vertrat, eines angesehenen und erfahrenen Geheimen Staatsrats.« Nicolson meinte, die Debatte habe den allgemeinen Eindruck hinterlassen, daß »wir nicht darauf vorbereitet sind, dem furchtbaren Angriff zu begegnen, der demnächst gegen uns geführt werden wird«. Die Reaktion der Abgeordneten sei »mehr gewesen als bloße Besorgnis; es ist wirkliche Furcht, aber es ist eine sehr entschlossene Furcht und alles andere als Hysterie oder Feigheit. Ich habe den Geist des Hohen Hauses in der Tat noch nie so bewundert wie heute.« Er glaubte, »es besteht kein Zweifel daran, daß die Regierung stark erschüttert ist und man schon morgen mit allem rechnen kann«. Der loyale Henry Channon schrieb über den ersten Tag der Debatte in seinem Tagebuch: »Die Atmosphäre war gespannt, und überall hörte man es flüstern: ›Was wird Winston tun?‹«[214]

Anfang Mai war in Frankreich ein Witz populär, den sich die Franzosen aber im allgemeinen nur erzählten, wenn sie unter sich waren: Als Gott die Erde erschuf, habe er ein in jeder Hinsicht vollkommenes Land erschaffen wollen, und das war Frankreich. Doch als er sein Werk betrachtete, erkannte er, daß er zu weit gegangen war. Deshalb schuf er die Franzosen.

Niemand, der sich eingehend mit den Kämpfen beschäftigt hat, die einsetzten, als die deutsche Wehrmacht nach Frankreich vorstieß, wird bezweifeln, daß der Entschluß Reynauds gerechtfertigt war, den unentschlossenen und fast unerreichbaren Oberbefehlshaber Gamelin zu entlassen. Doch der Zeitpunkt seiner Entlassung war denkbar ungeschickt gewählt. Der Mann, der sich bisher für Gamelin eingesetzt hatte, war Verteidigungsminister Daladier, der wieder Premierminister werden wollte und nur auf eine Gelegenheit wartete, zuzuschlagen. Die Entlassung des Generalissimus sollte zum Rücktritt von Daladier und damit zu einer Kabinettskrise führen. Nun hätte Frankreich auch ohne Regierung überleben können, aber nicht wenn feindliche Armeen auf französisches Territorium vorstießen. Doch Reynaud war fest entschlossen. Am 8. Mai lag die Anklageschrift vor; der Premier berief für den folgenden Tag eine Kabinettssitzung ein. Die Zukunft sah für jeden mit Ausnahme der Deutschen düster aus. Wieder wurde Marianne von einem mächtigen Feind bedroht, während sich ihre Führer stritten. Wieder würden die Poilus den Rückzug antreten müssen und sich dabei verraten vorkommen.

Aber in Paris war es Frühling! In jener zweiten Maiwoche war diese von Gott geschaffene Stadt schön wie ein Gedicht. Die Bäume im Jardin du Luxembourg und in den Tuilerien standen in voller Blüte, ebenso die Kastanien am Seineufer. Am weiten Himmel zeigte sich keine einzige Wolke, und auf den Boulevards und den Champs-Élysées konnte man meditieren oder, wie sich Henri de Kérillis später erinnerte, mit Freunden ein Sonnenbad nehmen. Die Herzogin von Windsor arbeitete in einer Kantine für die Poilus; Clare Boothe Luce, die nach Paris gekommen war, um sie zu besuchen, fand die französische Hauptstadt »unglaublich schön« mit »dem ungestörten Vogelgesang in den Parks« und dem farbenfrohen Blumenmarkt an der Madeleine. In den Theatern, Kinos und Nachtlokalen drängten sich die Besucher, ebenso auf der Rennbahn von Auteuil und in den Sälen des Grand-Palais, wo die jährliche Kunstausstellung gezeigt wurde. In der Rue de la Paix glitzerten in den Schaufenstern der großen Juweliere die Rubine, Granate, Diamanten, Opale, Saphire, Smaragde und Jadesteine. Das Geschäft war sehr lebhaft. Auf der Place Vendôme sah man elegant gekleidete Frauen auf dem Wege zum Tee oder zum Mittagessen. Später erinnerte sich de Kerillis noch daran, »wie sorglos und heiter« die Pariser damals waren.[215]

Am Mittwoch, dem 8. Mai, am zweiten Tag der Norwegendebatte im Unterhaus, setzte Hitler den Beginn der Operation »Fall Gelb« für den kommenden Freitag um 5.35 Uhr morgens an. Diese Anweisung wurde am Donnerstag bestätigt, als er seinen Befehlshabern das Codewort »Danzig« übermitteln ließ. Dann bestieg er seinen Sonderzug und fuhr zu seinem Hauptquartier, dem sogenannten Felsennest bei Münstereifel, 40 Kilometer südwestlich von Bonn. Am Mittwoch versammelten sich die Abgeordneten im Unterhaus, und die führenden Politiker ahnten, daß etwas Entscheidendes geschehen werde, obwohl niemand sagen konnte, was es im einzelnen sein würde. Am gleichen Tag schickte Shirer ein Telegramm aus Berlin nach New York; wie er später schrieb, riet er seiner Redaktion, »einen unserer Korrespondenten in Amsterdam zu lassen und ihn nicht nach Norwegen zu schicken, wo der Krieg ohnedies zu Ende war«. Am gleichen Abend »erlaubten mir meine militärischen Zensoren, in meiner Radiosendung anzudeuten, daß es demnächst im Westen, und zwar auch in Holland und Belgien zu Kämpfen kommen werde«. Erst später stellte er fest, warum ihm das erlaubt worden war. Die Deutschen wollten die Aufmerksamkeit der Weltöffentlichkeit bewußt auf die nördlichen und westlichen Teile von Belgien und Holland lenken in der Hoffnung, daß sich niemand für die deutschen Truppenkonzentrationen vor den Ardennen interessieren werde.[216]

Am Mittwoch vormittag hatten die führenden Männer der Labour Party viel zu tun. Hugh Dalton frühstückte mit Hugh Gaitskell, der ihm sagte, »hohe Beamte im Auswärtigen Amt geben bereitwillig Auskunft«. Er hatte erfahren, daß Halifax mit dem Rücktritt gedroht habe, falls Trondheim nicht angegriffen würde, und Lord Cork and Orrery habe gesagt, »ich hätte Trondheim in den ersten 24 Stunden« – bevor die Deutschen kamen – »mit bloßen Händen einnehmen können«. Sein Anerbieten, es zu tun, sei jedoch abgelehnt worden, und zwar nicht von Churchill, sondern von Whitehall.[217]

Am gleichen Morgen berichtete die der Labour Party nahestehende Zeitung *Daily Herald,* daß die parlamentarische Exekutive der Partei noch am Vormittag zusammentreten werde, um ihre Taktik für den letzten Tag der Debatte festzulegen. Der innenpolitische Korrespondent des *Herald,* Maurice Webb, sagte »eine weitreichende Regierungsumbildung voraus, bei der es unter Umständen auch zum... baldigen... Rücktritt von Mr. Chamberlain kommen könnte«. Webb bezweifelte allerdings, daß die Ereignisse »sofort eine so drastische Wendung nehmen werden. Wie ich schon früher erklärt habe, wird die Regierung die gegenwärtige Debatte sogar überstehen, ohne daß es sofort zur Katastrophe kommt.« Er sprach auch von Vorschlägen, »daß die Labour Party entweder einen Mißtrauensantrag gegen die Regierung stellen oder eine Abstimmung über einen Antrag auf Vertagung der Debatte erzwingen sollte, einen Antrag, der, wenn er eine Mehrheit fand, zum Sturz der Regierung führen würde«. Zu seinem späteren Bedauern nannte er das »eine unkluge Taktik... Die meisten erfahrenen Kritiker der Regierung vertreten die Auffassung, daß man das Ende der Debatte ohne eine direkte Herausforderung abwarten sollte.«[218]

Herbert Morrison und Dalton hatten Webb versichert, es werde keinen Antrag auf eine Abstimmung geben. Doch Webb hatte nicht mit Clement Attlee gesprochen. Während der ganzen Sitzung am Dienstag hatte Attlee die Abgeordnetenbänke auf der anderen Seite des Sitzungssaals scharf beobachtet. Dabei hatte er die feindselige Haltung der Konservativen gegenüber ihrem Premierminister festgestellt und geglaubt, sie richtig abschätzen zu können. Die Sitzung der führenden Parteimitglieder, bei der er den Vorsitz übernahm, begann um 10.30 Uhr vormittags, und hier schlug er vor, die Opposition solle eine Abstimmung erzwingen. Mehrere seiner Kollegen wollten ihm nicht zustimmen und meinten ebenso wie Dalton, daß »eine Abstimmung in dieser Situation die Mehrheit der Regierungspartei konsolidieren« werde, und gerade das sei es, was Chamberlain und Halifax wollten. Trotzdem fand der Vorschlag von Attlee eine Mehrheit und wurde später auf einer Sitzung der Hinterbänkler der Labour Party gutgeheißen. Die Labourabgeordneten bereiteten sich also darauf vor, nach dem Zusammentreten des Parlaments den ersten Antrag zu stellen. Morrison stand wie üblich auf, um die Regierungsbank anzugreifen. Er sagte, endlich habe der Premierminister außerhalb von Großbritannien und des Commonwealth eine Zeitung gefunden, die seiner Haltung zustimme. Es war das offizielle Organ der spanischen Falangisten Francos. Außerdem las er aus *The Listener* ein paar Zeilen aus der dort abgedruckten Norwegenrede vor, die Hoare in einer Sendung der BBC gehalten hatte: »Heute sind unsere Flügel über der Arktis ausgebreitet. Sie sind mit Eis bedeckt...« Hoare errötete, während die Abgeordneten in schallendes Gelächter ausbrachen. Morrison sagte: »Die ehrenwerten Mitglieder lachen verständlicherweise, aber ich zitiere das nicht, um Sie zu amüsieren, sondern weil das eine wirklich ernste Sache ist, denn es ist ein Anzeichen für die Illusionen, unter denen die Regierung leidet.« Dann erklärte er, »angesichts des Ernsts der Ereignisse, über die wir debattieren... hat jeder Abgeordnete die Pflicht, die Regierung für diese Beurteilung verantwortlich zu machen.« Deshalb »halten wir es für notwendig, das Hohe Haus am Schluß unserer heutigen Debatte zu einer Abstimmung aufzufordern«. Die Opposition stelle den Antrag, das Vorgehen der Regierung zu mißbilligen.[219]

Chamberlain war zunächst überrascht und dann böse. Die anmaßende Haltung von Morrison – man hatte immer den Eindruck, er belehre ein besonders törichtes Kind – ging jedem, der sich so angesprochen sah, unter die Haut. Außerdem hatte der Premierminister so etwas nicht erwartet. Die Einpeitscher hatten sich darauf verständigt, daß, wenn eine Partei vorhätte, eine Abstimmung zu beantragen, die andere davon unterrichtet werden sollte, obwohl der Chefeinpeitscher der Labour Party, Sir Charles Edwards, kürzlich Margesson, seinen Kollegen von den Konservativen, gewarnt und ihm gesagt hatte, er werde sich nicht immer an diese Vereinbarung halten können. Entschuldigend fügte er hinzu: »Wissen Sie, es ist sehr schwierig, mit dieser Partei fertig zu werden.«[220]

So kam es, daß der völlig überraschte Premierminister die Situation falsch beurteilte. Er sprang auf und sprudelte los: »Die Worte, die der ehrenwerte Gentleman eben geäußert hat, nötigen mich, an dieser Stelle einzugreifen und für wenige Augenblicke um Gehör zu bitten.« Dalton meinte, er zeigte »die Zähne wie eine Ratte«, als er rief, »es kann durchaus sein, daß es die Pflicht gibt, die Regierung zu kritisieren. Ich will der Kritik nicht ausweichen, aber ich sage meinen Freunden in diesem Hohen Haus, *und ich habe Freunde im Unterhaus*« – hierbei verzog sich, wie Nicolson schreibt, sein Gesicht zu »einem triumphierenden Grinsen« –, »daß keine Regierung erfolgreich einen Krieg führen kann, wenn sie nicht von der Öffentlichkeit und vom Parlament unterstützt wird. Ich nehme diese Herausforderung an. Ich begrüße sie sogar. Wenigstens werde ich sehen, wer für uns und wer gegen uns ist, und ich rufe meine Freunde auf, uns heute abend in der Lobby zu unterstützen.«[221]

Churchill bezeichnete das als »eine unglückliche Passage«; die konservativen Abgeordneten hätten »betroffen und schweigend dagesessen«. Mit »Freunden« seien in diesem Zusammenhang die Mitglieder der Partei des Premierministers gemeint. Damit habe er die Debatte mit einer parteipolitischen Wendung auf die niedrigste Ebene verlagert und verlangt, daß die zur Mehrheit gehörenden Abgeordneten ihre Stimme für ihn abgeben ohne Rücksicht darauf, wie sie persönlich die Kriegführung der Regierung beurteilten. Das führte zu einer unvergeßlichen Rede. Churchill nannte sie »den letzten entscheidenden Auftritt von Mr. Lloyd George im Unterhaus«.[222]

Lloyd George stand jetzt kurz vor Vollendung seines achtzigsten Lebensjahrs, und das starke Feuer der Leidenschaft des jungen walisischen Vorkämpfers der Gerechtigkeit glühte nur noch unter der Asche, aber Chamberlain hatte es nun dadurch, daß er die Würde des Amtes verletzte, das Lloyd George während des letzten Krieges innegehabt hatte, wieder angefacht. Mit einem wahren Feuerwerk weckte der alte Herr jetzt die Erinnerungen an die Zeit, als er in seinen Vierziger und Churchill in seinen Dreißiger Jahren gewesen waren und die beiden Radikalen, der ältere als Schatzkanzler und der jüngere als Präsident der Handelskammer, ein Bündnis geschlossen hatten, um das Oberhaus zu schwächen und in England die Arbeitsstunden der Bergleute unter Tage zu beschränken, Altersrenten, kostenlose Mahlzeiten und medizinische Betreuung für alle britischen Schulkinder und Arbeitslosen- und Krankenversicherungen einzuführen. Violet Bonham Carter, deren Vater damals Premierminister gewesen war, hatte sie beide beobachtet, und jetzt im Jahr 1940 saß sie auf der Besuchergalerie und hatte den Eindruck, in diesem seinem letzten Auftritt hielte Lloyd George »die vernichtendste Rede, die ich je von ihm gehört habe – er setzte seine Stimme, seine Gestik und alles ein, um sein Angriffsziel zu erreichen«.[223]

Dabei versuchte er, Churchill zu entlasten – »ich glaube nicht, daß der Erste Lord für alles, was in Norwegen geschehen ist, verantwortlich war« –, aber Churchill unterbrach ihn sofort: »Ich übernehme die volle Verantwortung für alles, was von der Admiralität veranlaßt worden ist, und bin bereit, meinen Anteil an dieser Bürde zu tragen.« Nachdem er Winston davor gewarnt hatte, sich »nicht in einen Luftschutzkeller verwandeln zu lassen, damit seine Kollegen nicht von den Splittern getroffen würden«, wandte sich Lloyd George Chamberlain zu:

»Hier geht es nicht um die Frage, wer die Freunde des Premierministers sind. Es geht um ein viel größeres Problem. Er hat Opfer verlangt.

Die Nation ist bereit, jedes Opfer zu bringen, solange die Regierung deutlich zeigt, welche Ziele sie verfolgt, und solange die Nation darauf vertraut, daß jene, die sie führen, ihr Bestes tun. *Ich erkläre feierlich, daß der Premierminister uns ein Beispiel für die Opferfreudigkeit geben sollte, denn nichts kann entscheidender zum Sieg in diesem Krieg beitragen als das Opfer seines Amtssiegels.*«[224]

Über den Ausgang der Abstimmung im Unterhaus konnte man jetzt nur noch Vermutungen anstellen. Die Labour Party konnte nicht gewinnen. Sie verfügte über 166 Sitze gegenüber den 387 Sitzen der Konservativen. Und unter ihnen gab es nicht viele, die ihre Stimme gegen die Regierung abgeben konnten; man war gewisse Verpflichtungen eingegangen, hatte Erklärungen unterschrieben und sich in anderer Weise festgelegt. Für viele andere war es geradezu ein Sakrament, sich bei der Abstimmung der Parteidisziplin der Konservativen zu unterwerfen. Und wieder andere wußten, wenn sie sich gegen die Partei stellten, würden sie für ihre Wähler und sogar in ihren eigenen Familien zu Parias werden. Aber der gestern noch selbstsichere Chamberlain begann, sich unbehaglich zu fühlen. Wenn die starke konservative Mehrheit deutlich zu schwinden begann, könnte es ernste Probleme für ihn geben. Keyes, Amery und Lloyd George hatten Unruhe ins Unterhaus gebracht. Er war froh, daß Churchill auf der Regierungsbank saß und mit der letzten Rede dieses Abends die Position der Regierung stärken würde.

Während sich die Debatte bis zum Abend hinzog, wurde es klar, daß Winston nicht vor 22.00 Uhr aufgerufen werden konnte. Er ging in den Rauchsalon und bohrte ein Loch in das Mundstück seiner Zigarre; als er aufblickte, sah er, daß Macmillan hereinkam. Macmillan erinnerte sich sehr viel später: »Er gab mir ein Zeichen, und ich ging zu ihm, um mit ihm zu sprechen. Ich wünschte ihm Glück, sagte aber auch, ich hoffe, seine Rede werde nicht zu überzeugend sein. ›Warum nicht?‹ fragte er. ›Weil wir einen neuen Premierminister brauchen‹, erwiderte ich, ›und das müssen Sie sein.‹ Er sagte in barschem Ton, er habe für diese Reise angeheuert und werde seinem Schiff die Treue halten. Ich glaube aber nicht, daß er mir böse war.«[225]

Aber Churchill machte sich Sorgen. Irgend jemand hatte gehört, wie er nach der Abschiedsrede von Lloyd George mit Kingsley Wood gesprochen und gesagt hatte, »das alles macht es heute abend verdammt schwierig für mich«. Und zu Walter Elliott sagte er, der alte Herr sei »geradezu phantastisch« gewesen. Doch als der Sprecher ihm kurz nach 22.00 Uhr das Wort erteilte, richtete er sich auf wie ein Preisboxer, der bereit ist, die härtesten Schläge auszuteilen. Er hatte sich als Seemann in der königlichen Flotte anwerben lassen und bereit erklärt, an dieser Kreuzfahrt teilzunehmen. Nun wollte er dem Kapitän nach besten Kräften dienen. Channon notierte in seinem Tagebuch: »Man sah sofort, daß er in kämpferischer Stimmung war. Der Auftritt machte ihm Freude, und er genoß die zwiespältige Position, in der er sich befand, d. h., er mußte seine Feinde und eine Sache verteidigen, an die er nicht glaubte.« Die Rede sei »scharf und eindringlich gewesen... Eine rhetorische Glanzleistung. Ich saß mit Rab (R. A. Butler), der sich einige Male vor Lachen krümmte, hinter ihm auf der Galerie.«[226]

Winston sagte, er verstehe das Verlangen von Keyes, »einen kühnen Angriff zu führen«, er bedauere aber, »daß dieser natürliche Impuls ihn dazu führen konnte, falsche Anschuldigungen gegen seine alten Schiffskameraden und Stabsoffiziere Sir Dudley Pound und Vizeadmiral Phillips zu erheben«. Dann wandte er sich an jene, die den Appell des Premierministers an seine Freunde bedauert hatten. Er habe ihre Bestürzung geteilt, das werde ihn aber nicht daran hindern, sich mit ihnen auseinanderzusetzen. Er sagte: »Er *glaubte,* einige Freunde zu haben, und ich *hoffe,* er hat einige Freunde. Solange alles gut ging, hat er mit Sicherheit viele Freunde gehabt.« Unter anderem sagte Churchill auch, die Schiffsverluste der Alliierten seien durch neugebaute und gekaperte deutsche Schiffe fast wettgemacht worden. »Oh!« rief Emanuel Shinwell, ein empörter Sozialist, den Churchill mit besonderer Vorliebe immer wieder aufs Korn nahm. Nun wandte sich Winston nach ihm um. »Ich wage zu behaupten, daß dies dem ehrenwerten Parlamentsmitglied nicht gefällt. Es wäre ihm lieber, wenn ich eine traurige Geschichte erzählte. Deshalb verkriecht er sich *(he skulks)* in einer Ecke.« Ein Labourabgeordneter, der, wie Channon behauptete, »angetrunken war«, hatte das Wort »skulks« noch nie gehört; er glaubte, Winston habe »skunks« (Stinktier) gesagt, und protestierte mit Unterstützung einiger Kollegen, die Winston richtig verstanden hatten, dagegen, daß er einen im Parlament nicht zulässigen Ausdruck benutzt habe. Der im Parlamentsprotokoll Hansard abgedruckte Wortwechsel klingt sehr komisch:

MR. CHURCHILL: *Worüber streiten wir uns? (Ehrenwerte Mitglieder: Sie sollten das zurücknehmen.) Ich werde es nicht zurücknehmen.*

MR. SLOAN *(South Ayreshire): Zur Geschäftsordnung – (Unterbrechung)*

MR. MACLEAN: *Zur Geschäftsordnung. Ist »skulk« ein im Parlament zugelassenes Wort? Der ehrenwerte Gentleman hat das Wort »skulk« gebraucht, und ich frage, ob es ein im Parlament zur Anwendung gegenüber einem anderen Abgeordneten zugelassenes Wort ist.*

MR. SPEAKER: *Das hängt davon ab, ob es zutrifft oder nicht.*

MR. MACLEAN: *Noch einmal zur Geschäftsordnung – (Unterbrechung)*

MR. CHURCHILL: *Schließlich – (Unterbrechung) die ehrenwerten Mitglieder wagen es nicht, sich meine Begründung anzuhören.*

MR. MACLEAN: *Soll das bedeuten, Mr. Speaker, daß ein Wort im Parlament zulässig ist, wenn es inhaltlich zutrifft?*

MR. CHURCHILL: *Wir haben den ganzen Tag Beschimpfungen anhören müssen, und jetzt wollen die ehrenwerten Mitglieder von der Opposition nicht einmal zuhören…*[227]

Für so etwas hatte er eine besondere Vorliebe – seine politischen Gegner zuerst zu reizen und dann empört den Gekränkten zu spielen. »Wieviel von diesem Feuerwerk echt und wieviel Theater war, werden wir nie erfahren«, schrieb Channon, »aber er amüsierte und verwirrte jeden mit seiner Virtuosität.« John Peck, ein junger Zivilbeamter, der erst seit kurzem zu Winstons Stab gehörte, war fasziniert – und beunruhigt. Später schrieb er, Winston »wurde ständig von der Labour-Opposition mit unangenehmen Zwischenfragen belästigt, und seine Erwiderungen waren heftig und oft sogar zornig. Ich hatte ihn bis dahin noch nie im Unterhaus in Aktion gesehen und hatte ein seltsam ungemütliches Gefühl.« Irgendwie hatte er den Eindruck, »daß es nicht ganz aufrichtig klang«. Es sei aber wirklich unmöglich gewesen, den gegen die Regierung geführten Angriffen »mit wirklich offenen und aufrichtigen Antworten zu begegnen. Churchill wußte, daß er Standpunkte verteidigte, die in vieler Hinsicht nicht zu rechtfertigen waren. Er wußte, wenn die schärfsten Kritiker recht behielten, würde Chamberlain zurücktreten. Er wußte auch, daß er in diesem Fall wahrscheinlich Premierminister werden würde. Aber während der ganzen politischen Krise hat er seinem Premierminister in Worten und Taten stets die absolute Loyalität bewahrt.« Aber je überzeugender er Chamberlain zu verteidigen suchte, desto geringer wurden dessen Überlebenschancen. Niemand würde mehr fragen, »wenn nicht Chamberlain, wer sonst?«[228]

Die rhetorischen Leuchtraketen und Feuerräder blendeten und faszinierten die Abgeordneten, doch wenn er es ernst meinte, war Churchill zwar auch noch unterhaltend, aber kein bloßer Schauspieler. Er wußte, ernsthaft interessierte Menschen würden sich die Protokolle der Sitzungen sehr genau ansehen und nach den logischen Zusammenhängen suchen, und er lieferte ihnen diese Logik. Er log nicht und übertrieb auch nichts. Und doch argumentierte er sophistisch. Er ließ bestimmte

Tatsachen unerwähnt, und da sie ein günstiges Licht auf ihn selbst warfen, wäre es jedem schwergefallen zu behaupten, er habe sie absichtlich verschwiegen. So erwähnte er zum Beispiel nicht, daß er sieben Monate versucht hatte, das Kriegskabinett davon zu überzeugen, daß Narvik genommen werden müsse (obwohl er sagte, »mein Blick war immer auf Narvik gerichtet«). Er sagte auch nichts über seine anfänglichen Zweifel an der Richtigkeit der Entscheidung, gegen Trondheim vorzugehen. Er sagte, nachdem die deutschen Landungen in Norwegen begonnen hätten, habe niemand leugnen können, »daß wir verpflichtet waren, den Norwegern zu Hilfe zu kommen, und zwar in Trondheim«. Kein einziger Abgeordneter wagte den Zwischenruf: »Warum?« Doch war dies ein schwacher Punkt. Hätten seine politischen Gegner ihn hier gezwungen, Farbe zu bekennen, dann wäre unter Umständen das ganze Gebäude seiner Darstellung in sich zusammengestürzt. Aber er konnte diese Klippe umschiffen und unbehindert fortfahren. Er räumte ein, daß Trondheim »eine riskante Operation« gewesen war, aber sie hätte gelingen können, wenn es die Norweger nicht versäumt hätten, die wichtigsten Brücken zu sprengen, die Eisenbahnknotenpunkte zu zerstören, die Gebirgspässe zu halten oder den Vormarsch der Deutschen nördlich von Oslo zu blockieren. Ohne diese Verzögerungstaktik hatte das britische Oberkommando nur die Wahl, entweder seine Truppen zu evakuieren »oder sie der Vernichtung durch einen weit überlegenen Gegner auszusetzen«. Hätte man sie nicht verstärken können? Das wäre möglich gewesen, aber nur unter Mißachtung des militärischen Grundsatzes, »setze niemals Verstärkungen ein, wenn eine Operation mißlungen ist«, und wenn man Divisionen von britischen Expeditionsstreitkräften in Frankreich abgezogen hätte. Eine Eskalation in Norwegen hätte nur zu »einer aussichtslosen Operation immer größeren Ausmaßes« geführt. Vielleicht dachte er an Gallipoli und hielt es deshalb für notwendig, eine deutliche Warnung auszusprechen. Zwar hatte er seine Illusion noch nicht aufgegeben, daß die britische Flotte unbesiegbar sei, aber er erkannte die Gefahr eines leichtsinnigen Einsatzes der RAF, bevor dies unbedingt notwendig wurde: »Wir dürfen die Schlagkraft unserer Luftstreitkräfte nicht erschöpfen angesichts der sehr viel größeren Gefahren, in die wir jederzeit geraten können.«[229]

Dem Premierminister gefiel diese Rede, und er war dankbar dafür. Dann folgte die Abstimmung, und er war erschüttert, erleben zu müssen, daß mehr als 100 seiner vermeintlichen Freunde ihm die Freundschaft gekündigt hatten. Trotz der Ermahnungen der konservativen Einpeitscher waren 41 bisherige Gefolgsleute Chamberlains zur Opposition übergegangen, und weitere 60 hatten sich der Stimme enthalten –

26 von ihnen waren Tories, aus deren Wahlkreisen die Soldaten der Territorialarmee stammten, die bei Andalsnes geopfert worden waren. Hätte die Partei geschlossen abgestimmt, dann wäre dem Premierminister eine Mehrheit von 213 Stimmen sicher gewesen. Doch nach der endgültigen Auszählung hatten 281 Abgeordnete für und 200 gegen die Regierung gestimmt. Das ergab nur noch eine Mehrheit von 81 Stimmen. Es war eine schmerzliche und völlig unerwartete Abfuhr. Und für viele war es eine qualvolle Entscheidung gewesen. Duff Cooper sah »einen jungen Offizier in Uniform, der lange ein glühender Bewunderer Chamberlains gewesen war und nun« – nachdem er gegen die Regierung gestimmt hatte – durch die Lobby der Opposition ging, »während ihm die Tränen die Wangen hinunterliefen«. Churchill hatte seit jeher so abgestimmt, wie er es persönlich für richtig hielt, aber darin war er eine Ausnahme. Andere mußten fürchten, von Margesson und dem Parteiapparat zur Rechenschaft gezogen zu werden. Sie wußten, daß sie künftig in der Downing Street Nr. 11 abgewiesen werden würden, wenn sie sich um ein öffentliches Amt bewerben wollten. Um ihren Führer im Stich zu lassen, hatten sie viel Mut aufbringen müssen, aber sie hatten es getan, und jetzt befand er sich in so großen Schwierigkeiten wie noch nie in seiner ganzen politischen Laufbahn.[230]

Die Reaktion des Parlaments auf die Verkündung des Abstimmungsergebnisses kann ihn kaum ermutigt haben. Nicolson schrieb: »Bis zum letzten Augenblick blieb es ruhig im Sitzungssaal«, aber »in den letzten 20 Minuten... kam es zu starken Gefühlsausbrüchen«. Die Zahlen »werden mit lautem Jubel begrüßt, und Joss Wedgwood stimmt das Lied »Rule Britannia« an, wird aber von dem lauten Ruf, ›abtreten, abtreten, abtreten!‹ übertönt«. Einige Abgeordnete winkten dem davoneilenden Premierminister mit ihren Taschentüchern nach. Um etwas gegen ihre Buhrufe zu tun, gibt Margesson, wie Nicolson schreibt, »seinen Anhängern das Zeichen zum Aufstehen und fordert sie auf, dem Premierminister zu applaudieren, während er mit blassem und zornigem Gesicht den Raum verläßt«. Hugh Dalton wurde gefragt, »was nun?«. Er erwiderte: »Der alte Mann muß zum Buckingham-Palast gehen und seine Amtssiegel zurückgeben.«[231]

Am 8. Mai 1940 um 23.13 Uhr, als das Unterhaus seine Sitzung beendete, hatten Tausende von Holländern, Belgiern und Luxemburgern nur noch weniger als 48 Stunden zu leben. Die an den Grenzen dieser kleinen Länder stationierten Truppen konnten jedoch auf deutscher Seite absolute Ruhe feststellen. Hitler hatte mit jedem von ihnen einen Nichtangriffspakt unterzeichnet und diese Verträge wiederholt feierlich bestätigt. Er hatte beteuert, daß nie ein deutscher Soldat die Grenzen zu diesen Ländern überschreiten werde. Das hatte ihre Regierungen jedoch nicht zu beruhigen vermocht. Hitler hatte schon zu oft gelogen; er hatte seine Glaubwürdigkeit verloren, und an ihre Stelle war die Furcht getreten. Das Dritte Reich war die stärkste Militärmacht, die es je in Europa gegeben hatte, und seine Nachbarn erwarteten von ihm nur das Schlimmste.

Luxemburg konnte diesen Krieg nicht gewinnen. Seine Armee bestand aus 400 Infanteristen und 12 Kavalleristen. Aber man hatte dennoch erste Abwehrmaßnahmen getroffen. Die Luxemburger hatten an den über die Grenze führenden Straßen Stacheldrahthindernisse errichtet, die Bewohner der Grenzstädte evakuiert und die Brücken über die Flüsse gesperrt, die die Grenze zu Deutschland bildeten. Sie nannten das »passiven Widerstand«.

Bevor er den Sitzungssaal im Unterhaus verließ, hatte der Premierminister Churchill ein Zeichen gegeben, mit dem er ihn aufforderte, zu ihm in sein Privatbüro zu kommen. Dort sah Winston, wie er später schrieb, »daß er die Haltung, die das Hohe Haus ihm gegenüber gezeigt hatte, sehr ernst nahm. Er hatte das Gefühl, nicht mehr weitermachen zu können. Das Land brauchte eine Koalitionsregierung. Eine Partei allein konnte die Last der Regierungsverantwortung nicht mehr tragen. Irgend jemand mußte eine Regierung bilden, der alle Parteien angehörten, oder wir würden es nicht schaffen.«[232]

Churchill antwortete auf dieses Problem, wie es niemand erwartet hätte. Er hätte diesen Augenblick genießen können, und zwar mit vollem Recht. Später hat er einmal gesagt: »Wenn (ein Premierminister) stolpert, muß er gestützt werden. Wenn er Fehler macht, müssen sie verdeckt werden. Wenn er schläft, darf er nicht unnötig gestört werden. Wenn er nichts taugt, muß er erschlagen werden.« Wenn ein Mann es jemals verdient hatte, mit einer ausgleichenden Gerechtigkeit konfrontiert zu werden, dann war es Neville Chamberlain. Mehr als irgend jemand, mit Ausnahme von Hitler, war er verantwortlich dafür, daß aus Deutschland die stärkste Militärmacht in Europa geworden war, die nun bald beginnen würde, mit teutonischer Gründlichkeit die europäischen Juden zu vernichten und aus den Slawen in den weiten, von den Deutschen besetzten östlichen Gebieten Sklavenarbeiter zu machen. Young Colville, der es entschieden ablehnte, alle Deutschen zu verurteilen, hatte im März trotzdem gesagt: »Ich nehme an, es gibt im deutschen Volkscharakter eine natürliche Neigung zur Brutalität, und die Unempfindlichkeit gegenüber menschlichen Leiden ist ebenso groß wie das natürliche Gefühl für die Schönheit.« Den Nazis war es gelungen, diese Brutalität zu wecken, aber hätte Chamberlain ihren Führer in

München nicht umarmt, dann wäre deren Regierung damals ebenso gestürzt, wie seine jetzt stürzen mußte.[233]

Fast jedes andere Parlamentsmitglied hätte jetzt instinktiv überlegt, was das Abstimmungsergebnis im Unterhaus für seine eigene politische Karriere bedeuten könnte. Jede Rede, mit der die Regierung während der letzten beiden Tage kritisiert wurde, war ein Echo der Reden, die Churchill seit Jahren gehalten hatte – oft vor leeren Bänken. Daß sich jetzt das Gewissen des Parlaments regte, bestätigte endlich, daß er mit seinem allein und zu einem hohen persönlichen Preis geführten Kampf recht gehabt hatte. Es war eine Ironie der Geschichte, daß er sich jetzt als Mitglied der Besatzung eines Schiffes wiederfand, das von Torpedos versenkt wurde, die er selbst entworfen hatte. Als er vor 40 Jahren zum ersten Mal ins Parlament gewählt wurde, war es sein Ziel gewesen, Premierminister zu werden. Nun stand ihm, zutiefst gedemütigt, der Mann gegenüber, der während der drei entscheidenden Jahre vor Kriegsausbruch sein größter politischer Gegner gewesen war. Da er Neville genau kannte, zweifelte er daran, daß Chamberlain freiwillig die Segel streichen würde, aber wie die Dinge standen, würde er vielleicht keine andere Wahl haben. Hätte Winston das Amt des Premierministers für sich in Anspruch genommen, was sein gutes Recht war – mancher würde gesagt haben, es sei seine Pflicht gewesen –, hätte er bestimmte Vorschläge machen oder zumindest schweigen können.

Aber Churchill hat sich niemals nur von seinem Verstand leiten lassen. Sein Verhalten schien oft im Widerspruch zu dem zu stehen, was für ihn und für England das beste war. Seine Großherzigkeit, die er oft auch Menschen entgegenbrachte, die es am wenigsten verdient hatten, hätte ihn veranlassen können, Chamberlain mit irgendeiner großzügigen und für ihn selbst schädlichen Geste zu trösten. Er hätte zum Beispiel freiwillig die Verantwortung für etwas übernehmen können, was er nicht zu verantworten hatte. Statt dessen folgte er einem anderen, für ihn charakteristischen Impuls und stellte sich hinter Chamberlain, als sei er Horatius, der bereit war, eine Brücke zu verteidigen, die sich nicht halten ließ. »Erregt durch den Antagonismus der Debatte« drängte er den Premierminister, wie er später schrieb, »weiterzukämpfen. ›Das war eine Debatte, die Ihnen sehr geschadet hat, aber hinter Ihnen steht eine ausreichende Mehrheit. Nehmen Sie sich die Sache nicht zu sehr zu Herzen... Stärken Sie Ihre Regierung in jeder Weise, und lassen Sie uns weitermachen, bis die Mehrheit uns im Stich läßt.‹« Gegen Mitternacht verließ er den Premierminister, nachdem er ihn weder überzeugt noch getröstet hatte. Winston fragte sich, weshalb dieser Mann »an seinem Entschluß festhält, sich zu opfern«. Der Grund war, daß Chamberlain zwar noch nie vor einem Kampf zurückgeschreckt war, die Logik ihm aber sagte, daß er nach Kompromissen würde suchen müssen, wenn er diese moralische Niederlage überleben wollte. Churchill hatte nie Kompromisse gemacht. Und in kritischen Augenblicken suchte er nicht mit dem Intellekt, sondern intuitiv nach einer Lösung.[234]

Nachdem er Churchill sein Herz ausgeschüttet hatte, fand der Premierminister wieder zu sich selbst zurück und suchte nach einem Ausweg aus der Sackgasse. Obwohl es schon Mitternacht war, erklärte sich der König sofort bereit, ihn zu empfangen. Es war nur eine kurze Audienz. Lächelnd sagte der Premierminister, er sei nicht gekommen, um seinen Rücktritt anzubieten. Er hoffe, seine Regierung in eine Koalitionsregierung umbilden zu können, an der auch die Labour Party beteiligt werden sollte. Später verlautete aus zuverlässiger Quelle, Georg VI. habe angeboten, mit Attlee darüber zu sprechen. Das klingt unwahrscheinlich, denn dies wäre für einen konstitutionellen britischen Monarchen eine fragwürdige Verhaltensweise gewesen. Jedenfalls sagte der Premierminister, Attlee werde die Haltung seiner Partei nach dem Parteitag, der demnächst in Bournemouth beginnen sollte, besser kennen. Chamberlain hatte immer noch nicht begriffen, worum es in dieser Krise wirklich ging; er glaubte, die Dinge würden sich allmählich weiterentwickeln, und er werde genügend Zeit für weitere Verhandlungen haben.[235]

Chamberlains Kritiker haben behauptet, nach jener verheerenden Debatte sei sein einziges Streben darauf gerichtet gewesen, noch möglichst lang im Amt zu bleiben. Dalton schrieb: »Der alte Mann will seinen Posten auf keinen Fall abgeben und versucht es ständig mit neuen Tricks, sich an seinem Sessel festzuhalten.« Es ist unwahrscheinlich, daß Chamberlain allein aus selbstsüchtigen Motiven so gehandelt hat. Alle tüchtigen Politiker halten sich für unentbehrlich, und als Chamberlain erkannte, daß es für sein Land besser sein würde, wenn ein anderer die Führung übernahm, bereitete er gewissenhaft die ordnungsgemäße Amtsübergabe vor. Doch diese Erkenntnis kam ihm erst am späten Donnerstagvormittag, und dann hat er sich auf keinen politischen Handel und keine Zugeständnisse mehr eingelassen, um länger in der Downing Street Nr. 10 zu bleiben, wie dies Ramsay MacDonald vor zehn Jahren getan hatte.[236]

Am nächsten Morgen war Churchill noch damit beschäftigt, sich zu rasieren, als Eden ihn in der Admiralität aufsuchte. Mit dem Rasierapparat in der Hand sagte Winston, wie Eden in seinem Tagebuch schreibt, es werde dem Premierminister »nicht gelingen, die Labour Party zum Eintritt in die Regierung zu bewegen, es sei aber notwendig, eine Koalitionsregierung zu bilden«. Am frühen Nachmittag kam Eden zum Essen zurück und war überrascht, daß auch Kingsley Wood eingeladen worden war. Wie Bracken ein treuer Gefolgsmann Churchills war, gehörte Wood zu den zuverlässigsten Anhängern von Chamberlain. Der Premierminister vertraute ihm und ließ sich gern von ihm beraten. Aus Dankbarkeit für seine treuen Dienste hatte er ihn vom Parlamentarischen Staatssekretär in den Kabinettsrang erhoben, zuerst als Gesundheitsminister und jetzt als Luftfahrtminister. Die RAF war im Verlauf des letzten Jahres doppelt so stark geworden, aber das war nicht sein Verdienst. Er war ein Defätist und hatte sich begeistert für die Beschwichtigungspolitik eingesetzt. Weshalb war er nun in die Admiralität gekommen? Er wollte Churchill sagen, was Chamberlain geleistet hatte. Eden war entsetzt, Churchill war es nicht. Angesichts der Gefahr, in der sich England befand, spielten persönliche Loyalitäten keine Rolle mehr. Vielleicht hat Winston geglaubt, sein Gast mache sich Sorgen um das Überleben der Nation und nicht um seinen Sitz im Kabinett, obwohl sich später herausstellte, daß Wood für seine Bemühungen belohnt wurde.[237]

Am vergangenen Abend war nach der Unterhaussitzung offensichtlich kein Abgeordneter sofort nach Hause gegangen. Man hatte sich in kleinen Gruppen in den Büros von Westminster und Whitehall oder in Privathäusern getroffen. Die größte Gruppe, bestehend aus 60 rebellierenden Konservativen, hatte Amery zu ihrem Sprecher gewählt und einstimmig beschlossen, daß keiner von ihnen einer Regierung beitreten oder sie unterstützen werde, der keine Vertreter der Labour Party und der Liberalen angehörten. Man hatte die Downing Street natürlich von diesem Beschluß unterrichtet, und um 8.00 Uhr vormittags war Amery in die Nr. 10 gebeten worden. Chamberlain hatte ihm jedes von ihm gewünschte Ministerium angeboten – und zwar ausdrücklich auch das Außenministerium und das Schatzamt –, wenn er die Rebellen wieder in die Arme der Partei zurückführte. Amery hatte gefragt, ob der umgebildeten Regierung auch Mitglieder der beiden anderen im Parlament vertretenen Parteien angehören würden. Der Premierminister hatte mit trauriger Stimme gesagt: »Ich hoffe, das wird nicht notwendig sein.« Darauf hatte Amery erwidert, in diesem Fall könne er das großzügige Angebot des Premierministers nicht annehmen, und sich mit dem Ausdruck des Bedauerns verabschiedet.[238]

Kingsley Wood, der nun über diese Vorgänge berichtete, sagte, um 10 Uhr sei Lord Halifax erschienen. Es lohnt sich, etwas näher auf die Begleitumstände der Kandidatur von Halifax einzugehen. Der Premierminister drängte ihn, seine Nachfolge anzutreten, und setzte voraus, daß er selbst unter Halifax ein Regierungsamt übernehmen werde. Chamberlains Biograph läßt keinen Zweifel daran aufkommen, daß der

Außenminister der von Chamberlain bevorzugte Kandidat war. Ins Außenministerium zurückgekehrt, diktierte Halifax ein kurzes Schreiben an Cadogan und kommentierte das Angebot des Premierministers wie folgt: »Seine offensichtliche Meinungsänderung hat mir starke Magenschmerzen verursacht.« Doch seit gut informierte Engländer angefangen hatten, darüber zu sprechen, wer der neue Premierminister sein könnte, war der Name von Halifax am häufigsten genannt worden. Am 6. Mai, einen Tag vor der entscheidenden, zwei Tage dauernden Debatte, hatte er mit Morrison in aller Ruhe über die Möglichkeit einer Koalition aus Konservativen und Mitgliedern der Labour Party beraten. In seinem Tagebuch erwähnt er nur die Ernennung, und weder in seinen Papieren noch in den Aussagen von Morrison findet sich etwas darüber, was gesagt oder beschlossen wurde. Und am folgenden Tag hatte die *Daily Mail* vor Beginn der Debatte einen Brief von Sir Stafford Cripps veröffentlicht, den abzudrucken die *Times* abgelehnt hatte. Er war mit »ein britischer Politiker« unterzeichnet und empfahl eine Allparteienregierung mit einem kleinen Kabinett – Churchill, Eden, Lloyd George, Morrison und Attlee wurden namentlich genannt – unter der Führung von Halifax als Premierminister.[239]

Dalton, der ebenso wie Morrison zur Hierarchie der Labour Party gehörte, unterstützte Halifax ganz offen. Nach der Demütigung von Chamberlain im Unterhaus hatte Dalton in einem Gespräch mit Rab Butler gesagt, »vorausgesetzt Chamberlain, Simon und Hoare verschwinden«, könnte die Labour Party einer Koalition beitreten. Auf die Frage, wer der nächste Premierminister werden sollte, sagte er, »ich glaubte, und einige andere teilen diese Ansicht, daß viel für Halifax spricht«. Angesichts der unsicheren Mehrheit der Konservativen im Unterhaus müsse man sich mit der harten Tatsache abfinden, daß niemand ohne die Unterstützung der konservativen Hinterbänkler eine Regierung bilden könne. Dalton sagte Attlee: »Bei der gegenwärtigen Kräfteverteilung der Parteien im Unterhaus *muß* der Premierminister ein Konservativer sein. Damit war er ganz einverstanden. Wir glaubten, es werde Halifax oder Churchill sein, und jeder von beiden könne, wenn die Voraussetzungen stimmten, eine Koalition führen, der wir unter Umständen beitreten würden.«[240]

Halifax hatte die Tür offen gelassen, oder Chamberlain glaubte, daß dies so war, und der Premierminister, ein Mann von geradezu unglaublicher Zähigkeit, weigerte sich, eine Absage des edlen Lords zu akzeptieren. Er selbst war jedenfalls entschlossen, zurückzutreten. In seinem Tagebuch notierte Eden, daß Wood und Churchill ihm beim Mittagessen gesagt hätten, »Neville habe beschlossen zu gehen. Dann sprach man über die Zukunft. Kingsley meinte, W. sollte ihn ablösen, und drängte ihn, seine Bereitschaft deutlich zu machen, wenn er gefragt würde.« Doch Wood warnte Winston und sagte, der Premierminister wünsche sich Halifax als seinen Nachfolger und werde Churchill um seine Zustimmung bitten. Wood sagte: »Stimmen Sie nicht zu, und sagen Sie gar nichts.« In seinen Erinnerungen schreibt Eden: »Es erschütterte mich, Wood so reden zu hören, denn er war ein entschiedener Gefolgsmann von Chamberlain. Aber es war ein guter Rat, und ich unterstützte ihn.«[241]

Für eine Partei, die nur 27 Prozent der Abgeordneten im Unterhaus stellte, wurde Labour mit außergewöhnlicher Inbrunst hofiert. Harold Macmillan erinnerte sich später, daß sich die Anhänger Churchills während der Debatten große Sorgen darum machten, was Winston als letzter Redner sagen werde. Sie fürchteten, er könnte mit einer kämpferischen Rede die führenden Mitglieder der Oppositionspartei verärgern, die dann ihr Veto gegen seine Ernennung zum Nachfolger Chamberlains einlegen würden. Macmillan schreibt: »Wir waren entschlossen, die Regierung zu stürzen, aber wenn der wichtigste Tagesordnungspunkt am ersten Tag der Sturz der Regierung war, dann galt die Hauptsorge am zweiten Tag der Rettung von Churchill.« Chamberlain sei überzeugt gewesen, daß sich Winston mit der energischen Verteidigung seiner Regierung »die Feindschaft der Labour Party zugezogen habe, die es daher ablehnen werde, daß Churchill eine Koalitionsregierung bildet«. Aber Bracken, der damit gerechnet hatte, lud Attlee am Dienstag abend zum Essen ein. Attlee glaubte, Halifax werde in die Downing Street Nr. 10 einziehen und Winston zu seinem Verteidigungsminister ernennen. Er sagte, seine Leute »haben Churchill nie verziehen, was in Tonypandy* geschehen ist«.[242]

Bracken war davon überzeugt, daß Churchill niemals einen Ministerposten unter Halifax übernehmen werde, »um für alles, was mißlang, die Schuld auf sich nehmen zu müssen, ohne selbst die Möglichkeit zu haben, den Verlauf der Dinge zu beeinflussen«. Es gelang ihm aber, Attlee zu der Zusage zu bewegen, er werde sich, wenn Churchill an die Macht käme, nicht weigern, in die Regierung einzutreten. Die Ironie daran war, daß Morrison und Dalton Halifax akzeptierten – sie lehnten nur Chamberlain, Simon und Hoare ab –, die anderen Parteiführer und praktisch die ganze Parteibasis waren dagegen weniger tolerant. Am Donnerstag, dem 9. Mai, sprach Clement Davies mit Bob Boothby und

* In Tonypandy kam es im November 1910 bei einem Streik walisischer Bergleute zu Unruhen. Churchill, der damals Innenminister war, stellte die Ordnung wieder her und hat damit in Wirklichkeit das Leben mancher Bergleute gerettet. Aber seither war »Tonypandy« ein Reizwort. Gewerkschaftsführer machten es zu einem Schimpfwort wie »Gallipoli«, und daran änderte sich nichts mehr.

sagte ihm, »Attlee und Greenwood sehen keinen Unterschied zwischen dem Premierminister und Halifax, und sie sind *nicht* bereit, unter dem letzteren ein Regierungsamt zu übernehmen«. Am gleichen Abend gab Boothby – der den ganzen Tag im Unterhaus gewesen war, um die Unterstützung möglichst vieler Abgeordneter für Churchill zu gewinnen – diese Mitteilung an Churchill weiter und kommentierte sie: »Der Widerstand gegen die Ernennung von Halifax zum Premierminister verhärtet sich, und ich tue mein Bestes, diese Entwicklung zu fördern, weil ich nicht einsehen kann, daß er, unter welchen Voraussetzungen auch immer, der richtige Mann ist.« Alle Bemühungen um die Ernennung von Halifax waren zum Scheitern verurteilt; er hätte niemals eine Koalitionsregierung bilden können – und das war die einzige Regierung, die das Parlament akzeptieren würde.[243]

Der Besuch von Kingsley Wood war für Winston von sehr großem Nutzen gewesen. Churchill drückte es so aus: Während des Essens habe er »erfahren, daß Mr. Chamberlain sich eindeutig für die Bildung einer Koalitionsregierung ausgesprochen hatte und, wenn er nicht an ihrer Spitze stehen könne, er jedem Platz machen würde, der dazu fähig war und sein Vertrauen genoß. So wurde mir im Lauf des Nachmittags klar, daß man mich auffordern könnte, die Führung zu übernehmen. Diese Aussicht hat mich weder erregt noch mir Sorgen bereitet... Ich begnügte mich damit abzuwarten, wie sich die Dinge entwickelten.« Er saß wieder in seinem Büro und sah die eingegangenen Berichte durch, als er in die Downing Street Nr. 10 gebeten wurde. Als er dort ankam, war Halifax schon bei Chamberlain, der ihm sagte, auch Attlee und Greenwood, der Zweite Vorsitzende der Labour Party, würden noch kommen. Die Sozialisten verspäteten sich, konnten aber keinen Grund dafür angeben. Sie hatten sich vorher im Reform Club mit Clement Davies getroffen, um mit ihm über ihr weiteres Vorgehen zu sprechen. Man rechnete jetzt mit einem unmittelbar bevorstehenden deutschen Angriff gegen Belgien und Holland. Deshalb sprach sich Attlee dafür aus, daß Chamberlain so lange im Amt bleiben sollte, bis die Krise vorüber war. Die anderen beiden hielten das für falsch. Schließlich konnten sie ihn von der Richtigkeit ihrer Auffassung überzeugen, aber sie hatten zwei Stunden dafür gebraucht. Im Beratungszimmer des Kabinetts saßen Attlee und Greenwood auf der einen Seite des Tisches, die drei Tories auf der anderen und Chamberlain in der Mitte.[244]

Chamberlain fragte, ob die Labour Party bereit sei, unter seiner Führung eine Koalitionsregierung zu bilden oder, wenn sie das ablehnten, unter einem anderen konservativen Premierminister. Sie sagten, ihre offizielle Antwort werde von den in der Partei vorherrschenden Auffassungen abhängen, die jetzt in Bournemouth zu ihrem Parteitag zusammengekommen sei, sie glaubten jedoch, die Antwort auf die erste Frage werde »mit größter Wahrscheinlichkeit ›nein‹«, auf die zweite Frage »wahrscheinlich ›ja‹ lauten«. Sowohl Halifax als auch Churchill drängten ihre Gesprächspartner, Chamberlain zu unterstützen, doch als Winston begann, seine Auffassung mit großer Leidenschaft zu begründen, wurde er von Greenwood unterbrochen: »Wir sind nicht hergekommen, um uns eine von ihren Reden anzuhören, Winston.« Dann sagten die beiden Vertreter der Labour Party, sie hätten nicht die Vollmacht, Entscheidungen zu treffen, »weil Mitglieder unserer Partei absolut kein Vertrauen zum Premierminister haben«. Attlee wurde sogar noch deutlicher: »Ich muß Ihnen sagen, Herr Premierminister, daß unsere Partei, soweit ich das sehe, sich unter Ihrer Führung nicht an der Regierung beteiligen wird, und auch das Land lehnt Sie ab.« Eine Regierungsbeteiligung unter einem anderen konservativen Premierminister sei eine andere Sache; sie würden sie morgen in Bournemouth der Exekutive der Labour Party vorlegen, und Attlee würde telefonisch mitteilen, ob die Antwort ja oder nein laute. Nun zogen sich Attlee und Greenwood zurück. Chamberlain, Halifax und Churchill blieben im Beratungszimmer des Kabinetts. Da es sich um eine innenpolitische Frage handelte, wurde David Margesson hinzugezogen. Wenn Kingsley Wood recht gehabt hatte, dann mußte man jetzt sehr genau aufpassen.[245]

Chamberlain sagte, er sei nun überzeugt, daß es ihm nicht gelingen werde, eine Koalitionsregierung zu bilden. Attlee und Greenwood hatten ihm das allzu deutlich gezeigt. Als Margesson nach seiner Meinung gefragt wurde, stimmte er dem Premierminister zu. Er sagte, Einigkeit sei das wichtigste Erfordernis, und solange Chamberlain im Amt bliebe, werde sie sich nicht erreichen lassen. Er fügte hinzu, er sei im Augenblick nicht bereit, sich dazu zu äußern, welchen Rückhalt Churchill und Halifax bei den konservativen Hinterbänklern hätten. Wie Halifax in seinem Tagebuch schrieb, reagierte er darauf »mit Magenschmerzen«. Nun mußte Chamberlain dem König sagen, wer zur Audienz befohlen werden sollte, nachdem er seine Amtssiegel zurückgegeben hatte. Er machte einen ruhigen, besonnenen und fast unbeteiligten Eindruck. Aber er sah sich die beiden ihm gegenübersitzenden Kandidaten sehr genau an.[246]

An dieser Stelle müssen wir entscheiden, ob wir den Erinnerungen Churchills oder dem Tagebuch von Halifax folgen sollen. Der fesselndere Bericht Winstons gilt fast allgemein als zutreffend, und nach ihm sind zahlreiche Bühnenstücke und Filme verfaßt worden. Nach seiner Vision hat er den Rat von Kingsley Wood, nichts zu sagen, befolgt, was für Winston schwieriger gewesen sein muß als für die meisten. Er habe bewegungslos dagesessen, während »eine sehr lange Pause entstand. Sie schien mir länger zu sein als die zwei Minuten, in denen man am Tag des Waffenstillstands der Toten gedenkt.« Dann habe, wie er berichtet, Halifax gesagt, er könne unmöglich die Führung einer Regierung übernehmen, weil er als Peer im Oberhaus säße.[247]

Aber Winstons Darstellung, wie sie im zweiten Band seiner Geschichte des Zweiten Weltkrieges, *The Gathering Storm*, nachzulesen ist, hält einer genauen Nachprüfung nicht stand. Die Sitzung im Beratungszimmer des Kabinetts fand am 9. Mai statt. Er verlegte sie auf den 10. Mai. Das ist eine bedeutsame Abweichung. Am 9. Mai waren die Grenzen Frankreichs, Luxemburgs, Belgiens und Hollands noch unverletzt. Die große deutsche Offensive begann am 10. Mai, und Churchill berichtet, bei seiner Rückkehr in die Admiralität hätten die holländischen Minister in seinem Zimmer auf ihn gewartet; »verstört und erschöpft, mit vor Entsetzen starrem Blick. Sie waren eben mit dem Flugzeug in London eingetroffen... Ihr Land war ohne den geringsten Anlaß und ohne jede Warnung angegriffen worden.« Am Tag zuvor, als die Begegnung zwischen Chamberlain, Halifax und Churchill stattfand, war in Holland noch alles friedlich gewesen. Hier irrte sich Churchill. Das ist kein Wunder, denn er hat seinen Bericht erst sechs Jahre später diktiert, und das waren sechs der ereignisreichsten Jahre, die irgend jemand erleben kann. Um sich eine Vorstellung davon zu machen, wie dieser ungeheure Druck sein Erinnerungsvermögen beeinträchtigt hat, muß man nur überlegen, wie stark es unter den Auswirkungen des ersten dieser Jahre gelitten hat. Millionen von Menschen können die entscheidenden Sätze aus seinen großen Reden des Jahres 1940 noch wörtlich zitieren: »Ihre größte Stunde«, »wir werden an unseren Stränden kämpfen« und die anerkennenden Worte, die er nach der Luftschlacht über Großbritannien für die RAF gefunden hat. Aber schon zwölf Monate später, im Jahr 1941, konnte sich Winston an keinen dieser Aussprüche mehr erinnern.[248]

Der glaubwürdigere Bericht, und er ist ohne Frage zutreffend, findet sich in den folgenden Notizen, die Halifax nach der Rückkehr in sein Büro auf der anderen Seite der Downing Street aufgezeichnet und Cadogan übergeben hat:

»PM sagte, ich sei der Mann, der als der geeignetste bezeichnet wird. Ich sagte, es wäre eine hoffnungslose Position (für mich). Wenn ich nicht für den Krieg (die Operationen) zuständig wäre und nicht das Unterhaus führte, wäre ich eine Null. Ich glaubte, Winston sei die bessere Alternative. Winston erhob *keine* Einwände. War sehr freundlich und höflich, zeigte aber, daß er dies für die richtige Lösung hielt.

Der PM, Winston, David Margesson und ich setzten uns zur Beratung zusammen. Der PM rekapitulierte die Lage und sagte, er habe sich entschlossen zu gehen, und es müsse entweder Winston oder ich sein. Er sei bereit, unter jedem von uns dem Kabinett anzugehören... Dann sagte ich, ich glaubte, aus den genannten Gründen werde der PM wahrscheinlich gehen müssen, daß ich aber nicht die geringsten Zweifel daran hätte, daß die Übernahme durch mich eine ganz unmögliche Lage zur Folge haben werde... Winston verhielt sich, wie es die Lage erforderte, rücksichtsvoll und bescheiden und sagte, er müsse das Gewicht dessen, was ich erklärt hatte, anerkennen, und der PM schloß sich schließlich, wenn auch widerstrebend, meiner Ansicht an, während Winston offensichtlich weniger Vorbehalte hatte.«[249]

Margesson war nicht bereit gewesen, sich zu der Frage zu äußern, wer von den beiden im konservativen Lager größeres Ansehen genoß, bevor die Entscheidung getroffen war. Jetzt konnte er es tun und erklärte, die Abgeordneten hätten »eher Winston den Vorzug gegeben«. Halifax hatte diese Tendenz auch festgestellt und mit Cadogan darüber gesprochen. Dabei hatte er auch gesagt, wenn Chamberlain in der Regierung bleiben sollte, »wozu er bereit ist«, würden sein Rat und sein Urteil »Winston eine größere Sicherheit geben«. Nach der Aussprache hatte der Premierminister sie verlassen und gesagt, er habe noch eine andere Verabredung. Der Mann, der sich für entbehrlich hielt, und der Mann, der wußte, daß er unentbehrlich war, blieben allein zurück. Sie beschlossen, miteinander Tee zu trinken. Churchill schreibt: »Es war ein heller, sonniger Nachmittag, und Lord Halifax und ich saßen eine Zeitlang... im Garten der Nr. 10 und unterhielten uns über nichts Besonderes.« Dann trennten sie sich, und jeder ging in sein Büro. Winston wußte, Chamberlain könne nichts unternehmen, bevor er mit Attlee gesprochen hatte, und im Beratungszimmer des Kabinetts hatte er gesagt, er werde »mit keiner der beiden Oppositionsparteien die Verbindung aufnehmen, bevor ich vom König den Auftrag erhalten habe, eine Regierung zu bilden... Dann ging ich zurück in die Admiralität.«[250]

»Gegen 20.00 Uhr« besuchte Channon, wie er in seinem Tagebuch notierte, die Downing Street Nr. 10 und verließ den Premierminister mit dem Eindruck, daß »Neville noch regiert, aber nur gerade noch«. Eine halbe Stunde später setzte sich Churchill auf der anderen Seite des Paradeplatzes der Horse Guards im Admiralitätsgebäude mit vier Gästen zum Abendessen. Es waren der Prof. Bracken, Anthony Eden und Archie Sinclair. Wie Eden schreibt, sagte er ihnen, er hielte es für »klar«, daß Chamberlain dem König raten werde, ihn zur Audienz zu befehlen, weil sein einziger Rivale Halifax »die Nachfolge nicht antreten wollte«. Im Verlauf des Abends wurde sich Winston allmählich der Tatsache bewußt, daß er eine schwere Bürde werde übernehmen müssen. Noch während der Nacht rief Randolph aus seiner Garnison in Northamptonshire, etwa 150 Kilometer nordwestlich von London, bei seinem Vater an. Er fragte, was es Neues gebe, Winston antwortete: »Ich glaube, ich werde morgen Premierminister sein.«[251]

Am Abend des 9. Mai, während Churchill seine Freunde zum Abendessen bewirtete, berieten die Führer der Labour Party in Bournemouth darüber, ob sie sich an einer von ihm geführten Allparteienregierung beteiligen sollten, und bei der Londoner Zeitung *News Chronicle* ging ein Leitartikel in Druck, in dem es hieß, daß »der baldige Rücktritt von Mr. Chamberlain jetzt mit Sicherheit zu erwarten ist« – noch dauerte der »Sitzkrieg« an, aber die Entwicklungen jenseits des Kanals zeigten deutlich, welche Gefahren auf England zukamen.

Auf der deutschen Rheinseite hatte Hitler 136 Divisionen und deren Reserveverbände versammelt. Das waren zwei Millionen Mann, und zu ihnen gehörte eine Abteilung in holländischen Uniformen, deren Mannschaften fließend holländisch sprachen. Luxemburg, Belgien und Holland sollten in mehreren Wellen mit starken Infanterie- und Panzerverbänden überrollt werden, wie es sie, was »ihre Stärke, Konzentration und Beweglichkeit betraf, noch nicht gegeben hatte«, schrieb Shirer. Diese Truppen waren »in drei Kolonnen gegliedert, die vom Rhein aus über eine Strecke von 160 Kilometern ins Hinterland reichten«.[252]

Nach der Strategie Hitlers hatte die deutsche Armee drei große Verbände gebildet, deren einer bei den Alliierten den Eindruck erwecken sollte, daß die Deutschen dem Schlieffenplan von 1914 folgten. Im Norden sollten die 30 Divisionen der Heeresgruppe B in vier Angriffskeilen nach Holland und Belgien vorstoßen. Um dieser, wie sie glaubten, gefährlichsten Bedrohung zu begegnen, würden die besten britischen und französischen Verbände so rasch wie möglich nach Belgien verlegt werden, um eine Verteidigungsstellung hinter dem Fluß Dyle zu besetzen. Im Süden sollte die Heeresgruppe C mit 19 Divisionen Scheinangriffe gegen die Maginotlinie führen und die dort eingesetzten französischen Verteidigungskräfte binden. Der Hauptstoß der deutschen Offensive sollte in der Mitte von der Heeresgruppe A geführt werden. Sie bestand aus 45 Divisionen, und zu ihr gehörte die Masse der deutschen Panzerverbände. Durch Luxemburg und die Ardennen sollten diese motorisierten Truppenteile die Lücke zwischen der Maginotlinie und den Verteidigungsstellungen an der Dyle durchstoßen, rasch in westlicher Richtung auf den Kanal weiter vorgehen und dann nach Norden schwenken, sich mit der Heeresgruppe B vereinigen und gemeinsam mit ihr die französischen und britischen Truppen einkreisen und vernichten.

So sollte die Masse der deutschen Streitkräfte bis in den Rücken der alliierten Stellungen durchstoßen, ihre Panzer ebenso einsetzen, wie es in Polen geschehen war, und das neue Konzept der Kriegführung verwirklichen. Das war das Vordringen beweglicher gepanzerter Truppen tief in feindliches Gebiet, ein, wie Liddell Hart schreibt, ebenso revolutionäres Konzept wie »die Verwendung des Pferdes, der Lanze, der Phalanx, der beweglich einzusetzenden Legion, der schiefen Schlachtordnung, der berittenen Bogenschützen, des Langbogens, der Muskete und der Artillerie«.[253]

Am 9. Mai aß Oberst Oster von der deutschen Abwehr im Berliner Stadtteil Zehlendorf zum letzten Mal mit seinem Freund Oberst Sas, dem holländischen Militärattaché, zu Abend. Oster bestätigte erneut, die Operation »Fall Gelb« werde im Morgengrauen des folgenden Tages beginnen. Um sich noch einmal zu vergewissern, fuhr er, nachdem sie eine Tasse Kaffee und einen Cognac getrunken hatten, mit Sas zum Oberkommando der Wehrmacht in die Bendlerstraße. Sas wartete im Wagen, während sich Oster in seinem Büro nach dem neuesten Stand der Dinge erkundigte. Als er zurückkam, sagte er, es habe sich nichts geändert, und fügte hinzu: »Das Schwein ist an die Westfront gefahren.« Sas verabschiedete sich von ihm, gab die Nachricht an den belgischen Militärattaché weiter, ging dann zur holländischen Botschaft und rief von dort in Den Haag an und übermittelte die verschlüsselte Botschaft: »Morgen vor Sonnenaufgang!«[254]

Am gleichen Donnerstag morgen um 10.20 Uhr, während Chamberlain Halifax das Amt des britischen Premierministers anbot, erklärte Paul Reynaud, er werde den Posten des französischen Premierministers jedem anbieten, der eine Regierung bilden könne, wenn sein Kabinett nicht bereit sei, den Vorwürfen zuzustimmen, die er dem Oberbefehlshaber der französischen Armee, General Gamelin, zu machen habe. Der General war zugleich Oberbefehlshaber der alliierten Streitkräfte, also der britischen und französischen Truppen, sowie Vorsitzender des Obersten Kriegsrats und des Obersten Militärausschusses. Dies war nicht der erste Versuch Reynauds, den General zu entlassen, und Reynaud war auch nicht der erste, der ihn unternahm, aber es war der energischste. Der Premierminister, der an einer Halsentzündung litt, brauchte mehr als zwei Stunden zur Verlesung seiner Begründung. Bei der Besetzung der höchsten Stellen in der französischen Armee spielten die politische Einstellung und die Religion des betreffenden Offiziers eine entscheidende Rolle, und Gamelin war ein Nutznießer dieses eigenartigen Systems. Seit fünf Jahren war er der ranghöchste französische Soldat. Nach dem verhängnisvollen Frühjahr 1940 beschwerten sich er und seine Offiziere darüber, daß die Deputiertenkammer ihnen die für die Kriegführung notwendigen Waffen versagt habe. Eine Überprüfung aller Unterlagen ergab jedoch, daß Gamelin jedes Jahr bis zu 60 Prozent der ihm bewilligten Mittel nicht ausgegeben, sondern an das Finanzministerium zurücküberwiesen hatte. Zudem war er ein Feind eines jeden Bündnisses, weil er darin die Möglichkeit eines neuen Blutvergießens sah. So unternahm er alles, um einen Einsatz seiner Truppen zu vermeiden. Eine letzte Möglichkeit für Reynaud war jedoch die Operation in Norwegen gewesen. Gamelin hatte von seinen Vollmachten als Oberbefehlshaber keinerlei Gebrauch gemacht, und als der erste stärkere französische Truppenverband – zwei Halbbrigaden Alpenjäger und eine Halbbrigade Fremdenlegionäre – bis zum 27. April noch immer nicht in Norwegen eingetroffen war, war der Kampf dort entschieden. Es ist erstaunlich, daß sein Name weder in den Zeitungsberichten über die Kämpfe in Norwegen noch in der zwei Tage dauernden Debatte im Unterhaus erwähnt worden ist. Er hatte sich an den Planungen für die Verminung norwegischer Gewässer beteiligt. Als die Deutschen ihre Offensive gegen Norwegen begannen, hatte Reynaud ihn gefragt, was er zu tun gedenke. Gamelin hatte vorgeschlagen, die Gewässer zu verminen; das war seine Absicht, die er auch ausführen wollte. Das überraschende Erscheinen der Deutschen hatte für ihn keine Bedeutung.

Paul Baudouin, der das Protokoll angefertigt hatte, notierte darin, daß fast die ganze Zeit, während der Premierminister seine Vorwürfe gegen den ranghöchsten militärischen Führer des Landes erläuterte, das Kabinett »totales Schweigen« bewahrte. Während Reynaud seine Ausführungen immer weiter in die Länge zog, flüsterte ein Minister seinem Kollegen zu: *»C'est une exécution.«* (Das ist eine Hinrichtung.) Um 0.30 Uhr schloß Reynaud mit der Erklärung, wenn Frankreich den Krieg mit einem solchen Oberbefehlshaber weiterführen sollte, werde es ihn mit Sicherheit verlieren. Der Finanzminister war, wie er sagte, überzeugt von »der Unmöglichkeit, General Gamelin weiterhin an der Spitze der französischen Armeen zu lassen«.[255]

Nun blickte jeder auf Daladier. Er war Verteidigungsminister und hatte sich bisher hinter Gamelin gestellt. Aber es war nicht mehr der Daladier, der einmal bereit gewesen war, für die Tschechoslowakei zu kämpfen. Jetzt hatte er sich in einen Defätisten verwandelt. Er litt unter der gleichen Dekadenz, von der die Regierung, die Armee und praktisch die gesamte Infrastruktur der französischen Gesellschaft befallen war. In seiner Erwiderung auf die Ausführungen des Premierministers machte er die Briten für die Niederlage der Alliierten in Norwegen verantwortlich. Gamelin habe keine Schuld. Er hielt den General für einen

»grand chef militaire«, einen hochangesehenen Soldaten mit einer makellosen militärischen Vergangenheit. Jedermann müsse seine überlegene Intelligenz anerkennen. Wohl sei er schon 70 Jahre alt, aber noch sehr viel aktiver als viele Männer seines Alters. Deshalb müsse er das Verlangen des Premierministers zurückweisen, den Oberbefehlshaber abzulösen.[256]

Nun forderte Reynaud andere Minister auf, ihre Meinung zu sagen, und im Grunde waren sie verpflichtet, das zu tun. Aber es waren furchtsame, unbedeutende Männer. Wenn man Stellung bezog, könnte man einflußreiche Persönlichkeiten kränken, aber wenn man nichts sagte, riskierte man auch nichts. Doch Reynaud war nicht bereit, sich mit diesem Schweigen zufriedenzugeben. Er sagte, daß sie sich nicht äußern wollten, zeige, daß sie gegen ihn seien, und da die Regierung einen solchen Vertrauensverlust nicht überleben könne, »bedeutet das für mich den Rücktritt der Regierung«. Sie waren entsetzt. Niemand hatte geglaubt, er werde die Regierung wirklich auflösen. Jetzt waren sie alle Minister gewesen, und auch er hatte auf sein Amt als Premierminister verzichtet.[257]

Am Nachmittag erfuhr Gamelin in seinem Versteck in Vincennes, welche Vorwürfe Reynaud gegen ihn erhoben hatte, und empört reichte auch er seinen Abschied ein.

Um 1.00 Uhr morgens wurde er geweckt. Ein französischer Agent hinter den deutschen Linien hatte dem Hauptquartier eine dringende Warnung geschickt: »Kolonnen marschieren nach Westen.«

Hitlers Armeen hatten sich in Bewegung gesetzt.

Frankreich hatte keine Regierung, und die französische Armee hatte keinen Oberbefehlshaber.

Die Telefone in Whitehall begannen zu läuten, als im ersten Morgengrauen die majestätischen Gebäude sichtbar wurden, deren Silhouetten sich vor einem dunkelgrauen, noch bestirnten Himmel abhoben – die großartigen Wahrzeichen eines Weltreichs, dessen Ritter seit dem Waffenstillstand nach dem Ersten Weltkrieg Jahr um Jahr immer weniger geworden waren.

Kurz nach 5.30 Uhr wurde Churchill beim Eintreffen der ersten, noch bruchstückartigen Berichte geweckt. Bevor er vom Nebel der Legenden eingehüllt wird, bevor er an die Macht kommt und die Führung in dem Ringen übernimmt, um das Ungeheuer in Mitteleuropa zu vernichten – während er noch mit Drake zu vergleichen ist, dem beim Kegelspiel gemeldet wurde, daß die Armada gesichtet worden sei –, ist es angebracht, einen Blick auf den durchaus sterblichen Winston zu werfen. Was wir hier sehen, ist alles andere als erhebend. Anders als frühere große historische Persönlichkeiten ist Churchill bei Eintreffen der entscheidenden Nachricht mit keiner irgendwie bemerkenswerten Tätigkeit beschäftigt. In seinem blauen Morgenmantel und Filzpantoffeln stolpert er die Treppe hinunter in das Lagezimmer, wo er erfährt, daß bisher nur Holland angegriffen worden ist. Wie jedes andere Mitglied der Regierung Seiner Majestät nimmt er an, daß der Schwerpunkt des deutschen Angriffs hier liegen wird, und ruft zunächst den französischen Botschafter Charles Corbin an. Er fragt ihn: Werden die alliierten Armeen aufgrund der bisher vorliegenden unvollständigen Nachrichten nach Belgien einmarschieren?

Um 6.20 Uhr ruft Corbin zurück. Er sagt, deutsche Truppen hätten jetzt auch die belgische Grenze überschritten, und Brüssel habe »um Hilfe gebeten«. Deshalb habe Gamelin die Anweisung erhalten, nach Plan D vorzugehen. Das bedeutete das Vorrücken der französischen Siebenten Armee und der britischen Expeditionsstreitkräfte zur Verteidigungslinie entlang des Flusses Dyle, um sich dort mit den belgischen und holländischen Streitkräften zu vereinigen. Randolph Churchill hatte beim Frühstück in der Kaserne einen Rundfunkbericht gehört. Er rief seinen Vater an und fragte: »Was ist geschehen?« Winston antwortete: »Nun, die deutschen Horden sind in Luxemburg, Belgien und Holland eingefallen.« Er unterrichtete ihn über die Gegenmaßnahmen der Alliierten und fügte hinzu: »In einem oder zwei Tagen wird es einen Frontalzusammenstoß geben.« Dann erkundigte sich sein Sohn danach, ob sich seine Voraussage vom vergangenen Tag erfüllt habe, daß »du heute Premierminister werden sollst«. Churchill sagte: »Oh, davon weiß ich noch nichts. Jetzt kommt es nur noch darauf an, den Feind zu schlagen.«[258]

In dieser kritischen Lage erschienen Sam Hoare und Oliver Stanley, die für die beiden anderen Teilstreitkräfte verantwortlichen Minister, mit ihren wichtigsten Beratern im Admiralitätsgebäude. Hoare erinnerte sich später: »Wir hatten wenig oder gar nicht geschlafen, und die Nachrichten konnten nicht schlimmer sein, aber hier saß er, rauchte seine dicke Zigarre und aß Spiegeleier mit Speck, als sei er eben von seinem Morgenritt zurückgekehrt.« Um ihn herum lagen die gestrigen Zeitungen. Die *Times* machte in ihrem Leitartikel der Labour Party schwere Vorwürfe, weil sie das Unterhaus gespalten habe, denn es sei deutlich zu erkennen gewesen, daß Chamberlain die Absicht gehabt habe, sein Kabinett umzubilden, wenn »die Labour Party Flagge zeigte«. Jetzt habe sie die Pläne des Premierministers »durcheinandergebracht«. Die *News Chronicle* – die Zeitung hatte sich für Lloyd George eingesetzt – berichtete zutreffender, da weder die Führer der

Liberalen noch die der Labour Party bereit seien, in eine von Chamberlain geführte Regierung einzutreten, »wird ein neuer Premierminister gefunden werden müssen. Es ist wahrscheinlicher, daß er in der Person von Mr. Winston Churchill gefunden wird als in irgend jemandem sonst.« Mit einer weit ausladenden Armbewegung beförderte Winston die Zeitungen auf den Boden.

Unter seinem Vorsitz einigte man sich dann im Lagezimmer darauf, »wie vorher geplant« zwei Geschwader der RAF nach Frankreich zu entsenden. Dann wurde auch endlich der Befehl erteilt, das Unternehmen »Royal Marine« durchzuführen und den Rhein zu verminen.[259]

Die erste Folge der deutschen Offensive war die Versöhnung zwischen Reynaud und Gamelin. Der französische Premier schickte den folgenden Funkspruch nach Vincennes: »Die Schlacht hat begonnen. Jetzt zählt nur eines; sie zu gewinnen.« Gamelin antwortete zustimmend: »Nur Frankreich zählt.« Die Regierung Seiner Majestät war so sehr mit der eigenen politischen Krise beschäftigt, daß sie von den Vorgängen in Paris noch nichts erfahren hatte. Jetzt waren sie ohnedies bedeutungslos geworden, und es kam nur noch darauf an, zutreffend über die deutschen Truppenbewegungen unterrichtet zu werden. Jede Minute trafen neue Nachrichten ein. Deutsche Fallschirmtruppen waren in Belgien abgesetzt worden, die Luftwaffe bombardierte Flugplätze in Frankreich, Luxemburg, Belgien und Holland, und die Briten und Franzosen marschierten in Belgien ein – wie wir heute wissen, ein folgenschwerer strategischer Fehler. Die deutsche Heeresgruppe B genoß die ungeteilte Aufmerksamkeit der Alliierten. Von der Heeresgruppe C gegenüber der Maginotlinie gab es kaum etwas zu berichten, und niemand wußte etwas über die von Rundstedt befehligte Heeresgruppe A zu sagen. Der alliierte Nachrichtendienst hatte nicht einmal erkannt, daß dieser Verband der bei weitem stärkste war.[260]

In der Nacht hatte der erste Panzer der Heeresgruppe Rundstedt die Minenfelder an der deutsch-belgischen Grenze überwunden, und bei Tagesanbruch befanden sich drei Panzerkorps auf dem Vormarsch durch die bewaldeten Schluchten der Ardennen in der Absicht, in 48 Stunden die Maas bei Sedan zu überqueren. Selbst die wenigen französischen Offiziere, die daran zweifelten, daß die Ardennen ein unüberwindliches Hindernis seien, gingen davon aus, daß der Feind den Fluß in erst etwa zehn Tagen erreichen könne. Bis dahin könnten Verstärkungen herangeführt werden, um sich entlang der Maas einzugraben, die schmal, aber reißend zwischen steilen Ufern dahinfloß und sich deshalb leicht verteidigen ließ. Doch die Panzerverbände Rundstedts hatten die schwachen Kräfte hinter den Minenfeldern ohne weiteres durchbrochen – einen dünnen Schleier französischer Kavallerie, unterstützt von leichten motorisierten Einheiten. Während also der rechte Flügel der Alliierten in den unterirdischen Kasematten der Maginotlinie untätig blieb und der linke Flügel gegen den vermeintlich am stärksten gefährdeten Abschnitt vorrückte, war die Mitte der Verteidigungslinie bereits äußerst bedroht. In der Verwirrung des Rückzugs versäumten es die Offiziere dort auch, die ungünstigen Nachrichten so rasch wie möglich nach Vincennes, La Ferte oder Montry durchzugeben. Der Fuchs war im Hühnerstall, aber der Bauer draußen auf dem Acker hatte keine Ahnung davon.

In der Downing Street Nr. 10 begann die erste von drei Besprechungen des Kriegskabinetts an diesem Tag in Gegenwart der Chefs des Stabes. Die Teilnehmer waren wie gelähmt; die erste Reaktion auf den neuen Blitzkrieg war eine allgemeine Verwirrung. Die Meldungen trafen schneller ein, als sie ausgewertet werden konnten. H. M. S. *Kelly* war vor der belgischen Küste torpediert worden. Die Deutschen waren in Luxemburg. Deutsche Fallschirmjäger waren im Raum zwischen Den Haag und Leiden und bei Rotterdam abgesprungen. Nancy war bombardiert worden. Die Luftwaffe warf magnetische Minen über der Schelde ab, um den holländischen und belgischen Schiffsverkehr zu treffen. Zu ihrer Erleichterung erfuhren die Minister, daß Churchill schon Minenräumboote auf den Weg gebracht hatte, um diese Schifffahrtsstraße wieder freizumachen.[261]

Wie Reith in seinem Tagebuch berichtet, erwähnte Chamberlain »weder Amery noch die anderen Konservativen, die ihn angegriffen hatten. Er war in guter Form; die Nachrichten aus Luxemburg, Belgien und Holland hatten ihn belebt.« Die deutsche Offensive fand ihn »bereit zu handeln, wenn er dazu aufgefordert und bevollmächtigt wurde«. Offenbar fühlte er sich wie neugeboren, denn er schrieb an seine Schwester, viele von denen, die ihre Stimme gegen ihn abgegeben hatten, hätten ihm nun geschrieben, »sie hätten nichts gegen mich, außer daß mein Team aus den falschen Leuten bestünde«. Jetzt war er überzeugt, in dieser Krise wäre es das beste für das Land, wenn er Premierminister bliebe. Halifax notierte in seinem Tagebuch: »Der P. M. sagte dem Kabinett... er glaube, alles werde warten müssen, bis sich die Kriegslage beruhigt habe.« In einem persönlichen Gespräch sagte er seinem Außenminister, er habe das Gefühl, daß Winston diese Verzögerung nicht billige, vermied es aber, deutlich zu sagen, was er zu tun beabsichtigte.[262]

In Reiths Tagebuch, das mit den Aufzeichnungen von Eden übereinstimmt, lesen wir, daß der Premierminister mit Attlee und Greenwood gesprochen und dabei den Eindruck gewonnen hatte, daß sie bereit seien, die politische Krise nicht zu verschärfen, wenngleich die endgültige Entscheidung in Bournemouth getroffen werden müsse. Hoare schrieb später: »Chamberlain neigte zunächst dazu, seinen Rücktritt bis zur Beendigung des Frankreichfeldzuges zurückzustellen.« Nicolson und seine Freunde gehörten zu den Außenseitern, die das erfuhren, und sie waren entsetzt. Einer von ihnen rief Salisbury an, der, wie Nicolson schrieb, erwiderte, »wir müssen auf unserem Standpunkt beharren, daß Winston noch heute zum Premierminister ernannt werden sollte«.[263]

Über Churchills Reaktion auf den Stimmungswandel von Chamberlain lassen sich nur Vermutungen anstellen, aber er wird sich mit Sicherheit Sorgen gemacht haben. Kingsley Wood gelang es, ihn einigermaßen zu beruhigen. Wie Winston später schrieb, kam Wood noch einmal über den Paradeplatz der Horse Guards zu ihm und berichtete, daß der Premierminister »das Gefühl habe, die große Schlacht, die über uns hereingebrochen war, verlange von ihm, auf seinem Posten zu bleiben«. Hoare hatte ihn in dieser Ansicht bestärkt, aber Woods sehr deutliche Stellungnahme – die Horace Wilson später zornig als »Verrat« verurteilte – war, daß »die neue Krise es im Gegenteil um so notwendiger mache, eine Koalitionsregierung zu bilden, denn nur sie werde mit ihr fertigwerden können«. Wie Churchill schrieb, hatte Wood ihm gesagt, Chamberlain habe »diese Ansicht akzeptiert«. Aber damit war die Sache noch nicht erledigt. Kurz vor der zweiten Sitzung des Kriegskabinetts um 11.00 Uhr sprach Simon mit Eden und Hankey. Er sagte ihnen, wie Eden schreibt, er habe gehört, daß »Churchill trotz der Angriffe in Flandern zu einem baldigen Regierungswechsel drängt«. Simon sei »empört« gewesen, aber Hankey habe »ganz ruhig und entschieden erklärt: ›Wenn Veränderungen vorgenommen werden müssen, dann wird es am besten sein, wenn es sofort geschieht.‹«[264]

Auf dieser zweiten Sitzung wies Winston darauf hin, daß Roger Keyes ein enger persönlicher Freund des belgischen Königs sei, und sagte, der Admiral habe das Verlangen, seinem Land zu dienen, und könnte in Brüssel von Nutzen sein. Das Kriegskabinett war einverstanden. Die Minister freuten sich auch zu hören, daß Churchill Anweisung gegeben hatte, »das noch in Holland zurückgebliebene Gold herauszuholen«. Weniger begeistert waren sie, als Winston sie bat, sich eine Minute Zeit zu nehmen, um sich vom Prof, der an einem anderen Tisch saß, die Wirkungsweise eines Fernlenkzünders für Fliegerabwehrgeschosse demonstrieren zu lassen. Wie Reith berichtet, flüsterte ihm »Ironside verächtlich zu, ›glauben Sie, daß es jetzt der richtige Augenblick ist, uns irgendwelches Spielzeug vorzuführen?‹« Diese kleine Bosheit klingt mehr nach Reith als nach Ironside, der am folgenden Tag diesen Vorfall in seinem Tagebuch erwähnte und über Churchill schrieb: »Ich habe selten jemanden kennengelernt, der so eigenartige Wissenslücken hat und so große Gedankensprünge macht. Wird es möglich sein, daß unter diesen Voraussetzungen alles ordnungsgemäß verläuft? Davon hängt sehr viel ab.«[265]

Während dieser zweiten Sitzung des Kriegskabinetts war Chamberlain noch ganz der amtierende Premierminister gewesen. Trotz der Zusage, die er Kingsley Wood gemacht hatte, erwähnte er seine Absicht, seine Amtssiegel zurückzugeben, mit keinem Wort. Diese wichtige Entscheidung konnte auch von keinem Mitglied der Regierung Seiner Majestät getroffen werden. Sie lag bei den Männern in Bournemouth. Chamberlain hatte zugesagt, sich ihrem Beschluß zu beugen. Die nationale Exekutive der Labour Party, die ihre Sitzung in einem Zimmer im Kellergeschoß des Highcliff Hotels abhielt, einigte sich darauf, daß die Partei »bereit ist, unseren Teil der Verantwortung als gleichberechtigte Partner in einer neuen Regierung zu tragen, die unter einem neuen Premierminister das Vertrauen der Nation genießt«. Auf Daltons Initiative waren die Worte »unter einem neuen Premierminister« eingefügt worden. Einige der Anwesenden hatten das nicht für notwendig gehalten, aber Dalton sagte: »Wenn Sie das nicht ganz deutlich sagen, wird der alte Mann auf seinem Posten bleiben wollen.« Attlee und Greenwood wollten gerade aufbrechen, um mit dem von den Parteiführern unterzeichneten Dokument nach London zu fahren, als der Privatsekretär des Premierministers aus der Downing Street anrief, um zu fragen, ob die Labour Party ihren Entschluß gefaßt habe. Attlee las ihm den Text des Dokuments über das Telefon vor.[266]

Es war jetzt 17.00 Uhr. Vor einer halben Stunde hatte die dritte Sitzung des Kriegskabinetts an diesem Tage begonnen. Der Privatsekretär kam in das Beratungszimmer des Kabinetts und legte Horace Wilson den mit der Maschine geschriebenen Text der Entscheidung der Labour Party vor. Wilson las ihn und reichte dem Premierminister das Papier hinüber, ohne ein Wort zu sagen. Chamberlain warf einen Blick darauf, unterbrach aber die Besprechung nicht. Die Deutschen hatten zwölf militärische Ziele bombardiert und in Kent Brandbomben abgeworfen. Der Flughafen von Rotterdam war von deutschen Truppen genommen, die nun Verstärkungen mit Transportflugzeugen heranbrachten. Sechs Maschinen des Typs Blenheim waren aufgestiegen, um die Transportflugzeuge abzufangen, und fünf von ihnen waren abgeschossen worden. Die britischen Expeditionsstreitkräfte hatten die Verteidigungslinie an der Dyle erreicht. Nach längerer Beratung beschlossen die Minister, das Ruhrgebiet zu bombardieren. In Belgien hatten die Deutschen Fallschirmtruppen abgesetzt, deshalb sollten die britischen Truppen im Vereinigten Königreich davor gewarnt werden, daß deutsche Fallschirmtruppen versuchen könnten, auch in ihrem Land zu landen. Erst jetzt kam Chamberlain zum letzten Punkt auf seiner Tagesordnung.[267]

Er las den Beschluß der Labour Party vor und sagte, »angesichts dieser Antwort« habe er beschlossen, dem König »sofort« seinen Rücktritt zu erklären. Er schlug vor, um dem neuen Premierminister die Amtsübernahme zu erleichtern, sollten ihm »alle Mitglieder des Kriegskabinetts« den Rücktritt anbieten, wobei es nicht notwendig sei, »das schriftlich zu bestätigen«. Das Protokoll der Sitzung endet mit den Worten: »Das Kriegskabinett erklärte sich mit dem vorgeschlagenen Verfahren einverstanden.« Er hatte nicht gesagt, wem er als seinem Nachfolger den Vorzug gab, und erwähnte auch nicht das Gespräch, das er am Tage zuvor mit Halifax und Churchill geführt hatte. Er sagte nur, er werde »den König heute abend aufsuchen«.[268]

Doch in Wirklichkeit war der Premierminister schon in weniger als einer halben Stunde auf dem Weg zu seiner letzten Amtshandlung in den Buckingham-Palast. In seinem Tagebuch berichtet Georg VI., wie er Chamberlain »nach dem Tee« empfing: »Ich nahm sein Rücktrittsgesuch entgegen und sagte ihm, ich hätte den Eindruck, er sei sehr unfair behandelt worden, und das täte mir furchtbar leid.« Dann sprachen sie über seinen Nachfolger. Seine Majestät schrieb: »Ich schlug natürlich Halifax vor, aber er sagte mir, daß H. nicht begeistert sei, denn als Mitglied des Oberhauses könne er im Unterhaus, wo die eigentliche Arbeit geleistet wird, nur als Geist oder Gespenst auftreten.« Der König war »enttäuscht... denn ich glaubte, H. sei der geeignete Mann«. Bevor der bisherige Premierminister einen anderen Namen nennen konnte, wußte Georg VI. schon, »daß es nur noch eine andere Persönlichkeit gab, die ich zu mir bitten und mit der Regierungsbildung beauftragen konnte... und das war Winston«. Er sagte das auch, und Chamberlain bestätigte es. Der König »dankte ihm für alle Hilfe, die er mir geleistet hatte, und wiederholte, daß ich es sehr bedauere, ihn als meinen Premierminister verloren zu haben. Dann schickte ich nach Winston und bat ihn, eine Regierung zu bilden.«[269]

Der König und Winston kamen jedoch nicht sofort auf dieses Thema zu sprechen. Der Monarch zog es vor, das Gespräch mit einem kleinen königlichen Geplänkel zu beginnen. Churchill schreibt: »Seine Majestät empfing mich sehr huldvoll und bat mich, Platz zu nehmen. Er sah mich einige Augenblicke prüfend und etwas spöttisch an und sagte dann: ›Ich nehme an, Sie wissen nicht, warum ich Sie habe rufen lassen?‹ Ich ging auf seine Stimmung ein und antwortete: ›Sir, ich habe es mir wirklich nicht vorstellen können.‹ Er lachte und sagte: ›Ich möchte Sie bitten, eine Regierung zu bilden.‹ Ich sagte, das würde ich gewiß tun.« Da der König es nicht zur Bedingung gemacht hatte, daß es eine

Koalitionsregierung sein sollte – augenscheinlich hatte Chamberlain es nicht erwähnt, ein unerklärliches Versäumnis –, hatte Winston den Eindruck, seine Ernennung »sei in keiner Weise von der Erfüllung dieser Voraussetzung abhängig. Aber angesichts all dessen, was geschehen war, und der Umstände, die zum Rücktritt von Mr. Chamberlain geführt hatten, war eine Koalitionsregierung in dieser Lage das Richtige.« Er glaubte jedoch, wenn es ihm nicht gelang, sich mit der Liberalen und der Labour Party zu einigen, »würde es mir die Verfassung nicht verbieten, die Bildung einer möglichst starken Regierung zu versuchen, an der alle die Kräfte beteiligt werden sollten, die bereit waren, sich ihrem Land in der Stunde der Gefahr zur Verfügung zu stellen, vorausgesetzt, daß eine solche Regierung eine Mehrheit im Unterhaus fand«.[270]

Er sagte dem König, er werde »sofort die Führer der Labour Party und der Liberalen Partei kommen lassen, und ich schlüge vor, ein aus fünf oder sechs Ministern bestehendes Kriegskabinett zu bilden, und ich hoffte, ihm noch vor Mitternacht wenigstens fünf oder sechs Namen nennen zu können«. Nach diesem Gespräch bat Winston um die Erlaubnis, sich wieder entfernen zu dürfen. Sein einziger Begleiter auf dem Weg zum Palast war sein Leibwächter W. H. Thompson gewesen. Wie Thompson sich später erinnerte, fuhren sie, »ohne ein Wort zu sprechen«, zum Admiralitätsgebäude zurück, aber als der neue Premierminister aus dem Wagen stieg, fragte er: »Sie wissen doch, warum ich im Buckingham-Palast gewesen bin, Thompson?« Der ehemalige Inspektor von Scotland Yard sagte, er wisse es. Dann gratulierte er Winston und fügte hinzu: »Ich hätte nur gewünscht, Sie hätten dieses Amt in besseren Zeiten übernehmen können, denn jetzt steht eine gewaltige Aufgabe vor Ihnen.« Churchill bekam feuchte Augen und sagte: »Gott allein weiß, wie groß diese Aufgabe ist. Ich hoffe, daß es noch nicht zu spät ist. Das ist meine große Befürchtung. Wir können nur unser Bestes tun.«[271]

Während Churchill beim König gewesen war, wurde Randolph in das Büro des Adjutanten gerufen, wo die Nachricht auf ihn wartete, er solle sofort bei der Admiralität anrufen. Er tat es und fragte, weshalb man ihn sprechen wolle. Die Privatsekretärin in Winstons Büro antwortete: »Wir wollten Ihnen nur sagen, daß Ihr Vater zum Palast gefahren ist und, wenn er zurückkommt, Premierminister sein wird.«[272]

Am frühen Abend suchten Attlee und Greenwood den neuen Premierminister auf. Das Gespräch verlief ganz ungezwungen. Während der elf Jahre vor Kriegsausbruch hatte Winston mit den Konservativen und den Koalitionsregierungen sehr viel häufiger die Klingen gekreuzt als mit der Labour Party. Nun schlug er vor, daß die Labour Party »mehr als ein Drittel der Kabinettsposten übernehmen sollte, und zwar zwei Sitze in einem aus fünf oder vielleicht sechs Mitgliedern bestehenden Kriegskabinett«. Er bat Attlee um eine Namensliste – dann könne man über »die einzelnen Ministerien« reden – und nannte selbst Labourabgeordnete, die er schätzte: Morrison, Dalton, Ernest Bevin und A. V. Alexander.[273]

Während dieses Gespräch stattfand, war Harold Nicolson auf dem Weg zum King's Bench Walk. Dabei sah er an den Hauswänden Plakate mit den Aufschriften: BRÜSSEL BOMBARDIERT, PARIS BOMBARDIERT, LYON BOMBARDIERT und SCHWEIZER EISENBAHNLINIEN BOMBARDIERT. Am Abend fuhr er zu seiner Frau nach Sissinghurst, 64 Kilometer südöstlich von London. Nach dem Abendessen »kurz vor 9.00 Uhr stellen wir das Radio ein, und während es sich erwärmt, summt es. Dann hören wir die Glocken« – das Pausenzeichen der BBC. Dann das Piepen für 21.00 Uhr, und der Ansager beginnt: ›Hier spricht der Inlandsdienst. Hier ist der Ehrenwerte Neville Chamberlain, M. P., der eine Erklärung abgeben wird.‹ Einen Augenblick verwirrt mich diese Ansage, aber dann verstehe ich; er ist zurückgetreten.« Der gestürzte Premierminister sagte in dieser an die Nation gerichteten Ansprache, die Ereignisse der vergangenen Tage hätten gezeigt, daß es notwendig sei, eine Koalitionsregierung zu bilden, und da er das einzige Hindernis sei, das einer Koalitionsregierung im Wege stehe, habe er beschlossen zurückzutreten. Der König habe »meinen Freund und Kollegen Mr. Winston Churchill gebeten, eine wirklich nationale Regierung zu bilden«. Zunächst würden die amtierenden Minister die Geschäfte weiterführen. Er selbst habe sich bereit erklärt, unter Churchill ein Regierungsamt zu übernehmen. Nicolson schreibt: »Er endet mit einer scharfen Verurteilung der Deutschen, weil sie in Holland und Belgien eingefallen sind. Es ist eine großartige Erklärung, und aller Haß, den ich für Chamberlain empfunden habe, schwindet dahin wie ein Stück Brot, das man in ein Glas Champagner taucht.«[274]

Winston schrieb: »So habe ich zu Beginn dieser gewaltigen Schlacht die höchste Macht im Staat übernommen... Als ich gegen 3.00 Uhr morgens zu Bett ging, fühlte ich mich zutiefst erleichtert. Endlich hatte ich die Vollmacht, auf der ganzen politischen Bühne die Anweisungen zu geben.« Weiter schreibt er, er habe das Gefühl gehabt, »von der Vorsehung geführt zu werden. Es war, als sei mein ganzes vergangenes Leben nur die Vorbereitung auf diese Stunde und auf diese Herausforderung gewesen. Die elf Jahre in der politischen Wüste hatten mich von dem gewöhnlichen Parteienzank befreit. Meine Warnungen während der vergangenen sechs Jahre waren so zahlreich und so detailliert gewesen und wurden nun in so furchtbarer Weise gerechtfertigt, daß niemand mehr behaupten konnte, ich hätte unrecht gehabt. Man konnte mir weder vorwerfen, den Krieg verschuldet zu haben, noch behaupten, ich hätte ihn leichtfertig vorbereitet... Deshalb konnte ich, obwohl ich ungeduldig auf den nächsten Morgen wartete, gut schlafen und hatte kein Verlangen nach schönen Träumen. Tatsachen sind besser als Träume.«[275]

Die Labour Party billigte die Entscheidung ihrer Führer, Churchill zu unterstützen, mit überwältigender Mehrheit, 2450000 zu 170000 Stimmen. Das waren 93 Prozent. Und als ein pazifistischer Parlamentsabgeordneter im Unterhaus eine Abstimmung über die Frage verlangte, ob Churchill Premierminister werden sollte, war das Stimmenverhältnis 380 zu 0; der Pazifist hatte sich vermutlich selbst der Stimme enthalten. Winston war jedem anderen bekannten Parlamentarier in einem Punkt weit voraus. Der Historiker Cyril Falls schreibt: »Es gab nicht den geringsten Anlaß, ihm wegen seiner politischen Haltung in den Jahren einen Vorwurf zu machen, als die Regierung den Kopf in den Sand gesteckt und... gleichzeitig jeden Versuch verhindert hatte, die britischen Streitkräfte angemessen zu bewaffnen.« Aber seine Haltung hatte noch nicht die Zustimmung der Mächtigen im Lande gefunden, und zu ihnen gehörte auch sein Souverän. Am nächsten Tag, es war Samstag, der 11. Mai, notierte der König in seinem Tagebuch: »Ich kann mir Winston als Premierminister nicht vorstellen... Im Park traf ich Halifax« – der edle Lord hatte die besondere Erlaubnis, auf dem Weg von seiner Wohnung in Belgravia zum Auswärtigen Amt durch den Schloßpark zu gehen –, »und ich sagte ihm, es täte mir leid, daß er nicht mein Premierminister sei.« Georg VI. fühlte sich mit Winston nicht ganz wohl. Churchill gehörte der älteren Generation an. Als der König ihn 1912 kennenlernte, war Winston Erster Lord der Admiralität und der künftige Monarch ein junger Seekadett. Normalerweise hätte Winstons politische Laufbahn schon vor zehn Jahren enden müssen. Im vergangenen November war er 65 geworden; fünf Monate bevor er Premierminister wurde, hatte er bereits Anspruch auf eine Altersrente. Er war der älteste Staatsmann in diesem Krieg – vier Jahre älter als Stalin, acht Jahre älter als Roosevelt, neun Jahre älter als Mussolini und 15 Jahre älter als Hitler. Außerdem gab der König orthodoxen, traditionsbewußten Tories den Vorzug, die loyal an der Parteilinie festhielten, und Churchill war alles andere als das.[276]

Am gleichen Samstag schrieb Margot Asquith einen Brief an Geoffrey Dawson von der *Times* und schilderte darin, wie sie impulsiv am vergangenen Abend ein Taxi zur Downing Street Nr. 10 genommen habe. Sie habe sich Chamberlains »schlanke Gestalt und seine lebhaften Augen angesehen und ihn unwillkürlich mit Winstons rundlicher Figur verglichen«, die Ausdruck seiner Hemmungslosigkeit sei. R. A. Butler nannte Churchill einen »halben Amerikaner«, und am gleichen Abend schrieb der junge Colville in der Downing Street Nr. 10 in sein Tagebuch: »In Whitehall scheint man fast zu glauben, daß Winston ein völliger Versager sei und daß Neville zurückkehren wird.« Sehr viel später schrieb Colville: »Es kann nur selten vorgekommen sein, daß ein Premierminister sein Amt übernommen hat, während das Establishment... an seiner Wahl solche Zweifel hatte und so sicher damit rechnete, daß sich diese Zweifel als gerechtfertigt erweisen würden.« Erst vor einem Monat hatte Eden im Parlament über sehr viel mehr Anhänger verfügt als Churchill, und einige von Winstons engsten Freunden gaben Lloyd George als Nachfolger von Chamberlain den Vorzug.[277]

Die Stimmung in der breiten Öffentlichkeit war ganz anders. Doch trotzdem berichtete die *News Chronicle*, daß nach einer Meinungsumfrage die meisten seiner Anhänger »Personen der niedrigeren Einkommensgruppe, Menschen zwischen 21 und 30 Jahren und Männer« waren. Eigentlich sollte ein Premierminister eine sehr viel breiter gefächerte Anhängerschaft haben und im Unterhaus mehr Beifall von den Konservativen als von den Mitgliedern der Labour Party bekommen. Am 13. Mai notierte Nicolson in seinem Tagebuch: »Wenn Chamberlain das Hohe Haus betritt, bekommt er rauschenden Beifall, wenn Churchill hereinkommt, ist der Applaus viel schwächer. Winston nimmt seinen Platz zwischen Chamberlain und Attlee ein« – Attlee war jetzt Lordsiegelbewahrer und damit stellvertretender Premierminister – »und gibt dann eine sehr kurze, aber treffende Erklärung ab.« Die einzigen anerkennenden Worte für den neuen Premierminister fand Lloyd George, der von seinen »glänzenden intellektuellen Gaben, seiner Unerschrockenheit, seinen profunden Kenntnissen auf dem Gebiet der Kriegführung und seinen Erfahrungen bei der praktischen Anwendung dieser Kenntnisse« sprach. Das rührte Winston so sehr, daß er feuchte Augen bekam.[278]

Was Nicolson Churchills »kurze Erklärung« nannte und was Geoffrey Dawson gönnerhaft als eine »recht gute kleine kämpferische Rede« bezeichnete, enthielt fünf Worte, die heute Millionen von Menschen kennen, die damals noch nicht geboren waren, die niemals in England gewesen waren und nicht einmal englisch sprechen.

Ich will dem Hohen Haus das gleiche sagen, was ich denen gesagt habe, die in die Regierung eingetreten sind: »Ich habe nichts zu bieten als Blut, Kampf, Tränen und Schweiß.«

Sie fragen, welches ist unsere Politik? Dazu will ich sagen: Wir werden Krieg führen zur See, zu Lande und in der Luft mit all unserer Kraft und mit aller Stärke, die Gott uns geben kann… Das ist unsere Politik.

Sie fragen, was ist unser Ziel? Das kann ich mit einem Wort beantworten: Es ist der Sieg, der Sieg um jeden Preis, der Sieg trotz allen Terrors, der Sieg, so lang und so hart der Weg auch sein mag; denn ohne Sieg gibt es kein Überleben.[279]

Das stark befestigte belgische Fort Eben Emael mit einer Besatzung von 1200 Mann fiel am Samstag, dem 11. Mai, dem zweiten Tag der großen deutschen Offensive. Es wurde von nur 78 Fallschirmpionieren unter der Führung eines Leutnants genommen. Sie landeten mit Lastenseglern auf dem nicht bewachten Dach und sprengten die mit Geschützen bewehrten Panzerkuppeln mit einem neuen, bisher geheimgehaltenen hochwirksamen Sprengstoff. Belgische Grenztruppen hatten die Brükken über den König-Albert-Kanal zur Sprengung vorbereitet, um den Vormarsch der deutschen Truppen zu blockieren, aber eine andere kleine Abteilung deutscher Fallschirmjäger sprang nachts an diesen Übergängen ab und machte die belgischen Soldaten nieder, die diese Brücken bewachten. In Holland stellte sich die französische Siebente Armee den Deutschen entgegen, wurde aber zurückgedrängt. Lüttich fiel, angegriffen von jungen deutschen Soldaten, die sich todesmutig den belgischen Maschinengewehren entgegenwarfen und ihr Leben opferten, um den Schwung der Blitzoffensive aufrechtzuerhalten. Am Donnerstag war Rotterdam das Ziel eines massiven Terrorangriffs der Luftwaffe. Tausende von 20 Zentner schweren Sprengbomben mit Zeitzündern legten das Stadtzentrum in Trümmer. Dabei wurden 78 000 Zivilisten obdachlos, und 1000 starben. Rotterdam kapitulierte. Dann ergab sich der holländische Oberbefehlshaber mit seiner ganzen Armee. Königin Wilhelmine und die holländische Regierung flohen nach London.

Das war der kleinere Schock; der große kam mit unzusammenhängenden Frontberichten von der Maas. Guderian war mit den motorisierten Vorausverbänden der Heeresgruppe Rundstedt durch Luxemburg und Belgien gestürmt, die nach Überwindung einer zwölf Kilometer langen unwegsamen Strecke durch den Ardennenwald – das Unternehmen war vorher im Schwarzwald ausgiebig geprobt worden – zum vorgesehenen Zeitpunkt Frankreich erreicht hatten. Noch bevor Churchill sein Kabinett zusammengestellt hatte, standen sieben deutsche Panzerdivisionen bei Sedan an der Maas. Das westliche Steilufer des Flusses schien unüberwindlich. Die Franzosen hatten in aller Eile schwere Artillerie herangeführt, und nachdem sie einige Salven auf die

Panzer abgefeuert hatten, meinten die Artillerieoffiziere, die Deutschen würden den Fluß nun wohl an einer anderen Stelle zu überschreiten versuchen. Aber auch dieses Manöver hatten die Deutschen vorher eingeübt, und Rundstedt war ein Meister in der Führung gemischter Verbände, zu denen auch taktische Luftstreitkräfte gehörten. Am Montag begannen Stukas und tieffliegende Bombenflugzeuge schon in der Morgendämmerung die französischen Batterien mit Bomben anzugreifen, und um 16.00 Uhr war jedes Feldgeschütz und jede französische Haubitze auf den Höhen an der Maas vernichtet. So konnten die ersten deutschen Truppen den Fluß in Schlauchbooten überqueren, ohne durch feindliches Feuer daran gehindert zu werden. Sie errichteten Brückenköpfe, bauten zunächst Pontonbrücken und anschließend schwere Brücken, um schließlich auch die deutschen Panzer über den Fluß zu bringen.

Französische Panzer unternahmen den Versuch, den deutschen Angriff aufzuhalten. Sie waren ihren Gegnern, was die Panzerung und die Bewaffnung betraf, überlegen, und es sah so aus, als sollte nun die erste große Panzerschlacht der Geschichte beginnen. Aber die Begegnung endete, um einen Ausdruck zu gebrauchen, der in jener Woche überall die Runde machte, mit einem Debakel. Den französischen Panzerkommandanten konnte man keinen Vorwurf daraus machen. Ihr Oberkommando hatte die Anordnung erlassen, daß Panzer nur zur Unterstützung der Infanterie eingesetzt werden dürften, und es strengstens untersagt, in geschlossener Formation feindliche Panzerkräfte anzugreifen. Die französischen Panzer hatten auch nicht mit Funkgeräten ausgerüstet werden dürfen. So konnten die Panzerfahrer aus den verschiedenen Einheiten keinen Kontakt miteinander aufnehmen, und es war unmöglich, einen Gegenangriff zu koordinieren. In zwei Stunden hatten Guderians Panzer 50 französische abgeschossen. Die Besatzungen der anderen flohen. Zu den von dem Ausgang dieser Kämpfe zutiefst enttäuschten französischen Offizieren gehörte auch Oberst de Gaulle. Zu seinem Entsetzen sah er die ungeordneten Massen französischer Soldaten ohne Waffen zurückströmen. Die Deutschen hatten keine Zeit, Gefangene zu machen. Sie hatten diese Männer entwaffnet und dann sich selbst überlassen. Inzwischen hatten neue Panzerverbände die Maas bei Dinant überschritten. Doch besorgte französische Beamte, die General Gamelin in Vincennes anriefen, mußten feststellen, daß er noch immer siegesgewiß war. Er fragte sie, ob sie ihm etwas über die Gefechtslage sagen könnten. Augenscheinlich hatten ihn die Meldungen seiner Truppen nicht erreicht. Nachdem Guderians Panzer bis Montcornet, weniger als 24 Kilometer von Laon, vorangekommen waren, setzten sie ihren Vormarsch durch das Sommetal in Richtung auf Abbeville am Ärmelkanal fort. Entsetzt stellten die alliierten Streitkräfte in Belgien und die britischen Expeditionsstreitkräfte fest, daß der große deutsche »Sichelschnitt« durch Frankreich in ihrem Rücken geführt wurde. Sie waren bereits von den französischen Hauptkräften im Süden abgeschnitten. Am 19. Mai entließ Reynaud Gamelin aus all seinen Ämtern und beauftragte seinen Vorgänger, den schon pensionierten 73jährigen Maxime Weygand, mit der Übernahme des Oberbefehls. Aber auch Weygand konnte die Katastrophe nicht mehr abwenden. Die Deutschen schienen überall zu sein, und wo sie auftauchten, siegten sie. So lösten sich die französischen und britischen Divisionen im Norden schon wenige Tage nach dem Überschreiten der belgischen Grenze durch die deutschen Truppen vom Gegner und zogen sich hinter die Schelde zurück. Lord Gort suchte auf der Karte nach den günstigsten Rückzugswegen zu den Kanalhäfen, wo die Einkreisung der alliierten Verbände durch die Umfassungsbewegungen der Deutschen beendet werden sollte.

Am 19. Mai hielt Churchill eine Rundfunkansprache an die britische Nation:

Zum ersten Mal spreche ich zu Ihnen als Premierminister in einer für das Leben unseres Landes, unseres Empire und unserer Verbündeten und vor allem für die Sache der Freiheit entscheidenden Stunde.

In Frankreich und Flandern wütet eine gewaltige Schlacht. Die Deutschen haben mit dem gleichzeitigen wirkungsvollen Einsatz von Bombenangriffen aus der Luft und schweren Panzern die französischen Verteidigungsstellen nördlich der Maginotlinie durchbrochen.

Starke Kolonnen ihrer gepanzerten Fahrzeuge verheeren das offene Land, das in den ersten Tagen des Angriffs ungeschützt vor ihnen lag.

Sie sind tief auf französisches Gebiet vorgestoßen und haben die Bevölkerung in Furcht und Schrecken versetzt. Den Panzern folgt jetzt die Infanterie auf Lastwagen, und dahinter rückt die Masse der deutschen Wehrmacht vor.

Er habe, wie er sagte, »die feierlichsten Zusicherungen« von den Führern der Französischen Republik »und im besonderen von ihrem unerschütterlichen Premierminister, M. Reynaud« bekommen, »daß sie, was auch geschehen mag, bis zum Ende kämpfen werden, sei es ein bitteres oder ein ruhmreiches Ende«. Doch dann korrigierte sich Churchill in der für ihn charakteristischen Weise: »Nein, wenn wir bis zum Ende kämpfen, dann kann es nur ein ruhmreiches Ende sein.«

Er fuhr fort, seit er vom König damit beauftragt sei, habe er eine Regierung »aus Männern und Frauen... fast jeder denkbaren Richtung« gebildet.

Wir haben in der Vergangenheit Meinungsverschiedenheiten gehabt und uns gestritten; aber jetzt haben wir alle nur ein Ziel, wir werden Krieg führen, bis der Sieg errungen ist, und uns niemals der Knechtschaft und der Schande beugen, so hoch der Preis und so erbittert der Kampf auch sein mögen. Dies ist eine der ganz großen Perioden in der langen Geschichte Frankreichs und Großbritanniens, und es ist auch zweifellos die großartigste.

Seite an Seite... sind das britische und das französische Volk aufgebrochen, um nicht nur Europa, sondern die Menschheit vor der widerwärtigsten und seelenvernichtendsten Tyrannei zu retten, die je die Seiten im Buch der Geschichte verdunkelt und beschmutzt hat.

Hinter ihnen, hinter uns – hinter den Armeen Großbritanniens und Frankreichs – hat sich eine Gruppe zerschlagener Staaten und niedergeknüppelter Völker versammelt: die Tschechen, die Polen, die Norweger, die Dänen, die Holländer, die Belgier –

über die sich eine lange Nacht der Barbarei herabsenken wird, in der kein Hoffnungsstern leuchtet, wenn wir nicht siegen, wie wir siegen müssen; wie wir siegen werden.[280]

Trotz aller »feierlichen Zusicherungen« aus Paris drohte die Möglichkeit, daß Frankreich nicht »bis zum bitteren Ende« kämpfen würde. Die Führer einer Nation, die am Rande des Zusammenbruchs stand, dürfen das Schicksal ihrer Landsleute nicht aufs Spiel setzen, wenn die Armee sie nicht mehr verteidigen kann. In den Hauptstädten überall auf der Welt fragten sich die politischen Führer und die Presse, ob England weiterkämpfen werde, wenn Frankreich besiegt würde. So hielt der Premierminister am 18. Juni, dem Tage, an dem Pétain den Deutschen ein Friedensangebot gemacht hatte, wieder eine Rundfunkansprache, um solchen Vermutungen entgegenzutreten und feierlich zu erklären, daß England den Kampf allein weiterführen werde:

Vom Ausgang dieser Schlacht hängt das Überleben der christlichen Zivilisation ab. Von ihm hängt auch unser Leben in Großbritannien ab und das Fortbestehen unserer Institutionen und unseres Empire...

Hitler weiß, daß er uns auf dieser Insel niederzwingen muß oder den Krieg verlieren wird.

Wenn wir ihm widerstehen können, dann kann ganz Europa frei werden, und das Leben auf der Welt kann voranschreiten zu weiten, von der Sonne beschienenen Höhen.

Aber wenn wir scheitern, dann wird die ganze Welt einschließlich der Vereinigten Staaten, einschließlich all dessen, was wir kennen und lieben

im Abgrund eines neuen dunklen Zeitalters versinken, das durch die Erkenntnisse einer pervertierten Wissenschaft vielleicht noch finsterer werden und noch länger dauern wird.

Deshalb lassen Sie uns unsere Pflichten erfüllen und uns so bewähren, daß wenn das Britische Empire und sein Commonwealth noch weitere tausend Jahre fortbestehen, die Menschen immer noch sagen werden: Das war ihre größte Stunde.[281]

Er war an die Macht gekommen, weil er Hitler von Anfang an durchschaut hatte – aber ironischerweise nicht, weil seine Landsleute dieses innere Licht, das die Quelle jener Einsicht war, begriffen hatten. Churchills Stern wurde von der Öffentlichkeit nicht wahrgenommen und auch nicht von den meisten seiner Standesgenossen. Aber einige wenige sahen ihn. Einer von ihnen schrieb später, obwohl Winston wisse, daß die Welt komplex und in ständigem Fluß sei, seien für ihn »die großen Dinge, Rassen und Völker und das Sittengesetz ewig«. Der Oxforder Philosoph Isaiah Berlin hat später gesagt, der Churchill von 1940 sei weder »eine empfindliche optische Linse gewesen, welche die Gefühle anderer absorbiert, konzentriert und reflektiert« noch ein Politiker, der »auf der öffentlichen Meinung spielt wie auf seinem Instrument«. Vielmehr sah Berlin ihn als eine Führerpersönlichkeit, die »ihre Phantasie und ihren Willen auf ihre Landsleute« überträgt und sie »mit solcher Intensität idealisiert, daß sie am Schluß diesem Ideal näherkommen und anfangen, sich selbst im gleichen Licht zu sehen wie er«. Dabei »machte er aus Feiglingen tapfere Männer und beflügelte sie zu Heldentaten«.[282]

Churchills Stimmung schien das zu bestätigen. Er hatte in jenem Jahr eine eigene Ausstrahlung und spürte das auch selbst. In seinen Erinnerungen schrieb er: »Durch das Vertrauen, die Nachsicht und die Loyalität, durch die ich gestützt wurde, sah ich mich sehr bald in der Lage, fast jedem Aspekt des Krieges die angemessene Richtung zu geben. Das war wirklich notwendig, weil die Zeiten so sehr ernst waren. Die Methode wurde hingenommen, weil jeder erkannte, wie nahe wir dem Tod und dem Untergang waren. Nicht nur der individuelle Tod, der eine universale Erfahrung ist, war uns nah, sondern, und das war unendlich viel zwingender, es ging auch um das Überleben Großbritanniens, seiner Botschaft und seines Ruhms.«[283]

Für ihn waren Großbritannien, »seine Botschaft und sein Ruhm« etwas ganz Reales und Lebendiges. Gelegentlich sprach er über sein Land, als sei es eine Persönlichkeit. Als er begriffen hatte, wie sehr die Erfindung des Flugzeugs die Kriegführung revolutioniert hatte, sagte er (zur Überraschung seines Gastes, der geglaubt hatte, sie seien allein): »Du bist groß geworden, weil du als Insel zu einer Seemacht wurdest. Die Welt vertraute dir. Du wurdest zur Werkstatt der Welt. Du bevölkertest die Insel über ihr Fassungsvermögen hinaus. Als Folge der Eroberung des Luftraums wirst du wahrscheinlich aufhören zu existieren.« Das klang seltsam und war es auch. Churchill war keine in der Öffentlichkeit bekannte Persönlichkeit wie etwa Roosevelt, der im Idiom seiner Zeit dachte und sprach. Er war vielmehr der letzte große viktorianische Staatsmann Englands, dessen Grundauffassungen sich gebildet hatten, als das Brüllen des britischen Löwen die ganze Welt zum Schweigen bringen konnte. Er war der glühende Verehrer des Herrschaftsbereichs der alten Königin und der Verteidiger und Beschützer der Werte, die für die Engländer ihrer Regierungszeit etwas bedeutet hatten, der Grundsätze, die für sie unverletzlich waren, der Einsichten, die ihre Welt erleuchtet hatten, die sie in Zeiten der Gefahr bestärkt hatten und mit denen er als junger Mann aufgewachsen war.[284]

Er war der leidenschaftliche Vertreter der dualistischen Philosophie des Manichäismus und sah das Leben und die Geschichte in starken Komplementärfarben wie der Maler Vittore Carpaccio in seinen Darstellungen des heiligen Georg. Er glaubte an die absolute Tugend und die absolute Bosheit, an das blendende Licht und die undurchdringliche Finsternis, an Rechtschaffenheit und Sünde – oder vielmehr an die Kräfte des Guten im Gegensatz zu den Kräften des Bösen, denn sie schlossen einander aus und mußten daher ständig im Streit liegen. Man hatte ihm Inkonsequenz und Mangel an Urteilsfähigkeit vorgeworfen. Doch in Wirklichkeit waren es MacDonald, Baldwin und Chamberlain gewesen, die ihre Haltung den Erfordernissen des Augenblicks angepaßt hatten. Churchills Kompaß zeigte stets die gleiche Richtung an. Den Abgeordneten im Unterhaus sagte er: »Tod und Kummer werden die Begleiter unserer Reise sein, Not und Mühsal unser Gewand, Standhaftigkeit und Mut unser einziger Schild.«[285]

Und er hätte hinzufügen können, »und Kummer unser Lohn«. Er war überzeugt, die Briten könnten diese schweren Prüfungen bestehen. Trotz seiner vornehmen Geburt hatte er einen fast mystischen Glauben

Mit dem Zusammenbruch Frankreichs scheint alles verloren zu sein. Winston Spencer Churchill wird britischer Premierminister.

an die Kraft des gewöhnlichen Engländers, zu überleben, an seine Ausdauer und daran, daß er am Ende die Oberhand gewinnen werde. Die verschlagenen Premierminister der 30er Jahre hatte er gebeten: »Sagen Sie dem britischen Volk die Wahrheit, es ist ein hartes, ein robustes Volk... Wenn Sie ihm genau gesagt haben, was vorgeht, dann haben Sie sich gegen Beschwerden und Vorwürfe abgesichert, die sehr unangenehm sein können, wenn sie einen treffen, nachdem die Menschen festgestellt haben, daß sie getäuscht worden sind.«[286]

Aber in jenen düsteren Jahren glaubte die Regierung Seiner Majestät, es gäbe Dinge, die das Land nicht wissen sollte, und ihre doppelzüngige Politik – die gelegentlich verschwörerischen Charakter annahm – werde sich schließlich doch rechtfertigen lassen. Chamberlain sollte zum Sündenbock der Beschwichtigungspolitik werden, und bevor das Jahr zu Ende war, mußte er seine Haltung bitter bereuen und sich in Sack und Asche hüllen. Aber er war nur einer von vielen. Baldwin trug zum Beispiel eine größere Verantwortung dafür, daß die Verteidigungsfähigkeit Großbritanniens geschwächt wurde, während Hitler gewaltig aufrüstete. Die Beschwichtigungspolitiker waren sehr einflußreich. Sie beherrschten die *Times* und die BBC. Sie gehörten zum größten Teil der Oberschicht an, und ihr Verrat an Englands Größe sollte von denen weder vergessen noch vergeben werden, die unter dem fast mystischen Einfluß des englischen Klassensystems wie ihre Landsleute seit Generationen geglaubt hatten, daß die Absolventen der englischen Internatsschulen am besten geeignet seien, das Land zu regieren. Die Beschwichtigungspolitiker waren verantwortlich für das Ende des oligarchischen Herrschaftssystems, das sich, auch wenn manche Gleichmacher es bestritten, bislang bewährt hatte. Wenn jemals irgend jemand seine Klasse verraten hatte, dann waren es diese Männer.

Da die Beschwichtigungspolitiker über große Besitzungen verfügten, hatten sie viel zu verlieren, wenn die rote Fahne über Westminster wehen sollte. Deshalb hatten sie sich auch während der Hungerrevolten von 1932 so bedroht gefühlt. Hier lagen auch die Ursachen für ihre übertriebene Furcht und ihr Mißtrauen gegenüber dem neuen Rußland. Sie hatten ein starkes Deutschland als wirksames Gegengewicht gegen den Bolschewismus angesehen und geglaubt, es werde ihrer Sicherheit dienen, wenn sie sich auf die Seite des aggressiven und kraftvollen Dritten Reichs stellten. Die düstere Seite des nationalsozialistischen Systems wie etwa den Antisemitismus suchten sie als Übergangserscheinungen fortzudiskutieren und beruhigten einander mit der Behauptung, daß sich diese Ecken und Kanten des nationalsozialistischen Deutschland mit der Zeit abschleifen würden. So suchten sie sich mit offenen Augen mit einem kriminellen Regime zu verständigen, übersahen alle deutlich erkennbaren Mängel, ignorierten die häufigen Übergriffe in der Gestalt von Mord und Folter, ließen sich erpressen, demütigen und mißbrauchen, bis sie, nachdem sie alle diejenigen verraten hatten, die bereit waren, Schulter an Schulter mit Großbritannien gegen die neue Barbarei zu kämpfen, England selbst in den kalten, feuchten Schatten der Galgen führten und außer der demoralisierten Republik jenseits des Kanals alle Freunde verloren. Ihr Ende kam, als das Unterhaus sie in einem Aufstand des Gewissens entmachtete und den Mann zu den Fahnen rief, der das alles vorausgesagt hatte, der Jahr um Jahr allein und verspottet versucht hatte, den Krieg zu verhindern, indem er zu der einzigen Politik aufrief, die das hätte bewirken können. Und jetzt, da er in der verzweifelten Lage des Frühjahrs 1940 die Zügel der

Macht endlich fest in der Hand hatte, war er entschlossen, Großbritannien und sein dahinschwindendes Empire in das letzte große Ringen zu führen, in dem sich all das bewähren sollte, was England gewesen war und bedeutet hatte, und die Nation aufzurüsten, nicht nur mit Waffen, sondern auch mit dem Geist der Ehre, um in der Brust eines jeden Engländers das Bewußtsein zu wecken, das ihn befähigte, dem Tod ins Auge zu blicken.

Anhang

Quellenverzeichnis

Biographische Primärquellen

Die wichtigste Quelle für die in diesem Buch enthaltenen Zitate ist das Churchill College Archives Centre an der Universität Cambridge, wo 300 Sammlungen von Privatpapieren aufbewahrt werden. Zu ihnen gehören die Papiere der Baroness Spencer-Churchill (Clementine) von Bracken, Violet Pearman, Bevin, Grigg, Keyes, E. L. Spears (teilweise), Hankey (teilweise), Phipps, Lord Lloyd, Lord Thurso (Sinclair) Christie, Page Croft, Margesson, Attlee und Halifax (auf Mikrofilm – die Originale befinden sich in der India Office Library, dem Public Records Office und dem Landsitz seiner Erben). Die Papiere von Viscount Templewood (Hoare, teilweise), Baldwin und Crewe werden in der Universitätsbibliothek Cambridge aufbewahrt. Die Papiere von Beaverbrook, Lloyd George und Samuels (die kürzlich dem Jerusalem Archiv überlassen wurden) befinden sich in der Bibliothek des Oberhauses, die Papiere von Austen und Neville Chamberlain in der Bibliothek der Universität Birmingham, die von Lothian und Margot Asquith in der Nationalbibliothek von Schottland in Edinburgh, die Papiere von Derby im Liverpool Public Record Office; die Papiere von Henry James Scrymgeours-Wedderburn in den Dundee Archives; die Papiere von Hankey (zum Teil) im Public Record Office; die Papiere von Marsh in der New York Public Library; das Tagebuch und die Papiere von Dalton sowie diejenigen von Cherwell (teilweise) in der British Library of Political and Economic Science, und die Papiere von Baruch in der Bibliothek der Universität Princeton.

Mehr als hundert Sammlungen nachgelassener Papiere befinden sich in privaten Händen, darunter einige von Spears, von Camrose, einige von Cherwell, einige von Halifax, Amery, dazu die Papiere von Lord Lloyd, Lord Southborough, von Butler, von Lothian, von Boothby, von Geoffrey Dawson, von J. L. Garvin, von Sheila Grant Duff, von Ironside, von Thomas Jones, von Harold Laski, von Paul Maze, von Harold Nicolson, von Viscount Norwich (Duff Cooper), von Generalmajor Pakenham-Walsh, von Selborne, von Vansittart, von Weir, von Chaim Weizmann, von William Heinemann Ltd., von Cripps, von Rumbold, von Salisbury, von Swinton, von Thornton Kemsley, von Ramsay Mac-

Donald, von Cecil. Zu den Privatsammlungen gehört auch das Archiv des Blenheim Palace.

Historische Primärquellen

Britische Dokumente:
Britische Kabinettsdokumente, die Dokumente der Premierminister und des Auswärtigen Amts sind beim Public Record Office Kew, Richmond, Surrey unter »Records of Interest to Social Scientists« katalogisiert. Wer sie in Anspruch nehmen will, braucht die Hilfe der Archivare. So sind die Akten des Committee of Imperial Defence zum Beispiel unter 21 verschiedenen Kategorien abgelegt.

Veröffentlichtes Material ist enthalten in *Documents on British Foreign Policy 1919–1939,* besonders in der zweiten und dritten Serie, herausgegeben von E. L. Woodward, MA, FBA, und Rohan Butler unter Mitarbeit von Anne Orne, MA, herausgegeben von Her Majesty's Stationary Office, 1952. Weiteres unveröffentlichtes offizielles Material über Churchill befindet sich in den Archiven des Luftfahrtministeriums, des Committee of Imperial Defence, des Schatzamts, der Documents on International Affairs und in den *Documents Concerning German-Polish Relations and the Outbreak of Hostilities between Great Britain and Germany,* London; His Majesty's Stationery Office 1939 (Das Britische Blaubuch). Wörtliche Protokolle aller Debatten im Unterhaus und im Oberhaus sind veröffentlicht in *Parliamentary Debates* (Hansard), dem Englischen Äquivalent der Amerikanischen *Congressional Record.*

Französische Dokumente:
Le Livre Jaune Français. Documents diplomatiques, 1938–1939 (Paris: Ministre des Affaires Étrangères (Das Französische Gelbbuch).

Documents Diplomatiques Français, Première Série und *Deuxième Série: Les Événements survenus en France de 1933 à 1945,* eine nach dem Krieg von der *Assemblée Nationale* vorgenommene Überprüfung der französischen Politik in den 30er Jahren, die 1947 veröffentlicht wurde (ein zweibändiger Bericht, gestützt auf in neun Bänden enthaltene Zeugenaussagen).

Deutsche Dokumente:
Dokumente der deutschen Politik, 1933–1940; Akten zur Deutschen Auswärtigen Politik 1919–1945, gemeinsam veröffentlicht vom Britischen Auswärtigen Amt und dem U. S. State Department, erschienen in

Baden von 1950 bis 1956. Diese Dokumente sind eingeteilt in *Serie C* (4 Bände für die Zeit vom 30. Januar 1933 bis zum 31. Oktober 1933) und *Serie D,* 13 Bände, die nicht chronologisch, sondern nach den Themen geordnet sind, aber im allgemeinen die Zeit vom September 1937 bis zum Dezember 1941 umfassen. Hier besteht eine Lücke von elf Monaten, aber auch in den Alliierten Dokumenten sind Lücken vorhanden.

Nürnberger Dokumente (ND):
Für den Leser dieses Buches liegt Nürnberg noch in weiter Zukunft, aber hier sind alle Geheimdokumente aus den Jahren zwischen den Kriegen – einige davon aus dem Jahr 1919 – zum ersten Mal zusammengefaßt, und zwar in Dokumenten, die nicht übersehen werden dürfen. Sie sind enthalten in *Trial of the Major War Criminals:* 42 Bände über die Verfahren und Beweismittel – meist in deutscher Sprache – vor dem Internationalen Militärtribunal; *Nazi Conspiracy and Aggression:* 10 Bände zusätzlicher Vernehmungsprotokolle und eidesstattlicher Aussagen in englischer Sprache; *Trials of War Criminals before the Nuremberg Tribunals:* 15 Bände ausgewählten Materials aus den zwölf in Nürnberg nach der Vertagung des Internationalen Militärtribunals durchgeführten Verfahren. 1984 erschienen in München und Zürich 24 Bände unter dem Titel *Der Prozeß gegen die Hauptkriegsverbrecher vor dem Internationalen Militärgerichtshof in Nürnberg vom 14. November 1945 bis 1. Oktober 1946;* ein Nachdruck der Erstveröffentlichung von 1947.

Weiteres veröffentlichtes dokumentarisches Material:
I documenti diplomatici italiani; series, 1935–1939, Rom, Libreria dello Stato, 1952–1953; *Official Documents Concerning Polish German and Polish Soviet Relations 1933–1939,* London 1939 (Das Polnische Weißbuch); *Documents and Material Relating to the Eve of the Second World War,* 1937–1939, zwei Bände, Moskau, Fremdsprachenverlag, 1948; *Soviet Documents on Foreign Policy,* drei Bände, London, Royal Institute of International Affairs, 1931–1953.

Es bereitet gewisse Schwierigkeiten, Zitate aus britischen Manuskripten einzuordnen, denn jedes Archiv hat sein eigenes System. In einigen Fällen ist das Archiv nicht umfangreich genug, um die darin enthaltenen Dokumente genau zu katalogisieren. Wenn es sich um bedeutende Persönlichkeiten handelt, dann ist dies schwierig. Es gibt jedoch gewisse allgemeingültige Regeln. Die Zahl oder der Kode auf der linken Seite des Schrägstrichs, z. B. »123« in »123/456«, bezeichnet die Stelle oder das Regal, wo das Dokument aufbewahrt wird. Die Zahl rechts davon bezeichnet die Nummer des Aktenordners oder, wenn die Bezeichnung groß geschrieben ist, ein Notizbuch oder die Nummer der Akte. Siehe Janet Foster und Julia Sheppard, *British Archives: A Guide to Archive Resources in the United Kingdom* (London 1982).

Das erste der drei für diese Arbeit herangezogenen großen Dokumentzentren ist das Churchill College Archives Centre, Churchill College, Cambridge. Bei meinen ersten Besuchen dort wurde der Gelehrte Archivar Correll Barnett von der tüchtigen Archivarin Marion Stewart unterstützt, deren Stelle jetzt Leslie James einnimmt. In dem Dokumentationszentrum werden 300 Akzessionen diplomatischer, politischer, militärischer, wissenschaftlicher und Marinepapiere aufbewahrt, die meisten aus dem 20. Jahrhundert. Man hat alles getan, um das Auffinden der Dokumente zu vereinfachen. Trotzdem bereitet das dem Forscher einige Mühe. Die erste Zahl, die dem abgekürzten Kode folgt, bezeichnet die Sektion. Sektion 1 (300 Akten) enthält Korrespondenzen von A–Z. Die zweite Kodenummer bezeichnet die Akte. Die Papiere in Spear's Kode (35 Akten) beziehen sich auf persönliche und Familienangelegenheiten. Die Sektion 3 (65 Schachteln) enthält kein Material über Churchill, sondern nur über Wissenschaftler. Die Sektion 4 (7 Akten) enthält die verschiedensten Papiere.

Die zweite bedeutende Dokumentensammlung ist das Public Record Office in Kew, Surrey. Es wird verwaltet von Alfred Knightbridge, dem Chef der Forschungsabteilung. Hier beginnt jede Bezeichnung mit einem Buchstabenkode (CAB für die Papiere des Britischen Kabinetts, PrP für die Papiere des Premierministers usw.). Diesem Buchstabenkode folgt ein Zahlenkode, der das Material nach Daten einteilt wie etwa das Datum einer Kabinettssitzung oder von Ereignissen in der Zeit zwischen den Sitzungen. Dann folgt der Schrägstrich, dahinter die »Stücknummer«, die das einzelne Dokument bezeichnet.

Die dritte große Dokumentensammlung befindet sich in der Handbibliothek der British Library in Great Russell Street. Sie wird verwaltet von D. A. Clark und G. E. A. Raspin. Ein großer Teil des wertvollsten Materials befindet sich im Woolwich Repository. Die Akten werden einen Tag nach der Antragstellung ausgehändigt. Nach 1801 erschienene britische Zeitungen werden aufbewahrt in der Newspaper Library, der Colindale Library, London.

Verzeichnis der Werke, aus denen mit Erlaubnis der Copyright-Inhaber zitiert wurde

Der Verfasser dankt den folgenden Verlegern, Einzelpersönlichkeiten und Firmen für die Erlaubnis, Auszüge aus den unten aufgeführten Werken zu zitieren.

Zitate aus den Briefen von Neville Chamberlain werden aufgrund der freundlichen Erlaubnis des Leiters der Special Collections der Universitätsbibliothek von Birmingham abgedruckt.

Zitate von Briefen der Sammlung der Baroness Spencer Churchill werden abgedruckt aufgrund der freundlichen Erlaubnis der Curtis Brown Ltd., London, in Vertretung von Lady Mary Soames; Copyright Mary Soames.

Zitate aus den Briefen von Randolph Churchill werden abgedruckt aufgrund der freundlichen Erlaubnis der Curtis Brown Ltd., London, in Vertretung der Nachlaßverwaltung von Randolph Churchill; Copyright der Nachlaßverwaltung von Randolph Churchill.

Zitate aus Winston S. Churchill, *A History of the English Speaking Peoples,* werden abgedruckt mit Erlaubnis der Dodd, Mead and Co., Inc., des kanadischen Verlags McClelland & Stewart, Toronto, und des Verlags Cassell Publishers Ltd.

Winston S. Churchill, *The Second World War:* Volume I, *The Gathering Storm,* Copyright 1949 by Houghton Mifflin Company, Copyright © erneuert 1976 von Lady Spencer Churchill und der Honourable Lady Sarah Audley, der Honourable Lady Soames; abgedruckt mit Erlaubnis der Houghton Mifflin Company und Cassell Publishers Ltd.

John Colville, *The Fringes of Power: 10 Downing Street Diaries 1939–1955,* Copyright © 1985 bei Hodder and Stoughton Ltd., zitiert mit Erlaubnis von W. W. Norton & Company, Inc. und Hodder and Stoughton Limited.

Anthony Eden, *Facing the Dictators,* Copyright © 1962 by Times Publishing Company, Ltd., zitiert mit Erlaubnis der Houghton Mifflin Company, Macmillan London, und Times Newspaper Ltd.

Auszüge aus »The Hollow Men« in *Collected Poems 1909–1962* von T. S. Eliot, Copyright 1936 bei Harcourt Brace Jovanovich, Inc., Copyright © 1963, 1964 T. S. Eliot, abgedruckt mit Erlaubnis von Harcourt Brace Jovanovich, Inc. und Faber and Faber Limited.

Martin Gilbert, *Winston S. Churchill:* Volume V, *The Prophet of Truth 1922–1939;* Copyright © 1976 by C & T Publications, Ltd., zitiert mit Erlaubnis von Houghton Mifflin Company und William Heinemann Ltd.

Martin Gilbert, *Winston S. Churchill:* Volume VI, *Finest Hour 1939–1941,* Copyright © 1983 by C & T Publications, Ltd., zitiert mit Erlaubnis von Houghton Mifflin Company und William Heinemann Ltd.

Kay Murphy Halle, *The Irrepressible Churchill,* zitiert mit Erlaubnis des Verfassers.

Thomas Jones, *A Diary with Letters 1931–1950,* Oxford University Press 1954, zitiert mit Erlaubnis der Oxford University Press.

Harold Macmillan, *Winds of Change,* Copyright © 1966 by Thompson Newspapers Ltd., zitiert mit Erlaubnis von Harper & Row Publishers, Inc. und Macmillan London.

Harold Nicolson, *Harold Nicolson: Diaries and Letters, 1930–1939,* Band I, herausgegeben von Nigel Nicolson; *Harold Nicolson's Diaries and Letters,* Copyright © 1966 by William Collins Sons & Co., Ltd.; Einführung und Fußnoten zu diesem Band, Copyright © 1966 Nigel Nicolson; V. Sackville-Wests Briefe, Copyright © 1966 bei Sir Harold Nicolson; zitiert mit der Erlaubnis von Atheneum Publishers, mit einem Druckvermerk der Macmillan Publishing Company und William Collins Sons & Co. Ltd.

Harold Nicolson, *The War Years, 1939–1945,* Band II von *The Diaries and Letters of Harold Nicolson,* herausgegeben von Nigel Nicolson; *Harold Nicolson's Diaries and Letters* Copyright © 1967 bei William Collins Sons & Co. Ltd.; Einführung und Anmerkung zu diesem Band Copyright © 1967 Nigel Nicolson; V. Sackville-Wests Briefe, Copyright © 1967 bei Sir Harold Nicolson; zitiert mit der Erlaubnis von Atheneum Publishers, Druckvermerk von Macmillan Publishing Company und William Collins Sons & Co. Ltd.

Material aus den Royal Archives zitiert mit Erlaubnis des Controller of Her Majesty's Stationery Office.

Mary Soames, *Clementine Churchill: The Biography of a Marriage,* Copyright © Mary Soames 1979, zitiert mit Erlaubnis von Curtis Brown Ltd., London, im Auftrag von Lady Mary Soames und Houghton Mifflin Company.

»Lambeth Walk« von Noel Gay und Douglas Furber, Copyright © 1937 Richard Armitage Ltd., Copyright erneuert; alle Rechte wahrgenommen in den Vereinigten Staaten von Bibo Music Publishers (c/o The Welk Music Group, Santa Monica, CA 90401); internationales Copyright gewährleistet; alle Rechte vorbehalten; zitiert mit Erlaubnis.

»We're Gonna Hang Out the Washing on the Siegfried Line« von Jim Kennedy und Michael Carr, © 1939 bei Skidmore Music Co., Inc. für die Vereinigten Staaten und Kanada; Copyright erneuert; zitiert mit Erlaubnis; Vereinigtes Königreich © 1939, Francis Day & Hunter Ltd.; zitiert mit Erlaubnis von EMI Music Publishing Ltd., London, WC2H OLD.

Anmerkungen

In den Anmerkungen verwendete Abkürzungen und Kurztitel

BSCP	Papers of the Baroness Spencer-Churchill (Clementine Churchill).
CAB	British Cabinet Documents, Public Record Office, Kew.
ChP	Churchill Papers.
DBFP	*Documents on British Foreign Policy 1919–1939,* hrsg. von E. L. Woodward und Rohan Butler, Mitarbeit Anne Orne, London 1952.
DDF	*Documents Diplomatiques Français, Première Série, Deuxième Série.*
DGFP	*Dokumente der deutschen Politik 1933–1940; Akten zur Deutschen Auswärtigen Politik 1918–1945.* Serien C, D.
Événements	*Les Événements survenus en France de 1933 à 1945.*
FCNA	Führerbesprechungen zu Fragen der Seekriegführung.
Hansard	*Record of Parliamentary Debates* (Hansard).
ND	Nürnberger Dokumente (siehe auch NCA, TMWC und TWC).
NCA	*Nazi Conspiracy and Aggression,* 10 Bände Verhöre, Protokolle und eidesstattliche Erklärungen in englischer Sprache.
NYT	*New York Times.*
PrP	Premier (Prime Minister) Papers; Public Record Office, Kew.
Times	*The Times* of London.
TMWC	*Trial of the Major War Criminals,* 42 Bände, enthaltend die Protokolle und eidesstattlichen Aussagen

	(meist in deutscher Sprache) der Gerichtsverfahren vor dem Internationalen Militärtribunal in Nürnberg.
TWC	*Trials of War Criminals before the Nuremberg Tribunals;* 15 Bände ausgewählten Materials aus den zwölf Nürnberger Verfahren nach der Vertagung des Internationalen Militärtribunals.
WM/(Name)	Interviews des Verfassers.
WSCHCS	*Winston S. Churchill: His Complete Speeches,* hrsg. von Robert Rhodes James.

The Official Biography of Winston Spencer Churchill von Martin Gilbert (Boston 1966) wird wie folgt zitiert:

WSC V	Band V. *The Prophet of Truth, 1922–1939* (Biographie)
CV V/1	Companion Volume V, Teil 1 (1922–1929, Dokumente)
CV V/2	Companion Volume V, Teil 2 (1930–1935, Dokumente)
CV V/3	Companion Volume V, Teil 3 (1936–1939, Dokumente)
WSC VI	Volume VI, *Finest Hour 1939–1941*

Chartwell 1932

1. WM/Lady Soames (in Chartwell), 10/27/80; Robin Fedden, *Churchill and Chartwell* (Westerham, Kent, 1968), 13ff.
2. Walter Henry Thompson, *Assignment Churchill,* (New York 1955), 92.
3. Walter Thompson, 183.
4. Mary Soames, *Clementine Churchill: The Biography of a Marriage* (Boston 1979), 352; Adam Sykes and Iain Sproat, hrsg., *The Wit of Sir Winston,* London 1965, 85.
5. WM/Lady Soames (in Chartwell), 10/27/80; Fedden, 25–26, 43–44. R. Howells, *Simply Churchill,* New York 1965, 19.
6. WM/Grace Hamblin, 11/4/80 und Brief vom 9. 12. 87; Hamblin, Brief an Martin Gilbert, 6. 12. 78; WM/Lady Soames (in Chartwell), 10/27/80; Fedden, 27; Kay Halle, *The Irrepressible Churchill: A Treasury of Winston Churchill's Wit,* New York 1967, 109.
7. Howells, 41, 36; WM/Sir William Deakin, 10. 5. 80.
8. Howells, 36; Elizabeth Nel, *Mr. Churchill's Secretary,* New York 1958. 33.
9. Norman McGowan, *My Years with Churchill* (London 1958), 86–87; Howells, 19.
10. Howells, 19–20, 49; Halle, 313.
11. Winston S. Churchill, *The World Crisis,* 5 Bde., (dt. *Die Weltkrise 1911–1918,* Zürich 1947) und *The Aftermath,* New York 1923–1931, V, Nachwort.
12. Bruce West, *Churchill's Pilot: The Man Who Flew Churchill,* Kanada 1975, 6; McGowan, 93; Howells, 110.
13. Fedden, 50–51; Howells, 37–39; WM/Generalleutnant Sir Ian Jacobs. 11. 12. 80; Sir John Wheeler-Bennett, Hrsg. *Action This Day: Memoirs* von Lord Normanbrook, John Colville, Sir John Martin, Sir Ian Jacobs, Lord Bridges, Sir Leslie Rowan, London 1968, 183; Charles Eade, Hrsg. *Churchill by His Contemporaries,* London 1953, 309.
14. Howells, 36, 138; McGowan, 92–93.
15. Howells, 20.
16. Howells, 138; CV I/2 996; Phyllis Moir, *I Was Winston Churchill's Private Secretary,* New York 1941, 1, 89–90; WM/Deakin; WM/Kathleen Hill, 11. 4. 80.
17. WM/Sir John Colville, 10. 8. 80; Sarah Churchill, *A Thread in the Tapestry,* New York 1967, 38.
18. Fedden, 49.
19. Fedden, 49; Sir David Hunt, *On the Spot: An Ambassador Remembers,* London 1975, 63; Colin Coote und Denvil Batchelor, *Maxims and Reflections,* London 1947, 36; Viscount Chandos, *Memoirs,* London 1962, 167; Howells, 150.
20. WM/Virginia Cowles, 10. 5. 80; WM/George Malcolm Thompson, 10/13/80; WM/Lord Geoffrey Lloyd, 11/27/80; WM/Deakin; WM/Lady Soames, 10/9/80; WM, persönliche Information.
21. Wheeler-Bennett, Hrsg., 87.
22. WM/Lord Lloyd; WM/Lord Boothby, 10/16/80.
23. WM/A. J. P. Taylor, 12/1/80; WM, persönliche Information.
24. Zweiter Earl of Birkenhead, *The Professor and the Prime Minister,* Boston 1962, 27–35, 36.
25. Birkenhead, 129–159 an verschiedenen Stellen.
26. Sir John Colville, *Footprints in Time,* London 1976, 100; WM/Colville.
27. Birkenhead, 38.

28. WM/Lady Soames, 10/9/80; Halle 263; Wheeler-Bennett, Hrsg. 25–28.
29. Kenneth Young, *Churchill and Beaverbrook: A Study in Friendship and Politics,* New York 1966, 130.
30. Coote and Batchelor, 44.
31. WM/Cowles; WM/Kay Halle, 8/6/80; WM/Pamela Harriman, 8/22–23/80; Elizabeth Longford, *Winston Churchill: A Pictorial Life Story,* Chicago 1974, 87, 130–131.
32. Sykes und Sproat, Hrsg. 70, 71; Eade, Hrsg., 307; Coote und Batchelor, 119–120.
33. Lord Moran, *Churchill, Taken from the Diaries of Lord Moran: The Struggle for Survival. 1940–1965,* Boston 1966, 198; Halle, 152.
34. WM/Colville; Wheeler-Bennett Hrsg., 59–60.
35. McGowan, 72.
36. McGowan, 70; WM/Vanda Salmon, 11/26/80.
37. WM/Salmon; Martin Gilbert, *Winston Churchill: The Wilderness Years,* London 1981, 28; Virginia Cowles, *Winston Churchill, The Era and the Man,* New York 1953, 11.
38. Walter Thompson, 94; Eade, Hrsg., 356–357; McGowan, 60.
39. John Paget, *The New »Examen«,* London 1934.
40. Halle, 263; Soames, 323; Gilbert, *Wilderness,* 129.
41. Hunt, 77.
42. Soames, 301.
43. Eade, Hrsg., 300, 309.
44. Eade, Hrsg., 305.
45. Violet Bonham Carter, *Winston Churchill: An Intimate Portrait,* New York 1965, 151, 152; Moran, 449.
46. Kenneth Young, *Churchill and Beaverbrook: A Study in Friendship and Politics,* New York 1966, 26.
47. Soames, 305; WM/Deakin; Moran 420; Winston S. Churchill, *Young Winston's Wars; The Original Despatches of Winston S. Churchill, War Correspondent 1897–1900,* Hrsg. Frederick Woods, New York 1972, XIII; WM/William L. Shirer, 7/20/74.
48. WM/Deakin.
49. WM/Cecily Gemmell, 7/10/80; Walter Thompson, 45.
50. Wheeler-Bennett, Hrsg., 144; Harold Nicolson, *Diaries and Letters,* II, Hrsg. Nigel Nicolson, 3 Bde., London 1966, 320–321.
51. Peter Stansky, Hrsg., *Churchill: A Profile,* New York 1973.
52. Robert Rhodes James, *Anthony Eden,* London 1980, 229; Mora.
53. WM/Hill, 11/4/80.
54. WSM/Gemmell, 7/10/80.
55. Nel, 31.
56. Moir, 2, 58; Howells, 61.
57. Nel, 32; Moir, 88.

Europa im Fieber

1. *Times,* 11/12/32.
2. *NYT* 10/19/32; *Times* 10/31/32.
3. *NYT* 10/6/32, 10/25/32, 11/1/32; *Time* 11/7/32.
4. *Time* 11/14/32.
5. James Morris, *Farewell The Trumpets: An Imperial Retreat,* New York 1978, 314, 311; Colin Cross, *The Fall of the British Empire,* New York und London 1968, 216.
6. Morris, 313–314; *Time* 3/21/32.
7. Morris, 362; *Time* 4/11/32, 4/18/32.
8. Sir John Colville, *The Fringes of Power: 10 Downing Street Diaries, 1939–1955,* New York 1985, 71, (dt. *Downing Street Tagebücher 1939–1945,* Berlin 1988).
9. Morris, 335.
10. *Times* 8/18/14; Robert Rhodes James, *Memoirs,* New York 1970, 110.
11. *NYT* 11/18/29; *Nation* 2/12/30.
12. *Times* 1/22/29; *Book Review Digest* 433–434, 792–793; Siegfried Sassoon, *Siegfried's Journey, 1916–1920,* New York, 116–119.
13. Harold Nicolson, *Public Faces,* London 1932, 16–17; Richard Kenin und Justin Wintle, Hrsg., *The Dictionary of Biographical Quotations,* New York 1958, 35.
14. Winston S. Churchill, *Amid These Storms: Thoughts and Adventures,* New York 1932, 15–16, (dt. *Gedanken und Abenteuer,* Zürich 1945); Telford Taylor, *Munich: The Price of Peace,* New York 1979, 204.
15. Lincoln Steffens, *The Autobiography*

of Lincoln Steffens, New York 1931, 131.

16. Winston S. Churchill, *The World Crisis,* 5 Bde., (dt. *Weltkrise*) und *The Aftermath,* New York 1923–1931, V, 66.
17. Hugh Dalton, *The Fateful Years,* London 1957, 41–42.
18. William Manchester, *Der Traum vom Ruhm 1874–1932,* 1989.
19. T.R. Fehrenbach, *F.D.R.'s Undeclared War 1939 to 1941,* New York 1967, 22.
20. Telford Taylor, 107; Alistair Horne, *To Lose a Battle,* Boston 1969, 22–23.
21. Churchill, *Crisis,* (dt. *Weltkrise*), *The Aftermath,* 156.
22. William L. Shirer, *The Collapse of the Third Republic,* New York 1969, 137, (dt. *Der Zusammenbruch Frankreichs. Aufstieg und Fall der 3. Republik,* München/Zürich 1969).
23. Alistair Horne, *To Lose a Battle,* Boston 1969, 56–57; Simone de Beauvoir, *La force de l'âge,* Paris 1961, 116–117, (dt. *In den besten Jahren,* Reinbek 1961).
24. Shirer, *Collapse,* 203, (dt. *Zusammenbruch*); Beauvoir, 120–121; Horne, 57.
25. Beauvoir, 120–121.
26. Horne, 52; Beauvoir, 155.
27. Robert T. Elson und die Herausgeber der Time-Life Bücher, *Prelude to War,* New York 1976, 47.
28. Elson u. A., 74–79.
29. *NYT* 12/2/25.
30. *Berliner Tageblatt* 6/25/22.
31. *Frankfurter Zeitung* 12/2/25; *The New Encyclopaedia Britannica,* 15. Aufl., Chicago 1974, XIX, 966–967; *Berliner Tageblatt* 5/9/19; *NYT* 6/25/22.
32. WSCHCS 5197–5206; J.D. Scott, *Vickers: A History,* London 1962, 86–87, 150–151; Otto Lehmann-Russbüldt, *Die blutige Internationale der Rüstungen,* Berlin 1933, 50.
33. General Carl von Clausewitz, *Vom Kriege* I, 5; Barbara Tuchman, *The Guns of August,* New York 1962, 314, (dt. *August 1914,* Frankfurt 1990).
34. Hugh Gibson, *A Journal from Our Legation in Belgium,* New York 1917, 324.
35. Adolf Hitler, *Mein Kampf,* München 1932, 367–370; Konrad Keiden, *Geschichte des Nationalsozialismus,* Berlin 1932, 3.
36. *Living Age* 12/12/25; WM/Tilo Freiherr von Wilmowsky, 5/30/63 (Essen); *Der Spiegel* 6/5/63; Tilo von Wilmowsky, *Rückblickend möchte ich sagen…,* Hamburg 1961, 178–181; *The New Encyclopaedia Britannica,* XIX, 969.
37. Hans Kohn, *The Mind of Germany. The Education of a Nation,* New York 1960, 308, (dt. *Wege und Irrwege. Vom Geist d. dt. Bürgertums,* Düsseldorf 1962); Franz L. Neumann, *Behemoth,* New York 1942, 23.
38. *Süddeutsche Monatshefte* 12/21/24.
39. *Time* 8/22/32, 10/17/32.
40. *Time* 9/5/32, 11/28/32.
41. *Times* 2/2/32; Arnold Brecht, *Prelude to Silence,* New York 1944, 35 (dt. *Vorspiel zum Schweigen,* Wien 1948).
42. ND 203, 204, 37–25 PS.
43. André François-Poncet, *The Fatefull Years: Memoirs of a French Ambassador in Berlin 1931–1938,* New York 1949, 61, (dt. *Als Botschafter in Berlin 1931–1938,* Mainz 1949).
44. *NYT* 3/25/33; Oswald Spengler, *Jahre der Entscheidung,* München 1933, XIII.
45. Winston S. Churchill, *The Gathering Storm,* Boston 1948, 84, (dt. *Der Zweite Weltkrieg. Der Sturm zieht auf,* Bern 1948); Hansard 5/13/32, 7/11/32.
46. Churchill, *Storm,* 84, (dt. *Sturm*); Ernst Hanfstaengl, *Hitler. The Missing Years,* London 1957, 193–196.
47. Hansard 11/23/32; *Daily Mail* 10/17/32; WSC V, 627.
48. Günter Grass, *On Writing and Politics 1967–1983,* übersetzt von Ralph Manheim, San Diego 1985, zitiert in *NYT Book Review* 6/23/85.
49. *Times* 2/18/33.
50. *Times* 2/24/34; WSC V, 545; Christopher Hollis, *The Oxford Union,* London 1955, 184–193.
51. Churchill, *Storm,* 85f., (dt. *Sturm*); WSC V, 504–505.

I. Untiefen

1. *Fodor's London 1984,* New York 1984, 152.
2. WM, persönliche Information (1/30/53).
3. WM, persönliche Information (1/30/53); Sir John Colville, *The Fringes of Power: 10 Downing Street Diaries, 1939–1955,* New York 1985, 36, (dt. *Downing Street Tagebücher 1939–1945,* Berlin 1988).
4. Sir David Hunt, *On the Spot: An Ambassador Remembers,* London 1975, 30–31.
5. Lord Boothby, *I Fight to Live,* London 1947, 38.
6. Telford Taylor, *Munich: The Price of Peace,* New York 1979, 549, 550, 555.
7. WM/Lady Soames, 10/9/80.
8. Winston S. Churchill, *The Gathering Storm,* Boston 1948, 83, (dt. *Sturm*).
9. Thomas Jones, *A Diary with Letters, 1931–1950,* Oxford 1954, 239–265.
10. Frank Owen, *Tempestuous Journey: Lloyd George, His Life and Times,* London 1954, 737; *Daily Express* 9/16/36.
11. DBFP Serie 2, Bd. IV, Nr. 265; Vernon Bartlett, *Nazi Germany Explained,* London 1933, 517–522.
12. Telford Taylor, 217f.; *New York Herald Tribune* 5/19/33, 5/12/33.
13. *Süddeutsche Zeitung,* München, 9/26/30; *Frankfurter Zeitung* 9/26/30.
14. Fritz Hesse, *Hitler and the English,* England 1954, 11–12; WM/R. A. Butler, 12/5/80.
15. *Strand* 11/35.
16. Sir John Wheeler-Bennett, Hrsg., *Action This Day: Memoirs* von Lord Normanbrook, John Colville, Sir John Martin, Sir Ian Jacobs, Lord Bridges, Sir Leslie Rowan, London 1968, 11.
17. Lord Vansittart, *The Mist Procession,* London 1958, 482; WM/R. A. Butler.
18. *NYT* 7/30/31; Lord Moran, *Churchill, Taken from the Diaries of Lord Moran: The Struggle for Survival, 1940–1965,* Boston 1966, 65; Virginia Cowles, *Winston Churchill; The Era and the Man,* New York 1953, 285.
19. WM/A. J. P. Taylor, 12/1/80; WM/Harold Macmillan, 12/4/80; Harold Macmillan, *Winds of Change,* London 1966, 291; Charles Eade, Hrsg., *Churchill by His Contemporaries,* London 1953, 67.
20. Elizabeth Longford, *Winston Churchill: A Pictorial Life Story,* Chicago 1974, 84; Macmillan, 437; Victor Wallace Germains, *The Tragedy of Winston Churchill,* London 1931.
21. WM/Lady Soames, 10/9/80; Macmillan, 113.
22. Kenneth Young, *Churchill and Beaverbrook: A Study in Friendship and Politics,* New York 1966, 120–122.
23. WM/Malcolm Muggeridge, 11/25/80.
24. Hansard 11/23/32.
25. DBFP Serie 2, Bd. IV, Nr. 263 und Nr. 30.
26. DBFP Serie 2, Bd. V, Nr. 5, Nr. 2229.
27. DBFP Serie 2, Bd. V, Nr. 2229.
28. William E. Dodd, *Ambassador Dodd's Diary, 1933–1938,* Hrsg. William E. Dodd jr. und Martha Dodd, London 1941, 239 (4/15/35); Foreign Relations of the U. S., 1937, I. 84.
29. Jones, 180; Josiah Wedgwood, *Memoirs of a Fighting Life,* London 1941, 225.
30. WM/William L. Shirer, 7/5/83.
31. WM/Shirer.
32. Vernon Bartlett, 242–243.
33. Churchill, *Storm,* 207, (dt. *Sturm*).
34. Winston S. Churchill, *While England Slept,* New York 1938, 35.
35. Claud Cockburn, *The Week,* Nr. 166, 17. Juni 1936; Martin Gilbert, *Winston Churchill: The Wilderness Years,* London 1981, 165; CAB 23/86.
36. Stephen Roskill, *Hankey: Man of Secrets,* Bd. III, 1931–1963, London 1974, 53.
37. A. L. Kennedy, *Britain Faces Germany,* London 1937, 83–86; Gilbert, *Wilderness,* 136.
38. Hansard 6/29/31; Gilbert, *Wilderness,* 37.
39. Hansard 6/29/31.
40. WSC V, 445; *Daily Mail* 5/26/32.
41. KChP 18/75; *Daily Mail* 5/26/32.
42. Hansard 11/10/32.
43. Len Deighton, *Fighter,* New York 1977, 39.

44. *Daily Mail,* 11/17/32; 11/23/32.
45. Alistair Horne, *To Lose a Battle,* Boston 1969, 22; WM/Lady Soames; WM/R. A. Butler.
46. ChP 9/103; *Times* 4/13/33.
47. Hansard 4/13S/33.
48. *Birmingham Post* 4/19/33.
49. WSC V, 460–461.
50. Macmillan, 354; Hansard 3/23/33.
51. Hansard 3/23/33.
52. Hansard 11/5/29 (Oberhaus); Telford Taylor, 249.
53. *Birmingham Post* 3/28/33.
54. Jones, 129; Murray Papers.
55. Martin Gilbert und Richard Gott, *The Appeasers,* Boston 1963, 11, (dt. *Der gescheiterte Frieden. Europa 1933–1939,* Stuttgart 1964).
56. ChP 2/266; *Times* 9/27/33, 6/17/36; J. R. M. Butler, *Lord Lothian,* London 1960, Anhang IV, 354–362.
57. Cowles, 293.
58. *Times* 6/26/33.
59. *Times* 6/26/33.
60. Vernon Bartlett, 242–243.
61. Gilbert, *Wilderness,* 161; Norman Angell, *The Defence of the Empire,* New York 1937, 183–184; Kennedy, 83–86.
62. Eade, Hrsg., 44.
63. Kay Halle, *The Irrepressible Churchill: A Treasury of Winston Churchill's Wit,* New York 1967, 37, 181, 323.
64. Halle, 268, 322.
65. Hansard 7/10/35, 6/25/41.
66. Colin Coote und Denvil Batchelor, Hrsg., *Maxims and Reflections,* London 1947, 53–54; Hansard 12/8/44.
67. Halle, 269; Coote und Batchelor, Hrsg., 142.
68. Hansard 1/21/31; Halle, 125, 257.
69. Halle, 131, 133.
70. William Safire, »Banned Words«, *NYT* 10/28/84.
71. Gilbert, *Wilderness,* 132.
72. Telford Taylor, 205; CAB 23/76.
73. John Baker White, *True Blue,* London 1970, 161.
74. ChP 2/201.
75. BSCP 8/31/29.
76. Cowles, 296; Gilbert, *Wilderness,* 15.
77. Foreign Office Papers 371/16733.
78. *Harper's,* März 1946.
79. Gilbert, *Wilderness,* 120.
80. *The New Encyclopaedia Britannica,* 15. Aufl., Chicago 1974, VII, 4, 597.
81. DBFP Serie 2, Bd. V, Nr. 127; *NYT* 2/17/85.
82. Vansittart, 478.
83. Gilbert, *Wilderness,* 118, 119.
84. Hansard 5/11/35; Sir John Colville, *Footprints in Time,* London 1976, 95; WM/Sir John Colville, 10/8/80.
85. *Epping West Essex Gazette* 8/13/33; Hansard 8/23/33.
86. Horne, 38.
87. Oswald Spengler, *Jahre der Entscheidung,* München 1935, VIII; TMWC XXXIV.
88. *Völkischer Beobachter* 5/18/33.
89. Hermann Rauschning, *Gespräche mit Hitler,* München 1940, 55; Franz von Papen, *Der Wahrheit eine Gasse,* München 1953, 330–333.
90. Beaverbrook Papers.
91. Blombergs Direktive, TMWC, XXIV, 487–491.
92. William L. Shirer, *The Rise and Fall of the Third Reich: A History of Nazi Germany,* New York 1960, 212, (dt. *Aufstieg und Fall des Dritten Reiches,* Frankfurt/Wien/Zürich 1962).
93. Gottfried Benn, *Der neue Staat und die Intellektuellen,* Stuttgart/Berlin 1933, 576.
94. André François-Poncet, *De Versailles à Potsdam,* Paris 1948, 107, (dt. *Von Versailles bis Potsdam,* Mainz/Berlin 1949); ND 2001-PS; Alan Bullock, *Hitler – A Study in Tyranny,* New York 1952, 199, (dt. *Hitler. Eine Studie über Tyrannei,* Düsseldorf 1953); ND EC-419.
95. Wolfgang Foerster, *Ein General kämpft gegen den Krieg,* München 1949, 70–73.
96. NCA, VII, 335; Foerster, 122; *Völkischer Beobachter* 8/20/34; *Frankfurter Zeitung* 8/20/34; *Berliner Tageblatt* 8/20/34.
97. ND C-100.
98. Telford Taylor, 205; CV V/1, 306, 307.
99. Robert Rhodes James, *Churchill: A Study in Failure, 1900–1939,* New York 1970, 262; »How Wars of the Future Will Be Waged«, *News of the World* 4/24/38.
100. Ronald H. Bailey und die Redaktion der Time-Life Bücher, *The Air War in Europe, 1940–1945,* Chicago 1981, 26.
101. PrP 1/237; Bailey u. a., 43; Deighton 78.

102. Churchill, *Storm,* 116, 127, 128.
103. WSC V, 553.
104. Hansard 3/11/35; Vansittart, 509.
105. Wheeler-Bennett, Hrsg., *Action This Day,* 11.
106. Lord Eustace Percy, *Some Memories,* London 1958, 187.
107. General Georg Thomas, *Basic Facts for a History of German War and Armament Economy* (mimeographisch vervielfältigt), Nürnberg 1945, zitiert in Shirer, *Rise and Fall,* 259, (dt. *Aufstieg und Fall*); NCA, I. 827–830.
108. Walter Görlitz, *History of the German General Staff 1657–1945,* New York 1953, 299, (dt. *Der deutsche Generalstab. Geschichte und Gestalt. 1657–1945,* Frankfurt 1950).
109. Vansittart, 226; Gilbert, *Wilderness,* 108; Telford Taylor, 591–592; CAB 23/83–86.
110. ChP 2/271; WM/Kathleen Hill 11/4/80.
111. Templewood Papers.
112. *Times* 11/17/34; WSCHCS 5433.
113. Hansard 11/28/34.
114. Hansard 11/28/34.
115. Frances Stevenson, *Lloyd George: A Diary by Frances Stevenson,* Hrsg. A. J. P. Taylor, New York 1971, 294.
116. Hansard 11/28/34.
117. Hansard 3/8/34.
118. Telford Taylor, 246.
119. BSCP 3/8/35.
120. Foreign Office Papers 371/18828.
121. White Papers Cmd. 5107; BSCP 3/8/35.
122. Foreign Office Papers 371/18828.
123. *NYT* 3/17/35; Telford Taylor, 98; Shirer, *Rise and Fall,* 284, (dt. *Aufstieg und Fall*).
124. *Strand* 11/35.
125. Hansard 3/19/35.
126. ChP 4/143.
127. Hansard 3/19/35.
128. Hansard 3/19/35.
129. Foreign Office Papers 371/18828.
130. BSCP 4/5/35.
131. Telford Taylor, 218.
132. Hansard 5/2/35.
133. Hansard 5/22/35.
134. Vansittart, 497–498.
135. BSCP 5/11/35, 5/13/35.
136. *Daily Telegraph* 4/26/35; *Daily Express* 5/3/35.
137. ChP 8/503; BSCP 4/11/35.
138. Churchill, *Storm,* 126, (dt. *Sturm*); Coote und Batchelor, 158–159.
139. Telford Taylor, 123.
140. *NYT* 5/23/35; *Times* 5/23/35.
141. John Evelyn Wrench, *Geoffrey Dawson and Our Times,* London 1955, 361.
142. Shirer, *Rise and Fall,* 287–288 (dt. *Aufstieg und Fall*).
143. Telford Taylor, 222–223; CAB 23/82, 6/19/35.
144. CAB 23/82, 6/19/35; Hansard 7/11/35.
145. Telford Taylor, 223.
146. Hansard 7/11/35.
147. *Daily Herald* 3/27/36; Halle, 299.
148. Telford Taylor, 97.
149. Telford Taylor, 222.
150. Hansard 3/19/35.
151. Churchill, *Storm,* 123, (dt. *Sturm*).
152. Papiere Birla; Martin Gilbert, *Churchill's Political Philosophy,* Oxford 1981, 85–88; Peter Stansky, Hrsg., *Churchill: A Profile,* New York 1973, 201.
153. Robert Keith Middlemas und John Barnes, *Baldwin,* London 1969, 868; WM/Macmillan; Macmillan, 395–397; A. W. Baldwin, *My Father: The True Story,* London 1956, 242.
154. Middlemas und Barnes, 867; *Times* 11/1/35; L. S. Amery, *My Political Life,* 3 Bde., London 1953, III, 75, 170; Middlemas und Barnes, 369.
155. *Strand* 11/35; Hansard 10/24/35.
156. *Strand* 11/35.
157. Foreign Office Papers 371/18878, 371/18880; ChP 2/237.
158. Forgein Office Papers 371/18880.
159. WSC V, 680; ChP 2/237.
160. Eade, Hrsg., 171; DNB 11/8/38, 11/6/36, 9/9/38.
161. Henry Pelling, *Winston Churchill,* New York 1974, 373; ChP 4/141.
162. Vansittart, 497.
163. Churchill, *Storm,* 128, 200, (dt. *Sturm*); Papiere Baldwin, 47, 113.
164. Hansard 5/2/35.
165. Wrench, 322.
166. Isaiah Berlin, *Mr. Churchill in 1940,* Boston 1964, 16.
167. Jones, 157.
168. Jones, 203.
169. Brian Gardner, *Churchill in Power,* Boston 1970, 6; WM/A. J. P. Taylor, 12/1/80; A. J. P. Taylor, *Origins*

of the Second World War, New York 1961, 116, (dt. *Die Ursprünge des Zweiten Weltkrieges,* Gütersloh 1962).

170. Churchill, *Storm,* 181, (dt. *Sturm*); Longford, 86; Boothby, *I Fight to Live,* 137; WM/Lord Boothby 10/16/80.
171. Churchill, *Storm,* 181, (dt. *Sturm*).
172. Robert T. Elson und die Redaktion der Time-Life Bücher, *Prelude to War,* New York 1976, 149.

II. Riffe

1. Francis Paul Walters, *A History of the League of Nations,* New York 1952, 648.
2. Harold Macmillan, *Winds of Change,* London 1966, 383; Robert T. Elson und die Redaktion der Time-Life Bücher, *Prelude to War,* New York 1976, 150–151.
3. Hansard 10/24/35.
4. Lord Moran, *Churchill. Taken from the Diaries of Lord Moran: The Struggle for Survival, 1940–1965,* Boston 1966, 692.
5. Macmillan, 386; Winston S. Churchill, *The Gathering Storm,* Boston 1948, 133–134, 166–169, (dt. *Sturm*).
6. Papiere Templewood; Martin Gilbert, *Winston Churchill: The Wilderness Years,* London 1981, 137.
7. Robert Rhodes James, *Churchill: A Study in Failure, 1900–1939,* New York 1970, 286; *Times* 9/27/35.
8. Telford Taylor, *Munich: The Price of Peace,* New York 1979, 233.
9. *Times* 10/4/35; Hansard 10/24/35.
10. Rhodes James, *Failure,* 283; Macmillan, 402; Elson u. a., *Prelude,* 152; Earl of Avon, *Facing the Dictators,* Boston 1962, 303.
11. *Paris-Soir* 12/8/35; Macmillan, 408; *Times* 12/18/35.
12. ChP 2/238.
13. Churchill, *Storm,* 183, (dt. *Sturm*).
14. Vincent Sheean, *Between the Thunder and the Sun,* New York 1943, 30, 42.
15. BSCP 12/30/35.
16. BSCP 1/7/36; Churchill, *Storm,* 181, (dt. *Sturm*); BSCP 12/26/35.
17. Hansard 6/10/36; Telford Taylor, 232–233.
18. Telford Taylor, 169; *NYT* 11/2/36.
19. Papiere Templewood; Avon, 355.
20. ChP 1/284.
21. Gilbert, *Wilderness,* 145; Harold Nicolson, *Diaries and Letters,* Hrsg. Nigel Nicolson, 3 Bde., London 1966, I, 228; WSC V, 709.
22. CAB 21/424; Papiere Templewood; ChP 2/251.
23. BSCP 2/21/36, 2/27/36, 3/3/36.
24. Papiere Randolph Churchill.
25. BSCP 1/8/36, 1/15/36; WM/Malcolm MacDonald, 11/6/80.
26. Papiere Beaverbrook; ChP 2/28.
27. ChP 2/251; *Edinburgh Evening News,* 2/13/36.
28. *Time* 3/16/36.
29. White Papers Cmd. 5107; WSC V, 711–712, 727; Hansard 3/10/36; A. J. P. Taylor, *Origins of the Second World War,* New York 1961, 117, (dt. *Ursprünge*).
30. Hansard 3/10/36; Churchill, *Storm,* 190, (dt. *Sturm*).
31. Churchill, *Storm,* 191–192, (dt. *Sturm*); *NYT* 5/22/35.
32. BSCP 1/17/36.
33. William L. Shirer, *The Collapse of the Third Republic,* New York 1969, 251–252, (dt. *Zusammenbruch*); General Maurice Gustave Gamelin, *Servir,* 3 Bde., Paris 1947, II, 194–195; Événements, I, 138.
34. André François-Poncet, *The Fateful Years: Memoirs of a French Ambassador in Berlin 1931–1938,* New York 1949, 188–189, (dt. *Als Botschafter in Berlin*); ND C-159; William L. Shirer, *The Rise and Fall of the Third Reich: A History of Nazi Germany,* New York 1960, 288, 291, (dt. *Aufstieg und Fall*).
35. Shirer, *Collapse,* 253, (dt. *Zusammenbruch*).
36. Shirer, *Collapse,* 250, (dt. *Zusammenbruch*); Avon, 373, 376.
37. Avon, 373–376.
38. *Times* 3/16/36.
39. William L. Shirer, *Berlin Diary,* New York 1941, 52–53.

40. Telford Taylor, 99–100; *NYT* 3/8/36.
41. Shirer, *Berlin Diary,* 51–54.
42. DGFP Serie D, Bd. XI, Nr. 411.
43. Paul Schmidt, *Statist auf diplomatischer Bühne 1923–1945,* Bonn 1945, 320.
44. Shirer, *Rise and Fall,* 294, (dt. *Aufstieg und Fall*); TMWC XV, 352.
45. François-Poncet, *Fatefull Years,* 192–193, (dt. *Botschafter in Berlin*).
46. *NYT* 3/8/36.
47. *Événements,* III, 722.
48. *Événements,* I, 157–158; Gamelin, II, 212–218; Shirer, *Berlin Diary,* 49–50; *Événements,* I, 201; François-Poncet, *Fateful Years,* 190, 194–195, (dt. *Botschafter in Berlin*).
49. Telford Taylor, 135.
50. Churchill, *Storm,* 193, (dt. *Sturm*); *Événements,* I, 20.
51. DDF, I, Dokument Nr. 301, 413–414; I, Dokument Nr. 316, 426–427.
52. Avon, 385.
53. Avon, 388, 387.
54. *Événements,* III, 591–592.
55. *Times* 3/9/36.
56. Thomas Jones, *A Diary with Letters, 1931–1950,* Oxford 1954, 180; Nicolson, I, 248–249.
57. Hansard 3/9/36.
58. Avon, 394.
59. Pierre-Étienne Flandin, *Politique française 1919–1940,* Paris 1947, 202–204, 207–208.
60. Gilbert, *Wilderness,* 148–149; CAB 23/83.
61. CAB 23/83.
62. Shirer, *Rise and Fall,* 779, 828, (dt. *Aufstieg und Fall*).
63. Churchill, *Storm,* 192–193, (dt. *Sturm*).
64. Hansard, 3/36.
65. Papiere N. Chamberlain, Tagebuch; Hansard 3/36; *Evening Standard.*
66. WSC V, 712–713; Churchill, *Storm,* 195, (dt. *Sturm*).
67. Protokoll des Ausschusses für Auswärtige Angelegenheiten; PrP 1/194.
68. Papiere N. Chamberlain, Tagebuch, 3/12/36; WM/R. A. Butler, 12/5/80.
69. Gilbert, *Wilderness,* 152–153.
70. Gilbert, *Wilderness,* 152-153.
71. Churchill, *Storm,* 196, (dt. *Sturm*).
72. Nicolson, Hrsg., *Tagebücher und Briefe,* I, 249–250.
73. Churchill, *Storm,* 195–196, (dt. *Sturm*).
74. Churchill, *Storm,* 198, 197, (dt. *Sturm*); Flandin, zitiert in Shirer, *Collapse,* 277, (dt. *Zusammenbruch*); Shirer, *Berlin Diary,* 55; WM/William L. Shirer, 7/5/83; *NYT* 3/20/36.
75. Hansard 3/26/36.
76. Macmillan, 291; Elizabeth Longford, *Winston Churchill: A Pictorial Life Story,* Chicago 1974, 84.
77. ChP 2/252.
78. Martin Gilbert und Richard Gott, *The Appeasers,* Boston 1963, 48 (dt. *Der gescheiterte Frieden*).
79. Alistair Horne, *To Lose a Battle,* Boston, 1969, 41.
80. Hansard 4/6/36.
81. Hansard 3/26/36; WM/Harold Macmillan 12/4/80.
82. NCA, VII, 890; ND I-150.
83. Lord Vansittart, *The Mist Procession,* London 1958, 497, 499; Gilbert, *Wilderness,* 268; Churchill, *Storm,* 152–153, (dt. *Sturm*).
84. WSC V, 833–834.
85. Churchill, *Storm,* 198, (dt. *Sturm*).
86. Churchill, *Storm,* 200, (dt. *Sturm*).
87. Gilbert, *Wilderness,* 146; BSCP.
88. Sir Keith Feiling, *The Life of Neville Chamberlain,* London 1946, 278.
89. Macmillan, 431; Iain Macleod, *Neville Chamberlain,* London 1961, 193; Gilbert, *Wilderness,* 146.
90. Feiling, 278.
91. Feiling, zitiert von Churchill, *Storm,* 200, (dt. *Sturm*); Macleod, 193; Brian Gardner, *Churchill in Power: As Seen by His Contemporaries,* Boston 1970, 5.
92. Macmillan, 432; Macleod, 193; Robert Rhodes James, *Memoirs,* New York 1970, 410; *Times* 3/16/36; Inskip, zitiert in Gilbert und Gott, 365.
93. Churchill, *Storm,* 200.
94. Gardner, 5; Churchill, *Storm,* 200, (dt. *Sturm*); Macmillan, 432; WM/Lord Geoffrey Lloyd, 11/27/80; ChP 2/330.
95. Churchill, *Storm,* 201, (dt. *Sturm*); Gardner, 5; *Evening Standard* 5/4/36.
96. Hansard 3/26/36.
97. ChP 2/268.
98. Hansard 7/20/36; Nicolson, I, 269.
99. Hansard 4/23/36.
100. *Glasgow Forward* 10/3/36; *Times* 10/6/36.

101. *Times* 10/9/36. Ibarruri (geboren 1895) war 1988 noch am Leben.
102. Hugh Dalton, *Memoirs, 1931 to 1945: The Fateful Years,* London 1957, 97–104.
103. Peter Stansky und William Abrahams, *Journey to the Frontier. Julian Bell and John Cornford: Their Lives and the 1930s,* London 1966, 315–316, 387, 390.
104. Macmillan, 436; WM/Macmillan; A. J. P. Taylor, *Origins,* 395, (dt. *Ursprünge*); WM/A. J. P. Taylor 12/1/80.
105. Telford Taylor, 538; Nicolson, I, 270; Avon, 453.
106. Macmillan, 438; Foreign Relations of the U. S., 1938, I.
107. Telford Taylor, 286.
108. Churchill, *Storm,* 214, (dt. *Sturm*); *Evening Standard* 8/10/36.
109. Macmillan, 435.
110. Hansard 2/12/33.
111. Sheean, 59–50.
112. WM/Macmillan; Churchill, *Storm,* 144, (dt. *Sturm*).
113. *Daily Telegraph* 12/30/38, 4/20/39; Hansard 4/14/37.
114. ChP 2/266.
115. PrP 1/193.
116. Jones, 233; Gilbert, *Wilderness,,* 160–161.
117. Gilbert, *Wilderness,* 160–161; ChP 2/356.
118. Jones, 191.
119. CAB 23/86.
120. Alfred Duff Cooper, *Old Men Forget,* New York 1954, 220.
121. ChP 2/271.
122. Hansard 11/11/36; Sir John Wheeler-Bennett, Hrsg., *Action This Day: Memoirs* von Lord Normanbrook, John Colville, Sir John Martin, Sir Ian Jacobs, Lord Bridges, Sir Leslie Rowan, London 1968, 242–243.
123. Hansard 11/12/36.
124. Hansard 11/12/36.
125. Nicolson, I, 278.
126. Hansard 11/12/36.
127. Nicolson, I, 278–279.
128. Hansard 11/12/36.
129. *Times* 11/1/35.
130. Hansard 11/12/36.
131. ChP 2/267; Churchill, *Storm,* 216, (dt. *Sturm*).
132. Macmillan, 400; WM/Macmillan; Telford Taylor, 252–253, 254.
133. Telford Taylor, 535.
134. Eugen Spier, *Focus,* London 1963, 9, 25; Gilbert, *Wilderness,* 153.
135. Gilbert, *Wilderness,* 156, 157, 158.
136. Winston S. Churchill, *While England Slept,* London 1938, 302–303; ChP 2/283.
137. Churchill, *Storm,* 217, (dt. *Sturm*); *Daily Telegraph* 3/1/65.
138. *Daily Telegraph* 3/1/65; Walter M. Citrine, *Citrine; Men and Work, An Autobiography,* London 1964, 357.
139. Citrine, 357; *Daily Telegraph* 3/1/65.
140. Churchill, *Storm,* 217, (dt. *Sturm*); *Daily Telegraph* 3/1/65.
141. Churchill, *Storm,* 217–218, (dt. *Sturm*).
142. Macmillan, 441; WM/Macmillan; WM/Lord Strauss, 10/13/80.
143. *Daily Telegraph* 3/1/65.
144. Kay Halle, *The Irrepressible Churchill: A Treasury of Winston Churchill's Wit,* New York 1967, 132; WM, private Information.
145. Hansard 6/28/1894.
146. WM/Anita Leslie, 10/1/84.
147. Duke of Windsor, *A King's Story: Memoirs of the Duke of Windsor,* New York 1947, 237.
148. Francis F. Beirne, *Amiable Baltimoreans,* New York 1951, 297, 119.
149. Robert Keith Middlemas und John Barnes, *Baldwin,* London 1969, 280; Lord Birkenhead, *The Life of Walter Monckton of Trenchley,* London 1969, 123.
150. ChP 2/264.
151. Lord Birkenhead, *Monckton,* 130; ChP 2/264.
152. ChP 2/264.
153. *NYT* 10/4/36, 10/15/36, 11/18/36; Telford Taylor, 541.
154. Macmillan, 440; WM/Macmillan.
155. Lord Beaverbrook, *The Abdication of King Edward VIII,* London 1966, 37; WM/Lady Diana Cooper, 10/20/80.
156. ChP 2/264.
157. Middlemas und Barnes, 999; Gilbert, *Wilderness,* 169.
158. ChP 2/264; Kenneth Young, *Churchill and Beaverbrook: A Study in Friendship and Politics,* London 1966, 123.
159. Macmillan, 440; WM/Macmillan.
160. *Times* 12/3/36; Herzog von Windsor, 358.

161. Citrine, 328.
162. Mary Soames, *Clementine Churchill: A Biography of a Marriage,* Boston 1979, 359; Telford Taylor, 542; Nicolson, I, 282; Lord Moran, *Churchill,* 207.
163. *Daily Telegraph* 3/1/65; Hansard 12/9/36.
164. WSC V, 814; Papiere Channon.
165. ChP 2/264; Herzog von Windsor, 381.
166. *Times* 12/6/36.
167. WM/Lloyd; Walter Monckton, zitiert in WSC V, 820; WSC V, 820; Papiere Boothby 12/11/36.
168. WM/Lord Boothby, 10/16/80.
169. WM/Boothby; Nicolson, Hrsg., *Diaries and Letters,* I, 283–284.
170. Papiere Boothby; WM/Macmillan; WM/Boothby; WM/Lloyd; Macmillan, 441; WSC V, 821; Hansard 12/7/36.
171. Hansard 12/7/36; Nicolson, I, 284; Churchill, *Storm,* 218–219, (dt. *Sturm*); WSC V, 822.
172. WM/Boothby.
173. Hansard 12/11/36.
174. Nicolson, I, 286; *Evening Standard* 12/28/36; Papiere Amery.
175. Herzog von Windsor, 407; ChP 2/264.
176. WM/Sir William Deakin, 10/5/80; Churchill, *Storm,* 219, (dt. *Sturm*).
177. *Daily Telegraph* 3/1/65; Macmillan, 441.
178. ChP 2/264.
179. Soames, 360; ChP 2/264.
180. Macmillan, 441; Nicolson, I, 289, 284.
181. Young, 123; Bernard Baruch, »A Birthday Letter«, Sir James Marchant Hrsg., *Winston Spencer Churchill: Servant of Crown and Commonwealth,* London 1954, 166; ChP 2/312.
182. WSC V, 835–836f.; Papiere Hankey.
183. ChP 2/306; WSC V, 849–850.
184. Soames, 361f.; Papiere Roberts.
185. CAB 23/87.

III. Rücklaufende Brandung

1. WM/Virginia Cowles, 10/15/80; Virginia Cowles, *Winston Churchill: The Era and the Man,* New York 1953, 307; Henry Pelling, *Winston Churchill,* New York 1971, 410.
2. Winston S. Churchill, *The Gathering Storm,* Boston 1948, 220, (dt. *Sturm*); Harold Nicolson, *Diaries and Letters, 1930–1962,* hrsg. von Nigel Nicolson, 3 Bde., London 1966, I, 301; Lord Halifax, *Fullness of Days,* England 1957, 182–183; Kay Halle, *The Irrepressible Churchill: A Treasury of Winston Churchill's Wit,* New York 1967, 135.
3. Churchill, *Storm,* 221–222, (dt. *Sturm*); Harold Macmillan, *Winds of Change,* London 1966, 467.
4. L. S. Amery, *My Political Life,* 3 Bde., London 1955, III, 226; Thomas Jones, *A Diary with Letters, 1931–1950,* Oxford 1954, 350; Viscount Templewood, *Nine Troubled Years,* London 1954, 257.
5. *NYT* 11/19/37; Martin Gilbert, *Winston Churchill: The Wilderness Years,* London 1981, 210; Ivone Kirkpatrick, *The Inner Circle,* London 1959, 97.
6. Hansard 12/21/37; Gilbert, *Wilderness,* 210–211.
7. Papiere Templewood.
8. ChP 2/341, 2/328.
9. Papiere A. Chamberlain.
10. Gilbert, *Wilderness,* 210; W. J. Brown, *So Far,* London 1953, in Martin Gilbert und Richard Gott, *The Appeasers,* Boston 1963, 377 (dt. *Der gescheiterte Frieden*).
11. WM/Sir John Colville, 10/8/80; *Times* 6/1/37; Hansard 5/31/37; Papiere Channon.
12. Nicolson, I, 328.
13. J. C. W. Reith, *Into the Wind,* London 1949, 307–308.
14. CAB 27/623; PrP 1/27/38.
15. Churchill, *Storm,* 222–223; (dt. *Sturm*); Earl of Avon, *Facing the Dictators,* Boston 1965, 587–588.
16. R. W. Seton-Watson, *Britain and the Dictators,* Cambridge 1938, 77; *Times* 10/28/37.
17. DGFP Serie D, Bd. I, Nr. 108, 104.
18. DGFP Serie D, Bd. I, Nr. 131.

19. DGFP Serie D, Bd. I, Nr. 138, 148.
20. DGFP Serie D, Bd. I, Nr. 40; Sir Nevile Henderson, *Failure of a Mission: Berlin 1937–1939*, New York 1940, 119.
21. *NYT* 7/12/36.
22. TWC XII, 761–764; Kurt von Schuschnigg, *Ein Requiem in Rot-Weiß-Rot*, Zürich 1946, 109–111.
23. TWC XII, 761–764; NCA III, 409–413; NCA III, S. 690–693; NCA III, S. 716–717; NCA VII, S. 300; NCA V, S. 378; Paul Schmidt, *Statist auf diplomatischer Bühne, 1923–1945*, Bonn 1949, 449.
24. Halle, 138; CAB 23/92.
25. Churchill, *Storm*, 251, (dt. *Sturm*); David Dilks Hrsg., *The Diaries of Sir Alexander Cadogan O. M. 1938–1945*, New York 1972, zitiert in Telford Taylor, *Munich: The Price of Peace*, New York 1979, 767f.; Avon, 626.
26. Churchill, *Storm*,, 254–255, (dt. *Sturm*).
27. DDF-2e V, Nr. 429; DDF-2e VI, Nr. 249, 482, 465; DDF-2e VII, Nr. 28, 137, 198.
28. Robert Rhodes James, *Anthony Eden*, London 1986, 192–193; Telford Taylor, 566.
29. Rhodes James, *Eden*, 193–195; *Times* 2/14/38.
30. DGFP Serie D, Bd. I, Nr. 128, 750.
31. A. L. Rowse, *All Souls and Appeasement*, London 1961, 28.
32. Churchill, *Storm*, 257–258, (dt. *Sturm*).
33. Hansard 2/21/38.
34. Hansard 2/22/38.
35. WM/Kay Halle, 8/6/80; Sir John Colville, *The Churchillians*, London 1981, 24; Harold Balfour, *Wings over Westminster*, London 1973, 230; Mary Soames, *Clementine Churchill: The Biography of a Marriage*, Boston 1979, 24.
36. Colville, *Churchillians*, 24; ChP 1/325.
37. WM/Colville; WM/Pamela Harriman, 8/22/80; Soames, 309.
38. Soames, 321–325; WM/Pamela Harriman; ChP 8/531.
39. WM/Lady Soames, 10/9/80, 6/25/85; Colville, *Churchillians*, 565; Soames 325–326; BSCP 1/11/36.
40. Soames, 303.
41. ChP 1/344.
42. ChP 1/344.
43. WM/Lady Soames, 10/9/80; Soames, 339.
45. Soames, 365, 369, 326.
46. Soames, 343–344.
47. WSC V, 589; Soames, 352–353.
48. Second Earl of Birkenhead, *The Professor and the Prime Minister*, Boston 1962, 442; BSCP 1/1/35.
49. Soames, 345.
50. Soames, 345.
51. Soames, 347.
52. Soames, 349.
53. Willi Kerr, *Times Literary Supplement*.
54. Soames, 351, 354–355.
55. Soames, 356; WSC V, 933f.; Gilbert, *Wilderness*, 209; ChP 8/551, 1/300.
56. William L. Shirer, *20th Century Journey: The Nightmare Years 1930–1940. A Memoir of the Life and the Times*, Boston 1984, 311, (dt. *Das Jahrzehnt des Unheils. Meine Erlebnisse und Erfahrungen in Deutschland und Europa 1930 bis 1940*, München 1986).
57. *Time* 2/13/39; Soames, 361.
58. Churchill, *Storm*, 222–224, (dt. *Sturm*).
59. Churchill, *Storm*, 222–224, (dt. *Sturm*).
60. ChP 2/303, 2/327.
61. Churchill, *Storm*, 236–237, (dt. *Sturm*); WSC V, 853.
62. ChP 8/599.
63. ChP 2/304, 9/129.
64. Gilbert, *Wilderness*, 182–184; CAB 21/626; Papiere Hankey.
65. ChP 2/304.
66. Churchill, *Storm*, 241, (dt. *Sturm*); Avon, 447–448.
67. Gilbert und Gott, 69.
68. Papiere Dirksen, Bd. II, Anhang; DGFP Serie D, Bd. I, Nr. 95, 101; ChP 2/299, 2/302; Papiere Phipps; Churchill, *Storm*, 241, (dt. *Sturm*).
69. Papiere Quickswood.
70. Hansard 6/30/38; WSC V, 952; John Harvey, Hrsg., *The Diplomatic Diaries of Oliver Harvey*, London 1970, 7/2/38.
71. Papiere Hankey.
72. TMWC XXV, 402–413 (in deutscher Sprache); DGFP Serie D, Bd. I, Nr. 29–39; William L. Shirer, *The Rise and Fall of the Third Reich: A History of Nazi Germany*, New

York 1960, 307, (dt. *Aufstieg und Fall*).
73. DGFP Serie D, Bd. II, Nr. 21.
74. Franz von Papen, *Der Wahrheit eine Gasse,* München 1952, 456; DDF-2e-I; doc. 425, 549–552; Avon, 400, 402, 403; *Événements,* I, 157–158; Bernd Gisevius, *Bis zum bitteren Ende,* Zürich 1946, 229.
75. *Berliner Tageblatt* 2/21/38, und aus den damaligen Aufzeichnungen von Shirer.
76. *Evening Standard* 4/4/38;; ChP 2/328.
77. ChP 2/328.
78. TMWC XVI, 193; WM/William L. Shirer, 7/20/80; Henderson, 120; Hansard 3/2/38.
79. *NYT* 2/25/38.
80. *Frankfurter Zeitung* 3/4/38.
81. ChP 2/328; Nicolson, I, 330.
82. Shirer, *Rise and Fall,* 335, 336, 343, (dt. *Aufstieg und Fall*).
83. Henderson, 124.
84. WSC V, 910; DGFP Serie D, Bd. I, Nr. 146.
85. Jones, 208.
86. Jones, 175.
87. Jones, 395–396.
88. Churchill, *Storm,* 271, (dt. *Sturm*).
89. Winston S. Churchill, *The Grand Alliance,* Boston 1950, (dt. *Die große Allianz,* Berlin 1959).
90. DGFP Serie D, Bd. I, 273–275; Churchill, *Storm,* 271–272, (dt. *Sturm*).
91. DGFP Serie D, Bd. I, 273–275.
92. DBFP Serie D, Bd. I, Nr. 138–151, 578.
93. WSC V, 911.
94. Henderson, 124–125.
95. Nicolson, I, 330–331; Henderson, 311.
96. CAB 23/91; Papiere Templewood.
97. PrP 1/238; CAB 23/91.
98. ChP 2/328; Shirer, *Rise and Fall,* 353, (dt. *Aufstieg und Fall*).
99. WM/Shirer; Shirer, *Rise and Fall,* 351, (dt. *Aufstieg und Fall*).
100. Winston S. Churchill, *Step by Step: 1936–1939 Articles,* London 1939, 227; *NYT* 5/5/45; ChP 2/328.
101. DGFP Serie D, Bd. II, Nr. 278.
102. NCA, I, 501–502.
103. Nicolson, I, 331; Hansard 3/14/38.
104. Dilks Hrsg., 3/12/38.
105. Dilks Hrsg., 2/12/38, 4/22/38.
106. Nicolson, I, 331; DBFP Serie 3, Bd. I, Nr. 57.
107. Hansard 3/14/38.
108. Hansard 3/14/38.
109. Hansard 3/14/38; WM/Lord Boothby, 10/16/80.
110. Hansard 3/14/38.
111. *NYT* 3/18/38; DBFP Serie 3, Bd. I, Nr. 107.
112. DBFP Serie 3, Bd. I, Nr. 107; Papiere Dirksen.
113. Nicolson, I, 331; Lord Boothby; *Recollections of a Rebel,* London 1978, 134–135; WM/Boothby.
114. *Star* 3/15/35; Denkschrift Liddell Hart »Defence of Britain«, 63–74; CAB 23/93.
115. Alfred Duff Cooper, *Old Men Forget,* New York 1954, 218.
116. DGFP Serie D, Bd. II.
117. *Frankfurter Zeitung* 2/21/38.
118. Papiere Balfour.
119. Hansard 5/31/35.
120. ChP 2/266.
121. ChP 2/307, 2/299.
122. CAB 23/93.
123. ChP 2/341.
124. WM/Shirer.
125. DBFP Serie 3, Bd. I, Nr. 86; Foreign Office Studies, C 1865/132/18.
126. Foreign Office Studies, C 1865/132/18.
127. Foreign Office Studies, C 1865/132/18; Dilks Hrsg., 63; Sir Keith Feiling, *The Life of Neville Chamberlain,* London 1946, 347 to 348; Robert Keith Middlemas und John Barnes, *Baldwin,* London 1969, 188; DGFP Serie D, Bd. II, 776.
128. *Times* 3/19/38; ChP 2/238.
129. *Evening Standard* 3/18/38.
130. CAB 53/27; Foreign Policy Committee Meeting 3/21/38.
131. CAB 27/623; CAB 27/627; Feiling, 347–348.
132. Duff Cooper, 218.
133. Duff Cooper, 218.
134. DBFP Serie 3, Bd. I, Nr. 106–110, 112, 116; CAB 27/623; Hansard 3/24/38.
135. WM/Cowles; Cowles, 308–309; Middlemas und Barnes, 206–207; Hansard 3/24/38.
136. Hansard 3/24/38.
137. Hansard 3/24/38.
138. WM/Cowles; Cowles, 308–309; Middlemas und Barnes, 206–207; Dilks Hrsg. 3/26/38.

139. ChP 8/600.
140. WSC V, 835.
141. BSCP 2/2/37.
142. BSCP 2/2/37.
143. BSCP 4/8/37.
144. *Daily Express* 3/17/38; *Times* 4/1/38, 4/2/38.
145. Papiere Camrose.
146. ChP 1/328.
147. Lord Vansittart, *The Mist Procession,* London 1958, 477, 499; ChP 1/328.
148. J. Baker White, *True Blue,* London 1970, 161.
149. ChP 1/323.
150. Frederick Woods, *A Bibliography of the Works of Sir Winston Churchill KG, OM, CH,* London 1963, 75–79, 83, 221–268; ChP 8/596.
151. Soames, 366; ChP 7/626; BSCP 2/2/37.
152. Robert Rhodes James, *Churchill: A Study in Failure, 1900–1939,* London 1970, 340.
153. WM/John Grigg, 10/15/80; Rhodes James, *Failure,* 340.
154. WM/Lady Soames; WM/Lord Geoffrey Head, 11/19/80.
155. Nicolson, I, 347.
156. Shirer, *Rise and Fall,* 430–433, (dt. *Aufstieg und Fall*).
157. DGFP Serie D, Bd. II, Nr. 151.
158. Hansard 3/17/38; *NYT* 3/14/38.
159. Macmillan, 495.
160. *Observer* 11/29/37; Kinsley Martin, *Editor,* London 1968, 50; Hugh Dalton, *Memoirs, 1931–1945: The Fateful Years,* London 1957, 162.
161. *Times* 2/27/37, 6/23/37.
162. *NYT* 4/24/38; DGFP Serie D, Bd. II, Nr. 197–198; ND 388-PS Nr. 2.
163. DBFP Serie 3, Bd. I, Nr. 158.
164. DBFP Serie 3, Bd. I, Nr. 164; Papiere Templewood.
165. *Le Temps* 4/12/38; Telford Taylor, 778.
166. WM/Harold Macmillan, 12/4/80; Macmillan, 495–496.
167. Isaiah Berlin, *Mr. Churchill in 1940,* Boston 1964, 16–17.
168. DBFP Serie 3, Bd. I, Nr. 98.
169. DBFP Serie 3, Bd. II, Nr. 337.
170. Telford Taylor, 638; Generalleutnant Sir Henry Pownall, *Chief of Staff,* Bd. 1, 1933–1940, Hrsg. Brian Bond, London 1972, 80.
171. Churchill, *Storm,* 231–232, (dt. *Sturm*).
172. Balfour, 99–110; Nicolson, I, 341–342.
173. Telford Taylor, 759; Anne Morrow Lindbergh, *The Flower and the Nettle: Diaries and Letters of Anne Morrow Lindbergh 1936–1939,* New York 1976, 100, (dt. *Blume und Nessel. Jahre in Europa,* München 1984); Charles A. Lindbergh, *The Wartime Journals of Charles A. Lindbergh,* New York 1970, 22, (dt. *Kriegstagebuch: 1938–1945,* Wien/München 1976).
174. Charles Lindbergh, 73.
175. Jones, 409–411.
176. Telford Taylor, 851; Shirer, *Nightmare Years,* 238 (dt. *Das Jahrzehnt des Unheils*).
177. DBFP Serie 3, Bd. I, Nr. 171, 170.
178. DGFP Serie D, Bd. II, Nr. 154.
179. *Times* 6/3/38; Shirer, *Rise and Fall,* 376, (dt. *Aufstieg und Fall*).
180. ChP 2/329.
181. DBFP Serie 3, Bd. I, Nr. 219, Anhang III.
182. Foreign Office Papers 271/1719; ChP 2/329.
183. ChP 2/340.
184. ChP 2/340; Churchill, *Storm,* 286, (dt. *Sturm*); *Times* 5/17/38.
185. DGFP Serie D, Bd. II, Nr. 13.
186. DBFP Serie 3, Bd. I.
187. DBFP Serie 3, Bd. I; DGFP Serie D, Bd. II.
188. Telford Taylor, 392–393.
189. Telford Taylor, 655.
190. H. L. Mencken, *On Being an American,* 1923; NCA, V, 743–7.
191. *Daily Telegraph* 7/6/38, 7/26/38; ChP 2/330.
192. ChP 2/340, 2/331.
193. DBFP Serie 3, Bd. II, Anhang IV.
194. ND II, 10.
195. Helmuth Groscurth, *Tagebücher eines Abwehroffiziers 1938–1940,* herausgegeben von Helmut Krausnick und Harold Deutsch, Stuttgart 1970, 9/2/38; 9/4/38.
196. Shirer, *Rise and Fall,* 426, (dt. *Aufstieg und Fall*).
197. TMWC X, 509.
198. Hermann Förtsch, *Schuld und Verhängnis,* Stuttgart 1951, 173–174.
199. Dalton, 182.
200. ChP 2/331.
201. PrP 1/266.
202. Churchill, *Storm,* 293–294, (dt. *Sturm*).

203. PrP 1/265.
204. Telford Taylor, 670; Dilks Hrsg., 95.
205. CAB 23/95.
206. PrP 1/266.
207. PrP 1/266.
208. Feiling, 357.
209. DGFP Serie D, Bd. II, Nr. 42.
210. WSC V, 969; *Times* 9/7/38.
211. ChP 2/331.
212. Dalton, 174–175.
213. Dilks Hrsg., 95.
214. DBFP Serie 3, Bd. II, Nr. 775, 815, 818, 819, 823, 825; Dilks Hrsg., 96; Gilbert und Gott, 138; Harvey, 172–173.
215. DBFP Serie 3, Bd. II, Nr. 482.
216. *Standard* 9/13/38; CAB 23/95.
217. Telford Taylor, 676–677.
218. DBFP Serie 3, Bd. II, Nr. 862.
219. Harvey, 9/15/38; Feiling, 333; ChP 2/331.
220. WM/R. A. Butler 12/5/80; DBFP Serie 3, Bd. I, Nr. 120; ChP 1/325.
221. WM/Macmillan.
222. Sir John Wheeler-Bennett, *Munich: Prologue to Tragedy,* New York 1948, 108; Feiling, 366.
223. Papiere N. Chamberlain in Feiling, 336.
224. Shirer, *Rise and Fall,* 335, 386, (dt. *Aufstieg und Fall*); DGFP Serie D, Bd. II, Nr. 487.
225. ChP 2/343; Papiere N. Chamberlain.
226. Duff Cooper, 229; CAB 23/95.
227. DBFP Serie 3, Bd. II, Nr. 907; *Le Populaire* 9/20/38.
228. ChP 8/612; DBFP Serie 3, Bd. II, Nr. 907.
229. DBFP Serie 3, Bd. II, Nr. 928, 951, 952, 961.
230. Times 9/20/38; DBFP Serie 3, Bd. II, Nr. 978.
231. DBFP Serie 3, Bd. II, Nr. 973.
232. Dalton, 196.
233. Foreign Relations of the U. S., 1938, III.
234. DBFP Serie 3, Bd. II, Nr. 1008.
235. ChP 2/331.
236. ChP 4/92.
237. ChP 9/132.
238. Nicolson, I, 363–364.
239. Telford Taylor, 806f.; DBFP Serie 3, Bd. II, Nr. 1033.
240. DBFP Serie 3, Bd. II, Nr. 1076.
241. DBFP Serie 3, Bd. II, Nr. 1043.
242. DBFP Serie 3, Bd. II, Nr. 1058.
243. DBFP Serie 3, Bd. II, Nr. 463, 773, 499–508.
244. Paul Schmidt, *Statist auf diplomatischer Bühne;* Henderson, 156–162; *Times* 9/24/38.
245. Dilks Hrsg., 9/24/38.
246. CAB 23/95; Duff Cooper, 234; 247. Duff Cooper, 234. A. J. P. Taylor, *Origins of the Second World War,* New York 1961, 177, (dt. *Ursprünge*).
248. DBFP Serie 3, Bd. II, Nr. 1092.
249. Shirer, *Berlin Diary,* 141–142.
250. *NYT* 9/28/38.
251. WM/Macmillan; Macmillan, 507.
252. Macmillan, 505, 507; WM/Macmillan; E. S. Turner, *The Phoney War,* London 1961, 55.
253. DBFP Serie 3, Bd. II, Nr. 1231.
254. *Times* 9/29/38; Kirkpatrick, 124–125; Nicolson, I, 370– 371; Macmillan, 506.
255. Macmillan, 506; WM/Macmillan.
256. Shirer, *Rise and Fall,* 411, (dt. *Aufstieg und Fall*); Telford Taylor, 897.
257. Papiere Templewood; Peterpaul Donat, »Das Münchener Abkommen vom 29. September 1938«, *Deutsches Adelsblatt* Nr. 6 (1971), 82; Brian Gardner, *Churchill in Power: As Seen by his Contemporaries,* Boston 1970, 11.
258. WM/Walter Lippmann, 10/10/64.
259. Hansard 10/3/38.
260. *Daily Telegraph,* 3/1/65.
261. Nicolson, I, 372.
262. WSC V, 988.
263. Telford Taylor, 50–53.
264. Graf Galeazzo Ciano, *Tagebücher 1939–1943,* Berlin 1947.
265. DBFP Serie 3, Bd. II, Nr. 1210.
266. Feiling, 376.
267. Telford Taylor, 48–49.
268. Colin Coote, *A Companion of Honour: The Story of Walter Elliott,* London 1965, 174.
269. Coote, 174.
270. Coote, 174; Gardner, 13.
271. Telford Taylor, 49.
272. WM/Shirer; Boothby, *Rebel,* 130.
273. G. E. R. Gedye, *Fallen Bastions,* London 1939, 488–489; Churchill, *Storm,* 322, (dt. *Sturm*).
274. Internationales Militärtribunal, X, 572, 600, 772; Churchill, *Storm,* 302, (dt. *Sturm*).
275. IMT, XIII, S. 4; ND 739-PS.

276. Amery, III, 337; J.P. Satre, *Der Aufschub,* Reinbek 1965.
277. Gilbert und Gott, 179; Middlemas und Barnes, 179; Telford Taylor, 64–65.
278. Shirer, *Berlin Diary,* 147–148; Papiere N. Chamberlain.
279. Feiling, 376.
280. Nicolson, I, 371.
281. Halifax, 200; WM/Lord Lloyd, 11/27/80.
282. Rhodes James, *Failure,* 373; Duff Cooper, 243; ChP 2/350; Churchill, *Storm,* 234, (dt. *Sturm*).

IV. Wirbelsturm

1. ChP 2/350; WSC V, 991–992.
2. Hugh Dalton, *Memoirs, 1931–1945: The Fateful Years,* London 1957, 198; WM/Malcolm MacDonald, 11/6/80; Hansard 11/24/3.
3. Hansard 10/3/38.
4. John Evelyn Wrench, *Geoffrey Dawson and Our Times,* London 1955, 378.
5. CAB 23/95; Hansard 10/3/38.
6. Hansard 10/3/38.
7. Harold Nicolson, *Diaries and Letters 1930–1962,* Hrsg. Nigel Nicolson, 3 Bde., London 1966, I, 374.
8. Hansard 10/3/38.
9. Hansard 10/5/38.
10. Hansard 10/5/38.
11. Brian Gardner, *Churchill in Power: As Seen by His Contemporaries,* Boston 1970, 11; Robert Rhodes James, *Churchill: A Study in Failure, 1900–1939,* London 1970, 373.
12. WM/Lady Soames, 10/9/80; Mary Soames, *Clementine Churchill: The Biography of a Marriage,* Boston 1979, 363; WM/Lady Diana Cooper, 10/20/80.
13. WM/Harold Macmillan, 12/4/80; Harold Macmillan, *Winds of Change, 1914–1939,* London 1966, 485; B.H. Liddell Hart, *The Memoirs of Captain Liddell Hart,* 2 Bde., London 1965, II, 211, (dt. *Lebenserinnerungen,* Düsseldorf/Wien 1966).
14. Alfred Duff Cooper, *Old Men Forget,* London 1953, 232.
15. WM/Macmillan; Nicolson, I, 377/78.
16. WM/Lady Soames.
17. Hansard, 10/6/38; ChP 2/332.
18. ChP 2/336, 2/332; WSC V, 1006.
19. A.J.P. Taylor, *The Origins of the Second World War,* New York 1962, 123, 96, 116, (dt. *Ursprünge*); Martin Gilbert, *Churchill's Political Philosophy,* Oxford 1981, 910.
20. Sir Keith Feiling, *The Life of Neville Chamberlain,* London 1946, 406; Dalton, 202.
21. Kenneth Young, *Churchill and Beaverbrook: A Study in Friendship and Politics,* New York 1966, 128–129; WSC V, 1012.
22. WSC V, 1012, 1014–1015.
23. ChP 1/344.
24. Lord Strang, *Home and Abroad,* London 1964, zitiert in Telford Taylor, *Munich: The Price of Peace,* New York 1979, 549.
25. Kay Halle, *The Irrepressible Churchill: A Treasury of Winston Churchill's Wit,* New York 1967, 140–141; Oliver Harvey, *The Diplomatic Diaries of Oliver Harvey 1937–1940,* hrsg. von John Harvey, London 1970, 12/25/38.
26. Hansard 11/17/38; WSCHCS 6046-6048.
27. WSCHCS 6046–6048.
28. Nicolson, I, 375–376; ChP 8/597.
29. DGFP Serie D, Bd. IV, Nr. 249.
30. Nicolson, I, 384; CAB 23/97; Winston S. Churchill, *The Gathering Storm,* Boston 1948, 329, (dt. *Sturm*).
31. Churchill, *Storm,* 329–330, (dt. *Sturm*).
32. Nicolson, I, 382.
33. WM/Grace Hamblin, 11/4/80; ChP 8/624.
34. Foreign Office Papers 371/22963.
35. Halle, 255.
36. *Daily Telegraph* 1/12/39.
37. Vincent Sheean, *Between the Thunder and the Sun,* New York 1943, 73–74.
38. ChP 1/343; WM/Lady Diana Cooper, Virginia Cowles, *Winston Churchill: The Era and the Man,* New York 1953, 307.

39. BSCP 1/8/39.
40. Perry Knowlton, Adam Deixel und Iam Gonzales bei Curtis Brown; ChP 1/344; WM/Lady Soames.
41. Soames, 364.
42. Soames, 367; BSCP 12/20/38.
43. ChP 2/378.
44. ChP 1/332; Soames, 368.
45. WSC V, 1044.
46. F. Nietzsche, *Jenseits von Gut und Böse,* München 1989; *Frankfurter Zeitung* 11/5/3.
47. ChP 9/133; WM/A. J. P. Taylor, 12/1/80.
48. WSC V, 1043.
49. Papiere N. Chamberlain.
50. WSC V, 1045.
51. Phyllis Moir, *I Was Winston Churchill's Private Secretary,* New York 1941, 100.
52. Martin Gilbert, *Winston Churchill: The Wilderness Years,* London 1981, 248.
53. DGFP Serie D, Bd. IV, Nr. 55, 61; ChP 2/340.
54. ChP 3/12/39.
55. *NYT* 3/17/39.
56. William L. Shirer, *The Rise and Fall of the Third Reich: A History of Nazi Germany,* New York 1960, 445–446, (dt. *Aufstieg und Fall*).
57. Shirer, *Rise and Fall,* 445–446, (dt. *Aufstieg und Fall*); Dalton, 226–227.
58. Martin Gilbert, *Sir Horace Rumbold: Portrait of a Diplomat,* London 1973, 442.
59. Winston S. Churchill, *Step by Step: 1936–1939 Articles,* London 1939, 302–303.
60. A. J. P. Taylor, 192; WM/A. J. P. Taylor; Rhodes James, *Failure,* 377.
61. Gardner, 9–10.
62. Hansard 3/15/39.
63. *Times* 3/18/39.
64. DGFP Serie D, Bd. IV, Nr. 244.
65. Martin Gilbert und Richard Gott, *The Appeasers,* Boston 1963, 209–210, (dt. *Der gescheiterte Frieden*).
66. Hansard 5/26/39.
67. Hansard 5/26/39.
68. WM/Lord Boothby, 10/16/18; Hansard 5/26/39.
69. Gilbert und Gott, 212.
70. ChP 2/358.
71. ND UdSSR-172; ChP 8/628.
72. Hansard 3/18/39.
73. WSC V, 1069.
74. WSC V, 1070.
75. William L. Shirer, *The Collapse of the Third Reich,* New York 1969, 418, (dt. *Zusammenbruch*).
76. Gardner, 12.
77. Papiere N. Chamberlain.
78. DBFP Serie 3, Bd. IV, Nr. 288, 298, 390, 397, 398, 395.
79. DBFP Serie 3, Bd. IV, Nr. 298, 390, 397, 398.
80. DBFP Serie 3, Bd. IV, Nr. 298, 390, 397, 398.
81. DBFP Serie 3, Bd. IV, Nr. 298, 390, 397, 398.
82. DBFP Serie 3, Bd. IV, Nr. 395.
83. Léon Noël, *l'Aggression allemande contre la Pologne,* Paris 1946, 326 Fußnote 1.
84. Telford Taylor, 421; Churchill, *Storm,* 350.
85. DBFP Serie 3, Bd. IV, Nr. 433.
86. DBFP Serie 3, Bd. IV, Nr. 433, 447; Józef Beck, *Final Report,* New York 1957, 187–189.
87. Gilbert und Gott, 240; KCAB 27/624; DBFP Serie 3, Bd. IV, Nr. 515, 516.
88. ChP 2/340.
89. Ian Colvin, *The Chamberlain Cabinet,* London 1971, 194–198; Ian Colvin, *None So Blind,* New York 1965, 298–311.
90. ND R-100, C-120.
91. Hansard, 3/31/39.
92. WM/Boothby; Lord Boothby, *Recollections of a Rebel,* London 1978, 132; B. H. Liddell Hart, *History of the Second World War,* New York 1971, 11, (dt. *Geschichte des Zweiten Weltkrieges,* Düsseldorf/Wien 1972); Alfred Duff Cooper, *The Second World War: First Phase,* New York 1939, 320.
93. Churchill, *Storm,,* 347; Hansard 4/3/39.
94. CAB 23/98; Liddell Hart, *Second World War,* 16, (dt. *Zweiter Weltkrieg*).
95. Lord Halifax, *Fullness of Days,* London 1957, 206.
96. Lord Vansittart, *The Mist Procession,* London 1958, 430; Gilbert und Gott, 245.
97. DBFP Serie 3, Bd. V, Nr. 207.
98. Churchill, *Storm,* 350, 352, (dt. *Sturm*); Arthur Christiansen, *Headlines All My Life,* New York 1962, 89.
99. Churchill,*Storm,* 350-351, (dt. *Sturm*).

100. Papiere N. Chamberlain.
101. Macmillan, 539; WM/Macmillan.
102. Papiere Templewood.
103. Papiere N. Chamberlain, Tagebuch; DBFP Serie 3, Bd. III, Nr. 477, 495, 496, 500, 502; Graf Galeazzo Ciano, *Tagebücher. 1939-1943*, Bern 1947.
104. Hansard 4/3/39; *Times* 4/1/39.
105. Papiere N. Chamberlain; Papiere Murray; ChP 2/358.
106. Shirer, *Rise and Fall*, 341, (dt. *Aufstieg und Fall*).
107. Gardner, 17.
108. Gilbert, *Political Philosophy*, 376.
109. Gilbert, *Wilderness*, 249; Reed Whittemore, »Churchill and the Limitations of Myth«, *Yale Review*, Winter 1955.
110. WSC V, 1016.
111. Sir John Colville, *The Fringes of Power, 10 Downing Street Diaries, 1939-1955*, New York 1985, 260, 264, (dt.*Downing Street Tagebücher*).
112. *Atlantic Monthly*, Oktober 1940; *Spectator* 7/12/40; *Transcript* 9/26/40.
113. Gardner, 16, 17.
114. WM/Boothby; Lord Boothby, *Rebel*, 182; E. L. Spears, *Assignment to Catastrophe*, 2 Bde., New York 1955, I, *Prelude to Dunkirk*, 38-39.
115. WM/MacDonald.
116. ChP 2/332.
117. CAB 27/624.
118. Hansard 11/18/38.
119. PrP 3/2/39.
120. PrP 1/358; Papiere Baruch.
121. Nicolson, I, 398; ChP 2/360.
122. Nicolson, I, 398-399; *British Weekly*, 4/27/39; Feiling, 386.
123. Feiling, 406; Nicolson, I, 399.
124. DGFP Serie D, Bd. VI, Nr. 169; WM/R. A. Butler 12/5/80.
125. Papiere N. Chamberlain.
126. Hansard 4/13/39.
127. Hansard 4/13/39.
128. Churchill, *Storm*, 355, (dt.*Sturm*); *Frankfurter Zeitung*, 4/29/39.
129. ChP 2/322.
130. Churchill, *Storm*, 353,(dt.*Sturm*).
131. *Daily Telegraph* 4/28/39; Hansard 4/27/39.
132. WSC V, 1065-1066; Papiere N. Chamberlain.
133. *NYT* 5/23/39; Papiere Ironside.
134. ChP 2/350, 8/264.
135. WSC V, 1068, 1080; WM/Butler.
136. WSC V, 1080, 1082, 1084.
137. ChP 2/371, 2/364, 8/628.
138. Viscount Templewood, *Nine Troubled Years*, London 1954, 378; ChP 2/363.
139. Foreign Office Papers 371/22974.
140. Papiere Camrose; Nicolson, I, 6/30/39.
141. Papiere Camrose.
142. WSC V, 1086; Papiere N. Chamberlain.
143. ChP 2/360, 2/343.
144. Chp 8/638.
145. ChP 8/217, 8/626.
146. Winston S. Churchill, *A History of the English-speaking Peoples*, 4 Bde., London 1956-1958, I, 1, (dt.*Geschichte*, Bern 1956-1958).
147. ChP 2/302; BSCP 1/7/37.
148. ChP 1/325.
149. ChP 8/596, 8/597.
150. ChP 8/626.
151. WM/Hamblin; WM/Kathleen Hill, 11/4/80.
152. ChP 8/625.
153. Isaiah Berlin, *Mr. Churchill in 1940*, Boston 1964, 9.
154. WM/A. J. P. Taylor.
155. ChP 8/626.
156. ChP 8/626.
157. ChP 8/626.
158. ChP 8/626.
159. Papiere N. Chamberlain.
160. ChP 2/358.
161. Air Ministry Papers 19/26, 19/29.
162. *Yorkshire Post* 6/28/39; Hansard (Oberhaus) 6/11/39.
163. ChP 2/359; Nicolson, I, 403.
164. Aufzeichnungen Walter Lippmann, Papiere Lippmann, zitiert in WSC V, 1074-1075.

V. In der Brandung

1. Papiere Ironside.
2. Papiere Ironside.
3. PrP 1/332.
4. Papiere Ironside.
5. Hansard 4/3/39.
6. *Daily Telegraph* 5/4/39.

7. Hansard 4/3/39.
8. *Sunday Express* 12/5/30; *Times* 1/21/27.
9. Hansard 4/3/39.
10. Keith Feiling, *The Life of Neville Chamberlain,* London 1946, 603; Hansard 4/13/39.
11. DBFP Serie 5, Bd. II, Nr. 1222, 623–624; Ivan Maisky, *The Origins of the Second World War,* Rundfunkansprache, 1961, zitiert in Martin Gilbert und Richard Gott, *The Appeasers,* Boston, 1963, 31 (dt. *Der gescheiterte Frieden*).
12. DBFP Serie 5, Bd. II, Nr. 1221; DBFP Serie 5, Bd. IV, Nr. 433; Hansard 3/23/39; WM/Lord Boothby, 10/16/80; Lord Boothby, *I Fight to Live,* London 1947, 189.
13. Harold Nicolson, *Diaries and Letters 1930–1962,* hrsg. von Nigel Nicolson, 3 Bde., London 1966, I, 394.
14. Nicolson, I, 391.
15. Papiere N. Chamberlain.
16. Harold Macmillan, *Winds of Change,* London 1966, 542.
17. Thomas Jones, *A Diary with Letters, 1931–1950,* Oxford 195.
18. Hansard 4/13/39.
19. *Times* 4/16/39.
20. David Dilks Hrsg., *The Diaries of Sir Alexander Cadogan O. M. 1938–1945,* New York 1972, 4/19/39; Lord Halifax, *Fullness of Days,* London 1957, 206–207; DBFP Serie 3, Bd. V, Nr. 228, 229.
21. DBFP Serie 3, Bd. I, Nr. 107.
22. WM/Harold Macmillan, 12/4/80; Macmillan, 542; Winston S. Churchill, *The Gathering Storm,* Boston 1948, 365, (dt. *Sturm*).
23. Jones, 418; *Le Monde* 3/28/39.
24. Dilks Hrsg., 175; CAB 23/98.
25. Jones, 210; CAB 27/624, 27/627.
26. CAB 27/624, 27/627.
27. Dilks Hrsg., 180; WM/Duncan Sandys, 11/7/80.
28. Churchill, *Storm,* 366, (dt. *Sturm*).
29. Robert Coulondre, *De Staline à Hitler: Souvenirs de deux ambassades, 1936–1939,* Paris 1950, 270; Georges Bonnet, *De Munich à la guerre,* Paris 1967, 184.
30. Telford Taylor, *Munich: The Price of Peace,* New York 1979, 975; William L. Shirer, *The Collapse of the Third Republic,* New York 1969, 428, (dt. *Zusammenbruch*); Churchill, *Storm,* 366, 367; *Frankfurter Zeitung* 5/7/39.
31. Nicolson, I, 401; Churchill, *Storm,* 366, (dt. *Sturm*).
32. *Daily Telegraph* 5/4/39.
33. Papiere Camrose.
34. William L. Shirer, *The Rise and Fall of the Third Reich: A History of Nazi Germany,* New York 1960, 481, (dt. *Aufstieg und Fall*).
35. Churchill, *Storm,* 371, 373–374, (dt. *Sturm*); Hansard 5/19/39; Feiling, 603.
36. Feiling 603; ChP 2/332.
37. Hansard 5/19/39.
38. Hansard 5/19/39.
39. *Observer* 7/22/39.
40. Richard M. Watt, *Bitter Glory: Poland and Its Fate 1918–1939,* New York 1974, 389–390; DBFP Serie 3, Bd. VI, Nr. 104–107; DGFP Serie D, Bd. V, Nr. 13; Dilks Hrsg., 163–164; CAB 27/624.
41. Józef Beck, *Dernier Rapport: politique polonaise 1926–1939,* Neuchâtel 1951, 187–189; DBFP Serie 3, Bd. IV, Nr. 518.
42. DGFP Serie D, Bd. IV, Nr. 518.
43. DBFP Serie 3, Bd. V, Nr. 163; Bd. VI, Nr. 16.
44. *NYT* 4/29/39; Shirer, *Rise and Fall,* 455, 471, (dt. *Aufstieg und Fall*).
45. NCA, VI, 916–928.
46. Papiere N. Chamberlain; DGFP Serie D, Bd. VII, Nr. 417.
47. DGFP Serie D, Bd. IV, Nr. 513; Bd., VII, Nr. 307, ND TC-73.
48. ChP 2/360.
49. ChP 2/367.
50. ChP 9/137.
51. ChP 4/19; *Yorkshire Post* 6/28/39; WSCHCP 6141–6142.
52. Papiere N. Chamberlain.
53. DBFP Serie 3, Bd. VI, Nr. 289, 197, 198.
54. DBFP Serie 3, Bd. VI, Nr. 212; Hansard 7/10/39.
55. Papiere N. Chamberlain.
56. DBFP Serie 3, Bd. VI, Nr. 176, 222, 327; Gilbert und Gott, 256.
57. WM/Macmillan; Macmillan 542; DBFP Serie 3, Bd. VI, Nr. 659.
58. Papiere N. Chamberlain.
59. *Times* 6/13/39; Churchill, *Storm,* 389, (dt. *Sturm*); Nicolson, I, 404.
60. Churchill, *Storm,* 387–388, (dt. *Sturm*).
61. DDF-2e-II, III, IV, V; Earl of Avon,

Facing the Dictators, Boston 1962, 547–548.
62. *Observer* 7/22/39.
63. WM/Boothby.
64. Papiere Templewood; Churchill, *Storm,* 363, (dt. *Sturm*).
65. *Prawda* 6/16/39; Churchill, *Storm,* 390, 365, 368, (dt. *Sturm*).
66. Telford Taylor, 976; Dilks Hrsg., 189.
67. WM/Macmillan; Macmillan 542.
68. Churchill, *Storm,* 363, (dt. *Sturm*); Boothby, *I Fight to Live,* 189.
69. Shirer, *Collapse,* 428f., (dt. *Zusammenbruch*).
70. WM/Walter Lippmann, 10/10/64; »The Reminiscences of Walter Lippmann«, 191–193, in Oral History Collection, Yale University Walter Lippmann Collection; Shirer, *Collapse,* 426, (dt. *Zusammenbruch*).
71. *Le Livre Jaune Français. Documents diplomatiques, 1939–1940,* Nr. 120, 153–155.
72. Churchill, *Storm,* 367–370, (dt. *Sturm*); DGFP Serie D, Bd. VI, Nr. 616–617.
73. Churchill, *Storm,* 393–394, (dt. *Sturm*).
74. DGFP Serie D, Bd. VI, Nr. 429.
75. ND 1526-PS, 084-PS, 288-P; *Deutsch-Sowjetische Beziehungen, 1939–1941. Dokumente aus den Archiven des Deutschen Auswärtigen Amts,* Washington 1948, 5–7, 8–9.
76. Shirer, *Rise and Fall,* 503, (dt. *Aufstieg und Fall*).
77. DGFP Serie D, Bd. VI, Nr. 1033–1035.
78. Shirer, *Rise and Fall,* 673, (dt. *Aufstieg und Fall*); DBFP, Anhang V, 763.
79. Shirer, *Collapse,* 454, 455–456, (dt. *Zusammenbruch*); DBFP Serie 3, Anhang II, Nr. 558–614; *Événements,* I, 39ff.
80. Shirer, *Collapse,* 454–456.
81. Shirer, *Rise and Fall,* 714.
82. Hansard 4/3/39.
83. DBFP Serie 3, Bd. V, Anhang I (1); Bd. VI, Nr. 458, 460.
84. DBFP Serie 3, Bd. VI, Nr. 461.
85. DBFP Serie 3, Bd. VI, Nr. 585.
86. Shirer, *Collapse,* 451, (dt. *Zusammenbruch*).
87. Mehrere Interviewpartner des Verfassers haben Churchills Bemerkung über die Wochenenden zitiert.
88. Shirer, *Collapse,* 451–455 (dt. *Zusammenbruch*).
89. DGPF Serie D, Bd. VII, Nr. 49, 58–59, 13, 48.
90. Shirer, *Collapse,* 452 (dt. *Zusammenbruch*).
91. ND 1618-PS; DGFP Serie D, Bd. II, Nr. 67–68.
92. DGFP Serie D, Bd. VII, Nr. 75.
93. DGFP Serie D, Bd. VII, Nr. 105.
94. Shirer, *Collapse,* 463 (dt. *Zusammenbruch*); DGFP Serie D, Bd. VII, Nr. 113.
95. DGFP Serie D, Bd. VII, Nr. 125.
96. Shirer, *Collapse,* 465 (dt. *Zusammenbruch*).
97. Churchill, *Storm,* 391, 390, (dt. *Sturm*).
98. Bonnet, 301–302; General Maurice Gustave Gamelin, *Servir,* 3 Bde., Paris 1946, I, 23–24.
99. DBFP Serie 3, Nr. 212; *Événements,* II, (Dokumente), 276–278; Bonnet, 305–308.
100. Papiere N. Chamberlain.
101. Papiere Selborne; Nicolson, I, 8/1/39; WSC V, 1095.
102. Nicolson, I, 407.
103. Hansard 8/2/39.
104. Hansard 8/2/39.
105. Nicolson, I, 407–408.
106. ChP 9/137.
107. ChP 9/137.
108. Jones, 419.
109. *Observer* 7/22/39.
110. DGFP Serie D, Bd. VII, Nr. 62–64.
111. ChP 2/365.
112. BSCP 8/14/39.
113. BSCP; E.L. Spears, *Assignment to Catastrophe,* 2 Bde., New York 1955, I, 5.
114. Alistair Horne, *To Lose a Battle,* Boston 1969, 29.
115. Spears, I, 9.
116. Spears, I, 10.
117. ChP 2/371.
118. ChP 2/371.
119. Siehe Churchill, *Storm,* 474–475 (dt. *Sturm*); ChP 2/371.
120. Shirer, *Collapse,* 186, (dt. *Zusammenbruch*).
121. Spears, I, 9; Horne, 18; Churchill, *Storm,* 474, (dt. *Sturm*); Simone de Beauvoir, *In den besten Jahren,* Reinbek 1961.
122. Churchill, *Storm,* 474, (dt. *Sturm*); Horne, 72.
123. Winston S. Churchill, *Their Finest*

Hour, Boston 1949, 36–37, (dt. *Der Zweite Weltkrieg. Englands größte Stunde,* Bern 1949).
125. B. H. Liddell Hart, *The Memoirs of Captain Liddell Hart,* 2 Bde., London 1965, I, 373, (dt. *Lebenserinnerungen*).
126. Spears, I, 7.
127. WM/Lady Soames, 10/9/80; Consuelo Balsan, *The Glitter and the Gold,* New York 1952, 298.
128. Papiere Maze, Tagebuch Maze.
129. Churchill, *Storm,* 400, (dt. *Sturm*); Nicolson, I, 411; Brian Gardner, *Churchill in Power: As Seen by His Contemporaries,* Boston 1940, 18.
130. Churchill, *Storm,* 400–401, (dt. *Sturm*).
131. Churchill, *Storm,* 401, (dt. *Sturm*).
132. Churchill, *Storm,* 401, (dt. *Sturm*); Mary Soames, *Clementine Churchill: The Biography of a Marriage,* Boston 1979, 369.
133. Nicolson, I, 411; ChP 1/344.
134. Churchill, *Storm,* 396, (dt. *Sturm*); CV V/3, 1597; Nicolson, I, 413; Papiere Norwich.
135. WSC V, 1105; Papiere Norwich, Tagebuch Duff Cooper.
136. Papiere Ironside.
137. ChP 2/361.
138. Churchill, *Storm,* 396, (dt. *Sturm*).
139. The British Blue Book, 98–104; DGFP Serie D, Bd. VII, Nr. 210–219; Churchill, *Storm,* 396–397, (dt. *Sturm*).
140. Shirer, *Rise and Fall,* 564, (dt. *Aufstieg und Fall*).
141. Shirer, *Rise and Fall,* 564, (dt. *Aufstieg und Fall*); Churchill, *Storm,* 442–443.
142. C. Roberts, *The Nazi Claim to Colonies,* Einführung von Alfred Duff Cooper, London 1939.
143. DBFP Serie 3, Bd. VII, Nr. 309.
144. DBFP Serie 3, Bd. VII, Nr. 367.
145. The British Blue Book, 120–123.
146. Shirer, *Rise and Fall,* 479–480, (dt. *Aufstieg und Fall*).
147. Winston S. Churchill, *A History of the English Speaking Peoples,* 4 Bde., London 1956–1958, I, 58–59, (dt. *Geschichte*).
148. R. J. Minney, *The Private Papers of Hore-Belisha,* London 1960, 220.
149. Churchill, *English Speaking Peoples,* II, 125–126, (dt. *Geschichte*).
150. DBFP Serie 3, Bd. VII, Nr. 3.
151. DBFP Serie 3, Bd. VII, Nr. 349, Fn. 7; Nr. 402, Fn. 3; Nr. 406, 411.
152. ChP 8/626.
153. Churchill, *English Speaking Peoples,* III, 306–308, (dt. *Geschichte*).
154. DBFP Serie 3, Bd. VII, Nr. 420, 426, 455.
155. DBFP Serie 3, Bd. VII, Nr. 455.
156. DBFP Serie 3, Bd. VII, Nr. 508.
157. DBFP Serie 3, Bd. VII, Nr. 508; Sir Nevile Henderson, *Failure of a Mission: Berlin 1937–1939,* New York 1940, 266.
158. DBFP Serie 3, Bd. VII, Nr. 519.
159. DBFP Serie 3, Bd. VII, Nr. 501, 493; Henderson, 267–268.
160. DBFP Serie 3, Bd. VII, Nr. 523, 526.
161. Foreign Relations of the U. S., Kennedy and Hull, 8/30/39; Minney, 223–224; DBFP Serie 3, Bd. VII, Nr. 539.
162. ND 2751-PS.
163. Henderson, 270.
164. Paul Schmidt, *Statist auf diplomatischer Bühne,* Bonn 1949, 460; KDBFP Serie 3, Bd. VII, Nr. 589.
165. KDGFP Serie D, Bd. VII, Nr. 405.
166. ChP 2/364.
167. ChP 8/626, 8/624.
168. ChP 8/624.
169. Papiere Ironside.
170. *Daily Mirror* 7/13/39; Churchill, *Storm,* 405, (dt. *Sturm*).
171. Churchill, *Storm,* 405, (dt. *Sturm*); Martin Gilbert, *Winston Churchill: The Wilderness Years,* London 1981, 262.
172. Hansard, 9/1/39.
173. Shirer, *Rise and Fall,* 602, (dt. *Aufstieg und Fall*).
174. Shirer, *Rise and Fall,* 500, (dt. *Aufstieg und Fall*); Birger Dahlerus, *The Last Attempt,* London 1947, 120, (dt. *Der letzte Versuch, London–Berlin 1939,* München 1948); TMWC IX, 471.
175. DBFP Serie 3, Bd. VII, Nr. 644.
176. DGFP Serie D, Bd. VII, Nr. 509–510; Josiah Wedgwood, *Memoirs of the Fighting Life,* London 1941, 225.
177. Gardner, 17–18.
178. Command Paper 6144.
179. DGFP Serie D, Bd. VII, Nr. 664, 639, 648.
180. ChP 4/96; Churchill, *Storm,* 406, (dt. *Sturm*).
181. WM/Kathleen Hill, 4/11/80.

182. Papiere Camrose; Papiere Hankey.
183. Minney, 225.
184. Minney, 225, 226.
185. DBFP Serie 3, Bd. VII, Nr. 731, 713.
186. Spears, I, 18.
187. Churchill, *Storm*, 406, (dt. *Sturm*); Spears, I, 20.
188. Spears, I, 20; Hansard 9/2/39.
189. Hugh Dalton, *Memoirs, 1931 to 1945: The Fateful Years*, London 1957, 264–265; Alfred Duff Cooper, *Old Men Forget*, London 1953, 259; Spears, I, 21; Churchill, *Storm*, 406, (dt. *Sturm*); L. S. Amery, *My Political Life*, 3 Bde., London 1953, III, 324; Hansard 9/2/33.
190. Amery, III, 324; Ivone Kirkpatrick, *The Inner Circle*, London 1959, 143–144; Spears, I, 22; Halifax, 210.
191. DBFP Serie 3, Bd. VII, Nr. 734.
192. DBFP Serie 3, Bd. VII, Nr. 751.
193. DBFP Serie 3, Bd. VII, Nr. 740, 743.
194. Lady Diana Cooper, *The Light of Common Day*, Boston 1959, 257; WM/Lady Diana Cooper, 10/20/80.
195. WM/Lady Diana Cooper; Duff Cooper, 259.
197. Duff Cooper, 259; Churchill, *Storm*, 407, (dt. *Sturm*); Papiere Norwich.
198. Papiere Norwich.
199. Papiere Norwich.
200. Papiere Norwich.
201. ChP 4/96; Churchill, *Storm*, 407, (dt. *Sturm*).
202. ChP 4/96; Churchill, *Storm*, 407, (dt. *Sturm*).
203. Menney, 226; *Sunday Times* 9/6/64; Robert Rhodes James, *Churchill: A Study in Failure, 1900–1939*, London 1970, 379; Amery, III, 324.
204. *Sunday Times* 9/6/64; Minney, 227.
205. DBFP Serie 3, Bd. VII, Nr. 739.
206. DBFP Serie 3, Bd. VII, Nr. 740.
207. *Sunday Times* 9/6/64; Bonnet, 364.
208. Gilbert und Gott, 308; DBFP Serie 3, Bd. VII, Nr. 741.
209. Kirkpatrick, 143–144.
210. *Sunday Times* 9/6/64; Minney, 227; DBFP Serie 3, Bd. VII, Nr. 746.
211. *Sunday Times* 9/6/64.
212. *Sunday Times* 9/6/64.
213. Papiere Norwich, Tagebuch Duff Cooper; ChP 8/639.
214. Kirkpatrick, 144; Bonnet, 363; Graf Galeazzo Ciano, *Tagebücher 1939–1943*, Berlin 1947.
215. Dahlerus, 109.
216. ChP 2/363; Churchill, *Storm*, 408, (dt. *Sturm*); W. H. Thompson, *Sixty Minutes with Winston Churchill*, London 1953.
217. W. H. Thompson; Papiere Martia Russel; Churchill, *Storm*, 408, (dt. *Sturm*).
218. Hansard 9/3/39; Churchill, *Storm*, 409, (dt. *Sturm*).
219. Hansard 9/3/39.
220. Hansard 9/3/39.
221. Papiere Amery, Tagebuch Amery.
222. Churchill, *Storm*, 409, (dt. *Sturm*); Gilbert, *Wilderness*, 267.
223. Churchill, *Storm*, 419–420, (dt. *Sturm*); Laurence Thompson, *1940*, New York 1966, 31.
224. CAB 65/1; Churchill, *Storm*, 442, (dt. *Sturm*); Minney, 228–230; WM/Sir Ian Jacob, 11/1/80; Jacob an Martin Gilbert, 7/1/82.
225. WM/Lady Diana Cooper.

VI. Flutkatastrophe

1. WM/Kathleen Hill, 11/4/80; Winston S. Churchill, *The Gathering Storm*, Boston 1948, 409–410, (dt. *Sturm*).
2. Churchill, *Storm*, 410, (dt. *Sturm*); CAB 100/1; Admiral of the Fleet Lord Fraser of North Cape, »Churchill and the Navy«, in Sir James Marchant Hrsg., *Winston Spencer Churchill: Servant of Crown and Commonwealth*, London 1954, 78–79; Erinnerungen von John Higham an Gespräche mit Martin Gilbert, 3/1/82.
3. Hansard 9/6/39; Churchill, *Storm*,, 331, (dt. *Sturm*).
4. Fraser, in Marchant, 81.
5. ChP 4/123.
6. Sir John Colville, *The Churchillians*, London 1981, 88.
7. T. R. Fehrenbach, *F. D. R.'s Undeclared War 1939–1941*, New York 1967.

8. Francis L. Loewenheim, Harold D. Langley und Manfred Jonas Hrsg., *Roosevelt and Churchill: Their Secret Wartime Correspondence,* New York 1975, 5.
9. *New York Sun,* 9/2/39; *NYT* 8/20/14; 9/4/39.
10. Fehrenbach, 42–43.
11. Churchill, *Storm,* 440–441, (dt. *Sturm*).
12. Papiere der Admiralität 199/1928; ChP 4/123.
13. Churchill, *Storm,* 421, (dt. *Sturm*); WM/Lady Soames, 10/9/80; Mary Soames, *Clementine Churchill: The Biography of a Marriage,* Boston 1979, 372.
14. Diana Cooper, *Trumpet from the Steep,* London 1960, 37.
15. Papiere Pim; Arthur Marder, *From the Dardanelles to Oran,* London 1974, 29; Fraser in Marchant, 87.
16. Papiere Pim.
17. Papiere Pim.
18. Bernard Sendall erinnert sich an Gespräche mit Martin Gilbert, 11/14/79; Papiere Shakespeare.
19. Churchill, *Storm,* 411, (dt. *Sturm*); Fraser in Marchant, 79–80; Arthur Marder, »Winston Is Back: Churchill at the Admiralty«, *English Historical Review,* Anhang 5, Aberdeen 1972, 2; Marder, *Dardanelles,* 106–107.
20. Turner Catledge, *My Life and the Times,* New York 1971, 157.
21. Marder, *English Historical Review,* 2; Papiere der Admiralität 205/2.
22. Charles Eade Hrsg., *Churchill by His Contemporaries,* New York 1954, 121; Fraser in Marchant, 78–80.
23. Führerbesprechungen über die Kriegführung, 1939, (mimeographiert von der Britischen Admiralität), London 1947, 13–14.
24 .DBFP Serie 3, Bd. VII, Nr. 283.
25. ND C-189, C-190.
26. Churchill, *Storm,* 163–164, (dt. *Sturm*).
27. DBFP Serie 3, Bd. VIII, Nr. 283.
28. Hansard 9/26/39.
29. Hansard 9/26/39.
30. WSCHCS 6160–6164 (10/1/39).
31. Winston S. Churchill, *The World Crisis,* 5 Bde., (dt. *Weltkrise*) und *The Aftermath,* New York, 1923–1931, II, 391.
32. Churchill, *Storm,* 429, (dt. *Sturm*).
33. Chiefs of Staff, 17 von 1939; CAB 79/1; Stephen Roskill, *The War at Sea,* 3 Bde., London 1954, I, 78–80.
34. Churchill, *Storm,* 433–444, (dt. *Sturm*).
35. CAB 65/1; Papiere der Admiralität 203/2.
36. William L. Shirer, *The Rise and Fall of the Third Reich: A History of Nazi Germany,* New York 1960, 646, (dt. *Aufstieg und Fall*).
37. Churchill, *Storm,* 433, (dt. *Sturm*).
38. Brian Gardner, *Churchill in Power: As Seen by His Contemporaries,* Boston 1970, 27; Hansard 11/8/39; CAB 65/1.
39. William L. Shirer, *Berlin Diary,* New York 1941, 237.
40. WM/Lady Soames; Soames, 372.
41. Churchill, *Storm,* 528, 527, (dt. *Sturm*); Soames, 374; Papiere Templewood.
42. Marder, *English Historical Review,* 2; J.H. Godfrey, *Naval Memoirs of Admiral J.H. Godfrey,* Privatdruck 1964–1965, I, VI, 35.
43. Marder, *English Historical Review,* 9.
44. ChP 19/3; Churchill, *Storm,* 465, (dt. *Sturm*).
45. ChP 19/3; Churchill, *Storm,* 465, (dt. *Sturm*).
46. Captain J. S. S. Litchfield an den Verfasser; Marder, *English Historical Review,* 3; Churchill, *Storm,* 414, (dt. *Sturm*).
47. Hansard 12/6/39; Churchill, *Storm,* 414, 505–508, 707–711; Marder, *English Historical Review,* 10, 28; CAB 65/6.
48. Papiere der Admiralität 199/1928; Churchill, *Storm,,* 413–414, (dt. *Sturm*).
49. Papiere der Admiralität 205/5, 199/19.
50. Papiere der Admiralität 199/1928, 205/5; Marder, *English Historical Review,* 31–38; WSC VI, 26–27, 37–38.
51. Fraser in Marchant, 78.
52. Fraser in Marchant, 78; ChP 19/3, 25/4; CAB 16/132; Papiere Weir.
53. S.W. Roskill, »Marder, Churchill, and the Admiralty 1932–42«, RUSI *Journal,* Dezember 1972.
54. Papiere der Admiralität 205/6.
55. Vizeadmiral R. D. Oliver an den Verfasser; Marder, *English Historical Review,* 22.

56. Donald McLachan, »Naval Intelligence in the Second World War«, RUSI *Journal,* 112, August 1967, 244.
57. CAB 66/1; Papiere der Admiralität 199/1928.
58. Charles Stuart Hrsg., *The Reith Diaries,* London 1975, 249; CAB 132/33.
59. B.H. Liddell Hart, *The Memoirs of Captain Liddell Hart,* 2 Bde., London 1965, II, 27, (dt. *Lebenserinnerungen*).
60. Charles de Gaulle, *Le fil de l'épée,* Paris 1932, (dt. *Des Schwertes Schneide,* Bonn 1961).
61. Robert Wernick, *Blitzkrieg,* New York 1976, 24.
62. Churchill, *Storm,* 450, 442, (dt. *Sturm*).
63. Churchill, *Storm,* 451, (dt. *Sturm*).
64. CAB 61/11.
65. CAB 65/1; Command Paper 6144 (Treaty Series Nr. 58) 1939.
66. B. H. Liddell Hart, *History of the Second World War,* New York 1971, 18, (dt. *Geschichte des Zweiten Weltkrieges*); William L. Shirer, *The Collapse of the Third Republic,* New York 1969, 519, (dt. *Zusammenbruch*); Churchill, *Storm,* 558, (dt. *Sturm*).
67. Churchill, *Storm,* 451, (dt. *Sturm*); CAB 83/3, 92/111; WSC VI, 15.
68. Tagebuch Hoare, Papiere Templewood; CAB 66/1; ChP 4/131.
69. CAB 65/1, 100/1; L.S. Amery, *My Political Life,* 3 Bde., London 1953, III, 330; E.L. Spears, *Assignment to Catastrophe,* 2 Bde., New York 1966, I, 31–32; Hugh Dalton, *Memoirs, 1931–1945; The Fateful Years,* London 1957, 274.
70. R.J. Minney, *The Private Papers of Hore-Belisha,* London 1960, 251; Iain Macleod, *Neville Chamberlain,* New York 1962, 286.
71. Hansard 9/6/39; Spears, I, 29; Dalton 274, 277.
72. Sir Keith Feiling, *The Life of Neville Chamberlain,* London 1946, 440.
73. Churchill, *Storm,* 574–575, (dt. *Sturm*).
74. Dalton, 292; L.F. Ellis, *The War in France and Flanders,* London 1953, 30–31; Viscount Templewood, *Nine Troubled Years,* London 1954, 428.
75. Général Maurice Gustave Gamelin, *Servir,* 3 Bde., Paris 1947, II, 413–416, 424–425; Sir Lewis B. Namier, *Diplomatic Prelude,* London 1948, 459–460.
76. Gamelin, I, 23–24; *Événements,* II, 276–278.
77. Gamelin, I, 24.
78. Shirer, *Rise and Fall,* 840, (dt. *Aufstieg und Fall*).
79. TMWC XI, 350; TMWC X, 519.
80. TMWC XII, 1086.
81. Tagebuch Franz Halder, 9/7/39.
82. Jacques Minart, *P. C. Vincennes Secteur 4,* 2 Bde., Paris 1945, I, 19–20; Gamelin, III, 60–61, 55.
83. Général André Beaufre, *Le drame de 1940,* Paris 1965, 189; Général Charles de Gaulle, *Mémoires de guerre,* 3 Bde., Paris 1954, I, 22, (dt. *Memoiren,* Frankfurt 1955).
84. TMWC I, 257.
85. Shirer, *Rise and Fall,* 744, (dt. *Aufstieg und Fall*).
86. A.J.P. Taylor, *The Origins of the Second World War,* New York 1962, 228, Fn. 4, (dt. *Ursprünge*).
87. Virginia Cowles, *Winston Churchill: The Era and the Man,* New York 1953, 313.
88. WSCHCS 6160–6164 (10/1/39).
89. WSCHCS 6160–6164.
90. Sir John Colville, *The Fringes of Power: 10 Downing Street Diaries 1939–1955,* New York 1985, 29, (dt. *Downing Street Tagebücher*); Papiere Templewood; Papiere Chamberlain.
91. Shirer, *Berlin Diary,* 229; *Time* 10/10/39.
92. WSCHCS 6171–6175 (11/12/39).
93. WSCHCS 6171–6175 (11/12/39).
94. Colville, *Fringes,* 50, (dt. *Downing Street Tagebücher*); Harold Nicolson, *Diaries and Letters 1930–1962,* hrsg. von Nigel Nicolson, 3 Bde., London 1966, II, 59.
95. WSCHCS 6183–6186 (1/20/40).
96. Tagebuch Hoare, Papiere Templewood; ChP 23/3.
97. CAB 11/39; Général Paul-Émile Tournoux, »Les origines de la ligne Maginot«, *Revue d'Histoire de la Deuxième Mondiale,* Nr. 33, Januar 1959, 14.
98. WSCHCS 6183–6186 (1/20/40).
99. Churchill, *Storm,* 541, (dt. *Sturm*); Liddell Hart, *Second World War,* 45, (dt. *Geschichte des Zweiten Weltkrieges*).

100. Kay Halle, *The Irrepressible Churchill: A Treasury of Winston Churchill's Wit,* New York 1967, 153.
101. WSCHCS 6171–6175 (11S/12/39).
102. B. Baxter, *Men, Martyrs, and Mountebanks,* London 1940, 251; Cowles, 312–313.
103. Nicolson, II, 34–35, 37, 38.
104. Laurence Tompson, *1940,* New York 1966, 32.
105. WSCHCS 6171–6175 (11/12/39); Colville, *Fringes,* 108, (dt. *Downing Street Tagebücher*); Papiere N. Chamberlain, Tagebuch.
106. Cowles, 311; Gardner, 21.
107. Churchill, *Storm,* 495, (dt. *Sturm*).
108. Churchill, *Storm,* 494–495, (dt. *Sturm*).
109. Soames, 374; Fraser in Marchant, 81.
110. Soames, 374; Diana Cooper, 37; WM/Lady Soames; WM/Lady Diana Cooper.
111. Thompson, 24.
112. *Times* 10/5/39; ChP 1/355.
113. WM/Lady Soames.
114. Thompson, 17.
115. WM/Lady Soames.
116. Feiling, 424; Churchill, *Storm,* 549, (dt. *Sturm*); Fehrenbach, 45.
117. T. Harrison und C. Madge Hrsg., *War Begins at Home,* London 1940, 39; Margery Allingham, *The Oaken Heart,* London 1941, 84; Thompson, 14.
118. *Time* 1/22/40.
119. Colville, *Fringes,* 116, (dt. *Downing Street Tagebücher*); Thompson, 15; ChP 19/2.
120. *Times* 12/26/39.
121. Thompson, 13–28 passim.
122. Thompson, 13–28 passim.
123. Thompson, 13–28 passim.
124. Thompson, 16.
125. Telford Taylor, *The Breaking Wave: The Second World War in the Summer of 1940,* New York 1967, 39.
126. CAB 65/3.
127. ChP 9/2.
128. ND L-52; DGFP Serie D, Bd. VIII, Nr. 224.
129. WM/William L. Shirer, 7/20/71; Emmanuel Beau de Loménie, *La mort de la Troisième République,* Paris 1951, 128–129.
130. Foreign Relations of the U. S. 1940, I, 107.
131. Churchill, *Storm,* 479, (dt. *Sturm*).
132. *Time* 9/18/39; Shirer, *Berlin Diary,* 9/26/39.
133. Alphonse Goutard, *1940: La guerre des occasions perdues,* Paris 1956, 234.
134. Shirer, *Collapse,* 535–536, (dt. *Zusammenbruch*).
135. Goutard, 132–133.
136. CAB 83/3; Churchill, *Storm,* 558–559, (dt. *Sturm*).
137. *Événements,* III, 690, Beaufre, 232; Shirer, *Collapse,* 620–621, (dt. *Zusammenbruch*).
138. Shirer, *Collapse,* 183–187, (dt. *Zusammenbruch*).
139. *Time* 12/18/39.
140. Ronald Steel, *Walter Lippmann and the American Century,* Boston 1980, 381.
141. Goutard, 131.
142. Goutard, 131; *Événements,* II, 281–282; Shirer, *Collapse,* 533–534, (dt. *Zusammenbruch*).
143. CAB 65/1.
144. CAB 65/1; ChP 19/3; Eade Hrsg., 122.
145. CAB 65/1; ChP 19/3; Churchill, *Storm,* 554, (dt. *Sturm*).
146. Churchill, *Storm,* 561–562, (dt. *Sturm*).
147. Sir Philip Vian, *Action this Day: A War Memoir,* London 1960, 26.
148. Marder, *English Historical Review,* 31 Fn.
149. Churchill, *Storm,* 561–562, (dt. *Sturm*); Nicolson, II, 59.
150. Churchill, *Storm,* 562, 564, (dt. *Sturm*).
151. Churchill, *Storm,* 564, (dt. *Sturm*); Vian, 26; ChP 19S/5.
152. WSC VI, 154.
153. Churchill, *Storm,* 563, (dt. *Sturm*); Marder, *English Historical Review,* 30; Thompson, 51.
154. Nicolson, II, 59.
155. ChP 9/143.
156. ChP 9/143.
157. Papiere Templewood; ChP 8/658.
158. Thompson.
159. DN 004-PS; DGFP Serie D, Bd. VIII, Nr. 663–33; ND C-63; NCA, Zusatz B, 1543–1547.
160. Churchill, *Storm,* 564, (dt. *Sturm*); ND C-66.
161. ND CD-170, C-166; FCNA, 1939, 27, 51.
162. FCNA, 1939, 51, 53–57; Tagebuch Jodl, 12/13S/39; Tagebuch Halder,

12/14/39; Liddell Hart, *Second World War,* 54–55, (dt. *Geschichte des zweiten Weltkrieges*).
163. Shirer, *Berlin Diary,* 307.
164. Liddell Hart, *Second World War,* 56, (dt. *Geschichte des zweiten Weltkrieges*); ND 063-C; DGFP Serie D, Bd. VIII, Nr. 644.
165. Thompson, 56; Colville, *Fringes,* 40, 76, (dt. *Downing Street Tagebücher*).
166. Churchill, *Storm,* 571–581, (dt. *Sturm*); CAB 66/5, 65/11; Papiere der Admiralität 1/10795; CAB 65/12; Chief of Staff 64 (40); CAB 79/85; CAB 65/12.
167. John Elting und die Redaktion der Time-Life Bücher, *Battles for Scandinavia,* Chicago 1981, 47.
168. Churchill, *Storm,* 591–592, (dt. *Sturm*).
169. Churchill, *Storm,*, 582, (dt. *Sturm*); CAB 65/12; Liddell Hart, *Second World War,* 58, (dt. *Geschichte des zweiten Weltkrieges*).
170. Papiere der Admiralität 205/2.
171. Papiere der Admiralität 116/4240; KCAB 65/12.
172. Colville, *Fringes,* 94–95; (dt. *Downing Street Tagebücher*); CAB 65/6.
173. Churchill, *Storm,*, 583, 582; Colville, *Fringes,* 95, (dt. *Downing Street Tagebücher*).
174. NCA, Zusatz B, 1543–477; Liddell Hart, *Second World War,* 58, (dt. *Geschichte des zweiten Weltkrieges*).
175. *Times* 4/6/40.
176. Hansard 4/11/40.
177. Liddell Hart, *Second World War,* 52, (dt. *Geschichte des zweiten Weltkrieges*); Marder, *English Historical Review,* 55.
178. Roskill, *War at Sea,* I, 179; CAB 65/11; Sir Eric Seals Brief an den Verfasser, 9/8/71; Marder, *English Historical Review,* 57.
179. Gamelin, III, 866; Paul Baudouin, *The Private Diaries of Paul Baudouin,* London 1953, 41.
180. Liddell Hart, *Second World War,* 62, (dt. *Geschichte des zweiten Weltkrieges*); Churchill, *Storm,* 624–627, (dt. *Sturm*).
181. Shirer, *Berlin Diary,* 314; Papiere der Admiralität 116/4471; Churchill, *Storm,* 601, (dt. *Sturm*); Nicolson, II, 70.
182. Colville, *Fringes,* 101, (dt. *Downing Street Tagebücher*); *The Listener* 5/6/40.
183. CAB 65/6; Colville, *Fringes,* 90, (dt. *Downing Street Tagebücher*); Thompson, 57; *Daily Mail* 4/11/40.
184. Shirer, *Berlin Diary;* Liddell Hart, *Second World War,* 59, (dt. *Geschichte des zweiten Weltkrieges*).
185. Tagebuch Jodl in Shirer, *Rise and Fall,* 709, (dt. *Aufstieg und Fall*).
186. Churchill, *Storm,* 619, (dt. *Sturm*); Shirer, *Berlin Diary,* 315, 320.
187. CAB 65/12, 21/1388; Churchill, *Storm,* 614, (dt. *Sturm*).
188. Churchill, *Storm,* 624, 626–627, (dt. *Sturm*).
189. Churchill, *Storm,* 623, (dt. *Sturm*).
190. Hansard 5/8/40.
191. Shirer, *Collapse,* 569, (dt. *Zusammenbruch*); Nicolson, II, 74.
192. CAB 99/3; Shirer, *Berlin Diary,* 324–326; Nicolson, II, 7.
193. Hansard 3/3/40; Papiere Seal.
194. *Événements,* II, 359–360, 361–363.
195. Baudouin, 25.
196. WM/Sir William Deakin, 10/5/80; F. W. Deakin, »Churchill The Historian«, *Schweizer Monatshefte* Nr. 4, Zürich 1970.
197. F. W. Deakin.
198. *Times* 4/4/40; *Daily Mail* 4/4/40; ChP 2/392, 2/395.
199. Nicolson, II, 74–75.
200. Nicolson, II, 74–75; ChP 4/131; Thompson, 70.
201. Robert Rhodes James, *Chips. The Diaries of Sir Henry Channon,* London 1967, 243; Col. Roderick Macleod und Denis Kelly Hrsg., *The Ironside Diaries 1937–1940,* London 1962, 293.
202. ChP 3/131, 2/393.
203. ChP 19/2.
204. ChP 1/99/1929; CAB 79/4.
205. Shirer, *Rise and Fall,* 944, (dt.*Aufstieg und Fall*); WM/William L. Shirer, 7/20/80.
206. Papiere N. Chamberlain, Tagebuch.
207. *Evening Standard* 5/6/40; Papiere Halifax, Tagebuch.
208. Hansard 5/7/40.
209. Nicolson, II, 76; Hansard 5/7/40; Thompson, 80.
210. Nicolson, II, 76; Hansard 5/7/40.
211. Hansard 5/7/40; Nicolson, II, 77.
212. Nicolson, II, 77.

213. Hansard 5/7/40 (Kursiv des Verfassers).
214. Churchill, *Storm,* 659, (dt. *Sturm*); Nicolson, II, 77; Rhodes James, *Chips,* 243, 245.
215. Henri de Kerillis, *Français, voici la vérité,* New York 1942, 247; Clare Luce, *Europe in the Spring,* New York 1940, 246, 126–127.
216. Shirer, *Rise and Fall,* 716, (dt. *Aufstieg und Fall*).
217. Dalton, 304–305.
218. *Daily Herald* 5/8/40.
219. WM/Malcolm MacDonald, 11S/6/80; Dalton, 305–306; Hansard 5/8/40.
220. Thompson, 82–83.
221. Nicolson, II, 78; Hansard 5/8/40.
222. Churchill, *Storm,* 659, (dt. *Sturm*).
223. F. Owen, *Tempestuous Journey,* London 1954, 748.
224. Hansard 5/8/40 (Kursiv des Verf.)
225. WM/Macmillan; Harold Macmillan, *The Blast of War 1939–1945,* London 1967, 74.
226. Dalton, 306; Rhodes James, *Chips,* 246; WM/R. A. Butler, 12/5/80.
227. Hansard 5/8/40; Rhodes James, *Chips,* 246.
228. Rhodes James, *Chips,* 246; John Peck, »Bull and Benediction«, unveröffentlichtes Maschinenmanuskript, 96–97 (veröffentlicht in WSC VI, 298–299).
229. Hansard 5/8/40.
230. Alfred Duff Cooper, *Old Men Forget,* New York 1954, 279.
231. Nicolson, II, 79–80; Dalton, 306.
232. Churchill, *Storm,* 661, (dt. *Sturm*).
233. Adam Sykes und Iain Sproat Hrsg., *The Wit of Sir Winston,* London 1965, 75; Colville, *Fringes,* 89, (dt. *Downing Street Tagebücher*).
234. Churchill, *Storm,* 661, (dt. *Sturm*).
235. Thompson, 82, 83.
236. Dalton, 310.
237. Earl of Avon, *The Reckoning,* London 1965, 96.
238. Dalton, 308; Thompson, 88.
239. Thompson, 89.
240. Thompson, 78–80; Dalton, 306–307, 309.
241. Avon, *Reckoning,* 96–97.
242. WM/Macmillan; Macmillan, *Blast,* 72; Amery, III, 361.
243. ChP 2/392.
244. Churchill, *Storm,* 661, (dt. *Sturm*); Thompson, 91–92.
245. Churchill, *Storm,* 661–662, (dt. *Sturm*); Thompson, 91–92.
246. Papiere Halifax, Tagebuch, 5/9/40.
247. Thompson, 90; Churchill, *Storm,* 662–663, (dt. *Sturm*).
248. Churchill, *Storm,* 662-663, (dt. *Sturm*); WM/Viscount Head, 11/19/80.
249. Earl of Birkenhead, *Life of Lord Halifax,* London 1965, 454.
250. David Dilks Hrsg., *The Diaries of Sir Alexander Cadogan O. M. 1938-1945,* New York 1972, 280; Birkenhead; Churchill, *Storm,* 662-663, (dt. *Sturm*).
251. Rhodes James, *Chips,* 248; WM/Kathleen Hill, 11/4/80; ChP 2/413; Avon, *Reckoning,* 97; WSC VI, 305.
252. Shirer, *Rise and Fall,* 723, (dt. *Aufstieg und Fall*).
253. Liddell Hart, *Second World War,* 66-67, (dt. *Geschichte des zweiten Weltkrieges*).
254. *Allen Dulles, Germany's Underground,* New York 1947, 58-61. Wie W. L. Shirer berichtet, hat ihm Sas diesen Bericht nach dem Krieg persönlich bestätigt.
255. *Événements,* IX, 2758-2760; Anatole de Monzie, *Ci-devant,* Paris 1942, 44; Baudouin, 44-48.
256. Baudouin, 44-48.
257. Paul Reynaud, *Au cœur de la mêlée, 1930-1945,* Paris 1951, 412.
258. Churchill, *Storm,* 662, (dt. *Sturm*); CAB 64/7; WSC VI, 306.
259. Templewood, 431-432; *Times, News Chronicle* 5/10/40; CAB 83/3.
260. Shirer, *Collapse,* 605, (dt. *Zusammenbruch*).
261. CAB 65/7.
262. J. C. Reith, *Into the Wind,* London 1949, 382; Papiere Halifax, Tagebuch, 5/10/40.
263. Avon, *Reckoning,* 97-98; Templewood, 432; Nicolson, II, 82.
264. Churchill, *Storm,* 662, (dt. *Sturm*); Avon, *Reckoning,* 94-98.
265. CAB 65/7; Stuart, 250; Macleod und Kelly, 303-304.
266. Dalton, 311-312.
267. CAB 65/7.
268. CAB 65/7; Avon, *Reckoning,* 98.
269. John W. Wheeler-Bennett, *King George VI, His Life and Reign,* London 1958, 443-444.

270. Churchill, *Storm,* 665 (dt. *Sturm*).
271. Churchill, *Storm,* 665 (dt. *Sturm*). W.H. Thompson, *Sixty Minutes with Winston Churchill,* London 1953, 44-45.
272. WSC VI, 311.
273. Churchill, *Storm,* 666 (dt. *Sturm*).
274. Nicolson, II, 83-84.
275. Churchill, *Storm,* 666f. (dt. *Sturm*).
276. Reed Whittemore, »Churchill and the Limitations of Myth«, *Yale Review,* Winter 1955; Wheeler-Bennett, *George VI,* 446.
277. John Evelyn Wrench, *Geoffrey Dawson and Our Times,* London 1955, 415; Colville, *Fringes,* 122, (dt. *Downing Street Tagebücher*); WM/Sir John Colville, 10/8/80.
278. *News Chronicle* 1/1/40; Nicolson, I, 85.
279. Hansard 5/13/40.
280. WSCHCS 6220-6223 (5/19/40).
281. WSCHCS 6231-6238 (6/18/40).
282. ChP 4/194; Isaiah Berlin, *Mr. Churchill in 1940,* London 1940, 26, 29.
283. Winston S. Churchill, *Their Finest Hour,* Boston 1949, 21-22 (dt. *Englands größte Stunde,* Bern 1949).
284. Lord Moran, *Churchill. Taken from the Diaries of Lord Moran: The Struggle for Survival (1940-1965),* Boston 1966, 959.
285. Hansard 10/8/40.
286. Hansard 11/23/32.

Nachbemerkungen und Dank des Verfassers

Dies ist eine Biographie und kein Geschichtswerk. Beide werden oft miteinander verwechselt, und das ist verständlich, denn beide beschäftigen sich mit der Vergangenheit. Aber es besteht ein Unterschied. Ein Geschichtswerk ist ein chronologischer Bericht über vergangene Ereignisse. Eine Biographie konzentriert sich auf eine Persönlichkeit und sucht die Bedeutung ihres Lebens zu ergründen, indem sie, um Thomas Carlyle zu zitieren, »das Erdenleben eines Mannes« untersucht oder, wie Sir Edmund Gosse schreibt, »das getreue Abbild einer Seele im Abenteuer dieses Lebens« zeichnet.

Nach Ansicht des Verfassers kann das Leben eines Menschen nicht zutreffend beschrieben werden, ohne daß auch die Zeit, in der er gelebt hat, geschildert wird. Die Notwendigkeit, die Persönlichkeit in diesem Zusammenhang zu sehen, wird noch größer, wenn es sich um einen herausragenden Staatsmann handelt. Wenn man zum Beispiel nicht um den Abscheu der Briten vor den Schrecken des Ersten Weltkrieges weiß, kann man Churchill und seine Gegner in den 30er Jahren nicht verstehen. Wenn ein Mann einen langen Schatten wirft, wie Churchill dies getan hat, dann entstehen nach gründlicher Forschungsarbeit umfangreiche Bücher. Ich habe vor, das Leben Churchills in drei Bänden zu behandeln. Drei Bände sind sehr viel. Aber er verdient zumindest eine aus drei Teilen bestehende Lebensbeschreibung, wenn man die hohen Anforderungen erfüllen will, die Paul M. Kendall von der University of Kansas an den Biographen stellt. In der *Encyclopaedia Britannica* schreibt er, der Biograph »sucht unter Verwendung von Tatsachen durch Auswahl und Anordnung die Illusion eines wirklich gelebten Lebens zu erwecken. Innerhalb der Grenzen gegebener Daten sucht der Biograph seine einfachen Mitteilungen in ein leuchtendes Bild zu verwandeln... Seine Leistung als Biograph wird zum großen Teil an seiner Fähigkeit gemessen werden, den chronologischen Ablauf spürbar zu machen und dabei doch die wichtigsten Verhaltensmuster, die einem Leben seine Gestalt und seine Bedeutung verleihen, deutlich hervorzuheben.«

Ich bin, wie bereits im ersten Band dieser Biographie erwähnt, Sir Winston Churchill nur einmal im Januar 1953 während einer fünf Tage dauernden Überquerung des Atlantiks an Bord der *Queen Mary* persönlich begegnet. Das war während seiner letzten Amtszeit als Premierminister. Anschließend habe ich ihn in der Downing Steet Nr. 10 aufgesucht. Seine Familienangehörigen und die Mitglieder seines Haushalts haben sich jedoch an mich erinnert, als ich mit der Arbeit an diesem Buch begann, und ihre Gastfreundschaft hat mich geehrt und bewegt. Damit begann das ehrgeizigste literarische Unternehmen meines Lebens, in dessen Verlauf ich die verschiedensten und zum Teil sehr ausführlichen Gespräche auf Band aufgenommen habe. Das Ordnen und Umschreiben dieser Bänder hat ein ganzes Jahr in Anspruch genommen. Diese Texte stellen einen wesentlichen Teil der für das vorliegende Buch benutzten Unterlagen dar.

Zu besonderem Dank bin ich Martin Gilbert, MA, Fellow of Merton College, Oxford, dem offiziellen Biographen von Sir Winston Churchill verpflichtet. Er hat mir in großzügiger und freundlicher Weise seine Zeit zur Verfügung gestellt, mich auf wichtige Quellen aufmerksam gemacht und mir erlaubt, seine unvergleichlich aussagekräftige und umfangreiche Dokumentensammlung zu benutzen.

Was ich Lady Soames, DBE, geborene Mary Churchill, zu verdanken habe, läßt sich mit Worten kaum ausdrücken. Mit ihren Erinnerungen an ihren Vater, ihrer Geduld bei der Beantwortung meiner Fragen und mit der sachkundigen Führung durch die Räume, die Anlagen und die Wirtschaftsgebäude von Chartwell hat sie meine Arbeit entscheidend gefördert. Im Atelier ihres Vaters habe ich fast 500 seiner Gemälde sehen oder besser gesagt bestaunen dürfen. Es war in der Tat ein überwältigender Eindruck, der bestätigte, was Sir Isaiah Berlin über Churchill gesagt hat; er sei »das bedeutendste menschliche Wesen unseres Zeitalters« gewesen.

Der verstorbene John Colville, CB, CVO, Honorary Fellow, Churchill College, Cambridge, ehemaliger Kampfflieger der RAF, Schriftsteller und Privatsekretär von drei Premierministern – vor allem von Churchill –, hat mich jederzeit zuvorkommend und tatkräftig unterstützt. Dabei hat er sich mir viele Stunden zur Verfügung gestellt, in denen er auch dringendere Aufgaben hätte erfüllen können. Er hat das mit jenem unaufdringlichen Charme getan, der so kennzeichnend für den englischen Gentleman ist, und mich davon fast überzeugt, daß es nichts geben könnte, was er lieber täte.

Zu den Persönlichkeiten, die mir entscheidend geholfen haben, gehörten die folgenden »Churchillianer« (wie Sir John sie nannte): Sir William Deakin, DSO, MA; Sir Fitzroy Maclean, CBE, MP (C); der verstorbene Lord Boothby, KBE; Sir David Pitblado, KCB, CVO; Sir John Martin, KCMG, CB, CVO; der verstorbene Lord Soames, PC, GCMG, GCVO, CH, CBE; Generalleutnant Sir Ian Jacob, GBE, KBE, CB, DL;

Anita Leslie; Sir David Hunt, CBE, OBE, DFC; Lord Bonham Carter; der junge Winston Churchill, MP, der Enkel von Sir Winston Churchill; der verstorbene Oscar Nemon; der tapfere, inzwischen verstorbene, Viscount Head, PC, GCMB, KCMG, CBE; der verstorbene Lord Duncan Sandys, der Schwiegersohn von Winston Churchill, und fünf Sekretärinnen von Sir Winston Churchill – Grace Hamblin, OBE, Jane Williams, Kathleen Hill, Vanda Salmon und Cecily (»Chips«) Gemmell. Mein Dank gebührt auch Wing Commander R. M. Sparkes, RAF, der mich durch den Annexe geführt hat – den von Churchill während des Krieges benutzten Bunker, der 1945 auch als Beratungszimmer des Kriegskabinetts gedient hat. Ich durfte diese Örtlichkeit besichtigen, bevor sie der Öffentlichkeit zugänglich gemacht wurde.

Nur ein einziges Mitglied der königlichen Familie hat es abgelehnt, von mir interviewt zu werden und das Interview auf Band aufnehmen zu lassen.

Der verstorbene Harold Macmillan (Lord Stockton) hat sich mir einen ganzen Tag lang zur Verfügung gestellt, ebenso auch der verstorbene Lord Butler of Saffron Walden (»Rab«) und der unvergleichliche Malcolm Muggeridge. Alle von mir gestellten Fragen (und einige von ihnen sind zweifellos sehr aufdringlich gewesen) wurden beantwortet von Lady Avon, der Witwe von Anthony Eden; der verstorbenen Lady Diana Cooper, der Witwe von Alfred Duff Cooper, Viscount Norwich; dem Historiker A. J. P. Taylor; Lord Strauss; Lord Hailsham; dem ehrenwerten Malcolm MacDonald, OM, PC, MP, dem Sohn von Ramsay und Minister im Kriegskabinett von Churchill; Lord Geoffrey Lloyd; R. L. James, dem pensionierten Schuldirektor von Harrow; Lord Selkirk; Noel Mander; George Malcolm Thompson; Denis Kelly; Alan MacLean; Elizabeth Gilliatt; John Grigg; Sir Charles Martin; Richard Hill; Lord Southbridge; Graham Norton und einer Reihe von Amerikanern, die besondere Beziehungen zu Churchill unterhalten haben. Das waren die verstorbene Virginia Cowles, Kay Halle und der verstorbene Averell Harriman. Mrs. Harriman hat mir entscheidend geholfen, allerdings bereitet es gewisse Schwierigkeiten, Pamela Harriman als Amerikanerin oder Britin zu identifizieren. Ebenso wie ihr verstorbener Mann Averell ist sie außerordentlich aktiv in der Demokratischen Partei der USA. Sie ist jedoch eine geborene Pamela Digby, die Tochter des Elften Lord Digby, KG, DSO, MC, TD, und ihr erster Ehemann war Randolph Churchill. Als Winstons Schwiegertochter und Witwe eines der bedeutendsten Staatsmänner in der amerikanischen Geschichte ist sie sozusagen die Verkörperung der vereinigten englischsprechenden Länder.

Außer den auf Band aufgenommenen Interviews sind die biographischen Primärquellen für dieses Buch in einem besonderen Verzeichnis am Schluß dieses Bandes aufgenommen. Das hier aufgeführte Material stammt unter anderem aus den 300 Sammlungen privater Aufzeichnungen in dem Churchill College Archives Center an der Universität Cambridge; den Hansard's Protokollen der Parlamentsdebatten; den privaten Aufzeichnungen der Premierminister und den Protokollen der Kabinettssitzungen, die heute im Public Record Office, Kew, Surrey, aufbewahrt werden, und aus mehr als 100 Sammlungen persönlicher Papiere, die sich noch im Privatbesitz befinden. Zu den historischen Quellen gehören britische, französische, deutsche und amerikanische außenpolitische Dokumente und – in Übersetzungen – Dokumente der polnischen, italienischen und russischen Regierung.

William L. Shirer ist mir eine unentbehrliche Hilfe bei der Erforschung der Hintergründe der Ereignisse in Deutschland und Frankreich während dieser stürmischen Jahre gewesen.

Mein besonderer Dank, den ich auch im Namen meiner archivarischen Forschungsassistenten in England aussprechen möchte, gilt den folgenden Persönlichkeiten, die unsere Arbeit großzügig unterstützt und uns mit wertvollem Rat zur Seite gestanden haben: Correlli Barnett und Dr. Michael Hoskin (Archivare am Churchill College, Cambridge), Sir William Hawthorne (seinerzeit Master of Churchill College), Captain Stephen Roskill, RN (Fellow des College) und die in den Archiven arbeitenden Damen Pat Bradford und besonders Marion Stewart, der es immer wieder gelungen ist, auch die ausgefallensten Dokumente aufzufinden; G. H. Martin (Keeper of the Public Record Office in Kew) und seine Mitarbeiter, Mrs. P. Piper, N. A. M. Rodger und Dr. M. J. Subb; H. S. Cobb und F. Johnson (Record Office, House of Lords); Christine Kennedy (Nuffield College Library, Oxford); D. G. Vaisey (Department of Western Manuscripts in Oxford's Bodleian Library – »Bodley«); Dr. B. S. Benedikz (Spezial Collections, University of Birmingham); D. A. Clarke und G. E. A. Raspin (British Public Library – ehemals British Museum Library – und British Library of Political and Economic Science, University of York); Gordon Phillips (*Times* Archive); Colin Watson (Obituary Department of *The Times*); A. E. Cormack und R. F. Barker (Royal Air Force Museum, Hendon); D. M. Smith und C. C. Webb (Borthwick Institute of Historical Research); F. Bailey (Naval Historical Society, Ministry of Defence); E. C. Blayney (Foreign and Commonwealth Office); Philip A. H. Brown, A. N. E. D. Schofield und D. H. Bourke (British Library); Mrs. K. F. Campbell (Library and Records Department, Foreign and Commonwealth Office); Eric Ceadel (Bibliothekar, Cambridge University Library); Jacqueline

Kavanagh (Written Archives Officer, BBC Written Archives Center); L. H. Miller (Librarian, Ministry of Defence); Margaret Townsend (Editor's Secretary, *News of the World*); Judith A. Woods (Archivarin in der Bibliothek der Labour Party); V. E. Knight – Librarian, University of Liverpool); Kay Chapman und R. J. B. Knight (National Maritime Museum); Peter McNiven (University of Manchester); Diana Grimwood Jones und Gillian Grant (St. Antony's College, Oxford); Patricia Methven (Liddell Hart Centre for Military Archives, King's College, University of London); R. A. W. Suddaby (Imperial War Museum) und John Spencer-Churchill, Elfter Duke of Marlborough, der mir die Möglichkeit gegeben hat, im Blenheim Palace ungehindert meiner Forschungsarbeit nachzugehen.

Meinen besonderen Dank schulde ich dem emeritierten Professor für Deutsch an der Wesleyan University, T. Chadbourne Dunham, der meine Übersetzungen aus dem Deutschen redigiert hat, und der anmutigen zweisprachigen Kathryn I. Briggs, die mir bei meinen Übersetzungen aus dem Französischen den gleichen Dienst geleistet hat.

Ebenso danke ich Peter Day, Nigel Viney und Richard Langworth, der sich um den Fortbestand der International Churchill Society große Verdienste erworben hat, für die gewissenhafte Durchsicht des fertigen Manuskripts auf die historische Richtigkeit und Perry Knowlton, Adam Deixel und I. Gonzalez von der literarischen Agentur Curtes Brown, die mir einen Einblick in die amerikanischen Honorarabrechnungen Churchills ermöglicht haben.

Meine Assistentin Margaret Kennedy Rider hat mir wie immer treu und unermüdlich zur Seite gestanden. Ebenso hat sich auch meine Forschungsassistentin in England, Deborah Baker erneut als einfallsreich und verständnisvoll erwiesen. Betsy Pitha hat mich bei der Bearbeitung der Fußnoten unterstützt, und Virginia Creeden hat sich mit großem Erfolg darum bemüht, die Erlaubnis für das Zitieren von Briefen, Tagebüchern, Dokumenten und anderen Veröffentlichungen zu erwirken. Besonders tatkräftig haben mich die Mitarbeiter der Firestone Library an der Princeton University unterstützt. Mein besonderer Dank gilt den Mitarbeitern der Wesleyan University's Olin Memorial Library unter der Führung von J. Robert Adams, Caleb T. Winchester Librarian. Für ihre große Hilfsbereitschaft danke ich der Bibliothekarin Joan Jurale; den Bibliothekaren Edmund A. Rubacha und Suzanne Javorski; der Sekretärin Margaret Halstead; dem Bibliothekar Erhard F. Konerding und dem Chef der Leihbibliothek, Steven Lebergott. Andere Mitarbeiter, denen ich meinen Dank schulde, waren der Bibliograph Alan Nathanson sowie Ann Frances Wakefield und Dale Lee.

Auch diesmal gilt mein besonderer Dank meinem literarischen Agenten seit 40 Jahren, Don Congdon; dem Vizepräsidenten und Herausgeber von Trade Adult Books im Verlag Little, Brown and Company, Roger Donald. Am Schluß verdient die hervorragende Arbeit von Peggy Leith Anderson meine ganz besondere Anerkennung, denn in meiner langjährigen Erfahrung habe ich niemanden kennengelernt, der es besser verstanden hätte, ein Manuskript zu redigieren und druckreif zu machen.

Wesleyan University W. M.
Dezember 1987

Personenregister

Mit * versehene Seitenzahlen weisen auf Abbildungen hin.

Pressestimmen zum vorliegenden zweiten Band:

»Die beste Churchill-Biographie für ein breites Publikum... Vollständig... interessant. Auch die Leser, die mit der Geschichte einigermaßen vertraut sind, werden hier viel Neues finden, vieles, was sie erneut in helle Empörung versetzt.« *Newsweek*

»Ein aufregendes, aufrüttelndes Buch... Es scheint tatsächlich, wie Manchester mehrfach meint, als ob die dreißiger Jahre zunächst Hitler und dann Churchill hervorgebracht hätten, den einzigen Gegner, der den Diktator bezwingen konnte. Die Jahre 1932–1940 bilden den wichtigsten Abschnitt in Churchills politischer Laufbahn.« *The Boston Sunday Globe*

»Geschichtsschreibung im großen Stil... Lebendig und interessant... Manchester erzählt aufs neue die bekannte, aber immer wieder lehrreiche Geschichte von Churchills zunächst fruchtlosen Bemühungen, die demokratischen Regierungen Europas und ihren noch trägeren Verbündeten auf der anderen Seite des Atlantiks vor der tödlichen Gefahr zu warnen, die von Hitler ausging.« *The Washington Post*

»Hervorragend... Beleuchtet die verschiedenen Facetten eines an Erfahrungsreichtum kaum zu übertreffenden Lebens... Churchill und Manchester waren offensichtlich füreinander bestimmt.«
Chicago Tribune Book World

»Die beste Churchill-Biographie, eine denkwürdige Leistung von Bestand... Manchester bietet neue Einsichten und Informationen, der ganze Ansatz ist neu.« *William L. Shirer*

»Eine spannende, faszinierende Lektüre.« *The Times*

»Er schlug Alarm und warnte die Welt vor dem fürchterlichen Plan, der allmählich in Hitlers verrücktem Kopf reifte... Gekonnt erzählt, gespickt mit Anekdoten... Eine Geschichte, die nach wie vor Entsetzen und Empörung hervorruft.« *Time*

»Ein bewegendes Buch... Manchester zeichnet ein aufschlußreiches Bild, das gerade die menschliche Seite des Politikers sichtbar macht.«
John Barkham Reviews

»Ein Triumph... von gleichem Format wie der erste Band.«
New York Newsday